금융법 강의 • 02

금융 상품

이상복 저

박영사

머리말

2015년 12월부터 금융위원회 증권선물위원회 비상임위원으로 활동하면서 금융법 전체를 공부할 필요를 느꼈다. 그래서 금융법 강의를 낼 계획을 세웠다. 이런저런 고민 끝에 몇 년의 준비기간을 거쳐 금융법 강의를 내게 되었다. 아직 저자가 많이 부족한 탓에 선배 학자들의 업적을 넘어서지는 못했다. 다만 금융법 전체를 대강이나마 이해해야 금융시장에서 일어나는 현상들을 파악할 수 있다는 일념에서 다소 장황하고 방대한 감이 있더라도 출간을 서두르게 되었다. 가능한 한 쉽게 설명하고자 노력했으며, 금융에 관심 있는 사람들에게 금융의 본질을 알리는 데 중점을 두었다.

사람들은 농산물시장이나 수산물시장에서 상인으로부터 상품을 산다. 그런데 누군가는 시장을 관리한다. 마찬가지로 사람들은 금융시장에서 금융기관으로부터 금융상품을 산다. 일반시장, 일반상인, 일반상품과 달리 금융시장, 금융기관, 금융상품으로 구성된 금융산업은 금융의 공공성으로 인해 기본적으로 규제산업이다. 그래서 정부가 규제하고 감독한다. 이를 금융행정이라 할 수 있다. 금융법 강의를 전체 4권으로 구성하였다. 1권은 금융행정, 2권은 금융상품, 3권은 금융기관, 4권은 금융시장이다. 금융법 강의에서는 은행법, 자본시장법, 보험업법 등 금융업권별로 개별법 대부분을 다루었고, 또 금융산업 전체를 아우르는 대부분의 금융관련법령을 필요한 범위에서 다루었다. 개별법이 따로 움직이는 것이 아니라 상호 연결되어 영향을 주고받으며 금융행정, 금융상품, 금융기관, 금융시장이 함께 작동하는 것으로 생각되기 때문이다.

그동안 축적된 법학자들의 글을 참조하고, 때로는 경제학자와 경영학자들의 글도 참조했다. 법학 관련 글만으로 금융을 이해하는 것이 쉽지 않았기 때문이다. 경제학과 경영학자들의 글을 완전히 소화하지 못해 부족한 부분이 있을 것이다. 현재로서는 저자의 능력이 미치지 못했던 탓으로 돌리고 차후 기회가 닿는 대로 보완해 나갈 것을 다짐한다.

2권 금융상품은 다음과 같이 구성되어 있다. 제1편에서는 금융상품을 분류한 후 금융상품규제에 관하여 살펴보았다. 제2편에서는 금융투자상품(증권, 집합투자증권, 파생상품)과 금융투자업자의 신용공여, 제3편에서는 은행상품, 제4편에서는 보험상품, 제5편에서는 여신금융상품, 제6편에서는 신탁상품, 제7편에서는 연금상품, 제8편에서는 서민금융상품, 제9편에서는 부동산 관련 금융상품에 관해 상세히 살펴보았다.

이 책을 출간하면서 감사드릴 분들이 많다. 바쁜 일정 중에도 초고를 읽고 조언과 논평을 해준 장기홍, 이민철, 이종룩, 양계원, 김태영, 현태주, 김성순, 정동희 변호사에게 감사드린다. 박영사의 김선민 이사가 정성을 들여 편집해주고 제작 일정을 잡아 적시에 출간이 되도록 해주어 감사드린다. 출판계의 어려움에도 출판을 맡아 준 박영사 안종만 회장님과 안상준 대표님께 감사의 말씀을 드린다. 그리고 법률가와 학자로서의 길을 가는 동안 격려해준 아내 이은아와 딸 이가형, 아들 이지형과 함께 출간의 기쁨을 나누고 싶다.

2020년 9월

이 상 복

차 례

제1편 총 설

제1장 개 관

제1절 금융상품의 의의 · 기능 · 특성 ········· 3

Ⅰ. 금융상품의 의의 ········· 3

Ⅱ. 금융상품의 기능 ········· 4

Ⅲ. 금융상품의 특성 ········· 4

제2절 금융상품의 분류 ········· 5

Ⅰ. 금융상품의 분류방법 ········· 5

Ⅱ. 금융상품과 소득의 분류 ········· 6

제2장 금융상품규제

제1절 서설 ········· 7

제2절 금융상품 공시규제 ········· 8

Ⅰ. 금융상품공시의 의의 ········· 8

Ⅱ. 금융상품 비교공시의 기능 ········· 9

Ⅲ. 금융상품 비교공시의 법적 근거와 문제점 ········· 9

1. 법적 근거 ········· 9

2. 문제점 ········· 10

제3절 금융상품 광고규제 ········· 11

Ⅰ. 서설 ········· 11

1. 개요 ········· 11

2. 허위 · 과장 금융상품광고 사례 ········· 12

Ⅱ. 금융상품 광고규제의 기능 ······ 13
Ⅲ. 금융상품 광고규제 체계 ······ 13
1. 관련 법률 ······ 13
2. 자율규제 ······ 14
제4절 금융상품 판매규제 ······ 15
Ⅰ. 의의 ······ 15
Ⅱ. 금융상품의 판매경로규제 ······ 15
1. 금융상품 판매방식 ······ 15
2. 직접판매와 대리·중개 ······ 16
3. 자문 ······ 16
4. 결어 ······ 17
Ⅲ. 금융상품 판매행위규제 ······ 18
1. 금융거래의 영업행위준칙 ······ 18
2. 불건전 영업행위에 대한 규제 ······ 20
제5절 금융상품 약관규제 ······ 22
Ⅰ. 의의 ······ 22
Ⅱ. 관련 법률 ······ 23

제 2 편 금융투자상품

제1장 서 론

제1절 금융투자상품 규정체계 ······ 27
제2절 일반적 정의 ······ 27
Ⅰ. 의의 ······ 27
Ⅱ. 투자성(원본손실가능성) ······ 28
1. 투자성의 개념 ······ 28
2. 지급금액에서 제외하는 금액(원본의 산출) ······ 28
3. 회수금액에 포함하는 금액(회수금액의 산출) ······ 28

제3절 명시적으로 제외되는 상품 ······ 29
Ⅰ. 원화로 표시된 양도성 예금증서 ······ 29
Ⅱ. 관리형 신탁의 수익권 ······ 29
Ⅲ. 주식매수선택권 ······ 30
제4절 명시적으로 포함되는 상품 ······ 30

제2장 증 권

제1절 증권의 개념과 종류 ······ 32
Ⅰ. 증권의 개념 ······ 32
Ⅱ. 증권의 종류 ······ 32
제2절 채무증권 ······ 33
Ⅰ. 채무증권의 분류 ······ 33
1. 발행주체에 따른 분류 ······ 33
2. 원리금 보증유무에 따른 분류 ······ 33
3. 이자지급 형태에 따른 분류 ······ 33
4. 이자 확정유무에 따른 분류 ······ 34
5. 모집방법에 따른 분류 ······ 34
Ⅱ. 국채증권 ······ 34
1. 의의 ······ 34
2. 종류 ······ 35
3. 기능 ······ 37
Ⅲ. 지방채증권 ······ 37
1. 의의 ······ 37
2. 종류 ······ 38
3. 기능 ······ 39
Ⅳ. 특수채증권 ······ 39
1. 의의 ······ 39
2. 기능 ······ 40
Ⅴ. 사채권 ······ 41
1. 의의 ······ 41
2. 상법상 사채 ······ 41
3. 특별법상 사채 ······ 44

Ⅵ. 기업어음증권 ········· 50
1. 의의 ········· 50
2. 신용평가 ········· 51

제3절 지분증권 ········· 51
Ⅰ. 지분증권의 분류 ········· 51
Ⅱ. 주권 ········· 52
1. 개요 ········· 52
2. 보통주 ········· 52
3. 우선주 ········· 52
Ⅲ. 신주인수권이 표시된 것 ········· 53
1. 신주인수권증서 ········· 53
2. 신주인수권증권 ········· 53
Ⅳ. 특수법인의 출자증권 ········· 54

제4절 수익증권 ········· 54
Ⅰ. 수익증권의 분류 ········· 54
Ⅱ. 신탁업자의 금전신탁계약에 의한 수익증권 ········· 54
Ⅲ. 투자신탁의 수익증권 ········· 55
Ⅳ. 그 밖에 이와 유사한 것으로서 신탁의 수익권이 표시된 것 ········· 55

제5절 투자계약증권 ········· 55

제6절 파생결합증권 ········· 56
Ⅰ. 서설 ········· 56
1. 파생결합증권의 의의 ········· 56
2. 파생결합증권의 기초자산 ········· 56
3. 파생결합증권의 특징 ········· 57
4. 파생결합증권의 기능 ········· 58
Ⅱ. 종류 ········· 60
1. 주가연계증권(ELS) ········· 60
2. 기타파생결합증권(DLS) ········· 64
3. 주식워런트증권(ELW) ········· 66
4. 상장지수증권(ETN) ········· 71

Ⅲ. 유사한 상품 78
1. 상장지수펀드(ETF) 78
2. 주가연계예금(ELD) 97
3. 주가연계파생결합사채(ELB) 99
4. 주가연계펀드(ELF) 100
5. 주가연계신탁(ELT) 101
6. ELS, ELD, ELF, ELT 상품 비교 101
Ⅳ. 파생결합증권의 관리 102
1. 의의 102
2. 파생결합증권의 발행: 단기물 발행제한 103
3. 파생결합증권의 발행: 기초자산 제한 103
4. 헤지자산의 구분관리 및 모니터링시스템 구축 104
5. 헤지자산의 건전성 확보 104
6. 내부통제와 위험관리 105
Ⅴ. 파생결합증권에서 제외되는 금융투자상품 106
1. 이자연계증권 106
2. 옵션계약상의 권리 106
3. 조건부자본증권 107
4. 교환사채 · 상환사채, 전환사채 및 신주인수권부사채 107
5. 신주인수권증서 및 신주인수권증권 107
Ⅵ. 파생결합사채와 파생결합증권의 비교 107
1. 공통점 107
2. 차이점 108
제7절 증권예탁증권 109
Ⅰ. 증권예탁증권의 개념 109
Ⅱ. 예탁증권의 연혁 110
Ⅲ. 예탁증권의 종류 111
제8절 자산유동화증권 111
Ⅰ. 서설 111
1. 자산유동화의 의의와 자산유동화법 제정 경위 111
2. 자산유동화증권의 발행구조 114
3. 자산유동화에 대한 규율체계 115

Ⅱ. 자산유동화증권 발행 참여자 ········ 117
1. 자산보유자 ········ 118
2. 유동화전문회사 ········ 118
3. 자산관리자 ········ 118
4. 수탁기관 ········ 119
5. 신용평가기관 ········ 119
6. 신용보완기관 ········ 119
7. 주관사 ········ 119
8. 투자자 ········ 120
Ⅲ. 자산유동화의 효용 ········ 120
1. 자금조달비용의 절감 ········ 120
2. 상환청구권 배제 ········ 120
3. 재무구조 개선 ········ 120
4. 투자자층 확대 ········ 121
Ⅳ. 유동화증권의 종류 ········ 121
1. 증권의 법적 성격에 따른 분류 ········ 121
2. 유동화증권의 상환방법에 따른 분류 ········ 121
3. 유동화자산의 종류에 따른 분류 ········ 123
Ⅴ. 채권담보부증권(국내 정책금융기관 P-CBO 사례) ········ 126
1. 개요 ········ 126
2. 신용보증기금 P-CBO ········ 126
3. 기술보증기금 P-CBO ········ 127
4. 주택금융공사 P-CBO ········ 127
5. 중소기업진흥공단 P-CBO ········ 127
Ⅵ. 자산담보부기업어음(ABCP)과 전자단기사채(ABSTB) ········ 128
1. 자산담보부기업어음(ABCP) ········ 128
2. 전자단기사채(ABSTB) ········ 135
3. PF-ABCP의 개념 및 구조 ········ 137

제3장 집합투자증권

제1절 집합투자 ········ 139
Ⅰ. 개념 ········ 139
1. 의의 ········ 139

2. 집합투자의 기본구조 ········· 140
3. 집합투자 관련 개념 ········· 141
Ⅱ. 집합투자에서 배제되는 투자형태 ········· 142
1. 개별법에 의한 사모펀드 ········· 142
2. 자산유동화기구 ········· 143
3. 시행령에 의한 제외 ········· 143
Ⅲ. 의제집합투자 ········· 147
제2절 집합투자증권 ········· 148
Ⅰ. 집합투자증권 정의 ········· 148
Ⅱ. 집합투자증권의 분류(집합투자기구가 발행하는 집합투자증권) ········· 148
Ⅲ. 집합투자증권의 발행 ········· 149
1. 투자신탁 수익증권의 발행 ········· 149
2. 투자회사의 주식 ········· 150
3. 투자합자회사의 지분증권 ········· 151
Ⅳ. 집합투자증권의 판매 ········· 151
1. 판매계약·위탁판매계약 ········· 151
2. 집합투자증권의 판매금지 및 재개 ········· 152
Ⅴ. 집합투자증권의 환매 ········· 154
1. 환매 청구 및 방법 ········· 154
2. 환매가격 및 수수료 ········· 155
3. 환매연기와 일부환매 ········· 156
제3절 집합투자기구의 구성 ········· 159
Ⅰ. 서설 ········· 159
1. 의의와 유형 ········· 159
2. 적용법규 ········· 159
3. 집합투자기구의 상호·명칭 ········· 159
4. 집합투자기구의 등록 ········· 160
Ⅱ. 집합투자기구의 업무수행 ········· 160
1. 의결권행사 ········· 160
2. 운용업무 수행 ········· 161
3. 집합투자재산의 보관·관리업무 위탁 ········· 161
4. 판매계약의 체결 ········· 161
5. 일반사무관리업무의 위탁 등 ········· 161

Ⅲ. 집합투자기구의 설립형태(1차 분류) 162
1. 서설 162
2. 투자회사 163
3. 투자신탁 170
Ⅳ. 사모집합투자기구(사모펀드) 174
1. 사모집합투자기구의 개념 174
2. 전문투자형 사모집합투자기구 175
3. 경영참여형 사모집합투자기구 179
제4절 집합투자기구의 분류 184
Ⅰ. 운용대상에 따른 분류(2차 분류) 184
1. 증권집합투자기구 184
2. 부동산집합투자기구 186
3. 특별자산집합투자기구 187
4. 혼합자산집합투자기구 187
5. 단기금융집합투자기구 187
Ⅱ. 특수한 형태의 집합투자기구 192
1. 개방형과 폐쇄형(환매금지형) 192
2. 추가형과 단위형 193
3. 종류형 193
4. 전환형 194
5. 모자형 194
6. 재간접형(FoF) 194
7. 상장지수펀드(ETF) 195
Ⅲ. 해외투자 · 국제투자(3차 분류) 196

제4장 파생상품

제1절 총설 197
Ⅰ. 파생상품의 개념 197
1. 자본시장법 197
2. 외국환거래법 198
3. 채무자회생법 198
Ⅱ. 파생상품에서 제외되는 금융투자상품 199

Ⅲ. 파생상품의 기능 ··· 199
1. 순기능 ··· 199
2. 역기능 ··· 200
Ⅳ. 파생상품거래 관련 위험 ··· 200
1. 신용위험 ··· 201
2. 시장위험 ··· 201
3. 유동성위험 ··· 202
4. 법적 위험 ··· 202
5. 결제위험 ··· 203
6. 운영위험 ··· 203
7. 시스템위험 ··· 203
제2절 파생상품의 분류 ··· 204
Ⅰ. 계약형태에 따른 분류 ··· 204
1. 선도 ··· 204
2. 선물 ··· 206
3. 옵션 ··· 208
4. 스왑 ··· 213
Ⅱ. 기초자산의 유형에 따른 분류 ··· 218
1. 의의 ··· 218
2. 주식(주가지수) 관련 파생상품 ··· 219
3. 금리관련 파생상품 ··· 219
4. 통화관련 파생상품 ··· 220
5. 상품관련 파생상품 ··· 221
6. 신용파생상품 ··· 222
Ⅲ. 거래장소에 따른 분류 ··· 247
1. 장내파생상품 ··· 247
2. 장외파생상품 ··· 248
Ⅳ. 파생상품과 유사한 금융투자상품 ··· 253
1. 변액보험 ··· 253
2. FX 마진거래 ··· 256
제3절 파생상품거래 규제 ··· 263
Ⅰ. 규제기관 ··· 263
1. 정부규제기관 ··· 263
2. 자율규제기관 ··· 264

Ⅱ. 파생상품거래 규제 관련 법률 ······ 266
1. 자본시장법 ······ 266
2. 외국환거래법 ······ 266
3. 은행법 ······ 269
4. 보험업법 ······ 270
Ⅲ. 자본시장법상 파생상품거래 규제 ······ 272
1. 서설 ······ 272
2. 진입규제 ······ 274
3. 자기자본규제 ······ 276
4. 경영건전성규제 ······ 278
5. 영업행위규제 ······ 279
6. 내부통제 ······ 287
7. 위험관리기준 ······ 289
8. 불공정거래규제 ······ 290
9. 파생상품 회계처리 ······ 293
10. 공시 및 보고 ······ 294

제5장 금융투자업자의 신용공여

제1절 자본시장법상 신용공여 ······ 296
제2절 금융투자업자의 건전성규제와 대주주와의 거래 등의 제한 ······ 297
제3절 투자매매업 · 중개업자의 영업행위규제와 신용공여 ······ 298
Ⅰ. 서설 ······ 298
1. 개요 ······ 298
2. 신용공여의 방법 ······ 298
3. 신용공여의 개념 ······ 298
4. 신용공여약정의 체결 ······ 299
Ⅱ. 담보대출 ······ 299
Ⅲ. 신용공여의 한도 ······ 299
1. 신용공여의 회사별 한도 ······ 299
2. 담보비율 ······ 300
Ⅳ. 신용공여의 이자율 ······ 300

제4절 종합금융투자사업자와 신용공여 ········ 301
Ⅰ. 서설 ········ 301
Ⅱ. 전담중개업무 ········ 301
1. 전담중개업무의 의의와 범위 ········ 301
2. 전담중개업무계약 ········ 302
3. 신용공여 ········ 303
Ⅲ. 기업신용공여 ········ 303
1. 의의 ········ 303
2. 신용공여총액한도 ········ 304
3. 동일인한도 ········ 304
4. 한도초과 ········ 304
5. 신용공여 대상의 제한 ········ 304
6. 은행법 적용배제 ········ 305
Ⅳ. 단기금융업무(발행어음업무) ········ 305
1. 개요 ········ 305
2. 단기금융업무의 개념 ········ 305
3. 신용공여 ········ 306
제5절 신탁업자의 대출 및 증권의 대여 ········ 307

제 3 편 은행상품

제1장 개 설

제2장 예금상품

제1절 예금 ········ 312
1. 예금의 의의와 특성 ········ 312
2. 예금계약의 법적 성격 ········ 313
제2절 예금의 종류 ········ 313
1. 만기별 분류 ········ 313
2. 통화별 분류 ········ 317

제3장 대출상품(=여신상품)

제1절 대출 ··· 318
Ⅰ. 대출의 의의와 특성 ··· 318
Ⅱ. 대출계약의 법적 성격 ··· 318
Ⅲ. 대출과 신용공여 ··· 320
1. 여신의 개념 ··· 320
2. 법률상 용어 ··· 321
3. 대출과 여신 ··· 321
4. 신용공여 ··· 323
제2절 은행법상 여신상품 규제 ··· 323
Ⅰ. 의의 ··· 323
Ⅱ. 여신상품에 대한 일반규정(여신운용 원칙) ··· 324
Ⅲ. 주택담보대출에 관한 규정(주택담보대출에 대한 리스크관리) ··· 325
Ⅳ. 약관 ··· 325
제3절 대출의 종류 ··· 327
Ⅰ. 담보유무에 따른 분류 ··· 327
1. 신용대출 ··· 327
2. 담보대출 ··· 328
3. 약관대출(보험계약대출) ··· 328
Ⅱ. 거래유형에 따른 분류 ··· 329
1. 증서대출 ··· 329
2. 당좌대출 ··· 329
3. 어음대출 ··· 330
4. 어음할인 ··· 330
Ⅲ. 기타 기준에 따른 분류 ··· 330

제4장 복합금융상품

제1절 서설 ··· 332
Ⅰ. 복합금융상품의 의의 ··· 332
Ⅱ. 복합금융상품과 조세 ··· 332

제2절 복합금융상품의 종류 ········· 333
Ⅰ. 파생결합예금 ········· 333
Ⅱ. 구조화예금 ········· 333
Ⅲ. 옵션부 이종통화예금 ········· 334

제 4 편 보험상품

제1장 서 설

제1절 보험상품의 의의와 특징 ········· 337
Ⅰ. 보험상품의 의의 ········· 337
1. 일반적 의의 ········· 337
2. 법률상 의의 ········· 338
Ⅱ. 보험상품의 특징 ········· 338
제2절 유사개념 ········· 339
Ⅰ. 공제 ········· 339
Ⅱ. 자가보험 ········· 340
Ⅲ. 저축 ········· 340
Ⅳ. 파생상품 ········· 340

제2장 보험상품 규정체계

제1절 법률상 분류 ········· 341
Ⅰ. 상법상 분류 ········· 341
1. 의의 ········· 341
2. 손해보험의 종류 ········· 341
3. 인보험의 종류 ········· 342
Ⅱ. 보험업법상 분류 ········· 342
1. 의의 ········· 342
2. 일반적 정의 ········· 343
3. 명시적으로 포함되는 상품 ········· 343
4. 명시적으로 제외되는 상품 ········· 350

제2절 기능상 분류 ··· 350
Ⅰ. 기능의 결합 ··· 350
Ⅱ. 보장성 보험상품(위험보장) ··· 350
Ⅲ. 저축성 보험상품(위험보장+저축기능) ··· 351
Ⅳ. 투자성 보험상품(위험보장+투자기능) ··· 352
제3절 기타 분류 ··· 353
Ⅰ. 부정액보험과 정액보험 ··· 353
Ⅱ. 가계보험과 기업보험 ··· 353
1. 상법 ··· 353
2. 보험업법 ··· 354
Ⅲ. 개별보험과 집합보험 ··· 354
Ⅳ. 공보험과 사보험 ··· 355
Ⅴ. 영리보험과 상호보험 ··· 356
Ⅵ. 임의보험과 강제보험 ··· 357
Ⅶ. 원보험과 재보험 ··· 357

제3장 보험회사의 여신상품

제1절 신용공여 ··· 358
Ⅰ. 의의 ··· 358
Ⅱ. 범위 ··· 358
Ⅲ. 타인이 발행한 채권 소유와의 구분 ··· 359
제2절 대출 ··· 359
Ⅰ. 의의 ··· 359
Ⅱ. 대출안내장 ··· 359
Ⅲ. 주택담보대출에 대한 위험관리 ··· 360
Ⅳ. 약관대출(보험계약대출) ··· 360
1. 개념 ··· 360
2. 관련 법규 ··· 361
3. 사업방법서상 약관대출 규정 ··· 362
Ⅴ. 보험안내자료 공시 ··· 362

제5편 여신금융상품

제1장 신용공여

제1절 신용공여의 의의 ······ 365

제2절 신용공여의 범위 ······ 365

제3절 여신금융상품의 범위 ······ 366

제2장 대 출

제1절 의의 ······ 367

제2절 여신전문금융회사의 대출업무 ······ 368

Ⅰ. 대출업무의 영위기준 ······ 368

Ⅱ. 대출업무 운용 원칙 ······ 369

Ⅲ. 주택담보대출의 위험관리 ······ 369

Ⅳ. 부동산프로젝트파이낸싱 대출채권의 위험관리 ······ 370

Ⅴ. 개인신용대출 ······ 370

제3장 여신금융상품의 유형

제1절 의의 ······ 372

제2절 신용카드상품 ······ 372

Ⅰ. 신용카드 발급요건 ······ 372

Ⅱ. 신용카드상품의 종류 ······ 374

1. 개요 ······ 374

2. 카드상품 ······ 374

3. 신용카드대출상품 ······ 384

제3절 시설대여(리스)상품 ······ 388

Ⅰ. 의의 ······ 388

Ⅱ. 리스계약의 종류 ······ 390

Ⅲ. 자동차리스상품 ··· 391
1. 의의 ··· 391
2. 공시 ··· 391
제4절 할부금융상품 ··· 391
Ⅰ. 의의 ··· 391
Ⅱ. 종류 ··· 392
1. 개요 ··· 392
2. 자동차할부금융 ··· 392
3. 자동차 이외의 할부금융 ··· 393
Ⅲ. 공시 ··· 394
1. 일반규정 ··· 394
2. 여신금융상품공시기준 ··· 394

제 6 편 신탁상품

제1장 서 설

제1절 신탁의 의의와 종류 ··· 399
Ⅰ. 신탁의 의의 ··· 399
1. 신탁의 개념 ··· 399
2. 신탁의 기능 ··· 399
Ⅱ. 신탁의 종류 ··· 400
1. 임의신탁과 법정신탁 ··· 400
2. 공익신탁과 사익신탁 ··· 400
3. 능동신탁과 수동신탁 ··· 400
4. 자익신탁과 타익신탁 ··· 401
5. 영리(영업)신탁과 비영리(비영업)신탁 ··· 401
6. 자산운용형신탁 · 자산관리형신탁 · 자산유동화형신탁 ··· 402
제2절 신탁업과 신탁의 법체계 ··· 402
Ⅰ. 신탁업 ··· 402
1. 신탁업의 의의 ··· 402

2. 신탁업의 연혁 ······ 403
3. 신탁업의 유형 ······ 403
Ⅱ. 신탁의 법체계 ······ 404
1. 법체계 ······ 404
2. 자본시장법상 신탁업의 특징 ······ 405
3. 신탁법과 자본시장법의 관계 ······ 406

제2장 자본시장법상 신탁상품

제1절 신탁재산의 제한 ······ 407
Ⅰ. 신탁재산의 의의 ······ 407
Ⅱ. 신탁재산의 범위 ······ 407
Ⅲ. 투자성있는 신탁상품 ······ 408
Ⅳ. 신탁상품의 종류 ······ 409
제2절 금전신탁 ······ 409
Ⅰ. 의의 ······ 409
Ⅱ. 특정금전신탁 ······ 410
1. 서설 ······ 410
2. 특정금전신탁계약서 예시안 ······ 412
3. 특정금전신탁상품 종류 ······ 416
Ⅲ. 불특정금전신탁 ······ 418
1. 의의 ······ 418
2. 연금신탁 ······ 418
제3절 재산신탁 ······ 419
제4절 부동산신탁 ······ 419
제5절 종합재산신탁 ······ 420

제3장 신탁법상 신탁상품

제1절 자금조달을 위한 신탁 ······ 422
Ⅰ. 유한책임신탁 ······ 422
Ⅱ. 수익증권발행신탁 ······ 423

제2절 재산관리형 신탁 ········ 423
Ⅰ. 유언대용신탁 ········ 423
Ⅱ. 증여신탁 ········ 424
Ⅲ. 수익자연속신탁 ········ 424
제3절 기타 신탁 ········ 425

제7편 연금상품

제1장 서 설

제1절 연금제도 개관 ········ 429
Ⅰ. 노후소득 보장장치로서의 연금제도 발전 ········ 429
Ⅱ. 노후소득 보장체계 ········ 430
Ⅲ. 연금의 지배구조 ········ 430
제2절 연금구성체계 ········ 431
Ⅰ. 공적연금(국민연금) ········ 431
Ⅱ. 준공적연금(퇴직연금) ········ 431
Ⅲ. 개인연금 ········ 432

제2장 퇴직연금

제1절 서설 ········ 433
Ⅰ. 퇴직연금 도입배경 ········ 433
Ⅱ. 퇴직연금 운영현황 ········ 433
1. 퇴직연금 적립금 현황 ········ 433
2. 퇴직연금 도입 사업장 현황 ········ 434
제2절 퇴직급여법상 퇴직연금제도 ········ 434
Ⅰ. 퇴직연금의 의의·유형·구조 ········ 434
1. 의의 ········ 434
2. 유형 ········ 435
3. 운영구조 ········ 437

Ⅱ. 퇴직연금사업자의 등록 ···· 437
Ⅲ. 운용관리업무에 관한 계약의 체결 ···· 438
Ⅳ. 자산관리업무에 관한 계약의 체결 ···· 439
Ⅴ. 퇴직연금사업자의 책무 ···· 439
Ⅵ. 퇴직연금사업자에 대한 감독 ···· 441
Ⅶ. 자산운용 규제 ···· 442
Ⅷ. 공시 관련 규제 ···· 443
제3절 자본시장법 및 신탁법 등 관련법상 퇴직연금제도 ···· 443
Ⅰ. 퇴직연금의 법적 성격 ···· 443
1. 금전신탁의 성격 ···· 443
2. 금융상품의 성격 ···· 444
Ⅱ. 금전신탁 측면의 관련규제: 수탁자규제 ···· 444
1. 자본시장법 ···· 444
2. 신탁법 ···· 445
Ⅲ. 금융상품 측면의 관련규제 ···· 446
1. 투자자문 규제 ···· 446
2. 자산운용 규제 ···· 446
3. 판매 규제 ···· 446

제3장 개인연금

제1절 연혁 ···· 448
제2절 연금저축 ···· 449
Ⅰ. 의의 ···· 449
Ⅱ. 연금저축신탁 ···· 450
Ⅲ. 연금저축펀드 ···· 450
Ⅳ. 연금저축보험 ···· 451
제3절 연금보험 ···· 451
Ⅰ. 의의 ···· 451
Ⅱ. 일반연금보험 ···· 452
Ⅲ. 변액연금보험 ···· 452
Ⅳ. 자산연계형연금보험 ···· 452

제8편 서민금융상품

제1장 서 설

제1절 서민금융상품의 등장 배경 455
제2절 서민금융의 개념 456
제3절 서민금융지원제도의 운영현황 457

제2장 서민금융상품의 개념과 유형

제1절 서민금융상품의 개념 459
제2절 서민금융상품의 유형 460
제3절 미소금융 460
Ⅰ. 의의 460
Ⅱ. 지원체계 및 운영방식 461
제4절 햇살론 462
Ⅰ. 의의 462
Ⅱ. 추진 배경 및 제도 개선사항 463
Ⅲ. 보증체계 및 운영방식 464
제5절 새희망홀씨 464
Ⅰ. 의의 464
Ⅱ. 보증체계 및 운영방식 465
제6절 바꿔드림론 465
Ⅰ. 의의 465
Ⅱ. 보증체계 및 운영방식 466

제9편 부동산 관련 금융상품

제1장 부동산 간접투자

Ⅰ. 의의 및 도입취지 ···· 469
1. 부동산 간접투자의 의의 ···· 469
2. 부동산 간접투자제도의 발전과정 ···· 470
Ⅱ. 부동산 간접투자시장 ···· 470
1. 국내 부동산 간접투자시장의 변화 ···· 470
2. 주요국의 부동산 간접투자시장 ···· 472
3. 우리나라의 부동산 간접투자시장 ···· 472
Ⅲ. 부동산 간접투자의 유형 및 부동산 금융상품 ···· 473
1. 부동산 간접투자의 유형 ···· 473
2. 부동산 관련 금융상품 분류 ···· 475

제2장 부동산투자회사(리츠)

제1절 서설 ···· 476
Ⅰ. 리츠제도의 도입과 그 배경 ···· 476
Ⅱ. 리츠의 개념·구조·유형 ···· 477
1. 리츠의 개념 ···· 477
2. 리츠의 구조 ···· 478
3. 리츠의 유형 ···· 479
Ⅲ. 부동산투자회사법상 리츠의 종류와 특징 ···· 480
1. 리츠의 종류 ···· 480
2. 리츠의 특징 ···· 481
제2절 부동산투자회사의 설립 및 영업인가 ···· 482
Ⅰ. 설립 ···· 482
Ⅱ. 자본금 ···· 482
Ⅲ. 영업인가 ···· 483
Ⅳ. 등록 ···· 483

제3절 부동산투자회사의 주식발행 ···· 484
Ⅰ. 주식의 공모 ···· 484
Ⅱ. 주식의 분산 ···· 485
Ⅲ. 1인당 주식소유한도의 예외 ···· 485
Ⅳ. 현물출자 ···· 486
Ⅴ. 주식의 상장 ···· 486
제4절 자산의 투자 · 운용 ···· 486
Ⅰ. 자산의 투자 · 운용 방법 ···· 486
Ⅱ. 자산의 구성 ···· 487

제3장 부동산투자신탁(부동산펀드)

제1절 서설 ···· 488
Ⅰ. 부동산펀드의 도입 및 그 배경 ···· 488
1. 부동산투자회사법과 간접투자자산운용업법 ···· 488
2. 자본시장법 ···· 489
Ⅱ. 부동산펀드의 개념과 구조 ···· 490
1. 부동산펀드의 개념 ···· 490
2. 부동산펀드의 일반적인 구조 ···· 491
Ⅲ. 부동산펀드의 특성 및 투자위험 ···· 491
1. 부동산펀드의 특성 ···· 491
2. 부동산펀드의 투자위험 ···· 491
제2절 부동산펀드의 유형 ···· 492
Ⅰ. 부동산펀드의 종류 ···· 492
1. 실물형 부동산펀드 ···· 492
2. 대출형 부동산펀드 ···· 493
3. 권리형 부동산펀드 ···· 493
4. 증권형 부동산펀드 ···· 493
5. 파생상품형 부동산펀드 ···· 494
6. 준부동산펀드 ···· 494

Ⅱ. 부동산펀드의 기타 유형 494
1. 국가 기준에 따른 분류 494
2. 법적 형태에 따른 분류 494
3. 펀드의 자금 모집방식에 따른 분류 494
4. 투자지역에 따른 분류 495

제4장 부동산신탁(토지신탁)

제1절 서설 496
Ⅰ. 부동산신탁의 도입배경 496
Ⅱ. 부동산신탁의 의의와 기능 497
1. 부동산신탁의 의의 497
2. 부동산신탁의 기능 497
Ⅲ. 국내 부동산신탁산업의 특징 499
1. 신탁업 인가 499
2. 신용위험 집중도 499
3. 차입형, 혼합형, 비차입형의 구분 500
4. 차입형 토지신탁과 사업위험 500
5. 자산건전성 분류기준의 특징 501
6. 차입형 토지신탁과 유동성 관리 501
7. 소송 등 우발채무 리스크 501
Ⅳ. 부동산신탁의 유형 502
1. 개요 502
2. 관리신탁 502
3. 처분신탁 503
4. 담보신탁 505
5. 분양관리신탁 506
6. 토지신탁 508
제2절 토지신탁 509
Ⅰ. 서설 509
1. 도입취지 509
2. 토지신탁의 개념 509
3. 토지신탁 관련 법률 510
4. 토지신탁의 특징과 장점 511

Ⅱ. 토지신탁의 구조 ······ 513
1. 의의 ······ 513
2. 토지신탁의 신탁관계인 ······ 514
3. 토지신탁업무 진행절차 ······ 516
Ⅲ. 토지신탁의 종류 ······ 517
1. 개요 ······ 517
2. 분양형태에 따른 분류 ······ 517
3. 차입형 토지신탁(신탁회사의 차입유무에 따른 분류) ······ 519
4. 관리형 토지신탁(신탁회사의 차입유무에 따른 분류) ······ 526
Ⅳ. 토지신탁의 구조적 위험 ······ 537
1. 토지신탁과 조세 ······ 537
2. 토지신탁 조달사업비의 무한책임 ······ 538
3. 토지신탁 종료 후의 매도담보책임 ······ 542
4. 신탁원부 공시의 한계 ······ 542
5. 수탁자의 제3채권자에 대한 무한책임 ······ 543

제5장 부동산 프로젝트금융(PF)

제1절 부동산개발사업과 부동산개발금융 ······ 544
Ⅰ. 부동산개발사업 ······ 544
1. 의의 ······ 544
2. 특징 ······ 544
Ⅱ. 부동산개발금융 ······ 546
제2절 프로젝트금융(PF) ······ 547
Ⅰ. 서설 ······ 547
1. 프로젝트금융의 등장과 발전 ······ 547
2. 프로젝트금융의 개념 ······ 549
3. 프로젝트금융의 특성 ······ 550
4. 프로젝트금융의 장·단점 ······ 553
Ⅱ. 프로젝트금융의 구조 ······ 556
1. 거래참여자 ······ 556
2. 프로젝트금융의 자금구조 ······ 559

제3절 프로젝트금융투자회사(PFV) ········ 562
Ⅰ. 서설 ········ 562
1. 의의와 도입배경 ········ 562
2. 법인세법에 도입 ········ 562
3. 프로젝트금융투자회사(PFV) 현황 ········ 563
Ⅱ. 프로젝트금융투자회사(PFV)의 요건 ········ 563
1. 특정사업 요건 ········ 563
2. 명목회사 요건 ········ 566
3. 한시성 및 존속기간 요건 ········ 566
4. 주식회사 및 발기설립 요건 ········ 567
5. 최소자본금 요건 ········ 567
6. 발기인 및 주주 요건 ········ 567
7. 이사 자격요건 ········ 568
8. 감사 자격요건 ········ 569
9. 자산관리·운용 및 처분에 관한 업무 위탁 요건 ········ 569
10. 자금관리업무 위탁 요건 ········ 570
11. 설립신고 요건 ········ 571
Ⅲ. 프로젝트금융투자회사(PFV)에 대한 과세 문제 ········ 571
1. 법인세법과 조세특례제한법 ········ 571
2. 프로젝트금융투자회사(PFV)에 대한 과세 ········ 572
제4절 사회기반시설에 대한 민간투자와 프로젝트금융 ········ 572
Ⅰ. 서설 ········ 572
1. 민간투자의 의의 ········ 572
2. 민간투자법의 연혁과 성격 ········ 574
3. 민간투자사업의 추진방식 ········ 578
Ⅱ. 민간투자법의 주요 내용 ········ 580
1. 사회기반시설사업 ········ 580
2. 정부지원 ········ 583
3. 민간투자사업에서의 행정계획 ········ 584
4. 감독 ········ 587
Ⅲ. 민간투자사업의 추진절차 ········ 588
1. 대상사업 지정과 추진구조 ········ 588
2. 정부고시사업 추진절차 ········ 592

3. 민간제안사업 추진절차 ···· 607
4. 임대형 정부고시사업 추진에 관한 특례 ···· 612
5. 임대형 민간제안사업 추진에 관한 특례 ···· 616
6. 경쟁적 협의 절차 ···· 617

Ⅳ. 민간투자사업의 위험분담 ···· 619
1. 위험분담의 원칙 및 민간투자사업의 위험분담 필요성 ···· 619
2. 위험분담 ···· 622

Ⅴ. 민간투자사업을 위한 프로젝트금융 ···· 625
1. 자금조달에 관한 규율의 필요성 ···· 625
2. 사회기반시설과 프로젝트금융의 배경 ···· 626
3. 민간투자사업의 프로젝트금융 추진방식 ···· 627
4. 프로젝트금융의 주요계약 ···· 629
5. 민간투자사업의 자금조달 ···· 635
6. 자금조달 및 자금재조달에 관한 규율 ···· 636

제5절 부동산 프로젝트금융(PF) ···· 642

Ⅰ. 서설 ···· 642
1. 의의 ···· 642
2. 부동산PF의 발전과 특징 ···· 643
3. 국내 부동산PF의 특징과 문제점 ···· 646

Ⅱ. 부동산PF 익스포져 현황 및 잠재리스크 ···· 648
1. 개요 ···· 648
2. 부동산PF 익스포져 현황 ···· 648
3. 부동산PF 익스포져 잠재리스크 ···· 649

Ⅲ. 부동산PF의 당사자와 계약관계 ···· 650
1. 주요 당사자 ···· 650
2. 계약관계 ···· 653

Ⅳ. 부동산PF 대출 절차 및 형태 ···· 654
1. 진행 및 약정 ···· 654
2. 대출형태 및 자금조달 ···· 655

Ⅴ. 담보 및 신용보강 ···· 657
1. 서설 ···· 657
2. 시공사를 통한 위험관리 ···· 659
3. 부동산신탁에 의한 위험관리 ···· 670

4. 시행사(사업주체)에 대한 위험관리 ····· 672
5. 기타 방안 ····· 678

제6장 부동산 그림자금융

Ⅰ. 서설 ····· 681
1. 그림자금융의 의의 ····· 681
2. 그림자은행의 금융중계 ····· 683
3. 국내 그림자금융 상품의 유형 ····· 688
Ⅱ. 부동산 그림자금융 유형과 위험관리 ····· 693
1. 부동산시장 현황 ····· 693
2. 부동산 그림자금융 위험관리 ····· 694

참고문헌 ····· 703
찾아보기 ····· 713

제 1 편 /

총 설

제1장 개관
제2장 금융상품규제

제1장 / 개 관

제1절 금융상품의 의의 · 기능 · 특성

Ⅰ. 금융상품의 의의

금융상품의 정의는 금융규제법의 적용 범위를 정하는 출발점으로서 핵심적인 개념이다.1) 금융상품이란 금융시장에서 금융기관 또는 자금수요자에 의해 창출되는 금융기법의 결과로 만들어진 금융형식이다. 경제주체가 보유자산을 금융에 운용하는 경우 금융상품을 구매하는 것이므로 금융상품은 금융자산이라고도 한다. 그 법적 성격은 현재 또는 미래의 현금흐름에 대한 채권적 청구권을 나타내는 화폐증서이다.2)

이러한 채권적 계약에서 채무자의 이행사항 등 부수적인 법률관계를 규정하는 것이 금융약관이다. 금융상품은 이자율, 만기 등 채권의 주된 사항을 정하고, 금융약관은 종된 사항을 정하는 점에서 차이가 있다. 예를 들어 은행의 경우 이자율 연 5%, 만기일 2020. 6. 5.의 정기예금을 금융상품이라고 하면, 이 예금과 관련된 중도해지, 금융분쟁 등 부수적인 사항을 정한 것이 예금거래기본약관과 정기예금특별약관이다. 한편 전자금융거래의 경우 금융상품은 전자적 장치를 통해 직접 대면하거나 의사소통을 하지 아니하고 자동화된 방식으로 이용자에게 제공되며, 전자금융거래 표준약관, 전자보험거래 표준약관 등이 적용된다.

---

1) 정순섭(2013), "금융규제법체계의 관점에서 본 자본시장법: 시행 4년의 경험과 그 영향", 서울대학교 금융법센터 BFL 제61호(2013. 9), 11쪽.

2) 정찬형 · 최동준 · 김용재(2009), 「로스쿨 금융법」, 박영사(2009. 9), 14-15쪽.

금융업의 인·허가를 받거나 등록한 금융기관은 원칙적으로 설립근거법에서 정해진 업무범위 내에서 자율적으로 금융상품을 개발할 수 있다. 다만 금융당국은 금융거래질서 유지와 금융소비자보호를 위하여 약관을 심사한다. 약관의 위법성 또는 이용자의 권익침해 가능성 등으로 문제가 있거나, 약관내용의 변경이 필요하다고 인정하는 경우 금융당국은 금융상품의 거래방식이나 발행방법 및 조건 등의 변경을 권고하고 있다.

금융상품은 금융업을 수행하는 금융기관에 있어서 가장 중요한 수익의 원천에 해당한다. 따라서 각 금융권역별 또는 각 금융기관별로 시장을 소구할 수 있는 양질의 금융상품을 여하히 개발하느냐가 각 금융권역 및 각 금융기관의 생존 및 성장의 관건이 된다고 볼 수 있다. 금융기관은 소비자의 금융 수요, 조달금리, 금융환경 등을 감안하여 금융상품을 개발하고 있다. 예를 들면 IMF 경제위기 이후 파생상품, 인터넷전용 금융상품, 펀드 등이 많이 만들어지고, 최근에는 주식·채권·보험이 결합한 복합금융상품도 판매되고 있다. 금융상품은 많은 종류가 있고, 상품명이나 내용이 복잡하다.

Ⅱ. 금융상품의 기능

금융상품은 금융거래의 수단이다. 자금공급자는 저축·투자의 수단으로 금융상품을 보유하는 점에서 금융상품은 저축기능을 한다. 저축은 확정이자를 받는 안정적 재산증식 방법인데 반해, 투자는 원본손실을 초래할 수 있는 신용위험, 시장위험, 금리위험 등 위험성과 수익성이 높은 재산증식방법이다. 그리고 투자성향, 자금여력에 따라 자금공급자가 선택하는 금융상품은 위험헤지기능을 한다. 또 수표, 외국환, 직불카드 등의 금융상품은 지급결제기능, 국제간 거래기능, 이종화폐거래기능을 한다.[3)]

Ⅲ. 금융상품의 특성

금융산업의 발전과 더불어 새로운 금융상품이 등장하고, 금융상품이 복잡·다양화되면서 금융거래에 필요한 지식은 급격히 늘어나고 있다. 금융상품 정보의 종류와 양이 점점 많아지고 복잡해지고 있으나 이를 충분히 인지하지 못한 상태에서 금융거래가 이루어져, 이로 인한 소비자의 불만과 피해가 지속적으로 제기되고 있다. 금융상품은 무형의 상품으로서 소비자들이 그 외형을 통하여 상품의 질과 내용을 알기가 어렵다. 또한 가계부채로 인한 개인 파산, 무계획한 금융투자나 대출증가, 금융피라미드나 보이스피싱 등의 금융사기 사건 증가, 금융상품에 대한

3) 정찬형·최동준·김용재(2009), 21.

충분한 설명이 이루어지지 않는 불완전판매, 정보비대칭 금융거래로 인한 불만이나 피해가 발생하고 있다.[4)]

금융상품은 정보의 전문성, 차별성, 시간성과 지속성으로 정보화 시대에 필요한 정보를 찾아내는 일은 쉬운 일이 아니다. 이러한 이유로 금융소비자들은 필요한 정보를 얻기 어렵고 정보에 대한 이해나 활용에서도 금융기관보다 열위에 있다. 더욱이 금융상품이 복잡·다양화되면서 금융기관과 소비자 간의 정보와 교섭력 불균형이 더욱 심각해지고, 금융소비자들이 알아야 할 정보를 충분히 알지 못한 상황에서 불완전판매가 이루어지고 이로 인한 피해와 불만이 끊임없이 제기되고 있다.

금융상품은 일반상품과는 다르게 무형성, 불가분성, 이질성, 소멸성이라는 특성을 가진다. 금융이라는 상품은 구입된 당시 소비의 질이 종결되기 전까지 금융서비스의 공급자와 수요자 간에는 정보의 비대칭성이 심각하게 발생될 여지가 있다. 또한 금융상품은 매우 복잡하게 설계되어 있어 그 수요자가 정보를 갖고 있거나 심지어 사용하고 있더라도 그 질적 수준을 이해하거나 평가할 수 없는 신용상품의 특성을 갖고 있다.

제2절 금융상품의 분류

Ⅰ. 금융상품의 분류방법

금융기관은 투자자들의 다양한 욕구를 충족시키기 위해 많은 종류의 금융상품을 개발·판매하고 있다. 금융상품은 금융자유화 이후 더욱 다양해지고 있다. 금융상품을 분류하는 방법은 여러 가지가 있다. 가장 흔하게 사용하는 분류방법은 금융기관별로 취급하는 상품을 분류하는 방법이다. 두 번째 방법은 금리확정 여부에 따라 분류할 수 있다. 즉 금리확정형과 실적배당형으로 구분할 수 있다. 세 번째 방법은 과세방법에 따라 비과세, 분리과세, 세금면제 등의 방법으로 분류하기도 한다. 그 외에도 원금보장 여부, 투자기간, 이자지급방법 등 많은 방법으로 분류할 수 있다.

금융상품은 일반적으로 상품의 특성에 따라 분류할 수 있으며, 해당 특성에 따라 금융상품을 취급하는 금융기관도 상이하다. 금융상품은 원본손실 여부, 원본을 초과하는 손실 여부

4) 양덕순(2016), "금융상품에 대한 소비자정보 역량 평가지표에 관한 연구", 소비자정책교육연구 제12권 2호(2016. 12), 62-63쪽.

그리고 위험보장 여부에 따라 분류할 수 있다. 원본손실이 발생하지 않는 금융상품으로는 은행 수신상품 혹은 예·적금이 있고, 원본손실이 발생하는 경우에는 금융투자상품으로 분류된다. 원본 이상의 손실이 발생하지 않는 상품은 증권상품이 있고, 원본을 초과하는 손실이 발생할 수 있는 상품에는 파생상품이 있다.

미래 발생할 수 있는 위험에 대한 금전적 보상을 약속하는 금융상품을 보험이라 한다. 보험해약 혹은 만기 시 환급금이 납입보험료보다 많은 보험상품은 저축성보험, 그렇지 않은 보험상품은 보장성보험으로 분류된다.

금융상품은 자본시장법의 시행으로 원본손실의 가능성 여부에 따른 금융투자상품과 비금융투자상품으로 구분된다. 비금융투자상품은 은행상품, 보험상품 등으로 구분된다.

Ⅱ. 금융상품과 소득의 분류

금융상품으로부터 발생하는 소득은 금융상품을 보유·처분하는 과정에서 발생하는 이자소득, 배당소득, 양도소득 등으로 구분할 수 있다. 은행의 수신상품과 같이 일정기간 금전대여의 대가로 발생한 소득은 이자소득으로 분류하고, 금융투자상품의 경우 채권 등에 투자하여 금전을 대여한 경우 발생한 소득은 이자소득, 주식 등에 투자하여 지분투자에 대한 사업이익의 분배금을 수령한 경우 배당소득으로 분류한다. 이때 채권의 이자율 변동으로 인한 채권가격의 상승, 주식가격이 상승하여 이익을 얻게 된 경우 이를 자본이득(capital gain)으로 보고 소득분류는 양도소득으로 분류한다. 그리고 보험상품의 경우 보험사고의 발생으로 인해 지급받는 보험금 혹은 보험보장기간 만료 이후 수령하는 만기환급금액은 보험이익으로 분류한다.[5)]

5) 정원석·임준·김유미(2016), "금융·보험세제연구: 집합투자기구, 보험 그리고 연금세제를 중심으로", 보험연구원(2016. 5), 1쪽.

제2장 / 금융상품규제

제1절 서 설

금융상품은 금융기관에 의해 생산되고 개인 및 가계에 의해 소비된다. 금융상품규제에 대한 논의는 "금융상품이 생산되고 소비되는 금융산업의 전반적인 특성은 정보의 비대칭성이 크고 금융상품이 신뢰재로서의 성격을 갖는다"는 것에서 출발한다. 금융상품이 신뢰재라는 것은 금융상품의 소비를 결정한 이후 특정한 상황이 되어서야 동 상품의 최종적인 효용 및 비효용이 결정됨을 뜻한다.[1)]

금융상품에 대한 사전적 규제는 민원·분쟁조정·소송 등으로 금융소비자의 불만이 제기되기 이전에 불만의 요인을 없애고, 정보가 원활히 제공되도록 하며, 금융소비자의 편의를 증대시키는 기능을 할 수 있다. 예를 들어 공정한 광고·공시 등은 금융소비자가 금융상품을 구매(또는 가입) 시 의사결정에 필요한 정보를 제공하며, 구매 이후 금융상품에 대해 평가할 수 있는 정보를 제공하여 금융소비자는 불만족스러울 가능성이 높은 금융상품은 선택하지 않거나 불만족스러운 금융상품은 보다 만족스러운 금융상품으로 변경할 수 있도록 한다. 또한 금융상품 비교공시는 금융소비자들이 보다 편하게 유사한 금융상품을 비교할 수 있게 도와주는 역할을 한다. 이와 더불어 민원·분쟁조정·소송 등으로 이어질 가능성을 줄여주어 금융기관의 잠재적 부담을 사전적으로 줄여주는 기능도 한다. 그리고 금융상품에 대한 사전적 규제는 금융기관이 금융소비자에게 양질의 정보를 제공하도록 유도하는 측면이 있다. 이러한 양질의 정보는

1) 노형식·송민규·연태훈·임형준(2014), "금융소비자보호 효과 제고를 위한 실천과제: 규제, 사후관리, 역량강화", 한국금융연구원(2014. 7), 1쪽.

분쟁조정 등 금융소비자보호의 사후적 제도가 효율적으로 작동하게 하는 근간이 된다.[2)]

금융상품에 대한 사전적 규제의 항목들은 금융기관의 영업행위규제의 일부이다. 여기서는 영업행위규제 중 불건전 영업행위 규제 내에서 i) 금융상품을 구입하기 전의 정보수집단계와 관련이 있는 공시·광고 규제, ii) 금융상품에 대한 정보수집단계(공시·광고)와 실제로 계약을 체결하는 단계(약관) 사이의 중간단계는 금융상품 판매과정이라고 할 수 있는데, 이는 금융상품 제조행위, 판매행위, 판매를 위한 위임행위와 관련이 있는 판매과정 중 나타나는 판매규제, iii) 금융상품을 구입하는 시점에서 금융기관과 소비자 간의 계약체결과 관련되는 약관규제를 살펴보기로 한다.

제2절 금융상품 공시규제

Ⅰ. 금융상품공시의 의의

금융상품 정보는 거래약관, 이자율, 수수료 등과 같이 금융상품에 관한 주요 정보로서 개별 금융업법에서 공시항목으로 정하고 있는 것을 말한다. 한편 금융상품 공시제도는 금융상품 정보를 공개하여 금융소비자의 합리적인 금융상품 선택을 돕고 공시내용대로 법률효과를 부여하여 금융소비자를 보호하고자 하는 제도로서 개별공시와 비교공시로 나눌 수 있다.

개별공시는 개별 금융기관이 주체가 되어 해당 금융상품에 관한 정보를 금융소비자에게 공시하는 것이며, 비교공시는 해당 금융권역에 속한 전체 금융기관의 금융상품 정보를 일목요연하게 비교하여 공시하는 것이다. 금융상품 비교공시는 정보비대칭을 해소하여 금융소비자의 상품선택권을 강화하고 금융기관들 간의 경쟁을 유도하기 위한 목적을 가지고 있다. 따라서 금융소비자에게 제공되어야 할 금융상품 정보에는 기본적으로 금융상품 비교공시의 내용도 포함된다.

금융기관이 출시하는 금융상품이 다양화되면서 금융소비자들이 본인에 적합한 상품을 선택하기가 점점 더 어려워지고 있다. 개별 금융상품은 공시를 통해 기본적인 정보가 제공되고 있으나 금융소비자가 자신에 맞는 금융상품을 선택하기 위해서는 유사상품 간의 비교를 위한 정보가 필요하다. 이러한 측면에서 볼 때 비교공시는 금융소비자의 합리적인 상품선택을 위해 중요하며, 스스로 합리적인 상품을 선택하려고 노력하는 금융소비자에게 정보를 제공하기 때

2) 노형식·송민규·연태훈·임형준(2014), 12-13쪽.

문에 금융소비자보호 측면에서도 중요하다.

Ⅱ. 금융상품 비교공시의 기능

금융소비자보호 강화는 우리나라뿐만 아니라 전 세계적인 추세가 되고 있다. 이를 다른 측면에서 보면 그동안 금융부문에서 소비자보호가 취약했다고 볼 수도 있다. 금융부문에서 소비자보호가 중요한 이슈로 대두되는 이유는 무엇보다도 정보비대칭 문제 때문이다. 인구구조 변화, 경제상황 변화 등에 따라 금융소비자의 금융상품에 대한 수요도 변화하고 이에 부합하려는 금융기관의 노력은 금융상품의 복잡화로 이어질 수밖에 없다. 그런데 금융상품이 복잡해질수록 금융기관과 금융소비자 간의 정보비대칭은 커질 수밖에 없고, 이에 따라 금융소비자보호는 더욱 강조될 수밖에 없는 상황이다. 결국 금융소비자보호가 중요한 이슈로 부각되는 근본적 원인의 저변에는 정보비대칭 문제가 존재한다. 금융소비자보호에 있어서는 분쟁조정, 처벌 강화 등 사후적인 제재도 중요하지만 사전적으로 금융소비자에게 충분한 정보를 제공함으로써 문제가 발생하는 것을 사전적으로 예방하는 것도 중요하다. 이러한 측면에서 금융상품 비교공시는 중요한 의미를 갖는다.[3)]

비교공시가 갖는 또 다른 기능으로는 금융소비자가 금리(돈의 가격), 수수료, 수익률 등에 대해 보다 쉽게 알 수 있게 한다는 점을 들 수 있다. 이 중에서 금리, 수익률 등은 금융시장의 상황에 따라 사후적으로 변동할 수도 있는 반면, 수수료의 경우는 금융소비자가 미리 명확히 이해하고 상품을 구입할 필요가 있다. 금융기관은 당연히 필요한 수수료를 수취해야 하지만 이와 관련하여 수수료 지불 주체인 금융소비자에게 수수료와 관련된 명확한 정보를 제공하는 것이 필요하다. 비교공시가 면밀하게 이루어진다면 이러한 수수료체계가 투명하게 공개되어 금융소비자의 금융기관 및 금융상품에 대한 신뢰도 제고에도 도움이 될 것이다.

Ⅲ. 금융상품 비교공시의 법적 근거와 문제점

1. 법적 근거

금융상품에 대한 비교공시는 각 금융업권별로 협회에서 수행하고 있다. 은행연합회, 금융투자협회, 생명보험협회, 손해보험협회, 여신금융협회, 저축은행중앙회, 신용협동조합중앙회, 한국대부금융협회에서 업권별로 인터넷을 통해 비교공시를 시행하고 있다.

---

3) 구정한(2014), “금융상품 비교공시 보완을 통한 금융소비자보호 강화”, 한국금융연구원 주간 금융 브리프 23권 47호(2014. 12), 4-5쪽.

금융투자상품과 보험상품의 경우 해당 협회가 비교공시를 할 수 있는 법적 근거가 존재한다. 즉 자본시장법(법58, 90)에는 금융투자협회의 집합투자상품에 대한 비교공시를 규정하고 있으며, 보험업법(법124, 175)에는 보험협회의 보험상품에 대한 비교공시를 규정하고 있다. 그러나 은행법, 여신전문금융업법, 상호저축은행법, 신용협동조합법, 대부업법 등에는 금융상품에 대한 비교공시의 법적 근거가 마련되어 있지 않다.

2. 문제점

은행, 여신전문금융회사, 저축은행 등의 경우에는 법적 근거는 없지만 각 협회에서 협회기준 등에 따라 자율적으로 비교공시를 하고 있다. 각 협회는 홈페이지를 통해 비교공시를 하고 있는데 주로 방대한 정보를 나열식으로 제공하고 있다. 특히 금융기관 및 금융상품의 수가 많을수록 비교공시 정보는 상당히 방대하다. 각 협회에서 비교공시를 위해 노력하고 있으나 금융소비자의 편의성 관점에서 볼 때 몇 가지 문제점이 있다.[4)]

i) 각 협회별로 비교공시하는 방식이 상이하고 금융소비자가 비교공시 자료에 접근하고자 하더라도 홈페이지에서 쉽게 찾을 수 없는 경우가 있다. 이 부분에 대해서는 각 협회 홈페이지에서 금융소비자가 비교공시 자료에 쉽게 접근할 수 있도록 해야 할 필요가 있다.

ii) 비교공시 자료에서 여러 가지 금융관련 전문용어들이 나오는데 이에 대한 구체적인 설명이 부족하다. 예를 들면 공모펀드, 저축성보험 등 펀드투자와 연관되어 있는 상품의 보수에는 운용보수, 판매보수, 수탁보수 등이 포함되어 있는데 금융권에 종사하지 않는 일반 금융소비자는 구체적인 내용을 이해하기 힘들다. 물론 이에 대한 설명이 있는 경우도 있으나 금융소비자가 일일이 찾아야지만 검색이 가능하도록 되어 있어 편의성 측면에서 개선이 필요하다. 비교공시는 금융소비자의 이해를 높이기 위한 것이므로 금융소비자가 쉽게 이해할 수 있는 형태로 구축될 필요가 있다.

iii) 금융소비자가 지불하는 수수료의 경우 누구에게 어떤 명목으로 얼마가 지불되는지 명확하지 않은 경우가 있다. 금융상품의 구조가 복잡할수록 상품판매, 자산관리 · 운용, 사무관리 등 다양한 주체가 연계되어 있고 이에 따른 수수료가 지불되고 있는데, 고객이 납입하는 자금이 어떠한 방식으로 운용되고 수수료가 어떤 방식으로 산정 · 지불되는지를 금융소비자에게 명확하게 알릴 필요가 있다. 그러나 현재 비교공시 방식에서는 수수료율은 알 수 있지만 누구에게 지불되는지를 알기는 쉽지 않다.

iv) 금융기관 및 금융상품이 많은 경우 나열식으로 제공되는 정보의 양이 너무 많아 금융소비자가 일일이 비교하여 합리적인 선택을 할 수 있도록 하는 데에는 한계가 있다. 펀드, 보

4) 구정한(2014), 5-6쪽.

험상품의 경우 회사마다 다양한 종류의 상품을 출시하고 있고 모든 회사의 상품이 나열식으로 비교공시되어 있어 소비자가 상품을 비교하기 어려운 측면이 있다. 따라서 금융소비자가 보다 쉽게 상품을 비교할 수 있는 방식의 비교공시가 필요하다.

제3절 금융상품 광고규제

Ⅰ. 서설

1. 개요

금융상품의 경우 정보비대칭이 심하여 성격상 금융소비자가 그 내용을 충분히 이해하고 계약을 체결한다고 보기 어렵다. 더구나 상품별로 내재된 특유의 복잡성은 상품에 대한 이해를 더욱 어렵게 한다. 대표적으로 ETN(Exchange Traded Note, 상장지수증권)[5]이나 ELS(Equity linked Securities, 주가연계증권)[6]와 같은 금융투자상품은 복잡·복합적인 상품이어서 그 구조와 투자위험을 일반인이 이해하기는 쉽지 않으며, 생명보험상품은 통상 장기의 계약인데다 사망보장금은 고액의 상품이고 다수의 특약이 부가되는 경우가 적지 않아 그 효과와 비용을 이해하기가 쉽지 않다. 때문에 모집인의 불완전판매가 있는 경우 금융소비자들은 본인의 수요에 맞지 않는 상품의 구매로 인해 불이익을 보는 경우가 적지 않다. 이처럼 금융상품의 경우 판매단계에서 금융회사의 적정한 정보제공과 금융소비자에게 적합한 상품의 권유는 기본이고 필수라 할 것이다.[7]

그런데 금융소비자가 금융상품을 선택하고 계약체결에 이르는 과정에 영향을 미치는 것은 비단 판매단계에 국한되지 않는다. 이미 그 이전단계에서부터 금융기관의 영향을 받기 때문이다. 대표적으로 TV나 신문·잡지·전단지 등을 통한 광고와 인터넷 사이트 등에 게시된 정보, 그리고 버스·지하철·택시에 부착된 다양한 광고 등을 통해 금융상품에 대한 일정한 이미지가 형성되기 때문이다. 이처럼 해당 금융상품에 관한 구체적인 정보를 적절하게 제공받기 전에 선

---

5) 자본시장법상 파생결합증권으로 발행인인 증권회사가 사전에 정의한 벤치마크지수에 연동하는 수익을 만기에 지급하기로 약정한 증권을 말한다. 증권회사 자신의 신용으로 발행하면서 별도의 담보나 보증을 받지 않은 선순위 무보증채권으로 발행인의 채무불이행 가능성이 존재한다.

6) 자본시장법상 파생결합증권으로 기초자산인 주가지수나 개별주식의 가격에 연동되어 투자주식이 결정되는 증권으로 투자자는 주가지수 또는 주가의 움직임에 따라 약정된 수익률을 얻는다.

7) 안수현(2018), “금융광고와 금융소비자보호: 규제 정비방향과 법적 과제”, 외법논집 제42권 제1호(2018. 2), 218-219쪽.

행하는 이미지는 금융소비자의 상품 선택과 행동에 영향을 미친다.

한편 금융소비자의 입장에서 광고는 상품을 선택하는데 중요한 판단자료가 되며 유의한 정보를 제공한다. 대표적으로 적절한 비교정보의 제공은 금융소비자의 현명한 선택을 지원한다. 따라서 금융상품의 판매 이전에 제공되는 광고는 금융소비자의 금융상품 구매에 관한 의사결정에 상당한 영향을 미칠 수 있어 판매과정의 일환으로 보고 규제와 감독이 행해지는 것이 일반적이다. 다만 구체적으로 판매단계 이전인지 또는 판매에 직접 영향을 미치는지 등에 차이가 있음을 고려하여 규제 방법면에서 달리 접근하는 경향이 있다. 즉 통상 규제와 감독차원에서 권유규제와 광고규제로 구분하여 규율하고 있다.

2. 허위 · 과장 금융상품광고 사례

일부 금융기관은 여전히 고객유인을 목적으로 사실과 다른 내용을 반복적으로 광고하는 경향이 있고, 특히 경제적 취약계층을 대상으로 오해를 유발할 수 있는 표현을 무분별하게 사용하는 것(예컨대 "누구나" "무차별" "00%" 등)으로 나타나고 있다. 또한 근거없이 "최고" "최상" "최저" "우리나라처럼" "당해 금융회사만" 등의 표현을 사용하여 최상 또는 유일성을 나타내는 표현을 사용하고 있으며, "보장" "즉시" "확정" 등의 표현을 빈번히 사용하여 금융소비자와의 분쟁을 초래하는 경우가 적지 않다.[8)]

상품별로 보면 은행상품의 경우 이자의 지급 및 부과시기, 부수적 혜택 및 비용 등과 관련하여 미확정된 사항을 확정적으로 사용하는 경우가 적지 않고, 금융투자상품의 경우에는 수익률이나 운용실적이 좋은 기간의 수익률이나 운용실적만을 표시하는 경우가 많으며, 최근에는 광고성 보도자료를 활용하여 금융투자상품의 위험성에 대한 정보제공 없이 유리한 정보만 제공하는 경우도 많은 것으로 나타나고 있다.[9)] 보험상품의 경우에는 특정한 보험금 수령사례를 소개하여 보험금을 많이 또는 반복해서 지급하는 것으로 과장하는 경우가 있거나 정확한 금액을 설명하지 않고 "0만원대" "만원도 안되는 등"의 표현을 사용 또는 "치료비를 쓰고도 남는" 등의 표현을 사용하여 역선택을 조장하는 경우도 있다. 그 외 저축은행의 경우 TV광고에서 "서류없이" "날쌘 대출" 등의 자극적인 표현을 사용하여 대출의 신속성 · 편리성을 지나치게 강조하는 경향이 있으며, 대부업의 경우에는 반복적인 TV광고를 통해 금융취약계층의 과잉차입을 유도하거나 지나치게 미화하는 경향이 강한 것으로 나타나고 있다.[10)]

---

8) 안수현(2018), 223-224쪽.

9) 예를 들어 ELS를 공모하면서 간이투자설명서에는 고위험으로 공시하면서 광고성 보도자료에는 중위험 · 중수익으로 기재하는 것이 대표적인 예이다. 이는 명백히 허위 · 과장광고에 해당한다.

10) 무조건대출!!, 신용불량자 가능, 무담보 무보증 등 누구나 대출이 가능한 것처럼 오인하게 하는 광고가 행해지고 있고, 서민금융상품을 연상시키는 명칭을 사용하는 광고유형도 적지 않다.

Ⅱ. 금융상품 광고규제의 기능

광고는 상품을 판매하기 위해 해당 상품에 대한 장점을 위주로 한 설명이 수반된다. 단점은 설명하지 않고 해당 상품만 소개하는 제한적 정보이기는 하지만 정보를 제공하는 기능을 수행한다. 따라서 금융상품의 부당·과장 광고는 금융소비자의 그릇된 의사결정으로 이어져 부당한 피해를 입을 수 있는 단초를 제공한다. 더구나 금융상품을 제대로 이해하기 위해서는 상대적으로 전문적 지식이 더 필요한 것으로 인식되고 있어, 금융에 대한 전문적 지식이 부족한 일반 소비자의 경우 이러한 위험에 더욱 노출되어 있다. 또한 광고에 의해 전달되는 정보는 소비자에게 일방적으로 전달되고 소비자가 이에 대한 질의, 의견 등을 상품 제공자에게 전달하고 확인을 받기 어렵기 때문에 해석의 오류 등으로 정보의 왜곡이 발생할 가능성은 더욱 높다. 일방향 정보전달의 왜곡 가능성, 불특정 다수인 금융소비자의 피해 가능성 등은 금융상품 광고규제에 대한 근거를 제공한다.[11)]

광고규제는 해당 업권 및 유사한 상품에 대한 부정적 이미지를 축소하는 긍정적 외부효과를 생성하는 데에도 도움을 준다. 특정한 금융상품의 부당한 광고로 인해 문제가 나타날 경우 유사한 금융상품 및 여타 금융기관의 부정적 이미지로 이어지는 부정적 외부효과가 발생하게 된다. 따라서 광고규제는 부적절한 광고에 의해 발생할 수 있는 부정적 외부성을 축소시키는 데 기여하므로 금융기관 입장에서도 광고규제를 능동적으로 수용하는 것이 유리한 측면이 있다.

금융시장의 발전과 함께 금융상품의 판매채널이 다양화되고 광고도 다양한 형태가 나타나고 있다. 예컨대 홈쇼핑 TV, 인터넷, 전화마케팅, 편의점 판매 등 금융상품에 대한 광고 방식이 빠르게 진화를 거듭하고 있다. 광고 매체의 변화와 함께 규제의 어려움은 심화되고 있어 현재 금융업권의 광고규제의 취약지점이 존재할 가능성이 높다. 따라서 금융상품의 광고규제도 금융상품의 발전과 함께 진화해야 한다.

Ⅲ. 금융상품 광고규제 체계

1. 관련 법률

금융상품광고를 규율하는 일반법으로는 표시광고법, 소비자기본법 등이 있으며, 그 외에 금융업권별로 각각 해당 상품과 서비스에 관한 광고에 관해 그 내용 및 방법 등에 관해 구체적으로 규율하고 있다. 즉 i) 은행상품의 경우 은행법 제52조의3(광고), 동법 시행령 제24조의5

11) 노형식·송민규·연태훈·임형준(2014), 37-38쪽.

(광고), 그리고 은행업감독규정 제90조(광고사항 등)에서 규율하며, ii) 금융투자상품의 경우 자본시장법 제57조(투자광고), 동법 시행령 제60조(투자광고), 금융투자업규정 제4편 제1장 제3절 투자광고(투자광고 포함사항, 투자광고의 방법·절차, 투자광고 준수사항)에서 규율하며, iii) 보험상품의 경우 보험업법 제95조의4(모집광고 관련 준수사항), 동법 시행령 제42조의4(모집광고 관련 준수사항 등), 보험업감독규정 제4-35조의4(모집광고 관련 준수사항 등)에서 규율하며, iv) 여신금융상품의 경우 여신전문금융업법 제50조의9(광고)와 제50조의10(광고의 자율심의), 동법 시행령 제19조의14(광고)와 제19조의15(광고 자율심의 대상)에서 규율하며, v) 저축은행상품의 경우 상호저축은행법 제18조의5(상호저축은행상품 광고), 동법 시행령 제11조의4(상호저축은행상품 광고의 방법 및 절차 등), 상호저축은행업감독규정 제35조의4(광고사항 등)에서 규율하며, vi) 대부상품의 경우 대부업법 제9조(대부조건의 게시와 광고)와 제9조의3(허위·과장 광고의 금지 등), 동법 시행령 제6조의2(대부업자등의 광고)와 제6조의3(대부업자등의 허위·과장 광고), 대부업등 감독규정 제11조(서민금융상품 오인 표현 등을 사용한 광고의 금지)에서 규율하고 있다.

반면 금융상품광고 규제근거의 일반법적인 성격을 가진 표시광고법은 사업자등이 상품 및 용역의 표시·광고를 할 경우 금지·준수사항을 포괄적으로 규정하고 있는 것이 특징이며, 법률 위반시 과징금(매출액의 100분의 2 이하)이 부과되는 것으로 되어있다. 아울러 감독과 집행 차원에서 금융·보험사업자등이 동법상의 금지규정(예컨대 거짓·과장 또는 기만적인 표시·광고, 부당하게 비교하거나 비난적인 표시·광고 등)을 위반한 경우에 공정거래위원회는 금융위원회에 통보하여 금융업법에 따라 처리되도록 함으로써 이중규제가 되지 않도록 하고 있다. 그 밖에 온라인 금융상품광고의 경우에는 전자상거래법 제21조(금지행위)에 의한 규율과 정보통신망법에 따른 방송통신위원회와 방송통신심의위원회의 불법정보 또는 유해정보에 대한 심의 및 사후조치가 행해진다.

2. 자율규제

대부분의 금융협회는 개별 금융업법에 근거하여 광고물에 대한 자율규제를 실시하고 있는데, 대표적으로 금융투자상품, 보험상품, 저축은행상품과 대부상품의 경우 각 업법에 의해 자율규제권한을 부여받은 금융협회의 사전심의를 거치도록 하고 있다. 실무에서는 통상 금융기관이 1차로 심사하고 준법감시인 확인필을 거쳐 제작한 광고물을 각 협회에서 2차 심의하는 수순으로 심의하고 있다. 따라서 각 금융협회(금융투자협회, 생명보험협회, 손해보험협회, 저축은행중앙회, 대부금융협회)는 광고물 제작시 준수하여야 할 세부사항(광고심의내용)을 협회규정으로 마련하여 준수하도록 하고 있다. 예컨대 금융투자상품의 경우 「금융투자회사의 영업 및 업무에 관한 규정」에서 마련하고 있으며, 보험상품의 경우에는 「보험광고·선전에 관한 규정」을 제정·

준수하게 하고 있다. 이와 함께 협회들은 광고심의 체크리스트와 심의사례집을 작성 · 배포하여 금융기관의 광고규정 준수를 지원하고 있다. 다만 현재 은행연합회와 상호금융 관련 협회에만 자율규제기능이 법상 부여되어 있지 않다.[12)]

제4절 금융상품 판매규제

Ⅰ. 의의

금융상품의 판매와 관련된 사항들은 금융기관과 고객을 연결하는 행위로, 판매행위 과정 자체가 고객과 접촉이 있기 때문에 고객 보호와 관련된 직접적인 이슈가 존재한다. 따라서 고객 보호와 관련된 다양한 영업행위들도 판매과정에서 구체적으로 나타나는 경우가 빈번하다. 예를 들어 신의성실의무, 이해상충방지의무 등은 판매과정뿐만 아니라 금융상품 제조 및 관리 과정에 전반적으로 적용되는 반면, 설명의무, 적합성원칙 등은 판매 시 준수해야 하는 사항이다. 또한 광고 자체가 판매행위는 아니지만 금융기관이 고객에게 금융상품을 판매하기 위한 행위이며, 약관은 판매시점에 체결되는 것으로 판매행위가 밀접히 관련된다.[13)]

Ⅱ. 금융상품의 판매경로규제

1. 금융상품 판매방식

금융상품의 판매방식은 직접판매, 대리 · 중개, 자문으로 대별할 수 있다. “직접판매”는 금융상품의 제조업자가 대리 · 중개업자를 거치지 않고 금융소비자에게 직접 금융상품을 판매하는 것을 말하며, “대리 · 중개”는 금융기관과 금융소비자의 중간에서 계약을 중개하는 행위 또는 금융기관의 위탁을 받아 대리 판매를 하는 행위를 말하고,[14)] “자문”은 소비자의 의사결정에 도움이 될 수 있도록 금융상품의 구매 또는 평가에 관한 정보를 제공하는 행위이다.[15)]

---

12) 안수현(2018), 233-234쪽.

13) 노형식 · 송민규 · 연태훈 · 임형준(2014), 49쪽.

14) 대리와 중개는 금융상품 제조업자가 직접 판매하지 않는다는 점에서 공통점이 있으나 판매계약을 체결할 수 있느냐에 따라 차이가 있다. 대리의 경우 판매 권한을 위임받아 계약체결이 가능하며, 중개는 계약체결을 중개할 뿐 체결할 권한은 없다.

15) 노형식 · 송민규 · 연태훈 · 임형준(2014), 50-51쪽.

자문을 금융상품의 판매방식 중 하나로 인식하는 이유는 자문의 대상이 펀드 등 이미 제조된 금융상품일 때 투자자문업자의 조언을 근거로 고객이 투자 또는 구입한다면 이는 실질적으로 판매권유와 유사하기 때문이다.[16] 그러나 자문료, 일임료를 수취할 뿐, 금융투자상품 제조업자로부터 직접 판매수수료를 수취하지 않기 때문에 통상의 판매 창구의 판매와는 구별된다.

2. 직접판매와 대리 · 중개

현재 우리나라에서는 금융상품을 제조하는 금융기관은 자동으로 직접판매를 할 수 있다. 대리 · 중개의 경우 금융상품별로 별도의 자격증이 존재하며 대출, 금융투자상품, 보험상품별로 다양하다. 은행, 상호저축은행, 여신전문금융기관 등이 취급하는 대출상품의 경우 대출모집인[17]이 금융상품 제조사로부터 분리된 대리 · 중개인에 해당하며, 대출모집인에 대한 규율은 은행, 상호저축은행, 신용협동조합, 할부금융업자의 각 업권의 자율규제협약에 따르고 있다.[18] 금융투자회사가 제조사인 경우 투자권유대행인이 대리 · 중개인에 해당한다. 투자권유대행인은 금융위원회에 등록하도록 하고 있으며(자본시장법51③), 투자권유대행인의 자격요건은 자격시험에 합격하거나 보험설계사, 보험대리점, 보험중개사로 등록된 자가 일정한 교육을 받은 경우이다(자본시장법 시행령56). 보험상품의 경우 보험설계사, 보험대리점, 보험중개사가 대리 · 중개인에 해당한다. 보험중개사는 자격시험에 합격한 자이며(보험업법 시행령27② 별표3), 보험대리점과 보험설계사는 일정한 연수를 받거나, 금융위원회가 인정한 이에 준하는 자 등의 요건을 갖추어야 한다(보험업법 시행령27② 별표3).

3. 자문

자문에 해당하는 행위에서 특정 상품의 광고 또는 설명 수준에 해당하는 것을 제외하고, 전문적 자문서비스에 해당하는 것으로 현재 국내에는 투자자문업과 투자일임업이 있다. 자본시장법에서 투자자문업이란 “금융투자상품의 가치 또는 금융투자상품에 대한 투자판단에 관한

---

16) 자문은 판매방식에 국한되는 개념은 아니다. 특히 자산운용과 관련한 자문의 경우 자산운용의 기술을 의미한다. 실제로 미국의 경우 투자자문업은 순수한 투자자문, 집합투자업, 투자일임업을 포함하며, 투자자문업자법(Investment Advisor Act)는 주로 뮤추얼펀드 등 집합투자기구의 운영을 규율하고 있으며 판매행위만을 규율하는 것은 아니다.

17) 현행법상 대출모집인은 은행 등 금융업권별 모범규준에 따라 운영되고 있다. 참여 금융업협회는 전국은행연합회, 상호저축은행중앙회, 여신금융협회, 생명보험협회, 손해보험협회, 농수협상호금융, 신협중앙회이다. 이 제도는 금융감독원의 대출모집인제도 모범규준(2010년 4월 26일 시행)에 근거한 것이다.

18) 예금상품에 대한 예금모집인도 있을 수 있는데 우리나라에서는 이용되고 있지 않다. 왜냐하면 예금모집인의 경우 “금융실명법”상 예금자의 실명확인과 관련하여 업무수탁자인 예금모집인이 1차적으로 실명확인을 했더라도 예금기관이 다시 실명확인을 할 것을 요구하고 있어 실제로는 예금모집인 제도의 실효성이 낮기 때문이다.

자문에 응하는 것을 영업으로 하는 것”(자본시장법6⑦)이라고 규정되어 있으며, 투자일임업이란 “투자자로부터 금융투자상품에 대한 투자판단의 전부 또는 일부를 일임받아 투자자별로 구분하여 금융투자상품을 취득·처분, 그 밖의 방법으로 운용하는 것을 영업으로 하는 것”(자본시장법6⑧)이라고 되어 있다. 자본시장법상 투자자문업은 투자결정에 관한 최종 권한을 투자자 자신이 갖는 반면, 투자일임업은 투자일임업자에게 투자결정에 대한 재량권까지 부여하고 있다는 점에서 차이가 있다. 그러나 자본시장법상 투자자문업과 투자일임업 모두 자산운용에 대한 결정적인 판단을 한다는 공통점이 있기 때문에 투자자문업으로 통칭하는 것이 일반적이다. 또한 투자자문업은 투자자별로 개별적 맞춤형 투자조언 및 자산운용 자문이 가능하기 때문에 집합투자업과는 구별된다.[19]

현재 증권사, 자산운용사 또는 전업 투자자문사 등이 투자자문업을 영위한다. 투자자문업은 투자매매·중개 및 집합투자업과 직접적 연관이 있기 때문에 증권사 및 자산운용사는 투자자문업을 겸영하는 것이 일반적이다. 반면 전업 투자자문사는 투자자문업 또는 투자일임업만을 영위하는 회사이며 전문적 자산운용기술을 토대로 소규모 자본 및 인력으로 창업이 가능하기 때문에 자본시장의 벤처기업으로 인식되고 있다.

이와 함께 자본시장법에는 유사투자자문에 대한 규정도 존재한다. 유사투자자문은 주로 인터넷, 방송 등을 통해 증권투자 관련 정보를 제공하지만, 투자자문업의 핵심인 맞춤형 자문서비스를 제공하지는 않기 때문에 통상 인식하는 자문서비스와는 구별된다. 유사투자자문을 자문의 범주에 넣는 것은 논란의 소지가 있으며, 여기서는 유사투자자문은 자문의 범주에 포함시키지 않고 단순 정보제공 행위로 간주한다.

4. 결어

앞서 본 내용을 토대로 현재 우리나라에서 판매업무를 수행하는 금융업자를 판매업무별로 살펴보면, 다음과 같이 정리할 수 있다. i) 직접판매는 은행, 투자매매업자, 투자중개업자, 신탁업자, 보험회사, 상호저축은행, 여신전문금융회사, 겸영여신업자 등이 할 수 있고, ii) 대리·중개는 투자권유대행인, 보험설계사, 보험대리점, 보험중개사, 신용카드모집인, 대출모집인 등이 할 수 있으며, iii) 자문[20]은 투자자문업자, 투자일임업자[21]가 할 수 있다.

19) 노형식·송민규·연태훈·임형준(2014), 52-53쪽.
20) 유사투자자문업은 투자자문업의 핵심인 맞춤형 자문서비스를 제공하지 않기 때문에 자문에서 제외하였다.
21) 투자일임업도 투자자문업과 마찬가지로 자산운용에 대한 결정적인 판단을 제공한다는 점에서 자문으로 분류하였다.

Ⅲ. 금융상품 판매행위규제

1. 금융거래의 영업행위준칙

(1) 영업행위준칙의 의의

금융거래의 영업행위준칙은 금융기관 및 금융기관 종사자가 대고객 업무에서 지켜야 할 포괄적 의무 및 태도를 의미한다. 여기서 대고객 업무란 고객을 직접 상대하는 판매업무뿐만 아니라 금융상품의 제조에서부터 운용 및 관리까지 고객에게 이득과 손실을 초래할 수 있는 모든 행위를 포함한다. 현재 다양한 영업행위준칙을 가장 적극적으로 반영하고 있는 법률은 자본시장법이다. 자본시장법에서는 신의성실의무, 이해상충관리의무, 적합성원칙, 적정성원칙, 설명의무 등의 영업행위준칙을 규정하고 있다. 이러한 영업행위준칙이 금융소비자보호 실천의 수단으로 중요한 이유는 구체적인 개별행위에 초점을 두기보다는 사전적으로 정의되지 않는 행위에 대해서도 유연하게 적용할 수 있는 규제의 근거가 될 수 있기 때문이다. 금융상품 및 그 거래가 빠르게 변화하고 있는 현 상황에서 금융기관과 금융소비자의 바람직한 거래방식을 열거주의 방식에 의해 사전적으로 모두 정의하기는 거의 불가능하다. 이때 영업행위준칙과 같이 포괄적으로 의무 및 태도를 규정하면, 열거주의 방식에 의해 규율하지 못하는 부분, 즉 규제의 공백을 방지하는 기능을 수행할 수 있다. 실제로 자본시장법에서 영업행위준칙을 명문화한 것은 과거 법령체계에서 발생할 수 있는 투자자보호제도의 사각지대를 해소하기 위한 것이다.[22)]

또한 금융거래의 영업행위준칙은 금융소비자뿐만 아니라 선의의 금융기관 종사자가 적극적으로 금융소비자보호 업무를 수행할 수 있도록 한다. 영업행위준칙은 금융소비자의 이익에 반하는 외부의 부당한 요구에 대해 금융업자가 저항할 수 있는 근거를 제공하기 때문이다. 금융산업 종사자는 소속된 회사 등으로부터 자신의 의사, 직업적 양심과 달리 부당한 행위를 하도록 강요받을 가능성이 존재한다. 이때 영업행위준칙의 준수를 이유로 거부할 수 있다.[23)]

(2) 영업행위준칙 관련 법률

금융관련법률을 비교할 때 자본시장법이 영업행위준칙의 가장 모범적인 입법사례이다. 자본시장법에서는 금융투자업자에 대해 신의성실의무, 이해상충관리의무 등을 규정한다. 이러한 의무는 구체적인 법률행위를 구속하지 못하는 선언적 규정일 뿐이라는 견해도 있으나, 해석에 따라 설명의무, 적합성원칙 등 여타 영업행위준칙까지 규율할 수 있는 매우 포괄적인 내용이므로, 정형화되지 않은 다양한 금융거래에 대해 적용할 수 있는 규제의 근거가 되는 장점이 있다.

---

22) 재경부(2006), 『자본시장과 금융투자업에 관한 법률제정(안)』(2006. 6) 설명자료.
23) 노형식 · 송민규 · 연태훈 · 임형준(2014), 14-15쪽.

자본시장법에서 영업행위준칙 중 신의성실의무, 이해상충관리의무에 해당하는 규정 내용을 살펴보면, 금융투자업자가 정당한 사유 없이 투자자의 이익을 해하면서 자기가 이익을 얻거나 제3자가 이익을 추구하는 행위는 금지되며(법37), 금융투자업자와 투자자 간 등의 이해상충 발생가능성을 파악·평가하고 관리하도록 하고 있다(법44). 자본시장법을 제외하면 신의성실의무, 이해상충관리의무를 명시적으로 규율하는 금융업법은 없다. 은행법, 보험업법, 여신전문금융업법, 상호저축은행법에서는 내부통제기준에 대하여 규정을 하고 있으나, 금융소비자와의 이해상충에 대한 내용은 갖추어져 있지 않으며, 신용협동조합법, 대부업법에는 내부통제기준 자체에 대한 규정이 존재하지 않는다.

또한 자본시장법에서는 투자권유 등 판매행위에 대해 적합성원칙, 적정성원칙, 설명의무를 규정하고 있다. 금융투자업자는 투자자가 일반투자자인지 전문투자자인지를 구별해야 하며, 일반투자자의 경우 투자목적, 재산상황, 투자경험 등을 감안하여 적합하지 않은 경우 투자권유를 금지하도록 하고 있으며(법46, 적합성원칙), 파생상품 등 고위험 상품을 판매할 경우에 대해서는 투자권유를 하지 않더라도 투자자에 대한 적정성을 파악하고 투자자로부터 확인을 받도록 하고 있다(법46의2, 적정성원칙). 또한 금융투자업자는 일반투자자를 상대로 투자권유를 하는 경우 금융투자상품의 내용, 투자에 따르는 위험, 그 밖에 대통령령으로 정하는 사항을 일반투자자가 이해할 수 있도록 설명하도록 하고(법47, 설명의무), 이러한 설명의무를 위반할 경우 금융기관에 손해배상책임을 부담시키고 있다(법48).

보험업법에서는 보험회사 또는 모집종사자로 하여금 일반보험계약자에게 보험계약체결 권유 시 보험계약의 중요사항에 대해 설명하고, 설명내용을 이해하였음을 서명 등으로 확인받도록 의무화하고 보험회사로 하여금 보험계약의 체결 시부터 보험금 지급 시까지의 주요 과정을 단계별로 설명하도록 하여 설명의무를 명시화하였다(법95의2). 또한 보험회사 및 모집종사자는 일반보험계약자에게 보험상품 판매권유 시 보험계약자의 연령, 재산상황, 보험계약의 목적 등을 서면으로 확인받도록 하고 보험계약자에게 부적합한 상품을 권유할 수 없도록 하는 적합성원칙을 도입하였다(법95의3).

자본시장법과 보험업법을 제외한 금융관련법률에서는 설명의무가 명시적으로 도입되어 있지 않다. 은행법, 여신전문금융업법, 대부업법에는 해석에 따라 설명의무가 일부 반영되어 있다고 할 수 있으며, 신용협동조합법에는 설명의무와 관련된 내용이 존재하지 않는다. 예컨대 은행은 금융분쟁의 발생을 방지하기 위해 금융소비자에게 중요정보를 전달하도록 하고 있으며(법52의2②), 신용카드업자는 약관과 카드회원의 권익과 관련된 사항을 서면으로 내주도록 하고 있고(여신전문금융업법14), 신용카드업자 및 할부금융업자는 고객에게 이자율, 할인율, 연체료율 등에 대해서 알리도록 하고 있다(여신전문금융업법18 및 39). 대부업자도 거래상대방에게 대부금액, 이자율, 변제기간 및 변제방법 등에 대해 설명하도록 하고 있다(대부업법6). 그러나 이들의 설명에 관한 규율이 자본시장법상의 설명의무처럼 금융상품 전체의 내용을 금융소비자가 이해할 수 있도록 설명하는 것을 규정하지는 않는다.

적합성원칙은 자본시장법, 보험업법, 대부업법에 구체적으로 반영되어 있으며 여타 금융관련법률에는 갖추어져 있지 않다. 대부업법을 보면 대부업자는 거래상대방의 소득, 재산 및 부채상황을 파악하여야 하며, 객관적인 변제능력을 초과하는 대부계약을 체결하여서는 안되며(대부업법7), 경제적 능력과 관계없이 미성년자 · 피성년후견인 또는 피한정후견인, 파산선고를 받고 복권되지 아니한 자 등과 대부계약을 체결하지 못한다고(대부업법4) 되어 있어 매우 구체적인 적합성원칙을 규정하고 있다.

2. 불건전 영업행위에 대한 규제

(1) 불건전 영업행위 규제의 의의

신의성실의무, 이해상충관리의무, 적합성원칙, 적정성원칙, 설명의무 등 영업행위준칙은 금융소비자보호의 제반 이슈를 포괄적으로 규율할 수 있는 장점이 있지만, 바람직한 금융거래의 원칙을 제시하기 때문에 다소 추상적인 측면이 있다. 이러한 점을 보완하기 위해 금융관련 법률들은 바람직하지 않은 정형화된 금융거래를 불건전 영업행위라고 구체적으로 나열하여 규정하고 있다. 불건전 영업행위에 대한 규제는 업권별 특성이 반영된 불건전 영업행위를 유형화하여 효과적으로 대응할 수 있도록 하는 역할을 수행한다.

영업행위준칙과 불건전 영업행위에 대한 규제 중 어느 쪽이 효율적이냐는 논란이 있을 수 있으나, 실제로 양자는 상호보완적이다. 영업행위준칙의 추상성을 구체적인 불건전 영업행위에 대한 규제로 보완하며, 불건전 영업행위로 제어하지 못하는 금융거래에 대해서는 영업행위준칙으로 유연하게 대응할 수 있기 때문이다. 불건전 영업행위 규제는 영업행위준칙과 마찬가지로 금융소비자보호의 역할을 수행할 뿐만 아니라 건전한 금융시장을 조성하는 데 기여하기 때문에 개별법에서 금융소비자보호법으로 일괄 이전하여 규율하기 어려운 측면이 있다.[24)]

(2) 불건전 영업행위 규제 법률

금융산업의 불건전 영업행위도 여타 산업과 마찬가지로 공정거래법 및 소비자기본법의 부당한 공동행위(공정거래법 제4장), 불공정거래행위(공정거래법 제5장) 등의 규율을 받는다. 또한 금융업권의 각 법률은 업권별 특성을 감안한 불건전 영업행위를 유형화하여 규제하고 있다.

(가) 은행법

은행법에서는 실제 자금을 수취하지 아니하였음에도 입금처리하는 행위 등 은행이용자에

24) 노형식 · 송민규 · 연태훈 · 임형준(2014), 21-22쪽.

게 부당하게 편익을 제공하는 행위, 예금·대출 등 은행이 취급하는 상품을 비정상적으로 취급하여 은행이용자의 조세포탈·회계분식·부당내부거래 등 부당한 거래를 지원하는 행위, 은행업무, 부수업무 또는 겸영업무와 관련하여 은행이용자에게 정상적인 수준을 초과하여 재산상 이익을 제공하는 행위, 그 밖에 은행업무, 부수업무 또는 겸영업무와 관련하여 취득한 정보 등을 활용하여 은행의 건전한 운영 또는 신용질서를 해치는 행위가 금지된다(법34의2).

(나) 자본시장법

자본시장법에는 i) 모든 금융투자업자에 대해 적용되는 불건전 영업행위 규제로는 직무관련 정보의 이용 금지(제54조), 손실보전 등의 금지(제55조), 비금융투자업자의 광고 금지(제57조), 부당권유의 금지(제49조)[25] 등이 있다. ii) 투자매매업자 및 투자중개업자의 불건전 영업행위 규제로 자기계약의 금지(제67조), 임의매매의 금지(제70조), 기타 불건전 영업행위의 금지(제71조)[26] 등이 있다. iii) 집합투자업자에 대해서는 자기집합투자증권의 취득 제한(제82조), 금전차입 등의 제한(제83조), 이해관계인과의 거래제한 등(제84조), 성과보수의 제한(제86조), 의결권 제한(제87조), 불건전 영업행위의 금지(제85조)[27] 등이 있다. iv) 투자자문업자 및 투자일임업자가 투자자로부터 재산의 보관 및 예탁, 투자자에게 재산을 대여하거나 대여를 중개하는 행위, 투자일임재산 운용계획에 대한 정보를 타인이 활용하도록 하는 것, 관계인수인이 인수한 증권을 투자일임재산으로 매수하는 것, 인위적인 시세 조정, 투자일임재산의 이익을 해하면서 타인의 이익을 도모하는 행위 등을 불건전 영업행위로 규정하고 금지한다(제98조). v) 신탁업자가 신탁재산 운용계획에 대한 정보를 타인이 활용하도록 하는 것, 관계인수인이 인수한 증권을 신탁재산으로 매수, 인위적인 시세 조정, 신탁재산의 이익을 해하면서 타인의 이익을 도모하는 행위 등을 불건전 영업행위로 규정하고 금지한다(제108조).

(다) 보험업법

보험업법에서는 보험회사, 보험설계사, 보험대리점, 보험중개사의 불건전 영업행위를 규제하고 있다. 보험사는 보험계약내용을 사실과 다르게 알리거나, 중요한 사항을 알리지 아니하는 행위, 객관적 기준이 없이 유리하다고 알리는 행위 등을 해서는 안 되며(제97조), 전화, 우편, 컴퓨터 통신 등을 이용하여 모집할 경우 다른 사람의 평온한 생활을 침해하여서는 안 된다(제96조). 또한 대출을 조건으로 보험가입을 강요하는 행위, 보험사가 대출업무와 관련하여 부당한 편익을 제공받는 행위 등 대출관련 불공정 행위도 금지되어 있다(제110조의2). 보험설계

25) 금융투자업자의 거짓의 내용을 알리는 행위, 불확실한 사항에 대하여 단정적 판단을 제공하는 행위 등을 의미한다.

26) 선행매매, 조사분석자료 선행 이용, 조사분석 담당자에게 기업금융과 연동된 성과보수 지급, 부적절한 투자권유, 투자자들 간 차별대우 등이 이에 해당한다.

27) 집합투자재산 운용계획에 대한 정보를 타인이 활용하도록 하는 행위, 관계인수인이 인수한 증권을 집합투자재산으로 매수, 인위적인 시세 조정, 집합투자재산의 이익을 해하면서 타인의 이익을 도모, 부적절한 투자권유 등을 의미한다.

사, 보험대리점, 보험중개사 등에 대해서는 여타 금융서비스와 보험계약을 연계시키는 것을 강요하는 등의 행위를 금지하고 있다(제100조).

(라) 여신전문금융업법

여신전문금융업법에서는 신용카드업자 및 모집인에 대한 불건전 영업행위를 규제한다. 신용카드업자에 대해서는 신용카드 상품에 관한 충분한 정보를 제공하지 아니하거나, 과장되거나 거짓된 설명 등으로 신용카드회원 등의 권익을 부당하게 침해하는 행위, 신용카드업자의 경영상태를 부실하게 할 수 있는 모집행위 또는 서비스 제공 등으로 건전한 영업질서를 해치는 행위 등을 금지하고 있다(제24조의2). 모집인에 대해서는 모집에 관하여 수수료·보수, 그 밖의 대가를 지급하는 행위, 모집을 타인에게 위탁하는 행위 등을 금지한다(제14조의5).

(마) 대부업법

대부업법에서는 대부업자, 미등록대부업자, 여신금융기관의 이자율을 최고 27.9%로 제한(제8조, 제11조, 제15조)하며, 시행령에서는 연 24%(제5조)로 제한하고 있다. 대부업자 또는 여신금융기관이 아니면 대부업에 관한 광고를 금지하도록 하며(제9조의2), 허위, 과장 광고도 금지되어 있다(제9조의3). 또한 미등록대부업자로부터의 채권양수·추심을 금지하고(제9조의4), 미등록대부업자에게 대부중개를 허용하지 않는다(제11조의2).

(바) 기타

상호저축은행법, 신용협동조합법은 금융소비자보호와 직접적으로 연관되는 불건전 영업행위 금지조항이 부재하며, 감독규정 등 하위규정을 통해 불건전 영업행위를 규제하고 있다.

제5절 금융상품 약관규제

Ⅰ. 의의

금융상품의 약관이란 금융회사와 금융소비자 간에 체결한 계약을 의미한다. 금융소비자보호의 관점에서 금융상품의 약관과 관련된 이슈를 검토할 때에는 일차적으로는 금융기관이 약관을 충실히 준수하는가에 관심을 갖는다. 그러나 금융소비자는 금융기관에 비해 금융, 법률 등에 대한 전문적 지식이 부족하기 때문에 단순히 약관이 준수되었다고 하더라도 금융소비자보호가 이루어진다고 할 수 없는 측면이 존재한다.[28)]

28) 노형식·송민규·연태훈·임형준(2014), 45-46쪽.

금융기관의 약관 준수 여부에서 한 단계 더 나아가 약관상 잠재적 독소조항, 모호한 해석이 가능한 부분 등이 존재하는지에 주목해야 한다. 예컨대 약관상 이미 금융소비자에게 불리하게 작용될 소지가 있는 조항이 있다면 금융기관이 약관을 준수하더라도 금융소비자에게 불리하게 작용하는 것이며, 금융기관은 약관을 준수한다는 이유로 금융소비자에게 손실을 강제할 수 있다. 또한 모호한 해석이 가능한 부분이 존재할 경우에는 금융, 법률 등에 대한 전문적 지식을 갖춘 금융회사가 자신의 이익에 유리하게 해석할 수 있다. 물론 금융소비자가 이의를 제기할 수 있을 것이나 이를 금융소비자 스스로 증명하기 위해서는 큰 비용이 소요될 것이다. 따라서 약관이 심사되는 단계에서 심사자가 잠재적 독소조항, 모호한 해석이 가능한 부분을 충실히 발굴하는 것이 약관과 관련한 금융소비자보호를 이행하는 데 매우 중요하다.

Ⅱ. 관련 법률

금융상품 약관을 포함한 모든 약관은 기본적으로 약관규제법의 적용을 받는다. 이에 더해 자본시장법, 은행법, 여신전문금융업법, 대부업법 등은 해당 금융업에 대해 추가적인 약관규제를 부과하고 있다. 약관규제법(제19조, 제19조의2)에서는 공정거래위원회가 소비자단체, 사업자단체 등의 약관 심사청구가 있는 경우에 사후적으로 심사하도록 규정되어 있다. 자본시장법(제56조)에서는 금융투자회사는 금융투자업의 영위와 관련한 약관의 제정과 변경의 내용을 금융위원회에 사후보고하도록 하고 있으며, 은행법(제52조)과 여신전문금융업법(제54조의3), 상호저축은행법에서는 은행, 여신전문금융회사, 상호저축은행은 금융거래와 관련한 약관의 제정과 변경의 내용을 금융위원회에 사후에 보고하도록 되어 있다. 보험업법(제5조)에서는 업무 허가를 받기 위해 보험약관을 기초서류로 제출하도록 되어 있다. 대부업법의 경우 대부계약서의 작성에 대한 내용을 명시(제6조)하고는 있지만 금융당국에 사전 보고하도록 하는 규제는 존재하지 않는다. 이상의 내용을 종합하면 약관규제법에 의한 공정거래위원회의 약관규제는 사후규제이며, 상기 금융관련법률에 의한 약관규제도 금융위원회의 사후규제에 해당한다고 볼 수 있다.

금융상품 약관에 대한 사후규제의 권한은 개별 금융법에 의해 금융위원회에 부여되어 있지만 실제로 약관의 심사 및 이와 관련된 제재의 권한은 상당 부분 금융감독원으로 위탁되어 있어 실질적으로 금융상품 약관에 대한 규제는 금융감독원이 수행한다. 금융투자업의 경우에는 금융투자협회도 약관 심사에 참여한다. 금융투자상품 약관의 신고, 보고 접수, 검토 권한은 금융투자협회와 금융감독원에 위임되어 있는데(자본시장법56, 동법438, 동법 시행령387), 표준약관의 경우에는 금융감독원이, 개별약관에 대해서는 금융투자협회가 실무를 담당하고 있다. 은행(겸영업무 포함), 보험 등과 관련한 약관에 대해서는 금융감독원이 심사, 제재 등을 전담하고 있다.

금융상품마다 약관이 존재하지만 실제로는 표준약관을 상품의 특성에 따라 수정하여 사용하기 때문에 실제로 약관 심사에 수반되는 비용은 금융상품의 개수와 비례하지는 않는다. 금융투자업, 은행업, 보험업, 여신전문금융업에 표준약관은 널리 사용되고 있으며 금융상품이 상대적으로 더 다양할 것으로 여겨지는 금융투자업의 경우 약 15개 정도 표준약관이 존재한다.[29]

29) 매매거래계좌설정약관, 파생상품계좌설정약관, 외화증권매매거래계좌설정약관, 신용거래약관, 증권대차거래약관, 대고객환매조건부매매약관, 기관간환매조건부매매약관, 어음거래약관, 전자금융거래 이용에 관한 기본약관, 외국집합투자증권매매거래에 관한 표준약관, 수익증권통장거래약관, 해외파생상품거래계좌설정약관(중개용), 해외파생상품거래계좌설정 약관(일반수탁용), 장외해외통화선물(FX Margin Trading) 거래약관, 연금저축계좌설정약관 등이 있다.

제 2 편 /

금융투자상품

제1장 서론
제2장 증권
제3장 집합투자증권
제4장 파생상품
제5장 금융투자업자의 신용공여

제1장 / 서 론

제1절 금융투자상품 규정체계

자본시장법상 금융투자상품에 관한 규정은 i) 금융투자상품을 일반적·추상적으로 정의한 후, ii) 명시적으로 포함되는 상품(증권과 파생상품)과 iii) 명시적으로 제외되는 상품(원화 표시 양도성 예금증서, 관리형 신탁의 수익권 및 시행령에서 정하는 상품)을 열거하고 있다. 이는 일반적 정의, 명시적 포함, 명시적 제외의 단계적 체계를 취함으로써 포괄성과 동시에 구체성과 체계성을 확보한 것이다. 한편 자본시장법은 상품의 특성 등을 고려하여 금융투자상품에서 제외하더라도 투자자보호 및 건전한 거래질서를 해할 우려가 없는 상품을 시행령에 의해 제외하는 방법으로 금융투자상품의 범위를 조정할 수 있는 위임입법의 근거를 마련하고 있다(법3).

제2절 일반적 정의

Ⅰ. 의의

자본시장법은 금융투자상품을 i) (목적) 이익을 얻거나 손실을 회피할 목적으로, ii) (금전등의 지급) 현재 또는 장래의 특정시점에 금전, 그 밖의 재산적 가치가 있는 것("금전등")을 지급하기로, iii) (권리) 약정함으로써 취득하는 권리로서, iv) (투자성) 그 권리를 취득하기 위하여 지급하였거나 지급하여야 할 금전등의 총액(판매수수료 등 대통령령으로 정하는 금액을 제외)이 그 권리로부터 회수하였거나 회수할 수 있는 금전등의 총액(해지수수료 등 대통령령으로 정하는 금액을 포함)을 초과하게 될 위험(투자성=원본손실위험)이 있는 것(법3① 본문)으로 정의한다.

Ⅱ. 투자성(원본손실가능성)

1. 투자성의 개념

투자성이란 “그 권리를 취득하기 위하여 지급하였거나 지급하여야 할 금전등의 총액이 그 권리로부터 회수하였거나 회수할 수 있는 금전등의 총액을 초과하게 될 위험”을 말한다. 투자성은 취득원본(지급금액)이 처분원본(회수금액)을 초과하게 될 원본손실위험이다. 원본손실위험이란 금리, 환율, 주가 등의 변동에 의한 시장위험에 따라 원본손실을 입을 가능성이다. 투자성 요소는 금융투자상품이 은행상품, 보험상품 등 비금융투자상품과 차별되는 특징이다.

어떤 금융상품에 원본손실가능성으로서의 투자성이 있는지는 권리를 취득하기 위하여 지급하는 지급금액과 그 권리로부터 회수하는 회수금액을 비교하여 결정한다.

2. 지급금액에서 제외하는 금액(원본의 산출)

권리를 취득하기 위하여 지급하였거나 지급하여야 할 금전등의 총액에서 ⅰ) 금융투자업자가 투자자로부터 받는 수수료(법58①), 집합투자증권 판매 등에 관한 판매수수료(법76④), 그 밖에 용역의 대가로서 투자자, 그 밖의 고객이 지급하는 수수료, ⅱ) 보험계약에 따른 사업비와 위험보험료, ⅲ) 그 밖에 금융위원회가 정하여 고시하는 금액은 제외된다(법3① 본문, 영3①)).

3. 회수금액에 포함하는 금액(회수금액의 산출)

권리로부터 회수하였거나 회수할 수 있는 금전등의 총액에 ⅰ) 환매수수료(법236②), 그 밖에 중도해지로 인하여 투자자, 그 밖의 고객이 지급하는 해지수수료(이에 준하는 것을 포함), ⅱ) 각종 세금, ⅲ) 발행인 또는 거래상대방이 파산 또는 채무조정, 그 밖에 이에 준하는 사유로 인하여 당초 지급하기로 약정한 금전등을 지급할 수 없게 됨에 따라 투자자, 그 밖의 고객이 되돌려 받을 수 없는 금액, ⅳ) 그 밖에 금융위원회가 정하여 고시하는 금액을 포함한다(법3① 본문, 영3②).

제3절 명시적으로 제외되는 상품

자본시장법은 금융투자상품에서 원화 표시 양도성 예금증서, 관리형 신탁의 수익권, 그 밖의 해당 금융투자상품의 특성을 고려할 때 금융투자상품에서 제외하더라도 투자자보호 및 건전한 거래질서를 해할 우려가 없는 것으로서 주식매수선택권(상법340의2, 542의3)은 명시적으로 제외된다(법3① 단서, 영3③).

Ⅰ. 원화로 표시된 양도성 예금증서

원화 표시 양도성 예금증서(CD)는 만기 전 양도되는 경우 시중금리에 따라 원본손실위험이 있으므로 투자성이 인정되나 i) 만기가 짧아 금리변동에 따른 가치변동이 미미한 점, ii) 통상 은행에서 거래되는 양도성 예금증서를 금융투자상품으로 파악하면 기존의 금융업종 간 업무 배분에 혼란이 초래되는 점을 고려하여 정책적으로 제외한 것이다(법3①(1)). 반면 외화로 표시된 양도성 예금증서는 환율변동에 따라 가치변동이 클 수 있어 투자자보호 차원에서 금융투자상품에 포함된다.

Ⅱ. 관리형 신탁의 수익권

수익증권발행신탁(신탁법78①)이 아닌 신탁으로서 관리형 신탁(금전을 신탁받은 경우는 제외하고 수탁자가 신탁법 제46조부터 제48조까지의 규정[1]에 따라 처분 권한을 행사하는 경우는 포함)의 수

1) 신탁법 제46조(비용상환청구권) ① 수탁자는 신탁사무의 처리에 관하여 필요한 비용을 신탁재산에서 지출할 수 있다.
② 수탁자가 신탁사무의 처리에 관하여 필요한 비용을 고유재산에서 지출한 경우에는 지출한 비용과 지출한 날 이후의 이자를 신탁재산에서 상환(償還)받을 수 있다.
③ 수탁자가 신탁사무의 처리를 위하여 자기의 과실 없이 채무를 부담하거나 손해를 입은 경우에도 제1항 및 제2항과 같다.
④ 수탁자는 신탁재산이 신탁사무의 처리에 관하여 필요한 비용을 충당하기에 부족하게 될 우려가 있을 때에는 수익자에게 그가 얻은 이익의 범위에서 그 비용을 청구하거나 그에 상당하는 담보의 제공을 요구할 수 있다. 다만, 수익자가 특정되어 있지 아니하거나 존재하지 아니하는 경우 또는 수익자가 수익권을 포기한 경우에는 그러하지 아니하다.
⑤ 수탁자가 신탁사무의 처리를 위하여 자기의 과실 없이 입은 손해를 전보(塡補)하기에 신탁재산이 부족할 때에도 제4항과 같다.
⑥ 제1항부터 제5항까지의 규정에서 정한 사항에 대하여 신탁행위로 달리 정한 사항이 있으면 그에 따른다.
제47조(보수청구권) ① 수탁자는 신탁행위에 정함이 있는 경우에만 보수를 받을 수 있다. 다만, 신탁을 영업으로 하는 수탁자의 경우에는 신탁행위에 정함이 없는 경우에도 보수를 받을 수 있다.

익권으로서 ⅰ) 위탁자(신탁계약에 따라 처분권한을 가지고 있는 수익자를 포함)의 지시에 따라서만 신탁재산의 처분이 이루어지는 신탁, ⅱ) 신탁계약에 따라 신탁재산에 대하여 보존행위 또는 그 신탁재산의 성질을 변경하지 아니하는 범위에서 이용·개량 행위만을 하는 신탁은 금융투자상품에서 제외한다(법3①(2)).

신탁의 수익권도 신탁업자가 신탁재산을 관리·운용·처분하는 과정에서 발생하는 손익이 투자성을 충족하므로 원칙적으로 금융투자상품에 해당한다. 그러나 수탁자가 운용·처분 권한을 갖지 않는 순수 관리신탁인 관리형 신탁의 수익권은 투자성이 수탁자의 행위가 아니라 신탁재산 자체의 가치변동에서 비롯되므로 투자자보호의 필요성이 크지 않기 때문에 금융투자상품에서 제외한 것이다.

Ⅲ. 주식매수선택권

상법상 주식매수선택권은 취득 시 금전 등의 지급이 없고, 유통가능성이 없으며, 상법상 보수로서의 성격을 갖는 점을 고려하여 제외한 것이다.

제4절 명시적으로 포함되는 상품

자본시장법은 금융투자상품을 증권과 파생상품으로 구분하면서(법3②) ⅰ) 증권을 일반적으로 정의(법4①)한 후 다시 6가지 유형으로 나누고(법4②) 개별 증권의 추상적 개념을 정의하는 동시에 이에 해당하는 상품을 열거하는 한편(법4②), ⅱ) 파생상품을 거래내용에 따라 선도, 옵션, 스왑으로 나누고(법5① 각 호) 거래되는 시장에 따라 장내파생상품과 장외파생상품으로

② 보수의 금액 또는 산정방법을 정하지 아니한 경우 수탁자는 신탁사무의 성질과 내용에 비추어 적당한 금액의 보수를 지급받을 수 있다.
③ 제1항의 보수가 사정의 변경으로 신탁사무의 성질 및 내용에 비추어 적당하지 아니하게 된 경우 법원은 위탁자, 수익자 또는 수탁자의 청구에 의하여 수탁자의 보수를 증액하거나 감액할 수 있다.
④ 수탁자의 보수에 관하여는 제46조 제4항을 준용한다. 다만, 신탁행위로 달리 정한 사항이 있으면 그에 따른다.
제48조(비용상환청구권의 우선변제권 등) ① 수탁자는 신탁재산에 대한 민사집행절차 또는 국세징수법에 따른 공매절차에서 수익자나 그 밖의 채권자보다 우선하여 신탁의 목적에 따라 신탁재산의 보존, 개량을 위하여 지출한 필요비 또는 유익비의 우선변제를 받을 권리가 있다.
② 수탁자는 신탁재산을 매각하여 제46조에 따른 비용상환청구권 또는 제47조에 따른 보수청구권에 기한 채권의 변제에 충당할 수 있다. 다만, 그 신탁재산의 매각으로 신탁의 목적을 달성할 수 없게 되거나 그 밖의 상당한 이유가 있는 경우에는 그러하지 아니하다.

구분한다(법3②). 따라서 증권 또는 파생상품의 개별 정의규정 중 열거된 상품은 물론 추상적 정의에 따라 이에 해당하는 것으로 판단되는 상품도 금융투자상품에 포함될 것이다. 증권 및 파생상품에 관한 구체적 내용은 후술한다.

제2장 / 증 권

제1절 증권의 개념과 종류

Ⅰ. 증권의 개념

증권이란 i) (발행인) 내국인 또는 외국인이 발행한, ii) (투자성) 금융투자상품으로서, iii) (추가지급의무 부존재) 투자자가 취득과 동시에 지급한 금전등 외에 어떠한 명목으로든지 추가로 지급의무를 부담하지 아니하는 것을 말한다(법4① 본문). 다만 투자자가 기초자산에 대한 매매를 성립시킬 수 있는 권리를 행사하게 됨으로써 부담하게 되는 지급의무는 제외된다(법4① 본문). 이는 파생결합증권의 경우에는 투자자가 기초자산에 대한 매매를 성립시킬 수 있는 권리를 행사하게 함으로써 지급의무를 부담하기 때문에 이를 "지급의무"에서 제외한 것이다.

추가지급의무의 부존재가 파생상품과의 차별적 요소이다. 그러나 현물인도에 의한 결제가 이루어지는 경우 이를 위한 대금의 지급을 추가지급으로 볼 가능성을 없애기 위하여 명시적 제외규정을 두고 있다. 즉 증권에 표시될 수 있거나 표시되어야 할 권리는 그 증권이 발행되지 아니한 경우에도 그 증권으로 본다(법4⑨).

Ⅱ. 증권의 종류

증권에 표시되는 권리의 종류에 따라 채무증권, 지분증권, 수익증권, 투자계약증권, 파생결합증권, 증권예탁증권으로 구분된다(법4②). 여기에 열거된 증권 외의 다른 유형의 증권은 인정되지 않는다. 채무증권, 지분증권, 수익증권, 증권예탁증권은 전통적 증권이고, 투자계약증권과 파생결합증권은 신종증권이다.

여기서는 자본시장법상 6가지의 증권과 자산유동화에 관한 법률("자산유동화법")상의 자산유동화증권에 관하여 살펴본다.

제2절 채무증권

Ⅰ. 채무증권의 분류

1. 발행주체에 따른 분류

채무증권이란 국채증권, 지방채증권, 특수채증권(법률에 의하여 직접 설립된 법인이 발행한 채권), 사채권(상법상 파생결합사채의 경우 이자연계 파생결합사채만 포함), 기업어음증권, 그 밖에 이와 유사한 것으로서 지급청구권이 표시된 것을 말한다(법4③). 자본시장법은 발행주체에 따라 분류하고 있다.

2. 원리금 보증유무에 따른 분류

채권의 발행인이 원리금을 적기에 상환하지 못할 경우 발행인 외 제3자가 원리금 상환을 보장하느냐에 따라 보증채, 무보증채, 담보부채로 분류한다. 보증채는 정부 또는 금융기관이 원리금 지급을 보증하는 채권으로 정부보증채, 일반보증채 등이 있다. 우리나라의 경우 1998년 초반까지 기업에 의해 발행된 회사채 대부분이 보증사채였으나 IMF 외환위기 이후 발행기업은 물론 보증금융기관의 신뢰 문제가 대두되면서 1998년 중반 이후부터는 무보증사채의 발행이 대부분을 차지하게 되었다. 무보증채는 원리금 상환에 관한 제3자의 보증이나 담보의 공여없이 발행회사가 자기신용을 근거로 발행하는 채권이다. 보증채에 비하여 원리금 회수에 대한 위험부담이 크기 때문에 일반적으로 보증채에 비해 금리가 높다. 국내 회사채의 대부분은 무보증사채이다. 담보부채란 채권에 물적담보권이 부여되어 있는 채권으로 금융채, 회사채 중 일부가 이에 해당한다.

3. 이자지급 형태에 따른 분류

약정이자의 지급 형태에 따라 이표채, 단리채, 복리채, 할인채로 분류된다. 이표채는 이자

지급일에 채권의 권면에 붙어있는 이표를 근거로 일정 이자를 수령하는 채권으로 일반적인 채권의 유형이다. 단리채와 복리채는 만기일에 원리금을 일시에 수수하는 점에서는 같지만 단리채가 단리이자를 가정하여 만기 원리금을 계산한다는 점에서 차이가 있다. 할인채는 단기로 계산된 만기까지의 이자를 액면금액에서 차감하여 발행하는 채권으로 만기에 액면금액을 상환받음으로써 할인액만큼의 총 이자효과를 누리게 된다.

4. 이자 확정유무에 따른 분류

이자의 확정유무에 따라 고정금리부 채권과 변동금리부 채권으로 분류된다. 고정금리부 채권은 금융시장의 금리가 변하더라도 이자 지급일에 사전에 확정된 이자를 지급하는 가장 전형적인 형태의 채권으로 국고채와 회사채의 대부분이 이에 해당한다. 변동금리부 채권은 일정기간 동안 계약된 이자율로 계산된 이자를 지급하지만 일정기간 경과 후에는 기준이 되는 금리에 연동되어 지급 이자율이 변동되는 조건의 채권으로 금융채와 회사채 중 일부가 이에 해당한다.

5. 모집방법에 따른 분류

공모채는 발행인이 자본시장법에서 정한 증권 모집방법에 따라 불특정 다수의 투자자에게 발행조건과 발행시기를 알린 후 공개적으로 모집절차를 진행하는 채권이다. 사모채는 채권의 발행인이 공모의 형식을 취하지 않고 은행, 보험사 등 특정 투자자와 개별적으로 접촉하여 발행증권을 매각하는 형태의 채권이다. 발행시간과 비용이 절약되고, 기업정보의 공개를 피할 수 있다는 점에서 발행기업이 선호하는 방법이지만 공모채에 비해 금리가 높게 형성될 수 있다.

Ⅱ. 국채증권

1. 의의

국채란 정부가 국채법과 다른 법률에 따라 공공목적에 필요한 자금의 확보 등을 위하여 발행하는 채권이다(국채법2(1)). 정부가 정책목표를 달성하기 위해서는 많은 재원이 필요한데 통상 조세를 통해 조달하는 것이 바람직하나 정부지출이 확대되어 조세로 충당하기 어려운 경우에는 국채를 발행하여 이를 시중에 매각하거나 인수하는 방법을 사용한다.[1)]

국채는 국회의 의결을 받아 기획재정부장관이 발행하며(국채법5①), 공개시장에서 발행하는 것을 원칙으로 한다(국채법5②). 국채는 정부가 발행하기 때문에 신용도가 높으며, 발행물량

1) 한국거래소(2019), 「한국의 채권시장」(2019. 1), 88쪽.

도 많고 정기적으로 발행됨에 따라 거래가 가장 활발한 최근 발행 국고채권의 유통수익률이 지표금리의 역할을 한다. 국채는 정부가 원리금의 지급을 보증하여 가장 신용도가 높은 채권으로서 사실상 상환불능의 위험이 없으므로, 증권신고서 제출절차에 관한 규정의 적용이 면제된다(자본시장법118).

2. 종류

국채의 종류는 i) 공공자금관리기금(공공자금관리기금법2)의 부담으로 발행하는 국채("국고채권")와 ii) 다른 법률에 특별한 규정이 있는 경우 그 법률에 따라 회계, 다른 기금 또는 특별계정의 부담으로 발행하는 국채로 구분한다(국채법4①). 국고채권의 종목은 재정 수요와 국채시장의 상황 등을 고려하여 국고채권의 상환기한별 또는 종류별로 기획재정부장관이 정한다(국채법4②).

(1) 국고채권

국고채권은 정부가 재정융자 등 공공목적에 필요한 자금을 확보·공급하고, 국채의 발행 및 상환 등을 효율적으로 관리하기 위하여 설치한 공공자금관리기금을 근거로 발행되는 국채로서 1994년 농지채권·농어촌발전채권·국민주택기금채권을 통합하고 2000년 1월 양곡관리기금채권을, 2003년 11월에는 외국환평형기금채권을 통합하여 발행되고 있다. 현재 국고채권은 만기 3년물, 5년물, 10년물, 20년물, 30년물, 50년물 등 고정된 원금과 이자가 지급되는 6종의 이표채권과 원금이 물가에 따라 변동하는 물가연동국고채권(만기 10년) 등으로 발행되고 있다. 50년물을 제외한 국고채권은 국고채전문딜러[2]제도에 의한 경쟁입찰방식에 의해 정례발행되고 있다.[3]

(2) 외국환평형기금채권

외국환평형기금채권은 외환수급을 조절하여 외환거래를 원활화하기 위해 1987년부터 발행된 채권으로 원화표시채권은 2003년 11월부터는 국고채로 통합발행[4]되고 있다. 반면 외화표

2) 국고채전문딜러(Primary Dealer)는 국고채에 대한 투자매매업 인가를 받은 기관 중 자금력과 시장운영의 전문성을 갖춘 자로서 국고채에 대한 시장조성기능을 수행한다. 국채의 원활한 발행 및 국채유통시장 활성화를 위하여 은행, 증권회사 중에서 재무건전성, 국채거래의 실적 등이 우수한 기관을 대상으로 기획재정부장관이 지정·운영한다. 국고채전문딜러는 국고채 발행시장에서 국고채 인수 등에 관하여 우선적인 권리를 부여받는 대신 국채전문유통시장에서 시장조성자로서 호가제시, 거래 등의 의무를 수행한다.

3) 한국거래소(2019), 89쪽.

4) 통합발행이란 일정기간 내에 발행하는 채권의 만기와 표면금리 등 발행조건을 동일하게 하여 이 기간 동안 발행된 채권을 단일 종목으로 취급하는 제도를 말한다. 예를 들어 2020년 6월 10일에 신규로 발행된 3년 만기 국고채는 2020년 4월 2일, 4월 30일, 5월 28일, 7월 2일, 7월 30일, 8월 27일, 10월 1일, 10월 29일에 동일한 조건으로 통합발행되어 발행시기는 다르지만 유통시장에서는 동일 종목으로 거래된다. 통합발행의 목적은 종목당 발행물량을 증가시켜 유동성을 제고시킴으로써 정부의 이자비용을 절감하고 신뢰성 있는 지표금리를 형성하는 것이다. 채권의 유동성은 일반적으로 종목당 물량에 비례하고, 발행금리는 유동

시 외국환평형기금채권은 국제금융시장에서 국내금융기관의 외화차입 시 기준금리를 제시하기 위한 목적에서 외국환거래법 제13조(외국환평형기금) 및 제14조(외국환평형기금 채권의 원리금 상환)를 근거로 하여 외국환평형기금의 부담으로 발행된다.

(3) 재정증권

재정증권은 재정부족자금을 일시 보전하기 위하여 일반회계 또는 특별회계(법률에 따라 일시차입을 할 수 있는 것만 해당)의 부담으로 기획재정부장관이 발행하는데, 공개시장에서 발행하지만 필요하다고 인정될 때에는 금융회사등, 정부출자기업체, 보험회사, 그 밖의 자에게 매각할 수 있다(국고금관리법33①②). 재정증권은 만기 1년 미만(실제로는 통상 3개월 이내로 발행)의 단기국채이다. 이는 일반적으로 정부의 일시적 자금융통, 단기금융시장에서 지표금리 제공, 통화정책 거래대상 증권 공급의 기능 등을 수행한다. 이러한 단기국채는 미국과 영국을 비롯한 많은 국가에서 T-Bills(Treasury Bills)로 불리고 있으며, 주로 행정부의 일시적인 자금융통을 위하여 발행되기 시작하였다. 무위험채권인 단기국채가 단기금융시장에서 갖는 지표금리로서의 역할이 점차 중요해지면서 정부는 정기적인 경매를 통해 단기국채를 시장에 안정적으로 공급하고 있다.

(4) 국민주택채권

국민주택채권은 국민주택사업에 필요한 자금을 조달하기 위하여 정부가 기금의 부담으로 발행하는 채권(주택도시기금법7)이다. 국가 또는 지방자치단체로부터 면허·허가·인가를 받는 자 또는 국가 또는 지방자치단체에 등기·등록을 신청하는 자, 국가·지방자치단체 및 공공기관과 건설공사의 도급계약을 체결하는 자, 주택법에 따라 건설·공급하는 주택을 공급받는 자가 의무적으로 매입하여야 하는 첨가소화형 채권이다(주택도시기금법8). 과거에는 무기명 실물채권으로 발행하였으나 무기명 채권의 특성상 편법 증여·상속 등 불법적으로 활용될 수 있어 이를 방지하기 위해 2004년 4월에 전자발행 방식으로 변경되었다. 또한 용도에 따라 제1종, 제2종, 제3종 국민주택채권으로 구분되던 것이 폐지 및 기능 통합되어 현재는 제1종 국민주택채권 이외에는 신규발행이 중지되었다.

(5) 물가연동국고채권

물가연동국고채권은 원금 및 이자지급액을 물가에 연동시켜 채권투자에 따른 물가변동위험을 제거함으로써 투자자의 실질구매력을 보장하는 국고채권이다. 물가연동국고채권은 정부의 이자비용 절감, 안정적인 재정 조달기반 확보, 민간의 물가연동국고채권 발행 시 기준금리 제공 및 정부의 물가관리 의지 전달 등 목적으로 2007년 3월 최초로 발행되었다. 최초 발행 시에는 인수단을 구성하여 발행하였으나 2007년 6월부터는 국고채전문딜러 입찰방식으로 발행하

성에 비례하기 때문이다.

였고, 2008년 8월부터 투자수요 부족 등으로 발행을 일시 중단하였다가 2010년 6월부터는 국고채전문딜러의 비경쟁인수권한 행사 방식으로 발행되고 있다.

3. 기능

국채의 가장 기본적인 기능은 정부 재정적자를 보전하는 기능이다. 정부의 재정지출이 조세로 충분하지 못할 때 국채를 발행해 부족분을 충당한다. 국채시장이 잘 발달되어 있으면 정부는 재정지출에 필요한 자금을 적기에 낮은 금리로 조달할 수 있다.

국채는 거시경제적인 측면에서 경기조절 기능을 한다. 재정정책 측면에서 국채발행 및 이를 통한 재정지출 조절을 통해 지나친 경기변동을 완화시켜 경제성장을 안정적으로 도모할 수 있다. 통화정책 측면에서도 재정증권과 같은 국채 발행 및 회수를 통해 시중의 통화량을 조절함으로써 경기조절을 하기도 한다. 또한 국채발행은 이자율에 영향을 미치기 때문에 이를 통한 경기조절 기능도 수행한다.

거시경제적인 측면뿐만 아니라 미시적인 면에서도 국채는 여러 가지 기능을 수행한다. 이 중 가장 대표적인 것이 산업자금조달 기능 또는 공공투자 기능이다. 특히 금융시장이 발달하지 못해 민간금융 부문을 통해 자금조달이 용이하지 않은 경우 국채를 통한 재원은 설비투자, 사회간접자본 투자, 연구 및 인적 자본투자 등 공공투자 효과를 가질 수 있다.

국채는 해당 국가에서 해당국의 통화로 발행되는 가장 신용도가 우수한 채권이다.[5] 국채가 발행되게 될 경우 국채 금리는 향후 발행되는 모든 종류의 채권에 있어 하나의 기준점을 제시하게 된다. 이에 따라 다른 채권들의 적정 금리와 가격발견에 도움을 주는 기능을 수행하게 된다. 국가는 외환시장에서의 수급 상황을 조절하기 위해서 국채를 발행하기도 한다.

Ⅲ. 지방채증권

1. 의의

지방채 발행의 근거 법률은 지방지치법(법124), 지방재정법(법11), 도시철도법(법19), 지방

5) 미국 국채는 일반적으로 연방정부채 중 시장성국채인 T-Bills(만기 1년 미만의 단기국채), T-Notes(만기 1년 이상 10년 미만의 중기국채), T-Bonds(만기 10년 이상의 장기국채) 등 재무부채권을 말하며 단일 종목의 발행잔액으로는 세계 최대규모이다. 국채 종류별로는 중기국채(T-Notes)의 발행규모가 8.6조달러로 가장 큰 비중(64.1%, 2016년 6월말 기준)을 차지하고 있다. 연방정부채는 크게 시장성국채와 비시장성국채로 분류하는데 시장성국채는 일반적으로 재무부채권을 지칭하고 비시장성국채는 만기 전 매각불능 조건으로 발행되는 채권으로 저축채권(savings bonds)이 대표적이다. 미국의 경우 재무부채권이 지표채권의 역할을 담당하고 있다. 2001년 10월 이전에는 만기 30년 장기국채(T-Bonds)가 지표채권의 역할을 수행해 왔으나 2001년 10월 만기 10년 초과 장기국채의 발행 중단을 계기로 만기 10년 국채가 지표채권의 역할을 수행해 오고 있다.

공기업법(법19), 도시개발법(법62) 등이 있다. 지방자치단체인 특별시, 광역시, 시·도·군 등의 경비는 원칙적으로 지방세, 세외수입, 지방교부세, 보조금 및 지방양여금 등에 의해 조달되어야 하지만 대규모 건설사업(지하철·교량·하수종말처리장 등), 지방공기업의 설비투자 또는 재해복구 등의 경우 경상적인 수입에 의해서는 필요경비의 조달이 어려운 경우가 많다. 지방채는 지방자치단체가 이러한 재정수입의 부족을 보충하거나 특수목적을 달성하기 위하여 자금을 차입하는 채무로서, 그 이행이 수년에 걸쳐 이루어지면서 증서차입 또는 증권발행의 형식을 취하는 것으로 정의할 수 있다.[6] 지방채는 국채와 마찬가지로 증권신고서 제출절차에 관한 규정의 적용이 면제된다(자본시장법118, 영119).

2. 종류

(1) 개요

지방채는 발행방법에 따라 증권발행채(증권의 발행·교부로 기채)와 증서차입채(차입금 기채계약 후 차입증서 제출), 채권을 인수하는 자금원에 따라 정부자금채(정부특별회계·기금·정부투자기금 등에서 인수), 지방공공자금채(지역개발기금·청사정부기금·재해복구기금 등에서 인수), 민간자금채(금융기관·주민 등이 인수) 등으로 나뉘며, 사업성격에 따라 일반회계채(지방일반회계의 재원조달용: 주택·택지개발, 농공단지·공단조성, 상·하수도사업, 신시가지개발, 관광휴양단지조성 등), 공기업채(공기업특별회계의 재원조달용: 상·하수도사업, 공영개발사업, 지하철건설, 지역개발기금조성사업 등) 등으로 분류할 수 있다. 대표적인 지방채로는 도시철도채권, 지역개발채권 등이 있다.[7]

(2) 도시철도채권

도시철도법은 국가, 지방자치단체 및 도시철도공사가 도시철도의 건설 및 운영에 소요되는 자금을 도시철도채권의 발행을 통하여 조달할 수 있도록 규정하고 있다(도시철도법19 및 20). 도시철도채권은 도시철도법에 따라 지하철건설자금을 조달하기 위하여 지방자치단체가 발행하는 지방채이다. 도시철도채권은 서울·부산·인천·대구·광주·대전에서 발행되었다. 따라서 발행주체는 지하철공사가 아닌 관할 지방자치단체이다. 도시철도채권의 발행을 위해서는 지방자치단체의 장이 국토교통부장관과 협의한 후 행정안전부장관이 승인을 얻어야 한다(도시철도법20②). 다른 도시철도채권과 달리 서울도시철도채권은 만기 7년에 일시상환되지만, 다른 도시철도채권은 만기 5년에 일시상환된다.

(3) 지역개발채권

지역개발공채는 지방자치법, 지방공기업법 등에 따라 지역개발기금의 재원조달용으로 발

6) 한국거래소(2019), 118쪽.
7) 한국거래소(2019), 123쪽.

행되는 지방채이다. 현재 17개 지방자치단체에서 연복리 1.25%(2018년 현재)에 만기 5년 일시 상환의 조건으로 발행되고 있으며, 도시철도채권과 동일하게 첨가소화되어 매출되고 있다. 채권의 매입대상은 지방공기업법 제19조에 따라 각 광역자치단체의 지역개발기금설치조례를 통해 각 시·도별로 달리 정하고 있다.

3. 기능

1995년 지방자치제가 시행되면서 각 지방의 개발수요가 증가하였고 자금조달을 위한 지방채 발행의 필요성도 점차 증대하였다. 지방채의 기능은 다음과 같다.[8]

i) 재원조달 기능이다. 지방자치단체가 대규모 자본적 지출이 요구되는 사업이나 자연재해 등으로 상당한 재원이 필요한 경우 지방채를 발행할 수 있다. 특히 세율인상의 경우 세법개정, 조세저항, 지역경제 위축 등의 문제가 발생할 수 있고, 다른 부문의 지출삭감이나 국고보조금에 의존하는 것 역시 한계가 있으므로 지방채에 의한 재원조달은 상대적인 매력을 갖게 된다.

ii) 적자재정 보전기능이다. 지방채는 재정적자가 누적되어 지방재정에 압박을 줄 때 이를 보전하는 수단으로 이용될 수 있다. 또한 높은 이자율로 발행된 지방채를 낮은 이자율의 지방채로 상환하는 차환발행(revolving)을 할 수 있다. 그러나 과도한 지방채 의존은 지방재정의 원리금 상환불능으로 인한 위기를 초래할 수도 있다.

iii) 세대에 공공비용을 분담할 수 있다. 지하철·도로·상하수도 등과 같은 내구적 공공재의 편익은 미래 세대에게도 향유되나 건설비용을 지방세로만 충당하는 경우 현 세대가 해당 비용을 모두 부담하는 셈이 된다. 하지만 지방채를 발행하는 경우 납세자가 1년 이상의 장기에 걸쳐 원리금의 상환을 부담하는 것으로 볼 수 있으므로, 비용을 세대간 분담하여 공평하게 편익을 누릴 수 있다.

iv) 지역간 균형개발을 촉진하는 기능이다. 지방채는 금융기관이나 일반인뿐만 아니라 잉여자금을 보유한 타 지방자치단체도 투자할 수 있다. 이에 따라 지방채를 발행하는 지방자치단체는 지역발전을 위한 필요경비를 조달할 수 있는 반면, 지방채에 투자한 지방자치단체는 채권투자수익으로 해당 지역의 발전을 도모할 수 있으므로 지역간 균형발전이 가능해진다.

Ⅳ. 특수채증권

1. 의의

특수채는 특별한 법률에 의하여 직접 설립된 법인(특수법인)이 발행한 채권으로서(법4③),

8) 한국거래소(2019), 119쪽.

i) 한국은행이 한국은행법(법69①)과 「한국은행 통화안정증권법」에 따라 통화량 조절을 위하여 발행하는 통화안정증권(통안증권), ii) 한국산업은행(한국산업은행법23) · 중소기업은행(중소기업은행법36의2) · 한국수출입은행(한국수출입은행법20) 등이 자금조달을 위하여 발행하는 산업금융채권 · 중소기업금융채권 · 수출입금융채권 등의 금융특수채와, iii) 특수은행을 제외한 특별법에 의하여 설립된 공사 및 공단이 발행하는 비금융특수채(한국전력공사법 제16조에 따른 한국전력공사채, 한국가스공사법 제14조에 따른 한국가스공사채, 한국도로공사법 제15조에 따른 한국도로공사채 등)로 구분된다. 특수채 중 대통령령으로 정하는 법률[9]에 따라 직접 설립된 법인이 발행한 채권은 증권신고서 제출의무가 면제된다(법118, 영119).

2. 기능

여기서는 통화안정증권의 기능을 살펴본다. 통화안정증권은 유동성 조절을 목적으로 발행되며, 환매조건부(RP)매매 및 통화안정계정 예치와 함께 한국은행의 주요 공개시장 조작 수단으로 활용된다. 한국은행은 경상수지 흑자(적자) 또는 외국인투자자금 유입(유출) 등으로 시중의 유동성이 증가(감소)하여 이를 기조적으로 환수(공급)할 필요가 있을 경우에 통화안정증권을 순발행(순상환)하여 유동성을 흡수(공급)하게 된다. 통화안정증권은 여타 공개시장 조작 수단에 비해 만기가 길어 정책효과가 오래 지속되기 때문에 기조적 유동성 조절수단으로 활용된다. 반면 금융시장의 일시적인 유동성 조절을 위해서는 주로 환매조건부(RP)매매와 통화안정계정이 이용된다.

한국은행은 정부의 세출 · 입, 한국은행 대출, 통화안정증권 만기도래 등에 따른 본원통화 공급과 현금통화, 지준예치금 등 본원통화 수요를 전망한 후 유동성 조절 필요 규모를 산정한다. 유동성 과부족이 기조적일 경우에는 주로 통화안정증권 발행 · 상환을, 일시적일 경우에는 주로 환매조건부(RP)매매 및 통화안정계정 예치를 통해 유동성 조절이 이루어진다.

통화안정증권은 실제로 시중의 유동성의 과부족을 조절하는 용도보다는 외환시장에서 발생한 과잉 유동성을 흡수하는데 주로 사용되고 있다. 물론 외환시장에서 발생한 과잉 유동

9) "대통령령으로 정하는 법률"이란 다음의 법률을 말한다(영119①). 1. 한국은행법, 2. 한국산업은행법, 3. 중소기업은행법, 4. 한국수출입은행법, 5. 농업협동조합법(농업협동조합중앙회 및 농협은행만 해당), 6. 수산업협동조합법(수산업협동조합중앙회 및 수협은행만 해당), 7. 예금자보호법, 8. 자산관리공사법, 9. 한국토지주택공사법, 10. 한국도로공사법, 11. 한국주택금융공사법, 12. 삭제, 13. 한국전력공사법, 14. 한국석유공사법, 15. 한국가스공사법, 16. 대한석탄공사법, 17. 한국수자원공사법, 18. 한국농어촌공사 및 농지관리기금법, 19. 농수산물유통공사법, 20. 한국공항공사법, 21. 인천국제공항공사법, 22. 항만공사법, 23. 삭제, 24. 한국관광공사법, 25. 한국철도공사법, 26. 한국철도시설공단법, 27. 한국환경공단법, 28. 삭제, 29. 수도권매립지관리공사의 설립 및 운영 등에 관한 법률, 30. 중소기업진흥에 관한 법률, 31. 제주특별자치도 설치 및 국제자유도시 조성을 위한 특별법, 32. 삭제, 33. 산업집적활성화 및 공장설립에 관한 법률, 34. 한국장학재단 설립 등에 관한 법률, 35. 한국광물자원공사법, 36. 무역보험법.

성도 시중 유동성으로 연결되기 때문에 결국은 같은 용도로 보아야 할 것이나 통화안정증권의 발행 유인이 국내보다는 해외 요인, 즉 경상수지에 의해 결정되는 부분이 상당히 크다고 볼 수 있다.

Ⅴ. 사채권

1. 의의

사채는 주식회사가 불특정다수인으로부터 자금조달의 목적으로 비교적 장기간의 자금을 집단적, 대량적으로 조달하기 위하여 채권을 발행하여 부담하는 채무이다. 불특정 다수에 대하여 집단적으로 발행한다는 점에서 특정인으로부터 개별적으로 차입하는 금융기관으로부터의 차입과 구별이 되며, 유통성이 있다는 점에서도 금융기관으로부터의 차입과 구별된다. 사채발행은 금융기관에서 대출을 받는 것이나 기업어음을 발행하는 것보다도 장기적으로 대규모의 자금을 공급할 수 있는 장점이 있으므로 유동성위험 관리가 중요한 시점에서는 가장 적합한 자금조달방법이 된다. 사채발행을 통한 자금조달의 방식은 채권자와 채무자인 회사 간의 계약에 의해 조건이 정해지지만 회사법의 규율을 받는다.

2. 상법상 사채

(1) 일반사채

일반사채는 회사가 투자자로부터 자금을 차입하기 위하여 발행한 채무증권으로서 전환권 등 특수한 정함이 없는 것을 말한다. 일반사채 발행시 발행회사는 청약자 또는 인수인으로부터 원금 상당액(또는 일정한 할인 또는 할증한 금액)을 납입받고, 상환기일에 원금을 상환하고 일정기간(예: 3개월)마다 이자를 지급하는 조건으로 발행한다.

후순위채란 발행인의 다른 채권이 모두 변제되기 전에는 원리금의 상환을 받을 수 없는 조건이 붙은 사채이다. 발행인은 후순위에 대한 보상으로서 일반사채보다 더 높은 이자를 후순위채권자에게 지급하며 후순위채에 대한 투자를 유도하기 위해 후순위채에 신주인수권이나 전환권을 추가로 부여하기도 한다. 후순위채는 변제순위에 있어 일반사채보다 열위에 있다는 점, 특히 신주인수권이나 전환권이 부여된 경우 증자에 참가할 수 있다는 점에서 주식과 유사하다. 그러나 회사에 배당가능이익이 없는 경우에도 후순위채에 대한 이자를 지급해야 하고, 보통주나 우선주와의 관계에서는 후순위채의 변제순위가 앞선다는 점에서 사채로 남는다.

(2) 전환사채

전환사채(CB)는 일반사채에 사채권자의 전환권을 붙인 것이다(상법514). 즉 사채권자는 사채의 상환 대신에 신주를 발행받을 수 있는 옵션(=전환권)을 가지도록 한 것이다. 전환권[10]은 사채권자가 가지는 권리이므로 행사하지 않을 수도 있다. 전환권을 행사하지 않을 경우, 사채권자는 사채의 조건에 따라 사채의 상환과 이자의 지급을 받는다. 전환권을 행사하면 사채는 소멸하고 신주가 발행되어 사채권자는 주주가 된다. 전환사채의 발행은 잠재적으로 신주발행을 예정하고 있다는 점에서 일반사채의 발행보다 회사법에서 규율할 사항이 많다(상법 제513조부터 제516조까지).[11]

(3) 신주인수권부사채

신주인수권부사채(BW)는 일반사채에 사채권자의 신주인수권을 붙인 것이다(상법516의2). 즉 사채권자는 사채의 조건에서 정한 기간 중 신주의 발행을 받을 권리가 있다. 신주인수권부사채에 부착된 신주인수권은 상법 제418조 제1항[12]에 정한 주주가 가지는 신주인수권과는 다르다. 신주인수권부사채에 부착된 신주인수권은 형성권으로 그 행사와 신주발행가액의 납입이 있으면 신주가 발행된다. 신주인수권부사채에 붙은 신주인수권은 사채권자(또는 분리형의 경우에는 신주인수권증서의 보유자)가 가지는 권리이므로 행사하지 않을 수도 있다. 신주인수권을 행사하지 않는 경우, 사채권자는 사채의 조건에 따라 사채의 상환과 이자의 지급을 받는다.

신주인수권부사채는 광범위한 투자자를 상대로 자본조달을 용이하게 할 뿐만 아니라 자본비용의 인하 가능성을 부여하고, 투자자에 대해서는 기업의 성패에 대한 이익배분을 가능하게 한다는 점에서 안전성과 투자성을 겸비한 투자수단으로 평가된다.

(4) 이익참가부사채

이익참가부사채(PB)는 사채권자가 그 발행회사의 이익배당에 참가할 수 있는 사채를 말한다(상법469②(1)). 일반사채의 사채권자는 전형적인 소비대차에서와 마찬가지로 원금의 상환과 이자의 지급을 받을 권리가 있고, 이자의 산정기준이 되는 이자율은 발행 시에 미리 정한다. 사채권자가 일정한 이자에 추가하여 발행회사의 이익배당에 참가할 수 있는 권리를 가지거나 이자의 지급 없이 이익배당에 참가하는 권리만을 가지는 경우 모두 이익참가부사채이다.

(5) 교환사채

교환사채(EB)는 사채권자가 회사 소유의 주식이나 그 밖의 다른 유가증권으로 교환할 수 있는 사채이다(상법시행령22①). 교환사채는 일반사채에 사채권자의 교환권을 붙인 것이다. 즉

---

10) 전환권은 사채권자가 가지는 것이 일반적인데, 전환권을 사채발행인인 회사가 가지는 경우 이를 역전환사채(reverse convertible bonds)라고 구별하기도 한다.

11) 전환사채는 19세기 중엽 영미에서 철도회사의 자금난을 해결하기 위한 자본조달 수단으로 도입되었다. 1924년 독일, 1940년 일본, 1953년 프랑스에서 법제화되었고, 우리나라에서는 1963년 쌍용양회가 최초로 발행하면서 도입되었다.

12) 상법 제418조(신주인수권의 내용 및 배정일의 지정·공고) ① 주주는 그가 가진 주식 수에 따라서 신주의 배정을 받을 권리가 있다.

사채권자는 사채의 상환 대신 미리 정한 교환대상증권(=발행회사가 소유한 주식이나 다른 증권)으로 교환할 수 있는 옵션(=교환권)을 가지도록 한 것이다(상법469②(2)). 교환권은 사채권자가 가지는 권리이므로 행사하지 않을 수도 있다. 교환권을 행사하지 않는 경우, 사채권자는 사채의 조건에 따라 사채의 상환과 이자의 지급을 받는다. 사채권자가 교환권을 행사하면 사채는 소멸하고 교환대상증권을 교부받는다.

2011년 개정 상법 이전에는 주권상장법인만이 교환사채를 발행할 수 있었으나 상법에서 다양한 사채를 발행할 수 있는 근거를 두면서 교환사채를 직접 규정함에 따라 비상장법인도 교환사채를 발행할 수 있게 되었다.

(6) 상환사채

상환사채는 회사가 그 소유의 주식이나 그 밖의 다른 유가증권으로 상환할 수 있는 사채를 말한다(상법시행령23①). 교환사채는 사채를 주식·유가증권으로 교환할 권리를 사채권자에게 부여하는 것인데 반해, 상환사채는 발행회사의 선택 또는 일정한 조건의 성취나 기한의 도래에 따라 주식이나 그 밖의 다른 유가증권으로 상환한다. 상환사채의 경우 사채권자가 상환받는 것은 주식이나 유가증권이고 원래의 사채의 원금과 다르게 된다는 점에서 파생결합사채와 매우 유사한 기능을 수행한다.

(7) 파생결합사채

(가) 의의

파생결합사채는 그 상환 또는 지급금액이 다른 기초자산의 가격·이자율·지표·단위 또는 이를 기초로 하는 지수의 변동에 따라 결정되는 사채이다(상법469②(3)). 기초자산에는 금융투자상품, 통화, 일반상품, 신용위험, 기타 자연적·환경적·경제적 현상에 속하는 위험으로 합리적이고 적정한 방법에 의하여 평가가 가능한 것이 포함된다(상법시행령20, 자본시장법4⑩). 이는 자본시장법상 파생상품 및 파생결합증권의 정의에서 사용되는 기초자산과 같다. 파생결합사채에 따른 상환·지급금액은 다른 기초자산의 가격이나 지수 등에 따라 정해지므로 파생결합사채의 발행가액 또는 원금액을 초과할 수 있고 그보다 작아질 수도 있다. 또한 상환·지급금액이 발행가액을 초과하는 경우에도 그 초과금액이 원금에 대한 일정한 비율로 시간의 경과에 따라 증가하는 이자와는 달리 기초자산의 가격이나 지수 등에 따라 산정된다.

이는 자본시장법상 파생결합증권을 원용한 것으로서 상법이 자본시장법의 파생결합증권의 정의와 사실상 동일한 파생결합사채를 상법상 사채의 한 종류로 규정함으로써, 자본시장법상 파생결합증권이 동시에 상법상 사채에 해당할 수 있게 되었다. 다만 파생결합증권과 파생결합사채는 법상 정의가 동일함에도 불구하고 그 범위가 다르다. 즉 원금보장형 파생결합증권은 상법상 파생결합사채에 해당이 되나, 자본시장법상 채무증권이고, 워런트 증권은 원본이 없으므로 상법상 파생결합사채에는 해당되지 않으나 자본시장법상 파생결합증권이다.

(나) 특징

투자자의 입장에서 보면 종전의 일반사채는 회사가 자금조달 목적으로 부담하는 채무로서 사채권자가 발행회사에 대한 신용위험과 그 이후 시장의 금리변동에 따른 이자율위험만을 부담하였다. 반면 파생결합사채는 거기에 파생상품이 결합된, 즉 가치가 기초자산 등에 연동되어 결정되므로 발행회사에 대한 신용위험과 더불어 연계대상인 자산이나 지표에 대한 시장위험까지 부담하여야 한다. 이러한 점에서 파생결합사채는 소비대차적인 성격으로 발행회사의 신용위험에 노출된 전통적인 일반사채와는 성격이 많이 다른 사채라고 볼 수 있다.

상법상 파생결합사채는 자본시장법상의 파생결합증권을 원용한 것으로써 기초자산이나 파생상품의 거래구조 및 거래장소에 대한 제한을 하지 않아 다양한 유형의 파생결합사채가 발행될 수 있는 근거를 인정하고 있다. 따라서 일반회사도 파생결합사채의 발행을 통해 사채발행의 자율성을 증대하고 금융환경의 변화에 맞추어 다양한 방법으로 자금을 조달할 뿐만 아니라 위험관리도 할 수 있게 되었다. 후술하는 파생결합증권의 특징은 파생결합사채에도 그대로 적용된다.

3. 특별법상 사채

상법 이외의 특별법에 규정된 사채로는 i) 담보부사채신탁법에 의한 담보부사채, ii) 「이중상환청구권부 채권 발행에 관한 법률」(“이중상환채권법”)에 이중상환청구권부 채권(커버드본드, Covered Bond), iii) 자본시장법 제165조의11에 의한 조건부자본증권, iv) 은행이 발행하는 금융채(은행법33), v) 전자증권법(법59, 60, 61)에 의한 전자단기사채(=단기사채등)와 같이 발행회사가 속한 산업을 규율하는 특별법으로 그 산업의 특성에 따라 별도로 규율하는 경우가 있다. 전자단기사채는 자산유동화증권 부분에서 후술한다.

(1) 담보부사채

(가) 의의

담보부사채는 사채의 원리금 지급을 담보하기 위하여 물상담보가 붙어있는 사채이다. 담보부사채를 규율하는 법으로 담보부사채신탁법이 있다. 담보부사채신탁법은 발행회사가 각 사채권자에게 개별적으로 담보권을 설정하는 것이 실제로 불가능하므로 발행회사(위탁회사)와 사채권자와의 사이에 신탁회사[13]를 두고 위탁회사와 신탁회사 간에 체결한 신탁계약에 의하여 신탁회사는 담보목적물을 취득하고 이것을 총사채권자를 위하여 보존·관리하며 그 권리를 행사하도록 규정하고 있다. 총사채권자는 위와 같이 설정된 담보신탁의 수익자로서 그 채권액에

13) 신탁업을 영위하는 금융투자회사를 말한다.

따라 평등하게 담보의 이익을 향유한다. 즉 담보부사채는 발행회사의 재정상태가 나빠져서 사채의 원리금 지급채무를 불이행하는 경우에 사채권자가 신탁계약에서 정해진 담보를 확보함으로써 그로부터 사채의 원리금을 상환받을 수 있다는 점에 그 특징이 있다.

(나) 효용

담보부사채의 발행을 활성화시키면 신용도가 다소 낮은 중소기업에게 다양한 자금조달의 방법을 열어줄 뿐만 아니라, 자금조달거래를 하는 경우 차주의 협상력도 높일 수 있다. 또한 차주의 입장에서는 대출거래와 비교하여 동일한 담보를 제공하고 더 많은 자금을 조달할 수 있어 효율적이다. 따라서 우량자산을 가지고 있음에도 자산유동화법상 자산보유자에 해당하지 아니하여 자산유동화거래를 할 수 없는 기업들에게 우량자산을 이용한 자금조달거래의 길을 열어줄 수 있도록 담보부사채의 발행을 활성화할 필요가 있다.[14)]

(2) 이중상환청구권부 채권

(가) 의의

이중상환채권법("법")에 의한 이중상환청구권부 채권(커버드본드, Covered Bond)이란 발행기관에 대한 상환청구권과 함께 발행기관이 담보로 제공하는 기초자산집합(커버풀, Cover Pool)에 대하여 제3자에 우선하여 변제받을 권리를 가지는 채권으로서 이중상환채권법에 따라 발행되는 것을 말한다(법2(3)). 기초자산집합이란 이중상환청구권부 채권의 원리금 상환을 담보하는 자산으로서 등록된 것을 말한다(법2(4)). 커버드본드는 금융기관의 중장기자금 조달을 위해 보유 중인 우량자산을 담보(Cover Pool)로 발행하는 일종의 담보부사채이다. 커버드본드는 발행기관의 파산 시에 분리된 기초자산집합으로부터 우선변제를 받을 수 있으므로 높은 신용등급을 부여받을 수 있는데, 커버드본드를 이용하면 발행기관은 발행비용을 낮출 수 있고 투자자는 보다 안전한 자산에 투자할 수 있다.

(나) 특징

이중상환채권법에 의하면 발행기관은 법률에 정한 일정한 자본금 규모, 재무상태, 위험관리 및 통제 절차와 수단 등 적격 발행기관으로서의 요건을 갖추어야 한다(법4①). 또한 기초자산집합("담보자산")은 커버드본드의 원리금 상환을 담보하는 자산으로서 일정한 법적 기준을 충족하는 자산으로 구성되고 금융위원회에 등록된 자산(법2(4), 5 및 6)을 말하는데, 발행기관이 파산하거나 회생절차가 개시되더라도 담보자산은 파산재산 또는 회생절차 관리인이 관리 및 처분 권한을 가지는 채무자의 재산을 구성하지 않고, 커버드본드 소지자는 담보자산으로부터 제3자에 우선하여 변제받을 권리를 보유하게 함으로써(법3), 커버드본드의 핵심적 특징인 도산절연(bankruptcy remoteness)과 이중상환청구권을 법률적으로 부여받게 되었다. 따라서 발행기

14) 정소민(2009), "담보부사채의 활성화에 관한 연구", 금융법연구 제6권 제1호(2009. 9), 169-170쪽.

관이 도산하기 전에는 발행기관이 커버드본드의 원금과 이자를 상환하지만, 발행기관이 도산하는 경우 담보자산으로부터 발생되는 현금흐름은 파산재단에 귀속되지 않고 커버드본드 원리금 상환에 우선 사용할 수 있는 채권을 복잡한 구조화 과정을 거치지 않고도 발행할 수 있다.

(다) 효용

자산유동화증권은 자산보유자의 도산으로부터 절연된 특수목적회사가 보유하는 기초자산으로부터 상환을 받을 수 있는 장점이 있지만, 자산보유자에 대하여 청구하는 것은 불가능하다는 단점이 있다. 아울러 담보부사채신탁법에 의한 담보부사채는 담보자산으로부터 우선변제권을 부여받음과 동시에 발행기업의 재산을 책임재산으로 청구할 수 있다는 점에서 이중상환청구권부 채권의 이중상환청구권과 유사한 권리를 가지나, 발행기업이 회생절차와 기업구조조정촉진절차에 들어갈 경우 다수결의 원칙에 따라 담보 및 담보부채권의 채무도 조정될 수 있다는 점에서 도산절연기능이 완전하지 못하다는 단점이 있다. 이중상환청구권부 채권은 자산유동화증권과 담보부사채의 단점을 극복하고 장점만을 모아 완전한 도산절연기능을 가지면서 동시에 발행기업에 대한 상환청구권을 행사할 수 있다는 점에서 그 효용가치를 찾을 수 있다.

(3) 자본시장법상 조건부자본증권

(가) 의의

자본시장법상 조건부자본증권은 “해당 사채의 발행 당시 객관적이고 합리적인 기준에 따라 미리 정하는 사유가 발생하는 경우 주식으로 전환되거나 그 사채의 상환과 이자지급의무가 감면된다는 조건이 붙은 것으로서 제165조의11 제1항에 따라 주권상장법인이 발행하는 사채”를 말한다(법4⑦(3)). 이러한 조건부자본증권은 은행의 규제자본 수단과는 달리 자본조달이라는 사채 측면에서 파악하여, 상법상 이익배당참가부사채, 교환사채 · 상환사채, 파생결합사채(상법469②), 전환사채(상법513), 신주인수권부사채(상법제516의2)와는 다른 종류의 사채이다. 조건부자본증권에는 일정 조건이 충족되면 주식으로 전환되는 “전환형 조건부자본증권”(법176의12)과 사채의 상환과 이자지급의무가 감면(채무재조정)되는 형태를 취하는 “상각형 조건부자본증권”(법176의13)의 형태가 있다.

(나) 효용

i) 전환형 조건부자본증권은 사채와 같은 전통적인 채무증권으로서의 특징과 주식과 같은 지분증권으로서의 성격이 혼합된 하이브리드증권의 일종이다. 전환형 조건부자본증권은 일정한 요건이 충족되면 채권에서 주식으로 전환된다는 점에서 상법상의 전환사채와 유사하다. 전환사채는 사채권자가 원하면 전환권을 행사하여 미리 약정한 비율에 따라 사채발행회사의 신주로 전환하는 것이 가능한 사채이다. 그러나 전환사채는 사채권자의 전환권 행사에 의하여 주식으로 전환되지만 전환형 조건부자본증권은 특정 조건이 충족되면 자동적으로 증권발행회

사의 신주로 전환된다는 점에서 양자는 구별된다. 즉 상법 제515조(전환의 청구) 제1항은 사채권자가 전환사채상의 전환권을 행사함을 전제로 하고 있고, 회사가 전환권을 행사하거나 자동적으로 전환되는 것은 상정하지 않기 때문에 조건부자본증권은 상법상의 전환사채와는 다르다.

ii) 자본시장법상 조건부자본증권은 상법상 교환사채와 비교해 보면, 교환사채의 교환대상은 주로 발행인이 아닌 다른 회사의 주식이나 그 밖의 다른 유가증권인데 비해, 조건부자본증권에 의해 전환되는 주식은 발행인의 신주라는 점에서 차이가 있다. 또한 교환사채의 교환권은 사채권자가 보유하나 조건부자본증권의 전환이나 상각은 일정한 행사조건 성취 시 자동으로 이루어진다는 점에서도 차이가 있다.

iii) 상법상 상환사채와 비교해 보면, 상환사채의 경우에는 발행인이 상환권을 가지며, 이때 회사의 선택 또는 일정한 조건의 성취나 기한의 도래에 따라 주식이나 그 밖의 다른 유가증권으로 상환한다는 뜻을 상환의 조건과 함께 이사회가 정한다. 이에 반해 조건부자본증권은 정관에 근거를 두고 정관으로 정하는 바에 따라 이사회의 결의로 그 내용을 결정해야 한다. 또한 조건부자본증권의 경우에는 행사조건이 성취되어 그 원금과 이자지급의무가 감면되는데, 이를 두고 상환이라고 평가하지 않는다.

(4) 은행의 금융채

(가) 의의

은행은 금융채를 발행할 수 있다. 은행이 발행할 수 있는 금융채는 i) 상법상 사채, ii) 상각형 조건부자본증권, iii) 은행주식 전환형 조건부자본증권, iv) 은행지주회사주식 전환형 조건부자본증권(비상장은행만 발행할 수 있다), v) 기타 사채이다(은행법33①).

(나) 영구채

1) 영구채의 의의

회사는 사채를 발행하여 대규모의 자금을 차입할 수 있다. 사채는 발행회사의 수익에 관계없이 일정 비율의 이자와 함께 만기에 원금을 상환하는 채무를 말한다. 물론 이자를 정기적으로 받지 않는 사채도 있다. 이러한 사채에 할인채가 있다. 할인채는 단리로 계산된 상환기일까지의 이자를 액면금액에서 차감하여 발행되는 채권으로, 만기에 액면금액을 상환받음으로써 할인액만큼의 총 이자효과를 본다. 사채의 특성 중의 하나가 만기의 존재인데, 만기는 사채를 분류하는데 중요하다.

그러나 모든 사채가 만기가 있는 것은 아니다. 영구채(perpetual bond)는 만기가 없거나 만기가 있더라도 회사가 만기를 연장할 수 있다. 영구채란 액면금액에 따라 매기 확정적인 이자를 지급하나 원금을 상환할 만기가 적혀 있지 않거나 “100년 만기”처럼 만기가 매우 길게 발행되는 채권이다. 대표적인 영구채는 2006년 영국 회사법(제739조)에 명문으로 규정된 영구채이

다. 영국에서 영구채는 실제로 발행되고 있다.[15)]

영구채라는 단어의 의미만 보면, 영구채란 발행인에게 원금 및 이자지급의무가 없고, 발행인이 원금과 이자지급을 임의로 연장할 수 있는 사채를 말한다. 그러나 위와 같은 영구채가 실제로 발행되지는 않을 것이다. 한편 만기가 장기간이지만, 만기를 계속 연장할 수 없는 사채는 장기채에 해당하지만, 영구채로 볼 수 없다.[16)]

2) 영구채의 도입 과정

영구채는 금융기관 특히 은행의 자기자본 확충을 위한 수단으로 2002년 신종자본증권[17)]이란 이름으로 도입되었다. 영구채가 국내에 도입된 것은 2002년이지만, 국제적으로 이러한 유형의 증권이 처음 도입된 것은 1998년 바젤은행감독위원회(BCBS)의 결정에 의한 것이다. 이 결정에서는 Tier1 자기자본[18)]의 최소기준을 제시하였는데, 이 기준에 따라 각국의 금융감독당국은 자국의 법제에 맞추어 바젤은행감독위원회(BCBS)의 최저기준을 충족하는 가이드라인을 만들고 시장의 변화에 따라 여러 형태로 영구채의 발행을 허용했다. 우리나라는 2002년 11월 은행업감독업무시행세칙을 개정하여 우선주 형태로 발행되는 신종자본증권을 도입하였으며, 2003년 4월 동 세칙을 개정하여 사채형태로 발행되는 신종자본증권도 기본자본으로 인정하게 되었다.[19)]

이러한 과정을 거쳐 생겨난 영구채가 금융기관의 자기자본비율 확충이라는 원래의 취지를 넘어 기업의 일반적인 자금조달수단으로 활용되고 있다. 은행의 경우 은행법에서 바젤은행감독위원회(BCBS)의 권고에 따라 엄격한 자기자본비율의 유지를 요구받고 있는데, 이러한 자기자본비율을 주식발행을 통한 자본금으로 유지하기에는 큰 부담이 되기 때문에 보다 발행·관리가 용이한 채권발행으로 조달한 자금도 일정한 요건 아래 자기자본으로 인정해 주고 있다. 이러한 취지에서 도입된 신종자본증권은 은행을 중심으로 금융기관의 건전성 유지 목적으로 제한적으로 발행되어 왔으며, 동 증권이 일반사업회사의 일반적인 자금조달수단으로 인식되지는 않았다. 그러나 회계적인 측면에서 자본으로 인정되어 부채비율 하락 등 재무구조가 개선되는 효과와 함께 사채라는 법적 형식으로 인해 지급이자에 대한 절세효과가 인정되는 장점이 알려지면서 일반사업회사들이 신종자본증권의 요건을 원용하여 유사한 영구채를 발행하기 시작하였다. 국내에서는 2012년 10월 두산인프라코어가 영구채를 해외에서 발행하여 5억 달러를 조

15) 문준우(2014), "영구채의 개념과 장·단점 등에 관한 일반내용과 주요국의 입법례, 발행사례와 쟁점분석", 기업법연구 제28권 제3호(2014. 9), 60-61쪽.

16) 사채는 상환기간에 따라, 단기채·중기채·장기채로 구분될 수 있다. 단기채는 통상 만기 1년 이하의 채권, 중기채는 1년 초과 5년 이하인 채권, 장기채는 5년 이상이면서 영구채가 아닌 채권이다.

17) 신종자본증권이란 은행업감독규정 <별표1>에서 처음 정의한 용어로 그 발행요건이 동 규정 시행세칙에 명시되어 있는데 반해, 일반사업회사들은 반드시 동 규정에 의해 증권을 발행하는 것이 아니라는 점에서 언론 등에서 널리 이용되는 "영구채"란 표현을 사용한다.

18) 2013년 7월 규정 개정 전 은행업감독규정 제2조 및 <별표1>에서 규정한 "기본자본"을 말한다.

19) 최영주(2015), "영구채 성격논쟁과 법적 과제", 경영법률 제25권 제3호(2015. 4), 3-4쪽.

달한 것을 시작으로 많은 기업이 유사한 형태의 영구채를 발행하였다.

일반사업회사의 영구채 발행증가와 달리 은행은 2013년 바젤Ⅲ[20]의 시행으로 2013년 12월부터 종전과 같은 형태의 영구채를 더 이상 발행할 수가 없고 조건부자본[21] 형태의 영구채를 발행하게 되었다. 그러나 일반사업회사는 바젤Ⅲ의 적용을 받지 않기 때문에 앞으로도 조건부자본의 요건이 없는 신종자본증권을 계속 발행할 것으로 예상된다. 은행의 경우에도 조건부자본 요건이 부가되기는 하였지만 기본적인 발행조건은 기존의 신종자본증권의 골격을 유지하고 있다.

3) 은행법상 조건부자본증권

가) 의의

조건부자본증권은 은행의 손실흡수능력의 강화를 위해 발행 당시 미리 정한 예정사유가 발생한 경우 그 발행인의 보통주로 전환되거나 원리금이 소각되는 사채를 말한다. 은행법("법")에서는 2016년 법개정을 통해 자본시장법에 규정되어 있던 조건부자본증권을 은행법상 금융채로 편입시켰다(법33).

조건부자본증권은 예정사유 발생 시 상각 또는 주식으로 전환되는 조건으로 발행되는 증권으로서 바젤Ⅲ 기준에 의해 자기자본으로 인정되므로, 국내은행들은 바젤Ⅲ 적용에 따른 국제결제은행(BIS)비율 기준을 유지하기 위해 발행하고 있다.[22]

2008년 글로벌 금융위기 이후의 조건부자본증권에 관한 국제적 논의는, 기업의 특수한 자금조달수단으로서의 조건부자본증권이 아니라 여기서 한 걸음 나아가 은행의 손실흡수능력 강화를 통하여 금융시스템의 안정을 도모하는 수단으로서의 조건부자본증권에 초점이 맞추어져 있었다. 이에 바젤Ⅲ에서는 은행의 자기자본규제에 조건부자본증권 요건을 도입하였다.

나) 상각형 조건부자본증권

상각형 조건부자본증권은 주권상장법인인 은행이 일정한 예정사유가 발생하는 경우 사채의 원리금이 감면되는 사채를 말한다(법33①(2)). 즉 자본시장법상 조건부자본증권 중 해당 사채의 발행 당시 예정사유(객관적이고 합리적인 기준에 따라 미리 정하는 사유)가 발생하는 경우 그 사채

20) 은행의 건전성 제고를 위한 자기자본비율에 관한 국제적 통일 기준을 말하며, 국제결제은행(BIS) 산하의 BCBS가 제정한다. 1989년 처음 도입(바젤Ⅰ)된 이후 2004년 대폭 수정(바젤Ⅱ)되었으나, 2008년 글로벌 금융위기를 거치면서 금융위기시 은행 자기자본의 손실흡수능력이 떨어진다는 비판에 따라 자기자본비율 제도를 다시 대폭 수정하여 바젤Ⅲ가 만들어졌다.

21) 조건부자본이란 회사의 채권이 사전에 정한 전환시점에 발행인의 주식인 자본으로 자동 전환될 수 있는 것으로 사채 등의 증권 형식으로 발행된 것을 조건부자본증권이라 한다. 채권에서 주식으로 전환된다는 조건이 있다는 점에서 전환사채와 유사하지만 전환사채의 경우에는 전환권을 보유한 사채권자의 전환권 행사에 의해 주식으로 전환되지만 조건부자본은 이와 달리 일정한 조건이 충족되면 자동으로 주식으로 전환된다.

22) 원래 조건부자본은 보험회사 및 재보험회사가 그들의 인수능력을 관리하기 위해 오래전부터 사용하여 왔는데, 이러한 전통적인 조건부자본의 속성과 사채를 결합시켜 역전환증권 형태로 만든 것이 조건부자본증권이다.

의 상환과 이자지급의무가 감면된다는 조건이 붙은 사채이다. 상각형 조건부자본증권이 신종자본증권으로 인정되기 위해서는 은행업감독업무시행세칙에서 정하고 있는 기타기본자본의 요건을 추가로 갖추어야 한다.

다) 은행주식 전환형 조건부자본증권

은행주식 전환형 조건부자본증권 주권상장법인인 은행이 일정한 예정사유가 발생하는 경우 발행은행의 주식으로 전환되는 사채를 말한다(법33①(3)). 즉 자본시장법상 조건부자본증권 중 해당 사채의 발행 당시 예정사유가 발생하는 경우 은행의 주식으로 전환된다는 조건이 붙은 사채를 말한다. 이 증권이 신종자본증권으로 인정되기 위해서는 은행업감독업무시행세칙에서 정하고 있는 기타기본자본의 요건을 추가로 갖추어야 한다.

라) 은행지주회사주식 전환형 조건부자본증권

은행지주회사주식 전환형 조건부자본증권은 주권비상장법인인 은행이 일정한 예정사유가 발생하는 경우 일단 발행은행 주식으로 전환된 후 상장법인인 은행지주회사의 주식과 교환되는 조건이 붙은 사채를 말한다(법33①(3)). 즉 상법상의 이익참가부사채·교환사채·상환사채·파생결합사채(상법469②), 전환사채 및 신주인수권부사채(상법513 및 516의2)와 다른 종류의 사채로서 해당 사채의 발행 당시 예정사유가 발생하는 경우 비상장은행의 주식으로 전환됨과 동시에 그 전환된 주식이 상장은행지주회사의 주식과 교환된다는 조건이 붙은 사채를 말한다.

Ⅵ. 기업어음증권

1. 의의

기업어음증권(CP)이란 기업이 사업에 필요한 자금을 조달하기 위하여 발행한 약속어음으로서 ⅰ) 은행(은행법 제59조[23]에 따라 은행으로 보는 자 포함, 수협은행, 농협은행), ⅱ) 한국산업은행, ⅲ) 중소기업은행이 내어준 것으로서 "기업어음증권"이라는 문자가 인쇄된 어음용지를 사용하는 것을 말한다(법4③, 영4).

기업어음증권은 신용상태가 양호한 기업이 상거래와 관계없이 운전자금 등 단기자금을 조달하기 위하여 자기신용을 바탕으로 발행하는 융통어음이다. 따라서 상거래에 수반되어 발행되는 상업어음(진성어음)과는 성격이 다르지만, 법적으로는 상업어음과 같은 약속어음으로 분류된다. 유동화를 목적으로 설립된 특수목적회사(SPC)가 기초자산(정기예금, 대출채권, 회사채 등)을

23) 은행법 제59조(외국은행에 대한 법 적용) ① 제58조 제1항에 따라 인가를 받은 외국은행의 지점 또는 대리점은 이 법에 따른 은행으로 보며, 외국은행의 국내 대표자는 이 법에 따른 은행의 임원으로 본다.
② 하나의 외국은행이 대한민국에 둘 이상의 지점 또는 대리점을 두는 경우 그 지점 또는 대리점 전부를 하나의 은행으로 본다.

담보로 발행하는 자산담보부기업어음(ABCP: Asset Backed CP)도 있다. 이에 관하여는 자산유동화증권 부분에서 상술한다.

2. 신용평가

투자매매업자 또는 투자중개업자는 기업어음증권을 매매하거나 중개·주선 또는 대리하는 경우[24]에는 i) 2개 이상의 신용평가회사로부터 신용평가[25]를 받은 기업어음증권이어야 하고, ii) 기업어음증권에 대하여 직접 또는 간접의 지급보증을 하지 아니하여야 한다(영183①).

신용평가란 전문성과 객관성을 갖춘 신용평가기관이 특정 기업에 대해 제반 환경을 감안한 신용도를 평가함으로써 해당기업이 자금조달 목적으로 발행하는 채권이나 차입금 등에 대하여 그 원리금이나 이자를 약정한 기일에 제대로 상환할 수 있는가를 분석하여 이를 일정한 기호를 이용하여 등급화하는 제도이다. 외부기관에서 평가된 기업신용등급은 기업의 자금조달 및 조달비용에 직접적인 영향을 미친다. 기업신용등급에 따라 채권의 이자율 및 은행 차입금의 이자율은 차등적으로 적용된다. 기업의 채무의 지급 가능성에 관한 지표뿐 아니라 경제적인 능력과 같은 전반적인 정보를 제공하기 때문에 기업신용등급정보는 관련 경제적 의사결정에 유용한 정보라 할 수 있다. 더구나 신용평가에 대한 인식 증대로 좋은 기업신용등급은 기업의 이미지와 기업가치를 향상시키는 수단으로 작용하기도 한다.

제3절 지분증권

Ⅰ. 지분증권의 분류

지분증권이란 일반인들이 흔히 말하는 "주식"을 의미한다. 자본시장법은 지분증권을 "주

24) 금융투자업규정 제5-28조(취급방법의 제한 등) ① 투자매매업자 또는 투자중개업자가 기업어음증권을 매매 또는 중개하는 경우에는 투자매매업자 또는 투자중개업자가 책임을 지지 아니하는 무담보매매·중개방식으로 한다.
② 투자매매업자 또는 투자중개업자는 환매조건부 기업어음증권매매 등 기업어음증권을 매개로 하는 자금거래를 하여서는 아니 된다.

25) 금융투자업규정 제5-29조(신용평가 방법) ① 기업어음증권에 대한 신용등급은 어음발행인의 최근사업연도 수정재무제표를 기준으로 평가한 것이어야 한다.
② 기업어음증권의 발행인이 최근사업연도 종료일부터 수정재무제표를 기준으로 평가한 복수신용등급을 받지 못한 경우 최근사업연도 종료일로부터 6개월이 경과하기 전까지는 제1항에 불구하고 직전사업연도의 수정재무제표를 기준으로 평가한 복수신용등급을 적용할 수 있다.

권, 신주인수권이 표시된 것, 법률에 의하여 직접 설립된 법인이 발행한 출자증권, 상법에 따른 합자회사, 유한회사, 익명조합의 출자지분, 그 밖에 이와 유사한 것으로 출자지분이 표시된 것으로서 출자지분 또는 출자지분을 취득할 권리가 표시된 것"으로 정의하고 있다(법4④). 한편 소득세법 제88조 제2호[26]에서는 "주식등"이라는 개념으로 포괄하여 설명하고 있다.

Ⅱ. 주권

1. 개요

주권(株券)이란 주식회사의 지분권을 표시하는 증권을 말한다. 주식회사에 있어서는 주주의 지위를 주식이라 부른다. 주식은 우선적 지위가 인정되나 의결권이 제한되는 우선주와 표준적 성격의 보통주로 나누어진다. 실무에서 발행·유통되고 있는 주식의 대부분은 보통주이다. 특히 상장법인의 경우에는 유통되는 주식의 95% 이상이 보통주이고, 종류주식은 일부에 불과하다. 그럼에도 불구하고 상법은 보통주의 개념 등에 관한 규정을 두고 있지 않고, 단지 제344조에서 종류주식을 "이익의 배당, 잔여재산의 분배, 주주총회에서의 의결권의 행사, 상환 및 전환 등에 관하여 내용이 다른 종류의 주식"이라고만 규정하고 있다. 이는 보통주가 주식의 원형임을 전제로 하기 때문이다. 회사는 보통주를 발행하지 않고 우선주를 발행할 수는 없다.

2. 보통주

이익배당이나 잔여재산분배에서 어떠한 제한이나 우선권도 주어지지 않는 주식이다. 보통주에 대한 배당금액은 주주총회의 결의(또는 이사회 결의)로 결정되며, 회사에 이익이 있어도 반드시 배당해야 하는 것도 아니고, 주주가 배당을 청구할 수 있는 것도 아니다. 그러나 보통주는 회사에 이익이 있는 한 무제한의 배당가능성이 주어지는 개방적(open-ended) 지분이다.[27]

3. 우선주

우선주란 회사가 종류주식[28]을 발행하는 경우에 다른 주식에 우선하여 이익배당 또는 잔

26) "주식등"이란 주식 또는 출자지분을 말하며, 신주인수권과 대통령령으로 정하는 증권예탁증권을 포함한다(소득세법88(2)).

27) 이철송(2014), 「회사법 강의」, 박영사(2014. 2), 280-281쪽,

28) 종류주식이란 투자자들의 투자성향과 회사의 자금조달상의 편의성을 고려하여 원칙적으로 주주평등의 원칙이 적용되는 주식이 표창하는 권리의 내용이나 그 조합을 다르게 정할 수 있도록 허용된 주식을 말한다. 이와 관련하여 상법은 제344조에서 종류주식의 개념을 비롯한 총론적인 내용을 규정한 후 제344조의2부터 제351조까지 각 종류주식(이익배당·잔여재산분배에 관한 종류주식, 의결권의 배제·제한에 관한 종류주

여재산분배를 받을 수 있는 주식이다. 그 후 잔여가 있으면 보통주가 배당 또는 분배받을 수 있다. 실무상 배당금에 관한 우선주가 주로 발행되며, 잔여재산분배에 관한 우선주는 드물다. 우선적 배당은 통상 액면가에 대한 비율 또는 1주당의 금액으로 표시된다. 예컨대 "1주당 액면가의 15%를 배당한다" 또는 "1주당 900원을 배당한다"라는 식이다. 우선주는 1986년 동양맥주(주)에 의해 최초 발행되면서 대주주에게는 경영권 보장, 투자자에게는 투자자 이익, 정부에게는 재무구조개선 유도의 수단으로 인식되었다.

상환전환우선주(RCPS: Redeemable Convertible Preferred Stock)란 상환권과 전환권을 선택적으로 또는 동시에 가지고 있는 주식으로서, 투자대상 회사의 사업 성공 시에는 주가 상승 등과 관련하여 보통주로의 전환권을 행사할 수 있고, 사업 실패 시에는 일정 기간이 지난 이후 상환하여 투자금을 효율적으로 회수할 수 있는 우선주이다. 실질적으로는 사채와 비슷하지만 일정한 요건을 충족하면 자기자본으로 분류되기 때문에 영구후순위채와 마찬가지로 기업의 재무구조를 개선하는 역할을 한다. 특히 상환전환우선주는 상환주식, 전환주식 및 우선주의 속성을 모두 가진 주식으로서, 우선주의 매력을 가지는 동시에 자금 사정이 좋아진 이후에는 발행회사가 언제든지 상환을 할 수 있다.[29]

Ⅲ. 신주인수권이 표시된 것

1. 신주인수권증서

신주인수권증서는 주주의 신주인수권을 표창한 증권이다. 이사회가 주주가 가지는 신주인수권을 양도할 수 있는 것을 정한 경우(상법416(5)), 그 이전에 공시방법을 갖추게 하고 유통성을 강화해 주기 위해서 발행되는 증권이다. 주주의 신주인수권에 대해서만 신주인수권증서를 발행할 수 있고, 제3자의 신주인수권에 대해서는 발행할 수 없다. 제3자의 신주인수권은 그 양도성 자체가 부정되기 때문이다. 신주인수권증서의 점유이전만으로 신주인수권이 양도되므로 신주인수권증서는 무기명증권이다. 신주인수권증서는 신주발행시에 주금납입의 여력이 없는 주주가 주식의 시가와 발행가와의 차액을 취득할 수 있게 함으로써 종전 지분의 비례적 이익을 누릴 수 있게 해주기 위한 것이다.

2. 신주인수권증권

신주인수권부사채(BW)에는 분리형과 결합형이 있다. 결합형은 사채권과 신주인수권이 같

식, 상환·전환에 관한 종류주식)에 관한 세부내용을 규정하고 있다.

29) 임철현(2019), "위험관리 관점에서 본 기업금융수단의 법적 이해", 법조 제68권 제2호(2019. 4), 215-216쪽.

이 하나의 사채권에 표창된 것이고, 분리형은 사채권에는 사채권만을 표창하고 신주인수권은 별도의 증권(신주인수권증권)에 표창하여 양자를 분리하여 양도할 수 있게 한 것이다. 신주인수권증권은 신주발행청구권을 표창하는 것이다. 신주인수권증권은 신주인수권부사채에 의해 결합되어 있기는 하지만 별도의 측정기준에 의해 변동되는 가격을 갖는 사채와 주식이라는 이질적인 재산을 별도로 유통시켜 독자적인 시장가치를 갖도록 하기 위해 발행된다.

Ⅳ. 특수법인의 출자증권

법률에 의하여 직접 설립된 법인은 상법 이외의 개별법에 의해 설립된 법인을 말하며, 이를 특수법인이라 한다. 특수법인 중 자본금을 가지고 설립되는 법인의 경우 출자증권을 발행하게 된다. 이는 주식회사의 주식과 동일한 성격을 가진다고 볼 수 있다. 대표적인 특수법인으로 한국산업은행, 한국수출입은행, 한국전력공사, 한국가스공사, 한국도로공사 등을 들 수 있다.

제4절 수익증권

Ⅰ. 수익증권의 분류

수익증권이란 신탁재산의 운용에서 발생하는 수익을 분배받고 그 신탁재산을 상환받을 수 있는 수익자의 권리(수익권)가 표시된 증권이다. 자본시장법상 수익증권은 신탁업자의 금전신탁계약에 의한 수익증권(법110)[30], 투자신탁의 수익증권(법189),[31] 그 밖에 이와 유사한 것으로서 신탁의 수익권이 표시된 것을 말한다(법4⑤). 자본시장법은 관리형신탁의 수익권을 제외(법3①(2))하고는 신탁의 수익권이 표시된 것을 모두 수익증권으로 정의하고 있다.

Ⅱ. 신탁업자의 금전신탁계약에 의한 수익증권

여기서 수익증권은 신탁업자가 금전신탁계약에 의한 신탁수익권에 대하여 발행하는 수익

30) 제110조의 수익증권: 신탁업자가 발행하는 것으로 금전신탁계약에 의한 수익권이 표시된 수익증권.
31) 제189조의 수익증권: 투자신탁을 설정한 집합투자업자가 발행하는 것으로 투자신탁의 수익권을 균등하게 분할하여 표시한 수익증권.

증권을 말한다. 비금전신탁계약에 의한 신탁수익권은 제110조에 의한 수익증권은 아니지만 유사성 요건을 충족하면 수익증권에 해당한다(예: 신탁법 제78조의 수익증권발행신탁의 수익증권).

Ⅲ. 투자신탁의 수익증권

투자신탁의 수익증권은 투자신탁 형태의 집합투자기구를 설정한 집합투자업자가 투자신탁의 수익권을 균등하게 분할하여 발행하는 수익증권을 말한다. 투자신탁의 집합투자업자는 투자신탁재산을 운용함에 있어서 그 투자신탁재산을 보관·관리하는 신탁업자에 대하여 일정한 방법에 따라 투자신탁재산별로 투자대상자산의 취득·처분 등에 관하여 필요한 지시를 하여야 하며, 그 신탁업자는 집합투자업자의 지시에 따라 투자대상자산의 취득·처분 등을 하여야 한다(법80①). 수익자는 신탁원본의 상환 및 이익의 분배 등에 관하여 수익증권의 좌수에 따라 균등한 권리를 가진다(법189②).

Ⅳ. 그 밖에 이와 유사한 것으로서 신탁의 수익권이 표시된 것

신탁업자가 비금전신탁계약의 수익권에 대하여 발행하는 수익증권은 자본시장법의 "그 밖에 이와 유사한 것으로서 신탁의 수익권이 표시된 것"(법4⑤)에 해당한다. 자산유동화구조에서 유동화기구를 신탁으로 구성한 경우 발행되는 신탁수익증권, 신탁업자가 신탁계약에 따라 발행하는 신탁수익권증서 등도 이에 해당된다.

제5절 투자계약증권

투자계약증권이란 특정 투자자가 그 투자자와 타인(다른 투자자를 포함) 간의 공동사업에 금전등을 투자하고 주로 타인이 수행한 공동사업의 결과에 따른 손익을 귀속받는 계약상의 권리가 표시된 것을 말한다(법4⑥). 이는 미국 증권법상 투자계약의 개념을 도입한 것으로 미국의 판례에 의해 형성된 "Howey Test"를 원용한 것이다. 투자계약증권은 주식, 수익증권 등 전통적인 증권과 구 간접투자자산운용업법상 간접투자증권뿐만 아니라 동법의 규율을 받지 않는 비정형 간접투자까지 포괄하는 것이나, 신종증권을 금융투자상품으로 포괄하기 위하여 도입된 개념인 만큼 실무적으로는 특정 증권이 다른 증권에 해당하는지 여부를 먼저 검토한 후 보충

적으로 투자계약증권에 해당하는지 여부를 검토해야 할 것이다.[32]

제6절 파생결합증권

Ⅰ. 서설

1. 파생결합증권의 의의

파생결합증권이란 기초자산의 가격·이자율·지표·단위 또는 이를 기초로 하는 지수 등의 변동과 연계하여 미리 정하여진 방법에 따라 지급하거나 회수하는 금전등이 결정되는 권리가 표시된 것을 말한다(법4⑦). 파생결합증권[33]은 기초자산 가격변화와 같은 외생적인 지표에 의해 수익이 결정되는데, 기초자산의 위험 정도와 기초자산의 종류에 따라 이자율연계증권, 주가연계증권, 통화연계증권, 신용연계증권, 실물연계증권 등으로 구분할 수 있다. 실제 금융기관들은 크게 주가연계증권(ELS), 주식워런트증권(ELW) 그리고 기타파생결합증권(DLS)으로 구분하여 판매하고 있다.

현재 우리나라에서 거래되는 대표적인 파생결합증권은 주가연계증권(ELS), 기타파생결합증권(DLS),[34] 주식워런트증권(ELW), 상장지수증권(ETN) 등이 있다. ELW와 ETN은 거래소 유가증권시장에 상장되어 있다.

2. 파생결합증권의 기초자산

기초자산이란 i) 금융투자상품(제1호), ii) 통화(외국의 통화를 포함)(제2호), iii) 일반상품(농산물·축산물·수산물·임산물·광산물·에너지에 속하는 물품 및 이 물품을 원료로 하여 제조하거나

---

32) 정순섭·송창영(2010), "자본시장법상 금융투자상품 개념", 서울대학교 금융법센터 BFL 제40호(2010. 3), 42쪽.

33) 자본시장법에서 파생결합증권을 투자계약증권과 더불어 별도의 증권 종류로 분류한 이유는 증권의 개념을 포괄주의로 전환하기 위해서이다. 즉 파생결합증권의 개념을 통하여 투자계약증권과 더불어 전통적 증권의 개념으로 포섭되지 않는 구조화상품(structured product) 등 신종증권을 증권의 개념으로 포괄하기 위한 것이다. 따라서 자본시장법상 6개의 증권의 종류 중 투자계약증권과 파생결합증권의 개념은 상호 배타적이라 할 수 있으나, 채무증권, 지분증권, 수익증권 및 증권예탁증권은 파생결합증권 및 투자계약증권과 중복될 수 있다. 이는 파생결합증권과 투자계약증권이 포괄적 개념이기 때문에 나타나는 불가피한 현상이다(최원진(2006), "자본시장과 금융투자업에 관한 법률 제정안의 주요 내용 및 의견수렴 경과," 금융법연구, 제3권 제1호(2006. 9), 136쪽).

34) 자본시장법 제정 이전 종전 증권거래법 시행령에서 주식워런트증권과 주가연계증권이 파생결합증권과 별도로 구분되어 정의되었기 때문에 파생결합증권이 "기타파생결합증권"을 의미하는 것으로 통용되고 있다.

가공한 물품, 그 밖에 이와 유사한 것)(제3호), ⅳ) 신용위험(당사자 또는 제삼자의 신용등급의 변동, 파산 또는 채무재조정 등으로 인한 신용의 변동)(제4호), ⅴ) 그 밖에 자연적·환경적·경제적 현상 등에 속하는 위험으로서 합리적이고 적정한 방법에 의하여 가격·이자율·지표·단위의 산출이나 평가가 가능한 것(제5호)을 말한다(법4⑩). 파생결합증권의 기초자산은 파생상품의 기초자산과 동일하다.

기초자산 중 제1호부터 제4호까지의 기초자산(금융투자상품, 통화, 일반상품 및 신용위험)은 구 증권거래법 시행령에서 인정되었던 것이며, 새로이 추가된 것은 제5호의 기초자산이다. 제5호는 경제적인 의미에서 합리적으로 추정 가능한 현금흐름의 경우, 객관성이 담보되는 경우에는 이를 모두 기초자산으로 인정하겠다는 취지이다. 이와 관련하여 새로이 추가될 수 있는 기초자산으로는 재난이나 자연재해와 같은 자연적 현상, 탄소배출권 등 환경적 현상, 물가상승률 등 경제적 현상 등이 될 수 있다.

이를 통하여 파생상품은 금융투자상품의 수익 등이 주가, 환율 등 외생적 지표에 연계되는 금융상품이므로 연계대상이 되는 기초자산을 금융투자상품, 통화, 일반상품, 신용위험 이외에 자연적·환경적·경제적 현상 등으로 확대함으로써 자연재해, 날씨, CO_2배출권, 사회현상 등 모든 변수를 기초로 하는 금융투자상품이 허용되었다. 이에 따라 지진 등 재해를 대비하여 일정금액의 프리미엄을 제공하고 재해 발생 시 사전에 정해진 지표에 따라 금전을 지급받는 재해를 기초로 하는 파생상품계약, 프리미엄을 제공하고 범죄발생률 등을 기초로 지표에 연계하여 금전을 지급받는 범죄발생률을 기초로 하는 파생상품계약, 프리미엄을 제공하고 강수량, 강설량 등의 지표와 연계하여 금전등을 지급받는 날씨를 기초로 하는 파생상품계약 등이 있다.[35)]

3. 파생결합증권의 특징

파생결합증권은 기초자산의 가격에 따라 본질가치가 변동되는 파생상품적 성격이 내재된 증권이라는 점에서 통상의 증권과 다른 위험요소, 발행 및 수익구조, 그리고 발행인 및 투자자의 위험관리 측면에서의 특징이 있다.[36)]

(1) 위험요소의 특징

위험요소의 특징과 관련하여 파생결합증권에 내재한 위험요소는 ⅰ) 증권의 가치가 변동하는 점에서 주식과 유사하지만, 주식이나 채권과는 달리 내부적으로 복잡한 손익구조를 갖는다. ⅱ) 발행인의 재무상태 내지 신용상태의 변화에 따른 위험을 갖는다. 따라서 발행인인 금

35) 정승화(2011), “자본시장법상 파생결합증권에 관한 법적 소고”, 금융법연구 제8권 제1호(2011. 8), 425쪽.
36) 정승화(2011), 433-434쪽.

융투자업자가 재무상태의 악화로 지급불능 상태에 처할 경우 투자원금과 투자수익 전부에 대하여 지급받지 못할 위험이 있다. 이 점에서 예금자보호가 되는 은행의 예금상품과 차이가 있다. iii) 현재 주식워런트증권(ELW)과 상장지수증권(ETN)을 제외하고는 거래소에서 상장되어 있지 않고, 장외거래도 활발하게 이루어지지 않아 투자자가 만기 전에 현금화하는 것이 어려운 환금성 위험이 있다. 금융투자업자가 사전에 증권신고서에서 밝힌 방법으로만 현금화가 가능할 뿐이다.

(2) 발행 및 수익구조상의 특징

발행 및 수익구조상의 특징과 관련하여 파생결합증권의 발행과 수익구조는 i) 이자나 원금 등이 기초자산의 움직임에 연동되며, ii) 투자수익은 평가일(Valuation Date)로 정해진 특정일 또는 특정기간을 기준으로 결정된다. 즉 평가일 또는 평가기간 전후에 발생한 기초자산의 움직임은 투자수익상 아무런 의미가 없다. iii) 투자수익은 발행조건에서 이미 결정되어 있다. iv) 파생결합증권은 투자자에게 이익을 확정하거나 담보하는 것은 아니며, 경우에 따라서는 투자 전액을 상실할 수도 있다. 예컨대 기초자산이 주식인 경우 원금이 보장되지 않는 조건의 경우 주가 움직임에 따라 투자원금까지 잃을 수 있으며, 특히 신용으로 매수한 경우 그 손실은 무한대로 커지는 특징이 있다.

(3) 발행인 및 투자자의 위험관리 측면에서의 특징

발행인 및 투자자의 위험관리 측면에서의 특징과 관련하여 투자자로서는 i) 다양한 발행조건과 행사일까지 기초자산의 움직임에 변화가 있기 때문에 투자설명서에 기재된 조건을 파악하고 매수하여야 한다. ii) 발행인인 금융투자업자는 파생결합증권의 발행으로 조달된 자금을 주식, 채권, 파생상품 등으로 운용한 후 약정에 따라 원리금을 지급하므로, 발행인으로서는 자금운용에 따른 위험관리와 기술이 필요하다. 이 때문에 파생결합증권은 일정한 물적·인적 기반이 있는 금융투자업자에게만 허용되고 있다. iii) 파생결합증권의 경우 상환금액이 기초자산의 가격변동률에 기초하여 산출되므로 객관적인 기초자산을 평가하는 방법이 필요하다. 따라서 기초자산의 가격변동률의 산출을 맡을 산정기관(calculation agent)을 선정할 필요가 있다. iv) 주식워런트증권(ELW) 등 일부 상품은 이른바 장기투자상품(이른바 "buy and hold product"라 불린다)에 속하는 것으로 유동성이 크지 않다. 따라서 투자자의 환금성을 보장하기 위해 호가를 의무적으로 제시하는 유동성공급자(LP: Liquidity Provider)의 존재가 필수적이다.

4. 파생결합증권의 기능

(1) 규제 우회

현재 파생결합증권은 장외파생상품에 준하는 발행규제와 행위규제의 적용을 받는데 파생결합증권의 활용은 i) 규제의 우회이다. 파생상품을 직접 매매할 수 없는 투자자나 발행회사는 파생요인이 내장된 구조의 파생결합증권을 활용하여 규제를 우회할 수 있다. ii) 고객 맞춤형 상품개발을 위해 특정 포지션 또는 기대를 자본화하는데 활용될 수 있다. 이는 고객이 직접 파생상품시장에서 이용할 수 없는 수익구조와 위험을 만드는데 의의가 있다. 특히 자산가격이 예상대로 움직일 경우에 투자자는 높은 수익을 얻을 수 있다.[37]

(2) 긍정적 기능

투자자의 입장에서 파생결합증권을 자본화할 때 긍정적 기능은 다음과 같다. i) 파생결합증권의 거래를 통해 특정 자산가치에 대한 투자자의 기대를 파생적 형태로 내재되도록 함으로써 이익을 얻을 수 있게 한다. ii) 파생결합증권은 다른 방법으로는 얻기 어려운 유동성과 거래 가능성을 제공해주고, 거래상대방위험이 있는 복잡한 거래를 할 수고를 없애 준다. iii) 파생결합증권은 신용을 제고하여 파생상품시장 참여가 용이하도록 활용될 수 있다. 파생결합증권의 중요한 요소는 신용등급이 매우 우수한 발행회사에 관련된 성과지급의무를 전이시키는 것이 용이하다는 데 있다. 이로 인해 투자자는 파생거래에 있어서 발행회사의 신용을 효과적으로 이용할 수 있다. 따라서 신용 문제로 파생거래를 할 수 없는 투자자도 파생결합증권을 통하여 파생거래를 할 수 있다. iv) 투자자는 직접 파생상품시장에 참가하는 것에 비해 훨씬 적은 금액으로 투자할 수 있다. 파생결합증권시장은 파생상품의 도매가격을 형성함으로써 소액투자자가 직접 파생상품시장에 참여할 때의 가격보다 저렴한 가격으로 파생상품거래가 가능하다. v) (장외)파생상품에 비해 회계나 세무상의 편의, 취급상 편의, 평가가 용이하고 유동성이 좋다.

(3) 부정적 기능

그러나 파생결합증권은 긍정적 기능에도 불구하고 파생상품의 속성이 내재된 구조화상품으로 전통적인 증권에 비하여 정보의 비대칭이 매우 높다. 따라서 일반투자자가 투자하는 경우에는 불완전판매 가능성이 높다. 투자자의 입장에서는 다른 금융투자상품과 비교하거나 이론가격을 계산하기가 용이하지 않다. 일부 발행회사는 이러한 점을 의도적으로 이용함으로써 증권의 구조를 복잡하게 만들기도 한다. 파생결합증권의 기초자산이 주가지수인 경우보다 개별주식인 경우에는 증권의 구조가 복잡하며, 발행회사는 보다 높은 수수료를 얻기 위해 복잡한 구조화증권을 선호할 유인도 있다. 또한 투자자가 파생결합증권의 수수료체계를 정확히 알기 어려우므로 판매자가 높은 수수료를 얻기 위하여 투자자의 위험선호 성향과 관계없이 위험하거나 선호에 맞지 않는 상품을 권유할 수 있다. 즉 판매자와 투자자 사이에 이해상충 가능성이

37) 신명희(2015), "파생결합증권과 파생결합사채에 관한 법적 연구", 한양대학교 대학원 석사학위논문(2015. 2), 18-19쪽.

존재한다.

Ⅱ. 종류

1. 주가연계증권(ELS)

(1) 서설

(가) 의의

주가연계증권(ELS)은 유가증권시장, 코스닥시장 또는 이와 유사한 시장으로서 외국에 있는 시장에서 매매되는 특정 주식의 가격 또는 주가지수를 기초자산으로 하여 그 기초자산의 가격 등의 변동과 연계하여 미리 정하여진 방법에 따라 지급하거나 회수하는 금전등이 결정되는 권리가 표시되는 증권을 말한다.[38] 즉 ELS는 특정 주권이나 주가지수와 같은 기초자산의 가격변동에 연동되어 투자수익이 결정되는 파생결합증권으로서 사전에 정한 일정 조건이 충족되면 발행사는 약정된 수익금을 투자자에게 지급하는 금융투자상품이다.[39] 다시 말하면 ELS는 코스피200지수, 일본Nikkei225지수, HSCEI(홍콩항셍지수)지수, S&P500지수, 삼성전자 보통주식, 현대자동차 보통주식과 같은 주식의 가격에 연동된 증권으로서 지수나 주식의 가격이 변동함에 따라 수익이 나기도 하고 손실이 나기도 하는 상품을 의미한다.

ELS는 만기시 투자자에게 지급되는 금액이 기초자산인 주식의 가격이나 주가지수의 변동과 연계된다는 점에서 선도 또는 옵션과 같은 파생상품적 요소가 기존의 사채에 결합된 것으로 볼 수 있다. 그러나 파생상품과 달리 최대 손실이 투자한 원금을 초과하지 않고, 추가지급의무가 없으므로 자본시장법상 증권에 해당한다. 다만 ELS의 원금이 보장되는 경우에는 채무증권으로 분류되고, 원금이 보장되지 않는 경우에만 파생결합증권으로 분류된다.[40] ELS는 거래소에 상장되지 않아 만기가 도래하기 전에는 투자금을 회수할 수 없으므로 환금성의 제고를 위해 발행인에게 중도환매할 수 있는 조건이 부가된다.

(나) 구별개념

파생결합증권은 투자원본을 초과하여 추가로 지급할 의무가 없다는 점에서 증권으로 분류된다. 그러나 그 내용상으로는 파생상품거래를 증권화한 것이므로 실질적으로 파생상품거래의 범주에 속한다. 그 가운데 발행인이 원금지급의무를 지고 이자·수익에 해당하는 부분만 기초

---

38) 지영근·최한진·문성제·정재은(2013), 「ELS-ELW 거래실무서」, 박영사(2013. 1), 5쪽.

39) 법적으로는 구 증권거래법 및 동법 시행령에 근거를 두고 도입하였고, 2009년 제정된 자본시장법에서는 증권의 포괄주의에 따라 ELS, ELW, 기타파생결합증권(DLS: Derivatives Linked Securities)을 통합하여 파생결합증권으로 분류하고 있다.

40) 양유형(2015), 12쪽.

자산에 연계된 경우에는 채무증권으로 분류되고 원금부분까지 기초자산에 연계된 경우에는 파생결합증권으로 분류된다.

국내에서는 원금보장 여부와 기초자산을 기준으로 파생상품이 내재된 증권을 아래와 같이 부른다. i) 주가연계증권(ELS: Equity Linked Securities): 주식·주가지수 만을 기초자산으로 하는 파생연계증권으로 원금이 보장되지 않는 파생결합증권, ii) 기타파생결합증권(DLS: Derivatives Linked Securities)[41]: 주식 외 기초자산이 있는 파생연계증권으로 원금이 보장되지 않는 파생결합증권, iii) 주가연계파생결합사채(ELB: Equity Linked Bonds): 주식·주가지수만을 기초자산으로 하는 파생결합증권으로 원금이 보장되는 채무증권, iv) 기타파생결합사채(DLB: Derivatives Linked Bonds): 주식 외 기초자산이 있는 파생연계증권으로 원금이 보장되는 채무증권이다.

ELS와 유사한 상품으로 주가연계예금(ELD: Equity Linked Deposit), 주가연계펀드(ELF: Equity Linked Fund), 주가연계신탁(ELT: Equity Linked Trust) 등이 있다. i) ELD는 이자가 주가 또는 주가지수에 연동되는 상품을 말하는데, 예금의 이자가 주가 또는 주가지수에 연동된다는 점에서 ELS와 유사하다. 그러나 ELD는 예금자보호법의 적용을 받지만, ELS는 그 적용대상이 아니다. ii) ELF는 투자한 원금과 수익이 주가 또는 주가지수에 연동되는 투자신탁상품인데, 투자자의 자금을 집적하여 운용하고, 수익이 주가 또는 주가지수에 연동한다는 점에서 ELS와 유사하다. 그러나 ELF는 자산의 운용수익을 수익증권의 지분비율대로 투자자에게 배분하는데 반하여, ELS는 자산의 운용성과에 관계없이 사전에 정해진 수익조건이 달성되면 투자매매업자가 그 조건에 따라 지급을 보증한다. iii) ELT는 운용자산으로 ELS를 편입한 특정금전신탁을 말하는데, 신탁의 구조를 취하고 있을뿐 ELT에 투자하는 것은 사실상 ELS에 투자하는 것과 동일하다.

(다) ELS 납입자금의 운용

파생결합증권은 약속한 자금운용방식에 따른 운용결과를 투자자에게 귀속시키는 집합투자증권과 달리 발행인의 운용결과에 관계없이 투자자에게 기초자산의 가격변동에 따라 일정한 수익을 지급함으로써 상환할 의무를 부담한다. 따라서 ELS 발행인은 자산운용사와 달리 자금 모집시 투자자에게 자금운용방식을 제시할 필요는 없고, 투자수익결정 방법만을 제시하며, 집합투자증권과 달리 ELS 발행을 통해 조달된 자금의 사용방법에 법적인 제약을 받지 않는다. 일반적으로 원금보장형 상품의 경우 대부분의 투자금을 채권으로 운영하고, 나머지를 주식이나 옵션을 매수하여 초과수익을 보장하고, 원금비보장형의 경우에는 다양한 상품설계가 가능한데, 원금보장에 대한 부담이 없이 투자금의 상당부분을 ELS의 기초자산인 주식을 매수하는데 사용한다.

---

41) DLS(Derivative Linked Securities)는 ELS와 비슷하나 기초자산이 주권의 가격 혹은 주가지수에 한정되지 않고 이자율, 환율, 일반상품 및 신용위험 등 가격, 이자율, 지표, 단위 또는 이를 기초로 하는 지수 등의 변동과 연계하여 투자수익이 결정되는 증권이다.

(라) 위험회피거래

파생결합증권의 발행인은 기초자산 가격변동에 따라 손실을 입을 위험이 있으므로 이를 회피하기 위해 헤지거래를 수행하게 된다. 헤지거래란 기초자산의 가격·변동성·만기·이자율 등의 변동에 따른 위험으로부터 보유하고 있는 포지션의 손익을 보호하기 위한 위험회피 방법으로, 보유하고 있는 포지션과 리스크가 반대되는 포지션을 동시에 취함으로써 시장위험에 따른 손익변동위험을 사전에 제거하는 행위를 말한다. ELS의 헤지방법으로는 주로 델타헤지가 사용되는데, 델타헤지란 일정기간 동안 기초자산의 가격변화에 영향을 받지 않는 포트폴리오를 구축하기 위해 현물의 포트폴리오와 함께 옵션의 포지션을 지속적으로 변화시켜 현물 포트폴리오의 손익과 옵션포지션의 손익이 서로 상쇄되도록 하는 방법을 말한다.[42]

헤지거래는 그 행위주체에 따라 "자체헤지(internal hedge)"와 "백투백헤지(back-to-back)"로 구분할 수 있다. ELS 발행에 따른 위험을 발행인 스스로 헤지하는 것을 "자체헤지"라고 하고, 발행인이 제3자와의 장외파생상품계약을 통해 위험을 전가하는 방법을 "백투백헤지"라 한다. "백투백헤지"는 "fully funded swap"과 "unfunded swap"로 구분되는데, "fully funded swap" 방식은 거래상대방과 계약시 발행대금의 대부분을 지급하고 만기시 투자자에게 상환할 금액을 돌려받는 방식이고, "unfunded swap" 방식은 거래상대방과의 계약시 원금지급 없이 ELS 평가액의 변동에 따라 차액만 결제하는 방식이다.

(2) 유형 및 특징

(가) 유형

ELS는 다양한 기준에 따라 유형화할 수 있다. i) 공격형과 안정형 여부에 따라 통상 원금과 이자를 주식 등을 기초자산으로 하여 풋옵션을 매각한 형태를 공격형이라고 하고, 원금은 제외하고 이자만 주식 등을 기초자산으로 한 콜옵션을 매수한 형태를 안정형이라고 한다.[43]

ii) 상환시기에 따라 조기상환형과 상환불인정형으로 구분된다. 통상 조기상환형 ELS는 상장되지 않은 상태에서 투자자의 환금성 도모를 위하여 이용된다. 이 경우 투자자로서는 조기상환의 가능성을 고려하여야 하며 발행인은 매수를 통해 상환하게 된다.

iii) 만기유형에 따라 만기는 통상 3개월인 단기부터 7년의 장기까지 다양하게 존재하며 만기의 설계 또한 다양하게 이루어질 수 있다. 대표적인 유형으로 만기까지 보유 후 만기에 원금과 이자를 지급받는 형태와 만기 전에 이자는 시장움직임에 연동하여 조기상환받고 원금만 만기에 받기로 하는 형태 등이 이용된다.

iv) 만기에 결제하는 형태에 따라 투자수익을 현물(주식)로 교부하는 경우와 현금으로 지

42) 양유형(2015), 15-16쪽.
43) 정승화(2011), 439-440쪽.

급되는 경우 그리고 현금과 현물 모두 지급되는 형태로 구분된다. 투자수익이 마이너스인 경우 투자자는 현금보다는 현물인 주식으로 교부받기를 더 선호할 수도 있다.

v) 헤지유형에 따라 ELS의 발행인이 ELS에 대한 헤지를 위하여 외부 금융기관으로부터 동일한 구조의 상품을 사거나, 처음부터 외부기관이 개발하고 운용하는 상품을 판매하여 상환재원에 대한 리스크를 줄이는 방법인 백투백헤지와 발행인이 직접 조달자금을 주식이나 파생상품 등에 운용하는 자체헤지가 있다. 국내에서는 점차 백투백헤지는 줄고 자체헤지가 점점 증가하고 있다.

(나) 특징

초기에는 옵션과 채권이 결합된 원금보장형 상품이 주류를 이루었고, 이후에는 점차 다양한 상품들이 출시되었다.

ELS는 한국거래소 장내시장에 상장 및 유통되지 않고, 장외에서 사모 또는 공모의 방식으로 발행되고, 발행사는 자체적인 헤지 프로세스를 구축하거나(자체헤지), 같은 손익구조를 가진 상품을 외부로부터 구입한 뒤 ELS를 발행하여 투자자에게 판매한다(백투백헤지). 즉 백투백헤지의 경우 발행사와 헤지사가 별도로 존재함에 반해 자체헤지의 경우 발행사가 헤지업무까지 담당하는 것이다.[44]

2008년 글로벌 금융위기 시에 리먼 브라더스의 파산보호 신청으로 국내 증권사나 투자자가 책임져야 할 파생상품 위험 노출액이 당시 1,500억원으로 집계되었다. 금융감독원 분석결과 ELS가 약 1,000억원, ELF가 약 500억원으로 집계되었다. 이로 인해 국내 증권사뿐만 아니라 일반투자자들도 큰 피해를 입었다. 이처럼 다른 파생상품과 마찬가지로 ELS도 발행사의 신용위험에 따라 투자금액을 상환받지 못할 위험이 항상 존재한다.[45]

(3) 수익구조

현재 국내시장에서 발행되는 ELS는 그 수익구조에 따라 Knok-Out형, Bull Spread형, Reverse Convertible형, Digital형, Cliquet형, Step-Down형(조기상환형), 월지급식형 및 절대수익추구형스왑(absolute return swap: ARS) 등으로 구분된다. i) 녹아웃(Knock-Out)형: 기초자산의 가격상승 시 일정 수준까지는 가격상승에 비례하여 수익률이 상승하지만 일정 수준을 초과하면 낮은 확정수익률만 지급한다. ii) 불스프레드(Bull Spread)형: 기초자산의 가격상승 시 일정 수준까지는 이에 비례하여 수익률이 상승하지만 일정 수준을 초과하면 확정수익을 지급한

44) 나지수(2016), "주가연계증권(ELS) 델타헤지거래 관련 분쟁의 분석", 증권법연구 제17권 제1호(2016. 4), 113쪽.

45) 2008년 글로벌 금융위기의 여파로 인해 ELS와 연계한 연계불공정거래가 문제되었다. 연계불공정거래란 자본시장법의 규제대상이 되는 금융투자상품 간의 가격 연계성을 이용하여 하나의 금융투자상품에 대한 포지션에서 이득을 얻고자 다른 종류의 금융투자상품의 가격에 인위적으로 영향을 미치는 것을 말한다.

다. 녹아웃형과의 차이는 일정 수준 초과 시 지급하는 확정수익의 수준이다. iii) RC(Reverse Convertible)형: 기초자산의 가격이 기준가격 이하로 하락하지 않으면 확정수익을 지급하지만 기준가격 이하로 하락하는 경우에는 원금손실이 발생(원금비보장)한다. iv) 디지털(Digital)형: 만기 시 기초자산가격이 기준가격 이상인 경우의 수익률(예: 60%)과 기초자산가격이 기준가격 미만인 경우의 수익률(예: 5.0%)에 차이가 있는 상품(원금보장)이다. v) 클리켓(Cliquet)형: 특정기간(예: 3개월) 마다 기초자산의 가격을 발행가격과 비교하여 해당 기간의 수익률을 결정하고, 이를 합산하여 최종 수익률이 결정되는 상품(원금보장)이다. vi) 조기상환형(원금보장): 조기상환일 현재 기초자산가격이 기준가격 이상인 경우 약정수익을 지급하고 조기상환하며, 조기상환되지 않은 경우 기초자산가격이 하단 베리어(예: 70%) 이하로 하락한 적이 없으면 약정수익을 지급한다. 다만 한 번이라도 하단 베리어 미만으로 하락한 경우에는 원금만 지급한다. vii) 조기상환형(원금 비보장): 위의 조기상환형(원금보장)과 동일하나 기초자산가격이 만기까지 한 번이라도 하단 베리어 미만으로 하락한 경우에는 원금손실이 발생하는 상품이다. viii) 월지급식형: 기초자산이 정해진 수준(예: 55%) 이하로 하락하지 않으면 매월 일정한 수익(예: 1%)을 지급하고, 기초자산이 정해진 수준(예:55%) 이하로 하락한 적이 없으면 만기에 원금을 지급한다. ix) 절대수익추구형스왑(ARS): 투자자문사의 자문에 따른 포트폴리오 운용성과를 지수화하고, 동 지수의 성과에 수익이 연계되는 상품으로, 기초자산가격이 정해진 수준(예: 95%) 이하로 하락하면 자산운용이 중단되고 만기에 원금을 지급한다.[46]

2. 기타파생결합증권(DLS)

(1) 의의

기타파생결합증권(DLS: Derivatives Linked Securities)은 주가 또는 주가지수만을 기초자산으로 하는 ELW와 ELS을 제외한 이자율연계증권, 통화연계증권, 상품연계증권 등과 같은 파생결합증권을 통칭하는 표현이다. 따라서 기초자산에 주가 또는 주가지수가 포함되어 있더라도 신용·환율·원자재·부동산 등 다른 자산이 함께 혼합되어 있는 경우에는 DLS로 분류된다. DLS는 ELS처럼 기초자산의 가격이 어느 수준(보통 50% 이상) 이상 떨어지지 않으면 발행시 정해진 이자를 지급하는 상품이다. DLS은 ELS와 거의 유사하지만 기초자산이 주가와 주가지수에의 한정 여부에 따라 양자를 구별할 수 있다

자본시장법상 파생결합증권은 ELW와 ELS를 포함하는 포괄적인 개념이지만 좁은 의미로는 주가만을 기초자산으로 하는 ELW와 ELS를 제외한 다른 형태의 자산을 기초자산으로 하는 파생결합증권을 기타파생결합증권(DLS)이라 부른다.

46) 양유형(2015), 13-15쪽.

(2) 유형

DLS는 기초자산의 종류에 따라 금리연계증권(Interest Rate Linked Notes), 통화연계증권(Currency Linked Notes), 신용연계증권(CLN: Credit Linked Notes), 상품연계증권(Commodity Linked Notes), 인플레이션연계증권(Inflation Linked Notes) 등 다양하게 발행될 수 있으며, 주식과 원자재를 기초자산으로 하는 하이브리드형 상품도 발행되고 있다. DLS의 수익구조 역시 ELS와 마찬가지로 Knok-Out형, Bull Spread형, Reverse Convertible형, Digital형, Cliquet형, Step-Down형(조기상환형), 월지급식형 등 다양한 구조로 발행될 수 있다.[47)]

i) 금리연계증권은 원리금의 지급이 특정한 이자율에 연계되어 있는 상품을 말한다. 금리연계증권은 내장된 파생상품의 내용에 따라, 역 FRN과 표면금리의 상한이나 하한 또는 상·하한이 모두 설정된 금리상한부채권(capped FRN), 금리하한부채권(floored FRN) 또는 칼라 FRN(collar FRN) 등이 있다. ii) 통화연계증권은 환율의 변동 등이 채권수익률에 직접적인 영향을 미치는 상품을 말한다. 환율변동 및 관련 파생금융상품이 직접적으로 채권의 현금흐름에 영향을 미치는 환율연계채권(FX-linked note)과 저금리 통화와 고금리 통화에 대한 금리차이를 이용하여 발행이 이루어지는 이중통화채권(dual currency note) 등이 있다. iii) 신용연계증권은 특정기업 또는 복수기업의 신용위험을 연계하여 원리금을 지급하는 증권을 말한다. iv) 상품연계증권은 채권의 원금상환액 또는 이자 지급을 상품가격 또는 상품지수에 연계시킴으로써 발행되는 상품을 말한다. 상품연계증권에서 활용되는 기초자산에는 귀금속, 에너지 상품, 목재 관련 상품, 농산물 등이 있다.

(3) 자금운용과 위험회피

DLS의 경우에도 ELS와 같이 조달된 자금의 사용방법에 법적인 제약을 받지 않으나 자금의 상당부분을 기초자산의 매수에 사용하며, 자체헤지 및 백투백헤지의 방법을 사용하여 위험을 회피한다.

(4) 수익구조

현재 ELS·DLS의 상당수는 Step-Down형(조기상환형) 구조로 발행되고 있다. Step-Down형(조기상환형)은 기초자산이 특정 수준 이하로 하락하지 않으면 약정된 수익을 지급하며 시간이 지남에 따라 조기상환 조건이 점차 완화되는 형태이다. 조기상환일은 기초자산 가격이 조건을 만족하면 수익이 확정되어 자동으로 조기상환이 이루어지나, 조건을 만족하지 못하면 상환되지 않고 다음 조기상환일로 이월된다. 최종만기일은 기초자산 가격이 조건을 만족하면 정해진 수익으로 상환되나, 조건을 만족하지 못하면 가장 많이 하락한 기초자산 가격의 하락률만큼 손실이 발생한다. 이와 비교하여 ELB·DLB는 Knock-Out형으로 발행되고 있다.

47) 양유형(2015), 17쪽.

3. 주식워런트증권(ELW)

(1) 서설

(가) 의의

주식워런트증권(ELW)이란 투자매매업자가 발행하는 파생결합증권으로서 당사자 일방의 의사표시에 따라 증권시장 또는 외국 증권시장에서 매매거래되는 특정 주권의 가격이나 주가지수의 수치의 변동과 연계하여 미리 정하여진 방법에 따라 주권의 매매나 금전을 수수하는 거래를 성립시킬 수 있는 권리를 표시하는 것을 말한다(금융투자업규정6-1(11)). 이는 특정 주식에 대해 사전에 정한 조건으로 거래할 수 있는 권리가 부여된 증권으로서 옵션과 사실상 구조가 동일하여 파생상품의 개념에도 포섭될 수 있다. 그러나 ELW의 발행인은 투자매매업 인가를 받은 금융투자회사로 제한되어 있고, 일반투자자는 매수만 가능하다는 점에서 자본시장법은 ELW를 명시적으로 파생상품에서 제외하여 증권으로 규제한다(법5① 단서 및 영4의3(1)). ELW는 한국거래소 유가증권시장에 상장되어 있다.[48]

예를 들어 S사의 현재 주가가 5만원인 상황에서 어떤 사람이 S사의 주식을 1년 뒤에 5만 5,000원에 살 수 있는 ELW를 2,000원에 샀다. 1년이 지났을 때 주가가 6만 원까지 오를 경우, 주식을 산 사람은 ELW의 권리를 행사해 5만 5,000원에 주식을 사서, 현재의 시세인 6만 원에 팔 수 있다. 이때 투자자는 1년 전에 ELW를 산 가격 2,000원을 제하더라도 3,000원의 투자수익을 올릴 수 있다. 이와 반대로 주가가 5만 5,000원 이하라면, 행사할 수 있는 권리를 포기함으로써 자신이 투자한 2,000원만 손해를 보면 된다. 만기 전이라도 자신이 투자한 2,000원보다 가격이 상승하면, 즉 주가가 5만 7,000원 이상 오른다면 언제든지 팔아서 시세 차익을 올릴 수 있다. 이러한 구조로 거래되는 ELW는 "주식의 미래가치"를 미리 사고파는 거래라고 할 수 있다.

(나) 상장요건

주식워런트증권의 신규상장은 다음의 요건을 모두 충족해야 한다(유가증권시장 상장규정 140②).

---

48) 2005년에 시작된 국내 ELW 시장은 2010년까지만 해도 거래규모에서 홍콩에 이어 세계 2위를 기록했으나 높은 스캘퍼(scalper, 초단타 매매자) 비중, 개인투자자 피해(2006년부터 4년간 1조원 손실), 증권사의 불공정거래 등이 논란이 되면서 ELW 시장은 규제대상으로 떠올랐다(한국경제신문 2016년 10월 13일자 참조). 특히 전용회선을 사용하는 스캘퍼가 부당한 특혜를 받고 있다는 스캘퍼 논란이 규제의 불을 지폈다. 검찰은 증권사가 ELW 거래에서 초단타 매매자에게 속도가 빠른 전용회선을 제공한 것이 부당하다며 증권사 전·현직 사장을 기소하기도 했다(법률신문 2011년 6월 23일자 참조). 이후 금융당국은 개인투자자의 진입장벽을 높이기 위해 기본 예탁금을 1,500만원으로 인상, LP의 호가제출 제한, 스캘퍼 전용회선의 특혜 제한, 증권사별로 월 1회 이내로 ELW 종목 발행 제한 및 시세조종 등 불공정거래 감시 강화 등으로 ELW 관련 규제를 강화하였다.

1. 인가: 신규상장신청인이 증권과 장외파생상품을 대상으로 하는 투자매매업 인가를 받은 금융투자회사일 것
2. 순자본비율: 신규상장신청인의 순자본비율이 법 제166조의2 제1항 제3호[49]에서 정하는 비율 이상일 것
3. 기초자산: 기초자산이 다음의 어느 하나에 해당할 것
   가. 코스피200지수를 구성하는 종목 중 거래대금 상위 100위 이내의 종목으로서 세칙으로 정하는 종목[50] 또는 해당 복수종목의 바스켓
   나. 코스닥150지수를 구성하는 종목 중 시가총액을 감안하여 세칙으로 정하는 종목[51] 또는 해당 복수종목의 바스켓
   다. 다음의 요건을 모두 충족하는 것으로서 세칙으로 정하는 주가지수[52]. 이 경우 해당 주가지수에 관한 법적 권한을 가진 자와 사전에 그 주가지수의 사용 등에 관하여 계약을 체결해야 한다.
      (1) 거래소 또는 지수산출전문기관이 산출할 것
      (2) 유가증권시장, 코스닥시장, 유가증권시장과 코스닥시장 또는 적격 해외증권시장을 대상으로 산출할 것
      (3) 해당 주가지수를 거래대상으로 하는 주가지수선물 또는 주가지수옵션시장이 있을 것
4. 공모: 주식워런트증권이 모집·매출로 발행되었을 것
5. 발행총액: 주식워런트증권의 발행총액이 10억원 이상일 것
6. 잔존권리행사기간: 주식워런트증권의 잔존권리행사기간이 상장 신청일 현재 3개월 이상 3년 이내일 것
7. 유동성공급: 신규상장신청인이 유동성공급자로서 직접 유동성공급계획을 제출할 것. 다만, 유동성공급자 중 1사 이상과 유동성공급계약을 체결할 경우에는 세칙으로 정하는 사항을

---

49) 3. 영업용순자본에서 총위험액을 차감한 금액을 법 제15조, 제20조, 제117조의4 제8항 또는 제249조의3 제8항에서 요구하는 인가업무 또는 등록업무 단위별 자기자본(각 해당 조항에서 대통령령으로 정하는 완화된 요건)을 합계한 금액으로 나눈 값이 150%에 미달하는 경우(겸영금융투자업자의 경우에는 금융위원회가 정하여 고시하는 경우)에는 그 미달상태가 해소될 때까지 새로운 장외파생상품의 매매를 중지하고, 미종결거래의 정리나 위험회피에 관련된 업무만을 수행할 것

50) "세칙으로 정하는 종목"이란 일평균거래대금 100억원 이상으로서 거래소가 따로 정하는 방법에 따라 매 분기별로 공표하는 종목을 말한다(유가증권시장 상장규정 시행세칙114①, 이하 "시행세칙").

51) "세칙으로 정하는 종목"이란 거래소가 따로 정하는 방법에 따라 매월별로 공표하는 종목을 말한다(시행세칙114②).

52) "세칙으로 정하는 주가지수"란 다음의 어느 하나에 해당하는 주가지수를 말한다(시행세칙114③).
   1. 코스피200
   2. 코스닥150
   3. 니케이225(Nikkei 225 Stock Average: 동경증권거래소에 상장된 주권 중 225 종목에 대하여 일본경제신문사가 산출하는 수정주가평균방식의 주가지수)
   4. 항셍지수(Hang Seng Index: 홍콩거래소에 상장된 주권에 대하여 홍콩의 항셍은행이 산출하는 시가 총액방식의 주가지수)

포함하는 유동성공급계약을 체결할 것[53)]

(다) 유동성공급

주식워런트증권의 상장법인과 유동성공급계약을 체결한 회원(유동성공급계획을 제출한 회원을 포함)은 정규시장 중에 당해 종목에 대하여 유동성을 공급하기 위한 호가("유동성공급호가")를 제출할 수 있다(유가증권시장 업무규정20의2①(3)). 이에 따라 유동성공급호가를 제출할 수 있는 회원은 다음의 요건을 갖추어야 한다(유가증권시장 업무규정20의2②(3)).

가. 증권 및 장외파생상품에 대하여 투자매매업 인가를 받은 결제회원일 것
나. 법 제166조의2 제1항 제3호에 따른 영업용순자본에서 총위험액을 차감한 금액을 인가업무 또는 등록업무 단위별 자기자본을 합계한 금액으로 나눈 값이 같은 호에서 정하는 비율(=150%) 이상일 것
다. 제20조의6(유동성공급회원에 대한 평가)의 규정에 의한 평가에 의하여 2회 연속 가장 낮은 등급을 받은 경우에는 그 때부터 1개월 이상 경과할 것
라. 1호 나목 및 다목[54)]의 요건을 갖출 것

(라) 기본예탁금과 수탁의 거부

회원이 주식워런트증권 보유잔고가 없는 개인인 위탁자(해당 회원에 설정된 계좌별 위탁자를 말하고, 투자중개업자로부터 위탁의 주선을 받은 경우에는 그 투자중개업자에 설정된 계좌별 위탁자를 포함)의 주식워런트증권 거래의 위탁을 받는 때에는 사전에 세칙으로 정하는 금액[55)]("기본예탁

---

53) 시행세칙 제115조(유동성공급계약) ① 규정 제140조 제2항 제7호 단서에서 "세칙으로 정하는 사항"이란 다음의 모두를 말한다.
1. 업무규정 제20조의4 및 제20조의5에 따른 사항
2. 유동성공급회원이 주식워런트증권을 신규상장신청인으로부터 인수하거나 유가증권시장에서 취득한 경우 해당 주식워런트증권에 신규상장신청인을 질권자로 하는 질권의 설정
② 신규상장신청인은 유동성공급계약을 체결한 유동성공급회원이 업무규정 제20조의6에 따른 평가결과 2회 연속 가장 낮은 등급을 받은 경우 그 때부터 1개월이 경과하지 않은 때에는 신규 유동성공급계약을 체결할 수 없다.

54) 나. 유동성공급업무를 담당하는 직원을 정할 것
다. 다음 각 세목의 어느 하나에 해당하는 경우에는 그 때부터 1년 이상 경과할 것
(1) 제20조의6의 규정에 의한 평가에 의하여 3회 연속 가장 낮은 등급을 받은 경우
(2) 유동성공급업무를 수행함에 있어서 증권관계법규 및 거래소의 업무관련규정을 위반하여 형사제재를 받거나 영업정지 또는 거래정지 이상의 조치를 받은 사실이 확인된 경우

55) "세칙으로 정하는 금액"이란 다음에 해당하는 금액의 범위내에서 회원이 위탁자의 투자목적, 투자경험, 신용상태 및 위탁자 파악에 필요하다고 인정하는 사항 등을 감안하여 위탁자별로 구분하여 정하는 금액을 말한다(시행세칙111의3①).
1. 주식워런트증권: 다음의 구분에 따른 금액. 다만, 개인인 위탁자가 주식워런트증권을 거래하기 위한 계좌를 최초로 설정하는 경우에는 나목 또는 다목을 적용하여야 한다.
가. 제1단계: 500만원 이상 1천500만원 미만
나. 제2단계: 1천500만원 이상 3천만원 미만

금") 이상의 현금 또는 대용증권을 기본예탁금으로 예탁받아야 한다(유가증권시장 업무규정87의2①(1)). 주식워런트증권의 매도로 주식워런트증권 보유잔고가 소멸된 후에는 제96조에 따른 결제시한이 도래하기 전까지 제1항 제1호에 따른 주식워런트증권 보유잔고가 있는 것으로 보고, 최종거래일의 도래로 주식워런트증권 보유잔고가 소멸된 후에는 해당 주식워런트증권의 권리행사기간만료 후 권리행사에 따른 결제금액 지급시한까지는 제1항 제1호에 따른 주식워런트증권 보유잔고가 있는 것으로 본다(유가증권시장 업무규정87의2②).

회원은 제87조의2의 규정에 위반하는 주식워런트증권 주문의 수탁을 거부하여야 한다(업무규정84⑤).

(마) 매매거래정지

거래소는 일정한 사유에 의해 주권의 매매거래가 정지 또는 중단되는 경우(코스닥시장에 상장된 주권의 경우 해당 시장에서 매매거래가 정지 또는 중단되는 경우를 포함) 해당 주권을 기초자산으로 하는 주식워런트증권의 매매거래를 정지할 수 있다(업무규정26③).

(2) 개별주식옵션과의 비교

i) ELW는 특정 주식에 대해 미리 정한 조건으로 거래할 수 있는 권리가 부여된 권리부 증권으로서 투자에 따른 리스크를 줄일 수 있는 특징이 있다. 이는 주식옵션과 비슷한 개념이지만 ELW는 발행인이 금융투자업자에 한정된다는 점에서 다르다. ELW는 금융투자업자의 설계에 따라 다양하게 나올 수 있으며 결제이행에 따른 위험은 금융투자업자가 부담한다. 공모로 발행된 ELW는 증권시장에 상장되어 있고 유동성공급자(LP) 제도가 운영된다.[56)]

ii) ELW는 주가지수나 주식을 미래에 미리 정해진 가격으로 팔거나 살 수 있는 권리라는 점에서 옵션과 동일한 경제적 특성과 구조를 가진 상품이지만 법적으로는 거래대상이 권리 자체가 아니라 권리가 체화된 증권이라는 점에서 파생상품이 아닌 파생결합증권으로 분류된다.

iii) 자본시장법이 시행되기 이전에 ELW는 증권거래법의 규제를 받고 유가증권시장에서 거래되는 상품이었던 반면, 주식옵션은 선물거래법의 규제하에서 옵션시장에서 거래되는 상품이었다. 자본시장법의 시행으로 두 상품은 같은 법체계에서 규제를 받게 되었지만 ELW는 파생결합증권으로, 주식옵션은 장내파생상품으로 분류되어 기존의 제도적 차이는 그대로 유지되었다.

iv) 규제법상의 체계뿐만 아니라 시장구조 측면에서도 차이를 보이고 있다. 주식옵션시장은 LP제도가 없으며 다수의 투자자가 발행하고 이를 다수의 투자자가 인수하는 다수인 對 다수인 구조의 경쟁적 시장이다. 반면 ELW시장은 LP가 발행회사로부터 발행물량 전부를 인수한 후 유통시장에서 다수의 투자자와 거래하는 LP(1인) 對 다수인 구조의 사실상의 독점적 시장이

다. 제3단계: 3천만원 이상

56) 신명희(2015), 25-26쪽.

다. 또한 ELW의 발행은 금융투자업자만 가능하지만 주식옵션은 일반투자자도 발행(매도)할 수 있다는 점 등이 다르다.

(3) 유형 및 특징

(가) 유형

금융투자업자의 설계에 따라 다양한 유형의 ELW가 발행될 수 있으며, 결제이행에 따른 위험은 발행인인 금융투자업자가 부담한다. ELW의 가격이나 투자자의 투자의사결정에 중요한 영향을 미치는 발행조건으로는 기초자산(주식 또는 주가지수), 권리유형(콜ELW, 풋ELW),[57] 행사가격, 만기, 권리행사기간,[58] 만기결제방식(현금결제 또는 실물인수도), 전환비율[59] 등이 있다.[60]

(나) 특징

ELW는 레버리지 효과를 통해 주식을 직접 매수할 때보다 훨씬 더 적은 금액으로 주식을 직접 매수할 때와 같거나 더 높은 수익을 얻을 수 있다. 주식투자자는 ELW 매수를 통해 자신이 보유한 기초자산가격이 원하지 않는 방향으로 움직임에 따라 발생하는 위험을 회피하고, 보유자산의 가치를 일정하게 유지하는 위험회피 효과를 얻을 수도 있다. 한편 발행인의 입장에서는 보유주식을 담보로 ELW를 발행하여 보유주식 활용도를 높이거나 위험을 체계적으로 관리하여 경쟁력을 강화할 수도 있으며, 전체 증권시장 측면에서 보면 ELW시장, 주식시장, 옵션시장 간 다양한 형태의 차익거래 증가로 균형가격의 형성이 촉진되고, 가격효율성도 증대하는 효과가 발생할 수 있다.[61]

(4) 수익구조

ELW의 수익은 기초자산의 만기평가가격과 사전에 정해진 행사가격의 차이에 의해 결정된다. 콜ELW의 경우에는 주가가 콜ELW 가격을 전환비율로 나눈 값과 행사가격의 합계인 손익분기점을 넘어 상승하는 구간에서는 만기평가가격 상승에 따라 이익이 무한대로 증가할 수 있다. 반면 풋ELW의 경우에는 주가가 행사가격에서 풋ELW 가격을 전환비율로 나눈 값을 차감한 손

---

57) 콜ELW는 만기에 기초자산을 행사가격으로 발행인으로부터 인수하거나 그 차액(만기평가가격-행사가격)만큼 받을 수 있는 권리가 부여된 증권을 말하며, 풋ELW는 만기에 기초자산을 행사가격으로 발행인에게 인도하거나 그 차액(행사가격-만기평가가격)만큼 받을 수 있는 권리가 부여된 증권을 말한다.

58) 권리행사기간에 따라 미국형과 유럽형으로 구분한다. 미국형은 만기일 이전에 언제든지 행사할 수 있다. 반면 유럽형은 만기일이나 만기일 직전에만 행사할 수 있다.

59) 전환비율이란 주식워런트증권 1증권으로 취득할 수 있는 주식의 수를 나타내는 비율을 의미한다. 예를 들어 S전자 주식에 대한 ELW의 전환비율이 0.01이라고 하면 ELW 1주당 S전자 0.01주를 취득할 수 있음을 의미한다.

60) 양유형(2015), "파생결합증권 투자자보호 개선방안에 관한 연구", 고려대학교 대학원 석사학위논문(2015. 12), 18쪽.

61) 양유형(2015), 19-20쪽.

익분기점보다 하락하는 구간에서 이익이 발생하며, 최대 손실은 ELW 매수가로 제한된다.

콜ELW의 수익구조에 대한 예를 들어보면 다음과 같다. E사 주식에 대해 전환비율 0.1의 콜ELW 가격이 1,000원이고 행사사격이 5만원이라고 하면 손익분기점은 6만원(1,000/0.1+50,000)이 된다. 즉 만기에 E사 주가가 6만원이 되면 콜ELW 투자자는 만기평가가액인 6만원과 행사가격인 5만원의 차액인 1만원에 대해 10%의 권리(1,000원)를 가지게 되는데, 이는 콜ELW의 가격과 동일하므로 6만원은 손익분기점이 된다. E사 주가가 6만원보다 상승하면 콜ELW 투자자는 이익을 얻게 되고, E사 주가가 5만원과 6만원 사이에 있으면 원금의 일부에 대해 손실이 발생하며, E사 주가가 5만원 밑으로 떨어지면 원금 전체의 손실이 발생하게 된다. E사 주가가 5만원 미만으로 하락하게 되는 경우에 투자자는 ELW 권리행사를 포기하게 되므로 손실은 투자한 원금을 초과하여 발생하지는 않는다.

4. 상장지수증권(ETN)

(1) 서설

(가) 의의

상장지수증권(ETN: Exchange Traded Note)이란 파생결합증권으로서 기초자산의 가격, 이자율, 지표, 단위 또는 이를 기초로 하는 지수의 변동과 연계하여 미리 정하여진 방법에 따라 이익을 얻거나 손실을 회피하기 위한 계약상의 권리를 나타내는 증권을 말한다(유가증권시장 상장규정138(3), 이하 "상장규정"). 즉 ETN은 기초지수 변동과 수익률이 연동되도록 증권회사가 자기신용으로 발행한 파생결합증권으로 거래소에 상장되어 주식처럼 거래되는 증권을 말한다. 발행인인 증권회사는 수요가 예상되는 다양한 ETN을 상장시키고, 유동성공급자로서 호가를 제출하며, 상품에 관한 주요 공시정보와 투자 참고자료를 제공한다.

ETN은 자본시장법상 파생결합증권에 속하며, 발행인인 증권회사가 만기에 기초자산의 가격 또는 지수의 수익률에 연동하는 수익의 지급을 약속하는 증권으로서 거래소에 상장되어 매매되는 금융투자상품이다. ETN은 거래소에 상장되는 증권으로서 유동성이 있어 언제든지 환금이 가능하다. 또한 특정 추적지수의 수익을 오차 없이 보장하고 만기까지 소유할 수 있지만 발행주체가 파산하면 투자원금을 모두 잃을 수 있다.[62)]

---

62) 자본시장법상 다양한 파생결합증권의 발행이 가능하나 실제 상품군이 ELS, DLS 및 ELW로 제한적이고, 발행구조도 유사한 현실을 감안하여 투자상품 다양화를 위해 우리나라도 2014년 11월 거래소에 상장·유통되는 ETN을 도입하였다. 최초 개장시 ETN은 증권사가 자기신용으로 지수수익률을 보장하는 만큼 발행사 신용이 필수적이고 신용위험을 통제 가능한 대형 우량증권사로 제한(자기자본 1조 원 이상, 신용등급 AA-이상, 영업용순자본비율(NCR) 200% 이상인 증권사)하였고, 만기는 1년 이상 20년 이내, 기초지수의 구성 종목수는 5종목 이상으로 하였다.

(나) 상장요건

상장지수증권을 신규상장하려면 다음의 요건을 모두 충족해야 한다(상장규정149의3②).

1. 상장법인: 신규상장신청인이 다음 각 목의 모두를 충족할 것. 이 경우 보증인(신규상장신청인의 상장지수증권 발행에 따른 채무에 대해 보증하는 자)이 있는 때에는 나목은 보증인을 기준으로 충족여부를 판단하고, 다목부터 마목까지는 신규상장신청인과 보증인 모두를 기준으로 충족여부를 판단한다.
   가. 증권과 장외파생상품을 대상으로 하는 투자매매업 인가를 받은 금융투자회사일 것
   나. 자기자본이 5,000억원 이상일 것(종속회사가 있는 법인의 자기자본은 연결재무제표상 자본총계에서 비지배지분을 제외한 금액을 기준으로 하며, 이하 이 조에서 같다)
   다. 법 시행령 제80조 제5항 제1호에 따른 투자적격 등급 이상으로 평가받은 자로서 세칙으로 정하는 등급 이상[63]일 것
   라. 순자본비율이 법 제166조의2 제1항 제3호에서 정하는 비율 이상일 것(외국금융회사등 순자본비율을 산정하기 곤란한 경우에는 이에 준하는 것으로 거래소가 인정하는 재무비율이 거래소가 정하는 기준 이상인 때에는 이 요건을 충족한 것으로 본다)
   마. 최근 3사업연도의 개별재무제표와 연결재무제표에 대한 감사인의 감사의견이 모두 적정일 것. 다만, 보증인이 외국법인인 경우에는 연결재무제표에 한한다.
2. 기초자산: 상장지수증권의 기초자산이 다음 가목과 나목 또는 다목의 어느 하나를 충족할 것
   가. 상장지수증권과 연동하는 기초자산의 가격 또는 지수의 구성종목이 제113조 제1항 제3호 각 목의 어느 하나에 해당하는 시장에서 거래될 것
   나. 상장지수증권이 기초자산인 증권의 가격을 기초로 하는 지수의 변동과 연계하는 경우 해당 지수가 다음의 어느 하나에 해당할 것
      (1) 지수를 구성하는 종목이 법 제4조 제2항 제1호의 채무증권인 경우 다음의 모두에

---

63) "세칙으로 정하는 등급 이상"이란 제92조 제1항에 따른 신용평가 등급 이상을 말한다(상장규정 시행세칙 123의3②).
상장규정 시행세칙 제92조(합성상장지수펀드) ① 규정 제113조 제1항 제5호 가목(2)에서 "세칙으로 정하는 등급 이상"이란 복수의 신용평가회사로부터 받은 신용평가 등급(상장신청일 전 1년 이내의 등급으로서 최근의 등급)이 다음 각 호의 구분에 해당하는 등급 이상인 경우를 말한다.
1. 국내 신용평가회사의 경우
   가. 한국신용평가: AA−
   나. 나이스신용평가정보: AA−
   다. 한국기업평가: AA−
2. 외국 신용평가회사의 경우
   가. S&P: A−
   나. Moody's: A3
   다. Fitch: A−
3. 그 밖의 신용평가회사로부터 받은 등급으로서 제1호 및 제2호의 기준에 상당하다고 거래소가 인정하는 등급

해당할 것

(가) 지수를 구성하는 종목이 5종목[시행령 제80조 제1항 제1호 가목부터 다목까지에 해당하는 채무증권("국채증권등")으로만 구성된 지수인 경우는 3종목] 이상일 것

(나) 지수를 구성하는 하나의 종목이 그 지수에서 차지하는 비중이 30%를 초과하지 않을 것. 다만, 국채증권등으로만 구성된 지수는 이 요건을 적용하지 않는다.

(2) 지수를 구성하는 종목이 법 제4조 제2항 제1호 이외의 증권인 경우 다음의 모두에 해당할 것. 다만, 상장지수증권과 연동하는 기초자산이 증권시장 또는 특정 업종의 종합적인 가격변동을 나타내는 지수인 경우에는 (나)를 적용하지 아니한다.

(가) 지수를 구성하는 종목이 5종목(해외증권시장에서 거래되는 종목만으로 구성되는 지수인 경우에는 3종목) 이상일 것

(나) 지수를 구성하는 하나의 종목이 그 지수에서 차지하는 비중(그 종목의 직전 3개월의 평균시가총액을 그 지수를 구성하는 종목의 직전 3개월의 평균시가총액의 합으로 나눈 값)이 30%(해외증권시장에서 거래되는 종목만으로 구성되는 지수인 경우에는 50%)를 초과하지 않을 것

다. 상장지수증권과 연동하는 기초자산이 증권종목 이외의 자산의 가격 또는 가격수준을 종합적으로 표시하는 지수에 해당하는 경우 그 가격 또는 지수는 다음의 모두에 해당할 것

(1) 가목에서 규정한 시장에서 공정하게 형성될 것

(2) 매일 신뢰 가능한 가격 또는 지수가 발표될 것

(3) 공신력 있는 기관에 의해 산출될 것

3. 공모: 상장지수증권이 모집·매출로 발행되었을 것

4. 발행규모: 상장지수증권의 발행원본액[상장증권수에 최초발행 시 상장지수증권의 증권당 지표가치(상장지수증권의 상장법인이 거래소가 인정하는 사무관리회사를 통하여 상장지수증권의 권리를 구성하는 기초자산 가치의 변화율 및 제 비용을 반영하여 산출한 평가금액)를 곱하여 산출한 금액]이 70억원 이상이고, 발행증권의 총수가 10만증권 이상일 것

5. 발행한도: 다음 각 목의 어느 하나에 해당할 것

가. 보증인이 없는 경우: 신규상장신청인이 발행한 상장지수증권의 종목별 발행총액의 합계액(상장신청일 현재 종목별 발행증권수에 해당 종목의 증권당 지표가치를 곱한 금액을 합산하여 산정하며, 신규상장신청종목의 발행예정액을 포함)이 자기자본의 50% 이내일 것

나. 보증인이 있는 경우: 보증인이 발행한 상장지수증권의 종목별 발행총액의 합계액과 보증인이 상장지수증권 발행을 위해 보증한 금액(신규상장신청종목의 발행예정액을 포함)을 합한 금액이 보증인의 자기자본의 50% 이내일 것

6. 만기: 상장지수증권의 잔존만기가 상장신청일 현재 1년 이상 20년 이하일 것
7. 지수 등 이용계약: 상장지수증권의 목표 가격 또는 지수 이용과 관련하여 다음 각 목의 구분에 따른 계약을 체결하였을 것. 다만, 신규상장신청인이 그 가격 또는 지수를 직접 산출하는 경우에는 제외한다.
   가. 거래소가 산출하는 가격 또는 지수를 이용하는 상장지수증권은 해당 가격 또는 지수의 사용허가와 이용료 등에 관하여 거래소와 계약을 체결하였을 것
   나. 거래소가 산출하지 않는 가격 또는 지수를 이용하는 상장지수증권은 해당 가격 또는 지수에 관한 법적 권한을 가진 자와 가격 또는 지수사용 등에 관하여 계약을 체결하였을 것
8. 유동성공급: 신규상장신청인이 유동성공급자로서 직접 유동성공급계획을 제출할 것. 다만, 유동성공급자 중 1사 이상과 유동성공급계약을 체결할 경우에는 세칙으로 정하는 사항[64]을 포함하는 유동성공급계약을 체결할 것

(다) 유동성공급

상장지수증권의 상장법인과 유동성공급계약을 체결한 회원(상장지수증권의 경우 유동성공급계획을 제출한 회원을 포함)은 정규시장 중에 당해 종목에 대하여 유동성을 공급하기 위한 호가("유동성공급호가")를 제출할 수 있다(유가증권시장 업무규정20의2①(2의2)). 이에 따라 유동성공급호가를 제출할 수 있는 회원은 다음의 요건을 갖추어야 한다(유가증권시장 업무규정20의2②(2의2)).

가. 증권 및 장외파생상품에 대하여 투자매매업 인가를 받은 결제회원일 것
나. 제20조의6(유동성공급회원에 대한 평가)에 따른 평가에 따라 다음의 어느 하나에 해당하는 경우에는 그 때부터 다음에서 정하는 기간 이상 경과할 것
   (1) 두 번째로 낮은 등급을 받은 경우: 1개월
   (2) 가장 낮은 등급을 1회 받은 경우: 2개월
   (3) 가장 낮은 등급을 2회 연속 받은 경우: 3개월

---

64) 유가증권시장 상장규정 시행세칙 제123조의4(유동성공급계약) ① 규정 제149조의3 제2항 제8호 단서에서 "세칙으로 정하는 사항"이란 다음 각 호의 모두를 말한다.
1. 업무규정 제20조의4(유동성공급호가 제출의무) 및 제20조의5(유동성공급호가의 제출방법)에 따른 사항
2. 유동성공급회원이 상장지수증권을 신규상장신청인으로부터 인수하거나 유가증권시장에서 취득한 경우 해당 상장지수증권에 신규상장신청인을 질권자로 하는 질권의 설정
② 신규상장신청인은 본인 또는 유동성공급계약을 체결한 유동성공급회원의 업무규정 제20조의6(유동성공급회원에 대한 평가)에 따른 평가 결과가 다음 각 호의 어느 하나에 해당하는 경우에는 그 때로부터 해당 호에서 정하는 기간 동안 신규로 유동성공급계획을 제출하거나 유동성공급계약을 체결할 수 없다.
1. 두 번째로 낮은 등급을 받은 경우: 1개월
2. 가장 낮은 등급을 1회 받은 경우: 2개월
3. 가장 낮은 등급을 2회 연속 받은 경우: 3개월
4. 가장 낮은 등급을 3회 연속 받은 경우: 6개월

(4) 가장 낮은 등급을 3회 연속 받은 경우 : 6개월

다. 제1호 나목·다목(2)[65] 및 제3호 나목[66]의 요건을 갖출 것

(라) 기본예탁금과 수탁의 거부

회원이 상장지수증권에 대한 개인인 위탁자의 매수주문 거래의 위탁을 받는 때에는 사전에 세칙으로 정하는 금액[67]("기본예탁금") 이상의 현금 또는 대용증권을 기본예탁금으로 예탁받아야 한다(유가증권시장 업무규정87의2①(2)). 회원은 이에 위반하는 상장지수증권 주문의 수탁을 거부하여야 한다(유가증권시장 업무규정84⑤).

(마) 투자유의종목 지정과 매매거래정지

거래소는 투자자의 주의환기가 필요하다고 인정하는 경우로서 세칙으로 정하는 기준[68]에 해당하는 상장지수증권을 투자유의종목으로 지정할 수 있다(유가증권시장 업무규정106의4①). 투자유의종목의 지정예고, 지정 및 지정해제 등에 관하여 필요한 사항은 세칙으로 정한다(유가증권시장 업무규정106의4②). 거래소는 투자유의종목으로 지정된 종목으로서 세칙으로 정하는 기준에 해당하는 경우 그 종목의 매매거래를 정지할 수 있다(유가증권시장 업무규정26①(2의3)).

(2) 현황

ETN은 2014년 국내시장에 도입이 이루어진 이후에 시장규모 측면에서 꾸준한 상승세를 보이며, 2017년에는 전 세계 ETN 시장 중 미국에 이어 2위를 차지할 만큼 주목할만한 성장세

---

65) 나. 유동성공급업무를 담당하는 직원을 정할 것
다. 다음 각 세목의 어느 하나에 해당하는 경우에는 그 때부터 1년 이상 경과할 것
(2) 유동성공급업무를 수행함에 있어서 증권관계법규 및 거래소의 업무관련규정을 위반하여 형사제재를 받거나 영업정지 또는 거래정지 이상의 조치를 받은 사실이 확인된 경우

66) 나. 법 제166조의2 제1항 제3호에 따른 영업용순자본에서 총위험액을 차감한 금액을 인가업무 또는 등록업무 단위별 자기자본을 합계한 금액으로 나눈 값이 같은 호에서 정하는 비율 이상일 것

67) "세칙으로 정하는 금액"이란 다음에 해당하는 금액의 범위 내에서 회원이 위탁자의 투자목적, 투자경험, 신용상태 및 위탁자 파악에 필요하다고 인정하는 사항 등을 감안하여 위탁자별로 구분하여 정하는 금액을 말한다(유가증권시장 업무규정 시행세칙111의3①(2)).
2. 레버리지 ETF·ETN: 다음의 구분에 따른 금액. 다만, 개인인 위탁자가 레버리지 ETF·ETN을 거래하기 위한 계좌를 최초로 설정 하는 경우에는 나목 또는 다목을 적용하여야 한다.
가. 제1단계: 1천만원 미만(면제를 포함)
나. 제2단계: 1천만원
다. 제3단계: 1천만원 초과 3천만원 이하

68) 유가증권시장 업무규정 시행세칙 제134조의6(투자유의종목의 지정) ① 규정 제106조의4 제1항에서 "세칙으로 정하는 기준"이란 다음 각 호의 어느 하나에 해당하는 경우를 말한다. 이 경우 그 다음 매매거래일을 지정일로 한다.
1. 제134조의5 제1항에 따라 투자유의종목으로 지정예고된 날부터 10매매거래일 이내에 제134조의5 제1항 제1호에 해당하는 경우
2. 호가상황 및 매매거래상황 등을 감안하여 투자자보호를 위하여 거래소가 필요하다고 인정하는 경우

를 보였다. 2014년 11월에 최초 10개 종목이 도입된 이후, ETN의 종목 개수는 계속해서 늘어나는 모습을 보였으며, 2018년 말에는 최대 206개 종목까지 증가하였다. 또한 투자대상이 되는 기초자산도 해외 원자재, 변동성지수(VIX), 통화 선물지수 등 점차 다양해지는 추세이다. 특히 해외 원자재 상품이나 전략형 투자상품은 접근성이 낮은 투자상품에 대한 거래비용 제약을 해소한다는 측면에서 개인투자자에게 유용한 투자수단으로 평가받고 있다.[69)]

시가총액 규모와 거래 종목 수가 지속적으로 증가하여, ETN 시장의 규모는 전반적으로 성장하였다고 할 수 있다. 다만 ETN 시장의 계속된 성장을 고려하더라도, 2019년 기준 종목당 평균 시가총액은 약 380억으로 각각의 ETN 상품의 규모는 그리 크지 않다. 시장의 외형적 성장과는 달리 거래대금은 2017년을 기준으로 다소 하락하였다. 이는 ETN 시장의 성장이 특정한 투자전략 거래 또는 원자재 선물 등을 기초자산으로 하는 특정 ETN의 거래에 편중되어 있기 때문으로 보인다. 2018년 1월부터 같은 해 12월까지의 일평균거래대금을 비교하는 경우 원자재 ETN 상품은 전체 ETN 시장 일평균거래대금의 약 절반인 47.61%를 차지한다.

(3) 유형 및 특징

(가) 유형

ETN은 ETF와 마찬가지로 추종하는 기초자산의 유형에 따라 국내외 주식, 원자재, 변동성 ETN 등으로 분류된다. 운용전략에 따라서는 만기시점에 최대 손실이 사전에 약정된 수준까지 제한되는 손실제한형,[70)] 옵션 양매도 전략형[71)] 상품들이 상장되어 있다. ETF와 마찬가지로 기초지수를 추종하는 배수에 따라 2배와 음의 1배, 2배를 추종하는 ETN도 상장되어 있다.

ETN은 크게 일반상품(대표지수, 섹터지수, 개별 상품지수 등), 변동성지수, 통화선물 그리고 특정 전략을 구사하는 주식 벤치마크지수를 추종하는 상품으로 구분된다. 변동성과 통화선물은 비교적 최근에 도입되었고, 상대적으로 ETN 상품 자체에 대한 거래량이 많지 않다. 주식을 기초자산으로 하는 ETN의 경우 한국거래소의 규제에 따라 시장대표지수 등은 벤치마크지수로 사용할 수 없으며, 특정 전략형 투자 벤치마크지수에 대한 ETN만 존재한다. 이러한 ETN으로는 코스피 양매도(straddle) 상품 등이 대표적인데, 이는 ETN 시장에서 상당한 비중을 차지하고 있다. 원자재 ETN의 경우 국내에 ETN이 최초로 도입된 후 바로 다음 해인 2015년부터 발행되

---

69) 유진영 · 류두진(2020), "원자재 ETN의 공시 및 상장이 기초자산 시장에 미치는 영향", 금융공학연구 제19권 제1호(2020. 3), 2쪽.

70) 손실제한형 ETN이란 만기시점에 기초지수가 일정 수준 이하로 하락하더라도 사전에 약정된 수준, 예를 들어 발행금액의 70%로 최저 상환금액이 지급되는 최대 손실이 제한되는 구조의 상품이다.

71) 양매도 ETN이란 스트랭글 매도(Short Strangle) 전략을 활용한 상품으로, KOSPI200 지수가 일정범위 안에서 횡보하는 경우 KOSPI200 옵션 매도 프리미엄을 수익으로 확보하는 구조를 가지는 상품이다. 여기서 스트랭글 매도 전략이란 행사가가 다른 콜 · 풋옵션을 매도하는 전략으로, 기초자산가격의 두 행사가격 사이에서 머무를 것으로 예상되는 경우에 이용하는 전략을 말한다.

기 시작하였으며, 시장에서 가장 활발히 거래되는 종류의 상품으로 볼 수 있다.[72)]

(나) 특징

ETN은 주가지수를 기초자산으로 하며, 발행인의 신용위험이 존재한다는 점에서 ELS 및 ELW와 유사하다. 그러나 ETN은 수익이 지수에 단순히 연동되나, ELS는 사전에 미리 정해진 방법에 따라 수익이 지급되고, ELW는 옵션형 상품이라는 점에서 차이가 있다.[73)]

ETN 상품은 기초자산이 존재하고 거래소를 통해 거래된다는 점에서, 기존에 존재하는 공모펀드 형식의 투자상품인 ETF와 유사해 보이지만, 두 상품은 유통구조와 수익구조 등에서 다소 차이점이 있다. ETN은 채권의 형식으로 발행되며, 만기가 존재한다. 한국거래소에서는 ETN 만기를 1년 이상 20년 이하로 규정하고 있으며, 실제 국내에서 거래되는 상품의 경우 최대 10년 정도의 만기를 가진 상품이 대부분이다. 채권형식으로 증권사가 직접 발행하기 때문에 상대적으로 발행에 대한 규제가 적고 상품발행 과정이 단순하여, 손쉽고 신속한 신규발행이 가능하고 거래수수료 역시 상대적으로 낮다. 또한 원칙적으로 증권사가 사전에 합의된 수익률을 보장하기 때문에 추적오차(tracking error)에 대한 위험이 적다는 등의 장점을 갖고 있다. 반면 ETF는 기초자산가격과의 추적오차가 존재하며, 이러한 오차가 비합리적 투자로 인해 증가할 수 있다. 다만 ETN은 증권사가 직접 해당 상품의 발행주체가 되기 때문에 개별 발행사의 채무불이행에 대한 위험(신용위험)이 존재한다는 단점이 있다.[74)]

(4) 수익구조

ETN의 실질가치는 기초지수의 누적 수익에서 제비용을 차감한 금액이 된다. 만기가 도래하면 발행인은 기초지수 수익에서 운용보수, 지수이용료, 사무관리 보수 등 사전에 정한 제비용을 차감하고 투자자에게 수익을 지급한다. 예를 들어 투자원금이 100만원이고 기초지수 수익률이 100%이며, 제비용이 10만원이라면 만기에 발행회사는 190만원을 투자자에게 지급한다. 또한 ETN은 상장되어 거래되기 때문에 만기 이전이라도 일정 수량단위로 중도 상환이 가능하며, 이 경우에도 ETN의 실질가치는 기초지수 수익에서 제비용을 차감한 수준으로 유지된다.[75)]

(5) VIX 선물 ETN 등 투자권유규제

2017년 2월 미국, 일본에서 전례 없는 VIX(Volatility Index: 변동성지수)의 조기청산 사례가 발생하면서, 국내에서는 2017년 상반기 도입이 예정되었던 변동성지수선물 ETN의 상장[76)]에

---

72) 유진영·류두진(2020), 8-9쪽.
73) 이자영(2014), "새로운 지수상품, 상장지수증권(ETN) 시장 개설의 의미", KRX MARKET 증권·파생상품 제117호(2014. 11), 32쪽.
74) 유진영·류두진(2020), 3쪽.
75) 이자영(2014), 32쪽.
76) VIX 선물 지수를 추종하는 "VIX 선물 ETN" 4종목이 2018년 5월 거래소에 상장되었다.

앞서 불완전판매를 예방하기 위하여 강화된 투자권유규제를 마련하였다. 특히 금융투자협회의 「금융투자회사의 영업 및 업무에 관한 규정」을 개정하여 변동성지수선물 ETN을 최초 매매하고자 하는 경우에는 기존에 ETN에 대해 매매의사를 확인한 투자자에게도 추가적으로 "가격등락이 크게 발생할 수 있다는 위험 등을 고지하고 매매의사를 추가로 확인"하도록 설명의무를 강화한 바 있다(동규정2-5).[77] 이와 함께 금융투자협회와 한국거래소에서는 변동성지수선물 ETN 판매사 대상으로 실제 해외 손실 사례까지 반영한 엄격한 투자위험고지문 가이드라인을 마련하여 투자위험 고지를 강화하였다.[78]

2018년에는 VIX 선물 ETN의 상장과 함께 옵션전략을 구사하는 "양매도 ETN"[79]이 은행권에서 특정금전신탁으로 약 8,000억 원 이상 판매되면서 큰 인기를 끈 바 있다. 2018년도 국정감사에서 "A은행이 투자위험 1등급(최고위험)으로 분류되는 양매도 ETN 신탁을 중위험·중수익 상품으로 소개하며 불완전판매한다"는 문제제기에 따라 금융감독원이 검사계획을 발표하였다. 이와 같이 운용방법이 복잡하고 투자위험이 높은 ETF·ETN의 투자가 증가함에 따라 불완전판매 예방을 위한 판매사의 직원교육, 적합한 투자상품 권유를 위한 판매절차 및 모니터링 시스템의 강화가 필요하다.

Ⅲ. 유사한 상품

1. 상장지수펀드(ETF)

(1) 서설

(가) 의의

"상장지수펀드증권"이란 자본시장법 제234조 제1항에 따른 상장지수집합투자기구("상장지수펀드": ETF)가 발행한 주권 또는 수익증권을 말한다(유가증권시장 상장규정99(3)). ETF란 금, 원

---

77) 금융투자회사의 영업 및 업무에 관한 규정 제2-5조(설명의무 등) ⑤ 금융투자회사는 일반투자자가 최초로 주식워런트증권 및 상장지수증권을 매매하고자 하는 경우 서명 등의 방법으로 매매의사를 별도로 확인하여야 하며, 일반투자자가 최초로 변동성지수선물(한국거래소 「파생상품시장업무규정」 제21조의2에 따른 변동성지수선물 또는 이와 유사한 것으로서 해외 파생상품시장에 상장된 변동성지수선물)의 가격을 기초로 하는 지수의 변동과 연계한 상장지수증권을 매매하고자 하는 경우에는 가격등락이 크게 발생할 수 있다는 위험 등을 고지하고 매매의사를 추가로 확인하여야 한다.

78) 윤재숙(2018), "ETF·ETN의 투자권유 규제 관련 법적 쟁점과 실무", 연세 글로벌 비즈니스 법학연구 제10권 제1호(2018. 5), 59-60쪽.

79) TRUE KOSPI 양매도 5% OTM ETN: 매월 옵션만기일의 KOSPI200 주가지수 종가를 기준으로 5% 외가격 콜옵션 2종목과 5% 외가격 풋옵션 2종목을 매도(Short Position)하여 옵션프리미엄(가격)을 확보하며, KOSPI200 주가지수가 한 달 내 일정범위(±5%) 안에 있을 경우 수익(옵션프리미엄(가격))이 그렇지 않을 경우 손실(KOSPI200 주가지수 변동률 − 5% − 옵션프리미엄(가격))이 발생하는 옵션 매도 스트랭글(Short Strangle) 전략을 구사하는 상품이다.

유 등과 같은 특정 기초자산의 가격 또는 KOSPI200 등과 같은 다수 종목의 가격수준을 종합적으로 표시하는 특정 지수의 움직임과 수익률이 연동되도록 설계된 집합투자기구로서 증권시장에 상장되어 거래되는 집합투자기구를 말한다. 즉 특정 주가지수 또는 특정 자산의 수익률을 추종하도록 설계된 펀드상품으로 주식처럼 거래되는 금융상품이다. 해당 주가지수와 동일하게 주식바스켓을 현물로 납입하고 이를 바탕으로 발행된 주권을 거래소에 상장시켜 거래하는 펀드이다.

예를 들어 KOSPI200을 추종하는 ETF인 KODEX200의 경우 지수의 구성종목들로 펀드를 구성하고, 이를 바탕으로 ETF를 발행하기 때문에 KODEX200을 매수하면 KOSPI200 구성종목 전체를 매수하는 것과 동일한 효과가 나타나는 것이다. 따라서 ETF는 적은 투자자금으로 분산투자가 가능하며 개별 종목에 대한 분석이나 정보 없이 주식시장 전체 또는 특정산업의 전반적인 흐름에 대한 판단을 기초로 투자가 가능하다. 또한 상장되어 거래되기 때문에 상장시장 내에서 실시간 거래를 통한 현금화가 용이하고 신용거래나 차익거래가 가능하기 때문에 기존의 인덱스펀드가 가지고 있는 단점을 극복할 수 있다.[80)]

(나) 법적 형태

ETF는 자본시장법상의 집합투자기구로서 원칙적으로 자본시장법에 따라 다른 집합투자기구에 관한 규제를 동일하게 적용받는다. 자본시장법에서 집합투자기구는 투자신탁, 투자회사, 투자유한회사, 투자유한책임회사, 투자합자회사, 투자합자조합, 투자익명조합 형태로 설립할 수 있도록 허용하고 있으나, ETF는 증권시장에 상장되어 거래되는 상품의 특성을 고려하여 이러한 법적 형태 중 투자신탁[81)]과 투자회사[82)]만 허용하고 있다(법234①(2)(3)). 우리나라에서는 모든 ETF가 수익증권(투자신탁) 형태로 발행된다.

ETF는 집합투자기구이면서도 몇 가지 독특한 특징을 가지고 있어 자본시장법에서는 특례조항을 두어 일반 집합투자기구와 구별하고 있으며, 그 명칭도 상품의 구조를 고려하여 "상장지수집합투자기구"라 부르고 있다. 다만 투자회사형 ETF인 "상장지수투자회사"는 매매시 증권거래세가 부과되기 때문에 국내에서는 활성화되지 못하고 있으며, 현재 국내의 모든 ETF의 법적 지위는 투자신탁인 "상장지수투자신탁"이다.[83)]

---

80) 이영한·문성훈(2009), "현행 상장지수펀드(ETF) 과세제도의 문제점 및 개선방안", 조세법연구 제15권 제3호(2009. 12), 325쪽.

81) 집합투자업자(자산운용회사)와 신탁업자(펀드의 재산을 보관하는 은행) 간에 체결한 신탁계약에 근거하여 운용되는 집합투자기구이다. 따라서 "계약형"이라고도 불리는 투자신탁은 법인격과 같은 실체가 없고, 투자자에게 수익권이 표시된 증서인 수익증권을 발행한다.

82) 상법상 주식회사로서 비록 상근하는 직원이 없는 명목회사(paper company)일 뿐이지만 엄연히 법인격, 즉 실체를 갖는 집합투자기구이다. 따라서 "회사형"이라고 불리고, 투자자에게 출자지분을 나타내는 주식을 발행한다.

83) 이근영(2011), "상장지수집합투자기구(ETF)의 법적 규제 및 개선방안", 증권법연구 제12권 제1호(2011. 4),

(다) 시장현황

ETF는 1993년에 최초로 미국에서 도입된 이후 전 세계 투자자들로부터 뜨거운 관심을 받으며 폭발적인 성장세를 보이고 있는 금융상품이다. 우리나라에서도 2002년에 처음으로 거래소에 상장된 이후 현재까지 순자산총액 기준 약 119배의 증가세를 보이는 등 매우 성공적인 금융상품으로 자리매김하고 있다. 미국의 ETF는 2018년 말 순자산총액 기준 전 세계 ETF시장의 70%에 달하는 등 전 세계 ETF시장의 선두주자로서의 압도적인 지위를 구축하고 있으며, 이 가운데 한국의 ETF시장도 일평균거래대금 기준 세계 5위의 시장으로 성장하며 역동적인 시장임을 증명하고 있다.[84]

한국의 ETF상품 중 가장 핵심적인 상품은 레버리지 및 인버스 ETF이다. 이들 ETF는 KOSPI200과 KOSDAQ150 지수를 기초지수로 하며 2009년 9월에 최초로 상장된 이후 시장에서의 영향력을 꾸준히 높이며 급성장세를 나타내고 있다. 특히 KOSPI200과 KOSDAQ150 지수 관련 레버리지 및 인버스 ETF의 순자산총액은 2018년 말 기준 전체 레버리지 및 인버스 상품의 85%, 일평균거래대금 기준으로는 92%라는 절대적 비중을 차지하고 있다. 이뿐만 아니라 전체 ETF시장에서도 이들 지수와 관련된 레버리지 및 인버스 ETF의 순자산총액은 2018년 말 기준 전체 ETF시장의 약 14%임에도 불구하고 연간 일평균거래대금은 약 56%에 달하는 등 매우 활발히 거래되고 있다. 전 세계에서 레버리지 및 인버스 ETF의 비중이 전체 ETF시장에서 한국만큼 높은 시장이 없을 만큼 순자산총액과 일평균거래대금 기준 모두 압도적인 지위를 나타내고 있다.[85]

투자자의 관심 속에 새로운 상품이 꾸준히 상장되어 2018년말 현재 기초지수가 KOSPI200 현물 및 선물지수인 ETF가 19개, KOSDAQ150 현물 및 선물지수를 기초지수로 하는 ETF상품 10개가 각각 거래소에서 상장되어 거래되고 있다. 특징적으로는 레버리지 및 인버스 ETF 모두 삼성자산운용의 ETF가 일평균거래대금 및 순자산총액에서 절대적인 비중을 차지하고 있다는 것이다. KOSPI200 레버리지 ETF에서는 "KODEX200"이, KOSDAQ150 레버리지 ETF에서는 "KODEX 코스닥150 레버리지"가 일평균거래대금 및 순자산총액 기준 80-90%의 높은 비중을 차지하고 있으며, 인버스 ETF에서도 마찬가지로 "KODEX인버스"와 "KODEX 코스닥150 선물 인버스"가, 더블인버스 ETF에서는 "KODEX200 선물(2X) 인버스"가 각각 마찬가지로 절대적 비중을 나타내고 있다.[86]

155쪽.

84) 성태균(2020), "레버리지 및 인버스 ETF 재조정 거래가 주가지수 선물시장에 미치는 영향", 부경대학교 대학원 박사학위논문(2020. 2), 19쪽.

85) 성태균(2020), 20쪽.

86) 성태균(2020). 24쪽.

(2) 자본시장법상 규제

(가) ETF의 법적 요건

가) 기본요건

ETF는 자본시장법에서 요구하는 투자목적 요건, 발행시장 요건, 유통시장 요건을 충족하여야 한다.

(ㄱ) 투자목적 요건

ETF는 기초자산의 가격 또는 기초자산의 종류에 따라 다수 종목의 가격수준을 종합적으로 표시하는 지수의 변화에 연동하여 운용하는 것을 목표로 하여야 한다(법234①(1) 전단). 이렇게 특정 지수를 추종하는 운용방식은 단 1주만 매수하더라도 해당 지수를 구성하는 모든 종목을 일정비율로 나누어 투자하는 것과 같기 때문에 효율적인 분산투자 수단이 된다. ETF는 이미 시장에 공개된 가격정보나 지수를 추종하기 때문에 투자대상이나 투자전략에 관한 정보가 투자자들에게 투명하게 공개되어 일반 펀드에 비해 투명성이 높은 장점을 갖고 있다.

(ㄴ) 발행시장 요건

ETF는 발행시장을 통하여 설정·환매가 가능하여야 한다(자본시장법234①(2)). 투자자는 지정참가회사를 통해서 주식바스켓을 납입하고 ETF 설정 신청을 하거나 ETF를 납입하고 주식바스켓으로 환매 신청을 할 수 있어야 한다. 이는 ETF가 유통시장을 통해서 매매가 가능하기 때문에 ETF 가격이 일시적으로 주식바스켓 가격과 괴리가 발생하는 경우 차익거래 기회를 제공한다는 점에서 매우 중요한 의미를 갖는 특징이다. 반면 부동산투자회사(리츠)와 부동산펀드 등과 같은 ETF가 아니면서 증권시장에 상장되어 거래되는 집합투자기구도 있다. 이러한 집합투자기구는 폐쇄형으로 창구에서 설정 및 환매를 할 수 없으며, 이 때문에 발행시 투자자의 환금성 제고를 위해 증권시장에의 상장을 의무화하고 있다.[87]

(ㄷ) 유통시장 요건

ETF는 수익증권 또는 투자회사 주식이 해당 투자신탁의 설정일 또는 투자회사의 설립일부터 30일 이내에 증권시장에 상장되어야 한다(자본시장법 234①(3)). 이는 ETF의 가장 대표적인 특징이라 할 수 있다. ETF는 일반 펀드와 달리 증권시장이 열려 있는 동안 실시간으로 거래할 수 있기 때문에 시황변동에 신속히 대처할 수 있다. 또한 증권시장에 상장되어 거래되기 때문에 유동성과 환금성이 높으며, 이로 인해 ETF를 활용한 다양한 투자전략을 구사할 수 있기 때문에 유용한 투자수단으로 활용될 수 있다.

---

87) 재정경제부(2001), "상장지수펀드(ETF) 도입방안"(2001. 9) 보도참고자료, 2쪽.

나) 기초자산의 가격 및 지수의 요건

ETF가 추적하고자 하는 기초자산의 가격 또는 지수는 ⅰ) 거래소, 외국 거래소 또는 금융위원회가 정하여 고시하는 시장에서 거래되는 종목의 가격 또는 다수 종목의 가격수준을 종합적으로 표시하는 지수이어야 하고(제1호), ⅱ) 제1호의 가격 또는 지수가 같은 호의 시장을 통하여 투자자에게 적절하게 공표될 수 있어야 하며(제2호), ⅲ) 기초자산의 가격의 요건, 지수의 구성종목 및 지수를 구성하는 종목별 비중, 가격 및 지수의 변화에 연동하기 위하여 필요한 운용방법 등에 관하여 금융위원회가 정하여 고시하는 요건을 모두 충족하여야(제3호) 한다(법234①(1) 후단, 영246).

제1호에서 "금융위원회가 정하여 고시하는 시장"이란 ⅰ) 외국법령에 따라 기초자산의 거래를 위하여 거래소에 상당하는 기능을 수행하는 자가 개설한 시장(제1호), ⅱ) 그 밖에 거래소의 상장규정에 따라 제1호에 상당하는 기능을 수행하는 것으로 인정하는 시장(제2호)을 말한다(금융투자업규정7-26①). 여기에는 외국의 상품거래소 등이 해당될 수 있다. 따라서 금, 원유, 농산물 등과 같은 상품 ETF의 발행이 가능해졌다. 이에 따라 상품가격에 연동하는 ETF를 도입할 수 있게 되었으며, 이를 통해 국내 투자자는 해외에 나가거나 다양한 기초자산 시장을 통하지 않고서도 국내 거래소에 상장된 해외지수 및 상품 ETF 등을 통해 다양한 상품 및 시장에 투자할 수 있게 되었다.

제3호에서 "금융위원회가 정하여 고시하는 요건" 중 기초자산의 가격 또는 증권종목 이외의 기초자산의 가격수준을 종합적으로 표시하는 지수에 해당하는 경우 그 가격 또는 지수는 ⅰ) 거래소 시장 또는 위의 "금융위원회가 정하여 고시하는 시장"에서 공정하게 형성되어야 하고(제1호), ⅱ) 매일 신뢰 가능한 가격으로 발표되어야 하며(제2호), ⅲ) 공신력 있는 기관에 의해 산출되어야(제3호) 한다(금융투자업규정7-26②). 이는 ETF가 추종하고자 하는 대상이 금, 원유, 농산물 등과 같이 단일종목의 가격인 경우에는 종목 분산요건을 충족할 수 없게 되는 문제를 해결하고, 공정성, 신뢰성, 투명성을 확보할 수 있는 별도의 요건을 규정하여 투자자를 보호하기 위한 것이다.

제3호에서 "금융위원회가 정하여 고시하는 요건" 중 증권종목의 가격수준을 종합적으로 표시하는 지수에 해당하는 경우 지수의 구성종목 및 지수를 구성하는 종목별 비중이 다음의 요건을 모두 갖추어야 한다(금융투자업규정7-26③).

1. 지수를 구성하는 종목이 법 제4조 제2항 제1호의 증권인 경우(채무증권)
   가. 지수를 구성하는 종목이 10종목(영 제80조 제1항 제1호 가목부터 다목까지에 해당하는 채무증권으로만 구성된 지수인 경우는 3종목) 이상일 것
   나. 지수를 구성하는 하나의 종목이 그 지수에서 차지하는 비중이 30%를 초과하지 아니할

것(영 제80조 제1항 제1호 가목부터 다목까지에 해당하는 채무증권으로만 구성된 지수인 경우는 제외). 다만, 거래소에서 거래되는 다수 종목의 가격수준을 종합적으로 표시하는 지수로서 금융감독원장이 정하는 지수의 경우에는 그 지수를 구성하는 하나의 종목이 그 지수에서 차지하는 비중이 30%를 초과하는 경우에는 그 비중을 초과하지 아니할 것

다. 지수를 구성하는 종목 중 지수에서 차지하는 비중 순으로 85%에 해당하는 종목의 발행잔액은 500억원 이상일 것

2. 지수를 구성하는 종목이 법 제4조 제2항 제1호 이외의 증권인 경우(채무증권 이외의 증권)
   가. 지수를 구성하는 종목이 10종목 이상일 것
   나. 지수를 구성하는 하나의 종목이 그 지수에서 차지하는 비중(그 종목의 직전 3개월의 평균시가총액을 그 지수를 구성하는 종목의 직전 3개월의 평균시가총액의 합으로 나눈 값)이 30%를 초과하지 아니할 것. 다만, 거래소에서 거래되는 다수 종목의 가격수준을 종합적으로 표시하는 지수로서 금융감독원장이 정하는 지수의 경우에는 그 지수를 구성하는 하나의 종목이 그 지수에서 차지하는 비중이 30%를 초과할 경우 그 비중을 초과하지 아니할 것
   다. 지수를 구성하는 종목 중 시가총액 순으로 85%(지수를 구성하는 종목의 수가 200종목 이상인 경우에는 75%)에 해당하는 종목은 시가총액(직전 3개월간 시가총액의 평균)이 150억원 이상이고 거래대금(직전 3개월간 거래대금의 평균)이 1억원 이상일 것

다) 운용요건

시행령 제246조 제3호에서 "금융위원회가 정하여 고시하는 요건" 중 가격 및 지수의 변화에 연동하기 위하여 필요한 운용방법이란 다음의 어느 하나에 해당하는 운용방법을 말한다(금융투자업규정7-26④).

1. 상장지수집합투자기구의 순자산가치의 변화를 가격 및 지수의 변화의 일정배율(음의 배율도 포함)로 연동하여 운용하는 것을 목표로 할 것
2. 상장지수집합투자기구의 순자산가치의 변화를 가격 및 지수의 변화를 초과하도록 운용하는 것을 목표로 할 것

예를 들면 ⅰ) 기초자산의 가격 또는 지수수익률에 1:1로 연동되도록 운용하는 ETF이다. 투자자들이 이해하기 쉽고 매우 익숙한 구조로서, 현재까지 국내에 상장된 대부분의 ETF가 이처럼 기초자산의 가격이나 지수의 변화에 수익률이 그대로 따라가도록 하는 운용방법을 택하고 있다. ⅱ) 기초자산의 가격 또는 지수수익률과 음의 배율로 수익률이 연동되도록 하는 소위 거꾸로 가는 ETF이다. 이를 인버스(Inverse) ETF라고 하는데, 일일 수익률 기준으로 지수가 하락하면 그 비율만큼 수익률이 발생하고, 반대로 지수가 상승하면 그 비율만큼 손실이 발생하는

구조를 가지고 있다. iii) 기초자산의 가격 또는 지수 변동의 2배 또는 3배 등 일정배율의 수익률을 목표로 하는 ETF이다. 이를 레버리지(Leverage) ETF라고 한다. 레버리지 ETF는 모두 추적지수의 2배의 수익률로 연동되는 구조로 되어 있어 특정일 주가지수가 10% 상승하였다면 해당일 20%의 수익률을 얻을 수 있는 구조이다. 반대로 주가지수가 10% 하락하였다면 레버리지 ETF의 수익률은 -20%가 되게 된다. 이러한 레버리지·인버스 ETF에 투자할 때 유의하여야 할 사항은 레버리지·인버스 ETF가 추적지수의 일별 수익률에 대해 레버리지·인버스 배율로 수익률이 연동하는 구조로서 2일 이상의 기간 수익률에 레버리지·인버스의 비율로 수익률이 연동하는 구조가 아니라는 점이다.[88]

(나) ETF의 발행시장

ETF시장은 주식시장과 마찬가지로 발행시장과 유통시장으로 이루어져 있다. 발행시장은 ETF가 설정 및 환매되는 시장이며, 유통시장은 발행된 ETF증권이 거래소시장에 상장되어 투자자간에 거래되는 시장을 의미한다. 발행시장에서 ETF는 대량의 단위(Creation Unit: CU)[89]로 설정 또는 환매가 이루어지기 때문에 개인투자자는 참여할 수 없고 법인투자자만이 참여할 수 있다.[90] 발행시장에서 ETF 설정을 원하는 경우, 투자자는 지정참가회사(Authorized Participant: AP)[91]로 지정된 금융투자업자를 경유해 ETF 설정에 필요한 바스켓을 납입하고 ETF를 인수하며, 환매시에는 반대로 ETF를 납입하고 바스켓을 인수하게 된다.[92]

가) 설정 및 신주발행

집합투자업자는 지정참가회사로부터 상장지수집합투자기구의 설정·추가설정 또는 설립·신주발행의 요청이 있는 경우에는 신탁계약이나 투자회사의 정관에서 정하는 바에 따라 상장지수집합투자기구의 설정·추가설정 또는 설립·신주발행을 할 수 있다(영248①). 지정참가회사는 상장지수집합투자기구의 설정·추가설정 또는 설립·신주발행을 요청하려는 경우에는 투자자가 직접 납부하거나 투자매매업자 또는 투자중개업자를 통하여 투자자가 납부한 납부금등을 설정단위에 상당하는 자산으로 변경하여야 한다(영248② 본문).

ETF 설정시에는 CU가 적용되는데, CU란 설정시 필요한 최소수량으로서 집합투자업자가 정한 단위를 뜻한다. 예를 들여 어떤 ETF 투자신탁의 CU가 20만좌라면 지정참가회사는 ETF증권의 설정을 20만좌의 배수 단위로 할 수 있다. CU가 존재하는 이유는 i) 지수 포트폴리오 추

88) 한국거래소(2010), "미래에셋맵스 및 KB자산운용 레버리지ETF 신규상장"(2010. 4. 7) 보도자료.
89) 1Basket을 구성하는 종목주식을 매수할 수 있는 금액에 상당하는 ETF증권의 수를 말한다.
90) ETF의 설정 및 환매 요청을 법인만 가능하도록 약관 및 신탁계약서에 명시하고 있다.
91) ETF의 설정 및 해지요청을 대행하는 증권사를 말하며 기관투자자들의 ETF 설정 및 해지요청에 따라 PDF에 해당하는 주식을 한꺼번에 매매해야 하기 때문에 바스켓 주문을 원활히 처리할 수 있는 역량을 확보한 증권사들이 선정된다.
92) 이근영(2011), 158-160쪽.

종을 위한 최소한의 자금규모를 고려한 것이며, ii) 운용의 안정성을 도모하기 위하여 설정·환매의 단위를 일정 규모 이상으로 유지함으로써 설정·환매가 자주 발생하는 것을 제한하기 위함이다.[93]

나) 설정과정

현재 상장되어 있는 ETF는 대부분 주가지수추종형 ETF이며 이러한 ETF의 설정을 위해서는 우선 법인투자자가 지정참가회사를 통해 주식바스켓과 소액의 현금을 납입하고 ETF 설정을 요청해야 한다. 법인투자자가 불완전한 주식바스켓을 납입하거나 주식바스켓 없이 현금으로 납입하는 경우에는 지정참가회사가 법인투자자를 대신하여 시장에서 부족한 주식을 매수하여 주식바스켓을 구성하여 설정을 요청할 수 있다.[94] 다음으로 지정참가회사는 CU를 구성해 ETF의 신탁업자(은행)에게 납입하고 집합투자업자에게 ETF 발행을 청구하며, 집합투자업자는 신탁업자에게 바스켓 납입 여부를 확인한 후 ETF증권을 발행하여 지정참가회사의 계좌에 입고하게 된다.

투자자가 불완전한 주식바스켓을 납입하거나 현금만으로 납입하는 경우 지정참가회사는 당해 납입금 등을 설정단위에 상당하는 자산으로 변경하기 위해 증권을 매매하게 되며, 이 경우 투자자 명의가 아니라 지정참가회사 명의의 계좌를 이용할 수 있다. 이 계좌는 투자자가 ETF 설정을 위해 납입한 납입금 등을 통합해 증권을 매매하고 금전만을 납입하는 방법으로 발행되는 ETF증권을 각 투자자에게 분배하는 공동계좌를 말한다. 이렇게 함으로써 지정참가회사는 다수의 투자자로부터 받은 설정 또는 신주발행 업무를 원활하게 수행할 수 있게 된다.[95]

다) ETF증권의 환매

상장지수집합투자기구의 투자자는 그 집합투자증권을 판매하는 투자매매업자 또는 투자중개업자(지정참가회사는 제외) 또는 그 집합투자증권의 지정참가회사(그 집합투자증권을 판매한 투자매매업자 또는 투자중개업자가 지정참가회사인 경우만 해당)에 대하여 설정단위별로 집합투자증권의 환매를 청구할 수 있다(영249① 본문). 이에 따라 상장지수집합투자기구 집합투자증권의 환매청구를 받은 투자매매업자 또는 투자중개업자는 지정참가회사에 대하여 그 집합투자증권의 환매에 응할 것을 요구하여야 한다(영249② 본문). 상장지수집합투자기구 집합투자증권의 환매를 청구받거나 요구받은 지정참가회사는 상장지수투자신탁의 집합투자업자나 상장지수투자회사에 대하여 지체 없이 환매에 응할 것을 요구하여야 한다(영249④).

따라서 ETF증권의 환매시에도 설정과정과 같이 투자자가 지정참가회사 등에 설정단위별

93) 한국거래소(2009), 「ETF시장의 이해」(2009. 5), 106쪽.
94) 재정경제부(2001), 1쪽.
95) 한국거래소(2009), 110쪽.

로 환매를 청구할 수 있으며, 지정참가회사는 환매청구를 받은 경우 지체 없이 ETF를 운용하는 집합투자업자에게 환매를 청구해야 한다. 집합투자업자는 환매청구를 받은 날의 ETF 운용이 종료된 후 그 ETF의 재산을 기준으로 설정단위에 해당하는 자산을 지정참가회사를 통해 투자자에게 지급하며, 해당 환매분에 상당하는 ETF 증권은 일부 환매 또는 일부 소각에 의한 방법으로 처리하게 된다.[96)]

(다) ETF의 유통시장

가) 상장요건

상장지수집합투자증권의 상장 및 상장폐지는 상장규정에서 정하는 바에 따른다(영250①). ETF의 상장은 일반기업의 주권과는 달리 상장절차가 매우 간소하다. 일반기업의 경우 재무상태, 매출 및 이익 요건 등 형식적 요건과 질적 요건을 함께 심사하는 예비심사 과정이 필요하지만 ETF는 예비심사 과정 없이 일정한 요건만을 충족하면 바로 상장할 수 있다. 상장신청인은 자본시장법에 따라 ETF를 설정하고 금융위원회에 등록을 마친 후 집합투자규약과 신탁재산운용계획서 등 상장규정상의 상장신청서류를 구비해 거래소에 상장신청을 하면 된다. 거래소는 자본시장법에서 정하고 있는 사항인 지수의 적격성 여부와 유가증권시장 상장규정의 상장심사요건을 충족하는지를 심사해 최종 신규상장 여부를 결정하게 된다.

ETF를 설정해 거래소시장에 상장시키기 위해서는 ETF의 기초자산인 지수의 이용에 관한 사항을 규정하고 있는 자본시장법상의 요건과 규모, 유동성, 자산의 구성요건 등을 규정하고 있는 거래소 유가증권시장 상장규정[97)]을 모두 충족해야 한다.

---

96) 한국거래소(2009), 111쪽.

97) 유가증권시장 상장규정 제113조(신규상장 심사요건) ① 상장지수펀드증권을 신규상장하려면 다음의 심사요건을 모두 충족해야 한다.

1. 펀드규모: 상장예정인 상장지수펀드의 자본금 또는 신탁원본액이 70억원 이상이고, 발행주식총수가 10만주 이상이거나 수익증권의 수가 10만좌 이상일 것
2. 지정참가회사 등: 다음 각 목의 요건을 모두 충족할 것
   가. 지정참가회사가 1사 이상일 것
   나. 지정참가회사 중 유동성공급회원 1사 이상과 업무규정에 따른 유동성공급계약을 체결할 것
   다. 해당 상장지수펀드를 운용하는 집합투자업자가 유가증권시장에 다른 상장지수펀드증권을 상장하고 있는 경우에는 다음의 요건을 모두 충족할 것
      (1) 해당 상장종목 중 어느 한 종목에 대한 유동성공급회원의 일부가 업무규정 제20조의6에 따른 유동성공급회원 교체기준에 해당하는 경우에는 그때부터 3개월 이상이 경과할 것
      (2) 해당 상장종목 중 어느 한 종목에 대한 유동성공급회원의 전부가 유동성공급회원 교체 기준에 해당하는 경우에는 그때부터 6개월 이상이 경과할 것
3. 기초자산: 상장지수펀드증권과 연동하는 기초자산의 가격 또는 지수의 구성종목이 다음 각 목의 어느 하나에 해당하는 시장에서 거래될 것. 이 경우 그 내용을 집합투자규약에 기재해야 한다.
   가. 거래소 시장, 외국 거래소 시장 또는 「금융투자업규정」 제7-26조에 따라 금융위원회가 정하여 고시하는 시장
   나. 가목과 유사한 시장으로서 다음의 어느 하나에 해당하는 시장

(1) 런던귀금속시장협회의 규정에 따라 이루어지는 귀금속거래 시장
(2) 법시행령 제179조, 제180조 및 제185조에 따라 거래가 이루어지는 장외채권시장과 이와 비슷한 외국채권시장
(3) 「외국환거래법」 제9조 제2항에 따라 외국환중개회사가 「외국환거래규정」에 따라 매매기준율과 재정된 매매기준율을 산출하는 시장
(4) 그 밖에 신뢰성 있는 가격 형성 등을 고려하여 거래소가 인정하는 시장

4. 자산구성방법: 상장지수펀드의 자산구성이 다음 각 목의 어느 하나에 해당할 것. 이 경우 그 내용을 집합투자규약에 기재해야 한다.
가. 증권의 지수 변화에 연동하는 상장지수펀드의 경우 다음의 모두에 해당하는 종목을 자산으로 편입할 것. 다만, 목표로 하는 지수가 단순평균인 경우에는 모든 종목을 자산으로 편입해야 한다.
(1) 시가총액을 기준으로 해당 지수를 구성하는 종목의 100분의 95 이상
(2) 종목 수를 기준으로 해당 지수를 구성하는 종목의 100분의 50 이상
나. 증권종목 이외의 기초자산에 대한 가격 또는 지수 변화에 연동하는 상장지수펀드의 경우 해당 가격 또는 지수에 연동하는 종목을 100분의 95 이상 편입할 것
다. 상장지수펀드가 다음의 어느 하나에 해당하여 가목 또는 나목의 방법으로 구성하기 곤란한 경우에는 다른 방법으로 설정단위에 상당하는 납입자산 내역을 구성하거나 금전납입을 할 것. 이 경우 투자대상, 가격 · 지수에 연동하는 방법, 지수구성종목 이외의 자산 및 파생상품 자산구성 비중을 집합투자규약에 명시해야 한다.
(1) 거래소 시장에서 거래되지 않는 가격 또는 지수의 변화에 연동하여 운용하는 것을 목표로 하는 경우
(2) 가격 또는 지수에 연동하기 위하여 장내파생상품을 중요한 운용수단으로 하는 경우
(3) 가격 또는 지수에 연동하기 위하여 장외파생상품을 중요한 운용수단으로 하는 경우("합성상장지수펀드")
(4) 상장지수펀드의 순자산가치의 변화를 가격 및 지수의 변화를 초과하도록 운용하는 것을 목표로 하는 경우("액티브상장지수펀드")
(5) 기초자산이 거래되는 시장의 특성, 자산운용의 효율성 등을 종합적으로 판단하여 설정 단위에 상당하는 자산으로 변경하는 것이 곤란하다고 거래소가 인정하는 경우

5. 합성상장지수펀드: 다음 각 목의 요건을 모두 충족할 것. 이 경우 그 내용을 집합투자규약에 기재해야 한다.
가. 장외파생상품의 계약상대방("거래상대방")이 다음의 모두에 해당할 것
(1) 법 제12조에 따라 장외파생상품을 대상으로 하는 투자매매업의 인가를 받은 금융투자업자일 것. 이 경우 외국법령에 따라 이에 상응하는 인가를 받거나 해당 국가의 건전성 규제를 받는 공신력 있는 금융회사로서 거래소가 인정하는 때에는 이 요건을 충족한 것으로 본다.
(2) 법시행령 제80조 제5항 제1호에 따른 투자적격 등급 이상으로 평가받은 자로서 세칙으로 정하는 등급 이상일 것. 이 경우 보증인(거래상대방의 채무 등에 대한 보증인을 말한다)이 있는 때에는 거래상대방이 해당 기준을 충족하지 못하더라도 그 보증인을 기준으로 충족 여부를 판단한다.
(3) 법 제166조의2 제1항 제3호에 따른 영업용순자본에서 총위험액을 차감한 금액을 인가업무 또는 등록업무 단위별 자기자본을 합계한 금액으로 나눈 값("순자본비율")이 같은 호에서 정하는 비율 이상일 것(외국금융회사 등 순자본비율을 산정하기 곤란한 경우에는 이에 준하는 것으로 거래소가 인정하는 재무비율이 거래소가 정하는 기준 이상인 때에는 이 요건을 충족한 것으로 본다). 이 경우 보증인이 있는 때에는 거래상대방이 해당 기준을 충족하지 못하더라도 그 보증인을 기준으로 충족 여부를 판단한다.
(4) 목표 수익률 달성 등 거래상대방으로서의 업무 수행과 관련하여 신규상장신청인으로부터의 독립성이 인정될 것
(5) 거래상대방으로서의 업무와 관련하여 투자자와의 이해상충 발생 가능성을 파악하고 이를 적절히 관리할 수 있는 이해상충 방지체계를 갖출 것

나) ETF 거래가격

ETF의 거래가격은 집합투자업자가 초기에 설정하는 지수에 대한 배율에 따라 달라진다. 예를 들어 KOSPI200지수를 추종하는 KODEX200 ETF의 경우 지수에 대한 배율이 100배이기 때문에 현 KOSPI200지수가 270.00이라면 ETF의 매매가격은 지수에 100을 곱한 27,000원 부근에서 형성되게 된다. 해외 ETF의 경우에는 지수 승수 외에 환율의 변동까지도 가격에 반영된다.[98]

다) 분배금 지급

ETF의 분배금은 주식바스켓에서 발생하는 배당 등의 수익에서 신탁보수 및 운용에 필요한 경비를 공제한 금액으로 통상 매분기별로 지급한다. 분배금의 지급은 이익금 지급의 의미뿐만 아니라 ETF가 추종하고자 하는 지수와의 추적오차율을 줄이기 위한 목적도 함께 갖고 있으며, 이러한 목적 달성을 위해 분배금 지급이 필요한 경우에만 분배하게 된다.[99]

라) 결제제도

ETF의 결제제도는 일반 주식거래와 동일하므로, 거래성립일로부터 2일째 되는 날(T+2)에 ETF의 결제가 이루어지며, ETF는 예탁기관에 전부 예탁되어 계좌대체를 통해 인수도가 이루어지게 된다.

나. 거래상대방에 대한 다음의 위험관리체계를 갖출 것. 이 경우 위험관리체계에 관한 구체적인 사항은 세칙으로 정한다.
(1) 거래상대방 위험의 평가기준, 평가주기 등 위험평가 방법
(2) 거래상대방 위험의 적시 인식과 그에 따른 위험관리 방법

다. 장외파생상품계약과 관련하여 담보를 설정한 경우 다음의 담보관리체계를 갖출 것. 이 경우 담보관리체계에 관한 구체적인 사항은 세칙으로 정한다.
(1) 유동성, 시가평가의 용이성 등 담보자산의 요건
(2) 담보비율, 담보의 정산 등 담보자산의 관리 방법
(3) 담보자산의 보관 및 평가 기관은 예탁결제원(외국 예탁결제기구를 포함)으로 할 것. 다만, 해당 업무 수행에 있어 거래소가 독립성 및 객관성을 갖춘 것으로 인정하는 공신력 있는 금융회사(외국 금융회사를 포함)가 담보자산의 보관 및 평가 기관인 경우는 이 요건을 충족한 것으로 본다.

라. 장외파생상품 외의 자산이 편입된 경우 해당 자산이 유동성, 시가평가 용이성 등 세칙으로 정하는 요건을 충족할 것

6. 존속기한: 상장지수펀드의 존속기한이 없을 것. 이 경우 그 내용을 집합투자규약에 기재해야 한다.
7. 지수 등 이용계약: 상장지수펀드의 목표 가격 또는 지수 이용과 관련하여 다음 각 목의 구분에 따른 계약을 체결하였을 것
가. 거래소가 산출하는 가격 또는 지수의 변화에 연동하는 상장지수펀드는 해당 가격 또는 지수의 사용허가와 이용료 등에 관하여 거래소와 계약을 체결할 것
나. 거래소가 산출하지 않는 가격 또는 지수의 변화에 연동하는 상장지수펀드는 해당 가격 또는 지수에 관한 법적 권한을 가진 자와 가격 또는 지수사용 등에 관하여 계약을 체결하였을 것
8. 상장지수펀드의 주권("상장지수펀드주권")의 경우 투자회사주권의 등록에 관한 제101조 제3항 제1호, 소송 등에 관한 같은 항 제4호, 주식양도 제한에 관한 같은 항 제5호의 요건을 충족할 것

98) 이근영(2011), 162쪽.
99) 한국거래소(2009), 127쪽.

(라) ETF 시장참가자

가) 지정참가회사

지정참가회사(Authorized Participant)는 증권을 대상으로 하여 투자매매업(인수업은 제외함) 및 투자중개업(위탁매매업만 해당함)을 함께 하는 자로서 i) 상장지수집합투자기구의 설정·추가설정 또는 설립·신주발행을 집합투자업자에 요청하는 업무(제1호), ii) 상장지수집합투자기구의 해지·일부해지 또는 해산·주식의 일부소각을 집합투자업자에 요청하는 업무(제2호), iii) 투자자가 납부한 금전 또는 증권("납부금 등")을 금융위원회가 정하여 고시하는 일정 단위("설정단위")[100]에 상당하는 자산으로 변경하기 위한 증권의 매매나 위탁매매업무(제3호), iv) 상장지수집합투자기구의 집합투자증권이 증권시장에서 원활하게 거래되도록 하고, 그 가격이 그 집합투자증권의 좌수 또는 주수당의 순자산가치에 수렴되도록 하는 업무(금융위원회가 정하여 고시하는 지정참가회사[101]만 해당)(제4호)를 담당하도록 하기 위하여 집합투자업자가 지정하는 자를 말한다(영247).

지정참가회사가 상장지수집합투자기구의 설정·설립을 위하여 자기 또는 타인의 계산으로 증권을 매매하는 경우에는 투자일임업을 영위하는 것으로 보지 아니한다(법234②).

지정참가회사는 상장지수집합투자기구의 설정이나 신주발행을 위하여 납입받은 납입금 등으로 증권의 매매를 하는 경우에는 지정참가회사 명의의 계좌(투자자가 상장지수집합투자기구의 설정이나 신주발행을 위하여 납입한 납입금 등을 통합하여 증권을 매매하고 제1항에 따라 발행되는 상장지수집합투자기구 집합투자증권을 분배하는 공동계좌를 말함)를 이용할 수 있다(금융투자업규정 7-29④). 지정참가회사는 투자자로부터 납입 받은 납입금 등을 설정단위에 상당하는 자산으로 변경하는 과정에서 설정단위 구성에 필요한 증권을 매입할 수 없는 등 불가피한 사유로 상장지수집합투자기구의 설정이나 신주발행이 곤란한 경우에는 신탁계약 또는 투자회사의 정관이 정하는 바에 따라 그 투자자의 계좌(제3항에 따른 지정참가회사 명의의 계좌를 포함)에서 보유중인 자산으로 환급할 수 있다(금융투자업규정7-29⑤).

---

100) "금융위원회가 정하여 고시하는 일정단위"란 상장지수집합투자기구의 설정 또는 설립에 필요한 상장지수집합투자기구의 집합투자증권의 최소수량으로서 신탁계약 또는 투자회사의 정관에서 정한 수량을 말한다. 다만, 가격 또는 지수의 변화에 연동하기 위하여 장외파생상품을 운용하는 상장지수집합투자기구로서 법 제390조에 따른 증권상장규정으로 정하는 상장지수집합투자기구의 경우에는 상장지수집합투자기구의 설정 또는 설립에 필요한 집합투자증권의 최소단위를 신탁계약 또는 투자회사의 정관에서 금액을 기준으로 정할 수 있다(금융투자업규정7-27).

101) "금융위원회가 정하여 고시하는 지정참가회사"란 상장지수집합투자기구의 집합투자증권이 증권시장에서 원활하게 거래되도록 하고 그 가격이 해당 집합투자증권의 좌수 또는 주수당의 순자산가치에 수렴되도록 하기 위하여 상장지수투자신탁의 집합투자업자 또는 상장지수투자회사와 지정참가계약을 체결한 자를 말한다(금융투자업규정7-28).

나) 유동성공급자

거래소시장에서 ETF증권의 거래가 원활하게 이루질 수 있도록, 지속적으로 매수·매도호가를 제시하며 거래에 참가해 가격을 형성하고 그 가격이 순자산가치에 수렴하도록 하는 자를 말한다. 유동성 공급자는 증권의 투자매매업 인가를 받은 지정참가회사로서 집합투자업자와 유동성 공급계약을 체결한 거래소 결제회원이어야 한다(유가증권시장 업무규정20의2② 및 20의3①).

(마) 소유재산 등의 공고

상장지수투자신탁의 집합투자업자 또는 상장지수투자회사는 공고일 전날의 상장지수집합투자기구의 납부자산구성내역(신규설정·추가설정 또는 신규설립·신주발행을 위한 설정단위의 자산구성내역을 포함)을 증권시장을 통하여 매일 공고하여야 한다(영251①). 거래소는 상장지수집합투자기구의 순자산가치와 추적오차율(일정 기간 동안 상장지수집합투자기구의 집합투자증권의 1좌당 또는 1주당 순자산가치의 변동률과 상장지수집합투자기구가 목표로 하는 지수의 변동률을 비교하는 지표로서 금융위원회가 정하여 고시하는 기준[102]에 따라 산출한 비율)을 매일 1회 이상 공고하여야 한다(영251②).

(바) 운용특례

집합투자업자는 제80조 제4항 및 제86조 제1항에도 불구하고 법 제81조 제1항 단서 및 제234조 제4항에 따라 상장지수집합투자기구(투자자 보호 등을 고려하여 금융위원회가 정하여 고시하는 상장지수집합투자기구에 한정)의 집합투자재산을 다음의 방법으로 운용할 수 있다(영252①).

1. 각 상장지수집합투자기구 자산총액의 30%까지 동일 종목의 증권에 운용하는 행위. 이 경우 동일법인 등이 발행한 증권 중 지분증권(그 법인 등이 발행한 지분증권과 관련된 증권예탁증권을 포함)과 지분증권을 제외한 증권은 각각 동일 종목으로 본다. 다만, 금융위원회가 정하여 고시하는 지수에 연동하여 운용하는 상장집합투자기구의 경우 동일종목이 차지하는 비중이 30%를 초과하는 경우에는 해당 종목이 지수에서 차지하는 비중까지 동일 종목의 증권에 투자할 수 있다.
2. 각 상장지수집합투자기구 자산총액으로 동일법인 등이 발행한 지분증권 총수의 20%까지 운용하는 행위

집합투자업자는 법 제84조 제1항 본문에도 불구하고 상장지수집합투자기구의 설정·추가설정 또는 설립·신주의 발행을 위한 목적으로 이해관계인(법 제84조 제1항에 따른 이해관계인)과 증권의 매매, 그 밖의 거래를 할 수 있다(영252②).

102) "금융위원회가 정하여 고시하는 기준"이란 최근 1년간 상장지수집합투자기구의 집합투자증권의 1좌당 또는 1주당 순자산가치의 일간변동률과 상장지수집합투자기구가 목표로 하는 지수의 변화의 일정배율(음의 배율을 포함)의 일간변동률 간 차이의 변동성(표준편차)을 말한다(금융투자업규정7-31의2).

(3) ETF의 유형

(가) 의의

한국거래소에서 거래되는 ETF를 종류별로 분류하면, 국내 ETF와 해외 ETF[103])로 구분할 수 있으며, 기초자산에 따라 주식, 채권, 원자재, 부동산, 통화, 혼합자산, 시장대표 ETF[104])로 구분한다. 또한 ETF는 추적배수에 따라 레버리지형 및 인버스형이 있다.[105])

또한 펀드의 운용자산을 기초자산 실물로 운용하는 실물형 ETF와 기초자산 실물을 직접 운용하지 않고 증권사와 스왑계약을 통해 기초자산의 가격 또는 지수의 수익률을 복제 추종하도록 구조화된 합성ETF[106]) 등이 있다. 또한 상장지수펀드의 순자산가치의 변화를 가격 및 지수의 변화를 초과하도록 운용하는 것을 목표로 하는 경우인 액티브 ETF도 있다.

(나) 기초자산별 ETF

국내 ETF는 2010년 이후 급격한 성장세를 시현하였다. ETF종목 수가 2010년 말에는 64종목에 불과했지만 2015년에 150종목을 넘어섰고, 2017년은 300종목을 넘어서 2018년 말 413종목의 ETF가 거래되고 있다. i) 주식 ETF: 기초자산별 ETF에서 주식ETF가 가장 많은 비중을 차지하고 있다. 주식ETF는 2010년 말 37종목에서 2018년 말 309종목으로 늘어났다. ii) 채권 ETF: 기초자산별 ETF에서 채권 ETF는 주식 ETF 다음으로 많은 비중을 차지하고 있다. 채권 ETF는 2010년 말 7종목에서 2018년 말 53종목으로 늘어났다. iii) 통화 ETF: 통화 ETF 거래는 2012년부터 시작되었으며, 2018년 말 10종목이 상장되어 있다. iv) 혼합자산 ETF: 혼합자산 ETF 거래는 2013년부터 시작되었으며, 2018년 말 9종목이 상장되어 있다. v) 시장대표 ETF: KOSPI200 등 대표적인 시장지수를 추종하는 시장대표 ETF는 2018년 말 141종목이 상장되어 있다. 시장대표 ETF의 전체 시가총액(2018년 말 기준)은 40.8조원이고, 2조원이 넘는 ETF로는 KODEX200 7.5조원, TIGER200 3.5조원, KODEX레버리지 1.2조원이 있다.

(다) 추적배수 ETF

1) 개념

기초자산 등락에 비례해서 가격이 변하는 일반 ETF에 비해서 추적배수 ETF는 기초자산가격 등락률과 다르게 가격이 변한다. 추적배수 ETF는 가격변화율이 큰 레버리지 ETF와 가격변

103) 해외 ETF는 2010년 7개에서 2018년 95개로 양적인 면에서 급격히 늘어났다.

104) 시장대표지수를 추종하는 ETF를 말하고 광의로는 주식 ETF에 포함된다.

105) 정희석(2018), "한국상장지수펀드(ETF)의 투자효율성에 관한 연구", 한국디지털정책학회논문지 제16권 제5호(2018. 5), 188쪽.

106) 합성ETF란 주식·채권 등을 펀드의 기초자산으로 편입하는 전통적인 ETF와 달리 증권사와의 장외 스왑거래를 활용하여 지수를 복제 추종하는 ETF로서, 스왑의 거래상대방이 기초지수 수익률 제공을 담당하고, ETF 운용사(즉 자산운용사)는 거래상대방의 위험관리 역할 등을 담당하는 구조의 상품을 말한다. 주로 운용사가 직접 편입하여 운용하기 어려운 해외 기초자산을 대상으로 하고 있다.

화율이 일반 ETF와 반대로 움직이는 인버스 ETF가 있다.[107] 현재 한국거래소에는 기초지수의 일별 수익률의 2배를 추구하는 레버리지 ETF와 기초지수의 음의 1배와 음의 2배를 추구하는 인버스 ETF가 상장되어 거래되고 있다.

가) 레버리지 ETF

일반 ETF가 KOSPI200과 같은 대표적 지수구성종목을 보유하며, 지수의 흐름과 비슷한 수익률을 내는 데 반해, 레버리지 ETF는 스왑이나 선물 등 파생상품에 투자해 기초지수 수익률의 양의 배수의 수익을 추구하는 ETF이다.

레버리지 ETF는 추종하는 지수변동폭의 1.5배 또는 2배 수익률을 올리도록 설계된 상품이다. 지수가 떨어지면 손실도 1.5배 또는 2배가 된다. 레버리지 상품의 특성상 주가지수가 오르더라도 반드시 1.5배-2배 수익률을 보장하는 것도 아니다. 기초지수가 등락을 거듭하다가 올랐다면 일부 손실도 날 수 있다. 레버리지 ETF는 2010년 말 3종목에서 2018년 말 14종목으로 늘어났다.

개인투자자(외국인 포함, 전문투자자 제외)의 추종매매·투기수요 억제를 위해 레버리지 ETF 매수주문에 대하여 기본예탁금을 부과하고 위반 시 주문의 수탁을 거부하여야 한다(유가증권시장 업무규정87의2①(2), 동규정84⑤).

나) 인버스 ETF

반면 인버스 ETF는 파생상품투자 등을 통해 1 ETF당 순자산가치의 일별 수익률을 기초지수의 일별 수익률의 음의 배수, 즉 역방향으로 추적하는 ETF를 말한다. 다시 말해 인버스 ETF는 주가지수 방향과 반대로 수익률이 결정되도록 설계된 상품이다. 주가지수가 하락하면 수익이 발생하는 구조이다. 인버스 ETF는 2010년 말 2종목에서 2018년 말 13종목으로 늘어났다.

2) 발행시장

발행시장에서는 펀드의 확대와 축소를 가져오는 환매·설정이 지정참가회사를 통해 발생하게 되는데, 환매·설정의 청구가능자는 법인투자자가 된다. 특징적으로는 일반 ETF와는 달리 환매·설정 시 현금만을 주고받게 된다. 즉 설정을 위해 납입된 현금은 증권회사인 지정참가회사를 통해 자산운용사에게 전달되며, 이는 포트폴리오 설정을 위해 사용되며, 설정 신청자는 ETF를 수령하게 된다. 반대로 환매의 경우에는 신청자가 보유중인 ETF를 AP에 제출하고 그 대가로 현금을 수령하게 된다. 현재 한국거래소는 상장되는 모든 ETF상품에 대하여 복수의 유동성공급자가 호가를 제시하며 유동성공급 역할을 수행하도록 의무화하고 있다.[108]

107) 정희석(2018), 191쪽.
108) 성태균(2020), 5쪽.

3) 유통시장

유통시장은 투자자들이 매수·매도 주문을 통해 ETF를 매매하는 시장을 말한다. 설정과 환매가 발생하는 이유는 ETF와 NAV가격간의 가격 차이를 노린 차익거래가 되겠으나 레버리지 및 인버스 ETF에 있어, 예를 들어 KOSPI200 및 KOSDAQ150 선물시장이 과도하게 하락할 경우, 향후 ETF가격 상승을 예상하고 ETF에 대한 설정수요가 발생하며 반대로 선물지수가 과도하게 상승할 경우에는 환매수요가 발생하게 된다.

설정수요의 증가는 펀드 규모의 확대효과를 가져옴과 동시에 해당일의 매도 포트폴리오 재조정 수요를 일정 부분 상쇄시키게 되는 반면, 환매수요의 증가는 매수 포트폴리오 재조정 수요의 일부를 상쇄시킴으로써, 전체적인 포트폴리오 재조정 수요의 충격을 완화시키는 효과를 가져올 수 있다.

레버리지 ETF의 운용 포트폴리오 구성의 경우 가령 1억 원의 운용자산이 있고, 2배의 레버리지 효과를 나타내는 ETF의 운용 포트폴리오를 구성하려 한다고 하자. 예를 들어 80%에 해당하는 8천만 원을 추적 대상지수의 구성종목인 개별주식 및 일반 ETF 등의 매수에 사용하였다. 나머지 2천만 원은 목표 레버리지 배수(2×)에 맞춘 포트폴리오를 만들기 위해 스왑이나 선물 등 파생상품의 취득에 사용함으로써, 결과적으로 1억 원의 자산으로 2억 원의 포트폴리오를 구성할 수 있게 된다. 반면 인버스 ETF의 경우에는 포트폴리오에 주식을 포함하지 않으며, 선물매매를 통해 목표하는 레버리지 배수(-1×, -2×)를 달성하게 된다.

특히 국내 레버리지 ETF의 경우에는 포트폴리오에서의 현물 주식과 파생(선물)의 포트폴리오 평가금액이 5:5가 되도록 구성하며, 지수구성종목(개별주식)이 포트폴리오에 포함되어 있음에도 불구하고, 포트폴리오 재조정거래는 지수선물시장에서만 이루어진다.

매 거래일마다 이루어지는 포트폴리오 재조정거래를 위하여 미국에서는 주로 총수익스왑(TRS)이 사용되는데 반해, 한국과 일본의 경우에는 자산운용사들이 지수선물계약을 사용하고 있다. 이로 인해 미국의 경우에는 대체적으로 지수를 구성하고 있는 개별주식종목시장에서 포트폴리오 재조정거래가 이루어지는 반면, 한국과 일본에서는 주가지수선물시장에서 이루어지고 있다. 이와 같이 미국에서 TRS가 주로 사용되는 이유는 자산운용사들이 포트폴리오를 운용해야 할 레버리지 및 인버스 ETF상품이 너무 많아 직접 운용하지 않고 이를 외부 금융기관과 TRS계약을 맺고 운용하는 방식을 취하고 있기 때문이다. 한국과 일본의 경우에는 상대적으로 레버리지 및 인버스 ETF상품 수가 적고 효율적으로 포트폴리오를 운용할 수 있는 주가지수선물거래를 활용하고 있는 실정이다.

이와 같이 레버리지 및 인버스 ETF는 전통적인 ETF와는 달리 상품의 구조상 약속한 레버리지 배수에 해당하는 수익률을 달성하기 위해서는 매 거래일 장 종료 직전 포트폴리오의 재

조정을 위한 헤지거래가 이루어져야 한다.[109)]

4) 레버리지 및 인버스 ETF의 특성

레버리지 및 인버스 ETF는 상품구조상 파생상품 중 특히 선물을 주로 활용하여 운용되는 경우가 대부분이므로 비록 기초지수를 선물가격에 기반한 선물지수를 사용한다 하더라도, 실질적으로 투자자들은 현물가격의 움직임과 비교하여 펀드성과를 비교하는 것이 현실이다. 따라서 현물가격과 선물가격의 움직임이 상이한 날이나 선물 만기일 근처에는 체감적으로 수익률 괴리가 발생할 수 있다. 또한 상품구조상 기간 수익률이 아닌 일별 수익률의 배수를 추종하도록 설계되어 있어, 실제 실현수익률과 기간 누적수익률 배수와의 수익률 차이가 발생하게 되는 일별 복리효과가 나타나며, 특히 변동성이 큰 국면에서는 이러한 차이가 변동성에 비례하여 커지게 된다.[110)] 이와 관련해서는 투자설명서 등에 자세히 명시되어 있으나, 레버리지 및 인버스 투자자의 대부분이 개인투자자라는 사실과 투자시 투자설명서 숙독과 복리효과에 대한 이해가 난해하기 때문에, 레버리지 및 인버스 상품에 대해서는 보다 강화된 투자자 교육 및 투자자 보호장치가 필요할 것이다.[111)]

(4) ETF의 특성 및 투자위험

(가) ETF의 특성

ETF는 일반 펀드와는 달리 다음과 같은 특징을 가지고 있다. i) 환금성이 높다는 점이다. 일반적인 펀드는 대부분의 경우 판매사를 통해 가입(설정) 또는 해지(환매)가 이루어지는 반면, ETF는 설정·환매의 방법 이외에도 증권시장에서의 매매를 통해 펀드의 설정·환매의 기능을 대신할 수 있어 투자에 대한 진출입이 보다 자유롭다. 즉 거래소에 상장되어 거래되기 때문에 증권시장 개장시간에는 거래횟수의 제한 없이 언제라도 거래소에서 실제 거래되는 시장가격으로 매수·매도를 할 수 있으며, 특정 이벤트 발생으로 인한 급격한 시장변동이 발생하더라도 신속하게 대처할 수 있다. 반면 일반적인 펀드의 경우, 펀드 가입 후 일정기간 이내에 환매를 하는 경우 수익금의 대부분을 환매수수료로 부담하도록 하는 조기환매에 따른 환매수수료를 부과하고 있다. 또한 환매시 환매를 신청한 시점이 아닌 환매신청일 또는 환매신청일 이후의 특정일의 종가를 기준으로 기준가격이 계산되므로 장중 자산가치 변동에 대한 신속한 대처가 곤란하고 장중 자산가치 변동위험은 투자자가 부담해야 한다.[112)]

---

109) 성태균(2020), 6-8쪽.

110) 이를 일별 복리효과(Daily Compounding Effect) 또는 변동성 누수효과(Volatility Drag 혹은 Volatility Decay)로 표현한다.

111) 윤주영(2016), "국내 ETF시장의 금융소비자보호에 관한 연구", 금융소비자연구 제6권 제1호(2016. 8), 11쪽.

112) 이근영(2011), 148-150쪽.

ii) 운용비용이 낮기 때문에 장기수익률이 높다는 점이다. ETF의 운용방법은 펀드의 수익률이 특정 지수의 수익률을 추종하도록 되어 있어 소극적 자산운용전략(passive asset management strategy)[113]을 구사하기 때문에 펀드매니저의 탁월한 운용능력이나 개별 종목 및 산업에 대한 조사와 연구 등 분석능력을 필요로 하지 않는다. 즉 운용회사에게 ETF 운용을 위한 정보수집 및 분석 등의 비용이 발생하지 않기 때문에 다른 펀드보다 낮은 수수료가 부과된다. 또한 ETF는 설정 이후에 추적 대상지수의 구성종목이 변경되지 않는 한 구성자산을 변경하지 않기 때문에 종목 교체에 따른 비용도 거의 발생하지 않아 일반 펀드에 비해 운용비용이 매우 낮다. 실제로 일반 펀드의 보수는 연 2-3%인 반면 ETF의 경우에는 일반적으로 0.15%부터 0.66%로 저렴하다.[114] 이러한 낮은 보수의 효과는 펀드의 보유기간이 길수록 그 차이가 더욱 커지게 되므로 시장수익률을 목표로 하는 장기투자자의 경우 보수가 보다 낮은 ETF에 투자하는 것이 비용 측면에서 훨씬 효율적이다. 또한 일반적인 주식거래는 매도할 때에 증권거래세 및 농어촌특별세를 합하여 매도대금의 0.3%의 세금이 부과된다. ETF도 거래소를 통해 거래되는 상품 측면에서 볼 때 개별주식과 같은 하나의 상품이지만, 거래소에 상장되어 있는 ETF는 모두 수익증권이기 때문에 거래시에 증권거래세법 제2조에 따른 주권 또는 지분에 해당하지 않으므로 증권거래세 부과 대상이 되지 않는다. 따라서 투자자의 수익률 측면에서 증권거래세가 부과되지 않는 장점을 가지고 있는 ETF가 보다 유리하다.

iii) 펀드 운용의 투명성이 높다는 점이다. 일반 펀드는 자신이 가입한 펀드의 자산구성과 운용내역 및 수익률 등을 실시간으로 확인할 수 없고 사후적으로 볼 수밖에 없으나, ETF는 일반 펀드와 달리 납부자산구성내역(Portfolio Deposit File: PDF)을 매일 공표하므로 현재의 포트폴리오를 매일 확인할 수 있어 어느 펀드보다도 투명성이 높다. 또한 ETF의 순자산가치(Net Asset Value: NAV)를 매일 장 마감 후 공표하고 있으며, 장중에는 거래소에서 전일의 PDF를 기준으로 추정 NAV를 10초 주기로 발표하기 때문에 실시간으로 보유한 ETF의 자산가치를 확인할 수 있다.

iv) 분산효과에 따른 투자효율성이 높다는 점이다. 투자의 여러 원칙 중 분산투자 원칙은 아무리 강조하여도 지나치지 않다. ETF는 분산투자 문제를 쉽게 해결해 준다. ETF는 주식바스켓의 지분을 의미하므로 투자금액이 적은 경우에도 한 번의 거래로 분산효과를 얻을 수 있다.

---

113) 증권시장이 완전경쟁적이고 가장 효율적이기 때문에 투자정보가 투자자들에게 알려지기도 전에 이미 주가에 반영되어 기대수익을 올리기 어렵다. 때문에 아무리 훌륭한 프로 펀드매니저라 해도 시장평균수익률을 상회하기 어렵다고 판단하여 소극적인 방식으로 시장평균수익률을 유지시켜 나간다는 의미에서 시장에 참여하는 평균 리턴을 유지할 수 있는 인덱스전략을 구사하는 방법을 말한다.

114) ETF 중 레버리지 및 인버스 ETF 등 파생상품형 ETF(2010년말 기준 6종목)의 경우에는 운용보수가 0.93%로 다른 ETF보다 약간 높은 편이다.

KOSPI200지수를 추적하는 ETF는 KOSPI200지수를 구성하는 주식으로 이루어진 주식바스켓을 세분화한 증서이므로 ETF 1증권을 매수하더라도 KOSPI200 전종목에 분산투자하는 것과 같은 효과를 볼 수 있다.

(나) ETF의 투자위험

i) ETF는 기초자산인 추적대상지수를 따라 움직이는 인덱스 펀드이므로 기본적으로 기초자산인 주가가 하락하면 원본손실이 나타날 수 있는 상품이다. ETF는 지수를 구성하는 종목에 분산하여 투자하고 있으므로 비체계적 위험을 제거할 수 있는 반면 시장 전체가 직면하는 체계적 위험은 제거할 수 없다.

ii) ETF는 거래소에 상장되어 거래되는 상품이므로 거래가 활발하지 않을 경우 추적대상 주가지수를 제대로 추적하지 못하면서 매매될 수 있다. 설정 규모가 작거나 수익률이 낮아 인기가 없는 ETF는 거래가 활발하지 않으며 유동성 공급자가 스프레드를 넓게 하고 수량을 적게 제시하는 등 적극적인 유동성 공급조치를 취하지 않으면 유동성위험이 커진다고 할 수 있다.

iii) ETF는 주가지수와 연계되어 움직이도록 설계되어 기준가격이 주가지수와 일치되어야 하나 운용보수, 보유주식바스켓의 배당금, 부분복제 등으로 추적오차가 발생할 수 있다.

iv) ETF는 주식이 아닌 펀드이므로 증권거래세가 부과되지 않으나 분배금의 지급시에는 15.4%(배당소득세 14%+주민세 1.4%)가 부과된다. 또한 외환거래이익이나 외국파생상품의 거래로 인한 이익은 청산시 과세된다.

v) 이 밖에도 ETF도 펀드이므로 기본 펀드보수가 존재하고 ETF 거래 시 증권회사에 위탁수수료를 부담하므로 단기매매에 따른 거래비용 증가의 위험이 있으며 ETF 보유주식의 부도위험과 일정요건하[115]에서는 상장이 폐지되는 위험도 있다.

(다) 레버리지 및 인버스 ETF의 투자권유규제

일반투자자 대상으로 설명의무 위반 등으로 투자권유규제 위반 소지가 많은 유형은 기초지수로 2배 또는 음의 배수로 추종하는 레버리지 ETF와 인버스 ETF이다. 레버리지·인버스 ETF는 구조상 기초지수의 기간 수익률이 아닌 일별 수익률의 배수를 추종하도록 설계되어 있어, 실제 ETF를 보유하는 기간 동안의 수익률과 동일 기간의 기초지수 누적수익률 배수와의 차이가 발생하게 되는데, 이를 일별 복리효과라고 한다. 특히 주식시장의 변동성이 큰 상황에서는 이러한 기초지수와 실제 ETF의 수익률 차이가 변동성에 비례하여 커지는 특성이 있는데, 일반투자자들은 제대로 설명을 받지 못한다면 혼동하기 쉽다. 이러한 투자위험은 상품의 투자설명서에 기재되어 있으나, 일반투자자들이 두꺼운 투자설명서를 꼼꼼하게 읽기 어렵고 쉽게 이해

---

115) 신탁원본이 50억원 미만, 상장좌수가 5만좌 미만 추적오차율이 10%p 초과 3개월 이상 지속되는 경우 등(유가증권시장 상장규정116①).

하기도 어렵다는 점에서 불완전판매의 위험이 높다.[116)]

레버리지 ETF는 ETF상품 중에서도 고위험군 상품으로서 동 상품을 판매할 때 증권사, 은행 등에서 투자자의 투자성향에 적합성 여부를 확인하지 않았거나, 투자위험에 대한 설명을 적절하게 고지하지 않았을 경우에 불완전판매로 분쟁 발생 가능성이 높다. 이에 따라 금융감독당국은 행정지도를 통해 투자권유를 하지 않는 경우에도 레버리지·인버스 ETF의 매매·중개 시 투자위험 고지를 하도록 운영해 오다가, 2016년 6월 28일 금융투자업규정 개정[117)]을 통해 일반적인 ETF와 달리 예외적으로 레버리지·인버스 ETF에 대해서만 적정성원칙을 적용하도록 하였다.

이와 함께 레버리지 ETF를 시중은행에서 특정금전신탁으로 판매하는 규모가 증가하면서, 은행 고객 보호를 강화하고, 부적합권유를 예방하기 위해 금융감독원은 2018년 3월 "주의" 단계의 소비자경보를 발령하였다.[118)]

2. 주가연계예금(ELD)

(1) 의의

자본시장법상 투자매매·중개업자(증권회사)가 발행하는 ELS와 유사한 상품으로 은행법에 따라 은행이 취급하는 주가연계예금(ELD)이 있다. ELD는 정기예금과 주식의 장점을 모아 만든 금융상품으로 이자 부분을 주식과 연계하여 투자하고, 은행이 원금을 보장해 주며, 예금자보호의 대상이 되는 등 안정성이 높다. 또한 긴급하게 자금이 필요한 경우 원금의 90%까지 예금을 담보로 대출도 가능하다.

ELD는 2002년에 처음으로 국내에 소개되었으며 최근에도 활발하게 판매되고 있는 예금상

---

116) 윤재숙(2018), 39쪽.

117) 금융투자업규정 제4-7조의2(적정성의 원칙) 영 제52조의2 제1항 제2호에서 "금융위원회가 정하여 고시하는 집합투자기구의 집합투자증권"이란 집합투자재산을 운용함에 있어 장외파생상품이나 파생결합증권에 투자하지 아니하는 집합투자기구의 집합투자증권으로서 당해 집합투자규약 및 투자설명서에서 정한 운용방침이나 투자전략이 기초자산의 가격 또는 기초자산의 종류에 따라 다수 종목의 가격수준을 종합적으로 표시하는 지수의 변화에 연동하여 운용하는 것을 목표로 하는 집합투자기구(당해 집합투자기구가 연동하고자 하는 기초자산의 가격 또는 지수가 시행령 제246조 각 호의 요건을 모두 갖추고, 집합투자기구의 집합투자증권의 1좌당 또는 1주당 순자산가치의 변동율과 집합투자기구가 목표로 하는 지수의 변동율의 차이가 100분의 10 이내로 한정되는 집합투자기구에 한한다)의 집합투자증권을 말한다. 다만, 상장지수집합투자기구가 목표로 하는 지수의 변화에 1배를 초과한 배율로 연동하거나 음의 배율로 연동하여 운용하는 것을 목표로 하는 상장지수집합투자기구의 집합투자증권은 제외한다(동 규정은 법시행령에 따라 적정성의 원칙이 적용 제외되는 집합투자증권을 정의하고 있으나, 단서조항을 통해서 레버리지 ETF를 다시 제외하여 적정성의 원칙을 적용하도록 하고 있다).

118) 2017년 동안 은행권이 판매한 고위험등급 ETF 신탁은 4.1조원으로 '15년(0.3조원) 대비 15.4배 급증한 것으로 나타났다(금융감독원(2018), "고위험 ETF 은행신탁상품 투자 관련 소비자경보 발령"(2018. 3. 29) 보도자료).

품이다. ELD는 시중은행에서 정기예금의 형태로 판매되는데, 원금은 예금자보호법에 의해 보장되며 지급이자는 주가지수 혹은 주식가격에 연동되어 결정된다. ELD가 국내시장에 등장한 이후 ELD의 판매금액은 급격하게 증가하였다. 이는 낮은 이자율 수준이 지속되면서 많은 투자자들이 위험이 따르더라도 일반 정기예금에 비해 높은 수익을 올릴 가능성이 있는 상품인 ELD에 대한 투자비중을 높였기 때문이다.[119)]

(2) 특징

ELD는 주가연계상품의 일종으로 ELD와 유사한 상품으로는 ELS와 ELF가 있다. ELS와 ELF는 지급이자가 주가지수나 주식가격에 연동된다는 점에서 기본적으로 ELD와 같은 구조를 가진다. 그러나 ELD의 경우에는 예금자보호법에 의해 원금이 보장되는 구조인 반면, ELS와 ELF는 구조에 따라서는 원금이 보장되지 않을 수 있고 발행인에 대한 신용위험을 투자자가 부담하게 된다. 그리고 ELD는 주로 시중은행에 의해서 발행되고 판매되지만, ELS와 ELF는 각각 증권사와 자산운용사가 발행하고 증권사 및 은행이 판매를 담당한다. 또한 ELS와 ELF의 경우에는 원금손실이 발생할 수 있는 구조로 상품을 설계할 수 있기 때문에 원금이 보장되는 ELD에 비해서 상품의 구조가 다양한 특성을 지닌다.

ELD는 기존의 일반예금과 달리 주식 관련 옵션이 내재되어 있으며 이 내재옵션(Embedded Option)이 ELD의 성격과 판매가격을 결정한다. ELD의 발행인은 기초자산의 변동성이나 이자율 수준과 같은 발행시점의 시장상황에 기초하여 내재옵션의 이론가격을 산정하고 이를 바탕으로 발행조건을 결정한다. 구체적으로 ELD의 판매가격 또는 다른 의미의 발행가격이 액면금액이 되도록 내재옵션의 조건들을 조정하게 된다.

ELD의 판매가격은 ELD의 이론적 가치와 수수료 및 헤지비용 등에 의해 영향을 받는다. ELD의 발행인은 시장상황에 따른 이론적 가치를 고려하여 발행조건을 결정하는데, 이론모형에 따라 이론적 가치가 달라지기 때문에 이론모형이 ELD의 판매가격에 영향을 미치게 된다. 그리고 ELD의 판매로부터 발행인이 얻고자 하는 수익인 수수료가 판매가격에 포함되므로, 판매가격과 이론가격 사이에는 차이가 발생한다. 수수료의 경우 ELD 판매시장의 경쟁수준이 낮을수록 판매가격과 이론가격의 차이는 증가하게 된다. ELD의 판매가격에 영향을 미치는 다른 요인은 거래비용 등의 헤지비용으로, 이는 ELD 내재옵션의 특성에 따른 것이다. ELD의 발행인은 ELD의 판매로부터 얻어진 자금을 운용하여 만기에 상환하는데, 확정적이지 않은 만기상환금을 얻기 위한 이러한 운용과정을 헤지라고 한다.[120)]

---

119) 구본일 · 엄영호 · 지현준(2007), "주가연계예금(Equity Linked Deposit) 가치평가모형에 대한 실증 연구", 재무연구 제20권 제1호(2007. 5), 36쪽.
120) 구본일 · 엄영호 · 지현준(2007), 36-37쪽.

3. 주가연계파생결합사채(ELB)

(1) 의의

주가연계파생결합사채(ELB: Equity Linked Bonds)는 주식·주가지수만을 기초자산으로 하는 파생결합증권으로 원금이 보장되는 채무증권이다. ELB는 자본시장법 개정[121]에 따라 2013년 9월부터 원금보장형 ELS가 ELB로 재분류되어 은행에서도 팔 수 있도록 변경한 금융상품이다. ELB는 ELS의 최대취약점인 원금손실위험을 제거한 상품으로서, 수익률이 주가지수나 특정 종목 주가에 연동되어 결정되나 발행회사가 투자원금을 보장하는 투자수단이다.

ELS는 원금손실을 볼 수 있는 투자상품인 반면, ELB는 상품의 수익구조상 만기까지 보유하게 되면 최소한 원금 이상을 받을 수 있도록 설계되어 있기 때문에 ELB는 ELS에 비해 안정적인 상품으로 투자자들은 받아들인다. 그러나 ELB가 반드시 원금보장형 상품이 아니라는 점을 유의해야 한다. ELB 발행 증권회사의 신용도에 문제가 발생하게 되면, 원금을 돌려받지 못할 수 있기 때문이다. ELB는 증권시장이 일정한 범위 내에서 박스권을 형성하고 있는 기간 동안에는 투자자에게 유리하나, 주가지수가 큰 폭으로 상승하는 경우는 직접 주식에 투자한 것과 비교하여 투자자에게 불리하다. ELB의 수익구조는 최소보장수익률이 가장 중요하다. 참여율 및 최대수익률, 주가상승률 한도가 낮더라도 최소보장수익률이 높은 상품의 실현수익률이 높게 나타난다.[122]

(2) 특징

ELS는 금융상품의 투자수익률이 주가지수나 특정한 주식 종목의 상승률에 연동되어 결정되는 투자수단으로서, 주가지수나 특정 종목 주가가 상승하면 은행예금보다 높은 수익률을 기대하지만, 주가지수나 특정 종목 주가가 크게 하락하면 하락률만큼 원금을 손해 보는 위험이 있다. 한 때 국민재테크라고 불렸던 ELS상품의 원금손실위험으로 은행예금 금리보다 기대수익률이 높으면서 원금이 보장되는 안정적 투자를 선호하는 투자자들의 증가로 ELB에 대한 관심이 증대되었다.[123]

---

121) 자본시장법 제4조 제7항 제1호는 다음과 같다. ⑦ 이 법에서 "파생결합증권"이란 기초자산의 가격·이자율·지표·단위 또는 이를 기초로 하는 지수 등의 변동과 연계하여 미리 정하여진 방법에 따라 지급하거나 회수하는 금전 등이 결정되는 권리가 표시된 것을 말한다. 다만, 다음 각 호의 어느 하나에 해당하는 것은 제외한다. 1. 발행과 동시에 투자자가 지급한 금전 등에 대한 이자, 그 밖의 과실(果實)에 대하여만 해당 기초자산의 가격·이자율·지표·단위 또는 이를 기초로 하는 지수 등의 변동과 연계된 증권.

122) 김선제·김성태(2017), "원금보장형 주가연계증권(ELB) 투자의 기대성과 연구", 경영컨설팅연구 제17권 제3호(2017. 8), 111쪽.

123) 김선제·김성태(2017), 103쪽.

(3) 유형

ELB상품의 종류는 수익구조 형태에 따라 녹아웃(Knock-Out)형, 스텝다운(Step-Down)형, 디지털(Digital)형으로 구분한다. i) 녹아웃형은 사전에 정해 놓은 주가상승률에 한번이라도 도달하면 약정된 최소보장수익을 주며, 주가지수나 주가가 상승률 한도에 도달하지 않으면 최초기준가격 대비 상승률에 비례하여 수익을 지급한다. ii) 스텝다운형은 주가를 3개월, 6개월, 1년 등 일정한 주기마다 발행 당시 주가와 비교한 다음, 주가상승률이 사전에 정해놓은 비율만큼 하락하지 않으면 약속한 제시 수익률을 지급하고 조기에 상환한다. iii) 디지털형은 주가가 만기까지 가입 당시에 약정해 놓은 변동범위를 초과하게 되면 낮은 수익을 지급하고, 변동범위 이내에 있으면 높은 수익을 지급한다. 국내에서 판매되고 있는 ELB상품의 수익구조 형태는 녹아웃형이 80% 이상으로 대부분을 차지하고 있고, 주가상승률 및 참여율에 의해서 투자수익을 지급하는 것은 녹아웃형이다.

녹아웃형 ELB상품의 수익률은 만기가 도래했을 때까지 주가상승률, 참여율,[124] 주가상승률 한도, 최저보장수익률에 의해 결정된다. 최저보장수익률은 기초자산가격이 만기일 이내에 최초기준가격의 100%-80% 미만을 한 번이라도 하락하거나 또는 주가상승률 한도를 한 번이라도 초과하는 경우 적용된다. 즉 만기까지 주가상승률이 주가상승률 한도를 넘지 않은 경우에 발행 당시의 기준가격과 대비한 주가상승률에다가 참여율을 곱하여 수익률이 결정된다. 예를 들어 특정 ELB상품의 주가상승률이 25%이고 참여율이 30%라면, 이 ELB상품의 수익률은 7.5%이다. 그러나 주가상승률이 한 번이라도 주가상승률 한도를 초과하면 ELB 수익률은 최저보장수익률(0%, 1%, 2% 등)이 된다.[125]

4. 주가연계펀드(ELF)

ELF는 파생상품 펀드의 일종으로 자산운용회사들이 ELS상품을 펀드에 편입하거나 자체적으로 "원금보존 추구형" 펀드를 구성해 판매하는 형태의 상품으로 운용실적에 따라 수익이 지급된다. 대부분의 펀드자산은 국공채나 우량 회사채 등 안전자산에 투자하여 만기에 원금을 확보하고 나머지 잔여재산은 ELS를 편입해 펀드 수익률이 주가에 연동되도록 설계되어 있다. 따라서 ELF는 펀드의 수익률이 주가나 주가지수 움직임에 의해 결정되는 구조화된 수익구조를 갖는다. 최근 급변하는 시장 환경과 초저금리 기조로 ELS시장이 성장하고 있는데, 이에 자산운용사들이 펀드 형태의 ELS상품을 내놓으면서 시장이 더욱 커지고 있다. 일반 ELS는 단발성 상품이라 6개월에서 3년 사이에 상환되고 재투자하기 위해서는 다시 신상품을 청약해야 하는 번

124) 참여율은 주가상승률에 대한 투자자의 이익배분율을 의미한다.
125) 김선제·김성태(2017), 107쪽.

거로움이 있으나 ELF는 여러 개의 ELS를 지수화해 리스크를 낮추고, 투자자가 원하면 언제든 환매가 가능하다.

5. 주가연계신탁(ELT)

은행에서 판매하는 ELT는 ELS나 ELD와 비슷한 구조이나 원금을 보장하는 ELD와 달리 원금을 보장해 주지 않는다. 이는 증권사에서 발행한 ELS를 편입해 만든 특정금전신탁 상품이다. 은행은 증권사에서 발행한 ELS를 직접 판매할 수 없기 때문에 신탁을 통해 ELS를 편입한 다음 이를 수익증권으로 판매한다. 증권사에서 판매하는 ELS와 비슷한 상품구조로 원금보장형과 비보장형이 있다. 최근 ELT상품 판매가 급증세를 보이고 있는 것은 정기예금 금리가 1% 후반대까지 떨어지는 등 저금리 기조하에서 예금 대체상품 선호 경향이 짙어진 데 따른 것으로 보인다. ELT의 기초자산은 주로 코스피200, S&P500, HSCEI 등 2-3개 지수로 구성되며 통상 만기는 3년으로 6개월 조기상환이 가능하다.

6. ELS, ELD, ELF, ELT 상품 비교

ELS, ELD, ELF, ELT 상품을 비교하면 다음과 같다.

(1) 법적 근거

ELS는 자본시장법 제4조 제7항에 따른 파생결합증권이고, ELD는 은행법 시행령 제18조의 2 제2항 제2호에 따른 주가연계예금이며, ELF는 자본시장법 제229조 제1호에 따른 증권집합투자기구이며, ELT는 자본시장법 시행령 제103조 제1호에 따른 특정금전신탁를 근거로 한다.

(2) 상품구조

ELS는 기초자산에 연동하여 제시한 수익을 실현하고, ELD는 증권사가 발행한 ELS를 결합시킨 예금상품이며, ELF는 집합투자재산으로 ELS를 매수하며, ELT는 특정금전신탁 재산을 위탁자가 지정한 특정 ELS에 운용한다.

(3) 운용기관

ELS는 장외파생상품 인가를 받은 투자매매업자이고, ELD는 은행이며, ELF는 집합투자업자이며, ELT는 위탁자의 지정에 따라 신탁업자가 운용한다.

(4) 판매기관

ELS는 증권사, ELD는 은행, ELF는 은행, 증권사, 보험사, ELT는 은행, 증권사, 보험사이다.

(5) 판매기관 파산시 원금보장 여부

ELS는 무담보채권과 동일(신용위험)하며, ELD는 예금자보호법에 의해 원금보장(5천만원 한도)되며, ELF는 수탁회사가 원금과 이자를 보장하나 발행회사의 신용위험은 존재하며, ELT는 무담보채권과 동일(신용위험)하다.

Ⅳ. 파생결합증권의 관리

1. 의의

금융투자협회는 「파생결합증권 및 파생결합사채의 발행 및 운용에 관한 모범규준」(2012. 10. 26 제정, 2013. 8. 29 개정)에서 금융투자업자가 발행하는 파생결합증권 · 사채의 관리에 대한 가이드라인을 마련하였다. 금융투자협회는 더 이상 파생결합증권에 속하지 않는 종전의 원금보장형 파생결합증권인 파생결합사채, 즉 주가연계파생결합사채(ELB) 및 기타파생결합사채(DLB)를 적용대상으로 하기 위하여 개정 자본시장법의 시행일인 2013년 8월 29일 기존의 「파생결합증권의 발행 및 운용에 관한 모범규준」을 「파생결합증권 및 파생결합사채의 발행 및 운용에 관한 모범규준」("모범규준")으로 개정 · 시행하였다. 여기서는 동 모범규준의 내용을 정리한다.

개정된 모범규준은 적용 범위를 개정 전의 파생결합증권에서 "파생결합증권 및 금융투자회사가 사업자금 조달 목적이 아닌 금융투자상품 판매 목적으로 발행하는 파생결합사채(상법 제469조 제2항 제3호에 따른 사채로서 자본시장법 제4조 제7항 제1호에 해당하는 채무증권)"로 수정하고 있다. 즉 i) 채무증권인 ELB 및 DLB도 동 모범규준의 적용을 받도록 하였고, ii) ELB나 DLB 중에서도 금융투자업자가 영업목적으로 발행하는 것으로 적용범위를 한정하여 금융투자업자가 아닌 자가 발행하는 경우는 동 모범규준의 적용범위에서 배제하였다는 점에 그 의의가 있다. 적용대상을 금융투자회사 발행의 건으로 정함으로써 파생결합증권 발행 인가는 받지 않았으나 투자매매업자로서 채무증권을 영업목적으로 발행할 수 있는 자들도 위 모범규준의 적용을 받게 된다.

모범규준은 금융투자회사가 발행하는 모든 파생결합증권(ELS, DLS 및 사모 ELW) 및 파생결합증권의 상환금 지급을 목적으로 운용하는 자산("헤지자산")을 대상으로 한다. 구체적으로 보면 i) 공모 · 사모 ELS, DLS 모두 포함(퇴직연금 편입용 ELS, DLS 포함)되고, ii) 증권형태로 발행되는 주식워런트증권(ELW) 중 상장하지 않는 ELW도 포함되며, iii) 대고객 OTC(fully-funded 및 unfunded swap) 거래도 포함된다(모범규준 Ⅰ. 총칙).

금융투자회사는 모범규준에 따라 파생결합증권 등에 대한 발행 및 헤지자산 운용업무를 수행함에 있어 투자자 보호와 시장의 건전성 제고를 위해 다음과 같은 기준과 절차를 준수하여야 한다.

2. 파생결합증권의 발행: 단기물 발행제한

금융투자회사는 원금보장 · 원금비보장 파생결합증권(ELS 및 DLS)의 만기[126)]를 3개월 이상으로 하여야 하며, 조기상환[127)]조건이 있는 경우에는 최초조기상환 기간을 3개월 이상으로 설정하여야 한다. 다만 즉시지급조건[128)]의 달성에 의해 발행일부터 상환금 지급까지의 기간이 3개월 미만이 될 수 있는 상품의 발행은 가능하나, 이 경우에도 조기상환조건이 있는 경우에는 최초조기상환 기간을 3개월 이상으로 설정하여야 한다(모범규준 Ⅱ).

발행제한 예시는 다음과 같다. ⅰ) 만기가 3개월 미만(예: 발행일 2020년 9월 1일, 만기일 2020년 11월 30일)인 ELS 또는 DLS, ⅱ) 명목만기는 1년(예: 발행일 2020년 9월 1일, 만기일 2021년 8월 31일)이나 1개월 후(예: 2020년 10월 1일)부터 발행자 임의상환(callable) 조건이 있어 3개월 이전에 원리금 상환이 발생(예: 2020년 11월 30일)할 수 있는 ELS 또는 DLS, ⅲ) 명목만기는 1년이나 3개월마다 자동조기상환(autocallable) 조건이 있어 발행일로부터 최초 자동조기상환 조건에 의한 원리금 지급까지의 기간이 3개월 미만인 ELS 또는 DLS(예: 발행일 2020년 9월 1일, 최초 자동조기상환 원리금 지급일 2020년 11월 30일).

즉시지급조건 예시는 다음과 같다. 명목만기가 1년이고 4개월마다 자동조기상환(autocallable) 조건이 있으며, 매일 기초자산의 가격을 모니터링하여 행사가격 이상인 경우 즉시 원리금을 상환하는 ELS 또는 DLS(예: 발행일 2020년 9월 1일이며 최초 자동조기상환 원리금 지급일 2020년 12월 31일이고, 기초자산의 가격이 최초기준가격의 108% 이상인 경우 2영업일 후 즉시 원리금을 상환하는 ELS 또는 DLS. 기초자산의 가격이 2020년 9월 19일 108% 이상인 경우 2020년 9월 21일 원리금을 상환하므로 발행일부터 원리금 지급일까지의 기간이 21일로 3개월 미만이나 이러한 즉시지급조건에 의한 경우는 발행제한에서 예외로 함).

3. 파생결합증권의 발행: 기초자산 제한

금융투자회사는 일반투자자를 대상으로 하는 공모 ELS · DLS(단 신탁 등을 통해 일반투자자가 포함된 50인 이상의 불특정 다수에게 판매되는 사모발행 포함)를 발행하는 경우 다음의 사항을 유의하여야 한다(모범규준 Ⅱ).

ⅰ) (유동성) 금융투자회사는 파생결합증권 발행시 유동성(단, 기초자산이 지수인 경우 해당

126) 만기란 발행일부터 투자자에게 최종 상환금액을 지급해야 하는 날짜까지의 기간이다.

127) 조기상환이란 자동조기상환(autocallable), 발행자 임의상환(callable), 투자자 임의상환(puttable) 등 명목만기 이전에 이루어지는 원리금의 상환을 말한다.

128) 즉시지급조건이란 기초자산의 가격이 사전에 정해진 행사가격 이상이 되는 경우 즉시 자동조기상환이 이루어지는 조건을 말한다.

지수 관련 헤지자산의 유동성)이 충분한 기초자산을 사용하여야 한다.

ii) (신뢰성) 금융투자회사는 파생결합증권의 기초자산으로 지수를 사용하는 경우 국내외 거래소 또는 관련시장을 대표하는 협회 등 공신력 있는 기관이 합리적이고 적정한 방법에 의해 산출·공표한 지수를 사용하여야 한다. 다만, Hang Seng Index, Nikkei225 Index 등과 같이 개별회사가 산출하는 지수라도 다음의 어느 하나에 해당하여[129] 시장에서 신뢰성을 확보한 것으로 인정되는 경우에는 사용 가능하다.

iii) (접근성) 금융투자회사는 일반투자자가 파생결합증권의 기초자산에 대한 정보를 홈페이지 또는 HTS에서 직접 확인가능하거나 링크 등을 통해 쉽게 확인할 수 있도록 하여야 한다.

iv) (이해가능성) 금융투자회사는 파생결합증권의 기초자산을 일반투자자가 충분한 설명을 통해 그 특성(지수인 경우 편입종목, 산출방법, 교체방법 및 산출기관 등)을 이해할 수 있는 것으로 선정하여야 한다.

금융투자회사는 파생결합증권을 다음의 분류기준에 따라 ELS와 DLS로 구분하여 발행하여야 한다. i) 주식 또는 주가지수만을 기초자산으로 한 것은 ELS로 발행, ii) 주식 또는 주가지수 이외의 것만을 기초자산으로 한 것은 DLS로 발행, iii) 주식 또는 주가지수와 이외의 것을 혼합하여 기초자산으로 한 것은 DLS로 발행, iv) ETF를 기초자산으로 한 것은 DLS로 발행.

4. 헤지자산의 구분관리 및 모니터링시스템 구축

금융투자회사는 파생결합증권의 발행대금으로 운용하는 모든 헤지자산을 고유자산과 구분하여 관리하여야 한다. 즉 i) 헤지자산은 ELS와 DLS별로 구분·관리하여야 한다. ii) 파생결합증권 및 헤지자산은 종류별(현금포함)로 세부내역을 상시적으로 측정 가능하여야 하며, 부서간 대여 등 타 부서를 통해 운용되고 있는 자산내역도 상시적으로 파악 가능하여야 한다. iii) 헤지자산의 구분은 「금융투자업규정시행세칙」 제8-1조 제17호에 따른 금융투자회사의 업무보고서에서 정하는 바에 따른다(모범규준 Ⅲ). 금융투자회사는 파생결합증권 및 헤지자산 현황을 일별로 모니터링 할 수 있는 시스템("모니터링시스템")을 구축·운영하여야 한다(모범규준 Ⅲ).

5. 헤지자산의 건전성 확보

i) 내부규정 반영: 금융투자회사는 헤지자산의 건전성 확보를 위하여 내부규정에 헤지자산에 대한 투자가능등급, 요인별 리스크한도, 승인절차, 일별모니터링에 관한 사항을 반영하고 이를 준수하여야 한다(모범규준 Ⅳ).

---

129) 지수 또는 동 지수를 기초로 한 파생상품이 국내외 거래소에서 거래되고 있는 경우와 지수의 구성종목 교체기준 및 방식이 투명하고 공정하여 해당 시장을 대표하는 지수로 인정되는 경우를 말한다.

ⅱ) 별도 승인절차의 마련: 금융투자회사는 내부규정에서 정한 한도를 초과하거나 투자가능등급 외의 자산을 헤지자산으로 편입하고자 하는 경우에 대한 별도의 승인절차를 마련하여야 한다. 별도의 승인절차에 따라 헤지자산을 편입하고자 하는 경우 내부통제부서가 그 적정성 여부를 사전에 점검하고 문제점 발견시 담당임원에게 지체없이 보고하여야 한다(모범규준 Ⅳ).

ⅲ) 계열회사 관련 자산의 편입 제한: 금융투자회사는 헤지자산을 "공정거래법" 제2조 제3호에 따른 계열회사가 발행한 증권 및 계열회사의 자산을 기초로 발행한 유동화증권에 운용하여서는 안 된다. 다만, 관련법령을 준수하는 경우로서 해당증권 및 유동화증권이 투자적격등급(BBB-) 이상인 경우에는 그러하지 아니하다. 다만 계열회사 관련 자산이 상장주식 또는 투자적격등급(BBB-이상) 이상인 경우에는 헤지자산으로 편입 가능하다(모범규준 Ⅳ).

ⅳ) 헤지자산의 담보제공: 금융투자회사는 헤지자산을 담보로 제공하는 경우 파생결합증권의 자금흐름, 만기, 유동성 등을 충분히 고려하여야 한다(모범규준 Ⅳ).

6. 내부통제와 위험관리

ⅰ) 정기 점검: 금융투자회사는 파생결합증권에 관한 내부 규정과 이 규준의 준수 여부를 연 1회 이상 점검하여야 한다(모범규준 Ⅴ).

ⅱ) 일일 모니터링: 금융투자회사는 헤지자산 운용 현황, 헤지자산의 적정성 및 위험의 종류별 한도 준수 여부 등을 매일 모니터링하여야 한다(모범규준 Ⅴ).

ⅲ) 불공정거래의 예방: 금융투자회사는 기초자산에 개별주식이 하나라도 포함되는 원금비보장형 공모 ELS·DLS를 발행하는 경우 다음의 <만기시 수익 지급조건> 및 <백투백헤지시 ELS·DLS 발행사의 의무>를 준수하여야 한다.[130] 다만, <만기시 수익 지급조건>은 공모펀드에 편입되는 사모ELS·DLS를 발행하는 경우에도 적용한다(모범규준 Ⅴ).

<만기시 수익 지급조건>은 개별주식을 기초자산으로 하는 ELS·DLS가 ㉠ 기초자산에 포함된 주식이 증권신고서 또는 일괄신고추가서류("신고서") 제출일 전전월말 기준으로 한 종목이라도 유가증권시장 시가총액이 상위 20위 밖인 경우, 또는 ㉡ ELS·DLS 발행금액[131](공·사모를 포함, 해당 금융투자회사가 해당 개별주식을 기초자산으로 하여 발행한 당일 발행금액의 합[132])이

130) 금융감독원은 ELS 발행 시 백투백헤지를 이용하는 증권사가 만기평가가격 산정 시 평균가격 등을 적용하는 경우에 한하여 다음의 사항 중 하나를 선택하여 운영하도록 하고 있다. ⅰ) 위험 회피거래 상대방 실명제이다. 이는 증권신고서·투자설명서에 헤지하는 금융회사명을 명시하여 투자자에게 공지하여야 한다. Bridge 금융회사가 있는 경우 최종 운용사와 Bridge 금융회사를 모두 명시하여야 하며, 헤지운용사는 만기 이전에 변경될 수도 있음을 명시하여야 한다. ⅱ) 부분인수제이다. 이 경우 백투백거래 시 ELS 발행증권사는 발행액의 3% 이상을 인수하고 상환시점까지 보유하여야 한다. 예를 들어 백투백 계약금액이 103억원인 경우 ELS 발행금액은 100억원 이하로 하여야 한다.

131) 발행금액은 공·사모를 포함한 금액으로 해당 금융투자회사가 해당 개별주식을 기초자산으로 하여 발행한 당일 발행금액의 합이다.

당해 신고서 제출일 전전월의 1개월간 해당 주식의 일평균거래대금의 10%를 한 종목이라도 초과하는 경우에는 만기평가가격을 최종만기 평가일을 포함한 직전 3영업일 이상 종가의 평균값 또는 최종만기평가일의 거래량 가중평균가격으로 산정하여야 한다.

<백투백헤지시 ELS · DLS 발행사의 의무>와 관련하여, 백투백헤지를 이용하는 방식으로 ELS · DLS를 발행한 금융투자회사가 만기평가가격 산정시 평균가격 등을 적용하는 경우 신고서 및 투자설명서에 헤지하는 금융투자회사("헤지운용사")의 명칭을 명시하여 투자자에게 공시하여야 한다. 즉 Bridge 회사가 있는 경우 최종 헤지운용사와 Bridge 금융회사를 모두 명시하여야 하고, 헤지운용사는 만기 이전에 변경될 수 있음을 명시하여야 한다.

iv) ELS · DLS 운용지침 제정: 자체적으로 헤지를 하는 ELS · DLS 발행사는 다음의 사항[133]을 포함한 "ELS · DLS 헤지관련 운용지침"을 제정 · 운영하여야 하며, 백투백 헤지를 이용하는 ELS · DLS 발행사는 헤지운용사가 동 운용지침을 제정 · 운영하고 있는지 여부를 확인하여야 한다.

V. 파생결합증권에서 제외되는 금융투자상품

다음에 해당하는 것은 파생결합증권에서 제외한다(법4⑦단).

1. 이자연계증권

이자연계증권은 발행과 동시에 투자자가 지급한 금전등에 대한 이자, 그 밖의 과실에 대하여만 해당 기초자산의 가격 · 이자율 · 지표 · 단위 또는 이를 기초로 하는 지수 등의 변동과 연계된 증권이다(법4⑦(1)). 이는 이자연계 파생결합증권 또는 원금보장형 파생결합증권이다. 주가연계파생결합사채(ELB)와 기타파생결합사채(DLB)가 이에 해당된다. 이자연계 파생결합증권은 자본시장법상 파생결합증권이 아니라 채무증권으로 취급된다.

2. 옵션계약상의 권리

자본시장법은 파생결합증권에서 옵션을 명시적으로 제외하고 있다. 즉 옵션계약상의 권리(법5①(2))(제5조 제1항 각 호 외의 부분 단서에서 정하는 금융투자상품은 제외)는 명시적으로 제외하고 있다(법4⑦(2)). 이는 파생상품 중 옵션에 대하여 투자자가 추가지급의무를 부담하지 않는

132) 공모는 신고서에 기재된 발행예정금액, 사모는 발행금액을 의미한다.

133) 다음의 사항은 i) ELS · DLS 등 헤지관련 주식은 여타 고유계정 보유주식과 내부적으로 구분가능하고, ii) ELS · DLS 만기평가일 또는 자동조기상환 평가일에 본인 또는 제3자를 통한 기초자산 시장가격의 의도적인 시세조종금지, iii) ELS · DLS 헤지관련 주식 주문계좌를 사전에 확정하고 변경시 기록 절차를 마련하여야 한다.

경우라도 이를 파생결합증권으로 분류할 수 없다는 것을 분명히 한 것이다.

3. 조건부자본증권

해당 사채의 발행 당시 객관적이고 합리적인 기준에 따라 미리 정하는 사유가 발생하는 경우 주식으로 전환되거나 그 사채의 상환과 이자지급의무가 감면된다는 조건이 붙은 것으로서 자본시장법 제165조의11 제1항에 따라 주권상장법인이 발행하는 사채(법4⑦(3)), 은행법 제33조 제1항 제2호부터 제4호까지의 규정에 따른 상각형 조건부자본증권, 은행주식 전환형 조건부자본증권 및 은행지주회사주식 전환형 조건부자본증권(법4⑦(3의2)), 그리고 금융지주회사법 제15조의2 제1항 제2호 또는 제3호에 따른 상각형 조건부자본증권 또는 전환형 조건부자본증권(법4⑦(3의3))도 파생결합증권이 아닌 채무증권으로 분류된다.

조건부자본증권은 기초자산(미리 정하는 사유=예정사유)에 따라 지급·상환금액이 결정된다는 점에서 파생결합증권의 특성을 가진다고 볼 수도 있다. 그러나 조건부자본증권은 기업(또는 금융기관)의 재무구조개선 목적으로 발행되며 정책적으로도 그 발행을 위하여 별도의 투자매매업 인가를 받을 필요성이 낮다는 점을 감안하여 파생결합증권의 범위에서 제외한 것으로 생각된다.

4. 교환사채·상환사채, 전환사채 및 신주인수권부사채

자본시장법은 교환사채·상환사채(상법469②(2)), 전환사채(상법513) 및 신주인수권부사채(상법516의2)를 파생결합증권에서 명시적으로 제외하고 있다(법4⑦(4)). 상법상 교환사채·상환사채, 전환사채 및 신주인수권부사채는 사채에 교환권·상환권, 전환권 및 신주인수권 등 옵션이 결합된 것으로 파생결합증권이 아닌 채무증권에 해당한다.

5. 신주인수권증서 및 신주인수권증권

자본시장법은 신주인수권증서(상법420의2) 및 신주인수권증권(상법516의5)을 파생결합증권에서 명시적으로 제외하고 있다(법4⑦(5)).

Ⅵ. 파생결합사채와 파생결합증권의 비교

1. 공통점

ⅰ) 자본시장법상 파생결합증권과 상법상 파생결합사채는 양자 모두 기초자산이나 지표 등의 변동과 연계하여 미리 정하여진 방법에 따라 상환금액 또는 지급금액이 결정된다. 즉 양

자 모두 파생상품의 성격을 내재한 증권이라는 점에서 공통된다.[134]

ⅱ) 파생결합사채는 상법상 사채로서 채권자 등의 신청에 의거 채권실물을 발행하지 않고 전자증거법[135]에 의거 전자등록기관[136]을 지정하여 등록발행을 하고 있다(전자증거법25). 이를 전자등록제도라고 하며 전자등록기관이 작성·관리하는 등록부에 권리자의 성명, 주소, 금액 등의 권리내역을 등록하면 실물채권을 점유하지 않고도 권리자로 인정되고 제반 권리행사를 할 수 있는 제도를 말한다. 실무에서는 전자등록기관인 예탁결제원을 명의로 하여 등록시키는 일괄등록제도를 통하여 운영되고 있다.

파생결합증권은 자본시장법 제309조에 의거 투자자의 신청에 의거 한국예탁결제원 명의로 일괄예탁하고 예탁자 및 예탁결제원은 예탁자계좌부상으로 권리내역을 관리한다. 권리이전 등의 경우, 증권의 실물이동없이 예탁자계좌부상의 계좌대체 방식을 통하여 처리하고 있다(자본시장법311). 따라서 일괄등록 또는 일괄예탁제도[137]를 통하여 한국예탁결제원을 명의로 하여 발행하고 예탁자계좌부상으로 권리이전 등의 효과를 적용하고 있는 점에서 양자의 공통점을 찾을 수 있다.[138]

2. 차이점

자본시장법상 파생결합증권과 상법상 파생결합사채의 차이점은 다음과 같다.[139]

(1) 발행 근거 법률

파생결합증권의 발행 근거법은 자본시장법으로서 파생결합증권에 대한 규제가 적용됨에 반해, 파생결합사채의 발행 근거법은 상법으로서 자본시장법상 채무증권에 대한 규제를 적용받는다. 파생결합증권으로 분류되면 발행 및 판매 시 자본시장법상 설명의무(법47)와 적합성의 원칙(법46) 외에도 적정성의 원칙(법46의2)이 적용되는 등 파생상품에 준하는 규제를 받는다.

(2) 증권의 유형

파생결합증권은 자본시장법상 채무증권이 아닌 파생결합증권으로 별도로 구분되는데 반해,[140] 파생결합사채는 원본의 손실가능 여부를 불문하고 채무증권으로 분류된다. 따라서 일반

134) 정승화(2011), 35-36쪽.

135) 전자증권법의 등록대상채권은 사채(신탁사채 및 자본시장법상 조건부자본증권 포함), 국채, 지방채, 특수채, 이중상환채권법에 따른 이중상환청구권부 채권 등이다(전자증권법2).

136) 국채법에 의해 국고채 및 통화안정증권 등은 한국은행이 등록기관이며, 전자증거법에 의거 국민주택채권, 지방채, 특수채, 금융채, 회사채, 외화채, CD 등은 한국예탁결제원이 등록기관이다.

137) 일괄등록 또는 일괄예탁제도를 통하여 명의를 한국예탁결제원으로 하여 발행하고 있지만 실질권리자 명부를 별도로 관리하고 있어 권리관계의 법적안정성 내지 효력에는 전혀 문제가 없다.

138) 제해문(2015), "자본시장법상 파생결합증권에 관한 법적소고", 입법정책 제9권 제1호(2015. 6), 151쪽.

139) 정승화(2011), 36쪽.

140) 다만 앞에서 설명한 바와 같이 자본시장법에서는 이자연계 파생결합증권을 파생결합증권에서 제외하고

회사가 예외적으로 원금비보장형 파생결합사채를 발행하는 경우에도 이는 채무증권으로 분류된다.

(3) 발행 주체

파생결합증권은 장외파생상품업무 인가를 받은 금융투자업자만이 발행할 수 있는 데 반해, 상법상 파생결합사채는 상법상 일반회사이면 누구나 발행할 수 있다.

(4) 원금보장 여부

파생결합증권은 원금보장형뿐만 아니라 원금비보장형도 발행이 가능하다.[141] 반면 파생결합사채는 기업의 자금조달의 다양성을 꾀하고자 도입된 측면이 있으나, 자본시장법상 파생결합증권의 발행자격을 엄격히 제한하고 있는 점과 투자자 보호의 관점에서 원칙적으로 원금보장형의 발행만을 허용하도록 하는 것이 바람직하다.

(5) 발행 목적

파생결합증권은 금융투자업자가 자금조달의 목적이 아니라 투자자에게 판매할 금융투자상품의 하나로 발행하는 데 반하여, 파생결합사채는 일반회사가 자금조달의 목적으로 발행한다.

제7절 증권예탁증권

Ⅰ. 증권예탁증권의 개념

DR(Depositary Receipts)은 흔히 "예탁증서" 또는 "예탁증권"으로 불린다. 주식을 기초로 발행하는 것이 대부분이나, 반드시 이에 한정되는 것은 아니다. 채권 등 다른 종류의 증권을 기초로 발행할 수도 있기 때문에 자본시장법은 이를 "증권예탁증권"으로 규정하였다. DR은 특정 국가 내에서 발행·유통되기도 하고, 2개 이상의 국가에서 동시에 발행·유통되기도 한다.[142] 전자의 경우 그 발행지 국명의 약호를 붙여 ADR(American Depositary Receipts), JDR(Japanese

있으므로, 이자연계 파생결합증권은 자본시장법상 파생결합증권이 아니라 채무증권으로 취급된다.

141) 다만 자본시장법상 원금보장형의 이자연계 파생결합증권은 파생결합증권의 개념에서 제외된다.

142) 자본시장의 국제화가 진전되고 국내 주식시장이 크게 성장함에 따라 외국기업이 주식이나 그 대체증서인 예탁증권("DR")을 통하여 국내에서 자금을 조달하는 사례가 증가하고 있다. 국내기업이 미국시장이나 유로시장에 진출한 것은 이미 오래전의 일이나[1990년 삼성물산이 GDR(Global Depositary Receipts)을 미국과 유럽에서 동시에 발행한 것이 처음이다], 외국기업이 국내시장에 진출한 것은 비교적 최근의 일이다. 2007년 중국계 기업인 3Nod Digital Group이 처음으로 주식을 상장하였고(코스닥시장), 역시 중국계 기업인 화풍집단지주회사가 처음으로 DR을 상장하였다(유가증권시장)

Depositary Receipts), KDR(Korean Depositary Receipts), EDR(European Depositary Receipts) 등으로 표시되며, 후자의 경우에는 GDR(Global Depositary Receipts)로 표시된다.[143)]

증권예탁증권이란 채무증권, 지분증권, 수익증권, 투자계약증권, 파생결합증권을 예탁받은 자가 그 증권이 발행된 국가 외의 국가에서 발행한 것으로서 그 예탁받은 증권에 관련된 권리가 표시된 것을 말한다(법4⑧). 국내에서 발행되는 DR("KDR")은 우리나라의 예탁기관이 외국기업의 주식을 예탁받아 그 주식(원주)에 관한 권리를 표시하여 국내에서 발행한 증권이다. KDR 소유자는 이익을 얻을 목적으로 금전을 지급하고 KDR을 취득하고 그 시장가격 변동에 따라 투자원본의 손실을 입을 수 있기 때문에 KDR은 당연히 자본시장법상 금융투자상품이고 증권에 해당한다.

KDR은 자본시장법상 특수한 유형의 증권이다. KDR에 표시되는 권리는 원주인 외국기업의 주식에 관한 권리이지만, 이는 그 발행회사가 아니라 국내 예탁기관에 대하여 행사할 수 있는 권리이다. 원주와 동일한 내용의 권리(지분증권)도 아니고, 단순한 금전의 지급청구권(채무증권)도 아니다. 신탁계약에 의한 것이 아니기 때문에 신탁의 수익권(수익증권)도 아니다. 원주에 기초하여 발행하는 증권이지만 미리 정해진 일정한 방법에 따라 원주의 가격 등에 연계되어 지급금액이 결정되는 것(파생결합증권)도 아니다. 다만 모든 증권의 공통적인 요소라고 할 수 있는 "투자계약"으로서의 성질(주로 타인이 수행한 공동사업의 결과에 따라 손익을 귀속받는 계약상의 권리)은 보유하고 있다고 할 수 있다. 그러나 투자계약증권은 이미 정형화된 증권 이외에 증권으로 규제할 필요가 있는 비정형적 증권을 포섭하기 위한 유형이다. 반면 KDR은 이미 정형화된 증권이라고 할 수 있고, 다른 종류와는 다른 속성을 가지고 있기 때문에 특별한 법적 규제를 할 필요가 있다. 따라서 자본시장법은 이를 증권예탁증권이라는 새로운 종류로 규정하였다.[144)]

Ⅱ. 예탁증권의 연혁

1900년대 초 미국의 투자자들은 외국주식에 대한 투자에 관심을 갖기 시작했으나, 국제거래에 따른 법적 제약, 비용과 위험 등의 문제로 인하여 실제 투자로는 이어지지 못했다. 기업경영과 금융의 관행뿐만 아니라 회사법과 증권법 등 법률면에서 국가 간에 많은 차이가 있기 때문이었다. 이러한 차이를 극복하기 위하여 고안된 것이 DR이다. 1927년 미국의 Morgan Guaranty가 영국 기업에 투자하고자 하는 미국 투자자들의 수요를 충족시키기 위하여 미국 내

143) 박철영(2012), "증권예탁증권(KDR)의 법적 재구성", 증권법연구 제13권 제1호(2012. 4), 188쪽.
144) 박철영(2012), 192쪽.

에서 처음으로 DR을 발행하였다. 이렇게 하여 1950년대부터 미국에서 널리 이용되던 DR은 점차 다른 국가로 확산되었고, 1980년대 들어 자본시장이 글로벌화되면서 세계적으로 활발하게 발행되기 시작하였다.145)

DR은 기본적으로 주식을 대신하여 외국 증권시장에서 자금을 조달하는 수단이다. 주식("원주")은 발행기업의 본국에 보관하고 원주를 예탁받은 외국의 예탁기관(depositary)이 이에 관한 권리를 표시하는 증권으로서 DR을 발행한다. 이미 발행된 주식에 관한 권리를 표시하는 주식의 대체증서(alternative instrument)인 것이다.

Ⅲ. 예탁증권의 종류

우리나라에서는 DR의 기초가 되는 원주가 무엇인가를 기준으로 DR을 신주DR, 구주DR 및 유통DR으로 구분한다. 신주DR은 발행회사가 제3자(인수기관)에게 신주인수권을 부여하는 방식으로 발행한 신주를 기초로 하는 DR을 말한다. 발행회사가 DR에 의하여 해외에서 새로운 자금을 조달하는 경우에 이용된다. 구주DR은 발행회사가 소유하는 자기주식을 기초로 발행하는 DR을 말한다. 자기주식을 처분하여 해외에서 자금을 조달하는 방식이다. 그리고 유통DR은 이미 발행·유통되고 있는 주식을 취득한 투자자가 이를 기초로 발행하는 DR을 말하며 이 경우에는 발행회사의 동의가 필요하다.146)

제8절 자산유동화증권

Ⅰ. 서설

1. 자산유동화의 의의와 자산유동화법 제정 경위

(1) 자산유동화의 개념

자산을 유동화 또는 증권화147)한다는 것은 현금흐름을 창출하는 자산을 기존 유가증권 형

145) 박철영(2012), 187-88쪽.

146) 박철영(2012), 189쪽.

147) "증권화"란 일반적으로 시장성, 즉 환금성 및 양도성이 낮은 일련의 개별적인 금전채권 등 자산으로 형성된 자산집합을 경제적 담보로 하여 새로운 증권을 발행·유통시킴으로써 경제적 담보가 된 기초자산, 다시 말해 유동화자산에 비해 보다 유동성이 향상된 새로운 금융상품을 창출하는 금융기법을 말한다(사법연

태의 자산유동화증권(ABS)[148] 또는 CP를 발행하여 쉽게 유통될 수 있는 형태로 전환하는 것이다. 자산유동화는 근거법에 따라 자산유동화법이 적용되는 “등록유동화” 거래와 상법이 적용되는 “비등록유동화” 거래로 구분된다. “비등록유동화” 거래는 SPC 설립형태에 따라 유한회사와 주식회사로 구분할 수 있다.

금융기관이 자금을 조달하여 이를 대출하면 대출금만큼 보유 현금이 줄어드는 대신 대출자산이 늘어나게 되는데, 대출채권을 매각하거나 회수할 때까지는 고정자산이 되어 금융기관은 대출금에 해당하는 만큼 유동성을 상실하게 된다. 이처럼 유동성이 떨어지는 대출채권 등을 증권화 또는 어음화하여 자금을 조달하는 금융기법을 자산의 유동화 또는 신용의 증권화라고 부른다. 즉 자산유동화란 비유동적 자산의 유동성을 높이는 일련의 행위로서 대개 현금흐름이 있는 대출채권 및 매출채권 등 비유동적인 자산을 보유한 금융기관이나 기업이 그 채권을 조기에 회수하기 위하여 그 자산을 기초로 유가증권, 기타 채무증서를 발행하여 투자자들에게 처분하는 것을 말한다.

원래 자산유동화의 가장 단순한 방법은 당해 자산을 매각하여 현금화하는 것이다. 그러나 당해 자산의 매수인인 투자자를 찾기가 쉽지 않다는 점,[149] 투자자를 찾더라도 투자자는 당해 자산의 위험성 등[150]을 이유로 당해 자산의 시장가격 내지 대출채권의 원본액보다는 낮은 가격으로 매수하기를 원하는 점, 당해 자산이 저당대출채권인 경우 직접 대출채권을 회수·관리해야 하는 투자자를 찾기란 더욱 쉽지 않은 점 등을 이유로 당해 자산을 매각하는 것은 한계가 있다. 이와 같은 이유로 대부분의 국가에서는 특정 자산의 현금수입을 기반으로 하여 유동화증권 또는 기업어음(CP)을 발행하는 구조화된 금융기법인 자산유동화제도를 도입하게 되었다.

자산유동화는 통상 보유자산을 기초로 한 유가증권, 즉 유동화증권을 발행하는 방식을 말하며, 현재 우리나라에서 시행되고 있는 자산유동화법과 한국주택금융공사법은 유동화증권을 발행하는 방식을, 어음의 발행에 있어서는 상법 및 어음법상의 CP를 발행하는 것을 전제로 하고 있다. 자산유동화에 있어 일반채권 등을 기초자산으로 하여 증권을 발행하는 경우를 ABS,

---

수원(2014), 「금융거래법」(2014. 9), 269쪽). 이러한 증권화의 개념은 “자산의 유동화”와 거의 혼용되고 있으며, 법률적으로도 “유동”이라는 표현이 주로 이용되고 있다. 그러나 유동화는 자산의 양도에 의한 투입자금의 회수라는 광의의 개념인데 비하여, 증권화는 양도되는 자산을 ABS로 가공하여 불특정 다수의 투자자 간에 유가증권성을 부여하는 것이므로 유동화보다 더욱 발전된 형태라 말할 수 있다.

148) 광의의 자산유동화증권은 ABS, ABCP를 모두 포함하는 개념이나, 협의의 자산유동화증권은 ABS만을 의미하고, 자산유동화법에서는 ABS만을 다루고 있다. 자산유동화법에 의하지 않은 ABS 발행도 가능하나, 여기서의 ABS는 자산유동화법에 따른 ABS만을 의미한다.

149) 예컨대 특정 자산보유자가 1,000억대의 부동산 또는 저당권 등에 의해 담보된 대출채권을 가지고 있는 경우 이를 매수할 투자자를 찾는 것은 현실적으로 어려운 일이다.

150) 부동산의 환금성, 저당대출 채무자의 채무불이행위험 등이 있을 수 있다. 보통 카드회사에서 미수금채권을 매도하여 상각하는 경우 카드 채권액의 10-20% 정도만을 받는다고 한다.

CP를 발행하는 경우를 ABCP라고 한다.[151)]

(2) 자산유동화의 연혁

전통적인 증권화 거래는 다음과 같은 구조에서 출발하였다. 우선 매출채권[152)]의 보유자(자산보유자)가 그 채권을 제3자인 특수목적기구(SPV)에 양도하고, 그 양수인은 양도대금을 마련하기 위해 사채발행 등에 의해 투자자금을 조달받은 후 장래에 매출채권이 변제되면 그 변제금으로 투자자들에게 투자원금을 상환한다. 즉 전통적인 증권화 제도는 본질적으로 팩토링과 같은 매출채권금융에서 출발한다. 다만 증권화는 SPV를 통해 매출채권의 유동화가 이루어지는데 반해, 팩토링은 대주(貸主)의 성격을 띠는 팩토링 회사가 매출채권을 직접 매입하는 차이점이 있다. 따라서 증권화의 경우에는 SPV를 통해 다수의 투자자, 즉 다수의 대주들을 모집할 수 있는데 반해, 팩토링의 경우에는 팩토링 회사로부터만 금융을 제공받게 된다.

팩토링에서 출발한 증권화가 현대화된 모습을 띠게 된 것은 1970년대 미국에서부터이다. 미국 정부투자기관인 Freddie Mac(Federal Home Loan Mortgage Corporation: 연방주택금융저당회사)과 Fannie Mae(Federal National Mortgage Association: 연방저당권협회)가 대출기관으로부터 주택저당대출채권(mortgage)을 매입하고 이들 주택저당대출채권들의 자산집합(pool)을 기초자산으로 삼아 유동화증권을 발행하였다. 이것이 바로 현대적 의미의 증권화 제도가 된다. 이후 Ginnie Mae(Governmental National Mortgage Association: 정부저당권협회)에서 주택저당대출채권 자산집합(pool)에 기초해 발행된 사채에 대해 지급보증을 해주었고, 미국의 투자은행들이 위와 같이 Ginnie Mae가 보증한 유동화증권들을 본격적으로 거래하기 시작한다. 그리고 1977년부터는 미국의 은행들이 자신의 주택저당대출채권을 대상으로 독자적인 증권화를 수행하게 되었고, 1985년부터는 주택저당대출채권 이외의 채권에 대해서도 증권화가 개시되었다. 이렇게 본격화된 증권화 제도는 주택저당대출채권 이외에 리스채권, 자동차할부채권, 신용카드채권과 같은 소비자 매출채권을 바탕으로 비약적인 발전을 하게 되었다.[153)]

(3) 자산유동화법 제정 경위

우리나라의 경우 1990년대 말 외환위기 당시 은행 등 금융기관들로부터 다량의 부실채권(NPL: Non Performing Loans)을 인수하게 된 성업공사(현재 한국자산관리공사)가 부실채권의 처리 방안으로 자산유동화를 추진하게 되었고 동시에 정부는 이를 뒷받침하기 위하여 1998년 9월

151) 김남훈(2016), "PF-ABCP 하자가 특정금전신탁계약에 미치는 영향에 관한 연구", 건국대학교 부동산대학원 석사학위논문(2016. 2), 9-11쪽.

152) 증권화의 대상인 매출채권이 일반기업의 매출채권에 한정되는 것은 아니다. 대출채권은 은행의 입장에서, 신용카드채권은 신용카드회사의 입장에서 각각 매출채권에 해당하는 것들이며, 이러한 매출채권 이외에 기업이 발행한 회사채도 증권화의 대상이 될 수 있다.

153) 임철현(2019), 219-220쪽.

자산유동화법을 제정 · 시행함으로써 자산유동화거래가 본격적으로 활성화될 수 있었다. 이처럼 우리나라의 자산유동화의 출발은 주로 부실채권의 처리 및 외화조달을 그 목적으로 하였다. 자산유동화법의 직접적인 입법 동기 역시 외환위기 직후 발생한 부실채권의 처리가 가장 주된 목적이었다. 결과적으로 자산유동화법은 1999년 성업공사를 비롯한 다수의 금융기관이 보유하고 있던 부실채권을 유동화자산으로 한 "부실채권의 유동화거래"를 촉진시킴으로써 그 목적을 효과적으로 달성하였고, 당시 외환위기 해결에 중요한 역할을 한 것으로 평가받고 있다. 한편 그 이후에도 2000년의 투자신탁계정 또는 금융기관의 고유계정이 보유한 회사채를 유동화자산으로 한 채권담보부증권(CBO: Collateralized Bond Obligation)의 발행 및 발행시장 채권담보부증권(P-CBO: Primary Collateralized Bond Obligation) 상품의 개발과 2001년 이후의 신용카드회사의 영업 확대에 따른 신용카드채권 및 매출채권 등의 장래채권을 기초자산으로 한 유동화거래의 활성화 등을 통하여 자산유동화거래는 그 규모가 크게 증가하여 오늘날 ABS는 주식 · 사채와 함께 자본시장의 큰 축을 담당하고 있다.

2. 자산유동화증권의 발행구조

(1) ABS의 개념

ABS란 기본적으로 자산을 유동화하여 발행한 증권을 말한다. 일반적으로 자산의 유동화란 비유동성 자산을 유동성이 있는 증권으로 전환하여 이를 매각함으로써 현금화하는 모든 행위를 말한다. 이러한 관점에서 ABS는 유동화의 대상인 각종 채권 및 부동산, 유가증권 등의 자산에서 발생하는 집합화된 현금을 기초로 원리금을 상환하는 증권을 의미한다. 자산보유자인 금융기관 또는 기업은 유동화를 위해 일정한 자산[154]을 유동화전문 SPC에 양도하고 SPC는 유동화증권을 발행한다. 이 SPC[155]가 유동화증권을 투자자에게 발행하고 그 발행대금을 받아서 자산보유자에게 양도대금으로 지급함으로써 자산보유자는 자금을 조달하게 된다.

(2) ABS의 발행구조

일반적으로 ABS를 발행하기 위해 자산보유자는 보유자산 중 일부를 유동화자산(기초자산)으로 묶고(pooling), 이를 SPC에 완전매각한다. 유동화자산을 양도받은 SPC는 ABS를 발행하여 투자자에게 매각하고 유동화자산의 관리 · 운용 · 처분에 의한 수익으로 발행증권의 원리금을 상환한다.

자산유동화는 금융기관으로부터의 차입, 주식 또는 사채발행 등의 전통적인 자금조달방식

154) 초창기에는 다수의 채권으로 이루어진 집합화된 자산이 주로 유동화되었으나, 최근에는 부동산프로젝트금융(PF)과 관련하여 거액의 단일 대출채권을 유동화하는 거래도 많이 이루어지고 있다.
155) 여기에는 자산유동화법에 의한 유동화전문회사, 신탁회사 및 한국주택금융공사 등이 있다.

과 달리 기업이 보유한 채권, 부동산 등의 자산에서 발생하는 현금흐름을 기초로 하여 자금을 조달하는 금융기법인데, 자산유동화를 하려면 ⅰ) 자산보유자의 선별된 자산집합을 대상으로, ⅱ) 정기적으로 원리금 상환에 필요한 충분한 현금흐름을 확보한 후, ⅲ) 원리금의 상환과 적시 배당을 보장하는 증권을 발행하되, ⅳ) 일정기준 이상의 신용등급을 받고, ⅴ) 자산보유자가 파산하더라도 원리금 지급에 영향이 없어야 한다.

자산유동화에 있어서 통상 자산보유자가 자산유동화를 위한 SPC인 유동화전문회사를 설립하고, 이러한 SPC에 유동화자산을 양도하면 이를 담보로 하여, 필요한 경우 신용보강[156)]을 받아 유동화증권을 발행하고 자산관리자[157)]가 채권을 추심하여 증권의 원리금을 상환하는 구조를 취한다.[158)]

3. 자산유동화에 대한 규율체계

(1) 자산유동화법에 의한 유동화

(가) 자산유동화 관련 법률

현재 우리나라에는 ABS에 관한 법률인 자산유동화법과 MBS에 관한 법률인 한국주택금융공사법이 존재한다. 자산유동화법은 1998. 4. 14.에 발표된 금융기관·기업구조개혁촉진방안에 따라 입법이 본격화되었으며, 1998. 9. 16. 제정되었다. 위 입법은 1997년 IMF 사태가 발생하자 외환위기 극복을 위해 이루어진 구조조정 과정 중에 부실채권의 정리에 따른 유동성 곤란을 해결하기 위해 추진되었다.

MBS와 관련해서는 원래 1999. 1. 29.에 제정된 「주택저당채권유동화회사법」이 있었다. 그런데 2003. 12. 31. 한국주택금융공사법이 제정됨에 따라 주택저당채권유동화회사법에 따라 설립되었던 "KoMoCo"(주택저당채권유동화회사)와 "주택금융신용보증기금"이 "한국주택금융공사"로 합병되었고, 그 후 한국주택금융공사가 MBS의 발행을 주도함에 따라 2015. 7. 주택저당채권유동화회사법이 폐지되었다. 따라서 현재 MBS 발행에 대한 근거법은 한국주택금융공사법만이 존재한다.

---

156) 유동화증권이 원활하게 유통될 수 있도록 특수목적법인의 신용을 은행, 보험사 등 제3자가 보강하여 주는 것을 말한다. 특수목적법인에 현금흐름이 중단되거나 내부유보금이 고갈되어 유동화증권의 원리금 상환이 곤란하게 된 경우 증권소지인에게 원리금 상환을 보장하는 역할을 한다. 결국 당해 유동화증권은 신용보강기관의 신용등급으로 발행되어 투자자들에게 판매된다.

157) 특수목적법인인 유동화전문회사는 직원을 두지 않는 명목회사인 경우가 대부분이므로 양도받은 자산을 관리해주는 자산관리자를 따로 두게 된다. 예를 들어 주택저당채권의 경우 특수목적법인이 각지에 흩어져 있는 담보물건을 직접 관리하고 임대료를 징수하기는 불가능하다. 이 경우 자산관리 및 원리금 회수를 대행하는 자를 자산관리자라고 하는데, 자산보유자가 겸임하는 경우가 많다.

158) 이진서(2012), "구조화금융에 관한 연구: 자산유동화·프로젝트금융을 중심으로", 고려대학교 대학원 박사학위논문(2012. 6), 17쪽.

(나) 자산유동화법에 의한 유동화

자산유동화법은 자산유동화제도의 확립과 투자자보호를 위하여 i) 자산유동화의 거래구조, ii) 특수목적기구의 구성 및 업무수행, iii) 거래내용 및 유동화자산에 관한 공시, iv) 유동화증권의 발행, v) 유동화자산의 관리 등에 관하여 독자적인 규제를 마련하고 있다. 또한 자산유동화법은 기존 법제도상의 제약이나 법적 불확실성을 제거해 주고 자산유동화거래를 용이하게 할 수 있도록 거래당사자들의 사법상 권리의무 관계에 관하여 민법, 상법, 신탁법, 자본시장법, 채무자회생법 등에 대한 다양한 특례 규정을 두고 있고, 금융업에 적용되는 기존의 규제와 채권양도, 저당권·부동산소유권의 이전 등과 관련한 절차 및 비용의 부담을 완화해주고 있다.[159]

자산유동화법은 자산유동화거래의 구조 및 방식에 관해 정하고 있으나 모든 자산유동화거래에 대하여 강행적으로 적용되는 법은 아니다. 자산유동화거래를 반드시 자산유동화법에 의한 자산유동화로 해야 하는 것은 아니고 자산유동화법 밖에서도 할 수 있다. 자산유동화에 관하여 자산유동화법의 적용을 받고자 하는 경우에는 자산유동화계획을 금융위원회에 등록하여야 한다(법3①).

자산유동화법에 의한 등록유동화는 자산유동화를 지원하기 위한 동법상의 특례가 필요한 주택저당대출채권(채권양도의 대항요건, 저당권의 이전, 근저당권 피담보채권의 확정 등에 관한 특례), 대출채권·카드채권·매출채권 등의 집합채권(채권양도의 대항요건 특례), 리스채권(시설대여계약상 채권의 유동화에 관한 특례) 등을 유동화자산으로 하는 경우에 주로 이용되고 있다.

(다) 자산유동화법에 의한 자산유동화의 한계

자산유동화법에 따른 유동화거래는 자산유동화법 제3조에 따라 금융위원회에 등록해야 하는 "등록유동화" 거래로 자산유동화법의 규정과 감독당국의 감독기준에 의해 자산보유자의 자격, 기초자산의 종류, 유동화증권의 종류, 거래구조 등 측면에서 일정한 제약이 존재할 뿐만 아니라 유동화계획과 자산양도 등록절차 등 일정한 절차적 요건도 충족하여야 하므로 거래계의 다양한 구조화금융 관련 요구들을 모두 수용하기에 한계가 있다.

또한 유동화전문회사가 등록할 수 있는 자산유동화계획은 1개로 한정되므로(자산유동화법3②), 별도 유동화거래 시 유동화전문회사를 다시 설립하여야 하는데, 이 경우 설립비용·관리비용이 발생하므로 반복적으로 자산유동화거래를 실시하려는 자산보유자에게 제약이 될 수 있다. 아울러 금융감독당국은 후순위사채의 인수, 신용공여, 담보책임의 부담 등 자산보유자의 신용보강 비율이 전체 유동화증권 금액의 50%를 넘지 않도록 지도하고 있으며, 주식을 주된 유동화자산으로 하는 자산유동화도 허용하지 않고 있다.

159) 박준·한민(2019), 「금융거래와 법」, 박영사(2019. 8), 446-447쪽.

(2) 자산유동화법에 의하지 않은 유동화

부실자산의 처리와 자금조달이라는 목적으로 자산유동화를 하려는 자산보유자들은 자산보유자의 자격 제한 등 등록유동화 거래의 한계를 피하기 위하여 자산유동화법에 따르지 않는 유동화거래인 "비등록유동화" 거래를 이용하게 되었다. 비등록유동화 거래는 자산유동화법에 따른 유동화전문회사에 의하지 않고, 상법에 따라 주식회사나 유한회사를 설립하여 자산유동화를 수행하고 있다. 그리고 비등록유동화 거래는 거래계의 다양한 구조화금융 요구에 부응하여 양적 팽창과 함께 진화를 계속하고 있다. 비등록유동화 거래는 유동화증권 발행 시 금융당국의 직접적인 감독을 받지 않으므로 비등록유동화증권의 투자자에 대한 보호가 충분하지 않을 가능성이 있다.

2005년경부터 자산유동화법에 의한 자산유동화에 주어지는 특례를 굳이 필요로 하지 않는 거래(대표적으로 부동산 프로젝트금융 유동화)를 중심으로, 감독당국의 규제에 따른 부담이나 거래비용을 줄이기 위해 자산유동화법에 의하지 아니하는 비등록유동화 거래가 늘어나기 시작하였다. 최근에는 비등록유동화 거래가 자산유동화거래에서 차지하는 비중이 더 크다.

(3) 금융규제법 및 거래법의 적용

자산유동화법에 의한 등록유동화 거래와 자산유동화법에 의하지 아니한 비등록유동화 거래는 모두 자본시장법 등 금융규제법에 의해 규제된다. 자본시장법에 의한 증권 발행시장 및 유통시장의 공시규제와 집합투자규제, 자산유동화거래에 참여하는 자산보유자, 자산관리자, 업무수탁자, 신용보강자, 투자자 등에 대한 해당 금융규제법에 의한 금융업 규제 등이 그 대표적인 것이다. 자산유동화거래의 사법적 법률관계에 대하여는 민법, 상법, 신탁법, 채무자회생법 등 거래법이 적용된다. 다만 자산유동화법에 의한 등록유동화 거래는 자산유동화법에 의해 우선적으로 규율되고 동법에서 달리 정하지 않은 사항에 대하여 위의 금융규제법과 거래법이 적용된다.[160]

Ⅱ. 자산유동화증권 발행 참여자

ABS를 통한 자산의 증권화는 자산보유자 및 증권투자자 이외에도 투자자보호, 증권발행, 기초자산 관리 등과 관련하여 여러 관계자가 기능적 역할분담을 하여 거래 시 발생하는 각종 위험을 회피하게 된다.

160) 박준 · 한민(2019), 448쪽.

1. 자산보유자

자산보유자는 현재 또는 장래 현금흐름이 발생하는 자산을 보유하고 있는 당사자를 말한다. 보유자산을 증권으로 유동화할 수 있는 자는 기본적으로 금융기관이다. 세부적으로는 자산유동화법 제2조 제2호에 규정되어 있다. 자산보유자는 자산유동화를 위하여 자신의 자산을 SPC에 양도하는 절차를 거친다. 이렇게 자산을 양도하는 이유는 자산보유자와 단절된 자가 새로운 신용을 창출할 필요가 있기 때문이다.[161)]

대상자산은 현재 또는 미래에 발생되는 현금흐름이 있고 양도 가능한 자산이면 된다. 일반적으로 자동차할부채권, 신용카드채권 등 일정한 현금흐름이 있는 우량자산을 대상으로 하며, 일부 부실채권도 미래에 현금흐름이 발생되면 ABS 대상자산이 될 수 있다.

2. 유동화전문회사

유동화전문회사는 자산보유자로부터 자산을 구입하고 이를 바탕으로 ABS를 발행하는 명목회사(paper company)이다. 즉 ABS 대상자산의 양수, 증권의 발행 또는 이와 관련된 한정된 업무만을 수행할 목적으로 설립된 법인을 말한다. 일반적으로 회사형태로 설립될 때에는 SPC라 하고, 특수목적기구 형태로 설립될 때에는 SPV라고 부른다.

3. 자산관리자

유동화전문회사는 명목회사이므로 양도받은 자산을 스스로 관리할 능력이 없다는 점이 문제이다.[162)] 자산보유자(은행)에게 자산관리를 다시 맡기는 것이 일반적이다.[163)] 결국 유동화된 채권의 채무자가 증권화 이후에도 계속해서 자산보유자를 상대하게 되는 구조가 된다. 자산보유자의 입장에서는 자신이 보유한 자산을 제3자에게 매각하거나 금융기관에 담보로 제공하고 차입하는 방법이 일반적인 자금조달의 수단이나, 매출채권인 경우에는 자산유동화를 통하게 되는 것이다. 통상 유동화자산의 관리는 유동화자산으로부터 회수되는 금전으로 지급하게 되며, 이자지급 업무는 자산보유자가 자산관리자의 지위에서 채권발행회사를 대행하여 수행하게 된다. 다만 자산보유자가 자산유동화거래를 한 이후 자산관리회사에게 수수료를 지급해야

---

161) 김은수(2015), "유동화증권의 유형과 발행절차에 관한 연구: 유동화 대상자산의 확대 및 다양화를 중심으로", 한국법학회 법학연구 제60집(2015. 12), 240-241쪽.

162) 신탁회사나 주택저당채권유동화회사의 경우에는 자산관리가 가능하다. 다만 효율성이나 경제성을 이유로 별도로 자산관리자를 선임하는 경우가 많다.

163) 자산유동화법 제10조(자산관리의 위탁) ① 유동화전문회사등(신탁업자를 제외)은 자산관리위탁계약에 의하여 자산관리자에게 유동화자산의 관리를 위탁하여야 한다.

한다.[164]

4. 수탁기관

출자금, 유동화증권 납입금, 유동화자산, 유동화자산을 관리·운용·처분함에 따라 취득한 금전, 채권, 유가증권, 물건 등의 보관을 대행하고, 유동화자산의 매매대금, 증권원리금, 각종 수수료 및 비용의 지급대행을 주요 업무로 하는 기관을 수탁기관이라 한다. 여유자금을 운영하기도 하며, 투자자보호를 위하여 자산관리현황을 모니터링하기도 한다.

5. 신용평가기관

신용평가기관이란 투자자를 위하여 대상자산의 현금흐름, 청산가치, 거래에 수반되는 법적·경제적 위험, 자산보유자 또는 채무자의 신용상태 등 ABS 거래구조와 관련된 신용평가를 하여 정보제공을 하는 기관을 말한다. 유동화증권은 통상 신용평가기관으로부터 신용등급을 받는데, 공모발행 시 일정 수준 이상의 신용등급을 획득해야 한다. 이러한 투자적격의 신용평가를 받기 위하여 필요한 경우에는 신용보완(credit enhancement)이 이루어져야 한다.

6. 신용보완기관

신용보완기관은 기초자산으로부터 발생되는 현금흐름이 일시적으로 중단되거나, 투자자에게 지급할 원리금에 대한 일시적인 부족분에 대하여 제3자가 지급보증을 함으로써 발행 증권에 대한 신용을 보완하는 기관이다. 그외의 신용보완 방법으로는 초과담보 설정, 지급준비계정 설치, 자산보유자의 지급보증 등이 있다. 유동성공여기관(liquidity facility provider)이라고도 하며, 우리나라의 경우 주로 수탁기관(Trustee)인 은행들이 한도대출 형태로 유동성공여기관의 역할을 하고 있다.

7. 주관사

주관사는 자산보유자의 자산 내용을 파악하여 적절한 거래구조를 제시, 자문하고, 증권발행과 관련된 업무 주관, 특수목적회사 설립, 거래참여자들과의 협의, 기타 ABS의 발행과 관련하여 종합적인 조언자의 역할을 한다. 그 대가로 주선수수료를 받는다. 우리나라에서는 주로 증권회사, 은행 등이 그 역할을 맡고 있다.

---

164) 김은수(2015), 242-243쪽.

8. 투자자

유동화증권이 사모 방식인 경우에는 소수의 기관투자자들이 인수하고 공모 방식인 경우에는 인수단이 인수한 후 일반투자자들에게 매각한다. 은행, 보험회사, 연기금 등의 기관투자자가 자산유동화증권시장에서 주종을 이루고 있다.

Ⅲ. 자산유동화의 효용

자산유동화의 절차가 복잡함에도 불구하고 널리 활용되는 것은 참가 주체별로 다음과 같은 이용 동기가 있기 때문이다.[165)]

1. 자금조달비용의 절감

자금을 조달하고자 하는 자산보유자의 입장에서는 유동화증권의 신용등급을 자산보유자 자신의 신용등급보다 높일 수 있으므로 그만큼 자금조달비용을 낮출 수 있고, 자산유동화를 통하여 보유자산의 포트폴리오를 다양화하거나 그 위험을 분산시킬 수 있다.

특수목적법인인 유동화전문회사는 자산을 담보로 유가증권을 발행하기 때문에 증권의 신용도는 대상자산의 원리금 회수가능성만 따지는 것이지 자산보유자 자신의 신용위험은 문제되지 않는다. 따라서 유동화증권은 적절한 구조를 갖추면[166)] 자산보유자의 신용등급보다 훨씬 좋은 등급을 받을 수 있으므로 조달금리가 크게 낮아진다.

2. 상환청구권 배제

유동화증권의 원리금 상환은 특수목적법인에 양도된 자산에서 나오는 현금흐름을 일차 재원으로 하므로 그 현금흐름이 증권원리금 상환액에 미치지 못하더라도 자산보유자는 원칙적으로 투자자로부터 직접 상환청구를 받지 않는다.

3. 재무구조 개선

자산유동화는 자산을 양도하는 방식으로 자금을 조달하는 것이므로 자산보유자로서는 대차대조표상 부채로 기록할 필요가 없으며, 특히 금융기관은 자산 매각분을 대차대조표의 자산에서 공제할 수 있으므로 재무구조를 개선하고 자기자본비율을 제고하는 효과를 누릴 수 있다.

---

165) 이진서(2012), 18-20쪽.
166) 외부기관이 보증을 하는 등 신용보강이 이루어지는 경우를 말한다.

4. 투자자층 확대

투자자의 입장에서는 신용도가 높고 상대적으로 수익률도 좋은 다양한 상품에 투자하는 기회를 찾고 있는데, 자산유동화 상품은 일반적으로 신용도가 높으면서도 수익률이 좋은 편이므로 많은 투자가 이루어지고 있다. 따라서 자산유동화를 통해 기업의 재원도 조달하고, 업계의 지명도도 높일 수 있어서 투자자층을 확대할 수 있는 장점이 있다.[167)]

Ⅳ. 유동화증권의 종류

1. 증권의 법적 성격에 따른 분류

ABS는 증권의 법적 성격에 따른 분류로 SPC가 발행하는 ABS와 신탁회사가 발행하는 ABS가 있다. SPC 발행 ABS는 유동화전문회사(SPC)가 자산보유자로부터 양도받은 유동화자산을 기초로 증권, 즉 사채, 출자증권, 기업어음(CP) 등을 발행한다. 사채형태로는 유동화사채가 있는데, 이는 SPC가 발행하는 사채를 말하며, 출자증권의 형태로는 유동화 출자증권이 있고, 어음 형태로는 ABCP가 있으며 이는 부분 차환구조 ABS 발행 시 발행기법으로 사용된다. 신탁회사 발행 ABS는 신탁회사가 자산보유자로부터 유동화자산을 신탁받고 그 수익권을 표창하는 증권인 수익증권을 발행한다.

2. 유동화증권의 상환방법에 따른 분류

기초자산의 위험이 어떻게 투자자에게 이전되는가에 따른 분류이다.

(1) 패스스루(Pass－through)형 증권

패스스루(Pass-through)형 증권은 양도된 자산에 대한 권리의 일부를 표창하는 증권을 말한다. 즉 일정 규모의 저당대출 담보 집합에 대한 일정 지분을 나타내는 유가증권으로서, 은행(originator)이 보유하는 대출채권을 신탁회사에 신탁하고, 수탁자로부터 수익증권을 교부받아 투자자에게 판매하는 방식이다. 이 경우 증권은 신탁자산에 대한 직접적인 권리를 표창하므로 대출채권의 신용위험이나 기한 전 상환위험을 증권보유자가 부담하게 된다. 따라서 자산의 보유자인 은행은 양도한 유동화자산을 대차대조표에서 제거할 수 있는 장점이 있다.[168)] 투자자

167) 다만 자산유동화는 대상자산이 동질적이어야 하며, 자산관리의 노하우가 충분하지 않은 경우 신용보강을 위한 추가비용 부담이 불가피하고 금융비용이 과다하게 소요될 수 있다. 또한 자산보유자의 무담보채권자들로서는 양질의 자산이 유동화의 목적으로 특수목적법인에 양도되는 결과 자산보유자가 그에 상응하는 유동성을 획득한다고 해도 채권의 담보가 되는 일반 재산이 줄어든다는 이유로 자산유동화의 비효율성과 분배의 불평등을 문제 삼을 수 있다.

168) 부외거래(off balance sheet engagement)는 크게 위험을 확실성으로 대체하는 전략과 불리한 위험만 제거

는 유동화된 자산에 대한 위험을 부담하고, 은행에 대한 소구권이 없는 것이 원칙이므로 신용보완을 하여 발행하는 것이 일반적이다.[169)]

(2) 페이스루(Pay–through)형 증권

페이스루(Pay-through)형 증권이란 유동화자산을 담보로 발행하는 것으로서, 유동화자산에 대한 직접적인 권리를 표창하는 것이 아니라, 증권 발행인에 대한 채권의 보유자로서의 지위만을 표창한다. SPC가 사채권 또는 지분을 발행하는 경우가 이에 해당하는데, 투자자는 유동화자산에 직접적인 소유자가 아니며, 발생 현금흐름에 대한 투자자가 된다.[170)] 그러므로 증권은 SPC의 채무를 표창하는 것이며, 유동화자산은 SPC가 보유하며 증권의 담보가 된다. 다만 SPC가 유동화자산의 위험을 부담하게 되므로 SPC는 임의상환에 대하여 옵션을 확보하는 경우도 있다. 국내에서 발행되는 대부분의 ABS는 페이스루(Pay-through)형이 많으며 기초자산의 현금흐름에 대해 만기, 수익률, 조기상환 우선순위 등 상이한 몇 개의 트렌치(tranche)로 발행하는 방식이다.[171)]

(3) CMO

CMO(Collaterlized Mortgage Obligation)는 MBS의 한 종류로 패스스루(Pass-through)형 MBS를 우선순위별(Class)로 구분하여 각각의 트렌치를 발행하는 형태이다. CMO 형태는 원리금 지급에 있어서 우선순위를 구분함으로써 조기상환위험을 트렌치별로 이전하게 하는 효과를 가진다. 즉 투자자의 수요에 맞추어 등급·이자율·만기를 달리하는 여러 종류의 증권을 발행하고, 유동화자산으로부터 현금화된 자금을 등급이 높은 증권으로부터 상환해 가는 방식이다. 현금흐름에 대한 우선순위가 높은 증권은 안정된 현금흐름을 산출하므로 마치 신용보강이 이루어진 것과 마찬가지의 효과를 거둘 수 있다.

기한전 상환의 위험부담은 상환기간이 짧은 선순위증권이 부담하며, 후순위증권은 만기가 보장되는 장점이 있다. 국내에서는 실질적으로 미국과 같은 패스스루(Pass-through)형의 MBS는 발행되지 않고 있다. 국내 유동화증권 신고규정 및 기관투자자들의 성향은 CMO형태를 인용한 구조를 활용하여 MBS를 이용하고 있다.[172)]

하고 유리한 위험을 남기는 전략으로 구분된다. 전자는 미래의 포지션 변동가능성 자체를 없애는 것이며, 후자는 주로 옵션관련 상품을 사용하는 기법을 말한다. 또한 파생금융상품과는 관련이 없지만 대출약정이나 보증도 주요한 부외기법으로 간주된다.

169) 김은수(2015), 245쪽.

170) 유동화자산 집합에서 발생되는 현금흐름을 이용하여 증권화하고, 현금흐름을 균등하게 배분하는 단일증권이 아니라 상환우선순위가 다른 채권을 발행하는 방식 원리금이 SPC를 통하여 지급되는 형태이므로 "원리금 이체식증권"으로도 알려져 있다

171) 김은수(2015), 246쪽.

172) 김은수(2015), 246–247쪽.

3. 유동화자산의 종류에 따른 분류

ABS는 발행의 기초가 되는 자산의 종류에 따라 보통 별도의 명칭을 붙인다. 기초자산이 주택저당채권인 경우 MBS(Mortgage Backed Securities), 회사채인 경우 CBO(Collateralized Bond Obligation), 회사채의 발행시점에 유동화가 이루어진 경우 P-CBO(Primary Collateralized Bond Obligation), 은행의 대출채권인 경우 CLO(Collateralized Loan Obligation), 신용카드채권인 경우 CARD(Certificates of Amortizing Revolving Debts), 자동차할부채권인 경우 Auto-Loan ABS 등 다양하게 불린다

(1) CDO(Collateralized Debt Obligations: 부채담보부증권)

CDO는 주택저당채권 이외에 회사채, 대출채권, 신용카드채권, 자동차할부채권 등 여러 채권을 기초자산으로 삼아 발행되는 증권을 말한다. CDO는 구조화금융상품으로서, 기초자산을 가공하여 여러층(tranche; Tier)의 상이한 현금흐름을 만들어 내고 트렌치(tranche)별로 각기 다른 신용도를 가진 증권을 발행(tranching)해낸다는 점에 특징이 있다. 이렇게 해서 발행된 CDO는 기초자산인 매출채권이나 회사채와는 질적으로 달라진다. 여기서 통상적으로 신용등급 AAA에 해당하는 트렌치를 senior tranche라 하고, 신용등급 AA에서 BB에 이르는 트렌치를 mezzanine tranche라 부른다. 그리고 가장 낮은 신용등급의 junk나 신용등급 불가 수준의 트렌치를 equity tranche라 한다. senior tranche는 가장 위험이 낮은 트렌치로서 최우선 순위로 변제되고 채무불이행 시의 손실을 가장 나중에 흡수하며 가장 안정적인 현금흐름을 제공한다. 반면 가장 낮은 등급의 equity tranche는 다른 트렌치의 변제가 이루어진 다음 가장 나중에 변제를 받아야 하며, 채무불이행 사유 발생 시에는 손실을 가장 먼저 흡수하여야 한다. 그래서 이러한 최후순위의 비우량 트렌치를 toxic waste라고 부르기도 한다.[173)]

또한 파생상품시장으로부터 신용부도스왑(CDS)을 구해 CDO와 결합시켜 위 junk tranche의 손실을 보상받을 수 있는 조건을 걸면, 따로 기초자산의 이전 없이도 원래보다 더 높은 신용도의 우량한 CDO로 탈바꿈시킬 수 있는데, 이를 신용파생상품의 하나인 합성 CDO(Synthetic CDO)라 한다. 그리고 CDO 중 회사채를 기초자산으로 하는 것을 CBO, 신용등급이 낮은 기업대출을 기초자산으로 하는 것을 CLO라 구별하여 부르기도 한다. 아래서 구체적으로 살펴본다.[174)]

(2) CBO(Collateralized Bond Obligations: 채권담보부증권)

CBO는 기업이 발행한 회사채(채권)를 기초로 발행되는 ABS를 말하는데 신규발행 채권을

173) 임철현(2019), 221쪽.
174) 임철현(2019), 222쪽.

기초로 하는 발행시장 CBO(primary CBO)와 이미 발행된 채권을 기초로 하는 유통시장 CBO (secondary CBO)로 구분된다.

발행시장 CBO(P-CBO)는 신용도가 낮아 채권시장에서 회사채를 직접 발행하기 어려운 기업의 회사채 차환발행 또는 신규발행을 지원하기 위해 도입되었다. 발행시장 CBO의 신용보강은 주로 수탁은행의 신용공급에 의해 이루어지며 신용보증기금 등이 지급보증을 한다.[175] 유통시장 CBO는 금융기관이 보유하고 있는 기발행 채권을 SPC에 매각하고 SPC는 신용을 보강한 다음 CBO를 발행하여 투자자에게 매각함으로써 자금을 조달하는 구조로 되어 있다. 유통시장 CBO의 신용보강은 수탁은행의 신용공급과 선·후순위 구조로 이루어진다.[176]

(3) CLO(Collateralized Loan Obligations: 대출채권담보부증권)

CLO는 금융기관의 기업에 대한 대출채권을 기초자산으로 발행되는 ABS를 말한다. 부실채권(NPL: Non-Performing Loan) 등을 포함한 기존 대출채권을 유동화하는 CLO와 신규 대출채권을 기초로 하는 발행시장 CLO(primary CLO)로 나뉜다. 우리나라의 경우 CLO가 대부분 부실채권을 기초자산으로 발행되고 있는데 부실채권을 기초로 하는 CLO를 NPL ABS라고도 한다. NPL ABS는 부실채권을 처분하여 금융기관의 재무건전성을 높이기 위해 발행되는데 기초자산의 현금흐름이 없으므로 담보의 처분, 채권추심 등을 통해 얻어질 수 있는 현금흐름과 수탁은행의 신용보강 및 선·후순위 구조로 이루어진다. 한국자산관리공사가 발행하는 NPL ABS는 채권은행에 대한 환매요구권[177]이 신용보강에 이용된다.

한편 발행시장 CLO는 신용도가 취약한 기업에 대한 은행대출을 지원하기 위해 활용되고 있다. 발행시장 CLO는 은행이 다수의 기업에 대한 신규 대출채권을 SPC에 매각하고, SPC가 이를 기초로 CLO를 발행하여 자금을 조달하는 구조로 되어 있다. 발행시장 CLO의 신용보강은 주로 수탁은행의 신용공급에 의해 이루어지며 신용보증기금 등이 신용공급에 대해 지급을 보증한다.[178]

(4) CARD(Certificates of Amortizing Revolving Debts: 신용카드매출채권부증권)

CARD는 현재 발생한 특정계좌의 신용카드매출채권(현금서비스 이용대금채권을 포함)과 장래 특정시점까지 발생할 신용카드매출채권을 기초로 발행되는 ABS를 말한다. 만기가 짧은(약 45일 정도) 신용카드매출채권을 기초로 장기의 ABS를 만들기 위해 CARD에는 재투자 구조(revolving structure)가 이용된다. 즉 ABS를 발행할 때 기초자산으로 사용된 신용카드매출채권이 결제되어 회수되는 현금흐름으로 이 ABS의 이자만을 지급하고, 남은 금액으로는 특정계좌의

---

175) 선순위채 전체에 대하여 지급을 보증하기도 하며 일부에 대해서만 보증하기도 한다.
176) 한국은행(2018), 「한국의 금융제도」(2018. 12), 350쪽.
177) 원채무자의 6개월 이상 연체 및 특별채권 내용 변경시 채권은행에 대해 환매를 요구할 수 있다.
178) 한국은행(2018), 350-351쪽.

새로운 신용카드매출채권을 매입하여 기초자산 집합에 추가시키는 방식이다.

CARD는 특정계좌로부터의 현금흐름을 자산보유자의 몫(seller's interest)과 투자자의 몫으로 구분하고, 자산보유자의 몫을 일종의 내부신용보강장치로 활용하고 있다. 이에 따라 CARD는 투자자 몫을 기초로 ABS가 발행된다는 특징이 있다. 자산보유자 몫은 유입되는 현금흐름의 변동에도 불구하고 투자자 몫이 고정되도록 하는 완충장치의 역할을 한다. 한편 자산보유자 몫이 일정 수준 이하인 상태가 일정기간 계속되면 조기상환이 이루어진다. CARD의 원금은 재투자 기간이 끝난 후 일정기간(축적기간) 동안 누적하여 만기에 한꺼번에 상환되거나 일정기간(조정상환기간) 분할하여 상환된다. CARD의 신용보강은 선·후순위 구조, 초과담보, 하자담보책임 및 조기상환구조 등으로 이루어진다.[179]

(5) ABCP(Asset-Backed Commercial Paper: 자산담보부기업어음)

ABCP는 CP의 형태로 발행되는 ABS를 말하는데 자산유동화법에 근거하여서는 ABS·ABCP 구조가 주로 활용되고 있다.[180] ABS·ABCP 구조는 SPC가 기초자산을 근거로 ABS를 발행하는 것은 다른 ABS와 같지만 자산유동화기간에 상응하는 장기 ABS를 1회 발행하는 대신 단기 ABS 사채를 발행한 후 만기 도래 시 ABCP를 발행하여 ABS 사채를 상환하고 자산유동화기간 동안 계속 ABCP를 차환발행하는 것이다. ABS·ABCP는 장단기 금리차에 따른 자금조달비용의 절감, 기초자산에서 발생하는 여유자금의 재투자위험 축소 등이 가능해지므로 ABS 발행의 경제성을 높일 수 있다.[181] 이에 관한 자세한 내용은 후술한다.

(6) MBS(Mortgage-Backed Securities: 주택저당채권)

MBS는 주택저당채권(mortgage)[182]을 기초로 발행되는 ABS이다. MBS 시장은 1차 시장, 2차 시장 및 자본시장으로 구성된다. 1차 시장은 모기지 차입자와 상업은행 등 모기지 대출기관 사이에 모기지론(주택담보대출)이 이루어지는 시장이다. 2차 시장은 모기지 대출기관이 보유하고 있는 주택저당채권을 유동화(증권화)하는 시장을 말하며, 자본시장은 유동화된 주택저당증권이 기관투자자들에게 매각되고 유통되는 시장을 말한다.[183]

MBS는 주택저당채권을 기초자산으로 ABS를 발행한다는 면에서 일반 ABS와 유사하지만 조기상환위험을 갖는다는 점에서 큰 차이가 있다. 미국의 경우 모기지론 조기상환 시 주택자금 차입자에게 어떤 패널티도 부과되지 않는다. 이와 달리 한국주택금융공사가 양도받는 주택저

179) 한국은행(2018), 351쪽.
180) ABCP는 ABS 사채의 발행 없이 CP의 형태로만 발행될 수 있다.
181) 한국은행(2018), 351-352쪽.
182) 주택저당채권이란 주택의 구입 또는 건축에 소요되는 대출자금 등에 대한 채권으로서 당해 주택에 설정된 저당권에 의하여 담보된 채권을 말한다.
183) 한국은행(2018), 352쪽.

당채권의 경우 조기상환 시 수수료가 부과된다. 조기상환위험이란 모기지 차입자가 추가적인 수수료 납부 없이 잔존대출원금을 만기일 이전에 상환함으로써 ABS 발행인 또는 투자자의 현금흐름에 불확실성이 발생하는 위험을 말한다. 조기상환은 차입자가 전직, 타주택 구입 등으로 주택을 매각하는 경우, 차입자가 모기지 계약을 이행하지 못하여 담보주택이 매각되는 경우, 차입자가 재차입비용을 고려한 후에도 금리가 계약금리 이하로 하락하여 재차입을 하는 경우 등에 발생한다.

우리나라에서 MBS는 주로 한국주택금융공사가 발행하고 있으며, 주택저당채권을 가지고 있는 일부 금융기관도 SPC를 설립하여 발행하고 있다.

Ⅴ. 채권담보부증권(국내 정책금융기관 P-CBO 사례)

1. 개요

국내 정책금융기관 P-CBO는 신용보증기금, 기술보증기금, 중소기업진흥공단, 한국주택금융공사 등이 발행을 주관해 오고 있으며, 각 기관별 P-CBO 발행 목적과 구조적 특징을 살펴보기로 한다. i) 신용보증기금은 중소·중견기업이 회사채 발행을 통해 자금을 조달할 수 있도록 하며, 금융위기 시에는 대규모 회사채 만기도래로 일시적 유동성 어려움을 겪는 대기업을 지원해 주는 P-CBO를 발행하여 보증을 한다. ii) 기술보증기금은 자체신용으로 직접금융 조달이 어려운 기술혁신형 기업에게 회사채 발행을 통한 자금조달 기회를 제공하고자 보증제도를 도입하였으며 그 구조는 신용보증기금과 동일하다. iii) 중소기업진흥공단은 성장성이 유망하지만 자체신용으로 회사채 발행이 어려운 중소기업의 자금확보를 지원하기 위하여 중소기업 전용 P-CBO를 발행하였으며, 중소기업진흥공단이 후순위채를 매수함으로써 정책적 지원을 하고 있다. iv) 한국주택금융공사는 준공 후 미분양으로 자금난을 겪고 있는 건설사가 주택금융공사의 신용보강을 통해 저리의 자금을 조달할 수 있도록 P-CBO 발행을 하고 있다. 앞에서 살펴본 정책금융기관들은 대체적으로 신용과 담보 부족으로 채권시장에서 자체적으로 거래가 되지 않는 회사채에 대해서 지급보증, 후순위채 매수 등을 통한 신용보강으로 P-CBO를 발행하고 있다. 각 기관별 P-CBO의 구체적 특징을 살펴보면 다음과 같다.[184]

2. 신용보증기금 P-CBO

신용보증기금은 개별기업이 발행하는 회사채 등을 SPC가 매수하여 유동화자산(기초자산)

184) 김경태(2016), "금융위기 시 신보 P-CBO(자산담보부증권)의 회사채 시장 안정화에 기여한 효과성 분석", 서울대학교 행정대학원 석사학위논문(2016. 8), 8쪽.

을 구성한 후, 이를 기초로 유동화증권을 발행한다. 유동화증권은 선순위증권과 후순위증권으로 분리 발행하며 97%를 선순위증권으로 3%를 후순위증권으로 발행한다. 선순위증권은 신용보증기금이 보증하여 AAA등급으로 최우량 등급화되어 기관투자자에게 매각되며 후순위증권은 신용보증기금의 보증없이 개별기업이 매수한다.

신용보증기금의 P-CBO 보증 상품은 중소·중견 P-CBO와 채권시장안정 P-CBO로 구분되며, 중소·중견 P-CBO는 자금조달에 어려움을 겪고 있는 우량 중소·중견기업 등에 유동성을 지원한다. 채권시장안정 P-CBO는 금융위기 시와 같이 회사채시장이 비정상적일 때 대규모 회사채 만기도래로 유동성 어려움을 겪고 있는 대기업의 차환발행을 지원한다.[185)]

3. 기술보증기금 P-CBO

기술보증기금의 유동화증권 역시 신용보증기금과 마찬가지로 선순위증권 97%, 후순위증권 3%로 발행되고, 선순위증권은 기술보증기금이 보증하여 신용등급이 AAA로 최우량등급화된 후 투자자에게 매각되고, 후순위증권은 기술보증기금의 보증없이 참여기업이 인수하는 구조이다. 기술보증기금 P-CBO가 신용보증기금 P-CBO와 차별화되는 것은 단순 일시상환 방식이 아닌 기업 선택에 따라 만기일시상환과 분할상환(1년차 10%, 2년차 10%, 3년차 80%) 방식을 혼용해서 사용하는 점이다.[186)]

4. 주택금융공사 P-CBO

주택금융공사의 P-CBO에서는 건설사가 아파트 분양대금의 60%에 해당하는 회사채를 발행하고, 주관증권사는 발행한 회사채를 인수하여 유동화 SPC에 양도하며, 유동화 SPC는 이를 기초자산으로 P-CBO를 발행한다. 준공 전 미분양 아파트를 매수하여 건설사에 사업장 준공에 필요한 긴급 유동성을 공급하는 것이다. 이때 주택금융공사는 유동화 기초자산인 회사채 지급불능의 사유 발생에 대비하여 지급을 보장한다. P-CBO 발행 시 신용공여 은행은 유동화 SPC에 SPC의 비용과 P-CBO 원리금 전체를 보장하는 신용보강을 제공하고, 주택금융공사는 신용공여 은행에게 지급보증을 제공하는 구조이다.[187)]

5. 중소기업진흥공단 P-CBO

중소기업진흥공단은 다른 신용보강기관과는 달리 P-CBO 발행 시 후순위채를 직접 인수하

185) 김경태(2016), 9쪽.
186) 김경태(2016), 11쪽.
187) 김경태(2016), 12쪽.

는 방안을 통해 신용보강을 한다. 선순위증권에 대한 은행의 신용공여와 후순위증권을 15-20% 수준으로 인수하는 구조로 하고 있다. 하지만 15-20% 수준의 신용보강으로는 선순위증권이 AAA등급의 최우량등급으로 평가가 어려워 중순위증권의 발행 등 다양한 상품구조가 시도되었다. 중소기업진흥공단의 P-CBO 발행은 2000년 초기 발행 이후 매년 1차례 이상 발행되어 왔으나, 2010년 이후로는 발행이 중단된 상태이다.[188]

Ⅵ. 자산담보부기업어음(ABCP)과 전자단기사채(ABSTB)

1. 자산담보부기업어음(ABCP)

(1) ABCP의 의의

자산담보부기업어음(ABCP)은 기업어음(CP)과 자산유동화증권(ABS)의 구조를 결합한 것으로 유동화자산을 양도받은 SPC가 유동화자산의 현금흐름에 기초하여 CP를 발행[189]하는 구조를 취하는 단기금융상품이자 기업의 대표적인 단기 자금조달수단이다. ABCP는 ABS와 구조적인 면에서의 차이는 크지 않으나, ABS가 자산유동화 사채인 반면, ABCP는 기업어음이라는 차이가 있으며, ABCP는 대체로 만기가 1년 미만(주로 3개월 이내 차환발행)인 단기채무로 발행되는 특성이 있다.

이와 같은 유동화 대상자산을 기초로 CP를 발행하여 자금을 조달하는 기법을 ABCP Program이라고 한다. 이는 1980년대 초반 선진국의 상업은행(Commercial Bank)이 기업고객에게 저리의 자금을 공급하기 위한 방법으로 개발된 금융기법이다. CP 발행의 기초자산은 일반적으로 할부매출채권, 리스채권, 카드매출채권 등 상거래 매출채권이지만, 근래에는 CP 발행의 기초자산이 ABS, PF대출(Loan), Revolving 자산, MBS, 회사채, CP 등에 이르기까지 그 대상이 점차 확대되고 있다.

상업은행 입장에서 ABCP Program은 자신의 대차대조표에 영향을 주지 않은 채(부외금융, Off-Balance Financing) 기업고객에게 자금을 제공하면서 다양한 형태의 수수료를 획득할 수 있는 장점이 있다. 아울러 기업고객도 ABCP Program을 통해 좀 더 수월하게 자금을 조달할 수 있게 되었다.

(2) ABCP의 법적 성격

ABCP는 어음법상의 어음이면서 자본시장법상의 증권이라는 이중적 지위를 갖는다. ABCP

188) 김경태(2016), 14쪽.

189) 종래 기업들이 단기 자금조달수단으로 일반사채가 아닌 CP를 이용한 이유는 상법상 주식회사의 경우 사채발행한도가 순자산액의 4배로 제한되어 유동화증권 발행총액을 맞출 수 없기 때문이다. 그러나 ABCP는 어음이라 제한이 없어 CP를 유동화 구조와 결합시켜 단기 자금조달수단으로 이용할 수 있다.

는 유동화구조가 결합된 구조화금융을 취한 CP로, CP 자체는 어음법상 약속어음에 해당한다. 그러나 CP는 자본시장법상 일정한 요건을 갖추는 경우 증권인 점에서 ABCP도 어음의 형태를 취하면서 자본시장법상 채무증권에 해당한다.

CP가 이중적인 법적 지위를 갖게 된 배경에는 1997년 외환위기 이후 부실 종합금융회사의 퇴출로 CP 할인업무가 급격하게 위축되자 금융감독당국이 이를 해결하고자 1997년 8월 증권회사에 CP 할인업무를 추가로 허용하고, 이에 대한 법적 근거로 증권회사를 통해 할인·중개된 CP를 구증권거래법상의 유가증권으로 간주한데서 비롯된다.

CP와 ABCP는 기업어음인 점에서는 공통점이 있지만 CP가 기업의 신용에 기초하여 발행된 회사채무라면, ABCP는 기초자산의 현금흐름에 기초하여 발행된다는 점에서 차이가 있다. 즉 ABCP의 신용도는 기초자산의 질에 달려 있다.[190]

(3) ABCP의 발행유형

실무에서 ABCP의 발행구조는 이에 참여하는 자산보유자(Seller 또는 Originator)의 수에 따라 크게 세 가지 유형이 있다. i) 첫째 유형은 단일 자산보유자가 CP를 발행하는 경우이다("single seller 유형"). ii) 둘째 유형은 다수의 자산보유자로부터 수집한 자산집합(pool)을 가지고 CP를 발행하는 경우이다("multi seller 유형"). 이 유형은 통상 금융기관들이 자기 고객에게 대체적인 금융을 제공할 때 많이 사용된다. iii) 셋째 유형은 통상 부외자산으로부터 발생한 차익을 목적으로 구조화하는 경우이다("securities backed program 유형"). 많은 경우 단일 자산보유자가 발행하지만 다수의 자산보유자로부터 수집한 자산집합을 기초로 CP를 발행하는 경우 1회성이 아닌 일련의 프로그램(ABCP Program)으로 진행되는 경향이 있다. 즉 CP가 단일 자산보유자로부터 자산을 양도받아 발행되는 경우 단일 SPC를 이용하는 방식을 취하는 것과 달리 다수의 자산보유자가 존재하고 반복적으로 하는 경우 일체의 권리를 conduit(도관)[191]에게 이전하

190) ABCP는 CP와 유동화거래가 결합된 것으로 기초자산에서 장기적으로 안정적인 현금흐름이 확보만 되면 구조화 방식으로 현금흐름에 영향을 미치는 요인을 배제하고 다양한 방법으로 신용을 보강한 후 CP를 발행하여 필요한 자금을 조달할 수 있다는 이점이 있고 그간 이러한 이점이 부각되었다. 그러나 ABCP는 유동화기법을 사용하는 과정에서 내재된 도덕적 해이의 위험, 거래구조가 갈수록 복잡해짐에도 불구하고 안전상품으로 이해되어 판매되고 있는 관행, 거래구조에 대한 정확한 정보의 부재, 이들 유동화거래를 이용해서 발행되는 증권에 대하여 제대로 평가할 수 있는 시스템의 부재(즉 이들 증권에 신용등급을 부여하는 신용평가기관의 객관적 평가의 결여) 등이 총체적으로 결합되어 그로 인한 불이익은 궁극적으로 투자자에게 귀속되고 자본시장의 신뢰를 저하시킬 가능성이 있다[안수현(2010), "자산담보부기업어음(ABCP)에 관한 법제도적 문제", 한양법학 제21권 제1집(2010. 2), 483-484쪽].

191) 콘듀잇(Conduit)은 도관이라는 용어로 ABCP를 반복적으로 발행하고자 하는 경우 콘듀잇을 설립하여 보유자산을 콘듀잇에 매각하고, 콘듀잇은 보유자산을 기초로 CP를 발행하는 구조를 취한다. 금융기관의 경우 콘듀잇을 이용하여 보유자산을 콘듀잇에 매각할 경우 부외처리가 가능해지고 부외자산에는 50%의 위험가중치만 적용받는 이점이 있다. 이 때문에 많은 은행들이 PF대출 등 고위험 고수익자산을 늘리는 한편 이를 콘듀잇에 매각하고 ABCP를 발행하는 예가 급증하고 있다.

거나 SPC가 자산을 취득하고, 이에 대한 일체의 권리를 콘듀잇(conduit)에게 이전하는 방식을 취한다. SPC를 자산매도인과 콘듀잇(conduit) 간의 중개자(intermediary)로 사용하는 2단계 구조(two-tier structure)를 취하기도 한다. 콘듀잇(conduit)을 이용하는 경우에는 특히 CP 발행프로그램 전반을 관리하는 프로그램 관리자의 역할이 매우 중요한데, 통상 이러한 역할은 자산관리자가 맡게 된다.[192] 그런데 대부분 Multi-Seller ABCP Program의 형태이다.

(4) ABCP의 활성화 및 문제점

자산유동화는 2006년 하반기에 시행된 금융감독당국의 부동산 프로젝트금융(Project Financing, PF) ABS 발행기준 강화조치로 인하여 유동화전문회사의 형태에서 상법상 유동화회사로의 진화하였다. 즉 상법상 유동화회사를 통한 ABCP의 등장은 자산유동화법상의 유동화전문회사의 규제에 대한 반대급부로 성장하였다.[193]

이러한 ABCP는 CP와 마찬가지로 다음과 같은 문제점을 가지고 있다. i) 종이어음 형태로 발행할 수 있기 때문에 발행사무가 복잡하고 비용이 많이 발생한다. ii) 시간 및 공간의 제약으로 인하여 지방소재 기업은 발행이 어렵고 당일 자금화가 어렵다. iii) 종이어음 형태의 실물이므로 위조, 변조, 분실 등의 위험이 있다. iv) 분할유통이 불가능하기 때문에 금융시장 경색 시 시장경색이 수반될 수 있다. v) 상법상 유동화회사의 특성상 유동화증권이 사모 방식 위주로 발행되기 때문에 투명성 문제가 항상 거론된다. CP시장의 불투명성 문제의 상당부분은 상법상 유동화회사의 ABCP 발행증가에 따른 것으로 해석할 수 있다. 이를 위해 2013년 1월 시행된 「전자단기사채등의 발행 및 유통에 관한 법률」(전자단기사채법)이 CP시장의 한계를 해결하기 위한 대안으로 등장하였다.

(5) ABCP와 ABS의 비교

ABCP는 CP를 발행하고, ABS는 증권(Securities)을 발행한다는 점과 ABS는 여기에 적용되는 자산유동화법이라는 특별법이 있다는 점에서 기본적인 차이가 있다. 이를 바탕으로 ABCP와 ABS를 비교해 보면 다음과 같다.[194]

(가) 근거 법률

i) ABCP는 상법 또는 자본시장법에 근거하여 발행되지만, ABS는 자산유동화법에 의해 발행된다. 따라서 ABS의 경우 ABCP와는 다르게 자산유동화법에 따른 채권양도·저당권취득 특례 및 등록·취득세 감면 등 조세특례가 있다.[195] ii) SPC의 경우 ABCP는 상법상의 주식회

192) 안수현(2010), 485쪽.
193) 김준호·문윤재·이재헌(2014), "자산담보부 단기사채를 활용한 해외발전사업 수주확대방안", 한국플랜트학회 플랜트 저널 제11권 제1호(2014. 12), 31-32쪽.
194) 김남훈(2016), 14-16쪽.
195) 노상범·고동원(2012), 「부동산금융법」, 박영사(2012. 9), 175쪽.

사 또는 유한회사의 형태로 설립하여 CP를 발행하고, ABS는 자산유동화법상의 유한회사 형태의 유동화전문회사를 설립하여 회사채, 수익증권 또는 지분증권을 발행한다. iii) ABCP는 주로 사모로 모집하나, ABS는 공모와 사모 두 가지 형태가 모두 사용된다. iv) ABCP는 각각의 콘듀잇(conduit)[196]을 구성하여 포괄유동화[197]가 가능한 반면, ABS는 원칙적으로 불가능하다. v) ABCP는 CP의 특성상 권면분할 및 분할양도 등 조건부 발행이 곤란하나, ABS는 채권이다 보니 선·후순위 등 다양한 조건으로 발행할 수 있다. vi) ABCP는 단기자금조달에 적합하고 발행 소요기간은 통상 5일 이내(공모는 10일 이내) 정도로 짧으나, ABS는 장기자금조달에 적합하고 발행 소요기간도 통상 30일 내외(공모 기준)로 긴 편이다.

(나) 정보공시

ABCP는 공모시에만 금융위원회에 증권신고서를 제출하고, 사모일 경우에는 별도의 공시 의무가 없었으나, 2013. 2. 5. 「증권의 발행 및 공시 등에 관한 규정」("증권발행공시규정")이 개정되면서 50매 이상으로 발행되는 경우, CP의 만기가 365일 이상인 경우, CP가 자본시장법 시행령 제103조에 따른 특정금전신탁에 편입되는 경우에는 금융위원회에 증권신고서를 제출하도록 하고 있으며,[198] ABS의 경우 자산유동화법의 적용을 받기 위해서는 유동화계획[199] 및 자산양도시[200] 등록하여 공시하도록 되어 있다.

---

196) ABCP를 반복적으로 발행하고자 하는 경우 콘듀잇(conduit)을 설립하여 보유자산을 콘듀잇(conduit)에 매각하고, 콘듀잇(conduit)은 보유자산을 기초로 CP를 발행하는 구조를 취한다. 금융기관의 경우 콘듀잇(conduit)을 이용하여 보유자산을 콘듀잇(conduit)에 매각할 경우 부외처리가 가능해지고 부외자산에는 50%의 위험가중치만 적용받는 이점이 있다("ABCP 공장 콘듀잇 전성시대", 머니투데이(2008. 6. 23)).

197) 1개의 SPC가 다수의 유동화계획에 따라 수차례 유동화증권을 발행하는 것을 말한다.

198) 증권발행공시규정 제2-2조(증권의 모집으로 보는 전매기준) ① 영 제11조 제3항에서 "금융위원회가 정하여 고시하는 전매기준에 해당하는 경우"란 다음의 어느 하나에 해당하는 경우를 말한다.
5. 자본시장법법 제4조 제3항에 따른 기업어음증권("기업어음")의 경우에는 다음 각목의 어느 하나에 해당하는 경우
가. 50매 이상으로 발행되는 경우
나. 기업어음의 만기가 365일 이상인 경우
다. 기업어음이 영 제103조에 따른 특정금전신탁에 편입되는 경우

199) 자산유동화법 제3조(자산유동화계획의 등록) ① 유동화전문회사·자산유동화업무를 전업으로 하는 외국법인 및 신탁업자("유동화전문회사등")는 자산유동화에 관하여 이 법의 적용을 받고자 하는 경우에는 유동화자산의 범위, 유동화증권의 종류, 유동화자산의 관리방법등 자산유동화에 관한 계획("자산유동화계획")을 금융위원회에 등록하여야 한다. 자산유동화계획을 변경하고자 하는 경우에도 또한 같다. 다만, 대통령령이 정하는 경미한 사항을 변경하는 경우에는 그러하지 아니하다.
② 유동화전문회사등(신탁업자 제외)이 제1항의 규정에 의하여 등록할 수 있는 자산유동화계획은 1개에 한한다.
③ 유동화전문회사등은 제1항의 규정에 의한 등록을 하고자 하는 경우에는 금융위원회가 정하는 서류를 갖추어야 한다.

200) 자산유동화법 제6조(자산양도 등의 등록) ① 자산보유자 또는 유동화전문회사등은 자산유동화계획에 따른 유동화자산(유동화자산을 제3자가 점유하고 있는 경우 그 제3자에 대한 반환청구권을 포함)의 양도·신탁 또는 반환이나 유동화자산에 대한 질권 또는 저당권의 설정이 있은 때에는 다음 각호의 구분에 따라 지체

(다) 신용평가

신용평가의 경우 ABCP는 자본시장법 시행령 제183조[201]에 따라 장외거래시 2개 이상의 신용평가기관으로부터 신용평가를 받도록 의무화되어 있으나, ABS의 경우 「증권인수업무에 관한 규정」 제11조의2[202]에 따라 1개 이상의 신용평가기관으로부터 신용평가를 받아야 한다. 발행비용의 경우 ABCP가 통상 단기로 발행되기 때문에 상대적으로 장기인 ABS에 비해 저렴하다.

(6) ABCP의 위 · 변조 가능성과 제한적 공시

(가) 위 · 변조의 가능성

ABCP에서의 CP의 경우 약속어음 또는 융통어음의 일종으로 실물증권을 발행하여야 하는데, 이에 따른 위·변조, 분실위험 및 관리비용의 문제가 계속하여 지적되어 왔고, 권면액 이하의 분할양도 금지에 따른 유통성 제한 등의 문제도 계속하여 거론되어 왔다. 일반 어음의 경우 어음의 실물발행으로 인한 위험성을 해소하고자 「전자어음의 발행 및 유통에 관한 법률(“전자어음법”)」을 시행하였고, 나아가 2009. 5. 8. 전자어음법 개정시에는 「주식회사 등의 외부감사에 관한 법률」 제4조에 따른 외부감사대상 주식회사 등의 법인사업자가 약속어음을 발행할 경우 전자어음으로 발행할 것을 의무화하는 전자어음법 제6조의2[203]를 신설하였다.

없이 그 사실을 금융위원회에 등록하여야 한다.
1. 다음 각목의 1에 해당하는 경우에는 자산보유자
   가. 자산유동화계획에 따라 유동화전문회사등에 유동화자산을 양도한 경우
   나. 자산유동화계획에 따라 신탁업자에 유동화자산을 신탁한 경우
2. 다음 각목의 1에 해당하는 경우에는 유동화전문회사등(나목의 경우에는 유동화자산을 양도하거나 반환받은 유동화전문회사)
   가. 유동화전문회사등이 자산유동화계획에 따라 유동화자산을 자산보유자에게 양도하거나 양도의 취소등을 이유로 반환한 경우
   나. 유동화전문회사가 자산유동화계획에 따라 유동화자산을 다른 유동화전문회사에 양도하거나 그 유동화전문회사로부터 당해 유동화자산을 반환받은 경우
   다. 유동화전문회사등이 자산유동화계획에 따라 유동화증권의 투자자를 위하여 제3자에 유동화자산에 대한 질권 또는 저당권을 설정하거나 해지한 경우

201) 자본시장법 시행령 제183조(기업어음증권 등의 장외거래) ① 법 제166조에 따라 투자매매업자 또는 투자중개업자는 기업어음증권을 매매하거나 중개·주선 또는 대리하는 경우에는 다음의 기준을 준수하여야 한다.
1. 둘 이상의 신용평가회사로부터 신용평가를 받은 기업어음증권일 것
2. 기업어음증권에 대하여 직접 또는 간접의 지급보증을 하지 아니할 것

202) 증권 인수업무 등에 관한 규정 제11조의2(무보증사채의 인수) ① 금융투자회사가 무보증사채를 인수하는 경우 신용평가회사 중에서 둘 이상(자산유동화법에 따라 사채의 형태로 발행되는 유동화증권을 인수하는 경우, 금융투자업규정 제8-19조의14에 따라 선정된 신용평가회사로부터 평가를 받은 경우 또는 신용평가회사의 업무정지 등 부득이한 사유가 있는 경우에는 하나 이상)의 신용평가회사(외국법인등이 발행한 무보증사채의 경우에는 「증권의 발행 및 공시 등에 관한 규정」 제2-11조 제2항 제1호 마목의 금융감독원장이 정하는 국제신용평가기관을 포함)로부터 해당 무보증사채에 대한 평가를 받은 것이어야 한다.

203) 전자어음법 제6조의2(전자어음의 이용) 「주식회사 등의 외부감사에 관한 법률」 제4조에 따른 외부감사대상 주식회사 및 직전 사업연도 말의 자산총액 등이 대통령령으로 정하는 기준에 해당하는 법인사업자는

그러나 위 규정은 CP에는 적용하기 곤란한 측면이 있어 2010. 3. 12. 자본시장법 개정시에는 명시적으로 전자어음법 제6조의2 적용을 배제하는 규정을 신설하였다.[204] 따라서 CP의 경우에는 여전히 위·변조 및 분실위험이 남아 있다.[205]

(나) ABCP의 제한적 공시와 ABSTB

ABCP의 보다 근본적인 문제점은 투자자에게 기업의 정보가 제대로 공시되지 않는다는 점에 있다. ABCP의 경우에는 발행기업뿐만 아니라 신용공여한 기업에 대한 공시까지 제대로 이루어지지 않는다. 발행기업 입장에서는 ABS보다 간편한 발행절차와 신용에 의한 자금조달이 ABCP의 장점이라고 볼 수 있으나, 투자자 입장에서는 대부분 사모로 발행되어 증권신고서 제출의무가 면제된다는 것이 리스크로 작용할 수 있다. 즉 증권신고서 제출의무를 피하기 위하여 ABCP를 사모로 운용하려는 경우가 있다.

다만 2013. 2. 5. 증권발행공시규정이 개정되면서 ABCP가 50매 이상 발행되는 경우, 만기가 365일 이상인 경우, 자본시장법 시행령 제103조에 따라 특정금전신탁에 편입되는 경우에는 의무적으로 증권신고서를 제출하여 공시하도록 되어, 이제 특정금전신탁으로 ABCP가 편입되는 경우 투자자들은 그 내용을 확인할 수 있게 되었다. 그러나 위 경우를 제외한 사모에 있어서는 여전히 증권신고서를 제출하지 않아도 되기 때문에 충분한 효과가 있을지는 의문이 남는다.[206]

하지만 이러한 공시방법도 예외적인 것에 해당하는데, CP 전체의 투명성을 제고하고자 2013. 1. 5.부터 전자단기사채법이 시행되었다. 전자단기사채법은 ABCP를 대체하고자 ABSTB 발행 및 유통에 관한 내용을 규정한 법으로 증권의 전자화를 통한 비용절감 및 위·변조 차단 효과를 볼 수 있을 뿐만 아니라 전자어음에 해당하여 전자어음법 제7조의2[207]에 의해 최소액

약속어음을 발행할 경우 전자어음으로 발행하여야 한다.

204) 자본시장법 제10조(다른 법률과의 관계) ③ 기업어음증권을 발행하는 경우에는 「전자어음의 발행 및 유통에 관한 법률」 제6조의2를 적용하지 아니한다.

205) 김남훈(2016), 25쪽.

206) 김남훈(2016), 26쪽.

207) 전자어음법 제7조의2(전자어음의 분할배서) ① 어음법 제12조 제2항에도 불구하고 전자어음을 발행받아 최초로 배서하는 자에 한하여 총 5회 미만으로 어음금을 분할하여 그 일부에 관하여 각각 배서할 수 있다. 이 경우 분할된 각각의 전자어음은 제7조에 따른 배서의 방법을 갖추어야 한다.
② 제1항에 따라 배서를 하는 자는 배서하는 전자어음이 분할 전의 전자어음으로부터 분할된 것임을 표시하여야 한다.
③ 분할 후의 전자어음은 그 기재된 금액의 범위에서 분할 전의 전자어음과 동일한 전자어음으로 본다.
④ 분할된 전자어음에 대한 법률행위의 효과는 분할된 다른 전자어음의 법률관계에 영향을 미치지 아니하며, 배서인은 분할 후의 수개의 전자어음이 구별되도록 다른 번호를 붙여야 한다. 번호 부여의 구체적인 방법은 대통령령으로 정한다.
⑤ 분할 후의 어느 전자어음상의 권리가 소멸한 때에는 분할 전의 전자어음은 그 잔액에 관하여 존속하는 것으로 본다.
⑥ 전자어음의 발행인이 전자어음면에 분할금지 또는 이와 동일한 뜻의 기재를 한 때에는 제1항을 적용하지 아니한다.

면단위(1억원) 이상으로 분할유통이 가능하게 되었다.

또한 ABCP 수요를 ABSTB로 이전시키기 위해 위탁자 수가 50인 미만인 경우와 만기 3개월 이내인 ABSTB에 대하여는 증권신고서 제출의무를 면제[208]하였으므로 공시기능이 여전히 불완전하다는 한계가 있다. 그리고 50인 미만의 투자자를 대상으로 하더라도 발행 후 1년 이내에 50인 이상의 자에게 전매될 수 있다고 인정되는 경우에는 모집으로 의제되어 증권신고서를 제출하여야 한다.[209]

증권신고서를 제출하는 경우 7일 이상이 지나야 신고서의 효력이 발생하여 모집행위를 할 수 있는데,[210] ABCP 발행기업 입장에서는 신속성 및 간편성 차원에서 부담을 느낄 수밖에 없다. 그러나 소비자보호 관점에서는 가능한 한 증권신고서 제출을 통한 공시나 ABSTB 등과 같이 전산상 공시가 이루어지도록 하는 것이 유리하다. 결국 ABCP 발행에 있어 기업들의 자금조달에 있어 보다 신속하고 간편하게 할 것인지 보다 소비자를 보호하는 방향으로 정책을 추진할 것인지가 관건이나, 증권신고서의 효력발생시기를 보다 앞당기거나 ABCP를 ABSTB로 보다 많이 전환시키는 방법 등으로 가능한 한 CP에 관한 공시를 확대해 가는 것이 소비자보호를 넘어 공정하고 깨끗한 자본시장을 만들 수 있다는 점에서 바람직할 것으로 보인다.[211]

---

208) 증권의 발행 및 공시 등에 관한 규정 제2-2조(증권의 모집으로 보는 전매기준) ② 제1항에도 불구하고 증권을 발행함에 있어 다음 각 호의 어느 하나에 해당하는 경우에는 제1항에 따른 전매기준에 해당되지 않는 것으로 본다.

6. 제1항 제5호 다목 및 제6호의 경우에는 발행인이 특정금전신탁의 위탁자를 합산하여 50인 이상(영 제11조 제1항 제1호 및 제2호에 해당하는 자는 제외)이 될 수 없다는 뜻을 인수계약서와 취득계약서에 기재하고, 발행인 또는 기업어음, 파생결합증권을 인수한 금융투자업자가 그러한 발행조건의 이행을 담보할 수 있는 장치를 마련한 경우
7. 단기사채(전자증권법 제2조 제1호 나목에 따른 권리로서 같은 법 제59조 각 호의 요건을 모두 갖추고 전자등록된 것)로서 만기가 3개월 이내인 경우

209) 자본시장법 시행령 제11조(증권의 모집·매출) ③ 제1항 및 제2항에 따라 산출한 결과 청약의 권유를 받는 자의 수가 50인 미만으로서 증권의 모집에 해당되지 아니할 경우에도 해당 증권이 발행일부터 1년 이내에 50인 이상의 자에게 양도될 수 있는 경우로서 증권의 종류 및 취득자의 성격 등을 고려하여 금융위원회가 정하여 고시하는 전매 기준에 해당하는 경우에는 모집으로 본다.

210) 자본시장법 시행규칙 제12조(신고의 효력발생시기) ① 법 제120조 제1항에 따른 증권신고의 효력발생시기는 그 증권신고서가 수리된 날부터 다음의 기간이 경과한 날로 한다.

1. 채무증권의 모집 또는 매출인 경우에는 7일. 다만, 다음의 어느 하나에 해당하는 채무증권인 경우에는 5일
   가. 담보부사채신탁법에 따라 발행되는 담보부사채
   나. 영 제362조 제8항에 따른 보증사채권
   다. 자산유동화법 제3조에 따른 자산유동화계획에 따라 발행되는 사채권
   라. 법 제119조 제2항에 따른 일괄신고서에 의하여 모집 또는 매출되는 채무증권

211) 김남훈(2016), 25-28쪽.

2. 전자단기사채(ABSTB)

(1) ABSTB의 의의

ABSTB는 기업이 단기자금을 조달하기 위하여 발행하는 만기 1년 미만의 사채로서 실물이 아닌 전자증권으로 발행·유통되는 단기금융상품이다. 이는 CP의 편리성은 유지하면서도 CP가 가지고 있던 불편함을 개선하여 발행·유통의 편리성을 제고한 상품이다. 즉 ABSTB는 CP를 대체하기 위하여 2013년 1월에 도입된 새로운 상품으로 1972년에 도입된 CP가 거래의 투명성과 효율성 등 현대 자본시장의 니즈에 맞는 새로운 상품으로 재설계된 것이다.212)

이 사채의 법적 성격은 어음이 아닌 사채권이지만 경제적 실질은 기존의 CP와 동일하다. 다만 CP는 실물로 발행·유통되지만 ABSTB는 실물 없이 전자등록기관의 전자등록계좌부에 전자등록되는 방식으로 발행·유통되는 점이 다르다. 전자등록이란 주식등의 종류, 종목, 금액, 권리자 및 권리 내용 등 주식등에 관한 권리의 발생·변경·소멸에 관한 정보를 전자등록계좌부에 전자적 방식으로 기재하는 것을 말한다(전자증권법2(2)).

(2) 연혁

CP는 신용상태가 양호한 기업이 발행하는 무담보 융통어음(약속어음)으로서 비교적 간편하고 신속하게 발행할 수 있는 장점이 있어 기업의 주된 단기자금조달 수단으로 활용되어 왔다. CP는 콜(Call), RP(환매조건부매매), CD(양도성예금증서) 등과 함께 금융기관들이 할인방식으로 단기자금을 운용하는 중요한 투자상품이 되었고, 특히 금전신탁 및 MMF(Money Market Fund)의 자산운용수단으로서 비중이 높아졌다. 그러나 CP는 약속어음이라는 성격상 권면의 분할이 불가능하여 유통성에 한계가 있고, 발행·유통 정보가 충분히 공시되지 않아 투자자는 정보부족으로 인한 투자위험에 노출되어 있으며, 실물증권이 발행되어야 하기 때문에 발행비용 외에 위·변조, 분실 등의 위험도 발생하는 문제를 안고 있다. 뿐만 아니라 단기금융상품이라는 성질에도 불구하고 상환이 어음교환방식으로 이루어짐에 따라 3일 이하 단기물은 거의 없고, 대부분이 6개월 내지 1년 이상 장기로 발행되어 회사채시장을 잠식하는 기형적인 모습을 낳고 있었다. 또한 2000년 이후 부동산 등의 자산유동화와 결합되어 ABCP의 발행이 크게 증가하였다. 이는 건설경기 침체 등의 영향으로 부실화되어 금융시장의 잠재적 불안요인이 되었다. 무엇보다 그 발행·유통정보가 정확히 파악되지 않기 때문에 금융시장의 신용경색 발생 시 그 불안이 더욱 증폭되는 문제가 있다.213)

이러한 CP의 문제를 해결하기 위하여 2013년 1월 전자단기사채법을 시행하였다. 전자단

212) 박철영(2013), "전자단기사채제도의 법적 쟁점과 과제", 상사법연구 제32권 제3호(2013. 11), 9쪽.
213) 박철영(2013), 9-11쪽.

기사채법은 CP의 법적 형식을 약속어음에서 사채로 전환하고(CP의 사채화), 그 사채의 발행·유통을 전자화한 것이다(사채의 전자화). 상법의 특별법인 전자단기사채법은 CP와 같은 상품성을 갖는 단기사채라는 새로운 종류의 사채를 정의하고, 이 단기사채가 CP와 같은 상품성을 유지하고 사채권 없이 전자적으로 발행·유통되도록 상법상 사채와는 다른 특례를 규정하였다.

2019년 9월 16일부터 시행된 전자증권법의 제정에 따라 전자단기사채법은 폐지되었다(전자증권법 부칙2②). 전자증권법에서는 전자단기사채법의 규정 중에서 전자단기사채등의 정의규정과 상법에 대한 특례 규정을 옮겨서 규정하고 있다. 다만 명칭을 전자단기사채 대신 단기사채등으로 하고 있다.

(3) 특징

ABSTB란 사채 또는 법률에 따라 직접 설립된 법인이 발행하는 채무증권에 표시되어야 할 권리로서 일정한 요건을 갖추고 전자등록된 것을 말한다. 여기서 일정한 요건이란 ⅰ) 각 사채등의 금액이 1억원 이상이어야 하고, ⅱ) 만기가 1년 이내이어야 하고, ⅲ) 사채등의 금액을 한꺼번에 납입하여야 하고, ⅳ) 만기에 원리금 전액을 한꺼번에 지급한다는 취지가 정해져 있어야 하고, ⅴ) 사채등에 전환권, 신주인수권, 그 밖에 다른 권리로 전환하거나 다른 권리를 취득할 수 있는 권리가 부여되지 아니하여야 하며, ⅵ) 사채등에 담보부사채신탁법 제4조에 따른 물상담보를 붙이지 아니하여야 한다(전자증권법59). 그리고 단기사채등에 대해서는 상법 제469조 제4항에도 불구하고 이사회가 정하는 발행 한도(미상환된 단기사채등의 발행 잔액을 기준으로 한다) 이내에서 대표이사에게 단기사채등의 발행 권한을 위임할 수 있다. 또한 상법 제488조에도 불구하고 사채원부를 작성하지 아니하며, 사채권자집회에 관한 규정 다수도 적용이 배제된다(전자증권법59, 60, 61).

(4) ABCP와 ABSTB 비교

(가) 법적 성격

법적 성격과 관련하여 ⅰ) ABCP는 약속어음 또는 융통어음이고, 발행한도, 만기 및 액면금액에 별다른 제한이 없으나, ABSTB는 상법상의 사채의 성격을 가지고 있고, 발행한도는 이사회에서 결정하고, 만기는 1년 이내이며, 액면금액도 1억원 이상이라는 제한이 있다. ⅱ) ABCP는 실물증권을 발행하여 배서·교부나 계좌대체(예탁)의 방법으로 양도해야 하고, 양도를 위해 실물증권의 인수도가 필요하다 보니 발행지역도 사실상 수도권으로 국한되는 측면이 있으나,[214] ABSTB는 전자등록하는 방식으로 발행하기 때문에 양도방법도 전자등록(계좌대체)의

214) ABCP는 할인 또는 상환을 위해서 실물증권의 인수도가 필요한데, 상환에 필요한 어음교환소는 대부분 대도시를 중심으로 권역별로 운영되고 있고, 투자자와 중재·할인기관이 대부분 서울과 수도권에 집중되어 있기 때문이다.

방법으로 하게 되고 발행지역도 특별한 제한이 없다. iii) ABCP는 약속어음의 성격상 권면분할 및 분할양도가 불가능하나, ABSTB는 상법상의 사채의 성격을 가지고 있어 권면분할 및 분할양도가 가능하다.[215)]

(나) 정보공시

ABCP는 사모로 운영될 경우 사실상 투명하게 공시되지 아니하여 투자자보호에 미흡한 측면이 있을 수 있고, 증권과 대금 간의 실시간 동시결제(Delivery Versus Payment, DVP)가 어려워 발행인의 인수인에 대한 신용위험이 발생하게 될 가능성이 있으나, ABSTB는 일괄적·상시적으로 정보를 공시하고, DVP가 가능하며 사모발생 시에도 만기제한, 발행한도 설정, 신용평가 및 등록발행 내역 등을 실시간으로 공시하여 증권신고서 제출에 준하는 수준으로 투자자를 보호할 수 있다.

(다) 자금조달방식

ABCP가 은행을 통한 간접금융방식이어서 직접금융방식으로 자금조달을 하는 ABSTB보다 상대적으로 자금조달비용이 높다.

3. PF-ABCP의 개념 및 구조

(1) 개념

PF-ABCP구조를 설명함에 있어서는 우선 PF(Project Financing)의 개념을 개략적으로 살펴볼 필요가 있다. PF란 사업 프로젝트에 필요한 소요자금을 해당 프로젝트의 미래 현금흐름에 기초하여 조달하는 금융기법이다. 여기서 프로젝트란 재화 또는 용역의 공급을 목적으로 거액의 신규자금이 투입되는 반면, 그 자금의 회수는 장기간에 걸쳐서 이루어져 그 기대수익이 예상되는 사업을 말한다. 즉 프로젝트가 지향하는 사업의 성과로부터 미래에 발생하는 현금흐름을 대출금 상환재원으로 하고 프로젝트의 유·무형 자산을 담보로 하여 해당 프로젝트를 수행하기 위해 설립된 회사(Project Company)에 금융기관이 자금을 공급하는 금융방식을 의미한다.[216)]

부동산PF 중 뒤에서 보는 바와 같이, 본 PF(Term Loan)의 경우 프로젝트의 상환재원을 일반적으로 기대 현금흐름인 분양수입금으로 간주하고 있다. 신용위험과 사업위험에 대한 신용보강을 위해 시공사가 신용공여를 하도록 하며, 시행사 또는 SPC가 상환불능 상태에 이를 경우 시공사인 건설사가 PF 채무액에 대한 지급보증 또는 채무인수에 따른 채무를 부담하게 된다. 부동산 경기침체 영향으로 분양률이 저조할 경우 시공사는 수익권 상각, 현금흐름의 악화 등 재무적 리스크를 부담하게 된다. 은행 등 금융기관은 이를 "부동산PF 대출"이라고 하며, 시

215) 김남훈(2016), 22-23쪽.
216) 박제형(2012), "국내 부동산PF 대출의 문제점과 개선방안 연구", 고려대학교 석사학위논문(2012. 12), 4쪽.

공사 및 시행사는 "부동산PF 우발채무"라고 부른다.[217]

결국 PF-ABCP란 ABCP 중에서 PF를 위해 선행된 금융기관(대출자)의 사업시행자(차입자)에 대한 대출채권을 상법상의 SPC가 양수받아 이를 기초자산으로 하여 CP를 발행하여 유동화하는 구조를 의미한다.[218]

(2) 일반적인 부동산PF-ABCP 구조

PF-ABCP 발행구조는, 우선 금융기관(대주)이 부동산개발사업을 하는 시행자(차주)에게 PF대출을 시행하고, 시행사는 부동산 분양 및 부동산개발사업 부지를 부동산신탁회사에 신탁하여 관리하게 된다. 그리고 금융기관(대주)이 자산보유자로서 대출채권을 SPC에 양도하면, SPC는 이러한 대출채권을 기초자산으로 하여 ABCP를 발행하고 ABCP 매도대금으로 금융기관에 대출채권 양수대금을 지급한다. 시공사는 금융기관이 사업시행자에게 대출한 금원에 대해 연대보증이나 채무인수 등으로 신용공여를 하게 된다. 이후 시행사는 부동산 분양대금으로 SPC에게 위 대출금을 상환하고 SPC는 그 금원으로 투자자에게 ABCP를 상환하게 된다.[219]

(3) SPC가 먼저 ABCP를 발행하여 사전 PF대출을 하는 구조

기본적인 구조는 유사하나, 상법상 SPC를 설립하고 SPC가 먼저 ABCP를 발행하여 조달한 자금을 시행자에게 대여하는 방법이 이용되기도 한다. 이러한 구조에서는 금융기관이 대주로서 시행사에게 대출을 하는 것이 아니라, ABCP를 발행하고 그 매매대금으로 대출을 하게 된다. 우선 SPC를 설립하고 ABCP를 발행하여 매매대금으로 시행사에게 대출하고 나면, 시행사는 그 대출금으로 부동산개발사업 부지를 확보한 후 부동산신탁회사에 사업부지를 신탁한다. 그리고 별도의 신용공여자가 SPC의 시행사에 대한 PF대출에 대하여 신용공여를 하게 되고, 이후 시행사는 본 PF 등을 통하여 SPC에게 대출금을 상환하면, SPC는 위 금원으로 투자자에게 ABCP를 상환하게 된다.

217) 김남훈(2016), 63쪽.
218) 노상범 · 고동원(2012), 222쪽.
219) 김남훈(2016), 29-30쪽.

제3장 /

집합투자증권

제1절 집합투자

Ⅰ. 개념

1. 의의

집합투자(Collective Investment)란 2인 이상의 투자자로부터 모은 금전등을 투자자로부터 일상적인 운용지시를 받지 아니하면서 재산적 가치가 있는 투자대상자산을 취득·처분, 그 밖의 방법으로 운용하고 그 결과를 투자자에게 배분하여 귀속시키는 것을 말한다(법6⑤ 본문). 즉 집합투자는 "다수의 투자자로부터 금전등을 모아 기금(fund)[1]을 조성한 뒤에 이 기금을 투자에 대해 전문적 지식을 가진 자가 운용하도록 하여 그 수익을 투자자들에게 나눠주는 제도"라 할 수 있다. 펀드(집합투자)의 일반적 의미는 일정한 목적을 위해 조성된 자금 또는 기금을 말한다. 주택도시기금, 국민행복기금 등이 그것이다. 펀드 운용사가 주식 등에 투자할 목적으로 투자자들로부터 모아서 조성한 자금, 즉 펀드는 투자를 목적으로 조성되었으므로 "투자펀드"라고 할 수 있다.[2]

집합투자는 개인 또는 법인이 단독으로 투자대상자산을 취득·처분하여 발생하는 손익이 해당 개인 또는 법인에게 귀속되는 직접투자와 다르다. 집합투자 시에는 집합투자업자(펀드매니

1) 투자펀드의 투자관리를 외부의 투자전문가가 수행하는 것이 곧 집합투자기구라고 할 수 있다. 이런 점에서 집합투자기구를 일반적으로 펀드로 지칭하는 것이 반드시 틀린 것은 아니다.
2) 박삼철(2017), 「사모펀드 해설」, 지원출판사(2017. 10), 3쪽.

저)의 전문적인 투자결정에 따라 투자가 이루어지므로 소액의 개인투자자라도 전문가의 조력을 용이하게 받을 수 있으며, 다양한 포트폴리오 투자가 가능하게 되어 위험을 분산시킬 수 있고, 개인의 자금규모로 투자가 어려운 고가의 증권 또는 부동산 등에 소액으로 투자가 가능하다.

2. 집합투자의 기본구조

먼저 집합투자 기획자(sponsor)는 투자자로부터 금전등을 모아 기금(fund)을 형성한다. 기금은 법인격을 가지기도 하지만, 신탁형태로 법인격 없이 존재하기도 한다. 이렇게 모인 기금은 전문적인 운용능력을 갖춘 자, 즉 운용자에 의해 운용된다.

집합투자에서 중요한 요소는 투자자, 기금, 그리고 운용자(집합투자업자) 셋을 꼽을 수 있다. 실제로는 신탁업자,[3] 일반사무관리회사, 투자자문업자, 판매회사 등 여러 당사자가 하나의 집합투자에 참여하므로 이것만 가지고 집합투자의 실질을 모두 설명했다고는 할 수 없다. 그러나 위의 세 가지 요소를 제외하고는 모두 집합투자의 2차적인 업무를 담당하는 자이기 때문에 그 중요성은 상대적으로 낮다.

집합투자는 투자자-기금-운용자의 구조로 되어있다. 투자자로부터 모은 금전등을 기금으로 만들어 그 기금을 운용자가 운용한다. 이러한 형태를 실현하기 위해 집합투자에서는 집합투자기구라는 도구(scheme)를 이용한다. 집합투자기구의 형태는 우리가 이미 알고 있는 주식회사나 신탁을 비롯하여 유한회사, 합자회사, 유한책임회사, 합자조합, 익명조합 등 다양하게 존재한다. 집합투자제도의 투자자-기금-운용자의 구조는 주주-회사-이사 구조를 가지는 주식회사와도 유사하며, 수익자-신탁-수탁자[4] 구조의 신탁과도 유사하다. 또한 조합원-조합-업무집행조합원 구조의 조합과 유사하다. 집합투자제도를 실현하기 위해 회사, 신탁, 조합 등의 개념을 빌려 집합투자에 맞게 변형하여 사용한다. 우리가 신탁형 집합투자기구, 회사형 집합투자기구, 조합형 집합투자기구라 부르는 것도 모두 각각의 형태를 빌려 만들어진 집합투자기구라는 의미이다.

여기서 주의해야 할 것은 도구(scheme)로써 사용되는 각각의 법적 형태는 집합투자에 맞게 변형하여 사용하는 것이지 그 형태 그대로 집합투자에 차용된 것이 아니라는 점이다. 예를 들어 신탁형 집합투자기구는 신탁의 개념을 빌린 것이지만, 결코 신탁과 일치한다고 할 수 없다. 마찬가지로 회사형 집합투자기구도 회사와 비교했을 때 그 외형이 비슷할 뿐이지, 본질에

---

3) 여기서 신탁업자는 집합투자재산을 보관·관리하는 신탁업자로 자본시장법 제244조(선관주의의무), 제245조(적용배제), 제246조(신탁업자의 업무제한 등), 제247조(운용행위감시 등), 제248조(자산보관·관리보고서의 교부)의 규제를 받는 자를 말한다.

4) 다만 우리나라에서는 신탁의 수익자-신탁-수탁자 구조가 아닌 수익자-신탁-위탁자 구조로 변형되어 사용되고 있다.

는 차이가 있다. 그래서 각각의 형태영역에서 논의되고 있는 고유한 문제를 그대로 집합투자에 끌고 와서는 안 된다.[5)]

3. 집합투자 관련 개념

(1) 집합투자기구

집합투자기구(CIV: Collective Investment Vehicle)란 집합투자를 수행하기 위한 기구를 말한다(법9⑱). 집합투자는 투자자를 집합투자재산 운용으로부터 배제시켜 집합투자업자(펀드매니저)의 의사결정에 따라 집합투자재산을 운용하도록 하고 있다. 그러나 집합투자재산은 집합투자업자가 아닌 투자자의 것이므로 집합투자재산을 집합투자업자와 분리하여 관리하기 위한 별도의 기구(vehicle)가 필요하게 된다. 이러한 기구는 다른 법률에서 규정하고 있는 신탁계약, 회사, 조합 등의 형태를 이용하고 있으며 주된 방법은 신탁계약과 회사이다. 각각의 기구는 투자자들에게 재산권을 표창하는 증권을 발행하게 되는데 신탁형은 수익증권, 회사형은 주식, 조합형은 출자증권을 발행하여 교부하게 된다. 이를 통칭하여 집합투자증권이라 부른다.

집합투자기구[6)]의 특징은 두 가지로 볼 수 있는데, ⅰ) 주식 및 채권 등에 투자하여 얻은 이익을 투자자들에게 배분하는 실적배당형 금융상품이라는 점, ⅱ) 투자자들로부터 자본운용에 대한 운용지시를 받지 않는다는 점이다.

(2) 집합투자재산

집합투자재산이란 집합투자기구의 재산으로서 투자신탁재산, 투자회사재산, 투자유한회사재산, 투자합자회사재산, 투자유한책임회사재산, 투자합자조합재산 및 투자익명조합재산을 말한다(법9⑳).

(3) 집합투자규약

집합투자규약이란 집합투자기구의 조직, 운영 및 투자자의 권리·의무를 정한 것으로서 투자신탁의 신탁계약, 투자회사·투자유한회사·투자합자회사·투자유한책임회사의 정관 및 투자합자조합·투자익명조합의 조합계약을 말한다(법9㉒).

(4) 집합투자자총회

집합투자자총회란 집합투자기구의 투자자 전원으로 구성된 의사결정기관으로서 수익자총회, 주주총회, 사원총회, 조합원총회 및 익명조합원총회를 말한다(법9㉓).

---

5) 강태양(2011), "집합투자의 법적성질 및 구조에 관한 연구", 고려대학교 대학원 석사학위논문(2011. 12), 9-10쪽.

6) 펀드상품은 자본시장법에서 규정하는 금융투자상품에 해당하지만 자본시장법상의 용어는 아니다. 자본시장법 제9조에서 정의하는 집합투자기구를 펀드상품이라 하기도 한다.

Ⅱ. 집합투자에서 배제되는 투자형태

다음의 경우에는 자본시장법상 집합투자에 해당하지 않는다(법6⑤ 단서).

1. 개별법에 의한 사모펀드

(1) 의의

집합투자기구에 대해서는 자본시장법에서 규정하고 있지만, 사실 자본시장법뿐 아니라 다른 법에서도 집합투자기구에 대해 다루고 있다. 자본시장법 외의 개별법에 근거해 만들어지는 집합투자기구를 개별법에 의한 사모펀드라 한다. 부동산투자회사법상의 부동산투자회사(자기관리 부동산투자회사·위탁관리 부동산투자회사·기업구조조정 부동산투자회사), 선박투자회사법상의 선박투자회사, 문화산업진흥 기본법상의 문화산업전문투자조합·문화산업전문회사, 산업발전법상의 기업구조개선 경영참여형 사모집합투자기구, 중소기업창업 지원법상의 중소기업창업투자조합, 여신전문금융업상의 신기술사업투자조합, 벤처기업육성에 관한 특별조치법상의 중소기업투자모태조합, 한국벤처투자조합 및 개인투자조합, 소재·부품전문기업 등의 육성에 관한 특별조치법상의 소재·부품전문투자조합, 농림수산식품투자조합 결성 및 운용에 관한 법률상의 농식품투자조합을 들 수 있다.

자본시장법은 대통령령으로 정하는 법률[7]에 따라 사모의 방법으로 금전등을 모아 운용·배분하는 것으로서 대통령령으로 정하는 투자자[8]의 총수가 49인(대통령령으로 정하는 수)[9] 이하인 경우는 집합투자에서 제외한다(법6⑤(1)). 여기서 "대통령령으로 정하는 투자자"와 "대통령령으로 정하는 수"는 자본시장법상 사모집합투자기구에 적용되는 내용과 동일하므로, 개별법상의 사모펀드는 자본시장법상의 사모집합투자기구와 개념상 동일하다. 개별법에 의한 사모펀드는 자본시장법상의 집합투자에서 제외되므로 자본시장법에 따른 집합투자기구가 아니며

---

7) "대통령령으로 정하는 법률"이란 다음 각 호의 법률을 말한다(영6①). 1. 부동산투자회사법, 2. 선박투자회사법, 3. 문화산업진흥 기본법, 4. 산업발전법, 5. 중소기업창업 지원법, 6. 여신전문금융업법, 7. 벤처기업육성에 관한 특별조치법, 8. 소재·부품전문기업 등의 육성에 관한 특별조치법, 9. 농림수산식품투자조합 결성 및 운용에 관한 법률.

8) "대통령령으로 정하는 투자자"란 다음에 해당하지 아니하는 투자자를 말한다(영14①).
1. 제10조 제1항 각 호의 어느 하나에 해당하는 자
2. 제10조 제3항 제12호·제13호에 해당하는 자 중 금융위원회가 정하여 고시하는 자

9) "대통령령으로 정하는 수"란 49인을 말한다. 이 경우 49인을 계산할 때에는 다른 집합투자기구(제80조 제1항 제5호의2에 따른 사모투자재간접집합투자기구, 같은 항 제5호의3에 따른 부동산·특별자산투자재간접집합투자기구 또는 같은 호 각 목의 어느 하나에 해당하는 집합투자기구 등에 대한 투자금액을 합산한 금액이 자산총액의 80%를 초과하는 부동산투자회사법 제49조의3에 따른 공모부동산투자회사는 제외)가 해당 집합투자기구의 집합투자증권 발행총수의 10% 이상을 취득하는 경우에는 그 다른 집합투자기구의 투자자(제2항에 따른 투자자)의 수를 합하여 계산하여야 한다(영6③).

그 집합투자증권도 자본시장법에 따른 집합투자증권이 아니다.

(2) 요건

개별법에 의한 사모펀드와 관련하여 개별법에 의한 사모펀드가 자본시장법상의 집합투자기구에 최대한 포섭되도록, 개별법에 의한 사모펀드를 최대한 협소하게 정의할 필요가 있다. 개별법에 의한 사모펀드는 단지 개별법에서 규정하고 있다고 해서 그것만으로 자본시장법의 집합투자에서 제외되지는 않고, 추가로 일정요건을 갖추어야 개별법에 의한 사모펀드로 인정된다. 즉 개별법에 의한 사모펀드가 되어 집합투자에서 제외되기 위해서는 i) 시행령이 정하는 법률에 따라 ii) 사모의 방법으로 금전등을 모아 운용·배분하는 것으로서 iii) 시행령이 정하는 투자자의 총수가 iv) 시행령이 정하는 수 이하일 것을 요구한다(법6⑤(1)).

2. 자산유동화기구

자산유동화법 제3조의 자산유동화계획에 따라 금전등을 모아 운용·배분하는 경우는 제외한다(법6⑤(2)). 자산유동화를 집합투자의 개념에서 명시적으로 제외한 것은 그것이 집합투자의 개념과 매우 유사하기 때문이다. 집합투자는 먼저 투자자로부터 모은 기금을 가지고 투자대상자산에 투자하는 데 반하여 자산유동화는 먼저 투자대상자산에 투자한 후에 (이를 기초로 자산유동화 증권을 발행한 후) 투자자에게 증권을 매각한다는 점에서 차이가 있다.[10] 하지만 유동화증권을 구입하는 것은 결국 투자대상자산으로부터 발생하는 수익이 중간 매개체를 통하여 귀속되는 것이기 때문에 투자자의 관점에서는 집합투자와 자산유동화에 대한 차이를 느끼지 못한다.[11]

3. 시행령에 의한 제외

그 밖에 행위의 성격 및 투자자 보호의 필요성 등을 고려하여 시행령으로 정하는 경우를 제외한다(법6⑤(3), 영6④).

(1) 증권금융, 신탁업자, 종합금융투자사업자, 종합금융회사

i) 증권금융회사 또는 신탁업자("예치기관")가 투자자예탁금(투자자로부터 금융투자상품의 매매, 그 밖의 거래와 관련하여 예탁받은 금전)을 예치 또는 신탁받아 운용·배분하는 경우(1호), ii) 종합금융투자사업자(법77의2)가 종합투자계좌[고객으로부터 예탁받은 자금을 통합하여 기업신용공여 등 금융위원회가 정하여 고시하는 기업금융 관련 자산("기업금융관련자산") 등에 운용하고, 그 결

---

10) 유동화증권을 구입한 투자자는 투자대상자산에서 발생하는 이자 등을 수익하게 된다.

11) 여기서 집합투자의 경유자는 집합투자기구가 될 것이고, 자산유동화의 경유자는 유동화전문회사(SPC)가 될 것이다.

과 발생한 수익을 고객에게 지급하는 것을 목적으로 종합금융투자사업자가 개설한 계좌]업무를 하는 경우(1의2호), iii) 종합재산신탁(법103②)으로서 금전의 수탁비율이 40% 이하인 경우, 또는 신탁재산의 운용에 의하여 발생한 수익금의 운용 또는 신탁의 해지나 환매에 따라 나머지 신탁재산을 운용하기 위하여 불가피한 경우로서, 신탁업자가 신탁재산을 효율적으로 운용하기 위하여 수탁한 금전을 공동으로 운용하는 경우(2호), iv) 종합금융회사(법336)가 어음관리계좌(영329) 업무를 하는 경우(4호)는 집합투자에서 제외한다.

(2) 특수목적회사

i) PEF 특수목적회사: 법 제249조의13에 따른 투자목적회사가 그 업무를 하는 경우는 집합투자에서 제외한다(3호). 즉 경영참여형 사모집합투자기구(PEF) 등이 주주·사원으로 참여하는 투자목적회사(SPC)가 주식 등에 투자하는 것은 집합투자에서 제외한다.

ii) 부동산임대 목적회사: 법인세법 제51조의2 제1항 제6호에 따른 요건을 갖춘 법인(=민간임대주택에 관한 특별법 또는 공공주택 특별법에 따른 특수 목적 법인 등으로서 대통령령으로 정하는 법인)이 금전등(금전 기타 재산적 가치가 있는 것)을 모아 운용·배분하는 경우(5호)는 집합투자에서 제외한다.

iii) 기업인수목적회사(SPAC): 다른 법인과 합병하는 것을 유일한 사업목적으로 하고 모집을 통하여 주권을 발행하는 법인(기업인수목적회사, SPAC)이 영 제6조 제4항 제14호 각 목의 요건[12]을 모두 갖추어 그 사업목적에 속하는 행위를 하는 경우(14호)는 집합투자에서 제외한다.

(3) 지주회사

지분증권의 소유를 통하여 다른 회사의 사업내용을 지배하는 것을 주된 사업으로 하는 국내회사(지주회사)가 그 사업을 하는 경우(6호)는 집합투자에서 제외한다.

---

12) 다음의 요건을 모두 갖추어 그 사업목적에 속하는 행위를 하는 경우(영6④(14)).
가. 주권(최초 모집 이전에 발행된 주권은 제외)의 발행을 통하여 모은 금전의 90% 이상으로서 금융위원회가 정하여 고시하는 금액 이상을 주금납입일의 다음 영업일까지 법 제324조 제1항에 따라 인가를 받은 자("증권금융회사") 등 금융위원회가 정하여 고시하는 기관에 예치 또는 신탁할 것
나. 가목에 따라 예치 또는 신탁한 금전을 다른 법인과의 합병등기가 완료되기 전에 인출하거나 담보로 제공하지 않을 것. 다만, 기업인수목적회사의 운영을 위하여 불가피한 경우로서 법 제165조의5에 따른 주식매수청구권의 행사로 주식을 매수하기 위한 경우 등 금융위원회가 정하여 고시하는 경우에는 인출할 수 있다.
다. 발기인 중 1인 이상은 금융위원회가 정하여 고시하는 규모 이상의 지분증권(집합투자증권은 제외) 투자매매업자일 것
라. 임원이 금융회사지배구조법 제5조 제1항 각 호의 어느 하나에 해당하지 아니할 것
마. 최초로 모집한 주권의 주금납입일부터 90일 이내에 그 주권을 증권시장에 상장할 것
바. 최초로 모집한 주권의 주금납입일부터 36개월 이내에 다른 법인과의 합병등기를 완료할 것
사. 그 밖에 투자자 보호를 위한 것으로서 금융위원회가 정하여 고시하는 기준을 갖출 것

(4) 가맹사업과 다단계판매사업

i) 가맹사업: 가맹사업법 제2조 제1호에 따른 가맹사업[13]을 하는 경우(7호)는 집합투자에서 제외한다.

ii) 다단계판매사업: 방문판매법 제2조 제5호에 따른 다단계판매[14] 사업을 하는 경우(8호)는 집합투자에서 제외한다.

(5) 제조업 등

(가) 일반사업체

통계법에 따라 통계청장이 고시하는 한국표준산업분류에 따른 제조업 등의 사업을 하는 자가 직접 임직원, 영업소, 그 밖에 그 사업을 하기 위하여 통상적으로 필요한 인적·물적 설비를 갖추고 투자자로부터 모은 금전등으로 해당 사업을 하여 그 결과를 투자자에게 배분하는 경우(9호 본문)는 집합투자에서 제외한다.

제조업을 영위하는 일반 주식회사를 예로 들어본다면 여기서 말하는 일반사업체의 하나로 볼 수 있다. 주주로부터 자금 등을 납입받아 이를 집합하여 주식회사를 설립하고, 이 기금을 자본으로 삼아 공장도 구입하고, 직원도 고용하며 주주의 일상적인 지시를 받지 않으면서 회사를 운영한다. 그리고 회사운영으로 인해 수익이 발생하면 주주에게 배당의 형식으로 귀속시킨다는 점에서 집합투자와 매우 유사하다. 하지만 일반사업체를 집합투자의 범위로 포섭하게 되면 집합투자의 규제를 받기 때문에 사실상 주식회사를 운영하기가 불가능해진다. 자본시장법상의 집합투자기구는 상근 임직원을 둘 수도 없고, 본점 외의 영업소를 설치할 수도 없다(법184⑦). 또한 주식회사에 대표기관으로서 법인이사를 두어야 하는데 법인이사는 집합투자업자만이 가능하다(법197①). 이 밖에도 많은 집합투자관련 규제들이 적용되므로 제조업을 영위하는 것은 사실상 불가능해진다.

일반사업체의 운영이 비록 집합투자의 일반적인 개념에 포섭한다고 할지라도, 그 특수성

---

13) “가맹사업”이라 함은 가맹본부가 가맹점사업자로 하여금 자기의 상표·서비스표·상호·간판 그 밖의 영업표지(“영업표지”)를 사용하여 일정한 품질기준이나 영업방식에 따라 상품(원재료 및 부재료를 포함) 또는 용역을 판매하도록 함과 아울러 이에 따른 경영 및 영업활동 등에 대한 지원·교육과 통제를 하며, 가맹점사업자는 영업표지의 사용과 경영 및 영업활동 등에 대한 지원·교육의 대가로 가맹본부에 가맹금을 지급하는 계속적인 거래관계를 말한다(가맹사업법2(1)).

14) “다단계판매”란 다음 각 목의 요건을 모두 충족하는 판매조직(“다단계판매조직”)을 통하여 재화등을 판매하는 것을 말한다(방문판매법2(5)).

가. 판매업자에 속한 판매원이 특정인을 해당 판매원의 하위 판매원으로 가입하도록 권유하는 모집방식이 있을 것

나. 가목에 따른 판매원의 가입이 3단계(다른 판매원의 권유를 통하지 아니하고 가입한 판매원을 1단계 판매원으로 한다) 이상 단계적으로 이루어질 것. 다만, 판매원의 단계가 2단계 이하라고 하더라도 사실상 3단계 이상으로 관리·운영되는 경우로서 대통령령으로 정하는 경우를 포함한다.

다. 판매업자가 판매원에게 제9호 나목 또는 다목에 해당하는 후원수당을 지급하는 방식을 가지고 있을 것

때문에 자본시장법은 집합투자 범위에서 배제하고 있는 것이다.

(나) 특수한 일반사업체

다만 사업자가 해당 사업을 특정하고 그 특정된 사업의 결과를 배분하는 경우는 집합투자에 해당한다(9호 단서). 예를 들어 영업자가 특정 영화를 제작하고 영화가 제작된 후에 그 수익을 배분하는 목적으로 설립한 소위 네티즌펀드(netizen fund), 그중에서도 설정형 네티즌펀드를 들 수 있다.[15] 설정형 네티즌 펀드는 제작사가 자신이 A라는 특정 영화(사업)를 제작한다고 광고하면서 투자자들로부터 직접 투자금을 모집한 다음, 그 투자금으로 영화를 제작하고 거기서 나온 성과를 투자자에게 귀속시키는 구조다. 영화제작사와 투자자 간에는 투자계약의 성질을 지닌다.

그러나 앞에서 보았듯이 특수한 일반사업체를 자본시장법상의 집합투자의 범위에 포섭하기에는 많은 문제점이 발생한다. 자본시장법에 따르면 영화제작사가 자금을 모집하면 그 회사는 자본시장법상의 집합투자기구로 되는데, 이렇게 되면 다른 집합투자기구처럼 집합투자규제를 받게 되어 회사는 상근 임직원도 둘 수 없고, 영업소도 둘 수 없는 명목회사가 될 수밖에 없다.

과거 네티즌 펀드에 대한 논의는 제작사와 투자자 간의 투자계약이 당시 증권거래법상의 유가증권에 해당하지 않아, 적절한 규제를 하지 못한 데서 비롯된 것이다. 이제 자본시장법에서는 투자계약증권도 증권의 범주에 포함시키고 있기 때문에(법4②), 어느 정도의 규제 가능성이 보인다. 하지만 자본시장법은 이처럼 네티즌 펀드를 투자계약이 아닌 집합투자로 보고 있다. 영화제작사가 투자자와 투자계약을 맺으면 자본시장법상의 증권신고제도 등의 규제를 받아야지 집합투자로 보아서는 안 된다. 이렇게 설정형 네티즌 펀드에 대해 집합투자의 범위에 포함하면서, 마땅히 규제에서 벗어나게 해주는 특별법이 없으면 자본시장법의 규제를 받는 현재 구조에서는 앞으로 나타나는 다양한 투자계약을 원천적으로 봉쇄할 수 있다.

(6) 비영리목적의 계 등

i) 비영리목적의 계: 학술·종교·자선·기예·사교, 그 밖의 영리 아닌 사업을 목적으로 하는 계(契)인 경우(10호)는 집합투자에서 제외한다.

ii) 종중 등을 위한 비영리사업: 종중, 그 밖의 혈연관계로 맺어진 집단과 그 구성원을 위하여 하는 영리 아닌 사업인 경우(11호)는 집합투자에서 제외한다.

iii) 비영리법인의 행위: 민법에 따른 비영리법인, 공익법인법에 따른 공익법인, 사회복지사업법에 따른 사회복지법인, 근로복지기본법에 따른 우리사주조합, 그 밖에 관련 법령에 따라

---

15) 이 밖에 네티즌펀드의 법적 형식에 따라 중개형, 양도형, 조합형 방식이 있다. 중개형, 양도형, 조합형은 모두 자본시장법상의 규제를 받게 되는 구조이다.

허가·인가·등록 등을 받아 설립된 비영리법인 등이 해당 정관 등에서 정한 사업목적에 속하는 행위를 하는 경우(12호)는 집합투자에서 제외한다.

(7) 투자모임

투자자로부터 모은 금전등을 투자자 전원의 합의에 따라 운용·배분하는 경우(13호)는 집합투자에서 제외한다. 이는 소위 투자클럽에 해당하는 것으로 투자자가 직접 운용에 참여한다면 굳이 투자자를 보호할 필요가 없다는 점에 기초한 것으로 생각된다.

전원의 합의가 운용·배분하는 때마다 필요한지, 또는 분기마다 혹은 매년 전원의 합의만 있으면 그 기간에는 특정인(투자자로부터 금전을 모은 자 또는 그 외의 자)이 운용을 하더라도 문제가 되지 않는지 등에 대해서는 법이 언급하고 있지 않다. 하지만 그 합의의 갱신기간이 존재하지 않는다면 자본시장법에서 정의하는 집합투자와 별반 다르지 않게 되기 때문에 갱신기간이 영속적이어서는 안 될 것이다. 합의의 갱신기간이 존재한다는 것은 특정인만이 다른 자들의 일상적인 지시를 배제하고 계속적으로 운용을 할 수 없다는 의미이기 때문이다.

(8) 기타 금융위원회가 정하는 경우

그 밖에 i) 운용에 따른 보수를 받는 전문적 운용자의 존재 여부(가목), ii) 투자자의 투자동기가 전문적 운용자의 지식·경험·능력에 있는지, 투자자와 전문적 운용자 간의 인적 관계에 있는지 여부(나목), iii) 운용 결과가 합리적 기간 이내에 투자금액에 따라 비례적으로 배분되도록 예정되어 있는지 여부(다목), iv) 투자자로부터 모은 재산을 전문적 운용자의 고유재산과 분리할 필요성이 있는지 여부(라목), v) 집합투자로 보지 아니할 경우에는 투자자 보호가 뚜렷하게 곤란하게 될 가능성이 있는지 여부(바목)를 종합적으로 고려하여 금융위원회가 집합투자에 해당하지 아니한다고 인정하는 경우(15호)는 집합투자에서 제외한다.

Ⅲ. 의제집합투자

기금관리주체(국가재정법8①),[16] 농업협동조합중앙회, 수산업협동조합중앙회, 신용협동조합중앙회, 상호저축은행중앙회, 산림조합, 새마을금고중앙회, 체신관서, 집합투자겸영보험회사가 설정한 투자신탁(법251① 전단), 법률에 따라 설립된 법인 또는 단체로서 대통령령으로 정하는 자,[17] 그 밖에 자본시장법 제6조 제7항에 따른 금융투자상품등에 대한 투자를 목적으로 2

16) 국가재정법 제8조(성과중심의 재정운용) ① 각 중앙관서의 장과 법률에 따라 기금을 관리·운용하는 자(기금의 관리 또는 운용 업무를 위탁받은 자를 제외하며, "기금관리주체")는 재정활동의 성과관리체계를 구축하여야 한다.

17) "대통령령으로 정하는 자"란 다음의 어느 하나에 해당하는 자를 말한다(영6⑥).
1. 다음 각 목의 어느 하나에 해당하는 공제회 또는 공제조합 가. 경찰공제회법에 따른 경찰공제회, 나. 과

인 이상의 자로부터 금전등을 모아 설립한 기구 또는 법인 등으로서 효율적이고 투명한 투자구조, 관리주체 등 대통령령으로 정하는 요건을 갖춘 자로부터 위탁받은 금전등을 그 자로부터 일상적인 운용지시를 받지 아니하면서 재산적 가치가 있는 투자대상자산을 취득·처분, 그 밖의 방법으로 운용하고 그 결과를 그 자에게 귀속시키는 행위는 집합투자로 본다(법6⑥).

제2절 집합투자증권

Ⅰ. 집합투자증권 정의

집합투자증권이란 집합투자기구에 대한 출자지분(투자신탁의 경우에는 수익권)이 표시된 것을 말한다(법9㉑). 집합투자증권은 자본시장법상 증권으로 금융투자상품에 속한다. 자본시장법은 금융투자상품을 이익을 얻거나 손실을 회피할 목적으로 현재 또는 장래의 특정시점에 금전 또는 그 밖의 재산적 가치가 있는 것을 지급하기로 약정함으로써 취득하는 권리로서 투자성이 있는 것으로 정의한다(법3①).

집합투자증권의 투자에는 투자로 인해 회수하는 금액이 납입한 금액보다 작아 손실을 볼 가능성이 애초부터 내재된 것임을 알 수 있다. 이러한 투자손실의 가능성은 은행에서 주로 거래되는 원금보장이 예정된 예금상품 등과는 본질적으로 다른 특성이다. 다만 파생상품과 비교해 볼 때 집합투자상품은 원본을 초과하여 손실을 볼 가능성이 존재하지 않는다는 차이점이 있다.

Ⅱ. 집합투자증권의 분류(집합투자기구가 발행하는 집합투자증권)

위와 같은 집합투자증권에 정의에 기초하여 집합투자증권의 구체적인 형태와 특성을 살펴보면 다음과 같다. 집합투자기구가 출자의 대가로 발행하는 집합투자증권은, 회사형 집합투자기구의 집합투자증권은 지분증권, 투자신탁의 집합투자증권은 수익증권, 조합형 집합투자기구

학기술인공제회법에 따른 과학기술인공제회, 다. 교정공제회법에 따른 교정공제회, 라. 군인공제회법에 따른 군인공제회, 마. 대한소방공제회법에 따른 대한소방공제회, 바. 대한지방행정공제회법에 따른 대한지방행정공제회, 사. 한국교직원공제회법에 따른 한국교직원공제회, 아. 한국지방재정공제회법에 따른 한국지방재정공제회, 자. 전기공사공제조합법에 따른 전기공사공제조합

2. 최근 사업연도말 현재 운용자산이 2조원 이상이거나 가입자가 10만명 이상인 공제회 또는 공제조합

의 집합투자증권은 지분증권으로 구분되며, 집합투자증권은 자본시장법에 따라 모두 증권의 범주에 포함된다. 다만 수익증권의 범위에 있어 자본시장법은 신탁업자가 금전신탁계약에 의한 신탁수익권에 대하여 발행하는 수익증권과 투자신탁의 수익권을 표창하는 증권(관리신탁 제외)을 모두 통칭하여 수익증권으로 규정하고 있다(법4⑤).

그러나 신탁법상의 신탁(일반신탁)과 자본시장법에 따른 투자신탁은 구분하여 이해할 필요가 있다. 왜냐하면 신탁법상의 신탁의 경우 도관체 과세를 하는데 반해 투자신탁은 실체과세를 하고 있어 과세체계에 확연한 차이가 존재하기 때문이다. 집합투자증권의 기준가격은 자본시장법 제238조(집합투자재산의 평가 및 기준가격의 산정 등)에 따라 집합투자재산의 일별 시가평가를 통해 산정되고 통상 일별로 공고된다. 투자자의 집합투자증권에 대한 투자금액의 정산은 모두 기준가격으로 이루어진다.

Ⅲ. 집합투자증권의 발행

여기서는 실무상 자주 활용되는 경우를 살펴보기로 한다.

1. 투자신탁 수익증권의 발행

투자신탁의 수익권은 신탁계약에서 정하는 바에 따라 투자신탁재산의 운용에서 발생하는 이익의 분배를 받고 신탁원본의 상환을 받는 등의 권리를 말한다. 수익증권은 투자신탁의 수익권을 표창하는 유가증권이다. 수익자는 신탁원본의 상환 및 이익의 분배 등에 관하여 수익증권의 좌수에 따라 균등한 권리를 가진다(법189②).

투자신탁을 설정한 집합투자업자는 투자신탁의 수익권을 균등하게 분할하여 수익증권을 발행하여야 하며(법189①), 신탁계약에서 정한 신탁원본 전액이 납입된 경우 신탁업자의 확인을 받아 전자증권법에 따른 전자등록의 방법으로 투자신탁의 수익권을 발행하여야 한다(법189③). 수익증권은 무액면 기명식으로 한다(법189④). 무액면 수익권이란 1좌의 금액이 표시되지 않고 수익증권에는 수익권 좌수만 기재되는 수익권을 말한다. 액면가는 없고 수익권을 발행할 때마다 정하는 발행가만 있다. 기명식으로 발행해야 하므로 집합투자증권과 집합투자자명부에 수익자의 성명이 기재되어야 한다.

투자신탁을 설정한 집합투자업자는 수익증권을 발행하는 경우에는 ⅰ) 집합투자업자 및 신탁업자의 상호(제1호), ⅱ) 수익자의 성명 또는 명칭(제2호), ⅲ) 신탁계약을 체결할 당시의 신탁원본의 가액 및 수익증권의 총좌수(제3호), ⅳ) 수익증권의 발행일(제4호)이 전자증권법에 따라 전자등록 또는 기록되도록 하여야 한다(법189⑤ 전단). 이 경우 그 집합투자업자 및 그 투자신탁재산을 보관·관리하는 신탁업자의 대표이사(집행임원 설치회사의 경우 대표집행임원)로부터 대통령령으로 정하는 방법과 절차에 따라 확인을 받아야 한다(법189⑤ 후단).[18]

투자신탁을 설정한 집합투자업자는 수익자명부의 작성에 관한 업무를 전자등록기관에 위탁하여야 한다(법189⑥). 전자등록기관은 위탁을 받은 경우 수익자의 주소 및 성명과 수익자가 소유하는 수익증권의 좌수를 기재한 수익자명부를 작성·비치하여야 한다(법189⑦). 전자등록기관은 수익자의 주소 및 성명과 수익자가 소유하는 수익증권의 좌수에 관한 정보를 타인에게 제공해서는 아니 된다(법189⑧ 본문). 다만, 수익자총회 개최를 위하여 집합투자업자에게 제공하는 경우, 그 밖에 대통령령으로 정하는 경우[19]에는 이를 제공할 수 있다(법189⑧ 단서).

2. 투자회사의 주식

투자회사는 회사 성립일 또는 신주의 납입기일에 지체 없이 전자증권법에 따른 전자등록의 방법으로 주식을 발행하여야 하며(법196②), 투자회사가 그 성립 후에 신주를 발행하는 경우 신주의 수, 발행가액 및 납입기일은 이사회가 결정한다(법196③ 본문). 다만, 정관에서 달리 정하고 있는 경우에는 그에 따른다(법196③ 단서). 투자회사의 주식은 무액면 기명식으로 한다(법196①). 무액면 주식이란 1주의 금액이 표시되지 않고 주권에는 주식 수만 기재되는 주식을 말한다. 액면가는 없고 주식을 발행할 때마다 정하는 발행가만 있다. 기명식으로 발행해야 하므로 집합투자증권과 집합투자자명부에 주주의 성명이 기재되어야 한다.

주주의 청구가 있는 경우 그 주주의 주식을 매수할 수 있는 투자회사("개방형투자회사")가 그 성립 후에 신주를 발행하는 경우 이사회는 i) 신주의 발행기간(제1호), ii) 발행기간 이내에 발행하는 신주수의 상한(제2호), iii) 발행기간 동안 매일의 발행가액 및 주금납입기일을 정하는 방법(제3호)을 결정할 수 있다(법196④ 전단). 이 경우 개방형투자회사는 제3호의 방법에 따라 확정된 매일의 발행가액을 그 투자회사의 주식을 판매하는 투자매매업자 또는 투자중개업자의 지점, 그 밖의 영업소에 게시하고, 인터넷 홈페이지 등을 이용하여 공시하여야 한다(법196④ 후단). 투자회사는 그 성립 후에 신주를 발행하는 경우 같은 날에 발행하는 신주의 발행가액, 그 밖의 발행조건은 균등하게 정하여야 한다(법196⑤ 전단). 이 경우 신주의 발행가액은 그 투자회사가 소유하는 자산의 순자산액에 기초하여 대통령령으로 정하는 방법[20]에 따라 산

18) 투자신탁을 설정한 집합투자업자 및 그 투자신탁재산을 보관·관리하는 신탁업자의 대표이사(집행임원 설치회사의 경우 대표집행임원)는 전자등록기관에 전자등록 또는 기록된 사항이 실제 수익증권 발행 내역과 일치하는지 여부를 확인한 후 그 결과를 전자등록기관을 통해서 투자신탁을 설정한 집합투자업자에게 통보해야 한다(영218).

19) "대통령령으로 정하는 경우"란 금융실명법 제4조 제1항 단서에 따라 제공하는 경우를 말한다(영219).

20) "대통령령으로 정하는 방법"이란 법 제238조 제6항에 따른 기준가격의 계산방법을 말한다. 다만, 환매금지형투자회사는 기준가격의 계산방법에 따라 산정된 금액과 증권시장에서 거래되는 가격을 고려하여 신주의

정한다(법196⑤ 후단). 주식인수인은 지체 없이 주식의 인수가액을 금전으로 납입하여야 한다(법196⑥). 주식인수인은 투자회사가 그 성립 후에 신주를 발행하는 경우 주금의 납입과 동시에 주주의 권리 · 의무를 가진다(법196⑦).

3. 투자합자회사의 지분증권

투자합자회사의 유한책임사원은 출자금액의 반환 및 이익의 분배 등에 관하여 지분증권의 수에 따라 균등한 권리를 가진다(법216②, 208①). 투자합자회사가 그 성립 후에 새 지분증권을 발행하는 경우 새 지분증권의 수, 발행가액 및 납입기일은 업무집행사원이 결정하여야 하고(다만, 정관에서 달리 정하고 있는 경우에는 그에 따른다), 투자합자회사의 지분증권은 무액면 기명식으로 한다(법216②, 208③).

투자합자회사의 지분증권에는 ⅰ) 회사의 상호(제1호), ⅱ) 회사의 성립연월일(제2호), ⅲ) 지분증권의 발행일, ⅳ) 사원의 성명(법인인 경우에는 상호), ⅴ) 그 밖에 투자합자회사 사원의 보호에 필요한 사항으로서 대통령령으로 정하는 사항(제5호)[21]을 기재하고, 업무집행사원이 기명날인 또는 서명하여야 한다(법216②, 208②).

Ⅳ. 집합투자증권의 판매

1. 판매계약 · 위탁판매계약

투자신탁이나 투자익명조합의 집합투자업자 또는 투자회사등은 집합투자기구의 집합투자증권을 판매하고자 하는 경우 투자매매업자와 판매계약을 체결하거나 투자중개업자와 위탁판매계약을 체결하여야 한다(법184⑤ 본문). 다만, 투자신탁이나 투자익명조합의 집합투자업자가 투자매매업자 또는 투자중개업자로서 집합투자기구의 집합투자증권을 판매하는 경우에는 판매계약 또는 위탁판매계약을 체결하지 아니한다(법184⑤ 단서). 그러나 다른 집합투자업자가 운용하는 집합투자기구의 집합투자증권을 판매하는 경우에는 판매회사의 지위에서 해당 집합투자기구를 운용하는 집합투자업자와 판매계약 또는 위탁판매계약을 체결하여야 한다.

전문사모집합투자업자가 자신이 운용하는 전문투자형 사모집합투자기구의 집합투자증

발행가액을 정할 수 있다(영230).

21) "대통령령으로 정하는 사항"이란 다음의 사항을 말한다(영235).
1. 기호 및 번호
2. 이익 등의 분배의 시기
3. 지분증권의 환매조건(환매를 청구할 수 없는 지분증권인 경우에는 환매를 청구할 수 없다는 뜻)
4. 존속기간을 정하는 경우에는 그 기간
5. 그 지분증권을 판매한 투자매매업자 또는 투자중개업자의 명칭

권을 판매하는 경우에는 금융투자업으로 보지 아니한다(법7⑥(3)). 전문사모집합투자업자란 집합투자업자 중 전문사모집합투자업을 영위하는 자를 말한다(법9㉙). 전문사모집합투자업이란 집합투자업 중 전문투자형 사모집합투자기구를 통한 집합투자를 영업으로 하는 것을 말한다(법9㉘).

간접투자자산운용업법 제26조의 판매회사 개념은 자본시장법에서는 폐지되었다. 따라서 자본시장법은 투자매매업·투자중개업자가 집합투자증권을 판매(판매계약·위탁판매계약을 체결해서)할 수 있도록 하고 있는데, 현재도 업계에서는 실무상 이를 판매회사라고 한다. 투자매매업자와 판매계약을 체결하거나 투자중개업자와 위탁판매계약을 체결하도록 규정한 것은 집합투자증권의 판매를 기능별로 구별하여 규정한 것이다.

2. 집합투자증권의 판매금지 및 재개

(1) 판매가격의 제한

(가) 미래가격

투자매매업자 또는 투자중개업자는 집합투자증권을 판매하는 경우 투자자가 집합투자증권의 취득을 위하여 금전등을 납입한 후 최초로 산정되는 기준가격으로 판매하여야 한다(법76① 본문). 여기서 기준가격이란 투자신탁이나 투자익명조합의 집합투자업자 또는 투자회사등이 집합투자재산의 평가결과에 따라 산정한 집합투자증권의 기준가격을 말한다(법238⑥).

(나) 기타 기준가격

투자자의 이익을 해할 우려가 없는 경우로서 "대통령령으로 정하는 경우"에는 "대통령령으로 정하는 기준가격"으로 판매하여야 한다(법76① 단서). 여기서 "대통령령으로 정하는 경우"란 다음 각 호의 경우를 말한다(영77①).

1. 투자자가 집합투자규약으로 정한 집합투자증권의 매수청구일을 구분하기 위한 기준시점을 지나서 투자매매업자 또는 투자중개업자에게 금전등을 납입하는 경우
2. 투자매매업자 또는 투자중개업자가 단기금융집합투자기구의 집합투자증권을 판매하는 경우로서 다음 각 목의 어느 하나에 해당하는 경우
   가. 투자자가 금융투자상품 등의 매도나 환매에 따라 수취한 결제대금으로 결제일에 단기금융집합투자기구의 집합투자증권을 매수하기로 집합투자증권을 판매하는 투자매매업자 또는 투자중개업자와 미리 약정한 경우
   나. 투자자가 급여 등 정기적으로 받는 금전으로 수취일에 단기금융집합투자기구의 집합투자증권을 매수하기로 집합투자증권을 판매하는 투자매매업자 또는 투자중개업자와 미리 약정한 경우

다. 국가재정법 제81조에 따라 여유자금을 통합하여 운용하는 경우로서 환매청구일에 공고되는 기준가격으로 환매청구일에 환매한다는 내용이 집합투자규약에 반영된 단기금융집합투자기구의 집합투자증권을 판매하는 경우

3. 다음 각 목의 어느 하나에 해당하는 자에게 단기금융집합투자기구의 집합투자증권을 판매하는 경우

가. 외국환거래법 제13조에 따른 외국환평형기금

나. 국가재정법 제81조에 따라 여유자금을 통합하여 운용하는 단기금융집합투자기구 및 증권집합투자기구

4. 법 제76조 제1항 본문에 따른 기준가격을 적용할 경우 해당 집합투자기구의 투자자 이익 등을 침해할 우려가 있다고 제261조에 따른 집합투자재산평가위원회가 인정하는 경우

5. 투자자가 집합투자기구를 변경하지 아니하고 그 집합투자기구의 집합투자증권을 판매한 투자매매업자 또는 투자중개업자를 변경할 목적으로 집합투자증권을 환매한 후 다른 투자매매업자 또는 투자중개업자를 통하여 해당 집합투자증권을 매수하는 경우

위에서 "대통령령으로 정하는 기준가격"이란 다음과 같다(영77②).

1. 제1호의 경우: 금전등의 납입일부터 기산하여 제3영업일에 공고되는 기준가격
2. 제2호 및 제3호의 경우: 금전등의 납입일에 공고되는 기준가격
3. 제4호의 경우: 금전등의 납입일부터 기산하여 제3영업일 또는 그 이후에 공고되는 기준가격
4. 제5호의 경우: 집합투자증권을 환매한 후 15일 이내에 집합투자규약에서 정하는 투자매매업자 또는 투자중개업자 변경의 효력이 발생하는 날에 공고되는 기준가격

(2) 집합투자증권의 판매금지 및 재개

투자매매업자 또는 투자중개업자는 집합투자증권의 환매를 연기한 경우나 집합투자기구에 대한 회계감사인의 감사의견이 적정의견이 아니라는 통지를 받은 경우에는 해당 집합투자증권을 판매하여서는 아니 된다(법76② 본문). 다만, 환매연기나 감사의견의 부적정 사유가 해소되었다는 통지를 받은 경우에는 판매를 다시 시작할 수 있다(법76② 단서).

투자매매업자 또는 투자중개업자는 집합투자기구가 제182조에 따라 등록되기 전에는 해당 집합투자증권을 판매하거나 판매를 위한 광고를 하여서는 아니 된다(법76③ 본문). 다만, 투자자의 이익을 해할 우려가 없는 경우로서 대통령령으로 정하는 경우[22]에는 판매를 위한 광고를 할 수 있다(법76③ 단서).

---

22) "대통령령으로 정하는 경우"란 관련 법령의 개정에 따라 새로운 형태의 집합투자증권의 판매가 예정되어 있어, 그 집합투자기구의 개괄적인 내용을 광고하여도 투자자의 이익을 해칠 염려가 없는 경우를 말한다. 이 경우 관련 법령의 개정이 확정되지 아니한 경우에는 광고의 내용에 관련 법령의 개정이 확정됨에 따라 그 내용이 달라질 수 있음을 표시하여야 한다(영77③).

(3) 판매수수료 · 판매보수에 대한 규제

판매수수료는 집합투자증권을 판매하는 행위에 대한 대가로 투자자로부터 직접 받는 금전을 말하고, 판매보수는 집합투자증권을 판매한 투자매매업자, 투자중개업자가 투자자에게 지속적으로 제공하는 용역의 대가로 집합투자기구로부터 받는 금전을 말한다(법76④).

투자매매업자 또는 투자중개업자는 집합투자증권의 판매와 관련하여 판매수수료 및 판매보수를 받는 경우 집합투자기구의 운용실적에 연동(성과보수)하여 판매수수료 또는 판매보수를 받아서는 아니 된다(법76④).

판매수수료는 납입금액 또는 환매금액의 100분의 3 이하로서 대통령령으로 정하는 한도를 초과하여서는 안 되고, 판매보수는 집합투자재산의 연평균가액의 1천분의 15 이하로서 대통령령으로 정하는 한도를 초과하여서는 아니 된다(법76⑤).[23]

Ⅴ. 집합투자증권의 환매

1. 환매 청구 및 방법

환매금지형 집합투자기구의 투자자를 제외한 집합투자기구의 투자자는 언제든지 집합투자증권의 환매를 그 집합투자증권을 판매한 투자매매업자 또는 투자중개업자에게 청구할 수 있다(법235①②). 투자자의 환매요청을 받은 투자매매업자 또는 투자중개업자는 지체 없이 집합투자업자 또는 신탁업자에게 환매 요구를 하여야 하며(법235③), 집합투자업자 또는 신탁업자는 환매청구일로부터 15일 이내에 집합투자규약에서 정한 환매일에 환매청구일 이후에 산출된 기준가격을 적용하여 환매등에 따른 수수료를 차감한 후 금전 또는 집합투자재산으로 환매대금을 지급하여야 한다(법235④⑤). 집합투자증권의 환매는 실질적으로 펀드가 투자자에게 투자금을 상환하는 것과 동일하다.

투자신탁의 집합투자업자 또는 투자회사 등은 집합투자증권을 환매한 경우 그 집합투자증권을 소각 처리해야 한다(법235⑦). 따라서 집합투자증권의 환매는 주식회사에 있어 유상감자와 유사한 경제적 성격을 갖는다. 즉 집합투자기구의 재산 중 일부를 환매대금으로 투자자에게 내어줌으로써 집합투자기구의 규모가 감소하고 발행한 집합투자증권의 총수가 감소하는 것이다.

---

23) 투자매매업자 또는 투자중개업자가 취득하는 판매수수료와 판매보수는 다음의 한도를 초과하여서는 아니 된다(영77④).
1. 판매수수료: 납입금액 또는 환매금액의 100분의 2
2. 판매보수: 집합투자재산의 연평균가액의 100분의 1. 다만, 투자자의 투자기간에 따라 판매보수율이 감소하는 경우로서 금융위원회가 정하여 고시하는 기간을 넘는 시점에 적용되는 판매보수율이 100분의 1 미만인 경우 그 시점까지는 100분의 1에서부터 1천분의 15까지의 범위에서 정할 수 있다.

2. 환매가격 및 수수료

(1) 환매가격

투자신탁의 집합투자업자 또는 투자회사등은 집합투자증권을 환매하는 경우 환매청구일 후에 산정되는 기준가격으로 하여야 한다(법236① 본문). 환매청구일 후에 산정되는 기준가격은 환매청구일부터 기산하여 제2영업일(투자자가 집합투자규약에서 정한 집합투자증권의 환매청구일을 구분하기 위한 기준시점을 지나서 환매청구를 하는 경우에는 제3영업일) 이후에 공고되는 기준가격으로서 해당 집합투자기구의 집합투자규약에서 정한 기준가격으로 한다(영255③). 그러나 투자자가 집합투자기구를 변경하지 아니하고 그 집합투자기구의 집합투자증권을 판매한 투자매매업자 또는 투자중개업자를 변경할 목적으로 집합투자증권을 환매하는 경우에는 집합투자증권의 환매를 청구한 후 15일 이내에 집합투자규약에서 정하는 투자매매업자 또는 투자중개업자 변경의 효력이 발생하는 날에 공고되는 기준가격을 적용한다(영255④).

다만, 투자자의 이익 또는 집합투자재산의 안정적 운용을 해할 우려가 없는 경우로서 "대통령령으로 정하는 경우"에는 환매청구일 이전에 산정된 기준가격으로 환매할 수 있다(법236① 단서). 여기서 "대통령령으로 정하는 경우"란 다음의 어느 하나에 해당하는 경우로서 환매청구일에 공고되는 기준가격으로 환매청구일에 환매한다는 내용을 집합투자규약에 정한 경우를 말한다(영255①).

1. 투자매매업자 또는 투자중개업자가 단기금융집합투자기구의 집합투자증권을 판매한 경우로서 다음 각 목의 어느 하나에 해당하는 경우
   가. 투자자가 금융투자상품 등의 매수에 따른 결제대금을 지급하기 위하여 단기금융집합투자기구의 집합투자증권을 환매하기로 그 투자매매업자 또는 투자중개업자와 미리 약정한 경우
   나. 투자자가 공과금 납부 등 정기적으로 발생하는 채무를 이행하기 위하여 단기금융집합투자기구의 집합투자증권을 환매하기로 그 투자매매업자 또는 투자중개업자와 미리 약정한 경우
   다. 제77조 제1항 제2호 다목에 해당하는 단기금융집합투자기구의 집합투자증권을 환매하는 경우
2. 투자매매업자 또는 투자중개업자가 다음 각 목의 어느 하나에 해당하는 자에게 단기금융집합투자기구의 집합투자증권을 판매한 경우로서 그 집합투자증권을 환매하는 경우
   가. 외국환거래법 제13조에 따른 외국환평형기금
   나. 국가재정법 제81조에 따른 여유자금을 통합하여 운용하는 단기금융집합투자기구 및 증권집합투자기구

(2) 환매수수료

환매수수료는 대통령령으로 정하는 방법에 따라 집합투자증권의 환매를 청구하는 해당 투자자가 부담하며, 투자자가 부담한 환매수수료는 집합투자재산에 귀속된다(법236②). 이에 따라 환매수수료는 집합투자규약에서 정하는 기간 이내에 환매하는 경우에 부과한다(영255② 전단). 이 경우 환매수수료는 환매금액 또는 이익금 등을 기준으로 부과할 수 있다(영255② 후단).

3. 환매연기와 일부환매

(1) 환매연기

(가) 환매연기 주체

투자신탁이나 투자익명조합의 집합투자업자 또는 투자회사등은 집합투자재산인 자산의 처분이 불가능한 경우 등 대통령령으로 정하는 사유로 인하여 집합투자규약에서 정한 환매일에 집합투자증권을 환매할 수 없게 된 경우에는 그 집합투자증권의 환매를 연기할 수 있다(법237①).

(나) 환매연기사유

대통령령으로 정하는 환매연기 사유는 다음의 어느 하나에 해당하는 경우를 말한다(영256).

1. 집합투자재산의 처분이 불가능하여 사실상 환매에 응할 수 없는 경우로서 다음 각 목의 어느 하나에 해당하는 경우
   가. 뚜렷한 거래부진 등의 사유로 집합투자재산을 처분할 수 없는 경우
   나. 증권시장이나 해외 증권시장의 폐쇄·휴장 또는 거래정지, 그 밖에 이에 준하는 사유로 집합투자재산을 처분할 수 없는 경우
   다. 천재지변, 그 밖에 이에 준하는 사유가 발생한 경우
2. 투자자 간의 형평성을 해칠 염려가 있는 경우로서 다음 각 목의 어느 하나에 해당하는 경우
   가. 부도발생 등으로 인하여 집합투자재산을 처분하여 환매에 응하는 경우에 다른 투자자의 이익을 해칠 염려가 있는 경우
   나. 집합투자재산에 속하는 자산의 시가가 없어서 환매청구에 응하는 경우에 다른 투자자의 이익을 해칠 염려가 있는 경우
   다. 대량의 환매청구에 응하는 것이 투자자 간의 형평성을 해칠 염려가 있는 경우
3. 환매를 청구받거나 요구받은 투자매매업자 또는 투자중개업자·집합투자업자·신탁업자·투자회사등이 해산등으로 인하여 집합투자증권을 환매할 수 없는 경우

3의2. 교차판매 집합투자기구의 집합투자증권에 대한 투자자의 환매청구 금액이 환매청구일 현재 해당 교차판매 집합투자기구의 집합투자재산 순자산가치의 100분의 10을 초과하는 경우

4. 그 밖에 제1호부터 제3호까지 및 제3호의2의 경우에 준하는 경우로서 금융위원회가 환매연

기가 필요하다고 인정한 경우

(다) 집합투자총회의 결의

환매를 연기한 날부터 6주 이내에 집합투자자총회에서 집합투자증권의 환매에 관한 사항으로서 다음의 사항을 결의하여야 한다(법237① 후단, 영257①).

1. 환매를 재개하려는 경우에는 환매대금의 지급시기와 지급방법. 다만, 제256조 제3호의2에 따라 환매를 연기한 집합투자증권의 환매대금 지급시기와 지급방법은 제외한다.
2. 환매연기를 계속하려는 경우에는 환매연기기간과 환매를 재개할 때의 환매대금의 지급시기 및 지급방법
3. 일부환매를 하는 경우에는 환매연기의 원인이 되는 자산의 처리방법

집합투자자총회에서 집합투자증권의 환매에 관한 사항을 정하지 아니하거나 환매에 관하여 정한 사항의 실행이 불가능한 경우에는 계속하여 환매를 연기할 수 있다(법237②).

(라) 통지

집합투자자총회에서 환매에 관한 사항이 결의되거나 환매의 연기를 계속하는 경우 지체 없이 다음의 구분에 따라 정한 사항을 투자자에게 통지하여야 한다(법237③).

1. 집합투자자총회에서 환매에 관한 사항을 결의한 경우
   가. 환매에 관하여 결의한 사항
   나. 그 밖에 대통령령으로 정하는 사항(영257②: 환매가격, 일부환매의 경우에는 그 뜻과 일부환매의 규모)
2. 환매연기를 계속하는 경우
   가. 환매를 연기하는 사유
   나. 환매를 연기하는 기간
   다. 환매를 재개하는 경우 환매대금의 지급방법
   라. 그 밖에 대통령령으로 정하는 사항(영257③: 환매를 재개하는 경우에 환매가격 및 환매대금의 지급시기, 일부환매의 경우에 그 뜻과 일부환매의 규모)

(마) 환매연기사유의 해소

투자신탁이나 투자익명조합의 집합투자업자 또는 투자회사등은 환매연기사유의 전부 또는 일부가 해소된 경우에는 환매가 연기된 투자자에 대하여 환매한다는 뜻을 통지하고 대통령령으로 정하는 방법에 따라 환매대금을 지급하여야 한다(법237④).

(바) 환매재개 시 환매방법

투자신탁이나 투자익명조합의 집합투자업자 또는 투자회사등은 환매연기를 위한 집합투자자

총회일 이후에 환매연기사유의 전부나 일부가 해소된 경우에는 집합투자자총회에서 결의한 내용에 따라 환매하여야 한다(영258① 본문). 다만, 환매연기를 위한 집합투자자총회의 개최 전에 환매연기사유가 해소된 경우에는 집합투자자총회를 개최하지 아니하고 환매할 수 있다(영258① 단서).

(2) 일부환매

(가) 집합투자기구재산의 분리

투자신탁이나 투자익명조합의 집합투자업자 또는 투자회사등은 집합투자재산의 일부가 환매연기사유에 해당하는 경우 그 일부에 대하여는 환매를 연기하고 나머지에 대하여는 투자자가 소유하고 있는 집합투자증권의 지분(持分)에 따라 환매에 응할 수 있고(법237⑤), 집합투자증권을 일부환매하거나 환매연기를 위한 집합투자자총회에서 일부환매를 결의한 경우에는 일부환매를 결정한 날 전날을 기준으로 환매연기의 원인이 되는 자산을 나머지 자산("정상자산")으로부터 분리하여야 하며(영259①), 정상자산에 대하여는 집합투자규약에서 정한 방법으로 그 정상자산에 대한 기준가격을 계산하여 투자자가 소유하고 있는 집합투자증권의 지분에 따라 환매대금을 지급하여야 한다(영259②).

(나) 별도 집합투자기구의 설정 또는 설립

환매가 연기된 집합투자재산만으로 별도의 집합투자기구를 설정 또는 설립할 수 있으며(법237⑥), 별도의 집합투자기구를 설정 또는 설립한 경우에는 정상자산으로 구성된 집합투자기구의 집합투자증권을 계속하여 발행·판매 및 환매할 수 있다(영259③).

(다) 환매불응사유

투자신탁이나 투자익명조합의 집합투자업자 또는 투자회사등은 다음의 어느 하나에 해당하는 경우에는 환매청구에 응하지 아니할 수 있다(법237⑧).

1. 집합투자기구(투자신탁을 제외)가 해산한 경우
2. 투자회사의 순자산액이 정관이 정하는 최저순자산액에 미달하는 경우
3. 법령 또는 법령에 따른 명령에 따라 환매가 제한되는 경우
4. 투자신탁의 수익자, 투자회사의 주주 또는 그 수익자·주주의 질권자로서 권리를 행사할 자를 정하기 위하여 상법 제354조 제1항(제189조 제9항에서 준용하는 경우를 포함)에 따라 일정한 날을 정하여 수익자명부 또는 주주명부에 기재된 수익자·주주 또는 질권자를 그 권리를 행사할 수익자·주주 또는 질권자로 보도록 한 경우로서 이 일정한 날과 그 권리를 행사할 날의 사이에 환매청구를 한 경우. 이 경우 같은 법 제354조 제3항을 적용함에 있어서 "3월"을 "2개월"로 한다.

제3절 집합투자기구의 구성

Ⅰ. 서설

1. 의의와 유형

집합투자기구란 집합투자를 수행하기 위한 기구로서 ⅰ) 투자신탁(집합투자업자인 위탁자가 신탁업자에게 신탁한 재산을 신탁업자로 하여금 그 집합투자업자의 지시에 따라 투자·운용하게 하는 신탁 형태의 집합투자기구: 1호), ⅱ) 투자회사(상법에 따른 주식회사 형태의 집합투자기구: 2호), ⅲ) 투자유한회사(상법에 따른 유한회사 형태의 집합투자기구: 3호), ⅳ) 투자합자회사(상법에 따른 합자회사 형태의 집합투자기구: 4호), ⅴ) 투자유한책임회사(상법에 따른 유한책임회사 형태의 집합투자기구: 4의2호), ⅵ) 투자합자조합(상법에 따른 합자조합 형태의 집합투자기구: 5호), ⅶ) 투자익명조합(상법에 따른 익명조합 형태의 집합투자기구: 6호)을 말한다(법9⑱).

집합투자기구는 통상 "펀드"로 불리는데, 집합투자증권의 발행방법과 투자자의 수에 따라 공모집합투자기구(공모펀드)와 사모집합투자기구(사모펀드)로 분류된다. "사모집합투자기구"란 집합투자증권을 사모로만 발행하는 집합투자기구로서 대통령령으로 정하는 투자자(전문투자자 등)의 총수가 49인(영14②) 이하인 것을 말하며, "경영참여형 사모집합투자기구"[24]와 "전문투자형 사모집합투자기구"[25]로 구분한다(법9⑲).

2. 적용법규

집합투자기구는 자본시장법에서 특별히 정한 경우를 제외하고는 상법 및 민법의 적용을 받는다(법181).

3. 집합투자기구의 상호·명칭

집합투자기구는 그 상호 또는 명칭 중에 집합투자기구의 종류를 표시하는 문자(증권·부동산·특별자산·혼합자산 및 단기금융 등의 문자)를 사용하여야 한다(법183①). 자본시장법에 따른 집합투자기구가 아닌 자는 "집합투자", "간접투자", "투자신탁", "투자회사", "투자유한회사", "투자합자회사", "경영참여형 사모집합투자기구", "투자유한책임회사", "투자합자조합", "투자익명

---

24) 경영참여형 사모집합투자기구란 경영권 참여, 사업구조 또는 지배구조의 개선 등을 위하여 지분증권 등에 투자·운용하는 투자합자회사인 사모집합투자기구를 말한다(법9⑲(1)).

25) 전문투자형 사모집합투자기구란 경영참여형 사모집합투자기구를 제외한 사모집합투자기구를 말한다(법9⑲(2)).

조합", 그 밖에 이와 유사한 명칭을 사용하여서는 아니 된다(법183② 본문). 다만, 집합투자업자 및 제6조 제5항 제1호에 규정된 것(집합투자에 해당하나 특별법의 적용을 받는 집합투자로서 자본시장법에 의한 집합투자의 적용이 제외되는 것: 앞에서 본 개별법에 의한 사모펀드))의 경우에는 이를 사용할 수 있다(법183② 단서).

4. 집합투자기구의 등록

투자신탁이나 투자익명조합의 집합투자업자 또는 투자회사·투자유한회사·투자합자회사·투자유한책임회사 및 투자합자조합("투자회사등")은 집합투자기구가 설정·설립된 경우 그 집합투자기구를 금융위원회에 등록하여야 한다(법182①). 집합투자기구 중 투자신탁·투자익명조합은 법인격이 없으므로 집합투자업자가 등록주체이다. 투자신탁이나 투자익명조합의 집합투자업자 또는 투자회사등은 집합투자기구를 등록하려는 경우에는 금융위원회에 등록신청서를 제출하여야 하고(법182③), 등록신청서를 증권신고서와 함께 제출하는 경우에는 그 증권신고의 효력이 발생하는 때에 해당 집합투자기구가 등록된 것으로 본다(영211⑤). 집합투자기구의 등록은 집합투자증권 발행인의 증권신고서 제출과 함께 발행시장 공시에 해당한다.[26)]

Ⅱ. 집합투자기구의 업무수행

1. 의결권행사

투자신탁재산 또는 투자익명조합재산에 속하는 지분증권(그 지분증권과 관련된 증권예탁증권을 포함)의 의결권행사는 그 투자신탁 또는 투자익명조합의 집합투자업자가 수행하여야 하며, 투자회사등의 집합투자재산에 속하는 지분증권의 의결권행사는 그 투자회사등이 수행하여야 한다(법184① 본문). 다만, 투자회사등은 그 투자회사등의 집합투자업자에게 그 투자회사등의 집합투자재산에 속하는 지분증권의 의결권 행사를 위탁할 수 있다(법184① 단서).

---

26) 집합투자기구의 등록요건은 다음과 같다(법182②).
 1. 다음 각 목의 자가 업무정지기간 중에 있지 아니할 것
  가. 그 집합투자재산을 운용하는 집합투자업자
  나. 그 집합투자재산을 보관·관리하는 신탁업자
  다. 그 집합투자증권을 판매하는 투자매매업자·투자중개업자
  라. 투자회사인 경우 그 투자회사로부터 제184조 제6항의 업무를 위탁받은 일반사무관리회사(제254조에 따른 일반사무관리회사)
 2. 집합투자기구가 이 법에 따라 적법하게 설정·설립되었을 것
 3. 집합투자규약이 법령을 위반하거나 투자자의 이익을 명백히 침해하지 아니할 것
 4. 그 밖에 제9조 제18항 각 호의 집합투자기구의 형태 등을 고려하여 대통령령으로 정하는 요건을 갖출 것

2. 운용업무 수행

투자신탁재산 또는 투자익명조합재산의 운용업무는 그 투자신탁 또는 투자익명조합의 집합투자업자가 이를 수행하며, 투자회사등의 집합투자재산 운용업무는 그 투자회사등의 법인이사(투자회사·투자유한회사)·업무집행사원(투자합자회사)·업무집행자(투자유한책임회사) 또는 업무집행조합원(투자합자조합)인 집합투자업자가 이를 수행한다(법184②).

3. 집합투자재산의 보관·관리업무 위탁

투자신탁이나 투자익명조합의 집합투자업자 또는 투자회사등은 집합투자재산의 보관·관리업무를 신탁업자에게 위탁하여야 한다(법184③). 집합투자업자는 자신이 운용하는 집합투자재산을 보관·관리하는 신탁업자가 되어서는 아니 된다(법184④).

4. 판매계약의 체결

투자신탁이나 투자익명조합의 집합투자업자 또는 투자회사등은 집합투자기구의 집합투자증권을 판매하고자 하는 경우 투자매매업자와 판매계약을 체결하거나 투자중개업자와 위탁판매계약을 체결하여야 한다(법184⑤ 본문). 다만, 투자신탁이나 투자익명조합의 집합투자업자가 투자매매업자 또는 투자중개업자로서 집합투자기구의 집합투자증권을 판매하는 경우에는 판매계약 또는 위탁판매계약을 체결하지 아니한다(법184⑤ 단서).

5. 일반사무관리업무의 위탁 등

투자회사는 i) 투자회사 주식의 발행 및 명의개서, ii) 투자회사재산의 계산, iii) 법령 또는 정관에 의한 통지 및 공고, iv) 이사회 및 주주총회의 소집·개최·의사록 작성 등에 관한 업무, v) 그 밖에 투자회사의 사무를 처리하기 위하여 필요한 업무로서, 기준가격의 산정 위탁업무 및 투자회사의 운영에 관한 업무를 일반사무관리회사에 위탁하여야 한다(법184⑥, 영212). 투자회사는 상법상 주식회사이지만 상근 임직원을 둘 수 없으며, 본점 외의 영업소를 설치할 수 없는(법184⑦) 명목회사이므로 일반사무관리회사에게 위탁하도록 한 것이다.

Ⅲ. 집합투자기구의 설립형태(1차 분류)

1. 서설

(1) 의의

자본시장법상 집합투자기구의 법적 형태는 그 성격에 따라 신탁형(투자신탁), 회사형(투자회사, 투자유한회사, 투자합자회사,. 투자유한책임회사), 조합형(투자합자조합, 투자익명조합)으로 구분할 수 있다. 회사형(Company)은 고객이 금융기관이 설립한 투자회사(Investment Company)의 주주로 참여하는 형태로 투자회사의 형태이다. 회사형 집합투자기구는 법인격이 있으므로 당해 집합투자기구의 명의로 재산을 소유하고 투자·운용을 하게 된다. 신탁형(Trust)의 경우 고객이 금융기관과 계약을 맺고 금융자산을 신탁하는 형태이다. 조합형(Partnership)은 고객과 금융기관이 투자를 위한 조합을 형성하여 투자를 위한 기구를 구성하는 형태이다. 신탁형과 조합형은 법인격이 없으므로 당해 집합투자기구 명의로 재산을 소유하고 투자·운용을 하지 못한다. 신탁형은 투자신탁재산의 소유명의 및 대외적 법률행위의 주체는 수탁자가 된다. 조합형 투자조합재산은 조합원이 합유하며 대외적 법률행위는 전체 조합원을 대리하여 업무집행조합원이 하게 된다.

집합투자의 수단으로 활용되는 주식회사 등은 상법상의 회사제도로서 상법의 적용을 받는다. 그러나 상법규정은 상행위를 목적으로 하는 실체가 있는 사업법인을 전제로 한 것이기 때문에 명목회사 형태로 투자만을 목적을 하는 집합투자기구에는 적합하지 않은 규정들이 적지 않다.

자본시장법에서는 투자회사나 투자신탁 형태 이외에도 투자유한회사·투자합자회사·투자유한책임회사·투자합자조합·투자익명조합 형태의 집합투자기구도 인정하고 있다. 하지만 투자회사와 투자신탁을 제외한 형태가 이용되는 경우는 상대적으로 드물며, 그나마 투자합자회사형 집합투자기구가 사모집합투자기구로 이용되는 경우가 대부분이다. 투자회사·투자신탁·투자합자회사 형태를 제외하고는 나머지 집합투자기구형태는 실제 자본시장에서 활용될지 미지수다.

전문투자형 사모집합투자기구는 위의 법적 형태 모두를 사용할 수 있지만 경영참여형 사모집합투자기구는 투자합자회사 형태만 허용된다. 그리고 변액보험(보험금이 자산운용의 성과에 따라 변동하는 보험계약)의 경우, 즉 보험업법 제108조 제1항 제3호[27]에 따른 투자신탁(특별계정)

---

27) 보험업법 제108조(특별계정의 설정·운용) ① 보험회사는 다음 각 호의 어느 하나에 해당하는 계약에 대하여는 대통령령으로 정하는 바에 따라 그 준비금에 상당하는 자산의 전부 또는 일부를 그 밖의 자산과 구별하여 이용하기 위한 계정("특별계정")을 각각 설정하여 운용할 수 있다.
3. 변액보험계약(보험금이 자산운용의 성과에 따라 변동하는 보험계약을 말한다)

도 집합투자기구이다.

(2) 투자펀드의 발전과정

투자펀드의 발전과정을 보면 신탁형의 펀드는 영국에서, 회사형의 펀드는 미국에서, 계약형의 펀드는 독일과 프랑스에서 주로 발전했다. 1990년대 들어 금융의 국제화가 진전되면서 미국에서 발달한 회사형·개방형펀드제도가 빠르게 다른 나라로 전파되어 이제는 전세계적으로 일반적인 공모펀드의 법적 형태가 되었다.

우리나라에서는 공모펀드는 물론이고 사모펀드도 신탁형의 펀드, 즉 투자신탁이 대부분이고 회사형의 펀드는 일부 이용되고 있다. 신탁제도가 우리에게 익숙하거나 잘 발달된 것이 아님에도 불구하고 이처럼 신탁형의 펀드가 압도적으로 이용되고 있는 데에는 다음과 같은 이유가 있다. i) 1969년 증권투자신탁업법 제정을 통해 처음으로 투자펀드제도를 도입할 때 신탁형 펀드(투자신탁)만을 허용한 역사적인 이유가 가장 큰 영향을 미친 것으로 생각된다. ii) 다른 이유로는 투자신탁은 수탁회사와의 계약만으로 펀드를 조직하게 되므로 회사형 펀드에 비해 펀드 조직에 드는 시간과 비용이 상대적으로 절감되고 펀드 자체가 별도의 법인격이 없다는 점이 운용사 입장에서 심리적으로 부담이 덜하다는 측면 등을 생각해 볼 수 있다. iii) 그리고 투자자 입장에서도 회계 등 여러 가지 이유로 회사형 펀드에 대한 투자를 꺼리는 점도 한 원인으로 작용하는 것으로 보인다.[28]

여기서는 실무적으로 가장 빈번하게 활용되는 집합투자기구의 법적 형태인 투자신탁과 투자회사를 대상으로 살펴본다.

2. 투자회사

(1) 서설

(가) 의의

투자회사란 회사형 집합투자기구의 하나로 회사의 재산을 재산적 가치가 있는 투자대상자산에 투자하여 그 수익을 주주에게 배분하는 집합투자회사로서, 법적 형태는 상법상의 주식회사이다(법9⑱(2)). 투자회사는 투자자가 납입한 자금 등을 자본으로 하여 집합투자의 목적으로 설립되는 주식회사로서 대표적인 회사 형태의 집합투자기구(collective investment scheme)이다. 일반 주식회사에 주식회사라는 명칭을 사용하도록 강제하는 것과는 달리(상법19) 투자회사에 대해서는 주식회사라는 명칭을 강제적으로 사용하도록 하고 있지 않다(법206②). 따라서 투자회사가 "펀드"라는 명칭을 사용하는 것도 문제 되지 않는다. 우리가 일상적으로 보는 "펀드" 중에서도 투자회사 형태를 띠고 있는 집합투자기구도 일정 부분 존재하고 있다. 자본시장법은 법에 특

---

28) 박삼철(2017), 52쪽.

별한 규정이 없는 경우에는 상법 및 민법의 적용을 받는다(법181)고 명시하고 있기 때문에 투자회사형 집합투자기구는 자본시장법에 따로 명시된 규정이 없으면 상법의 적용을 받는다.

집합투자 목적의 투자회사가 상법상의 주식회사와 다른 점은 다음과 같다. i) 환매를 해주는 개방형펀드 형태일 때 나타난다. 일반 주식회사는 자기주식 취득에 관한 규정의 제한 아래서 또는 합병 등 특수한 사유가 발생한 경우에 한해 주주의 주식매수청구에 응해 회사 자금으로 주식을 매수할 수 있다. 반면에 투자회사인 주식회사는 일상적으로 주주(투자자)의 청구가 있으면 회사 자금으로 주식을 매수(환매)한다. 이는 일반 주식회사에서 중요한 의미를 갖는 자본유지의 원칙에 대한 예외로서 집합투자기구로서의 투자회사의 특성이다.[29)]

ii) 투자회사는 상근 임직원을 둘 수 없으며, 본점 외의 영업소를 설치할 수 없다(법184⑦). 일반 주식회사는 고용계약을 통해 직원을 두고, 이들에게 업무를 맡기는 데 비해 투자회사는 그 제약을 받는 명목회사에 불과하다. 각종 사무업무는 별도의 일반사무관리회사와 위임계약을 통해 할 수밖에 없다. iii) 상법상 주식회사와는 달리 매우 엄격한 차입의 제한을 받는다. 상법상 주식회사는 다른 특별법에 규정하지 않는 한 다양한 형태의 자산과 부채를 보유할 수 있다. 하지만 투자회사는 발행할 수 있는 증권의 종류에도 제한을 두고 있고, 사채발행이나 차입에 있어서도 엄격한 제한을 받고 있다.[30)] iv) 기관구성이 다르다. 투자회사는 대표이사 및 감사(감사위원회)가 존재하지 않는다. 대신에 업무집행을 감독하는 감독이사가 따로 존재하여 이사회를 구성하고, 외부감사법의 외부감사 대상에도 해당하지 않는다(외부감사법4②(2) 및 동법 시행령5③(2)(나)). 대표이사 대신에 업무를 집행하는 법인이사(집합투자업자)를 둔다.

(나) 투자회사관계의 당사자

1) 집합투자목적의 SPV: 업무의 외부위탁

투자회사는 집합투자목적의 특수목적기구이므로 상근임원이나 직원을 둘 수 없고 본점 외의 영업소도 둘 수 없다(법184⑦). 따라서 투자회사의 업무는 집합투자업자등의 외부전문가가 수행한다. 재산의 운용은 집합투자업자가, 주식의 판매 및 환매는 판매회사가, 재산의 보관·관리는 신탁업자가, 기타 회계처리 등 일반사무는 일반사무관리회사가 수행한다(법184 및 235). 집합투자업자는 투자회사의 법인이사로서 투자회사의 내부기관이 된다.

2) 집합투자업자

집합투자업자는 투자회사의 법인이사라는 지위에서 i) 집합투자업자·신탁업자·투자매매업자·투자중개업자 및 일반사무관리회사와의 업무위탁계약(변경계약을 포함)의 체결, ii) 자

---

29) 강태양(2011), 54-55쪽.

30) 일반주식회사의 대차대조표는 차변의 자산이 대변의 부채 때문에 대변의 자본과 일치하지 않으나, 투자회사는 차입이 어렵고 대부분이 집합투자증권으로 조달된 자본에 의하기 때문에 자산(차변)과 자본(대변)이 일치한다.

산의 운용 또는 보관 등에 따르는 보수의 지급, iii) 금전의 분배 및 주식의 배당에 관한 사항 등의 업무를 집행한다(법198②). 집합투자업자는 법인이사의 직무를 정하여 그 직무를 수행할 자를 그 임직원 중에서 선임할 수 있으며(법198④ 전단). 이 경우 집합투자업자는 이를 투자회사에 서면으로 통보하여야 한다(법198④ 후단). 투자회사에 통보된 자가 그 직무 범위에서 행한 행위는 법인이사의 행위로 본다(법198⑤).

3) 투자자

투자자는 투자회사 주식을 취득하여 투자회사의 주주가 되며, 재산 분배 및 이익 분배에 대한 권리를 가지며, 출자금액을 한도로 책임을 진다. 투자회사 주주는 투자신탁의 수익자와 마찬가지로 당해 투자회사 또는 판매회사에 자기와 관련된 투자회사재산에 관한 장부·서류의 열람이나 등초본의 교부를 청구할 수 있다(법186②, 법91).

투자신탁과 마찬가지로 자본시장법상의 투자회사 주주총회에 관련된 사항은 전문사모집합투자기구인 투자회사에는 적용되지 않는다(법249의8④). 전문사모집합투자기구인 투자회사는 정관에서 주주에 대한 손익의 분배 또는 손익의 순위 등에 관한 사항을 정할 수 있다(법249의8⑦).

(2) 투자회사형태의 집합투자구조

투자회사는 명목적인 존재에 불과하다. 고용계약을 맺은 직원도 없으며, 본점을 제외하고는 지점도 존재하지 않는다. 투자회사는 상법상 주식회사처럼 그 자체로 법인격을 가지고 있기 때문에 집합투자재산에 대한 운용은 투자회사의 명의로 이루어진다.

투자회사의 당사자는 법인이사, 이사회 및 주주총회, 일반사무관리회사, 그리고 자산보관·관리업자를 들 수 있다. 투자자는 자금의 납입으로 투자회사 "주식"을 집합투자증권으로 교부받으며, 투자자는 투자회사의 "주주"로서 주주총회의 의결권을 가진다. 법인이사는 투자회사를 대표하고 업무를 집행하며(법198①), 집합투자재산에 대한 운용업무를 수행한다(법198②). 이사회는 법인이사와 감독이사로 구성되며, 감독이사는 회사의 업무집행에 관한 의사결정을 하거나 법인이사에 대한 직무집행을 감독한다(법199①). 투자회사는 명목회사에 불과하므로 여러 가지 업무처리는 따로 독립된 일반사무관리회사에 의한다. 한편 투자회사는 자기명의로 투자회사재산을 가지고 있더라도 그 재산의 보관사무는 따로 자산보관·관리업자와의 계약을 통해 분리해야 한다. 투자회사가 집합투자재산을 가지고 있으면, 여러 가지 이해 상충의 문제를 발생시키기 때문에 법적으로 운용자와 운용재산을 분리하기 위한 정책적인 고려해서 둔 규정이다.

우리나라 투자회사의 구조는 미국의 투자회사(investment company)와 영국의 개방형 투자회사(open-ended investment company: OEIC)와 유사하다. 이들은 모두 이사회 중심의 지배구조로 되어있다. 이사회 중심의 집합투자지배구조는 집합투자기구 내에 이사회를 두도록 하고 이사회로 하여금 집합투자기구의 관리와 운용 전반에 관한 감독과 주주의 이익을 보호할 책임을 부여하는 시스템을 말한다. 반면 우리나라 투자신탁 구조는 보관회사 중심의 집합투자지배구조로 되어있다. 투자신탁 구조에서는 이사회가 존재하지 않으며 보관업을 함께하는 수탁자가 운용 전반에 관한 감독과 책임을 부담하고 있다.[31]

(3) 투자회사의 기관

(가) 법인이사

법인이사는 투자회사를 대표하고 업무를 수행한다(법198①). 법인이사는 법인인 집합투자업자만이 될 수 있으며 그 수도 1인으로 제한된다(법197). 투자회사는 단지 명목회사에 불과할 뿐이며, 모든 집합투자의 기획·운용은 법인이사가 수행한다. 그리고 이사를 감시하는 주주총회나 이사회와 같은 기관이 상당 부분 형해화되어 있기 때문에, 법인이사가 부담하는 의무가 매우 중요하다.

집합투자기구는 자본시장법에서 특별히 정한 경우를 제외하고는 상법 및 민법의 적용을 받는다(법181). 따라서 민법과 상법은 자본시장법의 보충규정이라고 볼 수 있다. 그리고 투자회사에 대해 달리 적용이 배제된다는 규정이 없어서(법206②), 상법상 인정되고 있는 의무가 그대로 적용될 수 있다. 즉 법인이사와 투자회사의 관계에 대해서는 민법상의 위임에 관한 규정(민법680조 이하)이 준용되고(상법382②) 상법상 이사의 충실의무(법382의3)도 적용된다. 한편 법인이사는 법인인 집합투자업자만이 할 수 있다. 따라서 법인이사는 집합투자업자가 부담하는 자본시장법상의 선관의무 및 충실의무도 부담한다(법79).

(나) 감독이사

1) 의의

감독이사는 법인이사의 업무집행을 감독하는 자를 말한다(법199①). 즉 투자자를 대신하여 펀드운용의 적정성 여부 등을 점검함으로써 투자자의 이익을 보호하는, 투자회사에 고유한 기관이다.

감독이사는 투자회사의 업무 및 재산상황을 파악하기 위하여 필요한 경우에는 법인이사와 그 투자회사재산을 보관·관리하는 신탁업자, 그 투자회사의 주식을 판매하는 투자매매업자·투자중개업자 또는 그 투자회사로부터 제184조 제6항의 업무를 위탁받은 일반사무관리회사에 대하여 그 투자회사와 관련되는 업무 및 재산상황에 관한 보고를 요구할 수 있다(법199①). 감독이사는 그 직무를 수행함에 있어서 필요하다고 인정되는 경우에는 회계감사인에 대하여 회계감사에 관한 보고를 요구할 수 있다(법199②). 감독이사의 요구를 받은 자는 특별한 사유가 없는 한 이에 응하여야 한다(법199③).[32]

---

31) 강태양(2011), 56쪽.

32) 감독이사가 비상근(법184⑦: 투자회사는 상근임원 또는 직원을 둘 수 없다)이라는 사실을 참작하면 감독이

2) 감독의사의 의무

감독이사도 법인이사와 마찬가지로 이사로서 이사회의 구성원이 되므로 법인이사와 투자회사와의 관계도 위임관계에 있다. 따라서 감독이사도 투자회사에 대하여 선관주의의무 및 충실의무를 부담한다. 다만 법인이사인 집합투자업자가 부담하는 선관주의의무 및 충실의무는 자본시장법상의 의무임에 비해(법79) 감독이사가 부담하는 선관주의의무 및 충실의무는 자본시장법에 달리 규정하고 있지 않기 때문에 상법상의 의무를 부담한다(법206, 상법382② 및 382의3).

감독이사는 직무상 알게 된 정보로서 외부에 공개되지 않은 정보를 정당한 사유없이 제3자의 비밀을 위하여 이용하여서는 안 되는 직무관련 정보이용금지의무를 부담한다(법199⑤ 및 법54). 또한 집합투자업자인 법인이사의 집합투자재산에 대한 운용행위가 법령·정관·투자설명서 등에 위반되었을 때 감독이사는 신탁업자로부터 그 위반사항에 대해 보고받게 되는데, 이때 감독이사가 법인이사에게 운용행위를 바로잡도록 요구하여야 한다(법247②).

(다) 이사회

투자회사의 이사회는 법인이사와 감독이사로 구성된다. 상법상 일반 주식회사와는 달리 이사회는 특별히 정한 경우를 제외하고는 이사회 결의만으로도 투자회사의 정관을 변경할 수 있기 때문에(법195) 매우 강력한 권한을 가지고 있다.[33] 그 밖에 이사회의 결의를 요하는 사항으로는 신주의 발행과 관련된 사항(법196③), 집합투자업자·신탁업자·투자매매업자·투자중개업자 및 일반사무관리회사와의 업무위탁계약의 체결, 운용·보관에 따른 보수의 결정, 금전의 분배 및 배당에 관련된 사항(법198②) 등이 있다.

투자회사의 이사회가 실질적인 감시·감독의 기능을 수행하는가에 대해서는 의문이다. 법문상 감독이사를 최소 2명만 둘 수도 있는데(법197②), 그렇다면 감독이사 과반수가 동의하지 않더라도, 법인이사의 결정에 대해 견제를 할 수 없게 되기 때문이다. 이사회의 결의는 이사 과반수의 출석과 출석한 이사 과반수의 찬성으로 하게 된다(법200⑤). 가령 법인이사 1인, 감독이사 2인으로 구성된 투자회사에서 법인이사는 감독이사 1인의 동의만으로도 이사회를 자신의 의도대로 움직일 수 있다.[34]

사의 직무를 이처럼 포괄적으로 규정하여서는 감독이사제도의 실효성을 기대하기 어려운 점이 있다. 미국은 감독이사제도의 실효성을 확보하기 위하여 투자회사의 업무 중에서 투자자보호에 관계되는 중요한 사항에 대해서는 이사회 결의 시 감독이사 과반수의 찬성을 얻도록 하여 감독이사의 역할을 구체화하고 있다(미국 투자회사법 제10(b)(1)조).

33) 이와 달리 상법상 주식회사는 정관의 변경 시에 반드시 주주총회의 특별결의를 요하고 있다(상법433, 434).

34) 미국은 1940년 투자회사법을 제정할 때부터 이런 문제를 인식하고 나름의 해결방안을 만들어 놓고 있다. 즉 중요한 사안에 대해서는 이사회의 결의에 더해 따로 감독이사(독립이사)들만의 결의를 추가로 요구하고 있다. 즉 감독이사(독립이사)는 두 번의 결의를 하게 된다.

투자회사는 아직 우리나라에서는 활성화가 되어 있지 않은 형태이다. 하지만 법인이사의 집합투자재산 운용을 감시하기 위해 만들어 놓은 이사회가 이렇게 형해화되어 있는 상황에서는 언젠가 투자회사 형태의 집합투자형태가 자본시장에서 주목을 받게 되었을 때, 분명히 여러 가지 문제들이 발생하리라 예상된다.[35)]

(라) 주주총회

집합투자에서 투자자는 다수인 경우가 일반적이다. 다수 투자자들이 자신의 권리를 개별적으로 행사하는 것은 현실적으로 어렵다. 그래서 자본시장법은 투자자들의 권익을 보호하기 위해 주주총회를 두고 있다(법201). 비록 일반 주식회사의 주주총회 개념을 가져왔다 하더라도, 투자회사의 주주총회는 그 성질이 다르다. 일반 주식회사가 회사의 기본적 사항에 관하여 회사의 의사를 결정하는 필요적 상설기관이라면, 투자회사의 주주총회는 의사결정기관이라기보다는 투자자의 권익을 보호하는 기관으로 이해해야 한다. 따라서 투자회사 이외에도 투자합자회사나 투자신탁·투자합자조합·투자익명조합 등에도 주주총회와 매우 유사한 집합투자자 총회가 존재하며, 상법에서는 인정하지 않는 연기주주총회제도가 인정된다.[36)]

연기주주총회제도는 주주총회 결의의 엄격한 요건을 완화해주는 제도로 이해된다. 주주총회에서 출석한 주주가 소유한 주식이 주식 발행 총수의 과반수에 미달하는 경우 주주총회를 연기할 수 있는데, 이후 2주 이내에 연기된 주주총회를 소집해야 한다(법201③ 및 190⑦).

(4) 투자회사의 관계회사

(가) 일반사무관리회사

앞서 보았듯이 투자회사는 상근임원과 직원이 없으며, 지점도 존재하지 않는 명목회사에 불과하다. 그래서 투자회사는 일반사무관리회사와 업무위탁계약을 체결하고 각종 일반사무를 위탁하고 있다. 일반사무관리회사는 투자회사 주식의 발행 및 명의개서, 투자회사재산의 계산, 법령 또는 정관에 의한 통지 및 공고, 이사회 및 주주총회의 소집·개최·의사록 작성 등에 관한 업무, 그 밖에 투자회사의 사무를 처리하는 데 필요한 업무로 대통령령으로 정하는 업무를 처리한다(법254①, 영184⑥). 투자회사는 반드시 위 업무를 일반사무관리회사에 위탁하여야 하나, 투자회사 이외의 집합투자기구는 반드시 일반사무관리회사에 업무를 위탁할 필요가 없다.

일반사무관리회사로 등록을 하려는 자는 다음의 요건을 모두 갖추어야 한다(법254②).

1. 다음 각 목의 어느 하나에 해당할 것
   가. 상법에 따른 주식회사
   나. 명의개서대행회사

35) 강태양(2011), 62쪽.
36) 강태양(2011), 63쪽.

다. 그 밖에 대통령령으로 정하는 금융기관
2. 20억원 이상의 자기자본을 갖출 것(영276②)
3. 상근 임직원 중 대통령령으로 정하는 기준의 전문인력을 보유할 것
4. 전산설비 등 대통령령으로 정하는 물적 설비를 갖출 것
5. 임원이 금융회사지배구조법 제5조에 적합할 것
6. 대통령령으로 정하는 이해상충방지체계를 구축하고 있을 것(대통령령으로 정하는 금융업을 영위하고 있는 경우에 한한다)

(나) 자산을 보관 · 관리하는 신탁업자

투자회사는 투자회사의 재산을 자신의 명의로, 취득·처분 그 밖의 방법으로 운용하지만, 그 재산의 보관 및 관리는 신탁회사가 담당한다. 집합투자업자는 자신이 운용하는 집합투자재산을 보관·관리하는 신탁업자이어서는 안 된다(법184④). 즉 재산의 운용과 보관은 엄격하게 분리되어야 한다.

신탁회사는 일반적인 신탁회사가 아니며, 단순히 집합투자재산을 보관·관리하는 보관관리업자에 불과하다. 그래서 일반 신탁회사에 적용되는 자본시장법 제2편 제4장 제2절 제4관 "신탁업자의 영업행위 규칙", 즉 신탁업자에 대한 규정이 적용되지 않는다. 다만, 자본시장법 제116조 및 동법 제117조의 신탁업자의 합병 및 청산에 관한 조항은 준용된다(법245). 집합투자업자는 투자회사 명의로 투자대상자산의 취득·처분 등을 하고, 그 집합투자기구의 신탁업자에게 취득·처분 등을 한 자산의 보관·관리에 필요한 지시를 하여야 하며, 그 신탁업자는 집합투자업자의 지시에 따라야 한다(법80⑤). 신탁업자의 자산보관·관리업무는 투자회사와 자산을 보관·관리하는 신탁업자와는 업무위탁계약으로 이뤄진다(법198②(1)).

한편 투자신탁에서 신탁회사는 투자회사처럼 자산의 보관·관리업무를 수행하는 것에 더불어 집합투자재산을 자신의 명의로 운용하는 투자신탁의 주요당사자로 등장한다. 따라서 투자회사와 투자신탁에서의 신탁회사의 역할은 매우 다르다.

(다) 집합투자기구평가회사와 채권평가회사

집합투자기구평가회사(펀드평가회사)는 집합투자기구를 평가하고 이를 투자자에게 제공하는 업무를 영위하는 회사를 말한다(법258①). 집합투자기구 평가업을 영위하고자 하는 자는 투자매매업자, 투자중개업자(판매회사) 또는 집합투자업자(자산운용회사)와 계열회사에 해당하지 않고 납입자본금 5억원 이상으로서 전문인력을 확보하는 등 일정요건을 갖추어 금융위원회에 등록해야 한다(법258②, 영280).

채권평가회사는 집합투자재산에 속하는 채권 등 자산의 가격을 평가하고 이를 집합투자기구에 제공하는 업무를 영위하는 회사를 말한다(법263①). 채권평가회사로 등록을 하려는 자는

일정한 요건을 갖추어 금융위원회에 등록하여야 한다(법263②).

이들은 집합투자기구를 평가하고, 분석정보를 생성하여 이를 기관투자자, 투자매매업자·투자중개업자, 운용회사, 개인투자자 등에게 제공하는 업무를 담당한다.[37] 집합투자기구평가회사와 채권평가회사는 투자회사 이외의 집합투자기구 형태에서도 같은 업무를 수행하고 있다.

3. 투자신탁

(1) 서설

(가) 투자신탁의 의의

투자신탁 집합투자기구는 신탁법상의 신탁에서 그 아이디어를 빌린 것이다. 신탁은 재산관리제도 중 하나로서 특정된 재산이 제도의 중심이 되는 특징을 가져온 것이다. 신탁은 재산의 명목상 소유권(title)과 관리권(management)을 수익권(beneficial interests)으로부터 분리할 수 있기 때문에 집합투자기구로 사용하기에 손색이 없다. 하지만 투자신탁은 신탁과 구조적으로 차이가 난다. 신탁은 위탁자와 수탁자가 체결하는 신탁계약에 의해 설정되는데(신탁법2 전단), 이와 비슷하게 투자신탁도 집합투자업자(위탁자)와 신탁업자(수탁자)가 체결하는 신탁계약에 의해 설정된다. 집합투자업자와 신탁계약을 체결하는 자는 자산을 보관·관리하는 신탁업자이다. 투자신탁에서는 위탁자인 집합투자업자가 신탁재산의 운용지시를 담당하고 은행 등의 신탁회사가 신탁재산을 소유·보관·운용하게 된다.[38]

투자신탁은 집합투자업자인 위탁자가 신탁업자에게 신탁한 재산을 신탁업자로 하여금 그 집합투자업자의 지시에 따라 투자·운용하게 하는 신탁 형태의 집합투자기구를 말한다(법9⑱(1)). 투자신탁은 신탁을 집합투자재산의 보유도구로 이용하는 집합투자기구(Collective Investment Scheme)의 일종이다. 집합투자업자가 투자신탁 도구를 만들어 투자자를 모으고 펀드 운용 등 관리를 하지만 펀드재산(신탁재산)은 신탁의 수탁자 명의로 소유·보관된다. 투자신탁의 수익권은 신탁재산에 대한 비례적 지분으로 발행되고 수익증권 발행대금이 투자를 위해 현금으로 신탁재산에 더해지므로 투자신탁의 신탁재산은 주식회사의 자본과 유사한 성격을 가진다. 투자신탁은 신탁에서의 수탁자기능(신탁재산의 소유·보관, 신탁재산의 운용·관리)이 분리되어 신탁재산의 소유·보관은 신탁업자가 수행하고, 신탁재산의 운용·관리는 집합투자업자가 수행한다.

---

37) 집합투자기구를 평가하는 프로세스를 간략히 설명하면 다음과 같다. i) 평가회사는 집합투자기구 약관과 투자설명서를 입수하여 이를 통해 집합투자기구의 유형을 분류하고 각각에 대해 벤치마크를 설정한다. ii) 집합투자기구가 운용되는 동안 평가회사는 집합투자업자 또는 일반사무관리회사 등을 통해 집합투자기구의 가격정보를 받아 집합투자기구의 수익률, 위험, 위험조정성과 등을 주기적(일별, 주별, 월별, 분기별, 반기별, 연별)으로 측정하고, 등급을 부여한다. iii) 이를 이용하여 집합투자기구 및 그 집합투자업자에 대한 절대평가 및 상대평가를 하고 성과의 우열을 비교한 정보를 생산하여 수요자에게 나눠준다.

38) 강태양(2011), 66쪽.

(나) 투자신탁관계의 당사자

자본시장법은 투자신탁이라 통칭하여 신탁법상의 신탁과 구분하고 있으나, 투자신탁의 당사자는 신탁과 유사하게 자산에 대한 운용지시를 내리는 위탁자(집합투자업자), 집합투자재산을 보관·관리하고 운용지시를 이행하며 집합투자업자의 운용지시를 감시(법247: 운용행위감시 등)하는 수탁자(신탁업자), 집합투자업자가 발행한 집합투자증권인 수익증권을 판매회사로부터 취득하여 보유한 수익자(투자자)로 구성된다.

1) 집합투자업자

집합투자업자는 신탁계약의 체결 및 해지, 신탁재산의 투자결정 및 운용지시, 펀드 편입자산의 평가, 수익증권 판매 및 환매 등에 적용되는 기준가격의 가격산정, 수익증권의 발행(판매) 및 소각(환매), 펀드회계 등의 업무를 수행한다. 수익증권의 판매는 집합투자업자가 직접 하거나 금융기관에 판매를 위탁한다. 기준가격 산정 등의 업무도 집합투자업자가 직접 수행하거나 외부전문가에게 위탁한다(법188조 이하).

2) 신탁업자

신탁업자는 펀드재산의 소유 및 보관, 집합투자업자의 운용지시에 따른 거래집행, 운용자 감시 등의 업무를 수행한다. 전문사모집합투자기구에서 신탁업자의 집합투자업자에 대한 감시기능은 공모펀드에 비해 대폭 축소되어, 집합투자재산 평가의 공정성 및 기준가격 산정의 적정성으로 국한된다(법249의8).

3) 투자자(수익증권 보유자)

투자자는 투자신탁의 수익증권을 취득함으로써 집합투자업자와 신탁업자가 체결한 신탁계약에서 수익자로 당해 투자신탁관계의 당사자가 된다. 수익자는 자신이 취득한 수익증권 지분에 따라 투자신탁의 투자원본의 상환 및 이익분배를 받는다. 공모펀드의 경우 투자신탁의 수익자는 투자원본, 상환 및 이익분배 등에 관하여 수익증권 좌수에 따라 균등한 권리를 가진다(법189②). 그러나 전문사모집합투자기구의 경우 법 제189조 제2항의 적용이 배제되므로 신탁계약에서 수익자에 대한 손익의 분배 또는 손익의 순위 등에 관해 다르게 정할 수 있다(법249의8①⑦).

공모펀드에 적용되는 자본시장법상 수익자총회 관련규정(법190 및 191)이 전문사모집합투자기구에 적용되지 않으므로(법249의8④) 수익자가 총회를 통해 투자신탁에 관한 중요한 사항을 결정할 수 있는 권리가 법적으로 보장되지는 않는다. 한편 투자자는 집합투자업자(판매회사)에 대해 당해 집합투자재산에 관한 장부서류의 열람이나 등초본의 교부를 청구할 수 있다(법91①②).

(2) 투자신탁형태의 집합투자구조

투자신탁형 집합투자기구는 먼저 집합투자업자와 신탁업자가 신탁계약을 통해 신탁을 설정하고, 여기에 투자자가 설정된 신탁에 자금 등을 납입함으로써 3당사자 간의 계약관계가 형성된다. 투자자는 수익증권의 매입을 통해서 자신의 금전 등을 집합투자업자에게 이전시키는데, 위탁자(집합투자업자)는 그렇게 받은 금전 등을 투자자의 계산으로 수탁자인 신탁업자에게 보관·관리하도록 하고, 집합투자업자는 신탁업자에게 운용지시를 함으로써 집합투자재산을 운용하게 된다.[39)]

투자자는 수익증권의 매입을 통해 수익자가 된다. 여기서 문제는 투자신탁관계가 계약관계임에도 투자자(수익자)로서는 집합투자업자와 신탁업자가 이미 마련해 놓은 투자신탁계약서를 수동적으로 수락할지만을 결정할 수 있는 위치에 있다는 사실이다. 수익증권은 자본시장법상의 금융투자상품에 해당하며 공모의 방법으로 발행되는 과정에서 다른 금융투자상품과 마찬가지로 증권신고 등의 공시의무가 부과된다. 우리나라도 내용규제(merit regulation)보다는 미국처럼 공시규제(disclosure regulation) 위주이기 때문에 법은 투자자를 보호하기 위해서 ⅰ) 신탁계약에서 정하는 사항을 법률로 규정하고 있고(법188①), ⅱ) 신탁계약 중에서 중요 사항을 변경할 시에는 수익자총회의 결의를 요구하고 있으며(법188②), ⅲ) 변경 시에는 인터넷 홈페이지 등을 통해 공시 및 중요사항을 변경한 경우에는 수익자에게 통지하도록 강제하고 있다(법188③).

(3) 투자신탁의 법적 성질

투자신탁이 신탁법상의 신탁개념을 빌린 것이라는 사실을 앞에서 살펴보았다. 신탁법상 신탁관계는 위탁자, 수탁자와 수익자의 3자 간의 관계로서 위탁자는 재산의 출연 이후에는 신탁재산의 관리에 전혀 관여하지 않으며, 수익자는 수익의 의사표시를 하지 않아도 당연히 신탁에 의한 이익을 받는다. 그러나 투자신탁은 신탁업자가 운용행위를 하기도 하지만 실질적으로는 위탁자인 집합투자업자가 신탁재산(집합투자재산)을 운용하며, 투자자는 수익증권을 매입함으로써 수익자가 될 뿐이다. 이처럼 투자신탁이 일반신탁과는 다른 특징을 가짐에 따라 투자신탁에서의 당사자 간의 관계 특히 집합투자업자와 수익자 간의 관계가 불분명해진다. 집합투자업자는 실질적으로 신탁재산의 법적 재산권도 없으므로 수탁자로 보기도 곤란하다. 집합투자업자가 ⅰ) 수익증권을 자신이 직접 발행하며, ⅱ) 그 자산을 실질적으로 운용한다는 점에서 본다면 집합투자업자는 위탁자라기보다는 오히려 수탁자와 매우 유사한 지위를 가짐을 확인할 수 있다.

한편 집합투자에서의 신탁회사는 일반의 신탁회사와 달리 규정하고 있어 마치 자산을 보관·관리하는 자로 인식되고 있는데도 불구하고,[40)] 자본시장법에서는 자산을 보관·관리하는

39) 강태양(2011), 67쪽.

40) 즉 자산을 보관·관리하는 신탁업자는 자본시장법 제2편 제4장 제2절 제4관(제116조 및 제117조를 제외한

신탁업자에 대해 수탁자의 지위를 여전히 부여하고 있다. 실무상 자산을 보관·관리하는 신탁업자는 매우 수동적으로 집합투자업자의 운용지시를 따르고 있을 뿐 집합투자업자에 대한 견제 역할을 충실히 수행하고 있지 않다. 그렇다면, 신탁업자는 단지 자신의 명의만을 빌려주고 있을 뿐 투자자-집합투자업자-신탁회사의 관계에서 진정한 수탁자의 역할을 하고 있다고 보기 어렵다.[41]

(4) 투자신탁의 기관 및 관계회사

(가) 신탁회사 중심의 구조

투자신탁은 투자회사와 달리 이사회 중심의 집합투자구조가 아닌, 신탁업자 중심의 구조를 띤다고 할 수 있다. 투자회사는 이사회의 결의가 필요했던 사항을 투자신탁에서는 신탁회사와의 변경계약(법188②), 신탁업자의 확인(법189③), 혹은 집합투자업자 단독(법193①)으로 결정할 수 있기 때문이다. 신탁업자가 자기명의로 투자신탁재산의 운용을 하므로 신탁업자는 거래에 대한 이행책임을 진다(법80①).[42]

이사회가 존재하지 않으며, 신탁회사의 권한도 이사회 수준으로 엄격하지 않은 우리나라 투자신탁 구조는 투자회사와 비교했을 때 상당한 규제차익(regulatory arbitrage)을 발생시키고 있다. 그 근거로 세 가지를 들 수 있다.[43] ⅰ) 투자신탁 구조에서 집합투자업자는 이사회를 소집할 필요도 없으며 주요 결정에 대해 견제를 받지도 않는다. 신탁계약의 변경과 같은 사항이 아니라면 집합투자업자는 실질적으로 단독으로 결정할 수 있는 권한을 가지기 때문이다. ⅱ) 집합투자업자의 운용지시를 통해 신탁업자가 자신의 명의로 투자신탁재산의 운용을 하더라도, 그 이행책임은 신탁업자 단독의 책임이 아니라 집합투자업자와 공동으로 부담하는 연대책임의 성격이다(법188①). 책임에 대한 분담은 신탁업자로 하여금 부담감을 덜어주는 효과도 있지만, 집합투자업자에 대한 견제의 노력을 게을리하도록 할 수 있다. ⅲ) 자본시장법 제80조 제1항 단서 규정을 보면 집합투자업자는 대통령령이 정하는 때에는 심지어 신탁업자의 명의가 아닌 집합투자업자 자신의 명의로 투자대상자산을 취득·처분 등을 할 수 있다고 규정하고 있다. 따라서 신탁업자가 아닌 집합투자업자 자신의 명의로 운용행위를 하는 경우 신탁업자가 그 감독을 게을리할 것은 당연하다.[44]

다)의 신탁업자에 관한 규정이 적용되지 않고 제5편 제6장의 집합투자재산의 보관 및 관리에 관한 규정이 적용된다. 이는 투자회사에서 자산보관관리위탁계약을 맺는 자산보관관리업자와 동일한 규정이다.

41) 강태양(2011), 68-69쪽.

42) 이행책임은 신탁업자만이 부담하는 것이 아니고 집합투자업자와 연대하여 부담한다.

43) 강태양(2011), 78쪽.

44) 더욱이 집합투자업자 명의로 운용할 수 있는 투자대상자산의 범위도 매우 광범위하다. 동법 시행령 제79조 제2항을 보면, 증권시장이나 해외증권시장에 상장된 증권의 매매, 장내파생상품의 매매, 자본시장법이 허용하는 단기대출 등등 상당 부분의 거래가 집합투자업자 명의로 거래가 가능하도록 설계되어 있다.

(나) 그 밖의 기관 및 관계회사

그 밖의 주요기관 및 주요당사자는 투자회사에서 살펴본 것과 동일하다. 다만 투자신탁에서는 투자회사의 주주가 "수익자"로, 주주총회가 "수익자총회"로 바뀌는 등의 명칭만 변경되어 사용된다.

Ⅳ. 사모집합투자기구(사모펀드)

1. 사모집합투자기구의 개념

(1) 의의

사모집합투자기구(사모펀드)란 집합투자증권을 사모로만 발행하는 집합투자기구로서 투자자의 총수가 49인 이하인 것을 말한다. 사모집합투자기구는 "전문투자형 사모집합투자기구(헤지펀드)"와 "경영참여형 사모집합투자기구(PEF)"로 구분할 수 있다. 집합투자기구는 투자권유를 받은 자의 수 기준으로 50인 이상인 경우 공모펀드, 50인 미만인 경우 사모펀드로 분류한다.

사모펀드는 투자대상이나 투자전략 등에 따라 다양한 유형이 있고, 그에 따라 펀드의 성격이나 특징도 달라서 하나의 개념으로 정의하기 어렵지만, 제한된 방법으로 투자자를 모으고 일반투자자의 참여가 제한된다는 점에서는 공통점이 있다. 따라서 사모펀드의 일반적 개념은 "사모로 조직되고, 전문적인 운용자가 운용하며, 일반 대중이 널리 이용할 수 없는 펀드"라고 말할 수 있다. 간단하게는 공모펀드가 아닌 펀드를 사모펀드라고 해도 무방하다.

사모펀드 산업은 20세기 들어 미국에서 헤지펀드 투자 및 PE(Private Equity) 투자와 함께 시작되었다. 사모펀드는 여러 가지 기준으로 구분되지만, 주된 투자대상 및 투자전략을 기준으로 헤지펀드와 PEF(Private Equity Fund)로 대별된다. PEF는 다시 벤처캐피탈펀드(Venture Capital Fund), 기업인수펀드(Buy-out Fund), 메자닌펀드(Mezzanin Fund), 부실증권펀드(Distressed Fund)로 세분하는 것이 일반적이다. 사모부동산펀드(Private Real Estate Fund)도 PEF의 한 유형으로 분류하기도 한다. 넓은 의미의 사모펀드의 범주에는 위와 같은 펀드 외에 "'사모펀드에 투자하는 재간접펀드"(fund of private funds), 이차펀드(secondary funds)도 포함된다.[45]

(2) 집합투자증권의 사모 발행

사모란 새로 발행되는 증권의 취득의 청약을 권유[46]하는 것으로서 모집에 해당하지 아니

45) 박삼철(2017), 3-4쪽.

46) 청약권유 상대방의 수가 50인 이상이면 투자자의 총수가 49인 이하인 경우에도 사모집합투자기구에 해당하지 않는다. 따라서 청약권유의 상대방의 수와 투자자의 총수가 모두 49인 이하인 경우에만 사모집합투자기구에 해당하여 공모집합투자기구를 전제로 하는 규정의 적용이 배제된다. 또한 사모집합투자기구가 추가모집으로 투자자의 수가 49인을 초과하는 것은 허용되지 아니하므로, 이러한 경우에는 공모집합투자

하는 것을 말한다(법9⑧). 모집이란 50인 이상의 투자자에게 새로 발행되는 증권의 취득의 청약을 권유하는 것을 말한다(법9⑦). 따라서 집합투자증권을 사모 발행한다는 것은, 특정 집합투자기구의 집합투자증권을 새로 발행함에 있어 50인 미만의 투자자에게 취득의 청약을 권유해야 함을 의미한다. 50인 산정시 기관투자자 등은 포함되지 않는다. 사모 발행의 규제 측면에서의 의미는 자본시장법 제3편 제1장의 증권신고서 규제를 적용받지 않는다는 점이다.

(3) 일반투자자등의 수 49인 이하

사모집합투자기구에 해당하려면 집합투자증권을 사모로 발행하는 데에서 더 나아가 그 집합투자증권을 취득한 투자자 중에서 대통령령으로 정하는 투자자[47]의 수가 49인 이하이어야 한다. 이 경우 49인을 산출할 때 다른 집합투자기구(제80조 제1항 제5호의2에 따른 사모투자재간접집합투자기구, 같은 항 제5호의3에 따른 부동산·특별자산투자재간접집합투자기구 또는 같은 호 각 목의 어느 하나에 해당하는 집합투자기구 등에 대한 투자금액을 합산한 금액이 자산총액의 80%를 초과하는 부동산투자회사법 제49조의3에 따른 공모부동산투자회사는 제외)가 그 집합투자기구의 집합투자증권 10% 이상을 취득하는 경우에는 그 다른 집합투자기구의 투자자(제1항에 따른 투자자)의 수를 합하여 산출한다(영14②).

2. 전문투자형 사모집합투자기구

(1) 의의

전문투자형 사모집합투자기구란 "경영참여형 사모집합투자기구를 제외한 사모집합투자기구"를 말한다(법9⑲(2)). 집합투자업 중 전문투자형 사모집합투자기구를 통한 집합투자를 영업으로 하는 것을 "전문사모집합투자업"이라 한다(법9㉘). 집합투자업자 중 전문사모집합투자업을 영위하는 자를 "전문사모집합투자업자"라 한다(법9㉙). 경영참여형 사모집합투자기구에 대해서는 정의규정에서 "경영권 참여 등의 목적으로 지분증권 등에 투자운용"하는 것으로 투자방법을 한정하고 있는데 반해, 전문투자형 사모집합투자기구에 대해서는 정의규정에서 투자대상이나 투자전략 등에 대해 아무런 제한을 하지 않는다.

전문투자형 사모집합투자기구에는 주된 투자대상을 기준으로 집합투자기구를 다섯 가지 종류(증권집합투자기구, 부동산집합투자기구, 특별자산집합투자기구, 혼합자산집합투자기구, 단기금융집합투자기구)로 구분하는 자본시장법의 규정이 적용되지 않는다(법249의8, 249의20). 따라서 전문투자형 사모집합투자기구는 집합투자업자가 펀드의 투자대상·투자전략 등을 결정하여 집합투

기구로 전환한 후 추가모집을 해야 할 것이다.

47) "대통령령으로 정하는 투자자"란 다음에 해당하지 아니하는 투자자를 말한다(영14①).
1. 제10조 제1항 각 호의 어느 하나에 해당하는 자
2. 제10조 제3항 제12호·제13호에 해당하는 자 중 금융위원회가 정하여 고시하는 자

자규약 등 관련 서류에 반영함으로써 펀드의 성격이 정해지게 된다. 전문투자형 사모집합투자기구는 실무적으로는 투자대상, 투자지역, 투자전략 등 여러 기준에 따라 다양하게 분류될 수 있다. 특히 투자대상·투자전략을 기준으로 크게 헤지펀드(증권 등 양도성 자산에 주로 투자), 부동산펀드(REF: 부동산 및 부동산관련펀드에 주로 투자), 파생상품펀드, 대출펀드(Loan Fund), 재간접펀드(FoFs), 기타 펀드로 구분할 수 있다.[48]

(2) 적격투자자

전문투자형 사모집합투자기구는 i) 전문투자자 중 적격투자자: 전문투자자로서 대통령령으로 정하는 투자자[49], ii) 기타 적격투자자: 1억원 이상으로서 대통령령으로 정하는 금액[50] 이상을 투자하는 개인 또는 법인, 그 밖의 단체(국가재정법 별표 2에서 정한 법률에 따른 기금과 집합투자기구를 포함) 중 어느 하나에 해당하는 투자자("적격투자자")에 한정하여 집합투자증권을 발행할 수 있다(법249의2).

(3) 전문사모집합투자업 등록

전문사모집합투자업을 영위하려는 자는 금융위원회에 전문사모집합투자업 등록을 하여야 한다(법249의3①). 전문사모집합투자업 등록을 하려는 자는 다음의 요건을 모두 갖추어야 한다(법249의3②).

1. 다음 각 목의 어느 하나에 해당하는 자일 것
   가. 상법에 따른 주식회사이거나 대통령령으로 정하는 금융회사
   나. 외국 집합투자업자(외국 법령에 따라 외국에서 집합투자업에 상당하는 영업을 영위하는 자)로서 외국에서 영위하고 있는 영업에 상당하는 집합투자업 수행에 필요한 지점, 그 밖의 영업소를 설치한 자
2. 5억원 이상으로서 대통령령으로 정하는 금액 이상의 자기자본을 갖출 것(영271의2③): 현재 10억원)
3. 투자자의 보호가 가능하고 그 영위하려는 전문사모집합투자업을 수행하기에 충분한 인력과

48) 박삼철(2017), 49쪽.

49) "대통령령으로 정하는 투자자"란 다음의 어느 하나에 해당하는 자를 말한다(영271①). 1. 국가 2. 한국은행, 3. 제10조 제2항 각 호의 어느 하나에 해당하는 자, 4. 주권상장법인, 5. 제10조 제3항 제1호부터 제8호까지 및 제13호부터 제18호까지의 어느 하나에 해당하는 자

50) "대통령령으로 정하는 금액"이란 다음의 구분에 따른 금액을 말한다(영271②).
   1. 법 제249조의7 제1항 각 호의 금액(파생상품에 투자하는 경우 그 파생상품의 매매에 따른 위험평가액, 집합투자재산으로 해당 전문투자형 사모집합투자기구 외의 자를 위하여 채무보증 또는 담보제공을 하는 방법으로 운용하는 경우 그 채무보증액 또는 담보목적물의 가액, 전문투자형 사모집합투자기구의 계산으로 금전을 차입하는 경우 그 차입금의 총액)을 합산한 금액이 전문투자형 사모집합투자기구의 자산총액에서 부채총액을 뺀 가액의 200%을 초과하지 아니하는 전문투자형 사모집합투자기구에 투자하는 경우: 1억원
   2. 제1호 외의 전문투자형 사모집합투자기구에 투자하는 경우: 3억원

전산설비, 그 밖의 물적 설비를 갖출 것
4. 임원이 금융회사지배구조법 제5조에 적합할 것
5. 대주주나 외국 집합투자업자가 다음 각 목의 구분에 따른 요건을 갖출 것
가. 제1호 가목의 경우 대주주(제12조 제2항 제6호 가목의 대주주)가 충분한 출자능력, 건전한 재무상태 및 사회적 신용을 갖출 것
나. 제1호 나목의 경우 외국 집합투자업자가 충분한 출자능력, 건전한 재무상태 및 사회적 신용을 갖출 것
6. 경영건전성기준 등 대통령령으로 정하는 건전한 재무상태와 법령 위반사실이 없는 등 대통령령으로 정하는 건전한 사회적 신용을 갖출 것
7. 전문사모집합투자업자와 투자자 간, 특정 투자자와 다른 투자자 간의 이해상충을 방지하기 위한 체계를 갖출 것

(4) 적격투자자 확인의무와 투자광고

전문투자형 사모집합투자기구의 집합투자증권을 판매하는 금융투자업자는 투자자가 적격투자자인지를 확인하여야 한다(법249의4).

전문투자형 사모집합투자기구의 집합투자증권을 판매하는 금융투자업자가 그 사모집합투자기구의 투자광고를 하는 경우에는 다음의 요건을 모두 갖추어야 한다(법249의5).

1. 전문투자자 또는 대통령령으로 정하는 투자자[51]만을 대상으로 할 것
2. 대통령령으로 정하는 광고매체를 통할 것[52]

(5) 설정 · 설립 · 보고

전문투자형 사모집합투자기구인 투자신탁이나 투자익명조합의 집합투자업자 또는 전문투자형 사모집합투자기구인 투자회사등은 다음의 요건을 모두 갖추어 전문투자형 사모집합투자기구를 설정 · 설립하여야 한다(법249의6①).

1. 다음 각 목의 자가 업무정지기간 중에 있지 아니할 것
가. 그 전문투자형 사모집합투자기구의 집합투자재산을 운용하는 집합투자업자
나. 그 전문투자형 사모집합투자기구의 집합투자재산을 보관 · 관리하는 신탁업자
다. 그 전문투자형 사모집합투자기구의 집합투자증권을 판매하는 투자매매업자 · 투자중개업자

51) "대통령령으로 정하는 투자자"란 투자광고를 하는 날 전날의 금융투자상품 잔고(투자자예탁금 잔액을 포함)가 1억원 이상인 일반투자자를 말한다(영271의6①).
52) 제2호에 따라 전문투자형 사모집합투자증권을 판매하는 금융투자업자는 법 제57조 제3항 및 이 영 제60조 제2항 각 호에 따른 사항의 전부 또는 일부에 대하여 투자광고를 하는 경우에 서면, 전화, 전자우편, 그 밖에 금융위원회가 정하여 고시하는 매체를 통하여 전문투자자 또는 제1항에서 정하는 투자자에게만 개별적으로 알려야 한다(영271의6②).

라. 투자회사인 경우 그 투자회사로부터 제184조 제6항의 업무를 위탁받은 일반사무관리회사
2. 전문투자형 사모집합투자기구가 이 법에 따라 적법하게 설정·설립되었을 것
3. 전문투자형 사모집합투자기구의 집합투자규약이 법령을 위반하거나 투자자의 이익을 명백히 침해하지 아니할 것
4. 그 밖에 제9조 제18항 각 호의 집합투자기구의 형태 등을 고려하여 대통령령으로 정하는 요건을 갖출 것

전문투자형 사모집합투자기구인 투자신탁이나 투자익명조합의 집합투자업자 또는 전문투자형 사모집합투자기구인 투자회사등은 제1항에 따라 전문투자형 사모집합투자기구를 설정·설립한 경우 그 날부터 2주일 이내에 금융위원회에 보고하여야 한다(법249의6② 본문). 다만, 투자자 보호 및 건전한 거래질서를 해칠 우려가 있는 경우로서 대통령령으로 정하는 경우에는 전문투자형 사모집합투자기구가 설정·설립된 후 지체 없이 보고하여야 한다(법249의6② 단서).

(6) 집합투자재산 운용방법

전문사모집합투자업자가 전문투자형 사모집합투자기구의 집합투자재산을 운용하는 경우 다음 각 호의 금액을 합산한 금액이 전문투자형 사모집합투자기구의 자산총액에서 부채총액을 뺀 가액의 400%를 초과해서는 아니 된다(법249의7① 본문, 영271의10①). 다만, 투자자 보호 및 집합투자재산의 안정적 운용을 해칠 우려가 없는 경우로서 대통령령으로 정하는 전문투자형 사모집합투자기구의 경우에는 제1호와 제2호를 합산한 금액 또는 제3호의 금액이 각각 전문투자형 사모집합투자기구의 자산총액에서 부채총액을 뺀 가액의 400%를 초과해서는 아니 된다(법249의7① 단서, 영271의10①).

1. 파생상품에 투자하는 경우 그 파생상품의 매매에 따른 위험평가액
2. 집합투자재산으로 해당 전문투자형 사모집합투자기구 외의 자를 위하여 채무보증 또는 담보제공을 하는 방법으로 운용하는 경우 그 채무보증액 또는 담보목적물의 가액
3. 전문투자형 사모집합투자기구의 계산으로 금전을 차입하는 경우 그 차입금의 총액

전문사모집합투자업자는 전문투자형 사모집합투자기구의 집합투자재산을 부동산에 운용할 때 다음 각 호의 어느 하나에 해당하는 행위를 해서는 아니 된다(법249의7②).

1. 대통령령으로 정하는 부동산(영271의10②=국내 부동산)을 취득한 후 5년 이내의 범위에서 대통령령으로 정하는 기간[53] 이내에 이를 처분하는 행위. 다만, 부동산개발사업에 따라 조

53) "대통령령으로 정하는 기간"이란 1년을 말한다. 다만, 집합투자기구가 미분양주택(주택법 제54조에 따른 사업주체가 같은 조에 따라 공급하는 주택으로서 입주자모집공고에 따른 입주자의 계약일이 지난 주택단지에서 분양계약이 체결되지 아니하여 선착순의 방법으로 공급하는 주택)을 취득하는 경우에는 집합투자규약에서 정하는 기간으로 한다(영271의10③).

성하거나 설치한 토지·건축물 등을 분양하는 경우, 그 밖에 투자자 보호를 위하여 필요한 경우로서 대통령령으로 정하는 경우(영271의10④=전문투자형 사모집합투자기구가 합병·해지 또는 해산되는 경우)는 제외한다.

2. 건축물, 그 밖의 공작물이 없는 토지로서 그 토지에 대하여 부동산개발사업을 시행하기 전에 이를 처분하는 행위. 다만, 전문투자형 사모집합투자기구의 합병·해지 또는 해산, 그 밖에 투자자 보호를 위하여 필요한 경우로서 대통령령으로 정하는 경우[54]는 제외한다.

전문사모집합투자업자는 대통령령으로 정하는 방법에 따라 전문투자형 사모집합투자기구의 집합투자재산 운용 현황, 금전차입 현황 등에 관하여 금융위원회에 보고하여야 한다(법249의7③).[55]

(7) 운용상 특성

전문투자형 사모집합투자기구의 운용상 특성을 살펴보면, 소수의 투자자로부터 자금을 모아 투자대상과 지역에 관계없이 다양한 투자전략을 사용하여 수익을 추구하는 금융상품이라고 할 수 있다. 일반적으로 공모펀드에 비해 투자대상이나 자산운용에 대한 제한이 없어 운용전략의 유연성이 높고, 운용보수 외에 성과보수를 부과할 수 있으며 차입·공매도가 가능하고 환매제한이 있을 수 있는 등의 특성이 있다(법249의8).

3. 경영참여형 사모집합투자기구

(1) 의의

경영참여형 사모집합투자기구란 "경영권 참여, 사업구조 또는 지배구조의 개선 등을 위하여 지분증권 등에 투자·운용하는 투자합자회사인 사모집합투자기구"를 말한다(법9⑲(1)). 투자대상회사의 지분증권 등을 취득하여 당해 회사의 경영권을 장악하거나 또는 이사선임 등의 방법을 통해 경영에 참여하여 당해 회사의 사업구조·지배구조를 개선하거나 기타 방법으로 당해 회사의 가치를 제고한 후 지분증권 등을 매각하는 등의 방법으로 수익을 얻는 것을 투자전략

---

54) "대통령령으로 정하는 경우"란 부동산개발사업을 하기 위하여 토지를 취득한 후 관련 법령의 제정·개정 또는 폐지 등으로 인하여 사업성이 뚜렷하게 떨어져서 부동산개발사업을 수행하는 것이 곤란하다고 객관적으로 증명되어 그 토지의 처분이 불가피한 경우를 말한다(영271의10⑤).

55) 자본시장법 시행령 제271조의10(전문투자형 사모집합투자기구의 집합투자재산 운용방법 등) ⑥ 전문사모집합투자업자는 법 제249조의7 제3항에 따라 전문투자형 사모집합투자기구별로 다음 각 호의 사항을 금융위원회가 정하여 고시하는 서식 및 절차에 따라 보고하여야 한다.
1. 파생상품 매매 현황
2. 채무보증 또는 담보제공 현황
3. 금전차입 현황
⑦ 제6항에 따른 보고의 기준일은 다음 각 호의 구분에 따른다.
1. 집합투자재산 총액이 100억원 이상인 전문투자형 사모집합투자기구: 매년 6월 30일 및 12월 31일
2. 집합투자재산 총액이 100억원 미만인 전문투자형 사모집합투자기구: 매년 12월 31일

으로 하는 사모펀드라고 할 수 있다.[56)]

경영참여형 사모집합투자기구는 회사의 재산을 지분증권에 투자하여 경영권 참여, 사업구조·지배구조의 개선 등의 방법으로 투자한 기업의 가치를 높여 그 수익을 사원에게 배분함을 목적으로 설립된 합자회사를 말하며 자본시장법에서 특별히 정한 사항 외에는 상법상 합자회사의 규정이 적용된다.

(2) 설립 및 보고

경영참여형 사모집합투자기구의 정관에는 상호, 각 사원의 출자의 목적과 가격 또는 평가의 기준. 회사의 존속기간(설립등기일부터 15년 이내로 한다) 등의 사항을 기재하고, 총사원이 기명날인 또는 서명하여야 하고(법249의10①), 목적, 상호, 무한책임사원의 상호 또는 명칭·사업자등록번호 및 주소 등의 사항을 등기하여야 하며(법249의10②), 다음의 요건을 모두 갖추어야 한다(법249의10③).

1. 경영참여형 사모집합투자기구가 이 법에 따라 적법하게 설립되었을 것
2. 경영참여형 사모집합투자기구의 정관이 법령을 위반하거나 투자자의 이익을 명백히 침해하지 아니할 것

경영참여형 사모집합투자기구는 설립등기일부터 2주일 이내에 대통령령으로 정하는 바에 따라 금융위원회에 보고하여야 한다(법249의10④ 본문). 다만, 투자자 보호 및 건전한 거래질서를 해칠 우려가 있는 경우로서 대통령령으로 정하는 경우에는 경영참여형 사모집합투자기구의 설립등기 후 지체 없이 보고하여야 한다(법249의10④ 단서).

(3) 사원 및 출자

경영참여형 사모집합투자기구의 사원은 1인 이상의 무한책임사원과 1인 이상의 유한책임사원으로 하되, 사원의 총수는 49명 이하로 한다(법249의11①). 사원 총수를 계산할 때 다른 집합투자기구가 그 경영참여형 사모집합투자기구의 지분을 10% 이상 취득하는 경우에는 그 다른 집합투자기구의 투자자 수를 합하여 계산하여야 한다(법249의11②). 전문투자자 중 대통령령으로 정하는 자는 사원의 총수 계산에서 제외한다(법249의11③).

유한책임사원은 경영참여형 사모집합투자기구의 집합투자재산인 주식 또는 지분의 의결권 행사 및 대통령령으로 정하는 업무집행사원의 업무에 관여해서는 아니 된다(법249의11④). 유한책임사원은 다음 각 호에 해당하는 자여야 한다(법249의11⑥).

1. 전문투자자로서 대통령령으로 정하는 투자자

56) 박삼철(2017), 48쪽.

2. 1억원 이상으로서 대통령령으로 정하는 금액 이상을 투자하는 개인 또는 법인, 그 밖의 단체(국가재정법 별표 2에서 정한 법률에 따른 기금과 집합투자기구를 포함)

경영참여형 사모집합투자기구 사원의 출자의 방법은 금전에 한정한다(법249의11⑤ 본문). 다만, 객관적인 가치평가가 가능하고 사원의 이익을 해칠 우려가 없는 경우로서 다른 모든 사원의 동의가 있는 경우에는 증권으로 출자할 수 있다(법249의11⑤ 단서).

(4) 집합투자재산의 운용방법

1) 원칙

경영참여형 사모집합투자기구(대통령령으로 정하는 방법[57]에 따라 다른 경영참여형 사모집합투자기구와 공동으로 운용하는 경우를 포함)는 다음의 어느 하나에 해당하는 방법으로 경영참여형 사모집합투자기구의 집합투자재산을 운용하여야 한다(법249의12①).

1. 다른 회사(투자회사, 투자유한회사, 투자합자회사, 투자유한책임회사, 그 밖에 대통령령으로 정하는 회사[58]는 제외)의 의결권 있는 발행주식총수 또는 출자총액의 10% 이상이 되도록 하는 투자
2. 제1호에도 불구하고 임원의 임면 등 투자하는 회사의 주요 경영사항에 대하여 사실상의 지배력 행사가 가능하도록 하는 투자
3. 증권(지분증권은 제외)에 대한 투자(제1호 또는 제2호의 목적을 달성하기 위한 대통령령으로 정하는 투자[59]로 한정한다)

---

57) "대통령령으로 정하는 방법"이란 경영참여형 사모집합투자기구가 다른 경영참여형 사모집합투자기구와 다음 각 호의 어느 하나에 해당하는 행위를 할 것을 합의하는 방법을 말한다(영271의15①).
1. 주권, 신주인수권이 표시된 것, 그 밖에 이와 유사한 것으로서 출자지분 또는 출자지분을 취득할 권리가 표시된 것, 주권 관련 사채권("지분증권등")을 공동으로 취득하거나 처분하는 행위
2. 지분증권등을 공동 또는 단독으로 취득한 후 그 취득한 지분증권등을 상호 양도 또는 양수하는 행위
3. 의결권(의결권의 행사를 지시할 수 있는 권한을 포함)을 공동으로 행사하는 행위

58) "대통령령으로 정하는 회사"란 다음의 어느 하나에 해당하는 회사를 말한다(영271의15②).
1. 자산유동화법에 따른 유동화전문회사
2. 부동산투자회사법에 따른 부동산투자회사
3. 선박투자회사법에 따른 선박투자회사
4. 문화산업진흥 기본법에 따른 문화산업전문회사
5. 외국법인 및 그 종속회사(외부감사법 시행령 제3조 제1항에 따른 종속회사에 상당하는 외국회사)가 소유하고 있는 자산을 합한 금액 중 다음 각 목의 자산을 합한 금액이 30% 이상인 경우에 그 외국법인
가. 국내에서 설립된 법인이 발행한 증권
나. 국내에서 설립된 법인에 대한 금전채권
다. 국내에 소재하는 부동산이나 특별자산
라. 가목부터 다목까지의 규정에 따른 자산이나 이를 기초로 하는 지수를 대상으로 하는 파생결합증권 또는 파생상품(권리의 행사 등으로 그 기초자산을 취득할 수 있는 경우만 해당)
6. 그 밖에 제1호부터 제5호까지의 규정에 따른 회사와 유사한 회사로서 금융위원회가 정하여 고시하는 회사

59) "대통령령으로 정하는 투자"란 주권 관련 사채권에 투자하는 경우로서 다음의 어느 하나에 해당하는 투자

4. 다음의 어느 하나에 해당하는 투자로서 대통령령으로 정하는 장내파생상품 또는 장외파생상품(영271의15④＝법 제5조 제1항 제1호부터 제3호까지의 어느 하나에 해당하는 계약상의 권리)에 대한 투자
   가. 투자대상기업[경영참여형 사모집합투자기구 또는 제249조의13에 따른 투자목적회사가 제1호부터 제3호까지의 방법으로 투자한 기업을 말한다. 이하 이 장에서 같다]이 발행한 증권에 대한 투자위험을 회피하기 위한 투자
   나. 경영참여형 사모집합투자기구의 집합투자재산에 대한 환율변동에 따른 위험을 회피하기 위한 투자
5. 민간투자법에 따른 사회기반시설투융자회사가 발행한 증권에 대한 투자
6. 투자목적회사의 지분증권에 대한 투자
7. 그 밖에 제1호부터 제6호까지의 투자에 준하는 것으로서 대통령령으로 정하는 투자[60]

2) 여유자금의 운용

경영참여형 사모집합투자기구는 위 제1항 각 호의 방법으로 운용하고 남은 경영참여형 사모집합투자기구의 집합투자재산을 다음의 어느 하나에 해당하는 방법으로 운용할 수 있다(법249의12②).

1. 대통령령으로 정하는 단기대출(영271의16①＝법 제83조 제4항에 따른 단기대출)
2. 대통령령으로 정하는 금융회사[영271의16②: 영 제79조 제2항 제5호 각 목의 어느 하나에 해당하는 금융회사(이에 준하는 외국 금융회사를 포함)와 우체국예금보험법에 따른 체신관

를 말한다(영271의15③).
1. 법 제249조의12 제1항 제1호에 따른 다른 회사의 의결권 있는 발행주식과 주권 관련 사채권의 전환권·신주인수권의 행사 등으로 인하여 취득할 수 있는 의결권 있는 발행주식(금융위원회가 정하여 고시하는 기준과 방법에 따라 산정한 발행주식)의 합계가 그 회사의 의결권 있는 발행주식 총수의 10% 이상이 되는 투자
2. 투자계약 등에 따라 임원의 임면 등 투자하는 회사의 주요 경영사항에 대하여 사실상의 지배력 행사가 가능하도록 하는 투자

60) "대통령령으로 정하는 투자"란 다음의 어느 하나에 해당하는 투자를 말한다(영271의15⑤).
1. 투자대상기업의 금전채권에 대한 투자(법 제249조의12 제1항 제1호 또는 제2호에 따른 투자를 목적으로 하는 경우만 해당)
2. 투자대상기업이 보유하는 부동산(지상권·지역권·전세권·임차권·분양권 등 부동산 관련 권리를 포함) 또는 금전채권 등에 대한 투자
3. 민간투자법에 따른 사회기반시설에 대한 투자
4. 다음 각 목의 어느 하나에 해당하는 시설 및 설비에 대한 투자
   가. 조세특례제한법 제24조 제1항 각 호의 어느 하나에 해당하는 시설 및 설비
   나. 조세특례제한법 제25조 제1항 각 호의 어느 하나에 해당하는 시설 및 설비
   다. 조세특례제한법 제25조의2 제1항에 따른 에너지절약시설
   라. 조세특례제한법 제25조의3 제1항에 따른 환경보전시설
   마. 조세특례제한법 제25조의4 제1항에 따른 의약품 품질관리개선시설

서]에의 예치

3. 경영참여형 사모집합투자기구의 자산총액에서 부채총액을 뺀 가액의 30% 이내에서 경영참여형 사모집합투자기구의 집합투자재산을 대통령령으로 정하는 증권(영271의16④ = 법 제4조 제1항 각 호의 증권 외의 증권)에 투자하는 방법
4. 그 밖에 경영참여형 사모집합투자기구의 건전한 자산운용을 해칠 우려가 없는 방법으로서 대통령령으로 정하는 방법[61]

(5) 특례

경영참여형 사모집합투자기구는 단순한 지분투자에서 나아가 피투자기업을 지배하거나 경영에 참여하는 방식으로 운용하게 된다. 이러한 소위 "M&A 펀드"로서의 성격을 고려하여 자본시장법은 경영참여형 사모집합투자기구에 대해 많은 특례 규정을 두고 있는데, 그 중 중요한 몇 가지를 살펴본다. i) 경영참여형 사모집합투자기구가 경영참여 등의 방법으로 펀드를 운용하는 점을 감안하여 펀드보유주식에 대한 의결권행사 제한규정을 적용하지 않는다. ii) 대기업집단이 경영참여형 사모집합투자기구를 계열회사 확장 등의 수단으로 남용하는 것을 방지하기 위한 규제를 두고 있다. iii) 경영참여형 사모집합투자기구는 수익을 목적으로 하는 투자펀드의 일종이라는 점을 고려하여 공정거래법상의 지주회사에 대한 규제와 금융지주회사법상의 금융지주회사에 대한 규제에 대한 특례를 두고 있다(법249의19).

(6) 운용상 특성

경영참여형 사모집합투자기구의 운용자에 대한 규제도 전문투자형 사모집합투자기구의 운용자(전문사모집합투자업자)에 비해 대폭 완화되어 있다. 경영참여형 사모집합투자기구의 운용자(업무집행사원)도 금융위원회에 등록해야 하지만 전문사모형 집합투자기구의 운용자 등록에 비해 요건이 대폭 완화되어 있다. 또한 경영참여형 사모집합투자기구 운용자는 집합투자업자로서 인가를 받거나 등록을 한 것은 아니므로, 자본시장법상의 금융투자업자에게 공통으로 적용되는 규제(지배구조, 재무건전성, 영업행위 등)와 집합투자업자에게 적용되는 규제(이해관계인과의 거래제한, 불건전 영업행위의 금지 등)를 적용받지 않는다. 이에 따라 경영참여형 집합투자기구의 운용자(업무집행사원)는 예컨대 자본시장법에 따른 임직원 겸직·파견 제한규정의 적용을 받지 않으므로, 경영참여형 사모집합투자기구가 투자한 기업에 자신의 임직원을 겸직 또는 파견하는 것이 가능하다(법249의20).

---

61) "대통령령으로 정하는 방법"이란 다음의 어느 하나에 운용하는 방법을 말한다(영271의16⑤).
1. 원화로 표시된 양도성 예금증서
2. 영 제79조 제2항 제5호에 따른 어음(기업어음증권은 제외)
3. 투자대상기업에 대한 금전의 대여

제4절 집합투자기구의 분류

Ⅰ. 운용대상에 따른 분류(2차 분류)

자본시장법은 운용대상의 종류에 따라 집합투자기구를 증권, 부동산, 특별자산, 혼합자산, 단기금융의 5종류로 구분하고(법229), 집합투자업자가 집합투자기구의 재산으로 운용할 수 있는 자산은 재산적 가치가 있는 모든 재산을 대상으로 하고 그 편입비율에 대한 제한만 두고 있다. 다만 단기금융의 경우 여전히 증권에만 투자할 수 있다(법229).

앞서 본 집합투자기구의 설립형태(1차 분류)를 아래와 같이 5종류의 집합투자기구로 2차 분류할 수 있다.

1. 증권집합투자기구

증권집합투자기구는 집합투자재산의 50%를 초과하여 주식, 채권, 파생결합증권, 수익증권 등의 증권(대통령령으로 정하는 증권[62]을 제외) 및 증권을 기초자산으로 하는 파생상품에 투자하고 부동산 및 특별자산 집합투자기구에 해당하지 않는 것을 말한다(법229(1), 영240①②).

증권집합투자기구는 투자대상의 종류를 보다 세분화하여 집합투자규약→투자설명서→운용계획서상의 운용전략을 기준으로 다음과 같이 구분한다.[63]

---

62) "대통령령으로 정하는 증권"이란 각각 다음의 어느 하나에 해당하는 증권을 말한다(영240②).
1. 다음 각 목의 어느 하나에 해당하는 자산이 신탁재산, 집합투자재산 또는 유동화자산의 50% 이상을 차지하는 경우에는 그 수익증권, 집합투자증권 또는 유동화증권
   가. 부동산
   나. 지상권·지역권·전세권·임차권·분양권 등 부동산 관련 권리
   다. 기업구조조정 촉진법 제2조 제3호에 따른 채권금융기관(이에 준하는 외국 금융기관과 금융산업구조개선법에 따른 금융기관이었던 자로서 청산절차 또는 채무자회생법에 따른 파산절차가 진행 중인 법인을 포함)이 채권자인 금전채권(부동산을 담보로 한 경우만 해당)
   라. 특별자산
2. 부동산투자회사법에 따른 부동산투자회사가 발행한 주식
3. 선박투자회사법에 따른 선박투자회사가 발행한 주식
4. 민간투자법에 따른 사회기반시설사업의 시행을 목적으로 하는 법인이 발행한 주식과 채권
5. 민간투자법에 따른 하나의 사회기반시설사업의 시행을 목적으로 하는 법인이 발행한 주식과 채권을 취득하거나 그 법인에 대한 대출채권을 취득하는 방식으로 투자하는 것을 목적으로 하는 법인(같은 법에 따른 사회기반시설투융자회사는 제외)의 지분증권
6. 제80조 제1항 제1호 라목부터 사목까지의 증권
7. 해외자원개발 사업법 제14조의2 제1항 제2호에 따른 해외자원개발 전담회사와 특별자산에 대한투자만을 목적으로 하는 법인(외국법인을 포함)이 발행한 지분증권·채무증권

63) 금융투자회사의 영업 및 업무에 관한 규정 시행세칙 제27조 <별지 제15호> 집합투자기구 분류 참조.

(1) 채권형(MMF제외)

채권형(MMF제외)이란 증권집합투자기구로서 집합투자규약상 운용대상에 주식[주식관련파생상품(파생결합증권) 포함]이 편입되지 아니하고 자산총액의 60% 이상(또는 연평균 60% 이상)을 채권[64] 및 채권관련파생상품(파생결합증권)으로 운용하는 상품(2000년 6월 이전에 설정된 상품으로 종전 기준에 의해 공사채형으로 분류된 상품 포함)을 말한다. 다만, 자본시장법 시행령 제80조 제1항 제6호에 따라 자산총액의 60% 이상을 채무증권에 투자할 수 있는 증권집합투자기구가 국채, 통안채로 구성되는 상장지수집합투자기구에 투자하는 경우 본문의 투자비율을 산정함에 있어 그 상장지수집합투자기구를 채권으로 본다.

(2) 주식형

주식형은 증권집합투자기구로서 집합투자규약상 자산총액의 60% 이상(또는 연평균 60% 이상)을 주식[65] 및 주식관련파생상품(파생결합증권)으로 운용하는 상품을 말한다.

(3) 혼합주식형

혼합주식형은 증권집합투자기구로서 집합투자규약상 채권형과 주식형에 해당되지 아니하고, 자산총액 중 주식 및 주식관련파생상품(파생결합증권)에 투자할 수 있는 최고편입 한도가 50% 이상인 상품을 말한다.

(4) 혼합채권형

혼합채권형은 증권집합투자기구로서 집합투자규약상 채권형(채권파생형)과 주식형(주식파생형)에 해당되지 아니하고, 자산총액 중 주식 및 주식관련파생상품(파생결합증권)에 투자할 수 있는 최고편입 한도가 50% 이하인 상품을 말한다.

(5) 투자계약증권형

자산총액의 60% 이상을 투자계약증권(법4⑥)으로 운용하는 상품이다. 그러나 투자계약증권에 60% 미만 투자 시 혼합주식형 또는 혼합채권형으로 분류된다.

(6) 재간접형

증권집합투자기구로서 집합투자규약상 자산총액의 40% 이상(또는 연평균 40% 이상)을 집합투자증권으로 운용하는 상품을 말한다. 재간접형에 대해서는 뒤에서 자세히 살펴본다.

---

64) 자본시장법 제4조 제2항 제1호 채무증권[국채증권, 지방채증권, 특수채증권, 사채권(ABS사채, MBS사채, 사모사채, 투기등급 사채권 포함하며, 주식관련사채는 제외), 기업어음증권(기업이 사업에 필요한 자금을 조달하기 위하여 발행한 약속어음으로서 법 시행령 제4조의 요건을 갖춘 것)]을 말함(이하 "채권"이라 한다).

65) 자본시장법 제4조 제2항 제2호 지분증권(주권 또는 신주인수권이 표시된 것, 법률에 의하여 직접 설립된 법인이 발행한 출자증권)을 말함(이하 "주식"이라 한다).

2. 부동산집합투자기구

(1) 의의

부동산집합투자기구는 집합투자재산의 50%를 초과하여 부동산에 투자하는 집합투자기구이다(법229(2), 영240③). 부동산의 범위에는 전통적인 부동산 이외에 부동산을 기초자산으로 한 파생상품, 부동산개발과 관련된 법인에 대한 대출, 그 밖에 "대통령령으로 정하는 방법"으로 부동산 및 "대통령령으로 정하는 부동산과 관련된 증권"에 투자하는 경우를 포함한다(법229(2)).

(2) 대통령령으로 정하는 방법

"대통령령으로 정하는 방법"이란 i) 부동산의 개발(제1호), ii) 부동산의 관리 및 개량(제2호), iii) 부동산의 임대 및 운영(제3호), iv) 지상권·지역권·전세권·임차권·분양권 등 부동산 관련 권리의 취득(제4호), v) 기업구조조정 촉진법 제2조 제3호[66]에 따른 채권금융기관이 채권자인 금전채권(부동산을 담보로 한 경우만 해당)의 취득(제5호), vi) 제1호부터 제5호까지의 어느 하나에 해당하는 방법과 관련된 금전의 지급(제6호)에 해당하는 방법을 말한다(영240④).

(3) 대통령령으로 정하는 부동산과 관련된 증권

"대통령령으로 정하는 부동산과 관련된 증권"이란 i) 다음의 어느 하나에 해당하는 자산, 즉 부동산, 지상권·지역권·전세권·임차권·분양권 등 부동산 관련 권리, 기업구조조정 촉진법 제2조 제3호에 따른 채권금융기관[67]이 채권자인 금전채권(부동산을 담보로 한 경우만 해당)이 신탁재산, 집합투자재산 또는 유동화자산의 50% 이상을 차지하는 경우에는 그 수익증권, 집합투자증권 또는 유동화증권(제1호), ii) 부동산투자회사가 발행한 주식(제2호), iii) 시행령 제80조 제1항 제1호 라목부터 사목[68]까지의 증권(제3호)을 말한다(영240⑤).

---

66) 3. "채권금융기관"이란 금융채권자 중 금융위원회법 제38조 각 호에 해당하는 기관 및 그 밖에 법률에 따라 금융업무 또는 기업구조조정 업무를 행하는 기관으로서 대통령령으로 정하는 자를 말한다. 여기서 "대통령령으로 정하는 자"란 다음의 어느 하나에 해당하는 자를 말한다(기업구조조정 촉진법 시행령2①). 1. 은행법 제59조에 따라 은행으로 보는 외국은행의 지점 또는 대리점, 2. 한국산업은행, 3. 한국수출입은행, 4. 중소기업은행, 5. 자산유동화법에 따른 유동화전문회사, 6. 한국자산관리공사, 7. 예금보험공사 및 정리금융회사, 8. 신용보증기금, 9. 기술보증기금, 10. 산업발전법 제20조에 따른 기업구조개선 경영참여형 사모집합투자기구, 11. 한국무역보험공사.

67) 이에 준하는 외국 금융기관과 금융산업구조개선법에 따른 금융기관이었던 자로서 청산절차 또는 채무자회생법에 따른 파산절차가 진행 중인 법인을 포함한다(영240②(1) 다목).

68) 라. 특정한 부동산을 개발하기 위하여 존속기간을 정하여 설립된 회사("부동산개발회사")가 발행한 증권
마. 부동산, 그 밖에 금융위원회가 정하여 고시하는 부동산 관련 자산을 기초로 하여 자산유동화법 제2조 제4호에 따라 발행된 유동화증권으로서 그 기초자산의 합계액이 자산유동화법 제2조 제3호에 따른 유동화자산 가액의 70% 이상인 유동화증권
바. 주택저당채권유동화회사법 또는 한국주택금융공사법에 따른 주택저당채권담보부채권 또는 주택저당증권(주택저당채권유동화회사법에 따른 주택저당채권유동화회사, 한국주택금융공사법에 따른 한국주택금

3. 특별자산집합투자기구

특별자산집합투자기구는 집합투자재산의 50%를 초과하여 특별자산(증권 및 부동산을 제외한 투자대상자산을 말하며, 시행령 제80조 제1항 제1호 카목의 정의에 따른 사업수익권을 포함)에 투자하는 집합투자기구이다(법229(3), 영240⑥). 사업수익권은 상법에 따른 합자회사·유한책임회사·합자조합·익명조합의 출자지분, 민법에 따른 조합의 출자지분, 그 밖에 특정사업으로부터 발생하는 수익을 분배받을 수 있는 계약상의 출자지분 또는 권리를 말한다(법6의2(4)).

4. 혼합자산집합투자기구

혼합자산집합투자기구는 집합투자재산을 운용함에 있어서 증권, 부동산, 특별자산집합투자기구 관련 규정의 제한을 받지 않는 집합투자기구이다(법229(4)).

5. 단기금융집합투자기구

(1) 의의

단기금융집합투자기구(MMF)는 자산을 주로 단기성자산(잔존만기가 짧은 채권, 콜론, CP, CD 등)으로 운용하는 상품이다. 즉 자본시장법에 의하면 단기금융집합투자기구는 집합투자재산 전부를 "대통령령으로 정하는 단기금융상품"에 투자하는 집합투자기구로서 "대통령령으로 정하는 방법"으로 운용되는 집합투자기구이다(법229(5)).

(2) 대통령령으로 정하는 단기금융상품

"대통령령으로 정하는 단기금융상품"이란 원화로 표시된 자산으로서 i) 남은 만기가 6개월 이내인 양도성 예금증서(제1호), ii) 남은 만기가 5년 이내인 국채증권, 남은 만기가 1년 이내인 지방채증권·특수채증권·사채권(주권 관련 사채권 및 사모의 방법으로 발행된 사채권은 제외)·기업어음증권(다만, 환매조건부매수의 경우에는 남은 만기의 제한을 받지 아니한다)(제2호), iii) 남은 만기가 1년 이내인 제79조 제2항 제5호[69]에 따른 어음(기업어음증권은 제외)(제3호), iv) 법 제83조 제4항[70]에 따른 단기대출(제4호), v) 만기가 6개월 이내인 제79조 제2항 제5호 각 목의 금융

융공사 또는 제79조 제2항 제5호 가목부터 사목까지의 금융기관이 지급을 보증한 주택저당증권)
사. 다음의 요건을 모두 갖춘 회사("부동산투자목적회사")가 발행한 지분증권
1) 부동산(법 제229조 제2호에 따른 부동산) 또는 다른 부동산투자목적회사의 증권, 그 밖에 금융위원회가 정하여 고시하는 투자대상자산에 투자하는 것을 목적으로 설립될 것
2) 해당 회사와 그 종속회사(외부감사법 시행령 제3조 제1항에 따른 종속회사)가 소유하고 있는 자산을 합한 금액 중 부동산을 합한 금액이 90% 이상일 것

69) 5. 다음의 어느 하나에 해당하는 금융기관이 발행·할인·매매·중개·인수 또는 보증하는 어음의 매매
가. 은행, 나. 한국산업은행, 다. 중소기업은행, 라. 한국수출입은행, 마. 투자매매업자 또는 투자중개업자, 바. 증권금융회사, 사. 종합금융회사, 아. 상호저축은행

기관 또는 우체국예금보험법에 따른 체신관서에의 예치(제5호), vi) 다른 단기금융집합투자기구의 집합투자증권(제6호), vii) 단기사채등(제7호)을 말한다(영240①).

(3) 대통령령으로 정하는 방법

"대통령령으로 정하는 방법"이란 다음의 어느 하나에 해당하는 방법을 말한다(영240②).[71]

1. 증권을 대여하거나 차입하는 방법으로 운용하지 아니할 것

1의2. 남은 만기가 1년 이상인 국채증권에 집합투자재산의 5% 이내에서 금융위원회가 정하여 고시하는 범위에서(금융투자업규정7－15①＝5%) 운용할 것

2. 환매조건부매도는 금융위원회가 정하여 고시하는 범위 이내일 것(금융투자업규정7－15②＝집합투자기구에서 보유하고 있는 증권 총액의 5%)

3. 각 단기금융집합투자기구 집합투자재산의 남은 만기의 가중평균된 기간이 금융위원회가 정하여 고시하는 범위[72] 이내일 것

4. 각 단기금융집합투자기구(법 제76조 제2항에 따라 판매가 제한되거나 법 제237조에 따라 환매가 연기된 단기금융집합투자기구는 제외)의 집합투자재산이 다음 각 목의 기준을 충족하지 못하는 경우에는 다른 단기금융집합투자기구를 설정·설립하거나 다른 단기금융집합투자기구로부터 그 운용업무의 위탁을 받지 아니할 것. 다만, 국가재정법 제81조에 따른 여유자금을 통합하여 운용하는 단기금융집합투자기구 및 그 단기금융집합투자기구가 투자하는 단기금융집합투자기구를 설정·설립하거나 그 운용업무의 위탁을 받는 경우에는 다음 각 목의 기준을 적용하지 않으며, 나목의 단기금융집합투자기구에 대해서는 금융위원회가 법 제238조 제1항 단서의 집합투자 재산 평가방법에 따라 그 기준을 달리 정할 수 있다.
   가. 투자자가 개인으로만 이루어진 단기금융집합투자기구인 경우: 3천억원 이상

---

70) ④ 집합투자업자는 집합투자재산을 운용함에 있어서 집합투자재산 중 금전을 대여(대통령령으로 정하는 금융기관에 대한 30일 이내의 단기대출을 제외)하여서는 아니 된다.

71) 금융투자업규정 제7-15조(환매조건부매도의 범위 등) ③ 영 제241조 제1항 제1호부터 제5호까지의 자산의 잔존만기를 산정함에 있어서 금리조정부자산의 잔존기간은 산정일부터 다음 각 호에서 규정한 날까지의 기간으로 한다.
1. 변동금리부자산: 차기 이자조정일
2. 금리연동부자산(처분옵션이 있는 자산을 포함): 잔존기간 산정일의 다음날
3. 만기가 1년 이내인 처분옵션부 변동금리부자산: 차기 이자조정일과 처분옵션을 행사할 경우 원리금을 상환 받을 수 있는 날 중 먼저 도래하는 날
4. 만기가 1년을 초과하는 처분옵션부 변동금리부자산: 차기이자조정일과 처분옵션을 행사할 경우 원리금을 상환 받을 수 있는 날중 나중에 도래하는 날
5. 만기가 1년을 초과하는 처분옵션부 금리연동부자산: 처분옵션을 행사할 경우 원리금을 상환받을 수 있는 날

72) "금융위원회가 정하여 고시하는 범위"란 다음을 말한다(금융투자업규정7-15④).
1. 제7-36조 제1항 제1호에 따른 단기금융집합투자기구: 75일
2. 제7-36조 제1항 제2호에 따른 단기금융집합투자기구: 60일
3. 그 밖의 단기금융집합투자기구: 120일

나. 투자자가 법인으로만 이루어진 단기금융집합투자기구인 경우: 5천억원 이상

5. 투자대상자산의 신용등급 및 신용등급별 투자한도, 남은 만기의 가중평균 계산방법, 그 밖에 자산운용의 안정성 유지에 관하여 금융위원회가 정하여 고시하는 내용을 준수할 것

(4) 운용대상자산의 제한

집합투자업자는 단기금융집합투자기구의 집합투자재산을 다음의 어느 하나에 해당하는 자산에 운용하여서는 아니 된다(금융투자업규정7-16①).

1. 자산의 원리금 또는 거래금액이 환율·증권의 가치 또는 증권지수의 변동에 따라 변동하거나 계약시점에 미리 정한 특정한 신용사건의 발생에 따라 확대 또는 축소되도록 설계된 것
2. 제1호와 같이 원리금 또는 거래금액, 만기 또는 거래기간 등이 확정되지 아니한 것

집합투자업자는 단기금융집합투자기구(외국환거래법 제13조에 따른 외국환평형기금만이 투자자인 단기금융집합투자기구와 국가재정법 제81조에 따라 여유자금을 통합하여 운용하는 단기금융집합투자기구를 제외)의 집합투자재산을 운용함에 있어 집합투자재산의 40% 이상을 채무증권(법 제4조 제3항의 국채증권, 지방채증권, 특수채증권, 사채권, 기업어음증권에 한하며, 환매조건부채권 매매는 제외)에 운용하여야 한다(금융투자업규정7-16②). 집합투자업자는 단기금융집합투자기구의 집합투자재산을 운용함에 있어 다음 각 호의 자산을 합산한 금액이 집합투자재산의 10% 미만인 경우에는 다음 각 호의 자산 외의 자산을 취득하여서는 아니 된다(금융투자업규정7-16③).

1. 현금
2. 국채증권
3. 통화안정증권
4. 잔존만기가 1영업일 이내인 자산으로서 다음 각 호의 어느 하나에 해당하는 것
   가. 양도성 예금증서·정기예금
   나. 지방채증권·특수채증권·사채권(법 제71조 제4호 나목에 따른 주권 관련 사채권 및 사모의 방법으로 발행된 사채권은 제외)·기업어음증권
   다. 영 제79조 제2항 제5호에 따른 어음(기업어음증권은 제외)
   라. 단기사채
5. 환매조건부매수
6. 단기대출
7. 수시입출금이 가능한 금융기관에의 예치

집합투자업자는 단기금융집합투자기구의 집합투자재산을 운용함에 있어 다음의 자산을 합산한 금액이 집합투자재산의 30% 미만인 경우에는 다음의 자산 외의 자산을 취득하여서는

아니 된다(금융투자업규정7-16④).

1. 제3항 제1호부터 제3호에 해당하는 것
2. 잔존만기가 7영업일 이내인 자산으로서 제3항 제4호 각 목에 해당하는 것
3. 제3항 제5호부터 제7호에 해당하는 것

(5) 신용평가등급의 제한

집합투자업자가 단기금융집합투자기구의 집합투자재산으로 운용할 수 있는 채무증권(양도성 예금증서 및 금융기관이 발행·매출·중개한 어음 및 채무증서를 포함)은 취득시점을 기준으로 신용평가업자의 신용평가등급(둘 이상의 신용평가업자로부터 신용평가등급을 받은 경우에는 그 중 낮은 신용평가등급)이 최상위등급 또는 최상위등급의 차하위등급(이하 "상위 2개 등급"이라 한다) 이내이어야 한다. 이 경우 신용평가등급은 세분류하지 않은 신용평가등급을 말한다(금융투자업규정7-17①). 그러나 다음의 어느 하나에 해당하는 채무증권은 신용평가등급이 상위 2개 등급에 미달하거나 신용평가등급이 없는 경우에도 단기금융집합투자기구의 집합투자재산으로 운용할 수 있다(금융투자업규정7-17②).

1. 보증인의 신용평가등급이 상위 2개 등급 이내인 채무증권
2. 담보 또는 처분옵션을 감안하여 집합투자재산평가위원회가 상위 2개 등급에 상응한다고 인정하는 채무증권
3. 신용평가등급이 없는 채무증권으로서 집합투자재산평가위원회가 상위 2개 등급에 상응한다고 인정하는 채무증권

(6) 운용대상자산의 분산

집합투자업자는 각 단기금융집합투자기구의 집합투자재산을 채무증권에 운용하고자 하는 경우 당해 채무증권의 취득 당시 다음 각 호의 한도를 초과하여 동일인이 발행한 채무증권[국채증권, 정부가 원리금의 상환을 보증한 채무증권, 지방채증권, 특수채증권 및 법률에 따라 직접 설립된 법인이 발행한 어음(법 제4조 제3항에 따른 기업어음증권 및 영 제79조 제2항 제5호 각 목의 금융기관이 할인·매매·중개 또는 인수한 어음만 해당)을 제외]에 운용하여서는 아니 된다(금융투자업규정7-19①).[73]

---

73) 금융투자업규정 제7-19조(운용대상자산의 분산) ② 집합투자업자는 각 단기금융집합투자기구의 집합투자재산으로 동일인이 발행한 채무증권의 평가액과 그 동일인을 거래상대방으로 하는 그 밖의 거래 금액의 합계액이 채무증권의 취득 당시 또는 그 밖의 거래 당시 각 단기금융집합투자기구 자산총액의 10%를 초과하도록 운용하여서는 아니 된다. 이 경우 한도를 초과하는 채무증권 또는 그 밖의 거래에 대해서는 편입비율을 축소하는 등 투자자보호를 위한 조치를 취하여야 한다.
③ 제2항에도 불구하고 다음 각 호의 어느 하나에 해당하는 경우에는 제2항에 따른 거래 금액에 포함되지

1. 채무증권: 각 집합투자기구 자산총액의 100분의 5(다만, 최상위등급의 차하위등급의 채무증권은 각 집합투자기구 자산총액의 100분의 2)
2. 어음: 각 집합투자기구 자산총액의 100분의 3(다만, 최상위등급의 차하위등급의 어음은 각 집합투자기구 자산총액의 100분의 1)
3. 발행 당시 만기가 7영업일 이내인 단기사채: 각 집합투자기구 자산총액의 100분의 1(다만, 최상위등급의 차하위등급의 경우 각 집합투자기구 자산총액의 1,000분의 5). 이 경우 제1호의 한도에 포함하지 아니한다.
4. 자산유동화증권: 제2항을 적용함에 있어 자산유동화법 제2조 제4호에 따른 유동화증권 및 상법 제169조에서 정한 회사가 자산유동화법 제2조 제1호에서 정한 방법으로 채권, 부동산 기타 재산권을 기초로 하여 발행하는 증권의 경우에는 그 기초자산 총액의 100분의 10 이상에 해당하는 기초자산의 발행인 또는 해당 기초자산에 대해 지급의무를 지는 자(다만, 제7-17조 제2항 제1호에 따라 보증인을 기준으로 신용평가등급을 인정하는 경우에는 당해 보증인)

(7) 위험관리에 대한 특례

집합투자업자는 유동성이 높고 위험이 적은 단기금융상품에 운용함으로써 투자자에게 유용한 현금관리수단을 제공한다는 단기금융집합투자기구의 운용목적에 적합하게 그 자산가치가 안정적으로 유지될 수 있도록 운용하여야 한다(금융투자업규정7-20①). 집합투자업자는 단기금융집합투자기구의 위험을 체계적으로 관리할 수 있도록 i) 위험의 정의 및 종류에 관한 사항(제1호), ii) 위험의 측정방법에 관한 사항(제2호), iii) 위험의 허용수준에 관한 사항(제3호), iv) 위험의 관리조직에 관한 사항(제4호), v) 그 밖에 단기금융집합투자기구의 체계적 위험관리를 위하여 필요하다고 인정하는 사항(제5호)이 포함된 위험관리기준을 제정하고 이를 준수할 수

않는 것으로 본다.
1. 자금중개회사를 경유하여 신용평가업자의 신용평가등급이 상위 2개 등급 이내인 금융기관에 단기대출한 금액
2. 다음 각 목의 요건을 모두 충족하는 환매조건부매수
   가. 만기 30일 이내일 것
   나. 거래상대방의 신용평가등급이 상위 2개 등급 이내인 금융기관일 것
   다. 대상증권은 국채증권, 정부가 원리금의 상환을 보증한 채무증권, 지방채증권, 특수채증권 및 최상위등급의 채무증권일 것

④ 제1항 및 제2항에서 "동일인"은 다음 각 호의 기준에 해당하는 자를 말한다.
1. 채무증권: 당해 채무증권의 발행인(다만, 제7-17조 제2항 제1호에 따라 보증인을 기준으로 신용평가등급을 인정하는 경우에는 당해 보증인)
2. 금융기관에의 예치: 당해 금융기관
3. 단기대출·환매조건부매수: 당해 거래상대방(다만, 환매조건부매수의 경우 당해 환매조건부매수의 대상자산이 담보되어 있고 시가로 평가한 담보가치가 거래금액의 100분의 100을 초과하는 경우에는 당해 환매조건부매수 대상자산의 발행인을 동일인으로 할 수 있다)

있는 내부통제제도를 갖추어야 한다(금융투자업규정7-20②). 집합투자업자는 집합투자재산의 효율적인 운용을 저해하거나 투자자의 이익을 해할 우려가 있다고 판단되는 경우에는 단기금융집합투자기구의 집합투자증권의 매수를 제한할 수 있다는 내용을 집합투자규약에 정할 수 있다(금융투자업규정7-20④).

Ⅱ. 특수한 형태의 집합투자기구

1. 개방형과 폐쇄형(환매금지형)

집합투자기구는 상기 분류 이외에도 투자자에 의한 집합투자증권의 환매가 가능한지 여부에 따라 개방형(Open-end)과 폐쇄형(Closed-end)으로 구분된다.

(1) 개방형

개방형펀드는 투자자가 환매를 청구할 수 있는 형태이고 투자대상자산의 공정한 평가가 매일 가능한 자산에 투자를 하게 된다. 개방형은 환매수요 충당과 펀드규모 확대를 위해 계속적으로 집합투자증권을 발행한다. 집합투자증권의 계속적인 판매(발행)와 환매(소각)로 인해 펀드 규모도 그에 따라 변동하게 된다. 개방형펀드에서의 환매는 펀드의 순자산가치(NAV)에 따라서 해야 하므로 펀드재산의 평가 및 가격결정이 중요한 의미를 갖는다. 헤지펀드 투자전략을 추구하는 전문사모집합투자기구는 환매를 허용하는 개방형펀드로 조직하는 경우가 많을 것이기 때문에 자본시장법은 전문사모집합투자기구에도 집합투자재산의 평가에 관한 규정(법238) 등이 적용되도록 하고 있다.[74)]

(2) 폐쇄형

폐쇄형펀드는 발행(판매)한 집합투자증권의 환매가 허용되지 않는 형태이고 펀드의 존속기간이 정해져 있다. 자본시장법에서는 환매금지형 집합투자기구(법230)라 한다. 폐쇄형펀드는 환매부담이 없으므로 펀드 내에 유동성을 확보하지 않고 펀드의 투자목적에 따라 펀드자산의 전부를 투자할 수 있고 유동성 없는 자산에도 투자할 수 있다. 그 대신 투자자금 회수를 위해 증권시장에 상장하도록 하며 투자자보호를 위한 규제가 행해진다.[75)]

폐쇄형펀드의 경우 투자자가 환매를 통한 투자금 회수가 어려우므로 별도의 환금성 보장 등이 없는 경우 발행일로부터 90일 이내에 집합투자증권을 거래소시장에 상장(법230③)하도록 하여 투자자가 상장된 펀드지분을 거래소시장에서 매매거래를 통하여 투자금을 회수하도록 하는 구조를 갖는다(공모펀드의 경우만 적용). 폐쇄형펀드는 원칙적으로 추가설정을 통해 집합투자

74) 박삼철(2017), 78쪽.
75) 박삼철(2017), 79쪽.

증권을 발행할 수 없으나 자본시장법에서 정한 예외적인 경우에 한해 집합투자증권의 추가발행이 허용된다(법230②). 폐쇄형펀드는 환매부담이 없으므로 펀드의 투자목적에 따라 펀드자산을 전부 투자할 수 있고 부동산과 같이 매일 공정한 평가가 어려운 자산에 대한 투자를 하게 된다. 따라서 폐쇄형펀드에 대해서는 기준가격 산정, 기준가격의 공고·게시의무를 면제하고 있다(법230④).

자본시장법의 폐쇄형펀드에 관한 규정은 전문사모집합투자기구에는 적용되지 않는다(법249의8). 따라서 부동산, 부동산관련자산에 주로 투자하는 경우에도 반드시 폐쇄형펀드로 조직해야 하는 것은 아니며(영242②), 일정한 경우에는 집합투자증권을 추가발행할 수도 있다(영242①).

2. 추가형과 단위형

추가설정 가능 여부에 따라 추가설정 가능한 경우는 추가형이며, 추가설정 불가능한 경우는 단위형이라 한다.

3. 종류형

종류형집합투자기구(종류형펀드)란 동일한 펀드에서 판매보수의 차이로 인해 기준가격이 다르거나 판매수수료가 다른 여러 종류의 집합투자증권을 발행하는 펀드를 말한다(법231①). 투자자의 유형(기관투자자, 개인 등)이나 판매방법(창구판매, 인터넷판매 등)에 따라 판매비용을 달리 책정하기 위한 목적으로 고안된 것이다. 판매보수는 판매재산에서 지급되므로 판매보수를 달리하는 여러 종류의 집합투자증권을 발행하는 경우에는 집합투자증권 종류별로 기준가격이 달라진다. 판매수수료는 투자자가 지급하므로 판매수수료를 달리하는 여러 종류의 집합투자증권을 발행하는 경우에도 기준가격이 동일하다. 물론 판매보수와 판매수수료 모두를 달리하는 경우에는 집합투자증권 종류별로 기준가격이 달라진다.[76)]

전문사모집합투자기구를 종류형펀드로 조직하는 경우에는 자본시장법상의 종류형집합투자기구에 관한 규정(법231)이 적용된다. 투자매매업자 또는 투자중개업자는 종류형펀드를 판매하는 경우에는 판매수수료나 판매보수가 다른 여러 종류의 집합투자증권이 있다는 사실과 각 종류별 차이를 설명하여야 한다(영243③).[77)]

---

76) 박삼철(2017), 80쪽.

77) 금융투자업규정 제7-24조(종류형집합투자기구의 비용부담 등) ① 영 제243조 제5항에 따라 법 제230조 제1항에 따른 집합투자업자등은 법 제231조 제1항에 따른 종류형집합투자기구를 설정·설립함에 있어 종류형집합투자기구의 집합투자증권의 투자자가 직접 또는 간접으로 부담하는 수수료 등 비용은 판매보수·판매수수료 및 환매수수료를 제외하고는 각 종류의 집합투자증권별로 같도록 하여야 한다. 다만, 종류집합투자자총회의 운용비용 등 특정 집합투자증권에 대하여만 발생한 비용에 대하여는 그러하지 아니하다.

4. 전환형

전환형펀드란 동일한 운용사가 운용하는 복수의 펀드 간에 각 펀드의 투자자가 소유하고 있는 집합투자증권을 다른 펀드의 집합투자증권으로 전환할 수 있는 권리를 투자자에게 부여하는 구조의 펀드를 말한다(법232①). 전환형펀드를 설정·설립하는 경우에는 전환형펀드에 속하는 복수의 집합투자기구는 법적 형태가 동일해야 하며(예: 투자신탁으로만 또는 투자회사로만 조직), 복수의 집합투자기구 간에 공통으로 적용되는 집합투자규약이 있어야 한다(법232①). 전환을 청구한 투자자에게 환매수수료를 부과하여서는 아니 된다(영244②).

5. 모자형

모자형펀드는 규모의 경제를 이루어 비용절감을 통한 운용의 효율을 극대화하기 위해 동일한 집합투자업자가 설정한 여러 펀드의 재산을 모펀드에 통합하여 운용하는 것을 말한다. 자펀드는 모펀드가 발행한 집합투자증권을 편입하게 된다.[78] 따라서 모펀드와 자펀드의 자산운용회사는 동일해야 하고, 자펀드는 모펀드가 발행한 펀드지분 외의 다른 펀드지분은 취득할 수 없으며, 자펀드 외의 자는 모펀드가 발행한 펀드지분을 취득할 수 없다(법233①). 모자형펀드 설립·설정 사후보고 시 자펀드가 취득하는 모펀드 집합투자증권에 관한 사항을 포함해야 한다(영245①). 자펀드 투자설명서에 모펀드에 관한 사항을 포함하여야 한다(금융투자업규정7-25①). 자펀드는 모펀드의 집합투자자총회의 의결사항과 관련하여 자펀드의 집합투자자총회에서 의결된 찬반비율에 비례하도록 의결권을 행사하여야 한다(금융투자업규정7-25②).

6. 재간접형(FoF)

펀드재산을 주로 다른 펀드에 투자하는 펀드를 재간접형펀드라고 한다.[79] 자본시장법은 펀드가 다른 펀드(집합투자증권)에 투자하는 것에 대해 법 제81조 제1항 제3호[80]에서 여러 가지

78) 박삼철(2017), 79쪽.

79) 자본시장법에서는 재간접형펀드를 따로 정의하고 있지는 않지만, 자본시장법상의 펀드(공모펀드) 분류기준에 따르면 재간접형펀드는 원칙적으로 증권펀드로 분류된다. 다른 펀드에 투자한다는 것은 집합투자증권에 투자하는 것이고, 집합투자증권은 증권으로 분류되기 때문이다. 다만 예외적으로 부동산펀드(부동산에 주로 투자하는 펀드)에 주로 투자하는 펀드는 부동산펀드로 분류된다. 부동산에 50% 이상 투자하는 펀드의 집합투자증권은 부동산(자산)으로 분류되기 때문이다(영240⑤).

80) 집합투자업자는 집합투자재산을 운용함에 있어서 다음의 어느 하나에 해당하는 행위를 하여서는 아니 된다(법81①).

3. 집합투자재산을 집합투자증권(제279조 제1항의 외국 집합투자증권을 포함)에 운용함에 있어서 다음 각 목의 어느 하나에 해당하는 행위

가. 각 집합투자기구 자산총액의 50%을 초과하여 같은 집합투자업자(제279조 제1항의 외국 집합투자업자를 포함)가 운용하는 집합투자기구(제279조 제1항의 외국 집합투자기구를 포함)의 집합투자증

규제를 하고 있다.

모자형펀드와 재간접형펀드는 모두 다른 펀드에 투자한다는 점에서 같지만 다음과 같은 점에서 차이가 있다. i) 모자형펀드는 모펀드와 자펀드의 운용사가 동일하지만, 재간접형펀드는 운용사가 다른 것이 일반적이다. ii) 모자형펀드의 자펀드 펀드재산의 전부를 모펀드에만 투자해야 하지만, 재간접형펀드는 펀드 외의 자산에도 투자할 수 있다. iii) 모자형펀드의 경우 모펀드와 자펀드 모두 국내펀드이지만, 재간접형펀드의 투자대상에는 외국펀드도 포함된다. 자본시장법에 따라 모자형펀드를 설립·설정하여 모펀드가 외국펀드에 투자하는 구조, 즉 모펀드를 재간접펀드로 설계하는 것은 가능하다.[81)]

7. 상장지수펀드(ETF)

상장지수펀드(ETF)는 증권시장에 상장되어 거래되는 증권으로서 기초자산의 가격 또는 기초자산의 종류에 따라 다수 종목의 가격수준을 종합적으로 표시하는 지수의 변화에 연동해 운용하는 구조화된 집합투자기구의 증권을 말한다(법234①). 따라서 상장되어 거래되는 증권으로서의 특징과 기초자산의 가치를 반영하는 지수펀드의 성격을 동시에 가진 금융상품이라 할 수 있으며, 기초자산의 종류에 따라 다양한 ETF의 구성이 가능하다.

상장지수펀드(ETF)에 관한 상세한 사항은 앞에서 살펴보았다.

권에 투자하는 행위

나. 각 집합투자기구 자산총액의 20%을 초과하여 같은 집합투자기구(제279조 제1항의 외국 집합투자기구를 포함)의 집합투자증권에 투자하는 행위

다. 집합투자증권에 자산총액의 40%을 초과하여 투자할 수 있는 집합투자기구(제279조 제1항의 외국 집합투자기구를 포함)의 집합투자증권에 투자하는 행위

라. 각 집합투자기구 자산총액의 5% 이내에서 대통령령으로 정하는 비율을 초과하여 사모집합투자기구(사모집합투자기구에 상당하는 외국 사모집합투자기구를 포함)의 집합투자증권에 투자하는 행위

마. 각 집합투자기구의 집합투자재산으로 같은 집합투자기구(제279조 제1항의 외국 집합투자기구를 포함)의 집합투자증권 총수의 20%을 초과하여 투자하는 행위. 이 경우 그 비율의 계산은 투자하는 날을 기준으로 한다.

바. 집합투자기구의 집합투자증권을 판매하는 투자매매업자 또는 투자중개업자가 받는 판매수수료 및 판매보수와 그 집합투자기구가 투자하는 다른 집합투자기구(제279조 제1항의 외국 집합투자기구를 포함)의 집합투자증권을 판매하는 투자매매업자[외국 투자매매업자(외국 법령에 따라 외국에서 투자매매업에 상당하는 영업을 영위하는 자를 말한다)를 포함] 또는 투자중개업자[외국 투자중개업자(외국 법령에 따라 외국에서 투자중개업에 상당하는 영업을 영위하는 자를 말한다)를 포함]가 받는 판매수수료 및 판매보수의 합계가 대통령령으로 정하는 기준을 초과하여 집합투자증권에 투자하는 행위

81) 박삼철(2017), 81-82쪽.

Ⅲ. 해외투자 · 국제투자(3차 분류)

금융투자협회의「금융투자회사의 영업 및 업무에 관한 규정」("업무규정")에 따라 투자지역을 분류한다.

해외투자형이란 집합투자규약 또는 투자설명서상 최저 60% 이상 해외자산에 투자하는 집합투자기구(자집합투자기구와 종류형집합투자증권[82], 집합투자증권에 투자하는 집합투자기구의 경우 해당 집합투자기구가 편입하는 상위 집합투자기구가 해외자산에 투자하는 비중이 최저 60% 이상인 집합투자기구를 포함)를 말한다. 다만, 집합투자규약 또는 투자설명서상 구분이 곤란한 경우 운용전략상 연평균 60% 이상 해외자산에 투자하는 집합투자기구를 말한다(업무규정4-58(2)).

국내외혼합투자형이란 집합투자규약 또는 투자설명서상 최저 30% 이상-60% 이내 해외자산에 투자하는 집합투자기구(자집합투자기구와 종류형집합투자증권, 집합투자증권에 투자하는 집합투자기구의 경우 해당 집합투자기구가 편입하는 상위 집합투자기구가 해외자산에 투자하는 비중이 최저 30% 이상-60% 이내인 집합투자기구를 포함)를 말한다. 다만, 집합투자규약 또는 투자설명서상 구분이 곤란한 경우 운용전략상 연평균 최저 30% 이상-60% 이내 해외자산에 투자하는 집합투자기구를 말한다(업무규정4-58(3)).

국내투자형이란 집합투자규약 또는 투자설명서상 해외자산으로의 투자비중이 제2호 및 제3호에 해당되지 않는 집합투자기구를 말한다(업무규정4-58(4)). 즉 집합투자규약 또는 투자설명서상 해외자산으로의 투자비중이 해외투자형과 국내외혼합투자형에 해당되지 않는 상품이다.

---

82) 자본시장법 제231조 제1항에 따라 같은 집합투자기구에서 판매보수(법76④)의 차이로 인하여 기준가격이 다르거나 판매수수료가 다르게 발행된 여러 종류의 집합투자증권을 말한다.

제4장 파생상품

제1절 총 설

Ⅰ. 파생상품의 개념

1. 자본시장법

파생상품(Derivatives)은 기초자산으로부터 그 가치가 파생되어 나온 상품을 말한다. 자본시장법[1]은 파생상품을 기초자산의 가격을 기초로 손익(수익구조)이 결정되는 금융투자상품으로, i) 선도, 옵션, 스왑의 어느 하나에 해당하는 계약상의 권리(법5①)로 정의하고, ii) 파생상품시장 등에서 거래되는 파생상품을 장내파생상품으로 규정하면서(법5②), iii) 장내파생상품 외의 파생상품을 장외파생상품으로 정의하고 있다(법5③). 그 외 기타 규정에서 목적에 따라 한정적으로 적용되는 파생상품의 구체적 정의규정을 두는 경우가 있으나,[2] 자본시장법상 정의규정 외 일반적으로 적용되는 정의규정은 존재하지 않는다. 자본시장법상 파생상품의 기초자산은 파생결합증권의 기초자산과 동일하다.

일반적으로 파생상품은 원본 초과손실이 발생할 수 있는 금융투자상품으로서 금융투자상

1) 파생상품의 법적 개념은 법상 인가대상 영업범위 획정 등 금융규제의 핵심 개념요소이고 형사범죄의 구성요건이 된다는 점에서 명확한 개념 정의가 필요하다. 자본시장법에 의하면 파생상품은 투자자 보호가 필요한 금융투자상품으로서, 그 정의 범위에 따라 금융투자업의 업무영역이 획정되며, 금융투자업규제·영업행위규제 등의 금융규제를 받게 되고 무인가 금융투자업자가 되어 형사제재를 받을 수 있다.

2) 예컨대 외국환거래규정은 외환파생상품의 정의(1-2조 20-2호)와 함께 선물환거래의 정의(같은 조 11호)를 두고 있고, 금융투자업규정 시행세칙은 파생상품거래 회계처리기준과 관련하여 파생상품 중 일부 유형을 정의하고 있다(별표23 참조).

품, 통화, 일반상품, 신용위험, 기타 합리적인 방법에 의해 가치의 평가가 가능한 것을 기초자산으로 하는 선물, 옵션, 스왑 계약을 의미한다. 자본시장법에서는 기초자산이나 기초자산의 가격, 이자율, 지표, 단위 또는 이를 기초로 하는 지수 등에 의하여 산출된 금전 등을 장래의 특정시점에 인도하거나, 권리를 부여하거나 또는 금전 등을 교환할 것을 약정하는 계약으로 정의하고 있다(법5). 초기 파생상품은 기초상품의 가격변동 위험을 헤지하기 위한 수단으로 시작되었으나, 최근에는 적은 자금으로 고수익을 누리기 위한 투자수단으로 사용되고 있다. 우리나라는 파생상품을 한국거래소에서 거래되는 장내파생상품과 그 외의 장외파생상품으로 구분하고 있다.

2. 외국환거래법

외국환거래법은 파생상품을 ⅰ) 자본시장법 제5조에 따른 파생상품과, ⅱ) 상품의 구성이 복잡하고 향후 수익을 예측하기 어려워 대규모 외화유출입을 야기할 우려가 있는 금융상품으로서 기획재정부장관이 고시하는 것으로 정의(외국환거래법3①(9) 및 영5)하고 있다. 이는 기본적으로 자본시장법상의 파생상품 이외에도 그 외연을 확대할 수 있는 여지를 남겨두고 있는 것으로 향후 금융기법의 발전과 현실여건을 감안하여 탄력적으로 대응함으로써 규제 공백을 막고자 하는 입법으로 생각된다.[3)]

3. 채무자회생법

채무자회생법은 파생금융거래를 “기초자산 또는 기초자산의 가격·이자율·지표·단위나 이를 기초로 하는 지수를 대상으로 하는 선도, 옵션, 스왑거래를 말한다.”고 정의하고, 그 기초자산으로는 자본시장법과 실질적으로 동일한 내용으로 ⅰ) 금융투자상품(유가증권, 파생금융거래에 기초한 상품), ⅱ) 통화(외국의 통화를 포함), ⅲ) 일반상품(농산물·축산물·수산물·임산물·광산물·에너지에 속하는 물품 또는 이 물품을 원재료로 하여 제조하거나 가공한 물품 그 밖에 이와 유사한 것), ⅳ) 신용위험(당사자 또는 제3자의 신용등급의 변동·파산 또는 채무재조정 등으로 인한 신용의 변동), ⅴ) 그 밖에 자연적·환경적·경제적 현상 등에 속하는 위험으로서 합리적이고 적정한 방법에 의하여 가격·이자율·지표·단위의 산출이나 평가가 가능한 것을 예시하고 있다(법120③(1), 영14①).[4)]

---

3) 박철우(2010), “파생상품거래의 규제에 관한 연구”, 고려대학교 대학원 석사학위논문(2016. 6), 6쪽.

4) 파생상품에 관한 법령상 용어는 “파생상품”과 “파생금융상품”이 혼용되고 있다. 실질적으로 파생상품거래를 규율하는 법령 중에서 구 증권거래법 시행령 제35조의13, 제36조의2 및 제84조의29와 증권거래법 시행규칙 제13조, 제36조의18에서는 “파생금융상품”의 용어를 사용하였으며, 현행 채무자회생법 제120조 및 동법 시행령 제14조와 보험업법 시행령 제49조 제2항 제1호에서는 “파생금융거래”의 용어를 사용하고 있

Ⅱ. 파생상품에서 제외되는 금융투자상품

해당 금융투자상품의 유통 가능성, 계약당사자, 발행사유 등을 고려하여 증권으로 규제하는 것이 타당한 것으로서 대통령령으로 정하는 금융투자상품[5)]은 파생상품에서 제외하고 있다(법5①단). 현재 대통령령으로 파생상품에서 제외되는 금융투자상품은 i) 투자매매업자가 발행하는 워런트증권(영4의3(1)), ii) 주주가 신주를 배정받을 권리를 표시한 신주인수권증서 및 분리형 신주인수권부사채에서 사채와 분리되어 양도되는 신주인수권증권(영4의3(2))이다.

위에서 워런트 증권은 파생결합증권에 해당하고, 신주인수권증서와 신주인수권증권은 파생결합증권에서도 명시적으로 제외되는 결과(법4⑦(5) 및 영4의2) 출자지분을 취득할 권리가 표시된 것으로서 지분증권에 해당하게 된다(법4④).

Ⅲ. 파생상품의 기능

파생상품 거래자의 유형은 그 목적에 따라 헷저(hedger), 투기자(speculator), 차익거래자(arbitrageur)로 나눌 수 있는데, 이러한 거래유형에 따른 파생상품의 기능은 다음과 같이 요약할 수 있다.

1. 순기능

파생상품의 순기능은 다음과 같다. i) 헤지(hedge)를 목적으로 한 투자자에게는 시장의 가격변동위험을 회피하기 위한 헤지 수단으로 활용되거나, 고위험·고수익을 추구하는 투기자에게 위험을 전가하는 수단이 될 수 있다. ii) 고수익을 목표로 하는 투기자에게는 적은 증거금만으로 큰 레버리지 효과를 거둘 수 있는 투자기회를 제공한다. iii) 다양한 투자수단으로 활용됨으로써 금융시장에 유동성을 확대하는 결과를 가져오고 신속한 가격정보의 반영으로 미래의 현물가격에 대한 가격발견기능을 하는 한편, 현물시장과 선물시장 간의 차익거래가 가능하게 하여 현물시장의 가격왜곡 현상을 방지함으로써 전체 금융시장의 효율성을 제고시킬 수 있

으나, 2009년 2월 자본시장법의 제정·시행으로 구 증권거래법이 폐지됨에 따라 현행 법령 중 보험업법 시행령, 채무자회생법 및 동법 시행령을 제외하고는 모두 "파생상품"의 용어를 사용하고 있다.

5) "대통령령으로 정하는 금융투자상품"이란 다음의 어느 하나에 해당하는 금융투자상품을 말한다(영4의3).

1. 증권 및 장외파생상품에 대한 투자매매업의 인가를 받은 금융투자업자가 발행하는 증권 또는 증서로서 기초자산(증권시장이나 해외 증권시장에서 매매거래되는 주권 등 금융위원회가 정하여 고시하는 기초자산)의 가격·이자율·지표·단위 또는 이를 기초로 하는 지수 등의 변동과 연계하여 미리 정하여진 방법에 따라 그 기초자산의 매매나 금전을 수수하는 거래를 성립시킬 수 있는 권리가 표시된 증권 또는 증서
2. 상법 제420조의2에 따른 신주인수권증서 및 같은 법 제516조의5에 따른 신주인수권증권

다. iv) 기업으로서는 파생상품을 활용한 종합적인 자산부채관리로 최적의 재무상태를 유지할 수 있게 하며 안정적인 자금조달과 효율적인 자금운용을 기할 수 있게 한다. v) 상이한 통화표시의 채무 원리금 상환을 서로 교환하는 통화스왑을 통해서 국경간 자본이동에 대한 규제를 우회하여 새로운 자본시장에의 진입을 가능하게 할 수도 있다. vi) 특히 신용파생상품의 경우, ㉠ 금융시스템의 불안요인인 금융기관의 도산은 동일 차입자, 특정산업 등에 대한 집중된 신용노출(credit exposure)에 의해 발생하는 경향이 있는데, 신용파생상품은 이러한 신용위험의 집중을 완화하거나 분산시킬 수 있는 효율적인 수단을 제공한다. ㉡ 대출 또는 채권매입을 통해 부담해야 하는 신용위험을 유동화할 수 있는 수단을 제공함으로써 채권시장 등 전반적인 금융중개기능을 활성화시킬 수 있다. ㉢ 금융기관은 신용파생상품을 통한 신용위험의 이전 등으로 자기자본비율 및 여신한도를 효율적으로 관리할 수 있으며, 대출시장 참여 제한, 동일인 여신한도 규제 등으로 수익성이 높은 대출시장에 접근하기 어려운 투자자(보장매도인)에게는 대출시장에 간접적으로 참여할 수 있는 기회를 제공할 수 있다.[6)]

2. 역기능

파생상품의 역기능은 다음과 같다. i) 파생상품을 통한 과도한 레버리지의 부담으로 시장의 변동성이 커지는 경우 금융기관의 도산 등 부실화를 촉진할 수 있다. ii) 파생상품의 거래구조가 복잡하고 2차, 3차 파생상품으로 파생화의 단계가 심화될수록 상품에 대한 정확한 정보를 획득하거나 수익성을 판단하기가 어려워진다. iii) 파생상품거래 규모가 확대되고 금융시장간 연계성이 심화되어 개별 금융기관이 위험관리에 실패하는 경우 그 영향이 전체 금융시스템으로 파급될 가능성이 커진다. iv) 특히 장외파생상품의 경우 거래상대방의 채무불이행위험이 크다. v) 신용파생상품의 경우 기초자산인 대출채권에 대한 금융기관(보장매수인)의 관리와 사후 감시유인을 저하시킬 뿐만 아니라 금융기관의 재무상태에 대한 투자자의 평가를 어렵게 만들고, 시장의 자율규제기능 및 금융기관에 대한 감독기능을 약화시키는 등 금융시장의 안정성을 저해할 수 있다.[7)]

Ⅳ. 파생상품거래 관련 위험

파생상품거래의 역기능이나 부정적인 영향은 그 자체에 내포한 위험에 기인한다. 따라서 파생상품 관련 규제방안의 주된 초점은 파생상품거래상의 위험을 어떻게 정의하고 이를 제거

6) 박철우(2010), 58-59쪽.
7) 박철우(2010), 59쪽.

할 것인가에 맞추어져 있다. 파생상품거래와 관련된 위험으로는 신용위험(credit risk), 시장위험(market risk), 유동성위험(liquidity risk), 법적위험(legal risk), 결제위험(settlement risk), 운영위험(operational risk), 그리고 시스템위험(systemic risk) 등이 있다.[8]

1. 신용위험

신용위험은 거래상대방이 계약의무의 이행을 거부하거나 이행할 수 없을 경우에 발생하는 위험으로, 금융기관의 입장에서는 보유하고 있는 대출자산이나 유가증권 등으로부터 예상되는 현금흐름이 계약대로 지급되지 않을 가능성을 의미한다. 일반적으로 신용위험은 채무불이행위험(default risk)뿐만 아니라 채무자(보유자산)의 신용도(credit quality)가 하락할 때 자산이나 계약의 시장가치가 하락하여 발생할 수 있는 손실위험으로 정의될 수 있다.

거래소 거래에서는 상품의 표준화, 일일정산 및 증거금의 적립, 거래소의 이행보증 등을 통해 신용위험을 제거하고 있기 때문에 문제되지 않으나 장외거래의 경우 필연적으로 거래상대방의 신용위험을 부담하게 되므로 이에 대한 대응이 필요하다. 장외거래에서의 신용위험 대처 방안으로는 i) 신용있는 거래상대방과만 거래를 하고 또한 개별 거래 한도를 설정하는 방법, ii) 담보제공의 요구(collateralization), iii) 당사자의 상호채무를 일괄 청산하는 일괄청산네팅(close-out netting) 등이 있다. 또한 정책적으로 감독당국은 은행 등 금융기관이 파생상품거래에서 과도한 신용위험을 부담하는 것을 억제하도록 위험에 상응하여 자기자본요건을 강화하기도 한다.

2. 시장위험

시장위험은 시장상황의 변동이 파생상품의 가치하락을 초래할 위험을 말한다. 시장위험은 금융자산과 부채의 미결제 포지션의 가치변동으로 측정되며 금리변동위험, 환율변동위험, 주가변동위험, 원유와 같은 상품가격의 변동위험 등을 말한다.

금리변동위험은 예상치 못한 금리변동에 의해 자산 및 부채의 가치가 변하게 될 위험을 의미하며,[9] 환율변동위험은 환율변동으로 인해 손실을 입게 될 위험을 말한다. 환율변동위험의 경우 다른 위험과도 밀접한 관계를 맺고 있다. 즉 특정 통화에 대한 선물환거래에서 매수와 매도 포지션이 일치하지 않을 경우 거래가 종결될 때까지 신용위험과 국가위험(country risk)[10]

---

8) 박철우(2010), 60-64쪽.

9) 구체적으로 이러한 금리위험에는 단기부채로 조달한 자금을 장기로 대출했을 경우의 자금재조달위험(refinancing risk), 장기부채를 이용하여 단기투자를 했을 경우 투자수익률이 하락함으로써 손실을 보게 되는 재투자위험(reinvestment risk) 등이 있다. 이 외에도 금리변동 시 자산과 부채의 금리변동 폭이 일정하지 않으므로 발생하는 위험, 즉 각 항목이 서로 다른 금리민감도를 가지는 것으로 인해 발행하는 베이시스위험(basis risk)이 존재한다.

10) 해당 국가의 신용도와 연관되어 있는 위험으로 국가 프리미엄(country premium)으로 측정될 수 있다.

이 결합된 위험 형태에 노출되게 된다. 그리고 금융기관들마다 정해진 시간에 외화결제를 해야 하므로 유동성위험과도 관련되어 있으며, 환율변동은 금리변동과 밀접한 관련성을 가지므로 금리변동위험과도 직접적으로 관련되어 있다. 또한 포트폴리오 내에 주가변동에 의해 그 가치가 민감하게 변하는 자산과 상품가격에 민감한 기초상품(금, 은, 원유 등)이 포함되어 있을 경우에는 금리변동위험이나 환율변동위험 외에도 주가변동위험과 상품가격변동위험에 노출되게 된다.

3. 유동성위험

유동성위험은 파생상품거래 참여자가 시장의 거래 부진이나 장애로 인해 종전의 가격 또는 이에 근접한 가격으로 특정 포지션을 헤지 또는 반대매매를 통해 청산할 수 없는 위험을 말한다. 파생상품이 경제적 가격 또는 이와 근접된 가격으로 신속히 매매될 수 없어 현금화가 어려운 경우에 발생한다. 한편 금융기관의 경우 해당 금융기관에 대한 시장의 신뢰 상실 등에 의해 동시다발적인 예금인출사태(bank run)가 발생하거나 채권자의 채권회수 시에도 유동성 위기에 직면하게 되는데 이러한 상황에 대비하여 일정한 현금흐름을 유지함으로써 유동성위험에 대처할 수 있다.

4. 법적 위험

법적 위험은 소송에서 파생상품계약이나 종전에 이루어진 파생상품거래의 효력이 부인됨으로써 발생하는 손실가능성을 말한다. 법적 위험은 계약당사자가 파생상품계약을 체결할 권리능력이 있는지, 해당 파생상품이 도박계약에 해당하는지, 보험법규의 적용대상에 해당하는지, 일괄청산네팅 조항이 유효한지 등 여러 가지의 상황에서 발생할 수 있다. 법적 위험은 다른 전통적인 금융거래나 상품거래에서도 존재하지만 고도의 위험성과 복합적인 계약내용이 수반되는 파생상품계약에서 보다 현실적인 문제가 되고 있으며, 법적으로 잘 정비된 거래소에서 거래되는 장내파생상품거래에서보다는 장외파생상품거래에서 문제되는 경우가 많다.[11)]

파생상품 관련 법적 위험의 종류로는 관할위험(jurisdictional risk), 거래상대방위험(counterparty risk), 매도위험(selling risk) 등이 있다. 관할위험은 다수의 거래당사자가 파생상품거래에 관여하는 경우에 특정한 쟁점에 대한 각국의 법규의 차이로 인하여 발생한다. 예를 들어 해당 장외파생상품거래가 특정한 국가에서는 도박금지법에 위반하여 금지되거나 처벌될 수도 있으며 국제적인 장외파생상품거래에서 전형적으로 사용되는 일괄청산네팅 조항이라도 특정한 국가에서는

11) 김홍기(2007), "파생상품거래의 법적 규제에 관한 연구," 연세대학교 대학원 박사학위논문(2007. 12), 59-61쪽.

도산법에 위반하여 무효가 될 수도 있다.

거래상대방위험은 예를 들어 거래상대방이 파생상품계약을 체결할 권리능력이 없거나 법적 권한이 부인되는 경우, 또는 회사를 위하여 파생상품계약에 서명한 자가 회사를 대표하거나 대리할 권한을 가지지 못하는 경우 등의 위험을 말한다.

매도위험은 예를 들어 중개자가 해당 거래의 이익을 부실표시하였거나, 매매목적물에 하자가 있는 위험을 말한다.

5. 결제위험

결제위험은 지급이 관련 계약에 규정된 방식에 의해 이루어지지 않는 위험을 말한다. 결제위험의 핵심은, 지급이 당초 계획된 특정 기간 내에 유효하게 되는 경우에는 비록 계약에서는 기술적 이유로 인한 미지급은 부도처리를 하지 않는다고 규정하고 있다고 하더라도, 관련 계약에 따라 부도처리가 될 수도 있는 위험이다. 이는 계약에 정한 금액을 수취하기 전에 자금을 이체하거나 자산을 인도함으로써 발생하는 손실위험이며, 이에 따라 거래상대방은 연쇄적으로 계약을 이행할 수 없게 되거나 이행하려고 하지 않을 수 있다. 또한 결제위험은 외국 거래상대방과의 시차 때문에 발생되는데 이는 현물인도와 결제가 동시에 발생되지 않거나 지급결제 방법상 자금을 즉시 수취하지 못할 때 발생한다.

6. 운영위험

운영위험은 절차, 인력, 시스템의 미비로 인하거나 외부사건으로 인한 직·간접적인 손실위험으로 정의되며, 바젤은행감독위원회(BCBS)의 정의에 따르면 법적 위험도 여기에 포함된다. 또한 거래자들이 고의로 허위정보를 퍼뜨리는 사기행위로 인한 위험과 정보시스템의 보안문제로 인해 발생할 수 있는 기술위험(technology risk)도 이에 해당한다. 운영위험을 줄이기 위해서는 백업시스템 및 위험관리시스템을 구축하는 한편, 적절한 내부통제장치를 마련하여야 한다.

7. 시스템위험

시스템위험은 개별 시장참가자의 위험이나 특정 시장에서의 각종 위험이 여타 시장참가자들에게 연쇄적으로 파급되어 금융시장 전체가 마비되는 위험을 말한다. 시스템위험은 두 가지 시나리오를 예상해 볼 수 있다. ⅰ) 하나의 금융기관의 붕괴가 다른 금융기관에 도미노 영향을 가져올 수 있으며, ⅱ) 널리 이용되고 있는 동적헤지전략(dynamic hedging strategies)이 평소에는 감내할만한 시장 하강추세를 시장 급변동 상황에서는 유동성 위기 상황으로 몰아갈 수 있다는 것이다. 시스템위험과 관련하여 그 위험요인으로는 여러 가지가 있는데 거래규모, 파생상품거래의 불투명성, 장외시장거래의 유동성 부족 등을 들 수 있다. 시스템위험은 파생상품거래로 시장 간의 연계가 강화됨으로써 더욱 증대되고 있는데, 이로 인해 단순한 시장 사고(금융기관의 도산이나 시장 및 지급결제제도의 붕괴)가 연쇄적으로 다른 금융기관의 도산이나 시장 및 지급결제제도의 붕괴를 야기할 수 있다.

제2절 파생상품의 분류

Ⅰ. 계약형태에 따른 분류

자본시장법은 파생상품을 선도, 옵션, 스왑 중의 어느 하나에 해당하는 계약상의 권리로서 정의하여 파생상품거래가 계약임을 표현하고 있다.

1. 선도

(1) 개념

자본시장법상 선도는 "기초자산이나 기초자산의 가격·이자율·지표·단위 또는 이를 기초로 하는 지수 등에 의하여 산출된 금전등을 장래의 특정시점에 인도할 것을 약정하는 계약상의 권리"를 말한다(법5①(1)). 즉 ⅰ) 선도거래는 일정한 대상(기초자산)을 매매(인도)하는 계약을 체결하면서 그 대상의 인도와 대금의 수령시점을 장래의 특정시점으로 정해 두는 이행기가 장래인 매매(인도)계약으로 볼 수 있다. ⅱ) 선도의 실질적인 매매시점은 장래이나 목적물의 가격변동위험을 회피하기 위하여 현재시점에서 가격과 수량을 결정하는 것이다. 예를 들어 금 100온스(기초자산)를 3개월 후에(장래의 특정시점) 온스당 1,000달러에 매매(인도)할 것을 약정하는 선도거래를 생각해보자. 이는 실질적인 매매시점은 3개월 후이나 현재시점에서 가격과 수량이 결정되는데, 위험회피 목적의 거래자(hedger)의 경우, 이 선도거래를 3개월간의 가격변동위험을 회피하기 위한 목적으로 사용할 수 있다. 반면 투기자(speculator)는 선도거래를 이익추구를 위한 목적으로 사용할 수도 있다.[12)]

선도계약(forward contract)은 계약시점 당시에 자산을 매수 또는 매도하는 현물계약(spot contract)과 대비되는 개념이다. 여기서 계약시점에 미리 정한 거래가격을 선도가격(forward price)이라 한다. 선도계약은 공식적인 거래소가 아닌 장외시장에서 거래되는 점에서 선물계약(futures

12) 박선종(2010), "파생상품의 법적규제에 관한 연구", 고려대학교 대학원 박사학위논문(2010. 12), 9쪽.

contract)과 구별된다.[13)]

선도거래는 주로 장외시장에서 거래되기 때문에 상대방의 채무불이행위험(신용위험)이 장내거래에 비해 크지만 제도화된 시장의 부재로 인하여 신뢰성 있는 계약만을 취급하므로 일반 금융상품에 비해서는 낮은 편이다. 그러나 계약 만기시점에 계약내용을 실물로 100% 인도하여야 하는 선도거래의 특성상 시장가격 변동에 따른 시장위험에 완전히 노출되어 있고, 거래 당사자 간에 계약이 건별로 이루어짐에 따라 계약의 중도해지나 대체 시 거래상대방을 찾기 어려운 유동성위험에 노출되어 있다.

(2) 법적 성격

선도거래는 장외파생상품으로서 거래조건이 거래당사자들의 거래목적에 부합하도록 기초 금융상품의 수량, 품질 및 가격, 인도일과 인도조건, 결제방식 등의 거래조건이 조정되며 대부분 인도일에 기초상품을 인수도함으로써 종료된다. 선도계약의 주요 계약조건으로는 i) 계약당사자, ii) 거래대상 및 수량, iii) 이행기(만기), iv) 거래가격, v) 이행(결제)방법 등을 들 수 있다. 결제방법에는 장래의 인도시점에 특정물을 인도하는 것이 원칙이지만, 대안으로서 계약시점과 장래의 인도시점 간 차액을 결제할 수도 있다.[14)]

결제방법이 달라지고 선도계약의 체결시점과 기초자산의 인도시점이 달라진다는 점에서 선도계약의 법적 성격에 대해 견해의 대립이 있다. 생각건대 원칙적으로 금전을 제외한 재산적 가치있는 것에 대한 선도거래의 경우 현물거래와 마찬가지로 이행기만을 달리하는 매매(민법 제563조)에 해당한다고 할 것이나 결제방법에 따라 현물결제의 경우에는 매매로, 차액결제의 경우에는 매매와 상계가 결합된 비전형계약으로 보는 것이 타당하다. 다만 선도계약 중 기초자산과 그에 대한 대가에 따라 매매에 해당되지 않을 수 있다.[15)] 외국통화를 대상으로 하는 외환매매의 경우 민법 제563조의 재산권에 외국통화를 포함하여 이해함으로써 매매거래로 볼 수도 있으나 당초 민법이 예정한 전형적인 매매거래는 아니라고 보아야 한다.[16)]

자본시장법 제5조 제4항에서는 "제1항 각 호의 어느 하나에 해당하는 계약 중 매매계약이 아닌 계약의 체결은 이 법을 적용함에 있어서 매매계약의 체결로 본다"고 규정하여 선도계약을 비롯한 파생상품에 해당하는 거래가 실질적으로 매매계약에 해당하지 않는다 하더라도 매

---

13) 유혁선(2010), "파생상품거래의 규제에 관한 법적 연구", 성균관대학교 대학원 박사학위논문(2010, 12), 42쪽.

14) 박철우(2010), 17쪽.

15) 민법 제563조에 따르면, 매매계약은 당사자 일방이 재산권을 상대방에게 이전할 것을 약정하고 상대방은 이에 대해 대금(금전)을 지급하기로 할 때 성립한다. 따라서 예를 들어 자본시장법 제4조 제10항 제4호의 기초자산에 해당하는 신용위험이나 지수 등에 의해 산출된 금전을 지급하기로 하는 약정 등은 매매나 그 밖의 민법상 전형계약에 해당되지 않는다. 또한 재산권의 대가로 금전이 아닌 그 밖의 재산적 가치가 있는 것을 지급하는 경우에도 민법상 매매에 해당되지 않는다.

16) 박철우(2010), 17-18쪽.

매계약의 체결로 보아 자본시장법의 적용대상 여부에 대해 논란의 소지가 없도록 하였다.[17]

선도계약에서 당사자의 수익구조(payoff structure)는, 매수(long)한 매수인은 기초자산의 가격이 상승하는 경우 이득을 보고 하락하는 경우 손해를 보게 되며, 매도(short)한 매도인은 각각의 경우에 매수인과 반대의 상황에 처하게 된다.[18]

2. 선물

(1) 의의

(가) 개념

선도거래 중 표준화된 계약조건에 따라 공인된 거래소에서 경쟁매매 방식에 의하여 이루어지는 것을 선물거래(futures)라고 한다. 선물은 수량·규격·품질 등이 표준화되어 있는 특정대상물을 현재시점(계약시점)에서 정한 가격(선물가격)으로 장래의 일정시점(최종거래일)에 주고받을 것을 정한 계약을 말한다. 선도계약과는 i) 표준화된 계약서에 의해 공식적인 거래소를 통하여 거래가 이루어지는 점, ii) 계약시점과 결제시점 간 시간적 간격이 장기라는 점, iii) 결제시점 이전 언제라도 반대매매를 통하여 계약으로부터 벗어날 수 있다는 점 등에서 차이가 있다.[19]

선물거래는 제반 거래조건이 표준화되어 있어 이를 이용하는 사람들은 일반적으로 계약의 수량에 대해서만 고려하고 있으며, 현재 주식, 채권, 외환 및 지수나 변동이자율 등 광범위한 기초상품에 대해 선물거래가 이루어지고 있다.

(나) 특징

선물거래는 선도거래와 달리 매도인과 매수인을 알 수 없기 때문에 중간에 결제기관이 개입하여 매도인과 매수인 모두에 대해 거래의 상대방 역할을 수행함으로써 계약이행의 책임을 진다. 이를 위하여 결제기관은 각 시장참여자의 거래포지션에 대해 계약의 이행을 보증하는 성격의 증거금을 징수하고 선물포지션의 가치변화에 따른 손익을 일일정산하여 증거금에 반영하기 때문에 계약에 따르는 신용위험이 선도계약에 비해 현저하게 낮다. 이처럼 선물거래는 근본적으로 선도거래와 동질적이지만 증거금(margin requirement), 일일정산(daily marking tomarket),

17) 유가증권지수의 선물거래를 유가증권의 매매거래로 본 구 증권거래법 제2조의2의 규정 취지는 유가증권지수의 선물거래에 있어 공정하고 원활한 거래를 도모하며 투자자를 보호하기 위한 제도적 장치를 마련하고자 그에 대해서도 증권거래법을 적용함으로써 유가증권거래와 마찬가지의 법적 규제를 가하는 데 그 목적이 있는 것으로서, 법인세 과세와 관련하여 접대비한도 계산기준이 되는 유가증권 매각대금의 범위와는 무관하므로, 주가지수선물 매각대금을 구 법인세법 시행령 제40조 소정의 유가증권 매각대금에 포함되는 것으로 볼 수는 없다(대법원 2007. 10. 25. 선고 2005두8924 판결).

18) 박철우(2010), 18쪽.

19) 박철우(2010), 19쪽.

청산기관(clearing house) 등의 제도적인 장치를 통해 거래상대방의 계약이행을 보증하기 때문에 거래의 유동성이 극대화되고 있다. 이외에도 선물거래에는 가격등락폭의 제한, 표준화된 계약, 조직화된 시장 등의 운영으로 계약이행에 관련된 위험을 줄이려는 제도적 장치가 마련되어 있다.

선물거래는 대상물에 따라 금융선물거래 · 일반상품선물거래로 구분되고, 금융선물거래는 증권선물거래 · 통화선물거래 · 금리선물거래 등으로, 증권선물거래는 주식선물거래 · 주가지수선물거래 등으로 세분될 수 있다.

(2) 법적 성격

선물거래의 주요 계약조건으로는 ⅰ) 기초자산, ⅱ) 거래단위, ⅲ) 인도장소, ⅳ) 인도월, ⅴ) 가격표시방법(price quote), ⅵ) 일일가격변동 제한폭(price limits), ⅶ) 포지션한도(position limits), ⅷ) 최소가격변동단위(minimum price fluctuation), ⅸ) 최종거래일, ⅹ) 최종결제일, ⅺ) 최종결제방법 등을 들 수 있는데, 이들은 모두 거래소의 규정으로 정하게 된다. 선물시장의 참여자로는 투자자와 선물거래소(futures exchange), 선물중개기관(broker), 청산기관(clearing house) 등이 있다.[20]

투자자와 선물거래소 또는 청산기관과의 법률관계가 문제된다. 장내파생상품의 거래에 있어서 이행의 위험을 부담하는 측면에서는 거래소가 모든 매수인과 매도인에 대하여 당사자가 되지만 거래소는 가격변동에 따른 이익을 추구하거나 또는 위험을 부담하는 측면에서는 당사자가 아닌 중개자의 역할을 하고 있다. 이 점이 양 당사자 간의 매매계약과 다르며 거래소는 "이행위험을 담보하는 특별한 당사자"로 볼 수 있다.[21] 선물중개기관, 즉 금융투자업자(거래소 회원)는 위탁매매인(상법101)으로 투자자와 관계에서는 위임의 규정이 준용된다(상법112). 선물계약의 법적 성격과 당사자의 수익구조는 앞에서 본 선도계약의 경우와 같다.

(3) 매매계약과의 비교

매매는 당사자 일방이 재산권을 상대방에게 이전할 것을 약정하고 상대방이 그 대금을 지급할 것을 약정함으로써 그 효력이 생긴다(민법563). 민법상의 매매계약은 "현물거래"를 대상으로 한다. 현물거래는 매수인이 대금을 오늘 지급하고 목적물을 오늘 수령하는 계약이다. 매도인의 입장에서는 대금을 오늘 수령하고 목적물을 매수인에게 오늘 인도하는 것을 현물거래(cash 또는 spot)라 하는데, 현물계약은 현물거래를 체결하기 위한 매수인과 매도인 간의 계약이다. 그러나 선물거래는 당사자, 재산권(목적물)의 보유 여부에 따른 거래의 제한 및 대금의 지급방법이 현물거래와 다르고, 효력이 발생하는 모습도 현물거래를 대상으로 한 매매계약과는

20) 박철우(2010), 19-20쪽.
21) 박선종(2008), 472-473쪽.

다르다.[22)]

선물계약에서는 매수인도 대금(증거금)을 지급하고 매도인도 대금(증거금)을 지급한다는 점에서, 민법상의 매매계약으로 포섭되기 어렵다. 왜냐하면 민법상 매매계약은 당사자 일방이 재산권을 상대방에게 이전할 것을 약정하고 상대방은 그 대금을 지급할 것을 약정하는 것(민법 563)인데, 선물계약은 매수인과 매도인 양 당사자가 모두 대금을 지급하는 구조이기 때문이다.

선물계약은 청산기관(거래소)이 매수인의 증거금을 받는 대가로 실물인도 등 이행을 보증하고, 매도인의 증거금을 받는 대가로 실물인수 등 이행을 보증한다. 예컨대 선물계약은 민법상의 전형계약이 아니고, 시장에서 규칙과 약관을 통해 형성된 일종의 계약상품이다. 따라서 민법 구조로 정확하게 부합되는 설명을 할 수는 없지만, 자본시장법에서는 선물계약을 매매로 간주하고 있다(법5④).

3. 옵션

(1) 의의

(가) 개념

자본시장법은 옵션을 "당사자 어느 한쪽의 의사표시에 의하여 기초자산이나 기초자산의 가격·이자율·지표·단위 또는 이를 기초로 하는 지수 등에 의하여 산출된 금전등을 수수하는 거래를 성립시킬 수 있는 권리를 부여하는 것을 약정하는 계약상의 권리"로 정의하고 있다(법5①(2)). 즉 거래대상을 만기 또는 그 이전에 미리 정한 가격으로 사거나 팔 수 있는 권리(옵션)를 거래하는 계약이 바로 옵션계약이다. 이러한 옵션에는 살 수 있는 권리(call option)와 팔 수 있는 권리(put option)가 있으며, 사전에 계약으로 사거나 팔기로 한 가격을 행사가격이라고 한다.[23)]

예를 들어 2020년 6월 1일에 6개월 후에 S전자주식 100주를 주당 1만원으로 살 수 있는 권리를 거래하였다면, 6개월 후에 S전자주식 1주가 2만원으로 상승한 경우에, 옵션 매수인은 시장가격과 무관하게 사전에 약정된 가격인 1만원으로 S전자주식 100주를 살 수 있는 권리를 행사할 수 있고(100만원 대금 지급), 매도인은 S전자주식 100주를 1만원에 인도하여야 할 이행책임을 진다. 반면 6개월 후 S전자주식 1주가 5,000원으로 하락한 경우에는 옵션 매수인은 권리를 행사하지 않고 이를 포기하면 그것으로 거래는 종결된다. 즉 옵션 매수인이 일정한 조건하에서 옵션을 행사하거나 포기할 수 있는 권리를 정할 수 있는 것이다.

(나) 특징

선도거래, 선물거래, 스왑거래에서는 계약을 이행하는 의무가 주어지나, 옵션에서는 권리

---

22) 박선종(2010), 9쪽.
23) 유혁선(2010), 58쪽.

만을 부여하기 때문에 옵션 매수인(option holder)은 현물가격과 행사가격을 비교하여 유리한 경우에는 옵션을 행사하지만, 불리한 경우에는 옵션을 행사하지 않아도 된다. 이처럼 옵션은 매수인에게 권리이지 의무가 아니기 때문에 보험의 성격을 띤 상품으로서 옵션의 소지자가 기초자산의 시장가격과 옵션의 행사가격을 비교하여 권리행사 여부를 결정하게 된다.

옵션의 권리자(매수인)는 기초자산의 시장가격과 옵션의 행사가격을 비교하여 권리행사 여부를 결정하면 되지만 옵션 매도인은 매수인의 권리행사에 반드시 응하여야 한다. 옵션은 선물거래와 마찬가지로 공인된 거래소에서 이루어지는 것이 일반적이지만 당사자 간의 개별적인 계약도 가능하다. 옵션을 살 때 지불하는 가격을 옵션프리미엄(option premium=옵션가격)이라고 한다. 옵션프리미엄은 기초자산의 가격, 행사가격, 만기까지의 잔여기간, 기초자산의 변동성, 무위험이자율, 만기일까지 예상되는 배당금 유무 등에 영향을 받아 결정된다.[24)]

(2) 법적 성격

옵션계약은 당사자 어느 한쪽, 즉 매수인의 의사표시만으로 거래를 성립시킬 수 있다. 이 점에서 옵션계약은 매매의 일방예약(민법564)과 유사한 점이 있다. 예약이란 본계약에 대응하는 개념으로서, 장차 일정한 계약을 체결할 것을 약속하는 계약을 예약이라 하고, 이 예약에 기하여 장차 맺어질 계약을 본계약이라 한다. 옵션계약에서 최초 거래, 즉 옵션프리미엄의 가격 결정을 "예약"으로 본다면, 장차 권리행사에 따르는 이행의무를 부담할 것을 "본계약"으로 볼 수 있다. 여기서 옵션 매수인의 권리행사권은 예약완결권과 유사한 점이 있다.[25)]

옵션계약을 매매로 볼 것인가 매매의 예약으로 볼 것인가 하는 것은 관점에 따라 견해가 다를 수 있다. 즉 옵션계약의 구조 전체를 본다면 프리미엄이라는 금전을 대가로 행사권리를 매매하는 매매계약으로 볼 수 있고, 프리미엄의 지급시점과 행사시점을 분리하여 프리미엄의 수수를 단순히 예약으로 보고, 권리행사권의 행사에 따른 이행의무 부담을 본계약으로 본다면, 매매의 예약으로도 볼 수 있을 것이다.

옵션계약에서 권리를 부여하는 자는 매도인이고 권리를 부여받는 자는 매수인이다. 이 권리를 권리행사권(right of exercise)이라 하는데, 이는 형성권이다. 옵션계약은 옵션 보유자(option-holder: 옵션 매수인)가 상대방에게 약정금액의 지불이나 수령을 강제할 수 있는 권리 또는 약정자산의 인도나 인수를 강제할 수 있는 형성권을 갖는다. 이와 대조적으로 선물계약(선도계약)은 권리보유자(right-holder)인 양당사자가 한 계약의 양쪽에서 반대되는 권리를 보유하고 있는 합성옵션구조로 볼 수 있다. 그러므로 가격의 변동에 따라, 선물계약(선도계약)의 한 당사자가 권리를 행사하면 상대방은 약정된 대금을 지급하거나(가격하락의 경우), 약정자산을 인도할(가격상

24) 박철우(2010), 21쪽.
25) 박선종(2010), 76-77쪽.

승의 경우) 의무를 부담한다. 예컨대 선물계약의 매수인은 손실인 경우에도 대금지급의 의무를 부담하지만, 옵션계약의 매수인은 손실 시 지급의무가 없다는 점에서 구분되는데, 자본시장법에서는 옵션계약을 매매로 간주한다(법5조④).[26]

옵션 포지션은 i) 콜옵션 매수, ii) 풋옵션 매수, iii) 콜옵션 매도, iv) 풋옵션 매도의 네 가지 형태가 있으며 콜옵션 매수인의 경우를 예로 들면 기초자산의 가치가 행사가격을 초과하면 옵션프리미엄을 제외한 이익을 얻지만 행사가격 미만이면 옵션행사를 포기하고 옵션프리미엄 만큼 손해를 보게 되며 선도계약과는 달리 수익구조는 비대칭적이다.[27]

(3) 옵션의 종류

(가) 콜옵션과 풋옵션

권리자가 약정일에 미리 정한 행사가격으로 기초자산을 살 수 있는 권리를 콜옵션, 팔 수 있는 권리를 풋옵션이라 한다.

한국거래소의 「파생상품시장 업무규정」("업무규정")은 "옵션거래"를 콜옵션과 풋옵션으로 분류하고 있다(업무규정2①). 업무규정에 의하면 콜옵션은 i) 기초자산을 수수하는 옵션거래 및 선물옵션거래의 경우 권리행사에 의하여 행사가격으로 기초자산의 매수로 되는 거래를 성립시킬 수 있는 옵션, ii) 현금을 수수하는 옵션거래의 경우 권리행사에 의하여 행사가격이 권리행사결제기준가격보다 낮은 경우에 그 차이로부터 산출되는 금전을 수령하게 되는 거래를 성립시킬 수 있는 옵션을 말한다(업무규정2②(11)). 즉 콜옵션은 매수인이 매수포지션의 취득을 청구할 수 있는 형성권이다. 매수포지션(long position)이란 매수행위에 기하여 장부상 기재된 매수계약잔고를 의미한다. 행사가격(strike price, exercise price)이란 "권리행사에 따라 성립되는 거래에 있어서 사전에 설정된 기초자산의 가격 또는 수치"를 말한다(업무규정2①(10)). 행사가격은 옵션가격(옵견프리미엄)의 결정에 중대한 영향을 미치며, 옵션계약의 매수인이 형성권을 행사하였을 때, 매수포지션(콜옵션) 또는 매도포지션(풋옵션)을 취득하게 되는 기준가격이다.

콜옵션의 매수인은 형성권을 행사하면 시장가격보다 낮은 가격에 목적물을 취득할 수 있거나 또는 매수포지션을 취득하게 된다. 콜옵션의 매도인은 매수인이 동 옵션을 행사하면 시장가격보다 낮은 가격에 목적물을 처분하여야 하거나 또는 매도포지션을 취득하게 된다.

업무규정에 의하면 풋옵션이란 i) 기초자산을 수수하는 옵션거래 및 선물옵션거래의 경우, 권리행사에 의하여 행사가격으로 기초자산의 매도로 되는 거래를 성립시킬 수 있는 옵션, ii) 현금을 수수하는 옵션거래의 경우 권리행사에 의하여 행사가격이 권리행사가격결제기준보다 높은 경우에 그 차이로부터 산출되는 금전을 수령하게 되는 거래를 성립시킬 수 있는 옵션

26) 박선종(2010), 17쪽.
27) 박철우(2010), 22쪽.

을 말한다(업무규정2②(12)). 즉 풋옵션은 매수인이 매도포지션의 취득을 청구할 수 있는 형성권이다. 매도포지션(short position)이란 매도행위에 기하여 장부상 기재된 매도계약잔고를 말한다.

풋옵션의 매수인은 동 옵션을 행사하면 시장가격보다 높은 가격에 목적물을 처분할 수 있거나 또는 매도포지션을 취득하게 된다. 풋옵션의 매도인은 매수인이 동 옵션을 행사하면 시장가격보다 높은 가격에 목적물 또는 매수포지션을 취득하게 된다.

(나) 미국식옵션과 유럽식옵션

미국식옵션(American Option)은 매수인이 옵션계약의 체결 후 만기(이행기)까지 언제든지 형성권을 행사할 수 있는 옵션이다. 유럽식옵션(European Option)은 매수인이 옵션계약의 만기(이행기)에만 형성권을 행사할 수 있는 옵션이다. 두 옵션의 형성권을 행사할 수 있는 기준가격은 행사가격이다.[28)]

옵션거래의 형성기부터 미국시장에서는 통상 만기 전 언제든지 매수인이 권리를 행사할 수 있는 옵션이 거래되었고, 유럽시장에서는 통상 만기일에만 행사가 가능한 옵션이 거래되어 그 내용에 차이가 있었다. 이를 구분하기 위하여 시장에서는 미국식옵션, 유럽식옵션이라는 용어로 통용되고 있다.

한국거래소의 코스피200옵션, 개별주식옵션, 미국달러옵션은 모두 최종거래일에만 행사가 가능한 유럽식 옵션이다.

(다) 현물옵션과 선물옵션

현물콜옵션(call option on cash)은 매수인이 형성권을 행사하면 행사가격 상당의 금원을 지급하고 현물(cash 또는 physical)인 목적물을 취득하게 된다. 현물풋옵션은 매수인이 형성권을 행사하면 행사가격 상당의 금원을 수령하고 현물을 인도할 수 있다. 물론 두 경우 모두 형성권 행사 당시 현물의 시장가격은 무시되고, 오로지 행사가격만이 대금산정의 기준이 된다. 선물콜옵션(call option on futures)은 매수인이 형성권을 행사하면 행사가격과 동일한 선물매수포지션(long futures position)인 목적물을 취득하게 된다. 선물풋옵션은 매수인이 형성권을 행사하면 행사가격과 동일한 선물매도포지션(short futures position)인 목적물을 취득하게 된다. 물론 두 경우 모두 형성권 행사 당시 선물의 시장가격은 무시되고, 오로지 행사가격과 동일한 가격에 매수·매도 포지션이 취득된다.[29)]

2008년 키코(KIKO) 사태가 발생하였다.[30)] 이로 인하여 환율 때문에 손해를 볼 것을 염려

---

28) 박선종(2010), 46쪽.
29) 박선종(2010), 46-47쪽.
30) KIKO 사태는 2007년 말 환율이 900원대 후반이던 시절 하한선 890원 상한선 975원 정도로 계약이 이루어졌는데, 환율이 1,040원으로 급등하면서 기업들은 시장에서 달러를 사서 은행에 다시 약정환율로 팔아야 하는 사태를 맞이하게 되었다.

하여 환헤지 상품인 KIKO에 가입한 많은 기업들이 부도로 몰리게 되었으며, 이에 대한 소송이 제기되었다. 피해 기업들은 13개 은행을 상대로 124건의 관련 소송을 제기하였다. 키코(KIKO: Knock-In Knock-Out)란 통화옵션거래의 한 방식으로 환율이 일정범위에 머물러 있을 경우에 시장가보다 높은 지정환율로 외화를 팔 수 있도록 하는 통화옵션이다. 그리고 환율이 일정범위보다 하락하면 계약은 소멸되고, 환율의 범위보다 상승하면 계약금액의 2-3배를 계약환율로 하여 은행에 매도하도록 설계된 통화옵션이다.[31]

키코는 만기(이행기)이전에는 행사할 수 없다는 점에서 유럽식옵션이다. 키코는 만기(이행기)가 도래하여 옵션 매수인이 행사하면 현물포지션으로 이전하게 된다는 점에서 보면 현물옵션이다. 키코는 거래소가 배제되고 은행과 기업 양 당사자 간의 거래라는 점에서 장외옵션이다. 유럽식 장외옵션이라는 점에서 만기 이전 반대매매의 가능성은 현실적으로 극히 제한적이다.[32]

(4) 옵션과 선물의 비교

선물이 권리와 의무가 동시에 존재하는 상품인데 반해, 옵션은 권리와 의무가 분리되어 매수인은 권리를 갖고 매도인은 의무를 지는 상품이다. 따라서 선물과는 달리 옵션 매수인은 권리에 대한 대가로 옵션프리미엄을 옵션 매도인에게 지급하여야 한다.

선물 매수를 보유하고 있는 경우에는 선물가격이 오르면 이익이 나고 가격이 내리면 손해를 보는 일반적인 주식 매수와 같은 단순한 구조를 가지게 되지만, 옵션은 권리와 의무가 분리되어 있기 때문에 일정한 프리미엄을 주고 권리만을 매수한 경우(즉 옵션 매수)에는 기초자산의 가격이 오르면 그 이익을 수취하고 반대로 가격이 하락하여 불리해지면 투자한 프리미엄만 손해를 보고 그 권리를 포기하면 되기 때문에 손실이 제한적으로 발생하는 특성을 지닌다.[33]

옵션 매수인은 불리한 경우 그가 가진 권리를 포기함으로써 손실을 한정하게 된다. 즉 권리를 포기함으로써 옵션 매수인의 최대가능 손실액은 프리미엄으로 한정된다. 그러나 매도인의 경우에는 권리를 가진 매수인이 자신에게 유리한 상황이 되었을 때, 옵션을 행사함으로써 이익을 향유하고자 할 것이므로, 이에 대응하여 손해가 발생하게 된다. 옵션 매도인은 이론적으로는 무한대의 손실을 기록할 수가 있다. 따라서 옵션매매 당사자 간의 계약을 보호하기 위해서는 증거금 제도가 필요하게 된다.

향후 손실가능금액이 거래 개시일에 지불한 프리미엄을 초과하지 않는 매수인에게는 증거금 부과의 의무가 없지만, 거래 개시일에 프리미엄을 수취한 매도인에게는 향후 발생할 수 있는 손실가능성에 따라 증거금을 매일 징수하게 된다. 즉 옵션 매수인은 증거금이 필요없이 프

31) 송호신(2011), "파생상품의 위험성과 규제에 관한 자본시장법의 재정비", 법학연구 제19권 제1호(2011. 4), 67쪽.
32) 박선종(2010), 47쪽.
33) 유혁선(2010), 48쪽.

리미엄만 납부하면 되지만, 매도인은 최대가능 손실액이 이론적으로는 무한대로 커질 수 있기 때문에 증거금을 통해 채무이행을 담보해야 한다.[34)]

4. 스왑

(1) 의의

(가) 개념

자본시장법은 스왑을 "장래의 일정기간 동안 미리 정한 가격으로 기초자산이나 기초자산의 가격·이자율·지표·단위 또는 이를 기초로 하는 지수 등에 의하여 산출된 금전 등을 교환할 것을 약정하는 계약상의 권리"로 정의하고 있다(법5①(3)). 즉 미래의 특정기간에 발생하는 일정한 현금흐름을 통화나 금리면에서 차이가 있는 다른 현금흐름과 합의된 공식에 따라 서로 교환하는 거래를 말한다. 스왑은 이미 존재하는 채권이나 채무의 조건을 변경하기 위해 사용되기 때문에 스왑에서 주고받은 순금액은 채권 및 채무의 현금흐름 발생 시에 동시에 교환하게 된다. 따라서 스왑거래는 이러한 계약상의 권리를 거래하는 계약이다.

예를 들어 달러 채권을 보유한 자가 이 채권을 장래의 특정시점에 특정가격에 매도한다면 이는 선도거래가 되지만, 원화 채권을 보유한 사람과 교환하는 방법도 있는데, 이것이 통화스왑의 한 예이다. 즉 선도는 목적물을 금전을 대가로 매매하는 것임에 비하여, 스왑은 두 개의 목적물을 상호 교환하는 계약으로 볼 수 있다. 한편 판례[35)]에서는 스왑거래를 "외국환거래에 있어서 환거래의 당사자가 미래의 이자율 또는 환율변동에서 오는 위험을 회피하기 위하여 채권이나 채무를 서로 교환하는 거래"라고 설명하고 있다. 스왑계약은 통상 이행기가 다수이나, 이행기가 단수인 스왑계약도 성립될 수 있다.[36)]

자본시장법은 스왑계약의 체결을 매매계약의 체결로 간주하는 규정을 두고 있다(법5④). 이는 동법이 금융투자업자의 행위규제와 관련 매매를 중심으로 규정하고 있는데, 예컨대 스왑계약과 같은 파생상품거래가 계약 형식상으로, 법률상의 매매계약 형태를 띠고 있지 않을 수 있으므로 매매계약으로 본다는 간주규정을 둔 것이다. 즉 실질이 동일하면 동일한 규제를 하겠다는 자본시장법의 기본취지가 반영된 것으로 생각된다.

(나) 기능

대부분의 스왑계약은 다음의 기능을 수행한다. i) 위험배분을 통한 장기간의 헤지를 가능하게 한다. ii) 차익거래(arbitrage)인데, 이는 서로 다른 시장에서의 비교우위(comparative

---

34) 유혁선(2010), 49쪽.
35) 대법원 1997. 6. 13. 선고 95누15476 판결.
36) 박선종(2010), 22쪽.

advantage)를 활용하여 자금조달비용을 절감시킨다. iii) 시장완성기능(market completion)인데, 이는 각국의 조세 및 외환통제, 금융규제 등을 극복하고, 유리한 지원제도 등을 이용함으로써, 직접 접근 불가능한 시장에 실제적으로 접근한 것과 동일한 효과를 준다.[37)]

스왑은 위험을 관리하는데, 초반 매우 탄력적인 금융상품으로, 1980년대 초반에 최초의 스왑계약이 이루어진 이후 스왑시장은 매우 급속히 성장하여, 현재는 장외파생상품시장에서 가장 중요한 상품으로 거래되고 있으며, 스왑은 금융시장 역사상 가장 성공적인 상품으로 여겨진다.[38)]

(2) 스왑의 기본구조

스왑계약은 장외파생상품이라는 특성상 매우 다양한 형태를 띠고 있다. 하지만 기초자산, 즉 명목자산(notional asset)을 한 번 이상 거래하는데 보통 스왑 개시시점에서 명목자산을 교환하고 스왑 종료시점에서 이를 재교환하는 것이 기본구조이다. 스왑계약에서 교환되는 명목자산은 서로 동일할 수도 있고 다를 수도 있으며, 스왑기간 동안 두 당사자는 상대방의 명목자산을 사용한 대가를 주기적으로 지급한다. 예를 들어 A가 B의 자산을 사용한 대가로 고정금액을 주기적으로 지급하고, 이와 반대로 B는 A의 자산을 사용한 대가로 변동금액을 주기적으로 지급하기로 하는 스왑계약을 체결할 수 있다. 보통 이러한 형태의 스왑은 표준스왑(genetic or plain vanilla swap)으로 분류되며, 이러한 스왑계약에 따라 주기적으로 지급되는 금액을 스왑쿠폰(swap coupon)이라 한다.[39)]

(3) 법적 성격

스왑계약의 법적 성격에 대해서는 민법상의 전형계약에 해당하지 않는 특수한 형태의 비전형계약이라는 견해와 통화스왑에 대해 환매조건부매매로 파악하는 견해가 있다. 생각건대 스왑계약은 교환대상이나 거래형태에 따라 일률적으로 파악하기는 어렵고 구체적인 스왑계약의 내용과 스왑계약을 정의하고 있는 자본시장법 제5조 제1항 제3호, 그 밖의 관련 규정들을 종합하여 판단하여야 할 것이다. 일반적으로 양 당사자 간에 금전을 지급하기로 하는 통화스왑이나 금리스왑에서 원금교환이 있는 경우에는 "교환"이라는 용어를 사용하고 있음에도 불구하고 교환계약(민법596)으로 볼 수는 없고, 오히려 소비대차(민법598)의 성질을 가진 두 개의 계약이 성립된 것으로 볼 여지는 있다. 그러나 소비대차로도 볼 수 없는 다양한 형태의 스왑계약을 고려하고 상호계산(상법72)과도 유사한 스왑계약의 특수성에 비추어 단일한 비전형계약으로의 실체를 인정해야 할 것이다. 다만 "장래의 일정기간" 동안 거래가 이루어진다는 점에서 계속적

---

37) 박선종(2010), 23쪽.
38) 유혁선(2010), 43-44쪽.
39) 박철우(2010), 25쪽.

계약의 성질을 가진다.[40]

(4) 스왑의 종류

(가) 기초자산의 유형에 따른 분류

스왑거래[41]는 기초자산의 종류에 따라 주식스왑, 금리스왑, 통화스왑, 상품스왑, 신용스왑, 날씨스왑 등 다양한 분류가 가능하며 실제로 이들 거래가 혼합되어 발생하는 경우도 많다.[42]

1) 주식스왑

주식스왑(equity swap)이란 한 당사자가 거래상대방으로부터 명목원금(notional principal)에 주식수익률을 곱한 수익금액을 지급받기로 약정하고, 상대방에게 고정금리 또는 변동금리에 기초한 이자액을 지급하기로 약정한 스왑이다. 펀드매니저는 주식스왑을 통해 주식을 매수 또는 매도하지 않고도 주식을 매수하거나 매도하는 효과를 얻게 되고, 이를 통해 주식포지션의 위험관리에 활용할 수 있다.[43]

2) 금리스왑

금리스왑(IRS: interest rate swap)의 기본적인 형태로는 고정금리와 변동금리를 교환하는 고정 대 변동 금리스왑(fixed for floating interest rate swap)이 있는데, 이 스왑거래에서는 명목원금은 교환되지 않고 명목원금에 고정금리를 곱하여 산정한 고정이자와 변동이자를 주기적으로 교환한다. 스왑계약을 통하여 거래당사자들은 고정금리 또는 변동금리의 부채나 자산을 변형하는 효과를 얻을 수 있다.[44]

금리스왑거래에서 이용되는 변동금리는 국제적으로는 런던은행 간 대출금리(LIBOR)이고, 국내거래에서는 금융투자협회가 고시하는 91일물 양도성예금증서(CD) 금리이다. 금리스왑은 부채 및 자산의 형태를 변동금리에서 고정금리로 또는 고정금리에서 변동금리로 변형할 수 있게 한다.[45]

스왑을 활용하는 근거로 일반적으로 거론되는 것은 비교우위 논리이다. 예를 들어 A기업은 고정금리로 차입할 때 비교우위를 갖는 반면에 B기업은 변동금리로 차입할 때 비교우위를 가질 수 있는 경우, 부채를 변형시키기 위하여 금리스왑을 이용하는 경우를 살펴보자. 기업은 비교우위를 갖는 시장에서 신규로 차입하는 것이 합리적이다. 그런데 기업은 변동금리로 차입하기를

40) 박철우(2010), 24-25쪽.

41) 스왑의 의의와 종류, 운용형태에 관한 판례로는 대법원 1997. 6. 13. 선고 95누15476 판결 참조.

42) 통화스왑은 1976년에 영국에서 최초로 Continental Illinois Bank와 Goldman Sachs사의 주선으로 영국의 ICI Finance사와 네덜란드의 Bos Kalis Westminster사 간에 체결되었고, 1981년에는 영국에서 최초로 Citibank와 Continental Illinois Bank에 의해 금리스왑이 체결되었으며, 1986년에는 상품스왑이 미국의 Chase Manhattan Bank에 의해 최초로 개발되었다.

43) 유혁선(2010), 47쪽.

44) 박철우(2010), 26쪽.

45) 유혁선(2010), 44쪽.

원하는데 고정금리로 차입하는 것이 비교우위에 있다든지, 고정금리로 차입하기를 원하는데 변동금리로 차입하는 것이 비교우위에 있게 되는 경우도 발생한다. 이때 기업은 비교우위가 존재하는 형태로 자금을 차입하고, 스왑을 통해 원하는 형태로 부채를 변형할 수 있게 된다.[46]

3) 통화스왑

통화스왑(CRS: cross currency swap)이란 양 당사자 간 서로 다른 통화를 교환하고 일정기간 후 원금을 재교환하기로 약정하는 거래를 말한다. 즉 통화스왑이란 한 국가의 통화기준(예: 달러)에 의해 차입한 원금 및 이자액을 다른 국가의 통화기준(예: 파운드)에 의해 차입한 원금 및 이자액과 교환하는 거래를 말한다.[47]

통화스왑의 가장 단순한 형태는 이자액이 미리 사전에 정해진 고정금리에 의해 지급되는 방식이다. 예를 들어 A기업과 B기업이 달러화와 파운드화로 스왑계약을 체결하였다면, 원금은 스왑개시일과 만기일에 교환되고, 정해진 이자지급 시점에 각국의 통화로 표시된 고정금리를 지급하는 방식이다. 이 밖에도 사전에 정해진 변동금리 적용방식을 기준으로 쌍방 간에 변동금리를 지급하는 방식이 있을 수 있다. 그리고 한 통화의 변동금리가 다른 통화의 고정금리와 교환되기도 하는데, 이를 통화 간 금리스왑(cross-currency interest rate swap)이라 한다.[48]

통화스왑거래는 장기자금조달, 환위험관리, 금리차익 및 금리변동을 이용한 투기적 거래 등의 목적에서 이루어진다. 통화스왑거래는 당사자 간 직접거래 또는 브로커를 통한 중개거래 방식으로 이루어지는데 중개회사를 통해 거래되는 원화와 미달러화 간의 통화스왑의 경우 원화고정금리와 미달러화변동금리(6개월 LIBOR)가 교환되는 cross currency coupon swap 방식으로 거래된다.

4) 외환스왑

외환스왑은 환리스크의 회피, 결제일 조정, 금리차익거래 등을 위해 거래 방향이 서로 반대되는 현물환거래와 선물환거래 또는 선물환거래와 선물환거래가 동시에 이루어지는 거래로서 이종통화로 표시된 장기자금의 원리금을 모두 교환하는 통화스왑과는 구분된다. 스왑기간 중 이자지급은 없으나 계약시 통화 간 이자율 차이가 반영되어 만기 시 환율이 산정되며 일반적으로 일정 외환을 현물환시장에서 매수(또는 매도)하는 동시에 선물환시장에서 매도(또는 매수)하는 형태로 이루어진다.

통화스왑과 외환스왑은 스왑기간과 이자지급방법에서 다르다. 즉 외환스왑은 1년 이하의 단기자금조달 및 환위험 헤지 수단으로 이용되는 반면 통화스왑은 1년 이상의 중장기 환위험

46) 유혁선(2010), 44쪽.
47) 유혁선(2010), 45쪽.
48) 유혁선(2010), 45쪽.

및 금리위험 헤지 수단으로 이용된다. 이자지급방법에 있어서도 외환스왑은 스왑기간 중 해당 통화에 대해 이자를 교환하지 않고 만기시점에 양 통화 간 금리차이를 반영한 환율(계약시점의 선물환율)로 원금을 재교환하나 통화스왑은 계약기간 동안 이자(매 6개월 또는 매 3개월)를 교환한다.

5) 상품스왑

상품스왑(commodity swap)은 계약당사자의 일방이 상대방에게 일정한 양의 상품(명목거래량)에 대해 상품 1단위당 고정가격으로 환산한 금액을 정기적으로 제공하고, 상대방은 반대급부로 상품 1단위당 시가로 환산한 금액을 정기적으로 제공하는 형태의 계약이다.[49)]

6) 기타 스왑

파생상품은 기본적으로 금융소비자의 수요를 충족시킬 수 있도록 고안된 상품이다. 따라서 투자자의 투자성향에 따라 다양한 현금흐름을 교환하는 스왑거래가 이루어지고 있다. 현금흐름의 결정 산식에 옵션적 특성을 가미하여 이자율의 변동가능성을 확대하기도 하는데, 이러한 스왑을 레버리지스왑(leveraged swap)이라고 한다.[50)]

1993년 11월 2일 뱅커스트러스트(BT: Bankers Trust)와 프록터앤갬블(P&G: Proctor and Gamble) 간의 스왑계약이 한 예가 될 수 있다. 이 스왑은 5년 만기 6개월 단위 교환방식의 스왑으로, 명목원금은 2억 달러이다. BT는 P&G에게 연이율 5.3%를 지급하고, P&G는 BT에게 30일 기업어음(CP) 평균금리에서 75bp(bp는 basis point를 말하며, 100bp＝1%이다. 75bp란 0.75%를 의미한다)를 차감하고 특별한 산식에 의해 계산된 옵션적 성격이 있는 스프레드(spread)[51)]를 더하여 지급하기로 약정한 스왑계약이다. 이와 같이 스왑계약은 본질적으로 쌍방 거래당사자 간의 현금흐름을 교환하는 계약으로 그 교환의 내용은 거래당사자의 합의에 의해 얼마든지 변경이 가능하며, 따라서 그 구조는 매우 다양하다.[52)]

(나) 스왑의 운용형태에 따른 분류

스왑의 운용형태에 따라 베이시스스왑, 원금변동스왑, 범위스왑 등이 있다. ⅰ) 베이시스스왑(basis swap, floating/floating swap 또는 money market swap)은 고정금리와 변동금리를 교환하는 금리스왑과는 달리 두 가지의 변동금리를 상호 교환하는 스왑이다. LIBOR, T-bill rate(미

---

49) 박철우(2010), 29쪽.

50) 유혁선(2010), 47쪽.

51) 스프레드는 5년 만기 T-Note와 30년 만기 T-bond 수익률의 변동에 의해 결정되는 구조를 지니고 있는데, 항상 양의 값을 갖도록 구조화되어 있다. 이 스왑구조는 근본적으로 BT가 옵션을 매입한 구조를 갖는다. CP 금리에서 75bp를 차감한 것은 항상 양의 값인 스프레드의 수익구조를 얻기 위해 지불한 일종의 옵션프리미엄이다. 이 스왑거래는 1994년 초 이자율이 급격히 상승하여 스프레드가 매우 큰 양의 값을 갖게 됨으로 인해 P&G는 이 거래를 통해 많은 손해를 보았다.

52) 유혁선(2010), 47-48쪽.

국 단기재무부채권 수익률), 미국 prime rate(우대금리), 유럽 CP금리지수(composite index of Euro commercial paper rate) 등 서로 다른 시장의 변동금리를 교환한다(예: 미국 국내은행 prime rate와 LIBOR 간의 베이시스스왑, 또는 3개월 만기 LIBOR와 6개월 만기 LIBOR 간의 베이시스스왑 등의 형태로 거래가 이루어진다). 베이시스스왑에는 동일 통화 내에서의 베이시스스왑과 이종통화 간의 베이시스스왑의 두 종류가 있다.[53)]

ii) 원금변동스왑은 금리스왑에서 시간이 지남에 따라 미리 정한 방식에 따라 명목원금이 변화하는 형태의 스왑을 말한다. 원금증가형스왑(accreting swap), 원금감소형스왑(amortising swap), 원금이 증가하기도 하고 감소하기도 하는 롤러코스터스왑(rollercoaster swap)이 있다. iii) 범위스왑(range swap)은 금리스왑의 일종으로 변동금리를 지급하는 쪽에서는 기준변동금리에 일정한 가산금리를 붙여 지급하지만, 기준변동금리가 일정한 수준보다 높거나 낮으면, 금리를 지급할 필요가 없는 형태이다. 범위스왑은 accrual swap 혹은 fairway swap이라 불리기도 한다.[54)]

Ⅱ. 기초자산의 유형에 따른 분류

1. 의의

파생상품은 "그 가치가 글자 그대로 기초를 이루는 자산(또는 기준율이나 지수)에서 파생되는 상품"이다.[55)] 파생상품거래상의 계약당사자의 기본적 권리의무(금전지급의무 또는 금전 이외의 재산교부의무)는 다른 자산이나 다른 경제적 위험을 기초로 결정된다는 점에서 "파생"상품거래로 불린다. 파생상품거래의 구체적인 내용은 거래의 기초가 되는 다른 자산이나 위험이 무엇인가에 따라 다르다. 자본시장법은 파생상품의 기초가 되는 자산 또는 위험을 "기초자산"으로 정의함으로써 금융시장에서 개발될 수 있는 거의 모든 파생상품이 자본시장법의 규율 범위 내에 속하도록 하였다(법4⑩).

자본시장법은 파생상품의 기초자산의 종류로서 i) 금융투자상품, ii) 통화(외국통화 포함) iii) 일반상품(농산물 · 축산물 · 수산물 · 임산물 · 광산물 · 에너지에 속하는 물품 및 이 물품을 원료로 하여 제조하거나 가공한 물품, 그 밖에 이와 유사한 것), iv) 신용위험(당사자 또는 제3자의 신용등급의 변동, 파산 또는 채무재조정 등으로 인한 신용의 변동), v) 그 밖에 자연적 · 환경적 · 경제적 현상 등에 속하는 위험으로서 합리적이고 적정한 방법에 의하여 가격 · 이자율 · 지표 · 단위의 산출이나 평가가 가능한 것을 들고 있다.

53) 박철우(2010), 29쪽.
54) 박철우(2010), 29쪽.
55) 이금호(2008), "신용파생금융거래의 종류 및 법적 문제", 증권법연구 제9권 제2호(2008. 12), 188쪽.

2. 주식(주가지수) 관련 파생상품

기초자산이 주식 또는 주가지수인 경우(Equity Derivatives)에는 개별주식옵션, 개별주식선도, 주가지수선물, 주가지수옵션, 주가지수선도, 주식스왑 등이 있다. 여기서는 주가지수선물과 주가지수옵션을 살펴본다.

i) 주가지수선물은 기초상품이 실물형태가 아닌 주가지수라는 점에서 결제수단과 결제방식이 일반 선물과 다르다. 결제수단은 실물의 양수도가 불가능하므로 거래 시 약정한 주가지수와 만기일의 실제 주가지수 간의 차이를 현금으로 결제하게 된다. 그러므로 만기 시 실제 주가지수가 거래 시 약정한 주가지수를 상회할 경우에는 선물 매수인이 이익을 수취하고 반대의 경우에는 선물 매도인이 이익을 수취한다.[56)]

ii) 주가지수옵션은 주가지수를 대상으로 미래의 일정시점에 사전에 약정한 가격으로 매수·매도할 수 있는 권리이다. 주가지수옵션은 주가지수("기초자산")를 만기일에 사전에 약정한 가격("행사가격")으로 매수 또는 매도할 수 있는 권리를 나타내는 증서로서 매수권리인 콜옵션과 매도권리인 풋옵션으로 구분된다. 옵션거래 시 매도인은 매수인에게 옵션을 제공하고 매수인은 그 대가로 프리미엄(옵션가격)을 지급한다.[57)] 주가지수옵션은 주가지수선물과 마찬가지로 실물이 존재하지 않는 주가지수를 거래대상으로 하고 있으나 거래의 목적물이 권리라는 점에서 주가지수선물과 다르다. 또한 주가지수옵션은 주가지수선물과 달리 기초자산 가격변동에 따른 투자자의 손익구조가 비대칭적이다. 옵션 매수인은 손실이 프리미엄으로 한정되는 반면 이익은 기초자산가격에 비례하여 증가하고, 역으로 옵션 매도인은 이익이 프리미엄에 국한되는 반면 손실은 제한이 없다.[58)]

3. 금리관련 파생상품

기초자산이 금리인 경우에는 금리선도거래, 금리선물거래, 금리스왑거래 등이 있다.

i) 금리선도거래는 미래의 금융움직임에 대하여 헤지를 하거나 투기의사를 가진 투자자

---

56) 한국은행(2016), 「한국의 금융시장」(2016. 12), 297쪽, 317-319쪽.

57) 콜옵션 매수인은 만기일에 기초자산가격(코스피200 종가 등)이 행사가격을 넘어서면 권리를 행사할 유인이 발생하게 된다. 이 경우 손익분기점은 기초자산가격이 행사가격과 프리미엄의 합에 해당하는 금액과 일치할 때이며 기초자산가격이 행사가격과 프리미엄의 합을 초과하는 금액만큼 콜옵션 매수인의 이익이 된다. 풋옵션 매수인은 만기일에 기초자산가격(코스피200 종가 등)이 행사가격보다 낮아야만 권리를 행사할 유인이 발생하며 기초자산가격이 행사가격과 프리미엄을 차감한 금액을 하회하는 만큼 풋옵션 매수인의 이익이 된다.

58) 옵션 매수인은 계약시 지급한 프리미엄으로 손실이 제한되므로 일일정산방식이 적용되지 않는 반면 옵션 매도인은 상황변화에 따라 손실규모가 달라질 수 있으므로 증거금을 납입하고 일일정산방식에 따라 증거금이 인상될 경우 추가증거금을 납입해야 한다.

간의 거래로 인하여 실제 대금의 차입 또는 대출거래가 발생하지 않고 약정금리와 실제금리와의 차액만을 결제하는 계약이기 때문에 실제 대출의 발생 없이 위험을 줄일 수 있는 거래이다. 그러나 자금차입자의 경우 금리가 하락하는 경우 차액을 지급하고 금리가 상승하는 경우 차액을 받고, 자금대출자의 경우 금리가 상승하는 경우 차액을 지급하고 금리가 하락하는 경우 차액을 받기 때문에 위험헤지가 금리변동의 한 방향에 대해서만 이루어져 금리예측이 잘못되는 경우에 손실이 발생할 수 있다.

ii) 금리선물거래란 그 가치가 기초자산인 금리로부터 파생되는 금융상품을 말한다. 즉 기초자산인 금리를 거래대상으로 현재시점에서 정한 가치로 미래의 특정시점에서 사거나 팔 것을 약정한 계약이다. 실제로 거래대상이 되는 기초자산은 국채금리, 페더럴펀드금리, 유로달러금리 등으로 다양하며 이들 거래대상의 만기에 따라 단기금리선물과 장기금리선물로 나뉜다. 금리선물은 미래의 특정시점에 인도할 금리부 상품의 가격을 현재시점에서 고정시킨다는 측면에서 금리선도거래와 매우 유사하다. 그러나 금리선도거래는 계약당사자 중 어느 일방에 의한 결제불이행 등으로 거래상대방위험이 잠재되어 있는 반면 금리선물거래는 이러한 거래위험을 제도적으로 보완한 상품이라 할 수 있다.

iii) 금리스왑거래는 차입금에 대한 금리변동위험의 헤지나 차입비용의 절감을 위하여 두 차입자가 각자의 채무에 대한 이자지급의무를 상호 간에 교환하는 계약으로서 일반적으로 변동(고정)금리를 고정(변동)금리로 전환하는 형식을 취한다. 금리스왑거래는 통화, 원금 및 만기가 같은 부채구조를 가지고 있는 두 당사자 간의 거래가 대부분으로 통화스왑거래와는 달리 계약당사자 간에 이자지급의무만 있고 원금상환의무가 없다. 자금의 흐름도 원금의 교환없이 이자차액만 주고받는 것으로 당초의 자금조달과는 관계가 없는 별도의 계약에 의해 거래가 성립된다. 금리스왑은 원금을 교환하지 않기 때문에 채권투자 등에 비해 자금부담과 신용위험이 낮다.

4. 통화관련 파생상품

기초자산이 통화인 경우에는 통화스왑거래, 선물환거래, 통화선도거래, 통화옵션거래 등이 있다.

i) 통화스왑거래는 둘 또는 그 이상의 거래기관이 사전에 정해진 만기와 환율에 기초하여 상이한 통화로 차입한 자금의 원리금 상환을 상호 교환하는 거래이다. 일반적인 통화스왑거래 메커니즘을 설명하면 다음과 같다. 예를 들어 A는 달러화 자금을, B는 엔화 자금을 각각 유리한 조건으로 차입할 수 있는데 A는 엔화 자금이, B는 달러화 자금이 필요하다고 가정하자. 이 경우 A는 달러화 자금을, B는 엔화 자금을 각각 차입하고 동 차입자금을 상호 교환한다. 차

입자금에 대한 이자는 최초 차입자가 지급하는 것이 아니라 자금이용자(A는 엔화 자금, B는 달러화 자금)가 대신 지급하고 만기가 되면 최초 차입자가 차입원금을 상환할 수 있도록 달러화 자금과 엔화 자금을 재교환함으로써 통화스왑이 종료된다.[59)]

ii) 선물환거래란 계약일로부터 통상 2영업일 경과 후 특정일에 외환의 인수도와 결제가 이루어지는 거래를 말한다. 선물환거래는 현재시점에서 약정한 가격으로 미래시점에 결제하게 되므로 선물환계약을 체결하면 약정된 결제일까지 매매 쌍방의 결제가 이연된다는 점에서 현물환거래와 구별된다. 일반 선물환의 거래과정을 예를 들어 살펴보면 다음과 같다. 2020년 9월 4일(금) A은행이 B은행으로부터 1백만 달러를 선물환율 1,202원에 1개월 후 매수하기로 하는 계약을 체결하였다고 하자. 이 경우 결제일인 10월 8일(목)에 A은행은 B은행에 12억2백만원(=1,202원×1,000,000달러)을 지급하고 B은행은 A은행에 1백만달러를 지급함으로써 거래가 종결된다.[60)]

iii) 통화선도거래는 미래의 일정시점에 통화를 미리 약정된 환율로 서로 매매하기로 현재 시점에서 약속하고 약정한 기일이 도래하면 약정환율로 통화를 매매하는 거래방식으로서 환율의 상승을 예상하여 계약을 체결하는 것을 선매수(long position)라 하고, 환율의 하락을 예상하여 매도계약을 체결하는 것을 선매도(short position)라 한다.

iv) 통화옵션거래란 미래의 특정시점(만기일 또는 만기 이전)에 특정통화(기초자산)를 미리 약정한 가격(행사가격)으로 사거나(call option) 팔 수 있는 권리(put option)를 매매하는 거래를 말한다. 통화옵션거래 시 통화옵션 매수인은 대상통화를 매매할 수 있는 권리를 사는 대가로 통화옵션 매도인에게 프리미엄(옵션가격)을 지급하고 이후 환율변동에 따라 자유롭게 옵션을 행사하거나 또는 행사하지 않을(권리를 포기) 수 있다. 반면 통화옵션 매도인은 통화옵션 매수인이 권리를 행사할 경우 반드시 계약을 이행해야 하는 의무를 부담한다.[61)]

5. 상품관련 파생상품

기초자산이 일반상품인 경우에는 일반상품선도, 일반상품옵션, 일반상품스왑 등이 있고, 기타 최근에는 기초자산이 날씨, 물가, 재해 위험 등으로 확대되고 있다.

59) 한국은행(2016), 334-335쪽.
60) 한국은행(2016), 365쪽.
61) 한국은행(2016), 364-365쪽.

6. 신용파생상품

(1) 서설

(가) 신용파생상품의 개념

신용파생상품(Credit Derivatives)이란 파생상품 중에서 금융기관 등이 보유하고 있는 대출채권 등 준거자산(reference obligation)에 내재되어 있는 신용위험을 거래상대방에게 이전하고, 거래상대방은 위험부담에 따른 수수료를 수취하는 금융거래계약으로 정의할 수 있다. 즉 신용파생상품은 장외파생상품의 하나로서, 대출자의 신용도 변화에 따라 가치가 변동하는 대출금, 회사채 등의 준거자산으로부터 신용위험만을 분리하여 매매하는 금융계약이라고 할 수 있다.[62)]

신용파생상품은 준거자산의 이전 없이 신용위험만을 분리하여 거래하므로 신용위험에 대한 가격산정의 적정성을 높여 신용위험을 다수의 투자자에 분산시키는 기능을 한다. 일반적으로 금융자산은 금리, 환율 등 가격변수의 변동에 따라 그 가치가 변화하는 시장위험과 차입자의 부도, 신용등급 하락 등에 따라 자산가치가 변화하는 신용위험을 가지고 있는데 시장위험은 선물, 옵션, 스왑 등을 통하여 대처할 수 있으며 신용위험은 신용파생상품을 통해 헤지할 수 있다.[63)]

(나) 신용파생상품의 금융관련법규상 정의

현재 일부 금융관련법규가 신용파생상품을 규정하고 있다.[64)] 자본시장법에서는 신용파생상품을 "파생상품 중 기초자산이 신용위험(당사자 또는 제3자의 신용등급의 변동, 파산 또는 채무재조정등으로 인한 신용의 변동)인 파생상품"을 의미하는 것으로 규정(법4⑩ 및 법5)하고 있고, 외국환거래규정에서는 신용파생상품을 "자본시장법 제5조에 따른 파생상품 중 신용위험을 기초자산으로 하는 파생상품을 말한다"(규정1-1(13-2))라고 규정하고 있다. 한편 보험업법에서는 "외국환거래법 제3조 제9호에 따른 파생상품에 관한 거래로서 채무불이행, 신용등급 하락 등 계약당사자 간의 약정된 조건에 의한 신용사건 발생 시 신용위험을 거래당사자 한쪽에게 전가하는 거래"(법105(7) 및 동법 시행령49②(1))로 규정하고 있고, 채무자회생법에서는 "신용위험(당사자 또는 제3자의 신용등급의 변동, 파산 또는 채무재조정 등으로 인한 신용의 변동) 또는 신용위험의 가격, 이자율, 지표, 단위나 이를 기초로 하는 지수를 대상으로 하는 선도, 옵션, 스왑거래"(법120

62) 이금호(2008), 189쪽.

63) 최초의 신용파생상품거래는 1993년 Credit Suisse First Boston의 파생상품 운용부문인 Credit Suisse Financial Products와 Bankes Trust 간의 거래로 알려져 있다.

64) 연혁적으로는 외국환거래법이 기본적 정의를 시작하였으나, 자본시장법이 시행된 후에는 다른 법에서도 자본시장법상의 개념을 인용하여 규정하고 있다.

③(1) 및 동법 시행령14①(4))라고 규정하고 있다.

(다) 신용파생상품거래의 기본구조

1) 거래참가자

신용파생상품거래의 참가자에는 크게 보장매수인(protection buyer)과 보장매도인(protection seller)이 있다. 보장매수인은 신용파생상품 매수계약을 통하여 신용위험을 이전시키고자 하는 자를 말하며, 보유자산의 신용위험을 보장매도인에게 이전하는 대가로 일정 프리미엄을 지급한다. 보장매도인은 신용파생상품 매도계약을 통하여 보장매수인으로부터 신용위험을 인수하는 자를 말하며 프리미엄을 받는다. 보장매도인은 프리미엄을 받는 대신에 계약상의 준거자산에 신용사건(credit event)이 발생할 경우 보장매수인에게 약정된 금액을 지급한다. 보장매수인 입장에서는 i) 보유자산을 양도하지 않으면서 자산의 신용위험을 이전하는 효과를 얻을 수 있어 고객과의 관계를 유연하게 가져갈 수 있으며, ii) 신용위험 이전에 따라 규제자본의 경감효과라는 이익을 얻을 수 있다. 보장매도인 입장에서는 i) 준거자산을 보유하지 않고도 보유하고 있는 것 같은 효용을 얻을 수 있고, ii) 신규수익원의 창출이라는 이점이 있다. 국내금융기관의 신용파생상품거래 잔액을 살펴보면 은행과 보험회사는 상대적으로 보장매도인으로서 증권회사는 보장매수인으로서의 니즈(needs)가 많은 것으로 파악되고 있다.[65)]

2) 준거자산(reference asset)과 기초자산(underlying asset)

신용사건의 발생 여부를 판단하는 기준이 되는 자산을 준거자산이라 한다. 준거자산은 신용사건 발생 여부 판단대상에 따라 준거기업(reference entity) 또는 준거채무(reference obligation)의 형태로 달리 표현될 수 있다. 즉 신용사건 발생의 판단대상이 기업일 경우에는 준거기업, 판단대상이 채무일 경우에는 준거채무라 표현한다.

기초자산은 보장매수인이 신용위험을 헤지하고자 하는 대상자산을 말한다. 준거자산과 기초자산은 혼용되어 사용되기도 한다. 신용위험을 이전하고 싶은 대상, 다시 말해 기초자산이 신용사건 발생 판단대상인 준거자산과 동일할 수 있기 때문이다.[66)]

3) 신용사건(credit event)

신용사건은 보장매도인이 보장매수인에게 신용보장금액을 지급(default protection payment)하게 하는 사건을 의미한다. 신용파생상품은 장외에서 거래되기 때문에, 즉 표준화되어 있지 않기 때문에 계약서의 작성이 매우 중요하다. 신용파생상품 매매는 ISDA가 제공하는 표준계약서(master agreement)를 거래상대방 기관별로 체결하고 개별상품의 거래 시에는 거래확인서

65) 노성호(2009), "신용파생상품 활용으로 건설회사의 신용공여위험을 분산하는 방안 연구", 건국대학교 석사학위논문(2009. 12), 6-7면

66) 노성호(2009), 8면

(confirmation)를 주고 받는다. 계약에서 제일 중요한 부분을 꼽자면 신용사건의 정의라고 할 수 있다. 신용사건의 정의를 명확히 하지 않아 미미한 금액의 신용사건(softcredit event)에도 신용사건 발생을 선언할 수 있는 개연성이 많기 때문이고, 이는 신용파생상품거래의 안정성과 활성화를 해치는 결과를 낳을 수 있기 때문이다. ISDA 표준계약서 중에서 가장 많이 사용되는 것은 1998년 출간된 Confirmation, 1999년 출간된 ISDA 신용파생상품정의집(1999 ISDA credit derivative definitions)이며, 이외에 각종 ISDA 표준계약서상의 정의 및 절차를 보완하는 부록들이 다수 발간되어 사용되고 있다. ISDA에서 정한 표준계약서에서는 신용사건의 유형을 파산, 합병, 기한이익 상실, 교차부도, 신용등급 하락, 지급불능, 지급거절, 채무재조정 등 8가지로 구분하고 있다.67)

(라) 신용파생상품거래의 장단점

1) 신용파생상품거래의 장점

신용파생상품거래는 다음과 같은 장점이 있다. i) 대출 등 준거자산에서 신용위험 자체를 분리하여 거래할 수 있는 수단을 제공함으로써 은행 등 금융기관으로 하여금 보다 능동적인 위험관리를 가능하게 한다. ii) 신용파생상품거래는 보장매도인(또는 투자자)에게 수익성이 높은 대출시장에 간접적으로 참여할 수 있는 기회를 줄 뿐만 아니라 거의 자금부담 없이 신용위험만을 부담하는 레버리지 효과를 통하여 고수익을 겨냥할 수 있는 투자수단을 제공한다. iii) 신용파생상품거래는 준거자산 자체의 유동성 또는 거래조건 등과는 관계없이 신용위험만을 분리하여 거래대상으로 하기 때문에 신용위험을 거래 가능한 상품으로 변화시켜 다양한 상품구조를 창출할 수 있게 해줄 뿐만 아니라, 준거자산의 유동성을 제고시켜 전반적인 금융시장의 중개기능을 높인다. iv) 양도 또는 증권화를 통한 거래의 경우에는 채무자에 대한 통지 또는 승낙이 필요한 반면에 신용파생금융거래는 이러한 절차가 필요하지 않기 때문에 거래의 기밀유지가 가능하다.68)

2) 신용파생상품거래의 단점

신용파생상품거래는 다음과 같은 단점도 있다. i) 신용위험 보장매도기관 등의 투기적 목적의 과도한 레버리지 부담은 보장매도 금융기관의 부실 등 건전성 악화로 이어질 가능성이 있다. ii) 금융기관이 차주기업에 대한 신용위험을 회피할 수 있게 되므로 동 기업에 관한 사후감시(monitoring) 유인을 저하시킬 가능성이 있어 도덕적 해이가 증가할 가능성이 커진다. iii) 부외거래의 특성상 일반투자자의 금융기관 재무상태에 대한 평가를 어렵게 하여 시장의 자율규제기능 및 감독당국의 감독기능을 약화시키는 등 시장의 안전성을 저해시킬 가능성이

67) 황도윤(2011), "신용파생금융거래에 관한 법적 연구", 고려대학교 법무대학원 석사학위논문(2011. 6), 8-9쪽.
68) 황도윤(2011), 12쪽.

있다. ⅳ) 신용파생상품거래에 대해 내부통제시스템이 미흡하거나 이해가 부족할 경우 금융기관의 도산 등 위기상황에 봉착할 가능성이 높아질 수 있다.[69)]

(마) 구별개념

1) 신용파생상품과 회사채와의 비교

회사채의 경우 금리에서 무위험금리를 차감한 신용스프레드는 신용파생상품거래의 프리미엄과 유사하며, 기업의 부도확률이 가격으로 반영되는 점이 유사하다. 그러나 ⅰ) 회사채의 신용스프레드에는 채권 고유의 유동성위험 등이 반영되어 스프레드가 높다는 점, ⅱ) 신용파생상품거래 시에는 원금을 지급할 필요가 없으나 회사채 매수 시에는 원금자금이 필요하다는 점, ⅲ) 신용파생상품거래에 있어서는 실물을 보유하지 않더라도 거래가 가능한 반면 회사채의 경우 실물채권이 반드시 필요하다는 점 등의 차이가 있다.[70)]

2) 신용파생상품과 파생결합증권의 비교

자본시장법은 금융투자상품에 대하여 당해 상품의 기능적인 특성 내지 속성을 기준으로 포괄적인 개념을 제시하고 있다(법3①). 즉 이익을 얻거나 손실을 회피할 목적으로 현재 또는 장래의 특정시점에 금전, 그 밖의 재산적 가치가 있는 것을 지급하기로 약정함으로써 취득하는 권리로서, 그 권리를 취득하기 위하여 지급하였거나 지급하여야 할 금전등의 총액이 그 권리로부터 회수하였거나 회수할 수 있는 금전등의 총액을 초과하게 될 위험이 있는 것을 말한다고 규정하고 있는데, 이 규정은 증권과 파생상품을 포괄하기 위한 개념 정의이다. 그리고 자본시장법은 금융투자상품을 증권과 파생상품으로 구분함으로써 그 종류를 제한적으로 열거하고 있다. 증권과 파생상품은 금융투자상품으로서의 투자성이라는 공통점이 있지만 파생상품은 손실을 회피하기 위한 목적, 즉 리스크를 헤지하기 위한 목적을 가지고 있고, 취득과 동시에 지급한 금전 등 원본을 넘어서까지 추가지급의무를 부담하는 손실을 보는 경우가 있으며, 통상 그 결제 및 인도가 계약체결 시점으로부터 장래시점에 이루어진다는 점에서 증권과 차이가 있다. 한편 자본시장법은 파생결합증권을 증권의 한 종류로 규정하고 있는데, 파생결합증권은 기초자산의 존재를 전제로 한다는 점에서 파생상품과 유사하나 매수하고자 하는 증권의 매수대금을 반드시 취득시점에 전액 동시이행조건으로 납입하여야 하며, 추가지급의무가 존재하지 않는다는 점에서 파생상품과 차이가 있다. 신용파생상품은 자본시장법상 파생상품으로서 기초자산이 신용위험(당사자 또는 제3자의 신용등급의 변동, 파산 또는 채무재조정등으로 인한 신용의 변동)인 파생상품이므로 위와 같이 증권과 차이점이 있다. 신용연계채권(CLN)은 신용파생상품이 내재된 파생결합증권으로서 법적 취급은 증권이지만 구조와 내용의 이해에 있어서는 신용파생금

69) 황도윤(2011), 12- 13쪽.
70) 노성호(2009), 16-17면.

융거래의 한 종류로서 파악하여야 한다.[71]

3) 신용파생상품거래와 일반 파생상품거래의 비교

신용파생상품거래는 일반적인 파생상품거래와 다음과 같은 점에서 다르다.[72] i) 일반적으로 파생상품거래는 환율변동위험과 관련되는 통화 관련 거래(통화선물, 통화옵션, 통화스왑, 선물환 등), 이자율변동위험과 관련되는 이자율 관련 거래(이자율선물, 이자율옵션, 이자율스왑, 선도금리계약 등), 주가변동위험과 관련되는 주식 관련 거래(주식선물, 주식옵션, 주가지수선물, 주가지수옵션 등)로 구분할 수 있는데, 이러한 위험들은 특정 당사자에게 내재하는 위험이라기보다는 시장위험이라고 할 수 있다. 이에 반하여 신용파생상품거래는 특정 당사자 또는 제3자의 신용위험과 관련된다는 점이 다르다.[73]

ii) 일반적인 파생상품은 장내 및 장외에서 거래가 이루어진 반면, 신용파생상품은 시장 전체의 움직임을 대상으로 하기보다는 특정 주체의 신용에 연계된 금융상품이어서 이를 장내 거래화하기가 용이하지 않으므로 장외거래 방식으로 이루어져 왔다. 다만 신용연계채권(CLN)은 채권의 형태를 띠고 있으므로 한국거래소에 상장될 경우 장내거래 방식으로도 거래가 가능하다. 그러나 이 경우에도 실무적으로는 외국환거래법이 적용되는 경우 거래당사자가 변경될 때마다 외국환거래법상 신고를 하여야 하므로 상장되어 장내거래 방식으로 거래를 할 경우에는 절차상의 번거로움이 있다.

iii) 장외에서의 파생상품거래를 하는 경우 일반적으로 ISDA 표준계약서와 같은 표준계약서를 사용한다. 표준계약서는 파생상품거래와 마찬가지로 신용파생상품거래에서도 활용되고 있다. 그러나 신용파생상품거래의 조건 내지 계약내용을 좀 더 잘 표현하고 당사자의 의사를 좀 더 분명히 하기 위하여 현재 ISDA 표준계약서를 사용하면서 2003 신용파생상품정의집(credit derivatives definition, 2003)을 원용하고 있다.

iv) 신용파생상품거래만의 고유한 법적인 문제들이 있다. 신용파생상품거래가 보험이나 보증적 성격이 있는지 여부가 대표적이다. 그리고 파생상품거래가 환율이나 이자율, 주가 등 경제적 가치가 의무이행에 영향을 주는 요인인데 반하여, 신용사건의 발생은 신용파생금융거래만의 독자적인 법적 요건으로서 준거법에 따라 발생 여부가 좌우되기도 한다. 또한 신용위험과 관련

71) 황도윤(2011), 9-10쪽.
72) 황도윤(2011), 10-11쪽.
73) 특정 당사자가 발행한 채권의 이자율을 기초로 한다든지 또는 특정국가의 환율을 겨냥한 상품들은 당해 당사자의 신용위험 또는 당해 국가의 신용위험에도 관련되는 것이어서, 특정 파생금융거래가 시장위험을 회피하기 위한 것인지 아니면 신용위험을 회피하기 위한 것인지 애매한 경우도 있는데, 금융감독당국은 편의상 가격변동에 중점을 둔 거래인 경우에는 시장위험, 신용등급에 중점을 둔 거래인 경우에는 신용위험과 관련된 것으로 보고 있으며, 두 위험이 혼재된 경우에는 규제강도가 강한 신용위험 관련에 무게중심을 두고 있다.

하여 보장매도인과 보장매수인, 준거채무자라는 고유의 개념이 존재한다는 점이 다르다.

(2) 신용부도스왑(CDS)

(가) 서설

1) CDS의 개념과 역사

가) 개념

CDS는 기업, 금융기관, 국가 등의 부도위험에 대한 보장(protection)을 거래하는 신용파생상품이며, CDS 프리미엄은 이러한 위험보장의 대가를 의미한다. 일반적으로 헤지목적의 CDS 거래에서는 보장매수인이 보장매도인에게 보험료와 유사한 성격의 CDS 프리미엄(수수료)을 지급하고, 보장매도인은 계약기간 중 준거자산[74]의 파산이나 지급거절 등과 같은 신용사건이 발생할 경우 준거자산의 손실을 보전하게 된다.

CDS 프리미엄은 준거자산의 부도위험에 따라 결정되는데, 프리미엄이 낮을수록 부도확률이 낮은 것으로 이해될 수 있다. 프리미엄은 1년 단위로 지급되는 금액으로서 베이시스 포인트(bp)로 표시되며, 통상 분기 지급이 일반적이다.

손실보전방식은 크게 현금정산방식(cash settlement)과 현물인도방식(physical delivery)으로 구분할 수 있는데, 현금정산방식의 경우 손실액을 현금으로 보상해주는 방식으로 손실액 전액을 보상하거나 미리 정한 액수만큼 보상한다. 현물인도방식의 경우 보장매도인이 보장매수인에게 특정 인도 가능 채권을 액면가로 인도함으로써 손실을 보상하는 방식인데, 여기서 인도 가능 채권은 준거자산이거나 일정한 조건을 만족시키는 채권이다.[75] 현물인도방식의 경우 현물인도 후에 신용위험 인수자(보장매도인)가 준거자산을 이용하거나 부도채권의 소유자로서 워크아웃 과정에 직접 참여할 수도 있다는 점에서 현금정산방식과 다르다.

한편 CDS 거래는 준거자산에 대한 채권관계와 상관없이 투자목적으로도 많이 이루어지는데, 예컨대 프리미엄 하락(상승)이 예상되는 경우 보장매도(매수)를 하고 프리미엄 하락(상승)시 보장매수(매도)를 하게 되면 프리미엄 차이만큼 이익을 얻게 된다. 실제 거래에서는 프리미엄의 급변동으로 손실을 보는 쪽에서 남은 계약기간 동안의 예상 손실규모를 거래상대방에게 한꺼번에 지급하면서 계약을 조기청산하기도 한다.

CDS 거래는 주로 대형 은행의 중개를 통한 장외거래로 이루어지며, 은행, 투자은행, 헤지펀드 및 보험사 등이 주요 시장참가자이다. CDS 시장의 주요 거래자인 은행은 CDS 매수거래를 통해 위험자산의 신용위험을 헤지할 수 있게 되면서 위험자산 투자를 증가시킬 수 있게 되

74) 준거자산이 반드시 보장매수인이 CDS 거래를 통해 신용위험을 헤지하고자 하는 기초자산과 동일할 필요는 없다. 예컨대 보장매수인이 보유하고 있는 대출이나 채권 등과 같은 기초자산의 신용위험과 상관관계가 매우 높은 준거자산을 대상으로 CDS 거래를 통해 신용위험을 헤지할 수도 있기 때문이다.

75) 예컨대 대상채권들 중 가장 싸게 거래가 되는 최저 인도 가능 채권(cheapest to delivery)일 수도 있다.

었다. 또한 대형 보험사 및 헤지펀드 입장에서는 CDS가 보험과의 유사성에도 불구하고 제도적으로 규제를 받는 보험상품이 아니기 때문에 수수료 수입 확대나 투자목적 거래를 많이 하게 되었다.

일반적으로 CDS를 매수할 경우 동 회사의 부도에 따른 손실을 보전받기 때문에 이론상 회사채 금리에서 CDS 프리미엄을 차감하면 무위험 수익률이 남는다.[76] 따라서 CDS 프리미엄은 회사채 수익률과 무위험 수익률의 차액과 같으며, 그런 의미에서 개별회사의 CDS 프리미엄은 동 회사의 차입여건을 나타낸다고 볼 수 있다. 또한 만기가 길어질수록, 준거자산 및 보장매도인의 신용등급이 낮을수록 CDS 프리미엄은 높아지게 된다. 예를 들면 신용등급이 A인 준거자산의 신용위험을 전가시키려는 보장매수인의 입장에서는 신용등급이 BB인 보장매도인과 계약을 맺는 것은 큰 의미가 없다. 왜냐하면 보장매도인인 거래상대방이 먼저 채무불이행 상태에 빠지면 계약을 이행할 수 없기 때문이다. 따라서 보장매수인은 신용등급이 높을수록 프리미엄은 높아지게 되며, 준거자산과 보장매도인 간 채무불이행 상관관계가 낮을수록 프리미엄이 높아진다.[77]

나) 역사

CDS는 1990년대 초반부터 원시적인 형태로 산발적으로 거래되었으나, 본격적인 상품으로 취급되기 시작한 것은 1995년 전후 JP Morgan에 의해서인 것으로 알려져 있다. 1989년 Alaska 지방에서 발생한 기름유출사고로 인해 심각한 자금난을 겪고 있던 Exxon사는 1994년 말 JP Morgan에 대출을 요청했는데, Exxon사가 오래된 고객임에도 불구하고 JP Morgan은 부실을 우려하여 대출을 꺼리고 있었다. 그러던 중 당시 신용파생상품팀의 팀장이었던 Blythe Masters가 Exxon사에 대한 대출의 신용위험을 유럽부흥개발은행(EBRD)에 떠넘기는 거래를 성사시켰고, 이것이 오늘날 CDS 거래를 활성화시키는 계기로 작용하였다.[78]

JP Morgan이 처음으로 CDS를 개발하게 된 이유는 크게 두 가지로 요약될 수 있다. ⅰ) JP Morgan은 당시 여타 투자은행들에 비해 대출규모가 컸기 때문에 신용위험을 헤지할 유인이 높았다. ⅱ) JP Morgan은 당시 런던지점을 중심으로 유럽 주요국의 국채를 활발히 거래하고 있었으므로 1999년 유럽통화동맹(EMU) 출범을 앞두고 유럽 일부 국가에 대한 신용위험을 헤지할 필요가 있었다.

2) 특징

CDS[79]는 기초자산으로부터 신용위험을 분리하여 거래상대방에게 이전하고 그 대가로 일

76) 이를 흔히 "Duffie's Parity"라 말한다.

77) 서병호 · 이윤석(2010), "국내외 은행의 CDS 프리미엄 결정요인 분석 및 시사점", 한국금융연구원(2010. 10), 3-6쪽.

78) 서병호 · 이윤석(2010), 8쪽.

79) CDS는 국제 신용파생상품시장 또는 국내 신용파생상품시장에서 가장 큰 비중을 차지하고 있는 기본적인

정한 수수료(premium)를 지급하는 금융상품으로 프리미엄과 손실보전금액(contingent default payment)을 교환하는 계약이며 모든 신용파생상품의 기본이 된다.

보장매수인은 약정된 계약금액에 대한 프리미엄을 보장매도인에게 지급하고, 계약기간 동안 준거자산에 대한 신용사건이 발생할 경우 보장매도인은 보장매수인에게 손실보전금액을 지급하게 된다. 이러한 스왑계약을 통해 준거자산의 신용위험이 보장매수인에게서 보장매도인에게로 이전하게 된다. CDS계약에서 보장매수인은 준거자산을 기초자산으로 하는 풋옵션(put option)[80]을 매수한 것과 동일한 효과를 얻게 되며, 보장매도인의 입장에서는 프리미엄을 지급받고 풋옵션을 매도한 셈이 된다. 또한 CDS의 보장매수인은 준거기업이 발행한 채권에 투자하고 그 채권의 신용위험만을 보장매도인에게 이전한 결과와 유사한 효과를 거둘 수 있다.[81]

3) 기능

은행 등 금융기관은 동일차주, 특정 산업 등으로 포트폴리오가 집중되어 있는 경우 도산할 확률이 높아지는데, CDS와 같은 신용파생상품을 활용할 경우, 이러한 신용위험을 완화할 수 있다. 예를 들어 은행이 대출자산 등 유동성이 낮은 자산을 시장에서 매각하는 것은 현실적으로 매우 어렵다. 그러나 은행이 CDS 거래를 통해 유동성이 낮은 준거자산에 대한 보장을 매수하면 준거자산을 계속 보유하면서 신용위험을 낮출 수 있다. 이와 같이 CDS는 은행 등 금융기관으로 하여금 고객관계를 그대로 유지하면서 신용위험만을 분리하여 제거할 수 있는 수단을 제공한다는 측면에서 재무구조의 건전성 제고를 위한 유용한 방편으로 활용될 수 있다.

반면 보장매도인의 입장에서 CDS는 수익성이 높은 대출시장에 간접 참여할 수 있는 기회를 주며 최소한의 자금부담으로 신용위험만을 부담하는 레버리지 효과를 통해 고수익을 겨냥할 수 있는 투자수단이다. 즉 은행 대출채권의 수익률에는 관심이 있지만 대출관리 등에 소요되는 비용을 꺼리는 투자자들이 은행 대출채권을 직접 매수하지 않고도 매수한 것과 동일한 효과를 누릴 수 있다. 또한 은행 등 금융기관은 이미 보유하고 있는 신용위험과 상관관계가 낮은 다른 신용위험을 매수함으로써(보장매도인으로 참여) 자신의 신용 포트폴리오를 다변화하여 전체 자산 포트폴리오의 안정성을 높이는 동시에 수수료 수입의 확대를 도모할 수도 있다.

또한 거시적인 측면에서 볼 때 CDS와 같은 신용파생상품을 활성화하게 되면 신용위험에 대한 가격결정의 효율성을 높여 금융시장의 안정성 및 효율성을 높이는 효과를 기대할 수 있으며 대출시장에 유동성을 제공함으로써 전반적인 금융중개기능도 제고된다. 이와 더불어 신

상품이다.

80) 자산을 일정가격에 매도할 수 있는 권리를 의미한다.

81) 노성호(2009), 10-11쪽.

용파생상품시장의 발달은 대출 등의 신용위험에 대한 유용한 가격정보를 제공하여 금융시장의 효율성을 높이는 기회를 제공한다. 예를 들어 1997년 외환위기 이후 은행의 신규대출 기피 및 기존대출 회수 사례, 1999년 8월 대우사태, 2000년 5월 현대사태 이후 금융기관의 회사채인수 기피사례 등에서 우리나라가 경험한 신용경색 현상은 CDS 시장의 미발달에도 일부 기인한다.

반면 CDS는 잠재적인 역기능도 보유하고 있는데, 이들은 i) 금융기관의 차주기업에 대한 사후감시(monitoring) 유인을 저하시킬 가능성, ii) 보장매도인 등의 과도한 레버리지 부담이 보장매도 금융기관의 도산 등 부실로 이어질 가능성, iii) 부외거래의 특성상 일반투자자의 금융기관 재무상태에 대한 평가를 어렵게 하여 시장의 자율규제기능 및 감독당국의 감독기능을 약화시킬 가능성 등이다. 2008년 9월 16일 미 연준으로부터 850억 달러 규모의 구제금융 지원을 받은 미국 최대의 보험사인 AIG의 사례가 가장 극명한 예일 것이다. 2008년 초 전까지만 해도 주가가 50달러를 상회하고 1조 달러를 상회하는 자산과 자본금이 960억 달러에 달했던 금융기관이 한때 주가가 1달러에도 못미치게 되었다. 이는 다름 아닌 그동안 AIG의 막대한 수익원이었던 614억 달러에 달하는 CDS 포트폴리오가 부실화되었기 때문이다.

이처럼 CDS 거래는 부도위험을 분산 또는 이전시킴으로써 금융기관의 자산유동화를 촉진시키는 등 그동안 많은 순기능을 해 왔음에도 불구하고 금융위기 시 초래할 수 있는 막대한 손실에 대해서는 많은 사람들이 크게 신경쓰지 않았다. 물론 CDS 거래의 위험성에 대한 각계의 지적은 AIG사태 이전부터 있어 왔던 것은 사실이다.[82] 그러나 이러한 지적이나 경고는 CDS 거래에 대한 규제로 이어지지는 않고 단순히 그 위험성에 대해서 주의를 환기시키는 정도로 넘어가곤 하였다.[83]

(나) CDS와 지급보증

1) CDS와 지급보증의 유사성

지급보증은 은행 등의 금융기관 등이 상품으로 취급하는 보증계약[84]을 말한다.[85] 지급보

---

82) 2001년 노벨 경제학상 수상자인 George Akerlof는 1993년에 CDS가 다음 금융위기의 원인으로 작용할 것이라고 예언하였으며, 투자의 귀재로 불리는 워렌 버핏은 2003년에 CDS를 이른바 "대량살상무기(weapons of mass destruction)"로 규정하였다. Christopher Cox 前 미국 증권선물위원회 위원장도 규제로부터 자유로운 CDS가 글로벌 금융위기 발발에 주요한 원인 중 하나라고 지적하였다. 투자의 연금술사로 불리는 조지 소로스도 CDS가 "독성(toxic)"을 지녔으며 굉장히 위험한 파생상품임을 강조하였다. 1997년 노벨 경제학상 수상자이며 CDS 프리미엄 결정모형 개발에 결정적 기여를 한 Myron Scholes는 장외 CDS 거래가 너무 위험하기 때문에 이들을 전부 "폭파"시키거나 "소각"해야 한다고 주장하였다.

83) 서병호 · 이윤석(2010), 10-11쪽.

84) 대법원 2002. 10. 11. 선고 2001다62374 판결에 의하면, 지급보증이란 은행이 거래처(지급보증신청인)의 위탁에 따라 그 거래처가 제3자에 대하여 부담하는 채무를 보증하여 주는 거래로서, 은행과 거래처 사이에 체결된 보증위탁계약에 터 잡아 은행이 다시 채권자와 사이에 보증계약을 체결함으로써 성립하고, 그로 인하여 지급보증을 한 은행은 거래처가 주채무를 이행하지 못할 경우에 그 보증채무를 이행할 의무를 지게 되며, 이러한 지급보증계약은 통상 은행이 지급보증서라는 형식의 서면에 보증의 의사표시를 하여

증은 민법 제428조의 보증채무를 지는 계약, 즉 보증계약의 일종으로서 보증인이 주채무자로부터 수수료 등의 대가를 받고(즉 상행위로서) 채권자와 체결한다는 특성을 갖는다. 따라서 일반적인 보증계약과 같이 다음과 같은 주요한 특성을 가진다. i) 주채무자가 주채무의 이행을 못하는 경우 보증인이 이를 대신 이행할 책임을 진다(민법428①). ii) 보증채무의 부담은 주채무를 한도로 한다(민법430). iii) 주채무자의 항변(상계권, 취소권, 해제권 등)을 원용할 수 있다(민법434 및 435). iv) 보증인이 주채무를 변제한 경우에는 주채무자에 대한 구상권을 가진다(민법442).

종래 CDS와 지급보증이 비교되어 왔던 이유는, CDS의 준거자산이 주채무자에 대한 채권일 경우 보장매수인인 채권자가 보장매도인으로부터 지급보증을 받은 것과 거의 동일한 경제적 효과를 거둘 수 있기 때문이다. 즉 채권자를 CDS의 보장매수인으로, 보증인을 CDS의 보장매도인으로 치환하면, 주채무자의 채무불이행 시 보장매수인은 보장매도인에게 주채권을 양도하고 주채권의 명목가치(통상 잔존원금 가액)를 받아서 주채무의 이행과 동일한 효과를 거두거나(실물결제의 경우), 아니면 주채무자가 이행하지 못한 금액만큼을 보장매도인으로부터 받아 주채무의 이행과 동일한 효과를 거둘 수 있다(현금결제의 경우).[86]

2) 지급보증과 CDS의 차이

지급보증과 CDS가 유사함에도 CDS와 지급보증은 법적으로는 구별이 가능한데, 그 이유는 다음과 같은 4가지 점에서 유형의 본질적 차이가 있기 때문이다. 4가지 구별기준 중 가장 중요한 차이는 세 번째 사유라고 할 수 있다.

가) 주채무자와 보증인의 관계

㉠ 지급보증: 주채무자가 보증인에게 비용을 지급하고 보증을 위탁한다. 일반적으로 주채무자와 보증인의 관계가 채권자와 보증인의 관계보다 긴밀하며,[87] 주채무자가 보증인에게 수수료 지급한다. ㉡ CDS: 준거자산의 채무자와 보장매도인은 아무런 관계가 없다.

나) 채권자와 보증인의 관계

㉠ 지급보증: 채권자와 보증인 사이에 보증계약이 체결되지만, 채권자가 보증인에게 수수료를 지급하지는 않는다. ㉡ CDS: 보장매도인과 보장매수인 간에 CDS계약 체결 후 보장매수

피보증인인 거래처로 하여금 채권자에게 전달하는 방식으로 체결되고, 그 보증범위는 지급보증서 등에 표시된 보증의사의 해석을 통하여 결정된다고 판시하여 지급보증의 성격을 정의하고 있다.

85) 은행법 제2조 제1항 제6호는 “지급보증”이란 은행이 타인의 채무를 보증하거나 인수하는 것을 말한다고 규정한다.

86) 정성구(2017), “TRS와 지급보증, 신용공여 및 보험 규제의 접점”, 서울대학교 금융법센터 BFL 제83호(2017. 5), 45-46쪽.

87) 극단적으로 채권자가 누구냐와 상관없이 특정인의 채무를 보증하는 계약도 성립할 수 있는데, 한국의 보증계약은 채권자와 보증인 사이의 계약을 필요로 하므로 위와 같은 계약은 보증계약으로 부르기는 어렵다. 단 보증보험, 사채보증, 어음보증과 같은 경우에 그러한 유형의 보증행위를 볼 수 있다.

인이 보장매도인에게 수수료를 지급한다.

다) 주채무의 존재와 보증계약의 관계

㉠ 지급보증: 주채무의 존재는 필수적이며 피보증인은 주채무의 채권자이어야 한다. 보증인은 주채무의 한도로만 책임을 지고, 주채무에 생긴 사유가 보증계약에 영향을 준다. ㉡ CDS: 준거자산은 존재해야 하나 보장매수인이 반드시 준거자산을 보유해야 하는 것은 아니다. 준거자산이 개별적으로 변제·소멸·취소되었다는 사정이 CDS계약에 영향을 미치지 않는다.

라) 구상권의 존재

㉠ 지급보증: 보증인은 주채무자에 대하여 보증인이 대신 이행한 채무에 상응하는 구상권을 행사할 수 있다. ㉡ CDS: 보장매도인이 실물결제의 방법으로 준거자산을 양수한 경우에만 채권양수인으로서 준거자산의 채무자에게 채권을 행사할 수 있다.

3) CDS를 지급보증과 같이 규제하는 경우

앞서 보았듯이 CDS와 지급보증은 법적으로는 구별되나 경제적으로는 유사성이 강하다. 따라서 지급보증에 관한 법적 취급에서 규제의 이유가 경제적 효과에 기인하는 때에는 CDS도 동일하게 취급되는 경우가 많다. 다음과 같은 예를 들어 볼 수 있다.[88]

i) 보험업법 제113조에 따르면 보험회사는 타인을 위하여 그 소유자산을 담보로 제공하거나 채무보증을 할 수 없다. 다만 보험업법 및 시행령에서 정하는 바에 따라 채무보증을 할 수 있는 경우에 한하여 가능하다. 이에 따라 보험업법 시행령 제57조의2 제1항에서는 "신용위험을 이전하려는 자가 신용위험을 인수한 자에게 금전등의 대가를 지급하고, 신용사건이 발생하면 신용위험을 인수한 자가 신용위험을 이전한 자에게 손실을 보전해 주기로 하는 계약에 기초한 증권(자본시장법 제3조 제2항 제1호에 따른 증권) 또는 예금을 매수하거나 가입할 수 있다"라고 규정하여 신용연계채권(CLN: credit linked note)과 신용연계예금(CLD: credit linked deposit)을 예외적으로 허용하고 있다. 그 반대해석으로 위 보험업법 제113조 및 시행령 제57조의2 제1항에 따른 예외로 취급되지 않는 CDS는 허용되지 않는 보증으로서 보험회사가 취급하는 것(즉 보장매도인이 되는 것을 말한다)은 금지된다.

ii) 은행업감독규정 시행세칙 [별표 3] "신용·운영리스크 위험가중자산에 대한 자기자본비율 산출기준(Basel Ⅲ 기준)" 제2장 신용리스크 표준방법, 제6절 신용위험경감기법, 제6관 보증 및 신용파생상품, 제1목 적격요건(항목 88-98)에 따르면 일정요건을 충족하는 보증과 신용파생상품을 동등한 신용위험경감기법으로 인정한다.

iii) 금융투자업자는 겸영업무로서 지급보증업무를 수행할 수 있는데(자본시장법40(5) 및 영43⑤(6)), 이 업무를 영위하기 위하여는 증권 및 장외파생상품에 대한 투자매매업을 영위하는

88) 정성구(2017), 46-47쪽.

경우만 가능하다. 그 이유는 신용파생상품이나 신용파생결합증권을 취급할 수 있는 금융투자업자는 지급보증을 금지하여도 어차피 동일한 경제적 효과를 가진 신용파생상품 또는 신용파생결합증권을 취급할 수 있기 때문이다.

지급보증과 CDS의 기능적 목적(채권자가 보유하는 신용위험의 이전)이 상호 유사한 점에 관하여는 의문을 제기하기 어렵다. 따라서 위에 열거된 것 외에도 지급보증을 규제하는 목적이 보증인에 의한 신용위험 인수를 이유로 하는 경우, 같은 기능적 목적을 가진 CDS도 규제하는 것이 타당하다고 생각된다.

(다) CDS와 보험

1) 보험의 특징

CDS와 보험의 유사성 및 그 구별기준에 대하여는 이미 국내외에서 많은 연구가 이루어져 있다. 학계와 실무에서 두 상품의 유사성에 관심을 기울이고 연구를 하게 되는 이유는 어느 나라이든 보험과 CDS에 대한 규제를 매우 다른 각도에서 접근하고 있어 두 상품 간 규제차익이 매우 큰 데 비하여 두 상품이 경제적인 면에서 매우 유사하기 때문이다. 즉 준거채무자 또는 준거자산에 관한 신용사건이 발생하였을 때 보장매수인에게 발생할 수 있는 손실을 보장매도인이 보전해 주는 CDS의 구조에서, 보장매도인을 보험자, 신용사건을 보험사고, 보장매수인을 피보험자로 대체하면 CDS와 보험(그중에서도 손해보험) 사이의 경제적 기능의 차이를 발견하기 어렵다.

두 상품에 적용되는 가장 중요한 규제상 차이는 진입규제에서 나타난다. 보험은 전통적인 금융상품으로서 일반투자자를 상대로 한 장기수신상품이라는 특성상 어느 나라나 대개 보험업을 영위할 수 있는 자격을 인·허가로 제한하고 있고, 그러한 인·허가를 받은 보험회사 외에는 보험상품을 다루지 못하게 하고 있다.[89] 반면 CDS는 비교적 최근에 개발된 금융상품으로서, 상품개발 초기에는 규제가 없다가 2008년 금융위기 이후 각국에서 강력한 규제를 추가하기 시작하였다. 앞에서 보았듯이 우리나라의 경우 보험회사는 CDS의 보장매도인이 될 수 없고 다른 나라도 비슷한 규제를 둔 경우가 있다.[90] 이와 같이 보험이냐 CDS냐에 따라 어느 금융기관이

89) 보험업을 영위하기 위하여는 한국의 경우 보험업법 제4조에 의한 금융위원회의 허가가 필요하다. 미국의 경우 주마다 보험업법을 두고 있는데 뉴욕주 보험업법은 주정부의 면허(license)가 필요하다(New York Insurance Law Sec.1102). 일본은 내각총리장관의 면허가 필요하다(일본 보험업법 제3조). 영국의 경우 보험의 인수는 The Financial Services and Markets Act 2000(Regulated Activities) Order 2001 제10조에 의하여 그 영업을 위하여 금융행위감독청(Financial Conduct Authority: FCA)의 인가(authorization)가 필요하다(이기형·변혜원·정인영(2012), “보험산업 진입 및 퇴출에 관한 연구”, 보험연구원(2012. 10), 69-70쪽, 94쪽).

90) 예를 들어 영국의 경우에도 보험회사는 FCA 핸드북에 포함된 Prudential Sourcebook for Insurers(INSPRU) 1.5.13R에 의해 투자업무에 제한을 받게 되는데, 신용파생상품을 통한 신용보장(credit protection)을 제공하는 것도 금지된다고 한다.

이를 취급할 수 있느냐(다시 말하면 취급할 수 없는 상품을 취급함으로써 발생하는 매우 중요한 위법 사실의 존재 여부)가 결정되므로, 보험과 CDS의 구별은 매우 중요한 의미를 갖는다.[91]

보험의 본질적 요소만을 간단하게 요약하면 다음과 같다. i) 동질적이고 우연한 사고의 발생에 관한 경제적 위험 및 그 위험을 공유하는 다수의 자(즉 보험가입자)들이 존재하여야 한다. ii) 보험자가 다수의 보험가입자로부터 해당 위험을 인수하고 그 대가로서 대수의 법칙을 응용한 확률계산방식으로 계산한 보험료를 받아 이를 관리·운영하여야 한다. iii) 보험자는 어느 보험가입자에게 실제로 위험이 발생한 경우 해당 보험가입자에게 발생한 재산상의 수요를 충족하기 위하여 약정한 방식으로 계산되는 금원을 해당 보험가입자에게 지급하여야 한다.[92]

2) 보험과 CDS의 차이

위 본질적 요소에 근거하여 보험계약과 CDS의 구별을 시도해 보면 아래와 같다.

가) 위험

㉠ 보험: 우연한 사고로 발생하는 위험이 존재해야 한다. ㉡ CDS: 당사자가 통제할 수 없는 신용위험이 존재해야 한다.

나) 당사자

㉠ 보험: 동질적 위험을 공유하는 다수의 자가 존재해야 한다. ㉡ CDS: 보장매수인이 실제로 신용위험을 부담하는 자일 필요는 없다.

다) 비용

㉠ 보험: 다수의 자로부터 대수의 법칙을 응용한 확률 계산을 응용해 산정한 보험료를 비축하고, 이 보험료를 운용한 재원으로 급부가 이루어진다. ㉡ CDS: 수수료 계산은 반드시 대수의 법칙에 근거할 필요가 없고, 급부의 재원도 다수의 자로부터 출연된 것을 적립·운영한 것일 이유는 없다.

라) 급부

㉠ 보험: 위험 발생 시의 실제손해에 상응하는 금원의 지급이 있어야 한다. ㉡ CDS: 신용사고 발생 시에는 정해진 공식에 따른 금전을 지급하면 되며, 실제손해금일 이유는 없다.

3) CDS와 보험의 구별기준

유사성의 연결고리가 존재함에도 불구하고, 보험업과 파생상품에 관한 투자매매업이 별도

91) 또한 보험상품은 보험의 주된 고객인 일반투자자의 보호를 위하여 영업행위에 관한 엄격한 제한을 두고 있으며(영업행위규제), 보험회사의 건전성에 관하여는 모든 금융기관 중 최고수준으로 강력한 규제를 받는다(건전성규제). 이에 반하여 CDS거래 자체는 독자적인 건전성규제의 대상은 아니며, 다른 파생상품과 함께 거래에 따른 위험을 계산하여 파생상품을 거래하는 금융투자업자의 자본적정성에 영향을 주게 된다(건전성규제). 또한 CDS와 같은 상품은 일반투자자가 거래하는 경우는 거의 상정하기 어렵다.

92) 정성구(2017), 53-54쪽.

로 존재하는 국내 규제체계상 CDS와 보험을 같은 상품으로 인식하는 것은 곤란할 수밖에 없다. 결국 우리나라에서도 양자의 구별은 절실하게 필요한데, 기능적인 면에서 양자를 구별하기란 매우 어렵다. 따라서 미국이나 일본의 선례에 따라 입법적인 해결을 생각해 볼 수 있다.[93]

양자의 구별기준은 아래와 같이 주로 형식적인 면에 기초한 것이며, 주로 실무에서 보험과 CDS를 구별하는 방법을 요약한 것이다. 이를 통하여 CDS와 보험은 대부분의 경우 구별이 가능할 것으로 예상된다. 비록 파생상품과 보험을 구별하는 입법이 없어도 실제 보험과 신용파생상품이 규제적 측면에서 서로 문제를 발생시키는 경우는 거의 없는 것으로 보이며, 실무에서 양자는 완전히 구별되는 것으로 취급되고 있다.[94]

일단 보험계약을 구별해 내는 것보다는 CDS를 구별해 내는 것이 용이하다. 그 이유는 CDS는 자본시장법상 스왑계약임을 전제로 하고(법5①(3)), 스왑계약의 경우에는 대부분 채무자회생법 제120조 제3항의 기본계약으로 인정되기 위한 독특한 구조를 갖고 있으며, 바로 그 이유 때문에 거의 100%의 스왑계약이 국제적 또는 국내적으로 표준화된 형식의 문서를 사용하여 체결되기 때문에 외관상으로 확연히 구별이 가능하기 때문이다.[95] 한편 보험의 경우에는 (당사자가 보험업법을 위반할 생각이 아니라면) 대부분 감독당국이 미리 승인한 표준약관을 사용하며, 표준약관이 아닌 경우에도 감독기관에 신고한 약관을 사용한다. 또한 보험계약에서는 보험계약에 정한 보험가입자의 권리를 표창하는 보험증권을 교부하는 특징이 있다.

나아가 계약내용을 살펴보면 적지 않은 상이점을 찾을 수 있다. i) CDS는 보장매수인이 준거자산을 보유하고 있지 않는 경우, 즉 네이키드 스왑이 존재할 수 있지만 보험은 그러한 경우가 존재할 수 없다. 따라서 준거자산의 보유를 전제로 하거나 그 증빙에 관한 내용이 있다면 보험계약으로 보아야 할 가능성이 높다. ii) CDS는 현물결제방식을 통해 보장매도인이 인도자산을 인도하는 경우가 아니라면 보장매도인이 보장매수인을 대위하여 준거채무자에게 채권을 행사할 수 없으나, 보험은 기본적으로 보험자대위가 가능하다. 근래의 CDS는 점점 현물결제를 지양하고, 현금결제 특히 경매방식의 결제(auction settlement)를 기본적 결제방법(default settlement)으로 하는 경우가 많아지고 있으므로 이 또한 중요한 구별기준으로 작용할 수 있다. iii) CDS는 대리인을 통해 거래하는 경우가 불가능한 것은 아니나 극히 드물다. 반면 보험은 대리인을 통해 거래하는 경우가 매우 많다. iv) CDS는 일방의 해지권이 인정되지 않으며 해지 시

93) 보험업법 시행령 제1조의2 제3항에는 14종류의 손해보험이 열거되어 있는데, 이 중 보증보험은 포함되어 있고 신용파생상품은 포함되어 있지 않다. 신용파생상품이 여기에 열거되지 않은 것은 신용파생상품이 보험이 아니라는 점에 대하여 의문의 여지가 없기 때문이라고 한다[박준·정순섭(편)/박준(집필), "제1장 파생금융거래를 둘러싼 법적 문제 개관," BFL총서 6 파생금융거래와 법(제1권), 소화, 2012, 112쪽].

94) 정성구(2017), 57-58쪽.

95) ISDA Master Agreement나 금융투자협회에서 제정한 장외파생상품거래 한글약정서 권고안 등이 그것이다.

환급에 관한 조항이 없거나 명확하지 않다. 그러나 보험은 법률상의 요건 때문에 해지와 환급에 관한 내용이 대부분 포함되어 있다. v) CDS는 계약기간 중간에 위험이 증가된다고 하여 수수료를 올리는 경우는 드물지만, 보험은 현저한 위험증가를 사유로 보험료를 조정하는 경우가 많다.

(라) 국가 CDS 프리미엄

1) 서설

가) 국가신용위험지표의 의의

외평채[96] 가산금리와 국가 CDS 프리미엄은 국제금융시장에서 우리나라의 신용위험 수준을 나타내는 지표로 널리 사용된다.[97] 따라서 국가신용위험지표의 급속한 상승은 직접적으로 외화자금 조달비용 상승을 가져올 뿐만 아니라 시장참가자들 사이에 우리 경제에 대한 불안심리를 고조시킬 가능성이 있다. 또한 국가신용위험지표의 상승으로 시장의 불안 심리가 확산될 경우 환율변동성 확대 등으로 환율정책 운용상의 어려움도 가중될 수 있다.

2008년 글로벌 금융위기 이전 매우 낮은 수준을 지속하던 우리나라의 국가 CDS 프리미엄과 외평채 가산금리는 미국 서브프라임 모기지 사태에 따른 국제금융시장 불안의 여파로 2007년 하반기 들어 상승세로 돌아선 후 2008년 9월 15일 리먼 브라더스 파산사태 이후에는 급등세를 나타냈다. 이런 가운데 글로벌 금융위기 이후 아시아 주요 신흥시장국의 국가신용위험지표 상승폭 및 변동성을 국가 CDS 프리미엄을 기준으로 비교해 보면,[98] 우리나라가 상대적으로 크게 나타났다.[99]

나) 국가 CDS 스프레드의 의의

2013년 국제신용평가기관들이 세계 주요국의 부채상환능력에 대한 우려를 반영하여 일부 서방 선진국의 국가신용등급을 하향 조정하면서, 이들 국가의 CDS 스프레드가 큰 폭으로 상승하였다. 우리나라의 경우 2011년 하반기 유럽 재정위기의 영향으로 상승세를 보였던 외평채 CDS 스프레드가 글로벌 금융시장의 불안과 한반도의 지정학적 리스크에도 불구하고 최근에는

96) 외평채란 외국환평형기금채권(외국환거래법13 및 14)의 약자로 우리나라 정부가 환율과 외환시장을 안정시키기 위해 조성하는 외국환평형기금을 마련하기 위해 발행하는 채권을 말한다.

97) 외평채 가산금리, 국가 CDS 프리미엄과 더불어 국가신용위험지표로 흔히 언급되는 국가신용등급(sovereign credit rating)은 국제신용평가기관들이 통상 특정 국가의 신용위험도 변화가 영구적(permanent)인 것으로 판단될 경우에 신용등급을 조정하기 때문에 단기적인 국가신용위험 변화를 반영하는 데 한계가 있다.

98) 여타 아시아 신흥시장국도 우리나라의 외평채에 해당하는 외화표시국채를 발행하였다. 그러나 이러한 외화표시국채의 발행시기 및 만기 등이 국가별로 크게 달라 동일 기준으로 가산금리 수준 등을 비교하기 어려운 점이 있다. 이에 반해 국가 CDS 프리미엄은 동일한 기준(예: 5년 만기 계약)을 적용하여 국가 간 비교를 쉽게 할 수 있다.

99) 성광진(2009), "우리나라의 국가신용위험지표에 관한 분석", 한국은행 MONTHLY BULLETIN(2009. 11), 24쪽.

비교적 안정된 모습을 보이고 있다. 국가 CDS 스프레드는 국가신용위험을 나타내는 지표로 CDS 스프레드가 상승하면 정부의 외화조달비용이 상승하고 해당 국가에 속한 기업의 자금조달비용에도 악영향을 미친다. 또한 대외 국가신인도를 하락시켜 외국인 투자자금의 유출과 국내금융시장의 변동성을 확대시키는 요인으로 작용한다.

국가신용위험의 지표로 채권 가산금리가 주로 활용되었으나, 2011년 유럽 재정위기의 영향으로 국가부도위험에 대한 우려가 커진 가운데 국채를 기초자산으로 하는 국가 CDS의 거래가 급증하면서 국가신용위험의 대용 지표로 국가 CDS 스프레드에 대한 관심이 높아졌다.

CDS는 정부, 기업 등 채권 발행주체의 부도위험에 대한 보장을 거래하는 파생상품이다. 부도위험을 헤지하기를 원하는 CDS 매수인은 매도인에게 위험보장의 대가로 수수료를 지급하고, 매도인은 계약기간 중 부도가 발생하면 매수인의 손실을 보전해 주는 구조이다. CDS 스프레드는 CDS 매수인이 매도인에게 부도위험을 이전한 대가로 지급하는 수수료를 말한다. CDS 스프레드는 기준금리인 리보(LIBOR: London interbank offered rate)에 부도위험 프리미엄, 즉 가산금리를 더해 결정된다. CDS는 1997년 아시아 외환위기 당시 신흥시장국에 대한 해외 투자자들의 헤지 수요가 증가하면서 시장규모가 확대되었다. 2000년대 초반 1조 달러 정도에 불과했던 CDS의 시장규모는 글로벌 금융위기 이전인 2007년에는 60조를 상회하였다. 2008년 이후에는 글로벌 금융위기의 여파로 CDS의 거래가 다소 위축되었으나 2011년 유럽 재정위기와 신흥시장의 금융시장 불안 등의 영향으로 거래규모가 다시 증가하고 있다.

국가 CDS는 각국 정부가 발행한 국채를 기초자산으로 하는 신용파생상품으로 외화표시 국채발행 물량이 많은 국가들에서 활발히 거래되고 있다. 국가 CDS 거래의 가격지표인 국가 CDS 스프레드는 투자자들이 국제금융시장에서 해당 국가의 부도 내지 신용위험을 평가하는 지표로 그 활용도가 높아지고 있다. 우리나라의 경우 정부가 발행한 외평채를 기초자산으로 한 CDS가 거래되고 있다. 우리나라의 외평채 CDS 스프레드는 글로벌 금융위기의 여파로 2008년 10월 말 675bp를 기록하여 사상 최고치를 기록한 바 있으나, 이후 하락하여 비교적 안정된 모습을 보였다. 2011년 하반기에는 유럽 재정위기의 영향으로 외평채 CDS 스프레드가 다시 상승하는 양상을 보였으나, 2012년 이후에는 국제금융시장의 안정과 국내경제의 회복세 등에 힘입어 다시 하향안정세를 나타내고 있다.[100)]

다) 논의의 배경

A기업은 1년 만기로 100억원의 회사채를 발행하였고 이를 B은행 50억원, C은행 50억원에 매수하였다. 그러나 C은행은 최근 A기업의 자금경색에 대비하여 D금융회사와 CDS계약을 맺

100) 조성원(2014), "국가 신용부도스왑 프리미엄의 결정요인: 거시경제 기초여건의 영향", 한국자료분석학회(2014. 6), 1363-1365쪽.

고 프리미엄을 지급하였다. 한 달 뒤 A기업은 법정관리를 신청했고 결국 부도처리되었다. 이때 B은행은 투자금을 회수하지 못했으나 C은행은 D금융회사를 통해 회수할 수 있었다.[101)]

2013년 미국의 셧다운(정부 폐쇄)이 장기화할 조짐을 보이면서 「미국 디폴트(채무불이행)」 우려가 제기되어 투자자들을 불안에 떨게 하였다. 2013년 10월 3일 미국의 부도 가능성을 나타내는 국채(5년물) CDS 프리미엄은 42bp를 기록하며 지난 2009년 11월 이후 가장 큰 상승폭을 나타냈다. 그 후 미국 상원이 부채한도를 일시적으로 증액하고 정부 운영을 재개하기로 합의함에 따라 미국 정부는 디폴트 우려에서 벗어나게 되었다.

2008년 금융위기 이후 기업이나 국가의 부도위험이 높아지면서 CDS 프리미엄의 역할이 중요해졌다.

2) 국가 CDS 프리미엄과 외평채 가산금리

가) 국가 CDS 프리미엄의 개념

CDS는 기업, 금융기관, 국가 등의 부도위험에 대한 보장(protection)을 거래하는 신용파생상품이며, CDS 프리미엄은 보장매수인이 부도위험을 이전한 대가, 즉 원금을 보장받는 대가로 지급하는 수수료를 의미한다. 위 예에서 C은행(보장매수인)은 D금융기관에 수수료를 지급하였기 때문에 A기업의 부도에도 불구하고 원금을 보장받을 수 있었다.[102)]

보장매수인은 보유채권의 부도위험을 이전하기 위해 CDS 프리미엄을 지급하고(CDS 매수), 보장매도인은 위험감수 대가로 프리미엄을 수취하고 신용사건 발생 시 손실보전(CDS 매도)하는 것으로 한국 CDS 거래는 외평채를 준거자산으로 한다.[103)]

개별 국가의 신용위험을 거래하는 국가 CDS는 외화표시 국채발행 물량이 많은 일부 신흥시장국 및 선진국을 중심으로 비교적 활발히 거래되는 것으로 파악되고 있다. 우리나라의 국가 CDS 프리미엄은 우리나라에 신용사건이 발생할 경우 외평채에 대한 투자손실을 보전받기 위해 지급하는 대가를 의미한다.[104)]

우리나라의 국가 CDS 프리미엄은 시장에서 평가하는 우리나라의 신용위험 수준을 나타낸다. 따라서 국가 CDS 프리미엄은 기본적으로 우리나라의 경제펀더멘털이나 대외지급능력을 반영하게 된다. 또한 국내 주식 및 채권 투자 등으로 우리나라에 대한 익스포져를 보유한 투자

101) 이조은(2013), "한국CDS(Credit Default Swap) 프리미엄 결정요인에 관한 소고", 한국주택금융공사 주택금융월보 2013년 11월호(2013. 11), 20-21쪽.

102) 이조은(2013), 21-22쪽.

103) 외평채를 보유하고 있지 않은 헤지펀드 등이 향후 우리나라의 신용위험이 높아지고, 이에 따라 CDS 프리미엄이 상승할 것이란 예상하에 투기(speculation) 목적의 보장매수 거래를 할 수도 있으며, 예상대로 CDS 프리미엄이 상승할 경우 기존 거래를 청산함으로써 CDS 프리미엄 변동분만큼 이익을 실현할 수 있다.

104) 우리나라의 국가 CDS 거래는 통상 미달러화를 기준통화로 하여 이루어지기 때문에 신용사건 발생 시 보장매수인은 미달러화 표시 외평채를 인도하고 채권 액면금액을 지급받게 된다.

자의 신용위험 헤지 수요 정도도 국가 CDS 프리미엄에 영향을 미칠 수 있다. 이외에도 국제금융시장의 여건이나 글로벌 위험회피도(global risk aversion) 등 투자 심리적 요인에 의해서도 국가 CDS 프리미엄이 변동한다. 특히 리먼 브라더스 파산사태 이후에는 전반적인 CDS 시장 상황이 투자 심리적 요인에 매우 민감하게 반응하는 모습을 나타내었다.[105]

나) 외평채 가산금리의 개념

외평채 가산금리란 국제금융시장에서 형성된 외평채 수익률의 미국 국채 수익률 대비 가산금리(spread)를 말한다. 여기서 가산금리의 산정은 유통 중인 외평채[106]의 잔여 만기와 가까운 만기의 미국 국채를 기준으로 한다.

외평채 가산금리는 외평채 수익률과 무위험자산(risk-free asset)으로 인식되는 미국 국채 수익률 간의 차이이므로 결국 채권 발행주체인 우리나라의 신용위험 수준을 나타내는 것으로 볼 수 있다. 따라서 외평채 가산금리도 CDS 프리미엄과 같이 기본적으로 우리나라의 경제펀더멘털이나 대외지급능력을 반영하게 된다. 다만 최근 들어서는 외평채 가산금리가 우리나라 경제여건의 변화와 상관없이 글로벌 위험회피도의 변화, 미국 국채 수익률의 변동,[107] 외평채 및 여타 신흥시장국 외화표시채권의 수급 상황 등에 크게 영향을 받는 것으로 보인다.[108]

다) 국가 CDS 프리미엄과 외평채 가산금리 간 이론적 관계

CDS 프리미엄과 외평채 가산금리는 우리나라의 국가 신용위험 정도를 나타내고 서로 밀접하게 연계된 지표이나, 산정방법이나 결정요인 등의 면에서 일부 차이점이 있다. 우선 외평채 가산금리가 미국 국채 수익률을 기준금리로 하여 산정되는 데 비해 CDS 프리미엄은 일반적으로 리보(LIBOR)에 대한 가산금리로 간주[109]되고 있다.

또한 결정요인 면에서 외평채 가산금리는 우리나라의 경제펀더멘털이나 대외지급능력 외에 미국 국채 수익률의 변동, 신흥시장국 외화표시채권 수급 등의 요인에 의해서도 영향을 받는다. 이에 비해 CDS 프리미엄은 우리나라에 대한 익스포져를 보유한 투자자의 헤지 수요 정도에 따라 크게 등락할 수 있다.

실제로 거래비용, 최저가인도옵션(cheapest-to-deliver option),[110] 시장의 수급요인, 거래상

105) 성광진(2009), 26-27쪽.

106) 정부는 외화유동성을 확보하는 동시에 기업, 금융기관 등 민간부문의 해외차입 시 기준금리(benchmark) 역할을 수행하게 할 목적으로 국제금융시장에서 미달러화 및 유로화 표시 외평채를 발행하였다.

107) 일례로 2009년 3월 18일 미국 연준의 장기국채 매입계획 발표 등으로 미국 국채 수익률이 급락(5년물 기준 전일 대비 45bp 하락)함에 따라 외평채 가산금리는 전일 대비 34bp나 급등한 바 있다.

108) 성광진(2009), 30-31쪽.

109) 이는 CDS 등 파생상품거래가 위험채권 투자와 연계하여 이루어질 경우 조달비용 내지 기회비용으로서 리보를 고려하는 것이 합리적이기 때문이다. 이처럼 CDS 프리미엄이 가산금리의 성격을 갖고 있기 때문에 CDS 프리미엄이라는 용어 대신에 CDS 스프레드(CDS spread)라는 표현도 널리 사용된다.

110) 최저가인도옵션은 우리나라에 신용사건이 발생할 경우 CDS 보장매수인이 우리 정부가 발행한 여러 외평

대방위험[111] 등에 따라 CDS 프리미엄과 외평채 가산금리 간에 일정 수준의 괴리가 발생하는 것이 보통이다.

(3) **총수익스왑**(TRS)

(가) 서설

1) 의의

TRS계약은 "대출채권이나 증권, 그 밖의 기초자산에서 발생하는 실제현금흐름과 사전에 약정된 확정현금흐름을 교환하는 거래"로서 신용파생상품의 하나로 분류된다. 전통적인 주식스왑의 발전된 형태라고 할 수 있다. 주식에서 발생하는 실제현금흐름을 수취하는 대신 그 주식을 매입하는 데 필요한 자금조달비용에 해당하는 확정현금흐름을 지급하는 구조이다. TRS계약의 기초자산은 주식이나 사채에 한정되지 않고 통화의 가치를 비롯한 자본시장법상 모든 기초자산을 대상으로 할 수 있다. 물론 기초자산의 종류에 따라 발생하는 법률문제에는 많은 차이가 존재한다. 예컨대 자산보유자인 A가 거래상대방인 B에게 기초자산인 주식, 그 밖의 지분증권이나 대출채권, 사채, 그 밖의 채무증권에서 발생하는 실제현금흐름을 지급한다. 그리고 거래상대방인 B가 자산보유자인 A에게 사전에 약정된 확정현금흐름을 지급한다. 이 경우 자산보유자인 A는 보장의 관점에서는 보장매수인, 위험의 관점에서는 위험매도인(risk seller)이 된다. 거래상대방인 B는 보장의 관점에서는 보장매도인, 위험의 관점에서는 위험매수인(risk buyer)이 된다.[112]

TRS계약은 기초자산의 신용위험과 시장위험을 모두 투자자에게 이전하는 계약이다. 보장매수인은 기초자산으로부터 발생하는 이자, 자본손익 등 총손익을 보장매도인에게 지급하고 보장매도인은 보장매수인에게 일정한 약정이자를 지급한다. 기초자산으로부터 발생하는 모든 현금흐름을 보장매도인에게 이전하기 때문에 현금흐름 측면에서는 해당 자산을 매각하는 것과 동일한 효과가 있다. CDS계약에서는 신용사건이 발생한 경우에만 결제가 일어나지만 TRS계약은 신용사건의 발생과 관계없이 평상시에도 기초자산의 시장가치를 반영하여 거래당사자 간에

채 가운데 유통가격이 가장 낮은 채권을 인도할 수 있는 권리를 말한다.

111) 외평채를 매수한 투자자는 우리나라의 신용위험에 노출되기는 하지만 거래상대방위험을 부담하지 않는다. 이에 비해 외평채를 매수하고 우리나라의 신용위험을 헤지하기 위해 CDS 보장매수를 한 투자자는 우리나라에 신용사건이 발생할 경우 보장매도인이 손실을 보전해 주지 못할 위험, 즉 거래상대방위험을 부담하게 된다. 글로벌 금융위기 이후 대형 금융기관의 부실 및 파산이 이어지면서 장외파생상품거래와 관련한 거래상대방위험이 큰 이슈가 되었다. 이와 관련하여 ECB(2009)는 소수의 전문화된 대형 금융기관들이 CDS 등 장외파생상품 포지션을 대거 보유하고 있고 장외파생상품 포지션이 금융기관 간에 밀접히 연계되어 있는 점이 금융안정에 커다란 위협요소라고 평가하였다(ECB, "Credit Default Swaps and Counterparty Risk," European Central Bank, 2009).

112) 정순섭(2017), "총수익률스왑의 현황과 기업금융법상 과제: 헤지, 자금조달, 의결권 제한, 그 밖의 규제회피기능의 법적 평가", 서울대학교 금융법센터 BFL 제83호(2017. 5), 7쪽.

현금흐름이 발생한다. 또한 CDS계약은 기초자산의 신용위험만을 이전하지만 TRS계약은 신용위험은 물론이고 금리, 환율 등의 시장위험도 같이 이전하는 계약이다. 보장매수인 입장에서는 실제 보유자산의 매각없이 보유자산을 매각하는 것과 동일한 효과를 얻을 수 있으며, 일시적으로 신용위험과 함께 시장위험까지도 헤지하는 수단으로 활용할 수 있다. 보장매도인 입장에서는 자기자본의 부담없이 위험 부담에 따른 고수익 획득이 가능할 뿐만 아니라 부외자산으로 처리됨에 따라 일부 규제를 회피할 수 있는 수단으로 활용할 수 있다는 이점이 있다.[113)]

2) 특징

TRS는 기초자산에 관한 모든(신용위험 · 시장위험을 막론하고) 위험을 보장매도인에게 이전한다. 따라서 보장매도인의 입장에서는 해당 기초자산을 직접 보유하는 것과 동일한 위험을 보유하게 된다. 이는 기초자산에서 발생하는 수익 하락의 위험만 이전하거나[예를 들어 이자율스왑과 같이 일정한 명목금액(notional amount)에서 발생하는 금리의 차이만 정산하는 것], 아니면 기초자산의 부도 시 가격 하락위험만을 이전하는 것[예를 들면 CDS의 경우가 이에 해당]보다 더 많은 위험을 이전하는 것처럼 보이게 하는 TRS의 특징이 된다. 그러나 TRS의 위험은 기초자산의 유형에 따라 다르고, 기초자산의 위험이 당사자 사이에서 이전된다는 요소는 모든 스왑거래 나아가 파생금융거래의 공통적 요소라서, TRS가 다른 파생상품보다 더 위험하다고 말하기는 어렵다.

중요한 것은 TRS가 위험하냐 아니냐가 아니라, TRS가 기초자산에 관한 "모든" 위험을 이전하기 위해 고안된 상품이라는 점이다. 뒤에서 보겠지만, TRS가 이전하는 위험에는 당연히 기초자산에 내재된 신용위험도 포함되며 이로 인하여 TRS도 신용파생상품의 일종이라고 생각하는 것이다.

3) 종류

TRS는 기초자산이 주식과 같은 지분증권인 경우와 대출채권이나 사채와 같은 채무증권인 경우로 구분할 수 있다. 지분증권을 기초자산으로 하는 경우 의결권 제한의 회피와 같은 문제가 발생할 수 있다. 대출채권이나 채무증권을 기초자산으로 하는 경우 신용공여 규제나 보증 또는 보험규제의 회피 가능성이 문제 될 수 있다. TRS는 다양한 목적으로 이용된다. 전통적인 기능인 헤지뿐만 아니라 기업의 자금조달, 순환출자 해소, 의결권 제한, 그 밖의 다양한 규제회피 목적으로 사용된다. 1990년대 초 최초로 등장할 때는 종래의 고객관계를 유지하면서 대규모 여신거래에 따른 신용위험을 전가하기 위한 수단으로 활용되었다. 그러나 파생상품으로서의 구조적 · 기능적 유연성에 힘입어 TRS는 전통적인 헤지는 물론 계열사 신용지원을 비롯한 다양한 목적으로 이용되고 있다. 따라서 TRS는 그 목적 또는 경제적 기능에 따라서 헤지형, 신용지원형, 차입형, 규제회피형 등으로 구분할 수 있다. 당사자들은 어디까지나 정당한 기업재

113) 노성호(2009), 13-14쪽.

무활동이라고 주장할 것이므로 실질적 효과를 기준으로 한 분류라고 할 수 있다.[114)]

(나) TRS와 지급보증

1) TRS와 지급보증의 유사성

TRS는(준거자산이 채권과 같이 신용위험과 결부된 자산인 한) CDS의 신용위험 이전의 기능을 포함하는 거래이다. 따라서 TRS의 보장매수인은 CDS의 보장매수인과 유사하게 TRS를 통하여 그가 보유한 준거자산의 신용위험을 이전하는 효과를 누릴 수 있다. 특히 그 자산의 유형이 시장성이 없는 자산(일반대출계약이나 유통이 거의 불가능한 사모사채 등과 같은 것을 말한다)이라면, TRS를 통해 해당 자산의 시장가치 하락의 위험을 이전하는 효과는 없거나 미미하므로 오히려 해당 TRS의 주된 목적은 신용위험의 이전이 될 것이고 CDS와 매우 유사해질 것이다. 따라서 TRS도 경우에 따라서는 지급보증으로 볼 여지가 존재한다.

그러므로 TRS를 지급보증으로 보고 규제할 것이냐가 문제 되는 경우라면 다음 두 측면을 고려해 보아야 한다. ⅰ) 준거자산이 신용위험을 동반하는 자산이면서 동시에 시장성이 없거나 미약한 자산인지 여부이다. 이러한 성격의 자산일수록 보증에 가깝다. ⅱ) 보장매수인이 준거자산으로부터 취득하는 수익이 TRS계약의 체결을 염두에 두고 결정된 것인지 여부이다. 예를 들어 준거자산이 대출채권인데, 이때 채무자에게 통상적으로 받을 수 있는 이자율보다 낮은 이자율이 책정된 경우라면 해당 대출채권의 발생 시 TRS의 보증으로서의 효과가 반영되어 있을 것이기 때문이다.[115)]

이상의 요건을 충족한다면, 해당 TRS는 기능적인 면에서 지급보증과 거의 같다고 보아야 한다. 따라서 어느 법규가 지급보증을 금지 또는 제한하고, 그러한 금지 또는 제한의 취지가 TRS의 보장매도인이 보장매수인의 경제적 위험(즉 신용위험)을 공유하는 것 자체를 금지하는 것이라면 TRS 또한 해당 법규에 따라 금지 또는 제한되는 것이 옳다. 이러한 예로서 공정거래법 제10조의2에 따른 채무보증제한 기업집단에 속한 회사에 대한 계열사 채무보증 금지의무가 있다. 동법상의 채무보증 금지의 취지는 공정거래위원회 스스로의 설명에 의하여도[116)] 순수한 보증행위만을 규제하는 행위라고 보기는 어렵다.[117)]

2) TRS와 지급보증의 차이

TRS는 보장매도인이 보장매수인의 기초자산에 대한 신용위험과 시장위험을 보장한다는

114) 정순섭(2017), 7-8쪽.

115) 반면 TRS의 체결이 전혀 고려하지 않고 결정된 것이라면, 보장매수인의 입장에서 볼 때 이러한 TRS는 보증이라기보다는 아예 보장매도인에게 해당 대출채권을 양도하는 효과를 기대하였을 가능성이 크다.

116) 공정거래위원회는 이 제도의 취지를 "계열회사에 대한 채무보증은 대기업집단으로서의 편중여신을 초래하여 상호출자와 함께 경제력 집중을 심화시키는 요인이 되며, 경쟁력을 상실한 한계 부실계열기업의 퇴출을 가로막아 그룹 전체의 부실화를 초래하고, 나아가 금융기관의 부실화를 심화시켜 경제위기를 초래하는 주요 원인이 되며 또한 구조조정도 저해하기 때문"이라 설명한다.

117) 정성구(2017), 48-49쪽.

기능 면에서 지급보증과 매우 유사하다. 그러나 i) TRS는 일반적으로 기초자산의 채무자나 발행인이 모르게 거래하는 점에서 지급보증에서처럼 주채무자의 부탁이 없는 점, ii) TRS에서 보장매도인의 보장매수인에 대한 지급이 이루어진 경우에도 보장매도인이 보증인의 구상권에 해당하는 권리를 기초자산의 채무자나 발행인에게 행사할 수 없는 점을 고려하면 형식적인 측면에서 TRS는 지급보증과 구별된다. 다만 보증규제를 회피하는 수단으로 남용될 수 있는 측면은 존재한다. 그러나 은행 등 금융회사는 신용공여 규제의 테두리 안에 포함되어 있음을 주의할 필요가 있다(은행법2②, 동법 시행령1의3, 은행업감독규정 <별표 2>).[118]

(다) TRS와 신용공여: TRS거래의 자금조달적 성격

TRS의 보장매도인은 일정기간 동안 준거자산에서 발생하는 모든 현금흐름을 보장매수인으로부터 이전받는 것에 대한 상환으로, 보장매수인에게 준거자산의 명목가치에 일정한 이자율을 곱한 금액을 지급한다. 즉 보장매도인은 마치 준거자산의 명목가치에 상응하는 금전을 보장매수인으로부터 대출받은 것과 같은 대가를 지급한다. 반면 보장매도인이 준거자산에서 발생하는 모든 현금흐름(시장가치의 변동 포함)을 받는 것은 바꾸어 말하면, 경제적으로는 보장매도인이 준거자산의 소유자와 동일하다는 점을 의미하는 것이다. 따라서 TRS는 보장매도인의 보장매수인으로부터의 준거자산의 명목금액 상당의 차입거래(거래1)와 보장매수인이 보장매도인의 계산으로 준거자산을 취득하는[119] 매입거래(거래2)의 결합으로 볼 수 있다. 즉 i) 차입거래(거래 1)는 명목금액 대출이다. 여기서 보장매수인은 보장매도인에게 준거자산의 명목금액에 해당되는 금액을 대여하고, 보장매도인은 보장매수인에게 명목금액에 대한 이자를 지급한다. ii) 매입거래(거래 2)는 준거자산 취득이다. 여기서 보장매수인은 보장매도인에게 준거자산으로부터 나오는 모든 손익을 이전하고, 보장매도인은 보장매수인에게 명목금액(준거자산 취득비용)을 지급한다. 그리고 보장매도인의 계산으로 준거자산을 취득한다.

TRS를 분해하여 보면, TRS는 보장매수인의 보장매도인에 대한 신용공여의 요소를 언제나 포함하고 있다고 볼 수 있으며, 이는 CDS와 구별되는 TRS의 본질적 요소이자 핵심이다.[120] 즉 TRS가 CDS가 제공하는 지급보증의 효과를 가질 수 있는 것은 사실 TRS는 준거자산에 관한 지급보증을 넘어선 준거자산의 취득을 위한 신용공여의 효과를 가지기 때문이다. 이런 의미에서

118) 정순섭(2017), 10-11쪽.

119) 물론 보장매수인 입장에서 반드시 준거자산을 실제로 취득해야 하는가는 또 다른 문제이기는 하다. 그러나 준거자산이 시장성이 없거나 있더라도 이른바 Delta 1 Hedge를 할 수 있을 정도로 유통성을 가질 수 없는 자산인 경우이거나 특히 지분증권과 같이 가격등락도 심하고 현금흐름이 일정하지 않은 경우라면, 거의 100% 준거자산을 취득한다고 보아도 무방할 것이다. 따라서 많은 경우에 TRS는 보장매수인이 보장매도인에게 준거자산의 취득비용(예를 들어 중개수수료, 증권거래세 등)까지 전가시키는 조건을 갖는다.

120) TRS는 보장매도인의 입장에서는 신용공여 효과가 분명히 존재한다. 따라서 은행법 등의 신용공여 규제에 TRS를 포함하지 않으면 탈법행위의 가능성을 충분히 예상할 수 있다. 현재 은행법은 TRS를 신용공여 규제의 대상에 포함하고 있다(은행업감독규정 <별표 2>).

TRS는 보장매도인의 입장에서 준거자산의 경제적 취득을 위한 자금조달행위(funding)이며, 보장매수인의 입장에서는 (은행법에서 말하는 넓은 의미에서의 신용공여가 아니라 좁은 의미에서의) 신용공여, 즉 자금공여이다. 이러한 특성은 TRS에 관한 많은 연구에서 공통적으로 지적되는 TRS의 핵심적 속성이다.121)

TRS의 자금조달기능의 특성으로 TRS의 보장매도인은 실제자산을 취득할 비용 전체를 지불하지 않으면서 자산을 향유하는 것과 동일한 경제적 수익을 기대할 수 있다. 즉 초기투자가 0인 무한의 레버리지(leverage)가 가능한 속성을 갖는다.122) 이러한 과다한 레버리지 투자가 가능한 점은 TRS를 가장 많이 이용하는 고객군이 레버리지 투자의 대명사와도 같은 헤지펀드들인 점과 연결된다.

보장매도인의 입장에서 TRS의 자금조달기능을 이용함에 의하여 취득한 준거자산을 합성적 자산(synthetic asset)이라 한다. 따라서 TRS를 통한 합성적 자산의 취득은 자산의 합성적 취득(synthetic acquisition)이라 부를 수 있을 것이다. TRS의 합성적 취득을 실제취득과 연결시키는 고리는 주로 TRS의 청산과정에서 발생한다. 논리적으로 TRS의 청산은 다음의 거래를 반대로 하는 것과 같다. 즉 ⅰ) 보장매도인이 명목금액 상당의 현금을 보장매수인에게 반환(즉 대출금의 상환)하는 과정이고, ⅱ) 보장매수인이 보장매도인에게 명목금액을 양도하는 과정이다. 이 둘을 합성하면 보장매수인이 보장매도인에게 준거자산을 명목금액에 양도하는 거래가 된다. 즉 실제로 보장매도인에 의한 준거자산의 취득을 발생시키며, 이러한 청산을 통하여 보장매도인은 언제든지 실제 투자자로 전환할 수 있다.

통상적인 TRS거래에서는 보장매도인과 보장매수인 사이에 이러한 준거자산의 양도를 통한 청산과정에 관하여 미리 구체적으로 합의하는 경우는 거의 없다. 양도방식의 청산이 계약상으로도 예정되어 있다면, 보장매도인은 합성적 취득을 한 것이 아니라 실제취득을 예약한 것으로 보아도 무방할 것이다. 그러나 설령 계약상 청산방식에 합의한 바 없다 하더라도 TRS를 중도청산해야 하는 많은 경우에, TRS의 두 당사자가 이런 간편한 방식의 청산을 마다할 이유는 별로 없다. 따라서 합성적 취득을 실제취득으로 규제할 것이냐의 핵심적 요소로서는 이러한 청산거래가 명시적으로 또는 암묵적으로 전제되어 있는가를 살펴야 할 것이다.123) 예를 들어 다음과 같은 요소가 고려될 수 있을 것이다. i) 보장매수인에 의한 준거자산의 취득이 예정되어

121) Janet Tavakoli, Credit Derivatives & Synthetic Structures, 2nd Ed., John Wiley & Sons Inc., p. 24(2001)에서는 매우 중요한 의미에서(in a very important sense) TRS는 신용파생상품이 아니며 파이낸싱 수단이라고 단언한다.

122) 물론 TRS를 제조한 자에 대한 수수료나 담보가 필요하므로 초기투자가 0이라고 보는 것은 이론이지 실제는 아니다.

123) 정성구(2017), 51-53쪽.

있는지 여부, ii) 준거자산이 유통물량이 적어 시장성이 떨어지는 자산인지 여부, iii) 보장매도인이 임의로 TRS를 중도청산할 권리를 갖고 있는지 여부 등이다.

(라) 결어

기초자산에서 발생하는 시장위험과 신용위험을 포함한 모든 위험을 이전하는 TRS는 기초자산에서 발생하는 신용위험만을 이전하는 CDS의 기능을 개념적으로 포함하는 상품이다. 따라서 CDS가 신용위험을 이전한다는 측면에서 지급보증 및 보험과도 늘 비교되고, 규제의 측면에서 동등하게 보아야 할 가능성에 대하여 언급되듯이, (CDS를 포함하는) TRS도 규제의 관점에서도 지급보증이나 보험 등과 동일하게 다룰 필요가 있을 수 있다.

그러나 TRS는 CDS와 구별되는 특징으로 자금조달적 기능이 있다. 따라서 CDS나 지급보증, 보증보험 등이 신용공여를 용이하게 하기 위한 간접적이고 보조적인 수단으로 이용됨에 비추어, TRS는 그 자체로 직접적인 신용공여의 효과를 갖는다. 또한 TRS는 CDS처럼 신용사건의 발생과 그로 인하여 발생하는 경제적 손해의 처리에 특화된 구조를 갖고 있지 아니하므로, 지급보증이나 보험을 완전히 대체하기에는 부적절한 경우가 있을 수 있다.

따라서 TRS가 CDS, 보증, 보험과 같이 규제될 필요가 있는가는 일률적으로 말할 수 없다. 따라서 관련된 규제의 목적과 함께 해당 TRS의 조건을 따져 볼 필요가 있다. 예를 들어 준거자산이 신용위험을 동반하는 자산이면서 동시에 시장성이 없거나 미약한 자산이라면, 신용위험 이전의 기능이 강조되는 경우로서 보증이나 보험과 유사한 기능을 할 가능성이 높다. 또한 보장매수인이 준거자산에서 취득하는 수익이 TRS의 체결과 관련이 있다면 역시 TRS가 보증이나 보험에 가깝다는 판단에 도움이 될 것이다.[124)]

(4) 신용연계채권(CLN)

(가) 의의

CLN은 일반채권에 CDS를 결합하여 증권화시킨 신용파생상품이다. CLN을 발행하는 보장매수인은 준거자산의 신용상태와 연계된 채권(CLN)을 발행하고 약정에 따라 이자를 지급하고 신용사건이 발생하는 경우 CLN을 상환하는 대신 계약에 따라 준거자산에서 발생하는 손실을 보장받는다. CLN 발행인이 지급하는 이자는 일반채권에 비해 훨씬 더 많은 스프레드(spread)[125)]를 가산한다. CLN을 매수하는 보장매도인은 준거자산에 대한 보장의무가 첨부된 일반채권을 매수한 효과가 있으며, 유통시장에서 유통이 가능하다. 통상적으로 신용파생거래는 현금의 이

124) 정성구(2017), 59쪽.

125) 채권시장에서는 가산금리를 spread라고 칭하고 있다. 채권의 금리(가격)를 표시하는 방법으로 「기준금리+spread」 방식이 있다. 예를 들어 (주)신촌이 3년 만기 회사채를 발행한다고 할 때 (주)신촌의 채권의 발행금리를 「국채3년 4.5%+0.5%」라고 표시할 수 있으며, 이때 국채3년은 기준금리이고 0.5%는 spread이다. (주)신촌이 발행하는 채권은 국채 3년 금리인 4.5%에 0.5%를 더한 금리에 평가되고 있다는 의미이다.

동이 없어 보장매도인의 신용도가 해당 신용파생거래의 신용도에 중요한 영향을 미치는데 반해 CLN은 현금거래를 수반하는 증권발행의 형식을 지님에 따라 보장매도인의 신용도에 영향을 받지는 않는다. 따라서 거래의 안정성을 담보하기 위해 조달된 자금이 거래의 이행을 담보하는 역할을 하게 되며 이에 따라 담보자산의 수탁 및 관리, 결제 등의 구조가 도입되어야 한다. CLN은 보장매수인보다는 보장매도인의 입장에서 보다 면밀한 검토가 필요하다. 보장매도인은 준거자산에 대한 신용위험뿐 아니라 CLN 발행인위험에도 노출되기 때문이다. 이런 위험을 해결하기 위해 SPC를 설립하여 CLN을 발행하며 CLN의 발행대금을 신용도가 우량한 자산에 투자하도록 함으로써 발행인위험을 절연시키는 것이 일반적이다.[126)]

(나) 외국환거래규정

외국환거래규정(1-2조 13-1호)상 "신용파생결합증권"이란 자본시장법상의 증권 중 신용사건 발생 시 신용위험을 거래당사자의 일방에게 전가하는 신용연계채권(Credit Linked Note) 및 손실을 우선 부담(First to Default 또는 First Loss)시키는 합성담보부채권(Synthetic Collateralized Debt Obligations, Synthetic Collateralized Loan Obligations) 또는 이와 유사한 거래를 말한다.

(다) 특징

준거자산인 대출채권의 차입자 또는 변동금리부사채 발행기업의 신용등급의 하락·부도와 같은 신용사건이 발생하는 경우, 지급이자가 축소되거나 원금의 상환시기가 연기되기도 하며, CLN의 원리금 지급이 중지되고 CLN의 투자자는 정산절차를 거쳐 준거자산의 손실을 부담하기도 한다. 대출채권 또는 변동금리부사채를 보유하고 있는 금융기관은 이러한 준거자산의 신용위험에 연계되어 있는 CLN을 발행하여 제3자에게 매각함으로써 투자자금 조기 회수의 기회를 얻는 동시에 일종의 부분적인 신용위험 헤지가 가능해지는 것이다.[127)]

CLN은 i) 보장매수인의 직접 발행, ii) 특수목적회사(SPV)를 통한 간접발행으로 구분된다. SPV를 통한 발행에서는 보장매수인이 SPV와 CDS계약을 체결하여 준거자산의 신용위험을 이전하고, SPV는 동 CDS계약이 내재된 CLN을 발행하는데 SPV는 CLN 발행대금으로 우량담보자산에 투자하여 신용사건 발생 시 손실보전에 대비하는 한편, 평상시에는 보장매수인으로부터 수취하는 CDS 프리미엄 및 담보자산 원리금을 보장매도인에게 지급한다.[128)]

(5) 합성담보부증권(synthetic CDO)

합성담보부증권(합성 CDO: Synthetic Collateralized Debt Obligations)은 보장매수인의 기초자산에 내재된 신용위험을 특수목적회사(SPV)가 이전받아 이를 기초로 발행한 선·후순위 채권이

126) 노성호(2009), 12쪽.
127) 이금호(2008), 193쪽.
128) 박철우(2010), 35쪽.

다. 즉 합성 CDO는 CDS 등의 신용파생거래를 이용하여 다수의 대출채권 및 일반채권 등 준거자산에 내재된 신용위험을 별도로 설립한 SPV에 이전하고, SPV는 동 신용위험과 연계된 신용도가 각기 다른 계층의 유가증권을 발행하여 투자자를 대상으로 매각하는 형태를 갖춤으로써 전통적인 일반 CDO(cash flow CDO)와 유사한 현금흐름을 창출하는 효과를 가진 구조화금융상품(structured financial product)이다. 일반 CDO는 SPV가 대출채권 자체를 양수한 후 이를 기초로 발행되는 반면, 합성 CDO는 대출채권의 법적 소유권을 이전하지 않은 상태에서 신용위험만을 SPV와 투자자로 이전하도록 발행함으로써 자산을 유동화하고 있다.

합성 CDO를 발행하게 된 가장 큰 동기는 담보부사채 구조에 신용파생상품거래를 첨부함으로써 준거자산을 보유한 금융기관이 준거자산의 원래 거래상대방에게 채권양도의 통지나 동의를 구하지 않고도 준거자산의 신용위험을 제거할 수 있다는 점이다. 전통적인 일반 CDO에 있어서는 SPV에로 대출채권을 양도하기 전에 대출자산의 원래 거래상대방인 차주에 대한 통지 또는 차주의 동의가 필요하다. 반면 합성 CDO 거래에 있어서는 준거자산의 실질적인 양도절차가 없으므로 이러한 차주에 대한 통지 또는 동의 절차가 불필요하다.[129]

Ⅲ. 거래장소에 따른 분류

자본시장법은 파생상품을 표준화된 시장의 유무에 따라 장내파생상품과 장외파생상품으로 구분한다.

1. 장내파생상품

(1) 의의

파생상품이 표준화되어 거래소에서 거래되는 경우를 장내파생상품이라 한다. 자본시장법상 장내파생상품이란 i) "파생상품시장"에서 거래되는 파생상품, ii) "해외 파생상품시장"에서 거래되는 파생상품, iii) 그 밖에 금융투자상품시장을 개설하여 운영하는 자가 정하는 기준과 방법에 따라 금융투자상품시장에서 거래되는 파생상품을 말한다(법5②). 장내파생상품으로는 국채금리선물, 국채선물, 미국달러선물, 유로 등 기타 통화선물, KOSPI200선물, 개별주식선물·옵션, 금선물, 돈육선물 등을 들 수 있다.

파생상품시장이란 장내파생상품의 매매를 위하여 거래소가 개설하는 시장을 말한다(법8의2④(2)). 해외 파생상품시장이란 파생상품시장과 유사한 시장으로서 해외에 있는 시장과 "대통령령으로 정하는 해외 파생상품거래"가 이루어지는 시장을 말한다(법5②(2)). 여기서 "대통령령

129) 이금호(2008), 194쪽.

으로 정하는 해외 파생상품거래"란 i) 런던금속거래소의 규정에 따라 장외(파생상품시장과 비슷한 시장으로서 해외에 있는 시장 밖을 말한다)에서 이루어지는 금속거래(제1호), ii) 런던귀금속시장협회의 규정에 따라 이루어지는 귀금속거래(제2호), iii) 미국선물협회의 규정에 따라 장외에서 이루어지는 외국환거래(제3호),[130] iv) 선박운임선도거래업자협회의 규정에 따라 이루어지는 선박운임거래(제5호), v) 그 밖에 국제적으로 표준화된 조건이나 절차에 따라 이루어지는 거래로서 금융위원회가 정하여 고시하는 거래(제6호)[131]를 말한다(영5).

(2) 특징

장내거래는 자본시장법에 의하여 허가를 받은 공인된 거래장소인 거래소에서 행하여지고, 법령 또는 거래소의 규정에 의하여 거래의 형식(거래참가자 · 거래대상 · 거래단위 · 가격결정방법 등)이 정하여진다. 채무의 이행은 증거금 · 일일정산제도 등에 의하여 보증되며, 계약만기 전 반대매매나 전매를 통하여 또는 계약만기 시에 목적물의 인도와 대금의 지급에 갈음하는 차액의 결제에 의하여 거래를 종결시키는 것이 인정된다. 장내거래의 가장 큰 장점은 표준화된 거래로 인한 유동성의 확보와 청산기구를 통한 신용위험의 보증이라 할 수 있다.[132]

2. 장외파생상품

(1) 의의

자본시장법상 장외파생상품은 파생상품으로서 장내파생상품이 아닌 것을 말한다(법5③). 따라서 거래소등을 통한 경쟁매매방식에 의존하지 않고 각 경제주체 간의 사적인 계약형태의 파생상품거래는 모두 장외파생상품거래에 해당한다.[133] 장외파생상품은 주로 중개회사(Inter Dealer Broker, IDB)의 중개를 통해 딜러간 이루어지는 딜러간 시장과 딜러와 고객 간에 이루어지는 대고객거래로 크게 구분된다. 우리나라에서는 주로 은행들과 일부 금융기관이 IDB 중개시장에 딜러로 참여하고 있으며, IDB는 서울외국환중개, 한국자금중개 등이 있다.

(2) 종류

장외시장에서 거래가 이루어지는 장외파생상품으로는 통화스왑을 비롯하여, 금리스왑, 통화옵션, 선도금리계약, 상품옵션, 주식스왑, 주식옵션, 신용부도스왑 · 신용부도옵션(Credit Default

130) 제4호는 삭제됨[2017. 5. 8].

131) "금융위원회가 정하여 고시하는 거래"란 다음의 어느 하나에 해당하는 거래를 말한다(금융투자업규정 1-3).

1. 대륙간 거래소의 규정에 따라 장외에서 이루어지는 에너지거래
2. 일본 금융상품거래법에 따라 장외에서 이루어지는 외국환거래
3. 유럽연합의 금융상품시장지침에 따라 장외에서 이루어지는 외국환거래
4. 영국 금융감독청의 업무행위감독기준에 따라 장외에서 이루어지는 외국환거래

132) 박철우(2010), 38쪽.

133) 유혁선(2010), 22쪽.

Option) 등이 있다. 장외파생상품으로는 이 외에도 금리스왑(IRS)으로 대표되는 이자율연계 장외파생상품이 있는데, IRS 시장은 2000년 채권시가평가제가 도입되면서 현물채권의 시장위험을 관리할 필요성에 의해 발전되었다. 장내파생상품인 국고채선물이 풍부한 유동성을 바탕으로 이자율위험을 헤지하는 수단으로서의 역할을 수행하였지만, 다양한 이자율 관련 상품을 헤지하는데 한계가 있어 현실에서는 IRS가 부각되어 발전되었다.

또한 키코(KIKO)를 통해 일반인에게도 익숙하게 된 통화 관련 장외파생상품은 일반적으로 개인을 위한 상품이라기보다는 주로 수출입기업들의 환헤지 상품을 중심으로 발전되어 왔다. 선물환, 통화스왑, 표준옵션(plain vanilla options) 등이 주요 상품이지만, 키코와 같은 이색옵션(exotic options)이 결합된 구조화된 장외파생상품도 거래된다.

아울러 신용위험을 기초자산으로 하는 장외파생상품도 존재하는데, 신용파생상품은 기초자산의 신용위험을 매매하는 상품으로 보장매수인은 프리미엄을 보장매도인에게 지불하여 신용위험을 이전시키고, 보장매도인은 프리미엄을 지급받는 대신 신용위험을 인수하여 계약체결 당시 정의된 신용사건이 발생할 경우 약정된 금액을 지급하는 방식의 상품이다. 국내시장은 외국계 은행 및 투자은행이 보장을 매수하고 국내은행 및 보험사가 보장을 매도하는 채권의 대체 상품적 성격을 지닌 CLN과 특정 회사 및 국가에 대한 신용위험을 기초자산으로 하는 CDS 정도가 소규모로 거래될 뿐 크게 활성화되지는 못하였다.[134)]

(3) 특징

국내에서 거래되는 주식 관련 장외파생상품의 대부분은 ELS와 연관되어 있다. ELS는 자본시장법상 파생결합증권으로 "증권"의 범주에 해당하며 파생상품은 아니다. 그러나 자본시장법은 그 시행령(영4의3(1))에서 파생결합증권의 발행은 증권에 대한 투자매매업(영 [별표1] 1-1-1 또는 1-1-2)의 금융투자업 인가를 받은 자가 장외파생상품에 대한 투자매매업(영 [별표1] 1-3-1 또는 1-3-2)의 금융투자업 인가를 받은 경우로 한정하고 있으므로, 결국 장외파생상품 인가를 받지 않은 금융투자업자는 ELS와 같은 파생결합증권을 발행할 수 없다. 또한 ELS 등 파생결합증권을 발행한 금융투자업자는 해당 포지션의 위험을 상쇄하기 위하여 다른 국내·외의 금융투자업자와 장외파생상품거래를 수행한다. 따라서 ELS는 파생결합증권으로 증권의 범주에 해당하나 이의 발행 및 위험관리를 위해서는 장외파생상품의 거래를 수반하는 경우가 상당하다.[135)]

장외거래는 거래당사자의 합의에 따라 다양한 형태의 파생상품을 거래할 수 있다는 것이 장점이다. 다만 거래상대방위험이 커서 이에 대한 관리가 무엇보다 중요한데, 이를 위해 i) 거래상대방 신용제공한도의 설정, ii) ISDA 표준계약서의 사용, iii) 마감상계와 담보설정,

134) 유혁선(2010), 23쪽.
135) 유혁선(2010), 23쪽.

ⅳ) 정기적인 현금결제, ⅴ) 청산기구를 통한 결제방법 등이 있다. 특히 청산기구를 통한 결제에서는 거래상대방 신용위험 관리와 거래절차가 청산기구에 위임되지만 청산기구는 비교적 표준화된 장외파생상품거래를 취급하며 복잡한 구조의 장외파생상품거래는 취급할 수 없다는 한계가 있다.[136)]

(4) 거래구조

장외파생상품거래의 계약체결 및 청산·결제가 주로 양자 간에 이루어지고 있는 것은 흔히 장외파생상품시장의 "구조적 결함"으로 지적된다. 이러한 구조적 결함의 발생은 장외파생상품의 헤지 경로에서 기인한다. 예를 들어 X가 Y와 이자율스왑 계약을 체결하였고, Y도 그가 부담하게 된 위험을 헤지하기 위하여 Z와 파생상품계약을 체결했으며, Z 역시 그의 위험을 헤지하기 위해서 또 다른 시장참가자[137)]와 파생상품계약을 체결한 경우를 생각해 볼 수 있다. X는 Y에 대한 권리를 가지는 동시에 다른 시장참가자들을 위해 헤지를 제공하는 위치에 있게 된다. 시장참가자들 간은 서로 밀접한 관계에 놓여 있지만, 그 누구도 거래상대방의 재무건전성에 대해 정확한 정보를 가지고 있지 않다. 장외파생상품거래는 주로 양자 간에 체결되기 때문에 시장참가자들은 각자가 거래하는 상대방에 대한 채권액의 규모는 알 수 있어도, 거래상대방이 장외파생상품거래를 통해 금융시스템 내의 다른 참가자들에게 어느 정도의 채권액을 갖고 있는지는 알 수 없다. 그 결과 시장 참가자들 간에 상호의존적인 관계가 형성되고, 한 사람이 채무불이행에 빠지게 되면 전체적으로 연쇄효과를 일으키는 시스템 실패로 귀결될 가능성이 높아진다. 실제로 장외파생상품거래가 주로 양자 간 거래에 의해 이루어지는 구조적 결함은 서브프라임 모기지 사태의 충격을 더욱 증폭시키는 역할을 했다는 평가가 있다.

(5) CFD: 차액결제거래

(가) 개념

차액결제거래(Contract for Difference: CFD)란 기초자산의 보유없이 가격변동을 이용한 차익을 목적으로 매매하며, 진입가격과 청산가격의 차액을 당일 현금결제하는 장외파생상품거래를 말한다. 즉 CFD란 해외의 CFD 거래상대방이 정하는 기준 및 방법에 따라 장외에서 이루어지는 거래로서 ⅰ) 주식을 기초자산으로 하여 계약 진입시점 가격과 청산시점 가격의 차액만을 수수하여 결제하는 거래, ⅱ) 기초자산 가격의 일정비율의 증거금만으로 거래를 할 수 있으

---

136) 박철우(2010), 29쪽.

137) 파생상품 시장참가자는 일반적으로 위험을 회피하고자 하는 자(hedger), 투기자(speculator), 차익거래자(arbitrageur)로 분류할 수 있다. 위험회피자는 자신이 보유하고 있는 환율변동위험, 이자율변동위험 등에 따른 손실가능성을 방지하고자 거래하는 자이다. 기초자산을 보유하고 있거나 보유할 예정인 자가 위험회피자에 해당한다. 투기자는 기초자산의 보유 여부와 관계없이 선물의 가격변동을 이용하여 적극적으로 이익을 얻을 목적으로 거래에 참여하는 자이다. 차익거래자는 현물시장과 선물시장 간의 가격불균형 내지 가격 차이를 이용하여 아무런 위험을 부담하지 않고 수익을 얻으려는 시장참가자이다.

며, 계약이행을 위한 증거금이 유지되어야 하는 거래, iii) 증권회사는 거래당사자 간 거래의 중개업무를 수행하는 거래를 말한다.

CFD거래는 일반적인 주식거래와 유사한 방식으로 거래되고, 기초자산의 보유없이 기초자산의 가격변동에 노출되고, 일정 부분의 증거금만을 가지고 Long/Short Position 진입이 가능하며, 만기 없이 포지션 유지가 가능하다(금융비용 및 대차수수료 발생).

CFD는 투자자가 주식 등을 실제로 거래하지 않고, 해외 IB 등을 통해 실제로 거래한 것과 유사한 효과를 얻는 것으로 거래와 관련된 손익만 정산하고 원금의 교환이 없다는 점에서 자본시장법 제166조의2에 따른 장외파생상품거래이다.

국내의 경우 기초자산은 상품을 판매하는 증권사별로 차이가 존재하지만 유가증권 및 코스닥 시장 상장주식 2,300여 개 종목 및 미국, 홍콩 등 해외주식으로 구성된다. 매수 및 매도 양방향 포지션 보유가 가능하고, 진입시점의 가격과 청산시점의 가격 간의 차이에 CFD 계약 수량을 곱해 이익 및 손실 금액을 계산한다.[138]

(나) 특징

CFD는 매수 또는 매도하려는 주식의 약정금액 일부인 증거금만으로 거래가 가능하며, 종목별 증거금률은 기업의 신용도에 따라 등급을 나눠 10-100%로 차등 산정한다. CFD 거래 주문을 위한 위탁증거금을 예탁해야 하고, 위탁증거금의 80% 이상의 유지증거금이 추가적으로 필요하다.

CFD 거래에서 발생할 수 있는 손실규모는 증거금을 초과할 수 있다. 증권사는 시장 마감 기준 종가로 보유포지션을 평가해 추가증거금 납입을 요청할 수 있으며, 추가증거금 미납 시 반대매매를 집행해 계약을 강제로 청산할 수 있다. 시장 급변동 등의 이유로 계좌에 마이너스(−) 잔고가 발생했을 경우 캐쉬콜(미수)이 발생되며, 미수 발생 시 미수금액 해소가 필요하다. 미납된 미수금액에 대해서는 발생일로부터 해소 전까지 미수이자가 발생하며, 해당 원리금이 회수되지 않을 경우 강제 추심이 진행된다.

일정 부분의 증거금만을 가지고 거래하기 때문에 레버리지 효과가 발생한다. 따라서 금융투자상품에 관한 전문성을 보유하고 투자의 위험감수능력이 있는 전문투자자에 한하여 거래를 허용하고 있다.

CFD는 레버리지 활용 및 롱·숏 포지션을 모두 활용할 수 있다는 점에서 선물과 비슷하나 만기가 없다는 장점을 보유하고 있다. 만기일에 구애받지 않고 원하는 포지션에 대한 보유기간을 자유롭게 설정할 수 있어 거래의 자유가 보장된다. 다만 레버리지를 활용하는 상품이기 때문

138) 자본시장연구원(2020), “차액결제거래(CFD) 시장 현황 및 특징”, 자본시장 포커스 2020-13호(2020. 5), 1-6쪽.

에 매수 미결제 약정 대금에 대한 이자 비용[139] 및 매도 미결제 약정 대금에 대한 주식 차입 비용(종목별 상이)이 보유일수에 따라 발생하며, 투자자는 이를 부담해야 거래가 유지할 수 있다.

국내주식 CFD는 해외 장외파생상품이므로 일반 주식현물 거래방식과 상당 부분 다르다. CFD는 USD base 해외 장외파생상품이므로 달러 예수금으로만 거래할 수 있다. 청산손익, 수수료 출금, 금융비용입출금, 각종 차액보정 이벤트 등 모든 거래가 USD로 이루어진다. 증권회사 HTS와 MTS상에서 원화로 표시되는 계좌정보는 투자자의 편의를 위해 가환율인 매매기준환율로 표시한 것일 뿐이며 실제 모든 거래는 USD로 이루어진다.

(다) CFD 거래현황

1) 주요국 시장

해외에서는 CFD를 최초로 도입한 영국을 비롯하여 독일, 호주 등 전 세계 20여 개국으로 확산되며, 거래가 활발하게 진행되었다. 1990년대 초기 영국에서 장외거래 및 주식스왑의 한 형태로 거래되다가 헤지펀드가 런던거래소에 상장된 주식 현물 포지션에 대한 헤지를 하면서 본격적으로 거래가 시작되었으며, 2008년 금융위기 이후 글로벌 시장에서 외환거래를 대체하는 상품으로 부상하였다. 해외에서는 기초자산이 주식뿐만 아니라 지수, 상품, 통화, 채권 등 다양한 종목으로 거래가 가능하다.

2007년-2011년 중 글로벌 거래량은 연평균 20% 증가하였으며, 영국, 독일, 호주 등에서 거래가 활발하게 진행되었다. 영국의 경우 개인투자자들의 CFD는 영국 전체 주식거래의 약 30%를 차지하고 있으며, 독일은 2018년 3월 기준 CFD 고객수가 전년 대비 23% 증가한 7만 6,000명가량으로 급속한 성장세를 시현하였고, 호주의 경우 호주거래소의 거래량 1/3 이상이 CFD를 통해 거래되고 있다.

다만 미국의 경우 증권거래위원회(SEC)의 장외 금융상품에 대한 규제조치로 인해 미국 내 거주자 및 미국시민은 CFD 거래가 금지된다.

2) 국내시장

국내에서는 2015년 교보증권이 처음으로 CFD를 도입한 이후 서비스 제공이 제한적이었으나, 최근 들어 주요 증권사들이 경쟁적으로 서비스를 도입하고 있다. 2019년 6월 키움증권, DB투자증권, 2019년 10월 하나금융투자, 2020년 한국투자증권, 신한금융투자, 유진투자증권이 서비스를 도입하였으며, NH투자증권, 미래에셋대우, 삼성증권 등도 서비스 도입 여부를 검토하고 있다.

증권사들은 외국계 증권사와 협업으로 CFD 서비스를 진행하고 있다. 투자자가 국내 증권

---

139) 국내 CD금리(거래 체결일 또는 체결일 부근 일자, 정산 일자의 금리)기준으로 가산금리가 적용되어 일일 변동 적용되며, 통상 신용거래 융자 이자율과 비슷한 수준이다.

사에 주문을 하면 외국계 증권사를 통해 한국거래소에 실제 주문을 실행하는 방식을 이용한다. 교보증권은 CGS-CIMB증권, 키움증권은 모건스탠리, 하나금융투자는 소시에테제네랄 등과 협업하고 있다.[140]

현재 형성된 국내 CFD 시장은 아직 초기 단계로 시장규모에 대한 공식적인 통계는 제공되고 있지 않으나, 2019년 10월 국정감사 자료에 따르면 교보증권, 키움증권, DB투자증권의 일평균거래대금 합계는 339억원 수준인 것으로 알려지고 있다.

(라) 결어

CFD 시장 활성화는 높은 투자위험도, 세금 회피수단으로 활용 가능성 등 부작용이 우려됨에 따라 구체적인 관련 제도를 만들고 영업행위, 위험관리 등에 대한 세부적 지침을 제시할 필요가 있다.

높은 레버리지를 사용해 거래하는 경우 기초자산 가격 또는 관련 시장 요인이 조금만 변해도 평가 금액은 크게 변해 투자위험도가 증대할 것이다. 영국의 FCA(Financial Conduct Authority)가 CFD 거래에 대한 샘플 분석을 한 결과, 82%의 투자자가 손실을 본 것으로 분석되었다.[141]

세법개정으로 상장주식 양도소득 과세대상 대주주의 범위가 단계적으로 확대되어 과세 기준이 강화됨에 따라 고액투자자들이 세금 회피수단으로 CFD를 악용할 가능성이 높다. 대주주 요건이 2020년 4월 코스피 및 코스닥 상장사 보유 지분 금액 15억원에서 10억원으로 하향 조정되었으며, 2021년 4월 이후에는 3억원으로 재조정될 예정이다.[142] CFD는 매매에 따른 이익 및 손실이 투자자에게 귀속되나 소유권이 부여되지 않기 때문에 주주로서의 권리 및 의무는 갖지 않는다.

국내에서 CFD 시장이 확대되고 있지만 아직까지 CFD에 대한 세부적 규제 방안은 마련되지 않은 상황이다. 국제증권거래위원회(IOSCO)에서 CFD 등 장외거래 레버리지 상품에 대해 지나친 거래위험 등을 지적하고 투자자 보호 강화를 위해 규제를 권고한 바 있다.[143]

Ⅳ. 파생상품과 유사한 금융투자상품

1. 변액보험

(1) 개념

변액보험이란 보험업법 제108조 제1항 제3호에 근거를 둔 보험으로서, "변액보험계약자가

140) The bell, "첫 포문 연 교보증권, 대형사들도 도입 채비 분주"(2019. 10. 21) 기사.
141) FCA, "FCA proposes stricter rules for contract for difference products", 2016. 12. 6.
142) 기획재정부(2017), "2017년 세법개정안"(2017. 8. 2) 보도자료.
143) IOSCO, "Report on Retail OTC Leveraged Products", 2018. 9.

지급한 정액보험료 중 준비금에 상당하는 재산의 전부 또는 일부를 기타의 재산운용기금(일반계정)과 구별하여 이용하기 위한 특별계정에 편입하고, 이 특별계정이 주로 주식이나 채권 등의 유가증권에 투자하여 그 운용실적에 따라 보험금액 및 해약환급금이 변동하는 구조를 지닌 생명보험상품"을 말한다.[144] 즉 변액보험이란 고객이 납입한 보험료를 모아 펀드를 구성한 후 주식, 채권 등 유가증권에 투자하고 투자실적에 따라 보험금을 지급하는 실적배당형 보험이다. 변액보험은 원본손실 가능성이 있는 금융투자상품으로 투자실적이 악화되면 보험계약자가 실적 감소에 따른 손실분을 부담해야 한다. 그러나 보험회사가 실적 감소분을 보전해 주는 옵션을 포함한 변액보험 상품도 있다. 계약자가 보증비용을 부담하면 보험회사가 실적 감소분을 보전해 주는 옵션이 그것이다.[145]

(2) 법적 규제

변액보험의 법률상 정의는 "보험금이 자산운용성과에 따라 변동하는 보험계약(보험업법108①(3))"이다. 변액보험은 생명보험과 집합투자(펀드운용에 의한 실적배당)의 성격을 동시에 가지므로 법적 규제에 있어서도 보험업법과 자본시장법의 일부 규정이 동시에 적용된다. 또한 변액보험은 생명보험상품 중 하나이므로 손해보험회사에서는 취급할 수 없다(보험업감독규정5-6①(3)).

변액보험은 보험업법에 따라 특별계정을 설정하여 운용해야 한다. 특별계정이란 보험상품의 도입목적, 상품운용방법 등이 일반상품과 크게 상이하여 보험회사로 하여금 다른 보험상품과 구분하여 별도로 관리 및 운용을 할 것을 보험관련법규에서 지정한 것으로 계정 상호 간 계약자를 보호하는 것을 목적으로 설정한 것이며 주요 특별계정 상품으로는 퇴직보험, 연금저축, 변액보험 등이 있다. 일반계정의 경우 보험계약의 종류에 구분 없이 보험료를 운용하고 그 결과에 대하여 보험회사가 책임을 지는데 반해, 변액보험은 특별계정의 자산운용성과에 따라 보험금의 차이가 발생한다. 따라서 변액보험특별계정에는 회계처리나 자산운용방법, 자산의 평가방법 등에 있어서 일반계정과 다른 규제와 제한이 적용된다.[146]

(3) 종류

변액보험의 종류에는 변액종신보험(variable life insurance), 변액유니버설보험(variable universal life insurance), 변액연금보험(variable annuity) 등이 있다.[147]

i) 변액종신보험은 사망보험금(최저사망보험금인 「기본보험금」+운용실적에 연동하는 「변동보험

144) 김선정(2013), "변액유니버셜보험계약에 있어서 설명의무와 적합성원칙에 대한 재론: 대법원 2013. 6. 13. 선고 2010다34159 판결", 금융법연구 제10권 제2호(2013. 12), 103쪽.

145) 생명보험협회(2019), 「변액보험의 이해와 판매」, 생명보험협회(2019. 8), 35-36쪽.

146) 생명보험협회(2019), 148쪽.

147) 박철우(2016), "파생상품거래와 투자자보호의 법리에 관한 연구", 고려대학교 대학원 박사학위논문(2016. 12), 13-14쪽.

금」)과 해지환급금(=해약환급금)이 변동하는 보험으로서, 중도에 적립금의 입출금이 제한된다는 점에서 유니버설보험과 구별된다. 변액종신보험은 최저사망보험금은 보장이 되나 보험료로 운용되는 펀드의 운용실적이 저조한 경우 해지환급금이 보장되지 않고 원금손실이 발생할 수 있다. 고객은 자신의 투자성향에 따라 채권형, 주식형, 혼합형 등 투자대상자산을 변경할 수 있다.

ii) 변액유니버설보험은 간접적인 투자상품의 실적배당, 보험의 보장성, 수시입출금기능을 결합한 종합금융형 보험으로 장기투자 목적의 적립형과 사망보장을 주목적으로 하는 보장형으로 구분되며, 적립형은 기납입보험료를 최저보증하고, 보장형은 기본보험금을 최저보증한다. 이에 따라 변액유니버설보험에서의 사망보험금은 [기본보험금, 기납입보험료, 투자실적에 따라 매일 적립되는 계약자적립금의 일정비율(105-110% 수준)] 중에서 최대금액을 지급하게 되며, 해지환급금은 투자수익률에 따라 매일 변동되는데 투자실적이 저조할 경우 원금손실이 발생할 수도 있다. 변액종신보험과 마찬가지로 변액유니버설보험에서도 고객은 자신의 투자성향에 따라 채권형, 주식형, 혼합형 등 투자대상자산을 변경할 수 있다.

iii) 변액연금보험은 연금개시 전 사망 시에는 [기본사망보험금+투자실적에 따라 연동되는 사망당시의 적립금]을, 생존 시에는 계약자적립금을 투자실적에 따라 적립한 후 연금개시 연령이 되면 계약자가 선택한 방식에 따라 계약자적립금을 재원으로 공시이율을 적용한 연금(공시이율연금형) 또는 투자실적에 연동한 연금(변액연금형)을 지급하게 되는 보험이다. 변액연금보험은 최저사망보험금이 보장되는 가운데 기본사망보험금과 해지환급금이 변동하며, 고객의 투자성향에 따라 자산운용형태를 변경할 수 있다는 점이 특징이다.

(4) 파생상품적 특성

변액보험은 간접적 투자상품의 성격과 보험으로서의 성격을 동시에 가지고 있는 것으로 평가된다. 그런데 변액보험이 채권형, 주식형 또는 혼합형 펀드 등을 통한 간접투자상품으로 인식되고 있음에도 불구하고 보험료 및 보험금이 자산운용 실적과 연계하여 산출되는 점에서는 해당 펀드자산을 기초로 보험금이 연동되는 일종의 파생상품으로 파악할 수도 있다. 특히 혼합형 펀드로 운용되는 경우에는 투자대상자산에 CD금리선물 등의 채권 관련 파생상품, KOSPI200 주가지수 선물·옵션 등 주식 관련 파생상품이 포함되어 있어 실질적으로 파생상품에 연동하여 보험금 등이 결정된다는 점, 고객의 자산운용 형태 및 투자자산에 대한 선택권이 확대될수록 펀드의 위탁자산 성격보다는 고객이 직접 투자하는 파생상품의 기초자산의 성격에 가까워진다는 점 등에 비추어볼 때 기초자산과의 연계성과 장래 이행성이라는 파생상품의 요건을 충족하고 있다고 볼 수 있다. 나아가 자본시장법상 파생상품의 요건인 "추가지급의무의 존재" 요건의 충족 여부를 살펴보면, 투자실적이 악화되는 경우 해지환급금이 보장되지 않고 원본손실 가능성이 있다는 점, 변액유니버설보험에서 보험료 의무납입기간 경과 이후 보험료

납입 중지 시 투자실적이 악화되는 경우 보험료를 추가납입하지 않으면 보험계약 자체가 해지됨에 따라 "원본손실위험" 외에 실질적으로 "추가납입이 강제되는 효과"가 있다는 점 등에 비추어보면, 법적으로는 추가납입의무가 인정되지 않기 때문에 자본시장법의 "추가지급의무" 요건을 완전히 충족한다고 보기는 어렵지만, 금융투자상품 특히 파생상품의 특성을 강하게 지닌다고 할 수 있다.[148)]

2. FX 마진거래

(1) 서설

(가) 의의

FX 마진거래(foreign exchange margin)는 자본시장법상 장내파생상품으로 미국선물협회의 규정에 따라 장외에서 이루어지는 외국환거래로서, 환율변동을 이용하여 시세차익을 얻는 거래[149)]로 고객이 일정 증거금을 납입하고 통화를 매매한 후 환율변동 및 해당 통화의 금리 등을 기준으로 산출된 금액으로 손익을 정산하는 거래를 말한다. FX 마진거래에 해당하는 "외환증거금거래"에 대해 외국환거래법에 따른 외국환거래규정은 "통화의 실제인수도 없이 외국환은행에 일정액의 거래증거금을 예치한 후 통화를 매매하고, 환율변동 및 통화 간 이자율 격차 등에 따라 손익을 정산하는 거래"로 정의하고 있다(외국환거래규정1-2(20-1)).

자본시장법에서는 FX 마진거래가 2005년 1월 27일 개정·시행된 구 선물거래법 시행규칙(재정경제부령 제412호)에서 "유사해외선물거래"로서 도입된 것을 연유로 "해외 파생상품시장(파생상품시장과 유사한 시장으로서 해외에 있는 시장과 대통령령으로 정하는 해외 파생상품거래가 이루어지는 시장)에서 거래되는 장내파생상품"(자본시장법5②(2))으로서 "미국선물협회의 규정에 따라 장외에서 이루어지는 외국환거래"(동법 시행령5(3))의 하나로 규율하고 있으며 별도 정의규정은 없다.

그런데 자본시장법에 의하면 일반투자자가 해외파생상품시장에서 장내파생상품의 매매거래를 하는 경우에는 투자중개업자를 통해서만 거래를 하도록 규정(영184①)하고 있기 때문에 일반투자자의 FX 마진거래는 투자중개업자를 통해 이루어져야 하며 그렇지 않고 해외 투자중개업자와 직접 거래를 하는 것은 위법이다.[150)]

---

148) 박철우(2016), 14-15쪽.

149) 대법원 2015. 9. 10. 선고 2012도9660 판결.

150) FX 마진거래는 투자자에게 새로운 금융투자상품을 제공하고 선물업자에게 수익원 창출의 기회를 제공한다는 의미에서 긍정적인 측면이 없지 않으나, FX 마진거래의 높은 거래비용구조와 레버리지로 인한 사행심 조장 등의 부정적인 측면도 아울러 존재한다.

(나) 도입경과

2005년 1월 선물업계의 영업기반 확대요구에 따라 선물거래법 시행규칙 제1조의2를 개정하여 미국선물협회의 규정 또는 일본의 상품거래소법에 따라 장외에서 이루어지는 외국환거래를 해외선물거래로 지정함으로써 선물업자는 FX 마진거래, 그 위탁이나 위탁의 중개 등을 할 수 있게 되었다. 즉 FX 마진거래를 유사해외선물거래로 지정하여 국내 선물업자만이 FX 마진거래의 중개업무를 영위할 수 있었다. 또한 2005년 4월 선물협회는 선물회사의 FX 마진거래업무의 원활화를 위하여 "FX 마진거래업무 가이드라인"을 제정하였다.151) 외국의 관련 법령에서는 FX 마진거래를 장외파생상품 또는 별도의 외환투자상품으로 구분하고 있지만 자본시장법은 종래 선물거래법과 마찬가지로 해외 파생상품거래로 보아 장내파생상품으로 분류하는 입법체계를 유지하고 있다(법5②, 영5).

자본시장법은 FX 마진거래에 대하여 정의규정을 두고 있지 않고 유사해외통화선물거래로 간주하여 장내파생상품으로 분류하고 있기 때문에 동법에 의해 선물업을 인가받은 선물업자는 국내 일반투자자와 해외거래소 회원인 해외 선물중개회사(FCM: Futures Commission Merchant) 사이의 거래를 중개하는(introducing broker형) FX 마진거래를 취급하고 있다. 다만 한국금융투자협회 「금융투자회사의 영업 및 업무에 관한 규정」("업무규정") 제3-29조 제1항은 유사해외통화선물거래의 대상을 원화를 제외한 이종통화로 규정하고 있고, 미국의 FCM은 원화를 기초로 하는 FX 마진거래를 취급하고 있지 않기 때문에 국내 선물업자는 원화를 제외한 이종통화 마진거래만을 취급하고 있다.152)

(2) 법적 규제체계

(가) 자본시장법 관련법령

1) 자본시장법

자본시장법 제5조 제2항은 장내파생상품을 "파생상품으로서 파생상품시장에서 거래되는 것 또는 해외파생상품시장에서 거래되는 것"으로 정의하는 한편 해외파생상품시장을 "파생상품시장과 유사한 시장으로서 해외에 있는 시장과 대통령령으로 정하는 해외파생상품거래가 이루어지는 시장"으로 정의하고 있다. 이에 근거한 동법 시행령 제5조 제3호는 대통령령으로 정하는 해외파생상품거래를 "미국선물협회의 규정에 따라 장외에서 이루어지는 외국환거래"로 정의하고 있다. 따라서 미국선물협회의 규정에 따라 장외에서 이루어지는 외국환거래는 해외파생상품거래로 인정되고, 나아가 미국선물협회의 규정에 따라 장외에서 외국환거래가 이루어지는 시장은 국내파생상품시장과 유사한 시장으로 간주된다. 요컨대 미국선물협회의 규정에

151) 박임출(2011), "FX 마진거래 규제의 법적 과제", 상사판례연구 제24집 제4권(2011. 12. 31), 348쪽.
152) 박임출(2011), 339쪽.

따라 장외에서 이루어지는 외국환거래는 본질적으로 장외파생상품거래에 해당하지만, 자본시장법은 국내 파생상품시장에서 거래되는 것과 유사한 선물거래로 간주하고 있다.[153)]

이와 같이 유사해외통화선물거래를 장내파생상품으로 간주하기 때문에 자본시장법에 의해 장내파생상품을 대상으로 하는 투자매매업·투자중개업을 인가받은 금융투자업자만이 미국의 장외시장에서 이루어지는 FX 마진거래를 할 수 있다. 다만 자본시장법에 의해 선물업을 인가받은 증권회사 또는 선물회사는 미국의 파생상품시장회원이 아니기 때문에 국내 투자자와 해외 FCM 사이의 거래를 중개하고 있다. 이에 따라 일반투자자가 해외 증권시장이나 해외 파생상품시장에서 FX 마진거래를 하고자 하는 경우에는 국내 선물업자를 통해야 하고, 선물업자는 일반투자자로부터 해외 파생상품시장에서의 FX 마진거래를 수탁하는 경우 투자자의 재산보호를 위해 외국 FCM에 자기계산에 의한 매매거래계좌와 별도의 매매거래계좌를 개설하여야 한다(영184②). 또한 자산총액 1천억원 이상인 FX 마진거래 중개업자의 경우 내부통제 강화를 위하여 파생상품 투자자보호에 필요한 절차나 기준의 수립 및 집행에 관한 관리·감독 업무, 장외파생상품 매매에 대한 승인업무 등을 수행하는 파생상품업무책임자를 반드시 두어야 한다(법28의2, 영32의2).

2) 금융투자업규정

FX 마진거래 중개업자(선물업자)는 일반투자자로부터 해외 금융투자상품시장에서의 매매주문을 수탁받을 때에는 다음의 사항을 준수하여야 한다(금융투자업규정5-31③).

1. 일반투자자의 매매주문을 외국투자중개업자등을 통하여 처리하는 때에는 종목, 수량, 가격, 해외 금융투자상품시장 사용종목번호 및 결제(해외 증권시장 및 외국 다자간매매체결회사에 한한다)를 예탁결제원이 처리한다는 사실을 당해 외국투자중개업자등에 명확히 통보할 것
2. 증권매매주문수탁에 관하여 증권시장 업무규정에서 정한 내용 및 방법을, 파생상품매매주문수탁에 관하여 파생상품시장 업무규정에서 정한 내용 및 방법을 각각 준용할 것. 다만, 증권 및 파생상품의 종류, 당해 해외 금융투자상품시장 사용종목번호 등 외화증권 및 장내파생상품 매매주문과 관련된 사항은 이를 별도로 표기할 수 있다.
3. 다음 각 목의 사항이 포함된 위험고지서를 일반투자자에게 교부할 것
   가. 해외파생상품시장거래에는 환율변동위험이 수반된다는 사실
   나. 해외파생상품시장거래는 가격정보 획득, 주문처리 속도 등 제반 거래여건이 불리하다는 사실
   다. 해외파생상품시장제도는 국내제도와 다를 수 있다는 사실

한편 선물업자는 내부통제가 철저히 이루어질 수 있도록 각 지점별 FX 마진거래 영업관

---

153) 이에 따라 유사해외통화선물거래라고 한다(금융투자회사의 금융투자회사의 영업 및 업무에 관한 규정 제4장).

리자의 지정에 관한 사항, FX 마진거래를 위한 계좌개설 시 파생상품 영업관리자의 계좌개설에 관한 확인 및 투자자보호에 필요한 조치에 관한 사항, 거래내용이 투자자의 투자목적 등에 비추어 적합한지 여부 등에 대하여 파생상품 영업관리자의 주기적인 점검에 관한 사항을 내부통제기준에 반영하여야 한다(금융투자업규정2-24).

3) 협회의 업무규정

협회의 업무규정은 자본시장법에 의한 유사해외통화선물거래의 대상을 원화를 제외한 이종통화로 규정하고 있다. 그런데 미국의 FCM은 원화를 기초로 하는 FX 마진거래를 취급하고 있지 않기 때문에 국내 선물업자는 원화를 제외한 이종통화를 대상으로 하는 FX 마진거래만을 취급할 수 있다. 또한 FX 마진거래의 거래단위는 기준통화의 100,000단위이고, 투자자는 투자중개업에 거래단위당 미화 1만 달러 이상을 위탁증거금으로 예탁하여야 하며, 투자자의 예탁자산평가액이 회사가 정한 유지증거금(위탁증거금의 50% 이상의 미화)에 미달하는 경우 투자자의 미결제약정을 소멸시키는 거래를 할 수 있다. 또한 투자자가 유사해외통화선물거래를 하고자 하는 경우 금융투자회사의 명의와 투자자의 계산으로 유사해외통화선물거래를 하도록 하여야 하고, 투자자의 계좌별로 동일한 유사해외통화선물 종목에 대하여 매도와 매수의 약정수량 중 대등한 수량을 상계한 것으로 보아 소멸시켜야 한다(업무규정3-29).

(나) 외국환거래규정

"외환증거금거래"라 함은 통화의 실제인수도 없이 외국환은행에 일정액의 거래증거금을 예치한 후 통화를 매매하고, 환율변동 및 통화 간 이자율 격차 등에 따라 손익을 정산하는 거래를 말한다(외국환거래규정1-2(20-1)). 외환증거금거래를 취급하고자 하는 외국환은행은 은행 간 공통거래기준(최소계약단위, 최소거래증거금 등을 포함)을 따라야 하고, 위의 거래기준을 정하는 경우에는 기획재정부장관과 사전에 협의하여야 하며, 국환은행의 장은 월간 외환증거금거래 실적을 다음달 10일까지 한국은행총재에게 보고하여야 하며, 한국은행총재는 은행별 거래실적을 다음달 20일까지 기획재정부장관에게 보고하여야 한다(외국환거래규정2-4의2).

(3) 구조와 절차

(가) FX 마진거래의 구조

1) 증거금에 의한 차액결제

외환시장에서의 외환거래와 달리 FX 마진거래는 소액의 증거금을 선물업자 등에 예탁하고 해당 증거금의 수십 배에 달하는 외화를 매매할 수 있다. 즉 외환거래는 현실적으로 통화교환이 수반되지만 FX 마진거래는 현실적인 통화교환을 예정하지 않고 증거금의 수십 배에 해당되는 외화의 매매를 가정하여 예상원본을 제외한 예상원본의 차익 또는 차손을 목표로 한다. 이와 같이 FX 마진거래의 기본적 구조는 레버리지를 이용한 고수익을 추구하는 거래라는 점에서 선도거래나 신용거래(주식)와 유사하고, 시세의 변동에 따라 실제의 손익규모가 크게 달라지는 거래이다.[154)]

2) 은행간(interbank)시장[155)]과의 관계

외환거래는 통상 은행과 은행 사이에 이루어지는 상대거래이고, 외환거래의 최저단위는 100만 달러이다. 이와 같은 외환거래는 선물업자와 투자자 사이의 상대거래[156)]인 FX 마진거래와 다르다. FX 마진거래는 차액결제를 예정하고 있어 상대거래의 일방이 차액을 수취하고(차익), 다른 일방이 차액을 지급(차손)한다. 이와 같이 선물업자는 고객에 대해 환리스크를 부담하기 때문에 환리스크를 헤지할 필요가 있다. 그런데 은행간시장의 거래는 최저 100만 달러이기 때문에 은행이 아닌 선물업자가 곧바로 은행간시장에 참가하여 FX 마진거래에서 발생하는 모든 환리스크를 헤지할 수 없다. 이에 따라 선물업자는 FX 마진거래로 인한 파산의 위험성을 항상 떠안고 있기 때문에 FX 마진거래의 고객과 이해상충 관계에 있다.

3) 스왑금리

FX 마진거래는 환율변동에 따른 차익/차손 외에 교환되는 통화의 금리차이에 따른 금액의 교환이 동시에 이루어진다. 예를 들면 엔/달러를 대상으로 FX 마진거래를 하는 경우 투자자가 엔화로 달러화를 매수한 경우 달러화의 금리가 높기 때문에 그 투자자는 엔화와 달러화의 금리차를 얻을 수 있고, 반대로 투자자가 달러화를 매도한 경우 그 달러화의 매도를 위하여 달러화를 조달하는 금리를 지급하여야 한다. 본래 달러화 매수나 달러화 매도는 달러화와 엔화의 금리차가 동일하기 때문에 투자자가 금리차를 얻는 경우나 지급하는 경우 모두 동일하여야 한다. 그러나 투자자가 금리차를 지급하는 경우에는 조달을 위한 수수료가 존재하기 때문에 달러화의 매수로 투자자가 얻는 금액보다 달러화 매도로 투자자가 지급하는 금액이 더 많다. 요컨대 투자자는 rollover 시점부터 여·수신 금리차이와 같은 스왑포인트(매입통화금리-매도통화금리)를 지급하거나 수취할 수 있다.

4) 수수료

FX 마진거래는 투자자와 업자 사이의 상대거래임에도 불구하고 거래할 때에 투자자가 업자에게 수수료를 지급하는 경우가 많다. 매도와 매수의 가격에 수수료가 포함되는 외환거래와 다르다. 예컨대 1달러에 110엔이면 투자자가 달러화를 매수하기 위해서는 수수료 1엔을 더하여 111엔을 업자(은행)에게 지급하여야 하지만, 투자자가 은행에 달러화를 매도하는 경우 수수

154) 박임출(2011), 340-342쪽.

155) 은행과 은행 사이의 외환거래가 이루어지는 집합체를 말한다. 이와 같은 은행간시장에는 Deutsche Bank, RBS, UBS, Citi, Barclays 등 대형 상업은행과 투자은행이 활동하고 있다.

156) 은행간시장(interbank market)을 primary market이라 하고, 소액투자자가 참여하는 외환시장을 secondary OTC market이라 한다.

료 1엔을 빼고 109엔으로 매도한다. 이와 같이 매도와 매수의 가격 차이를 스프레드라고 한다. FX 마진거래에서도 매수와 매도의 가격은 다르다. 또한 거래를 할 때마다 수수료를 지급하기 때문에 수수료가 이중으로 계산된다고 볼 수 있다.

5) 예탁금의 보관

FX 마진거래는 상대거래로서 은행간시장과 연계하여 거래하는 것이 곤란하기 때문에 일반적으로 파산의 위험성을 안고 있다. 투자자가 선물업자에게 예탁하는 증거금을 어떻게 보관할 것인가는 선물업자의 재량으로 선물업자는 통상 투자자의 예탁금을 자기의 재산과 분리하여 보관하고 있다. 그러나 선물업자가 파산한 경우에는 채권자의 재산보전의 대상에서 제외되기 곤란하기 때문에 결국 일반재산과 동일하게 취급될 수 있다.

(나) FX 마진거래의 절차

국내 투자자가 유사해외선물거래인 FX 마진거래를 하기 위해서는 우선 국내 선물업자에게 위탁자계좌를 개설하여야 한다. 해외 외환딜러 자격을 갖춘 FCM을 상대방으로 장외에서 외화현물을 거래하는 것이기 때문에 투자자는 선물업자와 계약을 체결한 해당 FCM이 요구하는 일정한 액수의 증거금을 선물업자에게 납입하여야 주문을 낼 수 있다. 통상적으로 최종 FCM에서 해당 증거금을 보관한다.[157] 투자자는 FCM이 고시하는 매도/매수 가격을 보고 HTS, 전화 등으로 선물업자에게 투자대상, 매수/매도, 가격, 계약 수, 주문의 종류 등을 알려주면 선물업자는 그 주문 내용을 FCM에 전달한다. FCM은 해외 외환시장에서 투자자의 주문에 대응하는 외화를 직접 매매한다. FCM으로부터 주문체결 결과가 통보되면 선물업자는 투자자에게 그 결과를 통지해 준다. 선물업자는 투자자의 보유포지션이나 장중매매에 따라 손익을 정산하여 증거금이 부족한 경우 자동 반대매매(청산거래)를 한다. 이와 같이 국내 선물업자는 투자자의 주문을 전달하는 중개업자로서 역할을 하지만, 해당 FCM이 외환거래의 딜러 역할을 담당한다는 점에서 해외 FCM이 중개업자 역할을 하는 해외 선물거래와 차이가 있다. FX 마진거래는 주말을 제외하고 24시간 거래가 가능하고, 선물이 아닌 현물환을 거래하기 때문에 선물거래에 비하여 거래기법이 단순하며, 장중 마진콜이 발생하는 경우 강제 반대매매로 인한 손실을 차단하는 등 증권투자의 대체수단으로서 일반투자자의 유인이 높다.[158]

(4) 파생상품적 특성

FX 마진거래에서는 일일 가격제한폭도 존재하지 않으며, T+2일 결제 원칙에 따라 원칙적으로 일일정산하게 되므로 만기가 별도로 없다는 점에서 현물환거래의 성격을 가진다고 할

---

157) FX 마진거래는 장외 현물환거래이기 때문에 해외 FCM이 국내 선물업자로부터 받은 증거금 대부분을 보관하고 있다. 이에 따라 FCM이 해당 증거금을 유용할 가능성이 있기 때문에 국내 선물업자는 해외 FCM과 거래계약을 체결할 때에 해당 증거금을 FCM의 고유자산과 분리하여 보관하도록 하고 있다.

158) 박임출(2011), 343쪽.

수 있다. 이에 따라 2003년 하나은행에서 국내에 도입할 당시에도 "마진현물환"으로 불렸다. FX 마진거래의 법적 성격에 대해서는 거래형태 및 규제 필요성 등과 관련하여 견해가 일치되지는 않고 있다. 국내에서는 현물환으로 보는 견해가 있는 반면, 선물거래의 일종으로 보는 견해, 또는 통화선물과 유사한 금융투자상품으로 보는 견해 등이 있다.

미국의 경우에는 CFTC v. Zelener 사건과 CFTC v. Erskine 사건에서 법원은 FX 마진거래가 "현물환(spot exchange rate)의 롤오버(rollover) 거래" 또는 "선도계약(forward contracts)과 유사한 거래"로 판단하고, 당시 상품선물현대화법(Commodity Futures Modernization Act of 2000: CFMA)에 따라 선물시장에 대한 감독 권한을 행사해 온 상품선물거래위원회(Commodity Futures Trading Commission: CFTC)의 감독권을 부정하였다. 이에 따라 발생한 규제 공백을 막기 위해 미국 의회는 CFTC 권한재부여법(CFTC Reauthorization Act of 2008: CRA)에 의해 선물업자(Futures Commission Merchants: FCMs) 또는 소매외환딜러(Retail Foreign Exchange Dealers: RFEDs)에 대한 감독 권한을 상품선물시장 감독기관인 CFTC에 부여함으로써 FX 마진거래를 "장내선물시장"의 규제체계 안에 두었다. 한편 일본의 경우 2005년 7월에 개정된 금융선물거래법(金融先物取引法)에 의해 처음으로 FX 마진거래에 대해 규제하기 시작했으며, 2007년 9월부터 금융상품거래법 제38조 제4호, 동법 시행령 제16조의4 제1항에 의해 "장외파생상품"으로 분류하여 규제하고 있다. 결국 선도계약으로 보든 선물계약으로 보든 미국 판례는 FX 마진거래를 파생상품으로 보고 규율하고 있으며, 일본도 장외파생상품으로 분류하고 있다.

생각건대 고객은 10% 내외의 증거금 납입과 마진콜(margin call)의 부담을 지며, 실물통화의 인도 없이 차액결제로 청산된다는 점, 불특정 다수를 상대로 거래하고 중도청산이 가능하다는 점, 거래 당일 중에 고객이 처음의 거래와 반대방향으로 거래를 하여 보유포지션을 청산하지 않고 롤오버를 하게 되는 경우에는 기준통화와 상대통화의 금리차에 따라 정산[159]을 하게 된다는 점 등에서는 통화선물의 성격을 가진다고 할 수 있다.[160]

159) 예를 들어 EUR/USD 매도 시 기준통화(base cureency)인 EUR보다 상대통화(counter currency)이자 매수통화인 USD의 금리가 높은 경우 1일분의 금리차(swap point)를 수취하게 되며, 반대로 매수시에는 1일분의 금리차를 지급하게 되어 그만큼 손실이 발생한다.

160) 박철우(2016), 24-25쪽.

제3절 파생상품거래 규제

Ⅰ. 규제기관

1. 정부규제기관

국내 파생상품에 대한 규제는 기획재정부와 금융위원회, 증권선물위원회, 금융감독원을 중심으로 이루어지고 있다. 그 밖에 외국환중개업자의 파생상품거래에 대하여 기획재정부장관의 위임에 따라 한국은행 총재가 각종 신고·등록 및 감독 업무를 하거나 한국은행과 예금보험공사가 금융기관에 대하여 자료제출요구, 금융감독원에의 검사요구 또는 공동검사 참여 등 형식으로 규제 업무를 담당하고 있다.

자본시장법에 따르면 금융위원회는 금융투자업자(법415-418), 한국금융투자협회(법290, 292-293), 한국거래소(법410-413) 등에 대해 감독권을 갖는다. 특히 금융투자업자에게는 장내파생상품 및 장외파생상품의 거래규모의 제한에 관한 사항에 관하여 필요한 조치를 명할 수 있고, 장내파생상품의 거래규모의 제한에 관한 사항에 관하여는 위탁자에게도 필요한 조치를 명할 수 있다(법416(7)).

특별히 증권 및 선물 거래의 특수성을 감안하여 이에 대해 별도로 심의·의결할 수 있도록 하는 체계를 구축하기 위하여 금융위원회 내에 증권선물위원회를 두고 있다(금융위원회법 19-23). 증권선물위원회는 자본시장법 제173조의2(장내파생상품의 대량보유 보고 등), 제176조(장내파생상품의 매매 등에 관한 시세조종행위 등의 금지), 제178조(부정거래행위 등의 금지), 제180조(파생결합증권 공매도 제한)를 위반한 사항인 경우에는 관계자에게 참고가 될 보고 또는 자료의 제출을 명하거나 금융감독원장에게 장부·서류, 그 밖의 물건을 조사하게 할 수 있고(법426), 조사공무원에게 이에 대한 위반행위의 혐의가 있는 자를 심문하거나 물건을 압수 또는 사업장 등을 수색하게 할 수 있다(법427).

금융감독원은 금융투자업자의 업무와 재산상황에 관하여 검사를 실시한다(법419①, 법426①). 금융위원회 또는 증권선물위원회는 자본시장법에 의한 권한을 행사하는 데에 필요하다고 인정되는 경우에는 금융감독원장에 대하여 지시·감독 및 업무집행방법의 변경, 그 밖에 감독상 필요한 조치를 명할 수 있고(법440①), 자본시장법에 따른 권한의 일부를 대통령령으로 정하는 바에 따라 금융감독원장에게 위탁할 수 있다(법438④).

한국은행과 예금보험공사는 일정한 경우 한국은행법상의 금융기관 또는 부보금융기관[161]

161) "부보금융회사"(附保金融會社)란 예금자보호법에 따른 예금보험의 적용을 받는 자로서 다음의 어느 하나

에 대하여 파생상품거래에 관한 자료제출을 요구할 수 있으며, 또한 금융감독원에 대하여 (부보)금융기관에 대한 검사를 요구하거나 금융감독원의 (부보)금융기관 검사에 공동으로 참여할 수 있도록 요구할 수 있다(한국은행법87-88① 및 자본시장법419②③④, 예금자보호법21).

2. 자율규제기관

(1) 한국금융투자협회

자본시장법은 i) 회원 간의 건전한 영업질서 유지 및 투자자 보호를 위한 자율규제업무, ii) 회원의 영업행위와 관련된 분쟁의 자율조정, iii) 금융투자업자가 기초자산이 신용위험(당사자 또는 제3자의 신용등급의 변동, 파산 또는 채무재조정 등으로 인한 신용의 변동) 또는 그 밖에 자연적·환경적·경제적 현상 등에 속하는 위험으로서 합리적이고 적정한 방법에 의하여 가격·이자율·지표·단위의 산출이나 평가가 가능한 것에 해당하거나 일반투자자를 대상으로 하는 장외파생상품을 신규로 취급하는 경우 그 사전심의업무 등을 담당할 자율규제기관으로 한국금융투자협회를 설립하도록 하고 있다(법283 및 286). 특히 신용위험을 기초자산으로 하는 장외파생상품에 관한 사전심의업무 수행을 위하여 한국금융투자협회에 장외파생상품심의위원회를 두어야 한다(법288의2①).[162]

에 해당하는 금융회사를 말한다(예금자보호법2(1)).
가. 은행법 제8조 제1항에 따라 인가를 받은 은행
나. 한국산업은행법에 따른 한국산업은행
다. 중소기업은행법에 따른 중소기업은행
라. 농업협동조합법에 따른 농협은행
마. 수산업협동조합법에 따라 설립된 수협은행
바. 은행법 제58조 제1항에 따라 인가를 받은 외국은행의 국내 지점 및 대리점(대통령령으로 정하는 외국은행의 국내 지점 및 대리점은 제외)
사. 자본시장법 제12조에 따라 같은 법 제3조 제2항에 따른 증권을 대상으로 투자매매업·투자중개업의 인가를 받은 투자매매업자·투자중개업자(다자간매매체결회사와 예금등이 없는 투자매매업자·투자중개업자로서 대통령령으로 정하는 자는 제외)
아. 자본시장법 제324조 제1항에 따라 인가를 받은 증권금융회사
자. 보험업법 제4조 제1항에 따라 허가를 받은 보험회사(재보험 또는 보증보험을 주로 하는 보험회사로서 대통령령으로 정하는 보험회사는 제외)
차. 자본시장법에 따른 종합금융회사
카. 상호저축은행법에 따른 상호저축은행 및 상호저축은행중앙회

162) 장외파생상품위원회는 사전심의업무를 수행함에 있어서 다음의 사항을 고려하여야 한다(법288의2④).
1. 기초자산이 제4조 제10항 제4호 또는 제5호에 해당하는 장외파생상품의 경우 기초자산 가격변동에 대한 정보제공 가능성에 관한 사항
2. 일반투자자를 대상으로 하는 장외파생상품의 경우 위험회피구조의 타당성, 일반투자자에게 교부하는 설명 자료의 충실성, 투자권유자문인력의 자격 사항 및 교육 등 판매계획의 적정성에 관한 사항
3. 그 밖에 투자자 보호를 위하여 위원회가 필요하다고 인정하는 사항

(2) 한국거래소

자본시장법은 증권 및 장내파생상품의 공정한 가격 형성과 그 매매, 그 밖의 거래의 안정성 및 효율성을 도모하기 위한 한국거래소의 설립 근거 규정을 두고 있다(법373). 한국거래소는 i) 장내파생상품의 매매에 관한 업무(2호), ii) 장내파생상품의 거래(다자간매매체결회사에서의 거래를 포함)에 따른 매매확인, 채무인수, 차감, 결제증권·결제품목·결제금액의 확정, 결제이행보증, 결제불이행에 따른 처리 및 결제지시에 관한 업무(3호), iii) 장내파생상품의 매매거래에 따른 품목인도 및 대금지급에 관한 업무(4호), iv) 장내파생상품 매매의 유형 및 품목의 결정에 관한 업무(6호), v) 장내파생상품 매매 품목의 가격이나 거래량이 비정상적으로 변동하는 거래 등 대통령령으로 정하는 이상거래의 심리 및 회원의 감리에 관한 업무(8호), vi) 파생상품시장 등에서의 매매와 관련된 분쟁의 자율조정에 관한 업무(10호) 등을 행한다(법377 및 388). 파생상품시장에서의 매매에 관하여 일정한 사항을 파생상품시장업무규정으로 정한다(법393②).[163] 또한 손해배상공동기금을 적립하고(법394) 회원보증금(법395) 및 거래증거금(법396)을 수납·관리한다. 한국거래소가 개설하는 시장은 유가증권시장·코스닥시장·코넥스시장 및 파생상품시장 네 종류이다(법386).

(3) 전국은행연합회·생명보험협회·손해보험협회

전국은행연합회는 민법 제32조에 근거한 비영리 사단법인으로 「금융회사의 통합 리스크관리 모범규준」(2002. 5. 31, 금융감독원·전국은행연합회 제정), 「외환파생상품거래 리스크관리 가이드라인」(2009. 12. 31, 금융감독원·전국은행연합회 제정) 등 은행권의 파생상품거래 관련 가이드라인이나 기준을 정하는 한편, 2008년 11월 3일부터 기업의 파생상품거래정보 확인을 위해 파생상품거래정보 집중·공유를 실시하고 있다.

보험업법(법175)에 설립 근거를 두고 있는 생명보험협회와 손해보험협회도 금융감독원과 공동으로 「보험사 리스크관리 공시 기준」을 제정(2009. 11. 24)하고 이를 생명보험·손해보험 「경영통일공시기준」에 반영하여 파생상품 위험노출 규모 및 거래상대방 신용등급 등에 대한 관리 현황을 공시하도록 하고 있다.

---

163) 파생상품시장에서의 매매에 관하여 다음의 사항은 거래소의 파생상품시장업무규정으로 정한다(법393②).
1. 장내파생상품 매매의 수탁에 관한 사항
2. 취급하는 장내파생상품 매매의 유형 및 품목
3. 장내파생상품 매매의 결제월
4. 파생상품시장의 개폐·정지 또는 휴장에 관한 사항
5. 장내파생상품 매매에 관한 계약의 체결 및 제한에 관한 사항
6. 위탁증거금 및 거래증거금에 관한 사항
7. 결제의 방법
8. 그 밖에 장내파생상품 매매 및 그 수탁에 관하여 필요한 사항

Ⅱ. 파생상품거래 규제 관련 법률

1. 자본시장법

파생상품에 대한 규제체계는 자본시장법 시행 이전 증권회사, 선물회사, 자산운용사 등 금융기관별로 규제법령이 별도로 존재하여 증권거래법, 선물거래법, 간접투자자산운용업법(간투법) 등에 산재해 있어 통일적으로 규율되지 못하였고 기초자산의 범위도 제한되고 업무범위를 구체적으로 열거하고 있어 신종파생상품에 대한 규제도 어려웠다. 자본시장법(2007년 7월 3일 국회통과, 2009년 2월 4일 시행)은 이와 같이 개별 법률에 산재해 있던 파생상품에 대한 규제를 통합하여 일원화하고 기초자산의 범위를 확대하여 포괄주의를 도입함으로써 현실적으로 파생상품규제의 기본법이 되었다. 다만 자본시장법에는 은행업, 보험업, 서민관련금융업 분야가 제외되어 있어 관련법에 파생상품에 대한 규제가 여전히 남아있으며 또한 외국환거래 및 외국환업무가 개입된 경우에는 외국환거래법의 적용을 받게 된다.[164]

자본시장법상의 파생상품규제에 관하여는 후술한다.

2. 외국환거래법

(1) 의의

현행 외국환거래법은 종전 외국환관리법을 대체하여 1998년 9월 16일 제정되고 1999년 4월 1일부터 시행된 우리나라의 외국환거래의 기본법이다.[165] 외국환거래법의 제정으로 파생상품거래에 관한 규정은 그전까지 외국환업무의 일환인 선물환거래와 자본거래의 한 종류인 금융선물거래로 나뉘어 규정되어 오던 것이 파생금융거래로 통합되어 규정되게 되었다. 아울러 규제정책도 엄격한 규제 위주에서 실수요 원칙의 폐지 등 대폭적인 자유화 정책으로 전환하게 되었는데, 2005년 7월 신용파생금융거래 중 보장매입거래를 한국은행 총재 허가대상에서 신고대상으로 변경하였고 2006년 1월부터는 일부 거래를 제외하고 기존의 허가사항을 신고사항으로 변경하는 등 파생금융거래에 대한 제한을 대폭 완화하였다.[166]

(2) 파생상품의 정의

파생상품이 외국환과 관련이 있는 경우에는 외국환거래법의 적용을 받게 된다. 외국환(또는

164) 하지원(2015), "글로벌 금융위기 이후 파생상품규제에 관한 법적 연구", 성균관대학교 일반대학원 석사학위논문(2015, 12), 13-14쪽.

165) 1997년 외환위기 이후 IMF의 권고를 수용하여 규제·관리 위주의 외국환관리법(Foreign Exchange Control Law)을 폐지하고 외환거래 지원을 주요 내용으로 하는 외국환거래법(Foreign Exchange Transaction Act)을 제정하여 1999년 4월부터 시행하였다.

166) 박철우(2010), 88쪽.

외환)이란 국제 간의 채권과 채무를 결제하는 수단을 말하는데 외국환거래법[167]에서는 외국환을 대외지급수단,[168] 외화증권,[169] 외화파생상품 및 외화채권[170]이라고 정의하고 있다(법3①(13)).

외국환거래법은 파생상품의 포괄범위에 대해서 정하고 있다. 이에 따르면 파생상품은 자본시장법 제5조에 따른 파생상품과 그 밖에 대통령령으로 정하는 것으로서 "상품의 구성이 복잡하고 향후 수익을 예측하기 어려워 대규모 외환유출입을 야기할 우려가 있는 금융상품으로서 기획재정부장관이 고시하는 것"(법3①(9), 영5)을 말하고, 외환파생상품은 외국통화로 표시된 파생상품 또는 외국에서 지급받을 수 있는 파생상품(법3①(10))을 말한다.

(3) 파생상품 관련 업무 및 거래 규제

외국환거래법은 외국환업무취급기관을 중심으로 운영되고 있는데, 일정한 요건을 갖춘 금융기관은 자본시장법상의 인가 이외에, 외국환거래법상의 등록(외국환업무) 또는 인가(외국환중개업무)를 받아 외국환업무를 수행할 수 있다(법8①, 9①). 외국환업무 취급기관별로 취급할 수 있는 외국환업무의 범위는 다르다.

외국환업무의 범위에는 외환파생상품의 발행 및 매매, 이와 유사한 거주자 간의 외국환과 관련된 파생상품거래 또는 거주자[171]와 비거주자[172] 간의 파생상품거래가 포함되고(법3①(16)(가)(마) 및 영6(2)), 외국환중개업무에는 외국통화를 기초자산으로 하는 파생상품거래의 중개 및 이와 관련된 업무가 포함되며(법9①(2)), 자본거래에는 파생상품거래(거주자 간의 파생상품거래는 외국환과 관련된 경우로 한정)가 포함된다(법3①(19)(다)).

(4) 기관별 파생상품거래 허용범위

은행 등[173]은 외국환업무취급기관으로 등록을 한 후 외국환과 관련된 파생상품거래를 모두 취급할 수 있다(법8①, 영14(1)). 종합금융회사는 종합금융회사의 업무와 직접 관련된 외국환

---

167) 우리나라 외환거래에 있어서의 기본법규로서 이와 관련된 모든 대외거래를 대상으로 한 포괄적인 법률로서 추상적인 규정만을 두고 있고 구체적인 세부사항은 시행령 이하의 제 규정에서 정하고 있다. 실제로 외환거래제도의 내용을 구체화한 것이 외국환거래규정이다. 외국환거래의 유동적 성질에 대비하고 가변적인 국내외 경제정세에 부응할 수 있도록 외국환거래규정만을 개정하거나 정비함으로써 법률 개정의 번잡성을 피하고 외환거래제도의 신축성을 기하고 있다.

168) "대외지급수단"이란 외국통화, 외국통화로 표시된 지급수단, 그 밖에 표시통화에 관계없이 외국에서 사용할 수 있는 지급수단을 말한다(법3①(4)).

169) "외화증권"이란 외국통화로 표시된 증권 또는 외국에서 지급받을 수 있는 증권을 말한다(법3①(8)).

170) "외화채권"이란 외국통화로 표시된 채권 또는 외국에서 지급받을 수 있는 채권을 말한다(법3①(12).

171) "거주자"란 대한민국에 주소 또는 거소를 둔 개인과 대한민국에 주된 사무소를 둔 법인을 말한다(법3①(14)).

172) "비거주자"란 거주자 외의 개인 및 법인을 말한다. 다만, 비거주자의 대한민국에 있는 지점, 출장소, 그 밖의 사무소는 법률상 대리권의 유무에 상관없이 거주자로 본다(법3①(15)).

173) 은행법에 따른 은행, 농업협동조합법에 따른 농협은행, 수산업협동조합법에 따른 수협은행, 한국산업은행법에 따른 한국산업은행, 한국수출입은행법에 따른 한국수출입은행, 중소기업은행법에 따른 중소기업은행(영14(1)).

업무로서 파생상품거래를 할 수 있으며(영14(2)), 체신관서는 체신관서의 업무와 직접 관련된 외국환업무로서 파생상품거래를 영위할 수 있다(영14(3)). 그 밖의 외국환업무취급기관은 업무 중 해당 외국환업무취급기관의 업무와 직접 관련되는 범위에서 외국환업무로서 파생금융거래를 할 수 있는데(법8②, 영14(4)(아)) 그 구체적인 범위는 외국환거래규정에서 정하고 있다.

외국환거래법상 거주자 간 또는 거주자와 비거주자 간 파생상품거래로서 외국환업무취급기관이 외국환업무로서 행하는 거래는 신고를 요하지 아니한다(외국환거래규정7-40①). 이에 따라 외국환은행과 종합금융회사는 원칙적으로 별다른 허가나 신고절차 없이 앞에서 본 외국환업무 범위에 포함된 파생상품거래를 영위할 수 있다. 다만 파생상품거래 관련 외국환 결제는 외국환매매, 외국환은행 등과의 외국환매매계약에 관한 규정을 준용하며, 외국환은행과 종합금융회사는 파생상품거래실적을 한국은행총재에게 보고하여야 한다.[174]

(5) 신고대상 파생상품거래

거주자 간 또는 거주자와 비거주자 간 파생상품거래로서 외국환업무취급기관이 외국환업무로서 행하는 거래는 신고를 요하지 아니한다(외국환거래규정7-40①). 하지만 외국환업무취급기관이 외국환업무로서 행하는 거래라 할지라도 ⅰ) 액면금액의 20% 이상을 옵션프리미엄 등 선급수수료로 지급하는 거래를 하는 경우(1호), ⅱ) 기체결된 파생상품거래를 변경·취소 및 종료할 경우에 기체결된 파생상품거래에서 발생한 손실을 새로운 파생상품거래의 가격에 반영하는 거래를 하고자 하는 경우(2호), ⅲ) 파생상품거래를 자금유출입·거주자의 비거주자에 대한 원화대출·거주자의 비거주자로부터의 자금조달 등의 거래에 있어 외국환거래법·외국환거래법 시행령 및 외국환거래규정에서 정한 신고등의 절차를 회피하기 위하여 행하는 경우(3호), ⅳ) 한국은행총재에게 신고해야 한다고 규정된 경우(4호)에는 거주자가 한국은행총재에게 신고하여야 하며, 한국은행총재는 필요시 동 신고내용을 국세청장에게 열람하도록 하여야 한다(외국환거래규정7-40② 본문). 다만, 제1호 내지 제3호에 해당하는 거래를 하고자 하는 경우에는 한국은행총재가 인정하는 거래타당성 입증서류를 제출하여야 한다(외국환거래규정7-40② 단서).

(6) 거래실적보고 등

한국거래소는 매월 파생상품거래실적을 한국은행총재에게 보고하여야 하며, 한국은행총재는 파생상품거래 신고 및 보고 내역을 종합하여 기획재정부장관에게 보고하여야 한다(외국환

174) 외국환거래규정 제2-10조의2(파생상품거래) ① 외국환은행이 거주자 및 비거주자와 외환파생상품거래를 체결하고 결제일에 계약금액의 전부 또는 일부를 실제 인수도하고자 할 경우, 동 외국환의 결제는 제2-2조 내지 제2-4조를 준용한다.
② 외국환은행은 매월 파생상품거래실적(파생상품매매의 중개를 포함)을 한국은행총재에게 보고하여야 한다. 다만, 신용파생상품거래(신용파생결합증권을 포함한다)의 경우 거래일로부터 5영업일 이내에 한국은행총재에게 거래내역을 보고하여야 한다.
③ 한국은행총재는 제2항에 따른 보고내역을 종합하여 기획재정부장관에게 보고하여야 한다.

거래규정7-41).

비거주자 또는 투자자금의 대외송금을 보장받고자 하는 외국인거주자가 장내파생상품에 투자하거나 장외파생상품을 청산회사를 통하여 청산하고자 하는 경우에는 외국환은행에 투자자 명의의 투자전용대외계정과 투자전용비거주자원화계정을 개설하여 투자관련자금 또는 청산관련자금을 송금하거나 회수하여야 한다(외국환거래규정7-42①).

투자중개업자 또는 한국거래소·증권금융회사 또는 청산회사는 비거주자 또는 투자자금의 대외송금을 보장받고자 하는 외국인거주자의 장내파생상품의 투자 또는 장외파생상품의 청산을 위해 투자중개업자 명의의 투자전용외화계정 또는 한국거래소·증권금융회사·청산회사 명의의 투자전용외화계정을 개설할 수 있다(외국환거래규정7-42②). 투자중개업자는 비거주자의 장내파생상품 투자 및 장외파생상품 청산을 위한 계정을 관리함에 있어 투자자의 결제자금이 이 규정에 의한 인정된 거래에 의한 것인지를 확인하여야 한다(외국환거래규정7-42③).

3. 은행법

(1) 파생상품 업무규제

은행은 자본시장법상 파생상품의 매매·중개 업무를 겸영업무로 직업 운영할 수 있다(법28①(1), 영18의2②(1), 자본시장법3②(2)). 자본시장법상 은행은 겸영금융투자업자로서 지위를 가진다(자본시장법8⑨(1)). 따라서 은행은 겸영업무로서 장내·장외, 원화·외화 파생상품거래를 모두 취급할 수 있다. 다만 외국환거래법령은 외환과 관련된 파생상품거래(즉 거주자와 비거주자 간의 원화 또는 외화 표시 파생상품거래 및 거주자와 거주자 간의 외화로 표시된 파생상품거래)에 대하여 규정하고 있는데, 은행이 외환 관련 파생상품거래를 하고자 하는 경우에는 외국환거래법령이 적용된다.

은행이 자본시장법에 따라 증권, 부동산, 그 밖의 특별자산 등을 기초자산으로 한 파생상품에 대한 투자를 목적으로 집합투자기구(자본시장법229)를 운용하는 집합투자업(영18의2②(6)), 집합투자증권에 대한 투자매매업 또는 투자중개업을 영위하는 경우(영18의2②(9)(10))나 장내·장외 파생상품의 매수의 방법으로 신탁자산을 운용하는 신탁업을 영위하는 경우(영18의2②(6))에는 금융기관의 겸영업무로서 허용이 되나 금융위원회의 인가를 받아야 한다(법28①, 영18의2②, 자본시장법12).

(2) 파생상품 관련 자기자본규제

은행은 은행업을 경영할 때 자기자본을 충실하게 하고 적정한 유동성을 유지하는 등 경영의 건전성을 확보하여야 하며(법34①), 경영의 건전성을 유지하기 위하여 자본적정성, 자산건전성, 유동성 등에 관하여 금융위원회가 정하는 경영지도기준을 지켜야 한다(법34②).

이에 따라 은행업감독규정은 은행으로 하여금 위험가중자산에 대한 자기자본비율을 8% 이상 유지하도록 하고 구체적인 자기자본비율 산정방법은 금융감독원장이 정하도록 하였다(은행업감독규정26①②). 은행업감독업무시행세칙 제17조 <별표 3> 및 <별표 3-2>에 따르면 위험가중자산에 대한 자기자본비율 산출 시 신용·운영리스크 위험가중자산에 대한 자기자본비율 산출 기준과 신용·운영·시장리스크 위험가중자산에 대한 자기자본비율 산출기준으로 구분하여 정하고 있으며 파생상품의 위험정도를 위험가중자산에 반영하도록 하고 있다.

(3) 파생상품 관련 영업행위규제

은행은 파생상품이 복합금융상품을 구성하는 경우 i) 손실위험, 유동성위험 등 파생상품과 관련된 위험, ii) 파생상품의 거래목적과 거래에 적합한 고객, iii) 수익구조 및 중도해지 등 거래 제한으로 인한 불이익을 공시하여야 하고(은행업감독업무시행세칙70의3①(2)), 파생상품과 관련된 위험은 거래로 인한 편익보다 크게 표시하는 등 이용자가 용이하게 식별할 수 있도록 표시하여야 한다(은행업감독업무시행세칙70의3②(4)).

4. 보험업법

(1) 파생상품 업무규제

보험업법에서는 파생상품거래에 대해 부수업무나 겸영업무로 직접적으로 규정하고 있지는 않고 자본시장법에 따라 증권, 부동산, 그 밖의 특별자산 등을 기초자산으로 한 파생상품에 대한 투자목적으로 집합투자기구(자본시장법 제229조)를 운용하는 집합투자업, 집합투자증권에 대한 투자매매업 또는 투자중개업을 보험업의 겸영업무 중의 하나로 정하고 있다(법11(2), 영16②(1)(5)(6)).

보험업법상의 파생상품규제는 은행법과는 달리 업무가 아닌 자산운용의 차원에서 이루어지고 있다. 즉 보험회사는 파생상품을 적극적으로 개발하거나 고객을 상대로 거래를 하는 것이 아니라 그 자산의 운용으로서 투자 차원에서 파생상품거래를 할 수 있다는 의미이다.[175)]

이에 따라 보험업법에서는 보험회사에게 금지 또는 제한되는 자산운용 방법을 정하고 있는데, 파생상품과 관련하여 자산운용의 안정성을 크게 해할 우려가 있는 행위로서 금융위원회가 정하는 기준을 충족하지 아니하는 외국환 및 파생금융거래를 금지하고 있다. 즉 보험회사는 그 자산을 자산운용의 안정성을 크게 해칠 우려가 있는 행위로서 금융위원회가 정하는 기준을 충족하지 아니하는 외국환(외국환거래법 제3조 제13호에 따른 외국환 중 대외지급수단, 외화증권, 외화채권만 해당) 및 파생금융거래(외국환거래법 제3조 제9호에 따른 파생상품에 관한 거래로서 채무불이행, 신용등급 하락 등 계약당사자 간의 약정된 조건에 의한 신용사건 발생 시 신용위험을 거래당사자 한쪽에게 전가하는 거래 또는 이와 유사한 거래를 포함)에 해당하는 방법으로 운용하여서는 아니 된다(법105①(7), 영49②(1)).

175) 고동원(2008), 「금융규제와 법」, 박영사(2008. 8), 287쪽.

금융위원회가 정하는 기준에 따라 보험회사는 정해진 파생상품거래 한도범위 내에서만 파생상품거래(신용파생상품을 포함)를 하여야 하는데 이에 대한 내용은 보험업감독규정 [별표 9] "보험회사의 파생금융 거래기준"에 규정하고 있다.[176] 외환 관련 파생상품거래에 대해서는 [별표 8] "보험회사의 외국환거래기준"에서 정하고 있다.[177]

(2) 파생상품 관련 지급여력비율규제

보험회사는 보험금 지급능력과 경영건전성을 확보하기 위하여 i) 자본의 적정성에 관한 사항, ii) 자산의 건전성에 관한 사항, iii) 그 밖에 경영건전성 확보에 필요한 사항에 관하여 대통령령으로 정하는 재무건전성 기준을 지켜야 한다(법123①). 이에 따라 보험회사가 지켜야 하는 재무건전성 기준은 i) 지급여력비율은 100% 이상을 유지할 것, ii) 대출채권 등 보유자산의 건전성을 정기적으로 분류하고 대손충당금을 적립할 것, iii) 보험회사의 위험, 유동성 및 재보험의 관리에 관하여 금융위원회가 정하여 고시하는 기준을 충족하여야 한다(영65②).

이에 따라 보험회사는 지급여력비율[178]을 100% 이상 유지하여야 하는데(영65②(1)), 이 지급여력비율 산정 시 지급여력기준금액에 포함되는 신용위험액과 시장위험액에 파생상품거래의 노출액을 반영하도록 하고 있다[보험업감독규정7-2④⑤(지급여력기준금액)].

(3) 파생상품 관련 위험관리

보험회사는 선물, 선도, 옵션, 스왑 등 파생금융거래 및 그 밖에 재무제표에 표시되지 아니하는 거래에 관한 기록(당해 거래를 위한 계약서와 부속서류를 포함)을 발생시점 기준으로 작성, 유지하여야 한다(보험업감독규정7-8①). 또한 보험회사의 이사회 또는 위험관리위원회는 매년 회사의 자산부채관리방침, 위험감내능력 등을 종합적으로 고려하여 파생금융거래전략을 승인하여야 한다. 파생금융거래전략에는 파생금융거래의 목적, 위험의 종류, 위험측정·관리 방법, 거래한도, 거래 실행부서 및 사후관리부서의 역할과 책임 등이 포함되어야 한다(보험업감독규정 7-8②). 보험회사는 파생금융거래전략의 준수여부를 정기적으로 감사하고 이사회 또는 위험관리위원회에 보고하도록 하여야 한다(보험업감독규정7-8④). 보험회사는 파생금융거래에 필요한 자격과 능력을 갖춘 직원을 관련 부서에 배치하여 거래가격 및 거래절차의 적정성을 검토하여야 하며, 거래실행부서와 사후관리부서를 독립적으로 운영하여야 한다(보험업감독규정7-8③).

---

176) 보험업감독규정 제5-2조(외국환 및 파생금융거래의 투자기준)의 별표9(보험회사의 파생금융 거래기준) 참조.

177) 보험업감독규정 제5-2조(외국환 및 파생금융거래의 투자기준)의 별표8(보험회사의 외국환거래기준) 참조.

178) 보험업법 시행령 제65조(재무건전성 기준) ① 이 조에서 사용하는 용어의 뜻은 다음 각 호와 같다.

1. "지급여력금액"이란 자본금, 계약자배당을 위한 준비금, 대손충당금, 후순위차입금, 그 밖에 이에 준하는 것으로서 금융위원회가 정하여 고시하는 금액을 합산한 금액에서 미상각신계약비, 영업권, 그 밖에 이에 준하는 것으로서 금융위원회가 정하여 고시하는 금액을 뺀 금액을 말한다.
2. "지급여력기준금액"이란 보험업을 경영함에 따라 발생하게 되는 위험을 금융위원회가 정하여 고시하는 방법에 의하여 금액으로 환산한 것을 말한다.
3. "지급여력비율"이란 지급여력금액을 지급여력기준금액으로 나눈 비율을 말한다.

Ⅲ. 자본시장법상 파생상품거래 규제

1. 서설

(1) 의의

2009년 2월 자본시장법이 시행되기 이전까지 파생상품거래에 관한 규제체계는 증권회사 등 금융기관별로 규제법률이 별도로 존재함으로 매우 산만하고 통일성이 결여되었으며 중복적용의 문제점이 내재되어 있었다. 그러나 자본시장법 제정으로 개별 법률에 흩어져 있던 파생상품의 거래에 관련된 규정들 역시 통합되어 파생상품규제가 일원화되었다. 이와 같이 관련 법률들을 통합함으로써 종래 금융회사가 다르면 동일한 금융기능을 수행하여도 상이한 규제가 적용됨으로써 발생하였던 규제격차를 해소하도록 하였다.[179]

(2) 파생상품에 대한 규제 일원화

자본시장법은 종래 자본시장에 관련된 6개의 금융관련법률을 단일한 법률로 통합하였다. 증권업·선물업·자산운용업 등 금융업에 관한 법률, 즉 구증권거래법·구선물거래법·구간접투자자산운용업법·구신탁업법·구종합금융회사에관한법률 등이 통합되었고, 증권시장이 선물시장과 같은 장내시장의 운영주체를 규율하는 구 한국증권선물거래소법도 통합되었다.

당시 규제법제가 없던 비정형 간접투자와 파생금융상품의 영역도 자본시장법의 대상이 되어 규제공백이 없어지게 되었으며 자본시장법상 금융상품의 정의규정이 한국증권선물거래소(현 한국거래소)에도 통일적으로 적용됨에 따라 증권시장(유가증권시장, 코스닥시장)과 선물시장에 상장이 가능한 금융상품의 범위도 동시에 크게 확대(신종 파생결합증권, 기초자산이 확대됨에 따른 장내파생상품 등)되는 효과를 가져왔다.[180]

또한 선물거래법의 규제를 받던 장내파생상품과 증권거래법 및 은행업 규정을 따르고 있던 장외파생상품에 대한 규제도 자본시장법의 제정에 따라 일원화되었다. 자본시장법은 파생상품을 장내파생상품과 장외파생상품으로 구분하고, 그 개념을 기본구성요소방식에 따라 선도, 옵션, 스왑 중의 어느 하나에 해당하는 계약상의 권리로 정의하여, 포괄적으로 파생상품을 포섭하여 동법의 규제대상으로 삼고 있다. 이에 따라 파생상품거래는 자본시장법상 파생상품거래업자에 대한 진입규제는 물론, 파생상품거래업자의 영업행위와 관련한 행위규제 등 각종 규제를 적용받게 된다. 특히 장외파생상품의 거래는 장내파생상품에 비하여 보다 강화된 규제의 대상이 된다.

179) 송호신(2011), 73쪽.
180) 송호신(2011), 73-74쪽.

(3) 파생상품의 포괄적 개념화와 기초자산의 확대

자본시장법에서는 파생상품으로서 파생상품시장에서 거래되는 것 또는 해외 파생상품시장에서 거래되는 것을 장내파생상품으로, 파생상품으로서 장내파생상품이 아닌 것을 장외파생상품으로 정의하고 있다(법5). 이에 따라 자본시장법 시행령 제5조와 금융투자업규정 제1-3조에서는 런던금속거래소의 규정에 따라 장외에서 이루어지는 금속거래를 비롯한 해외파생상품거래의 종류를 열거하고 있다. 따라서 종래 열거주의 체제하에서 포함될 수 없었던 새로운 유형의 파생상품의 개발이 가능해지게 되었다. 특히 장외파생상품은 시장거래의 요건이 없으며, 표준화가 강제되지 않기 때문에 다양한 상품의 설계와 판매가 가능하게 되었다.

자본시장법 제4조 제10항에서는 기초자산의 범위를 금융투자상품, 통화, 일반상품, 신용위험 외에 자연적·환경적·경제적 현상 등에 속하는 위험으로서 일정한 기준에 의해 평가가 가능한 것을 포함하도록 매우 포괄적으로 정의(법4⑩)함으로써 기초자산의 범위를 확대하였다. 한편 기초자산의 범위가 넓어지게 되면 파생상품과 도박의 구별이 문제될 수 있어 금융투자업자가 영업으로써 행하는 금융투자상품거래는 형법상 도박죄에 해당하지 않는다는 명시적 규정을 두었다(법10②).

(4) 동일한 금융기능에 동일한 규제

자본시장법 시행 이후에는 금융기관에 따라 별개로 규율하는 금융기관별 규제(Institutional regulation)에서, “경제적 실질이 동일한 금융기능”을 동일하게 규율하는 기능별 규제(Functional Regulation)로 전환하였다. 자본시장법의 적용대상이 되는 금융투자업은 모든 자본시장 관련 금융업으로 하며, 경제적 실질에 따라 투자매매업·투자중개업·집합투자업·투자일임업·투자자문업·신탁업의 6개의 금융투자업으로 구분한다.

금융투자상품은 위험의 크기를 기준으로 증권과 파생상품(장내파생상품·장외파생상품)으로 구분하고 있다. 즉 ⅰ) 증권은 금융투자상품 중 추가지급의무가 없어 최대 투자원금까지만 손실이 발생하는 상품이고, ⅱ) 장내파생상품은 선도·옵션·스왑에 해당하는 것으로써 거래소에서 거래되는 것이며, ⅲ) 장외파생상품은 선도·옵션·스왑에 해당하는 것으로서 장내파생상품이 아닌 것이다.

한편 투자자(고객)의 유형은 투자위험의 감수능력에 따라 일반투자자와 전문투자자로 구분하였다. 투자위험의 감수능력은 전문성과 보유자산 규모 등에 의해 구분될 수 있으므로 이를 기준으로 구분기준을 마련하였다. 즉 전문투자자는 원칙적으로 국가·중앙은행·금융기관 등 기관투자자·상장법인 등으로 하며, 비상장법인은 외부평가를 받은 경우에 한하여 전문투자자로 인정하고, 개인은 순자산이 일정금액 이상인 경우에 한하여 전문투자자의 자격을 인정한다.[181]

181) 전문투자자의 요건을 갖춘 자가 일반투자자 대우를 원하고 금융업자가 이에 동의한다면, 일반투자자로서

이에 따라 금융투자업(6종)과 금융투자상품(3종) 및 투자자(2유형)를 각각 조합하면 모두 36가지의 금융기능의 조합이 가능하며, 자신의 역량이나 전략상 가장 적합한 조합을 선택하는 것이 가능하다. 예컨대 「금융기능＝금융투자업(투자중개업)＋금융투자상품(장외파생상품)＋투자자(일반투자자)」라면, 이는 금융기능을 일반투자자를 대상으로 하는 장외파생상품의 중개업이라는 형태로 적용시킬 수 있게 되었음을 의미한다.[182]

여기서는 자본시장법상 일반 금융투자상품이나 금융투자업자에 대해 공통적으로 적용되는 규정이 아닌 파생상품거래에 관하여 직접적으로 규제하고 있는 규정들을 중심으로 파생상품규제의 현황을 살펴보기로 한다.

2. 진입규제

(1) 인가제와 등록제의 병행

자본시장법은 각 금융기능별로 투자자가 노출되는 위험의 크기에 따라 인가제와 등록제를 병행하여 사용한다. 즉 종래 금융기관별 인가·등록체제에서 금융기능별 인가·등록체제로 전환하여, 그에 따라 업무단위별로 금융투자업의 인가 또는 등록을 하도록 규정하였다(법12①, 영15①). 이때 동일한 금융기능(금융투자업＋금융투자상품＋투자자)에 대해서 동일한 인가·등록요건이 적용되도록 금융기능별로 진입요건을 마련하였다.

진입요건은 자본시장법 시행 이후 완화하였으며, 금융기능의 특성을 반영하여 진입요건의 수준을 기능별로 차등화하였다. 즉 i) 인가제는 투자매매업·투자중개업·집합투자업·신탁업의 경우에 적용하고 있다(법12①(1)). 투자매매업의 경우 금융투자업자가 투자자와 직접 채권채무관계를 가지므로 금융투자업자에게 채무이행의 능력을 확보시킬 필요가 있고, 투자중개업·집합투자업·신탁업의 경우 투자자의 자산을 수탁하므로 그 수탁자산을 보호할 능력을 확보할 필요성 때문에 인가제를 채택한다.[183]

반면 ii) 등록제는 투자일임업·투자자문업의 경우에 적용한다(법18①). 투자일임업·투자자문업의 경우 투자자의 자산을 수탁하지 않으며, 금융투자상품에 대한 가치나 투자판단의 자문에 응하는 일은 고객과의 직접적인 채권채무관계와 무관하기 때문에 등록제를 채택한다. 또한 등록제의 경우, 집행과정에서 사실상의 인·허가제로 운영되지 않도록 주관적인 판단이 개입되는 진입요건(예컨대 사업계획의 타당성 등)은 적용하지 않고 등록처리의 기한(2개월)을 법률

의 투자자 보호를 받을 수 있도록 하였다. 이 제도의 획일적 적용에 따른 부작용을 완화하기 위한 취지이다. 그러나 일반투자자를 전문투자자로 대우하는 것은 허용하지 않는다. 금융투자회사가 투자자 보호를 회피할 수단으로 악용할 수 있기 때문이다.

182) 송호신(2011), 78쪽.

183) 정순섭(2006), 10쪽

에 명시한다.[184)]

(2) 인가 · 등록요건, 금융투자업의 특성에 따른 차등화

인가제를 채택한 금융투자업의 진입요건은 등록제를 채택한 금융투자업에 비해 엄격하다. 즉 객관적인 요건만을 요구하는 등록제와 달리 금융위원회의 재량적 판단을 허용하는 요건, 예컨대 사업계획의 타당성 등도 추가한다. 인가제 내에서도 고객과 채권채무관계를 갖는 금융투자업(즉 투자매매업)에 대해서는 투자자의 자산을 수탁하는 금융투자업(즉 집합투자업 · 신탁업)에 비해 강화된 요건을 설정한다. 이와 같이 볼 때 「투자매매업 > 투자중개업 · 집합투자업 · 신탁업 > 투자자문업 · 투자일임업」의 순위로 진입요건이 엄격하다.

인가를 받으려는 자는 ⅰ) 주식회사이거나 대통령령으로 정하는 금융기관이어야 하고, ⅱ) 인가업무 단위별로 5억원 이상으로 대통령령이 정하는 금액 이상의 자기자본을 갖추고, ⅲ) 사업계획이 타당하고 건전하며, ⅳ) 투자자의 보호가 가능하고 그 영위하고자 하는 금융투자업을 수행하기에 충분한 인력과 전산설비 및 물적설비를 갖추고, ⅴ) 임원의 결격사유가 없고, ⅵ) 대주주에게 충분한 출자능력과 건전한 재무상태 및 사회적 신용을 갖추어야 하며, ⅶ) 대통령령으로 정하는 건전한 재무상태와 사회적 신용을 갖추어야 하고, ⅷ) 금융투자업자와 투자자 사이에, 투자자들 사이에 이해충돌을 방지하기 위한 체제를 갖추도록 요구된다(법12②). 그 밖에 인가업무의 단위와 요건 · 방법 · 절차 등 세부적인 사항은 자본시장법 제13조 내지 제16조에서 정하고 있다.

등록요건의 경우에는 등록 업무단위별로 자기자본이 1억 이상으로 인가요건보다 낮으며 다른 요건들도 완화되어 있다(법18②). 예컨대 등록의 경우에는 사업계획이 타당하고 건전해야 한다는 위 인가요건과 같은 주관적 진입요건이 요구되지 않는다. 등록업무의 단위와 요건 · 방법 · 절차 등 세부적인 사항은 자본시장법 제19조 내지 제21조에서 정하고 있다.

(3) 금융투자상품의 특성에 따른 진입요건의 차등화

장외파생상품 등 위험 금융투자상품을 대상으로 하는 인가에 대해서는 일반 금융투자상품에 비하여 진입요건이 강화되었다. 금융투자상품의 특성에 따른 진입요건은 취급대상 금융투자상품의 위험 크기에 따라 다르게 취급한 것이다. 이에 따라 「장외파생상품 > 장내파생상품 · 증권」의 순위로 진입요건이 엄격하다.

(4) 투자자의 특성에 따른 진입요건의 차등화

일반투자자를 상대로 하는 금융투자업의 경우에는 전문투자자를 상대로 하는 경우보다 강화된 진입요건을 설정한다. 투자자의 특성을 고려할 때에 고객의 위험감수능력의 크기에 따라 다르게 취급한 것이다. 이에 따라 「일반투자자 > 전문투자자」의 순위로 진입요건이 엄격하다.

---

184) 송호신(2011), 80쪽.

결론적으로 볼 때에 일반투자자를 상대로 하는 장외파생상품의 투자매매업에 대한 인가요건이 가장 엄격하고, 전문투자자 상대의 채권 투자자문업의 인가요건이 가장 완화되게 됨을 알 수 있다. 이는 인가단위를 수준으로 세분화하여 특정 영역에 전문화된 금융투자회사의 진입을 허용하도록 하는 결과를 가져온다. 또한 금융투자회사는 필요한 인가단위를 추가함으로써 업무영역을 확장할 수 있게 한다(이른바 add on방식). 또한 진입요건 가운데 주요 요건은 진입 이후에도 계속적으로 충족해야 하는 유지요건으로 규정하여 진입시에 적격성이 지속되도록 한다.[185)]

3. 자기자본규제

(1) 의의

자본시장법에서는 i) 금융투자회사가 노출된 위험에 대해 적절한 자기자본을 갖추도록 하는 기준인 자기자본규제, ii) 대주주의 영향력에 의한 금융투자회사 재산의 부당한 유출을 예방하기 위한 대주주와의 거래제한, iii) 금융투자회사의 분기·반기·연간 경영상황과 재무상황을 공시하도록 하는 경영공시 등 건전성 규제장치를 모든 금융투자회사에 적용하도록 하고 있다.

금융위원회는 자본의 적정성, 자산의 건전성과 유동성 등을 담보하기 위해 경영건전성의 기준을 정하며, 개별 금융기능별로 고객의 위험노출 수준에 따라 건전성규제의 수준을 차등화할 수 있도록 하였다. 즉 i) 고객과 직접 채권채무관계가 있는 금융투자업(투자매매업)에 대해서는 강화된 건전성규제를 적용하고, ii) 고객의 자산을 수탁하는 금융투자업(투자중개업·집합투자업·신탁업)에 대해서는 완화된 규제를 적용하며, iii) 고객의 자산을 수탁하지 않는 금융투자업(투자일임업·투자자문업)에 대해서는 건전성규제를 적용하지 않는다. 또한 iv) 은행·보험회사 등이 집합투자증권, 투자성있는 예금 또는 투자성있는 보험을 판매하거나 파생상품을 매매 또는 중개하는 경우 투자매매업·투자중개업으로 규율하여 투자자를 보호한다. 다만 이미 관련 금융법상 진입규제와 건전성규제를 적용받는 점을 감안하여 인가는 받은 것으로 간주하고 건전성규제를 적용하지 않는다.[186)]

(2) 자기자본 유지의무[187)]

금융투자업자로서 인가를 받기 위해서는 업무단위별로 5억원 이상으로서 대통령령이 정하는 금액 이상의 적절한 자기자본을 보유하여야 한다(법12②(2) 및 영16③ [별표 1]). 종래 금융규

185) 송호신(2011), 81쪽.
186) 송호신(2011), 82쪽.
187) BIS는 1988년 7월부터 파생상품거래에 대한 자기자본유지의무를 부과하였는데 이는 파생상품거래를 포함한 모든 부외거래항목에 대해서 신용환산율을 곱하여 신용위험 상당액을 산출한 후 동 금액에 장부상(on-balance-sheet) 자산에 적용하는 위험가중치를 적용하여 위험가중자산에 산입토록 요구한 것이다.

제법에서는 일반적으로 자본금을 인가요건으로 이용해 왔으나 자본시장법은 정확한 손실흡수능력을 나타내는 자기자본으로 변경하였다. 그리고 금융투자업 인가를 받아 영업을 하는 금융투자업자는 해당 인가업무 단위별 최저자기자본의 70% 이상을 유지하여야 하는데, 이 경우 유지요건은 매 회계연도말을 기준으로 적용하며, 특정 회계연도말을 기준으로 유지요건에 미달한 금융투자업자는 다음 회계연도말까지는 그 유지요건에 적합한 것으로 본다(법15 및 영19①(1)).

(3) 영업용순자본비율규제

금융투자업자는 총위험액 대비 영업용순자본의 비율로 정의되는 영업용순자본비율을 100% 이상을 유지하여야 하는데(법30①), 투자매매업자 또는 투자중개업자가 장외파생상품을 대상으로 하여 투자매매업 또는 투자중개업을 하는 경우에는 영업용순자본비율을 150% 이상(겸영금융투자업자의 경우에는 당해 겸영금융투자업자에 적용되는 금융산업구조개선법에 따른 적기시정조치의 기준 이상)을 유지하여야 하며, 이에 미달하는 경우에는 그 미달상태가 해소될 때까지 새로운 장외파생상품의 매매를 중지하고, 미종결거래의 정리나 위험회피에 관련된 업무만을 수행하여야 한다(법166의2①(3), 금융투자업규정5-49③).

영업용순자본비율 산정에 있어서 총위험액은 시장위험액, 신용위험액, 운영위험액을 합산한 금액으로 산정하며, 영업용순자본은 [기준일 현재 재무상태표의 자산총액에서 부채총액을 차감한 잔액(순재산액)-차감항목의 합계금액+가산항목의 합계금액]으로 산정한다(금융투자업규정3-11②①). 금융투자업규정상 표준방법에 의한 위험액 산정 시 파생상품의 위험을 반영하는 방법은 다음과 같다.

(가) 시장위험

시장위험액은, 주식위험액과 금리위험액, 외환위험액, 집합투자증권등 위험액, 일반상품위험액, 옵션위험액을 합산하여 산정한다(금융투자업규정3-15). 파생상품 관련 시장위험액은, 그 기초자산이 주식·금리·외환·일반상품위험액 산정대상인 파생상품의 포지션을 대상으로 산정하는데, 주식 관련 파생상품[188] 및 금리 관련 파생상품[189]의 경우 각 기초자산의 포지션으로

---

188) 주식 관련 파생상품은 다음의 방법에 따라 해당 기초자산의 포지션으로 분해한 후 개별위험액과 일반위험액을 산정한다(금융투자업규정3-16④).

1. 개별주식 선물거래 또는 선도거래는 관련 주식의 시가포지션으로 전환한다.
2. 주가지수 선물거래 또는 선도거래는 계약수, 거래승수, 주식지수의 시가를 곱하여 시가포지션으로 전환한다.
3. 주식 또는 주가지수 스왑은 수취부분은 주식 또는 주가지수의 매수포지션으로 지급부분은 주식 또는 주가지수의 매도포지션으로 분해한다.
4. 옵션에 대하여는 기초자산의 시가에 옵션의 델타값을 곱하여 델타포지션으로 전환한다.

189) 금리관련 파생상품(옵션을 제외)은 기초자산포지션으로 분해하여 개별위험액과 일반위험액을 산정하고, 금리관련 옵션에 대하여는 기초자산의 시가에 옵션의 델타값을 곱하여 델타포지션으로 전환하고 금리위험액을 산정한다(금융투자업규정3-17④⑤).

분해하여 개별위험액과 일반위험액을 합산하여 산정하며, 옵션위험액은 옵션포지션, 분리형 신주인수권증권 및 한국채택국제회계기준에 따라 내재파생상품을 주계약과 분리하여 파생상품으로 회계처리한 신주인수권·전환권·교환권, 그 밖에 옵션의 성격을 내재하는 금융상품의 포지션을 대상으로 산정하며, 옵션위험액은 델타플러스법에 따라 감마위험액과 베가위험액의 합으로 산정하고, 델타플러스법에 따른 델타위험액은 해당 기초자산의 위험액 산정방법에 따라 산정하여 기초자산의 위험액에 합산한다(금융투자업규정3－21①②③).[190]

(나) 신용위험

파생상품 관련 신용위험액은 옵션을 제외한 선물, 선도, 스왑 등 파생상품의 포지션을 대상으로 산정하는데 시장위험액과 신용위험액을 동시에 산정한다(금융투자업규정3-22④). 파생상품에 대한 신용위험액은 대체비용[191]에 잠재적 위험액[192]을 합계한 금액에 금융투자업규정 시행세칙 [별표 5] ＜표13＞의 거래상대방별 위험값을 곱하여 산정한다(금융투자업규정시행세칙 [별표 5] 23).

또한 동일인(중앙정부, 지방자치단체, 중앙은행, 특별법에 의해 설립된 법인으로서 정부에 의해 결손보전이 이루어지는 공공법인 및 국제기구를 제외) 또는 동일기업집단(공정거래법 제2조 제2호에서 정하는 기업집단)을 대상으로 한 금리위험액 산정대상 및 신용위험액 산정대상 포지션의 합계액이 영업용순자본의 20%를 초과하는 경우에 ＜표16＞의 위험액을 신용집중위험액으로 산정하여 신용위험액에 가산하여야 한다(금융투자업규정3-22⑤).

4. 경영건전성규제

금융투자업자는 대주주나 특수관계인과 거래를 할 때 그 외의 자를 상대방으로 하여 거래하는 경우와 비교하여 해당 금융투자업자에게 불리한 조건으로 거래를 하는 행위나(법34①(3), 영37④(1)), 대주주가 발행한 증권 소유 금지, 계열회사가 발행한 주식, 채권 및 약속어음의 소유 제한, 제3자보다 불리한 조건으로 대주주 또는 계열회사와의 거래 제한을 회피할 목적으로 제3자와 계약이나 담합 등에 의하여 서로 교차하는 방법으로 거래를 하거나 장외파생상품거래, 신탁계약 또는 연계거래 등을 이용하여서는 아니 된다(법34①(3), 영37④(2)).

또한 금융투자업자는 대주주(그의 특수관계인을 포함)에 대하여 금전·증권 등 경제적 가치

---

190) 구체적인 산정방법에 대해서는 금융투자업규정 시행세칙 [별표 5] 참조.

191) 대체비용이란 거래상대방에게 부도 등의 사건이 발생하여 계약이 전혀 이행되지 않는다고 가정하여 산정하는 비용을 의미한다. 대체비용은 파생상품을 시가평가하여 산정하며, 음수(−)인 경우에는 0으로 한다(금융투자업규정 시행세칙 [별표 5] 24).

192) 잠재적 위험액은 계약서 또는 증권에 표시된 계약금액(명목금액)에 거래종류 및 잔존기간에 따른 금융투자업규정 시행세칙 [별표 5] ＜표14＞ 또는 ＜표15＞의 신용환산율을 곱하여 산정한다(금융투자업규정 시행세칙 [별표 5] 25).

가 있는 재산의 대여, 채무이행의 보증, 자금 지원적 성격의 증권의 매입, 그 밖에 거래상의 신용위험을 수반하는 직접적·간접적 거래로서 대통령령으로 정하는 거래(법34②)인 신용공여를 하여서는 아니 되며, 대주주는 그 금융투자업자로부터 신용공여를 받아서는 아니 된다(법34② 본문). 이에 따라 금융투자업자는 i) 대주주(그의 특수관계인을 포함)를 위하여 담보를 제공하는 거래(1호), ii) 대주주를 위하여 어음을 배서(어음법 제15조 제1항에 따른 담보적 효력이 없는 배서는 제외)하는 거래(2호), iii) 대주주를 위하여 출자의 이행을 약정하는 거래(3호), iv) 대주주에 대한 금전·증권 등 경제적 가치가 있는 재산의 대여, 채무이행의 보증, 자금 지원적 성격의 증권의 매입, 제1호부터 제3호까지의 어느 하나에 해당하는 거래의 제한을 회피할 목적으로 하는 거래로서 제3자와의 계약 또는 담합 등에 의하여 서로 교차하는 방법으로 하는 거래 또는 장외파생상품거래, 신탁계약, 연계거래 등을 이용하는 거래(4호), v) 그 밖에 채무인수 등 신용위험을 수반하는 거래로서 금융위원회가 정하여 고시하는 거래(5호)[193] 등의 신용공여를 하여서는 아니된다(영38①).

5. 영업행위규제

(1) 장내파생상품 매매

장내파생상품시장에서의 매매에 관한 사항은 거래소의 파생상품시장 업무규정으로 정하도록 하고 있는데(법393②), 매매거래는 거래소 회원만 가능하고 투자자는 거래소 회원인 투자중개업자를 통하여만 가능하다(법388). 일반투자자(금융위원회가 정하여 고시하는 전문투자자[194]를 포함)는 해외 증권시장이나 해외 파생상품시장에서 외화증권 및 장내파생상품의 매매거래(외국 다자간매매체결회사에서의 거래를 포함)를 하려는 경우에는 투자중개업자를 통하여 매매거래를 하여야 한다(영184①).

금융투자업자는 투자자와 계약을 체결한 경우 그 계약서류를 투자자에게 지체 없이 교부하여야 하며(법59), 투자매매업자 또는 투자중개업자는 금융투자상품의 매매가 체결된 경우에는 그 명세를 대통령령으로 정하는 방법에 따라 투자자에게 통지하여야 한다(법73).[195] 외국인

---

193) "금융위원회가 정하여 고시하는 거래"란 다음의 행위를 말한다(금융투자업규정3-72①).
1. 채무의 인수
2. 자산유동화회사 등 다른 법인의 신용을 보강하는 거래
3. 그 밖에 대주주의 지급불능시 이로 인하여 금융투자업자에 손실을 초래할 수 있는 거래

194) "금융위원회가 정하여 고시하는 전문투자자"란 외국환거래규정 제1-2조 제4호에 따른 기관투자가에 해당하지 아니하는 전문투자자를 말한다(금융투자업규정5-31①). 여기서 외국환거래규정 제1-2조 제4호에 따른 "기관투자가"라 함은 자본시장법 시행령 제10조 제2항의 금융기관(제18호의 외국 금융기관은 제외) 및 집합투자기구, 제10조 제3항 제3호·제12호·제13호의 자 및 영 제7조 제4호에 따른 체신관서를 말한다.

195) 자본시장법 시행령 제70조(매매명세의 통지 방법) ① 투자매매업자 또는 투자중개업자는 법 제73조에 따라 통지를 하는 경우에는 다음에서 정하는 방법에 따라야 한다.

(국내에 6개월 이상 주소 또는 거소를 두지 아니한 개인) 또는 외국법인등에 의한 장내파생상품의 매매, 그 밖의 거래에 관하여는 대통령령으로 정하는 기준 및 방법[196]에 따라 그 취득한도 등을 제한할 수 있다(법168①).

(2) 장외파생상품 매매

(가) 매매규제

장외파생상품을 매매하는 경우에는 한국금융투자협회 또는 종합금융투자사업자 및 채권중개전문회사를 통한 매매거래를 제외하고는 단일의 매도인과 매수인 간에 매매하는 방법으로 하여야 한다(법166, 영177).

투자매매업자 또는 투자중개업자는 장외파생상품을 대상으로 하여 투자매매업 또는 투자중개업을 하는 경우에는 다음의 기준을 준수하여야 한다(법166의2①). 즉 i) 장외파생상품의 매매 및 그 중개·주선 또는 대리의 상대방이 일반투자자인 경우에는 그 일반투자자가 대통령령으로 정하는 위험회피 목적의 거래[197]를 하는 경우에 한할 것. 이 경우 투자매매업자 또는

---

1. 다음 각 목에 따른 기한 내에 통지할 것
   가. 매매의 유형, 종목·품목, 수량, 가격, 수수료 등 모든 비용, 그 밖의 거래내용: 매매가 체결된 후 지체 없이
   나. 집합투자증권 외의 금융투자상품의 매매가 체결된 경우, 월간 매매내역·손익내역, 월말 현재 잔액현황·미결제약정현황 등의 내용: 매매가 체결된 날의 다음 달 20일까지
   다. 집합투자증권의 매매가 체결된 경우, 집합투자기구에서 발생한 모든 비용을 반영한 실질투자 수익률, 투자원금 및 환매예상 금액, 그 밖에 금융위원회가 정하여 고시하는 사항: 매월 마지막 날까지
2. 다음 각 목의 어느 하나에 해당하는 방법 중 투자매매업자 또는 투자중개업자와 투자자 간에 미리 합의된 방법(계좌부 등에 의하여 관리·기록되지 아니하는 매매거래에 대하여는 가목만 해당)으로 통지할 것. 다만, 투자자가 보유한 집합투자증권이 법 제234조에 따른 상장지수집합투자기구, 단기금융집합투자기구, 사모집합투자기구의 집합투자증권이거나 평가기준일의 평가금액이 10만원 이하인 경우(집합투자증권의 매매가 체결된 경우에 한정) 또는 투자자가 통지를 받기를 원하지 아니하는 경우에는 지점, 그 밖의 영업소에 비치하거나 인터넷 홈페이지에 접속하여 수시로 조회가 가능하게 함으로써 통지를 갈음할 수 있다.
   가. 서면 교부
   나. 전화, 전신 또는 모사전송
   다. 전자우편, 그 밖에 이와 비슷한 전자통신
   라. 그 밖에 금융위원회가 정하여 고시하는 방법

196) 자본시장법 시행령 제187조(외국인의 증권 또는 장내파생상품의 취득한도 등) ① 법 제168조 제1항에 따른 외국인 또는 외국법인등은 금융위원회가 정하여 고시하는 경우를 제외하고는 누구의 명의로든지 자기의 계산으로 다음 각 호에서 정한 취득한도를 초과하여 공공적 법인이 발행한 지분증권을 취득할 수 없다. 이 경우 한도초과분의 처분, 취득한도의 계산기준·관리 등에 관하여 필요한 사항은 금융위원회가 정하여 고시한다.
1. 종목별 외국인 또는 외국법인등의 1인 취득한도: 해당 공공적 법인의 정관에서 정한 한도
2. 종목별 외국인 및 외국법인등의 전체 취득한도: 해당 종목의 지분증권 총수의 100분의 40
② 금융위원회는 증권시장(다자간매매체결회사에서의 거래를 포함) 및 파생상품시장의 안정과 투자자 보호를 위하여 필요하다고 인정하는 경우에는 제1항에 따른 취득한도 제한 외에 증권 또는 장내파생상품(파생상품시장에서 거래되는 것만 해당)에 대하여 업종별, 종류별 또는 종목별·품목별 취득한도를 정하여 고시할 수 있다.

197) "대통령령으로 정하는 위험회피 목적의 거래"란 위험회피를 하려는 자가 보유하고 있거나 보유하려는 자

투자중개업자는 일반투자자가 장외파생상품거래를 통하여 회피하려는 위험의 종류와 금액을 확인하고, 관련 자료를 보관하여야 한다(1호). ii) 장외파생상품의 매매에 따른 위험액(금융위원회가 정하여 고시하는 위험액[198])이 금융위원회가 정하여 고시하는 한도[199])를 초과하지 아니할 것(2호), iii) 영업용순자본에서 총위험액을 차감한 금액을 인가업무 또는 등록업무 단위별 자기자본을 합계한 금액으로 나눈 값이 150%에 미달하는 경우(겸영금융투자업자의 경우에는 금융위원회가 정하여 고시하는 경우[200])에는 그 미달상태가 해소될 때까지 새로운 장외파생상품의 매매를 중지하고, 미종결거래의 정리나 위험회피에 관련된 업무만을 수행할 것(3호), iv) 장외파생상품의 매매를 할 때마다 파생상품업무책임자의 승인을 받을 것. 다만, 금융위원회가 정하여 고시하는 기준[201])을 충족하는 계약으로서 거래당사자 간에 미리 합의된 계약조건에 따라 장외파생상품을 매매하는 경우는 제외한다(4호). v) 월별 장외파생상품(파생결합증권을 포함)의 매매, 그 중개·주선 또는 대리의 거래내역을 다음 달 10일까지 금융위원회에 보고할 것(5호), vi) 기초자산이 제4조 제10항 제4호 또는 제5호에 해당하는 장외파생상품, 또는 일반투자자를 대상으로 하는 장외파생상품 중 어느 하나에 해당하는 장외파생상품을 신규로 취급하는 경우 협회의 사전심의를 받을 것. 다만, 대통령령으로 정하는 경우[202])는 제외한다(6호).

산·부채 또는 계약 등("위험회피대상")에 대하여 미래에 발생할 수 있는 경제적 손실을 부분적 또는 전체적으로 줄이기 위한 거래로서 계약체결 당시 다음의 요건을 충족하는 거래를 말한다(영186의2).

1. 위험회피대상을 보유하고 있거나 보유할 예정일 것
2. 장외파생거래 계약기간 중 장외파생거래에서 발생할 수 있는 손익이 위험회피대상에서 발생할 수 있는 손익의 범위를 초과하지 아니할 것

198) "금융위원회가 정하여 고시하는 위험액"이란 제3-11조 제2항 각 호의 위험액(겸영금융투자업자의 경우에는 내부 위험관리기준에 따른 위험액)을 합산한 금액(시장위험액+신용위험액+운영위험액)을 말한다(금융투자업규정5-49①).

199) "금융위원회가 정하여 고시하는 한도"란 다음의 한도를 말한다. 다만, 제2호에 따라 겸영금융투자업자가 그 한도를 정하거나 변경하는 경우에는 그 사실을 10영업일 이내에 금융감독원장에게 보고하여야 한다(금융투자업규정5-49②).

1. 겸영금융투자업자 이외의 투자매매업자 또는 투자중개업자: 자기자본(개별재무제표의 자본총계)의 30%
2. 겸영금융투자업자인 투자매매업자 또는 투자중개업자: 당해 겸영금융투자업자의 내부기준에서 정한 한도

200) "금융위원회가 정하여 고시하는 경우"란 당해 겸영금융투자업자에 적용되는 금융산업구조개선법에 따른 적기시정조치의 기준을 하회하는 경우를 말한다(금융투자업규정5-49③).

201) 법 제166조의2 제1항 제4호 단서에 따라 다음의 요건을 모두 충족하는 장외파생상품의 매매에 대하여는 매매를 할 때마다 파생상품업무책임자의 승인을 받지 아니할 수 있다(금융투자업규정5-49④).

1. 파생상품업무책임자의 승인을 받은 기본계약서에 근거하여 체결한 장외파생상품 매매일 것
2. 다음 각 목의 어느 하나에 해당할 것
   가. 법 제5조 제1항 제1호 또는 제3호에 따른 파생상품으로서 채권가격, 금리 또는 통화를 기초자산으로 하는 장외파생상품 매매일 것
   나. 파생상품업무책임자로 부터 위임받은 자가 승인한 매매(파생상품업무책임자에게 사후보고하는 거래에 한한다)일 것. 다만 승인을 위임하고자 하는 금융투자회사는 매매금액 및 위험 등을 고려한 위임 및 사후보고에 관한 내부기준을 마련하여야 한다.

202) "대통령령으로 정하는 경우"란 다음의 어느 하나에 해당하는 경우를 말한다(영177의2).

1. 법 제166조의2 제1항 제6호 가목에 따른 장외파생상품의 기초자산이나 기초자산의 가격·이자율·지표·

(나) 장외파생상품 사전심의 제도

이 제도는 새롭게 출현 가능한 장외파생상품이 가져올 수 있는 부작용을 선제적으로 관리하고, 전문성이 부족한 일반투자자 보호를 강화하기 위하여 금융투자업자가 신규로 취급하는 장외파생상품에 대하여는 사전에 금융투자상품의 위험요소들에 대해 심의를 받도록 하여 사회문제가 된 키코사태와 같은 상황이 재발되는 것을 방지하고자 함이다.[203)]

자본시장법은 장외파생상품에 대한 사전심의규정을 여러 조항에 걸쳐 정하고 있다. 투자매매업자 또는 투자중개업자가 기초자산이 신용위험 또는 그 밖에 자연적·환경적·경제적 현상 등에 속하는 위험으로서 합리적이고 적정한 방법에 의하여 가격·이자율·지표·단위의 산출이나 평가가 가능한 장외파생상품 또는 일반투자자를 대상으로 하는 장외파생상품을 신규로 취급하는 경우 금융투자협회의 사전심의를 받도록 하고 있다(법166의2①(6)). 또한 금융투자업자가 기초자산이 신용위험(당사자 또는 제3자의 신용등급의 변동, 파산 또는 채무재조정 등으로 인한 신용의 변동) 또는 그 밖에 자연적·환경적·경제적 현상 등에 속하는 위험으로서 합리적이고 적정한 방법에 의하여 가격·이자율·지표·단위의 산출이나 평가가 가능한 장외파생상품, 일반투자자를 대상으로 하는 장외파생상품을 신규로 취급하는 경우 그 사전심의업무를 금융투자협회에 부여하고 있다(법286①(4)). 금융투자협회는 장외파생상품에 관한 사전심의업무 수행을 위하여 장외파생상품심의위원회를 둔다(법288의2①).

(3) 투자권유규제

(가) 투자권유규제의 의의

투자권유란 특정 투자자를 상대로 금융투자상품의 매매 또는 투자자문계약·투자일임계약·신탁계약(관리형신탁계약 및 투자성 없는 신탁계약을 제외)의 체결을 권유하는 것을 말한다(법9④). 즉 투자자가 금융투자상품의 취득·처분 등에 관해 판단을 하는 데 있어, 영향을 미치는 정보를 제공하거나 또는 이에 관한 조언을 하는 행위를 말한다. 자본시장법상 적합성원칙에 입각한 행위규제는 투자권유가 있는 경우에만 적용되는 원칙이다.

자본시장법은 금융투자상품의 포괄주의, 기능별 규율체제의 도입에 대응하여 투자자 보호를 강화하기 위한 일환으로 적합성 및 적정성원칙, 설명의무, 부당권유의 금지 등과 같은 투자권유에 대한 규제를 두고 있다.

단위 또는 이를 기초로 하는 지수 등에 관한 정보가 증권시장·파생상품시장, 해외 증권시장·파생상품시장, 그 밖에 금융위원회가 정하여 고시하는 시장에서 충분히 제공되는 경우. 다만, 일반투자자를 대상으로 하는 장외파생상품은 제외한다.

2. 협회의 사전심의를 받은 장외파생상품과 같거나 비슷한 구조의 상품으로서 협회가 정하는 기준을 충족하는 경우

3. 제1호 및 제2호에 준하는 경우로서 금융위원회가 정하여 고시하는 경우

203) 유혁선(2010), 111쪽.

(나) 적합성의 원칙

1) 의의

적합성의 원칙이란 금융투자회사가 일반투자자에게 금융투자상품을 투자권유할 때에는 투자자의 위험감수도, 투자목적, 재무상태 등을 고려하여 특정한 금융투자상품이 해당 투자자에게 적합한 것인지를 판단하고, 해당 상품이 적합하지 않다고 생각하는 경우에는 투자권유를 해서는 안 된다는 원칙이다. 이 원칙은 적합한 투자권유를 하여야 하는 적극적인 의무가 아니라 부적합한 투자권유를 하지 않도록 하는 소극적인 의무라고 할 수 있다. 자본시장법에서는 금융투자업자가 준수해야 할 구체적인 기준 및 절차를 한국금융투자협회의 "표준투자권유준칙"에서 정하도록 하고 있다(법50).

2) 적합성원칙의 요소

적합성원칙은 금융투자업자가 금융투자상품을 투자권유함에 있어 i) 투자자가 일반투자자인지 전문투자자[204]인지의 여부를 확인하는 투자자 분류·확인의무(법46①), ii) 투자자가 일반투자자라면, 면담·질문 등을 통하여 그의 투자목적·재산상황 및 투자경험 등의 정보를 파악하여야 하는 고객파악의무("Know your customer rule"), 파악한 투자자정보에 관하여 일반투자자로부터 서명, 기명날인, 녹취, 전자우편, 그 밖에 이와 비슷한 전자통신, 우편, 전화자동응답시스템 등의 방법으로 확인을 받아 이를 유지·관리하여야 하며, 확인받은 내용을 투자자에게 지체 없이 제공하여야 하는 의무(법46②), iii) 일반투자자에게 투자권유를 하는 경우에는 일반투자자의 투자목적·재산상황 및 투자경험 등에 비추어 그 일반투자자에게 적합하지 아니하다고 인정되는 투자권유를 하여서는 아니 되는 의무이다(법46③). 일반적으로 제46조 제3항의 의무만을 적합성원칙이라고 부른다. 적합성 여부의 판단은 투자자가 제공한 정보를 바탕으로, 사전적·예측적으로, 투자자의 지식이나 경험을 기준으로 적합성을 판단한다. 적합성원칙의 전제로서 금융투자업자에게 금융투자상품 조사의무가 인정된다. 따라서 충분하고 합리적인 근거에 기초하여 투자권유가 이루어져야 한다.[205]

---

204) 자본시장법상 "전문투자자"란 금융투자상품에 관한 전문성 구비 여부, 소유자산규모 등에 비추어 투자에 따른 위험감수능력이 있는 투자자로서 1. 국가, 2. 한국은행, 3. 대통령령으로 정하는 금융기관, 4. 주권상장법인. 다만, 금융투자업자와 장외파생상품거래를 하는 경우에는 전문투자자와 같은 대우를 받겠다는 의사를 금융투자업자에게 서면으로 통지하는 경우에 한한다. 5. 그 밖에 대통령령으로 정하는 자를 말한다. 다만, 전문투자자 중 대통령령으로 정하는 자가 일반투자자와 같은 대우를 받겠다는 의사를 금융투자업자에게 서면으로 통지하는 경우 금융투자업자는 정당한 사유가 있는 경우를 제외하고는 이에 동의하여야 하며, 금융투자업자가 동의한 경우에는 해당 투자자는 일반투자자로 본다(법9⑤). "일반투자자"란 전문투자자가 아닌 투자자를 말한다(법9⑥.

205) 자본시장법에 따른 부적합 투자권유를 하지 않기 위해서는 판매자가 권유대상이 되는 상품을 잘 파악해야 한다는 상품파악의무("know your securities/product rule")가 법상 명시적으로 규정되어 있지는 않지만, 법 해석상 적합성원칙 준수를 위한 전제적 의무로서 당연히 포함된다.

(다) 적정성의 원칙

1) 의의

금융투자업자는 일반투자자에게 투자권유를 하지 아니하고 파생상품, 그 밖에 대통령령으로 정하는 금융투자상품("파생상품등")[206]을 판매하려는 경우에는 면담·질문 등을 통하여 그 일반투자자의 투자목적·재산상황 및 투자경험 등의 정보를 파악하여야 한다(법46의2①). 이를 적정성 파악의무(appropriateness rule)라고 한다. 이에 따라 금융투자업자는 일반투자자의 투자목적·재산상황 및 투자경험 등에 비추어 해당 파생상품등이 그 일반투자자에게 적정하지 아니하다고 판단되는 경우에는 대통령령으로 정하는 바에 따라 그 사실을 알리고,[207] 일반투자자로부터 서명, 기명날인, 녹취, 전자우편, 그 밖에 이와 비슷한 전자통신, 우편, 전화자동응답시스템 등의 방법으로 확인을 받아야 한다(법46의2②, 영52의2③). 금융투자업자에 대해 일반 금융투자상품보다 위험성이 높은 파생상품에 대해서 더 엄격한 판매규제를 하고자 하는 취지로 도입된 규정이다.

적합성원칙이 금융투자업자가 일반투자자에게 "투자권유를 하는 경우에" 적용되는 원칙인데 반하여, 적정성원칙은 금융투자업자가 일반투자자에게 "투자권유를 하지 아니하고" 파생상품 등을 판매하는 경우에 적용되는 점에서 차이가 있다.[208] 적정성원칙의 적용대상은 ELS, ETN 등이 포함된 파생결합증권, 장내외파생상품펀드, 레버리지·인버스 ETF 등이 있다(영52의2①).

2) 적정성원칙의 적용상 특징

적정성원칙이 적용되는 상품 중 ETN은 주식과 같이 거래소에 상장되어 거래되는 상품이다. ETN과 같이 투자권유 없이 증권사의 온라인 주식매매계좌에서 자유롭게 주문할 수 있는 상품에 대해 적정성원칙을 시행하기 위하여 증권사는 홈트레이딩시스템(HTS: Home trading

---

206) "대통령령으로 정하는 금융투자상품"이란 다음의 어느 하나에 해당하는 것을 말한다(영52의2①).
1. 파생결합증권. 다만, 금적립계좌등은 제외한다.
2. 법 제93조 제1항에 따른 집합투자기구의 집합투자증권. 다만, 금융위원회가 정하여 고시하는 집합투자기구의 집합투자증권은 제외한다.
3. 집합투자재산의 50%을 초과하여 파생결합증권에 운용하는 집합투자기구의 집합투자증권
4. 법 제165조의11 제1항에 따라 해당 사채의 발행 당시 객관적이고 합리적인 기준에 따라 미리 정하는 사유가 발생하는 경우 주식으로 전환되거나 그 사채의 상환과 이자지급의무가 감면된다는 조건이 붙은 사채("조건부자본증권")
5. 파생상품이나 제1호부터 제4호까지의 금융투자상품에 운용하는 법 제110조 제1항에 따른 금전신탁계약에 의한 수익권이 표시된 수익증권(이와 유사한 것으로서 신탁의 수익권이 표시된 것을 포함)

207) 금융투자업자는 법 제46조의2 제2항에 따라 일반투자자에게 다음의 사실을 알려야 한다(영52의2②).
1. 해당 파생상품등(법 제46조의2 제1항에 따른 파생상품등)의 내용
2. 해당 파생상품등에 대한 투자에 따르는 위험
3. 해당 파생상품등이 일반투자자의 투자목적·재산상황 및 투자경험 등에 비추어 그 일반투자자에게 적정하지 아니하다는 사실

208) 윤재숙(2018), 45쪽.

system) 또는 모바일트레이딩시스템(MTS: mobile trading system)상에 적정성원칙 적용을 위한 시스템을 구비하고 있다. 증권사의 HTS나 MTS를 통하여 ETN을 처음 거래할 경우, MTS 화면에서 투자 시 발생 가능한 위험을 안내 고지하고, 동의서 징구 등을 통해 해당 상품의 매매의사를 확인하도록 하며, 해당 절차가 확인된 계좌에서만 주문이 가능하도록 하는 절차를 구비하고 있다.[209] 이와 함께 ELS, ETN 등 파생결합증권에 대한 불건전 영업행위 규제를 위해 자본시장법 시행령은 해당 상품을 판매할 때, 안전성향 투자자나 70세 이상 고령투자자를 보호하기 위하여 판매과정을 녹취하도록 하고 있다(영68⑤(2의2) 가목 및 나목).[210]

(라) 설명의무

금융투자업자는 일반투자자를 상대로 투자권유를 하는 경우에는 금융투자상품의 내용, 투자에 따르는 위험, 그 밖에 대통령령으로 정하는 사항[211]을 일반투자자가 이해할 수 있도록 설명하여야 한다(법47①). 설명을 함에 있어서는 투자자의 합리적인 투자판단 또는 해당 금융투자상품의 가치에 중대한 영향을 미칠 수 있는 사항(중요사항)을 거짓 또는 왜곡(불확실한 사항에 대하여 단정적 판단을 제공하거나 확실하다고 오인하게 할 소지가 있는 내용을 알리는 행위)하여 설명하거나 중요사항을 누락하여서는 아니 된다(법47③). 설명의 정도는, 일반투자가가 이해할 정도로 설명하여야 하고 상품의 특성 및 위험도의 수준, 고객의 투자경험과 능력, 기관투자자인지 여부 등을 종합적으로 고려하여야 한다.[212] 금융투자업자는 설명한 내용을 일반투자자가 이해하였음을 서명, 기명날인, 녹취, 그 밖의 대통령령으로 정하는 방법 중 하나 이상의 방법으로 확

---

209) 윤재숙(2018), 45쪽.

210) 자본시장법 시행령 제68조(불건전 영업행위의 금지) ⑤ 법 제71조 제7호에서 "대통령령으로 정하는 행위"란 다음 각 호의 어느 하나에 해당하는 행위를 말한다.
2의2. 다음 각 목의 어느 하나에 해당하는 일반투자자를 대상으로 제52조의2 제1항 제1호 또는 제3호에 따른 금융투자상품("녹취대상상품")을 판매하는 경우 판매과정을 녹취하지 아니하거나 녹취된 파일을 해당 투자자의 요청에도 불구하고 제공하지 아니하는 행위
가. 법 제46조 제2항 또는 법 제46조의2 제1항에 따라 그 일반투자자의 투자목적·재산상황 및 투자경험 등의 정보를 파악한 결과 녹취대상상품이 적합하지 아니하거나 적정하지 아니하다고 판단되는 자
나. 70세 이상인 사람

211) "대통령령으로 정하는 사항"이란 다음의 사항을 말한다(영53①
1. 금융투자상품의 투자성에 관한 구조와 성격
2. 법 제58조 제1항에 따른 수수료에 관한 사항
3. 조기상환조건이 있는 경우 그에 관한 사항
4. 계약의 해제·해지에 관한 사항
5. 투자자문업자가 투자권유를 하는 경우에는 다음 각 목의 사항
가. 투자자문업자가 제60조 제3항 제4호 각 목의 요건을 충족한 자에 해당하는지 여부
나. 투자자문을 제공하는 법 제6조 제7항에 따른 금융투자상품등의 종류와 범위
다. 투자자문 제공 절차와 투자자문수수료 등 관련 비용의 규모 및 산정방식
라. 그 밖에 투자자와 이해상충이 발생할 수 있는 사항으로서 금융위원회가 정하여 고시하는 사항

212) 대법원 2006. 5. 11. 선고 2003다51057 판결.

인을 받아야 한다(법47②).

설명의무 위반에 대해서는 손해배상책임이 인정되며 자본시장법은 손해액 추정규정을 두고 있다(법48).

(마) 부당권유의 금지

부당권유는 정상적인 투자권유의 행태에 반하여 투자자보호 및 건전한 거래질서를 해할 우려가 있는 투자권유 행위를 말한다. 자본시장법은 투자자보호와 건전한 거래질서를 확립하기 위한 차원에서 투자자의 구체적인 사정과 관계없이 그의 건전한 판단을 저해할 우려가 있는 행위를 예시적으로 열거하여 금지하고 있다(법49).

금융투자업자는 투자권유를 함에 있어서 i) 거짓의 내용을 알리는 행위(1호), ii) 단정적 판단의 제공 행위: 불확실한 사항에 대하여 단정적 판단을 제공하거나 확실하다고 오인하게 할 소지가 있는 내용을 알리는 행위(2호), iii) 불초청 권유(unsolicited call): 투자자로부터 투자권유의 요청을 받지 아니하고 방문·전화 등 실시간 대화의 방법을 이용하는 행위. 다만, 투자자 보호 및 건전한 거래질서를 해할 우려가 없는 행위로서 대통령령으로 정하는 행위를 제외한다(3호). iv) 의사에 반한 재권유(solicitation against will): 투자권유를 받은 투자자가 이를 거부하는 취지의 의사를 표시하였음에도 불구하고 투자권유를 계속하는 행위. 다만, 투자자 보호 및 건전한 거래질서를 해할 우려가 없는 행위로서 대통령령으로 정하는 행위[213]를 제외한다(4호). v) 그 밖에 투자자 보호 또는 건전한 거래질서를 해할 우려가 있는 행위로서 대통령령으로 정하는 행위(5호)[214]를 하여서는 아니 된다(법49).

그런데 불초청 권유 금지는 장외파생상품에 대해서만 적용되며 증권과 장내파생상품에 대하여 투자권유를 하는 행위는 허용이 된다(법49(3)단서, 영54①).

(바) 투자권유규제의 차등화

금융투자업자는 투자권유를 함에 있어서 금융투자업자의 임직원이 준수하여야 할 구체적인 기준 및 절차(투자권유준칙)를 정하여야 한다(법50① 본문). 다만 파생상품등에 대하여는 일반투자자의 투자목적·재산상황 및 투자경험 등을 고려하여 투자자 등급별로 차등화된 투자권유준칙을 마련하여야 한다(법50① 단서). 그리고 금융투자업자는 보험설계사, 투자권유자문인력

---

213) "대통령령으로 정하는 행위"란 다음의 어느 하나에 해당하는 행위를 말한다(영54②).
1. 삭제(2014. 8. 12)
2. 투자권유를 받은 투자자가 이를 거부하는 취지의 의사를 표시한 후 금융위원회가 정하여 고시하는 기간이 지난 후에 다시 투자권유를 하는 행위
3. 다른 종류의 금융투자상품에 대하여 투자권유를 하는 행위. 이 경우 다른 종류의 구체적인 내용은 금융위원회가 정하여 고시한다.

214) "대통령령으로 정하는 행위"란 투자자(전문투자자와 법 제72조 제1항에 따른 신용공여를 받아 투자를 한 경험이 있는 일반투자자는 제외)로부터 금전의 대여나 그 중개·주선 또는 대리를 요청받지 아니하고 이를 조건으로 투자권유를 하는 행위를 말한다(영55).

자격요건 등을 갖춘 자에게 투자권유를 위탁할 수 있으나, 파생상품등의 투자권유는 위탁할 수 없다(법51①).

한국금융투자협회는 표준투자권유준칙을 마련하고 있는데, 이는 투자권유가능 파생상품을 규정하고 있다.

(4) 집합투자기구의 파생상품투자제한 폐지

자본시장법에서는 증권펀드 · 파생상품펀드 · 부동산펀드 · 실물펀드 · 단기금융펀드(MMF) · 재간접펀드 · 특별자산펀드 등 종전 자산운용업법상 7가지 종류의 펀드 구분을 4가지 종류의 집합투자기구로 재분류하고, 집합투자기구 종류별 운용대상자산의 제한을 없앰으로써 MMF를 제외한 모든 집합투자기구가 다양한 투자대상에 운용할 수 있도록 하고 있다. 즉 집합투자기구의 주요 투자대상자산(집합투자기구 자산의 50% 초과투자자산)을 기준으로 증권 · 부동산 · 특별자산 · 단기금융집합투자기구로 구분한 다음, 각 집합투자기구별 주요 투자대상자산에 해당 기초자산 관련 파생상품을 포함시키는 대신 파생상품펀드를 별도로 구분하지 않고 있다(법229(1)(2)(3) 및 (5)). 또한 주요 투자대상자산을 특정하지 않고 언제나 어떤 자산에나 자유롭게 운용할 수 있는 펀드인 혼합자산집합투자기구를 규정하고 있다(법229(4)).

6. 내부통제

(1) 내부통제기준 마련

금융회사는 법령을 준수하고, 경영을 건전하게 하며, 주주 및 이해관계자 등을 보호하기 위하여 금융회사의 임직원이 직무를 수행할 때 준수하여야 할 기준 및 절차("내부통제기준")를 마련하여야 한다(금융회사지배구조법24①). 투자매매업자 또는 투자중개업자는 파생상품(파생결합증권 및 법 제93조에서 정한 집합투자기구의 집합투자증권을 포함)의 영업에 관한 내부통제기준을 정함에 있어 일정한 사항[215]을 포함하여야 한다(금융투자업규정2-24①).

---

215) 금융투자업규정 제2-24조(파생상품 영업 및 매매에 관한 내부통제) ① 투자매매업자 또는 투자중개업자는 파생상품(파생결합증권 및 법 제93조에서 정한 집합투자기구의 집합투자증권을 포함)의 영업에 관한 내부통제기준을 정함에 있어 다음 각 호의 사항을 포함하여야 한다.
1. 각 지점별 파생상품 영업관리자의 지정에 관한 사항. 다만, 파생상품 영업관리자의 지정과 관련하여 다음 각 목의 내용에 반영되어야 한다.
   가. 제2-23조 제1항 제2호 다목의 요건을 충족하는 경우에 한하여 제2-23조 제1항 제2호에 따른 지점별 영업관리자가 지점별 파생상품 영업관리자를 겸직할 수 있다는 내용
   나. 본사 또는 인근 지점에 상근하는 파생상품 영업관리자가 해당 지점의 파생상품 영업을 효과적으로 감독할 수 있는 경우에는 둘 이상의 지점에서 1인의 파생상품 영업관리자를 지정할 수 있다는 내용
2. 파생상품거래를 위한 계좌개설시 파생상품 영업관리자의 계좌개설에 관한 확인 및 투자자보호에 필요한 조치에 관한 사항. 이 경우 파생상품 영업관리자는 투자자보호에 필요한 조치를 취함에 있어 다음 각 목의 사항을 감안하여야 한다.

(2) 파생상품업무책임자

자산규모 및 금융투자업의 종류 등을 고려하여 대통령령으로 정하는 금융투자업자[216](겸영금융투자업자를 포함)는 상근 임원(상법 제401조의2 제1항 각 호의 자를 포함)으로서 대통령령으로 정하는 파생상품업무책임자[217]를 1인 이상 두어야 한다(법28의2①).

파생상품업무책임자는 i) 파생상품 투자자보호에 필요한 절차나 기준의 수립 및 집행에 관한 관리·감독업무, ii) 장외파생상품 매매에 대한 승인 업무, iii) 그 밖에 대통령령으로 정하는 업무를 수행한다(법28의2②).

가. 당해 투자자가 파생상품거래에 필요한 기초지식을 가지고 있는지 여부(투자자로부터 이에 관한 정보를 얻기 어려운 경우는 제외)
나. 당해 투자자를 상대로 투자권유를 하는 영업직원의 존재여부 및 당해 직원이 투자권유에 필요한 자격을 갖추고 있는지 여부

3. 파생상품 영업관리자의 다음 각 목의 사항에 대한 주기적인 점검에 관한 사항
가. 거래내용이 투자자의 투자목적 등에 비추어 적합한지 여부
나. 파생상품의 거래유형별 규모 및 빈도가 적절한지 여부
다. 계좌에서 발생한 수수료의 과다여부
라. 계좌의 실현·미실현 손익 규모
마. 포지션의 과도한 집중 여부
4. 파생결합증권의 발행으로 조달한 자금의 운용 등에 관한 다음 각 목의 사항
가. 파생결합증권(상법 제469조 제2항 제3호의 규정에 따른 사채로서 법 제4조 제7항 제1호에 해당하는 증권을 포함)의 발행을 통해 조달한 자금과 그 밖의 금융투자업자의 고유재산을 구분 관리(파생결합증권의 발행을 통해 조달한 자금의 운용내역을 구분하여 기록·유지하는 것)하는 것에 관한 사항
나. 가목의 구분 관리를 위하여 파생결합증권의 발행을 통해 조달한 자금의 운용내역을 구분하여 기록·유지하는 기준을 마련하고 이를 처리하기 위한 전산시스템을 구축하는 것에 관한 사항
다. 자산의 건전성과 유동성 등 투자자보호를 위해 투자대상자산이 갖추어야 할 요건에 관한 사항
5. 투자자의 요청에 의한 파생결합증권 중도상환시 적용하는 중도상환 가액의 산정 기준에 관한 사항 및 그 산정 기준 준수 여부에 대한 주기적 점검과 관련한 사항
6. 투자자문계약 또는 투자일임계약에 따른 자금운용 결과를 종합적으로 표시하는 지수를 기초자산으로 하는 파생결합증권의 발행 및 자금운용 등에 관한 다음 각 목의 사항
가. 채권평가회사를 통한 기초자산의 검증·산출에 대한 사항
나. 기초자산에 대한 투자자문업자 또는 투자일임업자("투자자문업자등")와 확인하고 확인결과에 대해 내부통제부서와 파생상품업무책임자에게 매월 보고하는 것에 대한 사항
다. 기초자산의 산출방법, 투자자문업자등의 운용자산 선정기준 및 운용실적 등의 정보를 계약서에 기재하고 투자자에게 설명하는 것에 대한 사항
라. 파생결합증권의 발행을 통해 조달한 자금의 운용종목, 운용성과, 투자자가 부담하는 비용, 기초자산의 산출결과, 투자현황 및 투자전략 등의 정보를 주기적으로 투자자에게 제공하는 것에 대한 사항

216) "대통령령으로 정하는 금융투자업자"란 다음의 어느 하나에 해당하는 자를 말한다(영32의2①).
1. 장내파생상품에 대한 투자매매업 또는 투자중개업을 경영하는 자로서 최근 사업연도말일을 기준으로 자산총액이 1천억원 이상인 자
2. 장외파생상품에 대한 투자매매업 또는 투자중개업을 경영하는 자

217) "대통령령으로 정하는 파생상품업무책임자"란 금융투자업자의 파생상품업무를 총괄하는 자로서 금융회사의 지배구조에 관한 법률 제5조 제1항 각 호에 해당하지 않는 자를 말한다(영32의2②).

7. 위험관리기준

(1) 위험한도규제

투자매매업자 또는 투자중개업자는 장외파생상품을 대상으로 하여 투자매매업 또는 투자중개업을 하는 경우에는 장외파생상품의 매매에 따른 위험액(금융위원회가 정하여 고시하는 위험액)이 금융위원회가 정하여 고시하는 한도를 초과하지 아니하여야 한다(법166의2①(2)).

집합투자업자는 집합투자재산을 증권(집합투자증권, 그 밖에 대통령령으로 정하는 증권[218]을 제외하며, 대통령령으로 정하는 투자대상자산[219]을 포함) 또는 파생상품에 운용함에 있어서 i) 대통령령으로 정하는 적격 요건[220]을 갖추지 못한 자와 장외파생상품을 매매하는 행위, ii) 파생상품의 매매에 따른 위험평가액이 대통령령으로 정하는 기준[221]을 초과하여 투자하는 행위, iii) 파생상품의 매매와 관련하여 기초자산 중 동일법인 등이 발행한 증권(그 법인 등이 발행한 증권과 관련된 증권예탁증권을 포함)의 가격변동으로 인한 위험평가액이 각 집합투자기구 자산총액의 10%를 초과하여 투자하는 행위, 또는 iv) 같은 거래상대방과의 장외파생상품 매매에 따른 거래상대방 위험평가액이 각 집합투자기구 자산총액의 10%를 초과하여 투자하는 행위를 하여서는 아니 된다(법81①(1)(라)-(사)).

(2) 위험관리 전담조직 구성

금융투자업자의 이사회는 위험관리에 관한 i) 경영전략에 부합하는 위험관리 기본방침 수립, ii) 금융투자업자가 부담 가능한 위험 수준의 결정, iii) 적정투자한도 또는 손실허용한도 승인, 또는 iv) 위험관리지침의 제정 및 개정 사항을 심의·의결한다. 다만 효율적인 위험관리를 위하여 필요하다고 인정되는 경우 이사회 내에 위험관리를 위한 위원회(위험관리위원회)를 두고 그 업무를 담당하게 할 수 있다(금융투자업규정3-43①). 장외파생상품에 대한 투자매매업의

---

218) "대통령령으로 정하는 증권"이란 법 제279조 제1항에 따른 외국 집합투자증권을 말한다(영80②).

219) "대통령령으로 정하는 투자대상자산"이란 다음의 어느 하나에 해당하는 투자대상자산을 말한다(영80③).
1. 원화로 표시된 양도성 예금증서
2. 기업어음증권 외의 어음
3. 제1호 및 제2호 외에 대출채권, 예금, 그 밖의 금융위원회가 정하여 고시하는 채권(債權)
4. 사업수익권

220) "대통령령으로 정하는 적격 요건"이란 제10조 제1항 각 호의 어느 하나에 해당하는 자가 다음 각 호의 어느 하나에 해당하는 요건을 충족하는 것을 말한다(영80⑤).
1. 신용평가회사(외국 법령에 따라 외국에서 신용평가업무에 상당하는 업무를 수행하는 자를 포함)에 의하여 투자적격 등급 이상으로 평가받은 경우
2. 신용평가회사에 의하여 투자적격 등급 이상으로 평가받은 보증인을 둔 경우
3. 담보물을 제공한 경우

221) "대통령령으로 정하는 기준"이란 각 집합투자기구의 자산총액에서 부채총액을 뺀 가액의 100%를 말한다. 다만, 가격변동의 위험이 크지 아니한 경우로서 금융위원회가 정하여 고시하는 기준을 충족하는 상장지수집합투자기구의 경우에는 200%으로 한다(영80⑥).

인가를 받은 금융투자업자 또는 인수업을 포함한 투자매매업의 인가를 받은 금융투자업자는 경영상 발생할 수 있는 위험을 실무적으로 종합관리하고 이사회(위험관리위원회 포함)와 경영진을 보조할 수 있는 전담조직을 두어야 한다(금융투자업규정3-43②). 동 전담조직은 영업부서 및 지원부서와는 독립적으로 운영되어야 하며 i) 위험한도의 운영상황 점검 및 분석, ii) 위험관리정보시스템의 운영, 그리고 iii) 이사회(위험관리위원회를 포함) 및 경영진에 대한 위험관리정보의 적시 제공 업무를 수행하여야 한다(금융투자업규정3-43③).

(3) 위험관리기준 마련

장외파생상품거래의 매매에 따른 위험관리, 그 밖에 투자자를 보호하기 위하여 필요한 사항은 금융위원회가 정하여 고시[222]할 수 있다(법166의2②).

집합투자업자는 장외파생상품 매매에 따른 위험평가액이 집합투자기구 자산총액의 10%를 초과하여 투자할 수 있는 집합투자기구의 집합투자재산을 장외파생상품에 운용하는 경우에는 장외파생상품 운용에 따른 위험관리방법을 작성하여 그 집합투자재산을 보관·관리하는 신탁업자의 확인을 받아 금융위원회에 신고하여야 한다(법93②, 영96④).

8. 불공정거래규제

(1) 장내파생상품의 대량보유상황 보고의무

동일 품목의 장내파생상품(일반상품, 그 밖에 대통령령으로 정하는 것[223])을 기초자산으로 하는

---

222) 금융투자업규정 제5-50조(장외파생상품의 위험관리기준) ① 장외파생상품을 대상으로 하여 투자매매업 또는 투자중개업을 영위하는 금융투자업자는 법 제166조의2 제2항에 따라 다음 각 호의 위험관리기준을 모두 충족하여야 한다. 이 경우 별표 15 제5호에서 정하는 바에 따라 장외파생상품에 대한 투자매매업과 투자중개업의 특성 및 장외파생상품에 대한 인가업무 단위에 따라 부담하는 위험의 차이를 고려하여 평가할 수 있다.
1. 별표 15에 따른 종합평가결과가 "양호" 이상일 것
2. 별표 15의 "1. 평가항목" 중 다음 각 목의 평가점수는 각각 2.4점 이하일 것
가. 위험관리조직 및 인력
나. 위험측정 및 관리실무
다. 위험관리 및 내부통제전산시스템
② 제1항에 따른 위험관리에 관한 세부평가기준은 별표 16과 같다.
③ 장외파생상품을 대상으로 하여 투자매매업 또는 투자중개업을 영위하는 금융투자업자는 반기별로 제1항 제1호에 따른 종합평가를 실시하고 그 결과를 금융감독원장에게 보고하여야 한다.
④ 장외파생상품을 대상으로 투자매매업을 영위하는 금융투자업자는 장외파생상품을 일반투자자와 매매한 경우 법 제166조의2 제2항에 따라 월 1회 이상 장외파생상품의 평가내역이 포함된 거래평가서를 일반투자자에게 통보하여야 한다.

223) "대통령령으로 정하는 것"이란 금융위원회가 정하여 고시하는 기준과 방법에 따른 주가지수를 말한다(영200의2①). 여기서 "금융위원회가 정하여 고시하는 기준과 방법에 따른 주가지수"란 한국거래소의 유가증권시장에 상장된 주권 중 200종목에 대하여 기준일인 1990년 1월 3일의 지수를 100포인트로 하여 한국거래소가 산출하는 시가총액방식의 주가지수(코스피200)를 말한다(금융투자업규정6-29①).

파생상품으로서 파생상품시장에서 거래되는 것만 해당)을 금융위원회가 정하여 고시하는 수량[224] 이상 보유(누구의 명의로든지 자기의 계산으로 소유하는 경우)하게 된 자는 그 날부터 5일(공휴일, 근로자의 날, 토요일 제외) 이내에 그 보유 상황, 그 밖에 대통령령으로 정하는 사항[225]을 대통령령으로 정하는 방법에 따라 금융위원회와 거래소에 보고하여야 하며, 그 보유 수량이 금융위원회가 정하여 고시하는 수량[226] 이상으로 변동된 경우에는 그 변동된 날부터 5일 이내에 그 변동 내용을 대통령령으로 정하는 방법에 따라 금융위원회와 거래소에 보고하여야 한다(법173의2①).[227]

그리고 장내파생상품의 시세에 영향을 미칠 수 있는 정책을 입안·수립 또는 집행하거나 정보를 생성·관리하는 자, 장내파생상품의 기초자산의 중개·유통 또는 검사와 관련된 업무에 종사하는 자로서 파생상품시장에서의 시세에 영향을 미칠 수 있는 정보를 업무와 관련하여 알게 된 자와 그 자로부터 그 정보를 전달받은 자는 그 정보를 누설하거나, 장내파생상품 및 그 기초자산의 매매나 그 밖의 거래에 이용하거나, 타인으로 하여금 이용하게 하여서는 아니 된다(법173의2②).

(2) 시세조종규제

(가) 위장매매

누구든지 장내파생상품의 매매에 관하여 그 매매가 성황을 이루고 있는 듯이 잘못 알게

---

224) "금융위원회가 정하여 고시하는 수량"이란 다음의 품목별 미결제약정(장 종료시점을 기준으로 최종거래일까지 소멸하지 아니한 장내파생상품거래약정) 수량을 말한다(금융투자업규정6-29②).
1. 금을 대상으로 하는 장내파생상품거래의 경우
가. 거래단위(1계약의 크기를 말한다. 이하 이 조에서 같다)가 중량 1천그램인 경우: 30계약
나. 거래단위가 중량 1백그램인 경우: 300계약
2. 돈육을 대상으로 하는 장내파생상품거래의 경우: 300계약
3. 코스피200을 대상으로 하는 장내파생상품의 경우: 20,000계약(한국거래소의 파생상품시장규정에서 정하는 미결제약정 수량의 보유한도 적용방법에 따라 산출한 수량을 말하며, 그 수량을 산출함에 있어서 차익거래관련 수량 및 헤지거래관련 수량을 포함)

225) "대통령령으로 정하는 사항"이란 다음의 사항을 말한다(영200의2③).
1. 대량보유자 및 그 위탁을 받은 금융투자업자에 관한 사항
2. 해당 장내파생상품거래의 품목 및 종목
3. 해당 장내파생상품을 보유하게 된 시점, 가격 및 수량
4. 제1호부터 제3호까지의 사항과 관련된 사항으로서 금융위원회가 정하여 고시하는 사항

226) "금융위원회가 정하여 고시하는 수량"이란 다음의 품목별 미결제약정 수량을 말한다(금융투자업규정6-29③).
1. 금을 대상으로 하는 장내파생상품거래의 경우
가. 거래단위가 중량 1천그램인 경우: 6계약
나. 거래단위가 중량 1백그램인 경우: 60계약
2. 돈육을 대상으로 하는 장내파생상품거래의 경우: 60계약
3. 코스피200을 대상으로 하는 장내파생상품의 경우: 4,000계약

227) 금융위원회와 거래소에 보고하여야 할 자가 위탁자인 경우에는 금융투자업자로 하여금 대신하여 보고하게 할 수 있으며, 장내파생상품의 대량보유 상황이나 그 변동 내용을 보고하는 날 전날까지 새로 변동 내용을 보고하여야 할 사유가 발생한 경우에는 새로 보고하여야 하는 변동 내용은 당초의 대량보유 상황이나 그 변동 내용을 보고할 때 함께 보고하여야 한다(영202의2④).

하거나, 그 밖에 타인에게 그릇된 판단을 하게 할 목적으로 i) 자기가 매도하는 것과 같은 시기에 그와 같은 가격 또는 약정수치로 타인이 그 장내파생상품을 매수할 것을 사전에 그 자와 서로 짠 후 매도하는 행위(1호: 통정매매), ii) 자기가 매수하는 것과 같은 시기에 그와 같은 가격 또는 약정수치로 타인이 그 장내파생상품을 매도할 것을 사전에 그 자와 서로 짠 후 매수하는 행위(2호: 통정매매), iii) 그 장내파생상품의 매매를 함에 있어서 그 권리의 이전을 목적으로 하지 아니하는 거짓으로 꾸민 매매를 하는 행위(3호: 가장매매), iv) 제1호부터 제3호까지의 행위를 위탁하거나 수탁하는 행위(4호: 위탁행위 또는 수탁행위)를 하여서는 아니 된다(법176①).

(나) 매매유인목적행위

누구든지 장내파생상품의 매매를 유인할 목적으로 i) 장내파생상품의 매매가 성황을 이루고 있는 듯이 잘못 알게 하거나 그 시세(증권시장 또는 파생상품시장에서 형성된 시세, 다자간매매체결회사가 상장주권의 매매를 중개함에 있어서 형성된 시세, 그 밖에 대통령령으로 정하는 시세[228])를 변동시키는 매매 또는 그 위탁이나 수탁을 하는 행위(1호: 현실매매에 의한 시세조종), ii) 장내파생상품의 시세가 자기 또는 타인의 시장 조작에 의하여 변동한다는 말을 유포하는 행위(2호: 표시에 의한 시세조종), iii) 장내파생상품의 매매를 함에 있어서 중요한 사실에 관하여 거짓의 표시 또는 오해를 유발시키는 표시를 하는 행위(3호: 표시에 의한 시세조종)를 하여서는 아니된다(법176②).

(다) 시세의 고정 · 안정행위

누구든지 장내파생상품의 시세를 고정시키거나 안정시킬 목적으로 그 장내파생상품에 관한 일련의 매매 또는 그 위탁이나 수탁을 하는 행위를 하여서는 아니 된다(법176③ 본문).

(라) 연계시세조종

누구든지 증권, 파생상품 또는 그 증권·파생상품의 기초자산 중 어느 하나가 거래소에 상장되거나 그 밖에 이에 준하는 경우로서 대통령령으로 정하는 경우에는 그 증권 또는 파생상품에 관한 매매, 그 밖의 거래와 관련하여 i) 파생상품의 매매등에서 부당한 이익을 얻거나 제3자에게 부당한 이익을 얻게 할 목적으로 그 파생상품의 기초자산의 시세를 변동 또는 고정시키는 행위(1호), ii) 파생상품의 기초자산의 매매등에서 부당한 이익을 얻거나 제3자에게 부당한 이익을 얻게 할 목적으로 그 파생상품의 시세를 변동 또는 고정시키는 행위(2호), iii) 증권의 매매등에서 부당한 이익을 얻거나 제3자에게 부당한 이익을 얻게 할 목적으로 그 증권과 연계된 증권으로서 대통령령으로 정하는 증권[229] 또는 그 증권의 기초자산의 시세를 변동 또

228) "대통령령으로 정하는 시세"란 상장(금융위원회가 정하여 고시하는 상장을 포함)되는 증권에 대하여 증권시장에서 최초로 형성되는 시세를 말한다(영202).

229) "대통령령으로 정하는 증권"이란 다음과 같다(영207조)

는 고정시키는 행위(3호), ⅳ) 증권의 기초자산의 매매등에서 부당한 이익을 얻거나 제3자에게 부당한 이익을 얻게 할 목적으로 그 증권의 시세를 변동 또는 고정시키는 행위(4호), ⅴ) 파생상품의 매매등에서 부당한 이익을 얻거나 제삼자에게 부당한 이익을 얻게 할 목적으로 그 파생상품과 기초자산이 동일하거나 유사한 파생상품의 시세를 변동 또는 고정시키는 행위(5호)를 하여서는 아니 된다(법176④).

9. 파생상품 회계처리

금융투자업자는 ⅰ) 회계연도를 금융투자업별로 총리령으로 정하는 기간[230]으로 하고, ⅱ) 금

---

1. 전환사채권이나 신주인수권부사채권의 매매에서 부당한 이익을 얻거나 제3자에게 부당한 이익을 얻게 할 목적인 경우에는 그 전환사채권이나 신주인수권부사채권과 연계된 다음의 어느 하나에 해당하는 증권
   가. 그 전환사채권이나 신주인수권부사채권과 교환을 청구할 수 있는 교환사채권
   나. 지분증권
   다. 그 전환사채권이나 신주인수권부사채권을 기초자산으로 하는 파생결합증권
   라. 그 전환사채권이나 신주인수권부사채권과 관련된 증권예탁증권
2. 교환사채권의 매매에서 부당한 이익을 얻거나 제3자에게 부당한 이익을 얻게 할 목적인 경우에는 그 교환사채권의 교환대상이 되는 다음의 어느 하나에 해당하는 증권
   가. 전환사채권이나 신주인수권부사채권
   나. 지분증권
   다. 파생결합증권
   라. 증권예탁증권
3. 지분증권의 매매에서 부당한 이익을 얻거나 제3자에게 부당한 이익을 얻게 할 목적인 경우에는 그 지분증권과 연계된 다음의 어느 하나에 해당하는 증권
   가. 전환사채권이나 신주인수권부사채권
   나. 그 지분증권과 교환을 청구할 수 있는 교환사채권
   다. 그 지분증권을 기초자산으로 하는 파생결합증권
   라. 그 지분증권과 관련된 증권예탁증권
   마. 그 지분증권 외의 지분증권
4. 파생결합증권의 매매에서 부당한 이익을 얻거나 제3자에게 부당한 이익을 얻게 할 목적인 경우에는 그 파생결합증권의 기초자산으로 되는 다음의 어느 하나에 해당하는 증권
   가. 전환사채권이나 신주인수권부사채권
   나. 교환사채권(가목, 다목 또는 라목과 교환을 청구할 수 있는 것만 해당)
   다. 지분증권
   라. 증권예탁증권
5. 증권예탁증권의 매매에서 부당한 이익을 얻거나 제3자에게 부당한 이익을 얻게 할 목적인 경우에는 그 증권예탁증권의 기초로 되는 다음의 어느 하나에 해당하는 증권
   가. 전환사채권이나 신주인수권부사채권
   나. 교환사채권(가목, 다목 또는 라목과 교환을 청구할 수 있는 것만 해당)
   다. 지분증권
   라. 파생결합증권

230) "총리령으로 정하는 기간"이란 다음의 구분에 따른 기간을 말한다(시행규칙6①).
1. 투자매매업, 투자중개업, 집합투자업, 투자자문업 및 투자일임업 : 매년 4월 1일부터 다음 해 3월 31일까지의 기간. 다만, 해당 금융투자업자가 외부감사법 제5조 제1항 제1호에 따른 회계처리기준을 도입

융투자업자의 고유재산과 신탁재산, 그 밖에 총리령으로 정하는 투자자재산[231)]을 명확히 구분하여 회계처리하며, iii) 증권선물위원회의 심의를 거쳐 금융위원회가 정하여 고시하는 금융투자업자 회계처리준칙 및 외부감사법 제5조에 따른 회계처리기준을 따라 회계처리를 하여야 한다(법32①).

10. 공시 및 보고

(1) 분기별 및 월별 업무보고서의 제출 및 공시

금융투자업자는 매 사업연도 개시일부터 3개월간·6개월간·9개월간 및 12개월간의 업무보고서(분기별 업무보고서)를 작성하여 그 기간 경과 후 45일 이내에 금융위원회에 제출하여야 한다(법33①). 금융투자업자는 업무보고서 외에 매월의 업무 내용을 적은 보고서(월별 업무보고서)를 다음 달 말일까지 금융위원회에 제출하여야 한다(법33④). 또한 금융투자업자는 업무보고서를 금융위원회에 제출한 날부터 그 업무보고서 중 중요사항을 발췌한 공시서류를 1년간 본점과 지점, 그 밖의 영업소에 이를 비치하고, 인터넷 홈페이지 등을 이용하여 공시하여야 한다(법33②).

이때 분기별 업무보고서 및 월별 업무보고서에는 장외파생상품 매매, 그 밖의 거래의 업무내용, 거래현황과 평가손익현황(장외파생상품의 위험을 회피하기 위한 관련 거래의 평가손익을 포함) 등에 관한 사항을 기재하고(영36③(9)), 투자매매업이나 투자중개업자가 파생상품시장의 결제를 하지 아니한 경우에는 금융위원회에 보고하고, 인터넷 홈페이지 등을 이용하여 공시하여야 한다(법33③, 영36②(1)(마)).

(2) 파생상품거래내역 보고 및 공시

투자매매업자 또는 투자중개업자는 장외파생상품을 대상으로 하여 투자매매업 또는 투자중개업을 하는 경우에는 월별 장외파생상품(파생결합증권을 포함한다)의 매매, 그 중개·주선 또는 대리의 거래내역을 다음 달 10일까지 금융위원회에 보고하여야 한다(법166의2①(5)).

집합투자업자는 파생상품 매매에 따른 위험평가액이 집합투자기구 자산총액의 10%을 초과하여 투자할 수 있는 집합투자기구의 집합투자재산을 파생상품에 운용하는 경우에는 계약금

한 경우 등 금융위원회가 정하여 고시하는 경우에는 회계기간을 1월 1일부터 12월 31일까지로 할 수 있다.

2. 신탁업, 종합금융회사 및 자금중개회사 : 정관에서 정하는 기간

231) "총리령으로 정하는 투자자재산"이란 다음의 투자자재산을 말한다(시행규칙6②).

1. 투자자가 예탁한 재산
2. 집합투자재산
3. 제1호 및 제2호에서 규정한 사항 외에 고유재산, 신탁재산 및 제1호·제2호의 재산과 명확히 구분하여 회계처리할 필요가 있는 것으로서 금융위원회가 정하여 고시하는 투자자재산

액, 그 밖에 대통령령으로 정하는 위험에 관한 지표[232])를 인터넷 홈페이지 등을 이용하여 공시하여야 한다. 이 경우 그 집합투자기구의 투자설명서에 해당 위험에 관한 지표의 개요 및 위험에 관한 지표가 공시된다는 사실을 기재하여야 한다(법93①, 영96①).

232) "대통령령으로 정하는 위험에 관한 지표"란 다음 각 호의 지표를 말한다. 다만, 위험에 관한 지표 산출을 위한 자료가 부족하여 지표의 산출이 불가능한 경우 등 금융위원회가 정하여 고시하는 파생상품인 경우에는 제2호를 적용하지 아니한다(영96②).

1. 파생상품 매매에 따른 만기시점의 손익구조
2. 시장상황의 변동에 따른 집합투자재산의 손익구조의 변동 또는 일정한 보유기간에 일정한 신뢰구간 범위에서 시장가격이 집합투자기구에 대하여 불리하게 변동될 경우에 파생상품거래에서 발생할 수 있는 최대손실예상금액
3. 그 밖에 투자자의 투자판단에 중요한 기준이 되는 지표로서 금융위원회가 정하여 고시하는 위험에 관한 지표

제5장 / 금융투자업자의 신용공여

제1절 자본시장법상 신용공여

금융투자업자는 자본시장법 제6조에서 규정하는 본질적인 업무 이외에 다른 금융업무 및 부수업무를 영위할 수 있다(법40 및 41). 그러나 다른 법률 내용 및 부수업무의 성격상 금융투자업자는 자본시장법에서 허용하는 경우에 한하여 금융소비자를 대상으로 여신상품거래를 할 수 있다.

자본시장법은 은행법, 보험업법, 상호저축은행법 등과는 달리 제1편 총칙에서 자본시장법 전체에 적용되는 신용공여 정의규정을 두지 않고, 신용공여 관련 개별 조문에서 신용공여 정의규정을 두는 입법형식을 취하고 있다. 그 이유는 자본시장법에서는 신용공여라는 용어가 해당 조문에 따라 각각 다른 의미로 사용되므로 입법기술상 개별 규정에서 두고 있는 것으로 생각된다. 즉 제1편 총칙에서 신용공여에 대한 포괄적 정의규정을 두는 것이 어렵기 때문인 것으로 보인다.

여기서는 자본시장법 개별 규정에 나오는 신용공여 관련 규정을 살펴본다.

제2절 금융투자업자의 건전성규제와 대주주와의 거래 등의 제한

자본시장법상 금융투자업규제는 진입규제, 건전성규제, 영업행위규제로 구분할 수 있는데, 자본시장법은 건전성규제 부분에서 제34조(대주주와의 거래 등의 제한) 제2항에서 신용공여 정의 규정을 두고 있다.

금융투자업자는 대주주(그의 특수관계인을 포함)에 대하여 신용공여를 하여서는 아니 되며, 대주주는 그 금융투자업자로부터 신용공여를 받아서는 아니 된다(법34② 본문). 다만, 금융투자업자의 건전성을 해할 우려가 없는 신용공여로서 대통령령으로 정하는 신용공여[1]의 경우에는 이를 할 수 있다(법34② 단서). 여기서 신용공여란 금전·증권 등 경제적 가치가 있는 재산의 대여, 채무이행의 보증, 자금 지원적 성격의 증권의 매입, 그 밖에 거래상의 신용위험을 수반하는 직접적·간접적 거래로서 "대통령령으로 정하는 거래"를 말한다(법34② 본문).

여기서 "대통령령으로 정하는 거래"란 다음의 어느 하나에 해당하는 거래를 말한다(영38①).

1. 대주주(그의 특수관계인을 포함)를 위하여 담보를 제공하는 거래
2. 대주주를 위하여 어음을 배서(어음법 제15조 제1항에 따른 담보적 효력이 없는 배서는 제외)하는 거래
3. 대주주를 위하여 출자의 이행을 약정하는 거래
4. 대주주에 대한 금전·증권 등 경제적 가치가 있는 재산의 대여, 채무이행의 보증, 자금 지원적 성격의 증권의 매입, 제1호부터 제3호까지의 어느 하나에 해당하는 거래의 제한을 회피할 목적으로 하는 거래로서 다음 각 목의 어느 하나에 해당하는 거래
   가. 제3자와의 계약 또는 담합 등에 의하여 서로 교차하는 방법으로 하는 거래
   나. 장외파생상품거래, 신탁계약, 연계거래 등을 이용하는 거래
5. 그 밖에 채무인수 등 신용위험을 수반하는 거래로서 금융위원회가 정하여 고시하는 거래[2]

---

1) "대통령령으로 정하는 신용공여"란 다음의 어느 하나에 해당하는 것을 말한다(영38②).
   1. 임원에 대하여 연간 급여액(근속기간 중에 그 금융투자업자로부터 지급된 소득세 과세대상이 되는 급여액을 말한다)과 1억원 중 적은 금액의 범위에서 하는 신용공여
   2. 금융위원회가 정하여 고시하는 해외 현지법인에 대한 신용공여
   3. 다음 각 목의 어느 하나의 경우가 법 제34조 제2항 본문에 따른 신용공여에 해당하는 경우 그 신용공여
      가. 담보권의 실행 등 권리행사를 위하여 필요한 경우로서 법 제34조 제1항 각 호의 행위를 하는 경우
      나. 법 제176조 제3항 제1호에 따른 안정조작이나 같은 항 제2호에 따른 시장조성을 하는 경우로 서 법 제34조 제1항 각 호의 행위를 하는 경우
      다. 제37조 제1항 각 호의 경우
      라. 제37조 제3항에 따른 비율의 범위에서 주식, 채권 및 약속어음(법 제34조 제1항 제2호에 따른 약속어음)을 소유하는 경우. 다만, 금융투자업자의 대주주가 발행한 증권을 소유하는 경우는 제외한다.
2) "금융위원회가 정하여 고시하는 거래"란 다음의 행위를 말한다(금융투자업규정3-72①).

제3절 투자매매업·중개업자의 영업행위규제와 신용공여

Ⅰ. 서설

1. 개요

자본시장법은 투자매매업자 및 투자중개업자(투자매매업자등)의 신용공여행위(법72)와 신탁업자의 대출 및 증권의 대여(법105①, 영106③)를 허용하고 있다. 증권금융회사도 여신상품거래를 할 수 있으나, 이는 투자매매업자, 투자중개업자 또는 신탁업자의 자격에서 하는 것이다.

투자매매·중개업자의 신용공여는 일반적으로 "미수거래" 등으로 인식되고 있어 대출과 다른 것으로 인식되고 있지만, 그 본질은 대출이다.

투자매매업·중개업자의 영업행위규제에서 제72조(신용공여)를 두면서 신용공여 정의규정은 시행령 제69조(신용공여)가 금융투자업규정 제4-21조(용어의 정의)에 위임하고 있다.

2. 신용공여의 방법

투자매매업자 또는 투자중개업자는 증권과 관련하여 금전의 융자 또는 증권의 대여의 방법으로 투자자에게 신용을 공여할 수 있다(법72①). 투자매매업자 또는 투자중개업자는 i) 해당 투자매매업자 또는 투자중개업자에게 증권 매매거래계좌를 개설하고 있는 자에 대하여 증권의 매매를 위한 매수대금을 융자하거나 매도하려는 증권을 대여하는 방법(제1호), ii) 해당 투자매매업자 또는 투자중개업자에게 계좌를 개설하여 전자등록주식등을 보유하고 있거나 증권을 예탁하고 있는 자에 대하여 그 전자등록주식등 또는 증권을 담보로 금전을 융자하는 방법(제2호)으로 투자자에게 신용을 공여할 수 있다(법72①, 영69①).

3. 신용공여의 개념

"신용공여"란 투자매매업자 또는 투자중개업자가 증권에 관련하여 i) 모집·매출, 주권상장법인의 신주발행에 따른 주식을 청약하여 취득하는데 필요한 자금의 대출("청약자금대출")(가목), ii) 증권시장에서의 매매거래(다자간매매체결회사에서의 매매거래를 포함)를 위하여 투자자(개인에 한한다)에게 제공하는 매수대금의 융자("신용거래융자") 또는 매도증권의 대여("신용거래대

---

1. 채무의 인수
2. 자산유동화회사 등 다른 법인의 신용을 보강하는 거래
3. 그 밖에 대주주의 지급불능시 이로 인하여 금융투자업자에 손실을 초래할 수 있는 거래

주")(나목), iii) 투자자 소유의 전자등록주식등(전자증권법에 따른 전자등록주식등) 또는 예탁증권을 담보로 하는 금전의 융자("증권담보융자")(이 경우 매도되었거나 환매 청구된 전자등록주식등 또는 예탁증권을 포함)(다목)의 방법으로 투자자에게 금전을 대출하거나 증권을 대여하는 것을 말한다(영69③, 금융투자업규정4-21(1)).

4. 신용공여약정의 체결

투자매매업자 또는 투자중개업자가 신용공여를 하고자 하는 경우에는 투자자와 신용공여에 관한 약정을 체결하여야 하고, 약정을 체결하는 경우 투자자 본인(법인투자자의 경우에는 그 대리인)의 기명날인 또는 서명을 받거나 본인(전자서명법18의2)임을 확인하여야 하며, 투자매매업자 또는 투자중개업자가 투자자로부터 신용거래를 수탁받은 때에는 신용거래계좌를 설정하여야 한다(금융투자업규정4-22).

Ⅱ. 담보대출

투자매매업자등의 신용공여는 기본적으로 담보물이 존재하는 담보대출이다. 신용공여의 종류별로 담보의 대상을 살펴보면, i) 청약자금대출을 함에 있어서는 청약하여 배정받은 증권을 담보로 징구하여야 한다. 다만 당해 증권이 교부되지 아니한 때에는 당해 증권이 교부될 때까지 그 납입영수증(청약증거금영수증을 포함)으로 갈음할 수 있다. ii) 신용거래융자를 함에 있어서는 매수한 주권(주권과 관련된 증권예탁증권을 포함) 또는 상장지수집합투자기구의 집합투자증권을, 신용거래대주를 함에 있어서는 매도대금을 담보로 징구하여야 한다. iii) 증권담보융자를 함에 있어서는 가치산정이 곤란하거나 담보권의 행사를 통한 대출금의 회수가 곤란한 증권을 담보로 징구하여서는 아니 된다. 이 경우 협회는 그 구체적인 기준을 정할 수 있다(금융투자업규정4-24①②③).

Ⅲ. 신용공여의 한도

1. 신용공여의 회사별 한도

투자매매업자 또는 투자중개업자의 총 신용공여 규모(이미 매도된 증권의 매도대금을 담보로 한 신용공여는 제외)는 자기자본(분기별 업무보고서에 기재된 개별재무상태표상의 자본총계)의 범위 이내로 하되, 신용공여 종류별로 투자매매업자 또는 투자중개업자의 구체적인 한도는 금융위원회 위원장이 따로 결정할 수 있다(금융투자업규정4-23①).

2. 담보비율

그러나 투자매매업자등이 개인에게 제공하는 신용공여의 한도는 담보비율등에 의하여 결정되는데 금융투자업규정은 이에 대하여 최저비율을 규정하고 있다. 투자매매업자 또는 투자중개업자는 투자자의 신용상태 및 종목별 거래상황 등을 고려하여 신용공여금액의 100분의 140 이상에 상당하는 담보를 징구하여야 한다. 다만 매도되었거나 환매청구된 예탁증권을 담보로 하여 매도금액 또는 환매금액 한도 내에서 융자를 하는 경우에는 그러하지 아니하다(금융투자업규정4-25①). 투자매매업자 또는 투자중개업자가 신용거래를 수탁하고자 하는 경우에는 투자자가 주문하는 매매수량에 지정가격(지정가격이 없을 때에는 상한가)을 곱하여 산출한 금액에 투자자의 신용상태 및 종목별 거래상황 등을 고려하여 정한 비율에 상당하는 금액을 보증금으로 징수하여야 하는데(이 경우 보증금은 대용증권으로 대신할 수 있다), 그 비율은 100분의 40 이상으로 한다(금융투자업규정4-25②④).

담보로 제공된 증권의 평가방법에 대해서는 금융투자업규정(4-26 및 4-27)과 금융투자협회가 제정한 「금융투자회사의 영업 및 업무에 관한 규정」 제3-12조에서 규정하고 있다.

Ⅳ. 신용공여의 이자율

신용공여의 이자율에 대해서는 자본시장법 및 금융투자업규정 등에서는 규제하지 않고, 투자매매업자의 자율에 맡기고 있다. 다만 금융투자회사는 일반투자자가 신용융자거래를 하고자 하는 경우 투자매매업자등으로 하여금 핵심설명서를 추가로 교부하고 그 내용을 충분히 설명하여야 한다(금융투자회사의 영업 및 업무에 관한 규정2-5③(3)). 또한 이자율은 투자매매업자가 외부신용평가기관이 제공한 고객의 신용등급을 고려한 자체의 신용거래리스크관리기준에 의하여 고객별로 신용거래융자 한도를 차등하여 설정할 수 있다(금융투자회사의 리스크관리 모범규준 3-9①).

제4절 종합금융투자사업자와 신용공여

Ⅰ. 서설

2013년 5월 개정된 자본시장법은 골드만삭스, 메릴린치 등과 같은 투자은행(IB)을 활성화하기 위하여 대형 증권회사를 종합금융투자사업자로 지정하여 신규 업무를 허용하는 것을 주요 내용으로 하고 있다. 종합금융투자사업자 제도는 투자은행 활성화를 통해 위탁매매·단순중개 업무에만 치중되어 있는 국내 증권산업의 구조개편과 함께 자본시장의 실물경제 지원을 강화하는 데에 그 목적이 있다. 하지만 종합금융투자사업자 제도 도입 후 국내 증권산업은 여전히 중개업 영역에서 크게 벗어나지 못하고 있고, 투자은행으로서의 기능과 경쟁력은 부족하다는 것이 일반적인 평가이다. 이에 정부는 2016년 8월 초대형 투자은행 육성을 위한 종합금융투자사업자 제도의 개선방안을 발표하였으며, 2017년 자본시장법 시행령 개정을 통해 자기자본 규모에 따라 신규 업무를 추가 허용하는 등 증권회사의 대형화를 유도하는 정책을 강화하고 있다. 개정된 자본시장법 시행령은 자기자본 요건에 따라 초대형 종합금융투자사업자가 영위할 수 있는 단기금융업무(4조원), 종합투자계좌업무(8조원)를 추가 허용하는 것을 주요 내용을 하고 있다.[3)]

자기자본 3조원 이상 증권사는 종합금융투자사업자로 지정신청을 할 수 있고, 종합금융투자사업자로 지정되면 신용공여한도 및 대상 등이 증권사에 비해 확대되고, 헤지펀드 및 기관투자자 등에 대한 신용공여, 증권대여 중개 등 전담중개업무(Prime Brokerage Service)가 허용된다. 종합금융투자사업자는 자기자본이 4억원 이상이 되는 경우 초대형 IB 지정을 신청할 수 있고 초대형 IB로 지정되면 단기금융업무를 인가받아 고정금리부 수신상품(발행어음)을 판매할 수 있다.

Ⅱ. 전담중개업무

1. 전담중개업무의 의의와 범위

자본시장법은 종합금융투자사업자가 프라임브로커(Prime Broker)로서 전문투자형 사모집합투자기구 등을 대상으로 증권대차, 신용공여, 펀드재산 보관·관리 등의 종합금융서비스를

3) 조대형(2018), “종합금융투자사업자 제도의 입법영향에 대한 연구”, 은행법연구 제11권 제1호(2018. 5), 123쪽.

제공할 수 있도록 전담중개업무를 허용하고 있다(법77의3①).

전담중개업무란 전문투자형 사모집합투자기구, 그 밖에 대통령령으로 정하는 투자자[4]("전문투자형 사모집합투자기구등")에 대하여 i) 증권의 대여 또는 그 중개·주선이나 대리업무(제1호), ii) 금전의 융자, 그 밖의 신용공여(제2호), iii) 전문투자형 사모집합투자기구등의 재산의 보관 및 관리(제3호), iv) 그 밖에 전문투자형 사모집합투자기구등의 효율적인 업무수행을 지원하기 위하여 필요한 업무로서 대통령령으로 정하는 업무(제4호)[5]를 효율적인 신용공여와 담보관리 등을 위하여 대통령령으로 정하는 방법[6]에 따라 연계하여 제공하는 업무를 말한다(법6⑩).

2. 전담중개업무계약

종합금융투자사업자는 전문투자형 사모집합투자기구등 중 투자대상, 차입 여부 등을 감안하여 대통령령으로 정하는 자[7]에 대하여 전담중개업무를 제공하는 경우에는 미리 해당 전문투자형 사모집합투자기구등, 그 밖에 대통령령으로 정하는 자[8]와 i) 전담중개업무와 관련된 종합금융투자사업자와 전문투자형 사모집합투자기구등의 역할 및 책임에 관한 사항(제1호), ii) 종합금융투자사업자가 전문투자형 사모집합투자기구등의 재산을 제3자에 대한 담보, 대여, 그

---

4) "대통령령으로 정하는 투자자"란 다음의 어느 하나에 해당하는 투자자를 말한다(영6의3①).
 1. 전문투자자인 금융기관(영10②)
 2. 법률에 따라 설립된 기금(제10호 및 제11호는 제외) 및 그 기금을 관리·운용하는 법인(영10③(12)), 법률에 따라 공제사업을 경영하는 법인(영10③(13)), 그리고 이에 준하는 외국인
 3. 법 제9조 제19항 제1호에 따른 경영참여형 사모집합투자기구
 4. 법 제279조 제1항에 따른 외국 집합투자기구(법 제9조 제19항에 따른 사모집합투자기구에 상당하는 집합투자기구로 한정)

5) "대통령령으로 정하는 업무"란 다음의 어느 하나에 해당하는 업무를 말한다(영6의3③).
 1. 전문투자형 사모집합투자기구등(법6⑩)의 투자자재산(전문투자형 사모집합투자기구등의 재산으로서 전담중개업무의 대상이 되는 투자자재산)의 매매에 관한 청약 또는 주문의 집행업무
 2. 전문투자형 사모집합투자기구등의 투자자재산의 매매 등의 거래에 따른 취득·처분 등의 업무
 3. 파생상품의 매매 또는 그 중개·주선·대리업무
 4. 환매조건부매매 또는 그 중개·주선·대리업무
 5. 집합투자증권의 판매업무
 6. 전문투자형 사모집합투자기구등의 투자자재산의 운용과 관련한 금융 및 재무 등에 대한 자문업무
 7. 다른 투자자의 투자를 유치하거나 촉진하기 위하여 전문투자형 사모집합투자기구에 출자(투자신탁의 경우에는 그 수익증권의 매수를 포함)를 하는 업무

6) "대통령령으로 정하는 방법"이란 법 제6조 제10항 제1호부터 제3호까지의 업무 및 이 조 제3항 각 호의 업무를 서로 연계하여 제공하는 것을 말한다. 이 경우 법 제6조 제10항 제2호 및 제3호의 업무가 포함되어야 한다(영6의3②).

7) "투자대상, 차입 여부 등을 감안하여 대통령령으로 정하는 자"란 전문투자형 사모집합투자기구등을 말한다(영77의4①).

8) "그 밖에 대통령령으로 정하는 자"란 종합금융투자사업자로부터 전문투자형 사모집합투자기구등의 재산의 보관 및 관리(법6⑩(3))업무를 위탁받은 자 및 전문투자형 사모집합투자기구등으로부터 투자회사재산의 계산(법184⑥(2))업무를 위탁받은 일반사무관리회사를 말한다(영77의4②).

밖에 대통령령으로 정하는 방법[9])으로 이용하는 경우 그 이용에 관한 사항(제2호), iii) 종합금융투자사업자가 제2호에 따라 이용한 전문투자형 사모집합투자기구등의 재산 현황 등에 관한 정보를 전문투자형 사모집합투자기구등에게 제공하는 절차 및 방법(제3호), iv) 그 밖에 대통령령으로 정하는 사항(제4호)[10])을 포함하는 내용에 관한 계약을 체결하여야 한다(법77의3②).

3. 신용공여

투자매매업자 또는 투자중개업자가 전담중개업무를 제공하는 경우에는 i) 증권의 매매를 위한 매수대금을 융자하거나 매도하려는 증권을 대여하는 방법(제1호), ii) 전담중개업무로서 보관·관리하는 전문투자형 사모집합투자기구등의 투자자재산인 증권을 담보로 금전을 융자하는 방법(제2호) 중 어느 하나에 해당하는 방법으로 그 전담중개업무를 제공받는 전문투자형 사모집합투자기구등에 대하여 신용을 공여할 수 있다(영69②).

Ⅲ. 기업신용공여

1. 의의

종합금융투자사업자는 전담중개업무 외에 투자은행 업무 활성화를 위해 기존에 금융투자업자에게 허용되지 않았던 기업에 대한 신용공여업무를 영위할 수 있다(법77의3③(1)). 종합금융투자사업자는 자본시장법 또는 다른 금융관련법령에도 불구하고 기업에 대한 신용공여 업무를 영위할 수 있다(법77의3③(1)). 종합금융투자사업자는 대출, 기업어음증권에 해당하지 않는 어음의 할인·매입 등의 방법으로 신용공여를 할 수 있다(영77의5①). 종합금융투자사업자가 전담중개업무를 영위하는 경우에는 제72조에도 불구하고 증권 외의 금전등에 대한 투자와 관련하여 전문투자형 사모집합투자기구등에 신용공여를 할 수 있다(법77의3④).

기업신용공여 업무는 기업에 대한 대출과 어음할인을 의미하며, 전통적으로 은행, 저축은행, 보험사, 여신전문금융회사 등에서 이루어지던 업무이다. 2013년 4월 자본시장법 개정 전까지는 증권과 관련된 신용공여(청약자금대출, 신용거래융자, 예탁증권담보융자)와 기업금융업무 또는 만기 3개월 이내의 프로젝트파이낸싱과 관련된 대출만이 증권사의 업무 내지 겸영업무로 허용되어

---

9) "대통령령으로 정하는 방법"이란 환매조건부매매, 그 밖에 전담중개업무의 효율적인 수행 등을 고려하여 총리령으로 정하는 방법을 말한다(영77의4③).

10) "대통령령으로 정하는 사항"이란 다음의 사항을 말한다(영77의4④).
1. 전담중개업무의 범위와 기준 및 절차 등에 관한 사항
2. 전담중개업무 제공에 따른 수수료 또는 그 밖의 비용 등에 관한 사항
3. 계약 종료의 사유 및 절차, 계약당사자의 채무불이행에 따른 손해배상 등에 관한 사항

있었는데, 2013년 4월 자본시장법 개정으로 기업에 대한 신용공여가 전면적으로 허용되었다.

2. 신용공여총액한도

종합금융투자사업자의 신용공여업무는 부작용 방지를 위해 총 신용공여한도, 개별기업 신용공여한도 규제 등의 보완장치를 마련하였다. 종합금융투자사업자가 기업신용공여, 전문투자형 사모집합투자기구, 투자매매업·중개업자로서의 투자자에 대한 신용공여를 하는 경우에는 신용공여의 총 합계액이 자기자본의 200%를 초과하여서는 아니 된다(법77의3⑤ 본문). 다만, 종합금융투자사업자 업무의 특성, 해당 신용공여가 종합금융투자사업자의 건전성에 미치는 영향 등을 고려하여 대통령령으로 정하는 경우[11]에는 그러하지 아니하다(법77의3⑤ 단서). 그리고 ⅰ) 제71조 제3호에 따른 기업금융업무 관련 신용공여(제1호), ⅱ) 중소기업기본법 제2조 제1항에 따른 중소기업에 대한 신용공여(제2호)를 제외한 신용공여의 합계액이 자기자본의 100%를 초과하여서는 아니 된다(법77의3⑥).

3. 동일인한도

종합금융투자사업자가 기업에 대한 신용공여를 하는 경우 동일한 법인 및 그 법인과 같은 기업집단[(공정거래법 제2조 제2호에 따른 기업집단)에 속하는 회사](영77의5③)에 대하여 그 종합금융투자사업자의 자기자본의 25%에 해당하는 금액을 초과하는 신용공여를 할 수 없다(법77의3⑦).

4. 한도초과

종합금융투자사업자가 추가로 신용공여를 하지 아니하였음에도 불구하고 자기자본의 변동, 동일차주 구성의 변동 등으로 인하여 제5항부터 제7항까지의 한도를 초과하게 되는 경우에는 그 한도를 초과하게 된 날부터 1년 이내에 그 한도에 적합하도록 하여야 한다(법77의3⑧).

5. 신용공여 대상의 제한

종합금융투자사업자는 그와 계열회사의 관계에 있는 법인(대통령령으로 정하는 해외법인[12])

---

11) "대통령령으로 정하는 경우"란 다음 어느 하나에 해당하는 경우를 말한다(영77의5②).
  1. 금융위원회가 정하여 고시하는 방법에 따라 전문투자형 사모집합투자기구등으로부터 받은 담보를 활용하여 제삼자로부터 조달한 자금으로 신용공여를 하는 경우
  2. 기업금융업무(영68②)와 관련하여 6개월(시행규칙7의5) 이내의 신용공여를 하는 경우
  3. 국가, 지방자치단체, 외국 정부, 제362조 제8항 각 호의 금융기관 또는 이에 준하는 외국 금융기관이 원리금의 상환에 관하여 보증한 신용공여(원리금의 상환이 보증된 부분에 한정)를 하는 경우

12) "대통령령으로 정하는 해외법인"이란 종합금융투자사업자가 기업집단에 속하는 경우로서 그 동일인과 공

을 포함)에 대하여 기업신용공여를 하거나 또는 그 법인이 운용하는 전문투자형 사모집합투자기구에 대하여 전담중개업무를 제공하여서는 아니 된다(법77의3⑨).

6. 은행법 적용배제

종합금융투자사업자에 대하여는 한국은행법과 은행법을 적용하지 아니한다(법77의3⑩). 종합금융투자사업자의 기업신용공여를 은행법의 적용대상에서 제외한 것이다.

Ⅳ. 단기금융업무(발행어음업무)

1. 개요

2017년 5월 자본시장법 시행령 개정으로 종합금융투자사업자 중에서 4조원, 8조원의 자기자본 요건을 갖추어 금융위원회로부터 초대형 종합금융투자업자로 지정받으면 다음의 업무를 추가 영위할 수 있다. 즉 자기자본 4조원 이상인 종합금융투자사업자는 자본시장법 제360조에 따른 단기금융업무를 영위할 수 있다. 다만 이 경우 종합금융투자사업자 지정 외에 자본시장법 제360조 제1항에 따른 단기금융업무 인가를 별도로 받아야 한다. 자기자본 8조원 이상인 종합금융투자사업자는 고객으로부터 예탁받은 금전을 통합하여 운용하고 그 수익을 고객에게 지급하는 종합투자계좌(IMA) 업무를 추가로 영위할 수 있다. 종합투자계좌에 예탁된 자금은 증권회사의 신용위험에 노출되므로, 투자자 보호 측면에서 충분한 자기자본을 갖춘 종합금융투자사업자에만 허용하고 있다.[13)]

2. 단기금융업무의 개념

종합금융투자사업자는 자본시장법 또는 다른 금융관련법령에도 불구하고 해당 종합금융투자사업자의 건전성, 해당 업무의 효율적 수행에 이바지할 가능성 등을 고려하여 종합금융투자사업자에만 허용하는 것이 적합한 업무로서 자본시장법 제360조에 따른 단기금융업무(2호)를 영위할 수 있다(법77의3③(2)).

자본시장법 제360조에 따른 단기금융업무(영77의6①(2))에 따라 자본시장법 제6편 금융투자업관계기관 제6장 단기금융회사와 단기금융업무를 검토해야 할 필요가 있다. 왜냐하면 단기금융회사가 수행하는 업무가 단기금융업무이기 때문이다. 여기서는 단기금융회사에 관한 규정

정거래법 시행령 제3조 제1호나목부터 라목까지의 어느 하나에 해당하는 관계에 있는 외국법인을 말한다(영77의5⑤).

13) 조대형(2018), 130쪽.

제360조부터 제364조까지의 규정 중 제360조와 제361조를 중심으로 살펴본다.

단기금융업무란 1년 이내에 만기가 도래하는 어음의 발행·할인·매매·중개·인수 및 보증업무와 그 부대업무로서 어음을 담보로 한 대출업무를 말한다(법360①, 영348①②). 단기금융회사란 단기금융업무를 영위하기 위하여 일정한 요건을 갖추어 금융위원회의 인가를 받은 자를 말한다(법360①②, 영348①부터 ④). 즉 종합금융투자사업자로서 지정된 후 일정한 요건을 갖추어 금융위원회의 인가를 받은 자가 단기금융회사이다.

3. 신용공여

자본시장법 제361조는 "인가받은 단기금융업무의 범위에서" 종합금융회사 규정을 준용하고 있다(법361 및 법342), 여기서 신용공여와 관련된 규정은 다음과 같다. 즉 자본시장법 제342조와 제343조인데, 제342조가 신용공여 정의규정을 두면서 "이하 이 장에서 같다"고 규정하고 있으므로 제343조도 해당된다.

따라서 단기금융회사는 같은 개인·법인 및 그와 신용위험을 공유하는 자("동일차주")에 대하여 그 단기금융회사의 자기자본(국제결제은행의 기준에 따른 기본자본과 보완자본의 합계액을 말한다)의 25%를 초과하는 신용공여를 할 수 없다(법342①). 여기서 신용공여[14]란 대출, 어음의 할인, 지급보증, 자금 지원적 성격의 증권의 매입, 그 밖에 금융거래상의 신용위험을 수반하는 단기금융회사의 직접·간접적 거래를 말한다(법342①). 자기자본, 신용공여 및 동일차주와 제2항에 따른 관계인의 구체적 범위는 대통령령으로 정한다(법342⑦).

자본시장법 시행령 제336조는 신용공여의 구체적인 범위를 금융위원회가 정하여 고시한다고 규정한다. 이에 따라 금융투자업규정 제8-33조(신용공여의 범위)는 신용공여의 구체적인 범위를 정하고 있다(별표 23).

14) 시행령 제336조(신용공여의 범위) 법 제342조 제1항에 따른 신용공여는 다음 각 호의 것으로 하되, 그 구체적인 범위는 금융위원회가 정하여 고시한다. 1. 대출, 2. 어음의 할인, 3. 지급보증, 4. 자금지원적 성격의 증권의 매입, 5. 어음의 매입, 6. 지급보증에 따른 대지급금의 지급, 7. 시설대여, 8. 그 밖에 거래상대방의 지급불능시 이로 인하여 종합금융회사에 손실을 초래할 수 있는 거래, 9. 종합금융회사가 직접적으로 제1호부터 제7호까지의 규정에 해당하는 거래를 한 것은 아니나, 실질적으로 그에 해당하는 결과를 가져올 수 있는 거래.

제5절 신탁업자의 대출 및 증권의 대여

신탁업자는 신탁재산에 속하는 금전을 대출 또는 증권의 대여를 할 수 있다(법105①(5), 법105①(10) 및 영106③(4)). 금융투자업규정은 대출 및 증권대여의 상대방을 특정하지 않고 있기 때문에 일반 금융소비자도 신탁업자로부터 대출 및 증권의 대여를 받을 수 있다. 신탁업자는 신탁재산을 대출로 운용할 때 동일한 개인에게 불특정금전신탁 수탁고 잔액의 5%를 초과하여 대출할 수 없고, 증권을 대여하는 경우 그 대여거래 총액은 각 불특정금전신탁상품별로 신탁재산의 50%를 초과할 수 없다(영106⑤(2)(마) 및 금융투자업규정4-84②).[15] 은행법은 신탁업무만을 경영하는 회사를 은행으로 보지 않기 때문에(은행법6) 순수 신탁업자에게는 은행법상 대출상품 관련 규정은 적용되지 않는다.

---

15) 금융투자업규정 제4-84조(불특정금전신탁의 신탁재산운용) ② 신탁업자는 영 제106조 제5항 제2호 마목에 따라 불특정금전신탁의 신탁재산을 운용함에 있어 다음 각 호의 기준을 따라야 한다.
  1. 신탁재산을 대출로 운용함에 있어 다음 각목의 어느 하나에 해당하는 경우를 제외하고는 동일한 개인 또는 법인에 대한 대출은 전 회계연도말 불특정금전신탁 수탁고 잔액의 50%를 초과하지 아니할 것
     가. 당해 신탁업자의 고유계정(신탁업자의 고유재산을 관리하는 계정을 말한다)에 대한 일시적인 자금의 대여. 다만, 금액의 규모 또는 시간의 제약으로 인하여 다른 방법으로 운용할 수 없는 경우에 한한다.
     나. 전 회계연도말 불특정금전신탁 수탁고 잔액의 10% 이내에서 법 제355조의 자금중개회사의 중개를 거쳐 행하는 단기자금의 대여
  2. 신탁재산에 속하는 증권을 대여하는 방법으로 운용하는 경우 그 대여거래 총액은 각 불특정금전신탁상품별로 신탁재산의 50%를 초과하지 아니할 것
  3. 대여자산의 중도상환 요청기간 중 결제를 목적으로 하는 경우 이외에는 신탁재산으로 증권을 차입하지 아니할 것

제3편

은행상품

제1장 개설
제2장 예금상품
제3장 대출상품(=여신상품)
제4장 복합금융상품

제1장 / 개 설

은행상품은 예금, 대출 등 은행이 취급하는 상품을 말한다(은행법52의3①). 은행상품은 저축상품, 대출상품, 파생상품, 복합금융상품으로 구분된다(은행법감독업무시행세칙59).

i) 저축상품은 예금, 적금(상호부금을 포함), 신탁, 증권 및 채무증서 등 은행이 이용자에게 판매하는 저축 또는 결제수단을 말한다(은행업감독업무시행세칙59(4)). 은행의 경우 투자자금 출금 시 원본(투자원금) 지급이 약속된 금융상품을 공급하며 이러한 상품을 저축상품이라 하는데, 대표적인 저축상품으로는 은행에서 흔히 접하는 예·적금 상품을 들 수 있다. 예·적금은 고객이 금융기관에 금전을 빌려준 것으로 보기 때문에 빌려준 돈을 되돌려 받을 때는 최소 원금과 같거나 더 많은 금액을 수령하게 된다. 원금을 예금으로 운영하여 원금을 보존하고 이자를 파생상품에 투자하여 초과수익을 추구하는 ELD의 경우 예금과 파생상품이 결합된 상품이지만, 원본손실이 없기 때문에 저축상품으로 분류한다. ELD는 이자의 일부 혹은 전부를 파생상품에 투자하여 초과수익을 추구하는 실적배당형 금융상품의 특징을 갖는다.

ii) 대출상품은 은행이 이용자에게 공여하는 대출 또는 신용수단을 말한다(은행업감독업무시행세칙59(5)). 은행은 예금으로 조달된 자금을 자금수요자에게 공급하는 자금중개기관이다. 일반적으로 대출보다 넓은 의미로 은행이 신용공여하는 것을 여신이라고 한다. 대출상품을 여신상품이라고도 한다. iii) 파생상품은 통화, 채권, 주식 등 기초자산의 가격이나 자산가치 지수의 변동에 의해 그 가치가 결정되는 금융계약을 말한다(은행업감독업무시행세칙59(6)). iv) 복합금융상품은 개별 은행상품을 연계 또는 복합하여 운용하는 상품을 말한다(은행업감독업무시행세칙59(7)).

제
2
장
／

예금상품

제1절 예 금

1. 예금의 의의와 특성

예금은 "예금자가 은행 기타 수신을 업으로 하는 금융기관에게 금전의 보관을 위탁하되 금융기관에게 그 금전의 소유권을 이전하기로 하고, 금융기관은 예금자에게 같은 통화와 금액의 금전을 반환할 것을 약정하는 계약"이다. 예금자는 현금 이외에 즉시 추심할 수 있는 수표·어음, 기타 증권 등으로도 입금할 수 있으나(예금거래약관 6조①), 이러한 경우에도 그 수표 등의 보관을 위탁하는 것이 아니라 그 수표 등으로부터 추심된 금전의 보관을 위탁하는 것이다.

예금자와 은행의 예금관련 권리의무는 기본적으로 예금계약의 내용에 따른다. 은행은 불특정 다수의 고객과 정형화된 예금거래를 반복적으로 행하기 때문에 예금계약은 통상 공정거래위원회가 마련한 표준약관에 따라 은행이 작성한 약관에 의하게 된다. 따라서 약관의 내용이 약관규제법에 위반하거나 공서양속에 반하지 않는 한 예금자와 은행 간의 법률관계는 약관과 이에 추가한 특약에 의해 규율된다. 또한 은행은 엄격한 금융규제와 감독을 받기 때문에 예금거래의 법률관계도 예금자와 은행 간의 사적 합의 이외에 금융규제에 따른 영향을 받는다.[1)]

예금은 일반대중 또는 기업, 공공기관 등 불특정 다수의 고객으로부터 보관·운용을 위탁받은 자금이다. 예금은 은행이 영업을 영위하기 위한 기본적인 자금조달수단이 되며 규모에 있

1) 박준·한민(2019), 「금융거래와 법」, 박영사(2019. 8), 25-26쪽.

어 예금이 차지하는 비중이 가장 크다.

2. 예금계약의 법적 성격

예금계약은 민법의 계약유형 중 소비임치의 성격을 가진다. 소비임치는 임치를 받은 사람이 임치물을 소비할 수 있고 동종·동량의 물건을 반환할 의무만 진다는 점에서 대차한 물건을 차주가 소비하고 동종·동량의 물건을 반환할 의무를 부담하는 소비대차와 사법(私法)적인 법률관계에서는 실질적으로 큰 차이가 없다. 민법도 이러한 점을 반영하여 소비임치에 소비대차에 관한 규정을 준용하고 있다(민법702).[2)]

그러나 은행의 예금 수령과 금전 차입[은행은 한국은행·정부·다른 은행 등으로부터 차입할 수 있고, 외화자금을 외국은행으로부터 차입하기도 한다. 또한 은행이 단기금융시장에서 차입(콜머니)하는 경우도 종종 있다]은 금융규제법상 달리 취급된다. 예컨대 예금을 받은 은행은 금융통화위원회가 정한 일정한 지급준비금을 적립해야 하고, 예금에 대해서는 은행이 부실화하더라도 일정금액까지는 예금자보호제도에 의해 보호되며, 은행은 예금의 일정비율에 해당하는 보험료를 예금보험공사에 납부하여야 한다(예금자보호법31). 은행의 금전 차입에 대하여는 이와 같은 법률조항들이 적용되지 않는다.

예금을 받는 것은 은행업의 본질적 요소이고 은행을 다른 종류의 금융기관과 구별하는 기준이 된다. 은행법상의 은행 이외에 상호저축은행, 신용협동조합, 새마을금고, 체신관서 등이 예금, 예탁금, 예수금 등의 명칭으로 수신업무를 하고 있어 비은행예금취급기관으로 불린다. 은행이 아니면 예금을 받을 수 없는 것이 원칙이고, 법령에 따른 인가 등 없이 불특정다수인으로부터 예금·적금·부금 등의 명목으로 금전을 받는 행위는 유사수신행위로 금지되어 있고 이를 위반하면 형사처벌의 대상이 된다(유사수신행위법2 등).

제2절 예금의 종류

1. 만기별 분류

예금거래기본약관은 예금을 입출금이 자유로운 예금, 거치식예금 및 적립식예금으로 나누어 규정하고 있다. 예금거래기본약관에서 정한 입출금이 자유로운 예금과 거치식예금·적립식

2) 박준·한민(2019), 26-27쪽.

예금의 분류는 종래의 요구불예금[3)]과 저축성예금[4)]에 각각 대응하는 경우가 대부분이지만 두 분류가 완전히 동일하지는 않다. 예컨대 저축예금은 입출금이 자유로운 예금이지만 저축성예금으로 분류되고 있었다.

(1) 입출금이 자유로운 예금

입출금이 자유로운 예금은 말 그대로 "예치기간을 정하지 않고 언제든지 자유롭게 입출금하는 예금"이다(입출금이 자유로운 예금약관1①). 입출금이 자유로운 예금은 예금자가 언제든지 찾을 수 있는 대신 예금이자율이 거치식예금·적립식예금보다 훨씬 낮다. 입출금이 자유로운 예금은 대체로 예금자가 지급결제의 편의 또는 일시적 보관을 위하여 이용한다고 볼 수 있다.[5)]

(가) 보통예금

보통예금은 가장 일반적인 예금으로서 예입과 인출을 자유로이 할 수 있는 통장식 은행예금이다. 보통예금은 가입대상, 예치금액, 예치기간, 입출금 횟수 등에 제한이 없는 가장 대표적인 예금 유형이다. 당좌예금계정을 개설하지 않은 중소상공업자의 출납예금으로 많이 이용되고 있는데 금리는 대부분 무이자 또는 0.1% 수준의 낮은 금리를 적용하고 있다.

(나) 당좌예금

당좌예금은 예금자가 은행을 지급인으로 하는 수표 또는 은행을 지급장소로 하는 어음을 발행하여 그 수표·어음을 제시하는 사람에게 지급하도록 하는 지급위탁이 결합된 예금이다. 제시된 수표·어음의 금액이 당좌예금의 잔액을 초과하면 그 수표·어음은 지급되지 못할 것이지만, 기업·상인이 당좌예금을 하는 경우에는 통상 일정한 당좌대출한도를 정하여 그 한도 내에서는 예금 잔액을 초과하는 수표·어음 제시가 있더라도 은행이 지급할 수 있도록 하는 당좌대출 계약을 함께 체결한다. 당좌예금 계좌를 통하여 당좌대출이 일어난다고 하더라도 대출거래는 당좌대출 계약에 의한 것이다. 당좌예금에는 이자가 지급되지 않는다(입출금이 자유로운 예금약관2①).

(다) 별단예금

별단예금은 업무 중에 발생하는 미결제자금, 타예금계정으로 처리할 수 없는 자금, 기타 특정자금을 일시 예수하는 계정으로서, 은행의 회계목적 달성에 필요한 계정으로 궁극적으로 고객에게 반환된다.

---

3) 요구불예금은 예금자의 인출요구가 있으면 즉시 반환하여야 하는 예금으로 예치 개시 초에 기간을 설정하지 않고 일시적으로 자금을 운용, 자금보관 또는 출납편의를 목적으로 예치할 때 사용하는 예금을 말한다. 요구불예금은 이자가 없거나 아주 미미한 수준이며 대표적인 통화성 예금으로 현금통화와 함께 통화량 지표 M1에 포함된다.

4) 저축성예금은 예치 개시 초에 예치기간을 미리 정하고 기한도래 전에는 인출이 안 되는 대신, 기한에 따라 또는 특성에 따라 높은 이자가 지급되기도 하는 고수익 예금상품이다.

5) 박준·한민(2019), 28쪽.

은행회계처리기준은 i) 당좌거래 없는 자로부터 위탁받고 추심한 어음대금, ii) 예금종목 미정의 수입금, iii) 당좌해약금, 사망자의 예금, iv) (예금거래 없는 자의) 대출금 가지급금의 정리잔금 및 환출이자, v) (예금거래 없는 자의) 계산착오로 인한 초과징수금, vi) 자기앞수표, vii) 기타 일시적인 예수금을 별단예금의 예로 들고 있다. 판례에 나타난 예로는 어음수표 사고신고담보금, 지급대행을 위하여 수령한 사채원리금, 주금납입금, 신용장매입대금 등이 있다.

별단예금은 궁극적으로 고객에게 반환될 성질의 자금을 회계처리하기 위한 것이고 그 반환도 예금약관이 아닌 그 별단예금으로 처리된 자금에 관한 법률관계를 규율하는 법리에 근거하여 이루어진다. 예컨대 사고신고담보금은 어음 발행인이 어음 지급은행에 예치한 것이지만 어음 소지인이 정당한 어음상의 권리자임이 판명되면 그에게 사고신고담보금을 반환해야 하고, 은행이 지급대행기관으로서 회사채 발행회사로부터 수령한 사채원리금 지급자금은 사채권자에게 지급하기 위하여 은행이 수탁자로서 관리하는 것이므로 별단예금으로 예치된 신탁의 수익자로 인정되는 사채권자에게 반환해야 한다.[6]

따라서 일정한 거래기한이나 거래약관이 없고 예금증서나 통장도 발행하지 않으며 필요한 경우 예치증, 영수증 또는 확인서 등을 발행해 줄 뿐이다.

(라) 저축예금

저축예금은 입출금이 자유로운 예금이지만 예치기간과 예치금액에 따라 보통예금보다 높은 이자율이 적용된다는 점에서 거치식예금의 특성의 일부가 반영되었다고 할 수 있다.

(마) MMDA(시장금리부 수시입출금식 예금)

MMDA(Money Market Deposit Account, 시장금리부 수시입출금식 예금)는 시장실세금리에 의한 고금리와 자유로운 입출금 및 각종 이체, 결제기능이 결합된 상품으로 단기간 목돈을 운용할 때 유리한 예금상품이다. 자산운용회사의 MMF(Money Market Fund)나 증권회사의 CMA(Cash Management Account)와 같이 단기간 예치하면서 시장실세금리를 지급하는 상품과 경쟁하는 상품이다.[7]

(2) 거치식예금 · 적립식예금

(가) 거치식예금

거치식예금은 “예치기간을 정하고 거래를 시작할 때 맡긴 돈을 만기에 찾는 예금”이다(거치식예금 약관1①). 정기예금이 이에 해당한다. 정기예금은 예금자가 이자수취를 목적으로 예치기간을 사전에 약정하여 일정금액을 예입하는 기한부 예금이다. 정기예금은 은행 측에서 볼 때 일정기간 예금인출 가능성이 낮아 자금운용의 안정성이 보장되는 이점이 있다. 정기예금은 예

6) 박준 · 한민(2019), 29쪽.
7) 생명보험협회(2019), 32-33쪽.

치한도 및 가입대상에 대한 제한이 없고 예치기간은 1개월 이상이며 금리는 자유화되어 있다.

(나) 적립식예금

적립식예금은 "기간을 정하고 그 기간 중에 미리 정한 금액이나 불특정 금액을 정기 또는 부정기적으로 입금하는 예금"이다(적립식예금 약관1①). 정기적금이 이에 해당한다. 정기적금은 계약금액과 계약기간을 정하고 예금주가 일정금액을 정기적으로 납입하면 은행이 만기일에 계약금액을 지급하는 적립식예금이다. 일반적으로 가입대상 및 예치한도에는 제한이 없으며 계약기간은 6개월 이상이다. 정기적금은 예금주가 일정기간(일반적으로 1/4회차 정도) 납입하면 적금계약액 범위 내에서 대출이 가능하며(적금대출) 또한 적금 납입액의 90% 범위에서 대출(적금담보대출)을 받을 수 있는 장점이 있다. 거치식예금과 적립식예금은 이자증식을 통한 저축을 위하여 이용된다.

(다) 양도성예금증서

양도성예금증서는 거치식예금약관이 적용되는 예금 가운데 예금반환청구권을 증서에 의해 양도할 수 있도록 한 예금상품이다. 예금의 이전과 행사에 증서가 필요하다는 점에서 유가증권에 해당하지만 예금계약의 성립 및 예금자의 예금반환청구권의 발생에 증서가 발행되어야 하는 것은 아니다. 증서는 실물로 발행되어 오다가 실물증서의 위조·변조 또는 불법유통 등 금고사고가 빈발하여 등록발행할 수 있도록 2005년 12월 29일 공사채등록법이 개정됨으로써 실물증서발행 방식과 등록발행 방식 양자가 사용되고 있다.[8)]

원화 양도성예금증서는 투자상품적 성격이 있음에도 불구하고 자본시장법상 금융투자상품에서는 제외되어 있으나(자본시장법3①(1)), 한국예탁결제원의 예탁제도를 이용할 수 있는 예탁대상증권에는 포함되어 있으므로(자본시장법294① 및 영310), 등록발행되는 경우에는 예탁제도상 예탁자계좌부·고객계좌부에 기재함으로써 양도성예금증서를 점유하는 것으로 간주되고 소유한 것으로 추정받을 수 있다(자본시장법311).

양도성예금증서는 한국은행에 예금지급준비금 예치의무가 있는 금융기관만이 발행할 수 있고, 무기명 할인식 양도가능증서로 만기 30일 이상으로 하여 중도해지 불가능한 조건으로 발행하도록 하고 있다. 양도성예금증서로 조달한 자금은 채권(債券)발행으로 조달한 경우와 마찬가지로 예금자보호법에 따른 예금보험의 적용대상에서 제외된다(예금자보호법 시행령3②). 통상의 예금과 달리 투자상품의 성격이 있기 때문이다.

양도성예금증서는 일반적으로 최저발행단위에 대한 제한은 없으나 개인은 1천만원 이상, 법인은 10억원 이상이 대부분인 거액예금수단으로서 최장만기 제한이 없는 대신 최단만기가 30일 이상으로 제한된다. 발행형식은 할인식 양도가능증서의 형식을 취하고 있으며 중도환매

8) 박준·한민(2019), 30쪽(2019. 9. 16. 전자증권법 시행으로 공사채등록법은 폐지·흡수됨).

는 허용되지 않는다.

2. 통화별 분류

예금이 어떤 통화로 이루어졌는가에 따라 원화예금과 외화예금으로 나누어지고 외화예금도 외화당좌예금, 외화보통예금, 외화정기예금, 외화별단예금 등으로 나누어진다.

외화예금은 금융기관에 미달러화, 엔화 등 외화로 예치되어 있는 예금을 말하며 보통·정기예금, 부금, 예치금 등을 포함하고 은행뿐만 아니라 체신관서 등 비은행금융기관에 금전을 맡기는 일체의 계약이 포함된다. 또한 원화예금과는 달리 환율의 움직임에 따라 원화표시 예금잔액이 변동된다. 외화예금의 금리는 외국환은행이 주요 국제금융시장 금리 등을 감안하여 자율적으로 결정하며 외국환은행은 수취한 외화예금에 대해서 금융통화위원회가 정하는 비율의 지급준비금을 한국은행에 예치하여야 한다.

제 3 장 /

대출상품(=여신상품)

제1절 대 출

Ⅰ. 대출의 의의와 특성

대출(loan)은 은행이 이자수취를 목적으로 원리금의 반환을 약정하고 고객(=차주, 채무자)에게 자금을 대여하는 행위를 말한다. 즉 대출은 은행이 자금을 필요로 하는 차입자에게 약정기한인 만기에 원리금의 상환을 확정하고 필요 자금을 일정 조건하에 빌려(대부)주는 것을 말한다. 일반적으로 이자는 매월마다 은행에 납부하도록 약정하며 이자체납의 경우에는 연체기간 동안 원금에 대해 일정 가산율의 연체이자율이 적용된다.

대출은 금융업자가 대출계약에 따라 금융소비자에게 직접적으로 자금을 공급하는 대표적 여신상품이다. 자금을 직접적으로 공급하기 때문에 계약의 당사자는 금융업자와 금융소비자 양당사자 구조이다. 그러나 계약의 내용에 따라 대출금의 수령자를 제3자로 할 수 있다. 전세자금대출, 주택매매자금대출 등이 바로 그러한 예이다. 수령자가 제3자라고 하더라도 제3자가 담보물을 제공하지 않는 이상 계약의 당사자에 해당하지는 않는다.

Ⅱ. 대출계약의 법적 성격

대출은 금전이 은행으로부터 고객에게 이전하는 거래로서 이전이라는 점을 중시하면, 소비임치(민법702) 또는 소비대차(민법598)로 볼 수 있다. 그러나 금전의 이전이라는 거래형식뿐만 아니라 대출계약의 목적이 금전의 보관이라는 목적이 있는 예금 등과 달리 고객이나 은행 모두 금전의 보관보다는 금전의 이용과 반대급부로서의 이자수입 획득에 있다는 점을 고려하면 전형적인 대출의 법적 성격은 소비대차라고 보아야 한다.

따라서 전형적인 대출계약은 민법상 소비대차에 해당한다. 아래 대출의 종류에서 설명하는 것처럼 어음할인도 은행이 자금을 제공하고 이자에 해당하는 대가를 수취한다는 점에서 통상 대출의 한 유형으로 설명되지만, 어음할인의 법적 성격은 어음의 매매이지 소비대차계약은 아니다. 대출은행과 차입 고객 사이의 대출 관련 권리의무는 기본적으로 대출계약의 내용에 따른다. 은행은 불특정 다수의 고객과 정형화된 대출거래를 반복적으로 행하기 때문에 대출계약의 기본적인 사항은 약관에 의하게 된다. 약관의 내용이 약관규제법에 위반하거나 공서양속에 반하지 않는 한 대출은행과 차입 고객 사이의 법률관계는 약관과 이에 추가한 특약에 의하여 규율된다.

은행은 대출함으로써 차입 고객의 채무불이행으로 인하여 원리금채권을 회수하지 못할 위험, 즉 신용위험을 떠안게 된다. 즉 대출은 신용위험을 떠안는 거래인 신용공여(=여신)의 일종이다. 대출거래의 이러한 성격 때문에 대출거래는 신용위험을 부담하는 모든 여신거래에 적용되는 여신거래기본약관을 사용한다.

일반적인 대출의 경우 소비대차계약에 해당하나, 보험회사가 취급하는 약관대출의 법적 성격에 대해서 대법원은 기존까지는 보험약관대출금을 별도의 소비대차계약에 따른 대여금으로 보고 있었다.[1] 그러나 2007년 전원합의체 판결[2]을 통해 "약관에 따른 대출계약은 약관상의 의무의 이행으로 행하여지는 것으로서 보험계약과 별개의 독립된 계약이 아니라 보험계약과 일체를 이루는 하나의 계약이라고 보아야 하고, 보험약관대출금의 경제적 실질은 보험회사가 장차 지급하여야 할 보험금이나 해약환급금을 미리 지급하는 선급금과 같은 성격이라고 보아야 한다"고 하면서 견해를 변경하였다. 이와 같은 대법원의 입장에 따르면 약관대출은 금전소비대차계약이 아니기 때문에 대출상품에 해당하는 것으로 보기 어려울 수 있다. 그러나 대법원의 판결은 보험계약자가 파산한 경우 채무자회생법 상계제한 규정의 적용(법144조①): 구 회사정리법162①)을 배제하기 위한 사건에 관한 것이다. 현재 약관대출의 거래는 금융업자인 보험회사가 해지환급금을 한도로 자금을 지급하고, 지급한 자금에 대하여 해약환급금에 적용되는 이율에 보험회사가 산정한 가산이율을 부과한다는 점[3]에서 다른 금융업자의 대출행위와 실질적으

1) 대법원 1997. 4. 8. 선고 96다51127 판결.
2) 대법원 2007. 9. 28. 선고 2005다15598 전원합의체 판결.
3) 대법원은 약관대출에 있어 "이자"는 소비대차에 있어 소비대차에서 말하는 의미의 "이자"가 아니고, 보험회사가 책임준비금을 운용하여 얻을 수 있었던 수익에 대한 보상 내지 보험금 또는 해약환급금의 선급에 대한 반대급부로 보고 있다(대법원 2007. 9. 28. 선고 2005다15598 전원합의체 판결).

로 동일하다. 따라서 약관대출도 그 법적 성격이 소비대차계약이 아니라고 하더라도 기능상으로는 대출상품에 해당한다고 보아야 한다.[4)]

Ⅲ. 대출과 신용공여

1. 여신의 개념

여신(與信)이란 신용[5)]을 거래상대방에게 주는 것으로 법적으로는 거래상대방에게 금전채무를 부담시키는 행위를 의미한다. 현재 우리나라에서는 여신(與信)이란 은행 등의 금융기관이 신용을 공여하는 일체의 금융거래를 포괄적으로 나타내기 위해 사용하는 개념으로 채권자의 자격을 금융기관으로 제한하여 개념을 축소하고 있다. 예를 들어 ⅰ) 신용대출, 부동산담보대출 등과 같이 직접 자금을 대여하는 대출, ⅱ) 자금을 대여하지 않고 신용만 을 제공하는 지급보증, ⅲ) 수입신용장 개설이나 수출환어음매입 등 외국환거래 등에 신용을 부여하는 성격의 거래는 모두 포함된다고 보는 것이 일반적이다.

그러나 채권자의 자격을 금융기관으로 한정하는 위의 개념에 따르면 금융업을 영위하지만 금융기관이 아닌 자와의 금융거래는 여신에 포함되지 않는다. 따라서 채권자의 자격을 금융기관으로 제한할 것이 아니라 신용을 금융소비자에게 공여하는 것을 업으로 하는 자로 확장하여야 한다. 이는 자본시장법에서 금융투자업자 및 금융상품판매업자를 정의하는 방식과 동일하다. 따라서 여신을 개념 정의하면, "금융을 업으로 하는 자가 금융소비자에게 신용을 공여하고, 금융소비자는 금전채무를 부담하는 것"이라고 할 수 있다.

신용카드업 등의 거래구조를 결제대행 또는 채권의 양수가 아니라 신용카드업 등을 영위하는 자가 물품등의 거래대금 만큼의 금전을 소비자에게 대여하는 구조로 파악하는 경우 신용카드업 등도 여신의 개념에 포함된다. 이에 따라 증표만 없을 뿐 인증번호방식 등을 활용하여 신용카드와 동일한 기능 및 거래구조를 가지고 있는 통신과금서비스[6)]도 통신과금서비스제공자가 정보통신망법 제53조에 따라 신용을 공여하는 것을 업으로 하고 있어, 여신의 개념에 포함된다.[7)]

---

4) 윤민섭(2014a), 「금융소비자보호관련 법제 정비방안 연구(Ⅰ): 여신상품을 중심으로」, 한국소비자원 정책연구보고서(2014. 8), 28쪽.

5) 경제분야에서 신용은 거래한 재화의 대가를 앞으로 치룰 수 있음을 보이는 능력 또는 빚이나 급부 따위를 감당할 수 있는 지급력으로 소유한 재산의 화폐적 기능을 의미한다.

6) 정보통신망법 제2조(정의) ① 이 법에서 사용하는 용어의 뜻은 다음과 같다.
10. "통신과금서비스"란 정보통신서비스로서 다음 각 목의 업무를 말한다.
가. 타인이 판매·제공하는 재화 또는 용역(이하 "재화등"이라 한다)의 대가를 자신이 제공하는 전기통신역무의 요금과 함께 청구·징수하는 업무

7) 윤민섭(2014a), 21쪽.

2. 법률상 용어

여신상품을 거래할 수 있는 자는 개별 법령에 따라 금융위원회등의 인·허가를 받거나 등록을 하도록 규정하고 있어 금융업자로 인·허가받거나 등록하지 아니한 자의 여신행위는 제한되고 있다.

금융과 관련된 법률인 대부업법, 은행법, 보험업법 등을 비롯한 다수의 법률에서는 여신이라는 용어뿐만 아니라 다른 용어도 혼용하여 사용하고 있다. 대부업법에서는 여신이 아닌 “대부”라는 용어를 사용하고 있으며, 은행법, 보험업법 및 여신전문금융업법에서는 신용공여라는 용어를 사용하고 있다. 은행법은 신용공여에 대한 정의에 대출, 지급보증 및 자금지원적 성격을 가지는 유가증권의 매입, 그 밖에 금융거래상의 신용위험이 따르는 은행의 직접적·간접적 거래를 포함하고 있다(은행법2①(7)). 보험업법은 은행법과 동일하게 대출 또는 자금지원적 성격을 가지는 유가증권의 매입이나 그 밖에 금융거래상 신용위험이 따르는 보험회사의 직접적·간접적 거래로서 대통령령으로 정하는 바에 따라 금융위원회가 정하는 거래를 신용공여로 포함하고 있다(보험업법2(13)).

여신전문금융업법의 경우 법률의 명칭에서는 여신이라는 용어를 사용하고 있으며, 신용카드업 등 동법에서 허용하는 업무를 수행하는 자를 여신전문금융업으로 포괄적으로 정의하고 있지만, 거래방식의 형태에 따라 신용카드업, 시설대여업, 할부금융업으로, 법률에서 정하고 있는 자(법41①)에게만 융자를 하는 것을 신기술사업금융업로 분류하고 있다. 구체적인 규정에서는 신용공여라는 용어를 사용하고, “대출, 지급보증 또는 자금 지원적 성격의 유가증권의 매입, 그 밖에 금융거래상의 신용위험이 따르는 여신전문금융회사의 직접적·간접적 거래”로 정의하고 있다(법2(18)).

3. 대출과 여신

(1) 개요

대출은 은행의 여신(=신용공여)의 한 종류이다. 은행 이외에도 보험회사(보험업법106), 여신전문금융회사(여신전문금융업법46), 상호저축은행(상호저축은행법11), 새마을금고(새마을금고법28), 신용협동조합(신용협동조합법39), 대부업자(대부업법) 등도 각 관련 법률이 정한 범위 내에서 여신·대출 업무를 수행한다.

은행은 대출거래로 고객에게 자금을 제공함으로써 법적으로는 고객에 대한 대출 원리금 채권을 보유하지만, 고객(=채무자)이 대출 원리금을 상환하지 못할 경우 채권을 회수하지 못할 위험을 진다. 은행이 고객의 주채무를 지급보증한 경우, 은행은 고객의 주채무 불이행시 보증채무를 이행해야 하고 고객에 대해서는 구상채권을 보유한다. 지급보증의 고객이 구상채무를 불이행하여 지급보증인으로서 주채무를 대지급한 금액을 회수하지 못할 위험을 떠안는 것이다.

이와 같이 은행이 신용위험을 떠안는 행위는 대출, 지급보증, 사모사채의 매입 등 여러 형태로 이루어질 수 있다. 민사법적으로 대출은 소비대차계약, 지급보증은 보증계약 및 구상계약, 사모사채의 매입은 사채계약 등으로 계약유형이 다르고 이에 따라 법적인 규율도 차이가 있다. 그러나 신용위험의 부담이라는 측면에서는 이들 계약의 내용이 동일·유사하다.[8)]

공정거래위원회가 마련한 표준약관인 여신거래기본약관은 여신에 관한 모든 거래에 적용하도록 하고 있다. 은행은 표준약관에 기초하여 작성한 약관을 사용하여 여신거래를 한다. 또한 은행은 엄격한 금융규제와 감독을 받기 때문에 여신거래의 법률관계도 은행과 고객 간의 사적 합의 이외에 금융규제에 따른 영향을 받는다.

(2) 여신상품과 약관규제법

여신상품은 상품이라는 용어가 사용되고 있지만, 그 구체적인 내용은 금융업자와 금융소비자 간 약정을 통해서 특정되기 때문에 사전에 완성된 상품이 존재하는 것으로 볼 수 없다. 그러나 금융업자가 금융소비자의 모든 개인정보에 맞춘 개별상품을 만들어서 거래하는 것은 사실상 불가능하기 때문에 금융소비자의 직업, 소득, 신용정보, 담보의 종류 등에 따라 여신상품의 한도, 금리, 부가서비스 등을 사전에 유형화하고, 금융소비자가 제공하는 정보에 따라 상품의 구체적인 내용을 정하고 있다. 대부업법, 은행법 등 관계 법률에서 여신상품 관련 광고에 대하여 이자율, 변제방법 등 거래에 관한 중요사항을 게시도록 하고, 광고에 포함하도록 하는 것도 금융업자가 여신상품의 구체적인 내용에 대하여 어느 정도까지 설계할 것을 전제로 하고 있기 때문이다.[9)]

여신상품은 금융업자가 금융소비자에게 신용을 공여하는 것으로 물질적인 실체가 존재하지 않고, 당사자의 계약내용으로 구현된다. 즉 금융업자가 여신상품을 설계하지만, 그 구체적인 내용은 계약서 또는 약관을 통해서 구현된다. 약관은 "그 명칭이나 형태 또는 범위에 상관없이 계약의 한쪽 당사자가 여러 명의 상대방과 계약을 체결하기 위하여 일정한 형식으로 미리 마련한 계약의 내용"이다(약관규제법2(1)). 따라서 특정 개인인 금융소비자가 아닌 추상적인 금융소비자를 대상으로 하는 여신상품의 설계는 약관규제법의 적용대상이 된다.

금융업자는 약관의 조항이 약관규제법에 위반되는지 여부에 관한 심사를 공정거래위원회에 청구할 수 있고(동법19), 금융업자 및 은행연합회 등 사업자단체는 동일한 유형의 여신상품에 대해서 표준이 될 약관을 마련하여 그 내용이 약관규제법을 위반하는지 여부를 청구할 수

8) 박준·한민(2019), 66쪽.
9) 윤민섭(2014a), 67쪽.

있다(동법19조의3①). 또한 공정거래위원회는 건전한 거래질서를 확립하고, 불공정한 내용의 약관이 통용되는 것을 방지하기 위하여 사업자·고객의 입장을 반영하여 당사자의 권리의무의 내용을 공정하게 정하여 놓은 일정한 거래분야의 표준이 되는 약관 즉 표준약관제도를 운용하고 있다(동법19조의3).

4. 신용공여

은행법상 신용공여는 i) 대출(1호), ii) 지급보증(2호), iii) 지급보증에 따른 대지급금의 지급(3호), iv) 어음 및 채권의 매입(4호), v) 그 밖에 거래 상대방의 지급불능 시 이로 인하여 은행에 손실을 끼칠 수 있는 거래(5호), vi) 은행이 직접적으로 위 i)부터 v)까지에 해당하는 거래를 한 것은 아니나 실질적으로 그에 해당하는 결과를 가져올 수 있는 거래로서 금융위원회가 정하여 고시하는 것(6호)으로 한다(법2①(7), 영1의3①). 금융위원회는 신용공여의 범위를 <별표 2>와 같이 고시하고 있다(은행업감독규정3). 즉 은행이 “채무자의 지급능력 부족으로 변제기에 채무를 불이행하여 채권자가 채권을 회수하지 못할 위험”을 떠안는 행위를 말한다. 금융위원회는 i) 은행에 손실을 끼칠 가능성이 매우 적은 것으로 판단되는 거래, ii) 금융시장에 미치는 영향 등 해당 거래의 상황에 비추어 신용공여의 범위에 포함시키지 아니하는 것이 타당하다고 판단되는 거래 중 어느 하나에 해당하는 거래에 대해서는 신용공여의 범위에 포함시키지 아니할 수 있다(영1의3②).

제2절 은행법상 여신상품 규제

I. 의의

여신상품의 거래는 은행의 본질적인 업무에 해당한다(법2①(1)(7)). 은행은 여신상품거래를 위해서 여신상품을 설계하여야 하는데, 여신상품의 설계를 위해서는 금리, 거치기간, 신용위험 등 여신상품에 대한 직접적인 사항뿐만 아니라 은행의 건전성 확보를 위한 자본의 적정성, 자산의 건전성, 유동성 등과 같은 간접적인 사항까지 고려하여야 한다.[10] 여기서는 여신상품과 직접 관련 있는 사항에 한정하여 살펴본다.

10) 윤민섭(2014a), 70쪽.

은행의 여신상품에 대한 이자는 한국은행법에 따른 금융통화위원회가 정하는 최고이자율 이하로 제한된다. 즉 은행은 한국은행법에 따른 금융통화위원회가 하는 은행의 각종 대출 등 여신업무에 대한 이자 및 그 밖의 요금의 최고율의 결정을 준수하여야 한다(법30②(2)). 금융통화위원회가 은행의 여신상품의 최고이자율을 정할 때에도 대부업법 제15조(여신전문금융기관의 이자율 제한) 및 동법 시행령 제9조에 따라 연 27.9%를 초과할 수 없다. 또한 은행은 여신상품을 광고할 때 여신상품의 내용, 거래조건을 포함하여야 하며, 이자율의 범위 및 산정방법, 이자의 지급 및 부과시기, 부수적 혜택 및 비용을 명확히 표시하여야 한다(법52의3②③). 따라서 은행은 여신상품 설계에 있어 해당 내용을 정확하게 설계하여야 한다.

은행법상 여신상품의 설계와 관련된 규정은 위의 규정이 전부이며, 구체적인 사항은 은행업감독규정 및 은행업감독업무시행세칙 등에서 보다 구체적으로 규정하고 있다. 해당 규정을 구체적으로 살펴보면 여신상품에 대한 일반적인 규정과 주택담보대출에 관한 구체적인 규정으로 구분할 수 있다.

Ⅱ. 여신상품에 대한 일반규정(여신운용 원칙)

은행은 여신을 운용함에 있어서 i) 차주의 리스크 특성, 재무상태, 미래 채무상환능력 등에 대한 분석을 통한 철저한 신용리스크의 평가, ii) 차주의 차입목적, 소요자금규모, 자금소요기간 등에 대한 종합적인 심사 및 분석을 통한 적정한 여신의 공급, iii) 여신 실행 이후 여신자금의 철저한 관리를 통한 용도외 유용 방지, iv) 차주의 신용상태 및 채무상환능력 변화에 대한 상시 모니터링 및 그 결과에 따른 적절한 조치, v) 산업별, 고객그룹별 등으로 여신운용의 다양화를 통한 여신편중 현상의 방지 등을 통해 여신의 건전성을 확보할 수 있도록 노력하여야 한다(은행업감독규정78①).

여신의 건전성을 위해 은행은 여신 실행 이전 단계에서 신용리스크를 적절히 평가, 관리할 수 있도록 건전한 여신심사 및 승인업무에 관한 내부시스템을 운영하여야 하고(은행업감독규정78②), 여신 실행 이후 신용리스크의 변동상태를 적절히 평가, 관리할 수 있도록 건전한 여신사후관리업무에 관한 내부시스템을 운영하여야 하며(은행업감독규정78③), 여신심사 및 여신사후관리 업무를 효율적으로 수행할 수 있도록 내부업무처리규정 및 절차를 마련하는 한편, 당해 업무를 수행할 조직을 지정하고 관련 조직 간 직무분장을 명확히 하는 등 내부시스템을 구축하여야 한다(은행업감독규정78④).

Ⅲ. 주택담보대출에 관한 규정(주택담보대출에 대한 리스크관리)

주택담보대출이라 함은 은행이 주택을 담보로 취급하는 가계대출(자산유동화된 대출을 포함)을 말하며. 분양 주택에 대한 중도금대출 및 잔금대출과 재건축·재개발(리모델링 포함) 주택에 대한 이주비대출, 추가분담금에 대한 중도금대출 및 잔금대출도 주택담보대출로 본다(은행업감독규정 <별표 6>).

은행은 주택담보대출 취급 시 은행법 제34조에 따라 경영의 건전성이 유지되도록 <별표 6>에서 정하는 담보인정비율(LTV, Loan-To-Value-ratio),[11] 총부채상환비율(DTI: Debt-To-Income-ratio),[12] 기타 주택담보대출 취급 및 만기연장에 대한 제한 등을 준수하여야 한다(은행업감독규정29의2①). 담보인정비율 및 총부채상환비율의 산정방법 및 적용대상의 세부판단기준, 주택담보대출 취급 및 만기연장 제한 등과 관련한 세부적인 사항은 감독원장이 정하는 바에 따른다(은행업감독규정29의2③).[13] 감독원장은 은행의 경영건전성 등을 감안하여 긴급하다고 인정하는 경우 <별표6>에서 정한 담보인정비율 및 총부채상환비율을 10% 포인트 범위 이내에서 가감 조정할 수 있다. 이 경우 감독원장은 그 내용을 지체 없이 금융위원회에 보고하여야 한다(은행업감독규정29의2②).

은행은 예금자 등 은행이용자를 보호하고 금융분쟁의 발생을 방지하기 위하여 금리, 계약해지 및 예금자보호에 관한 사항 등 은행이용자가 유의하여야 할 사항을 공시하여야 한다(법52의2②, 영24의4②(1)). 이에 따라 은행은 여신상품을 설계한 경우 i) 이자(대출가산금리를 포함)에 관한 사항, ii) 부대비용에 관한 사항, iii) 계약해지에 관한 사항, iv) 거래제한에 관한 사항, v) 예금자보호에 관한 사항, vi) 은행이용자가 유의하여야 할 사항(지연배상금률·지연배상금액 등 지연배상금에 관한 사항을 포함), vii) 기타 계약의 주요 내용을 인터넷 홈페이지 등에 공시 또는 비교공시하여야 한다(은행업감독규정89①).

Ⅳ. 약관

대출상품을 설계한 은행은 그 내용을 약관으로 구체화하는데, 약관의 제·개정에 대해서

---

11) "담보인정비율"(LTV, Loan-To-Value ratio)이라 함은 주택담보대출 취급 시 담보가치에 대한 대출취급가능금액의 비율을 말한다(규정 <별표 6>).

12) "총부채상환비율"(DTI, Debt-To-Income ratio)이라 함은 차주의 연간 소득에 대한 연간 대출 원리금 상환액의 비율을 말한다.

13) 은행업감독업무시행세칙 제18조의2(주택담보대출에 대한 리스크관리 세부기준 등) 규정 제29조의2 제3항, 규정 제78조 제2항 및 제3항과 관련하여 감독원장이 정하는 바는 <별표 18>과 같다. 이에 따라 <별표 18>은 주택담보대출에 대한 리스크관리 세부기준을 정하고 있다.

는 은행법이 규제를 하고 있다. 은행은 금융거래와 관련된 약관을 제정하거나 변경하는 경우에는 약관의 제정 또는 변경 후 10일 이내에 금융위원회에 보고하여야 한다(법52① 본문). 다만, 이용자의 권리나 의무에 중대한 영향을 미칠 우려가 있는 경우로서 대통령령으로 정하는 경우[14]에는 약관의 제정 또는 변경 전에 미리 금융위원회에 신고하여야 한다(법52① 단서). 은행은 약관을 제정하거나 변경한 경우에는 인터넷 홈페이지 등을 이용하여 공시하여야 한다(법52②). 약관을 보고 또는 신고받은 금융위원회는 그 약관을 공정거래위원회에 통보하여야 한다(법52③ 전단). 이 경우 공정거래위원회는 통보받은 약관이 약관규제법 제6조부터 제14조까지의 규정에 해당하는 사실이 있다고 인정될 때에는 금융위원회에 그 사실을 통보하고 그 시정에 필요한 조치를 취하도록 요청할 수 있으며, 금융위원회는 특별한 사유가 없는 한 이에 응하여야 한다(법52③ 후단). 또한 금융위원회는 건전한 금융거래질서를 유지하기 위하여 필요한 경우에는 은행에 대하여 약관의 변경을 권고할 수 있다(법52④). 보고 또는 신고의 절차 및 방법 등은 금융위원회가 정하여 고시한다(법52⑤).[15]

---

14) "대통령령으로 정하는 경우"란 다음의 어느 하나에 해당하는 경우를 말한다(영24의4①).
   1. 금융거래와 관련된 약관의 제정으로서 기존 금융서비스의 제공 내용·방식·형태 등과 차별성이 있는 내용을 포함하는 경우
   2. 은행이용자의 권리를 축소하거나 의무를 확대하기 위한 약관의 변경으로서 다음 각 목의 어느 하나에 해당하는 경우
      가. 변경 전 약관을 적용받는 기존 이용자에게 변경된 약관을 적용하는 경우
      나. 기존 금융서비스의 제공 내용·방식·형태 등과 차별성이 있는 내용을 포함하는 경우
   3. 그 밖에 은행이용자 보호 등을 위하여 금융위원회가 정하여 고시하는 경우

15) 은행업감독규정 제86조의2(약관의 제출 등) ① 법 제52조 제1항 본문 및 동조 제5항에 따라 은행이 약관을 제정 또는 변경하고자 하는 경우에는 약관의 제정 또는 변경 후 10일 이내에, 동조 제1항 단서 및 동조 제5항에 따라 은행이 약관을 제정 또는 변경하고자 하는 경우에는 시행예정일부터 10영업일 전까지 해당 약관 및 약관내용을 이해하는데 필요한 관련서류를 감독원장에게 제출하여야 한다.
② 감독원장은 제1항의 규정에 따라 제출받은 약관을 심사하고 건전한 금융거래질서의 유지를 위하여 약관내용의 변경이 필요하다고 인정하는 경우 해당 은행에 대하여 해당 약관의 변경을 권고할 수 있다.
③ 제2항의 규정에 따라 변경권고를 받은 은행은 해당 권고의 수락여부를 감독원장에게 보고하여야 한다.
④ 은행은 은행이용자가 약관 또는 약관의 변경내용을 쉽게 찾아 이용할 수 있도록 인터넷 홈페이지 등에 공시하여야 한다.
⑤ 감독원장은 약관의 제정 또는 변경에 대한 보고와 공시의 방법 및 절차, 그 밖에 필요한 사항을 정할 수 있다.
⑥ 감독원장은 제1항에 따라 제출받은 약관을 분기별로 공정거래위원회에 통보하여야 한다.

제3절 대출의 종류

Ⅰ. 담보유무에 따른 분류

대출은 담보의 유무에 따라 신용대출, 담보대출 및 약관대출로 구분할 수 있다. 담보대출은 담보의 종류에 따라 인적담보대출, 물적담보대출로 구분할 수 있으며, 물적담보대출은 담보의 종류에 따라 부동산담보대출, 예금담보대출, 증권대출 등으로 구분할 수 있다. 약관대출은 선급금형태의 대출로서 신용대출도 아닌 제3의 대출유형이다.[16)]

1. 신용대출

신용대출은 담보 없이 대출을 받고자 하는 금융소비자의 신용만으로 대출이 이루어지는 것으로 보통의 경우 금융업자는 금융소비자의 직업, 소득, 인적사항, 재산상태, 해당 금융업자와의 거래실적 등을 기반으로 금융소비자의 신용위험을 평가하여 대출을 실행한다.

금융소비자의 신용도는 관련 금융업자가 자체적으로 판단하여 평가하는 것이 원칙이나, 은행이 은행연합회를 중심으로 구축하여 운용하고 있는 개인신용평가제도(CSS: Credit Scoring System)가 금융소비자의 신용도 평가에 활용되고 있다. 그러나 개인신용평가제도는 법률상 강제되는 제도는 아니고, 금융업자에 의한 자율적인 신용평가제도이다. 은행의 경우 은행으로 하여금 여신의 건전성을 확보하기 위해 여신심사 및 승인업무에 관한 내부시스템을 운영하도록 규정하고 있는 은행업감독규정 제78조(여신운용 원칙), 여신심사등에 관한 내부시스템에 신용평가시스템에 의한 여신심사 및 승인을 포함하도록 규정하고 있는 은행업감독업무시행세칙[17)]에 따라 사실상 강제되고 있다.

개인신용평가제도는 과거에는 은행연합회 중심의 "정보공유시스템"을 통해서 이루어졌으나, 2005년 4월 신용정보법의 개정으로 인하여 신용불량자제도가 폐지되면서 현재는 은행연합회와 개인신용조회회사(CB: Credit Bureau)[18)]를 중심으로 한 "신용평가시스템"을 통해서 이루어

16) 윤민섭(2014a), 29쪽.

17) 제48조(여신심사 및 사후관리기준) ① 규정 제78조 제2항에 따른 여신심사 및 승인업무에 관한 내부시스템에는 다음 사항이 포함되어야 한다.
   1. 여신심사조직과 영업조직간 역할 정립 및 상호 협조
   2. 신용평가시스템 등에 의한 합리적이고 투명한 여신심사 및 승인
   3. 적정한 규모의 여신이 취급될 수 있는 차주별 여신한도제도의 운영
   4. 신용평가결과 우량등급기업에 대한 원칙적 신용여신의 운영

18) 금융거래 정보 등을 바탕으로 개인의 신용등급을 산정하여 금융회사에 여신심사 등 금융거래의 기초자료를 제공하는 회사이다. 현재 NICE평가정보, KCB, SCI평가정보 3개의 신용조회사가 개인CB업무를 영위하

지고 있다.[19)]

2. 담보대출

담보대출은 담보의 성질에 따라 인적담보대출과 물적담보대출로 구분할 수 있다. 인적담보는 금융소비자인 채무자의 채무불이행이 있을 경우 제3자인 보증인이 주채무자가 이행하지 않은 채무를 이행하겠다는 보증을 하는 것으로 금융업자와 금융소비자 간 대출계약서(여신거래약정서)와 별도로 금융업자와 보증인 간 보증계약서가 체결된다. 대표적인 인적담보로는 연대보증이 있다. 연대보증은 일반적으로 근보증이 체결되는데, 금융업자의 입장에서는 i) 채무자에게 우선청구 불필요, ii) 보증인 1인에게 채무전부 청구가능, iii) 기한연장·장래발생 신규채무까지 보증책임 부과 등의 장점이 있어 선호하는 제도였다. 그러나 새로운 연좌제라는 비판이 제기되고, 금융소비자보호에 취약하다는 역기능이 제기되었고, 2008월 7월 은행의 가계대출에 대한 연대보증제도의 폐지를 시작으로 연대보증제도를 점차 축소하고 있다.[20)] 현재 연대보증제도는 폐지되어, 신규대출시 인적담보는 활용되지 않는다.[21)]

물적담보는 금융소비자 또는 제3자가 금전등의 재산적 가치가 있는 것을 담보로 제공하는 것으로 대출의 실행과 동시에 저당권, 질권 등의 담보권이 설정된다. 담보물의 가치에 따라 대출한도 및 금리가 달라진다. 담보물의 종류에 따라 일반적으로 예금담보, 부동산담보, 증권담보로 구분할 수 있다. 금융소비자의 채무불이행이 있는 경우 금융업자는 설정한 담보권을 실행하여 채권의 만족을 얻게 되는데, 예금담보의 경우 예금과 대출채권을 상계하고, 부동산담보의 경우 경매 등의 부동산 매각절차를, 증권담보의 경우 해당 증권의 매매를 통해 담보권이 실행된다.

3. 약관대출(보험계약대출)

약관대출(보험계약대출)은 보험회사가 자신과 보험계약을 체결한 금융소비자에게 대출원금 및 이자의 합계가 보험금 또는 해약환급금을 초과하지 않는 범위에서 체결하는 대출계약이다. 약관대출의 경우 앞서 보았듯이 대법원의 판례 변경 이전에는 보험회사와 금융소비자 간 체결되는 소비대차계약으로 보아 해약환급금을 담보로 하는 담보대출에 해당하였으나, 판례의 변경으로 인하여 더 이상 담보대출로 볼 수 없고, 새로운 유형의 대출상품계약으로 보아야 한다.[22)]

고 있다.

19) 윤민섭(2014a), 30-31쪽.

20) 금융위원회(2013), "제2금융권 연대보증 폐지방안"(2013. 4. 26) 보도자료.

21) 윤민섭(2014a), 32-33쪽.

22) 윤민섭(2014a), 33쪽.

약관대출은 금융소비자가 장래에 받을 보험금 또는 해약환급금을 미리 지급받는 것으로 일반적인 대출과 그 성격이 다르다. 약관대출에서 이자는 금전사용에 대한 반대급부가 아니라 보험회사가 책임준비금을 운용하여 얻을 수 있는 이익에 대한 보상 내지 보험금 또는 해약환급금의 선급에 대한 반대급부이다. 따라서 이자율은 해약환급금 계산 시 적용되는 이율에 보험회사가 정하는 이율이 가산된다.[23] 또한 이자를 납입하지 않더라도 연체이자가 부과되지 않고, 미납이자를 대출원금에 합산한다.[24]

Ⅱ. 거래유형에 따른 분류

대출은 구체적인 거래유형에 따라 통상 증서대출·당좌대출·어음대출·어음할인으로 분류한다. 여신거래기본약관(기업용)도 약관의 적용대상인 여신에 위 4가지 대출과 지급보증·환거래·기타 여신거래를 담고 있다.

1. 증서대출

증서대출은 은행이 고객으로부터 어음거래약정서·대출거래약정서와 같이 금전소비대차계약의 내용을 기재한 문서를 받고 행하는 대출이다. 여신거래약정서·대출거래약정서는 i) 약관에 해당하는 부동문자로 인쇄된 부분, ii) 당사자가 합의하여 정하는 개별 대출 거래조건(대출금액, 개시일, 만료일, 이자율, 수수료, 중도상환해약금, 대출실행방법, 상환방법, 이자지급시기 등)과 iii) 기타 특약사항으로 구성된다.

증서대출은 대출 시 차주로부터 어음 대신 차용증서를 징구하는 대출로 주로 특약사항이 많은 대출이나 한번 취급하면 상환 시까지 재대출이 일어나지 않는 가계대출 또는 장기시설자금대출 등에 주로 활용하고 있다.

2. 당좌대출

당좌대출은 은행에 당좌예금 계좌를 개설한 고객이 당좌예금 잔액을 초과해서 발행한 어음·수표에 대해 미리 약정한 기간과 금액을 한도로 하여 은행이 지급함으로써 자금을 제공하

---

23) 손해보험표준사업방법서 제22조 제2항 및 생명보험표준사업방법서 제31조 제2항에 따르면 보험계약대출의 이율은 당해 보험계약의 해지환급금 계산시 적용하는 이율(다만, 동 이율의 적용이 불가능한 경우 공시이율 등으로 대체 가능)에 회사가 정하는 이율을 가산하여 정한다.

24) 손해보험표준사업방법서 제22조 제3항 및 생명보험표준사업방법서 제31조 제3항에 따르면 회사는 계약자가 보험계약대출의 이자를 해당 납입일까지 납입하지 않더라도 연체이자를 부과하지 않는다. 다만, 회사는 제2항에 의한 미납이자를 보험계약대출의 원금에 합산할 수 있고 그 합산된 금액을 보험계약대출금액으로 하여 제2항의 보험계약대출 이율을 적용할 수 있다.

는 방식의 대출이다. 당좌예금 계좌를 개설한 고객이 은행에게 자신이 발행한 어음·수표를 당좌대출한도 내에서 지급할 것을 위임하는 내용의 위임계약과 당좌예금 잔액을 초과하는 금액의 어음·수표를 은행이 지급하면 그 초과액에 이자를 붙여 상환하기로 하는 소비대차계약이 혼합된 것이다.

3. 어음대출

어음대출은 은행이 고객으로부터 고객이 발행한 약속어음을 받고 자금을 제공하는 방식의 대출이다. 은행과 고객 사이에서 금전소비대차계약이 체결되고 은행은 대출채권과 어음채권 양자 중 어느 쪽이라도 행사할 수 있다[은행여신거래기본약관(기업용)2]. 결국 어음은 대출채권의 지급을 위하여 또는 지급을 담보하기 위하여 발행되는 것이다. 약정이자·연체이자·수수료 등을 어음에 기재할 수 없다는 점 때문에 별도의 소비대차계약에 그러한 사항을 규정해야 하고, 대출금의 회수 시에도 어음에만 의존할 수 없고 별도의 소비대차계약에 의존할 필요가 있기 때문에 어음대출은 잘 이용되지 않는다.

4. 어음할인

어음할인은 재화 및 용역 거래에 수반하여 발행된 상업어음, 수출신용장에 근거하여 발행된 무역어음, 자금융통을 목적으로 발행된 융통어음을 어음소지인의 신청에 의하여 할인 방식으로 매입함으로써 발생되는 대출이다. 어음을 매입한 은행은 ⅰ) 어음법에 따라 약속어음 발행인(또는 환어음 인수인)에 대한 어음청구권과 할인신청인, 즉 배서인에 대한 소구권을 가지게 되고, ⅱ) 별도의 약정[은행여신거래기본약관(기업용)9]에 따라 발행인·인수인 또는 할인신청인에게 기한의 이익상실 사유가 발생하면 할인신청인에게 그 할인매입한 어음을 환매할 것을 청구할 수 있게 되어 환매대금채권을 가지게 된다.

이와 같이 어음할인으로 자금을 제공한 은행은 어음법상의 어음채권과 별도 약정에 따른 환매채권을 가질 뿐 소비대차에 따른 원리금반환채권을 가지는 것은 아니다. 이 점에서 어음할인은 증서대출, 당좌대출, 어음대출과는 법적 성격이 다르다.

Ⅲ. 기타 기준에 따른 분류

대출은 차입자의 성격에 따라 기업자금대출, 가계자금대출, 공공자금대출, 기타자금대출로 나누고, 기업자금대출은 자금의 용도에 따라 운전자금대출, 시설자금대출, 특별자금대출로 나누며, 고객이 개인인 경우 주택관련 대출을 특별히 취급하기도 하고, 대출자금의 원천에 따라 금융자금대출, 재정자금대출, 주택도시기금대출 등으로 분류하기도 한다. 그러나 이러한 분류는 회계처리상의 분류로서 특별법에 따른 대출이 아닌 한 법적으로 큰 차이를 가져오지 않는다.[25]

또한 통화를 기준으로 원화대출, 외화대출, 외화표시원화대출로 분류할 수도 있다. 외화표시원화대출은 원화로 대출하되 대출일의 환율로 환산한 외화로 기표하고, 원리금 지급도 원화로 이루어지지만 그 금액은 기표 외화에 지급일의 환율로 적용하여 산정한 원화환산액으로 하는 대출이다. 차입고객은 원화로 차입하였으나 해당 외화의 환율변동위험에 노출되고, 대출은행은 외화 대출채권을 보유한 것과 다름없게 된다.

25) 박준 · 한민(2019), 69쪽.

제4장 /

복합금융상품

제1절 서 설

Ⅰ. 복합금융상품의 의의

복합금융상품이란 예금이나 채권 등 전통적인 금융상품의 변형 또는 이들과 파생금융상품이 결합하여 신종금융상품으로 거래하고 있는 것을 총칭하는 것이다. 이는 결국 파생상품이 다른 전통적인 상품의 일부 요소로서 거래되는 것(embedded derivatives)이고, 이 경우 동 파생상품요소의 분리 가부는 특정 상품의 복합금융상품으로서의 본질에 결정적인 영향을 미치지 않는다고 한다. 복합금융상품은 증권형 복합금융상품과 예금형 복합금융상품으로 나누어 볼 수 있는데, 상당수 은행들이 취급하고 있는 ELD는 대표적인 예금형 복합금융상품이라 할 수 있다.[1)]

Ⅱ. 복합금융상품과 조세

금융기관은 복합금융상품의 개발을 통해 조세를 회피하고 있다. 이는 과세대상인 일반금융상품과 비과세 대상인 파생상품을 함께 묶어 고객에게 금융상품을 판매하는 것을 말한다. 이는 금융기관이 과세대상이 되는 일반금융상품만을 판매할 경우 고객 예치에 어려움이 있기 때문에 경쟁력 우위를 확보하기 위해 비과세 상품인 파생상품을 포함시키게 되었다. 파생상품 중 장내

1) 이헌영(2016), “은행의 복합금융상품으로서 구조화예금 취급과 관련한 법적 문제”, 은행법 연구 제9권 제1호(2016. 5), 5쪽.

파생상품만을 대상으로 상품을 판매할 경우 파생상품의 특징 중 투자성(위험성)으로 인하여 투자자의 원금이 보장되지 않는 문제점이 발생된다. 따라서 금융기관은 가급적 파생상품의 특징인 투자성을 회피하면서 파생상품의 비과세 혜택을 받을 수 있는 장외파생상품거래를 선호하게 되었다. 특히 예금주와의 선도거래를 통해 파생상품거래와 관련된 미래 현금흐름을 사전적으로 예측할 수 있고 투자성으로 인한 위험도 회피할 수 있는 복합금융상품을 개발하였다.[2)]

제2절 복합금융상품의 종류

Ⅰ. 파생결합예금

파생결합예금은 예금형 복합금융상품이라 할 수 있다. 파생결합예금에 대한 규제는 은행법이나 자본시장법에 명확한 정의나 규제근거가 없어 업계에서 큰 혼선이 빚어지고 있는 상황이다. 특히 자본시장법의 "증권"의 개념(자본시장법4)이 매우 포괄적이고, 증권의 일종으로서 "투자성있는 예금"("투자성예금")이라는 개념도 도입(자본시장법7) 되었는데, 그 정의나 범위가 모호하여 혼선을 더욱 가중시키고 있다. 파생결합예금 중 상환 시 원금이 보장되지 않지만 추가납입의무가 발생하지 아니하는 예금은 투자성예금에 해당할 가능성이 있다.[3)]

Ⅱ. 구조화예금

금융감독당국은 2012년「외은지점의 구조화예금 취급 관련 유의사항 통보」(금융감독원 문서번호 외은 검삼 00033, 2012.12.20.), 2013년「국내은행의 구조화예금 취급 관련 유의사항 통보」(금융감독원 문서번호 특은상시 00203, 2013.10.29.) 등을 통해 구조화예금에 대한 규제를 명시한 바 있다. 특히「외은지점의 구조화예금 취급 관련 유의사항 통보」와 관련해서는 동 지도내용이 계속 유효하다는 것을 다시 한번 확인하였다.[4)] 이 공문에 의하면 구조화예금은 "이자지급이

2) 심충진·김유찬(2012), "복합금융상품 거래를 이용한 조세회피 방지에 관한 연구", 세무와 회계저널 제13권 제1호(2012. 3), 463쪽.

3) 이헌영(2016), 6쪽.

4) 금융감독원,「기폐지 비공식 행정지도 안내」, 은감총괄-00173, 2015.4.24, 동 공문에 의하면「외은지점의 구조화예금 취급 관련 유의사항 통보」의 내용은 계속 효력을 유지하되 그 지도내용 위반에 대해서는 감독기관이 제재하지 않고 금융회사 자율적으로 내부징계할 수 있는 "자율운영"사항으로 명시하였다.

금리, 환율, 주가지수, 신용 등 시장변수에 연동되고 만기 전 중도해지가 가능한 상품"(외은검삼 00033의 경우), 또는 "금융회사, 연기금 등을 대상으로 판매하는 파생상품이 내재된 예금"으로 정의되어 있다(특은상시 00203의 경우).

이렇게 보면 구조화예금이란 복합금융상품의 일종으로서 파생상품이 내재된 파생결합예금과 동일한 것으로 보여지는데 다만 지도공문에 의하면 만기 시에는 원금이 보장되지만 조기상환 시에는 원금이 보장되지 아니하며 추가납입 가능성은 없는 예금을 말한다. 그런데 이러한 구조화예금이 예금의 일종으로서 은행법에 의해서만 규제되면 되는지 아니면 투자성예금 등 일종의 증권(예를 들면 파생결합증권)으로서 자본시장법의 적용도 동시에 받아야 하는지에 대해 기준 제시가 불분명함에 따라 실무에서 큰 혼선을 겪고 있다.[5]

Ⅲ. 옵션부 이종통화예금

외국계 은행지점 및 시중은행 일부에서 자본시장법 시행 전부터 옵션부 이종통화예금을 은행법상 규율을 받아가며 판매하여 왔고, 이는 약정기간을 1-3개월 단기로 원화 또는 외화를 정기예금으로 예치하면서 예치통화와 관련하여 옵션을 매도하여 동 옵션의 행사기간이 만료되면 미리 정한 행사가격과 반환시점의 시장환율을 비교하여 은행은 예치된 통화를 다른 통화로 교환하여 반환할 수 있는 예금을 말하는데, 환율변동에 따라서는 행사시점의 행사환율이 시장환율보다 고객에게 불리해질 가능성이 있고, 이러한 가능성에 기초하여 이를 투자성 있는 금융투자상품으로 볼 수 있을지 여부가 계속 이슈가 되고 있다.[6]

옵션부 이종통화예금은 단적으로 그 예치기간을 1개월부터 6개월 미만으로 하여 약정하는 정기예금과 통화옵션(고객의 매도포지션)이 결합된 상품으로서 만기 시 행사가격과 시장가격을 비교하여 옵션 매수권자인 은행은 만기 원리금의 지급을 기준통화가 아닌 대체통화로 지급할 권리를 보유하고 고객은 통화옵션의 매도 프리미엄을 정기예금에 대한 이자와 함께 수취하게 되는 구조를 갖는다.[7] 옵션행사가격은 고객이 정하며, 그 가격수준에 따라 프리미엄이 변동하여 전체적으로 예금이자가 변동된다. 원화기준으로 예금 당시 현물환율에 비해 행사가격이 원화기준으로 더 약세로 갈수록 프리미엄이 크다.[8]

---

5) 이헌영(2016), 6-7쪽.
6) 김효연(2009), "옵션부 이종통화예금에 대한 자본시장법상 고찰", 은행법연구 제2권 제2호(2009. 11), 2쪽.
7) 김효연(2009), 2쪽.
8) 즉 행사가격이 1,085원/USD이라면 행사가격 1,075원보다 프리미엄이 더 크다. 왜냐하면 예금당시 현물환율을 고려할 때 예금통화가 행사가격보다 약세로 가기가 더 어려워지기 때문이다(이헌영(2016), 19쪽).

제4편

보험상품

제1장 서설
제2장 보험상품 규정체계
제3장 보험회사의 여신상품

제1장 / 서 설

제1절 보험상품의 의의와 특징

Ⅰ. 보험상품의 의의

1. 일반적 의의

오늘날 사람은 태어나는 순간부터 보험상품에 가입하고, 평생을 보험상품과 함께하다가 죽어서야 보험상품으로부터 벗어나게 된다. 사람은 태어나면서 권리능력을 가질 뿐만 아니라 태아보험상품에 가입되기도 한다. 살아가면서 다치는 경우 상해보험상품 또는 실손보험상품으로 치료비를 보장받기도 한다. 운전을 하면서 사고를 낸 경우 자동차보험으로 상대방의 치료비 등을 보상해주기도 한다. 생을 마감하였을 때 생명보험금으로 유족들의 경제적 부담을 덜어주기도 한다.[1)]

보험업은 미래 발생할 수 있는 위험에 대한 금전적 보상을 약속하는 상품을 제공하며, 이러한 금융상품을 보험상품이라 한다. 보험상품은 광의의 보험상품과 협의의 보험상품으로 구분할 수 있다. 광의의 보험상품은 "당사자 일방이 약정한 보험료를 지급하고 상대방이 재산 또는 생명이나 신체에 관하여 불확정한 사고가 생길 경우에 일정한 보험금액 기타의 급여를 지급할 것을 약정"하는 것(상법638)으로 일반 보험상품뿐만 아니라 상조·공제 등의 유사보험도 보험상품에 해당한다. 협의의 보험상품은 금융위원회의 허가를 받은 보험회사가 소비자로부터

1) 윤민섭(2014b), 「금융소비자보호관련 법제 정비방안 연구(Ⅱ): 보험상품을 중심으로」, 한국소비자원 정책연구보고서(2014. 12), 13쪽.

위험을 인수하고, 그 대가로 보험료를 수령하는 금융상품이다. 일반적으로 소비자가 보험 또는 보험상품이라고 인식하는 것은 협의의 보험상품이다.[2] 여기서는 협의의 보험상품을 살펴본다.

2. 법률상 의의

상법은 보험계약을 "보험계약은 당사자 일방이 약정한 보험료를 지급하고 재산 또는 생명이나 신체에 불확정한 사고가 발생할 경우에 상대방이 일정한 보험금이나 그 밖의 급여를 지급할 것을 약정함으로써 효력이 생긴다(법638)"라고 규정하고 있으며, 보험업법은 보험상품을 "위험보장을 목적으로 우연한 사건 발생에 관하여 금전 및 그 밖의 급여를 지급할 것을 약정하고 대가를 수수하는 계약(법2(1))"이라고 규정하고 있다.

위와 같은 법률상 정의규정을 고려하면, 보험이란 "동질적 위험에 처해 있는 다수인(보험계약자)이 제3자(보험회사)에게 일정금액(보험료)을 지급하고 위험이 현실화되는 경우(보험사고의 발생) 제3자가 일정한 급부(보험금)를 제공하게 함으로써 위험의 전가를 목적으로 하는 제도"이다. 이러한 보험개념에 따라 보험회사가 보험료 수입을 목적으로 동질적 위험하에 있는 다수인의 위험을 인수하는 계약이 보험상품이다.

Ⅱ. 보험상품의 특징

보험상품은 다음과 같은 특징이 있다. i) 보험상품은 미래에 대한 보장이라는 무형의 서비스를 그 본질로 하고 있어서 그 상품가치가 소극적인 효용을 제공한다는 점이다. 즉 일반소비재와는 달리 상품 자체를 구입자의 감각에 호소할 수도 없고, 구입 즉시 그 효용을 느낄 수도 없다는 난점이 존재한다. 이러한 특성은 곧바로 판매상의 애로사항으로 연결되다 보니 보험영업 과정에서 보험모집종사자들의 과욕에 따른 불완전판매 사례의 발생원인이 되기도 한다.[3]

ii) 보험소비자의 입장에서 볼 때, 보험상품은 무형의 추상적인 상품으로서 그에 내재된 다양한 보험급부의 조건과 내용을 현실적으로 모두 이해하기 어렵다는 점이다. 게다가 최근 금융시장의 글로벌화, 금융회사의 대형화·겸업화 등 금융환경의 급격한 변화에 따른 보험상품의 복잡성도 무시할 수 없다.

iii) 보험시장은 조건을 붙인 재화서비스를 취급하는 조건부시장의 성격을 지니고 있어, 보험금 및 관련비용 등을 보험거래 성립 시에 정확하게 파악하기가 곤란하며, 아울러 이와 같

2) 윤민섭(2014b), 17쪽.

3) 김주석(2016), "보험소비자보호를 위한 정보제공의무와 분쟁처리 법제도 연구", 고려대학교 대학원 박사학위논문(2016. 12), 7-8쪽.

은 조건부시장에서는 정보의 비대칭성이 존재하므로 보험가격 및 품질에 관한 완전한 정보의 획득이 거의 불가능하다는 점이다. 또한 보험의 특성상 보험회사가 장래에 지급해야 할 보험금이 미리 확정되지 않은 상품이 일반적인 데다 보험사고 발생 시에도 보험금 지급 여부에 대한 다툼 등으로 보험소비자의 생각과 달리 보상받지 못하는 결과가 생기게 된다.

ⅳ) 보험상품의 보험계약 기간이 장기라는 점과 그 가격이 다른 상품에 비해 고가라는 점이다. 보험계약자가 납입한 보험료에 대한 반대급부로 보험회사가 보험금 지급책임이라는 무형의 서비스를 제공하는 보험상품의 유통기간이 그만큼 길어지고, 보험가격 또한 높은 측면이 있기 때문에 그 구입에 있어서 보험소비자의 신중한 선택과 자기결정이 필요하다.

제2절 유사개념

Ⅰ. 공제

공제는 조합 등 특정단체에 가입한 가입자가 일정한 금액을 단체에 납입하고, 가입자에게 소정의 사고가 발생한 경우 해당 단체가 미리 정해진 금액을 지급하는 제도이다. 위험의 존재, 위험단체성, 위험의 전가, 구성원의 출연, 경제적 보상 등 보험상품이 가지는 특성을 공제도 가지고 있다. 그러나 공제는 리스크에 대한 연대원칙, 계약자 및 피보험자인 조합원의 경제적 이익 추구 등 보험과는 다른 조직적 특성을 가지고 있다.[4] 대법원도 공제를 보험상품과 동일한 것으로 본 적이 있으나,[5] 그 후 판례를 변경하여 보험업법상 보험상품은 아니나 상호보험과 유사한 유사보험으로 보고 있다.[6]

공제는 보험과 조직적 특성이 다르다고 하더라도 보험의 특성을 가지고 있기 때문에 보험업과 마찬가지로 법률이 허용하는 경우에만 공제사업을 할 수 있도록 엄격하게 규제하고 있다. 현재 공제사업을 규정하고 있는 법률로는 방문판매법, 소비자생활협동조합법, 건설산업기본법, 경찰공제회법, 군인공제회법 등이 있다.

4) 윤민섭(2014b), 25쪽.
5) 대법원 1990. 6. 26. 선고 89도2537 판결.
6) 대법원 1996. 12. 10. 선고 96다37848 판결.

Ⅱ. 자가보험

자가보험은 다수의 사업장을 소유하는 사업자가 각 사업장에서 발생할 수 있는 사고 등의 위험에 대비하기 위해 사고발생 가능성에 따라 일정 비율의 금액을 적립하는 것이다. 사고발생으로 인한 경제적 손실에 대비한다는 측면에서 보험상품과 유사하나, 위험단체성 및 위험전가라는 특성이 없기 때문에 보험상품으로 볼 수 없다.[7)]

Ⅲ. 저축

보험상품은 경제적 보상을 내용으로 하고 있어, 사고가 발생하더라도 보험계약자 등은 경제적 안정을 유지할 수 있다. 이러한 점에서 예금, 적금 등과 같은 저축과 기능적으로 유사하다. 그러나 저축은 위험단체성, 위험의 전가 등 보험상품이 가지고 있는 특성이 존재하지 않는다.

Ⅳ. 파생상품

파생상품은 기초자산이나 기초자산의 가격을 기초로 손익구조가 결정되는 구조로 자본시장법은 그 유형을 선도, 옵션, 스왑으로 구분하고 있다. 파생상품을 거래하는 목적은 파생상품의 위험을 분산 또는 회피(hedge)하는 데에 있다. 목적에 있어서 파생상품과 보험상품 간 유사성을 가지고 있다. 우리나라의 경우 지수화 가능한 것을 기초로 하는 보험상품이 허용되지 않고 있었기[8)] 때문에 파생상품과 보험상품 간 구별이 용이하였다. 그러나 지난 2014년 7월 금융위원회가 발표한 「보험혁신 및 건전화 방안」에 따르면 앞으로 자연재해, 날씨 등 자연현상을 기초로 하는 지수형 날씨보험의 취급을 허용한다고 한다.[9)]

지수형 날씨보험의 경우 날씨를 기초자산으로 하는 날씨파생상품과 구조적 유사성을 가지고 있다. 그러나 파생상품의 경우 계약자의 위험, 즉 피보험이익을 전제로 하지 않으며, 위험단체성이 없기 때문에 보험상품과는 개념적으로 구분할 수 있다.[10)]

---

7) 윤민섭(2014b), 26쪽.

8) 미국의 경우 날씨를 지수화한 것을 기초로 하는 PRF-RI(Pasture, Rangeland, Forage Rainfall Index) Pilot 프로그램과 같은 지수형 날씨보험상품 등이 존재한다. 우리나라의 경우 태풍으로 인하여 낙과 등의 피해가 발생한 경우 이를 보상해주는 날씨보험이 존재하고 있다.

9) 금융위원회(2014), "보험 혁신 및 건전화 방안"(2014. 7. 15) 보도자료.

10) 윤민섭(2014b), 28쪽.

제 2 장 /

보험상품 규정체계

제1절 법률상 분류

보험에 관한 법률로는 상법과 보험업법이 있다.

Ⅰ. 상법상 분류

1. 의의

상법은 보험을 크게 손해보험과 인보험으로 구분하고 있다. 손해보험은 보상액, 즉 보험금이 결정되는 방법에 따른 분류이고, 인보험은 보험사고의 객체에 따른 분류이다. 상법은 서로 다른 기준으로 보험을 분류하고 있어, 일부 보험상품의 경우 손해보험적 성격을 가지고 있다. 예를 들어 상해보험의 경우 보험사고의 객체가 사람이기 때문에 인보험이지만, 보험금은 실제 손해가 있는 범위내로 제한되기 때문에 손해보험이기도 하다.

2. 손해보험의 종류

상법은 손해보험에 대해서 규정하면서, 크게 화재보험(법683), 운송보험(법688), 해상보험(법693), 책임보험(법719), 자동차보험(법726의2), 보증보험(법726의5)으로 구분하고 있다. 손해보험은 피보험이익을 요소로 하는데, 피보험이익은 피보험자의 경제적 손익을 뜻하는 것으로 보험자, 즉 보험회사의 책임 범위를 확정하는 기능을 한다. 따라서 손해보험은 보험사고가 발생한 경우 피보험자가 수령하는 보험금이 실제 손해가 발생한 범위로 제한되는 특징을 가진다.

따라서 피보험자가 동일한 보험사고에 대하여 여러 개의 보험에 가입한 경우에도 실손범위 내에서만 보험금을 지급받는다(법672).

3. 인보험의 종류

인보험은 사람의 생명 또는 신체에 관한 보험으로 상법은 생명보험(법730), 상해보험(법737), 질병보험(법739의2)으로 구분하고 있다. 생명보험·상해보험·질병보험은 보험사고의 객체가 동일할 뿐 그 내용에 있어서 차이가 있다.

i) 생명보험은 손해보험과 달리 보험금을 정액으로 할 수 있다. 즉 보험사고(사망 등)가 발생하면 보험자는 보험계약 체결 시 약정한 보험금을 지급할 수 있다. 우리나라에서 2001년 이후 판매하기 시작한 변액보험의 경우 보험금액이 보험회사의 운영실적에 따라 달라질 수 있는데, 사망보험금에 대한 최저보증이 존재하기 때문에 부분 정액형이라고 할 수 있다. 또한 생명보험은 피보험자의 사망, 생존, 사망과 생존을 보험사고로 규정하고 있어 보험사고의 발생은 필연적이고 다만 그 발생시기가 불확실할 뿐이다. 따라서 생명보험에서 보장하는 위험은 발생 여부에 관한 것이 아니라 발생시기의 불확실성이다.

ii) 상해보험은 보험사고의 객체로 인한 분류에 따라 상법에서는 인보험편에서 규정하고 있지만, 실제 손해보험과 유사한 점이 존재한다. 생명보험표준약관 및 질병·상해보험표준약관에서 규정하고 있는 보험금 중 장해보험금은 준정액형이지만, 입원보험금 등은 실제 지출한 범위 내에서만 지급하는 등 손해보험의 성질을 가지고 있다. 또한 상해보험은 생명보험과 달리 발생시기뿐만 아니라 발생 여부도 불확실하다는 점에서 상해보험과 유사하다. 따라서 상해보험은 손해보험의 특성을 가진 인보험이다.

iii) 질병보험은 피보험자의 질병에 관한 보험사고가 발생한 경우 보험자가 보험금이나 그 밖의 급여를 지급할 책임을 부담하고, 그 대가로 보험계약자는 보험료를 지급할 것을 약정한 보험계약을 말한다(법739의2). 질병보험은 보험목적이 신체이고 보험사고가 질병인 인보험의 일종이고, 보상방식은 정액 보상방식과 비정액 보상방식이 모두 허용된다.[1)]

Ⅱ. 보험업법상 분류

1. 의의

보험업법은 보험상품 정의에 대하여 자본시장법상 금융투자상품에 대한 정의방식인 일반적 정의→명시적 포함→명시적 제외의 정의방식을 채택하고 있다. 보험업법은 보험상품에

1) 윤민섭(2014b), 31쪽.

대한 일반적 정의에 이어서 명시적 포함 규정을 두고 있다. 다만 자본시장법상 명시적 포함 규정이 유사성 기준 등을 통하여 적극적인 포괄적 정의규정을 두고 있는 데 반해 보험업법은 시행령으로 지정하는 계약만이 보험상품에 포함된다는 소극적인 포괄적 정의규정을 두고 있는 점에 차이가 있다.

보험업법은 보험상품에 대하여 i) 일반적 정의로서 "위험보장을 목적으로 우연한 사건 발생에 관하여 금전 및 그 밖의 급여를 지급할 것을 약정하고 대가를 수수하는 계약"이라고 정의하고(법2(1)), ii) 명시적 포함 규정으로서 "생명보험상품, 손해보험상품, 제3보험상품"을 열거하고(법2(1)(가)-(다)), 구체적인 포함사항을 규정한 후, iii) 명시적 제외 사항을 시행령에 위임하고 있다(법2(1)).

2. 일반적 정의

보험상품이란 위험보장을 목적으로 우연한 사건 발생에 관하여 금전 및 그 밖의 급여를 지급할 것을 약정하고 대가를 수수하는 계약으로서 생명보험상품, 손해보험상품, 제3보험상품을 말한다. 다만, 건강보험(국민건강보험법), 고용보험(고용보험법), 국민연금(국민연금법), 장기요양보험(노인장기요양보험법), 산업재해보상보험(산업재해보상보험법), 선불식 할부계약(할부거래법)은 제외한다(법2(1)).

3. 명시적으로 포함되는 상품

(1) 의의

상법 보험편은 사보험을 손해보험과 인보험으로 분류한다. 이것은 보험업법이 보험의 종류를 생명보험, 손해보험, 제3보험으로 분류하는 것과 관련이 있다. 대체로 보험업법은 상법 보험편의 인보험을 생명보험과 제3보험으로 세분화한 것으로 볼 수 있다. 상법상 손해보험은 보험목적이 재산이고, 보상방식은 비정액보상의 보험이다. 상법상 인보험은 보험목적이 사람인 보험이다.

보험업법은 상해보험이 인보험이면서 손해보험인 점을 고려하여, 상해보험을 제3보험상품으로 정의하고 보험상품을 생명보험상품, 손해보험상품, 제3보험상품으로 분류하고 있다. 이것은 보험목적과 보상방식에 따른 구분이다.

(2) 생명보험상품

(가) 의의

생명보험상품은 위험보장을 목적으로 사람의 생존 또는 사망에 관하여 약정한 금전 및 그 밖의 급여를 지급할 것을 약속하고 대가를 수수하는 계약으로서 생명보험계약과 연금보험계약

(퇴직보험계약을 포함)을 말한다(법2(1)(가) 및 영1의2②(1)(2)).

생명보험은 사람의 생명을 보험목적으로 하고 정액보상을 보상방식으로 한다. 즉 "사람의 생존 또는 사망"은 사람의 생명에 대해 생기는 보험사고이고, "약정한 금전 및 그 밖의 급여를 지급"한다는 것은 보상방식이 정액보험임을 의미한다.

(나) 종류

생명보험의 종류는 생명보험, 연금보험(퇴직보험을 포함)으로 구분된다(영1의2②). 전자의 생명보험은 넓은 의미의 생명보험이고, 후자의 생명보험은 좁은 의미, 즉 넓은 의미의 생명보험 중에서 연금보험과 퇴직보험을 제외한 것이다. 보험업감독규정 <별표 1>은 생명보험, 연금보험, 퇴직보험의 정의를 아래와 같이 규정하고 있다.

1) 생명보험

생명보험은 사람의 생존 또는 사망에 관하여 약정한 금전 및 그 밖의 급여를 지급할 것을 약속하고 대가를 수수하는 보험이고. 다만, 연금보험 및 퇴직보험을 제외한다(보험업감독규정 [별표1]). 생명보험은 보험사고의 종류에 따라 사망보험(사망이 보험사고), 생존보험(생존이 보험사고), 생사혼합보험(사망과 생존이 보험사고)으로 구분된다.

사망보험은 피보험자가 사망했을 경우 보험금을 지급하는 보험을 의미하고, 생존보험이란 피보험자가 보험 만기일까지 생존해 있을 경우 보험금을 지급하는 보험을 의미하며, 생사혼합보험이란, 보험기간 만기일 이전에 피보험자가 사망할 경우 사망보험금을 지급하고, 만기일까지 생존 시 일정금액의 생존보험금을 지급하는 보험을 의미한다. 그리고 생명보험상품은 생명보험사만 판매할 수 있다.

2) 연금보험(퇴직보험)

연금보험(퇴직보험)은 사람의 생존 또는 퇴직에 관하여 약정한 금전 및 그 밖의 급여를 연금 또는 일시금(퇴직보험계약인 경우만 해당)으로 지급할 것을 약속하고 대가를 수수하는 보험이다. 연금보험은 생명보험의 일종인데 보험업법 시행령은 연금보험을 좁은 의미의 생명보험과 구분하고 있다. 생존보험은 피보험자가 생존하면 보험금이 지급된다. 예컨대 연금보험은 생존보험의 일종인데 보험금 지급방식이 연금이라는 점에서 특색이 있다. 퇴직은 생명보험의 보험사고(생존 또는 사망)는 아니므로 이것만으로 생명보험의 일종이라고 하기는 어렵지만 보험금 지급방식이 연금인 것도 가능하다는 점을 고려하여 연금보험의 일종으로 분류한 것이다.

(3) 손해보험상품

(가) 의의

손해보험상품은 위험보장을 목적으로 우연한 사건(질병·상해 및 간병은 제외)으로 발생하는 손해(계약상 채무불이행 또는 법령상 의무불이행으로 발생하는 손해를 포함)에 관하여 금전 및 그 밖의 급여를 지급할 것을 약속하고 대가를 수수하는 계약으로서 화재보험계약, 해상보험계약(항공·운송보험계약을 포함), 자동차보험계약, 보증보험계약, 재보험계약, 책임보험계약, 기술보험계약, 권리보험계약, 도난보험계약, 유리보험계약, 동물보험계약, 원자력보험계약, 비용보험계약, 날씨보험계약을 말한다(법2(1)(나) 및 영1의2③).

일반손해보험과 장기손해보험은 할인율 및 위험보험료에 따른 구분이다. 일반손해보험이란 보험료를 산출시에 할인율을 적용하지 아니하고 순보험료가 위험보험료만으로 구성된 손해보험을 말한다(보험업감독규정 1-2(11)). 여기서 할인율이란 시간의 경과를 고려한 현재가치 계산을 위해 적용하는 이율을 말한다. 일반손해보험은 이러한 할인율을 사용하지 않는다. 예를 들어 보험기간이 3년인데 보험료 납입방식이 일시납인 경우에 2년차 및 3년차에 해당하는 보험료를 현재가치로 할인하지 않고 보험료를 산정하는 경우를 말한다. 일반손해보험의 순보험료가 위험보험료로만 구성되어 있다는 의미는 일반손해보험은 저축적 성격이 전혀 없음을 말한다. 장기손해보험이란 일반손해보험을 제외한 손해보험을 말한다(보험업감독규정1-2(12)).

일반손해보험은 가계성 일반손해보험, 자동차보험, 기업성 보험으로 구분된다. 가계성 일반손해보험이란 개인 또는 가계의 일상생활 중 발생하는 위험을 보장하는 일반손해보험을 말한다(보험업감독규정1-2(19)). 기업성 보험이란 가계성 일반손해보험과 자동차보험을 제외한 일반손해보험을 말한다(보험업감독규정1-2(20)).

손해보험은 재산을 보험목적으로 하고 손해보상을 보상방식으로 한다. 즉 보험업법상 손해보험은 그 보험사고에 생존, 사망, 질병, 상해, 간병이 제외되므로 결국 보험목적이 사람이 아니라 재산이 된다. 손해보험은 피보험자의 재산이 예상하지 못한 사고로 인해 없어지거나 손실되는 재산상 손해 보상을 목적으로 하는 보험이다. 화재보험, 해상보험, 운송보험, 책임보험 등의 보험이 이에 속하며, 손해보험은 전보보상의 원칙(principle of indemnity)을 따르는데, 이는 손해가 발생한 만큼만 보상한다는 원칙이다. 만약 손해 이상으로 보상을 받게 될 경우 손해 이상의 이익을 얻기 위한 고의적인 사고가 발생하여 보험이 사고를 일으키는 원인이 될 것이다. 또한 손해보험은 계약자 본인 소유의 물건에 대해서만 보험의 대상으로 삼을 수 있다. 만약 타인의 물건에 대해 보험이 가능하다면, 타인의 물건을 보험의 목적(피보험 물건)으로 하여 손실을 발생시키고 본인이 보험금을 수령하는 경우가 발생할 수 있기 때문이다. 또한 손해보험은 손해보험사만 판매할 수 있다.

(나) 종류

보험업감독규정("규정") [별표1]은 손해보험상품의 종류 및 그 정의를 다음과 같이 14가지 종류로 규정하고 있다. 또한 보험업감독업무시행세칙 [별표 14] 표준사업방법서(제5-13조 관련)는 보험의 종류를 세분화하여 규정하고 있다. 아래서는 보험업감독규정 [별표1]의 분류를 중심으로 보험업감독업무시행세칙 [별표 14] 표준사업방법서 <부표 1> 및 표준약관의 손해보험의 종류를 포함하여 살펴본다.

1) 화재보험

화재보험은 화재로 인하여 발생하는 손해에 관하여 금전 및 그 밖의 급여를 지급할 것을 약속하고 대가를 수수하는 보험이다(규정). 화재보험에는 i) 주택화재: 보험의 목적이 단독주택이나 연립건물 등으로 각호나 각실이 주택으로만 사용되는 건물등의 화재보장, ii) 일반화재: 주택이나 공장을 제외한 일반건물 및 그 수용동산의 화재보장, iii) 공장건물 및 그 수용동산의 화재보장, iv) 기타화재(상품별): 상기 분류 이외의 화재보험종목이다(부표1).

2) 해상보험(항공 · 운송보험 포함)

해상보험(항공 · 운송보험 포함)은 해상사업에 관한 사고로 인하여 발생하는 손해에 관하여 금전 및 그 밖의 급여를 지급할 것을 약속하고 대가를 수수하는 보험이다. 이 경우 항공기 · 육상운송물 · 인공위성 등에 관하여 사고로 인하여 생긴 손해를 보상하는 항공 · 운송보험은 해상보험으로 본다(규정). 해상보험(항공 · 운송보험 포함)은 i) 적하보험: 화물의 해상운송 위험을 보장, ii) 선박보험: 선박에 대한 손해를 보장, iii) 해양종합: 해양건설위험 등 해상활동 중 위험을 보장, iv) 해양책임: 해양오염배상책임보험 등 해상에서의 배상책임을 보장(선박, 해양종합 제외), v) 운송: 육상 및 내륙운송화물의 위험보장, vi) 항공(재물): 항공기의 운항, 항행등 항공기 관련 손해보장, vii) 항공(배상책임): 항공기사고와 관련한 손해배상책임보장, viii) 우주(재물): 인공위성 등의 성공적 발사, 임무수행등에 관련된 위험보장, ix) 우주(배상책임): 인공위성 등의 사고와 관련한 손해배상책임보장, x) 해상기타: 상기분류에 속하지 않는 해상보험 종목이다(부표1).

3) 자동차보험

자동차보험은 자동차를 소유 · 사용 · 관리하는 것과 관련한 사고로 인하여 발생하는 손해에 관하여 금전 및 그 밖의 급여를 지급할 것을 약속하고 대가를 수수하는 보험이다(규정). 자동차보험은 i) 개인용자동차보험: 법정 정원 10인승 이하의 개인 소유 자가용 승용차. 다만, 인가된 자동차학원 또는 자동차학원 대표자가 소유하는 자동차로서 운전교습, 도로주행교육 및 시험에 사용되는 승용자동차는 제외, ii) 업무용자동차보험: 개인용 자동차를 제외한 모든 비사업용 자동차, iii) 영업용자동차보험: 사업용 자동차, iv) 이륜자동차보험: 이륜자동차 및 원동기장치자전거, v) 농기계보험: 동력경운기, 농용트랙터 및 콤바인 등 농기계 등이다(표준약관).

4) 보증보험

보증보험은 계약에 따른 채무의 불이행 또는 법령에 따른 의무의 불이행으로 발생하는 손해에 관하여 금전 및 그 밖의 급여를 지급할 것을 약속하고 대가를 수수하는 보험이다(규정).

보증보험은 ⅰ) 신원보증(Fidelity)보험: 피용인이 불성실 행위를 함으로써 고용주가 입은 손해 보장, ⅱ) 채무이행보증(Surety)보험: ㉠ 법률상채무불이행: 법령상의 채무불이행으로 채권자가 입게 되는 손해를 위해 채무자가 보험가입, ㉡ 계약상채무불이행(금융): 계약상(금융성)의 채무불이행으로 채권자가 입게 되는 손해를 위해 채무자가 보험가입, ㉢ 계약상채무불이행(비금융): 계약상(비금융성)의 채무불이행으로 채권자가 입게 되는 손해를 위해 채무자가 보험가입, ⅲ) 선급금이행보증(Advance Payment) = 선급금환급불이행: 선박건조 및 해양설비 건설 관련 선급금 환급의 불이행으로 채권자(Buyer)가 입게 되는 손해를 위해 채무자(Builder)가 보험가입, ⅳ) 신용(Credit)보험: ㉠ 상업신용: 계약상의 채무불이행으로 채권자 자신이 입게 되는 손해를 보장하는 상업성 신용보험, ㉡ 재무신용: 계약상의 채무불이행으로 채권자 자신이 입게 되는 손해를 보장하는 재무성 신용보험, ㉢ 기타: 계약상의 채무불이행으로 채권자 자신이 입게 되는 손해를 보장하는 기타 신용보험, ⅴ) 기타: 상기 분류 이외의 보증보험종목이다(부표1).

5) 재보험

재보험은 보험회사가 인수한 보험계약상의 보험금 지급 등 기타 급여책임의 일부 또는 전부를 다시 다른 보험자에 전가하는 보험이다(규정). 재보험은 ⅰ) 수재: 재보험자로서 타보험자의 위험을 재보험으로 인수, ⅱ) 출재: 인수한 보장위험을 분산시키기 위하여 재보험자에게 보험을 부보, ⅲ) 기타: 상기 이외의 재보험이 있다(부표1).

6) 책임보험

책임보험은 피보험자가 사고로 인하여 제3자에게 배상책임을 지게됨으로써 발생하는 손해에 관하여 금전 및 그 밖의 급여를 지급할 것을 약속하고 대가를 수수하는 보험이다. 책임보험은 ⅰ) 일반배상책임보험: ㉠ 개인배상: 개인의 활동에 기인된 배상책임 위험보장, ㉡ 영업배상: 시설 및 업무수행에 기인하여 타인의 신체나 재물에 손해를 입힘으로써 발생하는 손해배상책임보장, ㉢ 선주배상: 해운법에 의한 해상여객운송사업자가 선박 여객의 인명피해에 대한 손해배상책임보장, ㉣ 유도선사업자: 유선 및 도선사업법에 의한 유선, 도선사업자가 선박여객의 인명피해에 대한 손해배상책임보장, ㉤ 도로운송사업자: 유상화물운송업자가 화물운송중 발생하는 사고로 화주에 대한 손해를 입힌 경우의 손해배상책임보장, ㉥ 가스사고: 가스의 제조, 판매, 대여 또는 부수 사업 및 가스의 사용에 의해 발생하는 사고로 인한 배상책임보장, ㉦ 체육시설: 체육시설의설치및이용에관한법률에 의거 체육시설내 발생하는 사고에 의한 배상책임보장, ㉧ 지자체: 지방자치단체가 소유, 사용 또는 관리하는 시설 및 그 용도에 따른 업무수행등에 따른 배상책임보장, ㉨ 기타: 상기분류 이외의 일반배상보험종목, ⅱ) 생산물책임보험: ㉠ 생산물배상: 피보험자가 제조, 판매 또는 취급한 재물이나 작업결과에 기인한 배상책임손해보장, ㉡ 생산물회수: 생산물의 결함에 의한 사고로 배상책임이 발생되었거나 발생우려가 있는 경우 생산물 회수비용보장, ㉢ 생산물보증: 생산물자체의 하자나 결함을 보상, iii) 전문직업인 책임보험: ㉠ 비행(Malpractice): 전문직업인이 사람의 신체에 관한 전문직업상의 행위로 부담하게 되는 손해배상책임보장, ㉡ 하자(E&O): 전문직업인이 전문직업상의 행위로 부담하게 되는 손해배상책임보장이 있다(부표1).

7) 기술보험

기술보험은 기계설비 및 장치, 전자기기, 조립공사, 건설공사 등 이와 유사한 목적물과 관련된 사고로 인하여 발생하는 손해에 관하여 금전 및 그 밖의 급여를 지급할 것을 약속하고 대가를 수수하는 보험이다(규정). 기술보험은 i) 건설: 건설공사중 공사목적물에 생긴손해, 손해배상책임보장, ii) 조립: 조립공사중 조립목적물에 생긴손해, 손해배상책임보장, iii) 기계: 기계에 대한 손해보장, iv) 전자기기: 전자기기에 대한 손해 및 자료복구비용 등을 보장, v) 기타: 상기 분류 이외의 기술보험종목이 있다(부표1).

8) 권리보험

권리보험은 동산·부동산에 대한 권리상의 하자로 인하여 발생하는 손해에 관하여 금전 및 그 밖의 급여를 지급할 것을 약속하고 대가를 수수하는 보험이다(규정).

9) 도난보험

도난보험은 도난으로 인하여 발생하는 손해에 관하여 금전 및 그 밖의 급여를 지급할 것을 약속하고 대가를 수수하는 보험이다(규정).

10) 유리보험

유리보험은 유리파손으로 인하여 발생하는 손해에 관하여 금전 및 그 밖의 급여를 지급할 것을 약속하고 대가를 수수하는 보험이다(규정).

11) 동물보험

동물보험은 동물에 발생한 사고로 인하여 발생한 손해에 관하여 금전 및 그 밖의 급여를 지급할 것을 약속하고 대가를 수수하는 보험이다(규정).

12) 원자력보험

원자력보험은 원자력손해배상법에 의한 배상책임을 지게 됨으로써 발생하는 손해에 관하여 금전 및 그 밖의 급여를 지급할 것을 약속하고 대가를 수수하는 보험이다(규정).

13) 비용보험

비용보험은 상금, 상품, 소송비용, 기타비용을 발생시키는 사고로 인하여 발생하는 손해에 관하여 금전 및 그 밖의 급여를 지급할 것을 약속하고 대가를 수수하는 보험이다. 이 경우 법률서비스나 법률서비스의 비용을 발생시키는 사고로 인하여 발생한 손해를 보상하는 법률비용보험(계약)을 포함한다(규정). 비용보험은 i) 상금: 피보험자가 상금이나 상품등의 지급을 구체화시키는 사고로 인하여 피보험자가 입게 되는 손해를 보장, ii) 기타: 소송비용 등 상기 이외의 비용보험 종목이 있다(부표1).

14) 날씨보험

날씨보험은 날씨로 인하여 발생하는 손해에 관하여 금전 및 그 밖의 급여를 지급할 것을 약속하고 대가를 수수하는 보험이다(규정).

(4) 제3보험상품

(가) 의의

제3보험상품은 위험보장을 목적으로 사람의 질병·상해 또는 이에 따른 간병에 관하여 금전 및 그 밖의 급여를 지급할 것을 약속하고 대가를 수수하는 계약으로서 상해보험계약, 질병보험계약, 그리고 간병보험계약이다(법2(1)(다)). 제3보험은 보험목적의 측면에서는 인보험에 속하나 보상방식 측면에서는 정액보상과 손해보상이 모두 가능하다.

제3보험은 보험의 목적물(피보험자)이 물건이 아닌 사람이라는 점에서 생명보험의 특징이 있고 사람의 생명이 아닌 상해만을 보장한다는 점에서는 손해보험의 특징이 있다. 제3보험의 대표적인 보험이라 할 수 있는 상해보험은 피보험자 신체의 상해에 관한 보험사고가 생길 경우 보험금액 및 기타의 급여를 지급할 책임을 지기로 하는 인(人)보험을 의미한다(상법737). 이를 자세히 살펴보면, 상해보험은 피보험자가 급격하고도 우연한 외래의 사고로 말미암아 신체에 상해를 입은 경우 피보험자에게 상해의 치료를 위한 비용을 지급하거나, 이러한 상해로 인하여 사망 또는 패질에 이른 경우 피보험자 또는 그 상속인에게 일정한 보험금액 및 기타의 급여를 지급하기로 약정한 보험이다.

(나) 종류

보험업감독규정 [별표1]은 제3보험의 종류 및 그 정의를 다음과 같이 규정하고 있다.

1) 상해보험

상해보험은 사람의 신체에 입은 상해에 대하여 치료에 소요되는 비용 및 상해의 결과에 따른 사망 등의 위험에 관하여 금전 및 그 밖의 급여를 지급할 것을 약속하고 대가를 수수하는 보험이다.

2) 질병보험

질병보험은 사람의 질병 또는 질병으로 인한 입원·수술 등의 위험(질병으로 인한 사망을 제외)에 관하여 금전 및 그 밖의 급여를 지급할 것을 약속하고 대가를 수수하는 보험이다.

3) 간병보험

간병보험은 치매 또는 일상생활장해 등 타인의 간병을 필요로 하는 상태 및 이로 인한 치료 등의 위험에 관하여 금전 및 그 밖의 급여를 지급할 것을 약속하고 대가를 수수하는 보험을 말한다.

4. 명시적으로 제외되는 상품

보험업법은 보험상품의 정의에서 국민건강보험법에 따른 건강보험, 고용보험법에 따른 고용보험 등 보험계약자의 보호 필요성 및 금융거래 관행 등을 고려하여 시행령으로 정하는 것은 명시적으로 제외하고 있다(법2(1)). 이에 따라 시행령은 고용보험법에 따른 고용보험, 국민건강보험법에 따른 건강보험, 국민연금법에 따른 국민연금, 노인장기요양보험법에 따른 장기요양보험, 산업재해보상보험법에 따른 산업재해보상보험, 할부거래법 제2조 제2호에 따른 선불식 할부계약을 명시적 제외대상으로 규정하고 있다(영1의2①).

제2절 기능상 분류

Ⅰ. 기능의 결합

원칙적으로 보험상품은 위험에 대한 보장을 목적으로 하는 금융상품으로 위험보장이 본질적인 기능이다. 그러나 위험보장기능뿐만 아니라 저축기능 및 투자기능도 가지고 있는 보험상품이 활발히 거래 중이다. 보험상품은 위험보장기능밖에 없기 때문에 다른 금융상품과 결합하는 방식으로 저축기능 및 투자기능을 결합시키고 있다.[2)]

Ⅱ. 보장성 보험상품(위험보장)

보장성 보험상품은 위험보장기능만을 가지고 있는 보험상품으로 중도해지, 납입기간의 종료 등으로 인한 환급보험료가 없다. 즉 소비자가 보험회사에 지급한 보험료가 모두 위험보장을 위한 대가로만 사용되는 것을 말한다. 위험보장이라는 보험의 본질적인 기능에 충실한 것이 보장성 보험상품이다. 자동차보험 등과 같은 손해보험상품이나, 제3보험상품이 보장성 보험상품에 해당한다. 그러나 보험업감독규정은 생명보험상품에 있어서는 보장성 보험상품으로 분류하는 기준을 환급보험료가 없음이 아니라 생존시 지급되는 보험금의 합계액이 기 납입한 보험료를 초과하지 아니하는 것으로 규정하고, "순수보장성 보험상품"과 "그 밖의 보장성 보험상품"

2) 윤민섭(2014b), 34쪽.

으로 구분하고 있다(보험업감독규정1-2(3)). 이에 따르면 일반적으로 저축의 기능이 있는 만기환급형 보험상품도 보장성 보험상품에 해당한다. 보험업감독규정에서는 생명보험에 한하여 저축기능이 포함되어 있더라도 위험보장목적이 더 크다면 보장성 보험으로 보고 있다.

보장성보험은 생존보험금(생존이라는 보험사고가 발생하면 지급되는 보험금)의 합계약이 이미 납입한 보험료를 초과하지 않는 보험이다. 즉 보장성보험은 기준연령 요건에서 생존 시 지급되는 보험금의 합계액이 이미 납입한 보험료를 초과하지 않는 보험을 말한다(보험업감독규정 1-2(3)). 여기서 기준연령 요건이란 전기납 및 월납 조건으로 남자가 만 40세에 보험에 가입하는 경우를 말한다. 다만, 남자가 만 40세에 보험에 가입할 수 없거나 연령만기보험(종신보험, 연금보험 포함)의 경우에는 가입연령의 중간연령을 가입시기로 하며, 전기납이 없는 경우에는 최장기납으로 한다(보험업감독규정1-2(2)).

보장성보험은 순수보장성보험과 기타 보장성보험으로 구분된다. 순수보장성보험이란 생존시 지급되는 보험금이 없는 보장성보험을 말하고, 그 밖의 보장성보험이란 순수보장성보험을 제외한 보장성보험을 말한다(보험업감독규정1-2(3)).

Ⅲ. 저축성 보험상품(위험보장+저축기능)

저축성 보험상품은 소비자가 납입한 보험료를 보장보험료와 적립보험료로 구분하여, 적립보험료는 위험보장의 목적으로 사용되지 않고 예금과 같이 보험회사에 적립되는 보험상품이다. 중도해지 또는 기간종료 등의 사유로 보험회사의 보험금지급채무가 면제되는 경우 보험회사는 적립된 보험금을 보험계약자에게 반납해야 할 의무를 부담한다. 보험업감독규정은 보장성 보험상품을 제외한 보험상품 중 생존 시 지급되는 보험금의 합계액이 이미 납입한 보험료를 초과하는 보험으로 정의하고 있다(보험업감독규정1-2(4)). 이는 위험보장기능보다 저축기능이 강한 것을 전제로 한 것이다.[3)]

저축성 보험상품은 보험료적립금에 이율을 적용하여 환급금액이 결정되는데, 적용이율의 변동 여부에 따라 금리연동형보험, 금리확정형보험, 자산연계형보험 등 3가지로 구분된다(보험업감독규정1-2(6)(7)(8)). 아래서 살펴보는 투자성 보험상품과 달리 원금(보험료적립금)손실가능성이 없다.

금리연동형보험이란 보험회사의 자산운용이익률, 시장금리 등에 따라 보험료적립금 적용이율이 변동되는 보험을 말한다(보험업감독규정1-2(6)). 여기서 적용이율은 보험회사가 공시하는 공시이율을 말한다(보험업감독규정6-12③). 금리확정형보험이란 보험료적립금 적용이율이 고정

3) 윤민섭(2014b), 35쪽.

된 보험을 말한다(보험업감독규정1-2(7)). 자산연계형보험이란 특정자산의 수익률 또는 지표 등에 연계하여 보험료적립금 적용이율이 변동되고 특별계정으로 설정·운용되는 금리연동형보험을 말한다(보험업감독규정1-2(8)). 자산연계형보험은 금리연동형보험의 일종이지만 적용이율이 공시이율이 아니라 연계이율이 적용된다는 점에서 구분된다.

그 밖의 보장성보험 및 저축성보험은 모두 생존보험의 요소가 포함된 것이다. 생존이라는 보험사고가 발생하면 보험금을 받는 것이 생존보험이기 때문이다. 저축성보험이 저축이라는 용어를 사용하고 있다고 하더라도 저축은 아니다. 저축처럼 원금 등이 상환되는 것처럼 보일 수 있어서 저축이라는 수식어가 붙은 것이지만, 생존보험금은 생존해야만 지급되고 사망하면 지급되지 않으므로 저축성보험도 보험인 점에는 틀림이 없다. 하지만 노령을 제외하면 생존가능성이 사망가능성보다 훨씬 높기 때문에 대부분 생존보험금을 받게 되고, 또한 중도에 해지하면 생존보험금의 지급을 위해 적립했던 금액을 해지환급금으로 반환받을 수 있으므로, 결과적으로 저축과 매우 유사한 결과가 나타난다는 점을 부인하기 어렵다.

Ⅳ. 투자성 보험상품(위험보장+투자기능)

투자성 보험상품은 투자성이 있는지 여부를 기준으로 한 구분이다. 투자성 보험상품은 자본시장법이 규정한다. 여기서 "투자성"이란 그 계약상 권리를 취득하기 위하여 지급하였거나 지급하여야 할 금전등의 총액(판매수수료 등 대통령령으로 정하는 금액을 제외)이 그 권리로부터 회수하였거나 회수할 수 있는 금전등의 총액(해지수수료 등 대통령령으로 정하는 금액을 포함)을 초과하게 될 위험이다(자본시장법3①). 보험금이 자산운용 성과에 따라 변동하는 변액보험(보험업법108조①(3))은 위 투자성 요건을 충족하는 경우에 한하여 투자성 보험상품에 해당한다.

변액보험은 투자수익을 추구하는 "변액"과 보장이라는 "보험(보장)" 기능이 복합된 금융상품이다. 수익률과 노후 보장, 사망위험 보장이라는 목적을 달성하기 위해 설계된 상품으로 보험료 중에서 사업비 등을 공제한 후에 펀드에 적립·운용하여 그 운용실적에 따라 지급되는 보험금액이 변동되는 상품을 말한다. 변액보험은 투자실적에 상관없이 위험보장이라는 보험 고유의 기능을 유지하기 위해 다양한 종류의 펀드를 운용하면서 일정 수준의 최저보증을 제공하고 있고, 계약자는 보증수준 이하의 투자위험은 보험회사에 전가하고, 보증수준 이상의 성과에 대해서는 그 이익을 향유하게 되는 것이다.

투자성 보험상품은 자본시장법의 적용을 받는다는 점이 특징이다. 보험회사(외국보험회사, 보험설계사, 보험대리점 포함)가 투자성 있는 보험계약을 체결하거나 그 중개 또는 대리를 하는 경우에는 자본시장법상 투자매매업 또는 투자중개업에 관한 금융투자업인가를 받은 것으로 보고, 일부 규정을 제외하고 자본시장법이 적용된다(자본시장법77②). 이에 따라 금융투자업자 일반에 대한 공통영업행위 규칙은 투자성 보험상품을 취급하는 보험회사에 적용된다.

제3절 기타 분류

Ⅰ. 부정액보험과 정액보험

보험금 지급방법에 따른 분류이다. 보험자가 지급하는 금액이 약정보험금의 한도 내에서 실제 발생한 손해액을 산정하여 이를 지급하는가(부정액보험), 아니면 보험가입자의 재산에 생긴 손해와는 상관없이 보험계약에서 미리 정한 일정한 금액인가(정액보험)에 따른 분류이다. 재산보험 또는 손해보험은 원칙적으로 부정액보험이다.

정액보험의 경우에는 보험사고로 인해 피보험자에게 실제 손해가 발생했는지, 발생했다면 그 손해액이 얼마인지를 묻지 않고 약정된 보험금을 지급하는 것으로서 보험계약에서 약정하는 보험금액과 실제로 지급하는 보험금이 동일한 것이 원칙이다. 생명보험(사망보험 및 생존보험)은 대표적인 정액보험이지만, 변액보험의 등장으로 부정액보험적 성격을 가질 수도 있다. 상해보험 또는 질병보험은 정액보험으로 운용할 수 있고 부정액보험으로 운용할 수도 있기 때문에 생명보험회사뿐만 아니라 손해보험회사도 판매하고 있다. 손해보험의 하나인 보증보험은 손해의 크기가 아닌 정액을 보상하는 것으로 계약을 체결할 수도 있다.[4)]

Ⅱ. 가계보험과 기업보험

1. 상법

보험자의 상대방인 보험계약자가 개인인지 아니면 기업인지를 기준으로 분류하는 것이다. 일반 대중이 이용하는 보험으로서 보험가입자가 가계생활의 경제적 불안을 극복하기 위해 체결하는 보험을 가계보험이라 하며 생명보험, 화재보험, 자동차보험 등을 예로 들 수 있다. 기업보험은 기업가가 기업활동으로부터 야기되는 위험에 대처하기 위한 보험으로서 해상보험, 항공보험, 재보험, 기업용건물이나 공장기계 등에 대한 화재보험 등이 여기에 속한다. 그런데 가계보험과 기업보험은 보험계약자의 지위에 따른 구분이다.[5)] 가계보험은 보험계약자가 보험회

4) 박세민(2019), 「보험법」, 박영사(2019. 8), 18쪽.

사보다 약한 경제적 지위에 있는 경우를 말하고, 기업보험은 양자가 대등한 경제적 지위에 있는 경우를 말한다.

상법 보험편은 보험을 가계보험과 기업보험으로 분류한다. 가계보험의 경우는 보험계약자를 보호할 필요가 있다고 보아서, 상법이 보험계약의 법률관계에 대해 보험계약자 보호를 위한 후견적 개입을 한다. 즉 상법 보험편의 규정은 보험회사와 보험계약자 사이의 특약으로 보험계약자 또는 피보험자나 보험수익자의 불이익으로 변경하지 못한다(상법663 본문). 이를 불이익변경금지의 원칙이라고 한다. 다만, 재보험 및 해상보험 기타 이와 유사한 보험의 경우에는 그렇지 않다(상법663 단서). 상법 제663조 본문은 가계보험에 적용되고, 그 단서는 기업보험에 적용된다.

2. 보험업법

보험업법은 보험계약자를 일반보험계약자와 전문보험계약자로 구분하여 이원적으로 취급한다. 보험업법은 보험회사가 부담하는 설명의무(법95의2) 및 적합성의 원칙(법95의3)과 보험계약자가 행사할 수 있는 청약철회권(법102의4)을 일반보험계약자에게만 적용한다. 이는 보험업법상 설명의무 등은 경제적 지위가 보험회사와 대등한 전문보험계약자에게 원칙적으로 그 적용을 배제한다는 의미이다.[6]

전문보험계약자란 보험계약에 관한 전문성, 자산규모 등에 비추어 보험계약의 내용을 이해하고 이행할 능력이 있는 자로서 국가, 한국은행, 일정한 금융기관, 주권상장법인 등을 말한다(법2(19)). 일반보험계약자란 전문보험계약자가 아닌 보험계약자를 말한다(법2(20)).

Ⅲ. 개별보험과 집합보험

보험목적의 수에 따른 분류이다. 개별보험은 개별적 재산 또는 사람을 보험목적으로 하는 보험이다. 집단보험은 복수의 재산이나 사람을 집단으로 하여 1개의 보험계약을 체결하는 것으로서 보험목적이 재산의 집합이면 집합보험이라고 하고 사람의 집합이면 단체보험이라 한다. 집합된 보험목적이 보험기간 중 수시로 교체되는 것을 예상하고 체결하는 것을 총괄보험이라 하고, 보험목적이 특정된 경우를 특정보험이라 한다.

특정 건물 내의 모든 동산에 대한 동산화재보험 또는 한 사람이 소유하고 있는 여러 대의 자동차에 대해 1개의 자동차보험계약을 체결하는 것과 같은 집합보험의 경우 보험목적을 집합

---

5) 박세민(2019), 25쪽.
6) 한기정((2019), 「보험업법」, 박영사(2019. 4), 45쪽.

적인 단일체로 보기 때문에 하나의 보험계약만이 존재한다. 단체보험이란 단체가 규약에 따라 구성원의 전부 또는 일부를 피보험자로 하는 1개의 생명 또는 상해보험을 말한다. 집합보험은 보험목적이 다수인 데 비해, 동일한 보험목적에 대해 다수의 보험회사가 복합되어 있는 보험을 복합보험이라 한다. 예를 들어 하나의 피보험자동차에 대해 대인배상책임보험, 대물배상책임보험, 자기차량손해보험, 자기신체사고보험, 무보험자동차에 의한 상해보험 등 여러 개의 보험사고가 복합되어 있는 것 또는 하나의 건물에 대해 화재, 도난 등의 보험이 겹쳐 있는 경우를 말한다.[7]

Ⅳ. 공보험과 사보험

공보험이란 사보험의 영역이 미치지 못하는 부분에 대해 국가나 공공단체(공법인)가 국민경제적 입장에서 국가 또는 공공단체의 정책수행을 위하여 운영하는 것으로서 사회보장 또는 경제정책 수행의 목적으로 운용하는 보험을 말한다. 대개의 경우 국가가 스스로 보험자가 되어 위험을 인수하며 경우에 따라서는 국가의 재정적 지원 아래 특수한 사법인을 설립하고 이를 통해 간접적으로 보험을 인수하기도 한다. 4대 보험은 공보험의 대표적인 예이며, 그 목적은 사회복지정책의 실현이다. 4대 사회보험으로는, 국민건강보험(국민건강보험법), 국민연금보험(국민연금법), 산업재해보상보험(산업재해보상보험법), 고용보험(고용보험법) 등이 있다. 그리고 경제정책의 실현이 목적인 공보험으로는 무역보험(무역보험법), 예금보험(예금자보호법) 등이 있다. 공보험에는 각자의 근거 법률이 적용되고 보험업법은 적용되지 않는다. 공보험은 그 설정목적을 달성하기 위해 가입이 강제되는 강제보험(의무보험) 형식으로 운영되는 경우가 많으며, 보험자 역시 특별한 사정이 없는 한 계약의 체결을 거절하지 못한다.[8]

사보험이란 영리를 목적으로 사적주체가 사기업의 형태로 경영하는 보험이다. 보험업법에 따른 국내외 보험회사가 운영하는 각종의 손해보험, 생명보험 또는 상해보험이 전형적인 예이다. 사보험은 일반적으로 임의보험이며 보험관계는 사법(私法)에 의해 규율되고 있고, 사적자치의 원칙이 강하게 적용된다. 상법 보험편은 사보험에 대한 기본법이다. 선주상호보험조합법에 의한 상호보험도 사보험이라 할 수 있다. 그런데 공보험과 사보험의 구분이 항상 명확한 것은 아니다. 사회보험적 성격의 자동차손해배상책임보험은 국가, 공공단체가 아닌 영리를 목적으로 하는 민영손해보험회사가 담당하도록 하면서도 그 가입은 강제이며, 우체국보험은 가입이 임의적이고 사보험에 속하면서도 국가가 영위하고 있다. 우체국 보험사업을 국가가 경영한다는

7) 박세민(2019), 26-27쪽.
8) 박세민(2019), 20쪽.

의미는 해당 공무원(모집종사자)이 모집활동을 하면서 불법행위를 행한 경우에 보험계약자 측에게 국가가 보험업법 제102조에 따른 손해배상책임을 부담한다는 것이다. 이는 사보험 성격의 우체국보험에 보험업법 제102조가 적용됨을 의미한다. 공보험의 기능을 보완하기 위한 사보험도 등장하고 있는데 산업재해보상보험을 보완하기 위해 그 초과손해를 담보하는 근로자재해보상책임보험이나 국민연금을 보완하기 위한 개인연금보험이 이에 속한다.[9)]

Ⅴ. 영리보험과 상호보험

사보험은 위험단체의 구성원리와 영리성 유무에 따라 영리보험과 상호보험으로 나눌 수 있다. 영리보험은 영리를 목적으로 하는 보험이다. 영리보험을 운영하려면 보험업법에 따라 금융위원회의 허가를 받아야 한다(법4①). 영리보험의 운영주체는 법적 형태가 주식회사인 보험회사이다. 여기서 주식회사란 상법에 의해 설립되는 상법상 주식회사이다. 주식회사는 출자의무를 부담하는 사원인 주주로 결합된 사단법인이며, 주주와 주식회사 사이에는 사원관계가 형성된다. 의결권, 출자의무 등이 사원관계의 내용이 된다. 영리보험의 사원관계에는 보험업법상 주식회사인 보험회사의 특칙이 적용된다.

영리보험은 상호보험과 비교할 때 다음과 같은 특징을 갖는다. i) 영리보험은 영리성을 띤다. ii) 영리보험에서 보험관계와 사원관계는 완전히 별개이다. 사원관계는 주식회사인 보험회사의 주주가 됨으로써만 성립하고, 보험관계는 보험회사와 보험계약을 체결한 때만 성립할 수 있다. 주식회사인 보험회사의 주주가 되었다고 해서 당연히 보험관계가 성립하는 것은 아니다.[10)]

상호보험은 상호부조를 목적으로 하는 보험이다. 상호보험에는 보험업법에 의한 상호보험과 선주상호보험조합법("선주보험법")에 의한 선주상호보험이 있다. 보험업법에 의한 상호보험을 운영하려면 보험업법에 따라 금융위원회의 허가를 받아야 한다(법4①). 우리나라에 이러한 상호회사가 존재한 예는 아직 없다. 상호보험의 운영주체는 법적 형태가 상호회사인 보험회사이다. 상호회사는 보험업법에 의해 설립되는 특수한 회사이며(법2(7)), 영리추구가 목적이 아니므로 상법상 회사는 아니다. 상호회사는 출자의무를 부담하는 사원으로 결합된 사단법인이며, 사원과 상호회사 사이에는 사원관계가 형성된다. 의결권, 출자의무 등의 사원관계의 내용이 된다. 상호보험은 영리보험과 달리 비영리성을 띠고, 보험관계와 사원관계가 병존한다.

선주보험법에 의한 선주상호보험이 있다. 선주상호보험은 선주보험법에 따라 상호부조를 목적으로 선주상호보험조합이 운영하는 상호보험이다(선주보험법1-2). 선주상호보험은 선주 등

9) 박세민(2019), 20-21쪽.
10) 한기정((2019), 36쪽.

(선박소유자 · 정기용선자 · 선체용선자 · 그 밖의 선박운항업자)이 선박을 운항함으로써 발생하는 책임 및 비용을 보상한다. 선주상호보험조합은 비영리법인이다(선주보험법4①). 현재 선주보험법에 따라 설립된 선주상호보험조합이 상호보험을 운영하고 있다. 실무에서는 이러한 조합을 P&I Club(Protection and Indemnity Club)이라고 부른다. 선주상호보험조합의 조합원은 조합원관계와 보험관계를 갖는다. 선주상호보험은 비영리성을 띠고, 보험관계와 조합원관계가 결합되어 있다.[11)]

Ⅵ. 임의보험과 강제보험

보험가입이 법률상 강제되는가의 여부에 따른 구분이다. 사보험은 대부분 임의보험이다. 강제보험은 보험가입이 법률에 의해 강제되는 것으로 대부분의 공보험이 이에 속한다. 그러나 사보험 중에서도 공공정책적인 성격을 가지거나 사고로 인한 손해의 범위가 매우 크고 피해자가 광범위한 자동차손해배상책임보험이나 신체손해배상특약부화재보험, 가스사고배상책임보험 등은 가입을 강제하고 있다.[12)]

Ⅶ. 원보험과 재보험

보험인수의 순서에 따른 구분이다. 보험자가 자신이 1차적으로 인수한 위험의 전부 또는 일부를 다른 보험자에게 2차적으로 전가하는 경우가 있다. 여기서 원래의 보험을 원보험(원수보험)이라 하고, 다른 보험자가 인수한 제2의 보험을 재보험이라 한다. 재보험자는 다시 제2의 재보험계약(재재보험)을 체결할 수 있다. 재보험은 선박보험이나 대형 화재보험 등 원보험자가 인수한 위험의 크기가 너무 거대한 경우에 그 위험을 분산하기 위한 제도이며, 경우에 따라 국제적으로 그 위험이 분산되기도 한다. 원보험과 재보험은 법률적으로 각각 독립된 보험계약이며 원보험의 성질이 무엇이든 간에 재보험은 항상 원보험자의 보험금지급채무를 담보하게 되므로 책임보험의 성격을 가지는 손해보험이며 기업보험이다.[13)]

11) 한기정((2019), 38쪽.
12) 박세민(2019), 27쪽.
13) 박세민(2019), 26쪽.

제3장 / 보험회사의 여신상품

제1절 신용공여

Ⅰ. 의의

신용공여란 대출 또는 유가증권의 매입(자금 지원적 성격인 것만 해당)이나 그 밖에 금융거래상의 신용위험이 따르는 보험회사의 직접적·간접적 거래로서 대통령령으로 정하는 바에 따라 금융위원회가 정하는 거래를 말한다(법2(13)).

Ⅱ. 범위

신용공여의 범위는 i) 대출(1호), ii) 어음 및 채권의 매입(2호), iii) 그 밖에 거래상대방의 지급불능 시 이로 인하여 보험회사에 손실을 초래할 수 있는 거래(3호), iv) 보험회사가 직접적으로 제1호부터 제3호까지에 해당하는 거래를 한 것은 아니나 실질적으로 제1호부터 제3호까지에 해당하는 거래를 한 것과 같은 결과를 가져올 수 있는 거래(4호)로서 그 구체적인 내용은 금융위원회가 정하여 고시한다(법2(13) 및 영2①).

보험업법 제2조 제13호 및 보험업법 시행령 제2조 제1항과 제2항에 따른 신용공여의 범위는 [별표1의2]와 같다(보험업감독규정1-3).

Ⅲ. 타인이 발행한 채권 소유와의 구분

보험업법 제2조 제13호에 의하면 신용공여의 수단에 유가증권이 포함되지만 유가증권의 구체적인 범위는 하위 규정에서 정할 수 있다. 보험업감독규정 [별표1의2]는 기업어음, 대여유가증권, 사모사채 등과 같은 타인이 발행한 채권을 유가증권의 범위에 포함시키고 있다. 그런데 보험업법 제106조(자산운용의 방법 및 비율)가 타인에 대한 신용공여와 타인이 발행한 채권 소유를 구분하여 비율 한도를 규제하고 있으므로 규제 중복을 피하려면 타인이 발행한 채권 소유에 위와 같은 타인이 발행한 채권은 포함되지 않는다고 보아야 한다.

제2절 대 출

Ⅰ. 의의

보험회사는 자산운용을 위한 목적으로 일반대출 및 약관대출을 실시할 수 있다(법105). 보험회사는 그 자산을 i) 상품이나 유가증권에 대한 투기를 목적으로 하는 자금의 대출(3호), ii) 직접·간접을 불문하고 해당 보험회사의 주식을 사도록 하기 위한 대출(4호), iii) 직접·간접을 불문하고 정치자금의 대출(5호), iv) 해당 보험회사의 임직원에 대한 대출(보험약관에 따른 대출 및 금융위원회가 정하는 소액대출[1]은 제외)(6호)의 방법으로 운용하여서는 아니 된다(법105). 따라서 금지 또는 제한되는 대출 이외의 방법에 의한 대출은 허용된다.

Ⅱ. 대출안내장

대출안내장은 보험회사의 대출관련 규정의 내용과 부합되게 작성하여야 하며, 본사에서 이를 심사하여 관리번호를 부여받은 후 사용토록 한다(보험업감독업무시행세칙5-12①). 보험회사

1) 보험업감독규정 제5-8조(보험회사 임직원 등에 대한 대출) ① 법 제105조 제6호 및 제116조(자회사와의 금지행위) 제3호에서 "금융위원회가 정하는 소액대출"이란 다음에서 정하는 대출을 말한다. 다만, 영 제63조 제1항에 따라 계상된 책임준비금을 재원으로 대출하는 경우 대출조건은 일반고객과 동일하여야 한다.
1. 일반자금대출: 20백만원이내
2. 주택자금대출(일반자금대출 포함): 50백만원이내
3. 사고금정리대출(일반자금 및 주택자금대출 포함): 60백만원이내

는 대출상품에 대하여 안내장을 작성하여야 하는데 그 대출안내장에는 i) 대출금리(연단위의 약정이율로 표시하되 변동금리부 대출상품의 경우 적용금리의 결정방법을 명시하며, 대출금액·대출기간 또는 차주의 신용도 등에 따라 다른 대출금리를 적용하는 경우에는 대표적인 금리를 참고로 예시할 수 있으나 예시된 내용이 실제로 적용되는 거래조건으로 오인되지 않도록 하여야 함), ii) 대출부대비용(대출과 관련하여 이용자가 부담하는 제비용의 금액 또는 요율을 표시해야 함. 다만, 대출조건에 따라 변동이 있는 경우에는 대표적인 내용을 예시할 수 있으나 예시된 내용이 실제로 적용되는 거래조건으로 오인되지 않도록 하여야 함), iii) 대출금 상환기간, 상환방법, 대출만기 경과 후 미상환 시의 처리방법, iv) 담보 또는 보증의 필요 여부, v) 대출거래 제한사항, 대출신청 자격요건, 보험가입의 필요 여부, vi) 공시내용의 유효기간(개시시기와 종료시기로 표시하되, 이와 같은 표시가 곤란한 경우에는 유효한 현재시점으로만 표시할 수 있음)을 기재하여야 한다(보험업감독업무시행세칙5-12②). 즉 보험회사는 대출상품을 설계할 때 대출안내장에 기재할 내용을 고려하여 설계하여야 한다. 그 외에도 대출상품의 유형에 따라 보험회사가 준수해야 할 몇 가지 규정이 있는데 아래서 살펴보기로 한다.

Ⅲ. 주택담보대출에 대한 위험관리

보험회사는 주택담보대출 취급 시 시행령 제65조 제4항의 규정에 따라 재무건전성이 유지되도록 <별표 21>에서 정하는 담보인정비율, 총부채상환비율, 기타 주택담보대출 취급 및 만기연장에 대한 제한 등을 준수하여야 한다(보험업감독규정7-5의2①). 이는 은행법상 주택담보대출에 관한 리스크관리 부분과 동일하다.

Ⅳ. 약관대출(보험계약대출)

1. 개념

(1) 의의

보험계약대출(Policy Loan)이란 보험계약자가 가입한 보험계약의 약관 등에 따라 보험의 보장은 유지하면서 해약환급금 범위 내에서 일정금액을 대출받을 수 있는 상품이다. 과거 실거래에서는 "약관대출"이라고 불렸으나, 이후 "보험계약대출"로 용어가 변경되었다.

보험회사마다 차이는 있으나, 일반적으로 보험 해약환급금의 50-90%의 범위 내에서 대출을 받을 수 있기 때문에 순수보장성보험 등 해약환급금이 없거나 환급금액이 적은 상품의 경우에는 대출이 제한될 수 있다. 보험계약대출과 유사한 상품으로는 은행의 "예·적금담보대출",

우체국보험의 "환급금대출", 새마을금고·신용협동조합 등의 "공제계약대출" 등이 있다.

(2) 금리결정 구조

보험계약대출 금리는 보험상품의 적용이율에 업무원가, 목표 이익률 등을 감안한 가산금리를 더하여 결정되는 구조이다. 보험상품은 적용이율의 특성에 따라 금리확정형 상품과 금리연동형 상품으로 구분할 수 있다. 금리확정형 상품의 경우 보험 가입기간 동안 계약자에게 받은 보험료에 확정된 이율을 적용하기 때문에 시장실세금리가 변경되더라도 적용이율이 변동되지 않는 상품이다(예: 예정이율 상품). 금리연동형 상품의 경우 시장실세금리인 국고채, 회사채, 정기예금 이율 등의 변경에 따라 적용이율이 변동되는 상품이다(예: 공시이율 상품). 보험상품의 적용이율은 향후 환급금 등으로 보험계약자에게 귀속되므로 보험계약대출을 이용함에 있어 실질적인 이자 부담은 가산금리 수준이다.

(3) 특징

보험계약대출은 보험계약이 정상적으로 유지되는 기간 중에는 해약환급금의 일정범위 내에서 수시 인출 및 상환이 가능하다. 대출이자는 매월 일할 계산하여 자동이체 등을 통해 납부해야 하며, 이자 미납 시에는 연체이자율이 적용되지는 않지만 미납된 이자가 대출원금에 가산되어 대출원금이 증가함에 따라 가산이자가 발생하게 된다. 보험계약대출은 중도상환수수료가 없기 때문에 대출원금을 상환하더라도 별도의 비용은 발생하지 않는다.

2. 관련 법규

약관대출의 설계와 관련하여 살펴보면, 보험회사는 보험업을 영위하기 위해서 금융위원회에 경영하려는 보험업의 보험종목별 사업방법서 등을 제출하여야 하고(법5(3)), 보험영업을 하기 위해서는 보험안내자료를 작성하여야 하는데, 보험안내자료에는 예금자보호법에 따른 예금자보호와 관련된 사항을 명백하고 알기 쉽게 적어야 한다(법95①(5)). 사업방법서에는 약관의 규정에 의한 대출에 관한 사항을 기재하여야 하고(보험업감독규정2-3의2(8) 및 7-54(8)), 해당 사업방법서를 작성하거나 변경하려는 경우 미리 금융위원회에 신고하여야 한다(보험업감독규정7-49).

약관대출은 보험회사가 금융위원회에 허가신청서를 제출하면서 첨부하여야 하는 기초서류 중 하나인 보험종목별 사업방법서(법5) 및 보험약관에 의한 보험계약대출이다. 따라서 약관대출의 경우 기초서류에 관한 규제가 적용된다. 보험회사가 보험상품을 취급하기 위해서는 기초서류를 작성하여야 하는데(법127①), 기초서류를 작성하거나 변경하려는 경우 그 내용이 i) 법령의 제정·개정에 따라 새로운 보험상품이 도입되거나 보험상품 가입이 의무가 되는 경우, ii) 보험회사가 금융기관보험대리점등을 통하여 모집하는 경우, iii) 보험계약자 보호 등을 위하여 시행령으로 정하는 경우에는 미리 금융위원회에 신고하여야 한다(법127②). 보험회사는 기초서류를 작성·변경할 때 i) 보험업법 또는 다른 법령에 위반되는 내용을 포함하지 아니하여야 하고, ii) 정당한 사유 없는 보험계약자의 권리 축소 또는 의무 확대 등 보험계약자에게 불리한 내용을 포함하지 아니하여야 하며, iii) 그 밖에 보험계약자 보호, 재무건전성 확보 등을 위하여 시행령으로 정하는 바에 따라 금융위원회가 정하는 기준에 적합하여야 한다(법128의3①).

3. 사업방법서상 약관대출 규정

사업방법서상 약관대출에 관한 규정을 살펴보면, 보험계약대출의 이율은 당해 보험계약의 해지환급금 계산시 적용하는 이율(다만, 동 이율의 적용이 불가능한 경우 공시이율 등으로 대체 가능)에 회사가 정하는 이율을 가산(가산이율)하여 정한다(생명보험표준사업방법서31②). 보험회사는 보험계약대출 계약을 체결할 때 보험계약대출의 한도와 그 산정방식, 이자율, 가산이율, 이자율 변동요소 등 보험계약대출의 중요사항을 계약자에게 상세히 설명한다(동사업방법서31⑥). 보험회사는 계약자가 보험계약대출의 이자를 해당 납입일까지 납입하지 않더라도 연체이자를 부과하지 않는다. 다만, 보험회사는 미납이자를 보험계약대출의 원금에 합산할 수 있다(동사업방법서31④).

표준사업방법서는 보험의 종류에 따라 생명보험표준사업방법서, 손해보험표준사업방법서 등이 있는데, 약관대출에 관한 규정은 동일하다.

Ⅴ. 보험안내자료 공시

보험회사는 판매상품별 상품요약서, 상품설명서, 사업방법서, 보험약관(변경전 보험약관 및 판매중지 후 2년이 경과되지 아니한 보험약관을 포함) 등을 보험회사의 인터넷 홈페이지에서 보험계약자 등이 쉽게 확인할 수 있도록 공시하여야 한다(보험업감독규정7-45①(1)).

일반대출 중 신용대출의 설계와 관련하여 보험업법제에는 직접적인 규정이 없다. 반면 주택담보대출과 관련해서는 보험업감독규정 등에서 앞서 은행법상 여신상품에서 살펴본 LTV와 DTI 규제를 동일하게 규정하고 있다.

제5편

여신금융상품

제1장 신용공여
제2장 대출
제3장 여신금융상품의 유형

제1장 신용공여

제1절 신용공여의 의의

여신전문금융업법("법")상 신용공여란 대출, 지급보증 또는 자금 지원적 성격의 유가증권의 매입, 그 밖에 금융거래상의 신용위험이 따르는 여신전문금융회사의 직접적·간접적 거래로서 대통령령으로 정하는 것을 말한다(법2(18)).

제2절 신용공여의 범위

여신전문금융업법상 신용공여의 범위는 i) 기업구매전용카드(구매기업·판매기업 및 신용카드업자 간의 계약에 따라 구매기업이 해당 판매기업에 대한 구매대금의 지급을 목적으로 신용카드업자로부터 발급받는 신용카드 또는 직불카드)로 거래하여 발생한 채권액(제1호), ii) 신용카드 회원에 대한 자금의 융통 금액(제2호), iii) 시설대여업자가 시설대여계약에 따라 대여시설이용자에게 넘겨준 특정 물건을 취득하는 데에 든 비용 및 대여시설이용자에 대한 시설대여에 든 모든 비용(제3호), iv) 연불판매액(제4호), v) 할부금융이용액(할부금융이용자가 물건매매계약에 따라 물건을 구매하는 데에 든 모든 비용을 포함)(제5호), vi) 신기술사업자에 대한 투자액 및 융자액(제6호), vii) 대출액(제7호), viii) 어음할인액(제8호), ix) 기업이 물품과 용역을 제공함으로써 취득한 매출채권(어음을 포함)의 매입액(제9호), x) 시행령 제16조 제1항 제1호에 따른 채권 또는 유가증권의 매입액(제10호), xi) 지급보증액(제11호) 등을 말한다(법2(18), 영2의4①).

제3절 여신금융상품의 범위

여신전문금융업법이 정하고 있는 여신금융상품의 범위는 다음과 같다(법50의9①). 즉 i) 신용카드회원에 대한 자금의 융통(법13①(1)), ii) 여신전문금융업(시설대여업의 등록을 한 경우에는 연불판매업무를 포함)(법46①(1)), iii) 대출(어음할인 포함)업무(법46①(3)), iv) 직불카드의 발행 및 대금의 결제와 선불카드의 발행·판매 및 대금의 결제에 관련된 신용카드업자의 부대업무(신용카드업의 허가를 받은 경우만 해당)(법46①(4)), v) 법 제46조 제1항 제7호[1]에 따른 부수업무 중 금융위원회가 정하여 고시하는 업무와 관련하여 취급하는 금융상품이다(법50의9①, 영19의14①). v)에서 금융위원회가 정하는 업무는 신용카드회원으로부터 수수료를 받고 동 회원에게 사망, 질병, 실업, 자연재해 등 특정사고 발생시 회원의 채무(신용카드 이용과 관련된 대금의 결제와 관련한 채무에 한함)를 면제하거나 유예하는 업무를 말한다(여신전문금융업감독규정26의5). 이는 뒤에서 살펴볼 채무면제·유예상품(DCDS)이다.

여기서는 일반 대출업무와 기타 여신금융상품으로 나누어 살펴본다.

---

1) 7. 여신전문금융업에 부수하는 업무로서 소유하고 있는 인력·자산 또는 설비를 활용하는 업무.

제2장 / 대 출

제1절 의 의

여신전문금융회사는 대출(어음할인 포함)업무를 할 수 있다(법46①(3)). 여신전문금융회사란 "여신전문금융업"에 대하여 금융위원회의 허가를 받거나 금융위원회에 등록을 한 자로서 여신전문금융업 및 그와 관련된 업무를 전업으로 하는 자를 말한다(법2(15)). 즉 여신전문금융회사는 수신기능 없이 여신업무만을 취급하는 금융기관이다. "여신전문금융업"이란 신용카드업, 시설대여업, 할부금융업 또는 신기술사업금융업을 말한다(법2(1)). "겸영여신업자"란 신용카드업·시설대여업·할부금융업·신기술사업금융업을 영위하되, 이들 업무를 전업으로 하지 않는 회사를 말한다(법2(16)).

여신전문금융회사 중 신용카드업자는 신용카드회원(개인회원으로 한정됨)에 대한 자금의 융통, 즉 이른바 단기카드대출(현금서비스)가 허용되어 있다(법13①, 영6의5③). 법문의 규정만으로 보면 여신전문금융회사의 대출업무와 신용카드업자의 자금의 융통 업무 간 차이가 없다고 볼 수 있다. 그러나 여신전문금융회사의 대출업무는 신용카드회원 가입 여부에 관계없는 일반적인 대출업무이고, 신용카드업자의 자금융통은 신용카드회원이 신용카드를 활용하여 별도의 대출계약 체결 없이 자금을 융통받는 것으로 이른바 현금서비스를 말한다. 여기서는 여신전문금융회사의 일반 대출업무에 관하여 살펴보고, 현금서비스는 후술하기로 한다.

제2절 여신전문금융회사의 대출업무

여신전문금융회사의 대출은 그 종류를 제한하고 있지 않기 때문에 신용대출 및 담보대출이 가능하다.

Ⅰ. 대출업무의 영위기준

여신전문금융회사는 대출(어음할인 포함)업무를 할 수 있는데(법46①(3)), 대출업무, 그 밖에 이와 유사한 업무로서 대통령령으로 정하는 업무에 따라 발생하는 채권액은 총자산(대통령령으로 정하는 업무에 따라 발생하는 채권액은 제외)의 30%를 초과할 수 없다(법46②, 여신전문금융업감독규정6). 여기서 채권액을 산정할 때 포함되는 채권의 범위, 산정방식 등에 대해서는 대통령령으로 정한다(법46③).

신용카드업[1] 및 신용카드업자의 부대업무(즉 신용카드회원에 대한 자금의 융통, 직불카드의 발행 및 대금의 결제, 선불카드의 발행·판매 및 대금의 결제: 법13)와 관련하여 발생한 채권액은 총자산에서 제외한다(영17①). 이 경우 산정하는 채권액은 매 분기 말을 기준으로 해당 분기 중 평균잔액으로 한다(영17③). 여신전문금융회사는 채권액의 증가 없이 총자산이 감소하여 총자산 대비 채권액의 비율이 30%를 초과하는 경우에는 그때부터 1년 이내에 30%에 적합하도록 하여야 한다(영17④).

그리고 대출업무로 인하여 발생한 채권액을 산정할 때에는 i) 기업에 대출하여 발생한 채권(다만, 대부업법에 따른 대부업자 및 대부중개업자에게 대출하여 발생한 채권은 제외)(제1호), ii) 채무자의 채권 재조정을 위하여 채권의 만기, 금리 등 조건을 변경하여 그 채무자에게 다시 대출하여 발생한 채권(제2호), iii) 주택저당채권[2](제3호), iv) 신용카드회원에 대한 자금의 융통업

---

1) "신용카드업"이란 다음의 업무 중 나목의 업무를 포함한 둘 이상의 업무를 업(業)으로 하는 것을 말한다(법2(2)).
   가. 신용카드의 발행 및 관리
   나. 신용카드 이용과 관련된 대금 결제
   다. 신용카드가맹점의 모집 및 관리
2) "주택저당채권"이란 주택법 제2조 제1호에 따른 주택(소득세법 제89조 제1항 제3호에 따른 고가주택의 기준에 해당하는 주택은 제외)에 설정된 저당권(근저당권을 포함)에 의하여 담보된 채권으로서 다음의 어느 하나에 해당하는 대출자금에 대한 채권을 말한다(한국주택금융공사법2(3)).
   가. 해당 주택의 구입 또는 건축에 들어간 대출자금[주택의 구입 및 건축에 들어간 자금을 보전하기 위한 대출자금을 포함]
   나. 가목의 대출자금을 상환하기 위한 대출자금

무로 인하여 발생한 채권(제4호), v) 할부금융과 유사한 방식의 자동차 구입자금 대출로 인하여 발생한 채권(제5호), vi) 대출 신청일 현재 개인신용등급(신용정보법 제4조 제1항 제1호의 신용조회업을 영위하기 위하여 같은 조 제2항에 따라 허가를 받은 자가 책정한 것)이 일정 등급 이하인 사람을 주된 대상으로 하는 개인신용대출 중 대출금리 등 금융위원회가 정하여 고시하는 기준을 충족하는 대출[3]로 인하여 발생한 채권의 20%에 상당하는 채권(제6호)은 제외한다(영17②).

Ⅱ. 대출업무 운용 원칙

여신전문금융회사는 대출업무를 수행함에 있어서 차주의 차입목적, 소요자금규모 등에 대한 종합적인 심사 및 분석을 통한 적정한 대출의 취급과 대출 실행 이후 용도외 유용방지 등을 통해서 대출의 건전성이 확보될 수 있도록 노력하여야 한다(여신전문금융업감독규정15의2).

Ⅲ. 주택담보대출의 위험관리

주택담보대출은 여신전문금융업감독규정[4]에서 담보인정비율(LTV, Loan-To-Value ratio)규

---

3) 여신전문금융업감독규정 제5조의6(개인신용등급이 일정 등급 이하인 자를 주된 대상으로 하는 개인 신용대출 기준) 시행령 제17조 제2항 제6호의 "금융위원회가 정하여 고시하는 기준을 충족하는 대출"이란 분기단위로 다음의 요건을 모두 충족하는 개인에 대한 신용대출상품의 해당분기 대출을 말한다. 다만, 종료되지 않은 분기 중에 취급한 대출의 경우 해당 분기 종료까지는 다음의 요건을 충족하지 않은 것으로 본다.
1. 신용등급(신용정보법 제4조 제1항 제1호의 신용조회업을 영위하기 위하여 같은 조 제2항에 따라 허가를 받은 자가 책정한 것)이 4등급 이하인 차주에 대한 대출취급액 또는 대출취급건수가 해당 상품 전체 취급액 또는 취급건수의 100분의 70 이상인 경우
2. 가중평균금리가 다음 각 목 이하인 경우
가. 신용카드업자가 취급한 대출: 100분의 11.0
나. 신용카드업자가 아닌 여신전문금융회사가 취급한 대출: 100분의 14.0
3. 최고금리가 다음 각 목 미만인 경우
가. 신용카드업자가 취급한 대출: 100분의 14.5
나. 신용카드업자가 아닌 여신전문금융회사가 취급한 대출: 100분의 17.5
4. 분기 시작 3영업일 전 여신전문금융업협회의 인터넷 홈페이지에 제1호 내지 제3호의 요건을 모두 충족시키는 방향으로 운용되는 상품임을 공시한 경우

4) 여신전문금융업감독규정 제11조의2(주택담보대출등에 대한 위험관리) ① 여신전문금융회사는 주택담보대출 및 주택할부금융("주택담보대출등")취급시 법 제53조의3 및 시행령 제19조의20의 규정에 따라 경영의 건전성이 유지되도록 <별표3>에서 정하는 담보인정비율, 총부채상환비율, 기타 주택담보대출등 취급 및 만기연장에 대한 제한 등을 준수하여야 한다.
② 감독원장은 여신전문금융회사의 경영건전성 등을 감안하여 긴급하다고 인정하는 경우 <별표3>에서 정한 담보인정비율 및 총부채상환비율을 10퍼센트포인트 범위 이내에서 가감조정할 수 있다. 이 경우 감독원장은 그 내용을 지체 없이 금융위원회에 보고하여야 한다.
③ 제1항에서 정하는 담보인정비율 및 총부채상환비율의 산정방법 및 적용대상의 세부판단기준, 주택담보대출등 취급 및 만기연장 제한 등과 관련한 세부적인 사항은 감독원장이 정하는 바에 따른다.

제와 총부채상환비율(DTI, Debt-To-Income ratio)규제를 앞서 살펴본 은행업감독규정과 동일하게 규정하고 있다.

Ⅳ. 부동산프로젝트파이낸싱 대출채권의 위험관리

여신전문금융회사는 부동산프로젝트파이낸싱 대출 취급 시 취급잔액이 여신성 자산의 30%를 초과할 수 없다(여신전문금융업감독규정11의3①). 여신성 자산이란 여신전문금융업감독규정 제2조 제1항 제1호부터 제3호까지의 규정에 따른 채권, 리스자산 및 카드자산과 같은 조 같은 항 제5호에 따른 여신성가지급금[5]을 말한다(여신전문금융업감독규정11의3②).

Ⅴ. 개인신용대출

담보, 보증인 없이 본인의 신용만으로 받는 대출을 말한다. 여신전문금융회사는 신용대출 대상의 직업, 소득, 해당 금융기관과의 거래실적, 인적사항, 재산상태, 자동이체 항목 수 등을 개인신용평가제도(CSS: Credit Scoring System)에 따라 종합적으로 분석한 후 대출여부와 대출한도를 결정한다.

"여신전문금융회사 표준 여신거래기본약관"의 부속약관으로 개인신용대출 표준약관이 있다. 채무자의 대출금, 이자, 수수료, 대출기간, 상환방법 등 대출조건은 대부업법 등 관련 법규

---

5) 여신전문금융업감독규정 제2조(정의) ① 이 규정에서 사용하는 용어의 정의는 다음과 같다.
   1. "채권"이라 함은 대출금(명칭 등 형식에 불구하고 경제적 실질이 이자수취 등을 목적으로 반환을 약정하고 자금을 대여하여 발생한 대출채권 및 대지급금 등의 구상채권), 할인어음, 할부금융, 팩토링, 지급보증대지급금, 단기대여금을 말한다.
   2. "리스자산"이라 함은 운용리스자산, 금융리스채권, 선급리스자산, 렌탈자산, 관련 미수금을 말한다.
   3. "카드자산"이라 함은 신용카드회원·직불카드회원 또는 선불카드 소지자가 신용카드·직불카드 또는 선불카드를 이용함에 따라 발생하는 채권으로 다음 각 목에 해당하는 경우를 말한다.
      가. 신용판매자산: 신용카드로 물품을 구입하거나 용역을 제공받는 등으로 인하여 발생한 채권 중 다목을 제외한 채권
      나. 카드대출자산: 단기카드대출(현금서비스), 장기카드대출(카드론) 등 신용카드회원에 대한 자금의 융통으로 인하여 발생한 채권 중 다목을 제외한 채권
      다. 일부결제금액이월약정자산(리볼빙자산): 신용카드회원이 신용카드업자와 별도 약정에 따라 신용카드 이용대금의 일부만 결제하고 잔여금액에 대한 결제를 이월함에 따라 발생하는 채권
      라. 그 밖의 카드자산: 직불카드회원 또는 선불카드 소지자가 직불카드 또는 선불카드를 이용함에 따라 발생하는 채권 및 가목부터 다목까지의 어느 하나에 해당하지 않는 카드자산
   4. "투자"라 함은 투자증권(자본시장법 제4조의 증권을 말하며, 파생결합증권 및 증권예탁증권을 제외)을 말한다.
   5. "여신성가지급금"이라 함은 제1호 내지 제4호와 관련하여 발생한 가지급금중 거래처가 부담하여야 하는 금액을 말한다.

가 허용하는 한도 내에서 여신전문금융회사와 채무자 사이의 약정에 따라 정한다(표준약관2). 이자·분할상환금·분할상환원리금을 그 기일에 지급하지 아니한 때에는 지급하기로 한 금액에 대하여, 대부업법 등 관련 법규가 정하는 한도 내에서 여신전문금융회사와 채무자 간의 약정에 따라 정한 지연배상금율에 의한 지연배상금을 지급한다(표준약관4②).

중금리신용대출이란 중간 정도 신용을 가진 고객 대상(신용등급 4-6등급)으로 운영되는 신용대출상품이다. 즉 평균금리 및 최고금리 기준[6])을 충족하며 외부 신용등급 기준 4-10등급인 차주에게 70% 이상을 실행[7])하고, 중금리 대출로 사전공시한 가계신용대출상품을 말한다(여신금융상품공시기준 <별표2>).

6) 카드회사의 경우: 평균금리 11.0% 이하, 최고금리 14.5% 미만. 카드회사 이외의 여신전문금융회사의 경우: 평균금리 14.0% 이하, 최고금리 17.5% 미만인 경우이다.

7) 차주수 기준(대출상품 판매고객 중 4-10등급 해당하는 인원)과 신규실행액 기준(4-10등급 해당하는 인원에게 판매한 대출금액) 중 어느 한 기준 이상을 충족한 경우이다.

제 3 장 /

여신금융상품의 유형

제1절 의 의

여신전문금융업법에 따르면 여신금융상품은 대출, 지급보증, 증권매입, 신용카드, 금융리스(시설대여), 연불판매, 할부금융, 통신과금서비스[1] 등으로 구분할 수 있다. 여기서는 신용카드상품, 금융리스상품, 연불판매상품, 할부금융상품, 통신과금서비스로 범위를 제한하여 살펴보기로 한다,

제2절 신용카드상품

Ⅰ. 신용카드 발급요건

신용카드업자는 신용카드발급신청을 받아야만 신용카드를 발급할 수 있다(법14①). 이때 신용카드업자는 결제능력이 있으며, 신용한도 설정이 가능한 신청인에게만 신용카드를 발급할 수 있다(법14②). 여신전문금융업법과 동법 시행령에서 정하고 있는 발급신청인의 자격요건은

1) 통신과금서비스의 경우 금융관련법률에서 규정하고 있지 않지만, 후술하는 바와 같이 기능상 여신상품에 해당하고, 과학기술정보통신부장관에게 통신과금서비스사업자로 등록해야하기 때문에 행정기관에 등록한 금융업자에 해당한다.

다음과 같다.

첫째, 신용한도 산정요건(법14②(2) 및 ③(1))은 다음의 사항을 기준으로 신용한도 산정이 가능한 자이어야 한다. i) 소득과 재산에 관한 사항, ii) 타인에 대한 지급보증에 관한 사항, iii) 신용카드이용대금을 결제할 수 있는 능력에 관한 사항, iv) 신청인이 신용카드 발급 당시 다른 금융기관으로부터 받은 신용공여액에 관한 사항, v) 그 밖에 신용한도 산정에 중요한 사항으로서 대통령령으로 정하는 사항[2)]

둘째, 연령요건(법14③(2) 및 영6의7②)은 다음의 하나를 충족한 자이어야 한다. i) 만 19세 이상인 자, ii) 아동복지법 제38조[3)]에 따른 자립지원 등 국가 또는 지방자치단체의 정책적 필요에 따라 불가피하게 신용카드를 발급받아야 하는 자, iii) 만 18세 이상으로 재직증명이 가능한 자, iv) 만 18세 이상으로 직불카드와 신용카드의 기능을 동시에 갖추고 있는 신용카드로서 대중교통의 육성 및 이용촉진에 관한 법률 제2조 제6호[4)]에 따른 교통카드 기능을 이용할 목적으로 발급받아야 하는 자

신용카드업자는 위 자격요건 두 가지를 모두 충족한 발급신청인에게만 신용카드를 발급할 수 있다. 이는 발급조건이기는 하지만 사실상 신용카드업자가 신용카드를 설계할 때 고려하여야 할 사항이다. 또한 신용한도 산정요건의 경우 신용카드업자가 정하는 산정기준에 따르기 때문에 신용카드업자는 신용한도 산정기준을 사전에 마련하여야 한다.

신용카드업자는 신용카드를 발급하면서 약관과 함께 신용카드회원이나 직불카드회원의 권익을 보호하기 위하여 연회비, 이자율, 수수료, 이용한도, 결제방법, 결제일, 신용카드 유효기간 및 신용등급수준 등 거래조건 등을 제공하여야 하고(법14⑤, 영6의7⑦), 모집자는 신용카드회원을 모집할 때 신용카드의 거래조건에 대해서 설명하여야 하기 때문에 신용카드업자는 신용한도 산정기준뿐만 아니라 거래조건 등에 관한 설계를 하여야 한다.

---

2) "대통령령으로 정하는 사항"이란 다음의 사항을 말한다(영6의7①).
   1. 신용카드의 발급신청인이 그 신용카드업자나 다른 금융기관(금융산업구조개선법 제2조에 따른 금융기관)에 상환 기일 내에 상환하지 못한 채무("연체채무")의 존재 여부
   2. 채무가 상환되거나 변제된 경우에는 그 상환방법이나 변제방법

3) 아동복지법 제38조(자립지원) ① 국가와 지방자치단체는 보호대상아동의 위탁보호 종료 또는 아동복지시설 퇴소 이후의 자립을 지원하기 위하여 다음 각 호에 해당하는 조치를 시행하여야 한다.
   1. 자립에 필요한 주거·생활·교육·취업 등의 지원
   2. 자립에 필요한 자산의 형성 및 관리 지원("자산형성지원")
   3. 자립에 관한 실태조사 및 연구
   4. 사후관리체계 구축 및 운영
   5. 그 밖에 자립지원에 필요하다고 대통령령으로 정하는 사항
   ② 제1항에 따른 자립지원의 절차와 방법, 지원이 필요한 아동의 범위 등에 필요한 사항은 대통령령으로 정한다.

4) 6. "교통카드"란 교통요금을 전자적으로 지급·결제하는 카드나 그 밖의 매체를 말한다.

거래조건에는 이용한도뿐만 아니라 연회비, 이자율, 수수료, 결제방법, 유효기간, 신용등급 등이 포함되는데, 연회비의 경우 여신전문금융업감독규정은 평균연회비를 1만원으로 규정하고 있다(동규정24의2). 그러나 이자율, 수수료 등 다른 거래조건에 대한 명확한 규정은 없다.

Ⅱ. 신용카드상품의 종류

1. 개요

신용카드업자는 신용카드회원과 자금의 융통을 할 수 있으며(법13①(1)), 금융위원회는 신용질서를 유지하고 소비자를 보호하기 위하여 신용카드에 의한 현금융통의 최고한도를 정할 수 있다(법24(1)). 신용카드업자는 신용카드회원을 모집할 때 자금의 융통을 권유하는 경우에는 대출금리, 연체료율 및 취급수수료 등의 거래조건을 감추거나 왜곡하지 아니하고, 이해할 수 있도록 설명하여야 한다(영6의8①(8)).

2. 카드상품

(1) 신용카드

(가) 신용카드의 의의

신용카드란 카드회원의 가입신청에 따라 카드회사가 카드를 발행하고, 카드회원은 그 발급받는 카드를 이용하여 현금을 지급함이 없이 계속적·반복적으로 가맹점에서 상품을 구매하거나 서비스를 제공받을 수 있음은 물론 카드회사 또는 제3자로부터 신용을 제공받을 수 있음을 증명하는 자격증권을 말한다.[5] 신용카드는 실제 결제되는 시점을 기준으로 선불카드(prepaid), 직불카드(debit), 후불카드(credit)로 분류되며, 우리가 알고 있는 신용카드(credit card)는 대부분 후불카드에 속한다.[6]

여신전문금융업법상 신용카드란 "이를 제시함으로서 반복하여 신용카드가맹점에서 다음 각 목을 제외한 사항을 결제할 수 있는 증표로서 신용카드업자(외국에서 신용카드업에 상당하는 영업을 영위하는 자를 포함)가 발행한 것"을 말한다(법2(3)). 신용카드로 결제할 수 없는 사항은

5) 1858년 미국에서 세계 최초로 발행된 신용카드는 1968년도에 한국에 도입되었으며, 제3의 화폐로써 대한민국 경제소비의 주축을 이루고 있다. 하지만 2002년 이후 국내 가계부채가 연평균 8%를 넘어서고 있으며, 그 중심에는 신용카드의 시장포화 현상과 사용금액 증가 등이 가계의 부채를 더욱 증가시키고 있는 실정이다. 2018년 집계된 자료에 의하면, 신용카드 발매수가 1억 5백만 건을 넘어섰으며, 이용금액 또한 724조원에 이르고 있다. 2019년 2분기에 승인된 신용카드의 승인 건수는 33.2억건으로 전년 대비 10.7% 증가하였으며, 승인금액 또한 166.9조 원으로 전년 대비 5.5% 증가하였다(정병국(2019), "체크카드에 대한 대학생의 사용패턴과 브랜드디자인의 중요성에 관한 연구", 한국디자인리서치 제4권 제3호(2019. 9), 270쪽).

6) 정병국(2019), 270쪽.

ⅰ) 금전채무의 상환(가목), ⅱ) 자본시장법 제3조 제1항에 따른 금융투자상품 등 대통령령으로 정하는 금융상품[7](나목), ⅲ) 게임산업진흥에 관한 법률 제2조 제1호의2[8]에 따른 사행성게임물의 이용 대가 및 이용에 따른 금전의 지급(다목)[9], ⅳ) 그 밖에 사행행위 등 건전한 국민생활을 저해하고 선량한 풍속을 해치는 행위로 대통령령으로 정하는 사항의 이용 대가 및 이용에 따른 금전의 지급[10](라목) 등이다(법2(3)).

이에 따르면 신용카드는 여신전문금융업법에 의하여 허가받은 신용카드업자가 가맹점에서 물품 등을 구매한 금융소비자를 대신하여 대금을 지급하고, 사전에 약정한 날짜에 대신 지급한 금액을 청구하는 구조를 가지고 있어, 대금결제수단으로 일정금액을 먼저 지급하는 선불카드나 결제 즉시 대금이 계좌이체 등의 방식을 통해 즉시 지급되는 직불카드와 상이하다. 이러한 신용카드의 거래구조는 신용카드업자, 카드회원인 금융소비자, 가맹점의 3당사자구조를

---

7) "자본시장법 제3조 제1항에 따른 금융투자상품 등 대통령령으로 정하는 금융상품"이란 다음의 어느 하나에 해당하는 금융상품을 말한다(영1의2①).
   1. 자본시장법 제3조 제1항에 따른 금융투자상품
   2. 예금, 적금 및 부금
   3. 제1호 및 제2호에 준하는 것으로서 총리령으로 정하는 금융상품

8) 1의2. "사행성게임물"이라 함은 다음에 해당하는 게임물로서, 그 결과에 따라 재산상 이익 또는 손실을 주는 것을 말한다.
   가. 베팅이나 배당을 내용으로 하는 게임물
   나. 우연적인 방법으로 결과가 결정되는 게임물
   다. 「한국마사회법」에서 규율하는 경마와 이를 모사한 게임물
   라. 「경륜·경정법」에서 규율하는 경륜·경정과 이를 모사한 게임물
   마. 「관광진흥법」에서 규율하는 카지노와 이를 모사한 게임물
   바. 그 밖에 대통령령이 정하는 게임물

9) 다만, 외국인(「해외이주법」 제2조에 따른 해외이주자를 포함)이 「관광진흥법」에 따라 허가받은 카지노영업소에서 외국에서 신용카드업에 상당하는 영업을 영위하는 자가 발행한 신용카드로 결제하는 것은 제외한다(법2(3) 다목 단서).

10) "대통령령으로 정하는 사항의 이용 대가 및 이용에 따른 금전의 지급"이란 다음 각 호를 말한다(영1의2②).
   1. 「관광진흥법」에 따른 카지노의 이용 대가 및 이용에 따른 금전의 지급. 다만, 외국인(「해외이주법」 제2조에 따른 해외이주자를 포함)이 「관광진흥법」에 따라 허가받은 카지노영업소에서 외국에서 신용카드업에 상당하는 영업을 영위하는 자가 발행한 신용카드로 결제하는 것은 제외한다.
   2. 「경륜·경정법」 제2조 제1호 및 제2호에 따른 경륜 및 경정의 이용 대가 및 이용에 따른 금전의 지급
   3. 「사행행위 등 규제 및 처벌특례법」 제2조 제1항 제1호에 따른 사행행위의 이용 대가 및 이용에 따른 금전의 지급
   4. 「전통 소싸움경기에 관한 법률」 제2조 제2호에 따른 소싸움경기의 이용 대가 및 이용에 따른 금전의 지급
   5. 「한국마사회법」 제2조 제1호에 따른 경마의 이용 대가 및 이용에 따른 금전의 지급
   6. 신용카드업자와 상품권 신용카드 거래 계약[상품권 발행자(발행자와 상품권 위탁판매계약을 맺은 자를 포함)가 신용카드회원에게 신용카드를 사용한 거래에 의하여 발행자가 발행한 상품권을 제공하는 계약을 말한다. 이하 제7호에서 같다]을 체결하지 아니한 발행자가 발행한 상품권의 구입에 따른 금전의 지급
   7. 개인 신용카드회원이 월 1백만원의 이용한도[선불카드 금액, 「전자금융거래법」 제2조 제14호에 따른 선불전자지급수단("선불전자지급수단") 금액 및 상품권 금액을 합하여 산정]를 초과한 선불카드, 선불전자지급수단 및 상품권(신용카드업자와 상품권 신용카드 거래 계약을 체결한 발행자가 발행한 상품권으로 한정)의 구입에 따른 금전의 지급

가지고 있다.[11]

신용카드는 신용카드회사[12]가 발급하고, 신용카드가맹점에서 사용할 수 있으며, 신용한도 내에서 이용할 수 있고, 先구매 後결제(지정결제일)로 할부·현금 서비스가 가능하다.

신용카드업자가 금융소비자에게 제공하는 단기카드대출(현금서비스) 또는 장기카드대출(카드론)[13] 등은 신용카드업자와 금융소비자 간 양당사자구조인데, 이는 신용카드의 사용이 아닌 앞서 살펴본 대출에 해당한다.

(나) 신용카드의 분류와 구별개념

1) 신용카드의 분류

가) 회원 구분에 따른 신용카드 분류

우선 본인회원카드와 가족회원카드로 분류할 수 있다. 가족회원카드란 본인회원의 가족이 발급받는 카드로서 본인회원이 대금의 지급 및 기타 카드이용에 관한 책임을 부담할 것을 승낙한 경우를 말한다. 가맹점 입장에서 볼 때 본인회원카드와 가족회원카드 간 특별한 차이는 없다. 그리고 개인카드와 법인카드로 분류할 수 있다. 법인카드는 다시 무기명 법인카드, 기명식 법인카드로 나뉜다. 판례[14]는 무기명 법인카드를 법인공용카드로, 기명식 법인카드를 법인개별카드라고 지칭한 바 있다. 기명식 법인카드 중에 개인카드의 성질을 같이 갖는 것으로, 개인형 법인카드라는 것이 있다. 사용금액에 대하여 해당 법인과 법인카드에 기명된 자가 연대채무를 지는 경우를 말한다.[15]

나) 발행회사의 국적에 따른 분류

국내발행 카드는 여신전문금융업법에 따라 신용카드업 허가(유통계 겸영카드의 경우 등록)를 받은 회사가 국내에서 발행하는 카드이다. 국내발행 카드는 다시 외국에서 사용이 가능한 카드와 국내 전용 카드로 나뉜다. 신용카드회사가 해외에서 가맹점을 모집하는 것이 여신전문금융업법령상 금지되지는 않으나 국내 신용카드회사는 해외 네트워크사(예: Visa · MasterCard)와의

11) 실제로 자금이 결제되는 구조를 살펴보면 통신서비스를 제공하는 VAN업자 등 다양한 당사자들이 존재하지만, 이들은 신용카드회사의 이행보조자의 지위에 서 있을뿐 자금결제의 실질적으로 거래관계에서는 3당사자구조만이 존재한다.

12) 2019년 말 현재 국내에서 신용카드업을 영위하는 회사는 8개 신용카드 전업사(비씨, 신한, 우리, 하나, KB국민, 삼성, 현대, 롯데카드. 기업회원만 유지하고 있는 산은캐피탈을 포함하는 경우 전업사는 9개가 됨)와 은행이 겸업형태로 신용카드업을 운영하는 11개 겸영 은행 카드회사(경남, 기업, 농협, 대구, 부산, SC제일, 한국씨티, 제주, 수협, 전북, 광주은행), 8개 유통계 겸영 카드회사(백화점, 쇼핑센터와 같은 유통업체가 카드업을 겸영하는 경우)가 있다.

13) 2014. 12. 30.부터 신용카드 개인회원 표준약관이 일부 개정됨에 따라 기존 "현금서비스"의 명칭이 "단기카드대출"로, 기존 "카드론"은 "장기카드대출"로 변경되었다.

14) 부산지방법원 2007. 4. 4. 선고 2005가합24885 판결.

15) 석일홍(2018), "신용카드가맹점의 법적 쟁점에 관한 연구: 결제대행가맹점을 포함하여", 고려대학교 대학원 박사학위논문(2018. 6), 38-39쪽.

제휴에 따라 해외 네트워크사의 가맹점망을 통하여 해외 사용이 가능한 신용카드를 발행하고 있다. 해외 네트워크사와 제휴하지 않고 발행된 신용카드는 국내 전용 카드이며 해외 사용이 불가능하다.[16)]

외국발행 카드도 인정된다. 여신전문금융업법은 여신전문금융업법에 따라 신용카드업 허가를 받은 회사가 발행한 신용카드뿐 아니라, "외국에서 신용카드업에 상당하는 영업을 영위하는 자"가 발행한 신용카드에 대하여도 적용된다(법2(3)). 국내 금융관련법령상 다른 국가의 금융상품에 대하여 국내법을 적용하는 것은 특이한 사례로서 국제 간 거래가 흔한 신용카드의 성질을 반영한 것으로 보인다.

신용카드가맹점 표준약관("표준약관")은 가맹점이 외국에서 발행된 신용카드로 물건을 판매한 경우 해당 채권을 카드회사가 매입해 줄 것을 정하고 있다. 이 경우 가맹점수수료율 등 거래조건은 다르게 적용될 수 있다. 표준약관은 "가맹점은 카드회사가 제휴계약을 체결한 국내 또는 해외카드회사의 회원에게 신용판매를 할 수 있으며, 이 경우 이 약관을 준수하여야 합니다. 다만, 거래승인, 매출전표 매입 신청 및 접수, 가맹점대금 지급 및 지급주기, 가맹점수수료율 등이 자사 카드회원에 대한 신용판매와 다르게 적용되는 경우, 카드회사는 이를 가맹점에 안내하고, 가맹점은 이를 준수하여야 합니다(표준약관3④)"라고 규정하고 있다. 표준약관의 해석상 이를 매입한 국내 카드회사는 외국 카드 발행회사의 부도 등으로 대금을 수령받지 못하더라도 이를 가맹점에게 소구할 수 없다.

다) 대금지급시기에 따른 분류

ⅰ) 리볼빙(revolving) 방식이다. 이는 사전에 책정된 신용한도 범위 내에서 카드회원이 월간 이용금액 중 사전에 약정한 최소금액 이상을 일시불로 갚고 나머지는 매월 할부방식으로 원금과 이자를 갚아나가는 방식을 말한다(여신전문금융업감독규정2(3) 다목). 이연되는 금액에 대해서는 이자가 붙는다. 미국·호주·EU에서는 리볼빙 기능이 있는 카드를 credit card라고 부르며, 다음 달 일시불로 지급해야 하는 카드(통상적 우리나라 방식의 신용카드)는 charge card라고 부른다. 미국의 경우 리볼빙 결제방식이 활성화되어 있는데, 가계소득의 불안정, 리볼빙 방식에 대한 정부의 지원, 긴급한 자금수요에 대한 대비 등이 그 이유이다.[17)]

ⅱ) 할부구매 방식이다. 이는 구매금액을 구매 시에 결정한 개월 수로 나누어 균등하게 상환하는 방식이다. 이연되는 금액에 대하여는 이자가 붙는다.

ⅲ) 일시불(convenience) 방식이다. 사용대금 전액을 대금지급일(다음 달 특정일)에 일시불로 상환하는 방식을 말한다. 통상 회원은 이자지급을 하지 않는다. 미국에서는 이러한 방식의

16) 석일홍(2018), 39쪽.
17) 석일홍(2018), 40-41쪽.

카드를 charge card라고 부르는데, 리볼빙 방식의 credit card와 일시불 방식의 charge card는 신용카드 관련 연방 기본법인 대부진실법의 몇몇 조항에서 달리 적용된다.

우리나라의 경우 회원은 카드회사와의 약정에 따라 일시불 방식·리볼빙 방식·할부구매 방식으로 대금을 납입할 수 있다. 회원이 어느 방식을 선택했는지에 따라 여신전문금융업법상으로는 가맹점에게 차이는 없다. 다만 회원이 신용카드로 물품·용역을 구매하면서 할부거래법 제2조 제1호 나목에 따른 간접할부계약 요건을 충족하는 경우, 가맹점은 동법에 따른 할부거래업자에 해당하게 되고 철회권(할부거래법8)·항변권(할부거래법16)의 대상이 되어, 불안정한 지위에 놓이게 된다. 간접할부계약은 "소비자가 신용제공자에게 재화등의 대금을 2개월 이상의 기간에 걸쳐 3회 이상 나누어 지급하고, 재화등의 대금을 완납하기 전에 사업자로부터 재화등의 공급을 받기로 하는 계약"을 말한다.

라) 기타 여신전문금융법령상 특수한 신용카드

i) 유통계 겸영카드(백화점 카드)이다. 신용카드를 발급하기 위하여는 금융위원회로부터 신용카드업 허가를 받아야 하나, "유통산업발전법 제2조 제3호에 따른 대규모점포를 운영하는 자" 또는 "계약에 따라 같은 업종의 여러 도매·소매 점포에 대하여 계속적으로 경영을 지도하고 상품을 공급하는 것을 업으로 하는 자"의 경우에는 등록만으로 신용카드를 발급할 수 있다(법3①, 법③(2), 영3②). 다만 해당 신용카드의 가맹점의 범위는, 해당 업자의 영업장에서 영업행위를 하는 사업자, 해당 업자와 판매대리점 계약을 체결한 사업자, 경영위탁계약 등에 따라 해당 업자의 상호, 상표 및 경영기법을 도입하여 영업하는 사업자로 제한된다(법23①, 영7). 즉 백화점 카드라고 불리는 이러한 종류의 카드는 위 특정 조건을 충족하는 판매상만이 가맹점계약을 체결할 수 있으며, 이러한 조건에 해당하지 않는 판매상은 해당 유통계 겸영카드의 가맹점이 될 수 없다. 어디서든 가맹점 모집이 가능한 일반 신용카드와는 그 범용성에서 크게 차이가 있다.[18)]

ii) 신용체크카드(하이브리드카드)이다. 법령상으로 신용체크카드라는 명칭이 정해진 것은 아니나, 한국신용정보원이 제정한 신용정보관리규약에서 신용체크카드라는 표현을 쓰고 있다(신용정보관리규약5⑤). 그러나 통상 실무상 또는 거래상으로는 하이브리드카드라고 불린다. 신용카드를 발급받기 위하여는 개인신용등급이 6등급 이상이거나 기타 결제능력이 증명되어야 하는데(법14③(3), 영6의7③, 여신전문금융업감독규정24①), "직불카드와 신용카드의 기능을 동시에 갖추고 있는 카드로서 카드회원에게 이용 편의를 제공할 목적으로 30만원 이내의 신용카드 이용한도가 부여"된 카드는 이러한 요건 충족 없이도 발행이 가능하다(영6의7③(1)(나), 여신전문금융업법감독규정24②). 신용체크카드는 결제능력이 없는 학생·무직자 등에게도 일정한도 내에

18) 석일홍(2018), 42-44쪽.

서는 신용카드를 허용해 주겠다는 취지와 지하철 · 버스 등에서 사용되는 교통요금이 후불방식만 가능한 전산시스템으로 되어 있어, 통상의 직불카드로는 교통요금 결제가 불가능하게 된 점에 기인하여 도입된 것이다.

직불카드 가맹점수수료율과 신용카드가맹점수수료율은 다른데, 가맹점 입장에서는 동일한 신용체크카드의 사용 시에 해당 카드가 직불카드로 사용된 경우와 신용카드로 사용된 경우에 각각 다른 가맹점수수료를 지급해야 한다.

iii) 기업구매전용카드이다. 기업구매전용카드란 "구매기업 · 판매기업 및 신용카드업자 간의 계약에 따라 구매기업이 해당 판매기업에 대한 구매대금의 지급을 목적으로 신용카드업자로부터 발급받는 신용카드"를 말한다(영2의4①(1)). 한편 세법에서는 "기업구매전용카드란 구매기업이 구매대금을 지급하기 위하여 여신전문금융업법에 따른 신용카드업자로부터 발급받는 신용카드 또는 직불카드로서 일반적인 신용카드가맹점에서는 사용할 수 없고, 구매기업 · 판매기업 및 신용카드업자 간의 계약에 의하여 해당 판매기업에 대한 구매대금의 지급만을 목적으로 발급하는 것"으로 규정하고 있는데(조세특례제한법7의2③(5)), 이에 해당되는 경우 일정한 세제혜택을 주고 있다(조세특례제한법7의2, 7의4, 144).

물품 · 용역거래는 ⓐ 기업 대 개인고객(B2C) 간의 거래, ⓑ 기업 대 기업(B2B) 간의 거래, ⓒ 개인 대 개인(P2P) 간의 거래로 나뉠 수 있는데, 대부분의 신용카드거래는 ⓐ 기업 대 개인고객(B2C) 간의 거래에 해당한다. 기업전용카드는 ⓑ 기업 대 기업(B2B) 간의 거래에 쓰이는 특수한 종류의 카드라 할 것이다.

기업 간 거래의 경우 구매기업은 이자를 부담하더라도 대금지급시기를 늦출 유인이 있어 그간 어음으로 대금지급을 갈음하는 경우가 많았으나, 어음의 경우 판매기업은 항상 부도위험에 처하게 된다. 구매기업이 기업구매전용카드로 결제하는 경우 판매회사는 카드회사로부터 확정적 지급을 받게 되므로 많은 이점이 있고, 정부는 이를 장려하기 위해 세제혜택을 주고 있다.

기업구매전용카드는 통상의 신용카드와 차이점이 있다. 첫째, 통상의 신용카드는 불특정 다수의 회원이 불특정 다수의 가맹점에서 사용이 가능하다는 범용성이 있으나, 기업구매전용카드는 특정 구매기업과 특정 판매기업이 기업구매전용카드를 사용한다는 합의가 있는 경우에만 사용이 가능하다. 둘째, 통상의 신용카드의 경우 회원과 가맹점은 카드회사가 정해 놓은 표준약관에 따라 대금지급시기 · 수수료율 등이 일률적으로 정해져 있으나, 기업구매전용카드의 경우 신용카드회사는 구매기업(회원에 해당) · 판매기업(가맹점에 해당)과의 개별 계약을 통해, 구매기업과는 카드대금 지급시기 · 이자 등을 정하고, 판매기업과는 대금수령시기 · 가맹점수수료율을 정하게 된다.

2) 구별개념

가) 직불전자지급수단, 선불전자지급수단

아래서 보게 될 직불카드·선불카드가 여신전문금융업법상의 신용카드회사만 발행할 수 있는 것에 반하여, 직불전자지급수단·선불전자지급수단은 전자금융거래법상 금융위원회에 등록한 전자금융업자가 발행하는 지급수단이다(전자금융거래법28). 직불전자지급수단·선불전자지급수단의 발행업자는 개별적으로 판매상과 가맹점계약을 체결하여 자신이 발행한 직불전자지급수단·선불전자지급수단을 통한 결제가 가능하도록 하고 있다. 따라서 신용카드가맹점에 통용이 되는 직불카드·선불카드에 비하면 그 범용성에 있어서 큰 차이가 있다.[19)]

나) 통신과금서비스

(ㄱ) 의의

통신과금서비스란 정보통신서비스로서 i) 타인이 판매·제공하는 재화 또는 용역("재화등")의 대가를 자신이 제공하는 전기통신역무의 요금과 함께 청구·징수하는 업무와 ii) 타인이 판매·제공하는 재화등의 대가가 전기통신역무의 요금과 함께 청구·징수되도록 거래정보를 전자적으로 송수신하는 것 또는 그 대가의 정산을 대행하거나 매개하는 업무를 말한다(정보통신망법2(10)). 즉 통신과금서비스란 "유무선 전화요금결제"라고도 하는데, "재화·용역의 대가를 익월 전화요금에 합산하여 청구하고 징수하는 것"을 말한다. 통신과금서비스는 신용카드 대신에 통신요금청구서에 부과되는 방식으로, 정산을 처리하는 주체가 신용카드회사가 아닌 통신사인 점이 차이점이다.

통신과금서비스 제공자는 통신회사 스스로가 될 수 있으며, 결제대행업체가 될 수도 있다. 통신과금서비스는 i) 특정건이 아닌 다수의 소액 재화 및 용역의 구매대금 결제를 목적으로 하고, ii) 익월 통신요금 결제일까지 단기간 신용을 공여한다는 점에서 신용카드와 매우 유사하다. 특히 모바일 신용카드 결제의 경우 신용카드 정보에 더하여 본인확인 수단(예를 들어 핸드폰을 통한 승인번호 입력 행위)이 필요한데 반해, 통신과금서비스는 전화번호와 핸드폰을 통한 승인번호 입력만으로 결제가 진행되는 등 그 절차가 간편하여 현재 빠르게 확산 중이다.[20)]

통신과금서비스를 규율하는 정보통신망법은 여신전문금융업법에 비하여 사업자규제, 영업행위규제, 소비자보호 등 각종 규제가 완화되어 있어 업종 간 형평성 문제가 제기되고 있다.

(ㄴ) 통신과금서비스의 거래구조

통신과금서비스는 2000년부터 도입된 휴대폰을 이용한 결제방식으로 이동통신사 등이 정보통신망법 제53조 이하에 따라 이동통신이용자에게 제공하는 결제서비스이다. 통신과금서비

19) 석일홍(2018), 49쪽.
20) 석일홍(2018), 51쪽.

스는 소비자가 판매업체(CP)로부터 물품등을 구매하면서 휴대폰 결제를 신청하면, 판매업체(CP)는 결제대행업체(PG)에게 결제요청을 하고, 결제대행업체는 이동통신사에게 가입자 인증을 요청한다. 이동통신사의 인증결과를 받은 결제대행업체(PG)가 승인을 하면 판매업체는 소비자가 대금을 결제한 것으로 처리한다.[21)]

통신과금서비스는 소비자가 재화등의 대금지급이 계약체결 후에 이루어진다는 점에서 신용카드와 동일하나 대금지급시기에 있어 차이점이 존재한다. 신용카드는 신용카드업자가 사업자에게 대금을 선지급하고, 소비자로부터 대금을 수령받는 형식이다. 반면 통신과금서비스는 이동통신사가 소비자로부터 대금을 수령한 후 이를 정산하여 결제대행업체에 지급하고, 정산받은 결제대행업체는 사업자에게 다시 정산하는 구조를 가지고 있다.

(ㄷ) 통신과금서비스의 법적 성격

위에서 살펴본 정보통신망법 제2조 제1항 제10호의 통신과금서비스에 관한 정의규정에 따르면 이동통신사업자 또는 결제대행업체 등이 통신과금사업자에 해당한다. 이러한 법률상 정의에 따르면 통신과금서비스는 통신과금사업자가 재화등을 판매 및 제공하는 사업자의 지급청구를 대행하는 것에 불과하다.

그러나 현재 사용되고 있는 이동통신사의 이용약관의 내용에 따르면 고객이 납부해야 할 요금에 통신과금서비스의 이용대금을 합산하고 있으며, 요금의 연체가 발생한 경우 이동통신사는 이용자를 신용정보법 제25조의 신용정보집중기관등에 등록을 요청할 수 있다. 즉 소비자가 통신과금서비스를 이용하여 재화등의 대가를 결제하였지만, 통신과금서비스 이용대금을 최종적으로 지급하지 못하면 이동통신사가 지속적으로 청구를 하고, 연체된 경우 연체정보를 신용정보기관 등에게 제공하게 된다. 또한 요금을 미납한 경우 이동통신사는 회원의 이동통신서비스를 정지시킬 수 있으며, 미납된 요금에 대하여 가산금을 부과할 수 있다. 이러한 구조에 따르면 통신과금서비스를 지급청구의 대행으로 볼 수 없게 된다. 지급청구의 대행이라면 소비자가 통신과금서비스 이용대금을 납부하지 않은 경우 연체의 문제는 이동통신사가 아닌 사업자에게 발생하는 것이고, 연체 또는 미납에 대한 가산금의 징수는 사업자와 소비자 간 계약의 문제인 것이다.[22)]

현재 통신과금서비스는 청구의 대행으로 볼 수는 없으며, 통신과금사업자가 사업자로부터 소비자에 대한 채권을 양수하는 채권양수, 소비자로부터 사업자에 대한 채무를 인수하는 채무인수 또는 소비자로부터 대금의 지급을 지시받는 지급지시로 볼 수 있다. 그러나 통신과금서비스가 어떠한 계약의 형태를 가지고 있는가에 관계없이 통신과금서비스를 청구대행으로 볼 수

21) 윤민섭(2014a), 43-44쪽.
22) 윤민섭(2014a), 44쪽.

없는 이상 통신과금서비스의 본질적인 구조와 기능은 통신과금사업자가 소비자가 구매한 재화 등의 대가를 소비자를 대신하여 지급하는 것으로, 소비자에게 금융편의를 제공하는데 있다. 금융감독원은 통신과금서비스에 대해서 신용카드 결제시스템과 유사한 측면이 있으며, 신용을 공여하는 주체가 이동통신사인 경우 신용카드회사와 실질적으로 동일한 업무, 즉 여신업무를 수행하고 있다고 판단할 수 있다고 밝힌 바 있다. 따라서 통신과금서비스는 이동통신사 또는 결제대행업체가 통신과금서비스 이용계약에 따라 소비자에게 신용을 공여하는 행위로 보아야 하고, 신용을 공여받는 소비자는 금융소비자에 해당한다.[23)]

다) 상업신용장

상업신용장과 신용카드는 신용상태가 불분명한 매수인의 신용을 신용장 개설은행 또는 카드발행회사가 매도인을 위하여 대체하며, 3당사자 사이에 3개의 계약이 성립한다는 점에서는 유사하다. 그러나 상업신용장에 의한 거래에 있어서는 당사자의 명백한 의사표시가 없는 한 3개의 계약에서 발생한 채무는 각각 독립적이며 신용장거래의 독립추상적인 성격으로 인해 매수인은 매도인에 대한 항변사유로써 신용장 개설은행에 대항할 수 없다. 그러나 신용카드거래의 경우 매수인이 매도인에 대한 항변사유로써 카드발행인에게 대항하는 것이 약관상 인정되고 있다는 점에서 차이가 있고, 상업신용장은 매 거래 시마다 개설되나 신용카드는 유효기간 내에는 반복하여 사용될 수 있다는 점도 양자가 구별되는 점이다.[24)]

(2) 체크카드

체크카드라는 용어가 있는데, 법적 용어는 아니며, 여러 의미로 쓰인다. i) 여신전문금융업법상 직불카드와 동의어로 쓰이는 경우도 있으며, ii) 직불카드의 한 종류로서 특히 은행망이 아닌 신용카드망을 사용하는 경우도 있으며, iii) 직불카드의 한 종류로써 회원계좌로부터의 인출은 직불카드와 같이 결제 즉시 발생하나 가맹점에 대한 대금지급시기는 신용카드와 같이 2-3일 후에 발생하는 경우를 의미하는 경우도 있다. 판례는 “체크카드는 여신전문금융업법상 직불카드에 해당”한다고 밝힌 바 있다.[25)]

넓은 의미에서 체크카드는 결제시점을 기준으로 직불카드에 속하며, 직불카드의 범주에는 좁은 의미의 직불카드와 체크카드로 나누어진다. 기존의 직불카드가 신용카드에 비해 가지고 있던 단점인 제한된 이용시간, 다양하지 못한 서비스, 적은 가맹점 수를 보완한 것이 체크카드이다. 체크카드는 불확실한 미래수입을 담보로 신용거래를 하는 것이 아니며 연체료도 발생하지 않기 때문에 20대 연령층과 대학생들의 이용률이 높다.[26)]

23) 윤민섭(2014a), 46쪽.
24) 석일홍(2018), 51쪽.
25) 대법원 2017. 2. 3. 선고 2016다254924 판결.
26) 정병국(2019), 271쪽.

체크카드는 신용카드회사가 발급하고, 신용카드가맹점에서 사용할 수 있으며, 예금잔액 이내(필요시 30만원 이내 신용한도 부여 가능)에서 이용할 수 있고, 구매 즉시 결제가 이루어지며, 할부· 현금 서비스가 불가능하다.

(3) 직불카드

직불카드란 "직불카드회원과 신용카드가맹점 간에 전자적 또는 자기적 방법으로 금융거래계좌에 이체하는 등의 방법으로 결제가 이루어질 수 있도록 신용카드업자가 발행한 증표(자금을 융통받을 수 있는 증표는 제외)"를 말한다(법2(6)).

이러한 정의에 따라 직불카드는 은행만 발행할 수 있고, 직불카드 가맹점에서 사용이 가능하며, 금융거래계좌에 이체하는 방법이어야 하고, 예금잔액 이내에서 이용할 수 있으며, 구매 즉시 결제가 이루어지며, 할부· 현금 서비스가 불가능하다. 정의규정에 분명하게 나타나 있지는 않지만 직불카드는 구매와 동시에 회원의 금융거래계좌에서 구매대금이 인출되는 지급수단을 말하는데, 이때 회원의 금융거래계좌란 회원의 은행계좌 혹은 저축은행계좌 등을 말한다(금융위원회 유권해석 2016. 3. 15.).

(4) 선불카드

선불카드란 신용카드업자가 대금을 미리 받고 이에 해당하는 금액을 기록(전자적 또는 자기적 방법에 따른 기록)하여 발행한 증표로서 선불카드소지자가 신용카드가맹점에 제시하여 그 카드에 기록된 금액의 범위에서 결제할 수 있게 한 증표를 말한다(법2(8)).

선불카드 표준약관("약관")에 따르면, "기명식 선불카드"란 회원이 카드회사에 신청하여 발급받은 선불카드로서 카드 실물에 회원의 성명이 인쇄되어 있거나 카드회사 전산에 기명식 회원으로서의 정보가 존재하는 카드를 의미하고 발급 이후 양도가 불가능한 카드를 말한다(약관2④). "무기명식 선불카드"란 고객이 카드회사에 신청하여 구매한 선불카드로서 카드 실물에 성명이 미인쇄되어 있으며 카드회사 전산에 기명식 회원으로서의 정보가 존재하지 않고 양도가 가능한 선불카드를 말한다(약관2⑤).

선불카드는 일시불 구매용으로만 사용이 가능하며, 회원 등이 선불카드로 상품을 구매하거나 서비스를 제공받고자 할 때에는 국내의 경우에는 카드회사 또는 카드회사와 제휴한 기관의 가맹점("국내가맹점"), 국외의 경우에는 카드회사와 제휴하고 있는 외국기관의 가맹점("해외가맹점")에서 사용할 수 있다(약관6①). 선불카드 회원 등은 충전된 선불카드 잔액 범위 내에서 사용할 수 있다(약관6②). "충전"이란 선불카드로 구매행위를 하기 위해 권면금액 또는 관계법령 및 약관이 정한 범위 내에서 회원 등이 원하는 만큼의 금액을 카드회사 영업점, 홈페이지 등을 통해 카드회사가 정한 방법에 의하여 사용 가능한 상태로 바꾸는 것을 말한다(약관2⑥).

신용카드가맹점 표준약관("표준약관")에 따르면, 신용카드가맹점은 가맹점계약을 체결한 신용카드회사가 발행한 직불카드 · 선불카드도 의무적으로 수납하여야 한다(표준약관2②, 3①). 여신전문금융업법은 신용카드와 관련된 각종 규제를 정하고 있지만, 그 대부분은 직불카드 · 선불카드에는 적용되지 않으며, 신용카드가맹점 역시 직불카드 · 선불카드 거래 시에는 여신전문금융업법상 신용카드가맹점으로서의 의무조항의 적용을 받지 않는 경우가 많다. 예를 들어 부당한 보상금 수령 금지조항(표준약관18의3④), 회원 불이익 금지 조항(표준약관19①), 카드 불법할인 금지조항(표준약관19⑤), 매출채권 양도금지 조항(표준약관20) 등이다.

선불카드는 신용카드회사가 발행할 수 있고, 신용카드가맹점에서 사용이 가능하며, 충전잔액 이내에서 이용할 수 있으며, 구매 즉시 결제가 이루어지며, 할부 · 현금 서비스가 불가능하다.

3. 신용카드대출상품

(1) 단기카드대출(현금서비스)

단기카드대출(현금서비스)은 카드회사의 홈페이지, ARS, 현금지급기(CD/ATM기)를 통해서 미리 부여된 한도 이내에서 별도 서류 구비없이 이용할 수 있는 단기(1-2개월 정도) 금융상품을 말한다(여신전문금융업감독규정2(3) 나목). 대출기간은 1-2개월, 신용공여한도는 신용카드 한도 내(1만원부터 신청 가능), 이용방법은 ATM, 전화, 인터넷, 모바일등으로, 수수료율은 5% 중반부터 23%대까지 분포하며, 일반대출보다 편리한 반면, 수수료율이 더 높다.

즉 단기카드대출(현금서비스)은 현금지급기에서 현금서비스를 받기 위한 신용카드[27]의 사용이다. 단기카드대출(현금서비스)은 신용카드회사에서 각 회원의 신용카드 한도 내에서 별도로 신용공여 한도와 금리를 적용하여 현금을 인출할 수 있는 서비스로, 개인의 신용공여기간 동안 이용할 수 있도록 하여 익월 카드결제대금과 함께 상환하는 신용카드 대출서비스이다. 단기카드대출(현금서비스)은 신용카드를 이용하여 현금을 출금하거나 계좌이체, 또는 해당 카드의 결제대금 납부가 가능하도록 제공되고 있다. 특히 현금서비스로 카드결제대금을 충당하는 것은 부채로 부채를 갚는 구조가 된다는 점에서 부채를 가중시킨다.[28]

신용카드 개인회원 표준약관에 따르면 신용카드회원은 카드회사가 부여한 단기카드대출(현금서비스) 한도 내에서 자동화기기, 전화, 인터넷 등 카드회사가 정한 방법에 따라 단기카드대출(현금서비스)을 받을 수 있으며(표준약관14①), 단기카드대출 거래를 이용할 경우에 회원이 카드회사에 신고한 비밀번호와 단기카드대출(현금서비스) 신청 시 입력한 비밀번호가 같을 경

27) 신용카드에는 대금결제기능 외에도 지급유예기능 · 할부기능 · 현금서비스기능과 같은 신용기능이 있다. 직불카드에는 대금결제기능(직불기능)은 있으나, 지급유예기능 · 할부기능 · 현금서비스기능과 같은 신용기능은 없다.

28) 황혜선 · 조연행(2013), "소비자의 신용카드 대출서비스 이용유형과 이용의도: 현금서비스와 리볼빙서비스를 중심으로", 소비자정책교육연구 제9권 제4호(2013. 4), 138쪽.

우에 한하여 단기카드대출(현금서비스) 신청금액을 즉시 지급하거나 카드회사에서 따로 정한 기일 내에 회원의 카드결제계좌(또는 회원이 지정한 회원명의의 계좌)에 입금한다(표준약관14②).

(2) 할부

신용카드 개인회원 표준약관에 따르면 신용카드회원은 카드회사로부터 할부판매를 지정받은 국내가맹점에서 카드회사가 정한 할부가능금액에 대하여 할부구매를 할 수 있으며(표준약관11①), 할부기간은 카드회사가 정하여 통보한 최장기간 이내에서 회원이 지정한 기간으로 하며, 다만, 구매상품 또는 제공받은 서비스의 대금을 2월 이상의 기간에 걸쳐 3회 이상 분할하여 납부하는 할부계약에 한하여 철회권 및 항변권을 행사할 수 있으며, 할부기간은 가맹점에 따라 일부 제한될 수 있다(표준약관11②). 회원은 현금가격의 분할대금에 월간 수수료를 가산한 할부금을 할부기간 동안 결제하여야 하고(표준약관11③), 최초 할부금에는 분할잔여액을 포함하여 청구할 수도 있으며, 카드회사는 연간 할부수수료율 및 100원당 부담하는 할부개월별 수수료를 이용대금명세서를 통하여 통지하도록 하고, 인터넷 등을 통하여 회원이 수시로 확인할 수 있도록 하여야 하고, 카드회사는 카드회사 자금조달비용의 상승, 회원의 신용등급 하락, 금융회사 대출 연체 등으로 인한 신용도 변동, 국가경제·금융사정의 급격한 변동 등을 종합적으로 평가하여 할부수수료율을 인상할 수 있다(표준약관11④⑤⑥).

(3) 장기카드대출(카드론)

신용카드회원 본인의 신용도와 카드이용 실적에 따라 카드회사에서 대출해주는 장기(2개월 이상) 금융상품을 말한다(여신전문금융업감독규정2(3) 나목). 카드이용 실적이 많고 연체 없이 결제할수록, 더 많은 한도와 낮은 이자율이 결정되고, 신용카드 한도 별도로 대출금액이 산정된다.

대출기간은 2-36개월이고, 신용공여한도는 신용카드 한도와 별도로 산정하며, 이용방법은 카드회사 및 제휴기관 본점·지점, ATM, 전화, 인터넷, 모바일 등이고, 수수료율은 4% 후반부터 23%대까지 분포하며, 신용도 및 장기카드대출 이용기간에 따라 이자율이 차등 적용된다.

신용카드 개인회원 표준약관에 따르면 장기카드대출(카드론)이란 단기카드대출(현금서비스) 외에 카드회사가 본인회원에게 제공하는 자금융통으로서 일정기간 동안 일정 이자율에 따라 원리금을 상환하는 서비스를 말한다(표준약관16). 장기카드대출(카드론)은 회원이 카드회원 가입시 장기카드대출(카드론) 이용을 동의한 경우에 한하여 이용할 수 있다. 다만, 장기카드대출(카드론) 이용에 동의하지 않은 회원이 장기카드대출(카드론)을 이용하고자 하는 경우 동의를 한 후 장기카드대출(카드론)을 이용할 수 있다(표준약관17①). 카드회사는 장기카드대출(카드론) 이용에 동의한 회원에 대하여 가처분 소득, 장기카드대출(카드론) 이용기간, 신용상태 등을 고려하여 카드회사의 내부기준에 따라 장기카드대출(카드론) 대출가능금액을 부여한다(표준약관20①).

(4) 일부결제금액이월약정(리볼빙)

신용카드대금 중 일정금액(5만 원 이상, 이용금액의 10% 이상의 최소결제비율 이상) 이상만 결제하면 잔여대금에 대한 상환이 자동으로 연장되고 잔여 이용한도 내에서는 신용카드를 계속 이용할 수 있게 되는 결제방식이다(여신전문금융업감독규정2(3) 다목).

신용카드 개인회원 표준약관에 따르면 일부결제금액이월약정(리볼빙)이란 회원이 카드이용대금 중 카드회사와 회원이 미리 약정한 약정(최소)결제비율 이상을 결제하면 다음 달 결제월에 잔여결제금액과 일부결제금액이월약정(리볼빙) 수수료를 합산하여 납부하는 결제방식이다(표준약관31①). 약정결제비율이란 일부결제금액이월약정(리볼빙) 이용금액 중 카드회사와 회원이 결제일에 결제를 원하는 비율을 의미하며 회원은 이용금액의 10-100% 이내의 범위에서 약정조건에 따라 최소결제비율 이상으로 원하는 비율을 선택할 수 있다(표준약관31②). 최소결제비율이란 회원이 결제일에 결제하여야 할 최소결제금액을 산정하는 비율을 의미하며 최소결제비율은 10% 이상으로 회원의 신용상태 등에 따라 차등 적용된다. 최소결제비율은 복수의 카드를 소지한 경우라도 회원단위로 동일하게 적용된다(표준약관31③). 일부결제금액이월약정(리볼빙) 수수료란 일부결제금액이월약정(리볼빙)의 이용과 관련하여 회원에게 부과되는 수수료를 의미한다(표준약관31④).

리볼빙서비스는 카드로 물품의 대금을 결제하거나 현금서비스를 받은 후 결제해야 하는 대금의 일정금액, 주로 5-10%만 결제하면 나머지는 상환이 연장되고 잔여이용 한도 내에서 계속해서 카드를 이용할 수 있게 하는 제도이다. 카드대금을 연체하지 않고 정상적으로 카드를 이용할 수 있다는 점, 연체로 인한 신용등급 하락의 위험을 피할 수 있다는 점에서 소비자에게 유용하게 받아들여지고 있으나 평균금리가 연 20%를 웃도는 고금리라는 점에서 사실상 소비자의 채무를 가중시키는 결과를 낳고 있다. 리볼빙서비스의 경우 매월 최소결제금액을 제외한 나머지 금액이 이월되고 이에 대한 이자가 붙는 방식인데, 이때 매월 이월된 원금과 이자를 합한 금액에 다시 이자가 붙기 때문에 조금씩 갚아나가더라도 상환해야 하는 금액이 크게 불어날 수 있는 구조를 가지고 있다.[29)]

(5) 채무면제 · 유예상품(DCDS)

(가) 의의

채무면제 · 유예상품(DCDS)이란 "신용카드회원으로부터 수수료를 받고 동 회원에게 사망, 질병, 실업, 자연재해 등 특정사고 발생시 회원의 채무(신용카드 이용과 관련된 대금의 결제와 관련한 채무에 한함)를 면제하거나 유예하는 상품을 말한다(법50의9①, 영19의14①, 여신전문금융업감독규정26의5).

29) 황혜선 · 조연행(2013), 138쪽.

여신금융상품공시기준에 따르면 채무면제 · 유예상품(DCDS)은 신용카드회사가 매월 회원으로부터 일정률의 수수료(채무잔액의 일정비율)를 받고 회원에게 사망, 질병 등 사고가 발생하였을 때 카드채무를 면제하거나 결제를 유예해 주는 상품이다(여신금융상품공시기준). 즉 DCDS란 여신금액에 대해 수수료를 추가로 납부한 고객이 사망 등의 사유로 채무변제가 불가능해졌을 때 해당 채무를 면제 · 유예하는 제도로, 현재 국내에서는 전업 신용카드회사에게만 판매가 허용된다. 이에 대한 수수료는 매월 카드결제금액 대비 일정률(일반적으로 0.5% 내외)로 적용된다.

전업 신용카드회사는 2007년 금융감독원의 "채무면제 및 채무유예서비스 소비자보험 가이드라인"에 근거하여 신용카드 청구액에 대한 채무면제서비스를 제공하고 있다. DCDS 판매 허용에 관한 논의와 입법 추진이 은행과 보험회사를 중심으로 있었으나, 모두 불발되어 DCDS의 허용 및 불허를 명시한 법률은 최종 입법되지 않았다. 2009년 은행과 신용카드회사에 DCDS 판매를 허용하는 은행법 · 여신전문금융업법 개정안이 발의 · 폐기되었고, 2010년 DCDS를 보험으로 규정하는 보험업법 개정안이 발의 · 폐기되었다.[30)]

2005년부터 국내에서는 전업 신용카드회사에게만 DCDS 판매가 허용되었으며, 신용카드회사의 채무면제 · 유예상품(DCDS) 취급은 여신서비스의 부수업무로 간주되어 보험업법의 적용을 받지 않는다. 채무면제 · 유예상품(DCDS)과 유사한 기능을 수행하지만 요율에서 판매에 이르기까지 보험업법의 적용을 받는 신용보험과 달리, 채무면제 · 유예상품(DCDS)은 별도의 규제가 없어 신용카드회사의 과도한 수수료 수익과 불완전판매가 문제로 지적되었다.

(나) 구별개념

신용카드회사는 계약상 책임보험(CLIP: Contractual Liability Insurance Policy)에 가입함으로써 신용카드회원의 채무면제나 유예로 인한 자사의 손실위험을 손해보험회사에 이전하고 있다. DCDS는 금융회사와 고객 간의 계약과 금융회사와 보험회사 간의 계약으로 구성되어 고객과 보험회사 간에는 직접적인 계약관계가 없다. DCDS와 유사한 기능을 수행하는 신용보험은 신용카드회원, 신용카드회사, 그리고 보험회사 간 3자 계약이다.[31)]

신용보험은 금융회사로부터 대출을 받은 고객이 사망 등의 사유로 채무변제를 이행할 수 없는 경우를 보험사고로 인식하여 보험회사가 금융회사에 대출잔액을 변제하는 보험이다. 주요 담보는 사망, 상해 또는 질병 장기입원, 비자발적 실업, 화재손해담보 등이다.

개인신용보험의 경우 채무자가 보험계약자이지만, 신용보험을 대출실행 금융회사가 단체보험형태로 판매할 경우에는 보험계약자는 채권자가 되며 피보험자는 채무자가 된다.

---

30) 송윤아 · 마지혜(2016), "보험유사 부가서비스 규제방향: DCDS 운영사례", 보험연구원 포커스 제406권 (2016. 11), 3쪽.

31) 송윤아 · 마지혜(2016), 3쪽.

DCDS와 신용보험은 신용위험 보장이라는 동일한 금융기능을 가지고 있으므로, 신용카드 회원의 입장에서 DCDS는 보험으로 인식될 수 있다.

보증보험은 지급보험금 전액을 구상한다는 점에서 신용보험 또는 DCDS와 상이하다. 보증보험은 지급보험금에 대하여 전액 구상을 전제로 하기 때문에 보증보험의 보험료는 위험의 대가라기보다는 취급수수료의 성격이 강한 반면, 신용보험의 보험료는 일반 손해보험과 마찬가지로 대수의 법칙에 기초한 예정원가의 성격을 띠고 있다.[32)]

(다) 과도한 수수료와 불완전판매

DCDS 판매가 증가하면서 신용카드회사의 과도한 수수료 수익과 불완전판매 등에 따른 소비자 피해가 문제로 대두되었다. 금융감독원은 보상수준에 비해 과도한 수수료 수취, 카드채무 면제 등 보상누락, 불완전판매에 따른 소비자피해, 불명확한 약관으로 인한 소비자피해 가능성 등의 문제를 지적하였다.[33)]

제3절 시설대여(리스)상품

Ⅰ. 의의

시설대여란 대통령령으로 정하는 물건[34)]("특정물건")을 새로 취득하거나 대여받아 거래상

---

32) 송윤아·마지혜(2016), 4쪽.
33) 송윤아·마지혜(2016), 6쪽.
34) "대통령령으로 정하는 물건"이란 다음의 물건을 말한다(영2①).
1. 시설, 설비, 기계 및 기구
2. 건설기계, 차량, 선박 및 항공기
3. 제1호 및 제2호의 물건에 직접 관련되는 부동산 및 재산권
4. 중소기업(중소기업기본법 제2조에 따른 중소기업)에 시설대여하기 위한 부동산으로서 금융위원회가 정하여 고시하는 기준을 충족하는 부동산
5. 그 밖에 국민의 금융편의 등을 위하여 총리령으로 정하는 물건

[여신전문금융업감독규정] 제2조의2(중소기업의 업무용 부동산 시설대여기준) ① 시행령 제2조 제1항 제4호에서 "금융위원회가 정하여 고시하는 기준을 충족하는 부동산"이란 시설대여업자가 다음의 기준을 충족하여 중소기업(시설대여업자의 대주주 및 특수관계인은 제외)에 업무용부동산으로 시설대여한 부동산을 말한다.
1. 중소기업은 업무용부동산 시설대여기간 중 업무용부동산 면적 전체를 사용해야 한다. 다만, 경영합리화 등 불가피한 사유에 따라 해당 업무용부동산 면적 전체를 사용하지 못하게 되는 경우에는 해당 업무용부동산 면적 전체의 50 이상을 사용하여야 한다.
2. 중소기업이 토지를 사용함에 있어서 그 지상의 건축물과 함께 사용하여야 한다. 이 경우 토지의 내용연수는 토지상의 건축물의 내용연수를 준용한다.

대방에게 대통령령으로 정하는 일정기간[35] 이상 사용하게 하고, 그 사용 기간 동안 일정한 대가를 정기적으로 나누어 지급받으며, 그 사용 기간이 끝난 후의 물건의 처분에 관하여는 당사자 간의 약정으로 정하는 방식의 금융을 말한다(법2(10)). 통상 시설대여를 리스라고 한다.

리스산업의 발달에 따라 리스 목적물도 다변화하여 산업기계기구, 운수·운반기기, 의료기기, 교육·과학기술용기기, 통신기기, 유통용 산업기기, 기타 용도로 활용되고 있으며, 이 중 자동차리스, 일반산업기계리스, 의료기기리스가 우위를 차지하고 있다.[36] 한편 리스계약의 객체는 동산뿐만이 아니라 건물이나 독립적인 건물의 일부분 또는 다른 부동산 재화일 수 있다. 즉 리스회사가 토지 또는 건물을 리스이용자에게 일정기간 동안 사용할 수 있는 권리를 이전하고, 리스이용자는 그 대가로 리스료를 지급하는 부동산리스거래가 가능하다. 그런데 우리나라의 리스시장은 자동차등 일부 품목에 편중되어 있고 부동산리스거래는 전무에 가까운 실정이다.

여신전문금융업법의 개정으로 여신전문금융회사가 부동산리스를 취급할 수 있는 범위를 확대하였음에도 불구하고 부동산리스시장의 상황은 개선될 기미가 보이지 않는다. 반면 해외의 경우 부동산리스거래가 매우 빈번하게 활용되고 있다. 유럽의 리스산업에서는 자동차리스보다 설비리스나 부동산리스가 활발하게 이루어지고 있다.[37]

리스업자가 리스상품을 설계할 때 위의 대상물건 및 이용기간뿐만 아니라 이용대금, 소유권 이전에 관한 조건 등을 고려하여야 하나 현재 그에 대한 관련 규정은 존재하지 않는다.

---

3. 시설대여업자가 중소기업에 대한 시설대여 목적으로 취득한 부동산은 그 시설대여업자의 대주주 및 특수관계인으로부터 취득한 것이 아니어야 한다.
4. 시설대여업자가 시설대여 목적으로 부동산을 취득하는 시점의 직전 회계연도말 기준으로 시행령 제2조 제1항 제1호 내지 제3호 기재 물건(다만, 차량은 제외)에 대한 시설대여 잔액은 총자산의 100분의 30 이상이어야 한다.

② 중소기업이 시행령 제2조 제1항 제4호에 따른 업무용부동산 시설대여기간 중 중소기업기본법 제2조에 따른 중소기업에 해당하지 않게 되는 경우 해당 중소기업은 시행령 제2조 제1항 제4호에 따른 중소기업으로 보지 아니한다.

④ 시설대여업자는 중소기업에 대한 시설대여 목적으로 취득한 부동산의 전부 또는 일부에 대한 시설대여기간이 중도해지되거나 종료되는 경우 1년 이내에 매각하거나 다른 중소기업의 업무용부동산으로 시설대여하여야 한다. 다만, 부동산시장 상황 악화 등 불가피한 사유가 있는 경우 1년의 범위 안에서 1회에 한하여 그 매각 또는 시설대여기한을 연장할 수 있으며 이 경우 금융감독원장이 정하는 바에 따라 금융감독원장에게 매각 또는 시설대여 기한 연장에 관한 사항을 사전 신고하여야 한다.

35) "대통령령으로 정하는 일정기간"이란 법인세법 시행령 제28조·제29조 및 제29조의2에 따른 내용연수의 20%에 해당하는 기간을 말한다. 다만, 제1항 제4호에 따른 부동산을 시설대여하는 경우에는 3년으로 한다(영2④).

36) 여신금융협회의 리스금융업 현황(2018. 12)에 따르면, 리스실행기준 실적(단위 억원)은 총 135,695억원 가운데, 산업기계기구(14,306), 운수·운반기기(102,982; 자동차 101,852), 의료기기(10,200), 교육·과학기술용기기(4,804), 통신기기(161), 유통산업기기(5), 기타(3,237)이다.

37) 고상현(2016), "부동산리스계약에 관한 법적 고찰", 토지법학 제32권 제1호(2016. 6), 266-267쪽.

Ⅱ. 리스계약의 종류

리스는 기본적으로 이용자가 리스업자에게 일정기간 특정 물건의 사용·수익권을 이전받고, 이에 대하여 리스료를 지급하는 계약이며, 그 법적 성격은 물적 금융의 실질을 갖는 비전형(무명) 계약이다.[38] 리스의 구체적인 내용은 리스의 목적과 기능에 따라 달리 정해진다.[39] 리스이용자가 기계나 설비 등의 리스물건의 이용을 위하여 리스회사로부터 리스물건의 유지, 관리, 수리 등의 서비스제공을 받는 형태가 운용리스(operating lease)이다. 이 경우 리스회사가 리스물건의 유지·관리에 대한 책임을 부담한다. 운용리스는 리스회사로부터 운용된다는 특성을 제외하고는 민법상의 임대차계약과 크게 다르지 않다. 반면 비전형계약으로서 리스 법리의 특유성이 발견되는 것은 금융리스이며, 우리나라에서 리스계약은 통상 금융리스를 지칭하게 된다(좁은 의미의 리스). 금융리스(finance lease)는 리스회사가 리스이용자가 필요로 하는 기계나 설비 등의 리스물건을 공급자로부터 구입하여 이를 일정한 기간 동안 리스이용자에게 대여하는 계약을 말한다. 즉 리스이용자가 리스물건을 취득하기 위해 금융을 대부하는 형태로 이해될 수 있다. 이 경우 리스회사는 리스이용자에게 금융적 편의만을 제공하고, 리스물건의 유지·관리 기타 위험에 대한 책임은 리스이용자가 부담하게 된다.[40]

리스계약은 금융리스가 중심이 되고 있으며, 근래에 이르러서는 상법상 전형적인 상행위로서의 지위를 획득하게 되었다. 상법 제46조 제19호에서는 금융리스가 기본적 상행위("기계, 시설, 그 밖의 재산의 금융리스에 관한 행위")로 규정되어 있다. 그리고 상법 제168조의2에 따르면, "금융리스이용자가 선정한 기계, 시설, 그 밖의 재산("금융리스물건")을 제3자("공급자")로부터 취득하거나 대여받아 금융리스이용자에게 이용하게 하는 것을 영업으로 하는 자를 금융리스업자라 한다"고 규정한다. 나아가 상법은 금융리스업자와 금융리스이용자의 의무(제168조의3), 공급자의 의무(제168조의4), 금융리스계약의 해지(제168조의5)에 대해서 각각 규율하고 있다. 한편 여신전문금융업법에서는 리스를 "시설대여"로 표현하고 있다.

---

38) 대법원 1986. 8. 19. 선고 84다카503 판결; 대법원 1994. 11. 8. 선고 94다23388 판결 등.

39) 리스는 운용리스와 금융리스의 구별 외에도 리스이용자, 목적물, 계약구조에 따라 다양하게 분류되기도 한다. 이용자에 따라서 사업자리스와 소비자리스로 나눌 수 있는데, 전자는 기업이 거래주체가 되는 원래의 리스형태이고, 후자는 일반 소비자를 상대로 하여 이루어지는 거래이다. 리스목적물과 관련하여 동산리스와 부동산리스로 나눌 수 있다. 그 밖에도 계약구조에 따라 리스회사가 리스물건의 사용 중에 발생하는 유지관리 책임을 부담하는 유지관리리스(maintenance lease), 리스회사가 공급자로부터 리스물건을 구입하는 대신에 리스이용자로부터 구입하여 이를 다시 리스이용자에게 리스하는 세일앤드리스백(sale and lease back), 복수의 리스회사가 동일한 리스물건을 공동소유하여 리스하는 공동리스(syndicated lease), 리스회사가 리스물건을 구입하는 대신 제3자로부터 임차하여 다시 실수요자에 리스하는 형태인 전대리스(sublease) 등이 있다(정희철(1980), "리스계약에 관한 연구", 서울대학교 법학 제20권 제2호(1980. 5), 71쪽).

40) 고상현(2016), 268-269쪽.

Ⅲ. 자동차리스상품

1. 의의

자동차리스 표준약관(여신거래기본약관 부속약관)에 따르면 "자동차 시설대여("리스")"라 함은 고객이 직접 선정한 자동차를 자동차 판매사("매도인")로부터 여신금융회사가 취득하거나 대여받아 고객에게 일정기간 이상을 사용하게 하고, 그 대가를 정기적으로 나누어 지급받으며, 사용기간이 끝난 후 물건의 처분에 관하여는 당사자 간 약정으로 정하는 여신전문금융업법상의 시설대여 행위를 말한다(표준약관2(1)).

2. 공시

여신금융상품공시기준(2016. 7. 12. 제정)에 따른 자동차리스 상품 공시의 일반원칙은 다음과 같다. 즉 i) 공시대상 상품은 국산·수입 신규 등록 승용자동차로 한다(상용차 제외, 운용리스만 해당). ii) 공시차종(모델)은 한국자동차산업협회(국산) 및 한국수입자동차협회(수입)의 승용자동차 내수판매 현황을 근거로 하여 각 10종 이상 15종 이내로 선정하되, 차종은 업계 실무작업반에서 변경(연 1회, 4분기 중)할 수 있다. iii) 공시대상 회사는 상기 차종을 취급하는 회사만 공시한다. 다만, 전 분기 동안 해당 상품의 취급이 없는 경우에는 공시하지 않는다. iv) 리스이용기간은 36개월로 하되, 리스료는 최저에서 최고 리스료로 하며 아래의 ㉠ 및 ㉡ 기준으로 각각 작성하여 공시한다. 즉 ㉠ 리스보증금 및 무보증잔존가치의 적용률을 차량가액에 각 30%를 적용하여 최저~최고리스료를 산정하고, ㉡ 리스보증금 및 무보증잔존가치의 적용률을 차량가액에 각 회사의 실질 운영율을 적용하여 최저-최고리스료를 산정한다. v) 리스료에 포함되는 비용은 중개수수료, 취득세 등 각종부대비용을 포함하며, 고객(리스이용자)의 신용도 및 회사별 리스상품운영 조건(리스보증금 및 무보증잔존가치 등)에 따라 변동될 수 있다.

제4절 할부금융상품

Ⅰ. 의의

할부금융은 소비자가 일시불로 구입하기 어려운 고가의 내구재나 주택 등을 구입하고자 할 때 할부금융회사가 소비자에게 구입자금의 전부 또는 일부를 대여해주고, 소비자는 할부금융회사에 일정한 수수료를 내고 원금과 이자의 분할상환이 가능하도록 하는 금융상품을 말한다. 이는 소비자에게 자금을 대여해준다는 점에서 "소비자신용"으로 분류된다. 할부금융의 거래당사자는 소비자, 공급자(판매자) 그리고 할부금융회사이다.41)

여신전문금융업법은 할부금융을 "재화와 용역의 매매계약에 대하여 매도인 및 매수인과 각각 약정을 체결하여 매수인에게 융자한 재화와 용역의 구매자금을 매도인에게 지급하고 매수인으로부터 그 원리금을 나누어 상환받는 방식의 금융"으로 정의하고 있다(법2(13)). 또한 할부거래법은 할부금융을 "소비자가 신용제공자에게 재화등의 대금을 2개월 이상의 기간에 걸쳐 3회 이상 나누어 지급하고, 재화등의 대금을 완납하기 전에 사업자로부터 재화등의 공급을 받기로 하는 계약"으로 정의(법2(1)(나))하면서 간접할부계약이라는 용어를 사용하고 있다.

여신전문금융업법 및 할부거래법의 규정을 살펴보면, 할부금융은 금융소비자가 구매한 물건등의 대금을 할부금융업자가 금융소비자에게 융자하고, 융자금은 금융소비자가 아닌 해당 물건등의 매도인에게 지급하는 거래구조를 가지고 있다. 금융소비자는 융자받은 금액을 할부금융업자에게 분할하여 상환한다. 할부금융은 물권등의 소유권 등이 매도인에게서 금융소비자로 직접 이전한다는 점에서 앞서 살펴본 금융리스 및 연불판매와 차이점이 존재한다. 그리고 매도인을 가맹점으로 제한하지 않고, 대금상환이 분할하여 이루어진다는 점이 다르다.42)

Ⅱ. 종류

1. 개요

여신금융협회 할부금융업 현황(2018. 12)에 따르면 할부금융업이 취급하는 주요 금융상품은 내구재, 기계류와 주택으로서 이 중 자동차금융이 압도적으로 많은 비중을 차지하고 있다(2018년 기준 총 할부금융 취급실적 21조 830억원, 자동차금융 취급실적 19조 5,768억원으로 자동차금융 비중이 전체 할부금융비중의 약 93%를 차지함). 여신금융협회 할부금융업 현황(2018. 12)에 따르면 자동차금융 편중 현상이 해를 거듭할수록 심해지고 있다(2015년 91.6%, 2016년 91.8%, 2017년 92.2%, 2018년 92.9%).43)

2. 자동차할부금융

할부금융시장에서 자동차금융이 차지하는 비중은 압도적으로 높다. 이는 소비자가 필요로

41) 박원주 · 정운영(2019). "소비자관점에서 본 할부금융의 문제점 및 개선방향", 소비자정책동향 제98호(2019. 6), 3쪽.
42) 윤민섭(2014a), 42쪽.
43) 박원주 · 정운영(2019). 5쪽.

하는 재화 중 자동차가 주택 다음으로 목돈이 소요되는 고가의 재화이기 때문이기도 하다. 주택구입에 따른 부족자금의 융통은 1차적으로 은행이 담당하므로 할부금융시장에서 차지하는 주택금융 비중은 2018년 기준 1.3%에 그치고 있다.

자동차금융에 적용되는 금리는 신용등급에 따라 달리 적용되나 신차 금리는 최저 2.4%에서 최고 7.99% 수준이며, 중고차 금리는 은행 4-5%대, 카드회사 5-6%대, 캐피탈사(할부금융회사)가 11-16%대로 캐피탈사의 중고차 금리는 매우 높은 수준이다. 중고차 금리가 높은 이유는 대출 연계를 도운 중개인이나 딜러에게 지급하는 수수료가 금리에 포함되기 때문인데, 중고차 거래에서는 소비자를 캐피탈사와 연결시켜 주는 딜러의 역할이 중요하기 때문에 법정수수료 외에 간접 수수료를 제공하는 회사도 있다. 이 경우 소비자는 더 높은 금리를 부담할 수밖에 없다. 캐피탈사의 비약적인 성장은 자동차금융에의 집중을 통해서 가능했으며, 신차시장의 치열한 경쟁으로 인해 점차 중고차시장 비중을 늘려가고 있다.[44)]

3. 자동차 이외의 할부금융

할부금융시장에서 자동차 외 내구재금융이 차지하는 비중은 매우 적다(2018년 기준 1.7%). 내구재 할부금융에서 취급하는 품목은 가전제품, 주방용품, 통신기계, 오토바이, 가구, 미용용품, 악기, 보일러 등으로 비교적 고가의 재화이다. 소비자는 자동차 외 가전제품과 같은 내구재를 주로 카드회사 할부결제 방식을 이용하여 구입하는데, 이때 할부이용에 따른 수수료가 부가되고, 이는 할부결제기간이 길어질수록, 신용등급이 낮을수록 높게 책정된다(할부수수료는 기관마다 다르나 약 5.1-21.9% 정도임, 여신금융협회).

또한 카드사용은 한도규제에 따른 사용제약을 받을 수 있다. 이에 고가의 내구재를 자동차처럼 대출을 통해 구매하면서, 카드 할부수수료에 비해 낮은 수수료, 카드 할부기간에 비해 긴 대출금 상환기간이란 이점이 있는 캐피탈사의 내구재 할부금융을 이용하는 경우가 조금씩 늘어나고 있다(카드회사 최장 할부기간 최대 36개월, 캐피탈사 대출금상환기간 최대 60개월).

은행, 카드회사 등 경쟁사의 적극적 진출로 캐피탈사의 자동차금융시장이 레드오션시장의 양상을 띠자, 캐피탈사는 내구재 할부금융으로의 사업다각화를 시도하고 있다. 그러나 현대 소비생활의 특징적인 트렌드라 할 수 있는 "소유에서 사용으로"라는 패러다임 전환과 맥을 같이 하는 렌탈사업의 활성화로 내구재 할부금융시장은 채 성장하기도 전에 점점 그 비중이 축소되고 있는 상황으로 보여진다.[45)]

---

44) 박원주 · 정운영(2019), 6쪽.
45) 박원주 · 정운영(2019), 7-8쪽.

Ⅲ. 공시

1. 일반규정

할부금융업자는 할부금융계약을 체결한 재화와 용역의 매수인("할부금융이용자")에게 ⅰ) 할부금융업자가 정하는 이자율, 연체이자율 및 각종 요율(이 경우 각종 요율은 취급수수료 등 그 명칭이 무엇이든 할부금융이용자가 할부금융업자에게 지급하는 금액이 포함되도록 산정하여야 한다)(1호),[46] ⅱ) 할부금융에 의한 대출액("할부금융자금")의 변제방법(2호), ⅲ) 그 밖에 총리령으로 정하는 사항(3호) 등이 적힌 서면을 내주어야 한다(법39 본문). 다만, 할부금융이용자의 동의가 있으면 팩스나 전자문서로 보낼 수 있다(법39 단서).

2. 여신금융상품공시기준

여신금융상품공시기준(2016. 7. 12. 제정)에 따른 공시의 일반원칙을 살펴본다.

(1) 자동차금융(국산－신차)

공시의 일반원칙은 ⅰ) 공시대상은 국내승용자동차로 한다. ⅱ) 자동차금융은 할부금융 및 오토론을 포함한다. ⅲ) 금리는 운영기준으로 작성하며 소수점 이하 둘째자리(소수점 이하 셋째자리에서 반올림)까지만 표시하도록 한다. ⅳ) 전분기 실제평균금리는 직전분기에 실제 취급한 상품금리를 말하며, 최저·최고금리의 구간이 2% 이상일 경우 작성한다(전분기 동안 해당 상품의 취급실적이 없는 경우, 공시 제외). ⅴ) 금리 등의 최저값과 최고값이 같을 경우 동일값을 기재하기로 한다. ⅵ) 중도상환수수료율(중도상환수수료율이 없는 경우, 0.00을 기입) 및 연체이자율은 최저-최고로 작성한다. ⅶ) 기준일자에는 해당 상품의 공시 기준일을 YYYYMMDD의 형식으로 기재한다. ⅷ) 대출기간(개월)은 12, 24, 36, 48, 60개월로 한다.

(2) 자동차금융(국산－중고차)

중고차 금융상품정보와 관련된 일반원칙은 위의 자동차 금융(국산-신차)의 경우와 동일하다. 그 이외에 중고차 적용금리대별 분포 현황에 관한 일반 원칙은 ⅰ) 공시대상은 국내승용자동차로 한다(수입차, 상용차 제외). ⅱ) 자동차금융은 할부금융 및 오토론을 포함한다. ⅲ) 매월

46) 여신전문금융업감독규정 제23조의2(거래조건의 공시) ① 할부금융업자는 법 제39조 제1호에 따른 이자율, 연체이자율 및 각종 요율을 여신전문금융업협회 인터넷 홈페이지에 게시하여야 한다.
② 감독원장은 할부상품의 종류, 공시 내용·주기 등 제1항에 따른 게시와 관련하여 필요한 사항을 정할 수 있다.
[여신전문금융업감독업무시행세칙 제17조(거래조건의 공시)] ① 감독규정 제23조의2 제2항에 따라 감독원장이 정하는 할부상품의 종류, 상품별 공시내용, 공시내용 변경주기 등은 <별표 9>와 같다.
② 여신전문금융업협회장은 공시자료 제출절차, 제출방법 등과 관련한 세부적인 사항을 정할 수 있다.
③ 할부금융업자는 내부감사부서를 통하여 제1항에 따른 공시사항의 이행 여부를 정기적으로 점검하고 그 결과를 기록·관리하여야 한다.

직전 3개월 동안의 신규 취급실적(추가대출, 기간연장 미포함)을 기준으로 작성한다. iv) 중도상환 등을 고려하지 않은 약정 신용공여 기간으로 적용한다. v) 취급 비중은 소수점 이하 둘째 자리(셋째자리에서 반올림)까지만 표시한다.

(3) **자동차금융**(수입－신차, 중고차)

공시의 일반원칙은 i) 공시대상은 수입 신차 및 중고차로 한다. ii) 자동차금융은 할부금융 및 오토론을 포함한다. iii) 금리는 운영기준으로 작성하며 소수점 이하 둘째자리(소수점 이하 셋째자리에서 반올림)까지만 표시하도록 한다. iv) 전분기 실제평균금리는 직전분기에 실제 취급한 상품금리를 말하며, 최저·최고금리의 구간이 2% 이상일 경우에만 작성하고, 가중평균 금리로 산출하여 기입한다(전분기 동안 해당 상품의 취급 실적이 없는 경우, 공시 제외). v) 금리의 최저값과 최고값이 같을 경우 동일값을 기재한다. vi) 중도상환수수료율(중도상환수수료율이 없는 경우, 0.00을 기입). vii) 기준일자에는 해당 상품의 공시 기준일을 YYYYMMDD의 형식으로 기재한다.

(4) **기타 할부금융**(주택, 가전제품, 기계류, 기타 상품)

공시의 일반원칙은 i) 공시대상은 주택, 가전제품, 기계류, 기타 상품으로 한다. ii) 이자율, 연체이자율 및 중도상환수수료율(중도상환수수료율이 없는 경우, 0.00을 기입)는 연이자율(최저-최고)로 작성하며 소수점 이하 둘째자리(소수점 이하 셋째자리에서 반올림)까지 기재한다. iii) 비고란에는 상품의 특징[상환방식, 금리종류(변동, 고정, 혼합), 대출기간(최고) 등]을 기재한다. iv) 주택할부금융상품의 경우, 분기중 신규 취급 상품에 대해 취급액이 큰 대표상품만 공시한다. v) 가전제품, 기계류, 기타 상품의 경우, 상품명에 할부거래의 대상이 되는 재화 또는 용역의 이름을 기재하고 매분기 말 취급잔액(관리자산 기준)을 기준으로 상위 3개 상품을 공시한다(다만, 취급상품이 3개 미만일 경우에는 취급상품만 공시). vi) 기계류의 경우 일반산업기계, 동력이용기계, 공작기계를 기재하며, 기타상품의 경우 상품명에 운수운반기기(건설기계, 상용차, 오토바이 등) 또는 기타 상품을 기재한다. 여기서 건설기계는 건설업에 사용되는 기계(지게차·포클레인·불도저·레미콘 등이 해당)이다.

제6편

신탁상품

제1장 서설
제2장 자본시장법상 신탁상품
제3장 신탁법상 신탁상품

제1장 / 서 설

제1절 신탁의 의의와 종류

Ⅰ. 신탁의 의의

1. 신탁의 개념

신탁은 "믿고(信) 맡긴다(託)"는 의미를 갖는다. 자본시장법상 신탁업이란 "신탁"을 영업으로 하는 것을 말하고(법6⑨), 자본시장법에서 "신탁"이란 신탁법 제2조의 신탁을 말한다. 신탁법 제2조에 의하면, "신탁"이란 "ⅰ) 신탁을 설정하는 자(=위탁자)와 신탁을 인수하는 자(=수탁자) 간의 신임관계에 기하여, ⅱ) 위탁자가 수탁자에게 특정의 재산(영업이나 저작재산권의 일부를 포함)을 이전하거나 담보권의 설정 또는 그 밖의 처분을 하고, ⅲ) 수탁자로 하여금 일정한 자(=수익자)의 이익 또는 특정의 목적을 위하여 그 재산의 관리, 처분, 운용, 개발, 그 밖의 신탁 목적의 달성을 위하여 필요한 행위를 하는 법률관계를 말한다(신탁법2). 즉 신탁은 위탁자가 타인(수탁자)에게 사무처리를 부탁하는 형태로, 형식적인 재산권 귀속자인 관리자(관리권자)와 실질적인 이익향유자(수익자)를 분리하면서 이익향유자를 위한 재산의 안전지대를 구축하는 제도이다. 신탁의 주된 구성요소는 위탁자, 수익자, 신탁의 목적, 신탁설정 행위 및 신탁재산이다. 수익자가 없는 특정의 목적을 위한 신탁(목적신탁)도 인정된다.

2. 신탁의 기능

현대의 금융거래에서 신탁은 매우 중요한 역할을 하고 있다. 금융거래에서 신탁의 기본적인 기능으로는, 신탁재산의 독립성에 따라 신탁재산이 위탁자와 수탁자의 도산으로부터 절연될 수 있게 하는 기능(=도산절연기능)과 재산을 단일 또는 복층의 신탁수익권으로 변환시켜 보다 쉽게 금융거래의 수단이 될 수 있도록 하는 기능(=재산변환기능)을 들 수 있다. 또한 신탁재산이나 그에 관한 수익권의 행사를 수익자에 대한 채무의 담보목적으로 제한하는 경우에는 신탁재산이 실질적으로 담보의 기능을 한다(=신탁의 담보적 기능). 이러한 신탁의 기능을 활용하여, 가장 기본적인 담보부대출 거래에서부터 다양한 금융기법이 총체적으로 이용되는 자산유동화 등의 복잡한 구조화금융 거래에 이르기까지 신탁이 널리 이용되고 있다. 신탁을 이용한 금융거래로는 투자신탁, 자산유동화, 담보신탁, 프로젝트금융, 교환사채, 담보부사채신탁 등을 들 수 있고, 신탁법 개정에 의하여 사업신탁, 담보권신탁, 유한책임신탁, 신탁사채, 수익증권발행신탁, 신탁의 합병·분할 등 새로운 제도가 도입됨으로써 신탁의 이용가능성이 증대되었다.[1)]

Ⅱ. 신탁의 종류

신탁은 그것을 통해 어떤 목적을 달성하고자 하는지 그리고 어떻게 설계하는지에 따라 다양한 형태로 설정될 수 있다. 또한 신탁은 개별적인 기준에 따라 여러 종류로 분류될 수 있다. 여기서는 기본적인 유형을 살펴본다.

1. 임의신탁과 법정신탁

신탁은 발생원인에 따라 임의신탁과 법정신탁으로 구분된다. 당사자의 의사표시(신탁계약, 유언, 신탁선언 등)에 따라 설정되는 경우가 임의신탁이고, 신탁종료 이후의 신탁(신탁법101④)과 같이 법률에 의해 그 존속이 간주되는 신탁이 법정신탁이다.

2. 공익신탁과 사익신탁

신탁의 목적에 따라 공익신탁과 사익신탁으로 구분되는데, 학술, 종교, 제사, 자선, 기예, 환경, 그 밖에 공익을 목적으로 하는 신탁(공익신탁법)을 제외하고는 사익신탁이 된다.

3. 능동신탁과 수동신탁

신탁이 설정되면 통상 수탁자는 적극적으로 신탁재산을 관리·운용 또는 처분하는데 이를 능동신탁이라고 한다. 수동신탁은 수탁자가 신탁재산의 명의인이 될 뿐 신탁재산의 관리방법에 대한 재량을 가지고 있지 않고, 수익자, 위탁자 등의 지시에 따라 관리·처분 등을 하는 신

1) 박준·한민(2019), 「금융거래와 법」, 박영사(2019. 8), 228-229쪽.

탁 또는 수탁자가 신탁재산을 적극적으로 관리 또는 처분을 해야 할 권리·의무를 부담하지 아니하는 신탁이라고 정의한다. 과거에는 수동신탁의 효력에 관하여 의문을 제기하는 견해가 있었던 것으로 보이나 근래에는 수동신탁이라고 하더라도 신탁법상의 신탁으로서의 효력을 인정하는 것이 일반적인 견해이다.[2)]

4. 자익신탁과 타익신탁

위탁자가 수익자를 겸하는 경우를 자익신탁이라고 부르고, 위탁자와 수익자가 다른 경우를 타익신탁이라고 한다. 위탁자가 자신을 위해 재산의 관리·운용 목적의 신탁을 하는 경우 자익신탁 방식에 의한다. 재산의 승계, 담보제공 기타 처분 목적으로 신탁을 하는 경우에는 처음부터 타익신탁에 의할 수도 있고, 자익신탁에 의하여 위탁자가 수익권을 취득한 후 수익권을 제3자에게 양도, 담보제공 기타의 방법으로 처분할 수도 있다. 처음부터 타익신탁으로 설정하는 경우 위탁자는 수익자로부터 신탁행위의 원인이 되는 법률행위로 반대급부를 받는 경우도 있고 그렇지 아니한 경우(증여)도 있다. 신탁행위로 달리 정하지 아니한 경우, 위탁자가 수익권 전부를 갖고 있는 자익신탁(후발적으로 자익신탁이 된 경우를 포함)은 위탁자나 그 상속인이 언제든지 종료할 수 있다.[3)]

금융거래에 이용되는 신탁에서는 하나의 신탁에 타익신탁과 자익신탁이 혼합되어있는 경우가 많다. 예컨대 담보신탁은 타익신탁 부분(=위탁자의 채권자에 대한 우선수익권 부여)과 자익신탁 부분(=위탁자 자신의 후순위수익권 취득)으로 구성된다.

5. 영리(영업)신탁과 비영리(비영업)신탁

신탁은 수탁자가 신탁을 인수하는 것이 "영업으로"하는 것인지 여부에 따라 영리신탁(=상사신탁)과 비영리신탁(=민사신탁)으로 구분할 수 있다. 영리신탁이란 신탁법상 신탁을 영업으로 하는 경우를 말하며(자본시장법9㉔), 비영리신탁이란 상행위로서가 아닌 사인 간의 민사신탁행위를 말한다. 영리신탁의 경우에는 신탁법뿐 아니라 자본시장법이 적용되며, 금융위원회로부터 신탁업 인가를 받아야 영위할 수 있다.[4)]

영리신탁의 경우, 수탁자는 "업으로", 즉 "이익을 얻을 목적으로 계속적이거나 반복적인 방법으로" 신탁의 인수를 하는 신탁업자로서 자본시장법에 따른 규제(진입규제, 건전성규제, 영업행위규제 등)를 받는다. 자본시장법에 따라 규제되는 영리신탁은 신탁재산의 종류에 따라 금전

2) 박준·한민(2019), 224쪽.
3) 박준·한민(2019), 224-225쪽.
4) 박준·한민(2019), 225-226쪽.

신탁과 비금전신탁(=증권, 금전채권, 동산, 부동산, 부동산 관련 권리 또는 무체재산권을 신탁재산으로 하는 신탁)으로 구분된다. 종류가 다른 복수의 재산을 종합하여 수탁하는 것을 "종합신탁"이라고 한다(자본시장법103). 금전신탁은 다시 위탁자가 신탁재산인 금전의 운용방법을 지정하는 것인지 여부에 따라 특정금전신탁과 불특정금전신탁으로 구분된다(자본시장법 시행령103).

6. 자산운용형신탁 · 자산관리형신탁 · 자산유동화형신탁

영리신탁(상사신탁)은 신탁재산을 신탁하는 목적을 기준으로 i) 자산운용전문가인 신탁업자에게 보유자산의 운용을 맡기는 신탁("자산운용형신탁"), ii) 신탁업자가 위탁자의 지시에 따라 단순히 신탁재산의 보관·관리업무를 수행하는 신탁("자산관리형신탁"), 그리고 iii) 위탁자가 자금조달을 목적으로 보유자산을 유동화하는 신탁("자산유동화형신탁")으로 구분할 수 있다.

제2절 신탁업과 신탁의 법체계

Ⅰ. 신탁업

1. 신탁업의 의의

신탁을 영업으로 하는 것을 신탁업이라고 한다(법6⑨). 따라서 신탁업이란 신탁업자(신탁회사)에 의하여 업(業)으로 행하여지는 영리신탁으로 정의할 수 있다. 자본시장법상 신탁업자는 구신탁업법상 신탁회사의 업무범위를 그대로 채택함에 따라 신탁의 수익권이 금융투자상품인지 여부를 떠나 금융투자업자로 분류된다. 자본시장법에서 규율하고 있는 금융투자업 중 그 정의 내용에 금융투자상품을 포함하지 않는 것은 신탁업이 유일하다. 투자매매·중개업 등은 그 업무의 속성이 금융투자상품과 밀접하게 연관되어 있는 반면 신탁업의 경우 신탁을 영업으로 한다고 정의함으로써 사실상 금융투자상품과 직접적인 관련성을 갖지 않는 방식으로 정의되어 있다. 이처럼 자본시장법에서 신탁업이 다른 금융투자업과 다른 방식으로 정의되어 있는 것은 신탁업의 특성상 위탁자와 수탁자 간의 신탁계약에 의해 다양하게 구현될 수 있을 뿐만 아니라 신탁업의 영업이 아닌 공익신탁 등도 존재하고 있다는 점을 고려한 것으로 생각된다.

다만 자본시장법은 종전의 신탁업법과 달리 증권의 하나인 수익증권의 범위를 확대적용하고 있다는 점이다. 즉 종전에는 금전신탁의 경우에만 수익증권을 발행할 수 있도록 규정하고 있었으나 자본시장법은 수익증권의 범위를 금전신탁뿐만 아니라 그 밖에 신탁의 수익권이 표시된 것도 수익증권의 범주에 포함시킴으로써 신탁의 수익권을 금융투자상품의 범주에 포함시키고 있다(법4⑤).

신탁업의 본질적 업무는 i) 신탁계약(투자신탁의 설정을 위한 신탁계약을 포함)과 집합투자재산(투자신탁재산은 제외)의 보관·관리계약의 체결과 해지업무, ii) 신탁재산(투자신탁재산은 제외)의 보관·관리업무, iii) 집합투자재산의 보관·관리업무(운용과 운용지시의 이행 업무를 포함), iv) 신탁재산의 운용업무[신탁재산에 속하는 지분증권(지분증권과 관련된 증권예탁증권을 포함)의 의결권행사를 포함]를 말한다(영47①(6)).

2. 신탁업의 연혁

우리나라에서 근대적 의미의 신탁제도가 1910년대 도입된 이후 해방 직후의 혼란기를 거치면서 신탁업 발전이 답보상태에 있었으나, 1960년대 들어서면서 경제개발 계획을 추진하는 과정에서 장기저축성 자금의 조달수단으로 신탁업 육성의 필요성이 제기되면서 신탁업 발전의 계기가 되었다. 1962년 11월에 4개 전국은행이, 1968년에는 지방은행인 부산은행이 신탁업을 영위하게 되면서 신탁업의 규모가 증가하게 되었다. 그러다가 신탁업 본연의 장기금융기능과 재산관리기능을 살릴 수 있는 신탁업 전담기관의 설립 필요성이 제기되어 1968년 12월 한국신탁은행을 설립하는 한편 기존의 신탁업 겸영은행에 대해서는 신규수탁을 금지하였다. 이에 따라 1980년대에 다른 일반은행에게 신탁업 겸영을 허용하기까지 한국신탁은행이 신탁업을 전담하는 독점체제가 유지되었다. 그러나 금융기관 간 경쟁을 촉진시키기 위해서 1983년부터 일반은행에게 신탁업을 겸영업무로 허용해주기 시작하면서 경쟁체제로 전환하게 되었다. 1983년 지방은행에 대해서 신탁업이 겸영업무로서 허용되었고, 1984년에는 전국 은행에 대해서도 허용되었으며, 1989년에는 특수은행에 대해서도 신탁업무가 허용되었다. 1991년에는 전업 신탁회사인 부동산신탁회사의 설립이 허용되었으며, 2005년에는 증권회사 및 보험회사에 대해서도 신탁업이 겸영업무로 허용되는 등 신탁회사의 범위가 확대되었다.5)

이처럼 신탁업은 신탁의 본래적인 기능인 재산관리 목적으로 시작된 것이 아니라 주로 은행 등 금융기관의 겸영업무로서 영위하다보니 신탁의 본래 기능인 재산관리기능보다는 금융상품의 하나로 취급되어 왔다는 한계가 있다.

3. 신탁업의 유형

신탁업자가 수탁할 수 있는 신탁재산의 종류는 신탁업의 분류와 밀접한 관련이 있다. 자본시장법은 신탁업을 다음과 같이 두 유형으로 구분하고, 이에 따라 수탁할 수 있는 신탁재산

5) 한국은행(2018), 「한국의 금융제도」(2018. 12), 264-265쪽.

을 규정하는 방식을 취하고 있다. 자본시장법에서 허용하고 있는 신탁 가능한 모든 재산권(법 103①)을 신탁재산으로 수탁할 수 있는 종합신탁업과 금전 또는 동산, 부동산 및 부동산 관련 권리를 수탁할 수 있는 전문신탁업으로 구분할 수 있다. 전문신탁업은 다시 금전만을 수탁할 수 있는 금전신탁업과 부동산 및 부동산 관련 권리만을 수탁할 수 있는 부동산신탁업으로 분류하고 있다. 또한 금전신탁업은 다시 특정금전신탁과 불특정금전신탁으로 구분된다(영103).

Ⅱ. 신탁의 법체계

1. 법체계

1961년에 신탁법과 신탁업법이 제정되었고, 1962년에 담보부사채신탁법이 제정되었다. 2009년에 자본시장법이 제정되면서 신탁업법은 폐지되고 자본시장법에 통합되었다. 우리나라의 신탁제도는 영리신탁을 중심으로 발전하여 왔다. 2011년 7월 2일 신탁법이 전면개정되어 2012년 7월 26일부터 시행되었다(아래서는 전면개정된 신탁법을 "신탁법" 또는 "개정신탁법", 개정 전의 신탁법을 "(구)신탁법"이라고 한다). 신탁법 개정 내용 중에는 신탁재산의 범위 확대, 담보권신탁·자기신탁 등 신탁행위의 범위 확대, 사해신탁 제도의 개선, 유한책임신탁·수익증권발행신탁 및 신탁사채의 도입, 수익자가 여럿인 경우의 의사결정 방법 신설, 상계관련 규정의 정비, 신탁사무 위임의 유연화 등이 포함되어 있다.[6)]

신탁법은 관련 당사자 간의 권리의무 관계를 규율하는 거래법적 성격을 갖고 있고, 많은 규정이 신탁행위에 의해 달리 정할 수 있는 임의규정으로 되어 있다. 신탁업을 영위하는 신탁업자는 자본시장법의 규제를 받는데, 신탁법과의 관계에서는 자본시장법상 영업행위규제가 중요하다. 신탁법에서 허용된 행위라도 신탁업자와의 관계에서는 자본시장법상의 영업행위규제에 따라 금지 또는 제한될 수 있다. 담보부사채신탁법은 사채에 물상담보를 붙이려고 하는 경우에 적용되는 법으로서 신탁법과 자본시장법의 특별법이라고 할 수 있고 거래법과 규제법의 속성을 모두 갖고 있다. 신탁법에 따른 신탁으로서 일정한 공익사업을 목적으로 하는 공익신탁은 공익신탁법에 의하여 규율된다. 개정신탁법에 따라 사해신탁 제도가 대폭 변경되고 파산능력을 갖는 유한책임신탁이 새로 도입됨에 따라 2013년 5월 28일 채무자회생법이 개정되어 신탁행위의 부인에 관한 특칙과 유한책임신탁의 신탁재산에 대한 파산절차가 신설되었다. 또한 2013년 5월 28일자로 부동산등기법이 개정되어 부동산 저당권 또는 근저당권을 설정하는 담보권신탁에 관한 신탁등기제도가 마련되었다.

---

6) 박준·한민(2019), 226-228쪽.

위와 같은 신탁 관련 제도의 개선은 신탁을 이용한 금융거래의 활성화에 크게 기여할 것으로 기대된다. 그러나 개정신탁법에 의해 새로운 유형의 신탁이 도입되고 신탁제도가 개선되어도 신탁업 규제에 관한 자본시장법의 규정이 이를 적절히 수용하지 아니할 경우, 신탁제도 개혁의 취지가 퇴색될 수도 있다. 예를 들면 개정신탁법에서 담보권신탁을 도입하였지만 자본시장법 제103조 제1항에 따라 신탁업자가 수탁할 수 있는 재산에는 "담보권"이 포함되어 있지 아니하여 신탁업자가 영업행위로서 담보권신탁을 인수하는 것은 허용되지 않고 있다. 또한 개정신탁법은 수익증권발행신탁 제도를 새로이 도입하였으나 자본시장법상으로는 금전신탁계약에 의한 수익권과 투자신탁의 수익권이 표시된 수익증권만 발행할 수 있다(동법110, 189). 가까운 시기에 개정신탁법에 따른 신탁제도의 개선을 수용하기 위한 자본시장법의 개정이 이루어져야 할 것이다. 신탁은 기본적으로 일대일 계약의 비정형성을 갖는 것이고 금융부문뿐만 아니라 비금융부문도 포괄하고 있다는 점을 고려하여, 최근에는 자본시장법 밖에서 신탁업에 대한 독립적 규율체계를 마련할 필요가 있다는 견해도 제시된 바 있다.

2. 자본시장법상 신탁업의 특징

자본시장법에 의하면 "금융투자업"이란 이익을 얻을 목적으로 계속적이거나 반복적인 방법으로 행하는 행위로서 투자매매업, 투자중개업, 집합투자업, 투자자문업, 투자일임업, 신탁업 중 어느 하나에 해당하는 업(業)을 말한다(법6①). 자본시장법상 금융투자업 중 그 정의 내용이나 본질적 업무를 살펴볼 때 금융투자상품을 포함하지 않는 것은 신탁업이 유일하다. 투자매매업을 비롯하여 다른 금융투자업은 금융투자상품을 중심으로 영업이 이루어지고 있는 반면, 신탁업의 경우 신탁을 영업으로 한다고 정의함으로써(법6⑧) 금융투자상품과 직접적인 관련성을 갖지 않는 방식으로 정의하고 있다. 더욱이 자본시장법은 금융투자상품을 정의하면서 수탁자에게 신탁재산의 처분권한이 부여되지 아니한 신탁, 즉 "관리신탁"의 수익권은 투자자보호의 필요성이 없기 때문에 금융투자상품에서 제외하고 있다(법3①(2)). 따라서 관리신탁의 경우는 자본시장법의 규제를 받지 아니한다. 또한 자본시장법은 금융업권별로 구분된 금융업을 경제적 실질에 따라 투자매매업 등 6개 단위의 금융투자업 개념을 도입하여, 이들 간에 겸영을 기본적으로 자유롭게 허용하는 체제를 도입하고 있다. 하지만 자본시장법은 신탁을 집합투자기구로 상정하고 있지 않으며, 신탁업자가 집합투자업을 영위할 수 없도록 하고 있다.[7][8]

---

7) 안성포(2014), "현행 신탁업의 규제체계와 한계", 한독법학 제19호(2014. 2), 106-108쪽.

8) 여기서 자본시장법이 신탁업을 금융투자업의 6개의 단위 중 하나로 분류하는 방식이 과연 옳은 것인가? 나아가 금융투자업을 신탁업에 대한 상위 개념이라고 할 수 있는 것인가? 라는 의문이 든다. 다시 말하면 금융투자상품을 대상으로 하는 투자매매업, 투자중개업, 집합투자업, 투자자문업, 투자일임업과 금융투자상품과 직접적인 관련이 없는 신탁업을 병렬적으로 분류하는 것은 신탁의 다양한 기능성을 무시하는 것이고,

3. 신탁법과 자본시장법의 관계

신탁법과 자본시장법은 일반법과 특별법의 관계에 있어 신탁을 영업으로 하는 경우 자본시장법이 특별법으로서 우선 적용되고 자본시장법이 규율하지 아니한 부분은 신탁법이 적용된다.

나아가 신탁의 개념에 비추어 볼 때에 논리적으로도 적절하지 않다는 비판을 받는다.

제2장

자본시장법상 신탁상품

제1절 신탁재산의 제한

Ⅰ. 신탁재산의 의의

신탁재산이란 신탁행위의 대상으로 수탁자가 위탁자로부터 양수하거나 처분받아 신탁의 목적에 따라 관리·처분하여야 할 대상을 말한다. 따라서 신탁재산은 형식적으로는 수탁자에게 귀속되어 관리·처분권이 있으나, 실질적으로는 수탁자가 신탁의 목적에 따라 관리·처분하여야 하는 제약을 받는다. 신탁은 수탁자가 보유하는 신탁재산에 관한 법률관계라고 할 수 있다. 모든 신탁에 있어서 위탁자는 수탁자에게 특정 재산을 이전하거나 기타 처분을 하게 하고(신탁법2), 이 재산은 신탁관계의 중심이 된다.[1)]

Ⅱ. 신탁재산의 범위

신탁재산은 위탁자가 처분하는 하나 또는 다수의 재산을 포함하는데, 신탁법은 특별히 목적재산으로서의 신탁재산(trust fund)과 신탁재산에 속한 개별 재산(property)을 구분하는 않는다. 그리고 개별 신탁재산의 종류에 대하여도 특별한 제한을 두고 있지 않다.[2)] 다만 수탁자가

1) 최수정(2016), 「신탁법」, 박영사(2016. 2), 235쪽.

2) 신탁재산은 신탁설정시에 대체로 확정되나 신탁 설정 후에도 고정되어 있는 것은 아니다. 즉 신탁재산의 범위는 신탁 설정 시 신탁행위에 의하여 결정되나, 신탁설정시 신탁재산에 하자가 있으면 위탁자의 담보책임으로 인하여 신탁재산은 변동이 생기며 또한 신탁설정시 신탁행위의 모든 요건이 완비되어 있지 않으

신탁업자인 경우 수탁할 수 있는 재산은 자본시장법에 따라 i) 금전, ii) 증권, iii) 금전채권, iv) 동산, v) 부동산, vi) 지상권, 전세권, 부동산임차권, 부동산소유권 이전등기청구권, 그 밖의 부동산 관련 권리, vii) 무체재산권(지식재산권을 포함)으로 한정된다(법103①). 이를 위반하여 다른 재산을 수탁한 신탁업자는 징역 1년 이하 또는 3천만원 이하의 벌금에 처한다(법446(18)). 그리고 수탁자의 신탁사무의 내용은 개별 약정에 따라 다양하지만 실무상 기준에 의하면 관리, 처분, 운용, 개발 등으로 구분될 수 있다. 실무상 신탁은 그 수탁자산에 따라 크게 금전신탁과 재산신탁(부동산신탁 제외), 부동산신탁, 종합재산신탁으로 분류할 수 있다.

또한 부동산개발사업을 목적으로 하는 신탁계약을 체결한 신탁업자는 그 신탁계약에 의한 부동산개발사업별로 금전을 대통령령으로 정하는 사업비[3]의 15% 이내에서 수탁할 수 있다(법103④). 이를 위반한 신탁업자는 징역 1년 이하 또는 3천만원 이하의 벌금에 처해진다(법446(18)).

Ⅲ. 투자성있는 신탁상품

자본시장법은 금융투자상품의 매매와 그 밖의 거래를 적용대상으로 한다. 금융투자상품이란 이익을 얻거나 손실을 회피할 목적으로 현재 또는 장래의 특정시점에 금전, 그 밖의 재산적 가치가 있는 것을 지급하기로 약정함으로써 취득하는 권리로서, 그 권리를 취득하기 위하여 지급하였거나 지급하여야 할 금전 등으로 실제 투자에 활용되지 않은 서비스 제공의 대가의 총액(판매수수료 등 수수료, 보험계약상 사업비 및 위험보험료 등)이 그 권리로부터 회수하였거나 회수할 수 있는 금전 등(해지수수료와 제세금 등)과 발행인·거래상대방의 파산 등에 따른 손실의 총액을 초과하게 될 위험이 있는 것을 말한다(법3①, 영3). 따라서 자본시장법의 적용을 받는 신탁상품은 원본손실의 가능성이 있는 실적배당형 신탁상품을 원칙으로 한다.

자본시장법 제103조 제3항은 신탁의 수탁과 관련한 신탁의 종류, 손실의 보전 또는 이익의 보장, 그 밖의 신탁거래조건 등에 관하여 필요한 사항을 대통령령으로 정할 수 있고(법103③), 이에 따라 자본시장법 시행령 제104조 제1항은 신탁업자는 수탁한 재산에 대하여 손실보전 또는 이익의 보장을 할 수 없도록 규정하고 있다(영104①). 따라서 신탁계약기간이 종료된 경우에 신탁업자는 신탁재산의 운용실적에 따라 반환하여야 한다(영104③).

그리고 신탁계약기간이 종료되기 전에 위탁자가 신탁계약을 해지하는 경우에는 신탁재산

면 그것이 완비될 때까지 신탁재산에 관하여 목적물의 변형, 과실의 산출, 비용의 투하 등 여러 가지 변동이 일어날 수 있다. 그러나 신탁행위 이후의 신탁재산의 범위는 이른바 물상대위 원칙에 의하여 결정된다.

3) "대통령령으로 정하는 사업비"란 공사비, 광고비, 분양비 등 부동산개발사업에 드는 모든 비용에서 부동산 자체의 취득가액과 등기비용, 그 밖에 부동산 취득에 관련된 부대비용을 제외한 금액을 말한다(영104⑦).

의 운용실적에서 신탁계약이 정하고 있는 중도해지수수료를 빼고 반환하여야 한다(영104④ 본문). 다만, 금융위원회가 정하여 고시하는 사유[4]에 해당하는 경우에는 이를 빼지 아니한다(영104④ 단서).

손실의 보전 또는 이익의 보장을 한 신탁재산의 운용실적이 신탁계약으로 정한 것에 미달하는 경우에는 신탁업자는 특별유보금(손실의 보전이나 이익의 보장계약이 있는 신탁의 보전 또는 보장을 위하여 적립하는 금액을 말함), 신탁보수, 고유재산의 순으로 이를 충당하여야 한다(영104②).

Ⅳ. 신탁상품의 종류

신탁상품을 최초 신탁계약을 체결할 때 신탁받는 신탁재산의 종류에 따라 금전신탁, 증권신탁, 금전채권신탁, 동산신탁, 부동산신탁, 지상권·전세권 등 부동산의 권리에 관한 신탁, 무체재산권의 신탁으로 구분하고, 여러 가지 종류의 재산을 하나의 신탁계약으로 신탁받는 것을 종합재산신탁이라 한다.

여기서는 금전신탁, 재산신탁(증권신탁, 금전채권신탁, 동산신탁, 부동산관련 권리의 신탁, 무체재산권의 신탁), 부동산신탁, 그리고 종합재산신탁을 살펴본다.

제2절 금전신탁

Ⅰ. 의의

금전신탁은 위탁자로부터 금전을 수탁하여 증권의 매수, 금융기관 예치, 대출, CP의 매수 등[5]으로 운용한 후 신탁기간 종료 시 수익자에게 금전 또는 운용자산 그대로 수익자에게 교부

---

4) "금융위원회가 정하여 고시하는 사유"란 다음의 어느 하나에 해당하는 경우를 말한다(금융투자업규정4-82②).
1. 조세특례제한법, 그 밖의 조세관계법령에서 소득세 납부의무가 면제되는 신탁으로서 중도해지하는 경우에도 세제혜택이 부여되는 일정한 사유의 발생으로 신탁계약을 해지하는 경우
2. 신탁업자가 합병하거나 경영합리화 등을 위해 영업점을 통·폐합 또는 이전함에 따라 수익자가 거래불편 등을 이유로 신탁계약을 중도해지하는 경우
3. 제4-93조 제1호의 불건전 영업행위를 시정하기 위하여 신탁계약을 중도해지하는 경우

5) 신탁법에서는 금전의 관리방법을 국채, 지방채, 특수채, 은행예금, 우체국예금 등 안전자산 위주로 허용하고 있으나(동법41), 자본시장법에서는 신탁재산의 운용방법으로 증권의 매수, 장내외파생상품 매수, 금전채권매수, 대출, 어음의 매수, 실물자산의 매수, 무체재산권의 매수, 부동산의 매수 또는 개발 등으로 운용대상을 폭넓게 인정하고 있다(법105, 영106).

하는 신탁이다.[6] 금전신탁은 금전을 맡겨 자산운용을 통해 원본과 이익을 받는 것으로 적극적인 투자를 통한 재산증식을 목적으로 하는데, 가장 많이 이용되고 있다.

금전신탁은 운용방법의 지정 여부에 따라 i) 위탁자가 신탁재산인 금전의 운용방법을 지정하는 특정금전신탁,[7] ii) 위탁자가 신탁재산인 금전의 운용방법을 지정하지 아니하는 불특정금전신탁으로 구분한다(영103).[8]

Ⅱ. 특정금전신탁

1. 서설

(1) 의의

특정금전신탁은 위탁자인 고객이 신탁재산의 운용방법을 수탁자인 신탁회사에게 지시하고, 신탁회사는 위탁자의 운용지시에 따라 신탁재산을 운용한 후 실적배당하는 단독운용 신탁상품이다. 즉 특정금전신탁이란 "위탁자가 신탁재산인 금전의 운용방법을 지정하는 금전신탁"을 말하며(영103(1)), 이 경우 신탁업자는 위탁자의 운용지시에 따라 운용을 해야 하는 구속을 받게 된다(금융투자업규정4-85).[9] 특정금전신탁은 위탁자가 운용방법을 지정하지 않고 신탁업자에게 운용을 일임하는 "불특정금전신탁"과 구별된다.[10]

특정금전신탁은 영리신탁에만 존재하는 개념으로, 위탁자와 수익자가 동일한 자익신탁인 경우가 대부분이다. 또한 특정금전신탁에는 "실적배당원칙"이 적용되므로 불특정금전신탁과

---

6) 일본의 경우는 신탁종료시 금전으로 교부하는 "금전신탁"과 종료 당시의 현상(현물)대로 교부하는 "금외신탁"을 구분하고 있으나 우리나라는 이를 구분하지 않고 있다.

7) 특정금전신탁의 경우에는 위탁자가 운용재산을 지정한다는 성격을 반영하여 자본시장법에 마련된 투자자 보호 장치로서 강화된 판매규제나 자산운용상의 규제가 완화되어 있다. 즉 특정금전신탁상품의 경우 위탁자가 운용방법을 지정하도록 되어 있다는 점과 그러기 위해서는 위탁자가 그 지정된 상품에 대해 잘 알고 있다는 것이 전제되어 있다. 하지만 현실에서의 특정금정신탁은 금융기관(수탁자)이 투자상품을 미리 예정해 놓고 해당 투자상품을 고객(위탁자)에게 권유하여 판매하는 투자상품 판매의 실질을 가지면서 형식만 신탁계약의 형식을 취하는 경우가 대부분이다. 이를 "투자형 특정금전신탁"이라고 하는데, 현실에서 일반투자자는 대부분 이러한 투자형 금전신탁을 이용하고 있다.

8) 즉 위탁자의 운용지시권 보유 여부에 따라 특정금전신탁과 불특정금전신탁을 구분하고 있는데, 이러한 특정금전신탁과 불특정금전신탁의 구분기준은 구신탁업법의 정의를 그대로 승계한 것이다.

9) 금융투자업규정 제4-85조(특정금전신탁의 자금운용기준) ① 신탁업자는 영 제106조 제5항 제3호에 따라 특정금전신탁의 자금을 위탁자가 지정한 방법에 따라 운용하여야 한다.
② 신탁업자는 제1항에 따른 위탁자로부터 신탁자금 운용방법을 지정받는 경우 법령에서 정하고 있는 범위에서 지정받아야 하며, 신탁자금 운용방법을 신탁계약서에 명시하여야 한다.
③ 신탁업자는 제1항에 불구하고 위탁자가 지정한 운용방법대로 운용할 수 없는 신탁재산이 있는 경우에는 제4-87조 제1항 제1호 또는 제2호에서 정하는 방법으로 운용할 수 있다.

10) 2004년 7월부터는 연금신탁상품을 제외하고는 불특정금전신탁의 신규수탁이 금지되고 있다(간접투자자산운용업법<법률 제6987호, 2003. 10. 4.> 부칙14②).

같이 원리금 보전이 불가능하며(영104③), 개별 고객의 신탁재산을 집합하여 운용(이른바 "합동운용")해서는 안 된다는 제약을 받는다(영109③(5)).

신탁상품은 본래 분별관리의 원칙에 따라 신탁회사의 고유재산과도 구분하여 관리하여야 하고, 다른 위탁자의 신탁재산과도 구분하여 관리하는 것이 원칙으로 위탁자별로 구분하여 관리한다고 하여 단독운용신탁이라 한다. 집합투자기구(펀드)는 특정 투자형태를 정하고 투자자가 가입하나, 특정금전신탁은 고객과 금융회사가 개별적 계약을 맺어 맞춤형 서비스가 가능하다.

금융투자협회의 「특정금전신탁 업무처리 모범규준」("모범규준")은 신탁업자가 특정금전신탁의 업무를 처리함에 있어 필요한 구체적인 기준을 정하여 투자자 보호 및 건전한 금융거래 질서 유지에 기여함을 목적으로 한다(모범규준1). 이 규준은 신탁업자의 임직원과 투자권유대행인("임직원등")의 특정금전신탁 관련 업무의 범위 내에서 적용된다(모범규준2).

(2) 지정의 정도(지정형과 비지정형)

특정금전신탁은 "지정형 특정금전신탁"과 "비지정형 특정금전신탁"으로 분류된다. "지정형 특정금전신탁"이란 투자자가 운용대상을 특정종목과 비중 등 구체적으로 지정한 특정금전신탁을 말하며, "비지정형 특정금전신탁"이란 투자자가 운용대상을 특정종목과 비중 등 구체적으로 지정하지 아니한 특정금전신탁을 말한다(모범규준3). 지정형 특정금전신탁과 비지정형 특정금전신탁의 차이는 지정형 특정금전신탁이 투자판단까지 위탁자가 지정하는 형태이며, 비지정형 특정금전신탁은 운용방법을 자산종류 등으로 포괄적으로 지정하고, 투자판단은 신탁회사에게 일임하는 형태의 신탁을 말한다.[11)]

따라서 특정금전신탁은 고객의 운용지시에 의해서 신탁재산을 운용하는 상품이므로 지정형(비일임형) 특정금전신탁이 원칙이지만, 고객이 운용지시를 할 때 일정 부분 신탁회사에게 위임하는 비지정형(일임형) 특정금전신탁도 가능하다. 예들 들어 위탁자가 금전 1억원을 신탁회사에 수탁하고, 운용지시로 삼성전자 주식 50주를 1주당 60,000원에 매수하라고 하면 신탁회사는 아무런 투자판단 없이 고객의 지시에 따라 주식매수를 실행하고 자금결제 후 보관관리 업무를 수행하게 되면 이를 지정형(비일임형) 특정금전신탁이라 한다. 반면 운용지시할 때 상장주식으로 운용하라고 지시만 하고 종목선정, 매수 가격 및 수량은 신탁회사가 결정하도록 위임함으로서 신탁회사의 투자판단에 의해 주식매수가 이루어질 경우 이를 비지정형(일임형) 특정금전신탁이라 한다.[12)]

---

11) 대법원 2007. 11. 29. 선고 2005다64552판결은 위탁자가 "기타 재정경제원장관의 인가를 받은 유가증권의 인수 또는 매입"이라고 포괄적으로 지정한 경우에도 위탁자의 운용지시가 있었다는 점을 중시하여 "특정금전신탁"에 해당한다고 판단한 바 있으며, 실무에서도 포괄적인 지시가 있는 경우를 특정금전신탁으로 취급하고 있다.

12) 전진형(2014), "금전신탁 규제 강화의 문제점과 제도 개선방안 연구: 특정금전신탁을 중심으로", 고려대학

(3) 합동운용 금지

특정금전신탁에 있어서는 "신탁재산을 각각의 계약에 따른 신탁재산별로 운용하지 아니하고 집합하여 운용하는 행위"가 불건전 영업행위로 금지된다(영109③(5)). 자본시장법상 신탁업자의 합동운용이 허용되는 경우는, 종합재산신탁에 있어 금전의 수탁비율이 40% 이하인 경우이거나, 신탁재산의 운용에 의하여 발생한 수익금의 운용 또는 신탁의 해지나 환매에 따라 나머지 신탁재산을 운용하기 위해 불가피한 경우에 한한다(영6④(2) 가목).

(4) 신탁업자 준수사항

신탁업자는 특정금전신탁[13] 계약을 체결(갱신을 포함)하거나 금전의 운용방법을 변경할 때에는 다음의 사항을 준수하여야 한다(영104⑥ 본문). 즉 ⅰ) 계약을 체결할 때: 위탁자로 하여금 신탁재산인 금전의 운용방법으로서 운용대상의 종류·비중·위험도, 그 밖에 위탁자가 지정하는 내용을 계약서에 자필로 적도록 할 것(제1호), 또는 ⅱ) 위 ⅰ)의 금전의 운용방법을 변경할 때: 위탁자로 하여금 그 변경내용을 계약서에 자필로 적도록 하거나 서명(전자서명법 제2조 제2호에 따른 전자서명을 포함), 기명날인, 또는 녹취의 방법으로 확인받도록 할 것(다만, 운용대상의 위험도를 변경하는 경우에는 그 변경내용을 계약서에 자필로 적도록 하여야 한다)(제2호). 다만, 수익자 보호 및 건전한 거래질서를 해칠 우려가 없는 경우로서 계약의 특성 등을 고려하여 금융위원회가 정하여 고시하는 특정금전신탁의 경우는 제외한다(영104⑥ 단서).

2. 특정금전신탁계약서 예시안

여기서는 실무상 많이 사용되는 금융투자협회의 신탁 관련 표준계약서 예시안인 특정금전신탁계약서 예시안, 자문형 특정금전신탁 계약서 예시안, 그리고 특정금전신탁 운용지시서의 주요 내용을 살펴본다.

(1) 특정금전신탁계약서 예시안

(가) 신탁재산의 운용(제5조)

위탁자는 [별표1][14]의 신탁재산 운용방법 중에서 신탁재산인 금전의 운용방법을 선택하

교 정책대학원 석사학위논문(2014. 8), 8쪽.

13) 동양계열사의 BB 등급의 회사채와 CP는 투기등급에 해당하는 금융상품이었으며, 이러한 투기등급의 채권을 특정금전신탁제도를 이용해 편법으로 판매하였다. 즉 금융투자협회 증권인수업무규정(13, 21)에 의해 증권회사는 계열회사가 발행하는 증권관련 대표주관회사가 되거나 최다물량을 인수, 모집주선할 수 없었음에도 불구하고 동양증권은 다른 증권회사를 공동주관회사로 약정하여 모집계약을 체결한 이후 거의 전 물량을 동양증권의 일반투자자에게 판매해 왔다(서태종(2013), "동양사태 계기 금융감독당국의 금융제도 개선방향", 국회금융피해방지 정책토론자료(2013. 11).

14) [별표1] 신탁재산 운용방법
다음의 신탁재산 운용방법(1. 내지 25.에서 정한 방법) 중에서 운용방법을 지정하여 [별표2]의 신탁재산 운용지시서에 직접 기재하고 도장을 찍어 주시기 바랍니다.

여 [별표2]의 특정금전신탁운용지시서에 적어 운용하도록 지시하며, 수탁자는 이 지시에 따라 신탁재산인 금전을 운용한다. 다만 위탁자가 지정한 방법대로 운용할 수 없는 신탁재산이 있는 경우에는 수탁자는 금융투자업규정 제4-85조 제3항에 따라 수탁자의 고유계정에 대한 일시적인 자금 대여 또는 자금중개회사의 중개를 거쳐 행하는 단기자금 대여의 방법으로 운용할 수 있다(제1항).

(나) 원본과 이익의 보전(제9조)

이 신탁계약은 원본과 이익을 보전하지 아니하며 경우에 따라서는 원본의 손실이 발생할 수 있다(근거규정: 자본시장법 시행령104①).

(다) 손익의 귀속(제10조)

신탁재산 운용으로 발생되는 수익 및 손실은 전부 수익자에게 귀속된다(근거규정: 자본시장법 시행령104①).

(라) 신탁계약의 종료사유(제18조)

신탁계약 종료 사유 발생일 이후 위탁자가 신탁재산에 대한 처리방법에 대하여 별도의 지시를 하지 않는 경우 수탁자는 제5조 제1항 단서에서 정하는 방법에 따라 신탁재산을 운용한다. 이 경우 신탁계약 종료 사유 발생일 이후의 기본보수는 제12조에서 정한 기본보수의 일정 비율(예: 1/3)로 계산한다(유의사항: 신탁계약 종료사유 발생일 이후의 처리방법을 명시하고 신탁계약 기간 내의 신탁보수와 신탁계약 종료사유가 발생한 이후의 신탁보수를 달리 정하도록 함)(동조②).

신탁계약이 종료된 경우 수탁자는 최종계산서를 작성하여 수익자의 승인을 얻는다(동조③). 최종계산서에 대하여 수익자가 승인을 하지 아니한 경우 수탁자는 수익자에게 최종계산의 승인을 요구하고, 수익자는 계산승인의 요구를 받은 때로부터 1개월 이내에 승인여부를 수탁자에게 통지하여야 한다(동조④). 수탁자는 제4항의 계산승인을 요구하는 경우 "수익자는 최종계산에 대하여 이의가 있는 경우 계산승인을 요구받은 때로부터 1개월 이내에 이의를 제기할 수 있으며, 그 기간 내에 이의를 제기하지 않으면 수익자가 최종계산을 승인한 것으로 본다"라는 취지의 내용을 수익자에게 알려야 한다(유의사항: 수익자가 최종계산에 대한 이의제기를 하지 않으면 최종계산을 승인한 것으로 본다는 내용을 명시하여 통지하여야 함)(동조⑤). 수익자가 수탁자로부터 제4항의 계산승인을 요구받은 때로부터 1개월 내에 이의를 제기하지 아니하는 경우 제3항의 계산을 승인한 것으로 본다(근거규정: 신탁법103③)(동조⑥).

---

1. 대출금, 2. 콜론, 3. 환매조건부채권, 4. 국채, 5. 통화안정증권, 6. 그 밖의 금융채, 7. 지방채, 8. 사채, 9. 주식, 10. 외화증권, 11. 보증어음, 12. 자유금리기업어음, 13. 표지어음, 14. 중개어음, 15. 발행어음, 16. 양도성예금증서, 17. 신용카드채권, 18. 개발신탁수익증권, 19. 공사채형수익증권, 20. 주식형 수익증권, 21. 그 밖의 증권, 22. 부동산의 매입 및 개발, 23. 증권지수의 선물거래, 24. 증권의 옵션, 25. 그 밖의 신탁법 및 신탁업 관계 법령에서 정한 방법.

수탁자는 신탁재산 중 처분하여 현금화하기 곤란하거나, 수익자가 신탁재산을 운용현상대로 교부할 것을 요청한 경우에는 신탁재산을 운용현상대로 교부한다. 다만 운용현상대로 교부가 곤란한 경우 수탁자는 수익자가 별도의 의사표시를 하지 않는 한 교부가 가능해질 때까지 보관, 관리 및 추심을 한다(동조⑦). 신탁계약의 종료 이후에 신탁재산의 만기가 다 된 경우 신탁계약이 종료할 때 신탁재산을 처분하여 현금화하기가 곤란하여 신탁원본 및 신탁이익의 지급이 정상적으로 이루어지지 않을 수 있으며, 신탁재산을 처분하여 현금화할 수 있더라도 가격조건이 불리하게 되어 수익률이 하락할 수 있다. 또한 신탁계약의 종료 이전에 신탁재산의 만기가 다 된 경우에는 수익률이 하락할 수 있다(금감원 유의사항: 은감신 6151-00185)(동조⑧).

(2) 자문형 특정금전신탁 계약서 예시안

자문형 특정금전신탁 계약서 예시안은 앞에서 본 특정금전신탁계약서 예시안의 주요 내용과 동일한 사항을 규정하고 있다. 그 이외에 다음의 사항을 추가로 들고 있다.

(가) 신탁재산의 운용(제5조)

수탁자는 운용방법 내에서 선량한 관리자의 주의로써 i) 투자전략의 수립(제1호), ii) 자산배분 및 포트폴리오의 구성(제2호), iii) 투자대상자산의 종류, 종목의 결정(제3호), iv) 투자대상자산의 취득·처분, 취득·처분의 방법·수량·가격 및 시기 등의 결정(제4호), v) 신탁재산의 보관 및 관리(제5호), vi) 그 밖의 제1호부터 제5호까지와 관련된 부수업무(제6호)를 수행한다(동조③).

수탁자는 신탁계약을 체결할 때 신탁재산의 운용인력에 관한 사항을 서면으로 위탁자에게 제공하여야 하고 운용인력에 변동이 생긴 경우 지체 없이 그 사실을 위탁자와 수탁자가 사전에 합의한 방법으로 위탁자에게 통지하여야 한다(동조④). 수탁자는 신탁재산의 운용을 위하여 제8조에서 위탁자가 지정하는 투자자문업자로부터 투자자문을 받을 수 있다. 다만 투자자문을 받는 경우에도 수탁자의 최종적인 투자판단 과정을 거쳐 신탁재산을 운용하므로 투자자문업자의 투자자문 내용과는 다르게 운용될 수 있다(동조⑤).

(나) 재무상태 등의 확인(제6조)

위탁자는 위탁자의 연령, 투자위험 감수능력, 투자목적, 소득수준, 금융자산의 비중 등 신탁재산 운용을 위해 고려 가능한 요소("재무상태 등")를 i) 신탁계약 체결할 때(제1호), ii) 매 분기 1회 이상(제2호), iii) 수탁자의 변경여부 확인 요청이 있는 경우(제3호), iv) 위탁자가 수탁자에게 재무상태 등의 확인을 요청하는 경우(제4호)에 수탁자에게 제공하여야 한다(동조①). 수탁자는 제1항에 따른 위탁자의 재무상태 등의 변경여부를 확인하고 변경상황을 신탁재산 운용에 반영하여야 한다. 다만 위탁자가 변경여부의 확인에 응하지 않는 경우 변경상황을 반영하지 않을 수 있다(동조②).

재무상태 등의 변경여부 확인은 대면, 전화, 서면, 전자우편 등 위탁자와 수탁자가 사전에 합의한 방법으로 할 수 있다(동조③). 위탁자가 재무상태 등을 수탁자에게 정확하게 제공하지 않거나, 수탁자의 변경여부 확인 요청에 응하지 않는 경우 등 위탁자의 책임 있는 사유로 위탁자에게 적합한 방식으로 신탁재산이 운용되지 않을 수 있으며 수탁자는 이에 대하여 수탁자의 책임 있는 사유가 없는 한 책임을 지지 아니 한다(동조④).

(다) 투자자문업자의 지정(제8조)

위탁자는 신탁재산의 효율적 운용을 위하여 제5조 제5항에 따라 투자자문업자를 지정하는 경우 아래와 같이 기재하여 투자자문회사를 지정한다(동조①).

투자자문회사명 (자필기재____)

위탁자가 투자자문회사를 지정한 이후에 i) 위탁자가 투자자문회사의 변경을 요청한 경우(제1호), ii) 위탁자가 지정한 투자자문회사와 수탁자 사이의 투자자문계약이 해지된 경우(제2호), iii) 위탁자가 지정한 투자자문회사의 영업정지, 파산 등으로 인하여 투자자문이 불가능한 경우(제3호) 위탁자는 수탁자가 제시한 투자자문회사 중 1개의 투자자문회사를 새로 지정하여야 한다(동조②). 위 제2항 제2호 및 제3호의 사유가 발생한 경우 수탁자는 위탁자에게 지체 없이 그 내용을 통지하여야 하며, 신탁재산의 운용방법에 대하여는 위탁자와 수탁자가 합의하여 정하기로 한다(동조③).

(라) 투자자문수수료(제9조)

수탁자와 투자자문회사 간에 체결하는 투자자문계약과 관련하여 발생하는 투자자문수수료는 수탁자가 부담한다.

(마) 장부 · 서류의 열람 및 공시 등(제11조)

위탁자는 수탁자에게 영업시간 중에 이유를 기재한 서면 등으로 위탁자에 관련된 신탁재산에 관한 i) 신탁재산 명세서(제1호), ii) 재무제표 및 그 부속명세서(제2호), iii) 신탁재산 운용내역서(제3호)의 열람이나 등본 또는 초본의 교부를 요구할 수 있다(동조①).

수탁자는 i) 신탁재산의 운용내역 등이 포함된 장부 · 서류를 제공함으로써 제공받은 자가 그 정보를 거래 또는 업무에 이용하거나 타인에게 제공할 것이 명백하게 염려되는 경우(제1호), ii) 신탁재산의 운용내역 등이 포함된 장부 · 서류를 제공함으로써 다른 수익자에게 손해를 입힐 것이 명백히 인정되는 경우(제2호), iii) 신탁계약이 해지된 신탁재산에 관한 장부 · 서류로서 자본시장법 시행령 제62조 제1항에 따른 보존기한이 지나는 등의 사유로 인하여 위탁자의 열람제공 요청에 응하는 것이 불가능한 경우(제3호) 중 어느 하나에 해당하는 사유를 제외하고는 위탁자의 제1항에 따른 요구를 거절하여서는 아니 된다(동조② 본문). 다만 수탁자가 위탁자의 제1항에 따른 요구를 거절하는 경우에는 열람이나 교부가 불가능하다는 뜻과 그 사유가 기재된 서면 등을 위탁자에게 내주어야 한다(동조② 단서).

(바) 일부해지(제23조)

위탁자는 수탁자에게 이 신탁계약의 일부 해지를 신청할 수 있으며, 수탁자는 특별한 사유가 없는 한 이에 응해야 한다. 이 경우 수탁자는 제20조에 따라 중도해지수수료를 받는다.

(3) 특정금전신탁 운용지시서

특정금전신탁의 경우 위탁자가 운용방법을 정하여야 하므로 통상 "운용지시서"가 계약서에 첨부되게 된다. 특정금전신탁계약서 예시안 및 자문형 특정금전신탁 계약서 예시안 모두 예를 들어 보면, 계약서 말미 [별표1] "신탁재산 운용방법"에서 대출금, 콜론, 환매조건부채권을 비롯한 24가지의 구체적인 운용방법과 "25. 그 밖의 신탁법 및 신탁업 관계 법령에서 정한 방법"을 예시하고 위탁자가 그중에서 지정하도록 하고 있다.

한편 [별지2] "특정금전신탁 운용지시서"에서는 위 [별표1]의 신탁재산 운용방법 중에서 선택하여 운용대상을 기재하고, 세부내용을 직접 기재하도록 하고 있다.

3. 특정금전신탁상품 종류

특정금전신탁을 크게 보면 하나의 신탁상품으로 볼 수 있지만, 특정금전신탁 도구(Vehicle)를 통해 투자하고자 하는 자산과 가입목적에 따라 아래와 같이 여러 상품으로 세분류할 수 있다.

(1) 확정금리형 상품

특정금전신탁을 통해서 국채나 회사채, CP, ABS, ABCP, 은행예금 등 확정금리를 지급하는 자산에 투자하는 상품을 말한다. 투자자는 투자대상 증권 등의 발행인이 도산하지 않는다면, 최초 투자할 당시의 확정금리수익을 안정적으로 수취할 수 있어서 위험도가 낮은 상품이다. 많이 투자되고 있는 회사채나 CP, ABS 등의 금리는 은행예금보다 높은 경우가 일반적이므로 이 상품을 통해 투자자는 은행금리보다 조금 높은 금리를 받을 수 있다. 그러나 발행인이 도산한다면 원금손실이 발생할 수 있다.

(2) 주식형 상품

특정금전신탁을 통해 주식에 투자하는 상품으로서 대부분 신탁회사의 전문적인 자산운용 능력을 활용하여 적극적으로 주식을 운용하여 매매차익을 실현하고자 하는 목적으로 많이 이용된다. 따라서 자산운용 권한을 신탁회사가 갖고 있는 일임형 상품이 일반적이며, 증권사의 일임형 랩어카운트(Wrap Account)상품[15]이나 투자자문사의 투자일임계약(MMW)상품[16]과 유사

15) 랩어카운트(Wrap Account): 증권사가 고객의 자산을 대신 운용하는 계좌이고, 이에 관련된 자산운용 서비

한 상품이다. 그러나 일임형랩이나 투자일임상품은 투자자 본인 명의로 자산을 소유하면서 대리인의 자격으로 증권사나 투자자문사가 자산을 운용하는 상품인 데 반해 주식형 특정금전신탁은 신탁회사가 자산의 소유권을 가지고 주식을 운용하기 때문에 상속 등의 다른 목적으로도 활용할 수 있는 등 활용범위가 더 넓은 상품이라 할 수 있다.

(3) 자문형 상품

투자자의 신탁재산 운용지시(투자자문사 지정 포함)에 의해 투자자문사의 자문을 받아 신탁회사의 최종적인 투자판단에 따라 신탁재산을 운용하는 특정금전신탁상품이다. 투자자문사는 신탁회사와의 투자자문 계약에 의해 신탁회사의 신탁재산 투자판단에 필요한 자료를 제공하고, 은행은 은행의 비용으로 투자자문사에 자문수수료를 지급한다.

(4) 파생결합신탁 상품

특정금전신탁을 통해서 파생상품 등에 투자하여 기대수익을 구조화하거나 파생결합증권에 직접 투자하는 상품을 말한다. 파생결합신탁 상품은 주식이나 채권, 원자재 등의 가격이 하락할 경우에도 수익을 얻을 수 있는 등 일반적인 투자상품보다 다양한 수익구조를 신탁회사와 협의하여 설계할 수 있다.

(5) 수시입출식 상품(MMT)

하루만 맡겨도 시장실세금리 수준의 수익을 얻을 수 있는 단기자금을 관리하기 위한 신탁상품으로 일반 요구불예금과 마찬가지로 수시 입출금이 가능하다. 주로 1일 만기의 콜론, 고유계정대, RP, 발행어음 등으로 운용되어 당일 입출금에 어려움이 없는 상황이나 일부 증권사의 경우 수익률을 높이기 위해 CP 등을 편입시키고 있어 자산과 수탁의 만기 불일치(mismatching)가 발생하고 있으며, 이에 따른 자전거래[17]가 발생하고 있다.[18]

스의 모든 것을 랩 서비스(Wrap Service)라고 한다. 포장하다(Wrap)와 계좌(Account)의 합성어인 랩어카운트는 고객이 맡긴 자산에 대해 자산구성부터 운용, 투자, 자문까지 통합적으로 관리해주는 종합서비스로 투자중개업무와 투자일임업무가 결합된 자산관리계좌이다.

16) MMW(Money Market Wrap): 투자일임계약상품 중 투자자의 단기자금운용 수요에 대응하여 금융회사 예치, CP, 콜론, RP, 채권 등 유동자산 등으로 일임재산을 운용하는 상품이다.

17) 같은 신탁업자가 운용하는 신탁재산 상호간에 매도·매수하는 거래로 증권시장 등을 통한 처분이 곤란한 경우 등 불가피한 경우에만 허용되고 있으나 일부 증권사의 경우 자전거래 관행이 존재하고 있다. 자전거래는 집합투자업자가 운용하고 있는 자사 펀드 또는 계좌, 신탁재산에 편입된 자산을 상호 거래하는 행위를 말한다. 즉 자산운용사의 A특정금전신탁에 편입되어 있는 B채권을 팔 때, 동일한 자산운용사가 운용하는 C특정금전신탁이 B채권을 사는 것을 말한다. 참고로 주식시장에서 자전거래는 증권사가 같은 주식을 같은 가격으로 매도·매수주문을 내는 것을 말한다. 채권의 자전거래가 주식의 자전거래보다 더 문제가 되는 이유는 주식은 주식시장에 의해 그 거래 기준가격인 시가가 명확하게 나타나지만, 채권의 경우 그 기준가격이 명확하게 나타나지 않기 때문이다.

18) 전진형(2014), 11-12쪽.

Ⅲ. 불특정금전신탁

1. 의의

불특정금전신탁은 위탁자의 신탁목적과 수탁자의 운용방법에 따라 세분화될 수 있다. 다만 상사신탁 부분에서 현재 불특정금전신탁은 대부분 자본시장법상 집합투자기구, 즉 펀드의 개념으로 포섭되어 그 영역을 달리하고 있다. 불특정금전신탁은 위탁자의 운용지시권이 없다는 점에 착안하여 불특정금전신탁이 집합투자와 동일한 개념으로 사용되고 있다.

불특정금전신탁은 2004년 7월부터 간접투자자산운용업법에서 집합투자와 유사하다는 이유로 예외적인 경우를 제외하고는 추가설정을 불허하였다. 즉 세액공제 혜택이 있고 원금이 보장되는 연금신탁 상품은 원금보장의 특징상 펀드와 구분되므로 불특정금전신탁 상품이지만 유일하게 계속 판매가 허용되고 있다. 이로써 현재 시장에서 신규 판매되고 있는 금전신탁은 고객이 운용지시하고 있는 특정금전신탁이 대부분을 차지하고 있다.[19]

2. 연금신탁

연금신탁은 금전신탁의 일종으로 기업 등으로부터 갹출된 기금을 관리·운용하여 종업원들에게 연금급부를 시행하는 신탁을 말한다. 위탁자가 개인인 경우와 기업 등의 단체인 경우가 있으나, 일반적으로 기업의 퇴직연금제도에 의하여 기업 또는 기업과 그 종업원이 갹출하는 연금기금을 기업이 위탁자로서 신탁업자(은행)에게 신탁한다. 수익자는 연금제도에 가입되어 있는 종업원과 그 유족 등의 연금 및 일시금의 수급권자이다.[20]

신탁상품의 경우 신탁업자는 수탁한 재산에 대하여 손실의 보전이나 이익의 보장을 하여서는 아니 된다(영104① 본문)고 규정함으로써 원금보장이 되지 않는 것이 원칙이지만, 연금이나 퇴직금의 지급을 목적으로 하는 신탁으로서 금융위원회가 정하여 고시하는 경우에는 손실의 보전이나 이익의 보장을 할 수 있다(영104① 단서)고 함으로써[21] 연금신탁의 경우 원금보장을 할 수 있도록 하는 예외 규정을 두고 있다.

---

19) 전진형(2014), 7쪽.

20) 윤종미(2019), "은행신탁상품의 운용리스크 관리와 투자자보호방안", 금융법연구 제16권 제1호(2019. 3), 67쪽.

21) 신탁업자는 손실의 보전이나 이익의 보장을 한 신탁재산의 운용실적이 신탁계약으로 정한 것에 미달하는 경우에는 특별유보금(손실의 보전이나 이익의 보장 계약이 있는 신탁의 보전 또는 보장을 위하여 적립하는 금액), 신탁보수, 고유재산의 순으로 충당하도록 하고 있다(자본시장법 시행령104②).

제3절 재산신탁

재산신탁(부동산신탁 제외)은 금전 외의 재산을 수탁하는 것을 말한다. i) 증권신탁은 고객으로부터 증권을 수탁하여 관리·운용하고 신탁 만기 시 신탁재산을 운용현상대로 교부하는 신탁으로서, 관리증권신탁과 운용증권신탁이 있다. ii) 금전채권신탁은 금전채권을 신탁재산으로 수탁하여 이를 관리 또는 추심하고 신탁만기 시 수익자에게 지급하는 신탁으로서, 신탁재산으로는 대출채권, 신용카드채권, 리스채권 등이 있다. 금전채권신탁은 금전채권의 관리·추심을 목적으로 하는 신탁이지만, 수탁된 금전채권의 수익권을 제3자에게 양도하여 자금을 조달하는 수단으로 주로 이용된다. iii) 동산신탁은 선박, 항공기, 차량, 중기 등의 수용설비나 기계용 설비 등을 신탁받은 후 사업자에게 임대 운용하는 방식으로 신탁자산을 관리·운용하거나 처분하는 신탁으로 주로 신탁수익권 양도를 통한 자금조달수단으로 활용된다. 동산신탁의 신탁재산은 선박, 항공기, 자동차 등과 같이 등기 또는 등록할 수 있는 재산이어야 한다. iv) 부동산 관련 권리의 신탁은 지상권, 전세권, 부동산임차권 등의 관리 및 활용을 목적으로 한다. v) 무체재산권의 신탁은 저작권, 상표권, 특허권 등의 무체재산권의 관리 또는 처분을 목적으로 하는 신탁으로, 기업들의 특허권이나 영화, 음반 제작회사의 저작권 등을 신탁회사에 신탁하여 전문적인 관리가 가능하도록 하거나 신탁수익권의 양도를 통한 자금조달수단으로 활용된다.

제4절 부동산신탁

우리나라 정부는 1980년 후반 부동산투기 성행에 따른 부동산가격 상승 등의 부작용을 억제하기 위하여 1988년 8·10 부동산대책에서 토지공개념 제도와 함께 1991년 2월 신탁업법에 근거하여 부동산신탁제도를 도입하였다. 즉 부동산신탁제도를 도입한 이유는 부동산에 대한 투기억제 등 부동산시장의 안정을 위하여 민간부문에서 토지의 효율적 이용을 도모하기 위해서였다.

부동산을 수탁받아 개발, 관리·운용 또는 처분하는 신탁을 부동산신탁이라 한다. 부동산신탁 관계에 있어서 수탁자인 부동산신탁회사는 부동산소유자(위탁자)와 신탁계약을 체결하여 그 부동산을 관리·처분·개발함으로써 나오는 수익을 수익자에게 교부하고 부동산신탁회사는 그 대가로 수수료(신탁보수)를 취득하게 된다. 이처럼 부동산신탁은 신탁회사가 수행하는 구체적인 신탁사무의 내용 등에 따라 토지신탁, 관리신탁, 처분신탁, 담보신탁 등으로 구분된다. 이 분류는 신탁법 또는 자본시장법상 구별개념은 아니지만, 실무상 금융감독원에 제출하는 업무방법서 및 각 신탁회사의 신탁계약서에 따라 구별되고, 이러한 각 부동산신탁의 특성에 맞추어서 금융감독기관의 감독이 이루어지고 있다.

부동산신탁에 관한 상세한 내용은 제9편 부동산 관련 금융상품에서 후술하기로 한다.

제5절 종합재산신탁

종합재산신탁이란 하나의 신탁계약에 의해 금전, 증권, 부동산, 무체재산권(지식재산권을 포함) 등 여러 유형의 재산을 함께 수탁받아 통합관리·운용할 수 있는 신탁제도이다(법103②). 이것은 고객이 신탁재산의 운용지시권을 갖는다는 점에서 특정금전신탁과 유사하나, 수탁재산의 범위가 금전에만 국한되지 않고 증권, 부동산 등 모든 재산으로 확대된다는 점에서 투자일임업(Wrap Account)과 구별된다. 즉 투자일임업은 주로 금전을 위탁받아 금융투자상품에 운용하나, 종합재산신탁은 수탁재산의 종류가 다양하고 운용대상도 증권 외에 부동산 등으로 확대가능하므로 운용방식이나 자산 포트폴리오 구성에서 우위를 가질 수 있다.

종합재산신탁의 수탁과 관련한 신탁의 종류, 손실의 보전 또는 이익의 보장, 그 밖의 신탁거래조건 등에 관하여 필요한 사항은 대통령령으로 정한다(법103③). 동법 시행령 제6조 제4항 제2호 가목에서 종합재산신탁으로서 금전의 수탁비율이 40% 이하인 경우(영6④(2) 가목) 재산신탁 내의 소액신탁자금 운용의 효율성을 도모하기 위해 공동운용[22]을 허용하고는 있지만(영109③(5) 단서), 신탁회사가 행하는 종합재산신탁은 집합투자로 보지는 않는다(법6⑤ 단서).

종합재산신탁의 도입에 따른 기대효과를 살펴보면, i) 고객의 요구에 맞는 종합금융서비스를 제공할 수 있다는 점이다. 금전위주의 자산운용에서 탈피하여 고객의 모든 재산에 대한 관리와 운용이 가능해지고 하나의 신탁계약으로 모든 재산을 관리함에 따라 거래비용이 절감되고 금융기관의 전문가에 의한 안정적인 재산관리가 가능해질 수 있다. ii) 기업의 입장에서는 금전채권, 유가증권 등의 보유자산을 하나의 신탁계약에 의해 유동화증권을 발행함으로 자금조달의 편리성과 효율성을 높이고 수수료 등 비용의 절감과 안전성의 확보도 가능하게 된다. iii) 노후생활자금의 확보수단으로 활용될 수 있다는 점이다. 개인 소유의 모든 재산을 신탁하

---

22) 투자목적이 같은 계좌별 신탁자금을 모아서 공동운용한 후 투자성과를 배분하는 이른바 공동운용기금(CIF: Collective Investment Fund)을 말한다.

고 신탁의 수익권을 통해 정기적인 금전을 수령하는 신탁계약도 가능하게 되는데, 역모기지(reverse mortgage) 등을 통한 노후생활자금의 손쉬운 확보수단으로 활용할 수 있을 것이다. 즉 고령화사회에 대비하여 생전에는 재산을 보전, 증식하며 사후에는 유산관련업무까지 포괄하는 전생애에 걸친 금융서비스 시스템의 구축이 가능해졌고 각종 연금과 함께 고령화사회의 도래에 따른 사회적 안전망의 기능도 가능하게 되었다.[23)]

23) 조중연(2004), "종합재산신탁의 도입과 영향", 하나경제 리포트(2004. 9), 1쪽 이하.

제3장

신탁법상 신탁상품

제1절 자금조달을 위한 신탁

Ⅰ. 유한책임신탁

유한책임신탁은 2011년 신탁법 개정에 따라 신설된 신탁[1])으로 신탁행위로 수탁자가 신탁재산에 속하는 채무에 대하여 신탁재산만으로 책임지는 신탁을 말하며, 유한책임신탁을 설정하려면 이를 등기하여야 효력이 발생한다(신탁법114). 유한책임신탁은 자원, 부동산 등 대규모 개발사업이나 사업신탁 등에서 널리 이용될 수 있으며, 신탁사업의 연쇄부도로 인한 피해를 방지할 수 있는 장점이 있다.[2]) 신탁법은 유한책임신탁과 거래하는 제3자를 보호하기 위하여 유한책임신탁의 명칭 사용의 제한과 위반 시 제재, 수탁자의 명시·교부의무, 회계서류 작성의무, 수탁자의 제3자에 대한 책임, 고유재산에 대한 강제집행 등의 금지, 수익자에 대한 급부의 제한, 초과급부에 대한 전보책임에 관하여 규정하고 있다(신탁법115-121).

---

1) 유한책임신탁의 도입배경을 살펴보면, 수탁자는 신탁채무에 대해 고유재산으로도 무한책임을 져야 하는 것이 원칙이나, 상사신탁에서는 신탁의 부실이 수탁자의 파산으로 이어지는 불합리한 현상이 발생할 가능성이 있으므로, 수탁자가 안심하고 신탁을 맡고 적극적인 활동을 할 수 있도록 보장하기 위하여 고유재산이 아닌 신탁재산만으로 신탁채무에 대해 책임을 지는 유한책임신탁 도입의 필요성에 따라 도입되었다(안성포(2014), "현행 신탁업의 규제체계와 한계", 한독법학 제19호(2014. 2), 130쪽).

2) 법무부(2011), "유언대용신탁으로 상속재산 자녀분쟁 이제 그만! — 재산 사회환원도 손쉽게, 「신탁법」 50년만에 전면개정"(2011. 6) 보도자료.

Ⅱ. 수익증권발행신탁

수익증권발행신탁이란 신탁행위로 수익권을 표시하는 수익증권을 발행하기로 정한 신탁으로서, 신탁의 수익자가 가지는 권리를 유가증권에 얹어 투자자 간에 유통시키고 권리를 취득하기 위해 투자한 금전을 회수하기 쉽게 만든 신탁을 말한다. 수익증권발행신탁은 종전의 집합투자기구로서의 기능, 유동화기구로서의 기능, 기업의 대용으로 사용하는 것도 가능하며, 더 나아가 수탁자가 신탁재산을 분할하여 다수의 수익자에게 유동화시키는 것도 가능하다.[3)]

과거에는 은행의 특정금전신탁, 투자신탁, 유동화증권(ABS) 등과 같이 특별법상 정함이 있는 경우에 한하여 수익증권의 발행이 허용되고 있었으나, 수익권의 양도성 증대와 거래비용 절감의 필요성[4)]에 따라 개정신탁법에서는 모든 신탁에서 수익권을 표창하는 유가증권을 발행할 수 있는 수익증권발생신탁이 도입되었다. 신탁행위로 수익권을 표시하는 수익증권을 발행하는 뜻을 정할 수 있도록 하고(신탁법78), 수익증권발행신탁의 수탁자는 지체없이 수익자명부를 작성하고(동법79), 수익권을 양도할 때에는 수익권을 표시하는 수익증권을 교부하도록 하고 있다(동법81). 또한 수익증권의 권리추정력 및 선의취득에 관하여는 수표법 제21조를 준용하도록 하고 있다(동법82).

제2절 재산관리형 신탁

자신의 재산을 다양한 방법으로 후손에게 물려주거나 사회에 환원할 수 있는 신탁으로써 유언대용신탁과 증여신탁, 수익자연속신탁 등이 있다.

Ⅰ. 유언대용신탁

유언대용신탁이란 금융기관과 생전에 자산신탁계약을 맺고, 위탁자가 생존 중 본인의 의사로써 수탁자에게 재산관리 및 유산상속 승계 사무처리를 맡기는 것으로 위탁자가 생존 중 처음에는 스스로를 수익자로 지정하여 신탁의 효력을 발생시킨 다음, 위탁자가 사망한 시점에서 지정된 자, 즉 수익자(특정상속인이나 제3자)에게 계약내용대로 자산을 분배·관리하는 형태

3) 윤종미(2019), 62쪽.
4) 안성포(2014), 122쪽.

의 신탁을 말한다(신탁법59). 예를 들어 현금 10억원을 유언대용신탁에 가입하면서 자신이 치매에 걸리거나 사망할 경우 자녀가 성년이 될 때까지 매달 300만원의 생활비를 지급하다가 대학 졸업 후 신탁계약을 해지하고 자녀에게 재산을 물려주도록 계약하는 방식이다.

개정신탁법이 시행되면서 민법에서 허용되는 유언방식인 자필증서, 녹음, 공정증서, 비밀증서, 구수증서 외에 유언대용신탁도 유언의 효력을 발휘할 수 있게 되었다. 유언대용신탁의 장점으로는 상속인의 사망을 대비하여 제2·제3의 상속인 설정이 가능하며, 미성년자가 상속인이 될 경우 후견인의 개입이 우려되는 것을 대비하여 미성년 상속인이 일정 연령에 도달했을 시 상속받도록 하는 설정이 가능하다. 또한 금융기관이 파산하게 되더라도 이 신탁자산은 별다른 손해없이 본인이나 상속인에게 돌아가게 되는 이점이 있다.[5]

Ⅱ. 증여신탁

증여신탁이란 부모명의로 돈을 맡기면 자산이 국·공채 같은 신용도가 높은 채권 등에 안정적으로 투자하여 원금 및 투자이익을 수증자(자녀 등)의 명의계좌로 원금과 이자를 돌려주는 금융상품을 말한다. 증여신탁으로 자녀 등에게 증여세의 합법적인 절세와 수증자의 재산소진의 위험을 감소시킬 수 있는 분할 지급식 증여신탁을 많이 활용하고 있으며, 일반 증여 시보다 절세효과가 있으므로 효과적이라 할 수 있다.[6]

Ⅲ. 수익자연속신탁

수익자연속신탁이란 신탁행위로 수익자가 사망한 경우 그 수익자가 갖는 수익권이 소멸하고 타인이 새로 수익권을 취득하도록 하는 뜻을 정할 수 있는 형태의 신탁을 말한다. 이 경우 수익자의 사망에 의하여 차례로 타인이 수익권을 취득하는 경우를 포함한다(신탁법60). 영미에서는 재화의 유통을 저해하는 것을 막는다는 취지에서 일반적으로 이용되고 있는 제도로써 위탁자 생전의 신탁계약과 사후의 유언신탁에 의하여 발생할 수 있는데, 위탁자가 생전에는 자신을 수익자로, 자신의 사후에는 부인을 수익자로, 부인의 사후에는 자녀를 수익자로 하는 유형의 신탁을 허용할 필요성과 수익자연속신탁에 관한 학설상의 논란을 입법적으로 해결하기 위해 명시적으로 규정을 둔 것이다.[7]

---

5) 윤종미(2019), 63쪽.
6) 윤종미(2019), 63-64쪽.
7) 안성포(2014), 111쪽.

제3절 기타 신탁

그 밖에 동산신탁, 성년후견신탁, 반려동물을 위한 신탁 등이 있다. 2016년 5월 신한은행은 국내 최초로 동산신탁 계약을 체결했다. 동산신탁이란 선박, 항공기, 차량, 중기 등의 수송용 설비나 기계용 설비 등을 신탁받은 후 사업자에게 임대 운용하는 방식으로 신탁자산을 관리, 운용하거나 처분하는 신탁을 말한다. 성년후견신탁이란 위탁자가 향후 치매 발병 등에 대비해 은행과 신탁계약을 맺고 금전을 맡기는 신탁상품이며, 반려동물을 위한 신탁이란 주인이 사망해 동물을 돌보지 못할 경우를 대비해 신탁업자에게 새 부양자를 지정하고 돈을 맡기는 신탁상품을 말한다.[8)]

8) 윤종미(2019), 65-66쪽.

제7편

연금상품

제1장 서설

제2장 퇴직연금

제3장 개인연금

제1장 / 서 설

제1절 연금제도 개관

Ⅰ. 노후소득 보장장치로서의 연금제도 발전

우리나라 연금제도에서 중요한 역할을 하고 있는 국민연금은 소득이 있을 때 일정액의 보험료를 납부하도록 하고, 노령, 장애, 사망 등 일정한 사유로 소득이 줄어들거나 없어졌을 때 연금을 지급하여 최소한의 소득을 보장하는 종신보험 성격의 사회보장제도이자 공적연금으로서 1988년 도입되었다. 그 이후 우리나라도 선진국처럼 고령화가 급진전되면서 연금을 통한 노후소득 보장기능을 강화하기 위해 구 개인연금(세제적격 개인연금저축)이 1994년 6월 도입되었고, 세법 개정에 따라 신 개인연금(개인연금저축)으로 2000년 12월 전환되었다. 이 개인연금은 특별한 가입 조건이 없으며 가입자의 의사에 따라 임의가입이 가능한 사적연금에 속한다.

다음으로 사회보장제도가 갖추어지지 못하였던 1960년대 초반에 도입된 퇴직금제도의 노후소득 보장기능을 보완하기 위해 2005년 퇴직일시금의 퇴직연금으로의 전환이 가능하게 됨으로써 퇴직연금제도가 도입되었다. 그 이후 낮은 국민연금의 소득대체율을 높이기 위해 역시 공적연금인 노령연금이 2007년 도입되는 등 아직은 우리나라의 연금제도는 선진국에 비해 초기 단계인 상태라고 할 수 있다.[1)]

연금제도를 요약하면 관리주체 및 강제성 여부에 따라 공적연금과 사적연금으로 구분되어

1) 장인봉(2018), "퇴직연금법제 개선 연구: 퇴직연금의 제도설정·운용·지급단계별 법제 및 세제 개선을 중심으로", 고려대학교 대학원 박사학위논문(2018. 12), 6-7쪽.

전자는 국가나 공공기관이 운영·지급하고 가입이 강제되는 국민연금, 공무원연금, 사학연금, 군인연금 등을 말하고, 후자는 기업이나 개인이 운영 지급하고 가입이 임의적인 퇴직연금 및 개인연금을 말한다.[2)]

Ⅱ. 노후소득 보장체계

노후소득 보장체계는 일반적으로 3층 구조[3)]로 이루어지는데, 1층 제도로 국민연금, 특수직역연금(공무원연금, 사학연금, 군인연금), 2층 제도로 퇴직금(연금), 3층 제도로 개인연금 등 다층 노후소득 보장체계로 구성된다. 이중 국민연금은 민간부문의 근로자 및 자영업자를 대상으로 하고, 특수직역연금은 공무원·군인·사립학교교직원 등 특수직역 종사자를 대상으로 하며 둘 다 공적연금에 속한다.

2층의 퇴직금(연금)은 퇴직급여법상 기존의 법정 강제퇴직금제도와 2005년 12월부터 시행된 퇴직연금으로 구성되어 있고, 3층의 개인연금은 1995년부터 시행되었다. 이 퇴직연금과 개인연금이 사적 노후소득 보장장치의 양축을 형성하고 있다.[4)]

Ⅲ. 연금의 지배구조

연금의 지배구조를 살펴보면 공적연금인 국민연금 및 특수직역연금의 지배구조는 기금형이고 기금적립의 유형은 확정급여형으로 운용되어 해당 부처, 관리공단, 자산운용 등 관련 전문위원회 등 3단계로 이루어지고 있다. 다만 군인연금은 해당부처, 위원회 등 2단계로 이루어지고 있다.

반면에 사적연금의 지배구조를 살펴보면 퇴직연금의 경우 연금관리를 금융기관에 일괄 위탁하는 계약형 지배구조의 형태를 가지고 있고, 개인연금도 가입자와 금융기관과의 계약체결로 거래가 성립되는 가장 단순한 계약형 구조라고 할 수 있다.[5)]

---

2) 방하남(2006), "연금모형을 통한 법제 정비방안 모색", 서울대학교 금융법센터 BFL 제15호(2006. 1), 8쪽.
3) OECD는 연금(pension)을 역할과 목적에 따라 3층(three tiers)으로 나누고 1층 및 2층은 의무적이되 1층은 절대적으로 필요한 최소한의 삶을 위한 재분배 목적의 연금이고, 2층은 근로기간에 누린 생활수준을 어느 정도 유지하려는 보험 목적의 연금이며, 3층은 개인적으로나 사용자에 의해 자발적으로 추가되는 연금이라고 분류하였고, 1층 중 고령자 빈곤 해소를 위한 연금을 0층으로 분류하기도 하였다. 이것이 연금체계 분류기준으로 일반화되었다.
4) 장인봉(2018), 7-8쪽.
5) 장인봉(2018), 8-9쪽.

제2절 연금구성체계

우리나라의 노후소득 보장을 위한 연금체계는 1층에 최소한의 노후 생활수준 보장을 위해 전 국민이 의무적으로 가입해야 하는 국민연금, 2층에 직장인들을 대상으로 노후 기본적인 생활수준을 유지하기 위한 퇴직연금, 그리고 3층에 노후에 여유 있는 삶을 영위하기 위한 개인연금으로 구성되어 있다. 먼저 우리나라의 연금체계에 관하여 간략히 살펴보기로 한다.

Ⅰ. 공적연금(국민연금)

국민연금은 전 국민이 의무적으로 가입하며 고소득층보다 저소득층의 급부가 더 많은 소득재분배 기능을 가지고 있어 사회보장기능이 있는 공적사회보험 제도로 볼 수 있다. 국민연금은 최소한의 노후소득 보장을 위한 제도로서 경제활동에 참여하는 모든 국민이 자동적으로 가입하며, 비경제활동자의 경우 자율적으로 가입(임의가입)할 수 있다. 가입자의 국민연금 기여율(보험료)은 소득의 9%이며, 근로자의 경우 고용주와 근로자가 절반씩 부담한다. 사회복지제도(사회보험)로서의 기능이 있어 소득계층 간, 현재와 미래세대 간 소득재분배 기능을 한다. 예를 들어 최저소득층의 경우 기여금 대비 수익비(=수령연금총액/기여금총액)는 4배로 최상위 소득층의 1.2배에 비해 높은 수준으로 소득계층 간 소득재분배 기능을 한다. 또한 최상위 소득층조차도 기여금 대비 1배 이상 연금급부를 수령하므로 부족분은 미래세대가 부담해야 하는 세대 간 소득재분배 기능이 있다. 이러한 세대 간 이전 특성으로 인해 지속적이고 충분한 인구 및 경제성장이 뒷받침되지 않을 경우 국민연금제도의 지속성은 담보될 수 없다.

국민연금의 재정안정화를 위해 국민연금이 목표하고 있는 소득대체율은 두 차례의 개혁을 거쳐 하향 조정되었다. 시행 초기 40년 가입자를 기준으로 70% 수준이던 국민연금의 목표소득대체율은 40%로 축소되었는데, 이에 따라 국민 스스로 노후를 준비하는 사적연금의 기능이 강조되고 있으며 정부는 여러 가지 세제혜택 제공을 통해 사적연금 가입 유인을 제고하고 있다.[6)]

Ⅱ. 준공적연금(퇴직연금)

퇴직연금은 기존 퇴직금의 수급권 보호 및 노후소득 보장을 위해 2005년 도입되었으며,

---

6) 정원석 · 임준 · 김유미(2016), "금융 · 보험세제연구: 집합투자기구, 보험 그리고 연금세제를 중심으로", 보험연구원(2016. 5), 75-76쪽.

이는 사적기능에 의한 제도이나 정부정책에 의해 2016년부터 2022년까지 단계적으로 모든 사업장의 퇴직연금 가입이 의무화된다. 퇴직연금 가입은 의무사항이나 퇴직연금 적립금의 적립·운용기관은 은행, 증권사, 보험사 등 사적금융기관이다. 따라서 의무가입으로 인한 공적 특징과, 운용기관이 금융기관이라는 사적 특징을 모두 가지고 있는 준공적연금으로 볼 수 있다. 그리고 사적연금의 특성상 연금상품은 가입자의 납입금액 총합이 연금수령금액 총합과 일치하는 수지상등의 원리를 만족시키도록 설계된다.

퇴직연금에서 파생된 개인형퇴직연금(IRP: Individual Retirement Pension)제도는 퇴직연금 적립금 운용의 효율성과 지속성을 제고시키기 위해 2013년부터 도입되었으며, 퇴직 IRP와 적립 IRP로 나눌 수 있다.[7] 기존 퇴직연금 가입자가 55세 이전 퇴직 시 퇴직연금 적립금은 IRP에 적립되며 이를 퇴직 IRP라 한다. 또한 기존 퇴직연금 가입자는 퇴직 이전에 IRP계좌를 개설하여 본인의 의사에 따라 추가적으로 노후 자금을 적립할 수 있으며 이를 적립 IRP라 한다. 기업형 IRP는 퇴직연금을 운용하기 어려운 10인 이하의 사업장에서 근로자에게 IRP를 개설하여 퇴직연금계좌 대신 이용하여 퇴직연금을 제공할 수 있도록 하는 제도를 말한다. 퇴직 IRP의 경우 세제는 확정기여형 퇴직연금(DC형)의 세제와 유사하다.[8]

Ⅲ. 개인연금

개인연금은 가입이 의무화되어 있는 공적·준공적연금과 달리 가입자의 의사에 따라 임의로 가입하는 연금상품으로 세제적격과 세제비적격 연금상품으로 나눌 수 있다. 세제적격 개인연금저축("연금저축")의 경우 은행, 증권사, 보험사에서 연금저축상품에 가입할 수 있다. 이때 은행상품의 경우 개인연금저축신탁, 증권사 상품의 경우 개인연금저축펀드, 보험사 상품의 경우 개인연금저축보험을 주로 판매한다.[9] 이들에 대한 세제혜택은 동일하여 납입 시 세액공제 혜택이 있으며, 수령 시 원금을 포함한 수령액 전체에 과세한다. 세제비적격 연금상품의 경우("연금보험") 생명보험사에서만 가입이 가능하다. 연금보험상품은 보험금 납입 시 세액공제 혜택이 없으나, 수령 시 역시 원금을 포함한 수령액 전체에 대해 비과세한다.[10]

---

7) 소규모사업장의 퇴직연금 도입을 위한 기업 IRP도 있다. 개인 IRP를 퇴직 IRP와 적립 IRP로 나누는 것은 법률적으로 통용되는 공식용어는 아니고 실무에서 사용하는 용어이다.

8) 정원석·임준·김유미(2016), 76-77쪽.

9) 은행은 연금저축신탁과 함께 연금저축펀드 및 방카슈랑스를 통한 연금저축보험을 판매할 수 있고, 증권사 역시 연금저축신탁을 취급할 수 있다.

10) 정원석·임준·김유미(2016), 77쪽.

제
2
장
／

퇴직연금

제1절 서 설

Ⅰ. 퇴직연금 도입배경

우리나라에서 퇴직금은 직장에서 은퇴하고 근로능력이 저하된 노년의 생활비용을 충당해 주는 사회보장적 성격의 제도로서의 역할을 하여 왔는데, 중간정산제의 확대 등에 따라 이러한 사회보장적 역할은 현저하게 감소하고 후불임금으로서의 성격으로 변질되어 가고 있음에 따라 이에 대한 보완의 필요성이 대두되었다. 즉 퇴직금제도는 1961년 근로자들의 노후소득 보장을 위하여 도입되었으나, 연봉제 및 중간정산의 확산, 근속기간의 단축, 비정규직 근로자층의 기형적인 증가 등 노동시장의 급변과 급속하게 진행되고 있는 고령화 추세에 따라 그 기능을 상실하여 가고 있어 근로자들의 노후 대비책으로는 미흡한 실정이다. 따라서 근로자의 노후소득 보장이라는 취지를 구현할 수 있으면서 기업 도산 시에도 근로자의 수급권이 보호될 수 있는 장치를 갖춘 연금형식의 퇴직급여제도 도입이 필요하게 되었다.[1)]

Ⅱ. 퇴직연금 운영현황

1. 퇴직연금 적립금 현황

2017년 12월말 기준 퇴직연금으로 적립된 금액은 전년도에 비해 21조 4천억 원(14.6%)이

1) 환경노동위원회 전문위원실, “근로자퇴직급여보장법안 검토보고서(정부제출)”(2004. 11), 7쪽.

증가한 168조 4천억 원으로 퇴직연금 유형에 따라 확정급여형(DB) 110.9조원(65.8%), 확정기여형(DC) 및 기업형 IRP(Individual Retirement Pension) 42.3조원(25.1%), 개인형 IRP 15.3조원(9.1%)이며, 전년도에 비해 확정급여형의 비중만 2%p 감소하였다.[2)]

다음으로 상품구성을 보면 금융권역별 총 적립금액의 88.1%인 148.3조원(대기성자금 포함시 91.6%인 154조원)은 원리금보장형으로 전년도에 비해 약간 감소했으나 여전히 편중현상이 지속되고 있고, 8.4%(14.2조원)는 실적배당형으로 운용되고 있다. 다만 금융투자회사의 경우 77.8%를 원리금보장형, 17.1%를 실적배당형으로 운용하여 보다 개선된 모습을 보이고 있다.[3)] 수익률 및 연금수령 비율을 보면 연간수익률은 1.88%이고, 일시금이 아닌 연금으로 수령하는 비율은 아직 1.9%(계좌기준)에 불과하다. 한편 금융권역별로 보면, 적립금의 50.0%는 은행, 23.5%는 생명보험사, 19.1%는 금융투자회사(증권), 6.4%는 손해보험사, 1.0%는 근로복지공단이 운용 중으로 은행 중심의 모습은 여전하지만 금융투자회사의 비중이 조금씩 증가하고 있다.

2. 퇴직연금 도입 사업장 현황

퇴직급여법상 퇴직연금제도 적용대상 사업장 1,181,464개소 중 318,374개소가 퇴직연금제도를 도입하여, 도입률은 전년에 비해 1.3%p가 증가한 26.9%로 나타났고, 퇴직급여법 적용대상이 아니면서 도입한 사업장을 포함한 전체 도입 사업장은 전년(313,169개소)에 비해 26,861개소가 늘어난 340,030개소가 되었다. 전체 도입 사업장을 제도 유형별로 살펴보면 확정기여형이 절반 이상인 53.6%로 전년에 비해 1.4%p가 증가하였고, 확정급여형은 31.9%, IRP형은 7.6%, 병행형은 6.9% 수준으로 나타났다.[4)]

제2절 퇴직급여법상 퇴직연금제도

Ⅰ. 퇴직연금의 의의 · 유형 · 구조

1. 의의

퇴직연금제도란 확정급여형 퇴직연금제도, 확정기여형 퇴직연금제도 및 개인형 퇴직연금

---

2) 금융감독원 연금금융실(2018), "2017년도 퇴직연금 적립 및 운용현황 분석", 통계자료(2018. 3), 1-8쪽.

3) 실적배당형이 많은 금융투자회사(증권사) 2.54%, 생명보험사 1.99%, 손해보험사 1.79%, 은행 1.60%, 근로복지공단 1.59%의 순서이다.

4) 장인봉(2018), 11쪽.

제도를 말한다(퇴직급여법2(7), 이하 "법").[5] 즉 퇴직연금제도란 일반적으로 기업이 근로자의 노후생활의 안정을 위해 재직 중에 현금을 적립하여 정년퇴직 이후 연금급여를 지급하는 제도로서 퇴직저축(Retirement Savings) 또는 기업연금(Corporate Pensions)이라고도 하는데, 우리나라의 퇴직연금제도 유형으로는 퇴직급여법에 따라 확정급여형 퇴직연금(Defined Benefit Retirement Pension, DB형), 확정기여형 퇴직연금(Defined Contribution Retirement Pension, DC형), 그리고 개인형 퇴직연금(Individual Retirement Pension, IRP형)이 있다.[6]

2. 유형

(1) 확정급여형 퇴직연금제도

확정급여형 퇴직연금제도란 근로자가 받을 급여의 수준이 사전에 결정되어 있는 퇴직연금제도를 말한다(법2(8)). 확정급여형 퇴직연금(DB형)은 근로자가 퇴직 후 받을 연금액수와 산정방식이 미리 확정되고, 사용자가 실제 부담할 금액은 적립금 운용결과에 따라 변동될 수 있는 연금제도를 말한다. 즉 근로자가 받을 퇴직연금 금액은 일시금 기준의 퇴직금과 같은 금액이 되도록 산정방식을 정하고, 연금은 퇴직연금규약에서 정한 바에 따라 종신 또는 5년 이상 일정기간으로 분할하여 받게 된다. 사용자는 연금지급을 위해 노사가 퇴직연금규약에서 정한 금융기관(퇴직연금사업자)에 일정 수준 이상의 적립금을 근로자 명의로 입금하고 최종 지급책임을 지며, 금융기관은 사용자와의 계약범위 내에서 자율적으로 적립금을 운용하게 된다. 이러한 DB형은 일반적으로 경영의 안정성 및 영속성이 있는 기업, 퇴직연금수급자를 잘 관리할 수 있는 대기업 등에 적합하다고 할 수 있다.

(2) 확정기여형 퇴직연금제도

확정기여형 퇴직연금제도란 급여의 지급을 위하여 사용자가 부담하여야 할 부담금의 수준이 사전에 결정되어 있는 퇴직연금제도를 말한다(법2(9)). 즉 확정기여형 퇴직연금(DC형)은 사용자의 부담금이 미리 확정되는 반면 근로자가 받을 퇴직연금액이 적립금 운용실적에 따라 변동될

5) 현행 퇴직급여법상 퇴직금제도는 사회보장제도가 갖추어지지 못했던 1960년대 초반에 도입된 제도로서, 1989년 근로자 5인 이상 사업장까지 확대 적용되어 근로자의 노후소득 보장을 위한 법정 복지제도로 발전하였으나, 국민연금(1986년), 고용보험(1993년) 도입 과정에서 기능이 중복되고, 사업주의 부담이 크다는 요구에 따라, 1986년 국민연금 도입 시 퇴직전환금제도(사용자가 퇴직금을 지급하기 위한 적립금에서 일부를 국민연금에 납부하면 그 금액은 퇴직금을 지급한 것으로 보는 제도)를 두어 퇴직금에 대한 사용자부담을 축소하였으나, 1998년 퇴직전환금제도가 폐지되었다. 1998년부터 "퇴직금제도 개선"이 노사정위원회 의제로 선정되어 실무팀 및 경제사회소위원회를 중심으로 퇴직연금제도를 검토하면서 제도 도입의 필요성에 대해서 공감대를 형성하였고, 2003년 7월 노사정위원회는 그간의 퇴직연금제도 논의결과를 고려하여 입법을 추진할 것을 정부에 요청하였다. 마침내 노사정위원회의 논의내용을 토대로 관계부처 협의, 입법예고 등을 거쳐 확정된 퇴직급여법 개정안이 국회를 통과함으로써 2005년 12월부터 퇴직연금제도가 시행되었다.

6) 고용노동부(2013), 「퇴직급여제도 업무처리 매뉴얼」(2013. 12), 10-11쪽.

수 있는 연금제도이다. 사용자가 연간 임금총액의 1/12 이상의 금액을 노사가 퇴직연금규약에서 선정한 금융기관(퇴직연금사업자)의 근로자 개인별 계좌에 입금하면, 근로자는 금융기관이 선정·제시하는 운용방법을 선택하여 적립금 운용(투자)을 금융기관에 지시하고 금융기관은 그 지시에 따라 운용하여 근로자에게 연금이나 일시금을 지급하게 된다. 이러한 DC형은 경영이 불안정하거나 수명이 짧은 기업, 퇴직연금제도를 자체적으로 설계하기 힘든 중소기업, 연봉제와 매년 퇴직금 중간정산을 하는 기업, 자주 직장을 이동하는 근로자 등에게 적합하다고 할 수 있다.

(3) 개인형 퇴직연금제도

개인형 퇴직연금제도란 가입자의 선택에 따라 가입자가 납입한 일시금이나 사용자 또는 가입자가 납입한 부담금을 적립·운용하기 위하여 설정한 퇴직연금제도로서 급여의 수준이나 부담금의 수준이 확정되지 아니한 퇴직연금제도를 말한다(법2(10)). 개인형 퇴직연금(IRP형)은 이직 시 수령한 퇴직급여를 통합하여 적립하고 노후소득의 재원으로 활용할 수 있도록 하는 통산장치(Portability)를 말한다. 즉 퇴직연금 가입 근로자의 이직 시 퇴직급여를 가입자의 IRP형 계좌로 이전하고 연금 수령 시까지 적립된 퇴직급여를 과세이연 혜택을 받으며 운용하다가 일시금이나 연금으로 수령하게 된다. 또한 퇴직급여 일시금 수령자나 DB형·DC형 가입자도 추가로 IRP형을 설정할 수 있다. 나아가 상시근로자 수가 10인 미만인 사업장의 경우에도 근로자대표의 동의를 얻어 근로자 전원이 IRP형을 설정하게 할 수 있는데(퇴직급여법25), 이를 기업형 IRP라 하고 다른 IRP형은 개인형 IRP로 구분하기도 한다.

(4) 유형의 비교

이러한 세 가지 유형의 퇴직연금제도를 비교하면, i) 연금수급요건은 수급연령이 모두 55세 이상부터이고 수급기간이 5년 이상이어야 하되 DB형과 DC형의 경우 가입기간이 10년 이상이어야 한다. ii) 일시금 수급요건은 DB형과 DC형의 경우 연금수급요건을 갖추지 못하거나 일시금 수급을 원할 때인 반면, IRP형의 경우 원하면 언제든지 일시금 수급이 가능하다. iii) 무주택자인 가입자가 본인 명의로 주택을 구입, 가입자 또는 부양가족이 6월 이상 요양, 최근 5년 이내 파산선고, 개인회생절차개시 결정 및 천재지변의 사유로 세 가지 유형 모두 적립금의 50% 범위내에서 담보대출이 가능(퇴직급여법 시행령12)한 반면 같은 사유로 중도인출은 DC형과 IRP형만 가능하고 DB형은 불가능하다(퇴직급여법 시행령14 및 18). iv) 한편 세 가지 유형별로 적합한 기업 및 근로자는 DB형의 경우 고용이 안정된 기업, 재무구조가 건실한 기업, 정년이 보장된 근로자 등에게 적합하고, DC형의 경우 근로자 평균연령이 낮거나 신설된 기업, 연봉제 중간정산을 실시하는 기업, 전문직 종사자나 이직률이 높은 근로자 등에게 적합하며, 기업형 IRP는 영세사업장, 개인형 IRP는 일시금 수령자에게 적합하다.[7]

---

7) 한국노동연구원 뉴패러다임센터(2007), 「퇴직연금제도의 성공적인 도입 및 정착을 위한 퇴직연금 실무 가

3. 운영구조

퇴직연금의 운영구조를 살펴보면, 퇴직연금사업자는 운용관리 및 자산관리 업무를 수행하며 사용자나 근로자의 운용지시를 받아 적립금을 운용한다. 퇴직연금사업자의 퇴직연금 운영의 근거는 운용관리계약이나 자산관리계약이고 그 성격을 보면 전자는 퇴직연금의 운용관리를 위해 사용자 등이 운용관리기관과 체결하는 것이므로 사무처리를 위탁하는 민법상 위임계약(민법680)과 유사한 반면, 후자는 적립금의 보관 관리 등을 위해 사용자 등이 자산관리기관과 체결하는 것이되 자본시장법 시행령에 따른 특정금전신탁계약이나 보험업법에 따른 특별계정으로 운영하는 보험계약이어야 한다고 법정되어 있다(법29②).

운용관리기관은 운용방법 정보제공, 제도설계 및 연금계리, 적립금 운용현황의 기록·보관·통지, 운용방법의 전달 등의 업무를 수행하고, 자산관리기관은 계좌 설정 관리, 부담금의 수령, 적립금의 보관 관리, 운용지시의 이행, 급여의 지급 등의 업무를 수행한다. 운용관리기관 및 자산관리기관은 은행, 금융투자업자, 보험회사 등 금융기관이 주로 여기에 해당하고 반드시 복수일 필요는 없고 하나의 퇴직연금사업자가 수행할 수 있다.[8] 한편 퇴직연금상품의 제공기관은 별도이지만 퇴직연금사업자에 의한 겸영이 가능하다.

Ⅱ. 퇴직연금사업자의 등록

퇴직연금사업자란 퇴직연금제도의 운용관리업무 및 자산관리업무를 수행하기 위하여 제26조에 따라 등록한 자를 말한다(법2(13)). 퇴직연금사업자가 되려는 자는 i) 투자매매업자, 투자중개업자 또는 집합투자업자(제1호), ii) 보험회사(제2호), iii) 은행(제3호), iv) 신용협동조합중앙회(제4호), v) 새마을금고중앙회(제5호), vi) 근로복지공단[9](근로복지공단의 퇴직연금사업 대상은 상시 30명 이하의 근로자를 사용하는 사업에 한한다)(제6호), vii) 그 밖에 제1호부터 제6호까지에 준하는 자로서 대통령령으로 정하는 자(제7호)[10]에 해당하는 자로서 퇴직연금사업자가 되려는 자는 재무건전성 및 인적·물적 요건 등 대통령령으로 정하는 요건[11]을 갖추어 고용노동

이드라인」(2007. 6), 15-22쪽.

8) 금융감독원(2018), 「행복한 동행 퇴직연금-퇴직연금가이드북」(2018. 9), 21쪽.

9) 근로복지공단의 경우 금융기관은 아니지만 요건을 구비하여 운용관리기관으로 등록하고 있다. 다만 신탁보험계약을 체결할 수 있는 신탁업자 보험회사는 아니므로 자산관리기관으로 등록은 할 수 없다.

10) "대통령령으로 정하는 자"란 자본시장법에 따라 신탁업의 인가를 받은 자를 말한다(영20④).

11) "재무건전성 및 인적·물적 요건 등 대통령령으로 정하는 요건"이란 다음의 요건을 말한다(영20①).

1. 다음 각 호의 구분에 따른 재무건전성의 요건을 갖출 것

가. 법 제26조 제1호·제2호·제3호 또는 제7호에 해당하는 자: 금융산업구조개선법 제10조 제1항에 따른 자기자본비율("자기자본비율")이 같은 조 제2항에 따라 금융위원회가 정하여 고시하는 기준 이

부장관에게 등록하여야 한다(법26).

Ⅲ. 운용관리업무에 관한 계약의 체결

퇴직연금제도를 설정하려는 사용자[12] 또는 가입자(법 제2조 제11호=퇴직연금제도에 가입한 사람)는 퇴직연금사업자와 ⅰ) 사용자 또는 가입자에 대한 적립금 운용방법 및 운용방법별 정보의 제공(제1호), ⅱ) 연금제도 설계 및 연금 계리(제2호), ⅲ) 적립금 운용현황의 기록·보관·통지(제3호), ⅳ) 사용자 또는 가입자가 선정한 운용방법을 자산관리업무를 수행하는 퇴직연금사업자에게 전달하는 업무(제4호), ⅴ) 그 밖에 운용관리업무의 적절한 수행을 위하여 대통령령으로 정하는 업무[13](제5호)를 내용으로 하는 계약을 체결하여야 한다(법28① 본문). 다만, 제2호의 업무는 확정급여형퇴직연금제도를 설정할 때에만 해당한다(법28① 단서). 운용관리업무를 수행하는 퇴직연금사업자는 대통령령으로 정하는 일부 업무[14]를 인적·물적 요건 등 대통령령으

상일 것

나. 법 제26조 제4호 또는 제5호에 해당하는 자: 자기자본비율이 법 제26조 제1호부터 제3호까지 및 제7호의 어느 하나에 해당하는 자 중 업무 또는 재무구조 등이 가장 유사한 자에게 적용되는 기준 이상일 것

다. 법 제26조 제6호에 해당하는 자: 법률에 따라 설치된 기금으로부터 출연받을 수 있는 법적 근거를 갖출 것

2. 금융위원회가 정하여 고시하는 바에 따라 운용관리업무 또는 자산관리업무에 관한 전문성이 있는 인력과 업무수행에 필요한 전산요원 등 필요한 인력을 갖출 것. 다만, 법 제28조 제2항에 따라 운용관리업무 중 일부 업무를 다른 자에게 위탁하는 경우에는 해당 업무에 관한 인력을 갖춘 것으로 본다.

3. 금융위원회가 정하여 고시하는 바에 따라 운용관리업무 또는 자산관리업무의 수행에 필요한 전산설비와 사무실을 갖출 것. 이 경우 그 전산설비는 정전·화재 등의 사고가 발생할 경우 업무의 연속성을 유지할 수 있도록 보완설비를 갖추고, 제도 내용의 변경 등으로 인하여 가입자에게 피해가 발생하지 않도록 전산 시스템을 미리 구축하여야 한다.

12) "사용자"란 사업주 또는 사업 경영 담당자, 그 밖에 근로자에 관한 사항에 대하여 사업주를 위하여 행위하는 자를 말한다(근로기준법2①(2)).

13) "대통령령으로 정하는 업무"란 다음의 업무를 말한다(영22①).

1. 법 제24조에 따른 개인형퇴직연금제도의 설정 및 운영
2. 법 제32조 제2항에 따라 사용자가 위탁한 교육의 실시
3. 퇴직연금사업자가 간사기관인 경우에는 다음 각 목의 업무

가. 법 제16조에 따른 급여 지급능력 확보 여부의 확인 및 그 결과의 통보

나. 영 제4조 제1항 제1호에 따른 부담금의 산정

다. 퇴직 등 사유가 발생한 경우 급여를 지급하는 퇴직연금사업자의 선정에 관한 사용자의 지시를 그 퇴직연금사업자에게 전달하는 업무

라. 그 밖에 신규 가입자의 등재, 적립금액 및 운용현황 통지 등 복수의 퇴직연금사업자와 확정급여형퇴직연금제도의 운용관리업무에 관한 계약을 체결한 경우 제도의 안정적·통일적 운용을 위하여 필요한 사항

14) "대통령령으로 정하는 일부 업무"란 법 제28조 제1항 제2호부터 제4호까지의 업무와 제22조 제1항 제2호의 업무를 말한다(영23①).

로 정하는 요건[15)]을 갖춘 자에게 처리하게 할 수 있다(법28②).

Ⅳ. 자산관리업무에 관한 계약의 체결

퇴직연금제도를 설정한 사용자 또는 가입자는 i) 계좌의 설정 및 관리(제1호), ii) 부담금의 수령(제2호), iii) 적립금의 보관 및 관리(제3호), iv) 운용관리업무를 수행하는 퇴직연금사업자가 전달하는 적립금 운용지시의 이행(제4호), v) 급여의 지급(제5호), vi) 그 밖에 자산관리업무의 적절한 수행을 위하여 대통령령으로 정하는 업무의 수행을 내용으로 하는 계약을 퇴직연금사업자와 체결하여야 한다(법29①). 사용자 또는 가입자가 자산관리업무에 관한 계약을 체결하려는 경우에는 근로자 또는 가입자를 피보험자 또는 수익자로 하여 대통령령으로 정하는 보험계약 또는 신탁계약[16)]의 방법으로 하여야 한다(법29②).

Ⅴ. 퇴직연금사업자의 책무

퇴직연금사업자는 퇴직급여법을 준수하고 가입자를 위하여 성실하게 그 업무를 하여야 한다(법33①). 퇴직연금사업자는 운용관리업무에 관한 계약 및 자산관리업무에 관한 계약의 내용을 지켜야 한다(법33②). 퇴직연금사업자는 정당한 사유 없이 i) 운용관리업무의 수행계약 체결을 거부하는 행위(제1호), ii) 자산관리업무의 수행계약 체결을 거부하는 행위(제2호), iii) 특정 퇴직연금사업자와 계약을 체결할 것을 강요하는 행위[17)](제3호), iv) 그 밖에 사용자 또는 가

15) "인적·물적 요건 등 대통령령으로 정하는 요건"이란 제20조 제3항에 따라 금융위원회가 세부기준을 정하여 고시한 요건을 말한다(영23②).

16) "대통령령으로 정하는 보험계약 또는 신탁계약"이란 보험업법 제108조에 따른 특별계정으로 운영하는 보험계약 또는 자본시장법 시행령 제103조 제1호에 따른 특정금전신탁계약으로서 다음의 요건을 모두 갖춘 것을 말한다(영24).
   1. 법 제16조 제4항에 따라 적립금이 기준책임준비금의 150%를 초과하고 사용자가 반환을 요구하는 경우 퇴직연금사업자는 사용자에게 그 초과분을 반환할 것
   2. 급여는 가입자가 퇴직하는 경우에 지급하는 것일 것
   3. 가입자가 퇴직연금사업자에 대하여 직접 급여를 청구할 수 있을 것. 다만, 계속근로기간이 1년 미만인 가입자는 급여를 청구할 수 없으며, 그 적립금은 사용자에게 귀속되는 것이어야 한다.
   4. 계약이 해지되는 경우 적립금은 가입자에게 지급되는 것일 것. 다만, 계속근로기간이 1년 미만인 가입자에 대한 적립금은 사용자에게 귀속되는 것이어야 한다.

17) 특정한 퇴직연금사업자와 계약을 체결할 것을 강요하는 행위라 함은 퇴직연금계약 체결을 거부하거나 퇴직연금사업자가 제시하는 거래조건을 수용하지 않는 사용자 또는 가입자(공정거래법 시행령 제3조 제1호 각 목에 해당하는 이들의 특수관계인 포함)에게 다음의 사항을 직접 또는 간접적으로 알리는 행위를 말한다(퇴직연금감독규정15).
   1. 여신 등 신용공여 제공의 중단, 거래조건의 변경, 거래연장의 거부 또는 새로운 거래기회의 박탈 등
   2. 퇴직연금계약 이외의 임대차거래, 금융서비스 제공, 기타 재화·용역의 제공 등과 관련하여 거래관계의

입자의 이익을 침해할 우려가 있는 행위로서 대통령령으로 정하는 행위[18](제4호)를 하여서는 아니 된다(법33③).

운용관리업무를 수행하는 퇴직연금사업자는 i) 계약체결 시 가입자 또는 사용자의 손실의 전부 또는 일부를 부담하거나 부담할 것을 약속하는 행위(제1호), ii) 가입자 또는 사용자에게 경제적 가치가 있는 과도한 부가적 서비스를 제공하거나 가입자 또는 사용자가 부담하여야 할 경비를 퇴직연금사업자가 부담하는 등 대통령령으로 정하는 특별한 이익을 제공하거나 제공할 것을 약속하는 행위(제2호), iii) 가입자의 성명·주소 등 개인정보를 퇴직연금제도의 운용과 관련된 업무수행에 필요한 범위를 벗어나서 사용하는 행위(제3호), iv) 자기 또는 제3자의 이익을 도모할 목적으로 특정 운용 방법을 가입자 또는 사용자에게 제시하는 행위(제4호)를 하여서는 아니 된다(법33④).

개인형퇴직연금제도를 운영하는 퇴직연금사업자는 해당 사업의 퇴직연금제도 운영 상황 등 대통령령으로 정하는 사항[19]에 대하여 매년 1회 이상 가입자에게 교육을 하여야 한다(법33⑤). 퇴직연금사업자는 고용노동부령으로 정하는 바에 따라 퇴직연금제도의 취급실적[20]을 사

중단, 거래조건의 변경, 거래연장의 거부 또는 새로운 거래기회의 박탈 등
3. 퇴직연금사업자 및 그 특수관계인이 보유한 증권의 매도 등에 의하여 사용자 등이 발행한 주식의 가치가 하락할 가능성 등

18) "대통령령으로 정하는 행위"란 다음의 행위를 말한다(영34①).
1. 사용자 또는 가입자의 운용지시 등 업무수행과 관련하여 알게 된 정보를 자기 또는 제3자의 이익을 위하여 이용하는 행위
2. 기존 대출을 연장하거나 신규 대출을 제공하는 등 사용자, 가입자 또는 이들의 이해관계인에게 금융거래상의 혜택을 주는 조건으로 퇴직연금계약의 체결을 요구하는 행위
3. 사용자 또는 가입자에게 특정한 운용방법의 선택을 강요하는 행위
4. 사용자 또는 가입자에게 특정한 운용방법의 가치상승 또는 하락에 대한 단정적이거나 합리적 근거가 없는 판단을 제공하는 행위
5. 적립금 운용방법 등에 있어 통상적인 조건을 벗어나 현저히 유리한 조건을 제시하는 행위
6. 자신이 원리금 지급을 보장하는 운용방법의 금리 등을 사용자 또는 가입자에 따라 합리적 이유 없이 차등 적용하는 행위
7. 사용자 또는 가입자에게 확정되지 않은 운용방법의 수익을 확정적으로 제시하는 행위

19) "해당 사업의 퇴직연금제도 운영 상황 등 대통령령으로 정하는 사항"이란 다음의 구분에 따른 사항을 말한다(영36①).
1. 법 제24조 제2항의 개인형퇴직연금제도의 경우: 이 영 제17조, 제18조, 제32조 제1항 제1호 마목 및 사목, 같은 항 제3호 다목 및 라목의 사항
2. 법 제25조의 개인형퇴직연금제도의 경우: 이 영 제32조 제1항 제1호 및 제3호에 관한 사항

20) 퇴직연금사업자가 제출하는 취급실적에는 다음의 사항이 모두 포함되어야 한다(시행규칙11①).
1. 해당 퇴직연금사업자 관련 사항. 이 경우 퇴직연금사업자의 명칭·대표자·주소·재무상황 및 경영하는 업무에 관한 사항이 포함되어야 한다.
2. 운용관리업무와 자산관리업무의 수행에 관한 사항. 이 경우 대상사업, 가입자 및 적립금에 대한 현황이 포함되어야 한다.
3. 적립금 운용사항. 이 경우 운용방법별 현황이 포함되어야 한다.
4. 급여 지급사항. 이 경우 급여 종류별 수급요건 및 중도인출 현황이 포함되어야 한다.

용자(개인형퇴직연금제도의 취급실적은 제외), 고용노동부장관 및 금융감독원장에게 제출하여야 한다(법33⑥).

퇴직연금사업자는 운용관리업무에 관한 계약 및 자산관리업무에 관한 계약체결과 관련된 약관 또는 표준계약서("약관등")를 제정하거나 변경하려는 경우에는 미리 금융감독원장에게 보고하여야 한다(법33⑦ 본문). 다만, 근로자 또는 사용자의 권익이나 의무에 불리한 영향을 주지 아니하는 경우로서 금융위원회가 정하는 경우에는 약관등의 제정 또는 변경 후 10일 이내에 금융감독원장에게 보고할 수 있다(법33⑦ 단서).[21)][22)]

Ⅵ. 퇴직연금사업자에 대한 감독

고용노동부장관은 퇴직연금사업자가 퇴직급여법을 위반하는 행위를 한 경우에는 기간을 정하여 그 위반의 시정을 명할 수 있다(법36①). 고용노동부장관은 퇴직연금사업자가 시정명령에 따르지 아니하는 경우에는 이 법에 따라 수행하는 업무를 다른 퇴직연금사업자에게 이전할 것을 명할 수 있다(법36②).

금융위원회는 퇴직연금제도의 안정적 운영과 근로자의 수급권 보호를 위하여 대통령령으로 정하는 업무(영37①=운용관리업무와 자산관리업무)에 관하여 퇴직연금사업자를 감독하고, 퇴직연금사업자가 제33조(퇴직연금사업자의 책무)를 위반하는 경우 ⅰ) 퇴직연금사업자에 대한 주의, 그 임원에 대한 주의 또는 그 직원에 대한 주의·견책·감봉·정직·면직의 요구(제1호), ⅱ) 해당 위반행위에 대한 시정명령(제2호), ⅲ) 임원의 해임권고 또는 직무정지요구(제3호), ⅳ) 6개월 이내의 영업의 일부정지(제4호)의 조치를 할 수 있다(법36③), 금융감독원장은 퇴직연금사

---

5. 법 제16조 제2항에 따른 재정검증평가 결과에 대한 사항

21) 퇴직연금감독규정 제17조(약관의 제정 및 변경의 보고) ① 법 제33조 제7항의 규정에 의하여 퇴직연금사업자는 법 제28조 및 제29조에서 규정한 운용관리계약 또는 자산관리계약의 약관을 제정하거나 변경하는 경우 시행예정일로부터 10영업일 전까지 별지 제3호에서 정한 서식으로 감독원장에게 보고하여야 한다. 다만, 보험업법 제127조에 의해 약관을 보고 또는 신고·제출함으로써 감독원장에 대한 약관의 보고를 갈음할 수 있다.

② 제1항의 규정에도 불구하고 다음 각 목의 경우 약관의 시행후 10영업일 이내에 감독원장에게 제출할 수 있다.

가. 법령의 개정 또는 감독원장의 명령에 의한 약관의 변경

나. 표준약관을 원용하는 약관의 제정 또는 변경

다. 실질적 내용이 변경되지 아니하는 범위 내의 단순한 자구수정 등 경미한 사항의 변경

22) 퇴직연금감독규정 제18조(표준약관) ① 퇴직연금사업자가 속한 관련 금융협회("협회")는 운용관리계약과 자산관리계약의 표준이 되는 약관("표준약관")을 제정·변경할 수 있다.

② 각 협회는 제1항의 규정에 의하여 표준약관을 제정 또는 변경하고자 하는 때에는 미리 감독원장에게 보고하여야 한다.

③ 표준약관의 제정 및 변경의 보고에 대하여는 제17조 제1항의 규정을 준용한다.

업자의 업무 및 재산상황 등을 검사할 수 있고, 퇴직연금사업자가 보고한 약관등이 퇴직급여법에 위배될 경우에는 변경·보완을 명할 수 있다(법36④).

Ⅶ. 자산운용 규제

퇴직연금사업자는 선량한 관리자로서의 주의의무를 다하여야 한다(법30①). 퇴직연금사업자는 적립금의 운용방법을 제시하는 경우에 i) 운용방법에 관한 정보의 취득과 이해가 쉬울 것(제1호), ii) 운용방법 간의 변경이 쉬울 것(제2호), iii) 적립금 운용결과의 평가 방법과 절차가 투명할 것(제3호), iv) 확정기여형퇴직연금제도와 개인형퇴직연금제도의 경우에는 대통령령으로 정하는 원리금보장 운용방법[23]이 하나 이상 포함될 것(제4호), v) 적립금의 중장기 안정적 운용을 위하여 분산투자 등 대통령령으로 정하는 운용방법 및 기준[24] 등에 따를 것(제5호)

---

23) "대통령령으로 정하는 원리금보장 운용방법"이란 다음의 운용방법을 말한다(영25①).
1. 신용등급 등에 관하여 금융위원회가 정하여 고시하는 기준 이상의 금융기관이 제공하는 다음 각 목의 운용방법
   가. 은행법 제2조 제1항 제2호에 따른 은행이 취급하는 예금·적금
   나. 보험업법 제2조 제6호에 따른 보험회사가 취급하는 보험계약으로서 적립금의 최저 이자율을 보증하는 등의 형태로 원리금 지급을 보장하는 보험계약
   다. 자본시장법 제8조에 따른 금융투자업자가 원리금 지급을 보장하는 계약으로서 같은 법 시행령 제85조 제3호 나목에 따른 환매조건부매수 계약
2. 우체국예금·보험에 관한 법률에 따라 체신관서가 취급하는 예금
3. 한국은행법 제69조 제1항에 따른 한국은행통화안정증권, 국채증권 및 정부가 원리금 상환을 보증한 채권
4. 그 밖에 원리금 상환이 보장되는 운용방법으로서 금융위원회가 정하여 고시하는 운용방법

24) "대통령령으로 정하는 운용방법 및 기준"이란 다음을 말한다(영26①)
1. 운용방법: 다음 각 목의 어느 하나에 해당하는 운용방법
   가. 은행법 제2조 제1항 제2호에 따른 은행이 취급하는 예금·적금
   나. 보험업법 제2조 제6호에 따른 보험회사가 취급하는 보험계약 중 적립금이 반환되는 것으로서 금융위원회가 고시하는 보험계약
   다. 자본시장법 제4조에 따른 증권으로서 금융위원회가 고시하는 증권. 이 경우 증권(자본시장법에 따른 집합투자증권은 제외)은 사용자 또는 금융위원회가 정하여 고시하는 이해관계인이 발행한 것이 아니어야 한다.
   라. 우체국예금보험법에 따라 체신관서가 취급하는 예금
   마. 그 밖에 적립금의 안정적인 중장기 운용을 위하여 필요한 운용방법으로서 금융위원회가 정하여 고시하는 운용방법
2. 기준: 다음 각 목의 기준을 따를 것
   가. 제1호 각 목에 따른 운용방법 중 제25조 제1항 각 호에 따른 원리금보장 운용방법과 증권에 대한 분산투자 등으로 투자위험을 낮춘 운용방법으로서 금융위원회가 고시하는 운용방법을 제외한 운용방법에 대해서는 고용노동부령으로 정하는 총투자한도 내에서 운용할 것. 이 경우 금융위원회는 고용노동부령으로 정하는 총투자한도 내에서 퇴직연금제도별로 세부적인 투자한도를 달리 정하여 고시할 수 있다.
   나. 확정기여형퇴직연금제도와 개인형퇴직연금제도의 경우 고용노동부령으로 투자위험이 큰 것으로 정한 자산은 자본시장법 제6조 제5항에 따른 집합투자의 방법으로만 투자할 것

의 요건을 갖춘 운용방법을 제시하여야 한다(법30②).

Ⅷ. 공시 관련 규제

퇴직연금사업자는 매년 말 적립금 운용 수익률 및 수수료 등을 금융위원회가 정하는 바에 따라 공시하여야 한다(법33⑧). 이에 따라 퇴직연금사업자는 다음의 사항을 자사의 인터넷 홈페이지에 게시하는 방법으로 공시한다(퇴직연금감독규정23①). 즉 i) 퇴직연금제도별 원리금 보장상품과 원리금 비보장상품의 적립금 운용금액 및 적립금 운용수익률. 단, 적립금 운용금액은 자신의 동일 계열기업군에 속하는 가입자와 그 이외의 가입자별로 구분한다(제1호). ii) 퇴직연금사업자가 수행하는 업무의 종류 및 업무수행방법(위탁 여부 등)(제2호), iii) 운용관리수수료 및 자산관리수수료(제3호), iv) 사용자 또는 가입자에게 제공한 적립금 운용방법 및 운용방법별 수익률(원리금 보장상품과 원리금 비보장상품을 구분하되, 변동금리형상품의 경우 변동주기별 적용이율을 포함하고, 원리금 비보장상품에는 경과기간별 수익률을 포함)(제4호), v) 운용관리계약 또는 자산관리계약 약관(제5호), vi) 퇴직연금사업자의 등록내용에 관한 사항(제6호), vii) 상품제공기관의 업무를 겸하는 퇴직연금사업자의 경우 퇴직연금제도별로 자신이 제공(다른 퇴직연금사업자가 자산관리기관인 경우를 포함한다)하고 있는 원리금보장 운용방법별 금리(제7호)를 공시한다. 감독원장은 각 협회를 통하여 필요한 사항을 비교공시하게 할 수 있다(퇴직연금감독규정23③).

제3절 자본시장법 및 신탁법 등 관련법상 퇴직연금제도

Ⅰ. 퇴직연금의 법적 성격

1. 금전신탁의 성격

퇴직연금을 자산관리기관과 신탁계약으로 체결하고 적립금을 맡기는 경우 신탁재산으로 금전을 수탁받아 위탁자(사용자나 퇴직연금 가입자)가 지시한 방법으로 운용한 후 신탁기간이 종료한 때(가입자 퇴직 시) 신탁금 건별로 신탁원본 및 이익을 수익자(가입자)에게 지급하는 자본시장법상 금전신탁에 해당하게 된다. 자본시장법 시행령 제103조는 위탁자가 신탁재산인 금전의 운용방법을 지정하는 금전신탁을 특정금전신탁으로 정의하고, 동법 시행령 제104조에서 신탁재산에 대한 손실보전이나 이익 보장 금지라는 신탁법리의 예외로서 연금이나 퇴직금의 지급을 목적으로 하는 신탁으로서 금융위원회 고시[25]를 통해 손실보전이나 이익 보장이 가능하도록 특례를 규정하고 있다.

2. 금융상품의 성격

퇴직연금은 다음과 같은 측면에서 복합적인 금융상품으로서의 성격을 가지고 있다. i) 노후에 경제적인 생산활동이 힘든 시기를 대비하여 일정한 기간 동안 주기적으로 일정한 금액을 금융기관(퇴직연금사업자)에 납입한다는 점에서 보험상품과 유사하고, ii) 주기적으로 금융기관에 일정액을 적립하고 일정한 시점부터 일시불이 아닌 분할로 지급된다는 점에서 은행 등의 상품인 연금저축과 유사하며, iii) 퇴직연금 적립금을 가지고 금융기관이 주식투자 등 자산운용을 통해 수익창출을 한다는 점에서 자산운용사 등이 운용하는 집합투자기구 및 집합투자재산으로 이루어진 펀드, 즉 금융투자상품과 유사하다고 볼 수 있다[26].

Ⅱ. 금전신탁 측면의 관련규제: 수탁자규제

1. 자본시장법

자본시장법 제102조에 따라 퇴직연금사업자는 적립금을 신탁받은 수탁자로서 수익자(근로자)에 대한 선량한 관리자의 주의의무 및 수익자의 이익을 보호하기 위한 충실의무를 부담한다. 또한 자본시장법 제108조에 따라 금지행위로 명시된 불건전 영업행위로서는, i) 퇴직연금사업자의 신탁재산 운용 시 금융투자상품이나 기타 투자대상자산의 가격에 중대한 영향이 가능한 매수·매도 의사를 결정한 후 이를 실행하기 전에 그 금융투자상품이나 기타 투자대상자산을 퇴직연금사업의 계산으로 매수·매도하거나 제3자에게 매수·매도를 권유하는 행위, ii) 퇴직연금사업자나 관계인수인이 인수한 증권을 신탁재산으로 매수하는 행위, iii) 퇴직연금사업자나 관계인수인이 인수업무를 담당한 법인의 특정증권등에 대해 인위적인 시세를 형성시키기 위해 퇴직연금사업자의 신탁재산으로 해당 특정증권등을 매매하는 행위, iv) 특정 신탁재산의 이익을 해하며 퇴직연금사업자나 제3자의 이익을 도모하는 행위, v) 신탁재산으로 퇴직연금사업자가 운용하는 다른 신탁재산·집합투자재산·투자일임재산과 거래하는 행위, vi) 신탁재산으로 퇴직연금사업자나 그 이해관계인의 고유재산과 거래하는 행위, vii) 수익자의 동의 없이 신탁재산으로 퇴직연금사업자나 그 이해관계인이 발행한 증권에 투자하는 행위, viii) 투자운

25) 퇴직연금감독규정에서 원리금상품 허용 금융기관, 원리금상품 운용방법 등을 정하고 있다.
26) 장인봉(2018), 27쪽.

용인력이 아닌 자에게 신탁재산을 운용하게 하는 행위 등이 있다.

한편 충실의무의 하나로 신탁재산으로 취득한 주식에 대한 권리를 가진 신탁업자로서 퇴직연금사업자가 의결권을 행사할 때는 수익자(근로자)의 이익을 보호하기 위하여 의결권을 충실하게 행사하도록 의무를 명시하고 있다. 다만, 주식의 발행인과 지배종속관계나 계열관계 등 수익자의 이익보다 발행인의 이익을 추구할 이해상충이 우려되는 경우에는 shadow voting의 방식으로 중립적으로 의결권을 행사하여야 한다. 그럼에도 불구하고 발행인의 합병, 영업양수도, 임원 선임, 그 밖에 이에 준하는 사항으로서 신탁재산에 손실을 초래할 것이 명백하게 예상되는 경우에는 수익자의 이익을 보호하기 위해 신탁재산에 속하는 주식의 의결권을 행사해야 한다(자본시장법112 등).

그 밖에 퇴직연금사업자가 자산관리회사인 경우 신탁업자에 대한 자본시장법상 규제로 적합성원칙, 적정성원칙, 설명의무 등이 적용된다(자본시장법46, 46의2 및 47 등). 즉 퇴직연금사업자가 신탁계약인 자산관리계약의 체결을 권유 시 수수료, 보장범위, 연금 지급제한사유 등 중요사항을 위탁자인 사용자 등에게 이해할 수 있도록 설명해야 하고, 그 계약의 체결전에 면담을 통해 가입자(근로자)의 연령, 재산상황, 계약 가입목적 등을 파악하여 연령 등에 비추어 부적합하다고 인정되는 계약은 체결을 유해서는 안 된다. 이를 위반할 경우 금융감독당국 검사·제재, 손해배상책임 등이 가능할 것이다(자본시장법419, 420, 48 등).

2. 신탁법

퇴직연금사업자는 신탁법상 수탁자에도 해당하므로 다음과 같은 규제의 적용을 받는다. 먼저, 선량한 관리자의 주의로 신탁사무를 처리할 선관주의의무와 수익자(근로자)의 이익을 위해 신탁사무를 처리할 충실의무를 부담한다(신탁법32 및 33). 또한 수익자 이익에 반하는 행위의 금지유형으로는 i) 신탁재산을 고유재산으로 하거나 신탁재산 관련 권리를 고유재산에 귀속시키는 행위, ii) 고유재산을 신탁재산으로 하거나 고유재산 관련 권리를 신탁재산에 귀속시키는 행위, iii) 복수의 신탁을 인수한 경우 하나의 신탁재산이나 그 관련 권리를 다른 신탁의 신탁재산에 귀속시키는 행위, iv) 제3자의 신탁재산에 대한 행위를 하면서 동시에 제3자를 대리하는 행위 등이 있다. 다만, 신탁행위로 허용한 경우, 수익자에게 그 행위 관련 사실을 고지하고 수익자의 승인을 받은 경우, 법원의 허가를 받고 수익자에 통지한 경우에는 금지유형에 해당하더라도 할 수 있다(신탁법34).

그 밖에 수탁자의무로서 수익자가 복수인 경우 각 수익자를 위해 공평하게 신탁사무를 처리해야 할 공평의무(신탁법35), 누구의 명의로도 수탁자 자신이 신탁의 이익을 누리지 못하는 이익향수금지의무(신탁법36), 신탁재산을 수탁자의 고유재산과 분별하여 관리하고 신탁재산임을 표시하고 여러 개의 신탁을 인수한 경우 각 신탁재산을 분별하여 관리하고 서로 다른 신탁재산임을 표시해야 할 분별관리의무(신탁법37)를 명시하고 있다.

Ⅲ. 금융상품 측면의 관련규제

1. 투자자문 규제

퇴직연금도 앞서 본 바와 같이 금전신탁 형태의 금융투자상품에 해당하므로 이 상품에 대하여 투자자문을 하는 경우에는 자본시장법상 투자자문업자로서 규제를 받게 된다. 즉 퇴직연금 가입자나 사용자에게 투자자문계약을 체결하는 경우 금융위원회에 등록된 투자자문업자이어야 하고, 이해상충방지의무, 적합성·적정성원칙, 설명의무, 부당권유행위 금지, 투자권유준칙 등의 규제가 적용된다. 아울러 퇴직연금상품의 가격에 중대한 영향을 미칠 수 있는 투자판단에 관한 자문을 가입자 등에게 한 후에 가입자 등이 상품 투자를 실행하기 전 그 퇴직연금상품을 자기의 계산으로 매매하거나 제3자에게 매매를 권유하는 행위 등 불건전한 영업행위를 금지할 의무를 부담한다(자본시장법18, 44-46, 78).

2. 자산운용 규제

퇴직연금사업자가 적립금을 가지고 투자 등에 운용하는 경우 신탁업자로서 자본시장법상 자산운용의 제한을 받게 된다. 즉 주식·채권·ELS 등 증권이나 장내·장외파생상품의 매수, 은행 등 금융기관에의 예치, 금전채권·어음 매수나 대출, 부동산·무체재산권·실물자산의 매수 등 안전성·수익성 등이 있는 경우로 제한된다(자본시장법105). 물론 앞서 본 퇴직급여법령 및 퇴직연금감독규정에 의한 자산운용규제는 당연히 적용된다.

3. 판매 규제

상품제공기관을 겸하는 퇴직연금사업자가 금융투자상품인 퇴직연금을 판매하려는 경우 자본시장법상 투자매매업자로서의 규제를 받게 된다. 즉 사무자·근로자와 투자매매계약을 체결하려는 상품제공 겸영 퇴직연금사업자는 금융위원회로부터 인가받은 투자매매업자이어야 하고, 이해상충방지의무, 적합성·적정성원칙, 설명의무, 부당권유행위 금지, 투자권유준칙 등의 규제가 적용된다. 아울러 투자매매업자로서 퇴직연금상품 매매 관련 사무자·근로자의 주문을 처리하기 위해 최선의 거래조건으로 집행하고자 스스로 마련하여 공표한 최선집행기준에 따라 매매를 해야 하고, 퇴직연금상품의 가격에 중대한 영향을 미칠 수 있는 매매주문을 사용자 근로자로부터 받거나 받게 될 가능성이 큰 경우 그 주문이 체결되기 전에 그 퇴직연금상품을 자기의 계산으로 매매하거나 제3자에게 매매를 권유하는 행위 등 불건전한 영업행위를 금지할 의무를 부담한다. 한편 상품제공기관이 퇴직연금사업자가 아닌 별개의 투자매매업자인 경우에도 당연히 자본시장법상 위와 같은 판매규제를 적용받는다(자본시장법12, 44-50, 68).

제3장

개인연금

제1절 연 혁

개인연금은 보험회사, 은행 등 연금을 제공하는 금융기관과 개인 간의 계약으로, 노후소득 보장을 지원하고 저축을 장려하기 위해 1994년 도입되었다. 1994년부터 시작한 개인연금제도는 2001년 연금저축제도로 변경되어 시행되고 있다. 최초로 도입된 개인연금저축은 2000년 말까지 판매되었으며, 개인연금 활성화를 위한 연금 세제개편이 이루어짐에 따라 2001년부터는 연금저축으로 변경, 판매되었다. 개인연금저축이 연금저축으로 변경되면서, 연금가입 대상이 만 20세 이상 국내 거주자에서 만 18세 이상 국내 거주자로 확대되었고, 상품 취급기관도 다양화되었다. 또한 연간 납입액의 40%(72만원 한도)에 대해 소득공제를 받고 연금수령 시 비과세하는 방식에서, 소득공제 한도를 100%(300만원 한도)로 확대하는 대신 연금수령 시 과세하는 상품으로 바뀌었다. 이후 2011년에는 소득공제 한도가 400만원으로 상향조정되었다. 또한 세제개편을 통해 2014년부터는 연금저축 연간 납입액(400만원 한도)에 대한 소득공제가 12% 세액공제로 전환되었다.[1)]

1994년 도입된 연금보험은 세액공제 혜택은 받을 수 없지만 10년 이상 유지 시 보험차익이 비과세되는 개인연금상품이다. 2002년 이후 인플레이션과 화폐가치의 하락으로 인하여 실질적 자산가치 보전에 대한 소비자 인식이 높아짐에 따라 변액연금 등 다양한 실적배당형 연금상품이 출시되었다.

정부는 국민들의 충분한 노후소득 보장을 위해 개인연금 활성화의 필요성을 강조하며, 지

1) 금융감독원(2013), “연금저축 가입 활성화를 위한 홍보 강화 추진”(2012. 12. 19) 보도자료.

속적으로 다양한 방안과 정책을 추진하고 있다. 금융감독원은 2008년 연금보험 가입 시 알아두어야 할 사항을 발표하였고, 2011년에는 개인연금 활성화를 위해 세제적격 연금저축의 소득공제 한도를 상향조정하였으며, 2013년에는 개인연금 가입확대와 장기보유가 가능하도록 관련 제도개선을 통해 개인연금의 활성화 방안을 내놓았다. 2014년에는 연금저축 통합공시를 통해 금융권별 연금저축 정보를 제공하여 일반 가입자도 쉽게 이해할 수 있도록 길잡이를 마련하였다. 또한 2014년 8월에는 기획재정부에서 사적연금의 활성화 대책을 발표하였다. 운용단계 및 수급단계에서는 위탁운용형 상품이나 의료비 인출 가능상품, 사망보험금 선지급 상품 등 다양한 상품개발을 추진하고, 개인연금 장기보유 시 운용수수료 할인을 통한 장기 가입을 유도하는 방안 등이 주요 골자이다.[2]

제2절 연금저축

Ⅰ. 의의

"연금저축"의 명칭으로 설정하는 대통령령으로 정하는 계좌("연금저축계좌")(소득세법20의3①(2))란 i) 자본시장법에 따라 인가를 받은 신탁업자와 체결하는 신탁계약, ii) 자본시장법에 따라 인가를 받은 투자중개업자와 체결하는 집합투자증권 중개계약, iii) 소득세법 시행령 제25조 제2항[3]에 따른 보험계약을 취급하는 기관과 체결하는 보험계약에 따라 "연금저축"이라는 명칭으로 설정하는 계좌("연금저축계좌")를 말한다(소득세법 시행령40의2①(1)).

연금저축이란 개인의 노후생활보장 및 장래의 생활안정을 목적으로 10년 이상의 기간 동안 개인이 납입한 금액을 적립하여 55세 이후에 연금으로 수령할 수 있는 장기저축상품이다.

2) 구지연·차경욱(2015), "가계특성에 따른 개인연금 가입여부와 가입유형 비교", 소비자정책교육연구 제11권 1호(2015. 3), 99쪽.

3) ② "보험계약"이란 다음의 어느 하나에 해당하는 것을 말한다.
1. 보험업법에 따른 생명보험계약 또는 손해보험계약
2. 다음 각 목의 어느 하나에 해당되는 기관이 해당 법률에 의하여 영위하는 생명공제계약 또는 손해공제계약
가. 삭제 [2013. 2. 15]
나. 수산업협동조합법에 의한 수산업협동조합중앙회 및 조합
다. 삭제 [1999. 12. 31]
라. 신용협동조합법에 의한 신용협동조합중앙회
마. 새마을금고법에 따른 새마을금고중앙회
3. 우체국예금보험법에 의한 우체국보험계약

이러한 소득공제형 연금저축(세제적격연금)은 2001년 국민의 노후생활안정을 목적으로 국가에서 만들고, 국가에서 위탁한 각 금융사에서 판매하도록 하고 있다. 흔히 은행에서 판매하는 연금저축신탁, 증권사에서 취급하는 연금저축펀드, 보험회사에서 판매하는 연금저축보험으로 구분된다. 국가는 가입자에게 소득공제혜택을 제공하고, 각 금융사는 고유의 투자방법을 통해서 이자수익을 창출해 연금계좌에 적립해준다. 따라서 어느 회사에 가입했든 소득공제혜택은 동일하지만 받는 이자수익은 다를 수 있다. 이러한 연금저축은 매년 납입액에 대해 소득공제혜택(400만원 한도)이 있으므로 가입 시 다음의 사항들을 미리 결정해야 한다.[4)]

ⅰ) 적립기간: 연금저축은 최소 10년 이상의 기간(예: 10년, 12년, 15년 등) 동안 적립하여야 한다. ⅱ) 적립금액과 방식: 적립금액은 개인에 따라 자유롭게 정할 수 있으나 분기별 300만원으로 적립한도가 정해져 있으며, 적립방식도 매월 일정액을 납입(신탁·보험·펀드)하거나 원하는 때에 자유롭게 납입(신탁·펀드)할 수 있다. ⅲ) 개시시점: 최초로 연금이 지급되는 시점은 최소 만 55세 이상이 되는 시점(예: 55세, 56세, 60세 등)부터 연 단위로 자유롭게 정할 수 있다. ⅳ) 수령기간 및 방식: 연금은 최소 5년 이상의 기간 동안 나누어 수령하여야 하며, 만약 일시금으로 수령할 경우 중도해지 시와 동일한 세금(22%)이 부과된다.

Ⅱ. 연금저축신탁

연금저축신탁의 경우 납입하는 금액 및 시기를 자유롭게 결정할 수 있는 자유납입방식이고, 적립금 운영성과에 따라 연금액이 결정되는 실적배당형이다. 연금지급방식은 확정기간형이고, 원금보장이 되며 예금자보호법상 보호대상이다.

Ⅲ. 연금저축펀드

연금저축펀드는 채권형, 주식형, 혼합형 등으로 구분되며, 납입액과 시기를 자유롭게 결정할 수 있는 자유납입방식이다. 투자성과에 따라 연금액이 결정되며, 원금이 보장되지 않는 실적배당형이다. 펀드자금을 주식과 채권, 실물자산에 투자하기 때문에 은행과 보험사에 비해 투자대상이 다양하다는 특징을 가지고 있다. 또한 예금자보호법에 의한 보호대상은 아니지만, 자체적으로 안전기금을 적립하여 보호하고 있으며, 연금지급방식은 확정기간형이다.

4) 구지연·차경욱(2015), 99-100쪽.

Ⅳ. 연금저축보험

연금저축보험은 일정기간 동안 정해진 금액을 주기적으로 납입하는 정기납입방식이다. 적용금리는 공시이율을 적용하되, 공시이율이 하락하더라도 최저보증이율을 적용하여 원리금이 보장되며, 예금자보호법상 보호대상이다. 생명보험회사 상품의 경우, 연금지급방식이 확정기간형과 종신형으로 구분되며, 손해보험회사 상품은 연금지급방식이 확정기간형이다. 연금저축보험은 보험료를 2회 미납할 경우 계약이 실효되고, 실효 후 정상계약으로 부활하기 위해서는 밀린 보험료 및 경과이자를 전액 납입해야 하며, 실효상태에서 타사 상품으로 바꾸는 것이 불가능하다는 한계점 때문에, 납입자가 경제적 부담을 느끼고 계약해지를 선택하는 비율이 높다는 문제점이 지적되어 왔다. 이를 개선하기 위해 정부는 2014년 4월 1일 이후 출시되는 모든 연금저축보험 상품에 대해 납입유예를 가능하게 하였고, 실효된 계약의 부활을 간소화하고, 이전절차 개선을 통해 계약이전이 활발히 이루어질 수 있도록 방안을 마련하였다.[5]

제3절 연금보험

Ⅰ. 의의

연금보험은 세액공제 혜택을 받을 수는 없지만, 10년 이상 유지 시에는 연금소득세 비과세가 적용되는 상품이며, 생명보험회사를 통해서만 가입이 가능하다. 세제비적격 연금보험은 계약자가 납입한 보험료를 적립하는 방식에 따라 일반연금보험과 변액연금보험, 자산연계형연금보험 등으로 구분된다. 일시금으로 수령할 경우, 10년 이상 유지 후에는 비과세가 적용되지만, 10년 이내에는 15.4%의 이자소득세(지방소득세 포함)가 부과된다. 또한 생명보험회사가 판매하는 각종 보장성 특약을 통해 경제활동기의 사망, 질병 등 보장을 강화할 수 있다는 장점이 있다.[6]

---

5) 금융위원회(2014), “연금저축 가입자 편의성 제고방안 시행(4. 1일부터 적용)”(2014. 2. 17) 보도자료.
6) 금융위원회 · 금융감독원(2013), “개인연금 활성화 방안”(2013. 8. 6) 보도자료.

Ⅱ. 일반연금보험

일반연금보험은 계약자가 납입한 보험료 중 일부를 확정금리로 적립하는 금리확정형과 변동금리로 적립하는 금리연동형으로 구분된다. 금리확정형은 추가 연금액을 기대할 수 없는 반면, 변동금리형의 경우 적용 금리의 상승 혹은 하락에 따라 연금액이 달라질 수 있다. 일반연금보험의 경우 예금자보호를 받을 수 있으며, 연금을 안정적으로 수령할 수 있는 장점이 있다.

Ⅲ. 변액연금보험

변액연금보험은 2002년 9월에 도입된 상품으로, 보험료 중 일부를 주식, 채권 등 유가증권에 투자하여 발생한 이익을 연금으로 지급하는 실적배당형 상품이다. 투자성과에 따라 높은 연금액을 기대할 수 있지만, 펀드운영 실적이 좋지 않을 경우, 일반연금보험보다 낮은 수준의 연금액을 지급받거나 연금지급이 조기에 종료될 수도 있다. 계약자가 자신의 투자성향에 따라 자산운용형태를 직접 선택하고, 다양한 부가 특약을 조립할 수 있으며, 펀드로 변경이 가능하다는 장점이 있다.[7)]

Ⅳ. 자산연계형연금보험

자산연계형연금보험은 2005년에 도입된 상품으로 보험료의 일부를 주가지수 등 특정지표 또는 자산에 연계한 후 그 수익을 연금액에 반영하여 지급하는 연금상품이다. 연계자산에서 발생한 추가 수익을 기대할 수 있으며, 최저보증이율을 설정하고 있어 일반적으로 변액연금보험보다 연금액을 안정적으로 지급받을 수 있다는 장점이 있다.

금융감독원은 연금보험이 예·적금에 비해 초기 수수료가 높고 상품이 복잡하다는 문제점을 지적한 바 있다. 연금보험의 사업비는 선취구조로 계약체결 시 비용을 계약 초기에 먼저 지급하도록 되어 있기 때문에, 가입 초기에 수익률이 낮고, 해약 시 환급금이 납입한 보험료보다 낮아지는 단점이 있다.[8)]

7) 구지연·차경욱(2015. 3), 101쪽.
8) 금융감독원(2013), "연금저축 가입 활성화를 위한 홍보 강화 추진"(2013. 12. 19) 보도자료.

제
8
편

서민금융상품

제1장 서설
제2장 서민금융상품의 개념과 유형

제 1 장 / 서 설

제1절 서민금융상품의 등장 배경

2008년 미국 서브프라임 모기지 사태로 시작된 금융위기로 인해 저성장 기조가 지속되는 가운데 가계부채 증가, 고용불안, 소득양극화 등이 심각해지자 금융기관들은 리스크 관리 차원에서 상대적으로 소득과 신용이 낮은 금융소비자의 대출을 제한하기 시작하였다. 금융기관이 저소득·저신용 금융소비자의 대출서비스를 제한하는 이유는 크게 건전성 및 수익성 하락, 평판리스크(reputation risk)의 노출이라는 세 가지 측면에서 살펴볼 수 있다. i) 금융기관은 건전성규제를 받기 때문에 신용등급이 낮은 금융소비자의 대출 비중을 적극적으로 높이는 것은 곤란할 수 있다. ii) 건전성규제 때문에 신용등급이 낮은 대출에 아무리 고금리를 부과한다고 하더라도 금융기관 전체의 수익성이 악화되는 것을 상쇄시키기는 쉽지 않다. iii) 포트폴리오 분산효과를 통해 신용등급이 낮은 대출의 신용리스크를 관리하기 위해서는 개별 대출의 규모는 작게, 대출 건수는 많이 취급하는 것이 바람직할 뿐만 아니라, 신용이 높은 대출에 비해 월등하게 높은 대손비용을 부담하기 위해서는 대출금리를 높게 책정할 수밖에 없다. 하지만 금융기관의 경우 사실상 공공기관에 준하는 공익성을 요구하는 사회적 인식으로 인해 대부분 저소득층인 저신용자에게 대출금리를 높게 책정하는 경우 평판리스크에 노출될 수 있다.[1)]

소득과 신용이 낮은 금융소비자 역시 금융서비스에 대한 수요가 누구보다 절실하지만 다양한 이유로 금융서비스에 접근하기가 쉽지 않다. 또한 가계부채의 증가세를 안정적으로 관리

1) 곽민주(2020), "금융소비자의 서민금융지원제도 이용 특성과 만족도에 관한 연구: 서민금융진흥원 출범 전/후 비교를 중심으로", 소비자정책교육연구 제16권 1호(2020. 3), 2쪽.

하기 위한 정부의 정책으로 인해 그나마 쉽게 접근할 수 있는 대부업체마저도 대출기준과 요건이 까다로워지면서 제대로 이용하지 못하는 경우가 발생하고 있다. 서민금융연구원의 2019년 조사보고서에 의하면 최근 3년간 대부업체 이용 경험이 있는 금융소비자를 대상으로 설문조사(응답자 3,769명)를 한 결과, 대부업체에 대출을 신청하여 거절당한 경험이 있다고 응답한 비율이 62.7%로 나타났으며, 신용등급 7등급 이하 저신용등급자(69.8%)가 1-5등급의 상위 신용등급자(31.3%)보다 대부업체 대출 거절 경험이 2배 이상 높았다.

하지만 이러한 문제의 심각성을 간과하고 이를 오랫동안 방치한다면 금융소비자 당사자만의 문제를 떠나 사회문제화 될 수 있다. 또한 정상적인 경제주체로서의 역할을 수행하지 못하는 금융소비자가 증가한다면 국민경제의 안정을 도모할 수 없을 것이다. 예를 들어 금융기관으로부터 저신용자로 평가된 금융소비자는 대출서비스를 이용하기 위해 추가적인 금융비용(높은 이자, 짧은 상환기간 등)을 지불해야 하며, 비제도권 금융기관이나 불법 대출기관을 이용해야 하는 상황이 발생할 수 있다. 따라서 제도권 금융기관 이용이 어려운 금융소비자들을 포용할 수 있는 금융포용[2]정책이 이루어져야 할 것이다.

제2절 서민금융의 개념

서민금융지원제도의 발전과정을 살펴보면, 해외의 경우에는 1970년대에 방글라데시 · 브라질 등 제도권 금융기관이 발달하지 않은 저개발국가에서 신용등급이 낮은 저소득층에게 무담보와 무보증으로 창업자금이나 생계자금을 대출해주는 마이크로크레디트(Micro-Credit)에서 출발하였다. 1980년대에 들어 방글라데시 그라민 은행, 인도네시아 국영은행(BRI), 남미 ACCION 등의 성공사례가 알려지면서 세계적으로 확산되었다. 국내에서는 서민의 생활안정과 국가경제 발전의 균형을 도모할 목적으로 1963년 2월 국민은행을 근대적인 서민금융 전담기관으로 설립하면서 시작하였다. 또한 1972년 8월에는 상호신용금고법을 제정하여 사설 무진회사와 서민금고 등을 양성화하고 이들이 법적 · 행정적 보호와 동시에 규제를 받는 서민금융기관으로서 정착

2) 금융포용이란 “사회적 약자나 저소득 집단에 적절한 비용과 공정하고 투명한 방식으로 그들이 필요로 하는 제도권 금융상품과 서비스가 제공될 수 있도록 보장하는 과정”이라고 할 수 있으며, 금융포용의 확대는 모든 경제주체인 금융소비자가 정당한 가격에 합당한 품질의 서비스를 이용할 수 있도록 하는 것이라 할 수 있다. 이러한 금융포용은 금융배제(financial exclusion)와 빈곤(poverty) 간에 직접적인 상관관계가 있고, 미소금융이 중 · 저소득층 계층의 재무적 지속가능성을 높일 수 있다는 실증적 연구들이 나타나면서 그 필요성에 대한 인식이 제기되었다.

되도록 하였다. 하지만 2008년 금융위기 이후 개인별 소득분배가 악화되고, 계층 간 소득불균형이 확대되었을 뿐만 아니라 서민금융에 대한 초과수요로 인해 고금리를 부과하는 불법 사금융 대부업체가 급속하게 확산되면서 사회안전망(social safety network)을 보완하는 수단으로 사용되고 있다.[3)]

이러한 취지에서 서민금융이란 담보능력이 부족하며 신용이 약한 저소득층 서민에게 자산형성, 주택마련, 일시적 자금부족 상태를 해소하기 위해 저금리로 자금을 공급해주는 금융이라고 할 수 있다. 서민금융의 지원대상은 소득 측면에서는 최저생계비의 150% 이하인 사람으로, 기초생활수급자, 차상위계층 장기실업자 등을 포함하며, 신용등급 기준으로는 보통 6-10등급의 저신용자이다. 즉 자신의 신용으로는 제도권 금융기관에서 대출받기 어려운 금융소비자라고 할 수 있다.

제3절 서민금융지원제도의 운영현황

우리나라에서 시행되고 있는 서민금융지원제도는 금융서비스와 비금융서비스로 크게 구분할 수 있다. 금융서비스는 서민생활과 밀접한 관계가 있는 공공기관(신용회복위원회, 한국자산관리공사, 주택금융공사, 주택도시기금, 근로복지공단, 한국장학재단 등)과 금융기관을 통해 저소득·저신용자인 금융취약계층을 대상으로 사업자금이나 생활자금, 주거안정자금, 교육비 등을 저금리로 빌려주거나 특례 보증해주고, 고금리 대출을 저금리 대출로 바꾸어 주는 서비스이다. 비금융서비스는 취업희망자에게는 취업 알선, 영세 자영업자에게는 경영컨설팅 등을 제공하는 것이다.[4)]

과거 서민금융지원제도는 다양한 공공기관 및 금융기관에서 유사한 상품을 각기 공급하여 경쟁이 중복되는 문제가 발생하였다. 예를 들어 햇살론의 운영자금과 미소금융은 유사 중복상품이라고 할 수 있다. 또한 복잡한 자격요건으로 인해 원스톱 서비스를 기대하기 어려운 구조였다. 그래서 금융소비자가 서민금융지원제도를 보다 더 편리하게 이용할 수 있도록 2016년 9월 서민금융진흥원이 출범하였다. 미소금융중앙재단 기능 및 신용보증재단 중앙회 신용보증 외에도 한국자산관리공사의 국민행복기금 지분(62.28%) 및 사무국 업무 등 유관기관들이 수행하던 서민금융 관련 기능을 서민금융진흥원으로 이관하여 미소금융, 햇살론, 바꿔드림론 등 각

3) 곽민주(2020), 3-4쪽.
4) 곽민주(2020), 4-5쪽.

기 다른 기관에서 취급하던 서민금융지원상품의 창구를 일원화시킴으로써 금융서비스와 비금융서비스, 복지 연계서비스 등 서민금융의 컨트롤타워 역할을 담당하고 있다. 또한 서민의 자활에 실질적 도움을 주고 금융소비자의 편의성을 제고할 수 있도록 서민금융 지원 간 연계를 도모하기 위해 서민금융통합지원센터를 확대 설립하여 2020년 3월말 기준 통합지원센터 50개, 미소지점 163개, 민간사업 수행기관 38개, 노후센터 62개, 종합상담센터 29개가 운영되고 있다 (서민금융진흥원 홈페이지, 2020).

제 2 장 /

서민금융상품의 개념과 유형

제1절 서민금융상품의 개념

서민금융은 서민에게 제공되는 금융서비스라고 간단히 개념적으로 정의될 수 있다. 그러나 보다 광의로 생각해 보면, 서민들에게 각종 금융수단을 제공하고 이를 통해 자활이 가능하도록 함으로써 원리금 상환가능성을 높이고 미래에 더 이상 서민금융 대상이 되지 않도록 하는 종합금융서비스로 해석이 가능하다. 즉 서민의 자금 접근성과 가용성을 넓힌다는 의미를 넘어서 이들의 자활을 가능하게 해줌으로써 소득창출을 통해 원리금 상환을 가능하게 하고 미래에는 서민의 범주에서 벗어나게 해주는 종합적인 금융서비스이다.[1)]

현재 서민금융상품의 개념에 대하여는 대부업법에서 규정하고 있다. 서민금융상품이란 서민 등 금융소외계층을 지원하기 위한 상품으로서 금융위원회가 정하여 고시하는 상품을 말한다(대부업법6의3(2)). 여기서 "금융위원회가 정하여 고시하는 상품"이란 i) 새희망홀씨(제1호), ii) 미소금융(제2호), iii) 햇살론(제3호), iv) 바꿔드림론(제4호), v) 디딤돌대출(제5호), vi) 보금자리론(제6호), vii) 새희망힐링론(제7호), viii) 징검다리론(제8호)의 용어가 포함된 상품을 말한다(대부업등 감독규정11).

---

1) 권영대 · 김구회 · 김재태(2018), "서민금융상품 이용자의 주거만족도 영향 요인에 관한 실증 연구: 서민금융상품 이용목적에 따른 비교연구를 중심으로", 주거환경 제16권 제4호(2018. 12), 289쪽.

제2절 서민금융상품의 유형

서민금융의 규모는 서민금융기관의 공급량에 따라 결정되며, 서민금융의 공급은 크게 상업적 서민금융과 정책서민금융으로 구분할 수 있다. 상업적 서민금융기관은 서민금융을 취급하기만 하고 전담하지 않는 구조이며, 정책서민금융기관은 서민금융을 전담하기 위해 만들어졌다. 특히 정책서민금융은 정부와 정부 산하의 각종 공공기관 등을 통해 서민의 생활안정, 창업 및 사업운영, 주거안정, 취업 및 대학생 지원, 채무조정 등 다양한 용도로 대출 및 보증을 제공한다. 또한 기존에 발생한 대출의 원리금을 조정하는 역할을 수행한다.[2)]

정책서민금융을 기능적으로 구분하면 생활안정자금, 창업 및 사업자금, 주거안정자금, 청년·대학생 금융지원, 채무조정제도 및 기타금융제도로 구분할 수 있다. 이러한 전 영역을 담당하는 대표적인 상품은 미소금융, 햇살론, 새희망홀씨, 바꿔드림론 등이 있다.

i) 미소금융은 2008년에 가장 처음으로 도입된 제도로 휴면예금 및 보험금과 대기업 및 시중은행의 기부금을 재원으로 하고 있으며, 주로 저소득·저신용자에 대한 창업 및 영업자금을 지원하고 있다. ii) 햇살론은 복권기금, 금융기관 출연금을 재원으로 서민금융진흥원(근로자 햇살론)과 지역신용보증재단(사업자 햇살론)의 보증을 통해 상호금융조합(지역농협, 새마을금고, 신협, 수협, 산림조합) 및 저축은행을 통해 대출을 지원해 주는 제도이다. iii) 새희망홀씨는 은행이 자체 수익을 바탕으로 대출을 지원하는 제도이고, iv) 바꿔드림론은 대부업체 등에서 받은 20% 이상의 고금리 대출을 국민행복기금의 보증을 통해 시중은행의 저금리 대출로 전환해 주는 제도이다. 이런 서민금융지원제도의 공급 규모는 지속적으로 증가하고 있으며, 대표적인 서민금융지원제도 중 금융소비자는 햇살론과 새희망홀씨를 가장 많이 이용하고 있다.

제3절 미소금융

Ⅰ. 의의

미소금융은 휴면예금 및 보험금과 대기업 및 시중은행의 기부금을 재원으로 하여 운영되기 때문에 사회적 성격의 서민금융상품으로 대상자에 대한 기준이 더 엄격하다.[3)] 미소금융은 저소

2) 권영대·김구회·김재태(2018), 291쪽.

득 및 빈곤층에게 소득창출, 자산형성, 안정적 소비, 그리고 위험에 대한 대비 등을 위한 목적으로 이루어지는 대출, 저축, 보험, 송금 등으로 이루어진다. 미소금융은 제도권 금융기관에 접근이 어려운 가난한 사람들에게 사업을 할 수 있도록 담보 없이 마이크로크레디트(소액대출)를 제공한 것으로부터 시작되었다. 일반적으로 마이크로크레디트는 저소득 또는 저신용등급자에게 소규모 개인사업의 창업이나 운영자금으로 소액자금을 담보나 보증 없이 신용만으로 대출을 해주고 경영컨설팅 등 금융 외의 서비스를 제공함으로써 자활할 수 있도록 돕는 제도이다.[4)]

미소금융의 지원 대상은 자활의지가 있으나, 신용도가 낮아 제도권 금융기관의 이용이 어려운 6등급 이하 영세 자영업자(저소득 · 저신용계층), 차상위계층이며 조세특례제한법 제100조의 3 근로장려금 신청자격 요건에 해당하는 경우에 미소금융을 신청할 수 있다. 미소금융은 대출용도에 따라 창업임차자금, 운영자금, 시설개선자금, 임대주택보증금대출, 취업성공대출, 대학생 · 청년 햇살론 등으로 구분된다.[5)]

Ⅱ. 지원체계 및 운영방식

2016년 9월 23일 「서민의 금융생활 지원에 관한 법률」(“서민금융법”)이 시행됨에 따라 서민금융진흥원이 출범하였고, 미소금융 · 햇살론 · 국민행복기금 등 개별 기관별로 운영되었던 서민금융 지원업무를 일원화하였다. 서민금융진흥원은 서민에 대한 자금지원, 금융상품 등의 알선, 금융생활 관련 상담, 서민금융 지원을 조건으로 금융회사에 대한 출연과 출자, 지방자치단체가 운영하는 서민금융지원센터 지원 등의 업무를 수행한다.[6)]

서민금융진흥원은 기존 4대 서민정책금융상품(미소금융, 햇살론, 새희망홀씨, 바꿔드림론)을 서민에게 저리로 자금을 일원화하여 공급하는 역할을 수행한다. 2009년 미소금융중앙재단으로 확대 · 개편되어 미소금융을 담당하였던 주체가 2016년 서민금융법 시행에 따라 서민금융진흥원으로 업무가 이관되었다. 또한 서민정책금융에 관한 이용자별 이력관리 및 수요분석을 통한 기존 상품 간의 비교평가, 신상품 개발이 가능하도록 서민금융 종합 데이터베이스 구축을 추진하고 기관별로 흩어진 서민금융 재원 등을 통합 관리한다.

미소금융사업은 각 지점들이 별도 법인으로 설립되어 독립적으로 운영하되 서민금융진흥

---

3) 이영련(2015), “한국의 서민금융 운영현황과 개선방안: 미소금융을 중심으로”, 노동연구 제30집(2015. 7), 87쪽.
4) 이기문(2018), “서민정책금융의 발전방안에 관한 연구”, 국립목포대학교 일반대학원 석사학위논문(2018. 8). 17쪽.
5) 이기문(2018), 19쪽.
6) 이기문(2018), 20-22쪽.

원으로부터 자금 및 업무지원 및 감독 등을 받고 있다. 서민금융진흥원에서 제시하는 대출취급 기준을 충족하는 한 대출취급 여부는 각 지점들이 독립적으로 결정한다. 미소금융사업의 경우 대출을 받고 상환하는 과정에서 다양한 방식의 교육·컨설팅과 사후관리를 받게 된다. 그리고 대출을 신청하기 위해서는 소상공인시장진흥공단, 미소금융 자체 컨설팅 등으로부터 교육·컨설팅(창업, 시설자금, 일천만원 초과 운영자금은 직접 컨설팅, 1천만원 이하 운영자금은 온라인 교육)을 받아야만 하며, 대출취급 후 각 지점은 적어도 한 달에 1회 이상 방문 등을 통한 사후관리를 시행하고 있다.

미소금융사업 지점은 저소득층이 주로 거주하는 전국의 영세상인 및 서민 밀집지역을 중심으로 지역별 미소금융 지역법인을 공개모집하거나 기업 및 은행이 직접 운영하는 방식으로 운영되고 있다. 주요 업무는 상담 및 심사, 대출지원 및 회수, 사후관리 등을 수행한다.

제4절 햇살론

Ⅰ. 의의

햇살론(sunshine loan)은 신용등급 또는 소득수준이 낮아 담보력이 미약한 서민계층에게 정책적 보증을 제공하여 이들의 생활안정을 도모하도록 지원하기 위한 대표적 서민금융상품이라 할 수 있다.[7] 햇살론은 농협, 수협, 신협, 산림조합, 새마을금고, 저축은행 등의 서민금융기관이 서민금융 대출에 주력할 수 있도록 정부에서 1조원, 서민금융관련 회사들이 1조원씩 총 2조원의 보증기금을 조성하여 지역신용보증재단에 출연하고, 서민금융기관은 보증기금의 5배인 약 10조원을 서민에게 공급할 것을 목표로 2010년 7월부터 추진하였다. 또한 서민금융기관의 도덕적 해이를 방지하고, 여신심사능력을 강화하기 위하여 대출금액의 90%만 보증하는 등 부분 보증을 제공하고 있다.[8]

햇살론은 농협, 수협, 신협, 산림조합, 새마을금고, 저축은행 등 제2금융기관이 저소득·저신용 서민들에게 10%대의 저금리로 대출해주는 공동브랜드 상품이다. 대출대상은 연소득 4,000만원 이하이면 신용등급 6-10등급이거나 기초생활수급자·차상위계층 및 연소득 3,000만

7) 배진성·박주완·윤상용(2018), "서민정책금융의 지원성과와 시사점: 햇살론을 중심으로", Asia-pacific Journal of Multimedia Services Convergent with Art, Humanities, and Sociology Vol.8, No.11(2018. 8), 193쪽.

8) 이기문(2018), 22-23쪽.

원 이하의 저소득자, 농림어업인, 무등록·무점포 자영업자와 일용직·임시직 근로자이다. 서민금융 대출상품 중 유일하게 재정이 투입되는 보증부 상품으로 대출자가 채무불이행 시 신용보증재단에서 대출재원을 사업자 95%, 근로자 90%까지 대신 갚아 준다. 보증료율은 보증금액의 1% 이내에 보증기간을 곱하여 대출자가 지급한다. 대출금리는 기관별 대출금리 상한 이내에서 해당 금융기관이 자율적으로 결정하며, 연이자율은 8-10% 수준이다. 대출상품으로는 사업운영자금, 창업자금, 생계자금, 대환자금 등이 있다.[9)]

Ⅱ. 추진 배경 및 제도 개선사항

2008년 글로벌 금융위기에 따른 경기침체 등으로 서민의 자금수요는 늘어났으나, 서민금융기관(농·수협, 신협, 산림조합, 새마을금고, 저축은행)는 유가증권투자 및 부동산개발 대출 등에 치중한 결과 서민에 대한 자금공급은 감소하였다. 서민대출의 감소는 서민들을 사금융 및 대부업 시장으로 내몰았으며, 그 결과 서민계층의 금리부담을 증가시키며 서민가계를 불안정하게 만들었다. 이러한 문제를 해결하기 위해 정부는 2010년 4월 1일 경제대책회의를 열고 7일에 서민생활 안정을 위한 서민금융 활성화 대책을 발표하였다. 같은 해 7월 보증부 서민대출인 햇살론을 본격 출시하였다. 초기 햇살론은 신용 6-10등급 또는 연소득 2천만원 이하인 저소득 자영업자(무등록 무점포 포함), 농림어업인, 근로자(일용직 임시직 포함)를 대상으로 금리상한[(금리상한은 조달금리(1년 만기 정기예금) 변동에 따라 변동 가능, 2010년 7월 20일 기준 상호금융 10.6%, 저축은행 13.1%)] 이내에서 사업운영자금(최고 2천만원), 창업자금(최고 5천만원), 긴급생계자금(최고 1천만원) 용도로 자금이 공급되었다.[10)]

정부는 햇살론의 운영 효율성 확대와 서민들의 접근성 제고를 위해 제도를 수차례 보완하여 저신용 저소득자가 지원을 받을 수 있도록 하였는데, 예를 들면 고소득자 대출을 제한(연간소득 4천만원 초과자)하거나, 저소득자 범위을 확대(20백만원→26백만원→30백만원)하였다. 또한 성실상환자에게 지원이 허용(개인회생, 신용회복신청자 중 12회 이상 납부자)되었으며, 고금리채무(연 20% 이상)에 대한 대환자금을 취급하였다. 고금리채무의 범위를 확대(카드론 추가)하였고, 대환대상 채무기간을 단축(6개월→3개월)하였다. 최근에는 긴급생계자금지원 등을 하였다. 이러한 제도 변경을 통해 결과적으로 저신용 저소득자들의 자금공급을 원활히 하여 가계 안정 및 서민경제 활성화를 도모하였다.

---

9) 이영련(2015), 94-95쪽.

10) 배진성·박주완·윤상용(2018), 195-196쪽.

Ⅲ. 보증체계 및 운영방식

햇살론의 보증주체는 신용보증재단중앙회(근로자)와 16개 지역신용보증재단(사업자)이며, 보증운용방식은 근로자는 위탁보증방식이고 사업자는 직접 보증방식이다. 보증비율은 모두 85%이며, 보증료는 1%이다. 보증의 유형을 보면 근로자는 생계자금과 대환자금으로 구분하였고, 사업자는 운영자금과 창업자금으로 구분하였다. 대출한도는 근로자는 1,000만원(대환자금 포함 시 3,000만원)이고 사업자는 2,000만원(창업자금은 5,000만원)이다. 보증절차는 근로자는 대출 취급은행에서 접수, 심사, 대출의 전 과정을 이행하며, 사업자는 대출 취급은행에서 접수하고 신용보증재단에서 보증심사를 한 후 은행에서 대출을 실행하고 있다. 취급은행은 근로자와 사업자 모두 신협, 지역농협, 새마을금고, 수협, 산림조합, 저축은행 등 6개 서민금융기관에서 취급하고 있다.[11)]

제5절 새희망홀씨

Ⅰ. 의의

새희망홀씨는 소득이나 신용등급이 낮아 은행에서 대출을 받기 어려운 서민층을 지원하기 위해 은행권이 별도로 완화된 여신취급 기준을 마련하여 출시한 서민우대 대출상품으로서, 2010년 10월까지 은행권에서 시행되어오던 서민정책금융상품 희망홀씨 대출(이하 희망홀씨)을 발전적으로 개편한 상품이다.[12)]

새희망홀씨는 2010년 11월 국내 16개 은행[13)]이 기존의 희망홀씨(2009년 3월 도입)를 대체하여 출시한 상품으로서 각 은행이 자체적인 재원을 활용하고 상품내용과 금리도 자율적으로 결정한다. 대출자격은 연소득 3천만원 이하 또는 신용등급 5등급 이하의 자로서 연소득 4천만원 이하로 세 상품(미소금융, 햇살론, 새희망홀씨) 중 소득 및 신용등급이 가장 포괄적이다. 대출상품은 생계자금과 사업운영자금이 있으며, 대출한도는 2천만원으로 금리는 은행별로 자체 신용평가 결과와 대출 위험도 및 자금조달 원가 등을 고려하여 4.5%-14.0% 내에서 결정한다. 성

11) 이기문(2018), 23-24쪽.
12) 이기문(2018), 26쪽.
13) 국민은행, 우리은행, 신한은행, 하나은행, 외환은행, SC은행, 시티은행, 농협은행, 기업은행, 수협은행, 부산은행, 대구은행, 경남은행, 광주은행, 전북은행, 제주은행.

실상환자에 대해서는 은행별로 최대 5.4%까지 금리 우대 제도를 운영한다. 대출금의 상환은 대출기간 1-5년에 만기 일시 또는 분할상환이 가능하다. 이 상품은 도입 당시 5년 한시적으로 운영하는 것으로 계획했었다.[14]

Ⅱ. 보증체계 및 운영방식

새희망홀씨 이전의 희망홀씨는 2009년 3월부터 16개 은행들이 신용등급 7등급 이하이거나 연소득 2천만원 이하의 저소득자를 대상으로 운영한 무담보 신용대출 상품이다. 희망홀씨의 금리는 신용등급에 따라 7-19%(평균 약 13.6%) 수준이었고, 대출자금은 500만-1,500만원, 만기 1-5년 이내이다.

새희망홀씨는 2010년 10월 공동 출시한 이후, 2015년 새희망홀씨 Ⅱ로 재개편하였다. 새희망홀씨 Ⅱ는 저신용, 저소득 계층을 대상으로 하며, 연소득 3천5백만 원 이하인 자 및 신용등급 6등급 이하이면서 연소득 4천만 원 이하인 자를 대상으로 한다. 금리는 연 6-10.5%(은행별로 상이)이며, 대출금액은 최대 2,500만 원 이내에서 은행별로 자율적으로 결정한다. 구체적인 대출금리는 대출자의 신용 및 상환능력 등을 고려해 개별 책정하는데 성실상환자 및 사회적 취약계층에 대한 금리 우대가 이루어진다. 한편 새희망홀씨 이용자 중 1년 이상 성실상환자 대상에게 기존 대출 금리로 500만원 범위 내에서 긴급생계자금의 지원도 이루어진다.[15]

제6절 바꿔드림론

Ⅰ. 의의

바꿔드림론은 신용도가 낮고 소득이 적은 서민이 대부업체 또는 캐피탈사(할부금융업자) 등에서 대출받은 고금리 대출을 국민행복기금의 100% 보증을 통해 전국 16개 시중은행에서 저금리 대출로 바꾸어 주는 제도이다. 지원대상은 신용등급 6등급 이하의 저신용자 또는 연소득 3천만원 이하인 자, 연소득 4천만원 이하의 급여소득자[16] 또는 연소득 4천5백만원 이하의

---

14) 이영련(2015), 96쪽.
15) 이기문(2018), 26-27쪽.
16) 부양가족 2인 이상인 경우는 연소득 4,500만원 이하인 자.

사업등록 자영업자이다.

지원대상 채무는 보증채무, 담보대출, 할부금융, 신용카드 사용액(신용구매, 현금서비스, 리볼빙등) 등을 제외한 연 20% 이상(영세 자영업자 연 15% 이상) 고금리 채무로서 신청시 6개월 이상 정상 상환이 이루어지고 있어야 한다. 대출보증금액은 고금리 대출원금 범위 내에서 최대 3천만원까지이며, 금리는 연 8.0%-12.0%(은행대출이율 연 5.5%+국민행복기금 보증료율 2.5%-6.5%)이다. 대출기간은 급여소득자는 5년, 자영업자는 6년 이내이며, 상환기간 및 방법은 5-6년 간 원리금 균등분할 상환이다. 다만 대상자라 하더라도 소득 대비 채무상환액 비율이 40% 초과자는 이용이 불가능하다.[17)]

Ⅱ. 보증체계 및 운영방식

바꿔드림론의 지원내용과 대출한도는 최대 3,000만 원(고금리 대출 원금범위 내)이며, 대출금리는 연 6.5-10.5%이다. 그리고 중소기업기본법 시행령 제3조에서 정하는 중소기업 취업 후 1년 이상 근무한 청년층에 대해서는 0.2%, 보증료율은 0.3%를 인하해준다. 대출기간은 급여소득자 등 최장 5년이며, 영세 자영업자는 최장 6년, 상환방법은 원리금 균등분할 상환이다. 취급처는 전국 서민금융통합지원센터, 국민행복기금, 15개 시중은행(KB국민, 신한, 우리, IBK기업, KEB하나, 씨티, SC, 농협, 수협, 경남, 광주, 대구, 부산, 전북, 제주)에서 취급하고 있다.[18)]

17) 이영련(2015), 96-97쪽.
18) 이기문(2018), 28-29쪽.

제9편

부동산 관련 금융상품

제1장 부동산 간접투자
제2장 부동산투자회사(리츠)
제3장 부동산투자신탁(부동산펀드)
제4장 부동산신탁(토지신탁)
제5장 부동산 프로젝트금융(PF)
제6장 부동산 그림자금융

제 1 장 /

부동산 간접투자

Ⅰ. 의의 및 도입취지

1. 부동산 간접투자의 의의

최근 들어 부동산 및 부동산과 관련된 자산은 주식, 채권 등과 더불어 주요 투자대상 중 하나로 간주되고 있으며, 이에 대한 투자의 형태는 크게 직접투자와 간접투자로 나눌 수 있다. 직접투자는 부동산 및 부동산과 관련된 자산에 투자자가 직접 모든 과정을 수행하며 투자하는 방식이다. 이러한 투자방식에서는 투자자가 직접 투자한 부동산의 취득, 운용 및 관리, 그리고 처분으로 인한 수익을 본인이 획득하나 부동산에 대한 전문적인 지식이나 경험의 부족으로 투자의 위험이 클 수 있다. 이에 반해 자금의 보유 주체가 제도권 내의 자산운용 전문기관으로 이들이 부동산 및 부동산 관련 자산에 대한 투자 및 운용을 목적으로 개발한 부동산 간접투자 상품에 투자하여 간접적으로 투자하는 형태를 부동산 간접투자라 한다. 이는 투자와 관련된 수익을 다수의 참여자가 나누어야 하나, 전문가에 의해 수익분석, 취득, 그리고 운용이 이루어져 위험의 수준이 낮아지는 장점이 있다.[1)]

1) 이태리 · 변세일 · 황관석 · 박천규(2016), “부동산 간접투자 활성화의 경제적 파급효과 분석”, 부동산연구 제26집 제3호(2016. 9), 64쪽.

2. 부동산 간접투자제도의 발전과정

(1) 제도의 연혁

우리나라의 부동산 간접투자제도의 발전과정을 간략히 살펴본다. 부동산신탁의 제도화는 1991년 2월 신탁업법에 따라 부동산신탁이 도입되었으며, 1998년 4월 신탁업법 개정을 통한 은행부동산투자신탁의 도입으로 금융기관은 다양한 부동산투자신탁상품을 출시하면서 은행계정과 신탁계정이 구분 관리되었다. 1998년 9월 자산유동화증권(ABS)이 도입되었으며, 1999년 1월 제정된 주택저당채권유동화회사법은 주택저당채권(MBS) 도입 계기를 마련하였다. 2001년 4월 부동산투자회사법 제정을 통해 부동산투자회사(REITs)가 도입되고, 2003년 10월 부동산펀드와 관련된 간접투자자산운용업법이 제정되면서 부동산 간접투자기구 도입으로 부동산 간접투자에 대한 구조가 점진적으로 확립되었다. 2009년 2월 자본시장법 시행으로 도입된 부동산 집합투자기구는 펀드의 설립과 판매 등 절차에 대해 규율하고 있다.

(2) 제도의 도입취지

부동산 간접투자제도 도입의 취지 및 장점은 우선 소규모의 자본으로 다양한 부동산에 투자할 수 있는 기회를 제공한다. 예를 들어 수백억 원의 투자금이 필요한 호텔에 대한 투자기회를 소액투자자가 갖기에는 한계가 있지만 부동산 간접투자제도를 이용할 경우 소규모 자금으로도 투자할 수 있는 기회가 생기게 된다. 또한 부동산 간접투자제도의 경우 취득세·양도세 등 각종 세금혜택이 있어 직접 부동산에 투자하는 것보다 더 높은 수익을 얻을 수 있는 장점이 있다. 자산운용 전문기관에서 투자와 운용 및 자산관리까지의 업무를 수행함으로써 부동산투자에 따르는 각종 위험을 감소시킬 수 있는 장점도 있다. 이러한 장점으로 인해 현재 부동산 간접투자가 연기금 등의 기관투자자 중심으로 상당히 활성화되어 있다.[2] 다만 현재의 부동산 간접투자는 제도 도입의 취지와 달리 다수의 일반투자자의 참여보다는 기관투자자 위주로 운영되고 있다. 미국 등 선진시장처럼 다수의 일반 국민들이 쉽게 참여할 수 있도록 제도의 개선이 이루어져야 부동산 간접투자제도가 더욱 발전할 수 있을 것이다.

Ⅱ. 부동산 간접투자시장

1. 국내 부동산 간접투자시장의 변화

1997년 외환위기 이전까지 우리나라의 간접투자는 신탁업법에 의한 부동산신탁이 유일하

---

2) 김태원·오동훈(2014), “부동산간접투자기구의 호텔 투자 특징 및 활성화방안 연구”, 부동산학연구 제20집 제4호(2014. 12), 133쪽.

였으며, 투기문제 때문에 부동산투자를 부정적인 시각에서 바라보았다. 이 때문에 부동산 간접투자제도를 도입하고 이를 지원하기 위해 정부가 제도적 대책을 마련하기 어려웠으며, 여유자금을 갖고 있던 잠재적 투자자도 부동산 간접투자보다는 직접투자를 선호하였다. 하지만 외환위기의 여파로 부동산시장의 안정적이고 지속적인 성장에 대한 믿음이 유지될 수 없었고, 자연스럽게 부동산투자에 대한 인식의 전환이 일어났다. 부동산투자는 상당한 위험을 수반하므로 투자에 앞서 체계적인 분석을 할 필요가 있고 투자 전문가의 도움이 필요하게 되어 부동산 간접투자의 유용성을 인식하기 시작하였다. 고령화·저성장 시대로 진입이라는 사회구조 변화 시점에서 부동산 간접투자시장의 활성화를 위한 지속적인 제도개선은 소액투자자의 원활한 시장진입을 위해서도 필요하였다.

2008년 미국의 부동산 거품 붕괴로 서브프라임 모기지 사태가 발생하면서 금융위기로 인한 국내 부동산시장 및 경기가 침체되자 금융시장의 회복을 위하여 정부에서 금융관련 제도를 정비하기 시작하였다. 2009년 2월 자본시장법이 시행됨에 따라 증권사, 은행, 보험사 등 모든 금융기관에서 펀드를 판매하기 시작하면서 간접투자시장은 더욱 활성화되기 시작하였고, 저성장·저금리 시대의 지속과 정부의 부동산 투기세력 억제를 위한 강력한 대응정책 등으로 직접투자에 위험 부담감을 가진 투자자들이 부동산 간접투자상품에 자금을 투입하기 시작하면서 부동산 간접투자시장이 더욱 활성화되고 있다.[3)]

해외부동산에 간접투자를 하는 리츠(REITs)나 부동산펀드는 개인 소액투자자도 접근할 수 있어 대표적인 대체투자처로 주목을 받고 있다. 대체투자란 전통적인 투자상품인 주식과 채권을 제외하고 부동산이나 인프라, 사회간접자본(SOC), 원자재, 항공기 등에 투자하여 수익을 추구하는 투자를 말한다. 부동산·인프라 등에 투자하는 대부분의 대체투자 상품은 장기간 거액을 투자해야 하는 환매금지형 사모펀드이기 때문에 과거에는 개인투자자들의 대체투자 실적이 저조했다. 대체투자 펀드는 투자대상과 전략에 따라 상이하나 최저 투자금액은 100만원으로 보통 연 5-6% 수준의 중수익을 추구한다. 주식보다 안정적이고 채권보다 높은 수익의 대체투자 펀드는 기관투자자를 중심으로 운용되면서 투자 규모가 크게 확대되었다. 최근 저금리 시대에 대체투자 상품을 찾는 개인투자자들이 증가하면서 상품의 종류가 다양해지고 지속적인 출시로 활성화되고 있으며, 특히 해외부동산에 간접투자하는 리츠나 부동산펀드는 대표적인 투자처로 주목받고 있다. 현재의 시장 변동성은 과거처럼 어느 시장, 섹터, 테마가 수익률을 잘 내는 상품이나 테마로 고정될 수 없을 정도로 변화가 빠르고 다양한 요소들에 의해 움직인다.[4)]

---

3) 최숙현·김종진(2019), "부동산간접투자상품이 결합된 포트폴리오의 수익률과 위험에 관한 연구", 한국국토정보공사「지적과 국토정보」 제49권 제1호(2019. 6), 46-47쪽.

4) 최숙현(2018), "부동산 간접투자상품을 결합한 포트폴리오의 연구", 전주대학교 대학원 박사학위논문(2018. 8), 10쪽.

2. 주요국의 부동산 간접투자시장

미국, 영국, 호주 등 부동산 관련 산업이 발달한 국가들은 산업분류 차원에서 FIRE(Finance, Insurance & Real Estate)라는 명칭으로 부동산을 금융, 보험과 묶어서 분류하고 있다. 부동산이 금융의 일부, 또는 금융과 밀접하게 관련되어 있다는 이들 국가들의 인식은 부동산시장과 관련한 금융상품의 발전이 금융시장 자체의 발전뿐만 아니라 거시경제의 안정과 리스크 관리 차원에서도 중요하다는 인식과 궤를 같이 한다. 향후 우리나라에서도 부동산 관련 산업이 더욱 발전하게 되면 그동안 소유를 목적으로 하는 주택 및 관련 모기지대출에 집중되어 왔던 연구와 정책논의가 상업용 부동산, 임대주택, SOC, 도시재생 분야 등으로 확대되고, 관련 자산의 취득·개발·운영, 나아가 관련 금융상품 개발과 리스크관리에 대한 논의도 크게 확대될 것으로 예상된다.

지난 30년 간 전 세계적으로 진행되어 온 부동산금융의 메가트랜드는 부동산자산의 유동화와 간접투자기구를 통한 공적시장[5]의 급속한 성장이라고 할 수 있다. 이런 추세는 2000년대 이후 자본시장과 부동산시장의 통합이 전 세계적 차원에서 진행되면서 더욱 본격화되었다. 미국, 유럽의 일부 국가들을 중심으로 규모가 확대되어 온 모기지유동화채권(즉 주거용 또는 상업용 모기지대출의 기초자산으로 발행되는 2차 증권인 RMBS 및 CMBS)이 전형적인 공적 채권투자상품이라 할 수 있고, 미국, 일본, 싱가포르, 호주, 캐나다 등에서 성장하고 있는 공모·상장형 부동산 간접투자상품[공모형 부동산펀드(Real Estate Funds: REF)] 및 부동산투자회사(Real Estate Investment Trusts: REITs)가 주식시장을 통해 거래되는 대표적인 공적 지분투자상품이라 할 수 있다.[6]

3. 우리나라의 부동산 간접투자시장

국내의 경우에는 보금자리론, 디딤돌대출, 안심전환대출 등 정책모기지가 꾸준히 증가(2017년 7월 말 기준 전체 주택담보대출 563.4조 원의 약 24% 수준인 약 135.7조 원 규모)하여 왔고, 이중 상당 부분이 주택금융공사를 통해 유동화(2017년 9월 말 기준 약 115조 원 규모)되면서 부동산 관련 공적 채권투자상품시장의 발전[7]도 상당 수준 이루어져 왔다. 반면에 리츠 및 부동산

5) 부동산에 대한 간접투자수단으로서의 금융상품은 통상 자기자본의 투입 여부에 따라 자기자본 없이 부동산담보대출(모기지)을 기반으로 하는 채권투자상품과 자기자본이 필요한 지분투자상품으로 분류할 수 있다. 또한 사모 등의 형태로 사인 간 거래가 이루어지는 사적(private)시장상품과 공모의 형태로 주식·채권시장 등의 공적시장에서 거래가 이루어지는 공적(public)시장상품으로 구분할 수 있다.

6) 신용상(2017), "국내 부동산간접투자시장 활성화를 위한 과제", 한국금융연구원 주간금융브리프 26권 20호(2017. 10), 4-7쪽.

7) 다만 국내 MBS시장은 아직 발행 위주의 시장에 머물러 있어, 유통시장의 활성화와 이에 따른 관련 리스크

펀드 형태로 공모 상장되어 주식시장에서 거래가 이루어지는 지분투자 형식의 부동산 간접투자상품시장의 발전은 국내 경제규모 및 금융시장의 발전 정도에 비해 극히 미미한 실정이다. 실제로 리츠를 처음 도입하였던 미국과 호주의 명목GDP 대비 리츠 상장시장 시가총액 비중은 2017년 6월 말 기준(명목GDP는 2016년 연간 기준)으로 각각 5.75%(상장 리츠 227개, 약 1,259.9조 원)와 7.83%(상장 리츠 56개, 약 120.1조 원)이고 우리와 비슷한 시기에 리츠를 도입하였던 일본과 싱가포르는 각각 2.14%(상장 리츠 58개, 116.7조 원)와 17.86%(상장 리츠 36개, 약 58.8조 원)에 달하는 반면에 우리는 0.02%(상장 리츠 4개, 약 0.3조 원)에 불과하다.[8)]

우리나라는 거대 부동산자산 보유국임에도 불구하고 부동산 간접투자시장이 글로벌 금융시장 발전의 큰 흐름과 괴리되어 크게 뒤처져 있는 실정이다. 따라서 그 원인과 문제점들을 살펴보고, 향후 자본시장 발전 정도에 상응하는 부동산 간접투자시장의 활성화, 금융포용의 입장에서 일반투자자들의 시장접근 가능성 확대를 위한 방안들을 강구할 필요가 있다.

Ⅲ. 부동산 간접투자의 유형 및 부동산 금융상품

1. 부동산 간접투자의 유형

부동산 간접투자에는 부동산신탁, 부동산유동화, 부동산펀드(부동산투자회사법상의 리츠 포함), 부동산투자일임 등이 있는데 그 개념에 대하여 간략히 살펴본다.[9)]

(1) 신탁제도

신탁제도를 이용한 부동산 간접투자는 은행의 특정금전신탁이나 부동산신탁을 통해 이루어지는데, 금전신탁업은 신탁업 겸영금융회사(은행, 증권사, 보험사, 종금사, 한국증권금융 등)가 영위하고 있으며, 부동산신탁업은 신탁업 겸영금융회사 외에 부동산 전업 신탁회사[10)] 등의 형태로 영위하고 있다.

관리가 2차시장의 발전을 위한 향후 과제로 남아 있다.

8) 해외 주요국의 경우 부동산 간접투자상품시장은 대부분 리츠를 중심으로 발전하여 왔다. 리츠는 1961년 미국에서 수동적 투자도관체(passive investment vehicle)로 시작되었으나 1990년대 이후에는 미국, 호주를 중심으로 대형 상장 리츠 중심으로 산업이 재편되었으며, 이후 캐나다, 벨기에, 뉴질랜드에 이어 2000년대에는 우리나라를 비롯한 일본, 싱가포르, 대만, 태국, 홍콩, 말레이시아 등 아태지역 국가들과 영국, 독일, 프랑스 등 주요 유럽국들에 도입되었으며, 최근에는 중국, 인도, 필리핀 등이 동 제도를 도입하면서 2017년 9월 말 현재 리츠 도입 국가는 36개국에 달하고 있다. 그러나 국내 리츠시장 전체 규모는 2017년 6월 말 현재 약 27.3조 원 수준으로 주로 비상장 사모형태로 성장하여 상장 리츠는 4개에 불과하고 규모도 작아 시가총액이 약 0.3조 원 수준에 머물고 있는 실정이다.

9) 박승룡(2011), "부동산펀드의 건전성 제고 방안에 관한 연구", 중앙대학교 대학원 석사학위논문(2011. 8), 9-10쪽.

10) 부동산산탁사는 1992년 국내 첫 도입된 이후 2020년 현재 국내에는 총 14개 부동산신탁 전업사가 영업 중에 있다.

(2) 부동산유동화

부동산에 대한 간접투자는 유동화증권을 통해서도 이루어지는데 부동산이나 부동산 관련 대출채권을 기초자산으로 하여 발행된 유동화증권(ABS, ABCP)에 투자하는 방식, 또는 상업용 건물 담보대출채권이나 주택담보대출채권을 기초자산으로 하여 발행된 유동화증권(RMBS,[11] CMBS[12]))에 투자하는 방식이다.

부동산유동화의 방법에는 ABS, MBS, 주식 형태로 발행하여 부동산에 투자하는 리츠(REITs), 부동산투자신탁(부동산펀드), 법인세법에 의한 프로젝트금융투자회사(PFV: Project Finance Vehicle) 등이 있다. 이러한 부동산증권과 관련된 투자 주체들은 투자를 통해 발생한 수익을 투자자에게 배당하는 방법으로 수익성, 유동성, 안정성이 있는 금융상품이며, 소액투자자들도 직접투자와 같은 높은 기대수익을 가지고 투자가 가능한 제도로 발전하고 있다.[13]

(3) 부동산펀드

부동산펀드에 관한 규제법은 자본시장법과 부동산투자회사법으로 이원화되어 있다. 시장에서 관행적으로 쓰이고 있듯이 자본시장법에 의한 부동산펀드는 "부동산펀드"라 부르고 부동산투자회사법에 의한 부동산펀드는 "리츠"라고 부른다.

(4) 부동산투자일임

부동산투자일임은 일반인에게는 자주 접하지 못한 생소한 용어인데 부동산투자일임의 경우 부동산에 투자하고 싶은 개인이나 단체가 투자일임업자에게 투자대상의 선택, 취득 및 매각 등의 투자사항을 전적으로 위임하는 계약을 체결하고 이루어지는 투자행위로 정의된다. 이는 구 간접투자자산운용업법으로 볼 때 투자일임의 범주에 포함되어 규율대상이 되고 있었으나, 자본시장법에서는 규율대상에서 제외되었다. 따라서 현행 법체계에서는 누구든지 부동산투자일임업을 영위할 수 있다.

(5) 결어

신탁의 경우 특정금전신탁 또는 부동산신탁을 통하여 부동산 간접투자가 이루어질 수 있으나, 부동산 간접투자 방식 중 특정금전신탁은 거의 사용되지 않고 있으며, 부동산신탁 또한 부동산개발 목적의 토지신탁이나 담보신탁 등이 대부분으로 엄밀한 의미의 간접투자상품이라고 하기에는 미흡한 면이 있는 것은 사실이다. 따라서 부동산 간접투자로서 실질적 의미를 가지는 것은 부동산펀드와 리츠, 그리고 부동산유동화라고 할 수 있을 것이다.

---

11) 주택모기지증권담보대출(RMBS: residential mortgage-backed securities).
12) 상업부동산 대출채권 담보부증권(CMBS: commercial mortgage-backed securities).
13) 정현진(2008), "부동산간접투자시장의 활성화에 관한 연구", 경희대학교 행정대학원 석사학위논문(2008. 8), 5쪽.

2. 부동산 관련 금융상품 분류

부동산금융은 부동산의 개발, 매입 운영, 임대차, 처분 등을 위한 자금을 공급하는 시스템이다. 세계적으로 부동산산업과 금융산업의 연계는 지속적으로 강화되어 왔는데, 우리나라의 경우 외환위기를 극복하기 위해 대폭적인 규제완화가 이루어진 1998년을 기점으로 부동산금융의 여러 부문이 동시다발적으로 발전하기 시작하였다.[14)]

기존 국내의 부동산 관련 금융상품은 부동산 간접투자를 중심으로 출시되어 있다. 현재 국내의 부동산 간접투자제도는 자본시장법에 의한 부동산집합투자기구("부동산펀드"), 부동산투자회사법에 의한 부동산투자회사(REITs, "리츠"), 자산유동화법에 의한 자산유동화증권(ABS), 한국주택금융공사법[15)]에 의한 주택저당채권(MBS), 법인세법을 근거로 운용되는 프로젝트금융투자회사(PFV) 등이 있으나, 부동산펀드와 리츠가 가장 활성화되어 있다.

여기서는 부동산투자회사(리츠), 부동산집합투자기구(부동산펀드), 부동산신탁(특히 토지신탁), 부동산 프로젝트금융(PF)을 중심으로 살펴본다. 부동산 프로젝트금융(PF) 부분에서는 프로젝트금융투자회사(PFV) 및 사회기반시설에 대한 민간투자와 프로젝트금융을 함께 살펴보기로 한다.

---

14) 박선종(2016), "전세난 관련 금융상품 도입에 관한 시론적 연구", 부동산법학 제20집 제1호(2016. 3), 135쪽.

15) 주택저당채권의 유동화를 촉진하여 주택자금을 장기적·안정적으로 공급하기 위하여 1999년 주택저당채권유동화회사법이 제정·시행되었으나, 이 법에 따른 인가를 받아 설립된 주택저당채권유동화회사가 금융시장으로부터 공신력을 인정받지 못하여 주택저당채권 유동화시장을 선도하는 데에 한계가 있었고, 2003년 한국주택금융공사법 제정에 따라 설립된 한국주택금융공사에 흡수합병되었으며, 현재 주택저당채권유동화회사법에 따라 인가를 받은 회사가 존재하지 아니하고, 한국주택금융공사가 주택저당채권 유동화시장의 활성화 기능을 충분히 수행하고 있으므로 실질적으로 사문화(死文化)된 이 법은 2015. 7. 24. 폐지되었다.

제
2
장

부동산투자회사(리츠)

제1절 서 설

Ⅰ. 리츠제도의 도입과 그 배경

부동산투자회사(리츠)가 도입된 직접적인 계기는 1997년 IMF 경제위기로 이때는 기업이나 금융기관의 유동성 확보가 절실한 과제였다. 따라서 기업이나 금융기관은 적절한 유동성을 확보하기 위해서는 소유하고 있는 자산, 특히 부동산의 처분이 필요하였다. 당시 모든 기업과 금융기관이 보유부동산을 처분하려고 다각적인 노력을 기울였으나 매수 세력의 부재로 부동산을 처분할 수 없었다. 이러한 부동산시장 상황은 부동산가격의 급격한 하락을 불러왔다. 따라서 침체된 부동산경기를 활성화하고 기업들이 구조조정을 위하여 내놓은 부동산을 효율적으로 처분할 수 있도록 지원제도를 마련하는 것이 절실히 필요하였다. 이와 같은 필요성에 따라 부동산의 증권화를 추진하면서 부동산투자회사 제도를 함께 도입하였다.[1)]

부동산투자회사가 도입되어 성장하게 된 배경은 국가와 시대 상황에 따라 서로 다르지만 중요한 원인은 크게 두 가지로 볼 수 있다. ⅰ) 부동산 지분의 소액화를 통해 소액투자자에게

1) 부동산투자회사가 성장하게 된 배경은 국가와 시대 상황에 따라 서로 다르지만 부동산투자회사를 금융위기나 구조조정 시 기업과 금융기관이 보유한 부실채권이나 부동산을 증권화하여 매각을 용이하게 하여 금융위기를 조기에 해소하려는 목적에서 활용하기도 하였다. 미국은 1980년대 말 부실 S&L(Savings & Loan Association) 처리와 호주의 UPT(Unlisted Property Trusts)의 처리과정에서 부동산투자회사와 같은 성장형 부동산펀드가 적극적인 역할을 한 바 있으며, 금융위기 해소 과정에서 부동산투자회사 산업이 성장의 기회를 얻게 되었다. 일본도 부실금융 문제를 해소하기 위해 SPC법을 개정한 바 있으며, 우리나라도 IMF 경제위기를 겪으면서 이를 활용한 바 있다.

도 부동산 투자기회를 부여하기 위한 목적으로 도입한 경우이다. 이 경우는 투자단위가 큰 부동산을 소액지분으로 분할 매각하여 소액투자자에게도 부동산에 투자할 수 있는 기회를 목적으로 하고 있다. 소액투자자는 부동산투자회사를 통해 부동산에 투자할 기회를 가질 뿐만 아니라 부동산시장에 진입하려는 실수요자도 인플레이션 위험에 대비한 헤지수단으로 활용할 수 있다. 1960년 미국 의회에서 부동산투자회사(리츠)를 제도화한 주목적 중 하나가 소액 투자기회를 부여하기 위한 것이었다. ii) 부동산투자회사를 금융위기 해소나 구조조정을 앞당기기 위한 대책으로 활용하기 위해 도입한 경우이다. 부동산투자회사는 부동산 지분을 소액 단위로 증권화하고 이를 주식시장에 상장하여 유통시켜 유동성을 제고시키는 것이 가능하다. 따라서 금융위기나 구조조정 시 기업과 금융기관이 보유한 부실채권이나 부동산을 증권화하여 매각을 용이하게 하여 금융위기를 조기에 해소하려는 목적에서 활용하기도 한다.

우리나라에서 부동산투자회사 제도가 발전하게 된 과정은 정부가 IMF 경제위기 이후 기업과 금융기관의 원활한 구조조정 지원과 부동산거래의 활성화를 통한 부동산경기의 진작을 위하여 부동산증권화제도를 도입하기 위해 기존의 계약형 부동산신탁에 대하여 1998년 4월 신탁업법 시행령을 전면개정하면서 신탁겸영은행에게 부동산투자신탁 업무를 허용하면서부터였다.

이후 1998년 9월 자산유동화법을 제정하여 유동화전문회사나 신탁회사 등이 금융기관으로부터 자산을 양도받아 이를 기초로 ABS, MBS을 발행하는 자산유동화제도를 도입하였다. 그러나 IMF 경제위기를 계기로 정부는 부동산시장의 기능회복 및 후진적인 투기위주의 부동산시장의 선진화를 위해 지금까지와는 다른 새로운 차원의 부동산정책을 추진할 필요성이 제기되었는데, 부동산개발에 필요한 자금을 자본시장을 통하여 소액투자자 및 기관투자자로부터 직접 조달하기 위한 수단으로의 제도화와 일반 국민들도 소액자금으로 손쉽게 대규모 부동산에 투자할 수 있는 기회를 제공하기 위한 요구와 기업을 비롯하여 금융기관, 건설회사 등의 부동산 매각을 지원하여 구조조정을 지원할 뿐만 아니라 부동산시장이 선진화 및 투명화되고 자본시장이 육성지원을 위해 제도화로 그 필요성이 요구되었다.[2)]

Ⅱ. 리츠의 개념 · 구조 · 유형

1. 리츠의 개념

리츠(REITs: Real Estate Investment Trusts)는 1880년대 미국에서 유래한 것으로서 신탁제도

2) 강지연(2010), "부동산투자회사제도의 문제점 및 개선방안", 한양대학교 행정 · 자치대학원 석사학위논문 (2010. 2), 6-8쪽.

에서 출발하였는데, 그 기원은 매사추세츠 「영업신탁법」에 따라 조직된 매사추세츠 신탁이 리츠의 전신이라 할 수 있다.[3] 리츠는 증권화된 부동산에 투자하는 뮤추얼펀드[4]라 할 수 있으며, 미국 의회에서 미국인들에게 투자할 기회를 주기 위해 만든 제도이다. 1960년 미국 의회가 「부동산투자신탁법」(Real Estate Investment Trust Act)을 제정하면서 제도로 정착되었다.

우리나라의 부동산투자회사법의 정의에 의하면 리츠는 부동산투자회사를 말하는 것으로 다수의 투자자로부터 투자자금을 모아 부동산 및 부동산 관련 저당대출 등을 운용하여 얻은 수익을 투자자에게 배당하는 것을 목적으로 하는 상법상 주식회사이며, 부동산투자회사(리츠)는 수익을 목적으로 부동산을 임대, 개발 및 처분하는 회사와 금융기관의 성격이 결합된 부동산금융회사라고 할 수 있다. 즉 영업과 운용 면에서는 임대, 관리 및 개발 등을 수행하는 부동산회사이며, 자금을 공모하고 수익을 제공하는 자산(부동산)에 투자하여 투자자에게 이익을 배분한다는 점에서는 금융기관의 특성을 갖고 있다. 따라서 리츠는 동일한 방식으로 자금을 모아 유가증권에 투자하는 증권투자회사(뮤추얼펀드)와 유사하나, 자산운용이 부동산이라는 점에서 차이가 있다.[5]

2. 리츠의 구조

리츠는 채권, 주식 등과 비교해 볼 때, 수익은 높지만, 위험은 매우 낮고 총수익에서 주가수익보다는 배당금수익이 차지하는 비중이 크고 배당수익률 수준은 채권수익률보다 월등히 높다. 리츠는 주식시장에서 일반 주식과는 확연히 구분되는 수익·위험 패턴을 보이는데, 리츠의 위험은 주식시장에서의 위험보다는 배당금 지급과 같은 리츠 고유의 위험요인에 의해 결정된다.[6]

리츠의 구조적 속성은 환금성 확보에 있다. 부동산의 성격상 고액을 투자하는 투자자의 입장에서 환금성은 매우 중요한 투자 유의사항이다. 부동산투자회사는 이를 뒷받침하기 위해

3) 김득기(2016), "부동산투자회사의 활성화 요인과 정책방안", 대구대학교 대학원 박사학위논문(2016. 6), 9쪽.
4) 주식발행을 통해 투자자를 모집하고 형성된 투자자금을 전문운용회사에서 운영하도록 맡기고 발생한 수익을 투자자에게 배당금 형태로 배분하는 투자회사이다. 우리나라는 1999년 간접투자상품으로 도입하였고, 회사형 투자신탁이라고도 한다. 투자자가 직접 매매하는 것이 아니고 전문 펀드매니저가 운용하여 주는 간접투자라는 점에서 투신사의 수익증권과 비슷하나, 수익증권이 아니고 회사에 투자하는 것으로 투자자가 주주가 된다는 점에서 차이가 있다. 따라서 가입한 투자자들도 주식을 나눠 받으며 그 주식의 가치가 올라가면 수익이 올라가게 된다. 대표적인 뮤추얼펀드는 피델리티 마젤란펀드이다. 투신사의 수익증권이나 은행신탁 등은 회사와 투자자가 계약을 맺고 자금을 맡기는 형태여서 계약형이라 불린다. 뮤추얼펀드는 각각의 펀드들이 하나의 독립된 회사(증권투자회사)로 만들어지고 투자자들은 여기에 투자하는 방식이어서 회사형으로 분류된다(시사상식사전, 박문각).
5) 이남근(2016), "부동산투자회사법 개정안의 문제점과 발전방안 연구", 지역사회발전학회논문집 제41집 1호(2016. 6), 42쪽.
6) 조상배(2017), "부동산 간접투자 제도의 개선방안 연구: 리츠(REITs)와 부동산펀드를 중심으로", 광운대학교 대학원 박사학위논문(2017. 12), 24-26쪽.

부동산의 지분을 소액으로 나누어 증권화하고 자본시장에서 공모를 통하여 다수의 투자자를 모집한다. 또한 환금성이 부족한 대형부동산은 소규모 단위로 증권화하여 이를 상장함으로써 소액의 투자자도 손쉽게 투자할 수 있는 투자수단으로 변화시킨다. 특히 부동산투자를 기반으로 하는 리츠가 부동산투자의 속성을 그대로 유지하는가는 펀드매니저나 학자들 사이에서 매우 중요한 연구대상이다. 왜냐하면 리츠가 더욱더 주식에 가까우면 포트폴리오 개선 효과를 기대하기 어려울 것이고, 리츠와 주식투자의 투자수익률 간에 관계가 떨어진다면 리츠 투자는 자기자본 투자 시 펀드의 포트폴리오 투자성과 향상에 기여할 것이기 때문이다.

미국의 경우를 살펴보면 상장 리츠의 베타[7]가 지속해서 하락하면서 리츠의 포트폴리오 개선 효과가 점점 커지고 있는 것으로 나타나고 있다. 이에 따라 펀드운용 시 리츠의 편입은 위험·수익특성의 개선을 위해 필수적인 것으로 펀드매니저들 사이에서 인식[8]되고 있다. 리츠의 투자속성을 살펴보면 일반적으로 부동산 또는 이와 관련된 상품에 직접 또는 간접 투자를 한다. 부동산 직접투자에서 나오는 수익은 임대수익과 자본수익이다. 리츠는 직접투자 이외에 다른 리츠에 투자하거나 부동산 대출, 주택저당 담보증권 등 간접투자 형태로 운용하기도 한다.

3. 리츠의 유형

리츠의 유형은 투자대상에 따른 분류, 기한 한정 여부에 따른 분류, 환매 여부에 따른 분류, 계약형(신탁형)과 회사형에 따른 분류, 기타 기준에 따른 분류로 나눌 수 있다.[9]

ⅰ) 리츠의 투자는 투자대상에 따라 지분형 리츠(equity REITs), 모기지형 리츠(mortgage REITs) 및 혼합형 리츠(hybrid REITs)로 분류된다. 첫째, 지분형 리츠는 총 투자자산 75% 이상 부동산 소유지분에 투자하는 것을 말한다. 둘째, 모기지형 리츠는 전체투자자산의 70% 이상을 부동산과 관련된 대출이나 저당담보부증권 등에 투자한다. 셋째, 두 가지 형태의 장점을 결합한 형태가 혼합형인데 전체투자자산을 부동산 소유지분이나 부동산 관련 대출 및 저당 담보증권 등에 분산투자하여 임대료와 이자수익을 얻게 된다.

ⅱ) 리츠는 기한 한정 여부에 따라 무기한 리츠(non-finite-life)와 기한부 리츠(finite-life)로 구분한다. 첫째, 무기한 리츠는 존속기한이 정해지지 않은 리츠를 말한다. 무기한 리츠는 보유

7) 베타란 금융에서 개별주식이나 포트폴리오의 위험을 나타내는 상대적인 지표이다. 시장 포트폴리오의 위험과 같은 기준이 되는 지표와의 상대적인 변동성비율 등을 의미하며, 자본자산 가격결정 모형(Capital Asset Pricing Model: CAPM) 등에 의해 개별자산과 포트폴리오의 위험을 측정하는 데 사용된다.

8) 김관영·박정호(2007), "부동산투자회사의 수익—위험 특성에 관한 연구", 부동산학연구 제13집 제2호(2007. 8), 7쪽.

9) 조상배(2017), 37-39쪽.

및 투자자산 매각수익이나 금융수익을 기존 부동산 또는 새로운 부동산에 계속하여 투자하는 구조이기 그 때문에 거의 영구적으로 회사가 운용된다고 할 수 있다. 둘째, 기한부 리츠는 일정한 기간이 지난 후에 남은 자산을 매각하고 매각대금을 투자자들에게 배분하고 해산하는 구조이다. 그러나 보유자산이 처분될 시점에서 전반적으로 부동산시장 및 금융시장의 여건이 수익구조에 크게 영향을 받는 한계가 있다.

iii) 리츠는 환매 여부에 따라 개방형(open-end)과 폐쇄형(closed-end)으로 구분한다. 첫째, 개방형 리츠는 투자자에게 환매권을 부여하는 리츠이다. 당초 모집한 금액에 따라 투자기회가 주어질 때마다 추가로 주식을 발행하고 투자자산 규모를 확대하는 형태로 운용된다. 둘째, 폐쇄형 리츠는 투자자금의 최대 투자액수를 미리 정한 다음에 그 범위 안에서 주식을 투자자들에게 판매하고, 존속기간이 만료될 때 주식을 추가로 발행하지 않고, 만기까지 환매가 허용되지 않는다.

iv) 리츠는 회사형과 계약형으로 분류할 수 있다. 첫째, 회사형은 투자자가 리츠의 주식을 사면 주주가 된다. 리츠 회사는 모인 자금으로 부동산에 투자하고 일반 주식회사와 같이 특별한 사유가 없으면 사업을 지속해서 유지한다. 둘째, 계약형은 투자대상과 투자기간을 사전에 확정하고 투자자들을 모집하고 투자자들은 은행으로부터 수익증권을 받는다. 이 때문에 개인투자자들은 계약기간까지 투자금을 찾아올 수 없다는 점에서 차이가 있다.

v) 기타 기준은 투자대상의 사전지정 여부와 차입 여부 및 경영관리 방식 등 여러 가지로 리츠의 유형을 구분할 수 있다.

Ⅲ. 부동산투자회사법상 리츠의 종류와 특징

1. 리츠의 종류

부동산투자회사법("법")상 부동산투자회사(리츠)는 i) 자기관리 부동산투자회사(리츠): 자산운용 전문인력을 포함한 임직원을 상근으로 두고 자산의 투자·운용을 직접 수행하는 회사(가목), ii) 위탁관리 부동산투자회사(리츠): 자산의 투자·운용을 자산관리회사에 위탁하는 회사(나목), iii) 기업구조조정 부동산투자회사(리츠): 기업구조조정부동산(법49의2①)을 투자대상으로 하며 자산의 투자·운용을 자산관리회사에 위탁하는 회사(다목)로 구분된다(법2(1)).

i) 자기관리리츠는 부동산투자를 전문으로 하는 상법상의 주식회사이다. 자산운용 전문인력을 3명에서 5명 이상의 상근 임직원을 둔 회사로 일반투자자를 대상으로 공모 자금을 모아 부동산 실물·대출 등에 직접 투자한 뒤 그 수익을 배분해준다. 자기관리리츠는 상근 임직원을 둔 실체가 있는 회사라는 점과 자산의 투자 운용을 상근 임직원이 직접 관리한다는 측면

에서 명목회사인 위탁관리리츠와 구분된다.

ii) 위탁관리리츠는 자산의 투자와 운용을 자산관리회사에 위탁하는 회사이다. 자기관리리츠와 위탁관리리츠는 회사형태로서 전자가 실체형 회사인 반면, 후자가 명목 회사라는 점에서 자산관리 형태와 회사 존속기간 등에 차이가 있다.

iii) 기업구조조정리츠는 부동산투자회사법에서 정한 부동산투자회사의 요건을 갖추고 총자산의 70% 이상을 i) 기업이 채권금융기관에 대한 부채 등 채무를 상환하기 위하여 매각하는 부동산(제1호), ii) 채권금융기관과 재무구조 개선을 위한 약정을 체결하고 해당 약정 이행 등을 하기 위하여 매각하는 부동산(제2호), iii) 채무자회생법에 따른 회생절차에 따라 매각하는 부동산(제3호), iv) 그 밖에 기업의 구조조정을 지원하기 위하여 금융위원회가 필요하다고 인정하는 부동산(제4호)으로 구성하여야 하며(법49의2①), 자산의 투자와 운용을 자산관리회사에 위탁하는 회사이다.

2. 리츠의 특징

부동산회사와 금융회사의 성격을 가지고 있는 리츠의 부동산 간접투자 금융상품으로서의 특징을 살펴본다.[10)]

i) 리츠는 부동산 지분을 소액단위로 분할하여 증권화한 것으로 일반주식과 마찬가지로 공개된 시장에서 매매하여 투자원금을 회수할 수 있는 유동성이 높은 투자상품이다. 따라서 리츠는 투자자들이 부동산경기의 흐름에 맞추어 부동산자산을 손쉽게 매각하는 효과가 있으며, 단순히 소액화만으로 이루어진 투자신탁의 수익증권보다 유동성이 높다. ii) 리츠는 다양한 종류의 부동산 또는 지역적인 분산투자를 통해 단일 부동산에 내재하는 비체계적 위험을 효과적으로 제거시킬 수 있어 위험분산 효과와 기대수익률을 향상시킬 수 있다. iii) 부동산 지분을 소액 단위로 분할하여 다수의 투자자로부터 자금을 모집하고 증자를 할 수 있어 자본조달이 용이하다.

iv) 자산운용을 전문회사가 운용하기 때문에 효율성과 투명성이 확보된다. 리츠가 운용하여 얻은 수익에 대하여 회계기준에 의하여 결산 공시되기 때문에 투명성을 담보할 수 있다. 또한 공개시장에서 거래되는 리츠는 매일 분석가들에 의해서 주가, 거래량, 수익률, 안정성, 수익성 정보들이 조사되어 투자자들에게 제공된다. v) 성장보다는 배당의 안정성이 중요시 된다. 리츠의 자금운용은 현금흐름이 우수한 부동산 및 부동산 관련 유가증권에 투자하여 임대수익 및 이자수익을 추구하여 배당하게 되므로 내부유보를 통한 성장은 어느 정도 제약을 받게 된다. vi) 리츠는 간접투자펀드인 만큼 공시제도 등의 투자자보호 장치가 우수하다. 실제로 리츠

10) 이남근(2016), 44쪽.

는 분기별 및 연간에 있어 구성, 자산, 배당에 있어서 엄격한 요건을 요구받으며, 위반 시에는 가혹한 세금을 부담해야 한다. 또한 리츠는 배당가능이익의 90% 이상을 주주에게 현금배당하도록 의무화되어 있으며 주가 상승 시 매매차익이 가능해 높은 수익성을 제공해줄 가능성이 높은 투자상품이다.

제2절 부동산투자회사의 설립 및 영업인가

Ⅰ. 설립

부동산투자회사법("법")에 따라 부동산투자회사는 주식회사로 하며(법3①), 부동산투자회사법에서 특별히 정한 경우를 제외하고는 상법의 적용을 받으며(법3②), 그 상호에 부동산투자회사라는 명칭을 사용하여야 한다(법3③). 부동산투자회사는 발기설립의 방법으로 하여야 하고(법5①), 현물출자에 의한 설립을 할 수 없다(법5②).

자기관리 부동산투자회사는 그 설립등기일부터 10일 이내에 설립보고서를 작성하여 국토교통부장관에게 제출하여야 하는데(법8의2①), 설립보고서를 제출한 날부터 3개월 후 설립 이후의 회사 현황에 관한 보고서를 작성하여 국토교통부장관에게 제출하여야 한다(법8의2②). 국토교통부장관은 설립보고서와 현황에 관한 보고서의 내용을 검토한 결과 자기관리 부동산투자회사의 운영 등이 법령에 위반되거나 투자자 보호에 지장을 초래할 우려가 있는 등 공익상 필요하다고 인정하면 해당 자기관리 부동산투자회사에 대하여 그 시정이나 보완을 명할 수 있다(법8의2③). 자기관리 부동산투자회사는 설립등기일부터 6개월 이내에 국토교통부장관에게 인가를 신청하여야 한다(법8의2④)

Ⅱ. 자본금

자기관리 부동산투자회사의 설립 자본금은 5억원 이상으로 한다(법6①). 위탁관리 부동산투자회사 및 기업구조조정 부동산투자회사의 설립 자본금은 3억원 이상으로 한다(법6②).

영업인가를 받거나 등록을 한 날부터 6개월[11]("최저자본금준비기간")이 지난 부동산투자회

11) 부동산투자회사 및 이해관계자 등이 다른 법령에서 정한 방법 및 절차 등을 이행하기 위하여 소요되는 기간으로서 국토교통부장관이 인정하는 기간은 제외한다(법10).

사의 자본금은 ⅰ) 자기관리 부동산투자회사는 70억원(제1호), ⅱ) 위탁관리 부동산투자회사 및 기업구조조정 부동산투자회사는 50억원(제2호) 이상이 되어야 한다(법10).

국토교통부장관은 자기관리 부동산투자회사가 최저자본금을 준비하였음을 확인한 때에는 지체 없이 주요 출자자(발행주식 총수의 5%를 초과하여 주식을 소유하는 자)의 적격성을 심사하여야 한다(법11①).

Ⅲ. 영업인가

부동산투자회사가 부동산, 부동산개발사업, 지상권, 임차권 등 부동산 사용에 관한 권리, 신탁이 종료된 때에 신탁재산 전부가 수익자에게 귀속하는 부동산신탁 수익권, 증권, 채권에 대하여 부동산의 취득, 개발, 개량 및 처분 등의 업무(법21② 각호의 업무)를 하려면 부동산투자회사의 종류별로 국토교통부장관의 인가를 받아야 한다(법9① 본문). 다만, 부동산 취득을 위한 조사 등 대통령령으로 정하는 업무[12]의 경우에는 그러하지 아니하다(법9① 단서).

Ⅳ. 등록

그러나 다음의 요건을 갖춘 위탁관리 부동산투자회사 및 기업구조조정 부동산투자회사가 부동산, 부동산개발사업, 지상권, 임차권 등 부동산 사용에 관한 권리, 신탁이 종료된 때에 신탁재산 전부가 수익자에게 귀속하는 부동산신탁 수익권, 증권, 채권에 대하여 부동산의 취득, 개발, 개량 및 처분 등의 업무(법21② 각호의 업무)를 하려면 국토교통부장관에게 등록하여야 한다(법9의2① 본문). 다만, 부동산 취득을 위한 조사 등의 경우에는 그러하지 아니하다(법9의2① 단서, 영8③).

1. 부동산투자회사법에 따라 적법하게 설립되었을 것

---

12) "부동산 취득을 위한 조사 등 대통령령으로 정하는 업무"란 다음의 업무를 말한다(영8③).
1. 법 제21조 제1항 제1호부터 제5호까지의 투자대상을 취득하기 위해 국토교통부장관이 정하여 고시는 방법에 따른 양해각서 및 매매계약의 체결
2. 법 제21조 제1항 제1호부터 제5호까지의 투자대상에 대한 투자 여부를 검토하기 위한 법률자문, 시장조사, 감정평가 및 재무분석
3. 부가가치세법 제8조에 따른 사업자등록
4. 「부동산개발업의 관리 및 육성에 관한 법률」 제4조 제1항에 따른 부동산개발업의 등록
5. 주택법 제4조에 따른 주택건설사업 등의 등록
6. 그 밖에 부동산개발사업을 추진하기 위해 미리 이행할 필요가 있는 것으로서 국토교통부장관이 정하여 고시하는 업무

2. 위탁관리 부동산투자회사의 경우 국민연금공단이나 제14조의8 제3항 제1호에 따른 주주가 단독이나 공동으로 발행주식의 30% 이상을 취득할 것
3. 기업구조조정 부동산투자회사의 경우 제49조의2 제1항의 기준에 적합하게 자산을 구성할 것
4. 총자산 중 부동산개발사업에 대한 투자비율이 30%을 초과하지 아니할 것
5. 그 밖에 대통령령으로 정하는 요건을 갖출 것

제3절 부동산투자회사의 주식발행

Ⅰ. 주식의 공모

부동산투자회사는 영업인가를 받거나 등록을 하기 전(총자산 중 부동산개발사업에 대한 투자비율이 30%를 초과하는 부동산투자회사의 경우에는 그가 투자하는 부동산개발사업에 관하여 관계 법령에 따른 시행에 대한 인가·허가 등이 있기 전)까지는 발행하는 주식을 일반의 청약에 제공할 수 없다(법14의8①).

부동산투자회사는 영업인가를 받거나 등록을 한 날(총자산 중 부동산개발사업에 대한 투자비율이 30%를 초과하는 부동산투자회사의 경우에는 그가 투자하는 부동산개발사업에 관하여 관계 법령에 따른 시행에 대한 인가·허가 등이 있은 날)부터 2년 이내에 발행하는 주식 총수의 30% 이상을 일반의 청약에 제공하여야 한다(법14의8②).

그러나 다음의 어느 하나에 해당하는 경우에는 주식을 일반의 청약에 제공하지 아니할 수 있다(법14의8③).

1. 부동산투자회사가 영업인가를 받거나 등록을 한 날부터 2년 이내에 국민연금공단이나 그 밖에 대통령령으로 정하는 주주[13]가 단독이나 공동으로 인수 또는 매수한 주식의 합계가

13) "대통령령으로 정하는 주주"란 주주로서 다음의 어느 하나에 해당하는 자를 말한다(영12의3).
1. 지방자치단체, 2. 공무원연금공단, 3. 사립학교교직원연금공단, 4. 대한지방행정공제회, 5. 새마을 고중앙회(공제사업만 해당), 6. 군인공제회, 7. 한국교직원공제회, 8. 신용협동조합중앙회(공제사업만 해당), 9. 건설산업기본법 제54조에 따른 공제조합, 10. 한국토지주택공사, 11. 한국자산관리공사, 12. 퇴직연금사업자, 13. 국민건강보험공단, 14. 경찰공제회, 15. 한국지방재정공제회, 16. 건설근로자공제회, 17. 국가재정법 별표 2(같은 표 제3호, 제8호, 제14호 및 제27호는 제외)에 규정된 법률에 따라 기금을 관리·운용하는 법인, 18. 과학기술인공제회법에 따른 과학기술인공제회, 19. 대한소방공제회법에 따른 대한소방공제회, 20. 별정우체국법에 따른 별정우체국 연금관리단, 21. 산림조합중앙회(공제사업만 해당), 22. 중소기업협동조합법에 따른 중소기업협동조합(공제사업만 해당), 23. 우체국예금보험법에 따른 우체국예금자금 또는 우체국보험특별회계법에 따른 우체국보험적립금을 관리·운용하는 법인, 24. 수산업협동조합중앙회(공제

동산투자회사가발행하는 주식 총수의 50% 이상인 경우
2. 부동산투자회사의 총자산의 70% 이상을 임대주택(「민간임대주택에 관한 특별법」에 따른 민간임대주택 및 「공공주택 특별법」에 따른 공공임대주택)으로 구성하는 경우

Ⅱ. 주식의 분산

주주 1인과 그 특별관계자는 최저자본금준비기간이 끝난 후(총자산 중 부동산개발사업에 대한 투자비율이 30%를 초과하는 부동산투자회사의 경우에는 부동산개발사업에 관하여 관계 법령에 따른 시행에 대한 인가·허가 등이 있은 날부터 6개월이 지난 후)에는 부동산투자회사가 발행한 주식 총수의 50%("1인당 주식소유한도")를 초과하여 주식을 소유하지 못한다(법15①). 주주 1인과 그 특별관계자("동일인")가 제1항을 위반하여 부동산투자회사의 주식을 소유하게 된 경우 그 주식의 의결권 행사 범위는 1인당 주식소유한도로 제한된다(법15②).

Ⅲ. 1인당 주식소유한도의 예외

국민연금공단과 그 밖에 대통령령으로 정하는 주주에 대하여는 법 제15조 제1항을 적용하지 아니한다(법16①). 제1항에 따라 1인당 주식소유한도를 초과하여 주식을 소유한 경우에는 제15조 제2항을 준용한다(법16② 본문). 다만, 국민연금공단과 그 밖에 대통령령으로 정하는 주주가 1인당 주식소유한도를 초과하여 주식을 소유한 경우에는 그러하지 아니하다(법16② 단서). 부동산투자회사의 총자산의 70% 이상을 임대주택(「민간임대주택에 관한 특별법」에 따른 민간임대주택 및 「공공주택 특별법」에 따른 공공임대주택)으로 구성하는 경우에는 제15조를 적용하지 아니한다(법16③).

사업만 해당), 25. 국민연금공단 또는 제1호부터 제24호까지의 어느 하나에 해당하는 자가 단독으로 또는 공동으로 발행주식 총수의 50%를 초과하여 소유한 부동산투자회사, 26. 국민연금공단 또는 제1호부터 제24호까지의 어느 하나에 해당하는 자가 단독으로 또는 공동으로 집합투자증권 총수의 75% 이상을 소유한 부동산집합투자기구(이 경우 부동산집합투자기구가 자본시장법 제233조 제1항 각 호 외의 부분에 따른 자집합투자기구로 설정·설립된 경우로서 같은 항 각 호 외의 부분에 따른 모집합투자기구가 발행한 집합투자증권 총수의 100%를 소유한 경우에는 그 모집합투자기구를 포함), 27. 증권시장에 주식이 상장된 부동산투자회사, 28. 자본시장법 제9조 제5항 제3호부터 제5호까지의 규정에 따른 전문투자자(이 경우 전문투자자가 투자한 부동산투자회사는 총자산의 70% 이상을 다음 각 목의 자산으로 구성하여야 한다. 가. 법 제49조의3 제1항에 따른 공모부동산투자회사의 지분증권 또는 채무증권, 나. 기업구조조정 부동산투자회사의 지분증권 또는 채무증권, 29. 자본시장법에 따른 사모집합투자기구에 해당하지 아니하는 부동산집합투자기구, 30. 자본시장법 시행령 제14조 제2항에서 정하는 수를 초과하는 위탁자와 각각 신탁계약을 체결한 같은 영 제103조 제1호에 따른 특정금전을 운용하는 신탁업자.

Ⅳ. 현물출자

부동산투자회사는 영업인가를 받거나 등록을 하고 제10조에 따른 최저자본금 이상을 갖추기 전에는 현물출자를 받는 방식으로 신주를 발행할 수 없다(법19①). 부동산투자회사의 영업인가 또는 등록 후에 상법 제416조 제4호에 따라 부동산투자회사에 현물출자를 하는 재산은 다음의 어느 하나에 해당하여야 한다(법19②).

1. 부동산
2. 지상권·임차권 등 부동산 사용에 관한 권리
3. 신탁이 종료된 때에 신탁재산 전부가 수익자에게 귀속하는 부동산신탁의 수익권
4. 부동산소유권의 이전등기청구권
5. 「공익사업을 위한 토지 등의 취득 및 보상에 관한 법률」("토지보상법") 제63조 제1항 단서에 따라 공익사업의 시행으로 조성한 토지로 보상을 받기로 결정된 권리("대토보상권")

Ⅴ. 주식의 상장

부동산투자회사는 거래소 상장규정의 상장요건을 갖추게 된 때에는 지체 없이 증권시장에 주식을 상장하여 그 주식이 증권시장에서 거래되도록 하여야 한다(법20①). 국토교통부장관은 부동산투자회사가 정당한 사유 없이 증권시장에의 상장을 이행하지 아니하는 경우에는 기간을 정하여 상장을 명할 수 있다(법20②).

제4절 자산의 투자 · 운용

Ⅰ. 자산의 투자 · 운용 방법

리츠는 부동산투자회사법에 따라 ⅰ) 부동산의 취득, 개발, 개량 및 처분(제1호), ⅱ) 관리(시설운영 포함), 임대차 및 전대차(제2호), ⅲ) 부동산개발사업[14]을 목적으로 하는 법인 등 대통

14) "부동산개발사업"이란 다음의 어느 하나에 해당하는 사업을 말한다(법2(4).
가. 토지를 택지·공장용지 등으로 개발하는 사업
나. 공유수면을 매립하여 토지를 조성하는 사업
다. 건축물이나 그 밖의 인공구조물을 신축하거나 재축(再築)하는 사업

령령으로 정하는 자[15]에 대하여 부동산에 대한 담보권 설정 등 대통령령으로 정한 방법[16]에 따른 대출, 예치(제3호)의 방법으로 투자·운용하여야 한다(법21②).

Ⅱ. 자산의 구성

부동산투자회사는 최저자본금준비기간이 끝난 후에는 매 분기 말 현재 총자산의 80% 이상을 부동산, 부동산 관련 증권 및 현금으로 구성하여야 한다(법25① 전단). 이 경우 총자산의 70% 이상은 부동산(건축 중인 건축물을 포함)이어야 한다(법25① 후단). 자산의 구성 비율을 계산할 때 i) 설립할 때 납입된 주금(제1호), ii) 신주발행으로 조성한 자금(제2호), iii) 부동산투자회사 소유 부동산의 매각대금(제3호)은 최저자본금준비기간의 만료일, 신주발행일 또는 부동산 매각일부터 2년 이내에는 부동산으로 본다(법25②).

라. 그 밖에 가목부터 다목까지의 사업과 유사한 사업으로 대통령령으로 정하는 사업

15) "부동산개발사업을 목적으로 하는 법인 등 대통령령으로 정하는 자"란 다음의 자를 말한다(영17의2①).
1. 부동산개발사업을 영위하는 법인(부동산투자회사, 부동산집합투자기구 및 부동산신탁업만을 영위하는 신탁업자 포함)
2. 민간투자법 제2조 제7호에 따른 사업시행자
3. 유료도로법 제23조의2 제1항에 따른 민자도로사업자
4. 부동산개발을 위해 설립되고 법인세법 제51조의2 제1항 제9호의 요건에 해당하는 법인

16) "부동산에 대한 담보권 설정 등 대통령령으로 정한 방법"이란 다음의 요건을 모두 충족하는 방법을 한다(영17의2②).
1. 정관에서 자산의 투자·운용방법으로서 대출에 관한 사항을 정하고 있을 것
2. 부동산에 대하여 담보권을 설정하거나 시공사 등으로부터 지급보증을 받는 등 대출금을 회수하기 위한 적절한 수단을 확보할 것
3. 대출의 한도를 부동산투자회사의 자산총액에서 부채총액을 뺀 가액의 100%로 유지할 것
4. 그 밖에 대출의 방법 및 절차에 관한 사항으로서 투자자 보호를 위해 국토교통부장관이 정하여 고시하는 사항을 준수할 것

제
3
장

부동산투자신탁(부동산펀드)

제1절 서 설

Ⅰ. 부동산펀드의 도입 및 그 배경

1. 부동산투자회사법과 간접투자자산운용업법

부동산투자신탁상품은 신탁업법이 도입된 이후 1998년 은행에게 부동산 투자업무를 허용하면서 등장하였다. 2001년에 부동산투자회사법이 제정되면서 리츠라는 부동산 간접투자상품이 도입되었다. 그러나 리츠 설립 시 제약사항이 많고, 혜택 등이 없어서 큰 성과를 거두지 못하였다. 기업구조조정의 수단으로 기업구조조정(CR) 리츠[1]가 도입되면서 세제혜택과 특례조항으로 리츠의 활성화에 한걸음씩 나아갔다.

간접투자에 대한 개념이 정립되고, 금융 발전을 이루기 위해서는 간접투자시장에 대한 법규의 산재, 형평성 등의 문제, 제도의 정비가 필요하였다. 2003년 10월 간접투자상품에 대한 규정을 하나로 정비한 "간접투자자산운용업법"을 제정하여 2004년 1월부터 시행하였다. 이로 인해 그동안 유가증권에 한정되었던 펀드상품이 장외파생상품, 실물자산뿐 아니라 부동산으로 확대되면서 부동산펀드가 도입되었다. 간접투자자산운용업법은 부동산펀드에 대해 매입하여 임대·매각하는 임대형 부동산펀드를 부동산펀드의 근간으로 하였고, 이와 별도로 대출형 부동산펀드, 개발형 부동산펀드, 증권형 부동산펀드 등은 부동산펀드의 특례로 인정하였다.

2004년 이후 부동산경기 호황기를 맞아 부동산 집합투자시장은 급속히 성장하였고, 이는

1) CR리츠란 외환위기 이후 국내기업들이 구조조정을 목적으로 내놓은 자산을 소화하기 위해 도입된 제도이다.

시공사 중심의 부동산개발 방식에서 금융기법 중심의 부동산개발 시대로 전환을 가져오는 계기가 되었다. 집합투자시장으로 자금이 유입되면서 외국자본에 의해 국내의 부동산이 헐값에 매각되는 등의 국부유출을 방지할 수 있을 뿐 아니라 그동안 직접 부동산을 소유해서 개발하는 직접 투자방식에서 간접적으로 투자하는 인식의 변화를 가져오는 계기가 되었다.

이렇게 부동산펀드가 도입되었으나, 펀드의 운영을 위해 등기 등이 불가능한 점 등의 문제점들이 발견되었고, 펀드의 수익구조가 프로젝트금융(Project Financing)에 대한 대출 등에 한정되어 사용되었다. 이러한 문제를 해결하고자 2004년 12월 회사형 부동산펀드가 등장하였고, 그 투자대상도 다양해져 임대형, 프로젝트금융, 경매부동산, 해외부동산 등에 투자하는 상품이 다양해지고 활성화되었다.

한편 2009년 시행된 자본시장법에서는 부동산펀드를 펀드재산의 50%를 초과하여 부동산에 투자하는 펀드로 규정함으로써 간접투자자산운용업법에서의 특례에 해당되는 부동산펀드와 더불어 실질적으로 투자내용 및 경제적인 효과 측면에서 부동산펀드의 범주에 속하는 준부동산펀드까지도 부동산펀드에 해당한다고 보아 포괄적으로 규정하고 있다.[2)]

2. 자본시장법

우리나라에 최초로 투자펀드에 대해 규율한 증권투자신탁업법이 1969년 제정되었고, 1998년에는 증권투자회사법이 제정되었다. 2003년에는 두 법률을 통합하여 간접투자자산운용업법이 시행되었으며, 2007년 자본시장법이 제정되면서 2009년 2월 간접투자자산운용업법이 폐지되었다. 자본시장법은 금융투자업 상호 간의 겸업을 허용하고 금융상품에 대한 규제를 철폐하며 투자자 보호를 확대하는 것을 주요 내용으로 하고 있다.

자본시장법은 부동산집합투자기구를 집합투자재산의 50%를 초과하여 부동산 및 부동산에 관련성 있는 자산에 투자하는 집합투자기구로 정의하고 있다(법229(2)). 자본시장법은 부동산펀드를 정의할 때 펀드재산의 50%를 초과하여 실물로서의 부동산 자체에 투자하는 펀드를 부동산펀드의 가장 기본 형태로 인정하고 있다. 또한 펀드재산을 부동산에 투자하는 경우뿐 아니라 그 외 다양한 방법에 의한 부동산투자를 허용하고 있다.

기존 간접투자자산운용업법에서는 부동산펀드를 투자자로부터 자금을 모아서 투자대상자산에 운용하고 그 결과를 투자자에게 귀속시키는 것으로 정의하며, 간접투자기구(펀드)를 간접투자를 수행하는 기구로 정의하였다. 또한 간접투자자산운용업법에서 인정하는 종류는 투자신탁, 투자회사(상법), 사모투자전문회사(PEF)이고, 운용대상은 증권, 파생상품, 부동산, 실물자산,

---

2) 김종수(2012), "부동산간접투자방법의 현황분석 및 개선방향에 대한 연구", 건국대학교 부동산대학원 석사학위논문(2012. 12), 37-38쪽.

단기금융, 재간접, 특별자산이었다. 반면 자본시장법에서는 부동산펀드에 대해 2인 이상에게 투자권유를 하여 모은 금전 등을 투자자 등으로부터 일상적인 운용지시를 받지 아니하면서 재산적 가치가 있는 투자대상을 취득·처분, 그 밖의 방법으로 운용하고 그 결과를 투자자 등에게 배분하여 귀속시키는 것으로 정의한다. 자본시장법은 투자신탁, 투자회사 등으로 종류를 구분하고, 운용대상으로는 증권, 부동산, 특별자산, 혼합자산, 단기금융을 그 대상으로 확대하였다.

부동산펀드 운용에 있어서도 이 두 법 간에는 차이가 있었는데, 간접투자자산운용업법은 부동산펀드는 자산을 부동산에 투자하는 것으로 펀드자산을 실물자산(금, 곡물, 석유등 물품과 이를 가공한 물품등)에 투자하는 것으로 규정하고 있었으며, 펀드자산을 특별자산(자금청구권, 금융기관의 금전채권, 어음, 신탁수익권 등)에 투자할 수 있는 것으로 하였으나, 자본시장법에서는 펀드자산의 50% 이상을 부동산 및 관련 증권에 투자하는 것을 부동산펀드로 규정하며 펀드자산의 50% 이상을 특별자산에 투자해야 특별자산으로 구분하였다. 또한 투자된 특별자산이 파생상품의 기초자산이면 파생상품 펀드가 아니라 특별자산펀드에 포함시켰다. 또한 자본시장법은 부동산투자회사법에 근거를 두고 있는 부동산투자회사(리츠)에 대해서도 50인 이상의 투자자로부터 자금을 모집하여 공모방식으로 설립되는 공모부동산투자회사를 자본시장법의 적용을 받는 부동산 간접투자상품의 하나로 인정하고 있다.[3)]

Ⅱ. 부동산펀드의 개념과 구조

1. 부동산펀드의 개념

부동산펀드(Real Estate Fund)는 다수의 투자자로부터 자금을 모아서 부동산, 부동산과 관련한 대출, 유가증권 등에 투자하고 펀드를 운용한 성과에 따라 수익을 배분하는 투자신탁, 투자회사, 또는 간접투자상품을 의미한다. 광의로 해석했을 때 리츠도 부동산펀드에 속한다. 그러나 우리나라 금융시장에서는 리츠와 부동산펀드를 관련 법률에 따라 구분한다.[4)]

일반투자자가 부동산시장에서 실물자산에 투자하기 위해서는 많은 자금이 필요하다. 그러나 부동산펀드를 활용하는 경우 소규모 자금으로 (간접적으로) 부동산, 부동산과 관련된 대출, 유가증권 등에 투자가 가능하다. 이를 통해 일반투자자들의 부동산시장에 대한 접근성을 (간접적으로) 확대할 수 있는 계기를 마련할 수 있었다. 자본시장법에 따라 우리나라 펀드는 투자대상에 따라 부동산, 증권, 특별자산, 혼합자산, 단기금융펀드(MMF)로 구분되며, 부동산펀드는 펀

3) 김종수(2012), 38-39쪽.
4) 유승동·이태리·김계홍(2017), "부동산펀드의 효율성 점검: 국내투자 공모펀드를 중심으로", 주택연구 제25권 제3호(2017. 8), 48쪽.

드재산의 50%를 초과하여 부동산에 투자하는 펀드를 말한다.

2. 부동산펀드의 일반적인 구조

부동산펀드의 일반적인 설정 및 운용구조는 자산운용회사가 부동산펀드(부동산투자신탁형)를 설정하고, 판매회사를 통하여 투자자(기관 및 개인투자자)들에게 부동산펀드의 수익증권을 판매한다. 모집된 투자자금은 수탁회사에 보관되며, 수탁회사는 설정목적(대출형, 임대형 등)에 따른 자산운용사의 펀드 자금 운용지시에 따라 부동산 프로젝트, PF개발사업, 부동산 매입 및 매각, 경매 및 공매, 해외부동산 투자 등을 하게 된다. 이때 수탁회사는 펀드재산의 관리 및 보관, 자산운용사 운용지시에 대한 감시와 법령, 정관, 신탁계약(신탁규약)에 위반되는 운용지시의 철회, 변경 또는 시정을 요구할 수 있는데, 이는 펀드의 건전성 확보를 위하여 자산운용사의 자산운용행위를 감시하는 기능이 있기 때문이며, 특별한 사유가 없는 이상 자산운용회사의 지시를 이행하여야 한다.[5]

Ⅲ. 부동산펀드의 특성 및 투자위험

1. 부동산펀드의 특성

부동산펀드는 일반적으로 직접 부동산에 투자하는 것에 비하여 부동산 사업 전문가에 의한 철저한 분석과정을 통해 투자 및 자산운용이 수행되므로 직접투자에 비하여 안정적이며, 세제 감면 효과 등의 혜택이 있고, 소액투자에 따른 규모가 큰 부동산에 대한 투자도 가능하다. 여기에 부동산 유형별 분산투자 효과 및 담보력이 보장되어 원금손실가능성이 다른 투자상품에 비하여 낮다[6]는 장점이 있다. 단점으로는 중도환매가 불가능함에 따라 투자기간 동안의 환금성에 제약이 있고, 대부분 상대적으로 구조적 리스크가 많은 대출형 상품에 대한 투자비율이 높고, 이에 따라 투자기간도 2-3년 사이의 상품이 주류이며, 부동산경기 등의 단기 경제적 쇼크에 취약하며, 원금보장 기능이 없는 등의 문제점이 있다.[7]

2. 부동산펀드의 투자위험

현실적으로 임대형 펀드는 비교적 위험에 회피 수단이 안정적인 데 반하여, 대출형의 경우 개발사업 참여자가 다수이고, 리스크 회피수단 자체적으로 리스크를 내포하고 있어 위험회

---

5) 박승룡(2011), 11-12쪽.
6) 원금이 100% 보장된다는 의미는 아니며 제공된 담보를 통하여 원금손실을 최소화 할 수 있다는 의미이다.
7) 박승룡(2011), 18-19쪽.

피 방안의 효과가 제한적인 경우[8)]가 있다.

제2절 부동산펀드의 유형

Ⅰ. 부동산펀드의 종류

자본시장법상 부동산펀드는 투자자산의 유형 및 운용방법, 투자행위 등에 따라 구분한다.[9)]

1. 실물형 부동산펀드

실물형 부동산펀드는 실물상태의 부동산자산에 투자하는 형태의 부동산펀드를 말하는데, 펀드재산의 50%를 초과하여 투자해야 한다. 실물형 부동산펀드에는 매매형 부동산펀드, 임대형 부동산펀드, 개량형 부동산펀드, 경·공매형 부동산펀드, 개발형(직접개발형) 부동산펀드 등이 있다.

(1) 매매형 부동산펀드

매매형 부동산펀드는 펀드재산의 50%를 초과하여 부동산을 취득한 후 일정기간 보유하다가 취득시점 대비 해당 부동산의 가격이 상승한 시점에서 투자대상 부동산을 매각함으로써 매각차익을 획득하는 것을 목적으로 하는데, 취득 부동산은 대부분 완성된 부동산이다.

(2) 임대형 부동산펀드

임대형 부동산펀드는 투자자로부터 조달된 투자금으로 상업용 또는 임대형 등의 수익 부동산 등을 매입하여 운용한 후 일정시점에 매각하는 형태의 부동산펀드로서 안정적인 임대소득(운용수입)과 부동산 가격상승에 따른 매각차익(자본이득)을 얻는 것을 목적으로 하는 매입·임대 방식의 부동산펀드를 말한다.

(3) 개량형 부동산펀드

개량형 부동산펀드는 펀드재산의 50%를 초과하여 실물 부동산을 취득한 후 해당 부동산을 적극적으로 수선 또는 리모델링 등의 개량을 통하여 부동산 가치를 증대시킨 후, 해당 부동산을 매각하거나 또는 임대 후 매각하는 부동산펀드를 말한다.

---

8) 시공사 부도 시 신용보강 수단 자체가 무의미해지는 경우가 있다.
9) 박승룡(2011), 12-16쪽.

(4) 경 · 공매형 부동산펀드

경·공매형 부동산펀드는 경·공매에 참가하여 부동산을 취득한 후 매각 또는 임대운용 후 매각하여 수익을 취하는 부동산펀드이다.

(5) 개발형 부동산펀드

개발형 부동산펀드는 개발사업의 시행주체인 시행사 또는 SPC에 지분 투자를 통해 개발사업의 이익을 취하는 구조이며, SPC의 경우 명목회사로서 AMC(자산관리회사)를 통해 사업관리 및 수탁은행(자금관리회사)에 의한 자금관리업무를 수행한다. 개발사업은 기간이 오래 소요되기 때문에 펀드설정 시점에 사업성 분석이 중요하다.

2. 대출형 부동산펀드

대출형 부동산펀드는 펀드재산의 50%를 초과하여 "부동산개발회사 또는 개발과 관련된 법인(주로 부동산개발 시행사)에 대한 대출"을 실행한 후 대출에 대한 이자금으로 수익을 확보하는 부동산펀드를 말한다. 대표적인 대출형 부동산펀드는 프로젝트금융 펀드, 즉 PF 대출형을 들 수 있다. PF 대출형은 오피스텔, 상가, 아파트 등을 건설하는 데 있어 시행사의 토지매입대금 또는 초기에 필요한 사업자금, 시공과 관련된 시공자금을 대출하여 주고, 미리 약정한 이자를 받아 투자자들에게 배당하는 방식이다. 즉 사업성을 담보로 하여 사업자에게 돈을 빌려주고 이자와 수익을 받아 투자자들에게 돌려주는 상품으로 수익이 클 수 있지만 그만큼 위험요소를 많이 내포하고 있다. 주로 사업부지를 확보하지 못할 경우의 위험, 인허가를 받지 못한 경우의 위험, 준공할 때 미준공 사태가 발생할 위험, 분양률 저조에 따라 이자 손실로 인해 이자확보의 위험, 미분양시 원금손실 위험 등과 같은 여러 가지 위험들이 있다.

3. 권리형 부동산펀드

권리형 부동산펀드는 펀드재산의 50%를 초과하여 부동산과 관련된 권리인 전세권, 지역권, 임차권, 분양권, 지상권 및 부동산 관련 신탁수익권, 부동산담보부 금전채권 등 부동산 관련 권리에 투자하는 펀드인데, 이중 부동산담보부 금전채권은 자본시장법상 금융기관이 보유한 부동산담보부 금전채권도 부동산으로 간주되므로 이에 투자하는 펀드 또한 부동산펀드가 된다.

4. 증권형 부동산펀드

증권형 부동산펀드는 펀드재산의 50%를 초과하여 부동산과 관련된 증권에 투자하는 부동산펀드를 말하는데, 주로 부동산 또는 부동산 권리와 관련된 집합투자증권에 투자하는 펀드,

부동산 시행회사에 대한 대출채권 및 미분양 아파트와 관련한 신탁수익권, 리츠의 발행주식에 대하여 투자하는 펀드, 특정 부동산개발을 위하여 존속기간이 설정된 개발회사가 발행한 증권에 투자하는 펀드, 부동산과 관련된 증권에 투자하는 펀드 등이 있다.

5. 파생상품형 부동산펀드

파생상품형 부동산펀드는 펀드재산의 50%를 초과하여 부동산을 기초자산으로 하는 파생상품에 투자하는 부동산펀드를 말한다.

6. 준부동산펀드

펀드의 실질적인 투자내용 및 경제적 효과 면에서 일종의 부동산펀드로 간주될 수 있는 펀드를 의미하는데, 부동산 특별자산펀드 등이 이에 속한다

Ⅱ. 부동산펀드의 기타 유형

1. 국가 기준에 따른 분류

펀드의 설정이 국내에서 국내의 법규에 따라 이루어지고 국내 금융감독기관의 감독을 받는 부동산펀드를 두고 국내펀드라고 하고, 다른 나라에서 이루어진 경우를 해외펀드라고 한다.[10)]

2. 법적 형태에 따른 분류

펀드의 법적 형태에 따라 신탁형 부동산펀드, 회사형 부동산펀드, 조합형 부동산펀드 등으로 나뉘는데 신탁형 부동산펀드는 일반적인 부동산투자신탁형태의 부동산펀드를 의미하고, 회사형 부동산펀드는 부동산투자회사인 리츠와 그 궤를 같이하는 형태로 상법상 회사형태로 설정된 펀드이며, 조합형부동산펀드는 용어의 의미와 같이 상법상 조합 형태로 설정된 부동산펀드를 말한다. 이중 회사형 부동산펀드는 리츠와 형태는 대동소이하나 단지 규율하는 법률과 설정요건, 운영방식 등만 다소 차이를 보이는 가운데 각각 운영되고 있어 두 펀드의 합리적인 법률적 통합이 추진되어야 한다는 논의가 있다.

3. 펀드의 자금 모집방식에 따른 분류

부동산펀드는 자금 모집방식에 따라 공모형 펀드와 사모형 펀드 등으로 나누는데 자본시장법상 공모형 펀드는 투자자 50명 이상의 불특정 다수의 투자자로 구성되며, 사모형은 투자자

10) 박승룡(2011), 16-17쪽.

2명 이상 50명 미만의 펀드 투자자로 구성된다. 이 때 즉 사모형 펀드의 경우 반드시 펀드명에 "사모"라는 문구를 삽입해야 한다. 사모형에 비하여 공모형은 모집에 따른 감독규제가 엄격하고, 펀드운용 중 반드시 정해진 기간에 따라 펀드 운용보고서를 공시해야 하는 공시의무가 있다. 이에 비하여 사모는 공시의무가 없는데, 이 부분에 대하여 사모펀드도 운용사항을 투자자가 즉시 확인할 수 있도록 공시의무를 부여하여야 한다는 목소리가 높다.

4. 투자지역에 따른 분류

펀드는 투자지역에 따라 국내투자형 부동산펀드, 해외투자형 부동산펀드[11]로 나누어 볼 수 있다.

---

11) 해외 부동산 리츠 주식이나 부동산펀드에 재투자하는 형식으로, 주로 이들 해외 리츠펀드들은 일종의 페이퍼컴퍼니인 리츠 주식에 투자한다. 펀드가 리츠의 주식에 투자함으로써 결국 부동산에 간접투자하는 형태가 되는 것이다.

제4장

부동산신탁(토지신탁)

제1절 서 설

Ⅰ. 부동산신탁의 도입배경

1980년대 후반 각종 부동산개발사업으로 인해 부동산가격 급상승과 투기수요를 초래하였으며, 이를 불식시키기 위해 1989년 토지의 직접소유를 제한하고 지가상승에 대한 이익을 환수하는 토지초과이득세법, 택지소유상한제, 개발이익환수제 등 토지공개념 확대도입을 검토하였다. 이와 함께 1990년 4월 13일 부동산 투기억제대책의 일환으로 유휴토지를 신탁회사에 위탁하여 토지의 효율적 이용방안을 도모하는 부동산신탁제도가 도입되었으며, 1991년 2월 부동산신탁제도 도입이 확정되었다.[1)]

도입 초기인 1991년에는 한국감정원의 한국부동산신탁과 성업공사(현 한국자산관리공사)의 대한부동산신탁이 설립인가되어 관리신탁 및 부수업무 중심으로 운영되다가 1992년 11월 토지신탁이 허용되었고 1993년 2월 부동산 담보신탁이 허용되었다. 그러나 1997년 외환위기 시절 부동산 경기침체로 인한 분양부진 및 신탁수익을 선지급하는 방식으로 토지비를 신탁회사 명의로 차입하여 무리하게 지원한 점이 주요 원인이 되어 대한부동산신탁과 한국부동산신탁의 부도를 초래하였고, 부실자산을 청산하기 위해 민간업계 신탁업 인가 및 신탁회사의 사업비 조달의무가 없는 관리형 토지신탁을 중심으로 신탁업계가 재편되었다.

1) 진웅기(2018), "차입형 토지신탁 이용자의 만족도가 재신탁의향 및 추천의도에 미치는 영향에 관한 연구", 전주대학교 대학원 박사학위논문(2018. 8), 8-9쪽.

한편 1997년 외환위기 이후 2013년부터 국내 부동산시장의 호조 및 정부의 경기부양책, 신탁회사의 역할 증대 등으로 차입형 토지신탁이 다시 급증하여 현재에 이르고 있으며, 부동산개발에 대한 신탁회사의 노하우 등으로 인해 차입형 토지신탁에 대한 수요가 증가하고 있고, 부동산개발사업의 구조적 안정성을 보완한 기존의 관리형 토지신탁은 신탁회사의 수익성 향상 및 성장을 위해 최근 그 비중이 급증하고 있는 추세이며, 신탁회사의 주 수익원으로 부상하였다.

Ⅱ. 부동산신탁의 의의와 기능

1. 부동산신탁의 의의

부동산신탁은 부동산을 신탁의 목적물로 하는 신탁이다. 즉 신탁을 설정하는 자(위탁자)와 신탁을 인수하는 자(수탁자) 간의 신탁계약을 통해 수탁자에게 부동산을 이전 또는 담보권의 설정 및 그 밖의 처분을 하고, 수탁자로 하여금 일정한 자(수익자)의 이익 또는 특정의 목적을 위하여 그 재산의 관리, 운용, 처분, 개발, 그 밖에 신탁 목적의 달성을 위하여 필요한 행위를 하게 하는 법률관계를 말한다(신탁법2). 위탁자는 신탁을 설정함으로 인해 수탁자에게 재산을 이전하고, 수탁자는 사전에 계약서에서 약정한 목적에 따라 해당 재산을 관리, 운용, 처분, 개발 등의 행위를 하게 된다. 이러한 신탁행위로 발생한 이익은 수익자에게 귀속된다. 위탁자와 수익자는 별개의 지위이다. 하지만 반드시 다른 자임을 요하지는 않으며, 당사자 간의 약정에 따라 위탁자 스스로 또는 제3자로 하여금 수익자의 지위를 갖게 할 수도 있다.[2)]

부동산신탁회사는 자본시장법 제12조(금융투자업자의 인가) 및 자본시장법 시행령 제16조(인가요건 등)에 따라 일정한 요건을 갖추고 금융위원회로부터 인가를 받은 후 금융투자업(신탁업)을 영위하는 금융기관이다. 이에 따라 부동산신탁업자의 영업행위와 관련해서는 자본시장법이 특별법으로 우선 적용되며 자본시장법에 특별한 규정이 없는 경우에는 신탁법의 적용을 받는다. 이외에도 부동산신탁회사의 감독과 관련하여 "금융투자업규정" 및 "금융투자업규정시행세칙"이 적용되고 있다.

2. 부동산신탁의 기능

신탁은 위탁자와 수탁자 간의 계약이지만, 위탁자의 유언 또는 신탁의 목적, 신탁재산, 수익자 등을 특정하고 자신을 수탁자로 정한 위탁자의 선언 등으로 이루어진다(신탁법3①(1)(2)(3)).

2) 고은수(2020), "부동산신탁 과세제도의 문제점 및 개선방안", 고려대학교 법무대학원 석사학위논문(2020, 2), 4쪽.

등기 또는 등록을 함으로써 그 재산이 신탁재산에 속한 것임을 제3자에게 대항할 수 있다(신탁법4①). 이와 같은 신탁재산은 위탁자의 채권자들의 강제집행 등이 제한되고(신탁법22①), 상계나 혼동에 의하여 소멸되는 데에도 제한이 있다(신탁법25, 26). 이처럼 신탁법상 신탁은 위탁자, 수탁자 및 수익자가 중심이 되어 이루어지는데, 신탁재산은 대내외적으로 수탁자에게 귀속되고 있으나 최종적으로 신탁계약이 종료되면 그 신탁재산은 위탁자의 소유로 복귀하게 된다.

신탁은 신탁재산의 관리·운용에 관한 다양한 상품조성 구조와 각종 금융상품을 설계하기 위한 "틀"의 제공을 가능하게 한다. 이러한 신탁의 상거래 활성화 기능은 신탁이 가진 도산절연(Insolvency Protection), 도관과세(Conduit Taxation), 신인체계(Fiduciary Regime), 구조의 유연성(Flexibility in Design)의 4가지 요소를 기초로 한다.[3] 이러한 신탁의 기능을 전환기능과 도산절연기능으로 구분하여 설명하기도 한다. 먼저, 전환기능은 신탁이 형식적인 재산권의 귀속자 내지 관리자와 실질적인 이익의 수익자를 분리하고, 수익자를 위한 재산에 대한 안전지대(safe harbor)를 확보하는 특성에 착안한다. 따라서 재산권의 실질은 유지되면서도 구체적이고 개별적인 목적에 맞게 재산권을 다른 형태로 전환시킨다. 이러한 전환기능에는 i) 권리자 전환기능,[4] ii) 재산권 전환기능,[5] iii) 시간 전환기능[6]이 있다. 다음으로, 도산절연기능은 신탁재산의 독립성에 기하여 위탁자와 수탁자의 고유재산이 분리되어 재산보전의 효과를 발생시키는 것을 일컫는다. 따라서 수탁자 및 신탁자에게 권리가 있는 채권자는 신탁재산에 대하여 강제집행이 불가능할뿐더러 파산 시에도 신탁재산은 파산재산에 포함되지 않는다. 이렇듯 신탁의 도

---

3) 정순섭(2006), "신탁의 기본구조에 관한 연구", 서울대학교 금융법센터 BFL 제17호(2006. 5), 10쪽.

4) 권리자가 재산을 적절히 관리할 수 없을 때 또는 보다 전문적인 관리를 원할 때 이를 친구나 친족 또는 신용 있는 전문회사 등에 신탁하여 관리하도록 함으로써 권리자의 재산관리능력이나 경제적 신용, 법인격을 수탁자의 권리로 전환하는 것을 말한다. 미국에서는 특히 학술, 종교, 자선, 기예, 사교 등의 목적으로 비영리재단법인을 설립할 수 있지만, 동일한 목적을 위해 신뢰할 수 있는 개인이나 단체 등을 수탁자로 하여 목적신탁 또는 공익신탁(charitable trust)을 설정할 수도 있다(26 U.S. Code §4947). 신탁의 구조상 신탁재산 자체는 수탁자에게 귀속되고 수탁자가 재산에 대한 권능을 행사하지만, 그 재산으로부터의 이익은 수익자에게 돌아간다. 동일한 재산에 대하여 귀속과 수익이 분리되고, 재산으로부터의 이익을 수여하는 방법도 다양하게 설계할 수 있다는 장점이 있다.

5) 신탁은 재산권의 성질을 전환하는 기능도 가진다. 어떠한 재산권도 신탁을 거치면 신탁수익권이라고 하는 특수한 권리로 전환되고, 수익권의 증권화를 통하여 본래의 재산권의 유동성도 증대시킬 수 있다. 이와 같이 수익권화된 재산권은 그 수익권의 양도방법에 따라 이전된다. 증권화되지 않은 수익권은 민법상의 지명채권양도 방식에 의하여, 증권화된 수익권은 유가증권의 법리에 의하여 처리된다.

6) 개정된 신탁법상 유언대용신탁의 경우처럼 재산권으로부터 일정한 이익을 현재 누릴 수 있지만 신탁을 통해서 그 시점을 장래의 어느 시점으로 연기할 수 있는 기능을 말한다. 배우자나 자녀의 생활보장을 위해 위탁자가 생존 중에는 자신을 수익자로 하고 사망 후에는 그들을 수익자로 지정하거나 유언신탁을 통해 후손들의 교육과 생활 등을 장기간에 걸쳐 지원할 수 있다. 또한 신탁수익을 바로 배분하기보다는 수탁자로 하여금 전부 또는 일부를 적립하였다가 이를 원본에 합산하거나 새로운 재산에 투자하도록 함으로써 신탁수익의 향수기간을 장래로 미룰 수도 있다. 이와 같이 신탁을 통하여 재산적 이익을 향수하는 시점을 위탁자의 의사에 상응하여 다각적으로 설계함으로써 재산권을 향수하는 시간을 조정할 수 있다.

산절연기능은 재산보전이라고 하는 점에서 다양하게 활용된다.[7)]

법률적으로도 투자자를 보호하기 위해 투자매매업자 또는 투자중개업자로 하여금 투자자로부터 금융투자상품의 매매 등과 관련하여 예탁받은 금전인 투자자예탁금(투자자로부터 금융투자상품의 매매, 그 밖의 거래와 관련하여 예탁받은 금전)을 고유재산인 원금과 구분하여 증권금융회사에 예치 또는 신탁하게 한다(자본시장법74①). 그리고 기업연금신탁이나 장애인신탁의 경우에도 신탁을 통한 재산의 보전이 기초가 되며, 자산유동화에 있어서도 도산절연기능은 중요한 전제가 된다(자산유동화법2(1)).

Ⅲ. 국내 부동산신탁산업의 특징

부동산신탁산업은 부동산경기와 밀접한 관련이 있으며, 특히 차입형 토지신탁의 경우 고위험-고수익(High Risk, High Return) 구조의 사업모델로 사업 특성상 신탁계정대여금 발생에 따른 대손위험과 유동성위험이 상존하고 있다. 부동산신탁산업의 주요 특징은 아래와 같다.[8)]

1. 신탁업 인가

부동산신탁회사는 금융위원회로부터 설립인가를 받아야 하며 자본시장법상 신탁업자에 해당된다. 부동산신탁회사는 부동산, 동산, 전세권, 지상권 등 부동산 관련 권리에 대한 신탁업무 및 부대업무만을 영위하는 조건으로 인가를 받은 신탁업자를 의미한다. 최저자기자본은 투자자의 유형이 일반투자자를 포함할 경우 100억원이며 전문투자자만을 포함할 경우 50억원 수준으로 최저자본금 규모는 타업권 대비 낮은 편이다(자본시장법 시행령15①[별표1] 인가업무 단위).

부동산신탁회사는 자기재산과 신탁재산 간 이해관계 충돌을 방지하여 수익자의 이익을 보호하기 위해 고유재산을 관리하는 고유계정과 위탁자로부터 수탁받은 재산을 관리하는 신탁계정을 구분해 운용해야 한다. 신탁계정의 경우에는 신탁사업 단위별로 구분하여 관리해야 하며 회계처리 또한 사업별로 구분하여 처리해야 한다.

2. 신용위험 집중도

다른 금융권의 경우 다양한 업종에 익스포져(Exposure)[9)]가 분산되어 있지만, 부동산신탁

7) 고은수(2020), 5-7쪽.

8) 조장원(2018), "부동산신탁회사의 리스크관리 개선방안에 관한 연구: 핵심리스크 관리지표를 중심으로", 건국대학교 부동산대학원 석사학위논문(2018. 5), 32-35쪽.

9) 익스포져(Exposure)는 리스크에 노출되어 있는 금액을 의미하는 것으로 노출된 리스크의 유형에 따라 시장리스크 익스포져, 신용리스크 익스포져 등으로 구분된다. 시장리스크 익스포져는 금리, 환율, 주가 등의

업은 신탁계정대여금, 출자유가증권, 매출채권 및 우발채무 등 직·간접 익스포져 대부분이 부동산과 관련되어 있어 부동산에 대한 신용위험 집중도가 매우 높은 특성을 가진다. 부동산경기는 부동산신탁회사의 신규수주와 부실사업장 발생에 영향을 미치게 되며, 부동산경기가 침체될 경우 신탁계정대여금 대손위험과 유동성위험이 발생할 가능성이 높아지게 된다. 부동산경기가 호황일 경우에는 대손위험과 유동성위험은 낮아지나 부동산신탁에 대한 수요가 감소할 수 있고 신탁계정대여금 회수가 빨라져 수익성에 부정적인 영향을 미칠 수 있다.

3. 차입형, 혼합형, 비차입형의 구분

국내 부동산신탁회사는 업무영역에 따라 차입형 그룹, 혼합형 그룹, 비차입형 그룹으로 구분된다. 경쟁 강도는 그룹별로 큰 차이를 보이고 있는 상태로 차입형 및 혼합형 그룹은 경쟁 강도가 상대적으로 낮은 편이나, 비차입형 그룹은 서비스 차별화가 어렵고 겸영신탁회사도 비차입형 그룹이 영위하는 업무를 수행할 수 있어 경쟁 강도가 매우 높은 편이다. 차입형 토지신탁은 자금조달능력과 리스크관리능력 등 전반적인 사업관리능력을 갖춘 대형 부동산신탁회사 위주로 시장이 형성되어 있어 경쟁 강도가 상대적으로 낮은 상태이며 2017년 말 기준 상위 4개사가 차입형 토지신탁 시장의 90% 이상을 점유하고 있다. 최근 새로운 사업모델로 수주 규모가 급증하고 있는 책임준공확약형 토지신탁(금융투자업규정 제3-22조 제12호의 책임준공확약형 관리형토지신탁을 말한다)은 금융지주회사의 우수한 신용도를 바탕으로 금융지주계열 2개 회사에서 수주를 거의 독점하고 있는 상태이다.

4. 차입형 토지신탁과 사업위험

부동산신탁산업은 차입형 토지신탁 업무를 영위하는 업체와 그렇지 않은 업체 간의 사업리스크 수준이 큰 차이를 보이는 특징을 가지고 있다. 차입형 그룹 부동산신탁회사는 자산구성이나 수익구성 측면에서 비차입형 그룹 회사와 많은 차이를 나타낸다. 차입형 토지신탁 비중이 높은 회사는 개발사업진행 시 신탁계정대여금이 발생하며 신탁계정대여금 조달을 위해 외부차입금이 발생하게 되어 비차입형 그룹 회사에 비해 자산규모 및 부채규모가 상대적으로 크며, 수익구성 측면에서도 높은 신탁수수료 수익과 신탁계정대여금 이자수취가 가능하여 상대적으

변동에 따라 가치가 변화하는 자산의 총계를, 신용리스크 익스포져는 거래상대방의 신용도하락, 채무불이행 등에 따른 경제적 손실위험에 노출된 금액을 의미한다. 익스포져는 장부가액보다 포괄적인 개념으로 사용된다. 즉 난내자산(on-balance-sheet items)은 대차대조표 금액 합계가 통상 익스포져액과 동일하나, 난외항목(off-balance-sheet items)의 경우에는 난외항목(지급보증 등)이 대차대조표상의 자산으로 현실화될 가능성 등을 나타내는 신용환산율(credit conversion factor)을 계약금액에 곱한 금액이 익스포져 금액에 포함된다.

로 수익성이 양호한 편이다. 하지만 미분양 발생 및 시공사 부도 등으로 신탁계정대여금을 회수하지 못하는 상황이 발생할 경우에는 대손발생과 이에 따른 유동성위험에 처할 가능성이 많아 사업리스크 또한 매우 높은 특징을 가지고 있다.

5. 자산건전성 분류기준의 특징

부동산신탁회사의 자산건전성 분류기준은 타 금융권과 차이가 많다. 타 금융회사는 자산건전성 분류 시 채무자의 상환능력 및 재무상태를 고려하는 것이 일반적이지만 부동산신탁회사는 자산의 대부분을 차지하고 있는 신탁계정대여금에 대한 자산건전성 분류 시 최초의 분양계획과 공정계획을 기준으로 목표에 미달할 경우 해당 자산을 요주의 이하 자산으로 분류한다. 따라서 최초에 목표 분양률과 공정률을 높게 설정한 경우에는 해당 신탁계정대여금이 요주의 자산으로 분류될 가능성이 높아지게 된다. 부동산신탁회사의 요주의 자산규모를 타 금융기관의 요주의 자산과 단순 비교하는 것은 의미가 없으나, 부실징후를 사전에 반영하고 있다는 점에서 요주의 자산규모는 재무건전성을 판단하는 중요지표로 활용된다.

6. 차입형 토지신탁과 유동성 관리

차입형 토지신탁 사업에서는 부동산신탁회사가 사업비 조달의무를 부담하므로 사업장의 분양부진, 자금조달 및 운용의 만기 불일치시 신탁계정대여금을 통해 사업비를 투입해야 한다. 다수의 사업장에 대규모 신탁계정대여금을 투입해야 하는 경우 부동산신탁회사의 유동성위험이 증가하게 되며, 이에 따른 차입금 이자비용 증가로 인해 수익성 또한 저하하게 된다. 따라서 분양대금 유입 및 사업비 지출에 대한 현금흐름 관리가 매우 중요하며 유동성위험에 대비하기 위해 현금성 자산과 차입금 약정한도를 적정 수준으로 보유하고 있어야 한다.

7. 소송 등 우발채무 리스크

개발사업 진행과정에서는 다수의 이해관계자가 개입되므로, 부동산신탁회사는 업무수행 시 많은 소송위험에 노출되게 된다. 소송의 상당 부분은 신탁계정에 일차적인 책임이 있어 고유계정에 미치는 영향은 적으나, 소송에서 패소하여 신탁계정으로 충당이 불가능한 경우에는 고유계정에서 손실이 발생하게 된다. 따라서 패소 가능성이 많거나 소가(訴價)가 큰 소송에 대해서는 소송진행 상황을 지속적으로 점검할 필요가 있고 사전에 적정 대손충당금 적립 및 신탁재산 관리를 통해 비경상적인 손실 발생 가능성에 대비해야 한다.

Ⅳ. 부동산신탁의 유형

1. 개요

일반적으로 신탁재산의 운영이 영리를 목적으로 하는지에 따라 영리신탁과 비영리신탁으로 분류[10]하는데, 부동산신탁은 신탁을 업으로 하는 수탁자가 영리로 하는지 비영리로 하는지에 따라서 "영리 부동산신탁"과 "비영리 부동산신탁"으로 나뉜다. 일반적으로 재건축조합에서 재건축사업 등의 정비사업 시행을 위해 조합원들로부터 부동산을 수탁하는 경우에 해당하는 것이 비영리 부동산신탁의 대표적인 사례이다. 다만 그 외의 일반 사인들의 신탁계약에서는 거의 사용되지 않는다. 반면 영리 부동산신탁은 1990. 4. 13. 부동산 투기억제대책의 일환으로 부동산신탁제도가 도입된 이후, 1991년에 성업공사의 대한부동산신탁 및 한국감정원의 한국부동산신탁이 설립되었다.[11]

영리 부동산신탁의 유형은 관리신탁, 처분신탁, 담보신탁, 토지신탁 등으로 나누어 볼 수 있다. 실무적으로 영리 부동산신탁은 전형적인 토지신탁, 관리신탁, 처분신탁, 담보신탁의 신탁계약서에 특약사항으로 여러 조항을 추가하여 사용되며, 이해관계자의 합리적인 요청에 의해 혼합적으로 이루어지는 경우가 빈번하다. 구체적인 사안에서 해당 부동산신탁의 유형을 판단할 때 그 신탁계약서 제목으로 판단할 것이 아니라 신탁계약서의 전체 조항을 종합적으로 검토 후 그 신탁의 계약이 어떠한 유형에 해당하는 부동산신탁인지를 판단해야 한다. 부동산 관리신탁계약서에 특약사항으로 수탁자가 제3자에게 신탁부동산을 직접 처분할 수 있다는 취지의 조항을 추가하는 경우 부동산 관리신탁 외에 부동산 처분신탁의 성질도 함께 가지게 되므로 위 신탁의 사해행위 해당 여부를 판단[12]해야 할 필요도 있다

2. 관리신탁

(1) 의의

부동산 관리신탁은 고도로 발달된 현대사회에서 다양하고 복잡한 권리를 보호하고 재산을 합리적으로 운용하기 위하여 전문적인 능력을 가진 부동산 관리자를 세워 부동산소유자 대신에 해당 부동산의 임대차, 시설유지, 세무 등의 관리를 일체적이고 종합적으로 하는 방법이다.

---

10) 영리신탁에서 신탁회사와 같이 상행위로서 신탁의 인수를 영업으로 하면 상사신탁이라고 하며 일반적으로 신탁회사의 형태를 가진다. 이와 반대로 가족신탁, 성년후견신탁, 소비자보호신탁 등과 같은 민사신탁의 예를 들 수 있다. 일반적으로 수탁자가 보수를 받지 않는 비영리신탁인 경우가 많다. 수탁자의 자격은 일반적으로 법률로 그 결격사유와 더불어 그 목적에 맞는 능력을 정하고 있다.

11) 고은수(2020), 7-8쪽.

12) 진상훈(2008), "부동산신탁의 유형별 사해행위 판단방법", 민사집행법연구 제4권(2018. 2), 316쪽.

관리신탁은 수익자에게 신탁의 수익을 배분하는 "갑종관리신탁"과 신탁부동산의 소유명의만을 관리하여 주는 "을종관리신탁"으로 나뉜다. 실무상으로는 갑종관리신탁이 이용되는 사례는 많지 않고 을종관리신탁만이 행해진다. 전업 부동산신탁회사, 은행, 증권회사 및 보험회사 모두 관리신탁 행위를 업으로 영위할 수 있지만, 증권회사와 보험회사는 분양관리신탁을 업으로 영위할 수는 없다(자본시장법 시행령15① [별표 1] 인가업무 단위).[13)]

(2) 종류

(가) 갑종관리신탁

갑종관리신탁은 위탁자[14)]가 신탁부동산의 소유권을 수탁자[15)]에게 이전하고, 수탁자가 신탁부동산의 소유권 보존은 물론, 개량 및 임대 등 신탁부동산을 종합적으로 관리·운용하고, 그 수익을 수익자[16)]에게 교부하는 신탁을 말한다. 즉 갑종관리신탁의 경우에는 부동산의 전반적인 관리 자체를 목적으로 하는 신탁을 말하며, 수탁자는 임대차관리, 시설의 유지관리 등의 업무를 수행한다. 갑종관리신탁은 보통 부동산소유자가 장시간 해외에 나가게 되어 부동산관리가 어려운 경우 또는 부동산을 소유하고 있으나 임대차 유지, 시설의 유지관리, 세무관리, 수익금 관리업무 등 복잡하고 어려운 빌딩 관리업무에 대한 전문지식 결여로 관리업무 실행이 어려울 때 이용된다.

(나) 을종관리신탁

을종관리신탁은 위탁자가 신탁부동산의 소유권을 수탁자에게 이전하고, 수탁자가 신탁부동산의 소유권만을 관리·보존하는 것을 목적하는 신탁을 말한다. 즉 을종관리신탁은 신탁을 통하여 등기부상 소유권만을 보전하기 위하여 신탁하는 경우이다. 현재 실무상 취급하고 있는 관리신탁 대부분이 여기 해당한다. 부동산소유자가 자신의 부동산에 발생할 수 있는 예기치 못한 위험으로부터 소유권을 안전하게 보존할 필요가 있는 경우에 이용된다.[17)]

3. 처분신탁

(1) 의의

부동산 처분신탁은 위탁자가 신탁부동산의 소유권을 수탁자에게 이전하고, 수탁자는 신탁부동산의 등기명의를 보존하고 이를 처분하여 그 처분대금을 신탁계약에 정해진 바에 따라 수

---

13) 고은수(2020), 8-9쪽.
14) "위탁자"란 신탁부동산을 수탁자에게 위탁하는 자를 말한다.
15) "수탁자"란 신탁계약에 따라 신탁부동산을 신탁재산으로 인수하는 자를 말한다.
16) "수익자"란 신탁계약에 따라 신탁재산으로부터 금전의 지급을 받거나 그 밖의 이 신탁계약상의 권리를 갖고 의무를 부담하는 자를 말한다.
17) 조장원(2018), 41쪽.

익자에게 지급하는 것을 목적으로 하는 신탁을 말한다. 즉 신탁받은 부동산의 규모가 크거나 고가라서 매수인의 수가 제한되어 있거나, 권리관계가 복잡하게 얽혀 있어서 처분절차나 방법이 어려운 경우, 잔금 청산까지 오랜 기간이 소요되어 소유권의 유지와 관리에 각별히 주의를 요하는 부동산인 경우, 수탁자가 전문성과 공신력을 갖추고 있어서 처분을 목적으로 수탁자에게 그 소유권을 일시 이전한 후 수탁자가 대신 그 부동산을 처분하게 하는 것이다. 부동산 처분신탁도 부동산 관리신탁과 동일하게 수탁자가 신탁받은 부동산의 명의만을 관리하다가 처분하는 "을종처분신탁"과 명의 이외에 처분 전까지 각종 물건관리행위 일체를 스스로 할 수 있는 "갑종처분신탁"으로 나뉜다. 처분신탁에서 신탁의 목적은 주로 처분하는 것이며, 처분 전까지의 관리는 대체로 소극적이다. 실무상으로는 명의관리를 하다가 처분하는 을종처분신탁만이 행해지고 있다. 자본시장법에 의하면 신탁을 전문적으로 하는 부동산신탁회사, 은행, 증권회사 및 보험회사는 모두 처분신탁의 수탁자가 될 수 있다(자본시장법 시행령15① [별표 1] 인가업무 단위).[18]

(2) 처분신탁의 특징

신탁의 처분행위는 신탁재산권의 현상 또는 그 성질을 바꾸는 사실적 처분행위(가옥의 철거 등)와 신탁재산권의 변동을 발생시키는 법률적 처분행위(가옥의 매각, 담보권 설정 등)로 나눌 수 있다. 그러나 실무상 처분신탁은 거의 매각을 목적으로 하고 있으며, 가옥의 철거나 지상권 설정 등 담보권의 설정은 거의 이루어지지 않고 있다. 처분신탁에서 원칙적으로 신탁재산의 처분 주체는 수탁자이며, 처분행위에서 수탁자의 기본적인 의무는 관리신탁의 경우와 동일하다. 처분신탁에 의하여 수탁자가 해당 부동산을 처분하면 실질과세원칙에 따라 그 처분 시에 위탁자가 처분한 것으로 간주하여 각종 부동산 조세를 부과하게 된다.[19]

부동산개발사업에서 부동산 처분신탁은 부동산PF의 전 단계인 이른바 토지작업 단계에서 광범위하게 사용된다. 사업시행자는 사업부지 내의 부동산소유자와 매매계약을 체결하는 방식으로 토지작업을 하는데, 사업부지에 포함된 부동산 필지가 다수이고 소유자도 많은 경우 그 토지작업에 상당한 시간이 소요된다. 그 과정에서 지가의 상승이 이루어지고, 먼저 매매계약을 체결한 토지소유자가 변심하여 매매대금의 증액 요구, 매매계약의 해제 요구, 잔금 수령 거절 등을 하는 경우가 많다. 이러한 경우 매수인인 사업시행자가 부동산의 소유권을 확보하려면 매매대금 잔금을 공탁하고 소유권이전등기청구소송을 제기하는 방법밖에 없게 되는데, 부동산 처분신탁이 있는 경우 이러한 소송절차에 의하지 아니하고서도 소유권을 확보할 수 있다. 사업시행자의 토지작업에서 이용되는 부동산 처분신탁은, 매도인이 위탁자로서 신탁회사에 소유권을 이전하고, 사업시행자를 지정매수인으로 지정하며, 사업시행자가 매도인에게 매매대금 잔금

18) 고은수(2020), 7-8쪽.
19) 조장원(2018), 42쪽.

을 지급하거나 이를 공탁하는 경우 수탁자는 부동산의 소유권을 지정매수인인 사업시행자에게 이전함을 정하게 된다. 이를 통해 사업시행자는 매도인의 변심에도 불구하고 매매계약의 이행을 확보할 수 있게 되는 것이다.[20]

4. 담보신탁

(1) 의의

부동산 담보신탁은 채무자의 우선수익자[21]에 대한 채무이행을 담보하기 위하여, 위탁자는 신탁부동산의 소유권을 수탁자에게 이전하고 수탁자는 신탁부동산의 소유권을 보전 및 관리하며 신탁계약에서 정해진 사유 발생 시 신탁부동산을 처분하여 그 처분대가 등 신탁재산을 신탁계약에 정해진 바에 따라 지급하는 것을 목적으로 하는 신탁을 말한다. 즉 부동산 담보신탁이란 수익자를 채권자로 하여 채무자 또는 제3자(일종의 물상보증인)가 신탁부동산의 소유권을 수탁자에게 이전하고, 수탁자는 해당 신탁재산을 담보목적으로 관리하다가 정상적으로 채무가 이행될 경우 해당 신탁재산의 소유권을 위탁자에게 환원한다. 만약 채무자가 채무를 변제하지 아니할 경우에는 해당 신탁재산을 처분하고, 그 처분대금으로 채권자인 수익자에게 변제한다. 잔액이 남을 경우에는 채무자에게 다시 반환한다. 즉 다시 말해 신탁제도를 활용한 부동산 담보방법이다.[22] 이 제도는 신탁제도의 담보기능을 이용한 관리신탁과 처분신탁의 결합형으로, 실무상으로는 관리 · 처분신탁 계약 형식으로 체결된다. 전문적인 부동산신탁회사 및 은행은 담보신탁의 수탁자가 될 수 있으나 증권회사와 보험회사는 수탁자가 될 수 없다(자본시장법 시행령15① [별표 1] 인가업무 단위). 현행 부가가치세법 제3조의2에 의하면 담보신탁의 경우에 납세의무자를 수탁자로 하고, 그 이외의 신탁재산의 매매에 대해서는 위탁자에게 납세의무를 지우고 있다.[23] 뒤에서 볼 관리형 토지신탁과 분양형(차입형) 토지신탁 역시 위탁자의 채권자를 우선수익자로 지정함으로써 부동산 담보신탁으로서의 기능도 가지는 것이 일반적이다.[24]

(2) 담보신탁의 특징

기존의 부동산담보제도로 이용되고 있는 저당권은 피담보채권에의 부종성으로 인하여 저당권 자체만을 유통시킬 수 없고, 그 실행 시 경매의 방법에 의하므로 시간과 비용이 많이 소모되며 경매대금은 실거래가격보다 낮은 경우가 대부분인 단점이 있고, 변칙담보(양도담보, 가

---

20) 최용호(2019), “부동산신탁회사의 부동산개발 관련 금융기능 강화 경향”, 한국신탁학회 추계학술대회(2019. 11), 91쪽.

21) “우선수익자”란 수익자들 중에서 신탁계약에 따라 신탁재산으로부터 우선적으로 지급을 받을 권리를 갖고 의무를 부담하는 자를 말한다.

22) 진상훈(2008), 317쪽.

23) 고은수(2020), 10쪽.

24) 최용호(2019), 90쪽.

등기담보 등)는 그 실행을 위한 청산금을 담보권자 스스로 평가함으로써 평가액의 공정성에 의문이 있고, 담보목적의 등기임이 공시되지 않아 공시방법이 불충분하다는 단점이 있다. 이에 반하여 부동산 담보신탁은 피담보채권과 분리하여 수익권만을 양도할 수 있고, 그 실행을 임의매각 방법에 의하므로 시간과 비용을 절약할 수 있으며, 매각대금도 경매대금보다 일반적으로 높고, 공신력 있는 신탁회사가 수탁자로서 임의매각하므로 매각대금의 적정성을 기대할 수 있으며, 담보목적의 신탁등기임이 신탁원부를 통하여 공시될 수 있는 장점이 있다.[25)]

부동산담보신탁계약에는 우선수익자의 채권의 내용, 우선수익권의 수익한도금액, 우선수익자의 신탁재산 공매요청권, 공매요청 사유 등을 정하게 되는데, 통상 우선수익자에 대한 위탁자의 채무의 기한의 이익이 상실된 경우 우선수익자의 요청에 의해 수탁자가 신탁재산을 공매하여 이를 금전화한 후 우선수익자에게 우선수익권에 기한 수익을 지급하게 되며, 이를 통해 우선수익자는 신탁된 부동산에 대해 담보권을 가지고 있는 것과 유사한 결과를 얻게 된다.[26)]

참고로 주택법에 따른 공동주택 개발사업의 경우 분양을 하기 위해서는 대지상에 설정된 저당권 등 담보물권, 가압류, 가처분 등을 말소하여야 하고, 처분 제한에 관한 부기등기를 하여야 하며, 그러한 제한은 입주 가능일로부터 60일의 기간 동안 유지되므로(주택법61①②③, 주택공급에 관한 규칙16), 위탁자가 채권자를 위해 건축 대지에 대한 부동산 담보신탁을 한 경우 그 신탁을 해지하여야 한다. 그 결과 부동산PF의 대주는 건축물 완공 후 미분양물에 대해 담보를 목적으로 한 신탁등기가 이루어질 때까지는 부동산에 관한 무담보 상태가 되며, 이것이 부동산PF에서 관리형 토지신탁이 광범위하게 이용되고 있는 중요한 원인이 된다. 그 결과 순수한 부동산 담보신탁만을 하는 부동산PF는 드물지만, 여전히 신탁회사가 사업시행자가 되기 어려운 「산업입지 및 개발에 관한 법률」에 따른 산업단지 개발사업 등에는 부동산 담보신탁이 이용되고 있다.[27)]

5. 분양관리신탁

(1) 의의

분양관리신탁은 「건축물의 분양에 관한 법률」("건축물분양법")에 따라 분양관리사업을 수행하기 위하여, 위탁자는 신탁부동산의 소유권을 수탁자에게 이전하고, 수탁자는 신탁부동산의 소유권을 보전 및 관리하며, 신탁계약에서 정해진 사유 발생 시 신탁부동산을 처분하여 그 처분대가 등 신탁재산을 신탁계약에 정해진 바에 따라 지급하는 것을 목적으로 하는 신탁이다.

25) 진상훈(2008), 317-318쪽.
26) 최용호(2019), 90쪽.
27) 최용호(2019), 90-91쪽.

즉 분양관리신탁은 건축물분양법에 따라 상가 등 건축물을 신축 또는 증축하여 분양하는 사업에 있어 수탁자가 신탁부동산의 소유권을 보전·관리하여 피분양자를 보호하고 위탁자가 부담하는 채무의 불이행 시 신탁부동산을 환가처분하여 정산함을 목적으로 하는 신탁을 말한다. 건축물분양법 제4조[28]에 의하면 오피스텔, 주상복합건물 등 일정한 성질 및 규모에 해당하는 건축물을 분양하고자 하는 분양사업자가 착공신고 후 곧바로 분양을 하려면 수분양자의 보호를 위하여 금융기관 등으로부터 분양보증을 받거나 또는 자본시장법에 따른 신탁업자와 신탁계약 및 대리사무계약을 체결하여야 한다.[29]

(2) 분양관리신탁의 특징

분양관리신탁은 업무 자체의 특성에 기인하여 아래와 같은 특징을 갖고 있다.[30]

i) 분양관리신탁계약 자체만으로는 건축물분양법에 근거한 신탁회사의 의무를 다할 수 없으므로 분양관리, 자금관리, 시공관리를 별도로 규정하고 있는 대리사무계약과 불가분의 관계를 가지고 있다. 이러한 특징에 비추어 분양관리신탁계약 및 대리사무계약만으로는 금융기관, 건설사 등의 이해관계인과 신탁회사 간 관계설정에 한계가 있어, 상호간 분쟁방지 및 원활한 업무이행을 위해 위탁자, 건설사, 금융기관 간의 다자간 사업약정을 체결하기도 한다.

ii) 분양관리신탁은 담보신탁의 역할을 동시에 수행한다. 건축물분양법상 분양사업자(위탁자)는 사업부지에 대한 소유권을 완전히 확보하여야 하고, 소유권에 대하여 제3자에게 권리를 설정하는 등의 행위를 해서는 안 된다. 그러나 실제로 분양사업자는 사업부지 소유권을 확보하기 위해 금융기관으로부터 토지비 대출을 받을 수밖에 없는데, 이 경우 분양관리신탁에 있어서도 우선수익권을 금융기관에 담보로 제공하는 등 담보신탁으로서의 기능도 동시에 수행하게 된다. 다만 이 경우 우선수익자는 건물의 준공 및 피분양자에 대한 소유권이전 전에는 우선수익권에 따른 환가를 요청할 수 없으며, 분양대금에 의한 원리금 상환에도 제한을 받는다.

iii) 분양관리신탁은 신탁법과 건축물분양법에 기초하여 업무를 수행해야 한다. 기타 일반 신탁상품의 경우에는 신탁법에 근거하여 그 권리관계의 구성 및 신탁목적을 수행하고 있으나,

---

28) 건축물의 분양에 관한 법률 제4조(분양시기 등) ① 분양사업자는 다음의 구분에 따라 건축물을 분양하여야 한다.
1. 자본시장법에 따른 신탁업자와 신탁계약 및 대리사무계약을 체결한 경우 또는 금융기관 등으로부터 분양보증을 받는 경우: 건축법 제21조에 따른 착공신고 후
2. 해당 건축물의 사용승인에 대하여 다른 건설업자 둘 이상의 연대보증을 받아 공증받은 경우: 골조공사의 3분의 2 이상이 완료된 후
② 제1항 제1호의 적용과 관련하여 신탁회사가 분양사업자로 되는 신탁계약이 체결된 경우에는 착공신고 후 분양을 위한 별도의 신탁계약이 필요하지 아니하다.
④ 제1항 제1호에 따른 신탁계약·대리사무계약의 방법과 기준, 분양보증을 할 수 있는 금융기관 등의 종류 및 범위는 대통령령으로 정한다.

29) 조장원(2018), 43쪽.

30) 조장원(2018), 45-46쪽.

분양관리신탁의 경우 건축물분양법에 따라 피분양자 보호를 위하여 다른 채권자나 수익자의 권리보다도 우선 보호받을 수 있다는 규정과 이를 수행하기 위하여 대리사무계약에서 기본적 사항을 정하고 있는 등 여타 신탁상품과 달리 신탁법과 건축물분양법을 근거로 하여 신탁목적과 권리관계를 혼합하여 적용하고 있다.

ⅳ) 분양관리신탁은 시공사의 책임준공을 기반으로 한다. 건축물분양법에서는 시공사의 신용도 또는 책임준공에 관하여 별도의 언급을 하지 않고 있는데, 이는 시공사에 대하여 기성에 따른 기성금 지급으로 공사비 과지급이 없는 상태에서는 원만한 시공사 교체가 가능하다는 이론적 전제에 기인한 것이다. 그러나 실제 일정 부분 분양 및 공사가 진행된 상태에서 분양사업자 및 시공사가 모두 계약불이행 상태에 놓이게 될 경우 사업을 중도에 청산할 수밖에 없는데 이 경우 신탁부동산 처분대금으로 피분양자가 납부한 분양대금을 모두 반환하거나 금융기관에 대해 토지비 대출을 모두 완제하지 못하게 되는 경우가 발생한다. 이 경우 피분양자 및 금융기관의 민원 및 분쟁을 사전에 차단하기 위해서는 시공사의 신용도 및 책임준공 이행가능성을 면밀히 판단하여 피분양자 및 금융기관 권리를 최대한 보호할 수 있도록 신탁회사는 선관주의의무를 다해야 한다.

6. 토지신탁

부동산 토지신탁이란 신탁회사가 신탁의 인수 시에 신탁재산으로 토지 등을 수탁하고 신탁계약에 따라 토지 등에 건물, 택지, 공장용지 등의 유효시설을 조성하여 처분·임대 등 부동산 사업을 시행하고 그 성과를 수익자에게 교부하여 주는 신탁을 말한다(금융투자회사의 영업 및 업무에 관한 규정2-65⑥). 토지신탁은 개발사업 후 수익을 올리는 방법에 따라 임대형 토지신탁, 분양형(처분형) 토지신탁, 혼합형 토지신탁으로 구분한다. 그리고 사업비 조달의무를 누가 부담하는지에 따라 사업비 조달의무를 위탁자가 부담하는 "관리형 토지신탁"과 사업비의 조달의무를 수탁자가 부담하는 "차입형 토지신탁"으로 구분된다(금융투자회사의 영업 및 업무에 관한 규정 별표 15 토지신탁수익의 신탁종료전 지급기준). 토지신탁은 전업 부동산신탁회사만이 가능하고, 은행, 증권회사 및 보험회사는 토지신탁의 수탁자가 될 수 없다(자본시장법 시행령 [별표 1] 인가업무 단위).

토지신탁에 관한 상세한 내용은 아래서 살펴본다.

제2절 토지신탁

Ⅰ. 서설

1. 도입취지

우리나라는 가계 자산의 대부분이 부동산으로 구성되어 있을 만큼 부동산에 대한 선호도가 높은 나라이다. 부동산에 대한 선호도는 건설사와 시행사에 빠른 성장 동력을 제공하였고, 금융기관 역시 이들에 대한 대출을 통해 막대한 이득을 얻어왔다. 그러나 과도하게 부동산개발이익을 추구한 결과 지가상승과 이로 인한 사회적 비용이 증가하여 오히려 경제발전에 악영향을 미치게 되었다. 이런 부작용을 억제하고자 정부의 주도하에 근대적인 부동산신탁이 도입되었으며, 이 중 토지신탁은 토지공개념을 통한 토지의 효율적 개발과 이를 통한 부동산 투기억제대책에서 출발하였다.

현재 토지신탁은 국내 부동산신탁회사의 주요한 수익원 중 하나이다. 위탁자가 높은 수수료를 부담하지만 신탁회사가 자금조달의무를 지고 사업주체로서 사업에 대한 손실책임을 지는 차입형 토지신탁의 경우 자본이 많지 않은 시행사도 개발사업을 가능하도록 하였다. 이는 자본이 취약한 시행사가 신용보강을 통해 건전한 중소 시행사로서 역할을 영위할 수 있도록 순기능을 하기도 한다. 그러나 도입취지와 달리 신탁회사가 자본이 취약한 시행사의 부동산개발사업을 도맡아 신탁회사의 고유재산에까지 위험이 미치게 되는 악순환을 야기할 수도 있다.[31]

2. 토지신탁의 개념

토지신탁은 신탁의 인수시에 신탁재산으로 토지 등을 수탁하고 신탁계약에 따라 토지 등에 건물, 택지, 공장용지 등의 유효시설을 조성하여 처분·임대 등 부동산 사업을 시행하고 그 성과를 수익자에게 교부하여 주는 신탁을 말한다(금융투자회사의 영업 및 업무에 관한 규정2-65 ⑥). 토지신탁은 토지소유자가 자신이 보유한 토지를 효율적으로 이용하기 위하여 개발사업을 전문적으로 수행하는 부동산신탁회사에 토지를 신탁하고 수탁자인 신탁회사는 신탁계약에서 정한 바에 따라 신탁재산인 토지를 관리·처분·개발하여 그 성과를 토지소유자에게 돌려주는 형태의 신탁이다.

그러나 토지신탁이라는 용어에 대하여 명확한 법적인 정의가 없어 토지신탁의 의미와 범

31) 김용진(2013), "토지신탁제도의 개선방안에 관한 연구: 사업신탁을 중심으로", 한양대학교 대학원 석사학위논문(2013. 2), 7쪽.

위에 대하여 명확히 할 필요가 있다. 넓은 의미에서 토지신탁은 토지라는 신탁재산을 수탁받아 관리·처분하는 모든 신탁형태를 말한다. 그러나 좁은 의미에서 토지신탁은 수탁자의 적극적인 개발행위가 포함된 신탁만을 의미한다. 즉 부동산신탁 실무상 토지신탁은 토지나 건물의 관리·처분을 하는 신탁이 아닌 토지를 수탁받아 개발행위를 포함한 적극적인 사업집행형 신탁을 말한다. 그러므로 신탁원본[32]으로서 "금전등"을 수탁받아 이를 집합하여 토지를 구매한 이후 그 토지로 개발사업을 진행하는 것은, 수탁자가 신탁으로 인수한 재산이 토지가 아닌 금전으로 이는 금전신탁 또는 집합투자의 영역에 속한다. 다만 다수의 사람이 보유한 토지를 신탁원본으로 수탁받아 이를 신탁회사가 단독으로 토지를 소유하여 개발하는 것은 위탁자가 다수인 토지신탁의 범위에 포함된다.[33]

토지신탁은 부동산신탁회사를 통해 이루어지는 상사신탁이다. 따라서 일반 개인이 제3자에게 개발행위를 위임하여 대리하는 경우, 이는 부동산신탁업에서 말하는 토지신탁은 아니다. 그리고 개인 간의 신탁행위로 신탁법에 따라 자신의 토지를 관리 또는 처분하는 것을 신탁한 경우나 이 토지 위에 건물을 세울 것을 위임하는 경우에도 이는 엄밀한 의미의 토지신탁은 아니다. 토지신탁은 자본시장법에 따라 부동산신탁업을 영위하는 수탁자가 영업으로서 토지를 개발할 것을 위임받고, 그 기본 재산으로 토지를 수탁받아 시행하는 신탁관계이기 때문이다(신탁법2). 따라서 토지신탁은 부동산신탁이라는 범주 안에서 "전문적인 부동산신탁업을 영위하는 신탁업자가 개발행위를 전제로 위탁자 또는 위탁자들로부터 토지 및 토지위의 건물을 신탁으로 인수하여 소극적으로 토지의 관리·처분뿐만 아니라 적극적으로 개발사업을 대신 집행하는 형태의 신탁"을 말한다.

3. 토지신탁 관련 법률

토지신탁의 법적 근거는 2011년 7월 2일 전면개정 전 신탁법 제1조 제2항[34]의 "관리, 처분"에서 찾는 것이 일반적이다. 전면개정 전 신탁법에서는 신탁재산 관리의 한 방법으로 "개발행위"를 명시하고 있지는 않았으나 전면개정 전 신탁법에서 정하고 있는 관리, 처분의 개념에는 소극적인 관리, 처분만이 아니라 적극적인 관리, 처분도 포함되는 것으로 해석하면서, 부동

32) 신탁원본과 신탁재산은 종종 혼용하여 사용되지만, 신탁원본은 "신탁으로 인해 수탁자가 위탁자로부터 인수한 재산 자체"를 말하는 것이고(신탁업자의 회계처리 기준4③), 신탁재산은 "신탁재산의 관리, 처분, 운용, 개발, 멸실, 훼손, 그 밖의 사유로 수탁자가 얻은 재산"(신탁법27)을 말한다.

33) 김용진(2013), 8-9쪽.

34) 신탁법에서 신탁이라 함은 신탁설정자("위탁자")와 신탁을 인수하는 자("수탁자")와 특별한 신임관계에 기하여 위탁자가 특정의 재산권을 수탁자에게 이전하거나 기타의 처분을 하고 수탁자로 하여금 일정한 자("수익자")의 이익을 위하여 또는 특정의 목적을 위하여 그 재산권을 관리, 처분하게 하는 법률관계를 말한다(개정 전 신탁법1②).

산 "개발행위"도 적극적인 의미에서의 관리, 처분에 포함된다고 보았다.[35] 이와 관련하여 전면개정 신탁법에서는 해석상의 논란을 입법적으로 해결하였다. 전면개정 신탁법 제2조[36]에서 수탁자의 신탁재산관리방법으로 운용행위 및 개발행위를 명시하였다. 따라서 개발행위를 "수탁자가 위탁자로부터 토지의 소유권 기타 부동산에 대한 권리를 이전받아 건물을 신축한 후 분양, 임대 등을 하여 수익자에게 그 사업수익을 신탁수익으로 교부하는 일련의 행위를 총칭하는 것"으로 볼 수 있게 되었다.

4. 토지신탁의 특징과 장점

(1) 토지신탁의 특징

토지신탁의 특징은 토지소유자(위탁자) 측면, 수탁자 측면, 그리고 수익자 측면에서 나누어 볼 수 있다.[37]

(가) 토지소유자(위탁자)의 측면

토지소유자 측면에서 특징은 미활용토지의 이용과 개발을 전문 신탁기관을 통해 유효가치를 높이거나 이를 촉진시킬 수 있다는 점이다. 토지를 가지고 있는 소유자가 건물을 건축할 자금 여력이 충분하지 않는 경우, 또는 개발사업의 경험이 없는 경우에 이를 개발사업을 전문으로 하는 신탁회사에 위탁함으로써 토지의 효율적 이용방안을 모색하고, 이에 따른 안정적인 사업수익을 기대할 수 있다. 특히 개발사업의 경험이 있는 경우 개발에 필요한 인·허가와 건설·분양 등을 신탁회사가 대리하여 처리할 수 있으며, 자금부족과 같이 개발사업 중도에 일어날 수 있는 여러 제반 문제에 대하여 수탁자가 처리하도록 하여 수분양자의 보호에도 안정적이다. 또한 위탁자의 소유권이 수탁자로 이전되나 이는 결국 수익권이라는 형태로 다시 위탁자에게 환원된다. 위탁자가 이 수익권을 유동화할 경우 초기 개발사업에 필요한 비용부담을 줄일 수 있다. 전면개정된 신탁법에 따라 수익증권을 발행할 경우, 이러한 수익증권의 판매 등을 통해 조기에 사업자금을 회수할 수 있고, 또한 비용면에서도 상속·매매 등을 토지나 건물이 아닌 수익증권으로 처리할 경우 개발사업에 필요한 자금이 수익권 평가시 공제되어 양도세, 상속세 등의 절감효과와 함께 수익권증서의 양도를 통해 손쉽게 자산을 유동화할 수 있다.

35) 그러나 일본에서는 이러한 토지신탁이 일본의 차지법(借地法)을 회피하기 위한 탈법신탁으로 그 근거가 없다는 비판이 있었고, 우리나라에서도 "건물의 신축"과 같은 물리적 변경행위가 기존의 관리, 처분이라는 개념에 포섭되기 어렵다는 비판이 있었다.

36) 신탁이란 신탁을 설정하는 자("위탁자")와 신탁을 인수하는 자("수탁자") 간의 신임관계에 기하여 위탁자가 수탁자에게 특정의 재산(영업이나 저작재산권의 일부를 포함)을 이전하거나 담보권의 설정 또는 그 밖의 처분을 하고 수탁자로 하여금 일정한 자("수익자")의 이익 또는 특정의 목적을 위하여 그 재산의 관리, 처분, 운용, 개발, 그 밖에 신탁 목적의 달성을 위하여 필요한 행위를 하게 하는 법률관계를 말한다(신탁법2).

37) 김용진(2013), 10-11쪽.

(나) 수탁자 측면

수탁자는 개발사업을 위탁자로부터 위임받아 이를 대행하면서 토지를 수탁재산으로 받게 되므로 개발사업에 따른 자금조달 부담이 적다. 또한 수탁자는 일정한 수수료만을 수수하고 개발이익과 비용은 원칙적으로 수익자가 부담하게 되어, 이에 따른 신탁사업의 리스크가 상대적으로 감소된다.[38] 그리고 신탁재산의 독립성과 강제집행 금지의 원칙이 적용되어 사업기간 중 비교적 안정적으로 사업을 영위할 수 있다. 신탁재산의 독립성(신탁법22)이 인정되어 원 토지소유자의 부도나 파산 등의 사유가 발행하더라도 개발사업에는 직접적으로 영향을 주지 않는다. 또한 위탁자의 채권자가 신탁재산에 강제집행 등 압류가 불가능하여 사업진행 도중 사업중단과 같은 문제가 발생하지 않아 사업운영의 안정성과 계속성이 확보되어 임차인과 수분양자를 안전하게 보호할 수 있다.

(다) 수익자 측면

수익자는 개발사업이 끝난 이후 개발에 따른 이익을 배당받을 권리를 보유한 자인데, 수익자는 토지소유자가 될 수도 있으나 토지소유자가 자금확보를 위하여 수익권을 양도하였을 경우 최종적으로 수익권을 보유한 자이다. 수익권 양수인은 상대적으로 적은 금액으로 개발사업에 따른 이익을 향유할 수 있다.

(2) 토지신탁의 장점

(가) 일반적인 장점

부동산신탁회사는 자본시장법에서 정한 법정절차를 거쳐 인가되고 계속적인 금융감독원의 업무감독을 통한 최선의 신탁사무를 합법적이고 공정하게 처리하며, 부동산에 대한 각종 전문지식과 경험을 갖춘 전문인력이 자기재산과 동일한 주의의무로써 조직적이고 체계적인 방법과 가장 효율적인 방법으로 개발·관리 또는 처분함으로 최대의 수익을 올릴 수 있다. 또한 신탁사업과 관련한 법률, 세무, 금융, 행정 등의 사무를 대신 처리하며 신탁기간 중 제세공과금, 비용의 대납 및 적기에 안정적인 자금지원이 가능하다는 장점이 있다.[39]

일반적인 장점으로는 i) 토지소유자가 단순히 토지를 매각하거나 혹은 토지를 임대하는 것이 아니라, 지상건물의 건축을 통하여 토지의 이용 및 부가가치를 향상시키게 된다. 그리고 수탁자는 수익자를 위하여 개발사업을 수행하므로 토지소유자는 일정액의 신탁보수만을 지급하면 스스로 개발하는 경우와 마찬가지로 개발이익 전부를 향수할 수 있다. ii) 기획, 자금조달, 건물공사 발주, 수분양자의 모집, 관리까지 일체의 업무를 부동산신탁사가 수행하므로, 그

38) 차입형 토지신탁의 경우 수탁자가 자금을 조달할 의무를 부담하므로 분양이 미진할 경우 이에 대한 리스크는 커지게 된다.

39) 인성식(2012), "토지신탁의 구조와 위험분석에 관한 연구", 한성대학교 대학원 박사학위논문(2012. 12), 72-73쪽.

와 같은 능력을 가지고 있지 않은 토지소유자로서 부동산의 개발을 함에 있어 부동산신탁사가 가지는 노하우와 신용력, 거래기반을 이용할 수 있다. iii) 토지 소유자가 다수인 경우 또는 독자적으로 개발하기에는 적은 토지를 각각 소유하고 하는 경우 이를 신탁함으로써 토지, 건물의 명의가 부동산신탁사에 일원화되므로 대외적인 권리관계가 단순하게 된다. 또한 부동산신탁사가 중립적인 입장에서 토지소유자 간의 권리조정을 행할 수 있으므로, 다수의 소유권자가 공동빌딩을 건설하는 등 도심지 재개발에 있어서도 토지신탁이 유효한 개발수단으로 유용하다.

(나) 국 · 공유지 토지신탁의 장점

국·공유지 토지신탁에서 국유재산은 국유재산법 제5조와 동법 시행령 제3조에 규정된 재산이고 재산의 주체가 국가인 것을 의미하며, 공유재산은 「공유재산 및 물품 관리법」("공유재산법") 제4조와 동법 시행령 제2조에 규정된 재산으로서 소유의 주체가 시·도시·군·구인 것을 말한다. 이러한 국·공유재산 중에서 부동산을 처분하지 않고 민간부문의 신탁방식으로 활용하는 방안을 국·공유지 토지신탁이라 한다.

국·공유지 토지신탁은 국·공유지를 처분하지 아니하므로 국·공유지에 대한 장래의 행정수요에 대비할 수 있고, 또한 민간의 기획력, 창의력과 자금력을 활용함으로써 장기적이고 안정적인 개발이익을 국가나 지방자치단체가 향수할 수 있으며, 신탁수익권을 양도하여 재정자원도 확보할 수 있다.

국·공유지 토지신탁의 장점으로는 i) 국가나 지방자치단체는 토지의 소유권을 실질적으로 보유하면서 토지의 유효이용을 도모하고 장래의 행정수요에 대비할 수 있다. ii) 건물·시설 등의 건설에 필요한 자금의 조달은 주로 부동산신탁회사가 행하고, 통상 그 신탁사업의 수익 중에서 변제하므로 별도의 소요재원이 필요 없다. iii) 국가·지방자치단체가 스스로 사업을 영위할 필요가 없으므로 새로운 인건비나 제경비 등의 부담이 생기지 않는다. iv) 공공시설과 민간시설을 토지신탁으로 일체 개발함으로써, 편리성, 효율성을 고양하고, 시가지 정비의 촉진 등을 도모할 수 있다.[40)]

Ⅱ. 토지신탁의 구조

1. 의의

토지신탁은 전문적인 부동산신탁업을 영위하는 신탁업자가 개발행위를 전제로 위탁자 또는 위탁자들로부터 토지와 토지위의 건물을 신탁으로 인수하여 소극적인 관리, 처분을 포함하여 적극적인 개발사업을 대신 집행하는 형태의 신탁이므로 수탁자는 개발사업에 필요한 다양

40) 인성식(2012), 73-74쪽.

한 업무를 위탁자로부터 위임받아 개발사업의 시행자로서의 의무를 부담하게 된다. 수탁자는 개발사업에 필요한 자금의 조달, 토지의 조성과 건물의 건설, 임대, 분양 등의 업무를 수행하게 되고, 이에 따른 각종 인·허가 절차와 도급계약, 수분양자 관리업무를 수행한다. 이런 업무를 종료하게 되면 수탁자는 신탁을 종료하고 신탁에 대한 계산을 하여 최종 수익을 수익자와 귀속권리자에게 교부한다.[41]

2. 토지신탁의 신탁관계인

(1) 개요

토지신탁은 크게 토지소유자인 위탁자, 신탁회사인 수탁자, 그리고 수익자인 금융기관으로 이루어진다. 건설사와 수분양자(임차인)의 경우 신탁관계인은 아니다. 다만 신탁재산을 관리하는 수탁자가 토지신탁의 목적을 달성하기 위한 신탁사무처리의 일환으로 도급계약 또는 분양계약을 맺은 자이다. 따라서 실제 토지신탁에서 신탁관계인은 위탁자, 수탁자, 수익자로 이루어진다.

(2) 위탁자

위탁자는 토지소유자로서 수탁자가 신탁목적에 따라 재산을 관리 또는 처분할 수 있도록 재산권의 이전과 기타 처분을 하는 자(신탁설정자)를 말한다. 장래 신탁이 종료되면 신탁행위에 별도의 정함이 없는 경우 신탁재산의 귀속권리자[42]가 된다. 위탁자에 대한 자격은 특별한 제한이 없어 자연인인 경우 누구라도 위탁자가 될 수 있다. 실무상 자연인인 위탁자보다 법인인 위탁자가 절대 다수를 차지한다. 신탁은 기본적으로 처분행위이다. 따라서 위탁자가 법인인 경우 정관의 목적 범위내에서 처분권한이 있는 자의 신탁설정의 의사표시가 있어야 하고, 공익법인이나 재단의 경우에는 관련 법규에 따라 시도지사의 승인이 필요한 경우 처분행위에 필요한 절차를 거쳐야 한다.

위탁자는 신탁재산을 출연한 신탁의 설정자로서 수탁자가 신탁의 목적에 따라 신탁재산을 운용하는지 감시·감독한다. 또한 수탁자에게 신탁계약상 신탁재산의 운용 방법과 범위에 대한 일정한 가이드라인을 제시할 권한이 있다. 신탁법상 신탁은 무상이 원칙이나 신탁을 업으로 하는 경우에는 상행위로서 위탁자나 수익자는 보수를 지급할 의무가 있다.[43]

---

41) 김용진(2013), 11-16쪽.

42) 귀속권리자는 민법 제80조에서 차용한 개념으로 신탁이 존속 중인 때에는 수익권을 행사할 수 없지만 신탁이 종료한 때에 신탁의 잔여재산이 자신에게 귀속하는 내용의 기대권을 갖는 자이다.

43) 수탁자는 신탁행위에 정함이 있는 경우에만 보수를 받을 수 있다. 다만, 신탁을 영업으로 하는 수탁자의 경우에는 신탁행위에 정함이 없는 경우에도 보수를 받을 수 있다(신탁법47①).

(3) 수탁자

수탁자는 신탁의 설정자인 위탁자의 상대방으로서 위탁자로부터 재산권을 이전 또는 처분받아 이에 대한 배타적 권리를 가지고 있는 자이다. 수탁자는 신탁의 목적에 따라 선량한 관리자의 주의로써 그 신탁재산을 관리·처분할 의무를 부담한다. 수탁자는 신탁재산의 주체이면서 동시에 고유재산의 주체로 이중적인 지위를 가진다.

토지신탁의 수탁자는 자본시장법에 따라 금융위원회로부터 부동산신탁업 인가를 받은 법인이다. 신탁업의 인가를 받지 않은 회사는 신탁업을 영위할 수 없으며 수탁자를 자신으로 하는 등기를 할 수 없다.[44] 신탁의 인수를 업으로 하는 수탁자는 신탁사무처리에 대한 보수를 청구할 수 있는 보수청구권을 갖고 있으며, 필요비, 유익비의 경우 신탁재산에서 지출할 수 있다. 신탁사무처리에 필요한 비용을 고유재산에서 지출한 경우 이에 대한 비용과 이자를 신탁재산에서 지출할 수 있다. 필요비와 유익비로 인정되는 경우 민사집행 시 우선변제권이 있다(신탁법 46 및 48). 반면 수탁자는 신탁재산을 관리함에 있어 충실의무, 선량한 관리자의 의무, 이익향수 금지 및 분별관리의무 등 신탁법에 따른 의무를 준수해야 한다(신탁법32, 33, 36, 37).

(4) 수익자

수익자는 신탁행위에서 신탁계약의 당사자는 아니지만 신탁에 따라 신탁이익을 받는 자를 말한다. 수익권은 신탁계약에서 정한 바에 따라 신탁재산으로부터 향수할 수 있는 일체의 권리와 이익을 포괄하는 것이다. 수익권자는 신탁의 계속 중에는 신탁재산의 관리, 처분에 따른 이익을 향수할 수 있는 권리와 신탁이 종료한 이후에는 신탁재산 중 원본의 부분을 향유할 수 있는 권리를 갖는다. 전자를 수익수익권(收益受益權), 후자를 원본수익권(元本受益權)이라고 한다. 구체적으로 수익수익권은 신탁재산의 관리·처분에 따른 일정한 급부를 받을 수 있는 권리로 수익금의 교부청구권 등이 있고, 원본수익권은 신탁종료 시 원본에 대한 수익권으로 신탁종료에 따른 잔여재산의 소유권이전등기청구권 등을 말한다. 수익권은 재산권의 일종으로 양도성과 상속성을 가지고 있으며, 담보로 제공할 수도 있다.

수익권을 위탁자가 전부 누리는 자익신탁의 경우 신탁에 있어 수익 향유의 주체가 위탁자이므로 위탁자는 수익자의 지위를 겸하게 된다. 수익권을 위탁자가 아닌 다른 사람으로 정하는 타익신탁은 위탁자와 수익자가 각각 다른 주체에 속한다. 위탁자와 수익자의 지위가 동일인에게 속하게 되는 경우일지라도 위탁자로서의 지위와 수익자로서의 지위로서 가지는 권리와 의무는 그 측면을 달리한다. 수익권은 단순한 신탁이익을 향유할 수 있는 권리만을 주는 것은 아니며 수탁자의 신탁위반행위에 대하여 취소권을 행사할 수도 있으며 수탁자의 해임청구, 보수

44) 등기선례 5-610, 1997.11.12. 등기3402-866 건설사업 부지에 대하여 건설회사를 수탁자로 하는 신탁등기를 할 수 있는지 여부(소극).

변경청구 등 수익권을 유지관리하기 위한 권한도 포함되어 있다.

토지신탁의 경우 보통 금융기관이 수익자의 지위를 가지게 되는데, 이 경우 금융기관은 수익자가 지는 의무를 회피하기 위해 위탁자의 수익권에 질권을 설정하거나 부담이 없는 수익자로 자신을 1순위로 지정한 이후 부담부 수익권은 위탁자에게 귀속하도록 하는 형태가 일반적이다.

3. 토지신탁업무 진행절차

토지신탁업무는 크게 ⅰ) 상담 및 조사분석, ⅱ) 사업제안서 작성 및 협의, ⅲ) 신탁계약 체결, ⅳ) 건물의 건설, ⅴ) 자금조달, ⅵ) 분양자 모집 및 관리업무, ⅶ) 신탁종료의 절차로 진행된다. 구체적으로 살펴보면 아래와 같다.[45)]

먼저 신탁회사는 토지소유자(위탁자)로부터 신탁을 의뢰받으면 해당 토지의 입지조건, 지역 특성, 법적 규제, 권리관계 등 여러 가지 요인을 고려하여 토지신탁에 적합한 토지인지 여부에 대하여 검토를 한다. 신탁회사는 토지소유자의 요구 및 조사분석 과정에서 수집한 자료 및 신탁회사 내부에 존재하는 각종 정보를 종합하여 당해 토지의 개발에 관한 최적의 대안을 도출하고 각 대안별로 사업수지계획을 작성한 후 이를 바탕으로 해당 사업을 수탁할 것인지 여부를 결정한다.

이후 신탁회사가 작성한 사업제안서에 대하여 토지소유자와의 합의가 이루어질 경우 개발방안에 대한 기본적인 사항이 포함된 기본협정을 체결하거나 사안에 따라 이를 생략하고 곧장 신탁계약을 체결하기도 한다. 기본협정을 체결할 경우 이 협정에 의해 신탁회사는 당해 토지의 개발방안에 관한 세부적인 기획안을 입안하여 토지소유자와의 신탁계약을 체결하되, 신탁계약에는 신탁의 목적, 건물의 건축에 관한 사항, 자금의 조달, 신탁재산의 관리·운용에 관한 사항, 신탁의 수익계산 관계와 그 방법에 관한 사항, 신탁보수에 관한 사항 등을 기재한다.

신탁계약이 체결되면 신탁회사는 신탁계약에 근거하여 건물의 건축을 위하여 건축공사 도급계약을 체결하고 건축공사를 발주한다. 이때 차입형 토지신탁의 경우 신탁회사가 건축자금 기타 신탁사무처리에 필요한 비용에 충당하기 위하여 필요자금을 조달하여 건물의 건설을 진행한다.

신탁회사는 건물의 건설에 맞추어 임차인을 모집하여 임대차계약을 체결하거나 분양계약을 체결한 후 건물이 준공되어 신탁재산으로 등기되면 화재보험 부보, 건물의 유지관리 등 관리사무를 수행함과 동시에 수지계산을 명백히 하여 신탁수익을 수익자에게 교부하여야 한다.

---

45) 심창우(2017), “토지신탁의 토지비 관련 규제 개선에 관한 연구”, 건국대학교 부동산대학원 석사학위논문 (2017. 2), 26-27쪽.

최종적으로 신탁이 종료되면 신탁회사는 최종계산서를 작성하여 수익자의 승인을 받은 후, 수익권증서와 상환으로 수익자에게 신탁재산을 교부하게 된다.

Ⅲ. 토지신탁의 종류

1. 개요

토지신탁은 위탁자와 수탁자 간의 계약이다. 토지신탁의 기본구조는 위탁자와 수탁자 간의 계약으로 수탁자인 신탁회사는 사업시행 주체로서 자금조달과 수분양자 관리 및 시공관리를 부담하고 위탁자는 이에 같이 조력하는 형태이다. 이와 별도로 자금을 대여하는 금융기관이 수익자로 지정되어 있어 신탁관계에서는 위탁자, 수탁자, 수익자의 3면 관계가 형성된다. 또한 신탁관계와 별도로 부동산을 분할하여 매수하는 지위에 있는 수분양자들과 도급계약에 따라 시공을 하는 시공사가 있다. 수탁자인 신탁회사는 사업주체로서 주택법 등 부동산 공법(公法)에 따라 수분양자에게 완성된 주택을 공급할 의무를 준수해야 하며, 시공사와의 관계에서도 인·허가 및 하자보수와 같은 책임을 분담하여 처리해야 한다. 토지신탁의 기본구조에서 위탁자 및 금융기관의 요구에 따라 그 분담하는 책임 범위가 달라지고 이에 따라 토지신탁의 종류가 나누어진다.[46]

토지신탁을 크게 구분하면 건물의 분양형태와 수탁자의 자금조달의무에 따라 분류한다. 위탁자가 건물의 분양을 목적으로 하는 경우 이를 분양형 토지신탁이라 하고, 건물의 임대를 목적으로 하는 경우 임대형 토지신탁이라 한다. 실무에서는 보기 힘드나 건물의 임대와 분양을 혼합하여 신탁사업을 진행하는 혼합형 토지신탁도 있다. 수탁자인 신탁회사의 자금조달의무가 있는지에 따라 수탁자가 자금조달의무가 있는 경우 이를 차입형 토지신탁이라 하고 자금조달의무가 없는 경우 관리형 토지신탁이라 한다.

2. 분양형태에 따른 분류

(1) 임대형 토지신탁

임대형 토지신탁은 토지와 건물을 매각하지 않고 수탁자가 완성된 건물을 기초로 임대사업을 운영하다가 신탁종료 시 임대 현상 그대로 수익자에게 이를 반환한다. 토지소유자가 실질적인 소유권을 보유하면서 토지의 이용가치를 도모하고 안정적인 부동산 임대수입을 얻는 것을 목적으로 하는 신탁으로 토지소유자는 임대소득뿐만 아니라 신탁종료 시 부동산 가격상승에 따른 자본소득도 기대할 수 있는 사업방식이다.[47] 현재 우리나라의 개발사업은 분양형 토

46) 김용진(2013), 16-17쪽.

지신탁이 대부분이어서 임대형 토지신탁이 활용되는 경우는 찾아보기 어렵지만, 향후 기업형 임대주택시장의 성장 등 부동산시장의 변화에 따라 재조명받을 수 있을 것으로 예상된다.[48]

(2) 분양형 토지신탁

분양형 토지신탁은 토지소유자가 신탁한 토지에 신탁회사가 건물을 신축하여 일반에 매각하는 형태로 개발이익을 목적으로 하는 신탁이다. 토지와 건물의 소유권은 건물의 준공과 동시에 수분양자에게 이전되고 그 처분에 따른 이익금은 수익자에게 지급된다. 분양수입에서 개발에 소요된 자금의 상환 및 기타 개발비용을 충당하게 되고 최종적으로 남게 되는 개발이익은 금전 내지 미분양 부동산의 현상 그대로를 수익자에게 교부하게 된다. 이와 같은 분양형 토지신탁이 현재 우리나라에서 이용되는 토지신탁 상품의 거의 대부분을 차지하고 있다.[49] 주택의 임차보다는 구입을 선호하는 우리나라의 문화적 특성이 반영된 부분도 있으나, 임대형 토지신탁의 경우 부동산신탁회사의 입주자 및 건물 관리에 적지 않은 인력과 비용이 소모되게 되어 채산성이 맞지 않아 임대형 토지신탁 수탁고는 저조한 실정이다.[50]

(3) 혼합형 토지신탁

혼합형 토지신탁은 임대형 토지신탁과 분양형 토지신탁을 다양하게 조합한 것으로 등가교환방식 조합형 토지신탁, 차지권부 건물분양형 토지신탁, 포괄형 토지신탁 등으로 구분할 수 있다.

i) 등가교환방식 조합형 토지신탁은 수탁자가 토지를 신탁받아 개발업자에 의하여 건축된 건축물과 토지를 등가로 교환하는 방식이다. ii) 차지권부 건물분양형 토지신탁은 토지소유자로부터 토지를 신탁받아 그 토지에 건물을 건축한 후 건물은 분양하고 건물에 해당하는 대지는 임대하는 방식이다. 등가교환방식 조합형 토지신탁이나 차지권부 건물분양형 토지신탁은 현재 국내에서는 그 사용이 거의 없다. 토지의 교환이 까다로울 뿐만 아니라 건물만을 분양하는 형태의 개발사업의 수요가 없기 때문이다. iii) 포괄형 토지신탁은 토지만을 신탁하는 것이 아니라 금전도 같이 신탁하여 토지와 금전을 종합재산으로 수탁받아 개발사업을 진행하는 것이다. 수탁자인 신탁회사의 자금조달의무가 경감되므로 사업수익에 따른 배당이 증가한다. 토지와 금전의 소유자가 각각 다른 형태의 포괄신탁도 생각할 수 있으나, 현재 포괄신탁은 자본시장법에 따른 종합재산신탁 인가를 받은 경우에만 수탁이 가능하다(자본시장법103②).[51]

---

47) 김용진(2013), 17쪽.
48) 심창우(2017), 23쪽.
49) 심창우(2017), 24쪽.
50) 김용진(2013), 17-18쪽.
51) 김용진(2013), 18쪽.

3. 차입형 토지신탁(신탁회사의 차입유무에 따른 분류)

신탁회사의 자금조달의무 여부에 따라 차입형 토지신탁과 관리형 토지신탁으로 나눌 수 있다.

(1) 서설

(가) 차입형 토지신탁의 개념

차입형 토지신탁은 토지신탁사업(신탁토지에 신탁건물을 신축·증축·개축·재축·대수선 및 리모델링 등의 방법으로 개발하여 분양 그 밖의 방법으로 처분하거나 임대하는 사업)을 수행하기 위하여 위탁자는 신탁부동산의 소유권을 수탁자에게 이전하고, 수탁자는 신탁부동산을 보전 및 관리하며 이를 개발하여 신탁계약에서 정해진 바에 따라 신탁부동산을 분양 및 그 밖의 방법으로 처분하거나 임대한 다음 그 처분대가나 임대료 등 신탁재산을 신탁계약에 정해진 바에 따라 지급하는 것을 목적으로 하는 신탁을 말한다.

차입형 토지신탁에 관하여 구체적으로 정하고 있는 규정은 금융투자협회의「금융투자회사의 영업 및 업무에 관한 규정」이다.「금융투자회사의 영업 및 업무규정」제2-65조 제6항 및 위 규정 별표 15는 차입형 토지신탁과 관련하여, 토지신탁(신탁의 인수시에 신탁재산으로 토지 등을 수탁하고 신탁계약에 따라 토지 등에 건물, 택지, 공장용지 등의 유효시설을 조성하여 처분·임대 등 부동산 사업을 시행하고 그 성과를 수익자에게 교부하여 주는 신탁)의 한 종류로서, "사업비의 조달의무를 신탁사가 부담하는 신탁"이라고 정의하고 있다.

이에 의하면 차입형 토지신탁이란 사업부지를 소유한 위탁자가 부동산개발사업의 추진을 위하여 그 토지를 신탁회사에 신탁하고, 신탁회사는 토지의 소유자이자 해당 부동산개발사업의 대외적인 사업시행자가 되어 자신이 사업비를 조달해가면서 사업을 진행하되, 그 부동산개발사업의 최종적인 사업수익을 수익자에게 배분하는 내용의 신탁으로 정의 가능할 것이다. 차입형 토지신탁은 부동산개발사업이라는 회사의 영업 자체를 신탁하는 것과 유사한 결과를 가져온다고 볼 수 있다.[52)]

차입형 토지신탁은 신탁회사와 위탁자 간의 신탁계약에 의하여 신탁회사가 위탁자의 부동산을 소유(신탁에 의한 소유권이전을 통한 소유권 확보를 말함)하고 분양, 처분, 임대 등의 부동산 사업의 사업주체가 되어 신탁회사가 토지비 이외의 사업비를 조달하여 사업을 진행하고 사업이 완료될 경우 신탁회사가 조달하여 투입한 자금을 우선 회수하고 남은 수익을 위탁자에게 정산 지급하는 신탁상품이다. 사업비 조달에 있어 신탁회사가 채무자가 되어 금융기관 등으로부터 사업비를 조달함에 따라, 신탁회사의 차입금 부담 리스크가 높은 반면, 사업비 조달을 포

52) 최용호(2019), 95-96쪽.

함한 개발사업에 관한 모든 역할을 신탁회사가 수행하게 되므로 위탁자의 입장에서는 가장 편리한 사업개발 방식이다. 신탁회사가 공사비를 포함한 사업비를 직접 조달하여 투입하므로 시공사 측면에서는 공사대금채권에 대한 안정성이 높아지고 공사에 전념할 수 있다.[53)]

(나) 차입형 토지신탁과 관리형 토지신탁의 비교

차입형 토지신탁에서는 신탁회사가 부동산개발사업의 사업시행자가 되므로, 뒤에서 보게 될 관리형 토지신탁에서의 신탁회사의 지위 및 대외적 법률관계가 차입형 토지신탁에도 그대로 적용된다. 차입형 토지신탁이 관리형 토지신탁과 다른 점은 신탁회사가 사업비 조달의무를 부담한다는 점이다. 통상 사업비는 신탁회사의 고유계정에서 신탁계정으로 자금을 대여하는 방식으로 조달된다. 따라서 차입형 토지신탁에서 신탁회사는 사업비를 대출하는 프로젝트금융(PF) 대주와 유사한 지위를 가지게 되고, 대출금 미상환 등 사업의 위험에 노출된다. 자신의 고유계정 대여금이 상환위험에 놓이게 되는 만큼, 신탁회사는 관리형 토지신탁에서 단순히 사업시행자의 명의만을 가지고 형식적인 업무만을 하는 것과 달리 실제 사업의 당사자로서 모든 업무를 위탁자 등 관계자와 협의하여 주도적으로 처리하며, 상당한 결정권한을 가지게 된다. 그러한 위험부담에 상응하는 상당히 높은 수준의 신탁보수와 차입금 이자로 인한 이익을 얻게 된다.[54)]

차입형 토지신탁에서 신탁회사의 고유계정 대여금과 토지비 대출(우선수익자) 간 상환순위는 신탁회사의 고유계정 대여금이 우선하는 것이 일반적이다. 고유계정 대여금 원리금은 신탁비용으로 취급되는데, 차입형 토지신탁계약에서는 이러한 신탁비용의 지급 완료 후 우선수익자에 대한 수익 지급을 규정하는 경우가 거의 대부분이기 때문이다. 따라서 아래서 보는 신탁종료 전 수익 지급 기준에도 불구하고, 신탁회사의 고유계정 대여금 상환 전에 우선수익자에 대한 수익 지급을 통해 토지비 대출을 상환하는 예는 많지 않다.

(2) 차입형 토지신탁의 현황

(가) 부동산신탁 상품별 수탁고 현황

2017년 12월말 현재 부동산신탁회사의 부동산신탁 상품별 수탁고 추이를 살펴보면, 총수탁고는 178.5조 원으로 전년(155.8조 원) 대비 22.7조원(14.6%) 증가하였다. 이는 담보신탁(+13.6조원, 14.8%), 관리형 토지신탁(+6.9조원, 16.5%) 및 차입형 토지신탁(+2.0조원, 37.0%)이 증가한데 주로 기인하고 있으며, 2013년 이후 부동산신탁회사의 수탁고는 계속 증가하고 있는 추세이다.[55)]

---

53) 진웅기(2018), 20쪽.
54) 최용호(2019), 96쪽.
55) 진웅기(2018), 22쪽.

(나) 차입형 토지신탁의 영업수익 현황

금융감독원의 2018년 3월 보도자료에 따르면, 2017년 12월말 기준 부동산신탁회사의 순이익은 5,061억원으로 전년대비 1,128억원(+28.7%) 증가하였으며 총 11개사 대비 회사별 평균 순이익은 460억원이고, 11개사 모두 100억원 이상 흑자를 시현하였다. 영업수익은 1조 325억원으로 전년대비 2,463억원(+31.3%) 증가하였고, 영업수익의 66.7%는 신탁보수로 6,886억원을 달성하였다. 그중 차입형 및 관리형 토지신탁 신탁보수가 5,544억원으로 신탁보수의 80.5%를 차지하였다. 차입형 토지신탁 수탁고는 7.4조원으로 전년대비 2.0조원(+37.0%) 증가하였으며, 신탁보수는 4,339억원으로 전년대비 1,679억원(+63.1%) 증가하였다. 관리형 토지신탁 수탁고는 48.6조원으로 전년대비 6.9조원(16.5%) 증가하였으며, 신탁보수는 1,205억원으로 전년대비 324억원(36.8%) 증가하였다. 영업수익 중 차입형 토지신탁의 비율이 2013년 26.85%, 2014년 28.01%, 2015년 30.55%, 2016년 33.83%, 2017년 42.02%로 신탁상품 중 비중이 가장 높으며, 그 비중 또한 지속적으로 증가하고 있는 추세이다.[56]

(3) 차입형 토지신탁의 특징

(가) 차입형 토지신탁의 진행절차

차입형 토지신탁의 일반적인 업무흐름을 단계별로 간략하게 살펴보면 다음과 같다.[57] i) 상담 및 신탁의뢰: 토지신탁신청서, 등기부등본, 토지대장 및 건축물관리대장, 지적도 첨부된 토지이용계획확인서 등, ii) 기본조사실시: 현지조사 및 시장조사, 권리 및 법령 관계 조사, iii) 양해각서 체결("관리형"의 경우 생략가능): 신의성실 및 협력업무, 신탁 일반에 관한 사항, 소요비용 개산액 부담, 부동산권리서류 및 인감증명서 제출, iv) 사업제안서 작성 및 협의: 사업타당성 검토 및 최적안 선정, 건축 및 자금계획, 분양 및 임대계획, v) 실시계획작성 및 내부의사결정: 사업계획 조정 확정, 신탁목적 및 신탁재산 확정, 건축공사 도급에 관한 사항, 내부 심의절차 완료, vi) 신탁계약 및 사업약정체결: 소유권이전 및 신탁등기, 수익권증서 작성 교부(요청 시), 설계·감리·시공자 지정에 관한 사항, 자금조달 및 차입조건에 관한 사항, 신탁재산의 관리운용에 관한 사항, vii) 공사착수: 공사 착공, 소요자금 차입, viii) 분양착수 및 건물준공: 분양 및 임차인 모집, 임대 및 분양처분, 차입금 상환, 준공검사 및 공사비 지급, ix) 신탁종료: 사업종료 및 최종계산서 작성, 신탁등기 말소 및 소유권 이전, 수지계산 및 수익금 교부.

(나) 차입형 토지신탁의 특징

1) 차입형 토지신탁의 장점

차입형 토지신탁의 장점은 다음과 같다. i) 토지소유자는 자금, 시간 및 노하우(Know-

56) 진웅기(2018), 23쪽.
57) 진웅기(2018), 26쪽.

How) 등의 부족으로 인해 각종 불리한 세금을 납부하면서 이용되지 못하고 있는 토지를 토지개발전문회사인 신탁회사에 신탁함으로써 토지의 유효한 이용과 안정적인 수익을 기대할 수 있다. ii) 수탁자인 신탁회사가 토지소유자를 대신하여 토지의 유효한 이용에 대한 사업계획의 입안, 건축자금조달, 건설, 신탁회사의 공신력을 바탕으로 한 분양업무 효율성 제고, 건물의 유지 및 관리업무, 회계처리 등의 일체를 대행함으로써 토지소유자는 아무런 경험이 없어도 부동산개발 또는 임대사업을 수행할 수 있다. iii) 토지소유자는 신탁기간 중 자금을 필요로 하는 경우 신탁수익권의 전부 또는 일부를 양도하거나 질권을 설정하여 자금을 조달할 수 있다. iv) 신탁법상 신탁재산을 독립된 재산으로 취급함으로써 신탁설정 후의 토지소유자의 상속·파산 등은 개발사업에 직접적으로 영향을 미치지 아니하므로 사업운영의 안정성이 보장된다. v) 토지신탁 수익권이 상속되는 경우 신탁회사가 신탁의 목적에 따라 부담할 차입금 등의 채무는 상속세 과세가격 산정 시 채무로 인정받으므로 상속세 대책으로 이용 가능하다. vi) 신탁은 실질적으로는 토지소유권이 위탁자에게 귀속되므로, 위탁자가 지가의 상승에 따른 이익 및 사업에 따른 개발이익 또한 향유할 수 있으므로 경제적 이익을 극대화 할 수 있다. vii) 복수의 토지소유자의 권리조정이 필요한 공동개발사업에 있어서 신탁회사의 공평하고 중립된 권리조정을 통해 사업을 원활하게 운영할 수 있다.[58)]

2) 차입형 토지신탁의 단점

사업시행자의 입장에서는 비용측면에서 토지신탁(또는 개발신탁)을 통한 사업비용 절감보다는 통상적으로 토지신탁보수의 비중이 커서 비용증가 요인으로 작용하며, 신탁회사의 토지신탁 업무수행능력 정도에 따라 다수의 이해관계자 간 신속한 의사결정을 방해하는 결과를 초래할 수도 있다.

(다) 토지신탁수익의 신탁종료 전 지급 제한

차입형 토지신탁에서는 신탁회사가 사업비를 조달하게 되고, 자신의 자력으로 사업진행을 담보하게 되므로, 신탁종료 전 수익 지급이 허용되는 범위는 관리형 토지신탁과 비교할 수 없을 정도로 넓다. 신탁회사 자신이 사업진행을 담보하는 조건으로 사업을 수주한 것이고, 자신의 이익을 위해 사업위험을 감수한 것이므로, 굳이 신탁종료 전 수익 지급을 좁게 허용할 이유가 없기 때문이다.[59)]

차입형 토지신탁에서 신탁종료 전 수익 지급이 허용되는 구체적인 기준은 「금융투자회사의 영업 및 업무에 관한 규정」 별표 15 「토지신탁수익의 신탁종료 전 지급 기준」에서 정하고 있다. 지급기준은 선지급 한도 부분에서 관리형 토지신탁과 가장 큰 차이를 보인다. 차입형 토

58) 진웅기(2018), 28-29쪽.
59) 최용호(2019), 96-97쪽.

지신탁에서는 건축물 사용승인 전에 수납이 예정된 분양수입금 총액에서 토지비를 제외한 총 사업비를 공제한 금액을 한도로 분양수입금을 수익 지급에 사용할 수 있다.[60)]

1) 선지급조건

"선지급조건"은 다음과 같다. i) 토지비[61)]를 대여한 자가 수익권에 대한 질권자 또는 우선수익자의 지위에 있을 경우에 한하여 토지비를 대여한 자에 대한 토지비 등의 선지급이 가능함을 차입형 토지신탁 계약서에 명기하여야 한다. ii)「토지신탁수익의 신탁종료 전 지급 기준」에서 정한 범위 내에서 선지급이 가능하다는 취지의 조항을 차입형 토지신탁계약서 및 개별 약정서 등에 명기하여야 한다 iii) 수분양자의 보호를 위해 분양대금이 토지비, 공사비 등의 지급에 사용될 수 있음을 분양계약서에 명기하여야 한다. iv) 아래 ㉠㉡㉢의 세 가지 조건이 모두 충족되는 경우에는 신탁사업에서 발생한 위탁자의 법인세, 법인지방소득세, 종합소득세, 개인지방소득세("법인세 등") 지급을 목적으로 선지급금액 범위 내에서 수익자에 대한 선지급이 가능하다. ㉠ 위탁자가 해당 신탁사업의 법인세 등 산정 내역(전체 사업 및 사업별로 구분된 사업 매출, 비용, 산출세액 등 신탁회사가 신탁사업의 법인세 등 확인을 위해 요구하는 자료 등)을 신탁회사에게 제출, ㉡ 우선수익자 및 수익권에 대한 질권자 전원이 법인세 등 납부를 위한 선지급에 동의, ㉢ 위탁자가 신탁회사 앞으로의 법인세 등 환급금 양도를 약정.

2) 선지급금액

"선지급 금액의 산정"은 다음과 같다. 선지급금액 ≦ 분양수입금[62)]-사업비[63)](지급시점에서 안정적인 사업비 확보가 예상되는 경우 선지급 가능). 여기서 선지급금액은 지급시점의 분양분에 대한 기 수납 및 장래 수납예정 분양수입금총액을 말하고, 사업비는 지급시점까지 지급된 사업비 및 향후 지급 예상되는 사업비이다. 총 선지급 금액은 예상 신탁수익금액을 초과할 수 없다.

3) 적용예외

사용승인일 이후에는 선지급조건 및 선지급금액의 적용 없이 선지급이 가능하다.

4) 금지사항

금지사항은 다음과 같다. i) 대출약정의 효력이 신탁계약의 효력과 동등하거나 우선하게

---

60) 예를 들어서 토지비가 300억원, 토지비를 제외한 사업비가 500억원인 사업을 가정하고, 이때 분양계약이 체결된 총 분양매출이 1천억 원이고, 이중 기수납된 계약금과 중도금이 200억원이라고 하면, 차입형 토지신탁에서는 위 분양수입금 200억원을 전부 토지비 대출 상환을 위해 사용할 수 있는 것이다[선지급 한도=1천억원-500억원]. 반면 관리형 토지신탁의 경우라면 기수납된 분양수입금에서 전체 사업비 대비 토지비 비율만큼 상환이 가능하므로, 분양수입금 200억원 중 75억원만을 토지비 대출 상환을 위해 사용할 수 있다[선지급 한도=200억원×300억원/(300억원+500억원)].

61) 토지비는 부동산 자체의 취득가액과 등기비용, 그 밖에 부동산 취득에 관련된 부대비용을 합한 금액이다.

62) 분양수입금은 부동산개발사업에 따른 수입을 말하는데, 다음 등식이 성립된다. [분양수입금=사업비+토지비+사업이익]

63) 사업비는 공사비, 광고비, 분양비 등 부동산개발사업에 드는 모든 비용에서 토지비를 제외한 금액이다.

하는 내용의 신탁계약 체결이 금지된다. ii) 신탁회사는 「토지신탁수익의 신탁종료 전 지급 기준」에 반하는 금융기관과의 임의인출 약정, 금융기관과의 자금집행순서 및 방법 임의변경약정 등의 체결이 금지된다. iii) 신탁회사가 당사자가 되는 토지비 대출약정 체결이 금지된다. iv) 신탁재산(분양대금계좌, 운영계좌, 보험금 및 건축중인 건축물 등)에 대한 대출금융기관의 질권설정 또는 대출금융기관에 대한 양도담보 제공 등이 금지된다. v) 신탁회사의 분양수입금 관리계좌에서 선지급 및 사업비 집행을 위한 이체 외에 시공사 등 제3자의 계좌로 이체가 금지된다.

(라) 차입형 토지신탁에 의해 진행되는 부동산개발사업

실무상 차입형 토지신탁은 주로 소규모 개발사업에서 이용되는 경우가 많다. 소규모 개발사업의 경우 이른바 1군 시공사들이 참여하지 않는 경우가 많아, 사업비 조달을 위한 PF대출도 성사되기 어려운 경우가 많다. 따라서 차입형 토지신탁은 소규모 부동산개발사업의 자금조달을 위한 해결책이 될 수 있으며, 동시에 신탁회사에게는 위험에 상응하는 높은 수익을 창출할 수 있는 기회로 활용된다.

한편 관리형 토지신탁의 경우 분양률이 상당히 높아 충분한 사업비 확보가 예상되는 상황에서도 토지신탁수익의 신탁종료 전 지급제한으로 인해 잉여 현금으로 PF대출을 일부밖에 상환하지 못하는 경우가 있는데, 그 해결책으로 차입형 토지신탁이 이용되는 사례가 있다. 관리형 토지신탁에서 사업비에 충당하고도 상당한 잉여 현금이 있는 경우 토지신탁 수익 지급의 엄격한 제한을 받지 않을 목적으로 관리형 토지신탁계약을 차입형 토지신탁계약으로 전환하는 사례이다.[64] 이 경우 차입형 토지신탁임에도 불구하고 신탁회사가 실제 사업비를 부담할 일은 거의 없을 것이므로, 당사자들은 사실상 위탁자의 PF대출 조기상환을 통한 금융비용 절감을 주된 목적으로 신탁계약 변경을 하게 되는 것으로 보인다.[65]

(마) 차입형 토지신탁에서 부동산신탁회사의 대주로서의 지위

차입형 토지신탁에서는 신탁회사가 사업비 조달의무를 부담하며, 이는 신탁회사의 고유계정에서 자금을 차입하는 형태로 이루어진다. 이를 통해 신탁회사는 높은 수준의 신탁보수와 고유계정 대여금에 대한 이자를 신탁재산 또는 위탁자로부터 회수할 수 있다. 결국 차입형 토지신탁에서 신탁회사는 PF 대주의 역할을 겸하게 되는 것이다. 이는 자본시장법이 명시적으로 허용하고 있는 부동산신탁회사의 신용공여업무라는 점에서 큰 의미를 갖는다.

한편 실질적으로 PF 대주에 상응하는 지위를 가지게 됨에도 불구하고 신탁회사는 신탁의 우선수익자가 될 필요는 없다. 신탁회사는 신탁사무의 처리에 관하여 지출한 비용을 신탁재산

---

64) 이 경우 차입형 토지신탁임에도 불구하고 신탁계약상 신탁회사의 사업비 조달 한도를 매우 낮게 정하는 경우가 다수이며, 이를 실무에서는 "한정 차입형 토지신탁"이라고 하는 것으로 보인다.

65) 최용호(2019), 97쪽.

이나 수익자로부터 상환받을 수 있고,[66] 그 비용 충당을 위해 신탁재산을 매각할 수도 있으므로,[67] 차입형 토지신탁계약서에 신탁회사의 고유계정으로부터의 차입금은 신탁사무처리를 위한 비용으로서 우선수익자, 수익자에 대한 수익 지급보다 우선하여 신탁재산에서 상환이 이루어진다는 점을 명시함으로써 그 채권상환을 확보할 수 있기 때문이다.[68]

(4) 차입형 토지신탁의 자금조달방식

차입형 토지신탁의 경우 수탁자인 신탁회사가 사업시행자로서 부동산개발사업에 소요되는 사업비를 조달해야 하는 의무가 있다. 신탁회사가 부담하는 비용은 부동산개발사업에 드는 모든 비용에서 부동산 자체의 취득비용을 제외한 사업비이고 사업대상지인 토지의 완전한 소유권을 취득하기 위한 일체의 비용은 위탁자인 시행사가 전적으로 부담한다. 차입형 토지신탁계약에 의한 자금회수 구조상 신탁회사의 사업비가 토지비(총사업비의 평균 15%)와 사업이익(총사업비의 평균 9%), 시공사 건축비 대물인수분(총사업비의 평균 5%)에 대하여 우선하므로 일반적으로 준공시 평균 분양률이 대략 70%를 상회할 경우 신탁회사 입장에서 사업비의 회수가 가능한 것으로 알려져 있다.[69]

한편 사업대상지 토지의 완전한 소유권을 취득하기 위하여 위탁자가 금융기관으로부터 대출한 토지비는 선순위 신탁수익[70] 또는 신탁수익에 대한 질권으로 담보되므로 향후 사업비 등

---

66) 신탁법 제46조(비용상환청구권) ① 수탁자는 신탁사무의 처리에 관하여 필요한 비용을 신탁재산에서 지출할 수 있다.
② 수탁자가 신탁사무의 처리에 관하여 필요한 비용을 고유재산에서 지출한 경우에는 지출한 비용과 지출한 날 이후의 이자를 신탁재산에서 상환(상환)받을 수 있다.
③ 수탁자가 신탁사무의 처리를 위하여 자기의 과실 없이 채무를 부담하거나 손해를 입은 경우에도 제1항 및 제2항과 같다.
④ 수탁자는 신탁재산이 신탁사무의 처리에 관하여 필요한 비용을 충당하기에 부족하게 될 우려가 있을 때에는 수익자에게 그가 얻은 이익의 범위에서 그 비용을 청구하거나 그에 상당하는 담보의 제공을 요구할 수 있다. 다만, 수익자가 특정되어 있지 아니하거나 존재하지 아니하는 경우 또는 수익자가 수익권을 포기한 경우에는 그러하지 아니하다.
⑤ 수탁자가 신탁사무의 처리를 위하여 자기의 과실 없이 입은 손해를 전보(전보)하기에 신탁재산이 부족할 때에도 제4항과 같다.
⑥ 제1항부터 제5항까지의 규정에서 정한 사항에 대하여 신탁행위로 달리 정한 사항이 있으면 그에 따른다.

67) 신탁법 제48조(비용상환청구권의 우선변제권 등) ① 수탁자는 신탁재산에 대한 민사집행절차 또는 국세징수법에 따른 공매절차에서 수익자나 그 밖의 채권자보다 우선하여 신탁의 목적에 따라 신탁재산의 보존, 개량을 위하여 지출한 필요비 또는 유익비(유익비)의 우선변제를 받을 권리가 있다.
② 수탁자는 신탁재산을 매각하여 제46조에 따른 비용상환청구권 또는 제47조에 따른 보수청구권에 기한 채권의 변제에 충당할 수 있다. 다만, 그 신탁재산의 매각으로 신탁의 목적을 달성할 수 없게 되거나 그 밖의 상당한 이유가 있는 경우에는 그러하지 아니하다.

68) 최용호(2019), 99-100쪽.

69) 심창우(2017), 28-29쪽.

70) 신탁수익은 신탁계약 종료시 신탁계약에 따라 수익자에게 지급하는 금액을 말하는데, 다음 등식이 성립된다. [신탁수익=토지비+사업이익]. 여기서 사업이익은 분양수입금에서 사업비와 토지비를 공제한 금액을 말한다.

보다 후순위로 상환받게 되고 신탁종료 전에는 본 사업의 성과가 확실하다고 판단되지 않는 한 지급받을 수 없다. 이 부분이 토지신탁과 프로젝트금융(PF)의 자금구조가 충돌하는 지점인데, 일반적으로 프로젝트금융을 하여 자금을 조달하는 경우에는 시행사에 토지비를 대출하여 준 금융기관이 향후 유입될 분양대금으로부터 최우선 순위로 상환을 받을 수 있는 반면 차입형 토지신탁을 활용할 경우에는 토지비가 신탁수익에 포함됨으로써 위탁자에게 토지비를 대출하여 준 금융기관은 공사비 등 사업비보다 후순위로 상환을 받을 수밖에 없다.

따라서 토지신탁의 실제 분양률이 당초 예상한 분양률에 미치지 못하거나, 신탁회사가 분양률 제고를 위해 할인분양을 실행하는 경우에는 토지비를 대출하여 준 금융기관이 대출 원리금을 변제받지 못하는 상황이 발생하기도 한다. 이처럼 차입형 토지신탁을 활용하여 부동산개발사업을 진행하는 경우 금융기관으로부터 토지비를 조달하기가 어렵게 되고, 결국 차입형 토지신탁으로 진행할 수 있는 개발사업의 범위가 제한될 수밖에 없다.

4. 관리형 토지신탁(신탁회사의 차입유무에 따른 분류)

(1) 서설

(가) 관리형 토지신탁의 개념

자본시장법 및 동법 시행령과 금융위원회 고시인 금융투자업규정에 관리형 토지신탁이 무엇인지 구체적으로 규정하고 있는 내용은 존재하지 아니한다.[71] 그러나 자본시장법 제108조 제9호,[72] 동법 시행령 제109조 제3항 제4호,[73] 금융투자업규정 제4-92조 제4항[74]에 의해 순차로 권한을 위임받은 한국금융투자협회가 제정한 「금융투자회사의 영업 및 업무에 관한 규정」

---

71) 자본시장법 제3조 제1항 제2호, 제117조의2에서 "관리형신탁"을 규정하고 있으나, 관리형 토지신탁이 이에 해당할 수 있음은 별론으로 하고 이를 관리형 토지신탁의 근거로 보기는 어려울 것이다.

72) 자본시장법 제108조(불건전 영업행위의 금지) 신탁업자는 다음 각 호의 어느 하나에 해당하는 행위를 하여서는 아니 된다.
9. 그 밖에 수익자 보호 또는 건전한 거래질서를 해할 우려가 있는 행위로서 대통령령으로 정하는 행위

73) 자본시장법 제109조(불건전 영업행위의 금지) ③ 법 제108조 제9호에서 "대통령령으로 정하는 행위"란 다음 각 호의 어느 하나에 해당하는 행위를 말한다.
4. 수익자(수익자가 법인, 그 밖의 단체인 경우에는 그 임직원을 포함한다) 또는 거래상대방(거래상대방이 법인, 그 밖의 단체인 경우에는 그 임직원을 포함한다) 등에게 업무와 관련하여 금융위원회가 정하여 고시하는 기준을 위반하여 직접 또는 간접으로 재산상의 이익을 제공하거나 이들로부터 재산상의 이익을 제공받는 행위

74) 금융투자업규정 제4-92조(신탁업자의 이익제공·수령 기준) ① 영 제109조 제3항 제4호에서 "금융위원회가 정하여 고시하는 기준"이란 신탁업자(그 임직원을 포함)가 신탁계약의 체결 또는 신탁재산의 운용과 관련하여 수익자(수익자가 법인, 그 밖의 단체인 경우 그 임직원을 포함) 또는 거래상대방(거래상대방이 법인, 그 밖의 단체인 경우 그 임직원을 포함) 등에게 제공하거나 수익자 또는 거래상대방로부터 제공받는 금전·물품·편익 등의 범위가 일반인이 통상적으로 이해하는 수준에 반하지 않는 것을 말한다.
④ 협회는 제1항부터 제3항까지의 시행을 위하여 필요한 구체적 기준을 정할 수 있다.

제2-65조 제6항[75] 및 위 규정 별표 15는 관리형 토지신탁과 관련하여, 토지신탁(신탁의 인수시에 신탁재산으로 토지 등을 수탁하고 신탁계약에 따라 토지 등에 건물, 택지, 공장용지 등의 유효시설을 조성하여 처분·임대 등 부동산 사업을 시행하고 그 성과를 수익자에게 교부하여 주는 신탁)의 한 종류로서, "사업비의 조달의무를 위탁자가 부담하는 신탁"이라고 정의하고 있다.

이에 의하면 관리형 토지신탁이란 사업부지를 소유한 위탁자가 부동산개발사업의 추진을 위하여 그 토지를 신탁회사에 신탁하고, 신탁회사는 토지의 소유자이자 해당 부동산개발사업의 대외적인 사업시행자가 되어 사업을 진행하되, 사업비는 여전히 실질적인 사업주체인 위탁자가 조달하며, 신탁회사는 그 부동산개발사업의 사업수익을 수익자에게 배분하는 내용의 신탁으로 정의 가능할 것이다.[76]

부동산신탁 중 개발사업에 가장 많이 활용되는 관리형 토지신탁은 신탁회사가 개발사업의 사업주체(시행자)로서의 법률적인 지위를 보유하고, 신탁계약에 따라 일체의 시행 관련 업무는 시공사 및 위탁자가 수행하므로 정상적으로 사업이 진행되는 경우 신탁회사의 부담은 없으나, 시공사 및 위탁자의 부도·파산시 신탁회사가 사업주체의 역할을 맡아 인·허가, 착공, 기성,[77] 준공, 분양 및 정산 등 사업진행의 최종책임을 부담하는 개발사업에 적용되는 신탁상품이다. 이는 위탁자가 시행자의 지위를 유지하고 신탁사는 관리업무만을 수행하는 분양관리신탁 또는 "담보신탁+대리사무"의 단점을 보완하여 사업을 진행하는 대안으로 2006년을 전후로 시작되어 현재까지 신탁회사가 중점적으로 취급하고 있는 신탁상품이다.[78]

(나) 관리형 토지신탁의 제도적 의의

부동산신탁은 당초 토지안정화 정책의 일환으로 도입하였으나, 현재 추세는 부동산을 담보로 대출할 경우 근저당을 대신하는 상품으로 발전하였고, 이후 개발사업진행 시 개발사업 안정성에 대한 방안을 요구하는 형태로 진화하고 있는데, 이러한 방안에 대한 개발사업 안정성에 목적을 둔 신탁의 한 종류로서 관리형 토지신탁이 탄생하게 되었다. 관리형 토지신탁은 부동산개발사업의 안정적인 수행을 위하여 사업주체가 신탁회사(수탁자)에 토지를 신탁하고, 수탁자는 사업의 시행자로서 일체 인·허가의 사업주체(또는 건축주) 및 분양사업자 명의를 제공하고

---

75) 금융투자회사의 영업 및 업무에 관한 규정 제2-65조 ⑥ 신탁회사(신탁업을 영위하는 금융투자회사)가 토지신탁(신탁의 인수시에 신탁재산으로 토지 등을 수탁하고 신탁계약에 따라 토지 등에 건물, 택지, 공장용지 등의 유효시설을 조성하여 처분·임대 등 부동산 사업을 시행하고 그 성과를 수익자에게 교부하여 주는 신탁) 업무와 관련하여 신탁수익(토지비 및 사업이익)을 수익자에게 선지급할 경우에는 별표 15의 "토지신탁수익의 신탁종료 전 지급 기준"에 의한 선지급 금액을 초과할 수 없다. 이 경우 제1항 및 제5항의 규정은 적용하지 아니한다.

76) 최용호(2019) 92-93쪽.

77) 기성이란 공사의 진척도 또는 진행 정도를 말한다.

78) 김영규(2017), "관리형 토지신탁의 리스크관리 개선방안에 대한 연구", 고려대학교 정책대학원 석사학위논문(2017. 6), 12쪽.

모든 사업의 실무는 위탁자 및 시공사가 자기책임으로 사업비 조달, 인·허가, 분양 등의 제반 업무를 수행하는 신탁방식이다.

이러한 신탁방식은 신탁회사가 사업주체로서 명의를 대여하고, 일체의 시행 관련 업무는 위탁자 및 시공사가 진행하므로, 정상적 사업진행 시 신탁회사의 부담은 없으나 위탁자 및 시공사의 부도·파산 시 신탁회사가 인·허가, 준공, 분양 등 사업진행의 최종적인 책임을 부담하므로, 부동산개발사업에 적용되는 신탁제도로서 의의가 있다.[79)]

(다) 신탁회사의 법률적 지위 및 그 대외적 권리관계

관리형 토지신탁에서 신탁회사는 신탁재산인 토지의 소유자가 된다. 이에 더하여 해당 사업부지에서 추진되는 부동산개발사업의 사업시행자가 된다. 이러한 개발사업 인·허가권은 공법상 인정된 권리이므로, 일반적으로 사인 간의 계약에 의해 양도·이전할 수는 없다. 따라서 예를 들어 주택법에 따른 공동주택건설사업의 경우 사업시행자였던 위탁자는 관할관청에 주택건설사업계획의 사업시행자를 위탁자에서 신탁회사로 변경하는 주택건설사업계획변경승인을 신청하게 되고, 관할관청이 그 변경승인을 함으로써 신탁회사는 사업시행자가 된다. 이를 위해서 신탁회사가 사업부지의 소유권, 주택건설사업 등의 등록 등 관련 법령상 요구되는 사업시행자의 요건을 모두 갖추어야 함은 물론이다.[80)]

신탁회사가 사업시행자가 된다는 의미는 신탁회사가 분양의 주체(공급자)가 되고, 건축주로서 완성된 건물의 원시취득자가 됨을 의미한다. 이는 부동산 담보신탁과 비교할 때 부동산PF 대주, 시공사 등 채권자에게 상당한 의미를 갖게 되는데, 이는 대략적으로 다음과 같다.

i) 신탁회사가 분양주체(공급자)가 된다는 것은 곧 수분양자들이 납부할 분양대금이 신탁회사에 귀속된다는 것을 의미한다. 따라서 수분양자들이 납부하는 분양대금 역시 신탁재산으로 관리되며, 이에 대해서도 도산절연의 효과가 발생한다. 부동산PF는 분양수입금으로 상환되는 것을 목표로 하므로, 분양수입금의 신탁회사에 의한 관리 및 도산절연은 대주에게 담보확보면에서 큰 의미를 갖는다.

ii) 신탁회사가 부동산소유자이자 사업시행자의 지위에서 분양을 하는 것이므로, 주택법 제61조 제1항,[81)] 「주택공급에 관한 규칙」 제16조[82)]의 소유권 확보 및 담보물권 등 말소의무가

79) 송석주(2012), “관리형 토지신탁을 활용한 개발사업 위험요인 관리에 관한 연구”, 서울시립대학교 도시과학대학원 석사학위논문(2012. 8), 7쪽.

80) 최용호(2019), 93-94쪽.

81) 주택법 제61조(저당권설정 등의 제한) ① 사업주체는 주택건설사업에 의하여 건설된 주택 및 대지에 대하여는 입주자 모집공고 승인 신청일(주택조합의 경우에는 사업계획승인 신청일) 이후부터 입주예정자가 그 주택 및 대지의 소유권이 전등기를 신청할 수 있는 날 이후 60일까지의 기간 동안 입주예정자의 동의 없이 다음 각 호의 어느 하나에 해당하는 행위를 하여서는 아니 된다. 다만, 그 주택의 건설을 촉진하기 위하여 대통령령으로 정하는 경우에는 그러하지 아니하다.

1. 해당 주택 및 대지에 저당권 또는 가등기담보권 등 담보물권을 설정하는 행위

신탁회사를 기준으로 모두 준수된 것이 된다. 따라서 분양 시에도 신탁을 해지할 필요가 없으며, 이는 곧 부동산 담보신탁의 경우와 달리 분양이 있는 경우에도 부동산PF의 대주 등 채권자가 담보권을 그대로 보유할 수 있는 결과가 된다.

iii) 신탁회사가 사업시행자로서 완성된 건물의 원시취득자가 되므로, 건물은 별도의 신탁행위 없이 신탁재산이 된다. 이는 미완성인 건축 중의 건물인 경우에도 마찬가지이다. 반면 부동산 담보신탁에 의하는 경우에는 완성된 건물이 당연히 신탁재산이 되는 것이 아니며, 준공 및 소유권보존등기 후에 별도의 신탁행위, 신탁을 목적으로 한 소유권이전등기를 하여야 한다.

(라) 신탁계약당사자

관리형 토지신탁의 구조를 파악하기 위하여 신탁계약의 당사자를 정리하면 다음과 같다.

1) 위탁자

위탁자는 신탁설정자를 말한다. 위탁자는 신탁행위의 당사자로서 법률에 따라 신탁행위의 무효 내지 취소의 주장이 가능하다. 일반적인 신탁에서의 위탁자와 다르게 관리형 토지신탁의 위탁자는 개발사업의 진행을 목적으로 하는 사업주체이어야 한다[83].

2) 수탁자

수탁자는 위탁자(신탁설정자)로부터 재산권을 이전받음으로 수탁한 신탁재산의 신탁목적에 따라 신탁재산의 관리 또는 처분을 실행하는 자를 말한다. 신탁목적은 관리형의 경우 개발행위

---

2. 해당 주택 및 대지에 전세권·지상권(地上權) 또는 등기되는 부동산임차권을 설정하는 행위
3. 해당 주택 및 대지를 매매 또는 증여 등의 방법으로 처분하는 행위

82) 주택공급에 관한 규칙 제16조(입주자모집 조건) ① 사업주체는 주택이 건설되는 대지의 소유권을 확보하고 있으나 그 대지에 저당권·가등기담보권·가압류·가처분·전세권·지상권 및 등기되는 부동산임차권 등("저당권등")이 설정되어 있는 경우에는 그 저당권등을 말소해야 입주자를 모집할 수 있다. 다만, 다음 각 호의 어느 하나에 해당하는 경우는 그렇지 않다.
1. 사업주체가 영 제71조 제1호 또는 제2호에 따른 융자를 받기 위하여 해당 금융기관에 대하여 저당권등을 설정한 경우
2. 저당권등의 말소소송을 제기하여 법원의 승소 판결(판결이 확정될 것을 요구하지 아니한다)을 받은 경우. 이 경우 사업시행자는 법 제49조에 따른 사용검사 전까지 해당 주택건설 대지의 저당권 등을 말소하여야 한다.
3. 다음 각 목의 어느 하나에 해당하는 구분지상권이 설정된 경우로서 구분지상권자의 동의를 받은 경우
   가. 도로법 제28조에 따른 구분지상권
   나. 「도시철도법」 제12조에 따른 구분지상권
   다. 「철도의 건설 및 철도시설 유지관리에 관한 법률」 제12조의3에 따른 구분지상권

② 사업주체는 대지의 사용승낙을 받아 주택을 건설하는 경우에는 입주자를 모집하기 전에 해당 대지의 소유권을 확보하여야 한다. 다만, 다음 각 호의 어느 하나에 해당하는 경우에는 그러하지 아니하다.
1. 대지의 소유자가 국가 또는 지방자치단체인 경우
2. 사업주체가 공공사업의 시행자와 택지분양계약을 체결하여 해당 공공사업으로 조성된 택지를 사용할 수 있는 권원을 확보한 경우

③ 사업주체는 입주자를 모집하려는 때에는 시장·군수·구청장으로부터 제15조에 따른 착공확인 또는 공정확인을 받아야 한다.

83) 김영규(2017), 14쪽.

의 목적이 된다. 관리형 토지신탁의 경우 자본시장법에 따라 인가를 받은 신탁회사만이 수탁이 가능하며, 이러한 신탁회사들 가운데서도 금융위원회로부터 관리형 토지신탁에 대한 별도의 인가를 받은 신탁회사만이 가능하다.

3) 수익자

수익자는 신탁물건의 설정에 따라 장래에 신탁재산의 운영 및 관리를 통하여 신탁의 이익을 향유하는 자를 말한다. 일반적으로 부동산신탁에서 위탁자는 신탁계약 체결 시 수익자의 지정이 가능하며 별도로 지정하지 않은 경우에는 위탁자가 수익자를 겸하게 된다. 수익자가 가지는 이러한 권리를 수익권이라 한다.

4) 우선수익자

관리형 토지신탁의 우선수익자는 설정한 수익한도 금액의 범위 안에서 수익자보다 우선적으로 신탁의 수익을 교부받을 권리를 가진 자를 말한다. 관리형 토지신탁에서는 대출금융기관과 시공사가 우선수익자의 지위를 가지게 되는 것이 일반적이다.

5) 결어

관리형 토지신탁은 수탁자인 신탁회사가 사업비의 조달책임을 부담하지 아니한 상태로 사업주체의 의무 중 전부 또는 일부를 책임지는 방식으로 이루어지는 소극적인 형태의 토지신탁이다. 초기의 관리형 토지신탁 사업에서 사업비의 조달책임은 규모가 상대적으로 영세한 위탁자보다는 신용도가 높은 시공사가 부담하게 되며, 시공사는 책임준공 및 사업비 조달에 대한 지급보증 등의 신용공여를 부담하기 때문에 시공사의 신용도가 개발사업의 진행에 가장 큰 영향을 끼치게 된다. 이와 같은 이유로 초기의 관리형 토지신탁은 신용도가 우량한 대형 시공사의 경우에만 신탁회사가 사업성과 신용도를 검토 후 수탁을 받는 형태가 일반적이라 할 수 있다. 그러나 신탁회사 간의 영업경쟁의 심화, 대출금융기관의 관리형 토지신탁 선호 현상에 따른 시장의 요구 등에 따라 신용도가 다소 낮은 시공사를 대상으로도 관리형 토지신탁을 수탁받는 경우가 증가하면서 신탁회사의 리스크가 증가하는 추세이다.[84]

(2) 관리형 토지신탁의 특징

(가) 관리형 토지신탁의 장점

관리형 토지신탁에서 신탁회사는 위탁자 겸 수익자인 토지소유자에게 토지를 수탁받아 시공사(건설회사)와 공사도급계약을 체결하고 대출금융기관으로부터 사업비 조달 및 차입금 상환의 역할을 수행한다. 법률적으로 건축주의 지위를 신탁회사가 확보하고 있기 때문에 위탁자의 인·허가 및 준공검사 비협조를 예방할 수 있으며, 시공사의 부도·파산 시에도 대체 시공사를 선정하여 사업을 지속적으로 진행하는 것이 가능하며, 피분양자에게는 매도인의 자격으로 분

84) 김영규(2017), 15-16쪽.

양대금을 수납한 후 소유권을 직접 이전해 줌으로써 사업의 안정성을 확보할 수 있다는 장점이 있다. 또한 신탁회사가 보유한 기술인력을 활용할 수 있기 때문에 설계 및 감리업무에 대한 협업 및 관리에 있어서 위탁자 등에 비하여 상대적으로 전문성을 확보할 수 있다는 장점을 가지고 있다.[85)]

(나) 토지신탁수익의 신탁종료 전 지급 제한

관리형 토지신탁에서는 신탁회사가 사업시행자가 되고 수분양자들에 대하여 건축물을 공급할 자의 지위에 있으므로, 건축물의 완성은 신탁회사에게도 중요한 의미가 있다. 만일 분양수입금을 사업비에 사용하지 아니하고 위탁자의 채권자인 우선수익자에 대한 수익 지급에만 사용한다면 사업비 부족으로 인해 건물이 준공되지 않을 수 있고, 이는 신탁회사의 수분양자들에 대한 법적 책임 부담 및 부실화로 이어질 수 있다. 따라서 「금융투자회사의 영업 및 업무에 관한 규정」은 관리형 토지신탁의 신탁종료 전 수익 지급을 엄격한 기준에 의하여 허용하고 있다.

관리형 토지신탁에서 신탁종료 전 수익 지급이 허용되는 구체적인 기준은 「금융투자회사의 영업 및 업무에 관한 규정」 별표 15 「토지신탁수익의 신탁종료 전 지급 기준」에서 정하고 있다.

1) 선지급조건

"선지급조건"은 다음과 같다. i) 지급시점을 기준으로 회사채 신용등급 BBB0 이상 시공사의 책임준공약정이 있어야 한다. 회사채 미발행 시공사의 경우 CP등급과 기업신용평가등급을 기준으로 신용도를 판단하며, 지급시점을 기준으로 CP등급이 A3 이상 이거나 기업신용평가가 BBB0 이상인 때에는 "회사채 신용등급 BBB0 이상"에 해당하는 것으로 본다. ii) 지급시점을 기준으로 회사채 신용등급 BBB^- 이하의 시공사가 책임준공 약정을 한 경우에는 BBB+ 이상 시공사(당해 사업의 공사도급금액 이상의 시공능력평가액도 함께 보유)가 자금보충약정 또는 책임준공 연대보증을 하여야 한다. iii) 토지비를 대여한 자가 수익권에 대한 질권자 또는 우선수익자의 지위에 있을 경우에 한하여 토지비를 대여한 자에 대한 토지비 등의 선지급이 가능함을 관리형 토지신탁 계약서에 명기하여야 한다. iv) 「토지신탁수익의 신탁종료 전 지급 기준」에서 정한 범위 내에서 선지급이 가능하다는 취지의 조항을 관리형 토지신탁 계약서 및 개별약정서 등에 명기하여야 한다. v) 수분양자의 보호를 위해 분양대금이 토지비, 공사비 등의 지급에 사용될 수 있음을 분양계약서에 명기하여야 한다. vi) 아래 ㉠㉡㉢의 세 가지 조건이 모두 충족되는 경우에는 신탁사업에서 발생한 위탁자의 법인세, 법인지방소득세, 종합소득세, 개인지방소득세("법인세 등") 지급을 목적으로 선지급금액 범위 내에서 수익자에 대한 선지급이 가능하다. ㉠ 위탁자가 해당 신탁사업의 법인세 등 산정 내역(전체 사업 및 사업별로 구분된 사업

85) 김영규(2017), 13-14쪽.

매출, 비용, 산출세액 등 신탁회사가 신탁사업의 법인세 등 확인을 위해 요구하는 자료 등)을 신탁회사에게 제출, ㉡ 우선수익자 및 수익권에 대한 질권자 전원이 법인세 등 납부를 위한 선지급에 동의, ㉢ 위탁자가 신탁회사 앞으로의 법인세 등 환급금 양도를 약정.

2) 선지급금액

"선지급 금액의 산정"은 다음과 같다. i) 선지급 금액 ≦ 분양수입금 × [토지비 / (토지비+사업비)](기 수납된 분양수입금 중 토지비 비율만큼 선지급 가능). 여기서 분양수입금은 지급시점의 분양분에 대한 기수납 분양수입금을 말한다. 토지비와 사업비는 신탁계약 시 사업수지표상 자료를 적용한다. 다만, 토지취득에 따른 이자비용은 계산에서 제외한다. ii) 시공사의 회사채 신용등급이 BBB^+ 이상이며, 예상 분양수입금이 사업비의 110%를 초과하고, 전체 공사비(부지 매입비 제외)의 50% 이상 투입이 확인된 경우(다만, 아파트의 경우 동별 건축공정이 30% 이상이어야 함)로서 직전 회차 중도금이 완납된 때에는 다음의 기준을 적용할 수 있다. 선지급금액 ≦ (분양수입금 - 사업비). 여기서 분양수입금은 지급시점의 분양분에 대한 기 수납 및 장래수납예정 분양수입금 총액을 말하고, 사업비는 지급시점까지 지급된 사업비 및 향후 지급 예상되는 사업비를 말한다. 지급기준 ii)의 적용 이후에는 i)의 기준에 의한 지급은 할 수 없다. iii) 총 선지급 금액은 예상 신탁수익금액을 초과할 수 없다.

3) 적용예외

다음의 어느 하나에 해당하는 경우에는 「토지신탁수익의 신탁종료 전 지급 기준」의 선지급조건 및 선지급금액의 적용 없이 선지급이 가능하다. i) 대출금융기관이 자금보충약정을 한 경우, ii) 시공사(선지급조건의 시공사 요건을 갖춘 시공사)의 관계회사인 시공사(회사채 신용등급 BBB^+ 이상이어야 함)가 자금보충약정 및 책임준공 연대보증을 한 경우, iii) 사용승인일 이후, iv) 기관투자자나 펀드 등이 단독 또는 공동으로 분양물건을 일괄매수한 경우로서 매수인이 확정되고 시공사(회사채 신용등급 BBB^0 이상)의 책임준공 약정이 체결되었으며 위탁자 및 시공사의 요청과 매수인 전원의 서면동의가 있는 경우. 다만, 매수인이 중도금을 납입한 이후 또는 사용승인일까지 계약해제를 금지한 경우에 한한다.

4) 금지사항

금지사항은 다음과 같다. i) 대출약정의 효력이 신탁계약의 효력과 동등하거나 우선하게 하는 내용의 신탁계약 체결은 금지된다. ii) 신탁회사는 「토지신탁수익의 신탁종료 전 지급 기준」에 반하는 금융기관과의 임의인출 약정, 금융기관과의 자금집행순서 및 방법 임의변경약정 등의 체결은 금지된다. iii) 신탁회사가 당사자가 되는 토지비 대출약정 체결은 금지된다. iv) 신탁재산(분양대금계좌, 운영계좌, 보험금 및 건축중인 건축물 등)에 대한 대출금융기관의 질권설정 또는 대출금융기관에 대한 양도담보 제공 등은 금지된다.

5) 결어

위 토지신탁수익의 신탁종료 전 지급 기준에 의해 관리형 토지신탁에서의 사용승인 전 PF 대출 상환은 실제 입금된 분양수입금 중 전체 사업비에서 토지비가 차지하는 비율에 한하여 가능하다. 따라서 분양률이 상당히 높은 사업장의 경우 충분한 사업비 확보가 예상되는 상황에서도 잉여 현금으로 PF대출을 일부밖에 상환하지 못하는 경우가 존재한다. 이와 같은 문제점을 감안하여 부동산PF 실무에서는 대출을 한도 조건으로 설정하고, 그때그때 필요한 금액만을 인출하며, 분양수입금 입금 정도에 따라 대출한도를 차감하는 방식을 흔하게 볼 수 있다.[86)]

(다) 부동산PF에서 관리형 토지신탁이 선호되는 이유

위에서 본 바와 같이 관리형 토지신탁은 PF 대주와 시공사에게 부동산 담보신탁에 비하여 비교할 수 없을 정도로 안정적인 담보수단을 제공한다. 이에 더하여 PF 대주와 시공사 입장에서는 사업시행자 지위가 신탁회사로 이전되어 있다는 점에서 시행사와의 의견 불일치, 시행사의 비협조 등으로 인한 갈등 시 신탁회사의 사업시행자 지위에서의 업무수행을 통해 자신들의 의견을 관철할 수 있는 수단도 가질 수 있게 되고, 극단적으로 시행사가 도산상태에 빠진 경우에도 사업을 진행할 수 있는 가능성도 생긴다.[87)] 시행사 입장에서도 관리형 토지신탁에 의하는 경우 사업의 안정성이 확보되고 그에 상응하는 금융비용을 절감할 수 있으므로, 관리형 토지신탁이 시행사에게 불리한 것으로는 보기 어렵다. 따라서 부동산PF 실무에서 관리형 토지신탁을 선호하는 것은 당연한 현상으로 보인다.[88)]

(3) 개발사업 위험요인과 위험요인 저감효과

(가) 개발사업 관계자별 위험요인

부동산개발사업은 기획단계에서부터 건물을 준공하여 완성된 건물의 소유권을 수분양자들에게 이전하는 순간까지 단계별 위험요인에 노출되어 있는데, 개발사업 관계자별 위험의 요인은 각각 다르기 때문에 관계자별로 살펴본다.

1) 사업주체의 위험요인

i) 부동산개발사업 중 기간에 대한 위험요인(시간적 위험)을 들 수 있다. 부동산개발사업을 진행하기 위하여 토지 매입 후 인·허가 기간이 장시간에 걸쳐서 일어나는 경우, 일부 메이저급의 사업주체를 제외하고는 소규모의 재정을 가지고 사업을 진행하는 경우가 대부분이다. 소규모 사업주체인 경우 토지대금의 조달은 건설사의 보증 등으로 인한 PF를 실행하고 있는

86) 최용호(2019), 94쪽.

87) 시행사가 사업시행자로서의 공법적인 지위를 가지고 있지 아니하므로, 이른바 "도장 값"을 받는 행위를 막을 수 있다. 그리고 부동산PF 실무상 시행사의 사업시행권 포기각서 등을 징구하는 사례가 많은데, 관리형 토지신탁에서는 이론적으로 그러한 각서가 필요하지 않게 된다.

88) 최용호(2019), 94-95쪽.

실정인데, 이러한 경우 인·허가의 장기화로 인한 PF 금융비용 과다 발생 및 제세공과금의 부담(보유) 등으로 인한 사업진행이 표류할 수 있는 위험요인을 들 수 있다. ii) 건설사의 부도·파산을 들 수 있다. 2008년 금융위기를 시작으로 건설사들은 국내 및 해외 부동산 경기 하락으로 인해 건설사의 부도·파산으로 인한 권리침해 제한 사항은 증가하고 있는 추세이다.[89)]

이런 경우 아파트사업장은 주택도시보증공사[90)]가 보증의 책임을 다하고 있다. 주택도시보증공사의 책임은 주로 보증이행 및 환급이행으로 이뤄지고 있는데, i) 보증이행인 경우 주택도시보증공사가 사업주체가 건실하게 살아있음에도 불구하고 건설사의 부도를 사유로 사업주체로부터 사업권을 양수받아 새로운 건설회사를 선정하여 공사를 진행한다. 이때 새로운 건설회사를 선정하기까지 장시간의 기간이 요구되며 선정 이후에는 기존 건설회사의 하도급 업체 등의 유치권 문제가 대두되어 원활한 공사진행이 이루어지기까지 오랜 기간이 소요되므로 사업주체의 경우 사업이익의 감소 및 금융비용의 발생으로 인한 기한이익상실 등 선의의 피해를 입게 된다. ii) 환급이행인 경우는 수분양자 대다수에게 분양대금에 대한 환급절차를 실행한 이후 새로운 사업주체에게 매각하는 것이므로 사업주체의 경우 투자한 사업비 회수가 불가능하게 된다.

2) 건설회사의 위험요인

i) 사업주체의 토지소유권 확보 후 부동산개발사업 진행시 인·허가(교통영향평가, 문화재조사 등)의 지연 및 분양개시 이후 분양성이 저조하여 분양률이 일정 수준에 미치지 못할 경우 사업주체 수익금 대부분은 금융비용 및 수분양자 가격할인정책으로 대체된다. 사업주체 입장에서 분양성이 저조할 경우, 건물의 준공 및 사업의 정산 이후 장래 보전받게 될 사업이익이 발생하지 못할 것이 예상되므로, 사업주체의 권리를 악용하여 준공검사 및 보존등기에 협조를 하지 않아 건물준공 및 수분양자로 소유권 이전이 이루어지지 않는 경우가 대부분이다. 이는 사업주체가 건설사의 책임준공의무를 악용하여 건물 준공시점에 지체상금 등의 문제를 발생시켜 건설사는 별도의 합의를 통한 사업주체에게 비용을 지불하게 하는 행위를 하게 한다. 책임준공의무를 부담하고 있는 건설사의 경우, 공사비 할인 등 별도의 합의비용 등이 발생하며, 또한 정상적으로 소유권도 이전받지 못한 수분양자들로부터 집단민원의 사태가 발생하기도 한다. ii) 개발사업진행 시 분양경기가 호황인 경우에 사업주체의 분양경기 과열로 인한 이중분양의 사례들이 발생하기도 한다. 2003년 발생한 동대문 쇼핑몰 굿모닝시티의 경우 굿모닝시티가 상가를 분양하는 과정에서 분양이 과열됨에 따라 사업주체가 이중분양 등을 통하여 대금 횡령,

89) 송석주(2012), 14-15쪽.

90) 주택건설과 관련된 각종 보증 등을 행함으로써 주택분양계약 고객 및 입주자를 보호하고 주택건설사업자의 원활한 사업수행을 지원하여 주택건설을 촉진함으로써 국민의 주거복지 향상과 국민경제의 균형 있는 발전에 기여하고자 주택도시기금법 제16조에 의해서 설립된 보증기관이다.

배임 등으로 인한 약 3,700명의 피해자들이 발생한 사건도 있다.[91)]

3) 금융기관의 위험요인

i) PF를 통한 자금흐름에 대한 것으로 개발사업진행 시 토지소유권 확보 및 사업의 진행 비용으로 사용하게 될 재원의 관리에 대하여 사업주체의 사용에 대한 불명확성 및 불안감이 있다. ii) 금융기관의 투자금에 대한 회수방안은 분양을 통한 수분양자의 분양대금으로 상환되어야 하는데 사업주체 및 건설회사의 부도·파산인 경우 보증채무에 대한 위험 및 통장의 (가)압류 등에 대한 우발채무가 발생할 가능성이 큰 위험요인으로 작용할 수 있다.[92)]

(나) 위험요인 저감효과

1) 사업주체의 위험요인 저감효과

i) 신뢰성이 높은 신탁사와의 관리형 토지신탁 사업진행 시 개발사업 사업주체에 대한 수분양자의 우려를 불식시킬 수 있으며, 분양대금 안전관리를 통하여 사업의 안전한 성공이 기대된다. ii) 건설회사의 부도·파산 등의 사고가 발생할 경우 신탁사가 사업주체로서 대체시공사 선정 등을 신속하게 진행하기 때문에 사업의 안정성이 증가한다. iii) 건설회사의 공사비 지급 시 현장관리 및 공정을 파악하여 건설회사의 과기성 방지 효과를 가져올 수 있다. iv) 사업진행 과정에서 사업주체, 건설회사, 금융기관간의 협의 불가 시 관리형 토지신탁의 계약서상 우선순위가 기타계약서(도급계약서, 대출계약서 등)보다 우선순위이기 때문에 사업당사자 간 의견 충돌이 발생할 경우 신탁사가 사업주체로서 중재 및 사업의 안정성에 기여할 수 있다.[93)]

2) 건설회사의 위험요인 저감효과

i) 신탁법 제21조는 신탁재산에 대하여 강제집행 등을 할 수 있는 채권자를 열거하고 그 외의 채권자는 신탁재산에 대하여 강제집행을 할 수 없다고 규정하고 있다. 다만, "신탁재산에 대하여 신탁 전 원인으로 발생한 권리" 또는 "신탁사무의 처리상 발생한 권리"에 기한 경우에만 신탁재산에 강제집행을 할 수 있지만 수탁자의 일반 채권자는 그 어느 것에도 해당하지 아니하므로 신탁재산에 대하여는 강제집행할 수 없게 된다. 따라서 신탁재산은 위탁자의 채권자로부터 제한물권 행위 발생 등의 행위로부터 보호되어 정상적인 공사 및 사업진행이 가능하다. ii) 위탁자의 참여를 원천적으로 배제하고 신탁회사가 사업주체로 참여하게 되므로 건축주 및 분양계약에 관한 사항에 대하여 신탁사 명의로 분양(임대) 계약을 체결하므로 중복(이중)계약, 분양대금 유용 등의 분양사고를 방지할 수 있다. iii) 건물공사를 완료하여 준공검사 및 보존등기(원시취득)의 의무를 법적 건축주인 신탁사가 진행함으로 인하여 안정적인 책임준공의무를

91) 송석주(2012), 15-16쪽.
92) 송석주(2012), 16-17쪽.
93) 송석주(2012), 18쪽.

이행하고 수탁자(신탁사)로부터 수분양자로 재산권 이전을 지시할 수 있어 안정적이다. iv) 사업주체의 부기등기 또는 주택도시보증공사의 직접 신탁등기 시 사업주체의 채권자가 위탁자의 소유권이전등기청구권을 (가)압류[94]할 경우 소유권보존등기 및 수분양자 앞 소유권이전에 어려움이 있고, 채권자대위권을 행사하여 미완성건물을 보존등기 후 제한물권을 설정할 경우 예기치 못한 제한물권 말소비용이 발생할 수 있으나, 관리형 토지신탁은 신탁회사가 시행자이므로 상기 권리침해 사항이 발생되지 않는다.[95]

3) 금융기관의 위험요인 저감효과

i) 신탁설정 후 위탁자의 상속 및 파산 등에 영향을 받지 않으므로 위탁자의 채권으로 인하여 대출기관 금전채권의 안정성을 담보할 수 있다. ii) 건축주로서의 법적 지위를 수탁자(신탁사)가 가지며 사업주체의 가공의 채권 및 제한물권에 영향을 받지 아니하므로 채권확보에 유리하다. iii) 사업주체의 도산위험 헤지인데, 위탁자의 사고(부도 또는 파산) 발생 시 신탁회사가 사업시행자이고, 신탁재산은 위탁자와 분리되어 보호되므로 정상적 사업추진이 가능하다. 관리형 토지신탁을 하지 않고 사업하는 경우 사업주체의 사고(부도 또는 파산) 발생 시에는 사업권 인수기간이 장기화된다. iv) 분양대금에 대한 제3자의 권리침해 방지로서 개발사업진행 시 위탁자의 채권자들이 금융기관에서 자금을 관리하는 경우 자금(통장)에 대한 압류가 가능하나 관리형 토지신탁의 경우 분양대금도 신탁재산으로 보호되어 신탁계좌 압류 등을 방지할 수 있다.[96]

(4) 관리형 토지신탁의 자금조달방식

관리형 토지신탁의 경우 일반적으로 계약당사자는 위탁자 겸 수익자인 시행사, 수탁자인 신탁회사, 대주 겸 제1순위 우선수익자인 대출금융기관, 시공사 겸 제2순위 우선수익자인 건설회사가 된다. 차입형 토지신탁의 경우와 마찬가지로 토지비가 사업비가 아닌 신탁수익에 포함됨으로써 위탁자에게 토지비를 대출하여 준 금융기관이 사업비 등보다 후순위로 상환을 받게 된다. 그러나 관리형 토지신탁의 경우 실무적으로 자금의 용도에 따라 복수의 자금관리계좌를 개설하는 방식으로 자금조달의 어려움을 해결하고 있는데, 대출금 상환을 위한 계좌 및 이자를 유보할 계좌를 개설하고 분양수입금이 유입될 때마다 일정금액을 대출금 상환계좌 및 이자 유보계좌로 이체하고 그 나머지를 사업비 등이 지출되는 운용계좌에 이체하는 방식이 그것이다. 이러한 방식은 토지비의 대출원리금 등을 신탁종료 전에 사업비보다 먼저 지급하는 것은 아니

94) 소유권이전등기청구권에 대한 (가)압류는 제3채무자가 다른 사람에게 소유권을 넘겨주지 않고 먼저 채무자 명의로 소유권이전등기를 마쳐 이를 채무자의 책임재산으로 만든 다음 채권자가 이에 대하여 강제집행을 실시하여 채권을 만족시키는 제도이다.

95) 송석주(2012), 18-19쪽.

96) 송석주(2012), 19-20쪽.

지만 신탁수익을 별도의 계좌에 유보시켜 놓음으로써 향후 사업비 등의 부족으로 원활한 사업 진행이 어려워질 수 있는 위험이 있다.[97]

Ⅳ. 토지신탁의 구조적 위험

1. 토지신탁과 조세

(1) 부가가치세의 납세의무자

일반적으로 부가가치세는 사업상 독립적으로 재화 또는 용역을 공급하는 자, 즉 사업자가 이를 납부할 의무를 진다(부가가치세법2①). 사업자만이 부가가치세의 납세의무자 및 환급청구권자이다. 신탁법상의 신탁은 위탁자가 수탁자에게 특정의 재산권을 이전하거나 기타의 처분을 하여 수탁자로 하여금 신탁목적을 위하여 그 재산권을 관리·처분하게 하는 것(신탁법2)이기 때문에, 수탁자가 신탁재산에 대한 토지개발행위를 하거나 신탁재산을 관리·처분함에 있어 재화 또는 용역을 공급하거나 공급받게 되는 경우 수탁자 자신이 계약당사자가 되어 신탁업무를 처리하게 되나, 그 신탁재산의 개발·관리·처분 등으로 발생한 이익과 비용은 최종적으로 위탁자에게 귀속하게 되어 실질적으로는 위탁자의 계산에 의한 것으로써 신탁법에 의한 신탁 역시 부가가치세법 제6조 제5항 소정의 위탁매매와 같이 "자기(수탁자)명의로 타인(위탁자)의 계산에 의하여" 재화 또는 용역을 공급하거나 또는 공급받는 등의 신탁업무를 처리하고 그 보수를 받는 것이므로, 신탁재산의 개발·관리·처분 등 신탁업무를 처리함에 있어서의 사업자 및 이에 따른 부가가치세 납세의무자는 위탁자로 본다. 다만 신탁계약에서 위탁자 이외의 수익자가 지정되어 신탁의 수익이 우선적으로 수익자에게 귀속하게 되어 있는 타익신탁의 경우에는, 그 우선수익권이 미치는 범위 내에서는 신탁재산의 관리·처분 등으로 발생한 이익과 비용도 최종적으로 수익자에게 귀속되어 실질적으로는 수익자의 계산에 의한 것으로 되므로, 토지신탁의 경우 사업자 및 이에 따른 부가가치세 납세의무자는 위탁자가 아닌 수익자로 본다(대법원 2008. 12. 24. 선고 2006두8372 판결).

(2) 부가가치세의 환급청구권자

구 신탁법 제19조(현행 신탁법 제27조)는 "신탁재산의 관리·처분·멸실·훼손 기타의 사유로 수탁자가 얻은 재산은 신탁재산에 속한다"고 규정하고 있으므로, 부가가치세 환급청구권은 일정한 과세기간 동안에 매입세액이 매출세액을 초과하는 경우 사업자에게 그 차액에 상당하는 세액의 환급청구가 인정되는 권리로서, 신탁법상의 신탁에 있어서 신탁재산의 개발·관리·처분 등의 거래에 대한 부가가치세 납세의무자 및 환급청구권의 귀속권자는 사업자인 위탁자

97) 심창우(2017), 29쪽.

이고, 비록 공급하는 자에게 지급한 매입세액 상당액을 수탁자가 신탁재산에 속한 자금으로 지급하였다고 하더라도 그와 같은 이유만으로 부가가치세 환급청구권이 바로 신탁재산의 개발·관리·처분 등으로 수탁자가 얻은 재산이라고 할 수는 없으므로, 이와 같은 경우에 국가에 대하여 가지는 부가가치세 환급청구권은 위 법조 소정의 신탁재산에 속한다고 할 수 없다(대법원 2003. 4. 25. 선고 2000다33034 판결).

부동산신탁사는 부동산개발과정 중 매입부가치세액이 매출부가가치세액보다 큰 경우로써 통상 부동산개발 초기 또는 분양이 저조한 사업장에서 발생가능성이 크다. 다만 부가가치세가 면세용역에 해당하는 국민주택규모 이하의 국민주택 등에는 해당이 없지만, 국민주택규모를 초과하는 주택이나 상가 등에는 항상 위험성이 내재되어 있다고 볼 수 있다.[98]

2. 토지신탁 조달사업비의 무한책임

(1) 자금조달에 따른 구조적 위험요인

토지신탁은 부동산개발사업을 목적으로 부동산을 신탁하는 것으로서 일반건설사업과 절차상 동일하다. 다만 토지신탁은 위탁자의 토지를 수탁받아 해당 토지에 적합한 개발을 행하는 주체로서 개발을 위한 막대한 자금이 소요되며 개발자금의 조달과 상환책임은 모두 부동산신탁사가 부담하고 있다. 그 이유는 부동산신탁사가 금융기관으로부터 직접적인 차주 자격으로 조달하기 때문이다. 이와 같은 자금조달구조로 인해 토지신탁사업이 분양부진 등으로 부실화되는 경우 바로 차주인 부동산신탁사의 부실로 이어졌고 동일 신탁사 내의 우량한 사업까지 막대한 지장을 초래하였다.[99]

부동산신탁사의 주도적 자금조달원은 선분양에 따른 분양대금의 유입을 전제로 사업의 수지분석을 하였으며, 토지신탁사업을 수행하던 중 예상 분양률 이하로 저조할 경우 부동산신탁사는 상당한 유동성 위기를 맞게 된다. 이러한 분양대금의 유입이 지장을 맞게 되면 결국 부동산신탁사의 자체신용에 의해 자금을 조달할 수밖에 없으며, 시장에서의 유동성 위기 등을 빌미로 높은 금리를 부담할 수밖에 없게 된다. 그 이유는 부동산신탁사도 계속기업으로서 매년 신용평가를 받아 신용등급에 따른 조달금리를 적용받기 때문이다. 이를 부동산신탁사의 자금조달에 따른 구조적 위험요인을 분류해 보면 다음과 같다.

i) 과다한 차입의존도이다. 부동산신탁사는 사업규모에 비하여 자기자본규모가 작아서 외부차입 의존도가 높을 수밖에 없으며, 이로 인해 과거 IMF 외환위기 등과 같은 시장여건이 악화될 경우 자생력을 잃고 경영악화가 급속히 진전될 가능성을 내포하고 있다. 타인자본 중에

98) 인성식(2013), 178쪽.
99) 인성식(2013), 179-180쪽.

서도 직접금융에 의한 자금조달이 전무하여 간접금융에 절대적으로 의존하기 때문에 위험분산 효과가 취약하고, 단기차입 의존도가 크면 클수록 유동성위험이 증대되는 구조이다.

ii) 자금조달 및 운용의 만기 불일치에 따른 위험성이다. 토지신탁사업의 자금운용은 단기차입 후 단기연장하는 방식으로 자금조달을 지속하는 형편이다. 일반적으로 자금운용기간이 장기간 소요되므로 자금조달 및 운용의 만기 불일치로 인한 유동성 및 금리위험으로 인해 만성적인 자금부족과 고비용에 노출되어 있다.

iii) 부동산신탁사의 신용에 의한 차입으로 위험에 항시 노출되어 있다. 부동산신탁사의 토지신탁 사업장은 사업장별로 분별관리(신탁법37)되고 있음에도 외부로부터의 자금차입이 사업장별로 이루어지지 않고 부동산신탁사에 의존하기 때문에, 즉 차입주체가 부동산신탁사이므로 토지신탁 사업장 중 하나가 부실화되면 나머지 토지신탁 사업장도 영향을 받을 가능성이 크다.

iv) 부동산시장의 위험에 대한 예측 및 분산기능의 취약이다. 토지신탁의 경우 부동산 경기하락 등으로 인해 개발된 부동산이 분양·임대되지 않고 차입금 이자가 누적되어 손실이 계속 발생하면 부동산신탁사의 경영이 악화될 가능성이 크다. 국내 경기상황에 따른 부동산 경기하락보다 외국의 경기악화 또는 금융위기 등 그 파급 여파로 인한 국내 부동산 경기하락을 경험한 상황[100]에서 부동산경기를 적절히 예측하고 분석하는 기능을 갖추지 못한 경우 대규모 손실과 함께 부도위험이 높아지기 마련이다.

v) 경영관리상의 문제점 노출이다. 부동산신탁사는 부동산 경기예측, 사업평가 및 시장기능 등의 기획기능과 자금관리, 위험관리, 상품개발, 마케팅기능 등의 업무 및 조정기능이 부동산신탁사의 독립적인 판단에 의존하고 있다. 이에 따른 시행착오를 줄이기 위해 전문인력을 확충하고 부동산신탁사 외부의 기능을 최대한 활용할 수 있는 시스템 마련이 중요하다. 또한 부동산신탁사가 금융기관 자회사 형태로 존속하는 경우가 많기 때문에 잦은 경영진의 교체도 이러한 기능을 약화시키는 경향으로 작용할 수 있을 것으로 판단된다.

(2) 사업비 조달방법

토지신탁에 소요되는 사업비는 주로 토지신탁사업의 자체 분양수입금으로 충당하는 것으로 예정되어 있으나, 사업 초기 또는 분양이 저조할 경우 부동산신탁사는 자신의 책임으로 금융기관으로부터 대출받아 사업비를 조달하거나 부동산신탁사의 신용도를 이용하여 회사채나 기업어음(CP)을 발행하여 조달한다. 임대아파트나 아파트형공장과 같은 토지신탁사업의 경우 저리의 주택도시기금이나 중소기업정책자금을 지원받으나 이 또한 부동산신탁사에게 최종적으

100) 2008년도의 미국발 금융위기 및 2011년 유럽발 금융위기 등으로 국내 부동산 경기하락 및 침체기를 겪은 바 있다.

로 상환책임이 있다. 임대형 토지신탁(임대아파트) 사업을 하는 경우 저금리로 조달할 수 있는 창구가 주택도시기금인 점을 감안할 때, 회사채 발행 등을 통한 장기의 자금조달은 주목할 만하다.[101]

(3) 사업비 조달실태

(가) 조달자금의 토지신탁 대여

부동산신탁사는 자신의 책임으로 금융기관으로부터 대출을 받아 사업비를 조달하거나 부동산신탁사의 신용도를 이용하여 회사채나 기업어음(CP)을 발행하여 조달하지만 토지신탁사업의 위험요소나 사업성에 관계없이 각 토지신탁사업에 대하여는 동일한 이자율을 적용받는다. 부동산신탁사는 각 금융기관으로부터 각기 다른 이자율로 사업비를 조달하고, 회사채나 기업어음의 발행이율도 발행시기마다 다르나 동일한 이자율로 대여하고 있다. 보통 부동산신탁사는 평균적으로 조달한 금액의 이자율에 조달에 필요한 경비(가산금리 1-2%)를 더해 다시 토지신탁사업에 대여하게 된다. 따라서 부동산신탁사의 신용도가 좋을 경우 사업비 조달이 용이하거나 보다 낮은 이자율로 자금을 조달하게 된다. 부동산신탁사는 현재로서 뚜렷한 위험회피 수단도 가지고 있지 못하고 전통적인 기업금융방식에 의존하고 있다.[102]

부동산신탁사는 신탁법 제37조에서 규정한 "수탁자의 분별관리의무"를 충실히 이행하고 있으나 이러한 토지신탁의 사업비 조달실태는 토지신탁사업 간 상호 간섭을 불러일으켜 진정한 분별관리의무를 다하고 있다고 볼 수 없다. 이러한 상황을 보완하기 위해서는 토지신탁사업의 각각에 대한 위험정도의 측정에 따라 평균적으로 조달한 금액의 이자율에 가산금리를 더하는 방식을 개선할 필요가 있다.[103]

(나) ABS 발행에 의한 조달

부동산신탁사가 보유하고 있는 분양대금채권을 기초자산으로 하여 ABS를 발행하고 이를 판매하여 자금을 조달하게 된다. 긍정적인 측면으로는 새로운 금융기법의 도입으로 자금조달원의 개척이라는데 의의가 있으나, 기존의 대출금을 대환하는 수준의 보조적 역할에 지나지 않으면서 과다한 발행비용으로 신탁사업의 수익을 감소시킬 우려가 높다. 또한 부동산신탁사의 기존 자금조달금리와 ABS에 상환해야 하는 금리차이에 관한 문제로서 통상의 경우 부동산신탁사의 평균금리보다 ABS의 상환 금리가 높다. ABS의 발행에 있어 신뢰도를 향상시키기 위해 신용도가 우량한 금융기관에서 ABS에 대한 원리금의 지급보증을 하게 된다. 이러한 지급보증이 없으면 ABS의 발행이 불가능하거나 발행액이 축소될 수밖에 없으며, 발행된다 하여도 후순

101) 인성식(2013), 180쪽.
102) 인성식(2013), 180-182쪽.
103) 인성식(2013), 181쪽.

위채로 상당 부분 인수하여야 할 것이다. 이럴 경우 총발행액에 대한 비용은 비용대로 커지고, 자금유입액은 후순위채를 제외한 금액만이 조달되므로 소기의 목적 달성을 어렵게 하고 있다.

(4) 사업비 조달방안 개선

통상의 경우 토지신탁 수익권증서는 유통 가능한 유가증권으로서는 기능을 하지 못하고 있다. 그 이유는 토지신탁 수익권증서는 증서상에 금액이 표기되지 않으며, 다만 수익지분만을 표시하기 때문이다. 토지신탁의 수익은 미확정채권으로서 금융기관의 담보목적물에도 부적합하여 정식담보로서는 취급하지 않는다. 따라서 기존의 자금조달원으로서의 방법에 추가하여 현행 신탁법은 수익증권의 발행, 신탁사채의 발행, 수익권증서의 질권설정 방안을 마련하였다.[104]

(가) 수익권에 의한 조달

수익권에 의한 자금조달은 신탁법 제65조 및 제66조에서 수익자가 가지는 수익권을 제3자에게 양도하거나 질권설정을 통해 자금조달수단으로 강구하고 있다. 수익권증서는 토지신탁의 원본과 수익을 향유할 수 있는 권리가 표창된 증서로서 위탁자 겸 수익자에게 교부한다. 그러나 수익자가 가지는 수익채권보다 우선하는 신탁채권(토지신탁계약에서 조달자금의 사용처를 토지신탁사업장에 국한한다는 내용이 필요할 것이다)으로서의 수익증권을 발행하여 자금을 조달하는 방법이다.

(나) 신탁사채에 의한 조달

신탁사채는 회사채와 유사한 채권으로 발행을 허용함으로써 대규모 자금조달을 가능하게 한 것이다(신탁법87). 상사신탁의 경우 신탁재산을 근거로 하여 대규모 자금이 필요한 사업을 진행하는데 있어 자금조달을 위탁자 또는 수탁자의 자력과 신용에만 전적으로 의존하게 되면, 대규모 사업 자체가 불가능할 수도 있으므로 회사채와 유사한 채권발행을 허용할 필요성에서 인정된 것이다.

(다) 질권에 의한 조달

위탁자 겸 수익자가 수익권증서를 활용하여 자금을 융통하는 방법으로는 토지신탁수익권은 원칙적으로 재산권의 일종으로서 질권설정(신탁법66) 또는 양도가 가능하다. 그러나 실무에서는 토지신탁계약서에 수탁자의 동의를 받아야만 가능하도록 하고 있다. 부동산신탁사가 이를 동의할 경우 동 수익권증서에 질권자 및 질권금액 등을 표기하여 질권설정의 승낙을 얻어야 한다. 이 경우는 위탁자 겸 수익자가 질권증서를 활용하는 방법은 다양(예: 타 담보를 일부 제공하는 방법, 신용이 양호한 제3자를 입보하는 방법 등)할 수 있다. 또한 수익권의 양도에 있어 제3자에게 대항할 수 있는 대항요건을 법정하고 있다(신탁법65). 이 방법은 토지신탁사업장을 위하여 부동산신탁사가 활용할 수 있는 방법은 아니고 수익자가 수익권증서를 활용하여 자금을 융

104) 인성식(2013), 183-184쪽.

통할 수 있는 방법에 불과하다.

3. 토지신탁 종료 후의 매도담보책임

민법상 매도인의 하자담보책임이란 매매의 목적인 재산권에 하자가 있어서 그 재산권의 전부 또는 일부를 이행할 수 없거나(매도인의 권리하자에 대한 담보책임), 그 재산권의 객체인 물건에 하자가 있는 것을 급부하였을 경우(매도인의 물건하자에 대한 담보책임), 매도인은 이에 대하여 매각대금의 감액, 계약의 해제, 손해배상 등을 하여야 하는 것을 말한다. 일반거래에서 매도인은 하자담보책임으로부터 자유로울 수 없다. 경매에서도 권리하자에 대한 담보책임은 그대로 인정되어 경락대금을 완납한 매수인이 경매목적물의 온전한 권리를 취득할 수 없는 경우에는 채무자에게 계약해제 또는 대금 감액을 청구할 수 있다. 신탁이 종료되어 귀속권리자에게 신탁재산이 이전된 후에도 발생하는 신탁채무가 있을 수 있다. 이러한 경우 즉 신탁종료의 절차 중에 정리되지 않은 신탁채무는 어떻게 되는가가 문제이다. 이러한 신탁채무의 채권자는 수탁자에 대하여는 여전히 채권을 가지고 있는 것이 당연하나 신탁종료로 인하여 신탁재산이 귀속권리자에게 이전이 완료된 경우에는 이 재산에 대하여도 청구할 수 있는가를 검토하여야 한다.

4. 신탁원부 공시의 한계

신탁재산은 수탁자의 명의에 속하는 것임에도 불구하고 그 일반재산으로부터 독립하여 존재하고, 수탁자의 처분 시에는 수익자의 추급권이 발생한다. 이 경우 제3자에게 영향을 크게 미치는 신탁의 효력을 제3자의 이익을 해치지 않도록 인정하기 위해서는 신탁재산이라는 것을 공시할 필요가 있다.[105]

민법상 부동산의 소유권을 이전할 경우 등기를 하면 그 효력이 발생한다. 그러나 신탁에 있어서는 신탁계약의 체결과 소유권이전등기를 함으로써 효력은 발생하였으나 별도의 신탁등기를 하여야만 제3자에게 대항할 수 있다(신탁법4). 민법상으로는 소유권이전등기만을 하면 효력 및 대항요건이 갖추어지나 신탁에 있어서는 별도의 신탁등기를 하여야만 대항요건까지 갖추게 되는 것이다.

그러나 공시에 관한 신탁원부의 대항력에 관하여 견해가 대립한다. 첫째, 신탁원부에 수탁자의 책임의 한계(예를 들어 신탁종료 시 수탁자의 모든 채권·채무는 위탁자에게 이전한다는 내용)를 공시하기만 하면 그로써 수탁자와 거래하는 상대방에게 대항할 수 있다는 견해와 둘째, 신탁원부에 비록 공시하였다 하더라도 사전에 미리 상대방이 수탁자의 책임의 한계에 관하여 동의하지 않으면 면책되지 않는다는 견해가 있다.

---

105) 인성식(2013), 184-185쪽.

5. 수탁자의 제3채권자에 대한 무한책임

신탁사무의 처리상 신탁 전의 원인으로 발생한 채권을 가지고 있는 제3채권자는 수탁자의 일반채권자와 달리 신탁재산에 대하여도 강제집행을 할 수 있는데(신탁법22① 단서), 한편 수탁자의 이행책임이 신탁재산의 한도 내로 제한되는 것은 신탁행위로 인하여 수익자에 대하여 부담하는 채무에 한정되는 것이므로(신탁법38), 수탁자가 수익자 이외의 제3자 중 신탁재산에 대하여 강제집행을 할 수 있는 채권자에 대하여 부담하는 채무에 관한 이행책임은 신탁재산의 한도 내로 제한되는 것이 아니라 수탁자의 고유재산에 대하여도 미치는 것으로 보아야 한다.[106)]

106) 대법원 2004. 10. 15. 선고 2004다31883, 31890 판결.

제5장 /

부동산 프로젝트금융(PF)

제1절 부동산개발사업과 부동산개발금융

Ⅰ. 부동산개발사업

1. 의의

부동산개발사업은 오랜 시간과 많은 비용이 들어가는 사업으로서 부동산의 가치를 상승시키고, 유효한 이용을 위하여 현재의 부동산 상태를 변화시키는 신축, 증축, 개축, 수선 등을 모두 포함한다. 즉 개발사업을 기획하고, 토지의 용도를 변경하여 그 가치를 향상시키거나 시공회사와 도급계약 등을 체결하여 토지 위에 건물을 건설하고 건설된 건물을 분양·판매하거나 임대하는 사업을 포괄한다고 할 수 있다. 부동산개발사업은 부동산의 확보, 사업의 기획 및 추진, 사업자금의 조달 등 크게 세 가지 영역으로 구분할 수 있다. 이 세 가지 구조는 서로 영향을 주고받는데, 사업대상 토지의 조건에 따라 시행의 구조가 달라질 수 있고, 이에 따라 자금조달의 구조도 달라진다. 이처럼 부동산개발사업에서 세 영역은 서로에게 영향을 미치면서 얽혀 있는데, 토지·자금·시행이 모두 융화를 이루어야 사업을 성공적으로 마칠 수 있다.[1)]

2. 특징

부동산개발사업은 부동산 본연의 속성에 기반을 두고 있는 만큼 상당한 리스크와 고수익을 수반하는 대표적인 고위험 고수익(High risk-High return) 사업이다. 또한 수많은 참여자들이

1) 심창우(2017), 6쪽.

관계되는 만큼 그 성패가 사회 전반적으로 큰 파급효과를 나타낼 수 있다는 점도 고려해야 한다. 따라서 사업 과정에서 발생하게 되는 각종 리스크에 대한 세밀한 관리가 무엇보다도 중요한 요소라 할 수 있다. 한편 부동산개발사업에서 발생하는 막대한 수익 등에 따른 상대적 박탈감 등의 부정적인 시각도 사회 전반적으로 존재하고 있다는 점을 인식해야 한다. 하지만 부동산개발사업을 통해 긍정적인 효과도 많은 만큼 부동산개발사업의 특성을 먼저 이해해야 한다.[2)]

(1) 장기간의 시간 소요

부동산개발사업은 장기간의 시간을 필요로 한다. 부동산개발사업은 초기에 계획하였던 기간 내에 사업이 완료되는 경우는 드물고, 대부분 추진과정에서 예상치 못한 문제로 기간이 연장되어 이에 따른 비용도 늘어나는 것이 현실이다. 게다가 계획단계에서의 정치적·사회적·경제적 상황이 실제 개발과정 중 계속적으로 변화할 수 있으며, 특히 정부정책이나 경제적인 외부충격으로 인한 분양위험의 증가로 사업이 실패할 가능성도 있다. 한편 사전에 미처 예상하지 못한 사업기간의 장기화는 해당 개발사업의 수익성을 악화시키는 주된 원인이라 할 수 있으며, 더 나아가서는 주변에 부정적인 파급효과를 미치는 요인이 될 수도 있다. 따라서 부동산개발사업에서는 초기 계획단계에서부터 장기적인 전망과 예측이 필요하며, 이를 위해서는 기본적인 시장조사뿐만 아니라 경제상황 변화에 대한 예측, 정부시책 변화 등에 대한 철저한 분석 및 전망과 대책 마련 등이 수반되어야 할 것이다.

(2) 대규모 자금의 투입

부동산개발사업에는 대규모의 자금이 소요된다. 부동산개발사업은 결과적으로 건축물이라는 물리적 형태를 갖춤으로써 사업이 종결되는 경우가 많은 만큼 이를 실현하기 위해서는 막대한 자금이 소요될 수밖에 없다. 또한 부동산개발사업은 자체의 결과물뿐만 아니라 학교, 공원 등 다양한 편의시설까지 동시에 구축해야 하는 경우가 점점 증가함으로써 그만큼 부담이 가중되고 있다. 특히 이 과정에서 사업의 근간이 되는 토지매입비용에서부터 시공, 마케팅 등에 소요되는 비용은 부동산개발사업이 고비용의 사업임을 뒷받침해 주는 지표가 되고 있다. 따라서 이러한 대규모 자금을 어떻게 효과적으로 확보할 수 있으며, 사업 일정에 차질 없이 지속적으로 조달할 수 있는가가 해당 개발사업의 성공 여부를 결정짓는 중요한 요소가 된다. 최근 금융권의 부동산PF 대출을 통한 개발사업의 자금조달 중요성이 계속적으로 증가하는 것이 바로 이러한 막대한 자금이 소요되는 부동산개발사업의 특성에 기인한 것이라 할 수 있다.

(3) 전문인력의 필요성

부동산개발사업에는 광범위한 분야의 전문적인 인력이 필요하다. 통상 부동산개발사업의

2) 사공대창(2010), “부동산PF(Project Finance) 대출의 부실화 요인에 관한 연구”, 한양대학교 도시대학원, 석사학위논문(2010. 2), 7-9쪽.

과정은 기획, 설계, 시공, 운영 및 관리 등으로 크게 구분할 수 있는데, 이와 관련된 분야를 좀 더 구체적으로 살펴보면 개발계획, 자금, 광고, 상품, 설계, 시공, 감리, 인원 및 조직계획, 회계, 관리, 감정평가, 시설관리 등에 이르기까지 다양한 분야의 전문가가 필요하다. 또한 각 분야의 전문인력을 어떻게 효율적으로 배치하고 활용할 것인가 역시 부동산개발사업의 비용을 절감할 뿐만 아니라 사업의 성패를 좌우하는 주요한 부분이 되고 있다.

(4) 파급효과의 중대성

부동산개발사업은 정치적·사회적·경제적 환경에 따라 파급효과가 매우 크다. 이 경우 파급효과는 여러 각도에서 파악할 수 있는데, 1차적으로 사업 성패에 따른 이해관계자들에 대한 파급효과이다. 즉 사업이 성공리에 완료될 경우 사업에 참여한 모든 구성원이나 단체, 기업체 등이 이익을 얻게 될 뿐만 아니라, 나아가 주변지역의 가치가 상승하고 궁극적으로는 지역개발이 촉진되는 역할을 하게 된다. 그러나 사업이 실패하게 되면 해당 건축물의 처리문제에서부터 개발업체의 부실화, 대출기관 및 투자자의 위험부담 등 다양한 문제에 직면하게 된다. 또한 경우에 따라 막대한 비용을 지출해서 계약을 체결한 일반 수요자(수분양자)들에게까지 피해가 발생되어 사회 전반적인 파장을 일으키게 된다. 따라서 부동산개발사업은 단순한 이익추구뿐만 아니라 정치적·사회적·경제적 파급효과에 대한 책임감과 의무감을 갖고 이루어져야 할 것이다. 부동산개발사업에 대하여 행정기관과 사회단체의 감시와 규제가 상대적으로 높은 것도 이 때문이라 할 수 있다.

(5) 개발시기의 중요성

부동산개발사업은 부동산이라는 자체가 시장경기 변화에 민감한 만큼 시기와 전략이 중요하다. 부동산개발사업은 장기적 사업이므로 초기 단계부터 치밀한 계획을 수립하여 사업을 진행해 나가야 한다. 이에 당면하는 가장 큰 위험 중 하나는 분양에 대한 위험이다. 분양률은 사업의 성공 여부와 가장 밀접한데, 경기변동과 정부정책 등 외부적인 환경변화에 아주 민감하다. 따라서 외부 환경을 고려하여 적정한 분양시점을 정하는 것이 사업 성패의 핵심요소로 작용한다.

Ⅱ. 부동산개발금융

부동산개발금융은 협의로는 부동산개발에 소요되는 자금을 조달하는 행위를 의미하고, 광의로는 부동산을 매입하여 개발함으로써 증대되는 수익을 위하여 자기자본과 타인자본을 적절하게 구성하여 소요자금을 확보하는 것을 의미한다. 부동산개발금융은 지분을 통한 조달과 부채를 통한 조달로 구분된다. 지분에 의한 조달은 사모와 공모로 구분되는데 공모의 경우에는 투자자의 이익을 보호하기 위하여 사모에 비하여 규제가 엄격한 것이 일반적이다. 부채에 의한 조달은 금융기관으로부터 대출을 받는 방법과 자본시장에서 증권을 발행하여 자금을 조달하는 방법이 대표적으로 이용되는데, 조달 기간에 따라서 단기금융과 장기금융 등으로 나누기도 한다.

부동산개발사업의 다양한 자금조달방식 중에서 많이 활용되는 것은 금융기관의 대출 등을 통한 자금조달방식으로서 기업의 신용을 담보로 하는 기업금융과 개발사업의 사업성을 담보로 자금을 차입하는 부동산PF가 있다. 현재 대부분의 부동산개발사업에서는 부동산PF가 활용되고 있는데, 부동산PF는 자금조달의 원천을 기준으로 크게 금융기관으로부터 직접 자금을 조달하는 대출형 금융, 부동산이나 기타 채권을 증권화하여 자금을 조달하는 부동산유동화 금융, 그리고 리츠 또는 펀드와 같이 자본시장을 통하여 자금을 조달하는 부동산투자금융으로 나눌 수 있다.

제2절 프로젝트금융(PF)

Ⅰ. 서설

1. 프로젝트금융의 등장과 발전

개발사업을 추진하는 사업자(Project Sponsor)가 개발사업에 소요되는 자금을 자기자본만으로 조달하고자 할 경우 막대한 자본을 필요로 할 뿐만 아니라, 투자자본에 대한 위험이 분산되지 않아 혼자 위험을 부담하게 된다. 이에 사업자는 프로젝트로부터 얻게 될 수익을 일부 낮추더라도 제3자로부터 자금을 조달하여 자금조달 위험과 사업의 위험을 저감하고자 한다. 사업자가 자금제공자에게 상당한 담보를 제공할 수 있다면 담보대출 형태를 통하여 자금조달이 가능하기 때문에 다양한 금융기법을 필요로 하지 않는다. 그러나 자금제공자에게 충분한 담보를 제공할 수 없다면 추상적인 채권회수의 가능성을 계량화하여 보여주고 위험부담에 대한 보상방안 등을 제시해 주어야 자금조달이 가능하다. 이를 위해 부동산개발에서는 프로젝트금융 기법이 널리 활용되고 있다.

프로젝트금융(PF: Project Financing 또는 Project Finance)은 자금조달자에게는 프로젝트로부터 책임을 절연시켜 주고, 자금제공자에게는 사업성 검토를 통한 채권회수의 가능성에 대한 계량화 제공 및 위험부담에 대한 보상을 제공하기 위한 프로젝트 단위의 금융기법이라 할 수 있다. 프로젝트금융은 1930년대 미국 유전개발 사업에 활용되면서 본격적으로 활용되기 시작하여, 현재 유전 등과 같은 자원개발, 공항·항만·도로 등 사회간접자본시설(SOC), 발전소 및 플랜트 시설, 부동산개발 등 다양한 분야에서 활용되고 있다. 국내에서는 1994년 「사회간접자본시설에 대한 민간자본유치촉진법」[3]이 제정되면서 사회간접자본시설을 중심으로 프로젝트금융이 시작되었다. 이후 프로젝트금융은 활성화되어 사회간접자본시설을 비롯하여 해외자원개발, 대규모 복합개발 및 주택개발 사업까지 확대되었다. 2000년대 들어 부동산개발이 활성화되면서 부동산 프로젝트금융은 본격적으로 활용되기 시작하였다.[4] 그러나 국내 부동산 프로젝트금융은 소규모 자본금으로 재무구조가 취약한 사업자, 건설경기 호황 등으로 빠른 시일 내에 많은 개발사업을 추진하고자 하는 건설사, 금융기법을 다양화하지 못하고 외형확대만을 하는 금융기관 등 재무적 투자자(FI: Financial Investors) 등의 이해관계로 인해 시공사의 신용보강을 통한 프로젝트금융이라는 특수한 형태로 자리잡게 되었다.[5] 시공사의 신용보강을 통한 프로젝트금융은 자금조달을 원활히 하고 안정성 있고 빠르게 사업을 추진할 수 있다는 점에서 긍정적인 역할을 할 수도 있지만, 개발사업이 실패할 경우 건설사에 막대한 재무적 부담을 안겨 줄 수 있다. 이러한 우려는 2008년 미국발 금융위기를 거치며 부동산경기가 침체되면서 현실화되었다. 많은 건설사가 재무적 위험에 노출되었으며, 법정관리 등을 신청하는 결과를 가져오기도 했다.

이러한 문제점으로 인하여 일부 건설사는 우량한 개발사업에 제한된 범위의 신용만을 제공하여 사업을 추진하고 있다. 또한 금융기관에서는 효율적으로 자금을 제공하기 위한 다양한 구조화금융(Structured Financing)을 시도하는 등 새로운 프로젝트금융 방법을 모색하고 있다. 그럼에도 불구하고 아직까지도 시공사의 신용보강을 통한 부동산 프로젝트금융이라는 방법에 대

---

3) 1997년 「사회간접자본시설에 대한 민간투자법」이란 명칭으로 개정된 뒤, 2005년 「사회기반시설에 대한 민간투자법("민간투자법")」으로 명칭이 변경되었다.

4) 1997년 외환위기 이전에는 주로 건설사가 직접 대출을 받아 토지를 매입하고 자체 분양하는 기업금융 방식으로 부동산개발이 이루어졌으나, 외환위기 이후에는 시장위험으로부터 사업자의 위험을 분리하기 위하여 시행사와 시공사의 역할분담이 이루어졌다. 즉 시행사 중심의 개발사업구조로 전환되었다. 자본력이 취약한 시행사들은 토지매입 대금 등 초기 개발자금을 조달하기 위한 방법으로 부동산 프로젝트금융 기법을 활용하기 시작하였는데, 시행사의 낮은 신용도를 보강하기 위해 시공사의 신용공여가 이루어졌다. 건설사는 재무제표상 우발채무만을 부담하므로 직접 자금을 조달하여 사업을 시행하는 것과 비교하여 재무건전성을 높일 수 있었다. 2000년부터 부동산경기 호황과 함께 부동산 프로젝트금융 규모도 급성장하였으며, 금융기관의 외형확대도 이에 크게 기여하였다.

5) 시공사 신용보강 중심의 프로젝트금융의 구조는 순수한 프로젝트금융이라기보다는 변형된 기업금융 형태의 측면이 강하다. 미국은 임대형 개발사업의 경우에는 건설자금대출(construction loan)을 받고 준공시점에 장기차입금대출(permanent loan)로 대체하는 구조이며, 분양형 개발사업은 토지확보 후 사전분양(pre-sale)을 하며, 이를 통해 사업성이 확보되면 건설자금을 금융권으로부터 조달하는 구조이다. 또한 부동산개발의 기획단계, 건설단계, 운영단계별로 자금의 성격을 명확하게 구분한다. 영국은 시행사의 지분은 약 10-30% 수준으로 비교적 높으며 나머지는 은행의 대출을 통하여 조달한다. 은행의 대출은 비소구 금융을 원칙으로 하며 프로젝트 사업에 따른 현금흐름만을 상환재원으로 한다. 일본은 미국과 유사하게 자기자본조달과 채권금융 방식을 활용하여 투자자를 모집하며, 메자닌(mezzanine) 금융이나 선·후순위 채권 발행 등 다양한 형태의 자금조달기법이 활용되고 있다.

한 근본적인 변화를 가져오지는 못하고 있다. 또한 새롭게 시도되고 있는 시공사의 신용보강에 따른 프로젝트금융의 경우에도 그 법률효과 등에 대하여 건설사나 금융기관 모두 명확히 파악하지 못한 채 체결되는 경우가 많아 추후 분쟁 발생의 우려가 높다.[6]

2. 프로젝트금융의 개념

프로젝트[7] 금융이란 특정 프로젝트에 금융을 통하여 자금을 조달하는 방식을 의미한다. 즉 프로젝트금융이란 "설비투자, 사회간접자본 시설투자, 자원개발, 그 밖에 상당한 기간과 자금이 소요되는 프로젝트를 수주(受注)한 기업을 위하여 사업화 단계부터 특수목적기구(특정 프로젝트를 사업으로 운영하고 그 수익을 주주 등에게 배분하는 목적으로 설립된 회사, 그 밖의 기구)에 대하여 신용공여, 출자, 그 밖의 자금지원"을 하는 것을 말한다(자본시장법 시행령68②(4의2)).

금융적 의미로 한정된 협의의 프로젝트금융이란 사업자(Sponsor)에 대한 소구권(溯求權)은 제한(non-recourse or limited recourse financing)되지만 프로젝트 자산을 담보로 하고 프로젝트 자체의 현금흐름을 상환재원으로 하여, 프로젝트를 위하여 설립된 특수목적법인(SPC)[8]에 프로젝트를 위하여 제공하는 금융을 말한다. 부동산 프로젝트금융이란 부동산을 기초자산으로 하여 시행되는 개발사업에 대하여 분양 및 임대·담보설정·운영수익 등의 현금흐름을 상환재원으로 하여 이루어지는 프로젝트금융을 의미한다고 할 수 있다. SOC 프로젝트금융도 광의의 의미에서 본다면 부동산 프로젝트금융과 유사하다. 그러나 SOC 프로젝트금융은 해지시지급금 등을 지급하는 정부 등 주무관청이 사업참여자에 포함되어 있고, 민간투자법에 기본적인 사업방식이 정형화되어 있으며,[9] 운영 등의 수익을 통하여 상환하는 공항·항만·철도·도로 등 비교적 장기의 대규모 개발사업이 주를 이룬다는 점에서 부동산 프로젝트금융과 차이가 있다.

프로젝트금융의 출발점은 미래의 현금흐름을 포함하는 사업성 평가라고 할 수 있다. 이를 통하여 자금조달계획, 상환계획, 보증조건, 손익분배 등 프로젝트금융 조건이 구체화된다. 국내 프로젝트금융에서 금융기관은 시공사 등 사업참여자의 신용보강을 추가적으로 요구하고 있다. 현금흐름 및 법률관계 등을 명확히 하기 위하여 별도 법인을 설립하여 사업을 진행하는데, 사업자는 프로젝트에서 발생할 수 있는 문제점으로부터 책임을 제한하기 위하여 유한책임만을

---

6) 박근용(2014), "부동산 프로젝트 금융(PF)에서 시공사 신용보강에 관한 법적 연구", 금융법연구 제11권 제2호(2014. 8), 183-185쪽.

7) 프로젝트금융에서 프로젝트라 함은 일정 규모의 투자를 통하여 기대수익이 발생하여 회수가 가능할 것으로 예상되는 사업을 의미한다.

8) 법인세법 제51조의2 요건을 갖추어 프로젝트금융투자회사(PFV: Project Financing Vehicle)를 설립하기도 한다.

9) 민간투자법 제4조에는 민간투자사업의 추진방식을 구분하여 규정하고 있다.

부담하는 주식회사 형태의 특수목적법인(SPC)[10]을 설립하여 사업을 추진한다.[11]

3. 프로젝트금융의 특성

프로젝트금융은 당해 프로젝트의 수행에 필요한 자금을 프로젝트의 현금흐름에 근거하여 조달하는 금융기법으로 프로젝트에서 발생하는 수익을 이미 투입한 조달자금에 대한 최우선적인 상환재원으로 사용한다는 점에서 사업주의 담보나 신용에 근거하여 대출이 이루어지는 전통적인 기업금융(Corporate Financing)과 대칭되는 기법이라 할 수 있다. 프로젝트금융은 보는 시각에 따라 그 특징을 다양하게 들 수 있으나, 일반적으로 논의되는 특징은 다음과 같다.[12]

(1) 비소구 또는 제한소구 금융(Non－Recource or Limited Recource Financing)

프로젝트금융은 몇 가지 기본적 요소를 가지고 있는데 그중 가장 중요한 요소는 대출금 상환재원을 해당 프로젝트에서 산출되는 현금흐름에 한정한다는 점이다. 다시 말해 일반적인 대출은 유사 시 채권확보 수단으로 차주나 보증인에게 대출 원리금에 대하여 무한책임(Full-recourse)을 지는 반면, 프로젝트금융 방식에 의한 대출은 대출 원리금 상환 부담이 프로젝트의 내재 가치와 예상 현금수입의 범위 내로 한정(Non-recourse)하고, 출자자 등의 일정범위 추가부담으로 제한(Limited recourse)된다. 이러한 의미에서 프로젝트금융 방식으로 대출한 금융기관은 채권자이면서 동시에 프로젝트 성패에 영향을 받게 된다. 즉 대출취급은행은 사업자와 리스크를 함께 부담해야 한다. 이런 금융구조를 비소구(Non－recourse finance 또는 Without－recourse finance) 금융이라고 한다. 종래 기업금융 방식에 의하면 대출취급은행과 사업자에 대하여 직접적이며 최종적인 상환의 소구(Recourse)가 가능하다는 점에서 소구금융이라고 할 수 있다. 물론 실제 거래에서는 대출취급은행과 사업자 사이에는 여러 가지 직·간접적인 위험배분의 조합이 원용되므로 완전한 비소구 방식은 거의 없으며, 사업자가 여신 위험의 일부를 부담하는 제한적 소구(Limited recourse)가 일반적이다.

(2) 부외금융

프로젝트금융에서는 사업주의 기존 업체 및 사업 부문들과는 법적·경제적으로 별개의 법인에 의해 프로젝트가 진행됨으로써 프로젝트로부터의 현금 및 부채흐름이 여타 기업 및 사업 부문들의 대차대조표에 나타나지 않아 이들의 대외적인 신용도에 영향을 주지 않는데, 프로젝

---

10) 대부분의 특수목적법인(SPC)은 유한책임만을 부담하는 주식회사 형태의 법인을 설립하나, 상법에 유한책임회사(Limited liability company: LLC)가 도입됨에 따라 주식회사 형태의 SPC 외 LLC 형태의 SPC도 설립이 가능하다. 미국의 경우 주식회사 형태의 SPC보다는 유한책임만을 부담하면서도 내부구성이 자유로운 LLC 형태의 SPC 설립이 일반화되어 있다. 향후 국내 개발사업에서도 주식회사 형태의 SPC와 함께 소규모 회사에 적합한 유한책임회사(LLC) 형태의 SPC도 많이 활용될 것으로 기대된다.

11) 박근용(2014), 186－187쪽.

12) 사공대창(2010), 19－21쪽.

트금융의 이러한 특성을 부외금융(Off-balance Sheet Financing)이라고 한다.

(3) 책임의 한정

비소구 금융이라는 특징은 대출에 대한 물적담보 면에서도 같은 원칙이 적용된다. 따라서 채권보전 수단이 1차적으로 프로젝트의 수행결과 창출되는 현금수지 잉여에 한정하고, 2차적으로는 제3자의 직·간접 보증에 두고 있다. 종래의 기업금융 방식에서는 통상 차입기업의 자산에 은행 여신의 공통 담보로서 근저당권이 설정되어 있으며, 프로젝트 건설을 목적으로 하는 시설자금대출에도 이러한 담보가 적용된다.

이에 반해 프로젝트금융의 경우에는 대출금 상환을 프로젝트 내에서 자체적으로 해결해야 하기 때문에 담보는 프로젝트 회사의 자산에 한정된다. 프로젝트 회사가 상환을 못하게 되면 사업자가 충분한 담보 여력을 가진 경우라도 프로젝트의 원리금에 대한 책임을 사업주에게 물을 수 없다. 이 점을 개발업자의 입장에서 보면 프로젝트의 사업이 부진하여 부득이하게 포기하는 경우에도 개발업자 자산에는 영향을 받지 않고 계속 사업을 유지할 수 있는 구조인 것이다. 하지만 국내 PF 사례를 보면 미래의 현금흐름 및 예상수익만을 담보로 하는 경우는 거의 없으며, 시행사 및 시공사의 연대보증·채무인수·자금보충 등의 시공사 신용보강을 요구하는 경우가 대부분이다.

(4) 자금수지에 기초한 여신

프로젝트금융의 담보는 미래의 현금수지의 총계이기 때문에 프로젝트의 영업이 부진한 경우에도 프로젝트 자체 자산의 처분 외에는 채권회수 방법이 없다. 그러나 프로젝트가 완료되어야 담보가치가 발생하기 때문에 프로젝트 진행 시의 가치 자체가 담보여력이 있는 것은 아니다. 그 자체가 담보여력이 있다고 하여 처분하더라도 통상 시장에서 저평가되기 때문에 상당한 손실을 불러오게 될 것이다. 그러므로 프로젝트금융의 경우에는 프로젝트 자산의 처분에 의한 회수는 2차적 또는 최종적 수단일 뿐이고, 1차적으로는 대상 프로젝트에서 산출되는 현금수지에 최대한 의존하는 대출, 즉 현금수지를 기초로 하는 여신이라는 특징을 갖는다. 이러한 현금흐름을 관리하기 위해 대주는 대상사업의 독립적인 에스크로우 계좌[13]를 설정함으로써 효율적인 자금확보와 원리금 상환을 확보할 수 있다.

(5) 위험배분

프로젝트금융은 프로젝트 관련 당사자들 간의 적절한 위험배분에 대한 합의를 기초로 성립되며, 구체적인 위험배분의 기준 및 위험부담의 크기는 프로젝트의 기술적·경제적 타당성에

13) 에스크로우 계좌(Escrow Account)는 우리말로 제3자 관리계좌 정도로 번역할 수 있을 듯한데, 원어의 뉘앙스를 그대로 전달하기 쉽지 않아서 실무에서는 통상 원어 그대로 사용한다. 일반적으로 PF대출에서는 차주 명의의 예금계좌 개설을 제한하고, 사업비 사용을 통제하기 위해서 운영비 등의 자유입출금계좌 이외의 모든 사업관련 계좌는 지급을 정지시키고, 인출요건이 충족된 경우에 한하여 일시적으로 지급정지를 풀어서 자금을 인출한 후 다시 지급을 정지시키는 방법을 사용한다.

달려있다. 사업주는 프로젝트로부터 발생하는 위험을 대주에게 가능한 많이 전가하려 하고, 반면에 대주는 사업주의 충분한 보증을 요구하게 되어 양자 간의 이해가 상반된다. 따라서 양자 간의 계약을 통해 프로젝트 위험의 적절한 분담이 이루어지고 있으며, 필요에 따라서는 신용도가 높은 다양한 이해관계자들과의 계약을 통해 프로젝트의 안정성을 확보한다. 즉 프로젝트금융을 통하여 신용도가 높은 이해당사자들이 자기의 능력에 맞게 위험을 분담함으로써 프로젝트 위험이 배분될 뿐만 아니라 프로젝트 전반의 위험이 감소되는 효과도 발생한다.

(6) 사업의 단일성

프로젝트금융은 상환자원 및 담보를 대출대상 프로젝트에만 의존하는 방식이기 때문에 대출취급은행으로써는 대상 프로젝트의 사업성 및 위험을 철저히 분석하고 충분한 확신하에 대출을 실행한다. 만약 차주인 시행사가 대출대상이 되는 프로젝트 외의 다른 사업을 추진하게 된다면, 프로젝트의 사업성 및 수익성에 불확실한 요소가 추가되기 때문에 대주에게는 예상 외의 위험이 추가적으로 발생한다. 따라서 대주는 차주가 다른 사업을 추가하는 것을 제한하고 대상 프로젝트에 전념하는 단일사업 회사일 것을 요구한다.[14]

(7) 상대적으로 높은 금융비용

프로젝트금융을 주관하는 주간사은행은 프로젝트의 사업성 검토, 금융구조설정, 자금제공까지 상당한 비용 및 시간이 소요될 뿐만 아니라, 프로젝트의 사업성과 자산을 담보로 하여 금융을 제공하므로 대출위험이 높아 다른 자금조달방법에 비해 상대적으로 높은 금리와 수수료를 요구한다. 최근에는 주간사 금융기관이 프로젝트 전반에 걸쳐 자문을 겸하는 경우도 많아 추가적인 비용증가도 예상된다.

(8) 복잡한 계약 및 금융절차

프로젝트의 시공 및 운영에는 다양한 종류의 위험이 발생할 가능성이 있다. 따라서 위험을 분석하고 회피하기 위해서 전문적인 금융 및 보증절차, 복잡한 계약 및 협정, 난해한 회계 및 조세처리, 다양한 문서화 과정 등이 필요하다.

(9) 구조화금융

금융구조를 적극적으로 조성해 나간다는 의미에서 프로젝트금융은 구조화금융으로서의 특징을 가지고 있다. 구조화금융의 핵심은 제 계약의 유효성과 계약당사자 간의 계약수행능력에 좌우된다. 제 계약의 주요 내용을 차지하는 위험배분기준 및 부담위험의 크기는 프로젝트의 경제적 타당성에 좌우된다. 프로젝트금융의 대상이 되는 사업은 대부분의 경우 사업규모가 방대하여 거대한 소요자금이 요구될 뿐만 아니라, 계획사업에 내재하는 위험이 매우 크므로 금융

---

14) 대부분의 PF대출 사례를 보면 차주는 대상 프로젝트가 종결될 때까지는 대주의 사전 서면동의 없이 신규사업을 할 수 없도록 규정하고 있다(대출약정서 또는 사업약정서).

기관이 단독으로 자금을 공급하고 위험을 부담하기보다는 복수의 금융기관이 차관단을 구성하여 신디케이티드론[15)]방식으로 필요자금을 대출해 주는 것이 일반적이다.

4. 프로젝트금융의 장 · 단점

(1) 사업주 입장에서의 장 · 단점

(가) 장점

ⅰ) 사업위험의 전가 효과를 볼 수 있다. 프로젝트금융이 비소구 · 제한소구 금융의 특징을 가지고 있기 때문에 프로젝트의 실패가 반드시 사업주의 도산으로 이어지지 않는다. 사업주의 입장에서는 프로젝트 실패 시에 상환의무가 제한되므로 프로젝트 위험이 대주에게 상당부분 전가되는 이점이 있다.[16)]

ⅱ) 새로운 자금조달원의 개발에 의한 부채수용능력(Debt Capacity)의 확대가 가능하다. 프로젝트 사업주는 경제성이 있는 프로젝트를 위한 자금조달을 기존 사업과 분리하여 행할 수 있다. 즉 프로젝트금융을 통하면 사업주는 모기업에 재무구조상 일반적으로 허용되는 차입수준을 초과하여 타인자본을 조달할 수 있게 된다. 특히 계획사업의 규모에 비해 차주가 소규모이거나 신용이 좋지 않은 경우에도 프로젝트를 추진할 수 있으므로 기업에는 새로운 사업자금원의 개발이라고 할 수 있다.

ⅲ) 부외금융으로 인한 부채수용능력이 제고된다. 프로젝트금융에서는 프로젝트 회사는 별개의 회사이며, 같은 회사의 차입에 대해 비소구가 원칙이므로 사업주의 대차대조표에 계상되지 않는다. 또한 사업주에게 기존 회사의 재무상황의 악화를 초래하지 않게 하여 기존 사업의 신용상태에 대한 신규사업 추진의 영향을 최소화할 수 있을 뿐만 아니라, 사업주가 금융기관으로부터의 대출한도를 소진하거나 법규상 대출에 제한을 받는 경우에도 사업주와 독립된 당해 프로젝트에는 대출이 가능하다는 이점이 있다.

ⅳ) 위험분산을 통해 프로젝트의 위험을 감소시킬 수 있다. 프로젝트금융은 사업주의 신용이 불량하거나 프로젝트의 규모가 커서 대출이 용이하지 않을 경우에도 프로젝트 자체의 수익성만을 근거로 하여 자금조달이 가능하다. 따라서 프로젝트 수익성은 양호하지만 단일 사업주가 시행하기에 위험부담이 큰 사업에 대해 신용도가 보증된 이해당사자 간의 합의에 의한 위험배분으로 프로젝트금융의 위험을 감소시킬 수 있다.

---

15) 신디케이티드론이란 다수의 대주 금융기관들이 차관단을 구성하여 공통의 조건으로 일정금액을 융자하여 주는 Group 또는 Joint Lending의 일종이며, 전통적인 상업은행의 대출기능과 투자은행의 인수기능이 복합된 것이다.

16) 운영위험, 재무위험 등 프로젝트에 관련된 각종 위험을 이해관계자(시공자, 원료공급자, 구매자 등)들에게 적절히 분담시킬 수 있어 개별 이해관계자의 위험을 최소화시킨다.

v) 기타 세제상의 이점을 가질 수 있다. 국가의 세제에 따라서는 각종 세금감면 또는 부채증가에 따른 레버리지 효과[17] 등을 통한 세제상의 이점을 누릴 수 있다. 예를 들어 발주국 정부나 기술공여국 정부가 프로젝트금융과 관련하여 각종 세금감면을 제공할 경우 프로젝트 사업주는 프로젝트금융을 통하여 세제상의 혜택을 누릴 수 있다.[18]

(나) 단점

i) 금융비용이 상대적으로 높다. 프로젝트금융은 종래의 대출보다 위험이 크기 때문에 금리 및 차입비용, 사업계획 수립 및 금융구조 추진과정에서 발생되는 각종 비용, 많은 계약당사자와의 교섭, 다양한 보험커버 및 추가적 위험부담에 따른 비용 등으로 조달비용이 높기 때문이다. 프로젝트금융의 차입금리는 그 수준이 프로젝트 사업주의 일반대출에 따른 한계차입비용보다 평균 1-2% 더 높은 것이 일반적이다.

ii) 프로젝트금융 추진에 장시간이 소요된다. 프로젝트금융은 일반대출에 비하여 구조가 복잡하고 관련 당사자가 많으며 외부전문가의 참여가 불가피하기 때문이다. 게다가 기술적·경제적 타당성 검토와 복잡한 서류작성, 대주와의 협상 등에도 많은 시간과 노력이 필요하다.

iii) 기업의 사업경영 시 탄력성 부족 및 기업정보의 과다노출을 들 수 있다. 예를 들어 프로젝트의 사업성이 불확실할 경우에는 대출은행이나 다른 이해관계자들과 상의하지 않고 기업이 독자적으로 감산·포기·매각 등을 임의로 결정할 수 없다. 일반적으로 사업실패의 책임을 프로젝트 사업주와 분담하기를 원하며, 사업주가 중도 포기하는 것을 원하지 않기 때문에 여러 가지 형태로 차주의 사업에 관여하려고 한다. 또한 다수의 신디케이션[19] 참가은행에 상세한 정보를 제공해야 하기 때문에 기업비밀이 과다노출될 우려가 있다.[20]

(2) 대주단 입장에서의 장·단점

(가) 장점

i) 수익성의 제고이다. 프로젝트금융은 고위험 상품이라는 특성상 일반적인 기업금융보다 금리·수수료 등의 수준이 높기 때문에 보다 높은 수익을 얻을 수 있다. 그러나 고수익성은

---

17) 타인으로부터 빌린 차입금을 지렛대로 삼아 자기자본이익률을 높이는 것으로 지렛대효과라고도 한다. 예를 들어 100억원의 자기자본으로 10억원의 순익을 올리게 되면 자기자본이익률은 10%가 되지만, 자기자본 50억원에 타인자본 50억원을 도입하여 10억원의 순익을 올리게 되면 자기자본이익률은 20%가 된다.

18) 이준호(2007), "우리나라 금융기관의 부동산개발사업 프로젝트 파이낸싱 활용에 관한 연구", 경기대학교 서비스경영전문대학원 박사학위논문(2007. 12), 14-15쪽.

19) 신디케이션(Syndication)은 주간사은행의 주재하에 차관단을 구성하는 것을 말한다. 그 구성방법에는 클럽론, wide broadcast syndication과 전통적 신디케이션이 있다. Club loan은 차주가 직접 또는 주간사은행과 협의하여 차주와 업무상 밀접한 관계가 있는 예상차관 공여은행과 접촉하여 신디케이션하는 방법이며, wide broadcast syndication은 세계 각처에 참가권유를 하여 신디케이션을 하는 것이며, 전통적 신디케이션은 여러 은행 중에서 신용이 좋은 은행을 선택하여 참가권유를 함으로써 신디케이션을 하는 것이다.

20) 이준호(2007), 15-16쪽.

프로젝트가 성공하여 대출 원리금이 무사히 상환될 때에 실현되는 것으로 프로젝트에 내재한 위험을 정확히 파악하는 분석력과 확인된 위험을 충분히 피할 수 있는 구조를 구축할 수 있는 기술이 필요하다.

ii) 고객수요에의 대응이다. 국제금융시장에서 경쟁격화와 개발도상국에서의 민간자본에 의한 사회간접자본 투자비중이 증가함에 따라 국제은행들의 프로젝트금융은 유수 국제기업 및 개발도상국 정부의 다양한 욕구를 충족시켜줄 수 있는 금융상품으로서 점점 그 중요성이 더해가고 있다. 동시에 국제금융시장의 주요 은행들은 이를 시장에서의 경쟁력을 강화하는 유력한 무기로 간주하여 활성화에 최선을 다하고 있다.

iii) 위험의 명확화 및 경제성 있는 사업의 분리 취급을 들 수 있다. 사업주의 보증이 없기 때문에 대주는 대출계약 시 신용이 우수한 이해당사자들 간의 계약을 통하여 다양한 보증방법을 강구하게 되므로 사업주의 신용도에만 의존하는 기업금융 방식에 비해 프로젝트의 전반적인 위험을 감소시킬 수 있다. 또한 사업주의 신용이 불량한 경우에도 사업주와 프로젝트를 금융적으로 분리시킬 수 있어 사업주의 파산이 프로젝트에 영향을 미치지 못하게 할 수 있다.

iv) 프로젝트의 물적 자산 및 수익에 기초한 채권보전이다. 차주가 부담할 대출 원리금 상환 부담이 프로젝트의 물적 자산가치와 예상수입의 범위 내로 한정되거나 사업주가 부담할 경우에도 일정범위의 추가부담으로 제한된다. 프로젝트의 물적 자산가치는 계획사업이 갖는 유·무형의 자산이나 부수된 제 계약상의 권리 및 이권 등이 포함된다. 대주는 부족한 상환가능성을 보충하기 위하여 이해관계자로부터 다양한 형태의 직·간접의 보증, 보장 등을 요구하게 되므로 경제성이 확실한 특정 계획사업에 대한 대출, 부채비율이 높은 기업이나 만성적인 국제수지 적자국에 대한 일반대출보다 상대적으로 유리하다고 할 수 있다.

v) 정보의 비대칭성 극복에 따르는 경제적 비용을 줄일 수 있다. 프로젝트금융의 경우 대주는 사업주가 수행하는 모든 사업에 대한 위험을 부담하는 것이 아니라 당해 프로젝트에 대한 위험만 부담한다. 따라서 사업주의 전체 신용도에 대한 신용평가를 할 필요 없이 당해 프로젝트에 대한 사업성 검토만을 하면 되고, 사업주의 다른 부문의 부실 여부에 관계없이 대출금을 상환받을 수 있다.[21)]

(나) 단점

i) 많은 시간과 노력이 요구된다. 프로젝트금융은 각 프로젝트마다 위험의 분석이나 심사, 금융구조의 조성 및 조건교섭에 많은 인력과 시간이 소요된다. 프로젝트에 따라서는 금융구조의 조성을 완료하여 약정서에 서명까지 1년 이상이 소요되는 경우도 있다. ii) 지속적이고 체계적인 사후관리가 필요하다. 대출약정서 서명 후에도 프로젝트의 미래 현금흐름에 따라 수

21) 이준호(2007), 16-17쪽.

익이 창출되므로 지속적인 사후관리가 요구된다. iii) 고위험을 수반한다. 대상 프로젝트 외에는 채권보전 수단이 없기 때문에 아무리 철저히 프로젝트에 대한 위험분석을 행한다고 해도 장기에 걸쳐 높은 사업위험을 부담한다는 사실은 변함이 없으므로 일반적으로 위험이 크다.[22)]

(3) 정부 입장에서의 장점

i) 국책사업에 민간자본의 유입이 가능하다. 프로젝트금융은 사회간접자본시설, 자원탐사 및 개발, 플랜트 사업 등과 같이 막대한 투자비용이 소요되고 국가경제발전에 기여도가 높은 국책사업에 유용한 금융기법으로 민간 사업주와 금융기관의 자본투입을 유도하여 대형국책사업을 시행할 수 있다. ii) 민간부문의 전문성과 창의성의 활용을 증대하는 효과를 가져올 수 있다. 프로젝트금융의 주체가 대부분 민간사업주이므로 비전문적이고 획일적인 공공조직에 비해 높은 수준의 전문성과 창의성으로 프로젝트의 시공 및 운영을 기할 수 있다.[23)]

Ⅱ. 프로젝트금융의 구조

프로젝트금융의 구조는 정형화된 형태를 요구하기보다는 개별 프로젝트의 상황에 따라 다양한 형태를 보인다. 일반적인 구조는 사업주가 지분을 투자하여 프로젝트 회사를 설립한 후, 프로젝트 회사가 필요한 자금을 조달하여 프로젝트의 목적물을 완성, 당해 프로젝트 운영에 따른 수입으로 대출 원리금을 상환한다. 이 때 상환은 대부분 에스크로우 계좌를 통해서 이루어진다.

1. 거래참여자

(1) 사업주(Project Sponsor)

사업추진을 위하여 특수목적법인(SPC)에 출자하고 프로젝트에서 중심적인 역할을 하는 자를 사업주(사업자) 또는 디벨로퍼라 한다. 사업주(project sponsor)는 단일 사업주 또는 복수의 사업주로 구성될 수 있으며, 금융기관 등이 포함될 수도 있다.[24)] 복수의 사업주인 경우에는 사업주 상호 간에 역할분담을 통해 사업의 효율성 극대화를 추구하기도 한다. 부동산 프로젝트금융에서 프로젝트 회사는 프로젝트 회사의 자산만으로 유한책임만을 부담하나, 사업주 가운데 주도적으로 사업을 시행하는 자가 금융기관 또는 시공사 등에 연대보증 등의 신용을 제공하기도 한다.[25)]

---

22) 이준호(2007), 17-18쪽.
23) 이준호(2007), 18쪽.
24) 대규모 개발사업은 다수의 사업주(Project Sponsor)들이 출자자(주주)로 참여하여 구성하게 된다. PFV 형태의 사업의 경우에는 금융기관이 출자자로 포함되어야 한다.
25) 박근용(2014), 188쪽.

(2) 프로젝트 SPC(프로젝트 회사)=사업시행사(Project Company)

부동산개발사업을 하고자 하는 사업주는 부동산개발을 위하여 유한책임만을 부담하는 SPC를 설립한다. 특수목적법인인 프로젝트 SPC는 프로젝트의 권리·의무의 귀속주체가 되어 경제적 이득과 분배의 주체가 된다. SPC를 설립하는 이유는 다수의 사업주가 단일의 법인을 설립하여 투자하게 되어 법률관계 및 프로젝트 관리가 용이하고, 위험을 분산시킬 수 있으며, 세금혜택이 있는 경우도 있기 때문이다. 일반적으로 프로젝트금융에서 프로젝트 회사는 차주가 되어 금융계약의 당사자가 된다.[26)]

(3) 차주

일반적으로 차주(Borrower)는 프로젝트 SPC(프로젝트 회사)가 되며, 대주단으로부터 자금을 공여받아 에스크로우 계좌를 통해 운영한다. 그러나 현행 법규나 관습상 프로젝트 SPC가 직접 차주가 될 수 없는 경우나, 차주가 될 수는 있어도 불리한 경우가 있다. 이러한 상황에서는 차입을 위한 수탁차입사 TBV(Trustee Borrowing Vehicle)[27)]를 설립하여 자금을 조달하는 방법이 있다. TBV는 일반적으로 3단계를 거치게 되는데, 먼저 TBV를 통한 자금조달 절차로서 대주단으로부터 대출받아 건설회사에게 공사대금을 지급하게 된다. 다음은 생산물 판매(Off-Take)단계로 사업시행사가 프로젝트로부터 산출된 생산물을 구매자(Off-Taker)에게 인도하고, 그 대금을 TBV에 지급하도록 지시하며, 마지막으로 채무상환(Debt Service) 단계를 거쳐 TBV는 생산물 판매대금으로 대주단에 원리금을 상환하고 잉여금은 사업시행사에 지급하게 된다.[28)]

(4) 대주단(Syndicate)=금융제공자

프로젝트금융에서 금융기관은 자금을 공급하는 역할을 한다. 소규모 프로젝트금융에는 단일 금융기관이 참여하는 경우도 있으나, 개발사업에 수반되는 위험의 분산을 위하여 대주단을 구성하여 신디케이트론 형태로 참여하는 경우가 일반적이다. 금융기관에는 일반적으로 은행, 증권사, 보험회사, 저축은행, 자산운용사[29)] 등이 있으며, 해외 대규모 인프라 개발사업의 경우에는 국제개발금융기관(Multilateral Agencies)[30)]도 참여한다. 원칙적으로 금융기관이 프로젝트금융에 참여하기 위하여 사업성 평가를 통해 양질의 사업에 참여하여야 하나, 국내 프로젝트금융의 경우 사업성 평가와 양질의 사업 선별도 중요하지만 원리금 회수에 적합한 담보의 취득 및

26) 박근용(2014), 187쪽.

27) 이는 세금감면이나 자금운용의 투명성 확보를 주목적으로 한다.

28) 이준호(2007), 22쪽.

29) 자산운용사(집합투자업자)는 원칙적으로 집합투자재산을 대여의 방식으로 운용하지 못하나, 부동산 프로젝트에는 자본시장법 제94조 제2항에 따라 금전대여의 방식으로 참여가 가능하다.

30) 개발도상국 프로젝트에서는 세계은행이나 세계은행의 민간부분 상업 대출기구인 국제금융공사(IFC: International Finance Corporation), 아시아개발은행(ADB: Asia Development Bank) 같은 지역개발기관들이 자금조달에 참여한다. 유럽에서는 유럽부흥개발은행(EBRD: European Bank for Reconstruction and Development) 등이 자금을 지원할 수 있다.

시공사 등 보증인의 신용도를 중요 요소로 파악하고 있다.[31)]

(5) **건설회사 또는 시공회사**(Construction Contractor)

시공회사는 단순한 도급 형태로 사업에 참여할 수도 있으며, 특수목적법인에 출자함으로써 개발사업의 손익을 공유할 수도 있다. 어떤 형태로 사업에 참여하든지 시공회사는 시공 및 출자 외의 책임을 부담하지 않는 것이 원칙이다.[32)] 그러나 현실적으로 국내 프로젝트금융에서는 프로젝트 SPC의 자본금이 열악하며 사업자의 능력은 제한적이기 때문에 시공회사 신용보강 여부가 사업추진 여부를 결정하는 중요한 요소가 되고 있다. 이에 따라 시공사가 프로젝트와 관련된 많은 의무를 부담하는 주체가 되고 있다.[33)]

(6) **운영회사**(Operating Company)

건설회사(=시공회사)에 의해 당해 프로젝트가 완공되면, 사업시행사에 목적물이 인도된다. 이때 사업시행사는 직접 운영을 하든지 관련 프로젝트의 운영을 전문으로 하는 회사에 운영을 위탁한다. 일반적으로 당해 프로젝트는 사업주, 사업주의 자회사 또는 사업시행사가 운영을 담당하게 된다. 또 다른 운영방법은 당해 프로젝트의 시공을 담당했던 건설회사가 목적물을 완공한 후 일정기간 운영하고 인도하는 BOT 방식을 취하는 것이다. 통상적으로 대주단은 운영능력과 경험이 있는 사업주 중 1개 회사가 운영을 책임지는 것을 선호한다.[34)]

(7) **생산품구매자 또는 서비스 이용자**(Purchasers, Off-taker or Users)

프로젝트의 성공은 미래 생산제품의 판매나 용역서비스의 이용 여부에 달려 있다. 이것이 프로젝트의 시장위험이며, 이를 회피하기 위하여 구매자(이용자)와 장기판매계약(Off-take Contract)을 체결한다. 이 경우 구매자는 프로젝트의 생산품(서비스)을 장기에 걸쳐 안정적으로 확보하기 원하는 회사로서 무조건 구매계약을 체결하거나 미래 생산품의 선급금 지급구매계약 형태로 프로젝트 이해관계자로서 참가하게 된다.[35)]

(8) **프로젝트 소재 국가의 정부**

일반적으로 프로젝트금융 구조에서 프로젝트 소재 국가의 정부는 사업시행사에 직접적으로 출자하기보다는 국영기업 등을 통하여 사업시행사의 지분을 취득하거나, 생산물의 구매자(Off-Taker)나 서비스의 이용자가 됨으로써 간접적으로 프로젝트에 참여를 하게 된다. 이러한 프로젝트 소재 국가 정부의 간접적인 참여는 프로젝트의 신용 향상에 많은 도움을 준다. 특히

31) 박근용(2014), 188-189쪽.
32) 단순한 도급을 받아 시공을 하는 경우에는 시공에 대한 책임만을 부담하게 되고, 주식회사 등의 형태의 특수목적법인에 출자를 통하여 사업에 참여하더라도 주식회사의 주주는 유한책임만을 부담하기 때문에 원칙적으로 책임이 없다.
33) 박근용(2014), 188쪽.
34) 이준호(2007), 24쪽.
35) 이준호(2007), 24쪽.

BOT 사업방식의 SOC 시설 프로젝트인 경우에는 현지 정부에서 직접적으로 운영에 개입하기보다는 양허계약(Concession Agreement)[36]을 체결하거나 운영권을 부여하는 주체로서 사업시행사에 세제혜택, 과실 송금 보장 등 프로젝트의 성공을 지원하는 역할을 담당한다.[37]

(9) 보증인

프로젝트를 수행하는 법률적인 주체인 사업시행사는 당해 프로젝트를 추진하기 위해 신설된 명목회사로서 과거의 신용상태 및 실적(Work Experience)을 입증할 만한 자료가 없다. 따라서 신용이 양호한 업주, 프로젝트에 직·간접적으로 이해관계가 있는 당사자들의 보증 또는 보증수수료를 목적으로 하는 사업적 보증기관 등이 보증인이 될 수 있다. 즉 프로젝트 참여자 및 이해당사자들이 위험을 배분하여 보증이 이루어지는 것이다.[38]

(10) 기타 참여자

프로젝트금융에서 프로젝트 SPC는 토지 등의 자산을 신탁사에 신탁하고 사업을 추진하는 경우가 많다. 신탁을 통하여 프로젝트 이외의 자의 압류 등으로부터 프로젝트가 영향을 받지 않도록 하여 사업의 안정성을 추구할 수 있기 때문이다. 또한 신탁의 수익권에 대한 담보 등을 설정함으로써 사업구조를 편리하게 만들 수 있다. 그 밖에 사업에 참여하는 자로서 주간사 금융기관,[39] 대리은행(Agent Bank),[40] 법률자문, 회계자문, 감정평가회사, 보험회사, 자산관리회사(AMC: Asset Management Company), 프로젝트관리회사(PM: Project Manager) 등 다양한 사업참여자가 있다. SOC 프로젝트의 경우에는 정부 및 지방자치단체 등이 주무관청으로서 주요 사업참여자가 되며, 원재료 공급업자(Suppliers) 등도 참여자가 된다.[41]

2. 프로젝트금융의 자금구조

과거 부동산개발사업은 건설회사가 시행과 시공을 겸하여 프로젝트를 진행하였으며, 전통적인 기업금융 방식을 통해 개발자금을 조달하였다. 하지만 현재는 특별한 경우가 아닌 이상 시행과 시공이 분리된 형태로 프로젝트가 추진되고 있으며, 개발금융의 조달에도 프로젝트금

36) 현지정부로부터 사업승인을 받은 양허회사가 동 정부와 체결한 약정으로 보장확약, 현지정부와 양허회사의 의무, 위험 배분 등이 상세히 규정된다. 이 계약은 사업실시계약이라고도 하는데, 특히 현지 정부가 행정처분을 하는 경우에는 사업주인 양허회사의 지위가 불확실해질 우려가 있기 때문에 통상적으로 계약의 형태를 취한다.

37) 이준호(2007), 24-25쪽.

38) 이준호(2007), 25쪽.

39) 주간사 금융기관은 자금조달구조, 사업참여자 모색, 사업참여자 이해관계를 조율하는 등 프로젝트금융 계약체결과 관련된 업무를 주도적으로 수행한다.

40) 대리은행은 자금관리 및 대주의 의견수렴, 간단한 의사결정, 차주에 대한 통지 등 대주단의 업무를 대리하여 수행한다. 일반적으로 대주단의 금융기관 중 하나가 이를 수행한다.

41) 박근용(2014), 189쪽.

융 기법이 사용되고 있다.[42)]

(1) 일반적 부동산금융

(가) 일반적 프로젝트금융

부동산개발사업에 있어 자금의 확보와 분양률은 프로젝트의 성공 여부와 매우 밀접한 관계가 있다. 개발사업자는 해당 사업지의 부동산을 자기자본 또는 투자자의 자금으로 토지대금의 약 10%를 지불하여 계약을 체결한다. 다음 건설회사 등 사업의 시공사를 선정하는 동시에 금융기관들[43)]과의 접촉으로 프로젝트금융 가능 여부를 타진한다. 금융기관들을 통해 조달되는 프로젝트금융의 금액 중 일부는 해당 사업지의 토지 중 잔금과 소유권 이전비용 등 초기 사업비로 충당하게 된다. 이때 금융기관은 신용도가 높은 건설회사[44)]의 신용보강(연대보증, 채무인수, 자금보충, 책임준공, 책임분양 등)을 전제로 하며, 부동산의 소유권이 개발사업자에게 넘어오는 동시에 대출기관을 우선수익자로 하는 토지담보신탁[45)] 등을 통해 채권확보에 들어간다. 프로젝트금융의 대출규모는 각각의 프로젝트마다 많은 차이가 있지만, 보통 토지매입비의 100-130% 수준으로 하고 있다. 프로젝트금융과 관련된 약정은 시행사, 시공사, 금융기관 등 3자 간에 체결하며, 프로젝트의 성격에 따라 신탁사 또는 증권사들과 약정을 체결하기도 한다.

(나) 토지(개발)신탁을 이용한 프로젝트금융

토지신탁 또는 개발신탁에서는 신탁사가 사업주(위탁자)를 대신해 개발에 대한 사업계획, 자금조달, 설계 및 감리계약, 시공사 선정, 인·허가 업무, 자금관리, 분양, 입주 및 기타 관리업무 등을 수행하며, 사업종료 시 분양수입금에서 본 사업과 관련된 지출 사업비를 제외하고 남은 수익금을 사업주에게 지급한다. 토지신탁 사업구조의 가장 큰 장점은 신탁재산은 신탁법상 독립된 재산으로 인정되기 때문에 사업주의 부도·파산 등이 발생하더라도 프로젝트에 직접적인 영향을 미치지 않으며, 안정된 구도에서 프로젝트를 진행할 수 있다는 점이다. 또한 부동산개발의 전문성과 풍부한 경험, 자금력이 있는 신탁회사가 진행한다는 점에서도 큰 장점이 있다.

토지(개발)신탁의 단점으로는 높은 신탁수수료[46)]라 할 수 있다. 사업주(위탁자) 입장에서는 사업초기 분양이 완료되어 충분한 자금 유동성을 확보한다고 하더라도 건축물이 준공되고 입주가 완료되어야 투자원금 및 사업이익금을 가져갈 수 있다.

---

42) 사공대창(2010), 22-30쪽.

43) 은행, 상호저축은행, 보험사, 증권사, 연기금, 종금사, 부동산펀드 등이 있다.

44) 금융기관들의 내부규정들은 조금씩 다를 수 있지만 보통 프로젝트금융에서 적격 시공사는 최근일 현재 대한건설협회에서 작성한 시공능력평가순위 100위 내 업체 및 최근일 현재 회사채등급이 BBB 이상인 업체를 말한다.

45) 1금융권의 경우 PF대출 금액의 130%를 설정하며, 2금융권의 경우 대출 용도, 사업의 채권보전, 사업성 등에 따라 그 이상을 설정하기도 한다.

46) 토지(개발)신탁의 경우 도급공사비의 5% 이내와 총 매출액의 5% 이내로 수수료율을 정하고 있다.

(다) PFV(Project Finance Vehicle)를 활용한 프로젝트금융

프로젝트금융투자회사(PFV)[47]를 이용하는 부동산개발사업의 금융구조 역시 일반 프로젝트금융의 구조와 크게 다르지 않다. 시행사가 토지대금의 일부 또는 전부를 지급하고 이를 사업권과 함께 PFV에 양도한 후 시행사 또는 기타 출자자가 설립한 자산관리회사가 시행사의 업무를 대행하는 점, 명목회사인 PFV의 자금관리사무수탁회사가 자금집행을 대행하는 점, 금융기관의 출자(5% 이상)가 의무화된 점, 경우에 따라 시공사의 출자가 가능한 점 등의 차이를 제외하고는 대동소이하다.

프로젝트금융투자회사(PFV)에 관한 내용은 후술한다.

(2) 부동산유동화를 통한 자금조달

(가) 부동산개발금융 ABS

ABS는 시행사의 개발사업 부지 또는 개발사업에서 발생하는 수익금(분양수입금, 공사대금, 대출채권, 신탁수익권) 등을 기초자산으로 유동화증권을 발행하여 자금을 조달하는 PF의 한 종류라 할 수 있다. ABS년 1998년 제정된 자산유동화법에 의하여 도입되었으며, 금융기관 또는 기업 자산의 유동화 촉진을 위하여 만들어졌다. 하지만 외국계 부동산펀드 등이 국내 금융기관이나 기업들이 보유한 대형 부동산에 대한 투자를 목적으로 매수할 때 ABS를 발행하여 자금을 조달한 경우가 대부분이었다. 부동산개발사업에도 ABS를 이용한 자금조달방식이 활발하게 적용되고 있다.

(나) SPC를 이용한 부동산개발금융 ABCP

프로젝트금융 ABCP는 시행사에 대한 금융회사의 대출채권을 상법상 SPC가 양수받아 이를 기초자산으로 하여 기업어음(CP)을 발행하는 구조이다. 상법상 SPC를 설립하여 SPC가 먼저 기업어음(CP)을 발행하여 조달한 자금을 시행사에 대여하는 방법이 이용되기도 한다. ABCP는 CD금리와 연동되어 있는 3개월 만기의 단기 유동화증권으로 ABS에 비해 저금리로 발행한 후 차환발행을 통해 건설사업에서 장기자금을 조달하는 방식을 취하고 있다.

(다) 부동산개발금융 펀드

부동산개발금융 펀드란 투자자로부터 자금을 모아 부동산개발사업에 투자하여 그 수익을 다시 투자자에게 배분하는 펀드이다. 간접투자가 활성화됨에 따라 부동산펀드가 부동산금융에 중요한 자금공급자 역할을 담당하고 있다.

---

47) PFV는 2004년 3월 법인세법의 개정으로 설립이 가능하게 되었으며, 설립기준상 한시적 명목회사이다. 이에 따라 설비투자, 사회간접자본시설투자, 자원개발, 기타 특정사업 등에 회사의 자산을 운용한다.

제3절 프로젝트금융투자회사(PFV)

Ⅰ. 서설

1. 의의와 도입배경

프로젝트금융투자회사(PFV)란 법인세법 제51조의2 제1항 제9호 및 동법 시행령 제86조의2 제4항과 제5항에 따라 회사의 자산을 설비투자, 사회간접자본 시설투자, 자원개발, 그 밖에 상당한 기간과 자금이 소요되는 특정사업에 운용하고 그 수익을 주주에게 배분하기 위하여 한시적으로 설립된 명목회사를 말한다.

프로젝트금융기법이 여러 부문에 활용될 수 있도록 함으로써 경제 활성화를 도모하고 고용 등을 창출하기 위해서는 프로젝트금융에 따르는 특수목적법인을 설립·운영함에 있어 발생할 수 있는 세제·금융상의 제약 요인을 제거할 필요가 있다는 인식하에 국내 경기를 부양하고 내수를 진작시키기 위하여 특별법의 형태로 프로젝트금융투자회사의 설립·운영근거를 마련하고자 2001년에 가칭 "프로젝트금융투자회사법"의 제정이 추진된 바 있으나,[48] 부동산투기를 더욱더 부추길 수 있다는 우려 때문에 국회에서 2년 동안 계류되다가 결국 법안 상정 자체가 이루어지지 못하고 자동으로 폐기되었고, 그 후 2004년 1월 29일 법인세법의 일부 개정을 통하여 프로젝트금융투자회사가 우회적으로 도입되었다.[49]

2. 법인세법에 도입

정부는 명목회사에 대한 과세체계를 일원화할 목적으로 2004년 1월 29일 법인세법 개정을 통하여 상법에 의하여 주식회사 형태로 설립된 명목회사가 상법 이외의 개별법에 의하여 설립된 명목회사와 유사한 요건을 갖추고 배당가능이익의 90% 이상을 배당하는 경우에는 투자자로부터 자금을 모집한 후 이를 투자하여 발생한 이익을 투자자에게 배분하는 도관(conduit) 기능을 수행하고 있음에 비추어 개별법에 의하여 설립된 명목회사와 동일하게 배당금액을 소득공제하는 것을 허용하는 방법으로 이중과세를 조정할 수 있도록 법인세법 제51조의2 제1항 제9호 및 동법 시행령 제86조의2 제4항을 신설함으로써 프로젝트금융투자회사를 설립할 수 있

48) 명목회사 형태의 프로젝트금융투자회사의 설립근거를 마련하고 설립 및 운영과정에서의 금융 및 세제상의 제약을 해소하여 기업에 대한 신용위험의 부담으로 인해 금융기관이 사업성 있는 프로젝트에 대한 자금지원에 소극적인 것을 개선함으로써 프로젝트금융이라는 금융기법을 통하여 사회간접자본 시설투자, 주택건설, 플랜트건설 등의 사업을 보다 활성화하고자 한 것이다.

49) 한중석(2010), "프로젝트금융투자회사에 관한 연구", 건국대학교 부동산대학원 석사학위논문(2010. 6), 1쪽.

는 법적 근거를 마련하였다

3. 프로젝트금융투자회사(PFV) 현황

법인세법 제51조의2에서 규정하는 유동화전문회사 등에 대한 소득공제에서 제1항 제9호 가목에 “회사의 자산을 설비투자, 사회간접자본 시설투자, 자원개발, 그 밖에 상당한 기간과 자금이 소요되는 특정사업에 운용”한다고 하여 프로젝트금융투자회사가 영위할 수 있는 사업의 범위를 정하고 있지만 각 사업내용이 구체적으로 명시되어 있지 않아 프로젝트금융투자회사의 많은 사업들은 국세청 질의회신으로 설립가능 여부를 확인하고 있다.

프로젝트금융투자회사의 구체적인 사업범위로는 관광호텔용 건물 신축 후 정관상 존속기간인 20년의 범위 내에서 10년 동안 관광호텔용 건물을 관광호텔업자에게 일시 임대 후 양도하는 경우와 경제자유구역 내에 하나의 실시계획으로 수개의 사업부지에 오피스텔, 사무실, 골프장, 골프 빌라 등을 순차적으로 개발 중 영업환경변화로 일부 개발사업은 포기하고 나머지 개발사업만 진행 시에도 상당기간과 자금이 소요되고 그 수익을 배당하는 사업과 BTO방식의 골프장 건설운영사업 등 매우 다양하다.[50)]

Ⅱ. 프로젝트금융투자회사(PFV)의 요건

1. 특정사업 요건

(1) 특정사업의 범위

법인세법(“법”)에 따라 프로젝트금융투자회사(PFV)는 회사의 자산을 설비투자, 사회간접자본 시설투자, 자원개발, 그 밖에 상당한 기간과 자금이 소요되는 특정사업에 운용하고 그 수익을 주주에게 배분하는 회사이어야 한다(법51의2① 가목). 여기서 “상당한”이라는 불확정 개념을 사용하고 있어 구체적으로 어느 정도의 기간과 자금이 소요되어야 하는 사업인지에 관한 명확한 기준이 없을 뿐만 아니라 사업 종류를 불문하고 상당한 기간과 자금만 소요되면 특정사업에 해당하는지도 의문이기 때문에 특정사업의 범위 획정에 관하여 논란이 있다.[51)]

프로젝트금융투자회사는 그 명칭에서 알 수 있듯이 프로젝트금융을 전제로 한 회사로서 장기적으로 높은 수익을 기대하고 사업 초기에 대규모 자금이 투자되는 개발사업의 초기 단계에서 프로젝트금융을 원활히 할 수 있도록 한시적인 기구로 고안된 것이므로 프로젝트금융을 목적으로 하지 않는 사업을 수행하기 위한 기구로 사용할 수는 없다.[52)]

---

50) 황진호(2016), “부동산간접투자에 대한 과세문제 연구”, 고려대학교 법무대학원 석사학위논문(2016. 6), 25쪽.
51) 한중석(2010), 21-22쪽.
52) 국회재정경제위원회(2002), 「프로젝트금융투자회사법안에 대한 공청회」(2002. 4. 9) 자료, 1-4쪽.

(2) 복수의 사업 허용 문제

수개의 사업을 하나의 특정사업으로 묶기만 하면 특정사업으로서 허용되는지 여부에 대하여 의문이 있는바, 상호 관련성이 없는 수개의 사업을 하나의 특정사업이라는 명목하에 묶는 것을 허용할 경우 특정사업의 범위를 무한정 확대하여 프로젝트금융투자회사 제도를 악용할 수 있는 가능성이 있으므로 하나의 실시계획에 따라 다수의 건물 및 시설로 구성되는 국제업무단지시설을 단계적으로 개발하는 경우나 공모형 PF사업에서 보는 바와 같이 상호 관련성이 있는 수개의 사업을 하나의 특정사업으로 묶는 것은 허용되지만 상호 관련성이 없는 수개의 사업을 하나의 특정사업으로 묶는 것은 허용되지 않는다. 따라서 상호 관련성이 없는 수개의 사업을 하나의 특정사업으로 묶어 프로젝트금융투자회사를 설립하는 것뿐만 아니라 프로젝트금융투자회사가 정관 변경을 통하여 기존의 특정사업과 상호 관련성이 없는 사업을 목적으로 추가하는 것도 허용되지 않는다.[53]

국세청도 다른 개발사업을 기존 개발사업에 추가하여 수행하는 등 회사의 자산을 2개 이상의 특정사업에 운용하는 경우,[54] 산업입지 및 개발에 관한 법률에 의한 일반산업단지개발사업과 신항만건설촉진법에 의한 신항만건설사업을 병행하는 경우,[55] 국제업무지구개발사업지구 내에 역사를 신축하여 다른 법인에게 현물출자하는 경우[56]에는 특정사업 요건을 충족하지 못하는 것으로 보고 있다.[57]

(3) 주택건설사업 허용 문제

국세청은 "프로젝트금융투자회사가 다른 법인과 공동으로 건물을 신축하는 사업을 수행하는 경우에는 특정사업에 해당하지 않는다"라고 회신하였다가[58] "프로젝트금융투자회사가 주택건설등록사업자와 주택법 제10조에 따라 공동사업주체로 등록하고 주택건설사업을 시행하되 양자 간에 협약을 체결하여 주택건설사업에 따른 실질적인 권리 및 의무의 경제적 손익이 프로

---

53) 한편 국세청 법인-1173. 2009. 10. 23.은 프로젝트금융투자회사가 도시 및 주거환경정비법에 따른 도시환경정비사업 방식으로 주상복합건물 개발사업을 시행하다가 업무시설건물 개발사업으로 정관상 목적사업을 변경하고 명목회사 변경신고를 한 경우 변경된 목적사업이 법인세법 제51조의2 제1항 제9호 가목의 특정사업에 해당한다면 법인세법 제51조의2에 기한 소득공제는 계속 적용되는 것이라고 한다.

54) 국세청 서면2팀-677. 2005. 5. 12.; 서면2팀-717. 2005. 5. 23.; 서면2팀-701. 2006. 4. 2.

55) 국세청 서면2팀-1056. 2008. 5. 30. 신항만건설촉진법상 신항만건설사업에 필요한 토석채취장 개발은 신항만건설사업의 부대공사에 해당하는바, 일반산업단지개발지와 신항만개발지가 서로 인접하고 있고 신항만매립공사에 필요한 매립용 토석을 채취할 토석채취장이 일반산업단지에 위치하고 있는 경우이다.

56) 국세청 법인-1882. 2008. 8. 7.은 특정사업인 국제업무지구개발사업지구 내에 국제업무시설, 주거시설, 숙박시설, 공공시설, 상업문화시설 등에 사용될 건물을 준공하여 매각하는 사업을 영위하면서 개발사업의 효과를 제고시키기 위하여 사업지구 내에 역사 건물을 신축하여 위 특정사업과는 별도의 사업인 지하철사업을 영위하는 다른 법인에게 현물출자하는 경우 법인세법 제51조의2 제1항 제9호에 해당되지 않는다고 한다.

57) 한중석(2010), 27-28쪽.

58) 국세청 서면2팀-1850. 2005. 11. 21.

젝트금융투자회사에 귀속되고 주택건설등록사업자는 시공사로서 프로젝트금융투자회사로부터 일정한 시공대가만을 받게 되는 경우에는 프로젝트금융투자회사와 주택건설등록사업자는 공동사업에 해당되지 않는 것이다"라고 하여 실질적인 권리 및 의무의 경제적 손익이 프로젝트금융투자회사에 귀속된다면 프로젝트금융투자회사가 공동사업주체로 주택사업을 할 수 있는 것처럼 회신을 하였고,[59] 그 이후에는 "프로젝트금융투자회사가 주택법에 의한 주택건설사업자인 출자법인과 공동으로 주택건설사업을 수행하는 것은 가능하다"는 취지로 입장을 변경하였다.[60]

이에 따라 2007년 2월 28일 법인세법 시행령 제86조의2 제3항을 신설하여 프로젝트금융투자회사가 주택건설사업자인 출자법인과 공동으로 주택건설사업을 수행하는 경우 특정사업에 해당한다고 명시하였고, 2008년 2월 22일 법인세법 시행령 제86조의2 제3항의 개정을 통하여 주택건설사업자인 출자법인 요건을 삭제함으로써 프로젝트금융투자회사와 주택건설사업자 사이에 출자관계가 없는 경우도 프로젝트금융투자회사가 주택법에 따라 주택건설사업자와 공동으로 주택건설사업을 수행하는 경우 특정사업에 해당한다고 봄으로써 주택건설사업자와의 출자관계와 상관없이 주택건설사업도 특정사업에 해당함을 입법적으로 해결하였다.[61]

(4) 임대업 등 자산운용사업 허용 문제

프로젝트금융투자회사가 특정사업으로서 임대업 등 자산운용사업을 할 수 있는지 여부에 관하여 논란이 있다. 프로젝트금융투자회사는 특정한 개발사업의 완수 및 그에 따른 청산을 전제로 한 한시적인 회사인바, 이미 건설이 완료된 건물이나 골프장 등을 인수하여 이를 제3자에게 임대하거나 자신이 직접 운영하는 등의 방법은 계속기업임을 전제로 한 것으로서 그 사업의 성격 자체가 한시적이지 않을 뿐만 아니라 사업의 성격도 개발이 아닌 자산운용 정도에 한정되어 프로젝트금융투자회사의 도입취지에 부합하지 않으므로 임대업 등 자산운용사업만을 위한 프로젝트금융투자회사는 허용되지 않는다.[62]

한편 프로젝트금융투자회사가 특정사업을 수행하기 위하여 공장부지를 취득한 후 지구단위 변경 등 인·허가를 취득하는 기간 동안 공장부지를 유휴부지로 방치하기보다는 한시적으로 임대를 함으로써 수익사업을 하는 것은 특정사업 추진과정에서 파생되는 것이므로 허용된다고 할 것이나 단지 재무구조개선을 위한 구조조정 차원에서 형식적으로만 특정사업을 빙자하여

59) 국세청 서면2팀-1676. 2006. 8. 31.

60) 국세청 재법인-878. 2006. 12. 6.

61) 주택법에서는 토지소유자로서 주택건설사업을 추진하는 경우 주택건설법인과 공동사업을 할 것을 요건으로 규정하고 있으므로 토지소유자인 프로젝트금융투자회사와 주택건설사업자 등록을 한 시공사는 공동 사업주체로서 등록을 하여야 하는바, 아산배방 택지개발사업지구 복합단지개발을 하는 주식회사 펜타포트개발의 경우 SK건설 주식회사, 대림산업 주식회사, 두산중공업 주식회사, 계룡건설산업 주식회사와 공동 사업주체를 구성한 바 있고 부산 강서구 명지동 3233 일대 명지지구 주거단지에서 공동주택 개발사업을 하는 엠제이프로젝트금융투자주식회사의 경우 주식회사 극동건설과 공동 사업주체를 구성한 바 있다.

62) 한중석(2010), 29 -30쪽.

공장부지를 프로젝트금융투자회사에 매각하는 외관을 취한 다음 인·허가 지연 등을 목적으로 공장 및 그 부지를 계속 임차하여 사용하는 등의 방법으로 프로젝트금융투자회사 제도를 남용하는 것은 제한할 필요가 있다.

2. 명목회사 요건

프로젝트금융투자회사(PFV)는 본점 외의 영업소를 설치하지 아니하고 직원과 상근하는 임원을 두지 아니하여야 한다(법51의2①(9) 나목). PFV는 실체회사가 아닌 명목회사이기 때문에 본점 이외에 영업소를 설치할 수 없으며, 직원 및 상근 임원을 둘 수 없는 것이다.

프로젝트금융투자회사는 명목회사로서 사무실을 둘 수도 없기 때문에 사무실을 임차하는 경우에도 임대차계약서상에 "본 임대차건물의 사용은 명목회사의 이사회 등을 위하여 한시적으로 사용하는 것임"을 명시하는 것이 좋다.[63] 한편 국세청은 상근인지 여부는 실질적인 업무수행 장소, 수행하는 업무의 내용, 근무형태, 보수지급방법 등을 종합적으로 고려하여 판단할 사항이라고 하고 있다.[64]

3. 한시성 및 존속기간 요건

프로젝트금융투자회사(PFV)는 한시적으로 설립된 회사로서 존립기간이 2년 이상이어야 한다(법51의2①(9) 다목). 프로젝트금융투자회사는 특정사업을 수행하는 기간 동안만 존재하는 것을 전제로 설립한 명목회사로서 그 최소 존속기간은 2년이므로 정관 및 법인등기부상에 특정사업을 위하여 한시적으로 설립된 회사라는 것과 회사의 존속기간이 2년 이상이라는 것을 명시할 필요가 있다.

법인세법에 최소 존속기간에 관한 규정은 있으나 최대 존속기간에 관한 규정은 존재하지 아니하므로 최대 존속기간을 어느 정도까지 허용할 것인지 여부에 대하여 논란이 있을 수 있다. 각각의 프로젝트금융투자회사가 추진하는 특정사업의 성격과 내용이 다르므로 일률적으로 최대 존속기간을 제한하는 것은 타당하지 않으며, 프로젝트금융투자회사가 추진하는 특정사업의 성격과 내용에 따라 자율적으로 그 특정사업의 예상 완료시점을 최대 존속기간으로 정할 수 있도록 하는 것이 타당하다. 다만 그 기간을 100년으로 정하는 등 최대 존속기간을 지나치게 장기로 설정하는 경우에는 프로젝트금융투자회사의 근간인 한시성을 형해화하고 프로젝트금융투자회사 제도를 악용할 우려가 있으므로 합리적인 범위 내에서 최대 존속기간을 제한하

63) 송민석·송정숙·최준철(2007), 「실무자가 쓴 PFV해설: 프로젝트금융투자회사의 해설」, 부연사(2007. 9), 65쪽.

64) 국세청 법인-1576. 2008. 7. 15.; 지방세운영-2237. 2009. 6. 4.

는 장치를 마련하는 것이 필요하다.[65)]

4. 주식회사 및 발기설립 요건

프로젝트금융투자회사(PFV)는 상법이나 그 밖의 법률의 규정에 따른 주식회사로서 발기설립의 방법으로 설립하여야 한다(법51의2①(9) 라목). 프로젝트금융투자회사는 상법, 그 밖의 법률의 규정에 의한 주식회사이므로 법에서 특별히 정한 경우를 제외하고는 상법의 적용을 받게 되는데, 부동산투자회사법상 부동산투자회사의 경우 상법상 주식회사이지만 부동산운용을 전문으로 하는 부동산전문기관의 특성상 상법 제290조의 변태설립사항, 상법 제416조 제4호의 현물출자, 상법 제458조의 이익준비금, 상법 제415조의2의 감사위원회 규정의 적용이 배제되는 점에 비추어 보면, 프로젝트금융투자회사의 경우에도 부동산투자회사와 마찬가지로 이익배당한도의 90% 이상을 배당하여야 하므로 이익준비금 규정의 적용을 배제하는 것이 타당하고 부동산투자회사와 마찬가지로 업무의 상당부분이 외부에 위탁되어 운영되고 있으므로 감사위원회 규정의 적용도 배제하는 것이 타당하다.

5. 최소자본금 요건

프로젝트금융투자회사의 최소자본금은 50억원으로 한다. 다만, 민간투자법 제4조 제2호의 규정에 의한 방식[임대형 민간투자사업(BTL) 방식]으로 민간투자사업을 시행하는 프로젝트금융투자회사의 경우 최소자본금은 10억원으로 한다(법51의2①(9) 아목, 영86의2⑤(1)). 이는 프로젝트금융투자회사의 난립·부실로 인한 피해를 막고 프로젝트금융투자회사에 대한 사회적 신뢰를 제고하기 위하여 최저자본금을 정한 것이다.

프로젝트금융투자회사가 최소자본금 50억원을 유지하는 것이 프로젝트금융투자회사의 존속요건인지 여부에 관하여 논란이 있었는데, 이에 대하여 국세청은 "프로젝트금융투자회사가 목적사업 수행을 완료하기 이전에 유상감자를 실시함에 따라 법인세법 시행령 제86조의2 제5항 제1호 소정의 최소자본금 50억원 요건을 충족시키지 못하는 경우에는 소득공제를 받을 수 없다"라고 하여 50억원 이상의 최소자본금은 성립요건이자 존속요건으로 보고 있다.[66)]

6. 발기인 및 주주 요건

프로젝트금융투자회사(PFV)의 설립 발기인은 기업구조조정투자회사법 제4조 제2항 각 호[67)]

65) 한중석(2010), 34-36쪽.
66) 국세청 법인-1051. 2009. 9. 25.
67) 기업구조조정투자회사법 제4조(발기인) ② 다음에 해당하는 자는 발기인이 될 수 없다.
1. 미성년자·피성년후견인·피한정후견인

의 어느 하나에 해당하지 아니하고 "대통령령으로 정하는 요건"을 충족하여야 한다(법51의2① (9) 마목).

여기서 "대통령령으로 정하는 요건"이란 다음의 요건을 말한다(영86의2④).

1. 발기인 중 1인 이상이 다음 각 목의 어느 하나에 해당할 것
   가. 영 제61조 제2항 제1호부터 제13호까지 및 제24호의 어느 하나에 해당하는 금융회사[68] 등
   나. 국민연금법에 의한 국민연금관리공단(민간투자법 제4조 제2호의 규정에 의한 방식[임대형 민간투자사업(BTL) 방식]으로 민간투자사업을 시행하는 투자회사의 경우에 한한다)
2. 제1호 가목 또는 나목에 해당하는 발기인이 5%(제1호 가목 또는 나목에 해당하는 발기인이 다수인 경우에는 이를 합산한다) 이상의 자본금을 출자할 것

프로젝트금융투자회사(PFV)의 주주는 위 발기인의 요건(영86의2 제4항 각 호의 요건)을 갖추어야 하고, 이 경우 "발기인"은 "주주"로 본다(영86의2⑤(4)).

7. 이사 자격요건

프로젝트금융투자회사(PFV)의 이사는 기업구조조정투자회사법 제12조 각 호의 어느 하나에 해당하지 아니하여야 한다(법51의2①(9) 바목). 따라서 i) 기업구조조정투자회사법 제4조제2항 각호의 1에 해당하는 자(제1호), ii) 자산관리회사의 발행주식총수의 1% 이상의 주식을 소유하고 있는 자("주요주주") 및 대통령령이 정하는 특수관계인(제2호), iii) 자산관리회사로부터 계속적으로 보수를 지급받고 있는 자(제3호)는 이사가 될 수 없다(기업구조조정투자회사법12).

---

2. 파산선고를 받은 자로서 복권되지 아니한 자
3. 금고 이상의 실형의 선고를 받거나 이 법 기타 대통령령이 정하는 금융관련법령(이에 상당하는 외국의 법령을 포함)에 의하여 벌금형 이상의 형을 선고받고 그 집행이 종료(집행이 종료된 것으로 보는 경우를 포함)되거나 면제된 후 5년이 경과되지 아니한 자
4. 금고 이상의 형의 집행유예의 선고를 받고 그 유예기간중에 있는 자
5. 이 법 기타 대통령령이 정하는 금융관련법령에 의하여 영업의 허가·인가 또는 등록 등이 취소된 법인 또는 회사의 임·직원이었던 자(그 허가 등의 취소사유의 발생에 관하여 직접 또는 이에 상응하는 책임이 있는 자로서 대통령령이 정하는 자에 한한다)로서 당해 법인 또는 회사에 대한 취소가 있은 날부터 5년이 경과되지 아니한 자
6. 이 법 기타 대통령령이 정하는 금융관련법령을 위반하여 해임되거나 면직된 후 5년이 경과되지 아니한 자

68) 은행, 한국산업은행, 중소기업은행, 한국수출입은행, 농업협동조합중앙회(농업협동조합법 제134조 제1항 제4호의 사업에 한정) 및 농협은행, 수산업협동조합중앙회(수산업협동조합법 제138조 제1항 제4호 및 제5호의 사업에 한정) 및 수협은행, 투자매매업자 및 투자중개업자, 종합금융회사, 상호저축은행중앙회(지급준비예탁금에 한한다) 및 상호저축은행, 보험회사, 신탁업자, 여신전문금융회사, 새마을금고연합회.

8. 감사 자격요건

프로젝트금융투자회사(PFV)의 감사는 기업구조조정투자회사법 제17조에 적합하여야 한다(법51의2①(9) 사목).

기업구조조정투자회사법 제17조는 감사의 자격을 정하고 있는데, 그 자격은 다음과 같다. 감사는 공인회계사법에 의한 회계법인에 소속된 공인회계사이어야 한다(제1항). 다음에 해당하는 자는 감사가 될 수 없다(제2항).

1. 제4조 제2항 다음에 해당하는 자
2. 당해 기업구조조정투자회사와 관련하여 공인회계사법 제21조의 규정에 의하여 감사가 제한되거나 동법 제33조의 규정에 의하여 직무가 제한되는 회계법인에 소속된 자
3. 직무정지기간중에 있는 자
4. 업무정지기간중인 회계법인에 소속된 자
5. 다음 각목의 1에 해당하는 자로부터 공인회계사업무외의 업무와 관련하여 계속적으로 보수를 받고 있는 자 및 그 배우자
   가. 당해 기업구조조정투자회사의 주요주주
   나. 당해 기업구조조정투자회사의 이사
   다. 당해 기업구조조정투자회사의 업무를 위탁받은 자산관리회사·자산보관회사 또는 일반사무수탁회사

9. 자산관리·운용 및 처분에 관한 업무 위탁 요건

프로젝트금융투자회사(PFV)는 자산관리·운용 및 처분에 관한 업무를 자산관리회사에게 위탁하여야 하는데, 자산관리회사는 i) 당해 회사에 출자한 법인(가목), ii) 당해 회사에 출자한 자가 단독 또는 공동으로 설립한 법인(나목)에 해당하는 자이어야 한다(영86의2⑤(2) 본문). 따라서 프로젝트금융투자회사에 출자한 자와 출자하지 않은 자가 공동으로 설립한 법인은 자산관리회사가 될 수 없다.[69] 다만, 「건축물의 분양에 관한 법률」 제4조 제1항 제1호[70]에 따른 신탁계약에 관한 업무는 자금관리사무수탁회사에 위탁할 수 있다(영86의2⑤(2) 단서).

자산관리회사를 반드시 새로 설립하여야 하는지에 관하여 국세청은 "자산관리회사가 프로젝트금융투자회사보다 먼저 설립되었는지 여부는 자산관리회사의 요건에 해당하지 않는다"고

69) 국세청 서면2팀-1954. 2006. 9. 28.; 법인-2199. 2008. 8. 29.

70) 건축물의 분양에 관한 법률 제4조(분양 시기 등) ① 분양사업자는 다음 각 호의 구분에 따라 건축물을 분양하여야 한다.
   1. 자본시장법에 따른 신탁업자와 신탁계약 및 대리사무계약을 체결한 경우 또는 금융기관 등으로부터 분양보증을 받는 경우: 건축법 제21조에 따른 착공신고 후

하여 자산관리회사를 새로 설립하지 않아도 된다는 입장이다.[71]

국세청은 최초의 자산관리회사를 다른 자산관리회사로 변경하는 것이 가능하다는 입장이다.[72] 법인세법 시행령 제86조의2 제5항 제5호 다목에서 명목회사 설립신고 시 자산관리회사의 명칭을 기재하도록 하고 법인세법 시행령 제86조의2 제7항에서 자산관리회사의 명칭이 변경된 경우 명목회사 변경신고를 하도록 규정하여 자산관리회사의 변경을 예정하고 있다는 점 등에 비추어 당해 프로젝트금융투자회사에 출자한 법인 또는 당해 프로젝트금융투자회사의 출자자가 단독 또는 공동으로 설립한 법인이라면 새로운 자산관리회사가 기존 자산관리회사의 자산관리업무위탁계약상의 지위를 인수하는 방식이든, 기존 자산관리회사와의 자산관리업무위탁계약을 해지하고 새로운 자산관리회사와의 자산관리업무위탁계약을 신규로 체결하는 방식이든 상관없이 자산관리회사를 변경하는 것이 가능하다.[73]

10. 자금관리업무 위탁 요건

프로젝트금융투자회사(PFV)는 신탁업을 영위하는 금융회사 등("자금관리사무수탁회사")에 자금관리업무를 위탁하여야 한다(영86의2⑤(3)). 자산관리회사와 자금관리사무수탁회사가 동일인이 아니어야 한다(영86의2⑤(6) 본문). 다만, 해당 회사가 자금관리사무수탁회사(해당 회사에 대하여 지배주주등이 아닌 경우로서 출자비율이 10% 미만일 것)와 「건축물의 분양에 관한 법률」 제4조 제1항 제1호에 따라 신탁계약과 대리사무계약을 체결한 경우는 그러하지 아니하다(영86의2⑤(6) 단서).

국세청은 프로젝트금융투자회사가 자금관리사무수탁회사의 동의를 얻어 관리자금 중 일부를 신탁업을 영위하는 다른 금융기관에 이자율이 높은 정기예금으로 운용하는 것도 가능하고,[74] 최초의 자금관리사무수탁회사를 수탁수수료 등의 문제로 다른 자금관리사무수탁회사로 변경하는 것은 가능하다는 입장이다.[75] 법인세법 시행령 제86조의2 제5항 제5호 라목에서 명목회사 설립신고 시 자금관리사무수탁회사의 명칭을 기재하도록 하고 법인세법 시행령 제86조의2 제7항에서 자금관리사무수탁회사의 명칭이 변경된 경우 명목회사 변경신고를 하도록 규정하여 자금관리사무수탁회사의 변경을 예정하고 있다는 점 등에 비추어 자본시장법에 따라 신

71) 국세청 서면2팀-73. 2006. 1. 10.; 법인-488. 2009. 2. 6. 민관합동으로 일반산업단지조성사업을 하기 위한 프로젝트금융투자회사를 설립하고자 하나 금융위기로 인하여 금융권과의 PF 진행이 곤란하자 일단 금융권과 관공서를 제외한 예비출자자만으로 향후 프로젝트금융투자회사의 자산관리회사 역할을 담당할 법인을 먼저 설립하여 사업을 추진하는 한편 금융권과의 PF 협상이 완료되는 즉시 프로젝트금융투자회사를 설립하고 위 법인에 프로젝트금융투자회사의 자산관리업무를 위탁하려는 경우이다.

72) 국세청 법인-2453. 2008. 9. 16.

73) 한중석(2010), 73-74쪽.

74) 국세청 법인-2844. 2008. 10. 10.

75) 국세청 서면2팀-1930. 2005. 11. 28.

탁업을 영위하는 금융회사 등이라는 요건에 부합하는 한 자금관리사무수탁회사의 변경이 가능하다.[76)]

11. 설립신고 요건

프로젝트금융투자회사(PFV)는 법인설립등기일부터 2월 이내에 명목회사설립신고서에 i) 정관의 목적사업(가목), ii) 이사 및 감사의 성명·주민등록번호(나목), iii) 자산관리회사의 명칭(제3호), iv) 자금관리사무수탁회사의 명칭(제4호)을 기재하고, 정관, 회사의 자산을 운용하는 특정사업의 내용, 자금의 조달 및 운영계획, 주금의 납입을 증명할 수 있는 서류, 자산관리회사 및 자금관리사무수탁회사와 체결한 업무위탁계약서 사본을 첨부하여 납세지 관할세무서장에게 신고하여야 한다(영86의2⑤(5), 동법 시행규칙42의2①).

Ⅲ. 프로젝트금융투자회사(PFV)에 대한 과세 문제

1. 법인세법과 조세특례제한법

프로젝트금융투자회사는 법인세법에서 별도로 명시하고 있지 않으므로 법인세법 제51조의2 제1항 제9호에서 정한 요건을 충족하여 프로젝트금융투자회사로 인정받아야 법인세 면제 혜택을 받을 수 있는데, 주요 요건으로 "회사의 자산을 설비투자, 사회간접자본 시설투자, 자원개발, 그 밖에 상당한 기간과 자금이 소요되는 특정사업에 운용하고 그 수익을 주주에게 배분하는 회사"로서 "본점 외의 영업소를 설치하지 아니하고 직원과 상근하는 임원을 두지 않을 것"과 "한시적으로 설립된 회사로서 존속기간이 2년 이상일 것"을 충족해야 하므로, 이는 프로젝트금융투자회사가 SPC로서 명목회사임을 요건으로 한다는 것을 알 수 있다.

조세특례제한법의 조세감면조항은 일몰기한을 두어 정책적 목적에 의해 신설된 후 법 개정으로 연장되거나 삭제되었다. 조세특례제한법 제119조는 2014년 12월 23일 개정으로 삭제되었는데, 조세특례제한법 제119조 제6항 제3호에서 등록세 세액감면 대상에 대해 "법인세법 제51조의2 제1항 제6호[77)]에 해당하는 회사(프로젝트금융투자회사)가 취득하는 부동산"이라고 규정하여 프로젝트금융투자회사가 법인세법에 근거를 두고 있다는 근거 조항이기도 하였다.

조세특례제한법 제120조는 취득세의 면제를 규정하였고, 제4항에 취득세 감면규정을 두어

---

76) 한중석(2010), 75-76쪽.

77) 법인세법 개정으로 제51조의2 제1항 제6호는 제9호로 변경되었으며 법인세법에는 프로젝트금융투자회사가 별도로 명시되어 있지 않아 제9호에서 정하는 요건을 충족해야 한다.

부동산투자회사법에 근거한 부동산투자회사가 취득하는 부동산, 자본시장법에 근거한 부동산집합투자기구의 집합투자재산으로 취득하는 부동산, 프로젝트금융투자회사가 취득하는 부동산에 대해 취득세를 감면해주었으나 조세특례제한법 제120조가 2014년 12월 23일 개정으로 삭제되면서 2014년 12월 31일까지 취득한 부동산에 한해서만 취득세를 감면해주었다.

당시 조세특례제한법 제120조와 관련하여 소관 부처인 안전행정부(현 행정안전부)는 지방자치단체의 재정건전성과 기초연금 등 복지재원 마련을 위해 비과세·감면제도를 정비하였고, 부동산투자회사법에 따른 부동산투자회사를 소관하는 국토교통부 및 자본시장법에 따른 부동산집합투자기구를 소관하는 금융위원회와 충분한 협의 없이 취득세 감면 폐지를 결정하였는데, 이는 리츠와 부동산펀드에 대한 과세 또한 정책적 목적에 의해 조정될 수 있음을 보여준 사례이다.

2. 프로젝트금융투자회사(PFV)에 대한 과세

현재 PFV에 대한 지방세 중과세율 적용배제 특례로 지방세특례제한법 제180조의2 제1항에 의해 법인세법 제51조의2 제1항 제9호에 해당하는 회사에 대해 2021년 12월 31일까지 대도시 법인설립 등에 따른 중과세율을 적용하지 않으며, 지방세특례제한법 제180조의2 제2항에 의해 법인세법 제51조의2 제1항 제9호에 해당하는 회사는 2021년 12월 31일까지 대도시 법인설립 등록면허세 중과세율이 적용되지 않는다.

제4절 사회기반시설에 대한 민간투자와 프로젝트금융

Ⅰ. 서설

1. 민간투자의 의의

(1) 개념

민간투자(PFI)란 공공부문이 공역무 또는 공공서비스에 대한 사양과 품질 등의 조건을 규정하면, 공역무 수행을 위한 사회간접자본에 관한 자금조달부터 설계 및 건설, 시설의 관리 일체를 우수한 기술과 자금, 그리고 경영 노하우를 가진 민간부문에 위탁하여 공공서비스 제공을 민간주도로 시행하는 것을 말한다. 민간투자(PFI)는 최종적으로 생산되는 서비스를 구입하는 시스템이다. 따라서 정부는 당해 시설을 건설하고 관리·운영하는 주체가 되는 민간으로부터 서비스를 구매하는 이용자 역할로 특화하여 매년 서비스를 향유하는 대가로서 이용료를 지불(공공부문의 재정지출)하며, 이를 통해 비용지불에 상응하는 양질의 서비스를 요구할 수 있는 발언권을 가지게 된다. 동시에 민간부문은 고객이 정부라는 점에서 자금조달만 가능하면 안정적인 수입을 올릴 수 있다.[78]

우리나라는 민간투자제도와 관련하여 「사회기반시설에 대한 민간투자법」("민간투자법")을 시행하고 있다. 민간투자법("법")의 목적은 사회기반시설에 대한 민간의 투자를 촉진하여 창의적이고 효율적인 사회기반시설의 확충·운영을 도모함으로써 국민경제의 발전에 이바지하는데에 있다(법1). 민간투자사업이란 민간부문이 제안하는 사업 또는 민간투자시설사업기본계획에 따라 사업시행자가 시행하는 사회기반시설사업을 말한다(법2(6)). 민간투자법의 민간투자사업에 관한 정의는 형식적인 개념을 정의한 것이고, 실체적 개념에 대해서는 규정하고 있지 않다.[79] 따라서 민간투자제도에 필요한 법적 규율을 규정하거나 이에 관한 법적 쟁점의 논의를 위해서는 민간투자제도의 개념을 명확히 할 필요가 있으므로 여기서는 민간투자제도의 개념의 구성요소에 대해서 살펴본다.

(2) 개념의 구성요소

(가) 민간투자의 주체

민간투자사업은 도로, 주차장, 항만의 건설 등 공공시설 건설에 부족한 재원이나 기술과 경영능력을 민간부문을 통해서 시행한다. 즉 민간자본을 유치하는 주체는 국가 또는 지방자치단체를 포함한 공공단체가 된다. 그러므로 민간투자사업에 자본을 투자한 사인은 국가 또는 지방자치단체의 관리와 감독을 받게 되고, 법적인 한도 내에서 일정한 반대급부권을 행사할 수 있을 뿐이다. 민간투자제도는 공행정의 주체와 사인 간의 협력을 통하여 이루어지는 것은 분명하지만, 사업의 전 과정을 기획하는 주체는 엄연히 국가나 지방자치단체이고, 사인은 공공시설의 운영권을 양도받아 수익을 추구할 뿐이다. 따라서 사인이 공익사업을 주도하며, 공행정 주체는 사인에게 사업수행을 위한 자금의 일부를 교부하고 일정한 범위 안에서 감독권을 행사하는 보조금 교부행정과 구별된다.

(나) 사회기반시설

민간투자법에 의한 사회기반시설이란 각종 생산활동의 기반이 되는 시설, 해당 시설의 효용을 증진시키거나 이용자의 편의를 도모하는 시설 및 국민생활의 편익을 증진시키는 시설로서, i) 도로, 철도, 항만, 하수도, 하수·분뇨·폐기물처리시설, 재이용시설 등 경제활동의 기반

78) 황지혜(2015), "사회기반시설에 대한 민간투자와 국가의 보장책임에 관한 연구", 한국외국어대학교 대학원 박사학위논문(2015. 8), 28-29쪽.

79) 김성수(2012), 「일반행정법: 행정법이론의 헌법적 원리」, 홍문사(2012. 3), 433-442쪽.

이 되는 시설(가목), ii) 유치원, 학교, 도서관, 과학관, 복합문화시설, 공공보건의료시설 등 사회서비스의 제공을 위하여 필요한 시설(나목), iii) 공공청사, 보훈시설, 방재시설, 병영시설 등 국가 또는 지방자치단체의 업무수행을 위하여 필요한 공용시설 또는 생활체육시설, 휴양시설 등 일반 공중의 이용을 위하여 제공하는 공공용 시설(다목)을 말한다(법2(1)).

(다) 재원의 조달

국가 또는 지방자치단체가 공공의 복지를 증진하기 위하여 각종의 공공시설을 건설하고 운용하는 데 필요한 재원은 원칙적으로 조세, 각종의 공과금 수입을 통해 마련되어야 한다. 사회기반시설에 대한 수요는 꾸준히 늘어나고 있음에 반하여 우리나라 지방자치단체들의 재정자립도는 매우 낮은 수준이어서 사회기반시설의 건설에 투자하지 못하는 결과를 초래하였다. 이러한 문제를 해결하기 위하여 공익사업 수행을 위하여 부족한 재원의 전부 또는 일부를 사인이나 사기업으로부터 조달하는 민간투자방식을 활용한다.

물론 공익사업 수행을 위하여 민간부문으로부터 국가 또는 지방자치단체가 부족한 재원을 조달하기 위한 방법으로 민간유치 외에도 국공채 발행이 사용되고 있다. 그러나 국공채의 경우 이를 매입하는 자는 일정한 기간의 경과 후에 원리금을 상환받는 단순한 채권자의 지위에 불과하다. 반면 민간투자의 경우에는 여기에 자본을 투입한 개인이 단독으로 또는 국가 및 지방자치단체와 공동으로 시설의 운영권을 갖는 등 물권적 권리[80]를 행사한다는 점에서 국공채 발행과 민간유치는 구별된다.

(라) 반대급부의 보장

사회기반시설에 투자한 사인은 일정한 범위 내에서 그 시설의 운영이나 수익권의 부여 등 반대급부를 보장받는다. 사용·수익권의 구체적인 내용은 시설에 따라 달라질 수 있지만 일반적으로 사인에게는 사업시행자로서 당해 시설을 유지·관리하고 사용료를 징수할 수 있는 시설관리운영권이 주어진다(법26). 시설관리운영권은 실시협약에서 정하는 바에 따라 정해진다(법24). 또한 공공시설의 사용·수익권뿐 아니라 주택건설, 택지개발, 관광시설, 유통시설 등의 수익성 부대사업을 허용하여 사인에게 부여하는 반대급부의 범위를 확대하고 있다(법21).

2. 민간투자법의 연혁과 성격

(1) 민간투자법의 연혁

(가) 1994년 사회간접자본시설에 대한 민간자본유치촉진법 제정

민간투자사업은 1994년 「사회간접자본시설에 대한 민간자본유치촉진법」(“민간자본유치촉진

80) 관리운영권은 물권(物權)으로 보며, 민간투자법에 특별한 규정이 있는 경우를 제외하고는 민법 중 부동산에 관한 규정을 준용한다(법27①).

법")이 시행되기 이전까지는 유료도로법, 항만법 등 개별 법령에 근거하여 민간자본을 유치하는 방식으로 진행되었다. 정부는 1994년 2월에 사회간접자본시설 분야에 민간의 참여를 촉진하여 창의적이고 효율적으로 사회간접자본을 확충·운영함을 목적으로 다양한 사회간접자본시설에 공통적으로 적용될 수 있는 민간자본유치의 절차와 방법, 수익성과 경영권의 보장 및 조세감면 등 각종 지원에 관한 사항을 규정함으로써 원활한 사회간접자본시설사업을 추진할 수 있도록 하여 국토의 균형발전, 산업의 경쟁력 강화 및 국민생활의 편익증진 도모를 목적으로 법률안을 제안했고, 1994년 8월에 「사회간접자본시설에 대한 민간자본유치촉진법(1994. 8. 3. 법률 제4773호)」을 제정하여 시행하였다. 이 법의 특징으로는 민자유치 대상 SOC 시설을 1종시설과 2종시설로 구분하였는데, 1종시설은 도로, 철도, 항만, 공항, 댐, 상하수도 등으로서 시설완공 후 소유권을 국가에 귀속시킨 뒤 사업시행자에게 무상사용권을 부여하는 시설로 규정하였고, 2종시설은 관광단지, 유통단지 등의 시설로서 완공 후 사업시행자에게 소유권이 인정되는 시설로 규정하였다.

(나) 1998년 12월 사회간접자본시설에 대한 민간투자법으로 전문개정

1997년 말의 외환위기에 따라 국제통화기금의 구제금융을 지원받으면서 정부는 민간투자사업을 통한 사회기반시설의 건설을 통하여 경제의 활성화를 도모하였고, 이에 따라 IMF 외환위기 직후 막대한 예산이 드는 SOC 사업에 대한 민자유치를 활성화하고, 민간자본으로 지은 시설이 운영단계에 들어갔을 때 실제수입이 추정수입보다 적으면 사업자에게 사전에 약정한 최소수입을 보장해 주는 제도로 도로·철도 등 사회기반시설을 건설한 민간사업자에게 일정기간 운영권을 인정하는 수익형 민간투자사업(BTO)에 적용되는 최소운영수입보장제도를 도입하였다.[81] 또한 국토연구원에 민간투자지원센터(PICKO: Private Investment Center of Korea)를 설립하였다. 기존의 제도를 전면 개편하여 수익성 제고 등 적극적 유인체계를 제공함으로써 외국자본 등 민간자본을 적극 활성화하는 한편, 이를 통해 경제의 활성화, 국가경쟁력의 강화, 성장잠재력의 확충을 도모하려는 목적으로 1998년 12월 31일 「사회간접자본시설에 대한 민간투자법」으로 전문개정을 통하여 민간투자사업을 본격적으로 활성화시킨 시기로 본격적인 민간투자사업시장이 열렸다고 할 수 있다. 민간자본유치촉진법과 민간투자법을 비교하면, 첫째, 추진방식면에서 민간자본유치촉진법은 1종시설(BTO), 2종시설(BOO)에 따라 투자방식을 제한하였으나, 민간투자법에서는 시설 구분을 폐지하고 투자방식(BTO, BOO, BOT, ROT 등)을 다양화하였다. 둘째, 사업성 검토와 관련하여 민간자본유치촉진법은 사전검토 절차가 없었으나, 민간투자법에서는 타당성 조사 제도를 신설하였다. 셋째, 재정지원과 관련하여 민간자본유치촉진법은 재정

---

81) 이상훈·박경애(2016), "민간투자사업의 MRG(최소운영수입보장)와 새로운 유형(투자위험분담형)의 분석 및 비교", 선진상사법률연구 통권 제75호(2016. 7), 68쪽.

지원 사유를 단편적으로 규정하였으나 민간투자법은 재정지원 사유를 확대(최소운영수입보장 및 매수청구권 신설 등)하는 등 정부지원을 강화하였다. 넷째, 민간투자법은 민간자본유치촉진법에는 없던 SOC 투융자 전담인프라펀드의 설립근거를 마련하였으며 신용보증기금으로 일원화하였다는 점을 들 수 있다.

(다) 2005년 1월 사회기반시설에 대한 민간투자법으로 법제명 변경

2005년 1월에는 「사회기반시설에 대한 민간투자법」(법률 제7386호, 2005. 1.27. 일부개정)으로 명칭을 변경하였으며, 2005년 개정을 통해서는 민간투자사업의 대상시설의 범위가 확대됨에 따라 민간투자사업의 효율적인 시행을 지원하기 위하여 조직을 재조정하고, 공공투자관리센터를 한국개발연구원에 둠으로써 산업기반시설에 더하여 생활기반시설까지 확대되는 민간투자사업에 대한 지원업무를 보다 효율적으로 수행하기 위하여 기존의 국토연구원 산하 민간투자지원센터(PICKO)를 한국개발연구원의 공공투자관리센터(PIMAC: Public and Private Infrastructure Investment Management Center)로 확대 개편하여 신설하였다. 민간투자사업의 대상시설을 기존의 사회기반시설을 중심으로 한 SOC 위주의 민간투자사업에서 교육·복지시설, 공공임대주택, 군주거시설, 노인의료시설, 공공보건의료시설, 문화시설 등으로 확대하는 동시에 임대형 민간투자사업(BTL)을 중심으로 한 새로운 사업방식을 도입하는 등 국민생활과 직결된 분야에 대한 민간투자를 촉진하여 국민이 체감하는 삶의 질을 높이기 위한 개정을 하였다. 또한 사회기반시설투융자회사를 장기적인 집중투자에 적합화시키기 위해 일반 증권투자회사보다 신축적인 투자자금 조달을 위해 투융자회사의 신주발행 및 자금의 차입을 허용하고, 사회기반시설투융자회사가 증권시장의 상장요건을 갖춘 경우에는 지체없이 상장하도록 함으로써 투자자가 증권시장을 통하여 출자금을 보다 쉽게 회수할 수 있도록 하였다.

(2) 민간투자법의 법적 성격

민간투자법의 법적 성격과 관련하여 당해 민간투자사업의 가장 중요한 구속력의 근간이 되는 주무관청과 민간사업자가 체결하는 실시협약의 법적 성격을 사법상의 계약으로 보는 견해와 공법상의 계약으로 보는 견해의 대립이 있는바, 이는 민간투자법의 공법적 성격을 도외시하고 있는 것이라고 할 수 있다. 이에 따라 민간투자법의 법적 성격에 대하여 규명할 필요가 있다.

민간투자법은 사회기반시설에 대한 민간의 투자를 촉진하여 창의적이고 효율적인 사회기반시설의 확충·운영을 도모함으로써 국민경제의 발전에 이바지함을 목적으로 한다. 이러한 목적을 달성하기 위한 민간투자법은 민간의 투자를 통하여 창의와 효율을 도모하여 일정한 범주의 사회기반시설을 건설하고 운영하는데 그 본질이 있다. 따라서 일정한 실체가 민간투자사업의 사업시행법인의 지위에서 법령이 정하는 공권력의 주체로서 행하는 공행정작용의 성격을 가지게 되는 특수성이 있다. 즉 사회기반시설의 건설을 통한 공급행정, 투자유인을 위한 조성행정을 내용으로 하는 급부행정적 성격과 공공성 담보를 위한 통제·규제적 성격을 복합적으로 지니고 있는 전형적인 공법이다.[82)]

민간투자법의 내용을 구체적으로 들여다보면 민간투자법이 전형적인 공법의 성격을 띠고 있다는 것임이 명확해진다. 민간투자사업진행의 절차를 살펴보면, 행정계획의 수립, 우선협상대상자지정이라는 개별적 행정처분, 실시협약이라는 공법상의 계약체결, 사업시행자 지정처분, 사업시행자의 토지수용 등 공권력 발동, 사회기반시설 및 공공시설의 공급, 이용자에 대한 사용료 강제징수 등 공권력 부여, 공공시설인 사회기반시설의 공급, 감독명령제도, 공익을 위한 처분, 재정지원 등 다양한 제도를 통한 공급행정 및 복리행정의 복효적 내용의 행정절차의 총체를 이루고 있다. 또한 실시협약은 민간투자법에 기초하여 체결되고 실정법상으로 민간투자법은 관계 법률에 우선하여 적용되며, 사업시행자에게는 토지수용권, 사용료 징수권 등 공법상 특권이 주어지는 점 등에 비추어 단순한 사법상의 지위에서 체결되는 관계로는 볼 수 없다.

(3) 민간투자법의 특수성

(가) 내용적 특수성

민간투자법은 참여와 협력, 공공성, 효율성, 수익성을 지향하는 민간투자사업을 규율하는데, 다음과 같은 내용적 특수성을 지닌다. i) 민간자본의 투자를 통하여 창의적이고 효율적인 사회기반시설의 확충·운영을 목적으로 한다. ii) 사업시행법인에게 일정한 공법상의 특권을 부여한다. 즉 사업시행자는 민간투자법에 의하여 당해 사업의 실시협약을 통하여 구체화된 공권력 행사의 지위를 부여받는다. 민간투자사업은 당해 사업을 영위하기 위한 특수목적법인이 주무관청과 사업시행조건 등에 대하여 실시협약을 체결하고, 이에 따라 사업의 필요한 범위 내에서 토지의 수용이나 부대사업의 시행권을 부여받고, 시설물의 이용자에게 이용료를 부과할 권리를 부여받거나 국가나 지방자치단체로부터 시설임대료를 받게 된다. iii) 시설물 이용자에게 이용료 부과라는 면과 임대형 민자사업의 경우 정부의 재정지출의 면이 있으므로 국회에 총액을 보고하고 일정한 액수 이상의 대규모 민간투자사업의 경우에는 민간투자심의위원회를 거쳐서 사업의 진행을 결정하는 등 여러 가지 특수성을 지닌다. 이 밖에도 관리운영권이라는 물권을 창설하여 수익형 민간투자사업과 임대형 민간투자사업을 원활하게 추진할 수 있도록 하고 있다.[83)]

(나) 민간투자법의 우선 적용

위와 같은 이유 때문에 민간투자법에서 정한 일정한 제한적인 사업만이 민간투자사업의

82) 김현일(2019), “민간투자법상 공익처분에 관한 연구”, 고려대학교 대학원 박사학위논문(2019. 8), 31쪽.
83) 김현일(2019), 32-34쪽.

대상이 되고, 이로 인하여 민간투자법은 민간투자사업과 관련하여 특별한 효력을 갖는 규정을 많이 두고 있다. 예를 들면 민간투자법 제3조 제1항은 "이 법은 민간투자사업에 관하여 관계법률의 규정에 우선하여 적용한다"고 규정하고 있다. 여기서 말하는 관계법률이란 사회기반시설사업을 시행할 때 민간투자사업과 관련된 법률 및 유료도로법, 철도의 건설 및 철도시설 유지관리에 관한 법률, 전기통신사업법, 전파법, 학교시설사업 촉진법, 주택법, 국토의 계획 및 이용에 관한 법률, 산림자원의 조성 및 관리에 관한 법률, 산지관리법, 국유림의 경영 및 관리에 관한 법률을 말한다(법2(14)).

또한 민간투자법 제19조 제4항의 "주무관청은 민간투자사업의 시행을 위하여 필요한 경우에는 민간투자사업의 예정지역에 있는 토지를 매입하여 사업시행자로 하여금 실시계획이 고시된 날로부터 준공확인이 있을 때까지 국유재산법 또는 공유재산법에도 불구하고 무상으로 사용·수익하게 할 수 있다"라고 하는 규정, 민간투자법 제20조 제2항의 "「공익사업을 위한 토지 등의 취득 및 보상에 관한 법률」 제20조 제1항 및 제22조의 규정에 의한 사업인정 및 사업인정의 고시가 있는 것으로 보며, 재결의 신청은 동법 제23조 제1항 및 제28조 제1항의 규정에도 불구하고 실시계획에서 정하는 사업의 시행기간 내에 할 수 있다"라고 하는 특별한 규정을 두고 있다. 결국 민간투자법에 규정되어 있는 이러한 조항들은 관계법률에 대하여 특별법 또는 특별규정의 성격을 갖게 된다.

(4) 민간투자사업에 대한 법적 규율체계

민자투자사업은 민간투자법, 동법 시행령, 기획재정부가 작성·공고하는 민간투자사업기본계획에 의하여 규율된다. 기획재정부는 관계 중앙행정기관의 장과의 협의와 민간투자심의위원회의 심의를 거쳐 매년 추진 예정인 민간투자사업에 관하여 민간투자사업기본계획을 수립하고, 이를 공고(인터넷에 게재하는 방식에 의하는 경우를 포함)하여야 한다(법7, 영5). 민간투자사업기본계획은 해당연도에 추진될 대상사업에 관한 기본계획(제1편)과 현재 및 장래의 민간투자사업에 대하여 일반적으로 적용되는 「민간투자사업 추진 일반지침」(제2편)으로 구성된다.

여기서는 2020년 민간투자사업기본계획(기획재정부공고 제2020-83호)의 제2편 「민간투자사업 추진 일반지침」(이하 "일반지침")의 관련 조문의 주요 내용도 살펴본다.

3. 민간투자사업의 추진방식

(1) 수익형 민간투자사업(BTO) 방식

BTO(build-transfer-operate)방식은 사회기반시설의 준공과 동시에 해당 시설의 소유권을 주무관청(국가 또는 지방자치단체)에 이전하고 주무관청은 사업시행자에게 일정기간(무상사용기간) 동안 시설관리운영권을 인정하는 방식을 말한다(법4(1)). 이 방식에 의하면 민간사업자는 실시협약에 따라 시설을 운영하면서 시설에 대한 사용료를 이용자들에게 부과할 수 있다. 이렇게 부과된 사용료는 사업시행자가 투자한 금액과 투자액에 대한 수익을 회수하고 시설의 관리 및 운영에 필요한 운영비용을 충당하는 데 소요된다.[84]

(2) 임대형 민간투자사업(BTL) 방식

BTL(build-transfer-lease)방식은 사회기반시설의 준공과 동시에 해당 시설의 소유권을 주무관청(국가 또는 지방자치단체)에 이전하고 주무관청은 사업시행자에게 일정기간(무상사용기간) 동안 시설관리운영권을 부여하는 것은 BTO방식과 같지만, 사업시행자는 무상사용기간 동안 해당 시설을 다시 주무관청에 임대하고 임대료를 수취한다는 점에서 BTO방식과 큰 차이가 있다(법4(2)). 이 방식은 시설의 완공과 동시에 또는 임대기간이 끝난 후 시설에 대한 소유권은 자동적으로 국가 또는 지방자치단체에 이전되고, 투자비 회수는 사용자로부터 회수하지 않고 주무관청으로부터 임대료와 운영비로 구성된 정부 지급금으로 회수한다.

(3) 건설-운영-양도(BOT) 방식

BOT(build-operate-transfer)방식은 기본적으로 BTO방식과 동일 하지만, 주무관청으로의 소유권 이전 시기에 차이가 있다. BOT방식은 사회기반시설의 준공 후 사업시행자가 계속 소유권을 보유한 상태에서 운영하다가 운영기간이 종료된 이후에 소유권이 주무관청에게 이전된다(법4(3)). 사업시행자는 운영기간 동안 계약에 명시된 바에 따라 시설에 대한 사용료를 시설이용자들에게 부과할 수 있다. 여기서 얻은 수입은 사업시행자가 투자한 금액에 대한 수익을 회수하고, 시설의 관리와 운영에 필요한 비용을 충당하는 데 쓰인다.

(4) 건설-소유-운영(BOO) 방식

BOO(build-own-operate)방식은 주무관청으로 소유권이 이전되지 않고, 사회기반시설의 준공과 동시에 사업시행자에게 해당 시설의 소유권이 인정된다(법4(4)). 이 사업 방식은 사업시행자가 시설 소유권을 영원히 보유하기 때문에 정부에 양도하지 않는 것을 특징으로 한다. 이 방식에 따른 사업은 시설의 특성상 상업성 등으로 인하여 민간이 소유하고 운영하는 것이 적절한 것으로 평가되는 사업에 적합하다.

(5) 건설-임대-양도(BLT) 방식

BLT(build-lease-transfer)방식은 사회기반시설의 준공(신설·증설·개량) 후 사업시행자가 계속 소유권을 보유한 상태에서 운영기간 동안 해당 시설을 타인(주무관청 포함)에게 임대하고 운영기간이 종료된 이후에 소유권이 주무관청에게 이전된다(일반지침3①(5)). 이 방식은 아직 국내에서 활성화되지 않아 사례를 찾아보기 어렵다.

84) 황지혜(2015), 31-33쪽.

(6) 혼합형 방식

혼합형 방식은 민간투자법 제2호의 방식과 법 제4조 제2호의 방식을 혼합하여 하나의 사회기반시설을 설치·운영하는 방식이다(일반지침3①(10)).

(7) 결합형 방식

결합형 방식은 사회기반시설을 물리적으로 구분하여 민간투자법 제4조 제1호의 방식 내지 제6호의 방식 중 둘 이상을 복수로 활용하는 방식이다(일반지침3①(11)).

(8) 기타 방식

그 밖에 민간부분이 제시하고 주무관청이 타당하다고 인정하거나 주무관청이 민간투자시설사업기본계획에 제시하는 방식(교육청이 사립학교시설을 제2호와 유사한 방식으로 추진하는 경우를 포함)이다(일반지침3①(12)).

Ⅱ. 민간투자법의 주요 내용

1. 사회기반시설사업

(1) 사회기반시설사업의 시행

주무관청은 사회기반시설사업의 추진을 위하여 민간부문의 투자가 필요하다고 인정할 때에는 해당 연도 대상사업으로 지정된 후 1년 이내에 민간투자사업기본계획("기본계획")에 따라 민간투자시설사업기본계획("시설사업기본계획")을 수립하여야 한다(법10① 본문). 시설사업기본계획에는 i) 대상사업의 추정투자금액, 건설기간, 예정지역 및 규모 등에 관한 사항(제1호), ii) 대상사업에 대한 예비타당성 및 타당성 조사결과에 관한 사항(제2호), iii) 사용료, 부대사업 등 사업시행자의 수익에 관한 사항(제3호), iv) 귀속시설 여부 등 민간투자사업의 추진방식에 관한 사항(제4호), v) 재정지원의 규모 및 방식 등 국가 또는 지방자치단체의 지원에 관한 사항(제5호), vi) 민간투자사업에 의하여 건설된 사회기반시설의 관리·운영에 관한 사항(제6호), vii) 사업시행자의 자격요건에 관한 사항(제7호), viii) 그 밖에 주무관청이 필요하다고 인정하는 사항(제8호)이 포함되어야 한다(법11①).

사업시행자의 지정은, 민간투자사업을 시행하려는 자가 시설사업기본계획에 따라 대통령령으로 정하는 바에 따라 사업계획을 작성하여 주무관청에 제출하여야 한다(법13①). 주무관청은 제출된 사업계획을 대통령령으로 정하는 바에 따라 검토·평가한 후 사업계획을 제출한 자 중 협상대상자를 지정하여야 한다(법13② 전단). 이 경우 공익성이 높은 장기투자자금의 제공 등 주무관청의 원활한 사업시행에 부합하는 사업계획을 제출한 자에 대하여는 사업계획을 평가할 때 우대할 수 있다(법13② 후단). 주무관청은 지정된 협상대상자와 총사업비 및 사용기간 등 사업시행의 조건 등이 포함된 실시협약을 체결함으로써 사업시행자를 지정한다(법13③ 전단). 이 경우 대통령령으로 정하는 일정요건에 해당하는 사업시행자 지정에 관한 사항은 사전에 심의위원회의 심의를 거쳐야 한다(법13③ 후단). 사업시행자로 지정된 자는 관계법률에 따른 사업시행자로 본다(법13④). 사업시행자로 지정받은 자는 지정받은 날부터 대통령령으로 정하는 기간에 실시계획의 승인을 신청하여야 하며, 이 기간에 실시계획의 승인을 신청하지 아니하였을 때에는 사업시행자 지정의 효력을 상실한다(법13⑤ 본문). 다만, 주무관청은 불가피하다고 인정하는 경우에는 1년의 범위에서 한 번만 그 기간을 연장할 수 있다(법13⑤ 단서).

(2) 사회기반시설의 관리 · 운영

민간투자사업으로 조성 또는 설치된 토지 및 사회기반시설은 실시협약에서 정하는 바에 따라 관리 · 운영되어야 한다(법24). 주무관청은 BTO방식 또는 BTL방식으로 사회기반시설사업을 시행한 사업시행자가 준공확인을 받은 경우에는 무상으로 사용 · 수익할 수 있는 기간 동안 해당 시설을 유지 · 관리하고 시설사용자로부터 사용료를 징수할 수 있는 사회기반시설관리운영권("관리운영권")을 그 사업시행자에게 설정할 수 있다(법26①). 관리운영권은 물권(物權)으로 보며, 이 법에 특별한 규정이 있는 경우를 제외하고는 민법 중 부동산에 관한 규정을 준용한다(법27①). 관리운영권을 분할 또는 합병하거나 처분하려는 경우에는 미리 주무관청의 승인을 받아야 한다(법27②).

(3) 산업기반신용보증기금

민간투자사업자금이 원활하게 조달될 수 있도록 제34조 제1항 각 호의 금전채무를 보증하기 위하여 산업기반신용보증기금("기금")을 설치한다(법30①). 이 기금은 신용보증기금법에 따른 신용보증기금("관리기관")이 관리 · 운용한다(법30②). 기금은 i) 정부 및 지방자치단체의 출연금(제1호), ii) 제1호 외의 자의 출연금(제2호), iii) 보증료 수입(제3호), iv) 기금의 운용수익(제4호), v) 금융회사등 또는 다른 기금으로부터의 차입금(제5호)을 재원으로 조성한다(법31①). 기금은 i) 보증채무의 이행(제1호), ii) 제31조 제1항 제5호의 차입금에 대한 원리금 상환(제2호), iii) 기금의 조성 · 운용 및 관리를 위한 경비(제3호), iv) 기금의 육성 및 민간투자제도의 발전을 위한 연구 · 개발(제4호), v) 그 밖에 대통령령으로 정하는 용도(제5호)[85]에 사용한다(법32).

---

85) "대통령령으로 정하는 용도"란 다음의 어느 하나에 해당하는 용도를 말한다(영28).
1. 금융회사등에의 예치
2. 자본시장법 제4조 제3항에 따른 국채증권, 지방채증권 및 특수채증권이나 정부 또는 금융회사등이 지급을 보증한 채권의 매입
3. 기획재정부장관이 필요하다고 인정하는 주식(출자증권을 포함), 사채, 그 밖의 증권의 인수 또는 매입
4. 그 밖에 기획재정부장관이 민간투자사업의 시행과 관련하여 필요하다고 인정하는 용도

(4) 사회기반시설투융자집합투자기구

(가) 투융자집합투자기구의 설립목적

사회기반시설사업에 자산을 투자하여 그 수익을 주주에게 배분하는 것을 목적으로 하는 사회기반시설투융자회사("투융자회사")를 설립하거나 그 수익을 수익자에게 배분하는 것을 목적으로 하는 사회기반시설투융자신탁("투융자신탁")을 설정할 수 있다(법41①). 투융자회사와 투융자신탁("투융자집합투자기구")은 각각 자본시장법에 따른 투자회사와 투자신탁으로 본다(법41②). 투융자집합투자기구는 자본시장법 제230조 제1항에 따른 환매금지형집합투자기구로 하여야 한다(법41③). 투융자집합투자기구는 민간투자법에서 특별히 정하는 경우를 제외하고는 자본시장법의 적용을 받는다(법41④).

(나) 자산운용의 범위

투융자집합투자기구는 i) 사회기반시설사업의 시행을 목적으로 하는 법인의 주식, 지분 및 채권의 취득(제1호), ii) 사회기반시설사업의 시행을 목적으로 하는 법인에 대한 대출 및 대출채권의 취득(제2호), iii) 하나의 사회기반시설사업의 시행을 목적으로 하는 법인에 대하여 제1호 또는 제2호의 방식으로 투자하는 것을 목적으로 하는 법인(투융자집합투자기구는 제외)에 대한 제1호 또는 제2호의 방식에 의한 투자(제3호), iv) 그 밖에 금융위원회가 제1호부터 제3호까지의 목적을 달성하기 위하여 필요한 것으로 승인한 투자(제4호) 업무를 할 수 있다(법43①) 투융자집합투자기구는 위 업무를 하기 위하여 필요할 때에는 그 자산을 담보로 제공하거나 보증을 할 수 있다(법43②). 투융자집합투자기구는 여유자금을 i) 금융회사등에의 예치(제1호), ii) 국채·공채의 매입(제2호), iii) 대통령령으로 정하는 한도(영34의6=해당 투융자집합투자기구가 금융회사등에 예치한 금액과 매입한 국채·공채의 가액을 합한 금액)에 따른 국채·공채와 동일한 신용등급의 채권 및 기업어음의 매입(제3호)의 방법으로 운용할 수 있다(법43③). 투융자집합투자기구는 자산을 제43조에 따라 투자하는 것 외의 업무를 수행할 수 없다(법42).

(다) 자금의 차입 및 사채의 발행

투융자집합투자기구는 운영자금이나 투자목적자금의 조달 등을 위하여 i) 투융자회사의 경우: 자본금의 30%(제1호), ii) 투융자신탁의 경우: 수익증권 총액의 30%(제2호)의 구분에 따른 비율로 차입하거나 사채를 발행할 수 있다(법41의5① 본문, 영34의3). 다만, 투융자집합투자기구가 운영자금을 조달하기 위하여 차입하거나 사채를 발행하는 경우에는 주주총회 또는 수익자총회의 승인을 받아야 한다(법41의5① 단서). 자본시장법 제9조 제19항에 따른 사모집합투자기구에 해당하는 투융자집합투자기구에 대하여는 차입 또는 사채발행의 한도를 적용하지 아니한다(법41의5②).

(라) 주식 또는 수익증권의 상장

투융자회사 및 투융자신탁의 집합투자업자는 상장규정의 상장요건을 갖추게 되었을 때에는 그 주식 또는 수익증권을 증권시장에 상장하기 위한 절차를 지체 없이 진행하여야 한다(법41의8①). 기획재정부장관은 투융자회사 및 투융자신탁의 집합투자업자가 정당한 사유 없이 증권시장에 상장하기 위한 절차를 진행하지 아니하는 경우에는 기간을 정하여 그 이행을 명할 수 있다(법41의8②).

2. 정부지원

(1) 재정지원

국가나 지방자치단체는 귀속시설사업을 원활하게 시행하기 위하여 필요하면 i) 법인의 해산을 방지하기 위하여 불가피한 경우(제1호), ii) 사용료를 적정 수준으로 유지하기 위하여 불가피한 경우(제2호), iii) 용지보상비가 지나치게 많이 들어 사업의 수익성이 떨어짐으로써 민간자본 유치가 어려운 경우(제3호), iv) 실제 운영수입(해당 시설의 수요량에 사용료를 곱한 금액)이 실시협약에서 정한 추정 운영수입에 훨씬 못 미쳐 해당 시설의 운영이 어려운 경우(제4호), v) 민간투자사업에 포함된 시설사업 중 그 자체만으로는 민간투자사업으로서의 수익성이 적으나 전체 사업과 함께 시행되면 공사기간이나 경비가 크게 줄어드는 등 사업의 효율성을 높일 수 있는 시설사업에 대하여 사전에 보조금의 지급 또는 장기대부가 이루어지지 아니하면 그 민간투자사업을 원활하게 시행하기가 어렵다고 판단되는 경우(제5호), vi) 지나친 환율 변동으로 인하여 사업시행자가 타인자본으로 조달하는 건설자금용 외화차입금에 대한 환차손이 발생한 경우(제6호)에는 민간투자심의위원회의 심의를 거쳐 시설의 건설 또는 운영기간 중 예산의 범위에서 사업시행자에게 보조금을 지급하거나 장기대부를 할 수 있다(법53, 영37① 본문). 다만, 지방자치단체의 예산으로 보조금을 지급하거나 장기대부를 하는 경우 또는 국가의 보조금이 300억원 미만인 지방자치단체의 사업인 경우에는 심의위원회의 심의를 거치지 아니한다(법53, 영37① 단서).

(2) 부담금 등의 감면

민간투자사업의 시행을 위하여 해당 사업예정지역에 있는 농지 또는 산지의 전용이 필요한 경우에는 사업시행자에게 농지법 또는 산지관리법에서 정하는 바에 따라 농지보전부담금 또는 대체산림자원조성비를 감면할 수 있다(법56①). 사업시행자가 민간투자사업을 시행할 때에는 개발이익환수에 관한 법률 또는 수도권정비계획법에서 정하는 바에 따라 개발부담금 또는 과밀부담금을 감면할 수 있다(법56②).

(3) 조세감면

국가 또는 지방자치단체는 민간투자를 촉진하기 위하여 조세특례제한법 또는 지방세특례제한법에서 정하는 바에 따라 조세를 감면할 수 있다(법57).

(4) 금융관련 규제완화

국가 및 지방자치단체 또는 관련 감독기관은 민간투자사업과 관련하여 공정거래법, 보험업법, 자본시장법, 은행법, 금융산업구조개선법, 금융지주회사법 등이 정하는 바에 따라 별표 10과 같이 금융관련 규정 적용의 예외를 인정할 수 있다(일반지침155).

3. 민간투자사업에서의 행정계획

민간투자법에서 규정하는 행정계획으로는 민간투자사업기본계획("기본계획")과 민간투자시설사업기본계획("시설사업기본계획")이 있다. 기획재정부장관이 고시하는 민간투자사업기본계획(법7)은 민간투자사업과 관련한 정책 방향을 제시하는 계획이고, 주무관청이 고시하는 민간투자시설사업기본계획(법10)은 구체적인 사업추진을 위한 점에 차이가 있다.

(1) 기본계획

(가) 기본계획의 수립 및 고시

정부는 국토의 균형개발과 산업의 경쟁력 강화 및 국민생활의 편익 증진을 도모할 수 있도록 사회기반시설에 대한 기본계획을 수립하고, 이를 공고(인터넷에 게재하는 방식에 의하는 경우를 포함)하여야 한다(법7①). 기본계획은 사회기반시설과 관련된 중기·장기계획 및 국가투자사업의 우선순위에 부합되도록 하여야 하며, 민간의 창의와 효율이 발휘될 수 있는 여건을 조성하면서 공공성이 유지되도록 노력하여야 한다(법7②). 기본계획에는 i) 사회기반시설의 분야별 민간투자정책방향(제1호), ii) 민간투자사업 또는 민간투자대상사업의 투자 범위·방법 및 조건에 관한 사항(제2호), iii) 민간투자사업의 관리·운영에 관한 사항(제3호), iv) 민간투자사업의 지원에 관한 사항(제4호), v) 그 밖에 민간투자사업과 관련된 정책사항(제5호)이 포함되어야 한다(법8).

기본계획은 기획재정부장관이 관계 중앙행정기관의 장과 협의하고 심의위원회의 심의를 거쳐 수립한다(법5① 전단). 수립한 기본계획을 변경(심의위원회가 정한 경미한 사항의 변경은 제외)하려는 경우에도 또한 같다(영5① 후단). 관계 중앙행정기관의 장은 기본계획에 포함할 사항이 있는 경우에는 그 내용을 매년 10월 31일까지 기획재정부장관에게 통보하여야 한다(영5②).

기본계획의 수립·변경 시 효력의 발생시점은 「행정 효율과 협업촉진에 관한 규정」 제6조 제3항[86]에 따라 기본계획의 공고 시에 효력발생시기를 구체적으로 밝히지 않고 있으면 공고가 있은 날로부터 5일이 경과한 때에 효력이 발생한다.

(나) 기본계획의 법적 성질

기본계획의 법적 성질은 장기적·종합적인 기본계획으로서 비구속적 행정계획에 해당한다고 할 수 있다. 따라서 기본계획은 계획이 수립된 것만으로는 사업시행자에 대한 구체적인 권리의무 관계에 직접적인 영향을 미치지 않고, 민간투자사업을 시행함에 있어 사업시행자와 실시협약의 체결을 위한 행정청 내부기준을 제시하는 것에 불과하므로 원칙적으로 행정기관과 관련 기관만을 구속하는 대내적 구속력만 가질 뿐 대외적인 구속력은 인정되지 않는다.

그러나 기본계획의 비구속적 행정계획의 법적 성질에도 불구하고 “주무관청은 사회기반시설사업의 추진을 위하여 민간부문의 투자가 필요하다고 인정할 때에는 해당 연도 대상사업으로 지정된 후 1년 이내에 기본계획에 따라 시설사업기본계획을 수립하여야 한다(법10① 본문)” 고 규정하여 시설사업기본계획을 통하여 구속력이 인정되고,[87] 실시협약에서 협약당사자가 기본계획을 협약의 내용으로 편입하기로 합의한 것으로 볼 수 있는 경우에는 기본계획의 구속력이 인정될 수 있다.[88] 또한 기본계획의 내용에는 민간투자사업의 정책방향이나 사업시행 방식 등에 대한 지침에 해당하는 것만이 아니라 민간투자사업의 추진절차, 민간투자사업의 제도에 관한 사항, 사업시행자의 자기자본비율, 자금재조달에 따른 이익 공유, 해지시지급금의 산정방식, 임대형 민자사업에서 시설운영서비스 평가와 임대료 차감 등 민간투자사업에 참여하고자 하는 국민의 권리, 의무에 영향을 미치는 사항들이 다수 포함되어 있다. 따라서 기본계획을 일률적으로 비구속적 행정계획으로만 볼 것이 아니라 사실상 국민의 권리와 의무에 영향을 미치는 내용에 대하여는 구속적 행정계획으로 인정할 필요가 있다.

결론적으로 말하면 구속적 행정계획으로 인정될 수 있는 기본계획의 본질적인 일부 내용은 민간투자법 및 같은 법 시행령에서 규정되어야 할 것이며, 본질적이지 않은 세부사항들에

86) 행정 효율과 협업 촉진에 관한 규정 제6조(문서의 성립 및 효력 발생) ① 문서는 결재권자가 해당 문서에 서명(전자이미지서명, 전자문자서명 및 행정전자서명을 포함)의 방식으로 결재함으로써 성립한다.
② 문서는 수신자에게 도달(전자문서의 경우는 수신자가 관리하거나 지정한 전자적 시스템 등에 입력되는 것)됨으로써 효력을 발생한다.
③ 제2항에도 불구하고 공고문서는 그 문서에서 효력발생 시기를 구체적으로 밝히고 있지 않으면 그 고시 또는 공고 등이 있은 날부터 5일이 경과한 때에 효력이 발생한다.

87) 시설사업기본계획은 주무관청이 개별사업에 있어서 사업조건 및 사업제안조건 등을 정한 것으로서 사업시행자의 선정, 자격요건에 관한 사항 등 사업시행자의 권리나 지위에 직접적으로 관련되는 사항을 정하고 있고 주무관청은 이에 따라 평가, 선정 등의 일련의 절차 및 행위를 하여야 하므로 이는 사업에 참여하는 국민이나 행정기관을 모두 구속하는 “구속적 행정계획”이라고 할 것이다. 법원도 시설사업기본계획에서 정한 평가기준에 어긋난 평가결과를 기초로 우선협상대상자를 지정한 경우 그러한 우선협상대상자 지정처분은 위법하다고 판시하여 시설사업기본계획의 구속력을 인정하고 있다(서울고등법원 2004. 6. 24. 선고 2003누6483 판결 참조).

88) 부산고등법원 2015. 9. 23. 선고 2014누22397 판결.

대해서는 기본계획에서 규정하는 것이 올바른 입법의 형태가 될 것이다.[89]

(2) 시설사업기본계획

(가) 시설사업기본계획의 수립 및 고시

시설사업기본계획이란 "민간투자법에 의거하여 기획재정부 장관이 수립한 기본계획에 따라 민간투자대상사업으로 지정이 되면 관계 법령에 의거 당해 사회기반시설사업의 업무를 관장하는 행정기관의 장인 주무관청이 민간투자대상으로 지정된 당해 사업에 대하여 기본계획을 수립하는 것"을 말한다.[90]

주무관청은 사회기반시설사업의 추진을 위하여 민간부문의 투자가 필요하다고 인정할 때에는 해당 연도 대상사업으로 지정된 후 1년 이내에 기본계획에 따라 시설사업기본계획을 수립하여야 한다(법10① 본문). 다만, 불가피한 사유가 있는 경우에는 1년의 범위에서 이를 연장할 수 있다(법10① 단서). 시설사업기본계획에는 i) 대상사업의 추정투자금액, 건설기간, 예정지역 및 규모 등에 관한 사항(제1호), ii) 대상사업에 대한 예비타당성 및 타당성 조사결과에 관한 사항(제2호), iii) 사용료, 부대사업 등 사업시행자의 수익에 관한 사항(제3호), iv) 귀속시설 여부 등 민간투자사업의 추진방식에 관한 사항(제4호), v) 재정지원의 규모 및 방식 등 국가 또는 지방자치단체의 지원에 관한 사항(제5호), vi) 민간투자사업에 의하여 건설된 사회기반시설의 관리·운영에 관한 사항(제6호), vii) 사업시행자의 자격요건에 관한 사항(제7호), viii) 그 밖에 주무관청이 필요하다고 인정하는 사항(제8호)이 포함되어야 한다(법11①).

시설사업기본계획을 수립할 때 대통령령으로 정하는 일정요건에 해당하는 시설사업기본계획은 미리 심의위원회의 심의를 거쳐야 한다(법10② 본문). 주무관청은 시설사업기본계획을 수립 또는 변경하였을 때에는 이를 고시하여야 한다(법10③). 주무관청은 시설사업기본계획을 고시한 후 사업계획의 제출이 없는 경우에는 한 번만 시설사업기본계획을 재고시할 수 있다(법10④ 전단). 이 경우 시설사업기본계획의 재고시는 이미 고시된 시설사업기본계획에 따른 사업계획의 제출 마감일부터 6개월 이내에 하여야 한다(법10④ 후단).

(나) 시설사업기본계획의 법적 성질

시설사업기본계획은 사업시행자의 수익에 관한 사항이나 자격요건에 관한 사항 등 사업시행자의 권리나 지위에 직접적으로 관련되는 사항을 정하고 있으며, 주무관청은 시설사업기본계획을 수립하거나 변경하였을 때에는 그 주요 내용을 관보와 세 개 이상의 일간지에 게재하여야 한다(법10③, 영10)고 규정하는 등 국민이나 행정기관에 대하여 직접적으로 구속력을 갖는 구속적 행정계획이라고 할 수 있으며, 민간투자법 제11조에서는 시설사업기본계획에 들어갈

89) 김현일(2019), 41-42쪽.
90) 김현일(2019), 42쪽.

내용을 규정하고 있으며, 민간투자법에 의하여 시설사업기본계획이 수립되고 있다는 점을 고려하면 법령보충적 행정규칙[91]으로서의 기능을 한다고 보아야 할 것이다.[92]

법원도 "사업계획평가단의 잘못된 평가결과를 기초로 우선협상대상자를 지정한 이 사건 처분은 사업계획의 조건 및 평가와 관련된 정보를 공개하고 공정하고 투명한 평가를 실시하여야 한다는 위 시설사업기본계획 소정의 사업계획평가원칙에도 반하는 것이다. 결국 이 사건 처분은 사실을 오인한 나머지 위 시설사업기본계획 소정의 평가기준에 어긋난 평가결과를 기초로 한 것이므로 재량권을 일탈·남용한 것으로서 위법하다"라고 판시[93]하여 시설사업기본계획의 구속력을 인정하고 있다. 즉 기본계획의 비구속성 때문에 협상대상자 지정이나 실시협약의 체결 등도 기본계획의 내용에 반하여도 위법한 것은 아니나, 시설사업기본계획에 반하는 협상대상자 선정을 위한 평가 기준이나 항목, 절차 등은 구속력을 가지는 전형적인 예에 해당하고, 이를 위반하는 경우에는 특별한 사정이 없는 한 무효라고 할 것이다.

시설사업기본계획은 주무관청이 정한 사업시행조건 등을 규정한 구속력 있는 행정계획으로 고시에 법규성과 대외적 구속력을 인정함으로써 민간투자사업의 투명성을 보장할 수 있다. 또한 사후에 이루어지는 협상대상자 지정과 사업시행자 지정행위에 대하여 차순위 협상대상자가 제기한 행정쟁송 등 권리구제절차에서 법원은 고시가 정하는 기준이나 내용에 위반하는 경우 협상대상자 및 사업시행자지정행위의 위법성을 인정할 수 있다.

4. 감독

주무관청은 사업시행자의 자유로운 경영활동을 저해하지 아니하는 범위에서 대통령령으로 정하는 경우에 한정하여 사업시행자의 민간투자사업과 관련된 업무를 감독하고 감독에 필요한 명령을 할 수 있다(법45①). 기획재정부장관은 기금의 업무에 관하여 관리기관을 감독하고 감독에 필요한 명령을 할 수 있다(법45②).

주무관청은 i) 거짓이나 그 밖의 부정한 방법으로 민간투자법에 따른 지정·승인·확인

91) 상급행정기관이 하급행정기관에 대하여 업무처리지침이나 법령의 해석적용에 관한 기준을 정하여서 발하는 이른바 행정규칙은 일반적으로 행정조직 내부에서만 효력을 가질 뿐 대외적인 구속력을 갖는 것은 아니지만, 법령의 규정이 특정행정기관에게 그 법령내용의 구체적 사항을 정할 수 있는 권한을 부여하면서 그 권한행사의 절차나 방법을 특정하고 있지 아니한 관계로 수임행정기관이 행정규칙의 형식으로 그 법령의 내용이 될 사항을 구체적으로 정하고 있다면 그와 같은 행정규칙, 규정은 행정규칙이 갖는 일반적 효력으로서가 아니라, 행정기관에 법령의 구체적 내용을 보충할 권한을 부여한 법령규정의 효력에 의하여 그 내용을 보충하는 기능을 갖게 된다 할 것이므로 이와 같은 행정규칙, 규정은 당해 법령의 위임한계를 벗어나지 아니하는 한 그것들과 결합하여 대외적인 구속력이 있는 법규명령으로서의 효력을 갖게 된다(대법원 1987. 9. 29. 선고 86누484 판결).

92) 김현일(2019), 43-44쪽.

93) 서울고등법원 2004. 6. 24. 선고 2003누6483 판결.

등을 받은 경우(제1호), ii) 민간투자법 또는 민간투자법에 따른 명령이나 처분을 위반한 경우(제2호), iii) 사업시행자가 실시계획에서 정한 사업기간에 정당한 사유 없이 공사를 시작하지 아니하거나 공사 시작 후 사업시행을 지연 또는 기피하여 사업의 계속 시행이 불가능하다고 인정되는 경우(제3호), iv) 법 제14조 제3항에 따라 설립된 법인이 제14조 제4항을 위반한 경우(제4호)에는 그 위반행위를 한 자에게 민간투자법에 따른 명령이나 처분의 취소 또는 변경, 사회기반시설공사의 중지·변경, 시설물 또는 물건의 개축·변경·이전·제거 또는 원상회복을 명하거나 그 밖에 필요한 처분을 할 수 있다(법46). 주무관청은 경쟁의 공정한 집행 또는 실시협약의 적정한 이행을 해칠 염려가 있거나 그 밖에 민간투자사업에 참가시키는 것이 부적합하다고 인정되는 자에 대하여는 2년의 범위에서 대통령령으로 정하는 바에 따라 민간투자사업 참가자격을 제한하여야 하며, 이를 즉시 다른 주무관청에 통보하여야 한다(법46의2).

주무관청은 i) 사회기반시설의 상황 변경이나 효율적 운영 등 공공의 이익을 위하여 필요한 경우(제1호), ii) 사회기반시설공사를 원활히 추진하기 위하여 필요한 경우(제2호), iii) 전쟁, 천재지변 또는 그 밖에 이에 준하는 사태가 발생한 경우(제3호)에는 민간투자법에 따른 지정·승인·확인 등을 받은 자에 대하여 제46조에 따른 처분을 할 수 있다(법47① 전단). 이 경우 심의위원회의 심의를 거쳐 지정된 사업에 대하여는 심의위원회의 심의를 거쳐야 한다(법47① 후단).

주무관청은 제46조 및 제47조에 따라 사업시행자의 지정을 취소한 경우에는 해당 민간투자사업을 직접 시행하거나 제13조에 따라 새로운 사업시행자를 지정하여 계속 시행하게 할 수 있다(법49).

Ⅲ. 민간투자사업의 추진절차

1. 대상사업 지정과 추진구조

(1) 민간투자사업 대상

사회간접자본은 좁은 의미로는 도로, 철도, 항만, 통신, 전력, 용수 등 직접적으로 재화와 서비스의 생산에 사용되기보다는 간접적으로 생산활동을 지원하고 촉진하는 자본시설로 정의하고, 넓은 의미로는 기업생산과 국민생활에 필수 불가결한 서비스의 생산과 관련된 시설로서 일반적으로 정부가 소유하거나 정부의 통제를 받아야 하는 사회적 성격의 자본시설로 정의된다.[94] 민간투자 관련 법률도 처음에는 "사회간접자본시설"이라는 용어를 사용하였다가 2005년 법명 개정 시 "사회기반시설"이라는 용어를 사용한 이래 현재에 이르고 있다. 이와 같은 정의

94) 손재영(1994), "사회간접자본 정책의 성과와 문제", 지역연구 제10권 제1호(1994. 6), 106쪽.

규정은 법명 변경 전과 후에 아무런 차이가 없고, 법명의 변경과 함께 추가로 나열된 항목들도 그 성격에 큰 차이가 없다는 점에서 민간투자법은 기본적으로 사회간접자본시설과 사회기반시설을 동일한 개념으로 본다고 할 수 있다.

민간투자사업은 사회기반시설의 신설·증설·개량 또는 운영에 관한 사업을 말하며, 민간투자법에서는 민간투자사업의 대상으로서의 사회기반시설에 대하여 i) 각종 생산활동의 기반이 되는 시설, ii) 해당 시설의 효용을 증진시키거나 이용자의 편의를 도모하는 시설, iii) 국민생활의 편익을 증진시키는 시설이라고 정의하고 있다(법2(1)). 민간투자법은 제2조 제1호에서 사회기반시설의 종류로 도로, 철도, 항만, 수자원, 정보통신, 에너지, 환경, 물류·교통, 문화관광, 교육·과학, 국방, 행정, 주택·산단, 복지, 산림 등 총 16개 분야에서 53종의 시설을 한정적으로 열거하고 있으며, 이 시설들은 모두 근거 법률을 두고 있다. 따라서 현행 민간투자법의 해석상 민간투자사업으로 추진하기 위해서는 기본적으로 당해 시설이 민간투자법이 규정하고 있는 대상시설의 범위 안에 반드시 포함되어야 한다. 또한 위 사업대상에 포함되지 않는 시설이라 할지라도 민간부분은 대상사업에 포함되지 아니한 사업으로서 민간투자방식으로 추진할 수 있는 사업을 제안할 수 있도록 규정(법9)하고 있어 사실상 민간투자사업의 대상은 광범위하다고 할 수 있다.

민간투자법이 한정적 열거방식을 취하고 있어 민간투자제도를 유연하게 운영하지 못하는 경직성이 단점으로 지적될 수 있으나, 다른 한편으로는 민간투자법의 적용범위를 명확하게 규정함으로써 예측가능성과 법적 안정성을 확보할 수 있는 장점도 있다. 특히 실무적으로 민간투자사업을 추진함에 있어서 어떤 특정사업이 사회기반시설에 해당하는지 또는 민간투자사업의 범위에 포함될 수 있는지에 대한 판단이 쉽지 않은 경우가 많다. 대상시설에 해당하는지 여부가 중요한 이유는 민간투자법이 사회기반시설의 범위에 해당할 경우 사업수행을 위한 사업시행자를 사회기반시설의 조달 주체로 인정하여 공법상의 여러 가지 특례를 부여하고, 사인의 소유권에 제한을 가할 수 있는 토지수용권을 부여하는 등 강력한 권한을 부여하기 때문이다. 민간투자사업 대상사업으로 지정이 되면 민간투자법상의 많은 혜택을 볼 수 있기 때문에 엄격한 법률의 규정에 입각하여 민간투자사업 대상시설의 범위를 명확하게 파악하는 것은 매우 중요하다.

(2) 민간투자사업의 절차: 재정사업과의 비교를 중심으로

민간투자법에 따른 절차는 대상사업의 선정을 위한 절차, 사업시행자지정 절차, 실시계획 승인절차 및 준공 이후 운영단계로 구성된다. 사업의 구상을 정부주도로 하는 정부고시사업인지, 민간이 하는 민간제안사업인지 여부에 따라, 사업시행자가 시설의 사용료를 직접 징수하는지 여부에 따라 세부적인 사업절차는 일부 상이할 수 있지만, 일반적인 추진절차는 아래와 같다.

사업의 선정단계에서 주무관청이 수행하여야 하는 타당성분석(법 제8조의2, 민간제안사업의 경우 동법 시행령 제7조에 따른 제안서검토)은 재정사업의 예비타당성조사에 상응하는 절차이다.[95] 예비타당성조사는 대규모 재정사업의 타당성에 관한 객관적이고 중립적인 조사를 통해 투자 우선순위를 결정함으로써 재정운영의 효율성을 확보하고자 하는 제도이다. 여기서 타당성은 사회·경제적인 관점에서 평가된다. 타당성평가의 내용은 비용·편익 등 경제성 분석, 정책성 분석, 지역균형발전 결과를 토대로 한 계층화분석법(AHP)을 토대로 수행된다. 민간투자사업은 예비타당성조사에서 수행하는 계층화분석법(AHP)에 더하여, 재정사업에 비하여 민간투자사업이 적격한지(Value for Money의 확보) 여부 등을 추가적으로 분석한다는 점에 차이가 있다(일반지침65).

시설사업기본계획(정부고시사업)의 고시와 제3자 제안공고(민간제안사업)는 재정사업에서의 입찰공고에 상응하는 절차이다. 「국가를 당사자로 하는 계약에 관한 법률」("국가계약법")은 낙찰자를 결정하기 위한 입찰공고 절차를 마련하고 있다(법 제8조 이하). 경쟁을 통해 계약상대방의 결정을 원칙으로 한다는 점에서는 양자가 동일하나, 민간투자사업의 경우에는 협상절차를 필수화하고 있다는 점에 차이가 있다. 재정사업에서 과업의 범위는 설계나 시공 또는 설계 및 시공(설계·시공 일괄입찰)으로 사회기반시설의 준공까지를 예정한다. 민간투자사업은 사업시행자가 설계·시공 및 운영업무를 일괄적으로 수행한다는 점에서 재정사업과 평가요소 및 계약내용에 있어서 차이가 있다.[96]

주무관청은 우선협상대상자와 총사업비, 사용기간 등 사업시행조건을 협상하여 실시협약을 체결함으로써 사업시행자를 지정(법13③ 전단)한다. 이후 사업시행자는 교통영향평가, 환경영향평가 등 관련 법률에 따른 사전절차의 결과를 반영하여 주무관청에 실시계획 승인을 신청하고, 이에 따라 주무관청이 실시계획을 승인하면(법13⑤ 본문), 사업시행자는 실시협약에서 정한 바에 따라 공사를 착수하고 시행한 후 준공확인을 받는다(법22①). 준공확인은 관리운영권의 전제로서 기능하며, 이를 위해 민간투자법에서도 별도로 준공확인 절차를 마련하고 있다.

(3) 민간투자사업 추진구조

주무관청은 민간부문과 실시협약을 체결함으로써 사회기반시설의 건설과 운영에 관한 공

---

95) 국가재정법의 위임에 따라 마련된 「예비타당성조사 운용지침」(기획재정부훈령 제435호, 2019. 4. 25. 제정)은 다음과 같이 규정한다. 예비타당성조사는 국가직접시행사업, 국가대행사업, 지방자치단체보조사업, 민간투자사업 등 정부 재정지원이 포함되는 모든 사업을 대상으로 한다(동 지침15①). 민간투자사업 중 정부고시사업에 대한 예비타당성조사를 수행하는 경우 한국개발연구원 공공투자관리센터에서 사회기반시설에 대한 민간투자법에 따라 수행하는 타당성분석을 함께 실시할 수 있다(동 지침15②). 다만, 민간투자사업 중 민간제안사업은 한국개발연구원 공공투자관리센터가 수행하는 적격성조사 또는 제안서 검토를 받은 경우 예비타당성조사를 받은 것으로 본다(동 지침15③).

96) 이지현(2019), "민간투자법의 법적 성질에 관한 연구", 서울대학교 대학원 석사학위논문(2019. 8), 25-27쪽.

법상 권한을 부여한다. 민간투자법은 "주무관청은 협상대상자와 총사업비 및 사용기간 등 사업시행의 조건 등이 포함된 실시협약을 체결함으로써 사업시행자를 지정한다(법13③ 전단)"고 규정하여 계약체결과 행정처분이 동시에 발생하는 구조를 취하고 있다. 이때 사업시행자는 법인이거나 법인 설립을 조건으로 지정된다(법14). 기존 법인을 통한 민간투자사업도 법적으로 허용되지만, 통상적으로 특수목적법인(SPC)의 설립을 통해 사업이 추진된다. 건설회사와 은행, 보험사, 연기금, 인프라펀드 등 재무적 투자자는 SPC에 지분을 출자함으로써 사업에 참여한다.[97] 건설회사는 시공이윤을 주된 목적으로 사업에 참여하고, 전문 운영사는 운영수익을 주된 목적으로 사업에 참여한다. 재무적 투자자는 출자와 함께 대출약정을 통해 이자수익을 향유하고자 하는 목적으로 사업에 참여한다.[98]

법인인 사업시행자는 해당 SPC의 미래 현금흐름을 차입금 상환재원으로 하여 자금을 조달한 후 설계·시공·운영을 하고, 운영기간에 걸쳐 투자금을 회수한다. 투자금의 회수방식으로는 이용자들로부터 사용료를 직접 징수하는 방식(대표적으로 BTO방식)[99]과 주무관청으로부터 고정적으로 지급받는 정부지급금 방식(BTL방식)으로 분류된다(법4(1)(2)). 민간투자법은 사업시행자의 수익확보를 위하여 시설의 이용자로부터 사용료를 직접 징수할 수 있는 권한을 부여하고 있다(법25④ 전단). 고속도로, 도시철도는 이용자들로부터 사용료를 징수함으로써 투자비를 회수하는 BTO방식의 대표적인 예이다. 사용료는 무상사용기간 동안 사업시행자가 투자한 총사업비(건설비용)와 운영비용을 보전하고 일정 수익률을 얻는 범위 내에서 결정된다. 수요에 따라 운영수입이 변동될 위험이 높기 때문에 BTO방식에 비하여 상대적으로 높은 수익률이 인정된다. 사회기반시설 중 사용료 부과로 투자비 회수가 어려운 시설(예: 도서관, 학교)은 주무관청이 해당시설을 임차하는 방식으로 실시협약을 체결하여 사업시행자에게 정부지급금을 지급함으로써 수익을 보장한다. 주무관청은 정부지급금으로 총사업비(건설비용)에 일정 수익률이 포함된 임대료와 약정된 운영비용을 지급한다. 민간투자법은 사업시행조건을 협상대상으로 규정하고 있기 때문에(법13④) 사용료나 사업기간, 수익률의 상한이 제한되어 있지 않다. BTL방식에서 사업시행자의 운영범위는 실시협약을 통해 정해질 사항으로, 시설의 물리적·기능적 측면을 모두 포괄하는 경우도 있지만, 학교나 국립의료원 등의 경우처럼 시설의 기능적 서비스제공을 공공부문이 부담하는 것이 적절한 경우에는 물리적 유지관리에 국한되는 경우가 많다.[100]

97) 경우에 따라 설계회사가 출자자로 참여하기도 한다.
98) 이지현(2019), 28쪽.
99) 그 외에 BOT방식, BOO방식으로도 추진이 가능하나, 대부분의 사업이 BTO 또는 BTL 방식으로 추진된다.
100) 이지현(2019), 30-31쪽.

(4) 정부고시사업과 민간제안사업

민간투자사업 진행과정에서 주무관청과 협상대상자는 실시협약의 체결을 통하여 해당 시설의 설치 및 관리·운영과 관련한 내용을 확정하고, 이로써 상호 간의 권리의무 관계를 설정한다. 즉 민간투자사업은 주무관청과 협상대상자 사이에 체결된 실시협약에 정해진 바에 따라 진행된다. 민간투자사업은 민간투자법, 같은 법 시행령, 기본계획을 근거로 추진되며, 민간투자사업의 추진방식은 정부고시사업과 민간제안사업으로 구분된다.

2. 정부고시사업 추진절차

(1) 정부고시사업

정부고시사업[101]은 주무관청이 사회기반시설사업을 민간투자방식으로 추진하고자 하는 경우 이를 민간투자대상사업으로 지정하여야 하며, 주무관청은 사회기반시설사업의 추진을 위하여 민간부분의 투자가 필요하다고 인정하는 때에는 당해 년도 대상사업으로 지정된 후 1년 이내에 사회기반시설에 대한 기본계획에 의하여 시설사업기본계획을 수립하여야 한다(법10① 본문). 주무관청은 시설사업기본계획을 수립 또는 변경한 때에는 대통령령이 정하는 바에 의하여 이를 고시하여야 하며(법10③), 시설사업기본계획을 고시한 후 사업계획의 제출이 없는 경우에는 이미 고시된 시설사업기본계획에 따른 사업계획의 제출마감일로부터 6개월 이내에 1회에 한하여 시설사업기본계획을 재고시할 수 있다(법10④).

민간투자사업을 시행하고자 하는 자는 시설사업기본계획에 따라 i) 사업계획의 내용[기본사업계획 도서(圖書)를 포함](제1호), ii) 총사업비 명세 및 자금조달계획(제2호), iii) 무상사용기간 또는 소유·수익 기간 산정 명세(귀속시설만 해당)(제3호), iv) 시설의 관리운영계획(제4호), v) 사용료 등 수입 및 지출계획(제5호), vi) 부대사업을 시행하는 경우 그 내용 및 사유(제6호), vii) 정부지원을 받으려는 경우 그 내용 및 사유(제7호), viii) 시설사업기본계획을 변경하려는 경우 그 내용 및 사유(제8호), ix) 그 밖에 주무관청이 필요하다고 인정하는 사항(제9호)이 포함된 사업계획서를 작성하여 주무관청에 제출하여야 하고(법13①, 영12), 사업계획서가 제출되게 되면 주무관청은 민간투자법 시행령 제13조 제1항 각 호에서 정하는 평가 항목에 따라 사업계획서를 검토·평가한 후 사업계획서를 제출한 자 중에서 협상대상자를 지정하고(법13② 전단), 이 경우 공익성이 높은 장기투자자금의 제공 등 주무관청의 원활한 사업시행에 부합하는 사업계획을 제출한 자에 대하여는 사업계획을 평가할 때 우대할 수 있다(법13② 후단). 주무관청은 협

---

101) 정부고시사업의 민간투자사업진행 세부절차는 민간투자사업기본계획 수립 및 고시(기획재정부)→민간투자 대상사업 지정→민간투자 시설사업기본계획 수립·고시(주무관청)→사업계획서제출(민간부문)→사업계획 검토→협상대상자 지정→실시협약 체결 등 사업시행자 지정→실시계획 승인→시설공사→준공확인→관리·운영의 순서로 진행된다.

상대상자와의 협상을 통하여 총사업비 및 사용기간 등 사업시행의 조건 등이 포함된 실시협약을 체결함으로써 사업시행자를 지정한다(법13③ 전단).

우선협상대상자와 주무관청은 실시협약 체결을 위하여 일정기간(통상 6개월에서 1년) 동안 협상을 거치는데 협상의 내용은 총사업비 등 사업시행의 조건 등을 포함하여 사업내용 전반에 걸치게 되며, 협상은 주무관청과 우선협상대상자가 직접하는 경우도 있고, 한국개발연구원 공공투자관리센터가 민간투자제도에 대한 전문성을 바탕으로 주무관청을 지원하고, 협상절차의 공정성과 객관성을 담보하기 위하여 대행업무를 하는 경우도 있다.[102]

주무관청은 민간투자사업을 지정함에 있어 「민간투자사업 추진 일반지침」 제4조(민간투자사업 지정의 일반원칙)가 규정하는 수익자부담능력 원칙(제1호),[103] 수익성 원칙(제2호),[104] 사업편익의 원칙(제3호),[105] 효율성 원칙(제4호)[106]을 고려하여 i) 사회기반시설과 관련된 중기·장기 계획 및 국가투자사업의 우선순위에 부합하고, ii) 민간부문의 참여가 가능할 정도의 수익성이 있는 사업을 대상사업으로 지정한다(일반지침5②). 주무관청은 i) 총사업비가 2천억원 이상인 사업의 경우에는 타당성 분석 결과 및 이에 대한 공공투자관리센터의 장의 검토의견을 첨부하여 기획재정부장관에게 심의위원회 심의를 요청하여야 하며(이 경우 주무관청의 자체 심의위원회는 생략할 수 있다)(제1호), ii) 제1호 이외의 사업에 대하여는 심의위원회 심의없이 주무관청이 제5조(정부고시사업의 지정)[107] 및 제65조(타당성분석)에 의한 결과에 따라 자체적으로 민간투자대상사업을 지정한다(제2호)(일반지침66①).

(2) 대상사업의 지정

(가) 예비타당성조사

주무관청[108]은 총사업비가 500억원 이상이고 그 중 300억원 이상을 국고로 지원하는 사

102) 한국개발연구원 공공투자관리센터(2014), 「2013년도 공공투자관리센터 연차보고서」(2014. 3), 73쪽.

103) 기존 저부담 이용시설에 대비해 양질의 서비스 제공이 가능하고, 이용자가 이와 같은 고편익에 상응하여 고부담 사용료를 부담할 의사가 있다고 판단되는 사업(제1호).

104) 정부가 허용 가능하고 이용자가 지불 가능한 사용료, 정부가 지원 가능한 건설보조금 범위 내에서 민간사업자의 투자를 충족시킬 수 있는 수익률을 확보할 수 있는 사업(제2호).

105) 정부 재정사업 추진 시 예산제약 등으로 조기 시설건설과 서비스 제공이 어려우나 민간투자사업으로 추진 시 목표 연도 내 사업을 완료함으로써 사업편익의 조기 창출 효과가 기대되는 사업(제3호).

106) 민간의 창의·효율을 활용함으로써 재정사업으로 추진하는 경우에 비해 사업편익 증진 및 사업비용 경감, 정부재정시설과의 경쟁 촉진으로 서비스질 제고 등이 기대되는 사업(제4호).

107) 정부고시사업은 민간투자사업 지정의 일반원칙과 i) 민간투자법 제2조 제1호에 의한 사회기반시설일 것, ii) 사회기반시설과 관련된 중장기계획 및 국가투자사업의 우선순위에 부합하여야 한다. 또한 예비타당성조사단계에서 민간투자사업으로 추진 가능성이 있다고 판단되는 재정사업에 대해서는 재정여건, 사용료 수준, 그 밖에 정책방향 등을 고려하여 민자적격성 판단을 거쳐 정부고시사업으로 추진하여야 한다(일반지침5②③).

108) 주무관청이란 관계 법령에 따라 해당 사회기반시설사업의 업무를 관장하는 행정기관의 장을 말한다(법2(5)).

업을 민간투자사업으로 추진하고자 하는 경우에는 국가재정법 제38조 제1항에 따른 예비타당성조사를 기획재정부장관에게 신청하여야 하며 국가재정법 제38조 제2항에 따라 예비타당성조사가 면제되는 사업("예타면제 사업")은 예비타당성조사 면제요구를 함께 하여야 한다. 다만, 기 착공된 재정사업을 민간투자사업으로 전환하는 경우에는 예비타당성조사 절차를 생략할 수 있다(일반지침63①). 예비타당성조사를 신청받은 기획재정부장관은 국가재정법 시행령 제13조 및 「예비타당성조사 운용지침」에 따른 시행절차에 따라 예비타당성조사를 의뢰하여 해당 사업을 재정사업 또는 민간투자사업 중 어떤 방식으로 추진하는 것이 타당한지 여부에 대한 의견을 받아야 한다(일반지침63②).

(나) 재정추진 사업의 민자적격성 판단

기획재정부장관은 재정사업과 민간투자사업의 연계 강화 및 정부고시사업의 활성화를 위해 별표 6-1과 같이 필수 민자검토대상시설에 해당하는 사업에 대해서는 예비타당성조사 단계에서 민자적격성 판단을 수행한 후 민간투자사업 전환 여부를 결정한다. 다만, 별표 6-1에 해당하는 시설이라도 사용료 수준, 수익성, 독립적 운영 가능성 등을 고려 민간투자사업 추진이 사실상 어려운 사업, 예타면제 사업 및 법 제4조 제2호 유형에 따른 민간투자사업[=수익형 민간투자사업(BTO)방식]은 민자적격성 판단 대상에서 제외한다(일반지침64①).

민자적격성 판단은 예비타당성조사결과에 따라 정부실행대안과 민간투자대안을 비교분석하여 재정사업으로 추진하는 것보다 민간투자사업으로 추진하는 것이 적격한지 여부를 분석하는 방법으로 시행한다(일반지침64②).

(다) 타당성분석

주무관청은 민간투자대상사업을 지정하기 전에 법 제8조의2 제2항[109]에 따라 공공투자관리센터의 장 또는 전문기관에 의뢰하여 타당성 분석을 실시하여야 하며, 총사업비가 2천억원 이상인 수익형 정부고시 민자사업의 경우에는 타당성분석[110] 결과에 대하여 공공투자관리센터

---

109) 주무관청은 대상사업 중 대통령령으로 정하는 일정 규모 이상의 대상사업에 대하여는 그 사업에 대한 타당성분석을 한 후 심의위원회의 심의를 거쳐 지정하고, 그 타당성분석 결과를 요약하여 국회 소관 상임위원회와 예산결산특별위원회에 제출하여야 한다(법8의2②).

110) 타당성 분석은 다음 각 호와 같은 단계로 수행한다(일반지침65②).

1. 타당성 판단: 해당사업의 비용·편익 분석 등 경제성 분석, 정책성 분석, 지역균형발전 분석결과를 토대로 계층화분석법(AHP)으로 해당 사업의 추진 타당성이 확보되는 지 여부를 판단. 다만, 예타 면제 판단을 받거나 예타비대상이면서 국가재정법 제38조제2항 각호의 유형에 해당하는 등 타당성 판단의 실익이 없다고 인정되는 경우에는 제2호에 따른 적격성 판단 이전에 사업규모의 적정성을 검토하여야 한다.
2. 적격성 판단: 제1호에 따른 추진 타당성이 확보되는 경우 정부실행대안과 민간투자대안을 비교 분석하여 재정사업으로 추진하는 것보다 민간투자사업으로 추진하는 것이 적격한지의 여부를 판단하되 정량적 분석 및 정성적 분석을 종합하여 판단
3. 민간투자 실행대안 구축: 제2호에 따른 민간투자사업의 적격성이 확보되는 경우이거나 민간투자사업으로의 추진 가능성이 있다고 판단되는 사업에 대하여 재무분석을 추가적으로 실시하여 적정사업비, 사

의 장에게 검토를 의뢰하여야 하고, 공공투자관리센터의 장은 검토의견을 작성하여 주무관청과 기획재정부장관에게 제출하여야 한다. 다만, 타당성 분석은 예비타당성조사와 동일한 사업계획을 대상으로 수행해야 하며, 변경되는 사항이 예비타당성조사 또는 타당성재조사 요건에 해당하는 경우 이에 준하는 조사절차를 거쳐야 한다(일반지침65①).

(라) 민간투자대상사업의 지정

주무관청은 다음 각 호의 절차에 따라 민간투자대상사업을 지정하여야 한다(일반지침66①).

1. 총사업비가 2천억원 이상인 사업의 경우에는 타당성분석 결과 및 이에 대한 공공투자관리센터의 장의 검토의견을 첨부하여 기획재정부장관에게 심의위원회 심의를 요청하여야 한다. 이 경우 주무관청의 자체 심의위원회의 심의는 생략할 수 있다.
2. 제1호 이외의 사업에 대하여는 심의위원회 심의 없이 주무관청이 제5조 및 제65조에 의한 결과에 따라 자체적으로 민간투자대상사업을 지정한다.

주무관청은 민간투자대상사업을 지정한 때에는 그 사실을 지체 없이 관보에 고시(인터넷에 게재하는 방식에 의하는 경우를 포함)하고, 그 사실을 기획재정부장관 및 공공투자관리센터의 장에게 통보하여야 한다(일반지침66②)

(3) 시설사업기본계획의 수립 및 고시

(가) 시설사업기본계획의 수립

주무관청은 민간투자대상사업을 지정한 때에는 시설사업기본계획을 수립하여야 한다(일반지침67①). 주무관청은 시설사업기본계획을 수립하고자 하는 경우 민간투자심의위원회("심의위원회") 심의 요청 전 또는 고시 전에 관계부처와 협의하여야 하며 이견 사항에 대해서는 사전에 조정하여야 한다(일반지침67②). 주무관청은 환경기준의 적정성 유지 및 자연환경의 보전을 위하여 환경영향평가법 제27조에 따라 환경부장관과 미리 협의하여야 한다(일반지침67③). 주무관청은 대상사업 지정 전에 시설사업기본계획안을 공공투자관리센터의 장에게 검토를 의뢰하여야 한다(일반지침68①).

(나) 시설사업기본계획의 내용

주무관청은 시설사업기본계획에 민간투자법 제11조 제1항 각호의 사항(=시설사업기본계획의 내용)이 포함되도록 하여야 한다(일반지침69①). 민간투자법 제11조 제1항 제7호에 따른 "사업시행자의 자격요건에 관한 사항"에는 i) 사업시행자의 자본금 요건, 사업의 규모·특성 등에 따라 탄력적으로 적용한 최다 출자자 및 상위출자자들의 지분율(제1호), ii) 실체회사 또는

용료, 정부 재정지원규모 등을 산출하고 민간투자 실행대안을 제시하며, 실행가능한 부대·부속사업 발굴 및 민자적격성에 미치는 영향 등을 분석

명목회사 등 회사의 형태(제2호)가 포함되어야 한다(일반지침69②).

민간투자법 제11조 제1항 제8호에 따른 "그 밖에 주무관청이 필요하다고 인정하는 사항"이란 i) 해당시설에 요구되는 구체적인 시설의 성능 및 서비스 수준 등 성과요구 수준(제1호), ii) 협상대상자 지정 및 지정 취소 등에 관한 사항(제2호), iii) 사업이행보장을 위한 입찰보증, 사업이행보증 등의 요구내용(제3호), iv) 사업계획 제출형식 및 기한(제4호), v) 사업신청자가 단수인 경우의 협상대상자 결정 및 사업시행자 지정방법(제5호), vi) 협상기한 및 실시협약 체결에 소요되는 기한(제6호), vii) 시설사업기본계획 내용에 대한 민간의 변경제안에 관한 사항 등(제7호)을 의미한다(일반지침69③).

(다) 시설사업기본계획의 고시

주무관청은 총사업비가 2천억원 이상인 사업의 시설사업기본계획을 고시하고자 하는 경우에는 사전에 심의위원회의 심의를 거쳐야 하며 해당 계획의 주요사항을 영문으로 병행 게재하여야 한다(일반지침70①). 주무관청은 민간부문이 사업계획을 작성하여 주무관청에 제출할 수 있도록 최소 90일 이상의 기간을 정하여 시설사업기본계획을 고시하여야 한다. 다만, 긴급을 요하는 경우 등 사업규모·특성을 고려하여 필요하다고 인정되는 때에는 30일 이상의 기간 중 적정한 기간을 정하여 고시할 수 있다(일반지침70②).

주무관청은 총사업비가 2천억원 이상인 사업에 있어 시설사업기본계획 고시 후 총사업비가 30% 이상 변경되어 시설사업기본계획을 변경하여 재고시하여야 하는 경우에는 미리 심의위원회의 심의를 거쳐야 한다(일반지침70③). 주무관청은 시설사업기본계획을 고시할 경우 공공투자관리센터 등의 홈페이지에도 함께 게재하여야 한다(일반지침70④).

주무관청은 시설사업기본계획을 고시한 후 민간부문으로부터 사업계획의 제출이 없는 경우에는 이미 고시된 시설사업기본계획에 따른 사업계획의 제출마감일부터 6개월 이내에 한번만 재고시할 수 있다(일반지침70⑤).

(4) 사업계획의 제출

(가) 민간부문의 사업신청

민간투자사업을 시행하고자 하는 자는 주무관청의 시설사업기본계획 고시내용 등에 따라 사업계획을 작성하여 주무관청에 제출하여야 한다. 이 경우 법인 명의 또는 설립예정인 경우("설립예정법인")에는 그 대표자(대표법인을 포함)의 명의로 사업을 신청할 수 있다(일반지침73).

(나) 사업계획의 내용

민간투자사업을 시행하고자 하는 자는 영 제12조 각 호의 사항을 기재한 사업계획에 주무관청이 정하는 서류를 첨부하여 제출하여야 한다. 이 경우 같은 조 제9호에 따른 "기타 주무관청이 필요하다고 인정하는 사항"이란 i) 사업시행자의 구성에 관한 사항(제1호), ii) 소요토지의 확보 계획(제2호), iii) 공사시의 적용기술(제3호), iv) 설립예정법인의 출자자들의 출자확약서, 금융회사등이 발행한 대출의향서 및 대출확약서 또는 조건부 대출확약서, 산업기반신용보증기금에서 발행한 보증의향서 등(제4호)이다(일반지침74).

(다) 사업신청자의 구성 등

사업신청자는 건설·운영의 경험·실적을 보유한 건설법인, 시설운영법인 및 재무적 투자자 등으로 구성할 수 있다(일반지침75①). 지방자치단체가 주무관청이 되는 사업에 대해 사업의 원활한 수행을 위해 필요하다고 인정되는 경우에는 지역중소업체에 대해 일정비율의 출자·시공 등의 참여를 유도하여 지역중소업체의 참여를 활성화할 수 있으며, 산업기반신용보증기금의 신용보증 공급시 지역중소업체의 건설자금 차입 등에 대해 우선 배려되도록 할 수 있다(일반지침75②).

사업신청자는 사업이 원활하게 수행될 수 있도록 건전한 재무상태를 유지하여야 한다(일반지침75③). 사업신청자는 자본금 출자에 대해서는 각 출자자들의 출자확약서를 제출하여야 하며, 차입분에 대해서는 금융회사등의 대출의향서 또는 대출확약서, 산업기반신용보증기금의 보증의향서를 제출하여야 한다. 다만, 금융회사등이 출자자로 참여하는 경우에는 조건부 투자확약서 또는 출자의향서를 제출할 수 있으며, 이 경우 실시협약 체결 시까지 투자확약서를 제출해야 한다(일반지침75④).

금융회사등과 산업기반신용보증기금 등은 동일 사업에 대한 복수의 사업신청자에 대해 대출의향서 또는 대출확약서, 보증의향서를 복수로 발급할 수 있다. 이 경우 금융회사등의 복수의 사업신청자에 대한 대출의향서의 발급은 3개 사업신청자에 한한다(일반지침75⑤). 그러나 금융회사등이 출자자로 참여하는 경우에는 해당 사업신청자 외에 다른 사업신청자에게 대출의향서를 발급할 수 없다(일반지침75⑥).

(5) 사업계획의 검토·평가

(가) 참가자격사전심사

주무관청은 협상대상자의 선정에 있어서 민간의 제안비용 절감, 효율적인 평가 등을 위해 필요하다고 인정하는 경우에는 사업계획을 제출할 수 있는 자의 자격을 미리 심사("참가자격사전심사")하여 적격자를 선정할 수 있다(일반지침76①). 주무관청은 참가자격사전심사를 시행하고자 하는 경우에는 기술, 재원조달능력 및 운영능력 등을 종합적으로 평가할 수 있는 참가자격사전심사기준을 정하여 시설사업기본계획에 포함하여 고시하여야 한다(일반지침76②). 참가자격사전심사기준에는 사업수행을 위하여 최소한으로 갖추어야 할 자격 및 능력에 관한 항목을 포함하여야 하며, 참가자격사전심사를 실시한 경우 일반지침 제78조에 따른 기술·가격 평가항목에는 이를 포함하지 아니한다(일반지침76③).

(나) 사업계획의 평가

주무관청은 법 제13조 제2항[111] 및 영 제13조(사업계획의 검토·평가)에 따라 사업계획을 공정하게 평가하여 당해 사업을 수행할 수 있는 능력을 보유하고 있는 협상대상자를 지정하여야 한다(일반지침77①). 주무관청은 사업계획을 평가할 때 공공투자관리센터의 장이 작성하여 공표한 사업계획 평가관리에 관한 세부요령을 활용할 수 있다(일반지침77②).

(다) 평가요소의 구성

사업계획의 평가요소는 기술과 가격 요소 위주로 구성하며 상호 중복·상충되지 않도록 한다(일반지침78①). 가격요소는 총사업비, 수익률, 수요량, 사용료, 운영비용, 재정지원금 등의 가격요소를 동등한 조건으로 변환하여 사용료, 재정지원금 중심으로 평가하는 등 가격경쟁을 유도할 수 있는 요소를 중심으로 평가한다(일반지침78②). 사업신청자가 갖추어야 할 필수적인 자격이나 능력에 관한 사항은 참가자격사전심사를 할 때 심사하거나, 참가자격사전심사를 하지 않는 경우에는 시설사업기본계획에 사업신청 자격요건으로 명시하여 심사하여야 한다(일반지침78③).

(라) 평가 배점 및 기준

주무관청은 사업의 특성에 따라 영 제13조 제1항에 따른 평가항목을 적정하게 조정하거나 평가항목에 적정한 가중치를 부여하여 평가하는 등 사업계획의 평가항목 및 평가기준을 객관적이고 구체적으로 설정·운영하여야 한다(일반지침79①). 기술과 가격 요소의 평가배점은 i) 사업의 특성, 건설·운영의 난이도, 가격경쟁여건 등을 종합적으로 감안하여 사업계획제출자 간의 건설·운영계획 등 기술요소의 평가점수 편차와 가격요소의 평가점수 편차를 적정한 수준에서 유지(제1호), ii) 기술력·경영능력 등이 상대적으로 덜 중요하다고 판단하는 사업의 경우에는 가격요소 배점비율을 50% 이상으로 상향조정하여 평가(제2호), iii) 특정항목에 의해 평가결과가 과도하게 영향을 받지 않도록 평가항목 간 배점 및 평가점수 편차를 상호 균형되게 유지(제3호)를 고려하여 적정하게 배분한다(일반지침79②). 평가기준은 최대한 객관적·구체적으로 제시하고 가급적 계량화하며 산정방식을 사전에 제시한다. 다만, 불가피하게 정성적 평가를 하여야 하는 경우에는 등급제 활용 등 객관적 평가기준을 적용하고 주관적 요소를 최대한 축소하도록 하여야 한다(일반지침79③).

(마) 사업계획 평가의 우대

주무관청은 공익성이 높은 장기투자자금의 제공 및 입찰방식 조달 등 원활한 사업시행에

---

111) 주무관청은 제출된 사업계획을 대통령령으로 정하는 바에 따라 검토·평가한 후 사업계획을 제출한 자 중 협상대상자를 지정하여야 한다. 이 경우 공익성이 높은 장기투자자금의 제공 등 주무관청의 원활한 사업시행에 부합하는 사업계획을 제출한 자에 대하여는 사업계획을 평가할 때 우대할 수 있다(법13②).

부합하는 사업계획을 제출한 자에 대하여는 사업계획 평가 시 우대할 수 있다(일반지침80①). 주무관청은 사업계획 평가 시 재무적투자자 또는 전략적투자자의 출자비중 등에 대한 배점을 1%에서 5%로 상향조정하거나, 경쟁에 의한 금융조달 또는 공사발주 방식 등을 제시한 사업계획에 대해서는 재정지원 규모 축소나 사용료 인하효과 등을 고려하여 총 평가점수의 5% 범위 내에서 가산점을 부여할 수 있다(일반지침80②). 여기서 "전략적투자자"란 항만사업의 경우 해운사, 항만운영사, 철도사업의 경우 철도운영업체 등 사회기반시설 전문운영사 등을 말한다(일반지침80④). 주무관청은 사업계획서 평가 시 용지보상비 분담, 관리운영기간 단축, 초과운영수입 환수 등 정부재정부담 완화에 기여하는 방식을 제시한 사업계획에 대해서는 가격요소 평가점수의 5% 이내에서 가산점을 부여할 수 있다(일반지침80③).

(바) 협상대상자의 지정 · 통지

주무관청은 기술 및 가격 평가 점수를 합산하여 최고 득점자 순으로 협상대상자를 지정하여야 한다(일반지침81①). 주무관청은 평가 종료 후 사업계획을 제출한 자에게 i) 사업계획별 종합평가점수(제1호), ii) 사업계획별 설계, 운영, 시공 등 주요항목으로 분리된 점수(제2호), iii) 사업계획평가단 참여 위원명 및 위원별 평가점수(제3호)를 통지하여야 한다(일반지침81②).

(6) 실시협약 체결 등 사업시행자 지정

(가) 실시협약 개관

1) 실시협약의 의의

"실시협약"이란 민간투자법에 따라 주무관청과 민간투자사업을 시행하려는 자 간에 사업시행의 조건 등에 관하여 체결하는 계약을 말한다(법2(7)). 즉 실시협약이란 주무관청과 협상대상자 간에 이루어진 협상의 결과로서, 해당 사업을 추진하는 데 필요한 총사업비, 사용기간 등 사업시행의 조건 등을 포함한 협약당사자의 법률관계를 정해 놓은 문서 또는 문서의 내용을 의미한다.[112]

민간투자법에 따라 우선협상대상자로 지정된 자와 주무관청은 협상대상자 지정일로부터 6개월에서 1년 정도의 기간 동안 실시협약의 내용에 규정할 내용을 설계, 공사, 회계, 법률 등 각 분야별로 협상하고, 이러한 협상을 통하여 합의된 내용을 실시협약서에 기초하거나 유사 사례의 기 체결된 실시협약을 고려하여 실시협약을 체결한다.[113]

2) 실시협약의 법적 성질

실시협약의 법적 성질이 공법상 계약인지 사법상 계약인지에 관해서는 종래 논의가 있었

112) 한국개발연구원 공공투자관리센터(2011), 「BTL 표준 실시협약 해설 연구」, 2011년도 정책연구보고서(2011. 7), 4쪽.

113) 한국개발연구원 공공투자관리센터(2011), 4-5쪽.

으나 현재의 재판실무와 학설은 공법상 계약의 성질을 가진 것으로 정착되었다.[114] 민간투자사업은 민간투자법과 관계법률에서 정하는 절차를 반드시 따라야 하고, 관리운영권의 처분이나 자금재조달이 발생하는 경우 등 주무관청의 사전승인이 요구되는 사항이 많으며, 주무관청의 포괄적인 감독명령권이 존재한다. 즉 실시협약이 공공성의 이탈을 방지하기 위한 조치들을 포함하고 있다는 점에서 공법상 계약에 해당한다고 보는 데에 무리가 없다. 다만 재판실무상 관할이 통일되어 있지 않으므로 향후 실시협약이 공법적 계약에 해당함을 기초로 하여 관할의 문제가 정립될 필요가 있다.[115]

3) 실시협약의 기능

실무상 실시협약에서는 사업시행자에 대하여 특정 기간 동안 공공사업의 시공·운영에 대한 권리, 다양한 조건하에서 사용료 징수 권한과 사업시행자가 해당 공공사업을 시공·운영·관리할 때 지켜야 할 이행기준, 공공사업 관련 위험에 대한 정부와 사업시행자 간의 분담문제, 행정·재정적인 정부지원사항, 정부의 감독 기능, 공공사업 기간 중 우발적 사건 발생 시 조치, 협약 기간종료에 따른 협약당사자의 이행조건 등을 규정하고 있다.[116] 이에 따라 실시협약의 가장 중요한 3가지 기능은 i) 당해 사업의 이행과 관련된 주무관청과 사업시행자 간의 역할을 정하는 기본계약서로서의 기능, ii) 자금제공자, 시공회사, 공급자, 구매자, 운영회사 등과 같은 제3자의 참여에 대하여도 명확하게 규정하는 기능, iii) 금융약정, 시공계약, 운영계약 등 프로젝트 수행에 필요한 계약들을 조정·통합하는 데 기본이 되는 계약일 뿐만 아니라 이들을 포괄하는 포괄계약으로서 기능이라고 할 것이다.[117]

또한 실시협약의 체결을 통해 주무관청은 특정 사회기반시설사업을 정해진 기간 내에 정

114) 서울고등법원 2004. 6. 24. 선고 2003누6483 판결은 "사업시행자는 민간투자사업의 시행을 위하여 타인의 토지에 출입 등을 할 수 있고, 국·공유재산을 무상으로 사용할 수 있으며, 토지 등을 수용 또는 사용할 수 있으므로 사업시행자 지정의 효력을 가진 실시협약의 체결을 단순한 사법적, 일반적 계약관계라고 할 수 없다"고 판시하였다. 서울행정법은 2013. 5. 30. 선고 2012구합15029 판결은 "실시협약은 주무관청과 협상대상자 사이에 해당 민간투자사업을 추진하는 데 필요한 조건 등을 확정하고, 협상대상자를 민간투자법상 사업시행자로 지정하여 일정한 공법상 권능을 부여하는 효력을 가지는 이른바 행정계약(강학상 공법상 계약과의 관계, 구별 등이 논의되고 있으나, 이하에서는 편의상 "행정계약"이라 한다)에 해당한다"고 판시하였다.

115) 이지현(2019), 80-81쪽.

116) BTL 표준실시협약(안)의 구성체계는 전문, 제1장 총칙, 제2장 기본약정, 제3장 총민간투자비(총민간사업비)의 결정 및 변경, 제4장 재원의 조달 및 투입, 제5장 건설에 관한 사항, 제6장 유지관리·운영에 관한 사항, 제7장 성과의 점검·평가, 제8장 정부지급금의 산정 및 지급, 제9장 정부지원에 관한 사항, 제10장 위험분담에 관한 사항, 제11장 협약의 종료, 제12장 관리의 처분 및 자금재조달, 제13장 분쟁의 해결, 제14장 기타사항으로 구성되어 있으며, 총 95조에 이르는 상세한 규정을 두고 있다. 따라서 표준실시협약(안)은 협약당사자 간에 향후 발생할 수 있는 권리 및 의무관계를 집대성한 것이라고 할 수 있다(한국개발연구원 공공투자관리센터(2011), 4쪽).

117) 김현일(2019), 52-53쪽.

부 재정의 투입을 최소화하면서 준공하여 이를 운영하도록 사업시행자를 구속할 필요가 있으며, 사업시행자는 해지시지급금 등 투하자본의 회수에 있어 중요한 사항에 대하여 사전에 합의를 함으로써 위험을 최소화할 필요가 있다. 따라서 실시협약은 전체 사업과 그에 대한 프로젝트금융의 성공을 간접적으로 담보하는 역할을 하며, 나아가 사회기반시설의 공공재적 성격으로 인해 실시협약은 그 자체로 사회기반시설의 적기 확충 및 안정적인 운영 등의 공익을 담보하는 기능도 하게 된다.

4) 실시협약의 주요 내용

주무관청은 i) 사업시행자의 지정, 시설의 사용 및 운영·관리기간의 결정, 협약당사자의 권리·의무관계, 사업시행자 지정취소 및 법령위반에 대한 처분 등 민간투자사업 관련 기본사항(제1호), ii) 법인의 설립, 실시계획 신청, 사업이행보증 및 위험 관련사항, 안전 및 환경관리 등 사업의 실시절차에 관한 사항(제2호), iii) 공사착수시기, 공사기간, 공사감리 및 공사지연에 따른 지체상금의 부과 등 필요조치 사항(제3호), iv) 총사업비, 사용료 결정·변경, 목표수익률(세전사업수익률 이외에 세후사업수익률, 주주기대수익률을 병기하여야 한다), 기타 운영수입·비용 관련사항(제4호), v) 투자위험분담, 인·허가 대행 등 재정지원의 기준 및 절차에 관한 사항 등을 포함하는 주무관청 또는 관계 지방자치단체의 지원사항(제5호), vi) 시설유지·보수·관리 및 운영관련 사항(제6호), vii) 위험유형의 분류기준 및 분담원칙에 관한 사항(제7호), viii) 협약의 중도해지 요건과 절차 및 중도해지에 따른 해지시지급금의 지급기준 및 지급절차에 관한 사항(제8호), ix) 매수청구권 실행요건 및 방법에 관한 사항(제9호), x) 그 밖에 협약종료 및 분쟁처리절차에 관한 사항 등(제10호) 등이 실시협약에 포함되도록 하여야 한다(일반지침83).

5) 표준실시협약안

민간투자사업에서 사업시행자 측은 건설사(기술), 금융기관(금융), 법무법인(법률), 회계법인(재무/회계), 보험사(보험) 등의 각 분야 전문가들로 구성되는 것이 일반적인 반면 주무관청 측의 담당자들은 잦은 순환근무 때문에 사업시행자 만큼 전문성을 확보하기 어려운 상황이다. 따라서 실시협약 체결 시 주무관청은 사업시행자에 비하여 정보 열위의 상황에 처하기 쉽다. 이러한 현실을 고려하여 주무관청은 기본계획의 내용과 공공투자관리센터에 의해 제공된 표준실시협약안[118]을 기본 바탕으로 하고 개별사업의 특수성을 반영하여 일부 조항을 수정하는 방

118) 공공투자관리센터의 장은 민간투자 사업의 투명성·객관성을 유지하고 주무관청의 민간투자사업 업무수행을 지원하기 위하여 기획재정부장관과의 사전 협의를 거쳐 다음 각 호에 해당하는 업무별 시행요령 등을 작성하여 공표하여야 하며, 민간투자사업기본계획 등 민간투자사업에 직접적으로 영향을 미치는 제반 규정의 제·개정 내용을 세부요령에 최대한 신속하게 반영하여야 한다(일반지침40).
1. 민간투자사업 타당성분석 및 적격성조사에 관한 세부요령
2. 민간투자사업 시설사업기본계획 작성요령 및 표준안
3. 사업계획 평가관리에 관한 세부요령

식으로 실시협약을 체결하고 있다.[119]

(나) 사업시행자의 지정

1) 개요

민간투자법 제13조(사업시행자의 지정)와 같은 법 시행령 제13조(사업계획의 검토·평가)에서는 특별한 사유가 없는 한 사업계획서의 평가 및 검토 결과에 따라 2인 이상의 순위를 정하여 협상대상자로 지정하고, 이후 주무관청은 통상적으로 우선협상대상자와 사업기간과 사업의 조건 등에 대하여 상당기간 동안 협상을 거쳐 법적 의무에 합당한 재량에 따라서 협상이 성립되면 그를 최종 사업시행자로 지정하고 실시협약을 체결한다. 우선협상대상자와 협상이 결렬되면 다음으로 차순위협상대상자와 다시 협상절차를 거쳐 실시협약을 체결한다. 실무상으로는 주무관청이 우선협상대상자로 지정한 자와 실시협약을 체결하여 최종적인 사업시행자로 지정하는 것이 관행처럼 정착되어 있다. 이러한 관행에 대하여 다양한 민간제안을 충분히 검토하지 못하고 사업시행자를 지정하게 되는 점과 주무관청이 협상대상자의 순위를 지정할 때 그 지정 기준에 대한 객관성 확보 부재로 인한 재량권의 일탈·남용 등의 문제가 지적되고 있다.[120]

주무관청은 협상대상자와 사업시행조건 등이 포함된 실시협약을 체결함으로써 사업시행자를 지정하며 민간투자심의위원회 심의를 요하는 경우[121]에는 사업시행자 지정 전에 심의위

---

4. 자금재조달에 관한 세부요령
5. 임대형 민자사업 시설관리·운영에 관한 세부요령
6. 표준실시협약안
7. 임대형 민자사업 타당성분석에 관한 세부요령
8. 임대형 민자사업 시설사업기본계획 작성요령
9. 복합화시설사업 표준 기본협정서안
10. 부대사업 검토 세부요령
11. 경쟁적 협의 절차에 관한 세부요령
12. 수익형 민자사업의 투자위험 분담에 관한 세부요령
13. 관리운영권 설정기간 만료사업에 관한 세부요령
14. 혼합형 민자사업에 관한 세부요령

119) 김진현(2018), "민간투자법제에서 위험배분과 재정지원제도에 관한 연구", 고려대학교 법무대학원 석사학위논문(2018. 8), 21쪽.

120) 김현일(2019), 58-59쪽.

121) 민간투자사업 추진 일반지침 제38조(민간투자사업심의위원회) ① 민간투자법 제5조에 따라 심의위원회의 사전심의를 거쳐야 하는 사항은 다음 각 호와 같다.
1. 법 제2조 제1호에 따른 민간투자사업대상시설의 적정성에 관한 사항. 다만, 별표 13에 포함된 사회기반시설은 제외한다.
2. 다음 각 목의 어느 하나에 해당하는 경우 정부고시사업의 대상사업 지정, 시설사업기본계획 수립·고시 및 민간제안사업의 대상사업지정·제3자 제안공고
가. 총사업비 2천억원(임대형 민자사업의 경우에는 1천억원) 이상인 사회기반시설사업
나. 국고지원을 수반하는 사회기반시설사업. 다만, 지방자치단체의 예산으로 보조금을 교부하거나 장기대부를 하는 경우 또는 국고지원이 300억원 미만인 사업인 경우는 제외한다.
다. 주무관청이 2이상이거나 2이상의 특별시·광역시 또는 도에 걸쳐 시행되는 사업. 다만, 주무관청이

원회의 심의를 거쳐야 한다(일반지침82①). 주무관청은 사업계획 제출자가 단수인 경우 시설사업기본계획에서 미리 정한 바 등에 따라 사업시행자를 지정한다(일반지침82②). 주무관청은 실시협약 체결시(변경실시협약 포함) 주된 사업의 내용이 변경되어 민자적격성의 변동이 예상될 경우 민자적격성이 확보되도록 검토해야 한다. 이 경우 적격성 판단은 간이한 방법으로 할 수 있다(일반지침82③).

2) 사업시행자의 지위

민간투자법상 사업시행자란 공공부문 외의 자로서 민간투자법에 따라 사업시행자의 지정을 받아 민간투자사업을 시행하는 법인을 말한다(법2(8)). 민간투자사업을 시행하고자 하는 자가 주무관청과 실시협약을 체결하게 되면 사업시행자로 지정되어 민간투자사업을 시행할 수 있는 법적인 권리를 취득하게 된다. 이때 사업시행자는 주무관청에 대하여 "민간투자계약의 당사자로서의 지위"[122]와 민간투자사업 시행 시 "제3자에 대한 공행정 주체로서의 지위"도 함께 갖는다. 즉 민간투자계약의 당사자로서의 지위는 민간투자계약의 당사자로서 실시협약이라는 공법상 계약의 내용에 따라 사회기반시설을 완성하고 관리운영권 등을 행사할 수 있는 권리를 가지게 되는 것이다. 사업시행자가 무상으로 사용·수익할 수 있는 기간 동안 해당 시설을 유지·관리하고 시설사용자로부터 사용료를 징수할 수 있는 관리운영권의 설정은 행정주체가 특정인에 대하여 포괄적인 법률관계를 설정하는 행정작용으로 강학상 "특허"라고 할 수 있다. 제3자에 대한 공행정 주체로서의 지위는 일종의 공무수탁사인처럼 공행정주체로서 고권적인 권

2이상인 경우로서 주무관청 사이에 사업에 관하여 합의가 이루어진 경우는 제외한다.

3. 총사업비가 2천억원(임대형 민자사업의 경우에는 1천억원) 이상인 사업의 시설사업기본계획을 변경하여 재고시하는 경우. 다만, 해당 사업 총사업비의 100분의 30 범위 안에서 변경되는 경우는 제외한다.
4. 다음 각 목에 해당하는 민간투자사업의 사업시행자 지정
   가. 총사업비 2천억원(임대형 민자사업의 경우에는 1천억원) 이상인 사회기반시설사업
   나. 국고지원을 수반하는 사회기반시설사업. 다만, 지방자치단체의 예산으로 보조금을 교부하거나 장기대부를 하는 경우 또는 국고지원이 300억원 미만인 사업인 경우는 제외한다.
5. 심의위원회의 심의를 거쳐 체결된 실시협약을 정부에 불리한 사업시행조건으로 변경하는 경우. 다만, 제60조 제2항에 해당하는 경우는 제외한다.
6. 심의위원회 심의를 거치지 않고 실시협약이 체결되었다고 하더라도, 총사업비가 2천억원(임대형 민자사업의 경우에는 1천억원) 이상으로 변경되거나, 재정지원 규모가 100분의 20 이상 증가 또는 신규로 국고지원이 발생하는 사업의 경우
7. 심의위원회 심의를 거친 사업의 시설사용내용의 변경
8. 심의위원회 심의를 거쳐 지정된 사업에 대한 대상사업 지정의 취소
9. 심의위원회 심의를 거쳐 지정된 사업에 대한 공익을 위한 처분
10. 민간투자사업에 대한 종합평가에 관한 사항
11. 법 제21조 제3항·제4항에 따른 부대사업의 시행으로 민간투자사업과 부대사업의 규모의 합이 2천억원(임대형 민자사업의 경우에는 1천억원을 말한다) 이상이 되는 경우의 부대사업 승인
12. 그 밖에 민간투자사업의 원활한 추진을 위하여 기획재정부장관이 부의하는 사항

122) 민간투자계약의 당사자로서의 지위는 행정계약의 당사자로서 행정계약의 내용에 따라 민간투자사업을 시행하고 관리운영권 등을 행사할 수 있는 민간사업자의 특허행위자로서의 지위를 의미한다.

한을 자신의 이름으로 행사할 수 있는 지위에 서게 되는 것으로, 사회기반시설의 공사 및 운영 과정에서 제3자에 대한 공행정주체로서 특별한 권한을 자신의 이름으로 행사할 수 있는 지위를 갖게 되는 것을 말한다.[123)]

3) 사업시행자의 권리

가) 타인토지 출입 · 일시사용권 등

사업시행자가 민간투자사업을 시행하기 위하여 타인의 토지에 출입하거나 일시사용하거나 장애물을 변경 또는 제거하려는 경우에는 국토의 계획 및 이용에 관한 법률 제130조 및 제131조를 준용한다(법18).

나) 수의계약 체결권 등

주무관청은 민간투자사업의 예정지역에 있는 국가 또는 지방자치단체 소유의 토지로서 민간투자사업의 시행에 필요한 토지에 대하여는 미리 관계 행정기관의 장과 협의를 거쳐야 하며, 관계 행정기관의 장은 해당 사업에 대한 시설사업기본계획이 고시된 날(민간부문이 제안한 사업의 경우에는 제안 내용이 공고된 날)부터 해당 사업 외의 목적으로 이를 매각할 수 없다(법19①). 위의 협의를 거친 민간투자사업의 예정지역에 있는 국유·공유 재산은 국유재산법 및 공유재산법에도 불구하고 사업시행자에게 수의계약으로 매각할 수 있다(법19②).

민간투자사업의 예정지역에 있는 국유·공유 재산은 민간투자사업의 시행을 위하여 필요한 경우에는 국유재산법 및 공유재산법에도 불구하고 사업시행자로 하여금 실시계획이 고시된 날부터 준공확인이 있을 때까지 무상으로 사용·수익하게 할 수 있다(법19③ 본문). 다만, 귀속시설사업의 경우에는 법 제25조 제1항 또는 제2항에 따른 기간이 끝날 때까지 무상으로 사용·수익하게 할 수 있다(법19③ 단서).

주무관청은 민간투자사업의 시행을 위하여 필요한 경우에는 민간투자사업의 예정지역에 있는 토지를 매입하여 사업시행자로 하여금 실시계획이 고시된 날부터 준공확인이 있을 때까지 국유재산법 또는 공유재산법에도 불구하고 무상으로 사용·수익하게 할 수 있다(법19④ 본문). 다만, 귀속시설사업의 경우에는 법 제25조 제1항 또는 제2항에 따른 기간이 끝날 때까지 무상으로 사용·수익하게 할 수 있다(법19④ 단서). 민간투자사업의 시행을 위하여 필요한 경우에는 국유재산법 및 공유재산법에도 불구하고 국유·공유 재산에 대하여 사업시행자에게 시설물의 기부를 전제로 하지 아니하고 건물이나 그 밖의 영구시설물을 축조하기 위한 사용·수익의 허가 또는 대부를 할 수 있다(법19⑤).

다) 토지 등의 수용 · 사용권

사업시행자는 민간투자사업의 시행을 위하여 필요한 경우에는 토지보상법 제3조에 따른

123) 김현일(2019), 64쪽.

토지·물건 또는 권리("토지등")를 수용 또는 사용할 수 있다(법20①). 토지 등의 수용 또는 사용에 관하여 민간투자법 또는 관계법률에 특별한 규정이 있는 경우를 제외하고는 토지보상법을 준용한다(법20④).

라) 부대사업의 시행권

주무관청은 사업시행자가 민간투자사업을 시행할 때 해당 사회기반시설의 투자비 보전(補塡) 또는 원활한 운영, 사용료 인하 등 이용자의 편익 증진, 주무관청의 재정부담 완화 등을 위하여 필요하다고 인정하는 경우에는 다음 각 호[124]의 어느 하나에 해당하는 부대사업을 해당 민간투자사업과 연계하여 시행하게 할 수 있다(법21①). 사업시행자가 부대사업을 시행하려는 경우에는 실시계획에 해당 부대사업에 관한 사항을 포함시켜야 한다(법21②).

마) 사회기반시설의 관리운영권

주무관청은 수익형 민간투자사업(BTO) 방식 또는 임대형 민간투자사업(BTL) 방식으로 사회기반시설사업을 시행한 사업시행자가 준공확인을 받은 경우에는 법 제25조 제1항에 따라 무상으로 사용·수익할 수 있는 기간 동안 해당 시설을 유지·관리하고 시설사용자로부터 사용료를 징수할 수 있는 사회기반시설관리운영권("관리운영권")을 그 사업시행자에게 설정할 수 있다(법26①).

(다) 협상

주무관청은 협상의 일관성 유지 및 효율성 제고를 통해 협상을 적기에 완료할 수 있도록 하여야 한다(일반지침84①). 주무관청은 시설사업기본계획에 정한 협상기한 내에 협상을 타결하여야 하며, 협상기한 내 협상이 타결되지 않을 경우 차순위 협상대상자와의 협상 개시 또는 시설사업기본계획 재고시, 민간투자대상사업 지정 취소 등 필요한 조치를 할 수 있다(일반지침84②).

주무관청은 협상의 일관성을 유지 하여야 하고 시설사업기본계획에서 고시된 사업시행조건과 배치되는 협상조건을 제시하여서는 아니되며, 외부기관에 협상 지원을 의뢰하는 경우에

124) 민간투자사업법 제21조(부대사업의 시행) 제1항의 각 호의 부대사업은 다음과 같다.
1. 「주택법」에 따른 주택건설사업, 2. 「택지개발촉진법」에 따른 택지개발사업, 3. 「국토의 계획 및 이용에 관한 법률」에 따른 도시·군계획시설사업, 4. 「도시개발법」에 따른 도시개발사업, 5. 「도시 및 주거환경정비법」에 따른 재개발사업, 6. 「산업입지 및 개발에 관한 법률」에 따른 산업단지개발사업, 7. 「관광진흥법」에 따른 관광숙박업, 관광객 이용시설업 및 관광지·관광단지 개발사업, 8. 「물류시설의 개발 및 운영에 관한 법률」에 따른 물류터미널사업, 9. 「항만운송사업법」에 따른 항만운송사업, 10. 「유통산업발전법」에 따른 대규모점포(시장에 관한 것은 제외), 도매배송서비스 또는 공동집배송센터사업, 11. 「주차장법」에 따른 노외주차장 설치·운영 사업, 12. 「체육시설의 설치·이용에 관한 법률」에 따른 체육시설업, 13. 「문화예술진흥법」에 따른 문화시설 설치·운영 사업, 14. 「산림문화·휴양에 관한 법률」에 따른 자연휴양림 조성사업, 15. 「옥외광고물 등의 관리와 옥외광고산업 진흥에 관한 법률」에 따른 옥외광고물 및 게시시설의 설치·운영 사업, 16. 「신에너지 및 재생에너지 개발·이용·보급 촉진법」에 따른 신·재생에너지 설비의 설치·운영 사업, 17. 「건축법」 제2조 제1항 제2호의 건축물의 설치·운영 사업, 18. 그 밖에 사용료 인하 또는 재정부담 완화를 위하여 필요한 사업으로서 대통령령으로 정하는 사업

도 협상에 적극 참여하여야 한다(일반지침84③). 주무관청은 외국인의 투자비중이 높은 사업의 경우 실시협약상 언어·분쟁해결조항 등과 관련하여 외국인 투자자의 의사를 최대한 존중하여야 한다(일반지침84④). 사업시행자는 착공을 앞당기기 위하여 협상과정에서 실시설계 등 절차를 병행하여 추진할 수 있다(일반지침84⑤).

주무관청은 협상을 위하여 건설·운영·법률·금융 등의 전문가를 활용할 수 있으며, 이 경우 소요되는 비용은 주무관청에서 부담한다(일반지침85).

(7) 실시계획의 승인 및 공사·준공

(가) 실시계획 승인신청

사업시행자로 지정받은 자는 지정받은 날부터 대통령령으로 정하는 기간(영15=주무관청이 특별히 정한 경우를 제외하고는 1년)에 실시계획의 승인을 신청하여야 하며, 이 기간에 실시계획의 승인을 신청하지 아니하였을 때에는 사업시행자 지정의 효력을 상실한다(법13⑤ 본문). 다만, 주무관청은 불가피하다고 인정하는 경우에는 1년의 범위에서 한 번만 그 기간을 연장할 수 있다(법13⑤ 단서).

사업시행자는 실시계획의 승인을 받으려면 i) 사업을 시행하려는 위치 및 면적(제1호), ii) 공사의 시행방법 및 기술 관련 사항(제2호), iii) 공정별 공사시행계획(공구별·단계별로 분할시공하려는 경우에는 분할실시계획)(제3호), iv) 필요토지의 확보 및 이용 계획(제4호), v) 부대사업이 수반되는 경우 그 사업내용 및 실시계획(제5호), vi) 그 밖에 주무관청이 필요하다고 인정하는 사항(제6호)을 적은 실시계획 승인신청서[125]를 주무관청에 제출하여야 한다(영16①). 위 제6호에 따른 "그 밖에 주무관청이 필요하다고 인정하는 사항"에는 소요재원 확보대책 및 자

---

125) 실시계획 승인신청서에는 다음의 서류 및 도면을 첨부하여야 한다(영16②).
1. 위치도
2. 지적도에 의하여 작성한 용지도
3. 계획평면도 및 실시설계도서(공구별·단계별로 분할시공하려는 경우에는 분할설계도서)
4. 공사 시방서(示方書)와 공사비 산출근거 및 자금조달계획에 관한 서류
5. 사업시행지역의 토지·건물 또는 권리 등의 매수·보상 및 주민이주대책에 관한 서류
6. 공공시설물 및 토지 등의 무상 사용 등에 관한 계획서
7. 수용하거나 사용할 토지·건물 또는 권리 등의 소유자와 「공익사업을 위한 토지 등의 취득 및 보상에 관한 법률」 제2조 제5호에 따른 관계인의 성명 및 주소에 관한 서류
8. 수용하거나 사용할 토지 또는 건물의 소재지·지번·지목·면적 및 소유권 외의 권리 명세에 관한 서류
9. 환경영향평가서(「환경영향평가법 시행령」 제31조 제2항 및 별표 3에 따른 환경영향평가대상사업인 경우만 해당)
10. 교통영향평가서 및 그 개선필요사항 등(「도시교통정비 촉진법 시행령」 제13조의2 제3항 및 별표 1에 따른 교통영향평가 대상사업인 경우만 해당한다)
11. 에너지사용계획서(「에너지이용 합리화법 시행령」 제20조 및 별표 1에 따른 에너지사용계획의 협의대상사업인 경우만 해당)
12. 그 밖에 주무관청이 필요하다고 인정하는 서류

금조달 협약서 등이 포함된다(일반지침90②).

(나) 실시계획 승인

사업시행자는 민간투자사업을 시행하기 전에 해당 사업의 실시계획을 작성하여 주무관청의 승인을 받아야 한다(법15① 본문). 주무관청은 실시계획을 승인하였을 때에는 이를 고시하여야 한다(법15②). 주무관청은 실시계획 승인기간을 단축하기 위하여 노력하여야 하며, 사업의 특성 등을 고려하여 사전에 실시협약에 승인기간을 단축하여 명시할 수 있다(일반지침90③). 주무관청은 실시계획 승인 시 민자제도 취지, 사업여건, 수지구조 등을 고려하여 자금조달조건, 상환조건 등 실시계획의 주요사항들이 합리적으로 수립되었는지를 검토하여야 한다(일반지침90⑤).

(다) 준공확인

사업시행자가 고시된 실시계획에 따라 사업을 완료하거나 고시된 부대사업을 완료하였을 때에는 지체 없이 대통령령으로 정하는 바에 따라 공사준공보고서를 주무관청에 제출하고 준공확인을 받아야 한다(법22①).[126] 사업시행자는 실시계획에 따라 해당시설의 공사를 완료한 때에는 공사를 완료한 날로부터 15일 이내에 공사준공보고서를 주무관청에 제출하고 준공확인을 받아야 한다(일반지침91). 준공확인의 신청을 받은 주무관청은 준공검사를 한 후, 준공검사확인증을 그 신청인에게 발급하여야 한다(법22②). 준공검사확인증을 발급하였을 때에는 인가·허가 등에 따른 해당 사업의 준공검사 또는 준공인가 등을 받은 것으로 본다(법22③).

주무관청은 준공확인을 하거나 준공검사 또는 준공인가 등을 받은 것으로 보는 경우에는 미리 관계 행정기관의 장과 협의하여야 한다(법22④). 준공검사확인증을 발급받기 전에 민간투자사업으로 조성 또는 설치된 토지 및 사회기반시설은 사용하여서는 아니 된다(법22⑤ 본문). 다만, 주무관청으로부터 준공 전 사용을 인가받은 경우에는 그러하지 아니하다(법22⑤ 단서).

3. 민간제안사업 추진절차

(1) 민간제안사업(민간부문의 사업제안)

민간제안사업[127]의 경우에는 민간부문은 대상사업에 포함되지 아니한 사업으로서 민간투

126) 준공확인을 받으려는 자는 주무관청이 정하는 공사준공보고서에 다음의 사항을 적은 서류를 첨부하여 주무관청에 제출하여야 한다(영19).
1. 준공조서(준공설계도서와 준공사진을 포함)
2. 「공간정보의 구축 및 관리 등에 관한 법률」 제2조 제18호에 따른 지적소관청이 발행하는 지적측량성과도
3. 준공 전후 토지 및 시설 등의 도면
4. 준공 전후 토지 및 시설의 대비표
5. 그 밖에 준공확인에 필요한 사항을 적은 서류

127) 민간제안사업의 민간투자사업 세부절차는 민간투자사업기본계획 수립 및 고시(기획재정부) → 민간부문 제안서 접수 → 제안서 검토의뢰 및 제3자 공고 → 민간부문 사업계획서 제출 → 협상대상자 지정 → 협상 및 실시협약 체결 → 실시계획 승인 → 시설공사 → 준공확인 → 관리·운영의 순서로 진행된다.

자방식으로 추진할 수 있는 사업에 대하여 주무관청에 사업제안을 하고(법9①), 이에 따라 사업을 제안하려는 자는 i) 제안사업에 대한 타당성 조사의 내용(제1호), ii) 사업계획 내용(제2호), iii) 총사업비의 명세 및 자금조달계획(제3호), iv) 무상 사용기간 또는 소유·수익 기간 산정 명세(귀속시설만 해당)(제4호), v) 시설의 관리운영계획(제5호), vi) 사용료 등 수입 및 지출 계획(제6호), vii) 부대사업을 시행하는 경우 그 내용 및 사유(제7호), viii) 그 밖에 제안자가 해당 사업의 시행을 위하여 필요하다고 인정하는 사항(제8호)을 기재한 제안서를 작성하여 주무관청에 제출하여야 한다(법9②, 영7①).[128] 위 제8호에 따른 "그 밖에 제안자가 해당 사업의 시행을 위해서 필요하다고 인정하는 사항"에는 금융회사등이 발행한 대출확약서 또는 조건부대출확약서, 산업기반신용보증기금에서 발행한 보증의향서 등이 포함된다(일반지침92④).

주무관청은 제안된 사업을 민간투자사업으로 추진하기로 결정한 경우에는 이를 제안자에게 통지하고, 제안자 외의 제3자에 의한 제안이 가능하도록 내용의 개요를 공고하여야 하며(법9③), 주무관청은 최초 제안자의 제안서 및 제3자의 제안서에 대하여 검토·평가한 후 제안서를 제출한 자 중 협상대상자를 지정하고, 이 경우 최초 제안자에 대하여는 주무관청은 i) 최초 제안자가 변경제안서를 제출하지 아니한 경우에는 총평가점수의 10퍼센트(제1호), ii) 주무관청이 제10항 후단에 따라 최초 제안자의 제안 내용과 다른 내용을 공고하여 최초 제안자가 이에 따른 변경제안서를 제출하는 경우에는 총평가점수의 5퍼센트(제2호) 범위에서 최초 제안자를 우대할 수 있다(법9④, 영7⑬).

협상대상자 지정 이후 실시협약 체결 등에 관하여는 정부고시사업과 동일하게 주무관청은 협상대상자와의 협상을 통하여 총사업비 및 사용기간 등 사업시행의 조건 등이 포함된 실시협약을 체결함으로써 사업시행자를 지정한다.

(2) 최초제안서의 접수

주무관청은 민간부문이 사업을 제안할 경우 그 제안서를 접수하여야 하고, 이를 거부하여서는 아니된다(일반지침93①). 주무관청은 최초제안서 접수시점으로부터 제안내용의 공고일까지 동일 사업에 대하여 제3자의 제안서를 접수할 수 없다. 이 경우 최초제안자는 주무관청의

---

128) 주무관청은 제출된 제안서가 형식적 요건을 갖추고 있고, 법령 및 주무관청의 정책에 부합한다고 판단되는 경우에는 제안된 사업을 민간투자사업으로 추진할 것인지를 확정하기 전에 민간투자법 제23조 제1항에 따른 공공투자관리센터의 장에게 해당 제안서 내용의 검토를 의뢰하여야 하며(영7③ 본문), 공공투자관리센터의 장은 i) 정부의 중장기계획·국가투자우선순위 등에 부합되는지 여부, ii) 출자자 구성의 적정성, iii) 창의성·효율성·비용의 적정성 등을 감안한 품질의 확보 가능성 등 건설 및 운영계획의 적정성, iv). 수요추정방법의 적정성, 추정수요를 정부예측수요와 비교 등 추정수요의 적정성, v) 관련부처 협의 및 민원처리계획의 적정성, vi) 재무모델, 도면, 각종 산출근거의 적정성 등 사업계획도서의 수준, vii) 해당시설 건설에 따른 경제적 타당성 및 편익 증대 효과, viii) 비용·수입 산출근거 등 사업성 분석결과의 적정성 및 타당성 여부, ix) 요구된 정부 재정지원 방식이나 규모가 적정한지 여부, x) 그 밖에 법의 목적에 부합되는지 여부에 따라 민간제안 내용을 검토하여야 한다(일반지침95⑤).

제안서 접수 순서를 기준으로 결정하며, 같은 날 접수한 제안서의 경우에는 첫 번째 접수된 제안서를 최초제안서로 인정한다(일반지침93②).

(3) 제안내용의 검토 및 사업지정

(가) 제안내용의 검토

주무관청은 사업제안서가 제출된 경우 사업제안내용에 대해 관계기관과의 협의를 거쳐 관련 개발계획과 부합하는지 여부와 당해 시설의 상위계획과 부합하는지 여부 및 재정여건 등을 검토하여야 한다(일반지침94①).

주무관청은 검토결과 제출된 제안서가 형식적 요건을 갖추고, 법령 및 주무관청의 정책 등에 부합한다고 판단하는 경우에는 그 판단의 근거자료를 포함하여 제안서를 접수한 날부터(제안서 보완을 요청한 경우에는 보완이 완료된 날부터) 30일 이내에 공공투자관리센터 등의 장 또는 전문기관의 장에게 제안내용의 검토를 의뢰하여야 하고, 공공투자관리센터 등의 장 또는 전문기관의 장에게 제안내용의 검토를 의뢰한 이후 사업계획 내용을 가능한 한 변경하지 않아야 한다. 이 경우 주무관청은 예타면제 또는 경제성, 정책적 필요성 분석 면제 결정을 적격성조사 또는 제안서검토가 완료되기 전까지 공공투자관리센터 등의 장 또는 전문기관의 장에게 제출해야 한다(일반지침95①).

공공투자관리센터 등의 장은 검토를 의뢰받은 사업 중 총사업비가 2천억원 이상인 사업에 대하여는 경제성 및 정책적 필요성 분석, 재정사업으로 추진할 경우와 비교한 민간투자방식의 적정성 등을 내용으로 하는 적격성 조사를 실시하여야 한다(일반지침96①).

(나) 심의위원회의 심의

주무관청은 민간제안사업을 민간투자사업으로 추진하고자 하는 경우 제38조(민간투자심의위원회)에서 정하는 사업은 심의위원회의 심의를 거쳐야 한다(일반지침98①). 주무관청은 심의위원회의 심의를 요청하기 전에 중장기 투자계획과의 부합여부, 국고지원 요구수준의 적정성, 관계부처 협의결과, 공공투자관리센터의 장이 제기한 사항에 대한 의견 등을 포괄한 검토보고서를 기획재정부장관에게 제출하여야 한다(일반지침98②).

(4) 제3자 제안공고

(가) 제3자 제안공고

주무관청은 민간부문이 제안한 사업을 민간투자사업으로 추진하기로 결정한 경우에는 이를 제안자에게 통지하고, 제3자에 의한 제안이 가능하도록 관보와 세 개 이상의 일간지 및 주무관청의 인터넷 홈페이지, 공공투자관리센터의 홈페이지에 당해 제안내용의 개요를 공고하여야 한다(법9③, 영7⑧, 일반지침99①). 주무관청은 사업 추진기간의 단축을 위하여 도로사업의 노선 등 관계기관과의 협의결과를 반영한 사업내용을 구체화하여 공고하여야 한다(일반지침99②).

주무관청은 제3자가 제안서를 작성하여 제출할 수 있도록 최소 90일 이상의 기간을 정하여 제3자 제안공고를 하여야 한다. 다만, 긴급을 요하는 경우 등 사업규모·특성을 고려하여 필요하다고 인정되는 때에는 30일 이상의 기간 중 적정한 기간을 정하여 공고할 수 있다(일반지침99③). 주무관청이 제3자 제안공고를 한 때에 민간투자대상사업의 지정 및 당해 사업에 대한 시설사업기본계획이 수립·고시된 것으로 본다(일반지침99⑤).

(나) 제3자 제안공고의 내용

주무관청은 제3자 제안공고에 i) 제안내용의 개요(제1호), ii) 해당시설에 요구되는 서비스 수준 및 운영관리에 관한 사항(제2호), iii) 사업시행자의 자본금 등 자격요건에 관한 사항(제3호), iv) 실체회사 또는 명목회사 등 회사의 형태(제4호), v) 사업계획 제출형식 및 기한(제5호), vi) 참가자격사전심사 여부 등 제안서 평가방법 및 평가항목·기준(제6호), vii) 사업계획 평가 시 최초제안자에게 부여할 우대점수비율(제7호), viii) 협상대상자 지정 및 지정 취소 등에 관한 사항(제8호), ix) 입찰보증, 사업이행보증, 사업이행보장방법 등의 요구내용(제9호), x) 협상기한 및 실시협약 체결에 소요되는 기한(제10호), xi) 그 밖에 주무관청이 해당 사업 추진에 있어 필요하다고 인정하는 사항(제11호)을 명시하여야 한다(일반지침100①).

주무관청은 위 제10호에 따른 협상기한 및 실시협약 체결에 소요되는 기한을 원칙적으로 1년으로 하여야 하며, 불가피한 경우에는 협상기한을 6개월 이내의 범위에서 1회에 한하여 연장할 수 있다(일반지침100④). 주무관청은 공공투자관리센터의 장이 작성하여 공표한 표준실시협약안을 참조하여 해당사업의 유지관리 및 운영, 위험의 분담에 관한 사항 등 사업시행조건이 포함된 실시협약안을 작성하여 제3자 제안공고에 첨부하여야 한다(일반지침100③).

주무관청은 적정 수준의 사용료 책정을 위해 필요한 경우, 대체 시설의 사용료 수준, 대상사업의 특성 등을 고려하여 사용료의 상한을 제시할 수 있다. 사용료의 상한 제시기준은 별표 7과 같다(일반지침100②).

(5) 최초제안자 우대 및 협상대상자의 지정

(가) 최초제안자 우대

주무관청은 공공투자관리센터의 장 등이 민간제안사업에 대한 적격성조사보고서에서 제시한 우대점수비율에 따라 최초제안자에 대하여 우대점수를 부여한다(일반지침101①). 우대점수비율은 총평가점수의 10% 범위 안에서 부여하되, 주무관청이 최초 제안내용과 다른 내용을 공고함에 따라 제3자 경쟁과정에서 최초 제안자가 변경제안을 하는 경우에는 최초 제안내용의 창의성 등을 감안하여 총평가점수의 5% 범위 안에서 우대할 수 있다(일반지침101②).

주무관청에 의해 타당성조사 및 기본설계가 진행된 사업을 민간부문이 제안한 경우에는 원칙적으로 최초제안자로서의 우대자격을 인정하지 않는다. 다만, 주무관청이 기본설계를 완료한 시설에 대해 설계내용을 개선하여 사업비 또는 운영비를 현저히 절감하거나, 시설의 이용효율을 크게 개선시켜 제안서를 제출하는 경우에는 평가 시 이를 반영할 수 있다(일반지침101③). 주무관청은 최초제안자에게 부여할 우대점수비율을 정한 경우에는 이를 제3자 제안공고에 명시하여야 한다(일반지침101④).

(나) 협상대상자의 지정

주무관청은 제3자 제안공고에 정한 기간 내에 제3자에 의한 제안서 제출이 있는 경우 최초제안자의 제안서와 제3자의 제안서를 검토·평가한 후 협상대상자를 지정한다(일반지침102①). 주무관청은 협상대상자를 지정함에 있어서 특별한 사유가 없는 한 제안서 평가결과에 따라 2인 이상을 그 순위를 정하여 지정하여야 한다(일반지침102②). 주무관청은 제3자 제안공고에 정한 기간 내에 제3자에 의한 제안서가 제출되지 않는 경우에는 최초제안자를 협상대상자로 지정한다(일반지침102③).

(6) 협상 및 실시계획 승인

주무관청은 제3자 제안공고에서 정한 협상기한 내에 실시협약을 체결하여야 하고, 협상기한 내 실시협약이 체결되지 않을 경우 차순위 협상대상자와의 협상 개시 또는 제3자 제안 재공고, 민간투자대상사업 지정 취소 등 필요한 조치를 할 수 있다(일반지침103의2①). 사업시행자로 지정받은 자는 법 제13조 제5항[129]에 따라 지정받은 날부터 1년 이내에 주무관청에 실시계획의 승인을 신청하여야 하며, 주무관청은 불가피하다고 인정하는 경우에는 그 기한을 1회에 한하여 연장할 수 있다(일반지침103의2②). 주무관청은 특별한 사정이 있는 경우를 제외하고는 실시계획 승인신청을 받은 날부터 3개월 이내에 실시계획의 승인 여부를 사업시행자에게 서면으로 통지하여야 한다(일반지침103의2③).

(7) 정부고시사업 절차의 준용

민간제안사업의 추진절차와 관련하여 달리 규정하고 있지 않은 사항은 이 편 제1장 정부고시사업 추진절차에 관한 규정을 준용한다(일반지침104).

129) 사업시행자로 지정받은 자는 지정받은 날부터 대통령령으로 정하는 기간에 실시계획의 승인을 신청하여야 하며, 이 기간에 실시계획의 승인을 신청하지 아니하였을 때에는 사업시행자 지정의 효력을 상실한다. 다만, 주무관청은 불가피하다고 인정하는 경우에는 1년의 범위에서 한 번만 그 기간을 연장할 수 있다(법13⑤).

4. 임대형 정부고시사업 추진에 관한 특례

(1) 사업계획의 수립 및 타당성분석

(가) 사업계획의 수립

주무관청은 복수의 시설을 단위사업으로 통합, 연관시설의 복합화 방식 활용, 다양한 부대·부속사업 개발, 상위계획과의 부합성 등을 고려하여 대상시설별 투자계획을 수립하고, 시설의 규모·내용·운영 등에 대한 구체적인 사업계획을 수립하여야 한다(일반지침105). 주무관청은 사업계획 수립 시 건설·운영상의 규모의 경제 실현 등을 위해 가능한 한 적정 규모로 단위사업의 규모를 설정하여야 한다(일반지침108①). 주무관청은 사업계획 수립 시 시설이용 극대화, 이용자 편익 제고, 사업비 경감 등을 위해 사회기반시설 중 2개 이상 기능적 연관시설들을 동시에 입주시키는 복합시설형태로 개발하는 복합화사업(학교부지를 활용하여 문화 및 복지시설 등 사회기반시설을 학교시설과 함께 건립하는 학교복합화사업을 포함)을 추진할 수 있다(일반지침109①). 여러 부처가 관련되는 복합화사업을 추진하고자 하는 경우 관계되는 부처("복합화사업 관계부처")는 합동으로 매년 1월말까지 복합화시설 발굴 및 지원계획을 마련하되, 동 사업이 지방자치단체 사업인 경우에는 그 지방자치단체(학교복합화사업의 경우 지방교육자치단체를 포함)에 이를 통보한다(일반지침110①).

(나) 예비타당성조사

주무관청은 총사업비가 500억 원 이상이고 그 중 300억 원 이상을 국고로 지원하는 사업을 민간투자사업으로 추진하고자 하는 경우에는 국가재정법 제38조 제1항에 따른 예비타당성조사를 기획재정부장관에게 신청하여야 한다. 다만, 국가재정법 제38조 제2항에 따라 예비타당성조사가 면제되는 사업은 예비타당성조사 면제요구를 함께 하여야 한다(일반지침106①). 주무관청은 기획재정부장관에게 예비타당성조사를 신청하는 경우에는 「예비타당성조사 운용지침」에 따른 예비타당성조사와 타당성분석을 함께 실시할 수 있도록 「예비타당성조사 및 타당성분석 대상사업」으로 신청하여야 한다(일반지침106②).

(다) 타당성분석

주무관청은 모든 단위사업에 대하여 「임대형 민자사업 타당성분석에 관한 세부요령」에 따라 타당성분석을 실시하여야 한다(일반지침107①). 그러나 주무관청은 단위사업이 동일·유사한 시설유형일 경우에는 타당성분석 용역을 일괄 시행할 수 있으며, 예비타당성조사 대상이 아닌 총사업비 1천억원 미만의 정형화된 시설(학교·대학교기숙사·군주거·하수관거시설 등)의 경우에는 정량적 분석시 공공투자관리센터의 장이 공표한 간이적격성조사 표준모델을 활용하여 간이한 방법으로 실시할 수 있다(일반지침107②).

(2) 사업계획 제출 및 한도액 요구

(가) 중기사업계획서 제출

주무부처는 매년 1월 31일까지 당해 회계연도부터 5회계연도 이상의 기간 동안의 신규사업 및 계속사업에 대한 중기사업계획서를 기획재정부장관에게 제출한다(일반지침112).

(나) 한도액 요구

기획재정부장관은 다음 연도의 임대형 민자사업 한도액 설정지침을 매년 3월 31일까지 주무부처에 통보한다(일반지침113). 주무부처는 임대형 민자사업 한도액 설정지침에 따라 그 소관에 속하는 다음 연도의 한도액 요구서를 작성하여 매년 5월 31일까지 기획재정부장관에게 제출한다. 이 경우 주무부처는 사전에 예비타당성조사(예비타당성조사 면제 포함) 신청 및 타당성분석 실시 후 그 결과를 포함하여야 한다(일반지침114①). 국고보조 지방자치단체사업을 추진하는 주무관청은 임대형 민자사업 한도액 설정지침이 정하는 바에 따라 주무부처에 사업을 신청하고, 주무부처는 주무관청으로부터 받은 대상시설별 사업계획을 검토·조정하여 사전에 사업계획을 수립한 후 기획재정부장관에게 한도액을 요구하여야 한다. 다만, 기초지방자치단체가 주무관청인 경우에는 광역지방자치단체의 검토를 거쳐 주무부처에 사업을 신청하여야 한다(일반지침114②).

(3) 한도액 설정 및 국회심의·의결

기획재정부장관은 주무부처가 제출한 한도액 요구서를 검토하여 총한도액, 대상시설별 한도액 및 사업 추진과정에서 예측할 수 없는 지출에 충당하기 위한 예비한도액을 설정한다(일반지침115①). 예비한도액은 국가사업 및 국고보조 지방자치단체사업 한도액 합계액의 20% 이내로 설정한다(일반지침115②). 기획재정부장관은 회계연도 개시 120일 전까지 총한도액 등을 국회에 제출하여야 한다(법7의2, 일반지침115③). 지방자치단체가 주무관청이 되는 사업은 해당사업을 대상사업으로 지정고시하기 이전의 적정시기에 지방자치법 제39조 제1항 제8호에 따른 의무부담행위로 지방의회의 의결을 거쳐야 한다(일반지침115④).

(4) 시설사업기본계획 수립·고시

주무관청은 법령 및 기본계획 등이 정하는 바에 따라 시설사업기본계획을 명확하고 구체적으로 수립하여야 한다(일반지침118①). 시설사업기본계획에 제시되는 시설의 내용과 수준은 타당성분석 결과와 일관성을 유지하여야 한다(일반지침118②). 주무관청은 i) 주무관청이 제시하는 시설에 대한 설계도서 수준은 탄력적으로 설정하되, 민간의 창의·효율을 활용하려 하거나, 성과요구수준을 명확히 제시할 수 있는 경우에는 기본계획도서 수준으로 제시(제1호), ii) 주무관청은 시설물의 이용도를 제고하고 정부지급금 부담을 완화할 수 있는 다양한 부대사업 또는 부속사업을 제시할 수 있도록 유도(제2호)하여 민간의 창의와 효율을 최대한 활용할 수 있도록 시설사업기본계획을 수립하여 고시하여야 한다(일반지침118③).

(5) 사업계획 평가 및 협상대상자 지정

(가) 사업계획 평가

사업계획 평가는 민간의 제안비용 절감, 효율적인 평가 등을 위해 참가자격사전심사 평가를 실시한 후 이를 통과한 사업신청자에 대해 기술과 가격평가를 실시하는 2단계 평가방식을 활용한다(일반지침123①). 사업계획 평가를 위한 제1단계는 시설의 특성에 부합하는 시공·재무·운영능력 등 사업수행능력을 평가하여 부적격 사업자를 실격 처리하는 참가자격사전심사를 실시한다(일반지침123②).

사업계획 평가를 위한 제2단계는 다음 제1호의 기술요소와 제2호의 가격요소를 종합하여 평가한다(일반지침123③).

1. 기술요소: 계획·설계의 내용, 건설계획, 운영계획 등을 위주로 시설사업기본계획에 제시된 성과요구수준서의 충족 정도를 토대로 평가하되 제안된 공사비, 운영비용이 사업계획에서 제시한 설계·시공·운영계획을 수행할 수 있는 적정한 수준인지도 함께 검토하여 평가
2. 가격요소: 운영기간 중 주무관청이 사업자에게 지급하는 총정부지급금의 현재가치(할인율은 제65조의2에 따른다)로 평가항목을 단일화하여 평가하되 정부가 제시한 수준을 초과할 경우 실격 처리한다. 다만, 창의적인 사업계획 등 합리적인 사유가 있다고 인정하는 경우 예외로 할 수 있다

(나) 협상대상자 지정

주무관청은 기술 및 가격 요소 평가점수를 합산하여 최고 득점자순으로 협상대상자를 2인 이상 그 순위를 정하여 지정한다(영13④, 일반지침125①). 주무관청은 단독응찰에 의하여 협상대상자가 선정된 경우 시공자 선정은 경쟁입찰에 의할 것을 의무화할 수 있다. 이 경우 시공사 낙찰금액을 반영하여 총민간투자비를 사후에 변경하여야 한다(일반지침125②). 주무관청은 평가 종료 후 ⅰ) 사업계획별 종합평가점수(제1호), ⅱ) 사업계획별 설계, 운영, 시공 등 주요항목으로 분리된 점수(제2호), ⅲ) 사업계획평가단 참여 위원명 및 위원별 평가점수(제3호)를 사업계획을 제출한 자에게 통지하여야 한다(일반지침125③).

(6) 실시협약 체결과 사업시행자의 지정

(가) 사업시행조건의 처리방향

사업시행자의 사업이행을 보증하기 위한 보증금은 총투자비 또는 총사업비의 10% 수준으로 설정한다(일반지침126①). 주무관청은 건설사업관리자를 선정하되 감리비를 사업시행자에게 부담하게 할 수 있다. 이 경우 실시협약상 총민간투자비의 감리비는 감리자 선정 후 낙찰된 감

리비로 조정한다(일반지침126②). 불가항력 사유 발생 시 보험으로 처리되지 않는 비용증가분에 대해서는 주무관청과 사업자가 분담하되, 천재·지변 등 비정치적 불가항력 사유로 인한 비용은 주무관청이 80%를, 전쟁·테러 등 정치적 불가항력 사유로 인한 비용은 주무관청이 90%를 분담한다(일반지침126③).

(나) 협상

실시협약 체결을 위한 협상은 표준협약서를 바탕으로 실시협약서에 기재할 내용을 조정하는 단계로 운영하며, 합리적인 사유가 없는 한 협상대상자는 사업신청서류에 제시한 조건보다 자신에게 유리한 조건을 제시할 수 없다(일반지침127②). 주무관청은 협상대상자가 고의로 협상을 지연시키는 경우 등에 대하여 차순위 협상대상자와 협상이 가능하며 차순위 협상대상자가 없는 경우는 사업추진을 보류하거나 재고시를 추진할 수 있다(일반지침128).

(다) 실시협약 체결과 사업시행자의 지정

주무관청은 협상대상자와 사업시행조건 등이 포함된 실시협약을 체결함으로써 사업시행자를 지정하며 i) 총사업비가 1천억원 이상인 사업의 사업시행자 지정(제1호), ii) 총사업비 규모와 관계없이 국고지원을 약정하는 내용이 포함된 사업의 사업자 지정 등(다만, 국가의 보조금이 300억원 미만인 사업인 경우에는 심의위원회의 심의를 거치지 아니한다)(제2호)의 경우에는 공공투자관리센터의 장의 검토의견을 첨부하여 기획재정부장관에게 심의위원회의 심의를 요청하여야 한다(일반지침130①). 국고지원의 범위는 건설보조금, 장기대부, 기간시설 지원 등을 포함하며, 임대형 민자사업에 대한 임대료 등 정부지급금은 제외한다(일반지침130②). 실시협약은 법인 또는 설립예정법인의 출자예정자 명의로 체결한다(일반지침131).

(7) 실시계획 승인

법인의 설립을 조건으로 사업시행자로 지정받은 자는 주무관청이 변경을 승인하지 않는 한 제출한 법인설립계획에 따라 실시계획승인 신청 전까지 법인을 설립하여야 한다(일반지침132①). 주무관청은 사업시행자가 실시협약에서 정한 기간 내에 실시계획의 승인신청을 하지 않을 경우 사업시행자 지정을 취소할 수 있다(일반지침132②).

사업시행자는 사업계획 제출 시 참여확약서를 제출한 자와 위탁·도급계약 등을 체결하는 즉시 주무관청에 통지하여야 한다(일반지침133①). 위탁·도급계약 등을 체결하거나 체결한 자를 변경하고자 하는 경우 사전에 주무관청의 승인을 얻어야 한다(일반지침133②).

(8) 정부고시사업 절차의 준용

임대형 민자사업의 추진절차와 관련하여 달리 규정하고 있지 않은 사항은 정부고시사업 추진절차의 규정을 준용한다(일반지침135).

5. 임대형 민간제안사업 추진에 관한 특례

(1) 민간부문의 사업제안

주무부처 및 주무관청은 사업제안자의 원활한 사업제안을 위하여 주무관청의 검토, 제96조에 따른 검토, 제138조에 따른 한도액 검토 및 국회 심의·의결 절차, 기타 사업별 특성 등을 감안하여 사업제안의 시기에 대한 방침을 정할 수 있다(일반지침136). 제안자는 시설이용 극대화, 이용자 편익 제고, 사업비 경감 등을 위해 사회기반시설 중 2개 이상 기능적 연관시설들을 동시에 입주시키는 복합시설형태로 개발하는 복합화사업(학교부지를 활용하여 문화 및 복지시설 등 사회기반시설을 학교시설과 함께 건립하는 학교복합화사업을 포함)을 제안할 수 있다(일반지침137①).

(2) 제안내용의 검토

주무관청은 제안내용의 검토를 수행함에 있어 정부지급금 부담능력과 운영기간의 적정성 등을 포함하여야 한다(일반지침138).

(3) 사업계획 제출 및 한도액 요구

주무부처의 사업계획 제출 및 한도액의 요구에 관해서는 제112조 내지 제114조(제3장 제2절 사업계획 제출 및 한도액 요구)를 준용한다(일반지침140).

(4) 제안자에 대한 통지

주무관청은 공공투자관리센터 등의 장 또는 전문기관의 장으로부터 적격정조사 또는 제안서 검토 결과를 제출받은 후 사업을 추진하고자 하는 경우에는 제안자에게 한도액 설정 절차, 국회의 한도액 의결 절차 등 향후 사업추진절차를 제안자에게 통지하여야 한다(일반지침141①). 주무관청은 국회로부터 한도액 승인을 받으면 지체 없이 해당 사업의 추진여부를 제안자에게 통지하여야 한다(일반지침141②).

(5) 한도액 설정 및 국회 심의 · 의결

기획재정부장관의 한도액 설정 및 국회·심의 의결 절차에 대해서는 제115조 내지 제117조(제3장 제3절 한도액 설정 및 국회심의·의결)를 준용한다(일반지침142).

(6) 제3자 제안 공고의 내용

주무관청은 제100조에 따른 제3자 제안공고의 내용 이외에도 관리운영권 설정기간을 함께 명시하여야 한다(일반지침143).

(7) 사업계획의 평가

주무관청이 제102조에 따라 제안서를 평가할 때에는 제123조 내지 제125조(제3장 제5절 사업계획 평가 및 협상대상자 지정)를 준용한다. 이 경우 제123조 내지 제125조에서의 시설사업기본계획은 제3자 제안공고로 본다(일반지침144).

(8) 실시협약 체결 및 실시계획 승인

주무관청이 실시협약을 체결하고 실시계획을 승인하고자 할 때에는 제126조 내지 제134조(제3장 제6절 실시협약 체결 및 제7절 실시계획 승인 및 착공 등)를 준용한다(일반지침145).

(9) 민간제안사업 절차의 준용

임대형 민간제안사업의 추진절차에 관련하여 본장에서 달리 규정하고 있지 않은 사항은 제92조 내지 제104조(제2장 민간제안사업 추진절차)를 준용한다(일반지침146).

6. 경쟁적 협의 절차

(1) 경쟁적 협의 절차의 도입배경

민간투자사업 운영의 난이도가 높은 사업이나 증설, 개량과 같은 새로운 유형의 사업은 사업계획서 평가 후 사업시행자 지정을 위한 협상과정에서 사업 전반에 대한 전면적인 협상이 이루어져 잦은 사업계획의 변경과 이로 인해 불필요한 사회적 비용이 발생하고, 사회적 후생의 발현이 지연되는 등의 문제가 발생하였다. 이에 따라 민·관 상호 간 사업 이해의 증진, 주무관청 발주 의도의 구체화, 협의 참여자들의 현실적이고 혁신적인 아이디어 확보, 사업계획 변경의 최소화 등을 목적으로 2015년에 「민간투자사업기본계획」에서 경쟁적 협의 절차 제도를 새롭게 도입하였고, 한국개발연구원 공공투자관리센터에서는 민간투자사업기본계획 제40조(세부요령의 작성·공표) 제11호에 따라 세부내용을 규정한 「경쟁적 협의 절차에 관한 세부요령」을 2016년 6월에 공표하였다.

「경쟁적 협의 절차에 관한 세부요령」에서는 「민간투자사업 추진 일반지침」의 규정에 대한 구체적인 사항을 다루고 있으며, 경쟁적 협의 준비단계부터 최종 사업계획 평가 단계까지의 절차를 규정하고 있다. 경쟁적 협의를 포함한 세부절차는 “사업계획평가단 구성 → 시설사업기본계획 작성 및 고시 → 사전심사서류 제출 및 협의 참여자 지정 → 제1단계 협의 → 예비사업계획서 제출 → 제2단계 협의 및 중간합의서 작성 → 최종 사업계획서 제출 → 평가 → 협상”의 단계로 이루어진다.[130)]

(2) 경쟁적 협의 절차의 적용대상 사업

경쟁적 협의 절차란 주무관청이 참가자격 사전심사를 통과한 다수의 협의 참여자들과 함께 제1단계 및 제2단계 협의를 진행하는 절차를 말한다. 주무관청은 ⅰ) 총사업비가 2,000억 원 이상인 수익형 민자사업 및 혼합형 민자사업 중에서 주무관청이 해당 사업의 기술적 요건이나 법률·금융 분야의 최적 조건을 구체적으로 제시하기 어려운 경우(제1호), ⅱ) 총사업비가 2,000억 원 이상인 수익형 민자사업 및 혼합형 민자사업 중에서 주무관청이 해당 사업의 최적

130) 「경쟁적 협의 절차에 관한 세부요령」, 5쪽.

대안을 찾기 위해 설계 공모가 필요한 경우(제2호), iii) 기존 사회기반시설의 증설, 개량 및 운영의 난이도가 높은 사업 등 기타 주무관청이 사업의 시행을 위하여 필요하다고 인정하는 경우(제3호)에 경쟁적 협의 절차를 통해 사업시행자를 지정할 수 있다(일반지침147①). 주무관청은 경쟁적 협의 절차 시행 시 공공투자관리센터의 장이 작성하여 공표한 「경쟁적 협의 절차에 관한 세부요령」을 활용할 수 있다(일반지침147③).

(3) 사업계획 평가단의 구성 및 운영

주무관청은 경쟁적 협의 절차를 진행하기 위해 각 부문별 전문가가 포함된 사업계획 평가단을 구성하여야 하며, 이 경우 소요되는 비용은 주무관청이 부담한다(일반지침148①). 주무관청은 시설사업기본계획 단계부터 실시협약 체결을 위한 협상 단계까지의 업무를 포함하여 공공투자관리센터의 장 또는 전문기관에 일괄 위탁할 수 있다. 이 경우 위탁받은 기관은 주무관청과 긴밀히 협력하여 업무를 처리하여야 한다(일반지침148②). 주무관청은 관련 업무를 일괄 위탁한 경우에는 원만한 사업추진을 위하여 해당 사업의 실시협약 체결 전까지 사업계획의 내용을 가능한 한 변경하지 않아야 한다(일반지침148③).

(4) 시설사업기본계획의 수립 · 고시 및 참가자격 사전심사

주무관청이 민간투자사업을 경쟁적 협의 절차를 통해 추진하기로 한 경우, 시설사업기본계획에 경쟁적 협의 절차의 시행 여부 및 추진 방법, 일정 등의 구체적인 내용을 제시하여야 한다(일반지침149①). 주무관청은 참가자격 사전심사, 제1단계 협의, 제2단계 협의를 위하여 협의 참여자로 하여금 사업계획 관련 서류를 단계별로 구분하여 제출하도록 할 수 있다(일반지침149②). 주무관청은 제출된 참가자격 사전심사 서류 및 사업계획 개요를 심사하여 건설능력, 운영능력, 자금조달능력 등이 있다고 판단되는 사업신청자를 제1단계 협의 참여자로 선정한다(일반지침149③). 주무관청은 유사사업 참여 경험 등을 고려하여 참가자격 사전심사 조건을 충족할 수 있다고 판단하는 자에게 해당 사업 경쟁적 협의절차에 참여를 요청할 수 있다(일반지침149④). 그러나 주무관청은 참가자격 사전심사 서류를 제출한 자가 1인 이하인 경우에는 경쟁적 협의 절차를 중단하고 제77조에 따른 사업계획의 평가 절차[131]에 따른다(일반지침149⑤).

(5) 제1 · 2단계 경쟁적 협의

제1단계 협의는 주무관청이 시설사업기본계획의 내용을 협의 참여자에게 명확히 전달하기 위한 단계이며, 주무관청은 제1단계 협의를 완료한 경우에는 협의 참여자에게 가격 분야를

---

131) 민간투자사업 추진 일반지침 제77조(사업계획의 평가) ① 주무관청은 법 제13조 제2항 및 영 제13조에 따라 사업계획을 공정하게 평가하여 당해 사업을 수행할 수 있는 능력을 보유하고 있는 협상대상자를 지정하여야 한다.
② 주무관청은 사업계획을 평가할 때 공공투자관리센터의 장이 작성하여 공표한 사업계획 평가관리에 관한 세부요령을 활용할 수 있다.

제외한 사업계획을 제출하도록 요청한다. 이 경우 사업계획을 제출하지 않은 협의 참여자는 제2단계 협의 참여자 대상에서 제외된다(일반지침150①). 제2단계 협의는 주무관청이 해당 사업에 대한 시설의 사양 등 주무관청이 요구하는 내용을 명확히 하는 단계이며, 주무관청은 제2단계 협의 종료 후 협의 참여자에게 협의 결과를 반영한 최종 사업계획(가격분야 포함) 제출을 요청한다. 이 경우 최종 사업계획을 제출하지 않은 협의 참여자는 협상대상자 지정에서 제외한다(일반지침150②). 주무관청은 경쟁적 협의 절차의 각 단계마다 정부가 요구하는 수준과 부합하지 않는다고 판단되는 협의 참여자를 협의 대상에서 제외할 수 있다. 주무관청은 적격한 협의 참여자가 1인만 남을 경우에는 경쟁적 협의 절차를 중단하고 제77조에 따른 사업계획의 평가 절차에 따른다(일반지침150③).

(6) 사업계획 평가 및 협상대상자 지정

주무관청은 최종 사업계획에 대하여 법 제13조 제2항에 따른 협상대상자 지정을 위한 평가를 수행한다. 이 경우 주무관청은 경제적으로 가장 유리하게 제안한 자를 협상대상자로 지정할 수 있으며, 사업계획의 구체적인 평가기준을 수립하여야 한다(일반지침151①). 주무관청은 평가 종료 후, 제81조에 따라 최종 사업계획을 제출한 자에게 협상대상 순위를 정하여 통지하여야 한다(일반지침151②).

(7) 실시협약 체결을 위한 협상

주무관청은 협상대상자로 지정된 자와 실시협약 체결을 위한 협상을 진행한다. 협상은 제1단계 협의 및 제2단계 협의 과정에서 합의된 사업시행조건을 구체화·명확화하고, 사업계획 평가의 결과 등을 실시협약에 반영하기 위하여 수행한다(일반지침152①). 주무관청과 협상대상자는 협상의 일관성을 유지하여야 하고, 제1단계 협의 및 제2단계 협의 과정에서 합의된 사업시행조건과 배치되는 조건을 제시할 수 없다(일반지침152②).

Ⅳ. 민간투자사업의 위험분담

1. 위험분담의 원칙 및 민간투자사업의 위험분담 필요성

(1) 위험분담의 원칙

위험이 발생한 경우 위험의 극복을 위해서는 위험을 책임지는 주체가 결정되어야 하며, 책임 주체는 우선 당사자 사이의 약정에 따라 결정될 것이며 약정이 없다면 위험분담의 원칙에 따라 결정될 것이다. 특히 복잡하고 불확실성이 많은 계약일수록 사전에 위험분담에 대한 내용을 계약조항에 반영하거나 사후적으로는 해석을 통하여 합리적으로 위험분담을 하여야 할 필요성은 더욱 크다.

사업시행자 자신의 책임으로 대상시설을 설계 및 건설하고 이에 필요한 자금을 자신이 직접 조달하여 충당하며 운영기간 중 직접 운영을 통해 투자비를 회수하는 민간투자사업의 특성을 고려하였을 때 민간투자사업진행 전반에 걸친 책임은 사업시행자가 1차적으로 부담하여야 할 것이다. 그러나 장기간 사업추진 중 발생 가능한 우발적·외부적 모든 위험을 전적으로 사업시행자가 부담해서는 안 된다. 사안별로 사업시행자가 구제를 받아야 하는 상황이 존재할 수 있으며, 주무관청 입장에서도 대상 사회기반시설이 정상적으로 제공되도록 사업시행자에게 안정적인 사업환경을 조성해 주어야 하기 때문이다. 따라서 민간투자사업의 성공적 추진을 위해서는 위험분담의 원칙을 고려하여 주무관청과 사업시행자 사이에 합리적인 위험분담이 필요하다.[132)]

(2) 민간투자사업 특수성 측면에서 민간과 정부의 위험분담 필요성

(가) 정부와 민간의 협력적 요소: 민관협력의 대표적 유형

민간투자제도는 주무관청과 사업시행자가 해당 시설의 건설과 운영이라는 공통의 목표로 설정한 프로젝트의 수행을 위하여 실시협약을 체결하고 동 협약에 따라 책임과 위험을 공유하는 방식으로 상호협력하는 제도이며 민관협력의 가장 대표적인 형태라고 볼 수 있다.

협력적 요소는 실시협약에도 잘 나타나 있는데, 표준실시협약안[133)] 전문에 “주무관청과 사업시행자 및 출자예정자들은 본 사업의 공공성을 깊이 인식하고 상호 신뢰의 바탕위에서 성공적으로 사업이 추진될 수 있도록 최선을 다할 것을 다짐하면서 본 사업의 시행에 관하여 다음과 같이 합의한다”라고 규정하면서 법적 구속력 없는 선언적 문구일지라도 주무관청과 사업시행자가 공통의 목표를 위하여 상호 노력하는 협력적 관계를 나타내 주고 있다. 특히 실시협약상 해당 시설의 운영 및 유지관리와 관련한 사항에 협력적 요소가 명확히 포함되어 있다. 따라서 민간투자사업은 사업시행자 단독으로 진행하는 사업이 아니라 주무관청과 사업시행자가 상호 협력하여 진행하는 협력적 요소가 강한 사업이라는 점에서 협력의 결과 발생하는 위험 역시 주무관청과 사업시행자 상호 간에 위험분담의 원칙에 맞추어 합리적으로 배분되어야 한다.[134)]

(나) 민간투자사업의 공공적 성격: 완전민영화와의 차이

민간투자제도는 국가재정이 부족한 상황에서도 국가가 사회기반시설책임과 생존배려책임을 수행하기 위하여 도입한 제도라는 점에서 공익을 목적으로 국가의 필요에 의하여 출발한 제도라고 볼 수 있다. 그리고 공익 달성의 측면에서 민간투자제도의 공공성은 반드시 유지되어야 할 특성이다. 즉 “국가재정부담 완화”와 “사회기반시설의 공공성 유지”라는 두 가지 목적을 동시에 실현하여야 하는 것이 민간투자제도이다.

---

132) 김진현(2018), 34-35쪽.
133) 여기서의 표준실시협약안은 「임대형 민자사업(BTL) 표준실시협약안(2011. 3.)을 말한다.
134) 김진현(2018), 37쪽.

사회기반시설의 공공성 유지를 위하여 민간투자사업은 민영화 중에서 완전민영화가 아닌 부분민영화 또는 형식적 민영화라는 제한적인 민영화의 성격을 가지고 있다. 즉 국가의 책임으로 수행하던 공적과제를 사적 경제주체에게 전적으로 이양하고 업무 관리감독권까지 사적 경제주체의 책임하에 두도록 하는 탈국가화 방식까지 확장되지 못하고, 사인에게 이양된 이후에도 국가가 여전히 전부(또는 일부) 관리감독권을 보유하는 방식으로 민간투자사업이 진행되는 것이다. 앞서 본 바와 같이 민간투자법이 공법적 성격을 가지고 실시협약이 공법적 계약으로 분류되는 이유이다.

민간투자제도의 공익을 위한 공공적 성격과 국가의 관리감독권을 확인할 수 있는 대표적인 부분은 민간투자법 제47조에 규정된 공익을 위한 처분 규정이다. 주무관청은 i) 사회기반시설의 상황 변경이나 효율적 운영 등 공공의 이익을 위하여 필요한 경우(제1호), ii) 사회기반시설공사를 원활히 추진하기 위하여 필요한 경우(제2호), iii) 전쟁, 천재지변 또는 그 밖에 이에 준하는 사태가 발생한 경우(제3호)에는 민간투자법에 따른 지정·승인·확인 등을 받은 자에 대하여 제46조(법령 위반 등에 대한 처분)에 따른 처분을 할 수 있다(법47① 전단). 이 경우 심의위원회의 심의를 거쳐 지정된 사업에 대하여는 심의위원회의 심의를 거쳐야 한다(법47① 후단). 즉 공법상 계약으로서 실시협약의 법적 성질을 고려하여 공공의 이익을 위하여 필요한 경우에는 주무관청은 감독자의 지위에서 고권적 행정조치를 행할 수 있다.[135]

(다) 민간투자사업 적시성의 중요성: 민간참여 촉진

민간투자사업은 건설에 투자되는 자본의 규모가 상당히 크며 이에 따라 투자자금의 회수에도 장기간이 소요된다는 점, 하나의 사업범위에 건설과 운영이 모두 포함된다는 점 때문에 일반적인 계약관계나 사회기반시설사업보다 고려해야 할 위험요인이 상당히 많다.[136]

또한 사회기반시설을 재정사업으로 추진하는 경우 주로 국가계약법이나 「지방자치단체를 당사자로 하는 계약에 관한 법률」("지방계약법")에 따라 공공조달계약의 형태로 이루어지면서 건설공사에 그 초점이 맞추어져 있는 경우가 대부분이다. 따라서 공공조달계약의 형태에서는 건설위험의 파악 및 배분의 문제만 있었으나 민간투자제도에서는 건설뿐 아니라 운영까지 사업범위에 포함되기 때문에 운영위험의 파악 및 배분까지 관리대상 위험의 범위가 확장되었다.[137]

민간의 참여가 저조하여 사업이 지연될 경우 국가는 적기에 사회기반시설을 제공하지 못하고 사회적 비용을 지불할 가능성이 있는데, 민간자본을 이용하여 사회기반시설을 계획한 바

135) 김성수·이장희(2014), "민간투자사업의 투명성과 지속가능성 보장을 위한 민간투자법의 쟁점", 토지공법연구 제66집(2014. 8), 246-247쪽.

136) 이동훈(2016), "실시협약을 통한 민간투자사업에서의 합리적인 위험배분: 민간투자법령 및 민간투자사업기본계획, 표준실시협약안을 중심으로", 고려법학 제80호(2016. 3), 195-196쪽.

137) 이동훈(2016), 186쪽.

대로 적기에 공급하기 위해서는 민간이 감내할 수 있는 수준으로 위험을 상호 배분하여 민간 참여를 촉진하여야 할 것이다.[138]

2. 위험분담

(1) 위험의 처리 및 분담원칙

민간투자사업 시행과 관련된 위험은 귀책사유에 따라 정부귀책인 위험, 사업자귀책인 위험 및 불가항력인 위험(천재·지변 등 비정치적 불가항력 사유로 인한 위험과 전쟁·테러 등 정치적 불가항력 사유로 인한 위험으로 구분)으로 분류하되, 구체적인 위험의 종류와 귀책사유별 위험의 분류 및 분담은 국내외 사례와 위험관리의 용이성, 분담의 형평성 등을 감안하여 실시협약으로 정한다(일반지침31①). 주무관청은 시설사업기본계획 또는 제3자 제안공고에 가능한 한 해당 사업과 관련하여 적용하고자 하는 위험의 유형과 분류기준 등을 제시함으로써 사업신청자의 위험분담에 대한 예측가능성을 높여 주어야 한다(일반지침31②).

사전에 예측가능하고 보험 가입이 가능한 ⅰ) 건설기간 중: 건설공사보험, 예정이익상실보험, 사용자배상책임보험, 사업이행보증보험 등(제1호), ⅱ) 운영기간 중: 완성공사물보험, 사용자배상책임보험, 영업배상책임보험, 중장비 안전보험 등(제2호)에 대해서는 최대한 보험으로 해결할 수 있도록 하고, 보험으로 처리되지 않는 손실 또는 추가비용에 대해서는 협약당사자 간 협의를 통해 위험을 배분한다(일반지침31③).

귀속시설사업의 경우 사업기간 중에 발생한 정부귀책인 위험은 정부가, 사업자귀책인 위험은 사업시행자가 부담함을 원칙으로 한다. 다만 불가항력인 위험의 경우 보험으로 처리되지 않는 비용 증가분에 대해서는 주무관청과 사업자가 상호 협의하여 분담비율을 결정하되, 비정치적 불가항력 사유로 인한 비용은 주무관청이 80%를, 정치적 불가항력 사유로 인한 비용은 주무관청이 90%를 분담함을 원칙으로 한다(일반지침31④). 정부나 사업시행자는 각자의 위험분담분을 이유로 추가적인 사용료의 조정이나 사후 손실보전을 요구할 수 없다(일반지침31⑤).

(2) 수익형 민자사업

(가) 위험분담형

주무관청은 수익형 민자사업의 경우 민간사업비의 일부("투자위험 분담부분")에 대하여 투자위험을 부담하고, 주무관청이 투자위험을 분담하는 부분에 대한 수익률, 운영수입 귀속 및 운영비용 위험분담 비율 등을 실시협약에서 정할 수 있다(일반지침33①). 주무관청이 투자위험을 분담하는 경우 사업의 수익률 및 사용료를 별표 2-1의 산식에 따라 산정한다(일반지침33②).

주무관청은 별표 2-2의 산식에 의하여 투자위험분담기준금을 산정하고, 매년도 주무관청

138) 김진현(2018), 40-41쪽.

귀속 실제운영수입이 실시협약에서 정한 매년도 투자위험분담기준금 수준에 미달할 경우 그 부족분에 대하여 재정지원을 할 수 있다(일반지침33③). 주무관청은 매년도 주무관청 귀속 실제운영수입이 매년도 투자위험분담기준금을 초과할 경우 그 초과분을 환수할 수 있다(일반지침33④). 실시협약 체결 시 관리운영권 설정기간 중 제3항에 따른 재정지원금의 총 합계액은 환수금의 총 합계액을 초과할 수 없다(일반지침33⑤).

(나) 손익공유형

주무관청은 수익형 민자사업의 경우 매년도 실제 운영수입에서 변동운영비용을 차감한 금액("공헌이익")이 실시협약상 주무관청의 매년도 투자위험분담기준금에 미달하는 경우 그 부족분을 재정지원하는 방식으로 투자위험을 분담할 수 있다(일반지침33의2①). 주무관청이 투자위험을 분담하는 경우 사업의 수익률 및 사용료를 별표 2-1의 산식에 따라 산정한다(일반지침33의2②).

주무관청은 사업시행자의 매년도 공헌이익이 매년도 환수기준금을 초과하는 경우에는 그 초과금액 중 일부를 환수할 수 있다. 주무관청의 환수비율은 투자위험 분담비율 및 사용료 수준 등을 감안하여 실시협약에 정하되, 해당 사업이 해지되는 경우 이미 확정된 주무관청의 환수금은 해지시지급금에서 차감하고 지급한다(일반지침33의2③). 투자위험분담기준금 및 환수기준금은 별표 2-3의 산식에 따라 산정한다(일반지침33의2④).

(3) 임대형 민자사업

주무관청은 금융시장상황에 따라 금리가 급변할 경우 임대형 민자사업의 원활한 추진을 위하여 금리변동위험의 일부를 분담할 수 있다(일반지침34①). 금리변동 위험분담은 금리변동값의 구간별로 별표 3과 같이 지원 또는 환수하는 방법으로 실시한다(일반지침34②).

(4) 불가항력사유 등의 발생과 사업시행자의 매수청구권

(가) 매수청구권의 인정사유

귀속시설의 사업시행자는 i) 천재지변, 전쟁 등 불가항력적인 사유로 6개월 이상 공사가 중단되거나 총사업비가 50퍼센트 이상 증가한 경우(제1호), ii) 천재지변, 전쟁 등 불가항력적인 사유로 6개월 이상 시설의 운영이 중단되거나 시설의 보수비용 또는 재시공비가 원래 총사업비의 50퍼센트를 넘은 경우(제2호), iii) 국가나 지방자치단체가 실시협약에서 정한 국가 또는 지방자치단체의 이행사항을 정당한 이유 없이 해당 사유 발생을 통보받은 날부터 1년 이상 이행하지 아니한 경우 또는 정당한 이유 없이 이행하지 아니하여 해당 시설의 공사 또는 운영이 6개월 이상 지연 또는 중단된 경우(제3호), iv) 그 밖에 주무관청이 사업시행자의 매수청구권을 인정하는 것이 타당하다고 판단하여 실시협약에서 정한 요건이 발생한 경우(제4호)에 사회기반시설의 건설 또는 관리·운영이 불가능한 경우에는 국가 또는 지방자치단체에 대하여 해당 사업(부대사업을 포함)을 매수하여 줄 것을 요청할 수 있다(법59, 영39①).

(나) 매수청구권의 행사절차

사업시행자는 매수청구권을 행사하려면 해당 사유의 발생일부터 30일 이내에 그 내용을 주무관청에 통보하여야 한다(영40① 전단). 이 경우 사업시행자는 시행령 제39조에서 정한 사유의 발생을 증명하여야 한다(영40① 후단). 매수청구를 받은 주무관청은 그 내용을 검토한 후 특별한 사유가 없으면 청구를 받은 날부터 60일 이내에 심의위원회의 심의를 거쳐 매수청구권의 인정 여부를 사업시행자에게 통보하여야 한다(영40②). 매수청구권이 행사되는 경우에 사업시행자에게 지급되는 금액의 산정기준, 산정방법, 그 밖에 필요한 사항은 청구 당시의 사회기반시설(관련 운영설비를 포함), 부대사업시설 및 해당 사업의 영업권 등의 적정 가치를 고려하여 실시협약에서 정할 수 있다(영40③). 귀속시설의 사업시행자가 매수청구권을 행사하는 경우 사업시행자에게 지급되는 매수금액의 산정기준 및 지급방법 등은 청구 당시 본 사업시설 및 관련 운영설비·부대사업시설·영업권 등의 적정가치와 매수청구권의 행사사유 및 원인 등을 고려하여 실시협약에서 정할 수 있다. 이 경우 매수금액의 산정 등은 협약 당사자간의 협의를 통해 제37조의 해지시지급금 규정에 따를 수 있다(일반지침35②).

매수청구권은 불가항력 위험 또는 주무관청귀책 사유로 해당 시설의 건설 및 관리, 운영이 불가능할 경우 사업시행자에게 부여되는 권리이며, 실질적으로 실시협약 해지의 성격을 가진다[139]. 매수가액 산정 시 해지시지급금 규정을 따를 경우 비정치적 불가항력 사유, 정치적 불가항력 사유, 주무관청귀책 사유 순서로 매수가액이 증가하는바, 사유별로 주무관청의 위험분담 정도에 차이를 두고 있다.[140]

(5) 해지시지급금

실시협약이 만기 전에 해지될 경우 정부는 사업사행자에게 실시협약에서 정한 해지시지급금을 지급한다. 해지시지급금은 민간투자법령에는 별도의 근거 규정은 없지만 기본계획 및 실시협약에 규정된 내용으로 실시협약 중도해지 시 사업시행자에게 지급되는 금원을 의미한다. 법령상에 근거가 없을지라도 해지시지급금 청구권은 실시협약 중도해지를 성취조건으로 공법상의 권리였던 관리운영권의 회수에 대응하여 발생하는 이행청구권으로, 정지조건부 채권으로서의 성격을 갖는 공법상의 권리라고 볼 수 있다.[141]

주무관청 또는 사업시행자가 귀속시설에 대한 실시협약을 해지하는 경우 해지시점에 본

139) 김대인(2009), 「민간투자사업관리법제 개선방안에 관한 연구(Ⅰ): 정부계약법과의 관계정립을 중심으로」, 한국법제연구원(2009. 10), 115-116쪽.

140) 해지시지급금 산정방식은 민간투자사업 추진 일반지침(2020) [별표 4]에 귀책사유별로 상세히 규정되어 있다.

141) 윤석찬(2017), "부산대학교 BTO사업에서의 법적분쟁과 쟁점: 항소심 판결(부산고법 2015. 12. 9. 선고 2015나50897)에 관하여", 재산법연구 제33권 제4호(2017. 2), 151쪽.

사업시설은 즉시 주무관청에 귀속되고 사업시행자의 관리운영권 등 권리 및 권한도 소멸된다(일반지침37①). 주무관청은 부대사업 추진 시 해당 부대사업 시설이 국가 또는 지방자치단체가 필요로 하거나 관리하기 용이한 시설로서 ⅰ) 국가 또는 지방자치단체가 해당 시설을 직접 사용할 수 있는 경우(제1호), ⅱ) 국가 또는 지방자치단체가 공공부문으로 하여금 해당 시설을 직무용으로 사용하게 할 수 있는 경우(제2호), ⅲ) 해당 시설의 취득이 국가 또는 지방자치단체의 재정에 이익이 되는 경우(제3호), ⅳ) 재산가액 대비 유지·보수 비용이 지나치게 많지 않은 경우(제4호) 해지시지급금 약정을 할 수 있다. 이 경우 실시협약의 해지시지급금 약정은 정부귀책인 사유에 한정하며, 해지시지급금 산정은 별표 4를 준용한다(일반지침37②). 실시협약 해지에 따른 해지시지급금은 별표 4와 같이 산정한다. 이 경우 해지시지급금에 부가되는 매출부가세는 주무관청이 가산하여 지급한다(일반지침37③).

Ⅴ. 민간투자사업을 위한 프로젝트금융

1. 자금조달에 관한 규율의 필요성

재정사업에서 필요한 재원의 확보가 정부 예산안의 편성과 집행의 영역이라면, 민간투자사업에서 자금조달은 민간부문인 사업시행자의 책임으로 수행되는 금융시장의 영역이다. 그러나 민간부문에 의해 사업비가 조달된다는 점은 자금조달이 전적으로 사업시행자의 자율에 맡겨진 영역임을 의미하지는 않는다. ⅰ) 조달환경의 측면에서 정부는 원활한 자금조달을 위한 각종 지원제도를 마련하고 있다. 해지시지급금(일반지침37), 산업기반신용보증기금을 통한 보증(법30), 운영기간 중 위험분담을 통한 재정지원(일반지침33, 33의2)이 대표적이다. ⅱ) 대부분의 BTO방식 민간투자사업에서 사업추진에 소요되는 총사업비의 일부는 주무관청이 지원하는 건설보조금과 보상비[142]로 충당된다. 동일한 사업조건에서 건설보조금과 보상비의 지원은 사업시행자의 사업수익률 확보를 용이하게 한다. 예를 들어 사용료, 총사업비 등 여타의 사업조건이 동일한 상태에서 건설보조금의 액수를 상향한다면 사업시행자의 사업수익률이 상승한다. 민간이 조달하는 사업비는 독립적인 사업비용이라기보다는 사업조건을 결정짓는 하나의 항목에 해당한다.[143] ⅲ) BTL방식 민간투자사업에서 주무관청이 운영기간 동안 지급하는 정부지급

142) 민간투자법은 사업시행자가 토지 등의 수용 또는 사용과 관련한 토지매수업무, 손실보상업무, 이주대책사업 등의 시행을 주무관청 또는 관계 지방자치단체의 장에게 위탁할 수 있음을 규정하고 있고(법20③), 귀속시설사업을 원활하게 시행하기 위하여 대통령으로 정한 경우에 한해 보조금을 지급하거나 장기대부를 할 수 있도록 규정한 민간투자법 제53조에 근거하여 건설보조금, 보상비의 지원이 이루어지고 있다.

143) 이상훈(2018), "민간투자사업 실시협약 해지와 공익처분의 관계", 성균관법학 제30권 제4호(2018. 12), 141쪽.

금에는 사업시행자가 조달하는 타인자본의 건설이자가 포함된다. 건설이자율은 주무관청과 사업시행자 간 실시협약을 통해 사전에 정해지지만, 이자율이 높을수록 정부의 재정부담이 커지므로 주무관청은 사업시행자의 대출약정 조건에 큰 이해관계를 갖는다. 사업비를 이용자가 지불하는 사용료로 회수하는 BTO방식의 경우에도 주무관청과 사업시행자 간 체결하는 실시협약으로 정해지는 사업수익률은 투자자 모집의 조건으로 기능하고, 사업수익률은 이용자들이 부담하는 사용료에 영향을 미친다는 점에서 공공의 이익과 관련이 있다.

마찬가지로 사업시행자가 자금조달 후 보다 유리한 조건으로 대출약정을 변경하거나 자본구조를 변경하는 등 자금재조달이 발생하는 경우 자금재조달로 인하여 발생하는 이익도 공공의 이익과 무관하지 않다. 준공 이후 사업시행법인의 부채비율은 90% 내지 95% 또는 그 이상에 이르기도 하는데, 통상적인 기업에서는 거의 불가능한 부채비율은 정부의 지원과 위험분담이 뒷받침된 협력관계(partnership)의 측면에서 설명할 수 있다.[144)]

민간투자사업의 사업시행자는 일반적으로 해당 사업(project)의 미래 현금흐름을 담보로 하여 사업에 필요한 자금을 조달한다. 사업 단계별로 민간투자사업의 자금조달과 자금재조달에 관한 규율은 프로젝트금융 방식의 특성에 입각하여 이루어진다. 그동안 민간투자사업 추진과정에서 발생한 분쟁의 상당수는 자금조달에 관한 측면을 규율하는 제도적 틀이 부족하였다는 데에 기인하기도 한다. 이러한 점은 민간부문이 재원조달의 책임을 부담하는 민간투자사업이 전통적인 재정법적 통제대상에는 해당하지 않지만, 사업 특성을 명확히 인식한 후 그 특성에 입각한 규율체계를 마련하여야 함을 보여준다. 특히 설계, 시공, 운영과 함께 재원의 조달을 민간부문이 조달하는 민간투자사업에서 설계, 시공, 운영에 관한 일반적인 사항은 개별시설법을 통해서 규율되고, 재원조달에 관한 사항은 재정법의 일종인 민간투자법이 규율하여야 하는 고유한 영역에 해당한다.[145)]

2. 사회기반시설과 프로젝트금융의 배경

프로젝트금융은 1856년 수에즈 운하 개발사업이 효시라고도 하나, 진정한 의미의 프로젝트금융은 1930년대 미국의 은행들이 석유개발업자에 대해 자금을 제공하면서 시작되었다. 당시 미국의 석유개발업자들은 자금도 충분하지 않고 차입능력도 취약하였는데, 은행들은 생산물을 담보로 하는 금융방식을 고안하여 장차 생산될 석유의 판매대금을 상환재원으로 하고 매장된 석유를 담보로 하는 대출을 하였다.[146)] 현대적 의미의 프로젝트금융은 1960년대 후반에

144) 박경애 · 이상훈 · 고유은 · 윤진석(2014), 「자금재조달에 관한 세부요령 연구」, 한국개발연구원(2014. 12), 28-29쪽
145) 이지현(2019), 58-59쪽.
146) 박훤일(2000), "민간주도에 의한 프로젝트 금융의 법적 연구". 경희대학교 대학원 박사학위논문(2000. 2), 8쪽.

본격적으로 시작되었고, 1970, 80년대에 획기적으로 성장하였다. 70-80년대에 개도국의 경제 성장으로 자원개발 및 각종 사회기반시설의 건설 붐이 전 세계적으로 일어났으나 여기에 드는 막대한 소요자금을 전통적인 기업금융 방식으로 조달하는데 한계가 있어 프로젝트금융이 중요한 대안으로 등장하였다. 그 외에도 80년대 초 남미국가들을 중심으로 한 개도국의 외채위기는 다국적 은행들로 하여금 개도국 정부의 신용에 근거한 금융지원을 꺼리게 만들어, 이를 타개할 수 있는 대안으로 프로젝트금융이 부상하였다. 이와 같이 사회기반시설사업에 민간부문이 참여한 연혁은 프로젝트금융의 발전과정과 궤를 같이한다. 우리나라의 경우에는 인천국제공항고속도로 민간투자사업에 최초로 활용된 이후 널리 활용되고 있다. 2000년대에는 주로 민간투자사업 위주로 이루어졌으나, 이후에는 아파트, 주상복합 등 다양한 유형의 개발사업 및 특수 분야에도 활발하게 적용되고 있다.[147)]

사회기반시설 분야에서 대규모 프로젝트금융 사업이 활성화될 수 있었던 데에는 금융기관의 투자를 촉진하기 위한 위험경감 방안이 제도적으로 보장되었기 때문이다. ⅰ) 2000년대 후반부터 사회적 문제로 지속적으로 제기되고 있는 최소운영수입보장제도를 통해 금융기관은 안정적인 현금흐름을 보장받을 수 있었다. 1999년도에 도입되어 초기에는 사업 전 기간 추정운영수입의 90%(민간제안사업의 경우 80%)를 보장해 주었기 때문에, 프로젝트에서 발생하는 실제 사용료 수입이 예측치보다 낮더라도, 정부의 재정지원금을 통해 원리금 회수를 보장받을 수 있었다. ⅱ) 중도해지 시 주무관청이 해지시지급금을 약정함으로써 금융기관의 선순위 채권이 회수되도록 제도화하였다. 해지시지급금은 건설 또는 운영기간 중 계약이 해지될 경우 정부가 해당시설의 관리운영권을 회수하는 대신 사업자에게 보상하는 지급금을 말한다. 2000년에 해지시지급금 제도가 도입되었을 때 건설기간 중 해지 시에는 사업시설물 가치의 85-100%를, 운영기간 중 해지 시에는 사업의 미래 순 현금흐름의 80-100%가 보장되도록 하였다. 이는 사업이 파산하더라도 금융기관의 선순위 채권을 보장해 주기 위함이었다.[148)]

해지시지급금과 현재는 폐지된 최소운영수입보장제도는 프로젝트 자체의 현금흐름만을 상환재원으로 함으로써 발생하는 투자자 측의 위험을 경감시켰으며, 이는 민간투자사업으로 추진되는 프로젝트금융의 주요한 특징에 해당한다.

3. 민간투자사업의 프로젝트금융 추진방식

(1) 의의

프로젝트금융을 활용한 민간투자사업이 어떠한 방식으로 추진될 것인지는 구체적으로

147) 박동규(2007), 「프로젝트 파이낸싱의 개념과 실제」, 명경사(2007. 1), 22-25쪽.
148) 기획재정부 · 한국개발연구원(2015), 「2013 민간투자사업 종합평가」(2015. 1), 267-268쪽.

건설 및 소유, 투자비 회수방법 등의 형태에 따라 결정된다. 즉 프로젝트 회사가 어떤 권리관계를 전제로 하여 투자비를 회수하는가 하는 방식 여하에 따라 크게 수익형 프로젝트[149]와 임대형 프로젝트[150]로 구분되어 여러 가지 방식으로 추진된다. 프로젝트 추진방식을 위와 같이 구분하여 설명하는 이유는 국내 민자사업이 종래 수익형 사업을 위주로 하여 추진되어왔으나 영국 및 일본의 PFI제도[151]를 도입하여 2005년부터 임대형 민자사업이 크게 증가되었기 때문이다.[152]

(2) 수익형 프로젝트

수익형 프로젝트에는 BOO방식, BOT방식, BTO방식 등이 있다. BOO방식은 민간이 자금을 조달하여 프로젝트 시설을 건설 및 운영할 뿐만 아니라 기한 없이 소유권을 가지는 방식을 말하며, BOT방식은 민간이 자금을 조달하여 프로젝트시설을 건설한 후 협약기간까지 운영한 이후 소유권을 정부에게 이전하는 방식을 말한다. BTO방식은 민간이 자금을 조달하여 건설하고 프로젝트시설의 소유권은 정부에 귀속되며 정부는 민간에게 협약기간 동안 건설의 대가로 시설을 운영하게 하는 방식을 말한다. 국내 수익형 민자사업의 대부분이 이 방식을 적용하고 있다.

(3) 임대형 프로젝트

임대형 프로젝트에는 BLT, LOT 등의 방식이 있으며, 국내에서는 대부분 BTL방식이 추진되고 있다. BTL방식은 민간부문이 자금을 투자하여 사회기반시설을 건설한 후 국가 또는 지방자치단체에 시설을 귀속시키고, 국가 또는 지방자치단체로부터 특수한 용익물권인 관리운영권을 설정받은 다음에 국가 또는 지방자치단체에 시설을 임대하여 투자비를 회수하는 방식이다. 이 방식은 2005년부터 영국 및 일본의 PFI사업구조를 본받아 국민생활에 긴요한 공공시설임에도 불구하고 재정여건상 투자가 더디게 이루어지고 있는 시설 위주로 하여 이 방식을 도입하

---

149) 프로젝트 회사가 시설의 건설 후 자신이 직접 운영함으로써 얻게 되는 수익으로써 투자비를 회수하는 사업방식을 말한다.

150) 프로젝트 회사가 시설의 건설 후 이를 정부에 임대하여 얻게 되는 수익으로써 투자비를 충당하는 사업방식을 말한다.

151) PFI는 "Private Finance Initiative"의 약어로서 기존 일반 재정발주에 의한 사업방식을 보완하여 사업에 민간부문의 참여를 효율적으로 극대화시키는 것에 그 바탕을 두고 있다. PFI의 특징은 특정 공공시설의 건설뿐만 아니라 건설에 필요한 자금유치 및 건설 후에 그 시설물에 대한 운영 및 유지 보수 등의 모든 관련 서비스를 정부의 감독하에 민간이 제공한다는 점이다. 그리고 PPP는 민관협력(Public Private Partnership)을 의미하는 것으로 PFI를 포함하는 개념이다. PPP제도는 크게, i) Asset Sales(정부자산매각), ii) Wider Markets(민간의 기술과 재무관리 능력의 도입), iii) Sales of Businesses(공기업의 주식매각), iv) Partnerships Companies(민관공동사업), v) PFI, vi) Joint Ventures, vii) Partnerships Investments(민간자금의 도입), viii) Policy Partnerships(정책입안에 대한 민간의 관여)로 분류할 수 있다.

152) 김기수(2007), "프로젝트 파이낸싱에 관한 법적 연구: 민간투자법에 의해 추진되는 프로젝트를 중심으로", 상사법연구 제26권 제1호(2007), 95-96쪽.

여 활발히 추진하였다.

BLT방식은 민간이 시설을 건설하고 그 시설을 일정기간 동안 정부가 운영하도록 정부에게 임대하고, 임대기간이 종료하면 시설의 소유권을 정부에게 이전하는 방식을 말한다. 국내에서 추진된 이 방식의 사례는 "대전도시철도 1호선 운영시스템 구축사업(2001)"이다.[153] 이는 시스템 공급자가 특수목적법인인 프로젝트 회사를 설립하여 대출금 등의 투자금을 조달하여 운영시스템을 구축하고, 이를 대전광역시에 리스 형태로 공급하는 구조로서, 시설설치 및 시운전이 완료된 이후 운영기간에 해당하는 리스기간 동안 이들 시설을 대전광역시에 임대하고 리스기간이 종료된 이후 해당시설을 대전광역시에 이전하는 구조이다.

LOT방식은 불충분한 정부 예산 때문에 정해진 기간 동안 유지관리를 제대로 하지 못하여 가동이 중단되어 방치한 정부 소유의 발전소시설들을 민간이 정부로부터 임대기간 동안 시설을 임차하여 금융기관으로부터의 대출금으로 수리 및 개량하고, 임대기간 동안 적절한 자본지출 및 운영비의 대가를 지급받아 대출금의 상환이 이루어진 이후 그 소유권을 정부에게 이전하는 방식을 말한다.

4. 프로젝트금융의 주요계약

(1) 주주 간 계약

프로젝트금융에서 요구되는 주요계약 중에서 최초로 이루어지는 단계는 프로젝트 회사를 설립하기 위한 출자자 컨소시엄 구성원들 간의 합의이다. 프로젝트 자체는 이들의 합의에서부터 출발하며, 이들의 합의가 프로젝트 회사의 설립 직전에 체결되는 출자자 간 계약인 주주협약[154]에 반영된다.[155]

프로젝트 계획단계에서는 통상적으로 출자자 컨소시엄의 구성원들 간의 합의를 토대로 하여 컨소시엄의 대표회사로 위임받은 출자예정회사, 또는 구성원 중에서 가장 많은 지분을 가질 예정인 출자예정회사 등이[156] 컨소시엄의 대표회사로서 정부에 그 계획을 제출하고, 당해 컨

153) 이 프로젝트는 대전광역시 동구 판암동과 유성구 외의 3개 동을 연결하는 연장 22.6km 규모의 대전도시철도 1호선에 소요되는 지하철 운영시스템을 구축하는 사업으로서, 프로젝트금융 기법을 이용하였으나 민간투자법에 근거하지 않고 철도 건설과 관련한 개별 법률에 따라 추진된 사업으로서 프로젝트금융의 추진방식은 여신전문금융업법에 의한 시설대여 방식을 활용하였다.

154) 민간투자사업의 실무에서는 출자자 간 계약을 "주주협약"이라고 한다.

155) 김기수(2007), 98-100쪽.

156) 민간투자사업의 실무에서 출자자 컨소시엄 중에서 가장 지분을 많이 갖는 것으로 계획된 출자예정회사가 당연히 컨소시엄의 대표회사로 되는 것이 아니라 컨소시엄 구성원 간의 합의에 따라 결정된다. 종래 수익형 프로젝트에서는 컨소시엄 구성원 중에서 가장 많은 지분을 갖는 것으로 예정된 출자예정회사가 대표회사가 되는 것이 보통이다. 정부도 이 회사가 대표회사가 되어 사업을 안정적으로 추진하도록 유도하고 있다. 다만 최근에 임대형 프로젝트에서는 금융기관 등의 출자자들이 가장 지분을 많이 갖고 있음에도 불구하고 건설사인 출자예정자에게 대표회사의 지위를 위임하는 경우가 있으며, 이때 정부는 대표회사로 하여

소시엄이 실시협약 체결을 위한 협상대상자로 선정되었을 경우 컨소시엄 구성원 중에서 대표회사로 선정된 회사가 주간사가 되어 정부와 실시협약 체결을 위한 협상을 수행한다.

민자사업의 추진방식에 따라 출자예정자 간의 합의 과정은 다른 모습을 보여왔다. 종전의 수익형 프로젝트에서는 컨소시엄 구성원 대부분이 건설회사 위주로 이루어졌기 때문에 그들 간의 협의가 원만하게 진행되었으며, 이러한 합의를 토대로 실시협약 체결이 지연되지 않았다. 오히려 실시협약을 체결한 이후 금융기관과의 프로젝트 대출계약을 체결하기 위해 프로젝트에 대한 금융기관의 사업성 분석과 금융기관과의 협상을 거치게 되었는데, 이러한 과정 때문에 프로젝트가 지연되었다.

임대형 프로젝트에서는 컨소시엄 구성원들이 건설회사, 전문운영회사, 금융기관 등으로 구성되어 추진되고 있어, 사업계획의 초기 단계부터 주주협약이 체결되기 이전까지 매 단계마다 이해를 조정하고 위험을 분담하기 위한 협의 과정이 어렵고도 시간이 많이 소요되는 문제를 안고 있다. 더군다나 실시협약 체결과정에서 금융기관은 출자예정자임에도 불구하고 대출기관의 입장에서 프로젝트의 위험 중에 민간이 부담해야 할 부분을 각 구성원들 간에 공평하게 분담하기보다는 건설회사, 전문운영회사에 전가시키고자 하는 경향을 보여왔다.

컨소시엄 구성원들 간의 합의는 실시협약 체결을 거쳐 프로젝트 회사 설립단계에서 최종적인 주주협약으로 귀결된다. 정부와 실시협약을 체결한 이후 출자예정자들은 서로의 이해와 위험분담의 조정을 위하여 협의를 거치게 되는데, 특히 임대형 프로젝트의 경우 현실적으로 금융기관 출자자들의 요구에 따라 주주협약이 체결될 가능성이 클 뿐만 아니라 건설회사, 전문운영회사 등이 금융기관 출자자를 배제하고 주주협약을 체결하기는 어려운 것이 현실이다.

이러한 문제를 해결하기 위해서는 정부가 프로젝트 추진계획을 고시할 때부터 출자자 간 위험분담을 미리 정하고 이를 수용하는 컨소시엄에 한해 협상대상자로 선정하고, 협상대상자로 선정되어 프로젝트에 참여한 출자예정자들이 서로의 위험분담과 이해의 조정이 가능한 한 좁혀진 상태에서 실시협약 체결단계나 프로젝트 회사 설립단계를 거치도록 하는 것이 바람직하다.

(2) 정부와의 실시협약

(가) 실시협약의 의의

실시협약이란 정부와 협상대상자인 출자자 컨소시엄 간에 이루어진 협상의 결과로서 해당 사업을 추진하는데 필요한 총사업비, 사용기간 등 프로젝트 조건 등을 포함한 협약당사자의 법률관계를 정해 놓은 문서 또는 문서의 내용을 의미한다.[157] 실시협약의 당사자는 정부와 협상

금 타 출자예정회사들의 위임장을 요구하고 있다.

157) 정부는 협상대상자와 총사업비(사회기반시설사업에 소요되는 경비로서 대통령령이 정하는 비용을 합산한

대상자, 그리고 사업시행법인이다. 그런데 협상대상자가 “개별 출자예정자들”, “설립예정인 프로젝트 회사” 중에서 누구인지가 문제된다. 실시협약을 체결할 때까지는 아직 프로젝트 회사가 설립된 것이 아니라 프로젝트 회사의 설립을 조건부로 하여 설립예정인 프로젝트 회사를 사업시행법인으로 지정하는 것이므로, 프로젝트 회사의 미설립을 해제조건으로 하여 설립예정인 프로젝트 회사가 실시협약의 법적 주체가 된다. 이때 주주협약에 의해 정식으로 프로젝트 회사가 설립 시 프로젝트 회사의 임원을 확정할 때까지는 실시협약을 체결하기 위해 임시적으로 출자예정자 컨소시엄의 구성원들 중에서 대표회사로 선정된 주간사 회사의 대표이사를 설립예정인 프로젝트 회사의 대표로 선임하도록 하고 있다.[158)]

(나) 실시협약의 주요 내용

프로젝트 회사는 당해 프로젝트와 관련된 제반 법령을 준수하고 사업추진을 위한 성실의무를 다하고 실시협약에서 규정하고 있는 책임과 위험을 부담하여야 할 것이다. 또한 실시협약 체결 후 프로젝트 대출계약을 체결하고 정부에 대출계약서를 제출하도록 요구하고 있다.

민간투자사업의 임대형 프로젝트 추진구조는 프로젝트 회사가 설계, 건설, 자금조달, 운영 모두를 책임지는 구조이다. 따라서 협약에 다른 규정이 없는 한 당해 사업의 수행을 위한 자금조달의 경우에도 프로젝트 회사의 책임하에 추진하며 자금조달과 관련된 일체의 비용도 프로젝트 회사가 부담하는 것으로 규정하여야 할 것이다. 프로젝트 회사가 대출 실행 및 그 관리를 위하여 대출기관에 당해 프로젝트의 관리운영권을 목적으로 한 근저당권을 설정하고자 할 경우 정부는 이에 협조하여야 할 것이며, 프로젝트 회사는 대출계약을 체결하는 경우 대출계약상의 채무불이행 사유 발생 등으로 대출기관 등이 근저당권을 실행하고자 하는 경우에는 정부와 사전 협의하도록 하는 내용을 포함시킨다. 민간투자사업에 있어 프로젝트 회사가 어떤 출자자로 구성될 것인가는 프로젝트 회사 지정에 있어 중요한 평가요소가 된다. 따라서 민간투자사업을 시행하는 주체인 프로젝트 회사의 지위나 관리운영권 등은 정부의 승인 없이 이전하지 못한다. 민간투자법 제27조 제2항의 “관리운영권을 분할 또는 합병하거나 처분하고자 하는 때에는 미리 주무관청의 승인을 얻어야 한다”는 규정도 이러한 취지를 반영한 것이다.

사회기반시설을 건설하기 위한 정부의 “재정입찰방식”과 정부로부터 사업권을 부여받은 프로젝트 회사의 “민간투자사업방식”에 있어서 각각의 계약체결은 다음과 같이 설명할 수 있다. 즉 “재정입찰방식”의 경우 정부가 발주자가 되어 프로젝트 조건을 정하여 고시한 후, 민간은 이를 근거로 하여 입찰하며 낙찰된 기업의 낙찰가대로 계약을 체결한다. 반면에 “민간투자

금액) 및 사용기간 등 사업시행의 조건이 포함된 실시협약을 체결함으로써 사업시행자, 즉 프로젝트 회사를 지정한다(민간투자법13②).

158) 김기수(2007), 100쪽.

사업방식"의 경우 정부는 실시협약에서 프로젝트 회사가 발주기관이 되어 실시협약대로 사업을 시행하고 시설을 관리 및 운영하는 조건으로 프로젝트의 시행권과 관리운영권을 부여한 것이므로, 프로젝트 회사가 시공 및 운영 등의 도급계약자와 실시협약의 프로젝트 시행 및 운영 조건대로 당연히 계약을 체결하여야 한다. 또한 실시협약에서 정한 사업시행조건대로 프로젝트 대출계약이 체결되어야 한다.

민자사업의 거래 실무에서 정부와 프로젝트 회사 간에 체결된 실시협약의 사업시행조건과 그 이후 프로젝트 회사가 설계, 시공, 운영, 자금조달을 하기 위한 계약조건은 별개의 문제로 보려는 경향이 있다. 그러나 프로젝트금융이라는 전체 구조하에서 실시협약과 이에 부수되는 계약들이 별개로 정해지는 것이 아니라 사업시행조건에 있어서 서로 일관성을 가지도록 정한 것이며, 개별 계약들이 서로 일관성을 가지지 않는다면 실시협약에서 정한 각 당사자의 위험분담 및 재무수준은 무의미한 것이라고 말할 수있다. 다만 실시협약과 각 개별계약의 조건들이 서로 어느 범위까지 부합하여야 하는가가 문제이다.[159]

(3) 프로젝트 대출계약

(가) 프로젝트 대출계약의 성질

프로젝트금융에 의한 사업추진에 있어 금융기관 등으로부터 차입금 조달을 위한 대출약정 및 이를 위한 부수계약 등의 제반 계약을 프로젝트 대출계약(Credit Agreement, Facility Agreement)이라고 한다. 프로젝트 대출계약은 자금을 제공하는 대출자와 자금을 제공받는 채무자 간의 금전소비대차계약으로 출자자에게 대출상환의 책임을 요구하지 않는 비소구 또는 제한적 소구계약이다.[160]

(나) 프로젝트 대출계약의 대출자

프로젝트 대출계약의 대출자는 주간사은행(Lead Manager), 간사은행(Manager Bank)[161]과 참여은행(Participants), 그리고 대리은행(Agent Bank) 등으로 이루어진다. 주간사은행은 간사은행단을 구성하고 이들과 협력하여 전체 대출자 컨소시엄을 구성하며 대출계약서의 작성, 대출자 컨소시엄 구성원의 대출금할당 등을 수행한다. 이들 간에 관리수수료의 배분, 자금관리계정에 관한 약정, 담보의 취득 및 관리, 자금의 추가대출 등에 대한 합의를 담은 "대출자 간 계약서(Intercreditor Agreement)"를 작성한다.

신디케이트론 시장에서는 시장의 규모와 크기가 증가함에 따라 주간사은행, 모집은행(Bookrunner), 대리은행의 지위를 확보하기 위해 경쟁을 벌이고 있다. 왜냐하면 이러한 지위를

159) 김기수(2007), 101-102쪽.
160) 김기수(2007), 103-106쪽.
161) 간사은행이란 주간사은행과 함께 대출금액을 인수하게 되는 공동의 간사은행을 말하며 일반 참여은행들(participants)보다 많은 금액을 공여하게 되며 참가 예상 은행들에게 참여를 권유하는 역할을 한다.

확보하게 될 경우 대출거래로 인한 수익 이외에 신디케이트론에서의 복잡한 거래를 감당할 능력과 기술을 상징하게 되며 그 명성을 얻게 되기 때문이다.

(다) 프로젝트 대출계약의 절차

프로젝트금융에서 대출자가 되고자 하는 금융기관은 대출계약 제안을 담은 대출의향서(LOI: Letter of Intent)[162)]를 사업을 추진하고자 하는 기업("예비 채무자")에게 제출하는데, 대출의향서에는 주요 대출조건(금액, 이자, 상환계획, 수수료 등)이 명시된다. 민간투자사업에서 통상적으로 프로젝트금융의 주간사은행이 되고자 하는 자는 사업을 추진하고자 하는 기업, 즉 사업주에게 조건부 대출확약서를 발급하고 있으며, 사업주가 정부에게 사업계획을 제출할 때 조건부 대출확약서를 포함하여 제출한다. 조건부 대출확약서가 법적 효력이 없는 제안이라는 점에서 대출의향서로서의 기능을 한다.[163)]

예비 채무자는 은행의 신인도, 은행의 대출실적 및 자금 동원력이 양호한 은행 중에서 주간사은행의 역할을 수행할 수 있는 금융기관을 물색하고 이들로부터 "'대출조건 제의"를 하도록 요청한다. 프로젝트금융에 참여하고자 하는 은행은 신디케이트론의 주간사를 맡기 위하여 예비 채무자에게 대출조건 제의를 하게 되며 대출계약서의 정형화된 주요 조항이 포함된다. 국내 민간투자사업에서 실시협약 체결 이전에 프로젝트금융에 참여하고자 하는 금융기관들로 하여금 확정된 대출조건 제의(firm offer)를 하도록 함으로써 실시협약 체결 시 이러한 청약이 실시협약에 반영되도록 할 필요가 있다. 따라서 신디케이트의 조성 및 대출계약이 실시협약에 부합되고 프로젝트 회사, 대출자, 정부 등의 각 당사자 간에 공평하게 프로젝트의 위험을 분담할 수 있게 될 것이다. 다만 현실적으로 실시협약 체결 이전에 금융기관들이 대출조건 제의를 할 수 있도록 하기 위해 실시협약 체결 절차를 어떻게 개선하는 것이 바람직할 것인지가 문제이다.

예비 채무자는 은행들이 제시한 대출조건 제의서를 비교 검토하고, 은행들과의 협상과정을 거쳐 채무자 입장에서 최우량 조건의 대출조건 제의서를 선정한다. 예비 채무자는 선정된 은행에 대해 그 조건을 수락함과 동시에 그 은행이 주간사은행으로서 대출참여가 예상되는 후보은행들과 교섭하여 줄 것을 정식으로 의뢰하는 위임장, 즉 맨데이트레터(mandate letter)[164)]를 발급한다. 맨데이트레터를 발급받은 순간부터 대출 주선이 가능하므로 대출 주선, 즉 신디케이션의 절차는 위임장의 부여부터 시작된다고 말할 수 있다.

---

162) 대출의향서란 장래 계약에 대한 일방 또는 쌍방 당사자의 예비적 합의나 양해를 반영하는 계약체결 이전 단계에 사용되는 성문의 도구를 말하며, 법적 구속이나 책임 문제 등에 대한 뚜렷한 인식 없이 도덕적 책임감이나 장래의 신용 등의 거래계의 가치를 바탕으로 작성된다

163) 김기수(2007), 107-109쪽.

164) 국내 거래 실무에서는 맨데이트레터를 "기채교섭의뢰서"라고 표현한다. 그 법적 성질은 대출 주선의 권한을 부여하는 위임장에 해당한다.

사업주로부터 위임장을 발급받은 은행은 주간사은행으로서 잠재적인 대출 참여자들에게 대출지분을 권유하기 시작한다. 주간사은행은 세부조건을 무차별적으로 제시하기보다는 조심스럽게 참여 가능한 은행들을 정하고, 이들에게 텔렉스로 참여 제의를 한다. 이 내용에는 텀시트(term sheet)가 포함되는데 채무자 정보에 관한 개략적인 설명서, 대출의 금액과 목적, 만기일, 이자율, 상환계획, 인출계획 등의 제안서, 다른 규모의 신디케이트에도 적용 가능한 수수료 구조, 대출에 관하여 적용할 수 있는 다른 정보 등이 포함된다. 참여 제의를 송부하는 것은 신디케이션에의 참여에 관한 직접적인 청약이다. 제의를 받은 은행들은 대출조건, 채무자의 재무상태 등에 관련된 더 많은 정보를 요구하고, 이를 기초로 하여 수락 여부를 결정한다. 주간사은행은 참여 희망자들이 신디케이트에 참여할 것인지의 여부를 결정할 수 있도록 하기 위해 장래의 채무자에 관한 정보가 포함된 투자안내서(information memorandum)[165]를 준비하여 예비 채무자와 협의하고 이를 배포한다. 투자안내서에는 텀시트(론의 상세, 채무자의 신용정보, 채무자의 재무제표)를 포함한다.

(라) 프로젝트 대출계약서의 작성

프로젝트 대출계약서(Credit Agreement)[166]의 작성(다큐멘테이션)이라 함은 좁은 의미로는 대출금의 인출 및 상환에 관한 기본적 사항을 정한 대출계약서(Loan Agreement)만을 의미하나, 넓은 의미로는 동 권리의무관계의 기초가 되는 대출거래(underlying transaction)와 관련하여 작성 체결되는 각종 담보계약(securities agreement), 후순위약정서(subordination agreement) 등을 포괄하는 개념인 대출관련 계약서(financing document)로 사용된다.

대출계약서 작성 시 대출자에게 불리한 조항이 있는지와 관련하여 프로젝트 대출계약서 및 당사자 간 약정서에 대한 검토가 필요하다. 특히 실시협약에서 규정된 조건 중에서 검토가 필요한 사항을 열거하면, i) 프로젝트 회사의 자격요건이 명확히 규정되어 있는지, ii) 특별한 사유가 없이 사업권의 취소 또는 철회가 금지되는 것인지, iii) 사업권이 제3자에게 이전가능한지, iv) 법률의 변경에 따른 위험은 정부가 부담하는지, v) 불가항력의 경우 사업권 허가기간의 연장이 가능한지, vi) 해지 시 보상은 원리금 잔액을 상환할 수 있는지 등이다. 건설공사계약의 조건 중에서 검토가 필요한 사항은 합리적인 건설공사관리 기법에 의한 규정인지에

165) 프로젝트금융 거래 실무에서는 "프로젝트 기채취지서"라고 말하기도 하는데, 여기서는 투자안내서라고 한다. 왜냐하면 투자안내서는 프로젝트금융에 의한 사업을 하고자 하는 예상 채무자에 관한 정보를 제공함으로써 프로젝트금융이 이루어지도록 대출자 컨소시엄을 구성하기 위한 안내서이기 때문이다.

166) "Credit Agreement"에 다른 금융상품이 결합된 경우 "Facility Agreement"라고 한다. 예를 들어 대출계약서에는 "대출약정서", "금리헤징약정서" 등이 포함되며, 경우에 따라서는 회사채 발행 관련 서류가 포함될 수 있는데, 여기에는 담보서류뿐만 아니라 "사채신탁증서(the bond trust deed)", "사채발행약관(the terms and conditions of the bond)" 등이 포함된다. 또한 보험에 가입한 경우 "보험증권", "배서", "면책계약서" 등이 포함된다.

관한 사항 등이다. 관리운영계약의 조건 중에서 검토가 필요한 사항은 i) 효율적으로 관리운영할 수 있는 체제로 규정하고 있는지, ii) 제재 및 인센티브 부여조건이 있는지, iii) 계약해지 및 운영회사의 교체 권한이 있는지 등이다.

(마) 프로젝트 대출계약서의 주요 내용

통상적으로 프로젝트금융에서 작성되는 대출계약서의 주요 조항의 제목을 열거하면, 서문 및 정의, 대출금, 이자·연체이자 및 수수료, 지급과 상환, 자금의 관리, 담보, 대출자들의 수익 관련 조항, 채무자의 확인사항, 준수조항, 선행조건, 채무불이행 사유, 대리은행과 대출자들 등이다. 대출계약서는 당해 거래의 특성에 따라 다양한 방식으로 작성될 수 있다. 즉 복수의 대출자들이 이자율, 이자기간, 만기 등의 동일한 조건하에 단일의 신디케이트를 구성하는 경우가 가장 기본적인 방식이지만, 경우에 따라 신디케이트 내에서 각 대출자별로 적용되는 이자율 등의 대출조건과 통화 및 신용공여의 형태를 달리 적용할 수 있다.[167]

대출이자 조항과 관련하여 건설기간 중의 대출이자는 실시협약에서 정한 수준과 대출계약에서 정한 수준이 동일하여야 한다. 왜냐하면 실시협약에서 정한 자금조달계획상의 주요조건들 중에서 건설기간 중의 금리수준도 실시협약의 주요 전제조건[168]에 해당되므로 대출계약과의 일관성을 유지해야 하기 때문이다. 이를 위해서는 실시협약과 대출계약이 서로 일치할 수 있는 절차가 마련될 필요가 있다. 그러나 현재의 민간투자사업 실무에서는 이에 관해 어떠한 절차도 마련되어 있지 않기 때문에 만약 대출계약의 조건이 실시협약의 조건과 사후적으로 불일치할 경우[169] 정부가 이를 통제 또는 정산하여야 하는지, 그리고 통제 또는 정산하여야 한다면 어느 범위까지 통제 또는 정산하여야 할 것인지에 관하여 논란이 생길 가능성이 크다.

5. 민간투자사업의 자금조달

사업추진을 위한 자금조달은 자기자본과 타인자본으로 구성된다. 통상 건설출자자는 시공이윤 획득을 목적으로 출자자로 참여하며, 금융기관은 출자자 또는 채권자로 사업에 참여한다.

---

167) 각 대출금의 국제금융용어로는 “트렌치(tranche)”를 사용하는데, 이는 조건을 달리하는 동일 대출건의 일부를 의미하며 “트렌치A(tranche A)”, “트렌치B(tranche B)”라고 표현하고 대출자들을 다시 수개의 트렌치(tranche)로 구별한다.

168) 민간투자사업에서는 건설기간 중의 적용금리를 반영하여 건설이자를 산정하고 있어 적용금리가 실시협약의 주요한 전제조건이 된다고 볼 수 있다. 즉 수익형 프로젝트의 경우 건설이자 자체가 사용료 산정을 위한 직접적인 투자비 항목에 해당되지는 않지만 건설기간 중의 금리 등 제반 재원조달 비용을 기초로 하여 사용료 산정을 위한 수익률을 결정하게 되며, 임대형 프로젝트의 경우 건설이자 자체가 임대료 산정을 위한 직접적인 투자비 항목으로서 실시협약에 명시하도록 하고 있다.

169) 특히 대규모의 수익형 프로젝트에서 실시협약 체결 이후에 프로젝트 회사와 대출자가 프로젝트에 대한 사업성을 재산정하고 이를 기초로 금리 등을 포함한 대출계약의 조건을 실시협약에서 정한 조건과 달리 결정하고 있다.

BTO방식의 주요 출자자는 건설사, 공공기관, 금융기관, 연기금, 인프라펀드 운영사 등이다. 민간투자사업은 건설기간과 운영 초기에 투자금에 대한 장기 무수익이 발생하고, 선순위대출 원리금이 모두 상환되지 않는 한 배당이나 감자 등을 할 수 없도록 금융약정이 체결되기 때문에 자본금에 대한 회수는 운영기간 개시 후 10년이나 수년 동안 할 수 없는 것이 현실이다. 장기투자가 활성화되지 않은 국내금융시장에서 재무적 투자자는 10여년 가까이 투자지분에 따른 배당수익을 기대할 수 없어 민간투자사업의 지분참여에 어려움이 있으므로, 이에 대한 대안으로 후순위 차입과 재무적 투자자의 자본금을 패키지화하는 방안으로 재무적 투자자는 사업에 참여한다. 국내 민간투자사업의 타인자본 조달 시 국내의 민간투자 관련 금융 주선 및 자문은 대주의 일원인 금융기관이 이를 겸하여 사업시행자 상대방의 협상 권한을 결국 금융기관이 모두 보유하게 되는 경우가 많다. 또한 타인자본은 은행이 주도하는 간접금융방식에 집중되어 있다.[170)]

6. 자금조달 및 자금재조달에 관한 규율

(1) 사업계획서의 평가 단계: 자금조달계획의 현실성 평가

사업시행자를 지정하기 위한 전 단계인 시설사업기본계획 고시(제3자 제안공고) 단계에서 자금조달에 관한 사항을 법령에서 직접 규율하고 있지는 않다. 민간투자법은 시설사업기본계획에 "사업시행자의 자격요건에 관한 사항"이 포함되어야 함을 명시하고 있다(법11①(7)). 「민간투자사업 추진 일반지침」은 민간투자사업을 시행하고자 하는 자는 영 제12조 각 호의 사항을 기재한 사업계획에 주무관청이 정하는 서류를 첨부하여 제출하여야 한다. 이 경우 같은 조 제9호에 따른 "기타 주무관청이 필요하다고 인정하는 사항" 중 하나로 "설립예정법인의 출자자들의 출자확약서, 금융회사등이 발행한 대출의향서 및 대출확약서 또는 조건부 대출확약서, 산업기반신용보증기금에서 발행한 보증의향서 등"을 포함하고 있다(일반지침74(4)). 민간투자사업 추진 일반지침 제75조는 "사업신청자는 자본금 출자에 대해서는 각 출자자들의 출자확약서를 제출하여야 하며, 차입분에 대해서는 금융회사등의 대출의향서 또는 대출확약서, 산업기반신용보증기금의 보증의향서를 제출하여야 한다. 다만, 금융회사등이 출자자로 참여하는 경우에는 조건부 투자확약서 또는 출자의향서를 제출할 수 있으며, 이 경우 실시협약 체결시까지 투자확약서를 제출해야 한다(일반지침75④)고 규정하고 있다. 또한 민간투자법 시행령은 사업신청자가 제출하는 사업계획의 평가기준을 제시하고 있는데, 여기에는 "자체자금 조달능력, 차입금 조달능력 등 자금조달계획의 현실성"이 포함된다(영13①(3)). 자금조달과 관련된 구체적인 평가기준을 민간투자법령이나 민간투자사업 추진 일반지침에서 제시하고 있지 않으므로 구체적인

170) 이지현(2019), 35-36쪽.

평가항목과 기준은 주무관청의 재량에 속한다.[171] 사업시행자 지정을 위한 평가사업시행자의 법인 설립 의무는 실시계획 승인신청 시까지이므로(법14③), 주무관청은 일반적으로 사전자격심사(PQ) 시에 출자예정자들의 출자확약서, 금융회사 등의 대출의향서 등을 토대로 "출자(예정)자의 재무능력"과 "타인자본 조달능력"을 평가한다. 이러한 점은 재정사업의 경우 국가계약법 시행령 제13조 제2항의 위임에 따라 작성된 「입찰참가자격사전심사요령」(기획재정부 계약 예규 제443호, 2019. 6. 1.)에서 심사항목(경영상태부문, 기술적 공사이행능력부문)과 그 적격 요건을 구체적으로 제시하고 있는 방식과는 다소 차이가 있다.[172][173]

사업계획서 평가 단계에서 사업신청자는 출자예정자들의 컨소시엄 형태인 경우가 대부분이므로 이 단계에서 자금조달에 관한 평가는 가정적이다. 평가 이후 출자예정자가 변경되는 것은 평가의 왜곡을 초래할 수 있으므로, 사업구상 단계에서의 사정변경을 고려한 유연성과 평가의 실효성 확보 간에 균형이 맞추어질 필요가 있다. 이에 관해 민간투자법령이나 기본계획에서 정하고 있는 바는 없고, 민간투자법령 및 민간투자사업 추진 일반지침에 따라 한국개발연구원 공공투자관리센터에서 작성·공표한 민간투자사업 시설사업기본계획 작성요령 및 표준안에서 원칙적으로 우선협상대상자 지정 후 사업시설 준공 이전에 원칙적으로 출자자 및 출자자의 지분율을 변경할 수 없도록 규정하고 있다.[174] 시설사업기본계획 작성요령 및 표준안은 실무상으로는 활용도가 높으나, 평가의 실효성 확보가 가지는 중요성을 고려할 때 이를 법령 또는 기본계획에 포함하여 명시하는 것을 고려할 필요가 있다.[175]

---

171) 사업계획의 검토·평가에 관해서는 민간투자사업 추진 일반지침 제76조(참가자격사전심사), 제77조(사업계획의 평가), 제78조(평가요소의 구성), 제79조(평가 배점 및 기준), 제80조(사업계획 평가의 우대), 제81조(협상대상자의 지정·통지)가 상세히 규정하고 있다.

172) 「입찰참가자격사전심사요령」(기획재정부 계약 예규 제443호, 2019. 6. 1.)은 경영상태부문을 신용정보법 제4조 제1항 제1호 또는 자본시장법 제9조 제26항의 업무를 영위하는 신용정보업자가 평가한 회사채(또는 기업어음) 또는 기업신용평가등급으로 심사한다는 것과 추정가격이 500억원 이상인 경우와 미만인 경우를 나누어 각각의 적격 신용평가등급을 제시하고 있다(입찰참가자격사전심사요령6③). 위 심사요령에 의하더라도 계약담당 공무원은 해당 공사의 성질, 내용 등을 고려하여 심사기준을 조정할 수 있으므로(입찰참가자격사전심사요령7), 민간투자사업과 재정사업에서 평가기준에 대한 구속력이 차이가 있다고 보기는 어렵다. 다만 재정사업은 상위규정의 위임에 의해 행정규칙 형식으로 발령되었다는 방식의 차이가 있다.

173) 국가계약법령에 따른 일괄입찰 및 대안입찰의 경우에도 국가계약법 시행령 제13조에 따라 입찰참가자격을 미리 심사하여 적격자를 선정하고자 하는 경우 사전심사 기준·방법 그 밖에 필요한 사항은 계약예규 「입찰참가자격사전심사요령」을 참고하여 정할 수 있다(「일괄입찰 등에 의한 낙찰자 결정기준」(기획재정부계약예규 제322호, 2016. 12. 30.)).

174) 이와 같은 내용은 대부분의 시설사업기본계획고시문(제3자 제안공고문)에 포함되어 있다. 예를 들어 2019. 7. 공고된 위례-신사선 도시철도 민간투자사업의 경우 제3자 제안공고 시 "사업제안자는 우선협상대상자로 지정된 후 사업시행자로 지정되고 본 사업시설이 준공되기 전에는 출자자 및 출자자의 지분율을 변경할 수 없는 것을 원칙으로 함. 다만 출자자가 부도 등으로 인하여 사실상 사업 참여가 곤란하거나 적정한 재무상태 확보 및 원활한 사업 추진 등을 위하여 불가피한 경우에는 주무관청의 승인을 얻어 변경할 수 있음"을 제시하고 있다.

175) 이지현(2019), 67-68쪽.

(2) 사업시행자 지정 이후: 자금조달

(가) 자금조달계획

사업시행자는 실시계획 승인신청 시에 “자금조달계획에 관한 서류”를 첨부하여 주무관청에 제출하여야 한다(영16②(4)). 자금조달계획에 관한 서류를 첨부하여야 하는 점은 사업시행자로 지정받기 위한 단계에서와 동일하다. 이에 따르면 사업시행자가 실시계획 승인신청 시까지 금융약정을 완료하여야 할 법적 의무는 발생하지 않는다. 그러나 표준실시협약안[176]은 실시계획 승인신청 시까지 대출약정서를 제출하도록 하고 있고(표준실시협약안8③), 이와 동일한 내용으로 실시협약을 체결한 경우 사업시행자는 실시계획 승인신청 시까지 금융약정을 완료하여야 할 계약상의 의무가 있다. 민간투자사업 추진 일반지침은 민간투자법 시행령상의 실시계획 승인신청 시 주무관청에 제출하여야 하는 “그 밖에 주무관청이 필요하다고 인정하는 사항”에는 자금조달협약서가 포함된다고 규정하고 있다(영16①(6), 일반지침90②). 또한 주무관청과 사업시행자는 실시협약(변경실시협약을 포함)과 금융약정의 체결시점이 일치하도록 노력하여야 한다(일반지침25의3). 위의 내용을 종합해보면 민간투자법령은 주무관청이 사업시행자의 실시계획 승인신청을 심사할 때 자금조달계획을 평가하면 족한 것으로 보고, 그에 앞서 금융약정을 체결할 의무는 계약과 민간투자사업 추진 일반지침을 통해서만 규율된다.

자금조달계획을 제출하도록 하는 것은 자금조달의 조건을 규율하기 위함보다는 비용이 적기에 투입되어 계획대로 준공이 되도록 관리하기 위한 것으로 추측된다. 그러나 민간투자사업은 총사업비를 실시협약 체결 시에 사전적으로 확정하고, 무상·사용수익 기간 또한 사용료, 총사업비, 운영비, 수익률을 반영하여 민간투자사업 추진 일반지침에서 정한 산식에 따라 실시협약으로 확정한다. 자금조달이 실시협약에서 정한 바와 달리 이루어진다는 것은 투자자의 수익률이 실시협약 체결 시와 달라진다는 것이며, 이는 해당 사업의 수익률을 확정한 전제가 바뀜을 의미한다. 주무관청은 자금조달계획과 함께 실제 자금조달 내용을 파악하고 심사할 이해관계를 갖는다.[177] 민간투자사업의 구조를 고려할 때 자금조달계획뿐만 아니라 자금조달에 관한 사항은 주무관청에 의해 심사되어야 하고, 이러한 점은 법령에서 여타의 개발사업법과 차별적으로 규율할 필요성이 있는 사항이다.

(나) 사업시행자의 자기자본비율

수익형 민자사업의 사업시행자는 다음의 기준에 따라 자기자본을 조달하여야 한다(일반지

---

176) 한국개발연구원 공공투자관리센터(2010), “수익형 민자사업(BTO) 표준실시협약(안) — 도로사업 —”(2010. 3).

177) 기본계획에서 주무관청이 실시계획 승인시 민자제도 취지, 사업여건, 수지구조 등을 고려하여 자금조달조건, 상환조건 등을 실시계획 승인 시 검토하도록 하는 것은 이러한 취지를 반영한 것으로 보인다(일반지침90⑤).

침25①). 즉 i) 건설기간 중에는 대상시설물 건설의 안전성 유지를 위해 자기자본비율을 총민간투자비의 15% 이상으로 유지하여야 한다(제1호). ii) 운영기간 중에는 자기자본비율을 감사보고서상 정부보조금을 제외한 관리운영권 잔액의 10% 이상으로 유지하여야 한다(제2호), iii) 제1호에도 불구하고 기착공된 재정사업을 민간투자사업으로 전환한 사업의 사업시행법인에 시설의 건설이나 운영에 전문성을 보유한 공공부문이 총민간투자비의 40% 이상 출자하고 건설·운영을 담당하는 경우에는 건설기간 중 자기자본비율을 총민간투자비의 5%로 하향조정할 수 있다(제3호). iv) 제1호와 제2호에도 불구하고 사업위험이 낮아 자기자본비율의 하향이 필요하다고 인정되거나, 공공부문 출자, 보험가입 등 안정적 민자사업 운영을 위한 대안을 마련한 경우, 자기자본비율을 건설기간 중 총민간투자비의 10%, 운영기간 중 총민간투자비의 5%로 하향조정할 수 있다. 다만, 해지시지급금을 산정할 때는 제1호와 제2호에 따른 최소 자기자본비율을 적용한다(제4호).

임대형 민자사업의 사업시행자는 다음의 기준에 따라 자기자본을 조달하여야 한다(일반지침25②). 즉 i) 주무관청은 개별 사업별 위험도, 다른 보증·보험 요구내용 등을 감안하여 출자자의 건설·운영 책임을 담보할 수 있는 수준에서 사업시행자의 최소자기자본비율을 총민간투자비의 5%부터 15% 범위 내에서 탄력적으로 결정하여 시설사업기본계획에서 제시한다(제1호). ii) 제1호에도 불구하고 총사업비가 1천억원 미만인 사업의 최소자기자본비율은 총민간투자비의 5%를 원칙으로 한다(제2호).

혼합형 민자사업의 사업시행자는 제1항에 따른 수익형 부분과 제2항에 따른 임대형 부분의 최저자기자본비율을 가중평균한 비율 이상으로 자기자본을 조달하여야 한다(일반지침25③).

(다) 관리운영권에 대한 근저당권

관리운영권은 물권으로 보며, 민간투자법에 특별한 규정이 있는 경우를 제외하고는 민법 중 부동산에 관한 규정을 준용한다(법27①). 관리운영권 또는 관리운영권을 목적으로 하는 저당권의 설정·변경·소멸 및 처분의 제한은 주무관청에 갖추어 두는 관리운영권 등록원부에 등록함으로써 그 효력이 발생한다(법28①). 관리운영권을 분할 또는 합병하거나 처분하려는 경우에는 미리 주무관청의 승인을 받아야 한다(법27②).

위와 같이 관리운영권에 대한 저당권의 설정이 가능하다는 것은 당연히 그 집행이 가능하다는 의미이므로 결국 민사집행법상 담보권실행을 위한 경매절차에 따라 집행될 것이다. 그러나 본질적으로 관리운영권은 사업시행자의 지위에서 발생하는 것이고, 사업시행자의 지정은 실시협약의 체결로써 이루어지며, 민간투자법상 사업시행자는 조성 또는 설치된 시설을 실시협약에서 정하는 바에 따라 관리 및 운영하여야 하므로(법24), 사업시행자의 지위 이전과 분리하여 관리운영권에 대한 저당권의 실행에 의하여 제3자가 관리운영권만을 취득하는 경우는 상정하기 어렵다.[178)]

(라) 담보 및 신용보강

1) 프로젝트 회사 발행 지분에 대한 질권

통상적으로 대주는 프로젝트 회사 발행 주식 또는 출자지분("주식")에 대하여 질권을 취득한다. 이 경우 주식질권의 설정자는 프로젝트 회사의 주주들 중 해당 시설의 건설 및 운영에 대한 책임을 부담하는 건설출자자(construction investor) 및 운영출자자(operation investor)에 국한되는 것이 보통이며, 프로젝트 회사에 대한 재무적 지분 출자자(financial investor)의 경우에는 많은 경우 대주와 동일한 기관임을 이유로 또는 기타 관련 법령상 담보제공이 금지됨을 이유로 담보제공자에서 제외되는 것이 일반적이다.[179)]

2) 프로젝트 회사가 체결하는 각종 사업 관련 계약상 권리 등에 대한 양도담보

양도담보는 실시협약, 공사도급계약, 감리계약, 관리운영계약 등 해당 민간투자사업에서 프로젝트 회사가 당사자인 중요 사업계약상 프로젝트 회사의 권리 또는 지위를 대주가 담보목적으로 조건부로 양수받는 것을 내용으로 한다. 구체적으로 양도담보는 다음과 같은 2가지 측면에서 설정된다. i) 사업 관련 계약상 프로젝트 회사가 계약 상대방에 대하여 현재 또는 장래에 보유하는 금전채무에 대한 양도담보로서, 특히 장래의 금전채권에 대한 양도담보 설정이 유효한 것인지 여부는 장래채권 처분의 유효성에 대한 논의가 적용된다. ii) 계약상 지위의 이전의 문제로서 이와 같은 계약상 지위의 이전과 관련하여 약정한다.

3) 예금채권 및 보험금청구권

프로젝트 회사는 대주에게 해당 사업과 관련하여 개설되는 예금계좌상 예금채권에 대하여 질권을 설정하고, 해당 사업과 관련하여 가입하는 보험계약상 보험금청구권에 대하여 질권을 설정하거나 동 청구권을 담보목적으로 양도하는 것이 일반적이다. 아울러 프로젝트 회사의 출자자들은 대주에 대하여 차주인 프로젝트 회사에 대한 일정한 지원사항들을 이행할 것을 확약하는 내용의 주주지원약정(shareholders support agreement)을 출자자약정서의 형태로 대주에게 제공하는 것이 일반적이다.

(3) 자금재조달

(가) 자금재조달의 범위

"자금재조달"이란 실시협약(변경실시협약 포함)에서 정한 내용과 다르게 출자자 지분, 자본

178) 김동은 · 김광열(2009), "프로젝트 파이낸스에 있어서 개입권의 유형과 내용: 민간투자사업을 중심으로", 서울대학교 금융법센터 BFL 제37호(2009. 9), 35쪽.
179) 김동은 · 김광열(2009), 33-35쪽.

구조, 타인자본 조달조건 등을 변경하는 것을 말한다(일반지침2(15)). 자금재조달의 범위는 다음과 같다(일반지침28①). 즉 i) 5% 이상 출자자 지분 변경. 단, 최소운영수입보장 및 제32조 내지 제33조의2에 따른 투자위험분담금 또는 투자위험분담기준금이 없는 경우 5% 이상 단순 출자자 지분 변경(제2호 또는 제3호에 해당하지 않는 경우)은 제외(제1호), ii) 자기자본, 후순위채 등을 증감시키는 등 자본구조의 변경(제2호), iii) 타인자본 조달금리, 상환기간, 부채상환금 적립조건 등 타인자본 조달조건의 현저한 변경(제3호).

그러나 최초 금융약정 체결 시 또는 체결전 단계에서의 자금재조달의 범위는 다음과 같다(일반지침28②). 즉 i) 5% 이상 출자자 지분 변경. 단, 최소운영수입보장 및 제32조 내지 제33조의2에 따른 투자위험분담금 또는 투자위험분담기준금이 없는 경우 5% 이상 단순 출자자 지분 변경(제1항 제2호 또는 제3호에 해당하지 않는 경우)은 제외(제1호), ii) 자기자본, 후순위채 등을 증감시키는 등 자본구조의 변경(제2호). 자금재조달의 범위와 관련한 구체적인 사항은 자금재조달에 관한 세부요령에 따른다(일반지침28③).

(나) 자금재조달 이익공유

"자금재조달 이익공유"란 자금재조달로 인하여 발생하는 출자자의 기대이익 증가분을 사업시행자와 주무관청이 공유하는 것을 말한다(일반지침2(15-1)). 실시협약상 총사업비(임대형 민자사업의 경우 총민간투자비)가 500억원 이상인 사업(또는 총사업비가 500억원 미만인 사업이라도 주무관청이 자금재조달의 적정성 확인 및 이익공유가 필요하다고 판단하는 경우)으로서 다음의 요건을 모두 충족하는 경우에는 자금재조달 이익공유를 한다(일반지침27①).

1. 제28조에 따른 자금재조달의 범위에 해당하는 사업
2. 제29조 제1항에 따른 자금재조달 이익이 존재하는 사업
3. 다음 각 목의 배제사유에 해당하지 않는 사업
   가. 재정지원, 최소운영수입보장, 제32조에 따른 투자위험분담, 해지시 지급금이 모두 없는 경우
   나. 구제금융 성격을 갖는 경우
   다. 제33조의3에 따른 사업시행조건 조정인 경우
   라. 토지 선 보상을 위한 타인자본 조달의 경우
   마. 제62조에 따른 부대사업 추진시(다만, 제37조 제2항에 따라 해지시지급금 약정이 포함된 경우에는 제외)
   바. 과도한 운영적자가 발생하는 등 현시점에서 공유이익의 사용이 사업운영을 저해하는 경우로서 제38조에 따른 민간투자사업심의위원회의 심의를 거친 사업

주무관청과 사업시행자 간 자금재조달 이익 공유 비율은 30 대 70, 운영기간 중 최소운영

수입보장이 있는 수익형 민자사업의 경우에는 50 대 50, 제32조에 따른 투자위험분담이 있는 수익형 민자사업 및 혼합형 민자사업의 경우에는 40 대 60을 원칙으로 한다. 다만, 주무관청과 사업시행자는 건설보조금 등 정부재정지원, 자금재조달효과에 기여정도, 사용료 수준, 실제 수요, 사업시행자의 재무상태, 국민편익 증진효과 등을 종합적으로 감안하여 이익공유 비율을 별도로 정할 수 있다(일반지침27②).

(다) 자금재조달 이익의 산정

자금재조달 이익은 자금재조달에 따른 출자자의 기대이익 증가분으로, 이는 가중평균자본비용 효과로 인한 이익과 출자자 기대수익률 증가이익으로 구성된다(일반지침29①). 제1항의 가중평균자본비용 효과로 인한 이익은 실시협약 체결 이후 자본구조 변경에 따른 가중평균자본비용 하락으로 발생한 기대이익의 증가분을 말한다(일반지침29②). 제1항의 출자자 기대수익률 증가이익은 조기배당효과와 타인자본 조달조건 변경효과로 인하여 출자자의 경상투자수익률이 증가함으로써 발생하는 이익을 말한다(일반지침29③).

제5절 부동산 프로젝트금융(PF)

Ⅰ. 서설

1. 의의

프로젝트금융(PF)의 한 유형으로써 부동산 프로젝트금융("부동산PF")은 특정 부동산사업에 필요한 자금을 그 사업에서 발생하는 현금흐름을 상환재원으로 하여 취급하는 대출을 말한다(금융투자회사의 리스크관리 모범규준6-2(1)).[180] 국내에서는 부동산PF가 아파트, 오피스텔, 상가, 지식산업센터 등 수분양자를 대상으로 하는 대규모 분양사업과 관련하여 토지비 및 초기 사업비와 일부 공사비 등 부동산개발사업에 따르는 소요자금 조달을 위해 널리 사용되어 왔는데, 부동산개발금융[181]의 주요한 축으로 성장해 왔다. 국내 금융여건상 진행되고 있는 프로젝트금

180) 여기서는 부동산PF의 정의를 가장 자세하게 규정하고 있는 「금융투자회사의 리스크관리 모범규준」에 따른 내용을 다룬다. "부동산PF 업무"란 i) 부동산PF 대출 또는 부동산PF 대출채권의 매입(가목), ii) 부동산PF 대출 관련 유동화증권의 인수계약 또는 매입보장약정의 체결(나목), iii) 부동산PF 대출채권을 기초자산으로 하는 장외파생상품계약의 체결(다목), iv) 부동산PF 대출 관련 유동화증권 또는 수익증권의 취득(라목), v) 그 밖에 회사의 고유재산 또는 투자자재산에 익스포져를 발생시키는 모든 부동산PF 관련 행위 등(마목)에 해당하는 부동산PF 관련 행위를 말한다(동모범규준6-2(3)).

181) 부동산개발사업에 소요되는 토지매입비, 건축자금, 각종 인·허가 비용, 분양홍보비, 기타 사업추진에 따른 소요자금 조달 후 사업완료 시 이를 상환하는 금융을 총칭한다.

융의 유형 중 상당수가 부동산PF의 형태로 실행되고 있으며, IMF 외환위기 이후 현재에 이르기까지 한국형 프로젝트금융의 대표적인 유형으로 자리를 잡아 왔다.[182)]

2. 부동산PF의 발전과 특징

(1) 국내 부동산PF의 발전

프로젝트금융은 대출받는 기업의 자산이나 신용이 아닌 수익성과 사업에서 유입될 현금흐름을 담보로 필요한 자금을 대출해주는 금융기법이다. 프로젝트금융은 주로 부동산개발에 있어 자금조달수단으로 이용되어 왔기 때문에, 지금의 프로젝트금융은 대부분 부동산 프로젝트금융을 의미한다고 볼 수 있다.[183)] 통상 프로젝트금융은 채권이나 금융기관 대출의 형태로 이루어지며 상환재원이 프로젝트의 미래 현금흐름이므로 자본출자자 및 제3의 신용보강자의 신용도 또는 프로젝트와 관련된 담보가치보다는 프로젝트 자체의 사업성 및 성공 여부가 더욱 중요시된다. 프로젝트금융은 대규모 프로젝트 사업에서 우리나라뿐만 아니라 선진국은 물론 개발도상국에서도 많이 활용되고 있고, 프로젝트금융을 이용한 자금조달과 투자는 점점 증가하고 있다.[184)]

우리나라 최초의 프로젝트금융 사례는 1993년 삼성물산이 시행한 호주 유연탄 개발사업이다. 그 후 1994년 민간자본유치촉진법이 제정됨에 따라 민간자본유치사업이 본격화되면서 프로젝트금융이 도입되기 시작하였다. 본격적으로 프로젝트금융이 부동산개발사업에 도입되기 시작한 것은 1997년 외환위기 이후 자금조달의 한 방법으로 프로젝트금융을 통한 기업대출이 확대되면서부터이다. 2000년 초반부터 부동산경기 활성화에 힘입어 급격히 성장하였다. 2005년 이후 부동산PF는 금융권의 고수익 투자상품으로 각광받게 되었고, 부동산가격 급등과 더불어 저축은행의 브릿지론을 중심으로 고수익에 안전한 투자라는 인식과 함께 PF대출은 급증하게 된다. 그러나 부동산시장에서 PF대출 형태로 자금을 공여하던 은행들이 건설 및 부동산업에 대한 여신한도가 소진되고, 부동산경기 과열에 대한 우려가 확산되면서 2008년 금융위기와 맞물려 프로젝트금융은 위축된 모습을 보이게 된다. 2014년 주택시장이 금융위기 이후 최고수준으로 주택거래가 증가하고 가격이 상승하는 회복세를 보이고 있다. 그러면서 금융위기 이후

---

182) 정복희(2016), “부동산 프로젝트 파이낸싱의 채권보전 및 리스크 개선 방안에 대한 연구”, 고려대학교 법무대학원 석사학위논문(2016. 8), 4쪽.

183) 프로젝트금융의 출발은 미국의 석유사업이라고 볼 수 있다. 사회간접자본(SOC) 등 막대한 자본이 투입되는 사업에 있어서 금융기관을 통해 자본을 조달하는 방법인데, 현재의 상환능력이 아닌 사업의 가능성을 믿고 투자하는 자금조달 형태이다. 우리나라에서는 이런 근본적인 의미 대신 부동산PF를 통한 자금조달이 대표적이다.

184) 신경희(2015), “부동산 프로젝트 파이낸싱의 문제점과 제도개선을 통한 활성화 방안연구”, 일감부동산법학 제11호(2015. 8), 184-186쪽.

부동산 프로젝트금융을 통한 개발자금 수요도 확대되고 있다. 그러나 여전히 신용등급 조정, 영업이익 부진 등 건설업계의 재무위험은 지속되고 있으며, 이에 따른 불안감이 지속되면서 외부기관을 통한 개발사업의 신용보강 필요성이 증대되는 등 부동산 프로젝트금융에 대한 우려는 여전히 남아 있다.

국내 부동산PF는 도입 시기에 건설회사와 금융회사의 특수한 환경을 반영시킨 개발 관련 대출상품의 하나로 정착되었고, 건설회사의 신용공여에 의존하는 태생적 한계로 인하여 본래 의미의 PF와는 많은 차이가 있다. 변형된 형태의 PF로 자리잡고 있다는 점에서 부동산PF의 문제점과 구조의 개선을 논하기 위해서는 일반적인 PF와 부동산PF의 차이를 비교하는 연구가 선행되어야 한다.

(2) 부동산PF의 특징

(가) 일반 PF의 특징

PF는 각각의 프로젝트의 특성에 맞추어 구조화되고 그 조건이 결정되기 때문에 일률적인 형태를 띠고 있지는 않으나, 일반적으로 대부분의 PF가 갖는 공통된 특징이 있다. i) 일반적인 PF의 기본전제는 법적·경제적으로 완전히 독립된 프로젝트 회사의 설립이 이루어지는 데 있다. 출자자가 파산하더라도 프로젝트 회사(시행사)는 직접적인 영향권 밖에 있어야 하기 때문이다.[185] 그중 가장 중요한 요소는 상환재원을 해당 프로젝트에서 발생하는 현금흐름과 수익에 한정한다는 것이다. 여기서 도출해 낼 수 있는 점은 PF를 통해 자금을 대출해 준 금융기관은 채권자인 동시에 프로젝트의 성패에 영향을 받는 이해관계자로서의 성격을 갖는다.[186] 금융기관을 포함한 채권자들은 해당 프로젝트의 출자자나 차주에 대하여 통상 100%의 상환청구권을 보유하지 않으며, 대출 원리금 회수의 상당 부분을 프로젝트 관련 자산과 미래의 현금흐름에 의존한다. ii) 사업주, 대주, 차주, 시공사, 원자재 공급자, 프로젝트 생산물 구매자, 금융자문사, 법률회사, 기술적 자문기관, 사업성 검토기관 등 프로젝트의 관련 당사자가 많으며, 대부분 장기의 만기구조를 갖고 있어, 이와 관련된 많은 종류의 복잡한 서류들이 요구된다. 프로젝트의 시공 및 운영에는 다양한 종류의 위험이 발생할 가능성이 많기 때문에, 이러한 위험을 분석하고 회피하기 위한 절차와 금융, 보증, 계약, 회계, 조세 등 다양하고 복잡한 문서화 과정이 요구된다. iii) 프로젝트는 보통 거액의 자금이 사업 초기에 투입되고, 해당 프로젝트로부터 발생하는 현금흐름은 비교적 장기에 걸쳐 발생하므로, 투입된 자금은 일반적으로 일정기간 동

185) 부외금융(Off-Balalce Sheet Finance)으로 프로젝트 회사의 부채 및 모든 현금흐름이 모기업의 재무상태표에 계상되지 않아 모기업의 대외적인 신용상태에 영향을 미치지 않는다.

186) 이러한 금융구조를 비소구 금융이라고 하여 자금을 대출해준 금융기관은 차입자와 사업위험을 함께 부담하며 프로젝트의 운영이 악화되는 경우에도 프로젝트의 실질적인 소유자인 사업자에게 책임을 묻지 못하고 프로젝트 내에서 해결을 해야 한다.

안 분할 상환된다. 또한 절차가 복잡하고 위험부담이 높은 만큼 자금을 대출하는 금융기관은 높은 이자와 수수료를 요구할 수밖에 없고, 이에 따라 다른 금융기법을 통한 자금조달보다 높은 금융비용을 필요로 한다.[187)]

(나) 부동산PF의 특징

일반적인 PF에 반해 부동산PF는 아파트, 상가, 주상복합건물 등의 부동산개발에 소요되는 자금을 부동산개발업자에게 제공하는 금융으로서 통상 시공사의 신용보강이 요구된다는 점에서 본래 의미의 PF와 차이를 보인다. 부동산PF의 경우 발생 가능한 위험이 상당수 존재하는데, 특정 문제로 인하여 프로젝트의 완성이 지연되어 예정 공사기간 내에 완성하지 못하거나 프로젝트가 계획대로 실행되지 못하는 위험이 발생할 수 있다. 또한 물가상승으로 인한 공사비용의 증가, 불완전한 공정의 설계, 예산의 과소 배정 등의 사유로 공사비용의 초과위험도 있으며, 특히 시장여건에 대한 불확실성이 가장 큰 위험요소가 될 수 있다. 한국형 부동산PF는 시행사에게 토지비용을 단기대출해주는 브릿지론의 경우 토지매수가 지연되거나 토지가격이 상승할 경우 사업의 진행이 어려워 부실이 발생할 가능성이 크다. 부동산PF 대상사업이 주로 주택사업에 집중되어 있기 때문에 부동산경기에 따른 변동에 영향을 많이 받는다. 시공사가 신용공여를 하고 있기 때문에 미분양이 발생할 경우 시공사는 공사대금을 받지 못하면서도 공사를 해야 하는 사태가 발생하고, 대출금의 상환이 어려울 경우 보증책임까지 져야 하는 부담을 안게 된다.

(다) 일반 PF와 부동산PF 비교

일반 PF(전자)와 부동산PF(후자)를 비교하면 다음과 같다. i) 개발자의 차이: 전자는 다수의 유력기업이 개발자로 참여하고, 대체로 개발 및 운영까지 총괄하는데 반해, 후자는 통상 시행사를 말하며, 대체로 토지확보 및 인·허가 등에 집중한다. ii) 기간의 차이: 전자는 주로 장기이며, 시설완공 후 대출 원리금 상환에 필요한 적정영업기간이 사업기간(10-20년 정도)인데 반해, 후자는 주로 단기이며, 건설기간과 6개월 정도의 정리기간이 사업기간(24-36개월 정도)이다. iii) 종류의 차이: 전자는 가스, 화학 등 기간사업군인데 반해, 후자는 아파트, 상가, 지식산업센터 등이다. iv) 프로젝트 사업성의 차이: 전자는 원재료의 조달 및 생산 재화의 판매 등에 대한 사업 안정성 확보 여부가 관건이며, 계약관계 및 원재료 공급자와 생산 재화의 인수자 등에 대해 평가를 하는 데 반해, 후자는 개별 부동산의 특성에 따른 분양 가능성이 관건이며, 수급 상황 및 경쟁력 평가를 한다. v) 현금흐름 패턴의 차이: 전자는 건설기간 중 공사비 등 사업비 대부분이 투입하고, 대출 원리금 상환재원이 되는 영업활동 현금흐름이 장기간에 걸쳐 창출되는 데 반해, 후자는 토지비, 공사비 등 사업비 투입과 분양대금 유입이 동시에 발생하는

187) 신경희(2015), 186-189쪽.

구조이다. vi) 투기수요의 차이: 전자는 투기수요가 거의 없는 데 반해, 후자는 투기수요 및 시장상황이 사업성에 상당한 영향을 미친다.

3. 국내 부동산PF의 특징과 문제점

국내의 부동산PF는 우리나라에서 진행되고 있는 부동산개발사업의 시장환경적인 여건과 개발사업 및 프로젝트금융의 일반적인 특성이 한데 어우러져 국내 부동산PF만의 독특한 특징을 보이며, 그로 인해 파생되는 문제점이 노출되고 있다.

(1) 국내 부동산PF의 특징

i) 정부의 정책적 지원에 따른 선분양 구조에서 아파트 등 공급자 위주의 대규모 민간 분양사업을 주요 대상으로 한다. ii) 시공사가 수급자로서 공사업무뿐만 아니라 부동산PF 진행 시 핵심 자금조달자 및 실질적인 신용공여자 역할을 하고 있으며, 분양 시 보유브랜드를 주요 마케팅 요소로 활용하는 등 사업 전반에 주도적으로 관여한다. iii) 차주인 사업시행자의 경우 대부분 자본력이 미약하고, 전문인력이 부족하여 영세성을 띠고 있으며, 프로젝트 단위로 설립되는 등 SPC 성격으로 운영되고 있어 대부분의 업무를 아웃소싱하고 있는 반면, 사업부지의 매입비를 비롯한 대부분의 사업비를 차입금으로 충당하는 등 과도한 레버리지의 활용을 당연시하고 있다. iv) 대주인 금융회사 내부의 순환보직에 따른 인사정책 등에 기인하여 부동산PF 담당자들의 전문성이 부족한 반면, 시공사의 직간접 신용보강을 기준으로 건당 여신규모가 최소 몇십억원 단위에서 최대 몇백억원 단위까지 이를 정도로 거액인 경우가 일반적이며, 대출기간은 분양전 수개월에서 준공 후 수개월까지로 설정되는 등 중기(약 3-4년) 이상의 취급을 사실상 제한하고 있다. v) 건설공사비 등 프로젝트 진행 중 소요되는 대부분의 사업비와 대출원리금 상환의 주요 재원인 현금흐름을 분양수입금에 전적으로 의존하고 있으며, 전체 사업비 중 대지비가 차지하는 비중이 높아 사업 초기에 거액의 자금을 일시적으로 필요로 한다. vi) 경기부양과 과열방지를 목적으로 하는 정부정책의 잦은 변경에 따라 부동산시장이 민감하게 반응하며, 지자체의 인·허가와 기부채납 등 대관업무 비중과 수반되는 비용이 높고, 분양보증 및 중도금대출, 민원, 관련 소송, 세금납부 등 사업 과정의 주요한 안전장치와 문제 해결에 있어 정부 및 공공기관과 관련 법제도의 영향을 많이 받는 구조이다. vii) 수요자인 수분양자 입장에서 분양 목적물을 실제 사용 목적 이외에도 투자 내지는 투기수단으로 활용하고 있어, 부동산경기 변동에 민감하게 반응할 뿐만 아니라, 부동산이 가계자산과 가계대출에서 차지하는 비중이 높아 유동성에 취약하며, 거래되는 개별 부동산이 국민소득 대비 높은 가격으로 형성되어 있고, 수많은 관련 업종종사자와 국민생활에 밀착되어 있어, 문제 발생 시 부동산PF 참여자들의 이해관계를 넘어 곧바로 사회문제화된다.

이상과 같이 국내의 부동산PF는 참여자 간의 책임부담 수준과 위험선호 경향이 매우 다름에도 불구하고 참여자 간의 적정한 위험배분없이 대규모의 자금이 조달되고 있어 부동산PF를 보다 안정적으로 유지하기 위해서는 현재의 금융구조와 관행이 개선되어야 할 필요가 있다.[188)]

(2) 국내 부동산PF의 문제점

ⅰ) 프로젝트와 관련된 최종 위험이 사실상 시공사로 집중되는 구조임에 따라 시공사가 자율협약, 대주단협약, 워크아웃, 회생절차 개시 등 유동성과 신용상에 문제가 발생할 경우 사업이 정상적으로 진행되기 매우 어렵게 되며, 복잡한 문제 해결을 위한 대주의 노력에도 불구하고, 최종적으로 대주의 대출 원리금 손실로 귀결되는 경우가 대부분이다. ⅱ) 분양 후 건설기간 중 시공사 문제로 사업진행이 지연되거나 중단되는 경우 주택도시보증공사(구 대한주택보증공사)가 수분양자 보호의 명목으로 환급 또는 분양보증을 이행하고 대주에 앞서 채권을 행사하게 되므로, 부동산PF 이해관계자는 프로젝트에 대한 주도권 상실 및 피해가 불가피하다.[189)] ⅲ) 선분양실시 후 미분양이 대량으로 발생하게 되면 사업운영자금의 원천인 현금흐름이 확보되지 못해 사업비 조달에 타격을 받을 뿐만 아니라, 사업시행자 및 시공사의 자금 유동성에 심각한 지장을 주게 된다. 분양 완료에도 불구하고 사업기간이 길어 입주 시점에 경제환경 변화 등으로 대량의 입주 미달 및 입주 거부 사태가 발생할 경우 분양계약 해제와 재분양 등 각종 행정절차의 진행과 소송대응 등으로 프로젝트의 마무리가 어려워지는 등 입주 위험에도 항시 노출되어 있다. ⅳ) 사업주체인 사업시행자에 대한 진입장벽이 낮아 부동산경기 호황 시 각종 개발사업이 난립하게 되고, 자본력 없이 차입금에 의존하여 사업을 진행함으로써 지가상승과 분양가격상승을 부추기게 된다. 시공사 및 금융회사도 이에 편승하여 무분별한 수주와 대출을 실행하여 동시다발적으로 적정수요 이상의 공급초과 상태를 단기간에 만들어 낸다. 이러한 상태를 유지하다가 부동산경기가 급락하면 잠재되어 있던 각종 리스크를 참여자 모두가 고스란히 떠안을 수밖에 없는 악순환 구조가 반복되고 있음에도 불구하고 사업시행자는 이익이 발생하면 독식하고 사업실패 시에도 실질적으로 책임을 부담하는 경우가 거의 없는 등 모럴헤저드의 발생이 빈번하다. ⅴ) 시장수요 및 사업성에 대한 정확한 판단과 충분한 점검없이 공급자 위주로 사업이 계획되고 진행됨에 따라 프로젝트가 부동산시장에서 외면받거나 실패한 경우 사업의 정상화에 상당한 기간과 비용이 필요할 뿐만 아니라 근본적으로 문제 해결이 어려운 경우가 대부분이다. ⅵ) 민간사업의 경우 사업부지의 매입비용이 높고, 다수의 지주들을 상대로 사업부지를 매입하여야 하는 등 사업부지의 확보가 용이하지 않다. 또한 장기간이 소요될

188) 정복희(2016), 5-6쪽.

189) 부동산PF 약정 이후 분양시점에 "프로젝트파이낸싱 대출관련 협약서"를 주택도시보증공사에 제출함으로써 대주들은 준공시까지 수분양자 보호의 명목으로 사업장 및 분양수입금에 대해서 주택도시보증공사보다 후순위의 지위를 가지게 된다.

뿐만 아니라 초과비용이 발생되기 일쑤여서, 기본적으로 사업의 진행이 지연되거나 사업수지가 낮아질 확률이 높고, 최악의 경우 금융비용만 누적된 채로 사업 자체가 부실화되는 경우도 상당히 많다. vii) 인구구조와 경제환경 변화 등 부동산시장의 수요감소 문제가 대두되고 있어, 분양 목적물을 대량으로 개발하여 공급하는 체계가 아닌 운용수익과 활용성을 중심으로 하는 부동산산업으로의 국면전환을 모색해야 하는 상황으로 부동산시장의 패러다임이 근본적으로 변화하고 있는 문제점에 노출되고 있다.[190)]

결국 국내의 부동산PF는 근원적으로 참여자 간의 위험배분이 균형적이지 못하고 사업성이 핵심기준이 되지 못한 상태로 취급되어 왔기에 문제 발생 시 참여자들의 연쇄적인 도산과 대규모의 부실 발생이 불가피한 구조를 갖고 있다.

Ⅱ. 부동산PF 익스포져 현황 및 잠재리스크

1. 개요

부동산PF는 부동산 매입·개발 등에 필요한 자금이 적재적소에 효율적으로 배분되도록 하는 역할을 하고 있다. 그러나 PF 익스포져는 여타 부동산금융 익스포져에 비해 사업성 의존도가 높아 부동산시장 여건에 민감하게 반응할 수 있다. 또한 적절한 리스크관리가 수반되지 않거나, 부동산금융 관련 수익·위험 배분이 왜곡될 경우 금융시스템 안정성을 저해할 소지가 있다. 예를 들어 2010년 전후 저축은행이 적절한 위험평가 없이 PF 브릿지론 대출을 과다 취급하였고, 시장여건이 악화되면서 대규모 PF대출 자산이 부실화한 경험이 있다.[191)]

2013년 이후 부동산PF 익스포져는 비은행권 중심으로 꾸준히 증가해오고 있다. PF대출의 경우 브릿지론과 같은 고위험 대출 취급은 줄었으나, 증권회사·여신전문금융회사 등 비은행권이 적극적으로 익스포져 확대를 가져왔다. 또한 PF 사업의 주된 신용보강의 주체가 종래 시공사 중심에서 증권사 등 금융회사 중심으로 전환되면서 PF채무보증도 증가하고 있다. 그리고 규제강도가 낮은 업권으로 익스포져가 전이(spillover)되거나, 금융그룹 차원에서 동일 사업장에 익스포져를 확대하는 경우도 존재하고 있다.

2. 부동산PF 익스포져 현황

부동산PF 익스포져는 PF대출(사업시행사 등에 대한 대출)과 PF채무보증(PF대출, PF ABCP 등에 대한 신용보강)으로 구성된다.

---

190) 정복희(2016), 7-8쪽.

191) 금융위원회(2019), “부동산PF 익스포져 건전성 관리 방안”(2019. 12) 보도자료.

(1) 부동산PF 채무보증

2019년 6월말 전체 금융권의 부동산PF 채무보증 규모는 28.1조원으로 대부분 증권회사(26.2조원)에서 취급하였다. 부동산PF 채무보증은 전체 금융권 28.1원인데, 그중 증권회사가 26.2조원, 여신전문금융회사가 0.7조원, 은행이 1.2원이었다. 증권회사 부동산PF 채무보증은 2013년말(10.6조원) 이후 증권회사 채무보증에 대한 수요[192] 및 공급[193]이 늘어나면서 빠르게 증가하였다. 그동안 증권회사는 리스크가 높지만 고수익을 확보할 수 있는 신용공여형 채무보증을 중심으로 채무보증 규모를 확대해왔다.

채무보증 유형은 다음과 같다. i) 신용공여형(예: 매입확약)은 기초자산 최종상환을 지급보증하거나 미분양물 담보대출을 확약하는 것으로, 이는 신용위험을 부담하게 된다. ii) 유동성공여형(예: 매입약정)은 유동화증권 차환발행 실패분을 인수 후에 시장에서 재매각하는 것으로, 이는 유동성위험을 부담하게 된다.

(2) 부동산PF 대출

2019년 6월말 기준 전체 금융권 부동산PF 대출 잔액은 71.8조원으로 2013년말(39.3조원) 이후 연평균 11.6%씩 증가해 왔다. 은행권은 부동산PF 대출규모를 축소해 왔는데, 그 이유는 바젤Ⅲ 시행(2013년)에 따라 부동산PF 대출에 대한 위험가중치가 최대 150%로 상향조정된 점 등의 영향으로 보이고, 비은행권은 보험회사·여신전문금융회사사 등을 중심으로 대출 취급을 확대해 왔는데, 이는 저금리기조에 따른 신규 수익원 발굴을 위한 노력, 부동산시장 여건 개선 기대 등이 맞물려 부동산PF 대출을 적극 확대해 온 것으로 보인다.

2019년 말 기준 전체 금융권 PF대출의 연체율과 고정이하 여신비율은 각각 1.9%, 3.0% 수준으로 2013년 이후 하락세를 지속해 왔는데, 이는 PF대출 규모 확대에 따른 희석 효과와 저축은행 PF 부실대출 정리 등의 영향이 혼재하고 있기 때문이다.

3. 부동산PF 익스포져 잠재리스크

(1) 부동산PF 채무보증

i) 증권회사와 여신전문금융회사의 채무보증이 고위험 유형을 중심으로 증가세를 보이고 있다는 점이다. 증권회사의 경우 최근 들어 고수익-고위험 유형인 매입확약(신용공여형 채무보증)[194]을 중심으로 채무보증이 증가하고 있다. 또한 계열사(예: 증권회사 및 캐피털사)가 동일 사업장에 대하여 공동으로 채무보증을 제공하는 사례도 존재한다.

ii) 건전성 관리 장치, 데이터 수집 체계가 충분치 않다는 점이다. 고위험 채무보증 증가

192) IFRS 도입 등의 영향으로 시공사의 신용보강이 감소한 것이 증권회사의 신용보강 수요증대를 가져왔다.
193) 전통적 업무에서의 수익감소에 대응하여 수수료율이 높은 PF보증을 확대하였다.
194) 신용공여형 비중(전체 채무보증 기준): ('13말) 54.3% ('15말) 69.4% ('17말) 72.5% ('18말) 81.9%.

세에도 불구하고, 이를 관리 제어할 수 있는 건전성 장치가 마련되어 있지 않고, 채무보증에 관한 상세 데이터, 취급 이력 등에 관한 정보수집체계가 충분히 구비되어 있지 않다.

iii) 부실인식 이연 자산과 관련된 채무보증 리스크 누적의 소지가 있다는 점이다. 사업 지연, 분양 부진 등으로 PF대출 만기시점에 대출이 상환되지 않을 경우, 대환·만기연장·대출 증액 등을 통해 "부실인식의 이연"이 가능하다. 이 경우 관련 PF 익스포져는 건전성 분류상 "정상"을 유지하고, 대출자산을 기초로 한 유동화증권을 발행하여 차환도 가능하다. 그런데 유동화증권 투자자들은 "부실인식의 이연"을 인지하기 어렵다. 부실인식이 이연된 대출자산이 누적될 경우 시장여건 악화 시 대출 및 채무보증 제공 금융회사의 리스크로 이어질 수 있다.

(2) 부동산PF 대출

i) 2013년 이후 부동산PF 대출 공급은 은행이 아닌 비은행이 주도하고 있다는 점이다. 2013년 이후 은행권은 부동산PF 대출잔액을 축소해 온 반면, 보험회사·여신전문금융회사 등은 부동산PF 대출을 확대해오고 있다.[195] 저금리 여건하에서 비은행권은 수익추구 차원에서 부동산PF 대출을 확대하고자 대출 취급태도가 적극적이었다. 그러나 비은행권은 은행권에 비해 유동성과 자본여력이 낮은 점을 감안할 때, 시장여건 변화나 PF대출 건전성 저하 등에 따른 금융업권 전반의 복원력이 전반적으로 저하되었을 소지가 있다.

ii) PF 사업장이 부동산시장 여건에 체계적 영향을 받음에 따라 PF대출 건전성이 빠른 속도로 악화될 가능성이 상존한다는 점이다. PF대출 건전성은 현재까지 양호한 수준을 유지하고 있으나,[196][197] 부동산시장 여건 변화가 여러 사업장들의 사업성에 동시에 영향을 주어 대출건전성이 일시에 급격히 변동할 가능성 상존하고 있다.

Ⅲ. 부동산PF의 당사자와 계약관계

1. 주요 당사자

부동산PF 대출을 실행하기 위한 직접적인 공동약정의 당사자는 차주, 대주, 시공사, 보증인, 신탁회사 등이며, 업무의 효율적인 진행을 위해 주선기관이 매개체 역할을 하고 있다.[198]

(1) 차주

차주는 프로젝트를 추진하는 사업주체 겸 해당 부동산개발사업의 사업주[199]로서, 프로젝

195) 부동산PF 대출 잔액('13년말→'19.6월말, 조원): (은행)21.5→18.9 (비은행)17.8→52.9.
196) 부동산PF 대출 연체율(전체 금융권, %): ('13말)13.0 ('15말)7.3 ('17말)3.1 ('19.6말)1.6.
197) 부동산PF 대출 고정이하여신비율(전체 금융권, %): ('13말)16.9 ('15말)8.8 ('17말)3.0 ('19.6말)3.0.
198) 정복희(2016), 11-14쪽.
199) 국내에서 부동산개발사업의 주체를 통상 사업시행자(시행사)로 표현하고 있는데, 특히 민간사업의 주체를

트 회사[200] 형태로 설립되는 경우가 많고, 금융구조화 시 필요한 경우에는 SPC가 도관체로서 많이 활용되고 있다.

(2) 대주

대주는 통상 대주단(syndication)을 구성하여 프로젝트에 소요되는 자금을 지원하고 대출원리금의 회수 시까지 프로젝트 위험을 공동으로 분담(단일 tranche[201]일 경우 대출금액 비율별로 의사결정 및 책임분담함)하게 되는데, 대주단 안에서도 위험선호도, 신용공여 형태 등으로 구조화하여 상환순위 또는 금융조건별로 대주단을 몇 개의 tranche군(동일 tranche일 경우 금융조건이나 지위가 같음)으로 나누어 구성하는 것이 보편화되어 있다. 국내에서 부동산PF의 대주단을 구성하는 주요 당사자로는 은행, 보험회사, 증권회사, 여신전문금융회사, 저축은행, 종합금융회사, 공제회 등을 들 수 있다. 대주단 구성의 특성상 대주 중 대표기관(통상 주거래은행 또는 신용공여액이 제일 많은 회사)이 대리은행의 역할을 맡아서 필요 시 대주단 회의를 주재하는 등 약정에 따른 대주단 간 의견조율 등 사후관리 관련 업무를 진행한다.

(3) 시공사

국내 부동산PF 구조에서 시공사는 가장 핵심적인 역할을 한다. 부동산개발의 계획 및 설계에 대한 점검, 금융조달, 분양관리, 시공, 준공 및 사후관리, 사업 정산에 이르기까지 프로젝트의 과정에서 시공사는 본인의 신용도와 전문성을 바탕으로 부동산PF에 주도적으로 참여한다. 부동산PF와 관련하여 시공사는 시공 주체로서 단순도급만을 담당하지 않으며, 차주의 대출원리금 채무에 대해 직접적으로 신용보강(연대보증, 채무인수 등)을 하거나 최소한 책임준공(미이행 시 채무인수 조건)을 대주에게 보장하는 것이 현실이다. 시공사의 이러한 역할로 인해 위험부담이 과중한 경우가 일반적이고, 업종의 특성상 경기에 민감하게 반응하므로 다른 업종에 비해 부침이 심한 편이다. 국내의 주요 시공사는 국토교통부가 매년 7월경 발표하는 시공능력평가 순위를 통해 확인할 수 있지만, 실제로 부동산PF 진행 시 대주별 취급기준 및 시공사 자체의 신용도에 따라 특수 공공기관(주택도시보증공사 등)의 보증없이 부동산PF에 참여 가능한 시공사는 상당히 제한되고 있는 실정이다.

"디벨로퍼(developer)"라고 부르기도 한다. 이들은 프로젝트의 기획 및 사업타당성 분석과 사업계획을 수립한 후 사업부지의 확보, 건축설계 및 인허가 진행, 부동산PF 실행 등 사업자금의 조달, 분양(임대), 목적물의 건설(시공), 준공, 소유권보존, 입주, 사후관리 및 사업의 최종 정산에 이르기까지 부동산개발사업과 관련한 일체의 업무에 있어 주체가 된다.

200) 사업주의 기존 사업과 분리되어 프로젝트를 관리·운영하며, 프로젝트 관련 각종 계약상의 법적 주체가 된다.

201) 사전적 의미로는 금융기관이 개별 대출들을 모아(pool) 이를 기반으로 다시 발행한 채권을 말하나, 실무적으로는 동일 조건 대출계약들의 집합을 의미한다.

(4) 보증인

차주의 경우 대부분 신설회사로 설립되어 신용도가 낮고 타인자본 의존도가 높아 대주는 신용도가 양호한 시공사를 보증인으로 요구하는 것이 일반적이다.[202] 그러나 2008년 금융위기 및 2011년 상호저축은행 대량 영업정지 사태를 계기로 시공사가 과도한 우발채무의 부담을 지양하고 있고, 2011년 한국채택국제회계기준(K-IFRS)[203] 도입에 따라 우발부채에 대한 기재 등 부외금융의 효과가 차단되고 있어 사업성이 좋은 프로젝트의 경우 부동산PF 취급 시 회사채 기준 A등급의 신용등급을 보유하고 있는 시공사를 중심으로 연대보증을 비롯한 각종 신용공여가 축소되거나 없어지고 있는 추세이며, 책임준공(미이행시 채무인수 조건) 정도의 간접 신용공여가 일반화되었다. 다만 사업성이 상대적으로 떨어지거나, 장기문제사업장(NPL[204] 사업장 포함) 등은 여전히 시공사의 신용공여 없이는 부동산PF의 진행이 사실상 어려운 실정이다. 시공사가 부담해왔던 위험 중 분양위험과 관련한 부분을 일부 금융회사(주로 주선기관을 겸임하는 증권회사)가 상업적인 목적(수수료 수입, 대주단 구성 등 주선기관 목적 달성 등)으로 미분양 담보대출 확약 또는 대출채권 매입확약 등의 방법으로 보조적인 보증인의 역할을 하고 있으며, 준공위험과 관련해서도 시공사가 아닌 회사가 신용공여를 하는 형태가 나타나고 있기도 하다.

(5) 신탁회사

신탁회사(주로 부동산신탁회사)는 부동산PF 진행 시 사업목적물에 대한 담보관리와 사업의 안정적인 수행을 위해 신탁계약에 따른 수탁자의 지위로서 프로젝트에 참여한다. 수탁자인 신탁회사는 차주 겸 원사업시행자인 위탁자와 체결하는 신탁계약의 내용(주로 관리형 토지신탁)에 따라 수탁재산(사업 초기 단계에서는 사업부지인 토지가 주로 그 대상이 됨) 및 사업으로 인하여 발생하는 수익금(대표적으로 분양수입금 등) 등을 관리하고 대외적으로 사업시행자 및 소유권자로서 역할을 하게 되는데, 이와 같은 신탁계약은 각 개발사업의 형태, 시기 및 적용 법률에 따라 종류가 달라진다.[205]

---

202) 차주의 대표이사 또는 실질 대표나 투자자는 시공사와 더불어 보증인의 의무를 부담하나 대주 입장에서는 이들에 의한 실제적인 대출 원리금 상환을 기대하기보다는 사업완수를 위한 심리적인 압박용도로 사용하는데 그치고 있다.

203) 금융감독위원회(現 금융위원회)가 국제회계기준(IFRS)을 도입하여 기업의 회계투명성 향상과 회계분야의 국가경쟁력 강화를 도모하고자 2006년 2월 국제회계기준 도입준비단을 구성한 뒤 2007년 3월 국제회계기준 도입 로드맵을 발표한 후 국제회계기준(IFRS)에 맞추어 2007년 12월에 공표한 새로운 회계기준으로 주요 특징으로 첫째, 연결재무제표 중심으로 전환, 둘째, 재무제표의 명칭 및 구성 개편, 셋째, 자산·부채의 공정가치 평가범위 확대를 들 수 있으며, 2009년 선택적 조기도입 후 2011년부터 모든 상장기업에서 의무적용되게 되었다.

204) NPL(non performing loan)은 무수익여신이라고도 하는데, 부실대출금과 부실지급보증금을 합친 개념으로 금융기관이 빌려준 돈이 회수될 가능성이 없거나 어렵게 된 부실채권을 의미한다.

205) 차주는 사업 초기 사업부지 확보 시 대주의 채권보전을 위해 부동산 담보신탁을 먼저 진행하게 된다. 이후 본 PF 진행 시 신탁회사가 사업시행자(또는 건축주)가 되는 관리형 토지신탁을 진행하는 것이 일반적이

(6) 주간사 금융기관

주간사 금융기관은 특정 프로젝트의 추진을 위한 자금조달 및 대주단 구성을 주선하고, 금융주간사로서 금융조건 협상과 약정서 및 법률문서의 작성을 준비하는 등 대출실행 전후 부동산PF가 시의적절하고 효율적으로 추진되도록 중개역할을 하며, 부동산PF를 취급하는 금융회사의 전담부서나 부동산PF의 중개를 전문으로 하는 증권회사 영업부서들이 주로 담당하고 있다.

2. 계약관계

국내 부동산PF와 관련된 프로젝트의 진행단계에 따라 많은 이해관계자들이 있게 되는데 사업시행자를 중심으로 주요 당사자들과의 일반적인 계약관계는 다음과 같다. i) 시행사(도급인)와 사업부지 소유자: 사업부지 매매계약을 체결하는데, 사업부지 소유자(민간 또는 공공)와 매매 또는 공급계약을 체결한다. ii) 시행사(도급인)와 시공사(수급인): 공사도급계약을 체결하는데, 개발사업의 공사에 대한 일괄도급계약을 체결한다. iii) 시행사(도급인)와 대주(금융기관): 대출계약 등을 체결하는데, 부동산PF 약정에 따른 제반 계약을 체결한다. iv) 시행사(도급인)와 신탁회사: 관리형 토지신탁계약 또는 부동산 담보신탁계약을 체결한다. v) 시공사(수급인)와 대주(금융기관): 신용공여와 관련한 계약을 체결하는데, 즉 연대보증, 채무인수, 책임준공(미이행시 채무인수 조건) 등 대주의 채권보전을 위한 계약을 체결한다. vi) 시행사(도급인)와 분양보증회사: 분양보증계약을 체결하는데, 통상 선분양을 위한 분양보증계약(주택도시보증공사 등)을 체결한다. vii) 시행사(도급인)와 수분양자: 분양계약을 체결하는데, 수분양자와 개별 분양 대상물에 대한 공급계약을 체결한다. viii) 시행사(도급인)와 설계, 감리자 등: 프로젝트 관련 용역 등의 발주에 따른 일체의 계약을 체결한다.[206)]

그 외에도 부동산PF와 관련된 직접적인 이해당사자는 아니지만, 수분양자의 중도금대출 취급 금융회사, 인·허가와 행정지도 관련 정부기관과 지방자치단체, 소유권보존등기와 관련된 법원 등기소 등 다양한 당사자들과 이해관계를 맺게 된다.

다. 관리형 토지신탁으로 프로젝트가 진행될 시에는 신탁회사가 주택도시보증공사(구 대한주택보증공사)로부터 분양보증을 받아 사업을 진행하게 되어, 주택도시보증공사로 수탁자가 변경되지 않는다. 관리형 토지신탁 구조가 아닌 부동산 담보신탁으로 계속하여 사업이 진행되는 경우 선분양 제도하에서 필수적인 분양보증서(주택법이 적용되는 공동주택 개발사업의 경우)를 발급받는 경우 수탁자를 주택도시보증공사(수분양자 보호를 위한 주택도시보증공사의 채권보전 목적)로 변경하게 되는 경우가 발생한다. 그리고 건축물의 분양에 관한 법률 적용대상 사업의 경우는 부동산PF 관리를 위해 보통 분양관리신탁(대리사무계약 포함)을 진행하게 된다.

206) 정복희(2016), 15-16쪽.

Ⅳ. 부동산PF 대출 절차 및 형태

부동산PF 취급 시 진행되는 일련의 절차와 약정의 내용은 해당 프로젝트와 이해관계자에 따라 다양한 형태로 전개되나, 주요한 사항들은 금융기관별「부동산PF 리스크관리 모범규준」과 대주인 금융회사 자체의 PF가이드라인 등을 토대로 취급되고 있다.[207)]

1. 진행 및 약정

금융회사인 대주에게 부동산PF의 신청이 접수되는 시점은 사업시행자가 이미 사업부지 계약, 설계 및 인·허가 진행, 시공사의 선정 등 사업의 기본적인 구도가 완성단계에 있거나, 실제 분양시점을 얼마 남겨두지 않은 상황인 경우가 일반적이다. 왜냐하면 사업수지가 거의 확정될 수 있는 시점에 이르러서야 시공사의 직간접적인 신용공여 등을 바탕으로 부동산PF를 진행할 수 있기 때문이며, 사업의 성공 여부가 불확실한 상태에서 금융비용을 최대한 절감하고자 하는 실제적인 이유도 많은 영향을 미치고 있다. 따라서 공모형 PF사업[208)]과 같이 대규모 프로젝트인 경우를 제외하고, 부동산PF를 취급하는 대주들은 사업의 기획단계 등 사업 초기부터 참여하는 경우는 거의 없고, 부동산PF 신청 시 사업계획내용과 추진 완료 및 예정된 주요 사항들을 점검하는 등으로 내부 심사를 거쳐 실제 부동산PF 대출을 실행한다.

(1) 업무 진행절차

대주인 금융회사 기준으로 부동산PF가 검토에서부터 실제 취급되기까지의 일반적인 절차와 흐름을 살펴보면 다음과 같다. ⅰ) 대출상담: 차주와 부동산PF 대출상담 및 대출조건 협의와 추진 타당성 여부 검토, ⅱ) 신용조사: 사업시행자 및 시공사에 대한 신용조사 및 해당 사업 수행능력 검토, ⅲ) 사업타당성 검토: 프로젝트의 분양성, 수익성, 상환가능성 등 제반 사업타당성 분석, ⅳ) 리스크 검토: 사업의 시행 및 대출금 상환에 대한 각종 리스크 검토, ⅴ) 대출승인: 내부의 대출승인에 따른 대주단 모집 등 차주와 대출에 관한 본격적인 절차 진행(내부 심사 및 의사결정기구 심의 통과), ⅵ) 대주단 모집: 주간사와 대주 간 금융조건, 취급 가능 규모 등 프로젝트 참여 여부 협의, ⅶ) 대주단 확정: 대주별 내부 심사절차 진행 및 대출승인과 해당 프로젝트에 대한 최종 금융조건 등 확정, ⅷ) 자필서명 및 기표[209)]: 대출조건 및 사업진행에 부합되

---

207) 정복희(2016), 17-21쪽.

208) 공공의 부지를 공모를 통해 선정된 민간사업자가 개발하되 부지의 소유자인 공공이 일정부문 개발사업에 참여하는 형태의 민관합동 개발사업을 말하며, 대표적인 사업으로 용산역세권 국제업무지구 개발사업 등을 들 수 있다.

209) 기표가 떨어진다는 말은 대출이 승인되어 대출금이 나온다는 의미이고, 기표가 떨어진 날이 대출 발생일이 되고, 그달 이자가 계산되는 기준일이 된다.

는 대출약정 체결 및 개별 대주별 대출실행(부동산PF 대출 취급 완료)

(2) 리스크 점검

대주의 내부의사결정과 심사 시 리스크관리를 위해 심사보고서의 분석 및 검토가 필요한 주요 사항은 개별 금융업종별「부동산PF 리스크관리 모범규준」이 규정하고 있으며, 구체적인 취급조건은 개별 금융회사의 PF가이드라인 등에 따른다.

(3) 주요 약정사항

부동산PF는 사업규모가 크고, 소요자금이 많이 들며, 계획사업에 내재하는 위험성이 높은 관계상, 어느 금융회사가 단독으로 자금을 공여하고 위험을 부담하기보다는 복수의 금융기관이 대주단을 구성하여 신디케이트 방식으로 필요자금을 대출해주는 것이 일반적이다. 따라서 부동산PF 약정 진행 시 개별 금융회사들을 포괄하기 위해 어느 특정 금융회사의 표준 대출계약서를 사용하지 않고 법무법인의 주관하에 프로젝트별 기본 약정서인 "사업 및 대출약정서"를이용하여 계약을 체결하고 있다. 이 약정서는 부동산PF의 주계약서로서 구조화 시 ABL(Asset Backed Loan: 자산유동화대출) 대출약정서를 추가한다.

또한 기타 담보설정에 관한 부속 약정서(유효성 확보를 위해 확정일자부 등으로 첨부)와 필수 서류(정관 등 기타 유효한 소비대차의 성립에 필요한 법인의 내부 서류 등) 등을 한 권의 약정서 묶음(세트)으로 편철하여 보관하는데, 이를 실무적으로는 "바이블(bible)"이라 표현하고 있다. 특정 프로젝트와 관련한 소요자금 조달이라는 특수성에도 불구하고 부동산 관련 약정들의 기본 성질은 PF 금전소비대차에 해당된다. 따라서 기본 약정서로써 작성되는 "사업 및 대출약정서"의 주요 내용은 대출금액, 대출시기 및 상환시기와 상환방법, 담보제공에 관한 사항, 채무불이행 사유 및 채무불이행 시 대주의 권리행사 방법 등이다.

2. 대출형태 및 자금조달

부동산PF는 사업의 진행단계와 시행 및 대출구조 등 프로젝트의 상황에 따라 여러 가지 형태로 추진될 수 있으며, 각 유형에 따라 세부내용이 달라진다. 부동산펀드 및 자산유동화(ABS, ABCP, ABSTB, ABL 등)형 PF와 PFV를 활용한 PF 등이 있다. 여기서는 진행단계에 따른 분류만을 간략히 살펴보고, 부동산PF의 수행에 필요한 조달자금의 원천에 대해 살펴본다.[210)]

(1) 진행단계별 대출형태

(가) 브릿지론

브릿지론(bridge loan: 연계대출 또는 가교대출)은 사업부지의 매매계약에 따른 계약금 또는

210) 정복희(2016), 22-25쪽.

중도금이 집행되는 단계에서의 부동산PF로서 전반적인 사업계획내용과 본 PF의 조달이 확정되지 않은 상태이므로 대주 입장에서는 리스크가 크다. 2008년 금융위기 이전 주로 제2금융권을 중심으로 취급되었으나, 상호저축은행의 대량 영업정지 사태 이후 우량한 시공사 및 금융회사의 신용보강이 없는 경우에는 그 취급 비중이 대폭 축소되거나 점차적으로 생략되어 가고 있는 실정이다. 다만 공공부문(LH 및 경기도시공사 등)이 개발 및 공급하는 사업부지(택지개발지구 중심)의 경우 토지대 중도금 조달과 관련하여 매매대금반환채권 구조[211]를 많이 활용하고 있다.

(나) 본 PF

설계 및 인·허가의 마무리와 더불어 사업수지 등을 가늠할 수 있는 단계에 접어들면, 시공사의 선정과 더불어 사업성 검증을 통해 사업 구도에 따른 가장 일반적인 형태의 본 PF대출(부동산PF 대출)이 가능해지는데, 조달된 자금은 주로 사업부지의 대금완납과 초기 사업비 등에 사용된다.

(다) 추가 자금조달

본 PF 이후 프로젝트의 진행 도중에 본 PF의 대출금을 상환하거나 공사대금 등 사업비 충당을 위해 추가 자금조달이 이루어지기도 하는데, 추가 PF 대주는 기존 PF 대주가 가지고 있는 담보의 후순위 지위를 확보하는 것이 일반적이다. 그러나 진행 중인 프로젝트가 부실사업이 되어 추가로 자금을 조달하지 않으면 사업이 진행되기 어려운 경우에는 기존 대주들이 불가피하게 추가 자금을 지원하기도 하는데, 이때에는 추가 조달된 자금의 PF 대주가 상환 및 담보에 있어 최선순위가 된다.

(2) 조달자금의 분류

(가) 자기자본

1) 출자금

출자자는 최소한의 출자만을 통해 출자금의 비중을 낮추고 자기자본수익률(return on equity)을 높여 레버리지 효과를 최대화하고자 하는 반면, 대주인 금융회사는 출자금이 회사청산 시 최후순위에 있어 간접적인 담보의 기능이 있고 사업시행자의 사업 포기를 막는 안전판의 역할도 하기 때문에 가급적 출자금의 비중이 높기를 희망한다. 일반적으로 부동산PF 진행

---

211) 매수인(차주)과 매도인(LH 등 공기업) 간에 체결한 매매계약에서 파생되는 매매대금반환채권이 대출채권에 대한 담보로 제공되는 구조이다. ⅰ) 매도인과 매수인 간에 토지매매계약을 체결하고 매수인은 계약보증금을 지급, ⅱ) 매수인은 토지매매계약에 따른 매매대금을 지급하기 위해 대주와 대출약정(부동산 매매계약의 해제 시 발생하는 매매대금반환채권을 담보로 제공하는 내용 포함)을 체결, ⅲ) 대주는 매매대금반환채권이 담보로 제공되고 있다는 사실을 매매계약의 거래상대방인 매도인에게 통지하고 매도인으로부터 양도승낙을 받음, ⅳ) 매수인은 대출 만기일에 자금재조달(refinance)을 통해 조달한 자금으로 대출 원리금을 상환하여야 하나, 대출 원리금을 상환하지 못할 경우 대출약정상 기한의 이익을 상실하게 됨, ⅴ) 기한이익이 상실되는 경우 대주는 매도인에게 대출약정상 기한이익이 상실되어 매매계약 해제사유가 발생하였음을 통지하고 매매계약 해제 통지와 더불어 매매대금반환금을 대주에게 직접 지급해 줄 것을 요청하고, 매도인이 매매대금을 대주에 반환하는 것으로 종결.

시 사업시행자의 출자금 비중은 대략 토지비의 10%(사업부지 매매계약에 따른 계약금을 치를 수 있는 수준) 정도 수준이다.

2) 후순위대출

대주의 입장에서는 부동산PF 대출보다 후순위여서 담보력 증대의 효과가 있고, 사업시행자의 입장에서는 출자금보다 선순위이고 회수 순서 및 고정이자 수취 등의 장점과 융통성이 있는 등 후순위대출은 차입금과 자본금 양자의 특성을 지니고 있다.[212)]

(나) 타인자본

1) 대출금(부동산PF 대출)

다수의 금융회사 등이 대주단을 구성하여 브릿지론 또는 본 PF 등의 형식으로 대출하는 가장 보편적인 자금조달방식이다.

2) 자산유동화

ABS, ABCP, ABSTB 등 차주인 SPC가 보유하고 있는 자산 등을 유동화하여 자금을 조달(시공사의 신용보강 또는 증권회사의 매입약정 등으로 신용보강되어 투자자에게 판매하는 경우가 일반적이다)하는 방식이며, 금융구조화의 형태로써 일반적으로 사용되고 있다.

3) 사모사채

시공사 또는 기타 신용보강자들의 신용 및 담보 등을 바탕으로 차주인 SPC가 신용평가회사의 신용등급을 받아 사모사채를 발행하여 자금을 조달하는 방식이며, 자산유동화와 마찬가지로 금융구조화의 형태로 사용되고 있는 방법이다.

Ⅴ. 담보 및 신용보강

1. 서설

(1) 특징

부동산PF는 부동산개발로부터 향후 발생할 것으로 기대되는 현금흐름을 기초로 하여 자

---

212) 후순위대출이 자기자본으로 분류되는 이유는 국제결제은행 바젤은행감독위원회의 협약(Basel Ⅰ)에 따라 기존에 자본의 개념이 Tier 1(기본자본, 주식으로 대변되는 자본: 자본금, 자본잉여금, 이익잉여금, 신종자본증권 등)뿐만 아니라 Tier 2[보완자본, 지분증권이라기보다는 채무증권으로서의 성격이 짙은 자본: 재평가적립금, 대손충당금, 만기 5년 이상의 후순위채무(이자율은 높지만 배당순위에 있어서는 거의 자본과 유사), 상환우선주(부채성 자본)]까지도 자본의 범주에 포함되었기 때문이며, 우리나라도 바젤은행감독위원회의 정식위원국으로서 Basel Ⅰ에 따른 자본건전성규제에 동참하고 있다. Basel Ⅰ은 스위스 바젤에 있는 국제결제은행의 바젤은행감독위원회가 1988년 G10 국가에 자기자본규제 협약(소위 Basel Ⅰ)을 만장일치로 통과시키고, 1989년 이후 비상임국가에 대해서도 동 협약의 수용을 권장하여, 회원국들은 사실상 구속되어 소속 국가별로 해당 사항을 입안하게 된 것이며, 우리나라는 2009년 3월 11일 호주, 중국, 인도, 멕시코, 러시아와 함께 바젤은행감독위원회의 정식위원국이 되었고, 위원국은 G20 국가로 확대되었다.

금을 융통하는 장기금융조달방식으로 장래 발생할 것으로 예상되는 권리를 담보로 하기 때문에 다양한 위험에 노출되어 있다. 이러한 위험들을 관리하기 위해서는 프로젝트건설시공·운영·수익 위험을 상세히 평가하고, 계약 및 기타 약정을 통하여 위험을 투자자(사업주), 대주 및 기타 당사자들 간 배분함으로써 예상되는 위험을 참여자들에게 분산시키는 것이 필요하다. 그러나 국내 부동산PF는 사업시행자가 자기자본이 매우 과소하여[213] 사업위험을 대부분 시공사가 연대보증이나 책임준공약정을 통해 부담하는 독특한 PF구조로 나타났다. 이러한 PF구조는 시공사가 개발사업에 대한 위험을 크게 부담하기 때문에 경기침체로 인한 사업실패 시 시공사의 부도가 발생할 수 있으며, 시공사의 부도는 다른 사업장의 부도로 연결되어 PF를 매개로 금융권, 타 시공사 등의 연쇄적인 파급이 불가피해질 가능성이 있다.[214] 따라서 여기서는 부동산PF에서 주로 이용하는 신용보강의 유형과 내용을 살펴본다.

(2) 신용보강 일반

프로젝트금융과 관련된 일반적인 위험은 프로젝트 참여자들 각각의 신용위험, 프로젝트의 완성위험, 프로젝트 대상의 판매위험과 원자재조달 위험, 운영위험, 경제적·재무적 위험, 사업기반 위험, 정치적 위험, 불가항력 위험 등이 있다. 이러한 위험을 관리하기 위해서는 관련 계약서나 약정서상에 다양한 장치를 마련하며, 필요한 경우 보증, 보험 등의 제도를 활용하고, 대출자의 대출 원리금 보전을 위해 인적·물적 담보[215] 및 기타 각종 채권보전 수단을 강구하게 된다.[216]

---

213) 사업시행자는 초기 부동산개발 단계에서 상호저축은행과 같은 제2금융권 금융기관으로부터 단기자금을 융통하였다가 사업의 인·허가 등 사업이 본격화되면 제1금융권 금융기관의 대출이나 대출채권의 유동화(PF ABS)를 통하여 각각 자금의 회수가 이루어진다. 국내 부동산개발사업에서 PF ABS는 시행사가 프로젝트를 진행하는 데 필요한 운영자금, 부지매수자금 등의 사업자금이나 사업시행과 관련한 기존 대출금 상환을 위해 실행된 대출채권을 유동화한 것이다. PF ABS 신용등급은 시공사의 신용등급과 연계되는 경우가 대부분인데, 이는 시공사가 대출채권에 대한 채무보증 등의 신용보강을 해주기 때문이다. 이러한 시장구조에서는 과도한 위험을 인수한 건설회사나 금융기관이 2008년 금융위기와 같은 외생적 변수에 의한 시장충격으로 도산하거나 구조조정의 대상이 될 수 있다. 국내에서는 2011년 PF 부실대출로 인하여 많은 저축은행들이 영업정지되면서 프로젝트금융에 대한 관심이 집중되었다. 당시 16개의 상호저축은행이 영업정지로 매각되었다.

214) 조재영·이희종(2018), "부동산개발사업의 위험관리 방안에 관한 연구", 부동산학보 제73권(2018. 5), 32쪽.

215) 프로젝트금융의 대상이 되는 사업의 특수성을 고려할 때, 채권보전의 목적은 유사 시 담보권 실행에 의해 상환을 위한 재원을 마련하는 것에도 있지만 중요한 자산에 대한 선순위 담보를 설정하여 이에 대한 제3자의 권리실행을 사전에 차단하고 해당 프로젝트의 사업권을 원활하게 취득하여 제3자에게 이전하는 것을 구조화의 전제로 삼고 있다고 볼 수 있다.

216) 정기열(2018), "부동산 프로젝트파이낸싱의 고도화: 부동산신탁회사의 신용보강을 통하여", 부동산분석 제4권 제1호(2018. 5), 132쪽.

2. 시공사를 통한 위험관리

(1) 보증

(가) 시공사의 보증

보증의 종류에는 연대보증, 보증연대, 공동보증, 부보증, 구상보증, 배상보증, 계속적 보증(근보증) 등으로 나눌 수 있는데, 부동산PF에서는 주로 연대보증이 사용된다. 보증(또는 보증채무)은 채권자와 보증인 사이에 체결된 보증계약에 의하여 성립하는 채무로서, 주채무자가 이행하지 아니하는 채무(장래의 채무를 포함)를 보증인이 이행할 의무를 말한다(민법428조). 보증은 그 의사가 보증인의 기명날인 또는 서명이 있는 서면으로 표시되어야 효력이 발생(보증의 의사가 전자적 형태로 표시된 경우에는 효력이 없다)하고, 보증채무는 주채무의 이자, 위약금, 손해배상 기타 주채무에 종속한 채무를 포함한다(민법428의2, 429).

(나) 연대보증

1) 개관

연대보증은 부동산PF에서는 재무상태가 상대적으로 열악한 시행사에 대해 시공사가 보증을 제공함으로써 시행사가 자본시장에서 보다 원활하게 자금을 융통할 수 있는 수단으로서 활용된다. 시행사가 금융기관에서 부동산PF와 관련한 대출을 받고자 할 경우 아무리 사업성이 높은 개발계획이라 하더라도 금융기관이 재무적으로 열악한 시행사만 믿고 자금을 대출해주기는 어려울 것이다. 그러나 시공사가 시행사의 채무상환에 대해 보증을 설 경우 보증을 선 시공사의 신용등급에 상응하는 금리로 대출을 실행하는 것이 가능하게 된다.[217)]

연대보증은 국내의 부동산PF가 프로젝트금융의 기법을 사용하면서도 주요 특징인 비소구 또는 제한소구 금융보다는 시공사에 대한 기업자금대출의 성격을 띠게 하는 주요한 인적담보 제도로써 기능하여 왔다. 연대보증은 보증인이 채권자와의 보증계약을 통해 주채무자와 연대하여 채무를 부담하기로 하는 보증채무(또는 보증)를 말하는데, 연대보증은 보충성이 인정되지 않으므로 연대보증인이 최고·검색의 항변권을 갖지 못하는 것(민법437)과 연대보증인이 수인 있는 경우에도 공동보증에서의 분별의 이익을 갖지 못하고(민법448②) 각자 주채무 전액을 지급하여야 하는 점에서 보통의 보증채무와 차이가 있다. 한편 주채무가 주채무자의 상행위로 인하여 생긴 때 또는 보증이 상행위인 때에는 그 보증채무는 언제나 연대보증이 된다(상법57②).

부동산PF 약정 시 체결된 연대보증서 또는 사업 및 대출약정서상 기한의 이익상실 사유가 발생하였거나, 채무자인 차주가 채무변제 시기에 채무를 불이행하였을 경우 채권자인 대주는 곧바로 연대보증인에게 채무변제를 요구할 수 있다. 이때 주채무자에 대한 채무변제 청구는 거

217) 조재영·이희종(2018), 34쪽.

치지 않아도 무방하고, 채무변제 청구에 대한 사항은 재판상 청구 및 재판외 방법 등 연대보증인에 대해 조치 가능한 일체의 방법으로 청구가 가능하며, 전체 채무에 대한 변제를 각 연대보증인별로 동시에 청구하는 것도 가능하다. 채무를 변제한 연대보증인은 주채무자에게 변제한 채무금액 일체를 청구할 수 있는 구상권을 가지며, 타 연대보증인에게도 마찬가지로 채무변제 후 자기 부담분 초과분에 대해서는 타 연대보증인의 부담비율에 해당하는 금액 상당액에 대한 구상권을 가지게 된다. 하지만 채권자인 대주의 대출 원리금 전액 변제에 앞서 연대보증인의 구상권을 행사할 수 없도록 제한하는 것이 일반적이다.[218)]

2) 이자지급보증 · 원금지급보증 · 원리금지급보증

부동산PF에서 활용되는 보증은 보증의 범위에 따라 이자지급보증, 원금지급보증, 원리금지급보증으로 구분된다.[219)] 이들은 각각 채무자가 납입할 이자 부분에 한해서만 보증을 하거나 대출원금에 한해서만 보증을 하거나 대출원금과 이자 모두에 대해 보증을 하게 된다. 원금지급보증은 거의 활용되지 않으며 통상 원리금지급보증이나 이자지급보증을 활용하고 있다. 이들 보증들의 경우 이자의 범위는 대출기간 중 발생하는 이자 이외에 원리금 상환 연체로 인한 지연이자도 포함한다. 원리금지급보증의 경우 연체기간이 길어져 이자 총액이 원금을 상회하는 경우도 발생할 수 있는데, 이 경우 이자지급보증을 활용하면 보증인의 부담을 최소화시킬 수 있다. 대출자인 금융기관은 원금은 물적담보의 실행을 통해 확보하고, 상환 여부가 불확실한 이자 부분은 시공사의 보증을 통해 확보한다. 이 방법은 보증을 제공하는 시공사의 입장에서 부담을 최소화하는 한편 대출자인 금융기관의 채권확보를 도모하는 형태가 된다.[220)] 이자지급보증에 관한 상세한 사항은 후술한다.

3) 연대보증과 근보증

한편 부동산PF에서 활용되는 보증은 형식적인 측면에서는 연대보증과 근보증[221)]이 병존적으로 활용된다.[222)] 연대보증은 보충성이 인정되지 않는다. 따라서 주채무자의 변제자력 여부

---

218) 정복희(2016), 36-37쪽.

219) 일반적으로 시공사는 실적과 신용을 확보하고 있으나, 시행사 특히 신설 특수목적법인은 신용도가 높지 않으므로 지급보증이 관행으로 굳어졌다. 그러나 최근에는 시공사의 보증 내지 채무인수 회피로 이러한 신용보강 방식이 점차 감소하는 추세이다. 오히려 사무실 빌딩의 경우 매수인의 매입확약을 통한 물건의 선매각, 신용이 우수한 시공사의 일정 비율의 책임분양(보통 60-70%), 택지개발사업에 있어서 토지매매 중도금 반환채권의 활용(양도담보) 등 다양한 방식의 신용보강 장치를 마련하고 있다.

220) 조재영 · 이희종(2018), 34쪽.

221) 근보증의 경우 그 보증하는 채무의 최고액을 서면으로 특정할 것을 요구하면서 동 채무의 최고액을 서면으로 특정하지 않은 근보증계약은 효력이 없다(보증인보호를 위한 특별법6 및 8). 실무상으로는 한정근보증이나 특정근보증의 형태가 많이 이용되고 있다.

222) 실무상 시공사를 통한 신용보강 이외에 차입자나 차입자의 대표이사의 연대보증을 별도로 요구하는데, 실질적으로 금융규모를 고려할 때, 이들의 변제자력은 제한적이며 크게 도움이 되지 않는다. 그럼에도 불구하고 이를 요구하는 것은 차입자(시행사)의 적극적인 업무추진과 대출금의 적기 상환을 압박하기 위한 수

와 관계없이 곧바로 보증인에게 보증채무의 이행을 청구할 수 있게 된다. 부동산PF에서 시공사가 사업시행자에게 원리금 상환에 대해 연대보증을 했을 경우 채무불이행 시 채권자는 별다른 절차없이 시공사에게 보증계약에 따른 원리금 상환을 청구할 수 있다. 근보증은 보증의 범위에 따라 포괄근보증,[223] 한정근보증,[224] 특정근보증[225] 등으로 구분된다. 부동산PF에서 활용되는 근보증은 금융기관 등과 사업시행자 간의 금전대차계약에 제공되는 보증이라는 점에서 한정근보증이나 특정근보증 형태를 띠게 된다.[226]

(2) 채무인수

(가) 의의

채무인수라 함은 채무의 동일성을 유지하면서 채무를 인수인에게 이전시키는 것을 목적으로 한 계약을 의미한다. 채무인수는 채권자와 채무자, 인수인의 3자 간 계약으로도 가능하며, 채무자와 인수인 사이에서 채무인수계약과 채권자의 승낙에 의하여도 가능하다. 민법 제453조 내지 제459조에서 면책적 채무인수를 규정하고 있으며, 명문의 규정은 없지만 학설과 판례는 병존적 채무인수, 이행인수, 계약인수를 인정하고 있다.

i) 병존적 채무인수라 함은 원래 채무자가 채무를 면하지 않고 여전히 채무자인 상태로 있으면서 제3자가 동일한 채무를 부담하는 것을 말한다. 종래 채무자와 채권자 관계에는 아무런 변화가 없으며, 인수인이 당초 채무자와 더불어 부가적으로 채무를 부담하므로 병존적 채무인수는 담보적 효력을 갖는다. 병존적 채무인수는 면책적 채무인수와 달리 처분행위가 아니며 기존 채권자의 채권에 어떤 변경을 가하지 않는 채권행위 내지 의무부담행위로서의 성질을 갖는다. 채무인수가 면책적인가 중첩적인가 하는 것은 채무인수계약에 나타난 당사자 의사의 해석에 관한 문제이고, 채무인수에 있어서 면책적 인수인지, 중첩적 인수인지가 분명하지 아니한 때에는 이를 중첩적으로 인수한 것으로 본다.[227]

ii) 이행인수라 함은 인수인이 채무자에 대해 채무자의 채무를 이행할 것을 약정하는 채무자와 인수인 사이의 계약을 말한다. 인수인이 채무자의 채무를 대신하여 이행하는 것이기 때문에 인수되는 채무는 제3자에 의한 변제가 허용되는 것이어야 한다. 이행인수인은 채무자가

단으로서의 의미를 지닌다. 궁극적으로 시공사의 구상권 행사로 인한 최종책임을 피할 수는 없을 것이다.

223) 포괄근보증이란 채권자와 채무자 사이에 현존하는 채권채무관계뿐만 아니라 장래에 발생하는 채권채무관계에 대하여 거래의 종류, 기한, 금액의 한도 등에 대해 정함이 없이 보증하는 것을 말한다.

224) 한정근보증이란 보증인이 채권자와 채무자 간의 현존하는 채권채무관계뿐만 아니라 장래에 발생하는 채권채무관계에 대해 보증을 제공하되 거래의 종류, 기한, 금액의 한도 등에 대해 미리 정해놓은 보증을 말한다.

225) 특정근보증이란 이미 체결되어 있는 특정한 종류의 계속적 거래계약에 의해 발생하는 채무에 한하여 보증인이 보증을 제공하는 것을 말한다.

226) 조재영 · 이희종(2018), 34쪽.

227) 박근용(2014), 196쪽.

부담하는 채무를 제3자로서 채권자에게 이행할 의무를 부담하지만 채권자는 인수인에 대하여 채무의 이행을 청구할 권리를 갖지 않는다.

iii) 계약인수라 함은 계약당사자의 지위를 이전할 것을 목적으로 하는 계약을 의미한다. 계약당사자의 지위를 이전하면서 이전하는 자는 계약관계에서 탈퇴하고, 이전받는 자가 당사자의 지위를 승계한다.

(나) 시공사의 채무인수

부동산PF에서의 채무인수는 사업 및 대출약정서상 기한의 이익상실 사유가 발생하거나 차주(통상 사업시행자)에게 채무변제기에 채무불이행 사유가 발생하는 경우 채무인수인(일반적으로 시공사)이 프로젝트와 관련한 모든 채무를 인수하는 것을 의미한다. 실무상 주로 이용되는 채무인수는 중첩적 채무인수로서 채무인수인은 기존 채무자의 채무이행 여부와 관계없이 채권자의 이행요구에 따라 채무를 이행하여야 한다는 점에서 실질적으로 인적담보의 기능을 수행한다.[228] 시공사가 시행사에 대해 중첩적 채무인수를 제공할 경우 채권자인 금융기관 등은 채무자의 채무불이행 여부에 관계없이 시공사에 대해 채무의 이행을 요구할 수 있게 된다. 재무상태가 상대적으로 열악한 시행사는 시공사의 채무인수약정을 기반으로 시공사의 신용도에 상응한 금리로 자금을 조달할 수 있게 된다.

한편 중첩적 채무인수 약정하에서 채무인수인이 채무자의 채무를 이행하였을 경우에는 보증의 경우처럼 채무인수인은 채무자에 대해 구상권을 가진다. 그러나 시공사의 채무이행으로 채권자의 채권을 모두 충당할 수 없을 경우 시공사의 구상권 실행은 채권자에게 손해를 끼칠 수 있다. 이를 방지하기 위해 통상 시공사의 구상권 실행시점을 채권자의 채권상환이 완료된 시점 이후로 지정하는 경우가 많다.

프로젝트금융의 경우 연대보증의 대안으로 채무인수를 이용하는 경우가 증가하고 있다.[229] 실무적으로 일정한 요건을 구비한 시공사가 사업의 타당성 등을 분석하여 사업시행자의 채무를 인수하는데, 그 대가로 공사비를 증액하거나 사업시행 이익을 공유하기도 한다.[230] 한편 K-IFRS가 전면적으로 도입된 이후 채무인수가 재무제표상 부외금융으로 인정받지 못하고, 연대보증과 동일하게 우발채무로써 의무공시사항이 된 이후로, 주요 신용공여자인 시공사의 입장에서는 채무인수와 연대보증의 차이가 사실상 무의미해졌다고 볼 수 있다.[231]

---

228) 중첩적 채무인수인은 기존 채무자가 채무불이행 상태에 빠졌을 경우에 한하여 채무를 부담하게 되는 것은 아니다. 즉 보충성이 인정되지 않는다. 따라서 중첩적 채무인수는 연대보증과 거의 유사한 담보적 효력이 있다.

229) 시공사가 책임준공약정을 이행하지 못하는 경우 PF대출 채무를 인수하기로 하는 책임준공 미이행 조건부 채무인수약정을 체결하는 경우도 자주 볼 수 있다.

230) 조재영 · 이희종(2018), 35쪽.

231) 정복희(2016), 40쪽.

(다) 연대보증과 채무인수의 차이점

연대보증에서 채권자는 채무자 또는 연대보증인에게 채무의 이행을 청구할 수 있다. 또한 병존적 채무인수에서 채권자도 채무인수인에게 채무의 이행을 청구할 수 있다는 점에서 연대보증과 병존적 채무인수는 크게 다르지 않다. 오히려 병존적 채무인수에서 채무자와 인수인의 관계를 부진정연대채무 관계로 볼 경우 부진정연대채무는 채권을 만족시키는 사유를 제외하고는 절대적 효력사유가 없어 병존적 채무인수의 담보적 효력이 더 강화된 관계라 할 수 있다. 그러나 병존적 채무인수에서 채무자와 인수인의 관계는 원칙적으로 연대채무 관계에 있다고 판단되며, 판례[232]도 연대채무 관계로 보고 있기 때문에 실무적으로 채무인수가 더 강한 관계로 인정받기는 어려울 것이다.

반면 채권자의 입장에서 본다면 연대보증은 채무인수와 비교하여 장점이 있다. i) 채무상환에 소요되는 시간이 빠르다. 연대보증은 보충성이 없으므로 최고·검색의 항변권이 인정되지 않아 채무자인 프로젝트 회사가 기한의 이익을 상실한 경우, 채권자인 금융기관은 연대보증인인 시공사에 직접 채무의 이행을 청구할 수 있다. 그러나 채무인수는 채무자인 프로젝트 회사에 채무상환을 청구하고 이를 이행하지 않을 경우 시공사에 청구할 수 있어 채무상환에 시간이 소요된다. ii) 연대보증에서 차주인 프로젝트 회사가 기한의 이익을 상실하면 연대보증인인 시공사는 모든 채무를 금융기관에 상환하여야 하나, 채무인수는 차주가 기한이익을 상실하더라도 기한이 도래하지 않은 채무는 당초 상환 일정대로 상환하면 된다.[233] 이러한 법률적 장점들로 인하여 연대보증이 채무인수보다 많이 활용되어 왔다. 그러나 실무상으로 채무인수계약을 체결하는 경우에도 채무인수인의 보충성을 인정하지 않기로 계약하고, 기한미도래 채무에 대하여도 기한의 이익이 상실될 수 있도록 계약을 체결하는 등 사실상 동일하게 사용되는 경우가 많다.[234]

(라) 연대보증과 채무인수의 문제점

1) 건설사의 재무건전성 악화

2000년대 들어 부동산경기 활성화에 따라 부동산가격이 급상승하였으며, 많은 건설사들이 부동산개발사업에 역량을 집중하였다. 사업자가 프로젝트 회사(시행사)를 설립하여 토지매입계약만 체결하면, 중도금과 잔금은 프로젝트금융을 통해 이루어졌고, 이런 프로젝트금융의 진행을 위해 시공사가 프로젝트 회사의 채무에 대하여 연대보증 등 신용제공을 하였다. 부동산시장

232) 대법원 2009. 8. 20. 선고 2009다32409 판결.

233) 그러나 채무인수의 경우에도 인수인이 이미 기한이 도래한 대출 원리금 채무를 대주에게 변제하지 못한 경우에는 기한이 아직 도래하지 아니한 나머지 대출 원리금 채무도 기한이익을 상실하게 됨으로써, 시공사는 모든 대출 원리금 채무에 대한 변제의무를 부담한다.

234) 박근용(2014), 198-199쪽.

이 활성화된 시기에는 분양이 순조롭게 이루어졌고, 이를 통해 공사비와 프로젝트금융 대출 원리금을 상환하는 데 문제가 없었다. 그러나 2008년 금융위기를 거치면서 금융시장과 부동산시장이 경색되어 순조로운 프로젝트 진행이 어렵게 되자, 사업성 악화로 중단되는 프로젝트가 속출하였다. 이로 인해 연대보증 등 신용제공을 한 시공사가 채무를 부담하게 되었다. 결국 많은 중소형 건설사는 법정관리 또는 워크아웃을 신청하게 되었으며, 대형 건설사에도 심각한 재무적 위험요소로 작용하였다.[235]

2) 무분별한 프로젝트 난립

금융기관은 시장상황 변화에 따른 위험을 회피하고자 한다. 이를 위해 금융기관은 회계법인 등 객관적인 제3자가 작성한 사업성평가보고서에 따라 사업성을 판단하고 있으나, 사업성평가 결과는 평가자의 주관적 가치판단에 따라 좌우되는 경우가 많다. 이에 금융기관은 프로젝트의 사업성을 판단하기보다는, 양호한 신용도를 갖춘 시공사가 연대보증 등으로 전적으로 위험을 부담하는지에 따라 부동산 프로젝트금융을 진행하였다. 금융기관은 시공사가 모든 위험을 부담한다면 프로젝트금융을 진행하였으며, 시공사는 연대보증 등 신용제공만 하면 사업성이 낮은 프로젝트까지 금융이 가능하였으므로 무리하게 프로젝트를 진행하였다. 결국 무분별한 부동산 프로젝트금융 난립과 건설사의 재무건전성 악화 등으로 이어졌다.

3) 프로젝트 위험의 전이

프로젝트금융은 프로젝트 단위로 위험을 제한하기 위하여 고안된 금융기법이다. 그러나 시공사가 연대보증 등을 통해 사실상 프로젝트의 모든 위험을 부담하게 된다면 본래의 목적인 위험분산 및 위험제한이 이루어지지 않는다. 오히려 시공사가 연대보증 등을 통해 모든 위험을 부담할 경우, 특정 프로젝트로부터 발생한 재무적 위험은 건설사라는 매개체를 통하여 다른 프로젝트로 위험이 전이될 수 있다.[236] 건설사의 재무건전성 악화는 해당 프로젝트금융에 직접 참여한 금융기관에도 부정적인 영향을 미치지만, 건설사라는 매개체를 통해 해당 프로젝트에 참여하지 않은 다른 금융기관에도 부정적인 영향을 줄 수 있다.

(3) 책임준공약정

(가) 의의

책임준공약정[237]이란 천재지변, 내란, 전쟁 등 불가항력적인 경우를 제외하고는 PF차주가

---

235) 박근용(2014), 199-200쪽.

236) 공동으로 연대보증을 한 경우에는 다른 건설사로도 위험이 전이될 수 있어 부동산 프로젝트금융 전반에 대하여 부정적인 영향을 미칠 수 있다.

237) 책임준공약정의 성질에 대하여 대법원은 대주를 위한 실질적 담보의 역할을 하는 것이라고 판시한 바 있으며(대법원 2010. 3. 11. 선고 2009다20628 판결), 형식상 건축물에 대한 준공의무로써 하는 채무의 외관을 가지고 있지만 사실상 PF대주를 위한 신용공여의 성격을 가지고 있다는 점을 부인하기 어렵다.

공사비 지급의무를 이행하지 않는 경우에도 해당 사업을 위한 공사를 중단하지 않고 정해진 준공기한까지 공사를 완료하여 사용승인을 받도록 하겠다는 취지의 약정을 말한다.[238] PF사업에서 개발을 목적으로 하는 건축물이 완공되면, 그 건축물 수분양자의 분양대금이나 임대차를 통한 임대료 등 현금흐름을 통해 PF대출금의 상환이 이루어질 수 있고, 설사 분양이나 임대가 완료되지 않는 경우라 하더라도 해당 건축물 완공 후에는 그에 대한 담보대출이 가능하므로 선행된 PF대출은 회수가 가능하다는 점에서, 건축을 맡은 시공사의 책임준공약정은 실효성이 있는 신용보강 방안이다.[239]

일반적인 도급계약이라면 시공사가 공사비를 지급받지 못한 경우 공사비 미지급을 이유로 공사의 이행을 중단할 수 있다. 그러나 시공사가 항변권을 포기하고 책임준공을 이행할 것을 약정한 경우에는 공사비를 지급받지 못한 경우에도 준공의무를 이행하여야 한다. 법적 성질은 시공사가 동시이행의 항변권을 포기하고 도급계약을 선이행할 것을 약정하는 비전형계약이라고 할 수 있다. 다만 책임준공을 보장받는 자는 도급계약의 상대방(프로젝트 회사)이 아닌 금융기관 등 제3자이므로, 제3자에게 동시이행의 항변권을 포기하고 도급계약을 선이행할 것을 약정하는 비전형계약이라 생각된다.[240] 또한 시공사에게 책임준공은 타인에 대한 신용보강인 연대보증 및 채무인수와 달리 시공사 본인의 의무이행에 대한 확약이라는 특징이 있다. 즉 연대보증과 채무인수는 프로젝트 회사의 채무불이행에 대비하여 시공사가 금융기관에 제공하게 되나, 책임준공은 시공사가 불가항력적인 사유를 제외하고는 약정된 준공의무를 이행하겠다는 본인의 행위에 대한 신용제공이다.

금융기관이 책임준공이라는 신용제공으로부터 부담하는 위험은 시공사의 기술적 위험과 재무적 위험이 있다. 그러나 부동산 프로젝트금융의 주요 대상이 되는 아파트·오피스·복합판매시설과 같은 건축물은 기술적 위험이 크지 않기 때문에, 상대적으로 시공사의 재무적 위험이 중요한 위험요소가 된다.[241] 시공사가 책임준공이라는 신용을 제공함으로 인하여 부담하는 위험은 프로젝트 인·허가 등의 위험과 공사비 미지급 위험 등이 있다.[242]

(나) 장점

책임준공약정에 따라 시공사는 공기 내에 건축물을 완성해야 하는 의무를 지게 되며, 시공과 관련된 여러 가지 상황으로 인해 공기 내에 준공이 이루어지지 않을 경우 발생할 수 있는

238) 책임준공은 실무상 개념으로 우리 법상 개념에 관하여 별도 정의를 두고 있지는 않다.

239) 정기열(2018), 134쪽.

240) 책임준공의 요건 및 법률효과에 대하여는 일률적으로 정하여지기보다는 당사자 사이의 계약에서 구체적으로 정하여지고 있다.

241) 터널, 댐, 도로, 교량과 같은 대규모 기반시설을 대상으로 하는 SOC 프로젝트금융에서는 기술적 위험도 중요한 위험요소가 될 수 있다.

242) 박근용(2014), 201쪽.

손해에 대해 책임을 지게 된다. 대주 입장에서는 책임준공을 통해 준공위험을 시공사의 신용도에 연동시킬 수 있으며, 시공사가 건재하다는 전제하에 분양실패 시에도 프로젝트에 대한 추가 자금지원의 부담없이 완성된 담보물을 활용하는 등 대출 원리금의 상환을 기대할 수 있다.

공사와 관련된 계약관계는 발주처인 시행사와 도급업체인 시공사 사이에서 이루어지므로 책임준공약정은 시공사가 시행사에 제공하는 형태를 취하는 경우가 대부분이다. 그러나 경우에 따라서는 대주에게 제공하기도 하는데, 이는 채권보전을 보다 확실하게 하기 위해서이다. 영세한 시행사가 사실상 사업추진능력을 상실하게 될 경우 대주 입장에서는 시행사에 대한 대출채권에 기해 시공사를 상대로 시행사에게 책임준공의무를 이행하라는 채권자대위권을 행사할 수도 있으나, 시공사로부터 대주가 직접 책임준공약정을 받게 되면 직접 의무불이행 책임을 물을 수 있어 채권보전이 보다 명확해지는 효과가 있다. 따라서 대주에게 책임준공약정을 제공하도록 요구하는 경우도 있다.[243]

(다) 의무제공의 대상: 시공사의 의무

책임준공은 금융기관 등에 대한 시공사의 의무이다.[244] 시공사에 대한 의무를 이행하지 않는 프로젝트 회사에까지 시공사가 책임준공의무를 부담한다고 보기 어렵다. 이와 관련하여 프로젝트 회사가 책임준공을 약정한 시공사를 상대로 공사비 미지급을 이유로 공사를 중단할 수 없다고 주장한 사안에서 1심과 2심 법원의 판단은 달랐다.[245]

1심법원[246]은 사업약정은 사업자금 관리와 이를 통한 금융기관 대출금의 안정적 상환을 목적으로 하고 있는 사실, 사업약정에 기하여 시공사가 작성한 공사책임준공각서도 시행사가 아닌 금융기관을 상대로 제출된 사실 등을 인정하면서, 공사책임준공각서는 시행사의 이익보다는 금융기관의 안정적 자금 회수를 목적으로 작성된 것이며, 시행사가 공사책임준공각서를 들어 자신의 공사대금채무를 이행하지 아니하고 시공사에게 무조건 공사진행을 요구할 수 없다 할 것이고, 이러한 거액의 기성금채무가 있는 상황에서까지 공사를 계속하도록 하는 것은 신의칙에도 위반된다고 판결하였다. 반면 2심법원[247]은 사업약정이 시행사와 시공사 간의 법률관계를 규율하는 것을 배제하고 오로지 금융기관들에 대한 안정적 자금 회수만을 목적으로 작성된 것이라고 보기 어려운 점, 사업약정서를 공사도급계약에 우선하여 적용하기로 약정한

243) 부동산개발 PF에서 채권자가 건축물 준공에 대한 보장을 요구하는 것은 비단 우리나라만이 아니다. 미국이나 일본의 경우에도 유사한 보장을 요구한다. 미국의 경우에는 금융기관이나 보증회사가 공사이행보증 형태로 이를 보장하고 있으며, 일본의 경우에는 손해보험사가 보증보험형태로 이를 보장하고 있다.

244) 시공사가 목적물을 분양하면서 수분양자에게 분양 대상물에 대한 책임준공 등을 보장 또는 홍보한 경우에는 분양 대상물의 수분양자에 대하여도 책임준공의무를 부담하는 것으로 볼 수 있을 것이다.

245) 박근용(2014), 202-203쪽.

246) 부산지방법원 2009. 5. 6. 선고 2008가합11385, 2009가합1279 판결.

247) 부산고등법원 2010. 5. 13. 선고 2009나7786, 7793 판결.

점, 공사책임준공각서를 제출받는 사람을 공란으로 둔 것은 사실이지만 본문 내용 중에는 시행사를 표시하고 있는 점,[248] 사업약정 및 공사책임준공각서에 시공사의 책임준공의사를 명시하고 있으므로 시공사는 공사를 계속할 의무가 있다고 판시한 후, 시행사가 공사대금을 전혀 지급하지 않았고 이러한 공사대금의 미지급이 악의적인 동기에 기인한 것이라면 사업약정 및 공사책임준공각서에도 불구하고 시공사에게 불안의 항변 내지 신의칙 등을 이유로 하여 공사를 중단할 여지가 있다고 할 것이지만, 비록 충분하지 않으나 시행사는 공사기성금의 3분의 1에 상당하는 공사대금을 실제로 지급을 하였고, 공사대금을 미지급하게 된 근본 원인이 분양실적이 저조한 데 기인한 것으로 보이는 사정을 감안하면 불안의 항변 내지 신의칙을 이유로 시공사가 공사를 계속할 의무를 면하기에는 부족하다고 판시하였다.

그러나 2심법원의 판단은 i) 책임준공약정의 목적은 별도의 약정이 없다면 프로젝트 회사의 채무불이행 시에도 목적물을 완성하여 금융기관 등의 채권 회수에 활용하기 위한 역할을 한다는 점, ii) 책임준공각서를 제출받는 자를 공란으로 두었다고 하더라도 프로젝트 회사가 시공사에 대한 의무를 이행하지 못하면서, 시공사에는 책임준공의무를 이행할 것을 요하는 것은 형평의 원리에 반한다는 점, iii) 시공사의 책임준공은 프로젝트 회사를 위하여 금융기관에 목적물의 완성을 보장해 주는 신용제공 행위이지, 시공사의 프로젝트 회사에 대한 신용제공 행위는 아니라는 점 등에 비추어 보면 타당하지 않아 보인다. 오히려 프로젝트 회사의 열악한 자본구조 및 구체적인 부동산시장 상황을 감안하지 않고 부동산 프로젝트금융의 본래 취지에 따라 판단한 1심법원의 판단이 법리적으로 타당한 판결이라고 생각된다. 아울러 대법원 판결[249]은 프로젝트 회사(시행사)가 책임준공의무의 대상인지 여부에 대하여는 판시하지 않았으나, 금융기관이 책임준공의무의 대상임을 판시한 바 있다.

(라) 책임준공의 효과

시공사가 원칙적으로 그의 귀책사유로 공사를 완료하지 못한 경우에 책임준공의무 위반의 책임을 부담하지만, 준공보증확약서에 귀책사유가 없어도 책임준공의무 위반으로 열거한 경우에는 공사를 완료하지 못한 데에 귀책사유가 없더라도 책임준공의무 위반의 책임을 부담한다.[250] 시행사와 시공사 사이의 공사도급계약에서 시공사의 책임 예외 사유를 정하였다고 하더라도, 사업개발약정에서 책임준공의무를 정하고 공사도급계약과 같은 개별 약정보다 사업개발약정이 우선한다는 조항이 있다면, 공사도급계약상 시공사의 책임 예외 사유가 인정된다고

---

248) 책임준공각서 본문에 시행사임을 표시하는 내용이 있다고 하더라도 책임준공의 최종 제출대상은 금융기관이었다는 점과, 시공사가 시행사에 대하여 동시이행의 항변권을 포기할 사유가 있었다고 볼 수 있었는지 여부 등을 종합적으로 고려하여 판단하였어야 한다.

249) 대법원 2010. 3. 11. 선고 2009다20628 판결.

250) 대법원 2015. 10. 29. 선고 2014다75349 판결.

하더라도, 시공사는 대주단에 대해 책임준공의무를 면할 수 없다.[251]

책임준공이라는 신용을 제공한 시공사는 프로젝트 회사의 채무불이행 사유 발생 및 기타의 사유 등으로 공사비를 지급받지 못하더라도 목적물을 완성시켜야 한다. 시공사가 금융기관 등에 대하여 책임준공의 이행을 약정한 경우에는 프로젝트 회사에 대하여 항변할 수 있는 사유로 금융기관 등에 항변하지 못한다.[252] 시공사가 책임준공의무를 이행하여 목적물을 완성한 경우 금융기관, 시공사 등 프로젝트 회사의 채권자들은 목적물을 처분하여 채권상환 순위에 따라 미회수채권을 회수할 수 있다. 시공사가 책임준공의무를 이행하지 아니한 경우에는 손해배상책임이 문제될 수 있으며, 손해액 산정과 관련하여서도 분쟁이 발생할 수 있다.[253] 실무상으로는 이러한 분쟁에 대비하여 시공사가 책임준공의무를 이행하지 못한 경우 금융기관이 회수하지 못한 잔존채무에 대하여 조건부 채무인수를 하도록 사전 약정함으로써 책임준공 미이행시 채무인수로 연결시키고 있다.[254]

(4) 책임분양약정

(가) 의의

책임분양약정은 아파트 등 사업목적물의 사전분양 결과 PF대출금 상환이 충분히 확보될 만한 예정분양률에 미치지 못하는 경우 시공사가 그 미분양된 구분소유 건물을 일정한 가격에 매입하기로 하거나 미분양으로 인해 발생이 예상되는 미분양대금 입금예정액에 해당하는 금액만큼을 채무인수하기로 하는 등의 약정을 말한다.[255] 또한 책임분양의 대체수단으로써 매매예약이 활용될 수 있다. 매매예약은 분양 목적물에 대해서 신용도가 높고 매수의사가 있는 매매예약자로 하여금 건물의 준공과 동시에 매매가 자동적으로 성립하는 조건으로 약정하거나 대주가 매매 예약완결권을 행사할 수 있는 약정을 말한다.[256]

금융기관 등은 프로젝트의 분양률이 상승되는 경우 상환재원을 확보할 수 있으므로, 금융

---

251) 조재영 · 이희종(2018), 33쪽.

252) 대법원 2010. 3. 11. 선고 2009다20628 판결.

253) 서울중앙지법 2013. 9. 26. 선고 2012가합57854 판결에 따르면 책임준공약정을 제출한 시공사가 책임준공을 하지 못한 경우 금융기관이 입은 손해를 배상할 책임이 있음을 인정하였다. 손해액의 산정과 관련하여 책임준공의무 위반으로 금융기관이 입은 손해는 건물의 완공시 가액을 한도로 하여 금융기관이 상환받지 못한 대출 원리금에 상당하다고 판시하였다.

254) 일반적으로 금융계약에서 시공사의 책임준공 미이행으로 인하여 시공사가 채무인수하게 될 금액은 금융기관이 회수하지 못한 금액으로 정하고 있다.

255) 또한 계획분양률 미달성시 최초 분양가격에서 일정 할인율을 적용하여 분양함으로써 사업기간 중 사업비 확보는 물론 대주의 대출 원리금 회수를 도모하는 수단으로 할인분양이 있다. 그러나 이는 프로젝트의 자금흐름상 순위가 최하단에 있는 사업시행자의 이익선까지만 해당되게 되며, 일단 할인분양이 시작되면, 할인분양가격 이상으로의 분양가격 회복은 사실상 불가능하기 때문에 이해관계자 모두에게 신중한 판단이 요구되는 사항이다.

256) 조재영 · 이희종(2018), 33쪽.

계약 체결 시 시공사 등에게 신용보강의 일종으로 책임분양을 요구하게 된다. 시공사가 책임분양이라는 신용을 제공하였다면 판매 활동 강화를 통해 분양률을 상승시키거나, 또는 직·간접적인 매입을 통하여 분양률을 상승시켜야 한다.[257] 책임분양은 책임분양 이행방법으로 매입약정이 있는지에 따라 나누어 볼 수 있다. 즉 책임분양을 이행하지 못하였을 경우 손해배상책임 등만이 문제가 될 수 있는 책임분양과 책임분양을 이행하지 못하였을 경우 매입약정이 따르는 책임분양으로 나누어 볼 수 있다. 전자의 경우에는 손해배상책임이 발생한 경우에도 시장상황 등을 감안하여 책임이 제한될 수 있다는 점에서 상대적으로 위험성이 낮다고 볼 수 있으나, 후자는 손해액이 구체적으로 정하여져 있으며 직접 매입약정책임이 따른다는 점에서 위험성이 높다.[258] 매입약정이 따르는 책임분양의 법적 성질은 시공사가 매입에 대한 의무를 부담할 수 있다는 점에서 완공될 건축물을 매입하기로 하는 매매예약의 일종이라고 생각된다. 또한 매매계약의 예약완결권을 제3자인 금융기관 등이 갖고 있다는 특징이 있다.[259]

(나) 책임분양의 위험성

시공사가 제공하는 책임분양의 신용은 금융기관에게는 프로젝트의 사업성을 보장해 주어 원활한 자금회수를 할 수 있게 해주며, 수분양자에게는 분양 대상물의 가격하락을 방지하고 시설 유지 및 시세 형성을 일정 부분 보장해 준다는 장점이 있다.[260] 반면 시공사는 프로젝트의 사업성, 즉 상환재원의 현금흐름에 대한 위험을 부담한다는 점에서 매우 위험성이 높은 신용제공이라 할 수 있다. 매입약정을 한 경우에는 직접 분양물의 일부를 소유 내지는 담보로 확보할 수 있다는 점을 제외하고 신용제공으로 인한 위험의 면에서 본다면 연대보증이나 채무인수와 비교하여 낮다고 할 수 없다.[261]

---

257) 예를 들어 P건설은 송도개발사업을 위해 씨퍼스트에프유동화전문회사(유)를 통하여 자산유동화증권(ABS)을 발행하면서 지급보증의 약정 없이 책임분양 조건으로 ABS를 발행하였다. 유동화증권은 신용도가 우수한 P건설이 책임분양의무를 부담한다는 점에서 AA- 등급으로 평가받았다(한국신용평가, 2012. 1. 11). 그 외에도 H건설은 서울 송파구 문정동에 오피스텔을 시공하면서 지급보증 대신 49% 책임분양하기로 계약하였다. 즉 분양률이 49%에 도달하지 못할 경우 부족분에 대하여 H건설이 매입 등을 통하여 분양과 동일한 상태로 만드는 것이다. 또한 S중공업은 용인에 아파트를 분양하면서 60% 책임분양제를 도입하여 분양대금의 60%인 976억원 한도에서 의무를 부담하는 약정을 맺었다.

258) 다만 전자의 경우에도 손해배상액이 예정되어 있는 경우에는 매입약정이 있는 경우와 마찬가지로 위험성이 높을 수도 있다.

259) 박근용(2014), 208쪽.

260) 분양이 원활히 이루어지지 않는다면 준공 후 관리비 등의 부담이 있으며, 미분양 해소 과정에서 과도하게 할인분양을 할 경우에는 시세가 하락할 위험성도 있다.

261) 연대보증이나 채무인수 등을 제공받은 금융기관과 보증을 제공한 시공사가 사업목적물(프로젝트 회사 포함)에 대하여 아무런 담보확보 장치를 갖추지 않은 경우에는 직접 목적물을 취득할 수 있는 책임분양이 더 안정적이라고 할 수 있다. 그러나 일반적으로 금융기관과 시공사가 1순위 2순위 담보를 모두 확보한다. 따라서 시공사는 연대보증이나 채무인수로 인하여 금융기관이 확보하고 있던 담보물에 대하여 구상권을 취득하여 담보를 확보하기 때문에 사실상 큰 차이가 없다고 할 수 있다.

그럼에도 불구하고 책임분양을 매매계약의 예약으로 볼 경우 직접적인 우발채무나 타인에 대한 지급보증 등에 해당하지 않기 때문에 재무제표 주석사항에 명기되지 않고 있다. 그러나 책임분양은 금융기관 등이 손해배상청구 또는 매매계약의 예약완결권을 행사한 경우 시공사의 직접적인 이행채무가 될 수 있으며, 연대보증이나 채무인수와 같이 매입약정 이행으로 인한 시공사의 자금부담도 매우 높다.[262] 따라서 시공사가 책임분양의 조건 또는 매입약정 등을 명확히 하여 신용을 제공하였다면 회사의 경영상 중요한 요소가 될 수 있다는 점에서 적법한 내부절차를 거쳐야 하며 재무제표 등에 반영하고 필요 시 공시하여야 한다.[263]

3. 부동산신탁에 의한 위험관리

(1) 의의

부동산개발사업에서는 프로젝트 회사로부터 신탁사로 대외적인 사업주체를 이전함으로써 안정적인 사업추진이 가능하기 때문에 신탁을 통한 사업추진은 필수화되고 있다. 신탁의 수익권은 비용을 절감하면서 프로젝트 당사자의 다양한 이해관계를 조정하면서 담보로 제공될 수 있기 때문에 활용가치가 매우 높다. 그러나 신탁의 수익권에 대한 담보의 효력에 관한 명확한 인식 없이 신탁기능의 활용을 위하여 프로젝트금융계약이 체결되는 경우가 있다. 아울러 부도 및 파산 등의 위험을 관리하기 위하여 관리형 토지신탁 등이 제한된 범위 내에서 활용되고 있다. 신탁법은 2012년 전면개정을 통해 다양하고 새로운 신탁의 형태와 기능을 도입하였는바, 다양한 신탁기능의 활용을 통한 부동산 프로젝트금융의 구조화를 모색할 필요가 있다.[264]

부동산과 관련한 채권보전 수단인 저당권제도가 확립되어 있음에도 불구하고 부동산PF에서는 신탁제도가 더 선호되고 있다.[265] 이는 채권자 입장에서 관리의 간편함, 실행의 신속성과 고가처분의 가능성 등 신탁이 지니고 있는 장점이 채권자에게 유리하게 작용하기 때문이다. 부동산신탁은 신탁의 목적에 따라 크게 관리신탁, 처분신탁, 담보신탁, 토지신탁으로 구분된다. 과거 1997 외환위기 이전에는 토지신탁이 주로 이용되었으나,[266] PF시장이 발전하면서 신탁부

262) 실무적으로는 대출만기 시 잔존대출금이 있을 경우 그 잔존대출금에 상응하는 아파트 호실을 시공사에게 매수하도록 예약완결권을 행사하되, 매매대금은 시공사가 매도인이 아닌 금융기관이 지정하는 계좌에 직접 입금시키도록 하고 있는 것이 일반적이다. 이 경우 실질적으로 금융기관은 책임분양이라는 신용을 통하여 연대보증과 구상권을 보유하는 것과 유사하다.

263) 박근용(2014), 207쪽.

264) 박근용(2014), 218-219쪽.

265) 부동산 담보신탁은 목적 부동산의 담보설정이 공신력있는 부동산신탁회사의 신탁에 의하므로 담보목적물 관리의 안전성 및 효율성이 보다 향상될 수 있다는 점, 채권의 실행이 신탁회사의 공개매각에 의하므로 시간·비용이 절감될 뿐만 아니라 경매절차를 거치는 것보다 고가매각이 가능하다는 점, 담보신탁의 수익증서를 기반으로 한 유동화도 가능하다는 점이 장점으로 꼽힌다.

266) 신탁계정은 자체 토지신탁사업자금을 차입할 수 없기 때문에 토지신탁사업에 필요한 자금을 신탁회사의 고유계정이 차입하는 사업형태를 취하였고, 이는 필연적으로 부동산신탁회사에 과도한 리스크 부담을 주

동산의 독립성 및 신탁의 도산절연성이라는 신탁의 특성을 이용하기 위한 매개물로서 담보신탁제도가 활용되고 있다.[267] 모든 신탁업무가 직·간접적으로 부동산PF 구조와 관련될 수 있지만 여기서는 부동산PF와 밀접한 관련이 있는 부동산 담보신탁에 대해 살펴본다.

(2) 부동산 담보신탁

부동산 담보신탁이란 부동산소유자(위탁자)가 자신의 채무 또는 책임의 이행을 보장하기 위하여 자기 소유의 특정 부동산에 대한 소유권을 신탁회사(수탁자)에 이전(신탁설정)하고 신탁회사는 채권자(우선수익권자)를 위하여 일정기간 신탁부동산의 담보력이 유지·보전되도록 관리하다가 채무가 정상적으로 이행되면 소유권을 위탁자에게 환원하고 만약 채무가 불이행되면 신탁부동산을 환가하여 그 처분대금으로 채권자에게 채무변제금으로 교부하고 잔액이 있을 경우 위탁자에게 반환하는 제도를 말한다.

채무자의 채무불이행 사유가 발생하는 경우, 우선 신탁수익자는 신탁회사에 공매를 신청하여 그 처분대가에서 계약상 변제순위에 따라 채권금액을 상환받을 수 있다. 여기서 공매에 대해서는 별도의 적용법규가 없으며, 신탁계약에 따른 방식으로 하면 된다. 바로 수의계약 방식의 매각을 하거나 일정한 조건하에 공매절차를 거친 후 수의계약 방식의 매각을 하는 것도 강제경매와 달리 자유로운 약정하에 가능하다. 실제로 사업의 수익성 악화로 인해 담보신탁된 부동산을 매각하는 경우, 매수인의 발굴이 어려워 시공사가 인수하거나 제3의 시행사가 사업시행권과 더불어 수의계약 방식으로 매수하는 것이 일반적이다.

한편 담보신탁도 신탁법상의 신탁으로 채무자인 위탁자에게 회생절차가 개시되더라도 수탁자 소유의 신탁재산이나 채권자(우선수익자)가 보유하는 수익권은 모두 위탁자의 재산이 아니므로 신탁재산의 처분이나 수익권의 행사는 위탁자에 대한 회생절차에 의해 영향을 받지 않는다. 즉 담보신탁의 신탁재산은 위탁자의 도산으로부터 절연된다.[268]

(3) 우선수익권설정

부동산PF 채권보전을 위해 대상 사업지 및 공사 중인 건물에 대해 담보신탁을 설정한 경우 대출자 등에 수익권을 교부하게 된다. 여기서 채권자가 취득하는 수익권이 피담보채권을 담보하는 담보권이다. 이러한 신탁수익권[269]을 이전함으로써 담보권 이전을 간소화할 수 있

게 되어 결국 신탁사업 중 하나가 부실화되면 곧 부동산신탁회사의 파산으로 이어지는 결과가 되었다. 한국부동산신탁 주식회사와 대한부동산신탁 주식회사의 파산이 그 대표적인 예이다.

267) 조재영·이희종(2018), 36-37쪽.

268) 한민(2011), "신탁제도개혁과 자산유동화", 서울대학교 금융법센터 BFL 제50호(2011. 11), 56쪽.

269) 신탁수익권은 신탁행위 효력발생과 동시에 그 신탁목적과 내용에 따라 당연히 발생하며, 내용상으로는 신탁재산을 관리·처분함으로써 발생되는 이익과 신탁을 마칠 때 남은 재산을 받을 수 있는 권리라고 해석한다. 그러나 부동산 담보신탁에 있어서 채권자인 수익자에게 귀속하는 수익권은 채무불이행 시 채권자가 신탁재산의 환가를 요구하고, 이 환가대금으로부터 자기채권의 변제를 요구할 수 있는 정도의 권리에 지나지 않는다(대법원 2005. 7. 29. 선고 2004다61327 판결 참조).

다.[270] 다만 부동산신탁계약의 경우 수탁자의 동의 없이는 수익권을 양도할 수 없도록 정하는 것이 일반적이다. 이 경우에는 사전에 수탁자의 동의를 얻어야 양도가 가능하다.

한편 대출자 등에 교부되는 수익권은 시공사의 건축비 확보를 위해서 순위에 차등을 두기도 한다. 담보신탁 구조를 이용하는 경우 대출자인 금융기관에 대해서는 1순위 수익권을 부여하고, 시공사에 대해서는 2순위 수익권을 부여하는데, 이처럼 수익권의 순위에 차등을 두어 시공사에게 2순위 수익권을 부여하는 이유는 시공사의 공사비를 담보하기 위함이다. 즉 시공사는 책임준공약정에 따라 사업시행자로부터 공사비를 받지 못하더라도 공기 내에 건축물을 완공해야만 한다. 만약 수익권이 대출자에게만 지급되고 사업시행자가 본 프로젝트와 무관한 사유로 파산에 이르게 되었다면 이후 준공된 부동산을 처분하여 발생한 수익은 우선수익권자인 대출자에게 지급되며 나머지는 사업시행자의 다른 일반 채권자들과 동순위로 분배하게 된다. 이러한 사태를 방지하기 위하여 시공사는 책임준공약정에 대응하여 차순위 수익권을 확보하게 되는 것이다.[271]

4. 시행사(사업주체)에 대한 위험관리

(1) 양도담보

(가) 의의

양도담보는 채권담보를 목적으로 채무자 또는 제3자가 보유하고 있는 물건이나 재산권의 소유권을 채권자에게 이전하는 형식으로 담보목적물을 확보하여 채무자의 기한이익의 상실 또는 채무불이행 사유 발생 시 채권자가 변제에 충당하고, 채무자의 채무변제가 정상적으로 이행될 경우에는 담보목적물을 원래대로 반환하는 비전형담보를 말한다. 양도담보는 민법상 규정된 저당권 또는 질권을 설정하는 대신 소유권을 이전시킴으로써, 형식은 소유권 이전이나 실질은 담보라는 특수성이 있다. 양도담보권의 설정은 양도담보계약과 목적권리 이전에 필요한 공시방법을 갖춤으로써 성립한다. 양도담보계약은 채권담보의 목적으로 채무자 또는 제3자(물상보증인)의 재산권을 채권자에게 양도하고, 채무자의 채무불이행이 있는 경우에 그 재산권으로부터 채권을 변제받기로 하는 내용으로 구성되며, 양도담보권의 설정에는 반드시 일정한 재산

270) PF는 장기간에 걸친 차입이 이루어지므로 수시로 대출채권을 양도할 필요가 있게 된다. 이 경우 담보권의 부종성, 수반성으로 인하여 대출채권과 함께 담보권도 모두 이전해야 하는데 이러한 담보권의 이전은 상당한 시간과 비용이 소요되는 불편이 따른다. 즉 현행 부동산등기실무상 다수의 저당권자가 저당권을 공유할 경우 지분의 등기가 인정되지 않아 일부 대주가 그 대출지분을 제3자에게 양도하면 전체의 저당권에 대한 저당권자의 변경등기가 필요하게 되고 전 저당권자의 채권최고액을 기준으로 등록세를 납부하게 되는 불합리한 결과가 초래된다. 따라서 채권과 담보권을 분리하여 보유할 수 있는 담보신탁제도를 고려해 볼 필요가 생기는 것이다.

271) 조재영 · 이희종(2018), 37-38쪽.

권[272]을 양도하여야 하므로 양도담보계약은 보통 채권계약과 물권계약의 두 성격을 갖게 되고, 피담보채권을 발생시키는 계약(금전소비대차계약 등)과 함께 체결된다.[273]

일반적으로 프로젝트금융에 있어서 대출 원리금 상환을 위한 담보장치로서 활용되는 것 중의 하나가 시행사의 주식이나 예금채권, 사업시행권, 계약상의 권리와 금융구조화로 인한 ABL대출약정 시 대주인 SPC[274]가 원차주에게 가지는 대출채권 등을 들 수 있다. 이는 본질적으로 동산·채권의 양도담보이다.[275] 프로젝트 회사가 소유하는 물적 자산에 대하여 담보권을 취득할 경우 현행법상 동산에 대한 질권은 점유를 요건으로 하고 있어 실제 PF에 있어서 담보권으로서의 기능을 발휘할 수 없어 그 대안으로 양도담보가 주로 활용되고 있다.[276]

(나) 한계

현실적으로는 양도담보와 동시에 담보목적물의 소유권이 곧바로 대주에게 이전될 경우 주식에 대한 출자제한[277]이나 사업시행자, 명의변경 및 중첩적인 채권보유 등 실행상의 곤란이 발생하게 된다. 따라서 실무적으로는 양도담보계약서상 장래에 양도담보에 따른 직접적인 권리행사가 가능한 조건(기한이익상실 또는 채무불이행 등)을 둠으로써 양도담보의 설정과 의무이행을 약정하는 정도의 수준에서 양도담보가 형식적으로 이루어지고 있어, 결과적으로 온전한 양도담보의 실행과 효과를 확보하기 위해 시공사 등의 신용보강을 기대할 수밖에 없는 한계점을 가지고 있다.[278]

---

272) 특별한 제한이 없으며, 재산적 가치가 있는 것으로서 양도성이 있으면 무엇이든 목적물이 될 수 있다. 따라서 동산·부동산은 물론이고, 그 밖에 채권·주식·지식재산권 등도 모두 목적물이 될 수 있다. 동산을 일괄하여 양도담보로 제공할 수도 있고, 채권을 일괄하여 양도담보로 제공할 수도 있다. 이를 집합물 양도담보라고 한다.

273) 정복희(2016), 32쪽.

274) 대주인 금융회사와 대출계약을 체결하는 차주 겸 대주로서 원차주(사업시행자)와 다시 대출계약을 체결하여 대출을 하는 도관체 역할만을 담당한다.

275) 부동산자산이 부족한 중소기업 등의 자금조달을 다변화하기 위해 동산(원자재, 재고자산, 집합동산 등)이나 채권(매출채권 등), 지식재산권 등을 담보로 자금조달을 할 수 있게 하기 위해 기존 동산, 채권 등의 불완전한 공시방법을 개선하고(담보권등기) 담보권자가 용이하게 채권을 실행할 수 있도록(귀속정산 또는 처분정산) 하기 위해 동산·채권·지식재산권을 목적으로 하는 담보제도를 창설하고 자산유동화의 활성화를 통하여 자금조달의 편의를 제공하기 위하여 「동산·채권 등 담보에 관한 법률」("동산채권담보법")을 제정하고, 2012년 6월 11일 시행하였다. 기존에 논란이 많았던 장래 발생 채권에 대한 담보 설정이나 실무상 변칙담보로서 활용되어온 집합동산에 대한 담보설정은 이 법을 통해서 가능하게 되었다. 또한 기존의 관습법상 양도담보는 병존하여 허용되며, 다만 기존 양도담보는 공시할 방법이 없어 그 담보권 실행에 있어서 이해관계인과 분쟁이 불가피한 점을 감안하여 선택해야 할 것이다.

276) 조재영·이희종(2018), 8쪽.

277) 은행법 제37조(다른 회사 등에 대한 출자제한 등) ① 은행은 다른 회사등의 의결권 있는 지분증권의 15%를 초과하는 지분증권을 소유할 수 없다.
② 은행은 제1항에도 불구하고 금융위원회가 정하는 업종에 속하는 회사 등에 출자하는 경우 또는 기업구조조정 촉진을 위하여 필요한 것으로 금융위원회의 승인을 받은 경우에는 의결권 있는 지분 증권의 15%를 초과하는 지분증권을 소유할 수 있다.

278) 정복희(2016), 31-32쪽.

(다) 사업계약상 권리에 대한 양도담보

사업계약상 권리에 대한 양도담보는 완전히 이행되지 않은 계약상의 권리를 양도받아 상환재원을 직접 확보하려는 방법으로서, 특히 프로젝트금융에 있어서 담보의 중심적 역할을 수행하고 있다. 이러한 양도담보는 실시협약,[279)] 공사도급계약, 감리계약, 관리운영계약 등 해당 민간투자사업에서 프로젝트 회사가 당사자인 중요사업계약상 프로젝트 회사의 권리 또는 지위를 대주가 담보목적으로 조건부로 양수받은 것을 내용으로 한다.

사업계약상 권리에 대한 양도담보계약서에서 대출약정상 채무불이행 사유가 발생한 경우 양도담보권자는 사업계약상 사업시행자의 지위를 양도담보권자나 양도담보권자가 향후 지정하는 제3자에게 이전할 수 있다고 약정한다. 다만 이와 같은 이전을 위한 처분행위는 설정 시에 이루어지지만 처분의 효력발생은 이전절차가 완료되는 경우에 발생하는 것으로 한다. 그리고 설정자는 이와 같은 계약상 지위 이전에 관한 사항을 계약상대방에게 통지하고 상대방으로부터 위 조건에 따른 계약상 지위 이전에 관한 사항을 이행하기로 하는 사전승낙을 교부받는다. 다만 계약상 지위 이전에는 채권양도도 포함되어 있으므로 채권양도의 사전승낙이 인정되는지 여부가 문제될 수 있다. 채권양도의 승낙은 채권양도의 사실을 인식하고 있음을 알리는 관념의 통지로서 채권양도의 통지와 달리 사전승낙도 유효하다는 것이 일반적 견해이다.[280)] 그러나 제3자에게 채권양도를 사전승낙하는 것에 대해서는 불특정인에 대한 승낙이 되므로 이중양도의 경우 대항요건을 갖춘 자를 구별해 낼 수 없게 되는 문제를 제기하기도 한다. 실제로 양도담보권자가 지정하는 제3자에게 양도하는 경우에는 양수인을 사후에 특정할 수 있는 기준이 정해져 있어 대항요건을 갖춘 자의 구별이 가능하므로 채권양도에 대한 사전승낙은 유효하다.

대주가 사업시행자의 변경이 필요하다고 판단하는 경우 대주는 그 취지와 함께 계약상 지위를 이전받을 제3자를 특정하여 설정자와 해당 계약의 상대방에게 통지한다. 이 경우 설정자와 계약상대방은 계약상 지위의 이전에 따른 조치를 신속하게 취하여야 하고 기타 필요한 협력을 제공하여야 한다.[281)]

(2) 질권설정

(가) 의의

부동산PF 진행 시 질권의 주요 대상목적물로는 권리질권에 해당되는 사업시행자의 주식,

---

279) 민간투자법에 따른 실시협약은 사회기반시설의 건설 및 운영에 관한 당사자들의 기본적인 의무와 그에 따른 권리를 규정하는 것으로서 국내 프로젝트금융에서 가장 중요한 논점 중의 하나라 할 수 있다.

280) 채권양도에 있어서 승낙과 같은 채무자에 대한 대항요건은 채무자의 이익만을 보호하기 위한 것이므로, 채무자가 이 이익을 포기하여 채권자와의 특약으로 대항요건없이 대항할 수 있음을 약정하는 것은 무방하다고 하는 것이 판례의 태도이다(대법원 1987. 3. 24. 선고 86다카908 판결 등 참조).

281) 조재영 · 이희종(2018), 38-39쪽.

예금채권, 보험청구권 등을 들 수 있으며, 금융거래 시에는 점유질을 기본으로 하고 있다. 양도담보와 마찬가지로 차주의 주식에 대한 질권실행은 실무상 효용성이 다소 떨어지나, 사업시행자의 시행리스크 관리를 위해 필수적으로 진행되고 있고, 대출금계좌 등 차주 명의의 예금계좌에 대해서도 근질권을 설정하는 방법(보통 대출 약정금의 130%를 채권최고액으로 한다)이 많이 이용되고 있다. 또한 차주의 자금계좌와 관련한 통제수단으로써 에스크로우 계좌의 질권설정을 통해 프로젝트에서 발생하는 현금흐름을 대주나 대주가 지정하는 제3자가 직접 입출금을 통제하기도 한다. 더불어 부동산PF 진행 시 사업시행자 또는 시공사가 보유하고 있거나, 보유예정인 자산과 관련한 보험의 청구권에 대한 근질권 설정이 활용되고 있으며, 보험근질권의 설정 대상인 보험에는 건설공사기간 중의 건설공사보험과 완공된 건물의 화재보험 등이 있다.[282)]

질권은 채권자가 자신의 채권을 담보하기 위해 채무자 또는 제3자(물상보증인)로부터 제공받은 동산 또는 재산권을 채무의 변제가 있을 때까지 유치함으로써, 채무의 변제를 간접적으로 강제하는 동시에 채무불이행 사유 발생시 그 유치물의 환가대금으로부터 우선변제를 받도록 하는 권리방식을 말한다(민법329, 345). 부동산PF 등 금융거래 시의 질권은 상사질권에 해당되어 유질계약이 금지된 민법 제339조가 적용되지 않는 특수성이 있어, 경매나 간이변제충당 대신 유질계약의 실행을 통해 질권을 행사하는 것이 일반적이다. 질권의 피담보채권 범위는 원본, 이자, 위약금, 질권실행의 비용, 질물보존의 비용 및 채무불이행 또는 질물의 하자로 인한 손해배상의 채권 등이며, 다른 약정이 있을 때에는 그 약정에 따른다(민법334).

질권은 원칙적으로 담보물권이므로 부종성, 수반성, 물상대위성, 불가분성의 특성을 갖고 있으며, 우선변제적 효력을 갖는다는 점에서 저당권과 같다. 그러나 질권은 질권자가 목적물의 점유를 이전받지만, 저당권은 목적물의 점유와 이용 권능을 저당권설정자의 수중에 그대로 둔다는 점에서 근본적인 차이가 있고, 질권은 공시방법[283)]으로 점유의 이전을 원칙(민법330)으로 하지만, 저당권은 공시방법으로 등기를 한다. 또한 질권의 목적물은 질권의 본질상 점유의 이전이 가능한 동산과 일정한 재산권을 포괄하지만(민법329, 331, 345), 저당권의 목적물은 등기로 공시되는 물건으로 한정되는 차이가 있다.

(나) 주식질권

부동산PF에서 사업시행자(차주)의 채무를 담보하기 위해 사업시행자의 발행주식에 대해 근질권을 설정하는 방법을 이용하고 있다. 주식 근질권과 관련하여 차입자인 사업시행자의 발

---

282) 정복희(2016), 33쪽.

283) 질권의 목적물이 무체재산권인 경우에는 등록, 유가증권인 경우에는 배서교부, 채권인 경우에는 통지나 승낙 등이 공시방법이 된다.

행주식을 소유하고 있는 출자자로부터 주식을 담보로 취득하는 경우, 은행은 "다른 회사 등의 지분증권의 20%를 초과하는 주식을 담보로 하는 대출을 한 때" 그 사실을 금융위원회에 보고하여야 한다(은행법47(8)). 주식에 대한 질권의 실행방법에는 i) 경매를 신청하는 방법, ii) 사전약정방식 또는 적정한 방식에 의해 평가된 가격으로 임의처분하는 방법, iii) 사전약정방식 또는 적정한 방식에 의해 주식을 평가한 후 그 차액 상당을 지급한 후에 주식의 소유권을 취득하는 방법, iv) 미리 정산하지 않기로 약정한 경우 별도의 정산없이 바로 소유권을 취득하는 방법 등 다양하다.[284)]

(다) 예금채권질권

예금계좌에 대한 근질권 설정은 차입자인 근질권설정자가 대출자인 근질권자에게 근질권을 설정해주는 방식이다. 피담보채무의 범위는 대출약정에 따라 차입자가 근질권자에게 현재 및 장래에 부담하는 일체의 채무가 된다. 예금채권에 대한 근질권 설정에 있어서는 질권 설정 이후에 예치된 금원에 대해서도 질권의 효력이 미치는지 여부가 문제될 수 있다. 질권 설정 이후에 이루어진 예금에 대한 채권은 지명채권으로 일종의 장래채권이라고 볼 수 있으므로, 장래채권에 대하여 질권을 설정하는 것이 가능한지 여부에 따라 판단할 수 있을 것이다.

우리 판례는 장래채권의 양도성을 인정하면서 양도의 요건으로 특정성과 발생가능성 내지 발생 개연성을 요구하고 있으므로[285)] 장래에 입금될 예금액에 대하여 질권의 효력이 미치도록 하려면, 질권 설정 시점에 예금채권에 관한 기본적 권리관계가 어느 정도 확정되어 있어 해당 예금채권의 특정이 가능해야 하고, 또한 예금액의 입금이 가까운 장래에 발생할 것임이 상당한 정도로 기대되어야 할 것이다.

실무상 예금채권 근질권은 사업시행자와 시공자를 질권설정자로 하고 대출자를 근질권자로 하여 계약을 체결하며, 보통 인장을 근질권설정자가 점유하고, 통장을 근질권자가 점유한다. 예금채권은 민법상 지명채권으로 예금 근질권을 설정할 때 제3자에 대한 대항요건을 갖추려면 대상 예금이 예치되어 있는 은행에 확정일자가 있는 통지를 하거나 해당 은행의 승낙을 얻어야 한다. 통지의 경우에는 은행이 통지를 받는 시점까지 근질권설정자에게 대항할 수 있는 사유가 있는 경우, 이 사유를 가지고 대항할 수 있으므로 이의를 유보하지 않은 승낙을 받는 것이 대출자의 입장에서는 유리하며, 보통 "확정일자부 동의서"를 받는다.[286)]

---

284) 조재영·이희종(2018), 39쪽.

285) 장래 발생할 채권이라도 현재 그 권리의 특정이 가능하고 가까운 장래에 발생할 것임이 상당한 정도로 기대되는 경우에는 채권양도의 대상이 될 수 있다(대법원 2002. 11. 8. 선고 2002다7527 판결 등).

286) 조재영·이희종(2018), 39-40쪽.

(3) 자금계좌(에스크로우 계좌)에 대한 관리

예금채권에 대한 근질권 설정 이외에 차입자의 자금계좌에 대한 통제수단의 하나로 "에스크로우 계좌(Escrow Account)"[287] 설정이 있다. 부동산개발사업으로부터 발생하는 현금흐름에 대해 대출자나 대출자가 지정하는 제3자가 입출금을 통제하는 방식이다. 예를 들어 분양대금 등이 입금되는 계좌에 대해 대출자 등의 동의하에 인출이 가능하도록 약정하거나 대출자 등이 지정한 대리은행이 계좌에 대한 관리를 행하는 등의 방식을 이용한다. 그리고 시공사가 신용공여를 하는 경우에 주로 차입자 명의로 개설한 대출금 수령계좌에 대한 인출관리를 시공사에 위탁하여 대출자와 사전 협의한 용도로만 사용됨을 원칙으로 하며, 시공사 명의로 분양대금 계좌를 개설하되 인출하기 전에 대출자에게 사전 통보 또는 동의를 얻도록 하고 있다. 이는 부동산개발로부터 발생하는 현금흐름을 대주 등이 직접 통제함으로써 상환재원 확보라는 측면 이외에 개발프로젝트로부터 발생하는 현금흐름이 차주 등이 진행하는 또 다른 프로젝트에 유입되는 것을 방지하는 것을 목적으로 한다.[288]

(4) 시행권 포기 및 양도

시행권에 대한 명확한 정의는 없으나 통상 시행사가 특정 부동산개발사업과 관련하여 보유하는 각종 권리·권한을 통칭하는 것으로 정의된다.[289] 시행사의 시행권 포기 및 양도는 대출약정서상 지정된 신용사건이 발생한 경우 발생한다. 즉 시행사가 채무불이행 상태에 빠졌거나 기한이익을 상실하게 되면 시행사는 즉시 시행권을 포기하여야 하고, 시행권은 대주 또는 대주가 지정한 자에게 양도된다. 실무상 이러한 시행권을 양수받는 자는 통상 당해 프로젝트에 신용을 공여한 시공사가 된다. 시행권을 인수한 시공사는 실질적인 시행사의 지위에 서게 된다. 시공사가 시행사에게 제공한 신용공여 총액이 사업시행으로부터 발생한 현금유입액보다 클 경우에는 시공사는 시행사에게 남은 금액에 대하여 구상권을 행사할 수 있다. 또한 시행권 포기 각서에는 사업시행자가 포기하여야 할 사업권의 범위와 사업권을 포기하더라도 기존의 대출 원리금 상환의무는 계속해서 존속한다는 내용이 들어 있다.[290]

---

287) 에스크로우 계좌(Escrow Account)란 조건부 지급신탁계정으로 제3은행 또는 대출은행을 수탁자로 지정하여 판매대금 및 프로젝트 관련된 자금의 입출금을 관리하는 특별 예금계좌를 말한다. 이 계정에는 프로젝트 건설을 위해 사업주가 제공하는 출자금과 대주단에 의한 대출금 그리고 해당 프로젝트로부터 발생하는 모든 현금수입이 입금되며, 동 계정으로부터 대주단과 차주가 약정한 항목과 순위에 의거 프로젝트 건설비, 운영비용, 대출 원리금, 배당 등이 지출된다.

288) 조재영·이희종(2018), 40쪽.

289) 사업부지에 대한 소유권(사용권, 수익권 등), 신탁의 경우 위탁자로서의 제반권리, 토지 위에 독립한 객체로서의 건물·시설 등 모든 건축물에 대한 소유권 및 일체의 권리와 의무, 사업 관련 인·허가 수령 주체, 건축주로서 분양 관련 일체의 권리와 의무, 각종 사업상의 명의(사업시행자, 건축주 등) 등을 지칭한다.

290) 조재영·이희종(2018), 40-41쪽.

5. 기타 방안

(1) 자금보충

자금보충이란 현금흐름 부족으로 인한 상환재원의 부족 등으로 차주[주로 사업시행자 또는 SPC인 대주(부동산PF 약정시 금융회사인 대주에 대해서는 차주)]가 지급기일(만기포함)에 대출 원리금 변제를 못하거나 변제금액 부족이 예상될 시에 사전에 체결된 자금보충약정을 통해 부족재원 만큼 자금보충인이(주로 시공사) 차주에게 대여하거나 대주(통상 금융회사)에게 직접 입금(단, 원인은 자금보충인의 차주에 대한 대여임)하는 등으로 대출 원리금 및 부수되는 채권의 상환을 보장하는 약정이다.[291] 자금보충인이 자금보충약정에 따라 차주에게 신규로 대여한 금원은 기존 대주의 채권보다 변제순위가 후순위가 되도록 함으로써 후순위대출의 성격을 띠게 된다. 자금보충약정의 이행을 강제하기 위해 자금보충인이 자금보충 미이행 시 조건부 채무인수하는 내용으로 통상 약정된다.[292]

즉 시공사에 자금보충을 요청할 수 있는 자는 금융기관 등이지만 자금을 보충받는 자는 프로젝트 회사가 된다. 자금보충약정의 법적 성질은 민법상 소비대차계약에 가깝지만 제3자인 금융기관 등이 소비대차계약을 이행할 것을 요청할 수 있다는 특징이 있다. 소규모의 일시적인 자금보충이 아니라면 시공사가 프로젝트 회사의 자금(현금흐름 또는 사업성)을 보장한다는 점에서 자금보충약정도 신용보강적인 면에서 사실상 연대보증이나 채무인수와 크게 다르지 않다고 생각된다. 자금보충약정은 부동산 프로젝트금융에서뿐 아니라[293] 자회사나 계열사 지원을 위한 편법수단으로 활용되는 사례도 발생하고 있다.[294] 따라서 소규모의 일시적인 자금보충약정이 아니라면 위험성이 매우 높으며 편법수단으로 활용될 수 있다는 점에서 적법한 내부절차를 거쳐야 하며 재무제표에 반영하고 필요 시에는 공시하여야 한다.[295]

(2) 이자지급보증

부동산PF 진행 시 인적담보제도의 효과를 기대하는 방법 중 신용공여자의 부담이 최소화

---

291) 부채상환비율(DSCR)이 일정비율 이하인 경우 이 비율을 유지하기 위한 자금보충약정, 상환일 또는 유동화 만기일에 지급할 금액의 부족이 발생한 경우를 위한 자금보충약정 등 변제자력이 없는 프로젝트 회사를 위한 자금보충약정 등이 있다.

292) 정복희(2016), 40쪽.

293) 예를 들어 A건설의 부동산 프로젝트금융을 위하여 A건설이 금융기관에 대하여 연대보증의 신용을 제공하고, A건설이 이를 이행하지 못하였을 경우 A건설의 모기업이 A건설이 연대보증을 이행할 수 있도록 자금보충약정서를 제출한 사례가 있다.

294) 민주당 김기식 국회의원이 공정거래위원회에서 제출받아 발표한 "기업집단별 자금보충약정 현황"에 따르면 2012년 10월 기준 63개 상호출자제한기업집단 중 35개 집단의 86개 소속 회사에서 총 586건, 21조 8천억원 규모의 자금보충약정이 존재하였다. 이는 공시의무가 있는 채무보증금액 1조 6천939억원의 약 13배에 달하는 규모라고 한다.

295) 박근용(2014), 208쪽.

된 것이 이자지급보증 방식인데 이자지급보증은 단어 그대로 이자의 지급을 보증하는 것을 말한다. 대주는 직접적으로 대출원금의 상환에 대해서는 담보를 확보하지 못하지만, 이자지급보증에 따라 정상적인 이자지급 재원의 확보와 더불어 이자지급보증인(주로 시공사)이 고율의 연체이자를 부담하는 것을 기피할 것으로 기대하게 된다. 즉 이자지급보증인이 정상적인 경영상태에 있는 법인이라면, 이자지급보증을 실행하는 대신 리파이낸싱을 추진하거나 약정 관련 제반 조건을 정상화하여 연체이자 지급을 감수하지 않을 것으로 예상하기 때문이다. 그러나 엄밀한 의미에서 이자지급보증은 어디까지나 원금상환에 대한 기대효과를 누리는 것일 뿐 강제성이 미약하여 온전한 인적담보로써는 미흡한 것이 사실이다.[296)]

프로젝트 회사 스스로 충분한 자산을 보유하고 있어서 금융기관이 프로젝트 회사의 자산을 직·간접적인 담보로 확보할 수 있는 경우, 시공사로부터 이자의 납입에 대한 보증만으로도 프로젝트금융이 가능할 수 있다.[297)] 이자지급보증은 시공사가 제공하는 다른 신용보강과 비교하여 상대적으로 보증의 범위 및 효력이 제한되어 보증의 위험이 덜하다는 장점이 있다. 그러나 이자지급보증도 프로젝트 회사에 연체이자가 발생하고 상당기간 누적될 경우 연체이자가 원금을 초과할 위험도 있다.[298)]

(3) 보험제도

부동산보장가액보상보험(AVI: Assured Value Insurance)[299)]은 부동산담보부 대출금융기관의 담보물 가치하락으로 인한 손실위험을 보상하는 보험으로서 대출 원리금 미회수 위험을 보험회사에 전가하는 상품으로 담보내용[300)]은 보험기간 중 피보험자가 건물의 준공 이후 기한의 이익상실 사유 발생으로 보험회사의 서면동의를 얻은 절차에 따라 매각한 결과, 보험목적물의 실제 매도가격과 기 분양대금 및 기타 피보험자 회수금액의 합계액이 보장가액에 미달하는 경우, 그 차액을 보상한도액 범위 내에서 보장한다. 보통 대출금융기관의 요청에 따라 시행사가 보험료를 납입하므로 대출자의 입장에서 추가비용의 부담 없이 대출 원리금 상환위험을 회피할 수 있다.

그러나 부동산보장가액보상보험(잔존물가치보장보험)은 본질적으로 보험회사들이 인수할 수 있는 시점이 적어도 개발사업의 인·허가가 완료된 후 시공사가 선정되어 공사가 실제로 진

---

296) 정복희(2016), 42쪽.

297) 이자지급보증은 재건축·재개발 프로젝트와 같이 금융기관이 프로젝트 자산(조합원 토지)에 대해 직접 담보를 확보하여 별도 신용보강을 필요로 하지 않는 프로젝트 등에 활용될 수 있다.

298) 박근용(2014), 209쪽.

299) 최근 선진금융기법으로 분양성 등의 부족으로 PF금융기관의 프로젝트금융 조건을 충족하지 못한 경우 그 부족 부분에 대한 보완책으로 PF금융기관에서 실제로 활용되는 금융기법으로 잔존물회수보험(RVI, Residual Value Insurance)이라고도 한다.

300) 실무적으로 활용되고 있는 보험사 보험조건이다.

행되거나 진행될 것이 확실시되는 시점이다. 사업 초기 토지확보를 위해 차입이 불가피한 영세 시행사의 경우에는 이 보험의 활용도가 낮으며, 보험료도 상당한 금액임을 감안하여 시행사의 사업수지를 떨어지게 한다. 단순히 시공사의 신용공여를 통해 자금조달이 가능한 상황에서는 굳이 추가로 비용을 지급하면서까지 잔존물가치보장보험을 이용하지 않는 게 실무이다.[301)]

(4) 특수 공공기관의 보증제도

(가) 주택도시보증공사의 주택사업금융보증

주택도시보증공사의 주택사업금융보증(표준PF대출 및 유동화보증)은 2014년 6월부터 시행된 제도[302)]로써 주택도시보증공사가 보증채권자(부동산PF 대주)가 실행하는 PF대출 원금에 대해 총사업비의 50% 이내까지 채권의 상환을 보증하는 상품으로 일정요건 충족 시 활용이 가능하므로 부동산PF 진행 시 기존 인적담보를 일부 대체할 수 있는 제도로써 그 의의가 있다.[303)]

(나) 한국주택금융공사의 PF보증

한국주택금융공사의 PF보증은 당초 2005년 4월부터 후분양제의 성공적인 정착을 지원하기 위하여 도입된 PF보증 상품이었으나, 후분양제 도입이 사실상 무산된 이후 2010년부터 취급기준이 강화되어 현재에 이르고 있어, 일반적인 부동산PF 진행 시 인적담보 대체재로 사용되기에는 주택도시보증공사의 주택사업금융보증에 비해 한계가 있는 제도로 판단되나, 공공기관이 제공하는 주요한 PF보증 상품으로써의 의의가 있다.

301) 정기열(2018), 134-135쪽.

302) 주택도시보증공사의 기존 PF금융보증제도(2004년부터 시행)와 2012년 6월 PF대출 유동화용 약관 제정 등을 통해 시행하여 오던 제도를 연계 및 개선하여 시행하고 있는 제도로 유동화보증은 PF유동화(입주자모집공고 승인 전)와 분양대금 유동화(입주자모집공고 승인 후)로 구분된다.

303) 정복희(2016), 40-41쪽.

제6장 / 부동산 그림자금융

Ⅰ. 서설

1. 그림자금융의 의의

(1) 그림자금융의 개념

2008년 글로벌 금융위기의 원인 중 하나로 지목되었던 그림자금융(shadow banking)에 대해 긍정적인 측면도 있으나 그 규모가 증가하면서 그림자금융이 세계 금융시스템에 양날의 칼로 작용할 수 있다는 우려가 제기되고 있다. 그림자금융은 미국 자산운용사 핌코(Pimco)의 폴 맥컬리(Paul McCulley)가 2007년 처음으로 개념을 정립하였으며, 전통적 은행시스템 밖에서 은행과 유사한 신용중개기능을 담당하는 기관(entity) 또는 활동(activity)을 지칭한다[금융안정위원회(FSB) 정의 기준].

FSB는 그림자금융을 활용목적에 따라 광의와 협의의 두 가지 개념으로 구분한다. 광의 개념은 은행시스템 밖에서 은행과 유사한 신용중개기능을 제공하는 기관 및 상품으로 정의한다. 이는 전체 금융기관 중 은행과 보험, 연금, 공적금융기관을 제외한 기타금융기관으로, 그림자금융은 헤지펀드, MMF, 구조화투자회사(SIV: Structured Investment Vehicle), ABS, CDS 등 다양한 금융상품으로 구성된다. 협의 개념은 비은행 신용중개시스템 중에서 만기 및 유동성 변환, 신용리스크의 불완전한 이전, 레버리지 확대 등을 통해 시스템리스크를 유발하거나 규제차익을 추구하는 부문으로 정의한다. FSB는 헤지펀드, MMF, 전문 부티크(specialist boutiques), 증권중개인(broker dealers)뿐만 아니라 개인 간(P2P) 대출, 소셜미디어 등을 통한 크라우드펀딩, 신

생기업 자금지원에 특화된 벤처캐피털 등도 그림자금융 범위에 속한다고 밝히고 있다.[1)]

금융위기 이전에는 복잡한 파생상품을 만드는 구조화투자회사(SIV)나 자금중개 역할을 하는 도관업체(Conduit)가 그림자금융의 주축을 이루었고, 이러한 상품은 투자자들에게 막대한 손실을 끼쳤으며, 글로벌 금융업체들은 붕괴 위기에 직면하였다. 그림자금융은 자금중개 경로가 길고 복잡하며 은행이 아니라는 이유로 규제가 약한 특징이 있어 위험전이 가능성이 커 특정 부문의 위기가 전체 금융시스템으로 쉽게 확산될 수 있는 부정적인 측면이 있다.

2015년 4월 국제통화기금(IMF)은 글로벌 금융안정보고서(global financial stability report)를 통해 최근 미국을 중심으로 그림자금융의 리스크 속성이 달라지고 있다고 지적하고 있다. 즉 i) 최근 미국 등에서 그림자금융이 급증한 배경은 자기자본과 유동성 등 건전성규제 강화로 은행들이 고위험자본 공급을 축소하면서 그 자리를 그림자금융이 차지하기 시작한 데 있다. 글로벌 금융위기 이후 미국 등 각국의 금융당국은 은행에 대한 규제를 대폭 강화하면서 최근 대형 은행들이 점차 고위험투자 비중을 줄이고 있는 상황이다. ii) 글로벌 금융위기 당시 그림자금융 문제는 선진국 은행권의 신용위험으로 집약되었으나, 최근 들어서는 신흥국 채권시장, 특히 신흥국 기업 부채의 유동성위험으로 전환되고 있다. 선진국의 경기침체와 저금리 상황이 지속되면서, 미국 등 그림자금융의 대체투자처로 신흥국 채권시장이 급부상하였다. 시장충격이 발생한다면 신흥국 채권시장에서 유동성 경색 상황이 발생할 수 있고, 이는 미국 등 그림자금융의 시스템리스크를 발생시킬 수 있을 것이다.[2)]

(2) FSB의 정책권고안

2013년 9월 5일 러시아에서 열린 제8차 G20 정상회의에서 금융안정위원회(FSB)는 그림자금융 감독규제에 대한 정책권고안을 제시하였다. G20 국가들은 정상회의에서 세계경제 회복과 함께 글로벌 불균형을 개선하기 위해 국제금융시장의 위기대응체제 강화, 지속가능한 경제성장 등의 정책공조에 합의하였다. 특히 FSB는 동 회의에서 국제금융시장의 위기대응체제 강화 방안으로 그림자금융 5개 부문에 대한 감독규제안을 제시하였다. 5개 부문으로 은행과 그림자금융 시스템 간 상호작용, MMF, 증권화, 증권대차 및 RP, 여타 그림자금융기관이 있다.[3)]

FSB는 그동안 BCBS 및 IOSCO와 협조하여 각국의 그림자금융 시스템에 대한 실태조사 등 감시체계(monitoring framework) 강화와 더불어 그림자금융 시스템리스크를 완화하기 위해 5

---

1) 한국금융연구원(2014), "국제금융 이슈: 최근 글로벌 금융시장에서 그림자금융의 규모 증가 및 개혁방안", 주간금융브리프 23권 24호(2014. 7), 16-17쪽.

2) 한국금융연구원(2015), "국제금융 이슈: 미국의 그림자금융 위험 우려 증대", 주간금융브리프 24권 19호(2015. 5), 17쪽.

3) 한국금융연구원(2013), "국제금융 이슈: FSB의 그림자금융에 대한 정책권고안", 주간금융브리프 22권 38호(2013. 10), 12-13쪽.

가지 부문에 대한 감독규제안을 제시하였는데 이는 부문별로 다음과 같다.

i) 은행과 그림자금융 시스템 간의 상호작용: BCBS는 그림자금융기관의 자산편입 비중과 펀드의 투자지분을 제한하여 은행과 그림자금융 시스템 간 파급효과(spill-over effect)를 경감시키는 등 금융시장의 안정성을 도모하기 위한 방안을 확정하여 2013년 말까지 FSB에 제출하기로 하였다. ii) MMF: IOSCO는 시장충격 발생 시 MMF의 펀드런에 대비한 국가 간 공동기준 설정 등 지침을 수립하여 2014년에 최종안을 FSB에 보고하기로 하였다. iii) 증권화: IOSCO는 그림자금융기관의 위험보유기준 설정 등의 방안을 마련하여 2014년 내에 최종안을 FSB에 제출하기로 하였다. iv) 증권대차 및 RP: FSB는 증권대차 및 RP에 관한 경기순응성 리스크 경감, 증권대차에 적용되는 최소 헤어컷 설정 등 투명성과 금융안정을 확보하기 위한 지침을 2014년 중 설정하도록 하였다. v) 여타 그림자금융기관: FSB는 여타 그림자금융기관에 대한 감독규제를 강화하기 위해 해당 기관들에 대한 엄격한 규정을 적용하는 등 개선된 방안을 2014년 3월에 제시하도록 하였다.

2. 그림자은행의 금융중계

(1) 개요

자본주의적 시장경제는 반드시 금융중계 시스템을 동반한다. 그런데 20세기 후반 자본축적체계의 역사적 변화에 조응하여 새로운 금융중계 방식, 즉 그림자은행 시스템이 출현한다. 이는 미국 주택시장의 호황을 배경으로 급속히 성장하였다. 전통적 은행은 예금과 대출의 단순한 구조 속에서 신용변형, 만기변형, 그리고 신용창조의 기능을 수행한다. 반면에 그림자은행은 RP와 ABCP를 통해 자금을 예치하고, 이를 MBS, ABS, CDO 등에 투자함으로써 신용변형, 만기변형, 신용창조의 기능을 수행한다.[4)]

전통적 은행처럼 그림자은행도 단기로 차입하여 장기로 대출한다. 다만 예금과 대출보다 훨씬 더 복잡하고 낯선 기법을 사용한다. 또 전통적인 시스템에서는 하나의 기관(은행)이 예금과 대출을 제공하는 반면, 그림자은행에서는 시장 메커니즘에 의해 연결되는 다수의 금융기관에 의해 금융중계가 완결된다. 여기서도 두 가지 변형과 신용창조가 이루어진다.

이 같은 그림자은행의 금융중계는 고유한 모순을 내포한다. RP와 ABCP는 유통수단과 지불수단으로 기능하지 못하기 때문에 "런"(run)에 취약하다. 또 구조화금융을 통해 안전자산을 많이 추출할수록 시스템리스크가 확대된다.

4) 윤종희(2019), "금융중계의 역사적 진화: 전통적 은행에서 그림자은행으로", 사회와 역사, 제124집(2019. 12), 391쪽, 401쪽.

(2) 그림자은행의 1차 신용변형

현대적 금융중계의 핵심은 예금이다. 은행은 예금이라는 초단기 안전자산을 형성하여 시장의 유휴자금을 흡수한다. 반면에 그림자은행은 예금이 아닌 증권을 통해 단기자금을 조달한다. 여기서 중요한 것은 새로운 증권을 예금처럼 안전성과 유동성을 모두 갖춘 안전자산으로 만드는 것이다.[5)]

첫 번째 방식은 은행이 보유한 장기 안전자산(주로 국채)을 담보로 단기자금을 빌리는 것이다. 그런데 통상의 담보(저당권)와 달리, 이는 소유권을 채권자에게 넘기고 나중에 돌려받는다. 전당포에서 돈을 빌리는 것과 비슷하다. 이를 RP거래라고 한다. 단기로 거래되며, 만기가 1영업일인 경우도 많다.

계산의 편의상, 만기를 1년으로 가정하자. 은행 A는 100달러(Z)의 가치를 지닌 금융자산을 1년 후에 96.9달러(Y)로 환매하는 조건으로 95달러(X)에 판매한다. 이렇게 조달한 95달러가 예금에 해당한다. 또한 A는 1.9달러(=Y−X)의 비용으로 95달러를 차입했으므로 1.9달러가 이자에 해당한다. 예금금리에 해당하는 환매금리(repo rate)는 2%[=(Y−X)/X]이다. 이렇게 조달한 95달러를 대출하면 100달러의 금융자산으로 95달러를 대출한 셈이다. 이는 은행이 100달러의 예금을 받아 지급준비금 5달러를 제외한 나머지를 대출하는 것과 같다. 금융자산의 가치(Z)와 판매가격(X)의 차이인 5달러가 "지급준비금"에 해당한다. 금융자산의 가치(100달러)에 대한 "지급준비금"의 비율[=(Z−X)/Z]인 5%를 "레포 헤어컷(Repo haircut)이라고 한다. 이는 지급준비율과 기능상 비슷하지만, 정부가 아니라 시장이 결정한다.

미국에서 RP는 1984년부터 자동중지제도(automatic stay)[6)]가 적용되지 않는다. 채무자가 부채를 상환하지 못하면 채권자는 담보를 바로 소유한다. 그래서 담보의 가치가 안정적인 한, 가치의 안전성 면에서 RP는 예금과 차이가 없다. 또한 주로 1영업일의 단기로 거래되기 때문에 유동성도 높다. 그래서 그림자은행이 단기자금을 예치하는 수단으로 가장 많이 활용된다.

두 번째 방식은 은행이 기업어음(CP)[7)]을 발행하는 것이다. 이는 과거에도 은행이 단기자금을 조달하기 위해 사용한 방식이다. 일반적인 CP는 오직 기업의 신용을 토대로 발행되기 때

---

5) 윤종희(2019), 402−404쪽.

6) 이는 금융기관이 (가계가 아니라) 기업과 거래할 때에만 적용되는 독특한 제도다. 기업이 부채를 상환하지 못하였을 때, 은행이 곧바로 담보(예를 들어 공장, 기계 등)를 처분하면 기업은 돈을 갚을 능력을 완전히 상실한다. 또한 그 기업과 거래하는 다른 기업들이 필요한 원료나 부품을 공급받지 못하거나 판매처를 잃어버릴 수 있다. 자칫 잘못하면 기업들의 연쇄 파산을 초래할지도 모른다. 그래서 파산위기에 몰린 기업이 회생절차를 신청하면 채권자의 권리를 "자동중지"시켜 일단 채무자가 영업을 계속할 수 있게 한다. 이것이 자동중지제도이다.

7) 기업어음(CP)은 진성어음과 달리 상거래 없이 발행되는 융통어음이다. 담보에 해당하는 상품이 없고 오직 기업의 신용만으로 발행한다. 그만큼 위험성이 높아 신용등급이 높은 기업만이 발행할 수 있다. 만기가 270일 미만이면 증권거래위원회(SEC)에 등록할 필요가 없기 때문에 회사채보다 훨씬 더 간편하고 효율적이다.

문에 그 기업의 시장상황에 따라 가치가 변동한다. 은행의 CP도 마찬가지다. 은행의 수익은 국채부터 가계대출까지 위험성과 수익성이 서로 다른 금융자산들로부터 나온다. 그런데 국채와 달리 가계 및 기업 대출은 시장상황에 따라 수익이 달라지고, 그에 따라 은행의 실적과 CP의 가치가 변동한다. 별다른 장치가 없으면 CP는 예금을 대체할 수 없다. 그래서 1980년대 말부터 리스크가 큰 CP를 안전자산으로 변형시키는 혁신을 단행한다("1차 신용변형").

이는 다음과 같이 진행된다. 은행은 구조화투자회사(SIV), 또는 콘듀잇(Conduit)을 설립하여 자신이 보유한 안전자산을 그곳에 매각한다. 안전자산과 리스크가 큰 자산을 각각 SIV와 본사로 분할하여 관리하는 것이다. 그 다음에는 SIV의 자산 포트폴리오를 다각화하고 파생금융상품을 이용하여 이자율 또는 환율의 변동에 따른 위험을 최소화한다. 그리고 SIV가 요구할 때, 은행이 360일 동안 유동성을 100% 제공한다고 약속한다. 이를 통해 SIV는 신용평가기관으로부터 "트리플 A"로 판정받는다. 이처럼 안전자산을 토대로 발행한 CP를 "자산담보부" 기업어음(ABCP)이라고 한다. 그리고 은행의 후원 아래 ABCP를 발행하는 기구를 "콘듀잇"이라고 한다.

이 같은 단기 차입방식은 은행만이 할 수 있는 것이 아니다. 안전자산을 보유하고 있으면 어떤 기업도 RP거래를 수행하거나 ABCP를 발행할 수 있다. 특히 2000년대는 헤지펀드가 SIV 설립을 주도한다. 헤지펀드가 후원하는 SIV는 RP와 ABCP 외에 "트리플 B" 등급의 자본채(Capital notes) — 통상 10년 만기의 열등한 회사채 — 를 발행하면서 자금을 조달하고, 고수익·고위험 투자를 감행한다. 그 외에 모기지 대부업체, 보험회사, 투자은행 등도 ABCP를 발행한다. 다만 규모가 상대적으로 작다.

(3) 그림자은행의 2차 신용변형과 신용창조

그림자은행은 RP와 ABCP를 통해 조달한 단기자금을 수익률이 더 높은 곳에 투자한다. 과연 어디에 투자할까? 과거처럼 기업이나 가계에 대출할 수 있다. 그러나 그렇게 하면 "자금조달-대출"이 한 번의 순환으로 끝난다. 그림자은행 그 자체의 금융중계는 여기서 종결되는 것이다. 금융중계기관의 이윤은 신용창조, 즉 "예금-대출-파생예금-대출-파생예금-(…)"의 순환을 통해 증가한다. 그림자은행도 이 같은 수익 메커니즘이 필요하다. 그래서 금융중계가 단 한 번의 순환으로 종결되면 안 된다. 그런데 RP나 ABCP를 통해 조달한 자금은 예금이 아니기 때문에 파생예금이 발생할 수 없다.

하지만 ABCP와 RP를 통해 조달한 자금으로 장기 안전자산을 매입하면, 금융기관은 재차 ABCP와 RP를 통해 자금을 조달할 수 있다. 그러면 "RP/ABCP-안전자산-RP/ABCP-안전자산-RP/ABCP(…)"의 순환이 가능하다. 안전자산의 수익률과 RP/ABCP 금리의 차이(스프레드)가 100bp(1%)일 때, 이 과정이 10회 반복되면, 금융기관의 수익률은 10%로 상승한다. 이 과정은 원리상 무한히 지속될 수 있다. 이때 ABCP와 RP의 만기는 단기이고, 이를 통해 매입한 안전자산의 만기는 장기이다. 그래서 만기 불일치의 문제가 발생하는데, 이는 지속적인 차환(refinancing)을 통해 해결한다.[8)]

여기서 한 가지 중요한 문제가 있다. 전통적인 안전자산, 즉 미국 국채는 무한정 발행될 수 없기 때문에, 이를 대신하는 새로운 안전자산이 필요하다는 점이다. 과연 무엇이 국채를 대신할 수 있을까? 여기서 리스크가 큰 대출자산을 안전자산으로 변형시키는 "제2의 신용변형"이 필요하다. 구조화금융으로 알려진 차등적 "증권화"가 이 기능을 수행한다.

먼저 "증권화"는 대출증서를 토대로 증권을 발행하는 것이다. 1968년에 정부 후원 모기지 회사인 지니매는 수백 건의 모기지증서를 하나의 자산집합(pool)에 넣고, 여기서 발생하는 이자를 균등 지급하는 패스스루(Pass-through) 방식으로 MBS를 발행하였다. 증권화는 처음에 모기지 증서를 "재료"로 삼았지만, 그 후로 신용카드매출채권, 학자금대출, 홈에퀴티론, 자동차를 비롯한 다양한 할부채권, 자동차 할부금융(오토론) 등으로 재료를 확대한다. 이렇게 발행한 증권이 ABS이다.[9)]

그런데 1980년대 초 프레디맥은 민간 모기지증서를 대상으로 MBS를 발행할 때 이자 지불 방식을 달리한다. 자산집합에서 발생하는 이자를 서로 다른 등급(tranche)의 증권에 차등 지급하는 페이스루(Pay-through) 방식을 채택한 것이다. 예를 들어 회사채, 비우량 모기지, 후순위 ABS/MBS 등 다양한 금융자산으로 구성된 자산집합에서 연간 1,000만 달러의 이자가 발생한다고 가정하자. CDO[10)] 관리자는 이자지불의 순서에 따라 시니어(senior: 선순위) 증권 3.5억 달러(연 금리 2%), 메자닌(mezzanine: 중간순위) 증권 4,000만 달러(3.5%), 마지막으로 이자지불에서 가장 후순위인 에퀴티(equity) 증권 1,000만 달러를 발행한다. 총 4억 달러의 증권을 발행하는데, 시니어 증권이 전체의 87.5%, 메자닌 증권이 10%, 에퀴티 증권이 2.5%를 차지한다. 시니어·메자닌 증권은 그 안에서 다시 여러 등급으로 나눌 수 있다. 이자는 시니어 증권에게 700만 달러, 메자닌 증권에게 140만 달러를 순차적으로 지급하고, 그 후에도 남은 수익이 있으면 모두 에퀴티 증권에게 지급한다. 반대로 자산집합에서 디폴트가 발생하면, 그 부담은 에퀴티 증권부터 떠안는다.[11)] 이 방식을 사용하면 부실한 기초자산으로부터도 안전자산으로 평가되는 증권을

8) 윤종희(2019), 404-408쪽.

9) ABS는 대출증서 외에도 정기적으로 현금흐름이 발생하는 것, 예를 들면 프로야구장 입장료, 테마파크 입장료, 심지어 유명 가수의 음원 수익 등을 토대로 증권을 발행한다. 일례로 영국의 가수, 보위(D. Bowie)는 1997년 미래 음반판매 수익을 이자로 지불하는 5,500만 달러 규모의 "보위본드"를 성공적으로 발행한 바 있다. 현금흐름이 발생하는 거의 모든 것이 자본화되는 것이다.

10) CDO는 페이스루(Pay-through) 방식을 통해 구조화금융과 증권화를 결합한다. 특정한 자산집합으로부터 발생하는 이자를 시니어(senior) 등급, 메자닌(mezzanine) 등급, 에퀴티(equity) 등급으로 차등화해 지급하는 증권을 발행하는 것이다.

11) 이를 손실부담 시발점(attachment point)과 손실부담 종료점(detachment point)으로 나타낸다. 위의 사례

발행할 수 있다. 이를 일반화한 것이 부채담보부증권(CDO)이다. 이는 모기지증서 같은 대출증서는 물론, 회사채, MBS, ABS 등 이미 발행된 증권을 "재료"로 삼아 발행된 2차 증권이다.

그림자은행의 성장을 주도한 것은 CDO이다. CDO는 모든 형태의 금융자산을 재료로 삼아 발행할 수 있다. 다시 말해서 페이스루(Pay-through) 형태로 발행한 증권을 C□O라고 부르고, 그 "재료"의 앞글자를 □ 안에 넣을 수 있다. 모기지 증서를 넣으면 CMO, 은행의 대출증서(loan)면 CLO, 채권(bond)이면 CBO가 된다.

ABS와 MBS는 실물경제에서 장기대출이 발생할 때 비로소 발행되는 반면, CDO는 기존의 대출증서나 채권에 국한되지 않는다. 2차, 3차 증권화가 가능하기 때문이다. 2000년대 중반 CDO의 "재료"가 고갈되자, 선납 수수료에 기반한 CDO, CDO를 기초자산으로 하는 CDO^2 CDO^2를 기초자산으로 하는 CDO^3까지 발행한다. 여기에 CDO의 디폴트 위험에 대비한 신용부도스왑(CDS)[12)]의 보험료를 기초자산으로 하는 "합성(synthetic) CDO"도 등장한다. 그 외에도 부실채권을 재료로 하는 채권담보부증권(CBO), 은행 대출을 재료로 하는 대출채권담보부증권(CLO) 등도 발행된다. "재료"가 아무리 부실해도 차등적 증권화 기법, 또는 구조화금융 기법을 도입하면, 그로부터 "안전자산"을 추출할 수 있다.

앞서 ABCP를 위해 SIV와 콘듀잇을 설립한 것처럼, 증권화를 위해서도 새로운 금융기관이 필요하다. 이를 특수목적기구(SPV) 또는 유동화전문회사(SPC)라고 한다. 이 기구는 한시적으로 운영되는 명목회사(paper company)로서, 마치 컴퓨터 프로그램처럼 미리 정해진 규칙에 따라 증권을 발행한다. SPV는 크게 두 가지 기능을 수행한다. 하나는 모기지증서, 매출채권 등을 모으고 그로부터 발생하는 원리금을 수집하는 일종의 "저장소(warehouse)" 기능이고, 다른 하나는 저장소가 수집한 현금흐름(cash flow)을 기초로 여러 등급의 증권을 발행하고, 각 증권에 이자를 지불하는 기능이다. 하나의 SPV가 이 두 기능을 모두 수행하기도 하고, 두 개 이상의 SPV가 각각의 기능을 전담하기도 한다. SPV는 주로 투자은행이 설립하는데, SIV나 콘듀잇과 달리 디폴트의 위험이 전혀 없다. SIV와 콘듀잇은 부채증권과 자산증권의 수익률 차이로 수익을 획

에서 에퀴티 증권은 (0%, 2.5%), 메자닌 증권은 (2.5%, 12.5%), 시니어 증권은 (12.5%, 100%)이다. 즉 기초자산 중에서 하나라도 디폴트가 발생하면, 에퀴티 증권의 원금손실이 시작된다. 자산의 2.5%에서 디폴트가 발생하면 에퀴티 증권은 원금이 소실되고, 이때부터 메자닌 증권의 손실이 시작된다. 자산의 12.5%에서 디폴트가 발생하면 메자닌 증권은 원금이 소실된다. 하지만 이때까지 시니어 증권은 전혀 손실을 입지 않는다. 그만큼 안전성이 보장된다. 에퀴티 증권은 CDO를 발행한 금융기관이 보유하는데, 수익의 분배과정에서 주식(equity)처럼 기능한다. 즉 기초자산에서 디폴트가 발생하지 않으면, 상위 증권에게 지급하고 남은 이자, 즉 160만 달러가 에퀴티 증권에게 배당된다. 이 경우 에퀴티 증권의 수익률은 16%이다.

12) CDO는 MBS보다 리스크가 더 큰 것으로 평가된다. 이에 따라 CDO의 디폴트가 발생할 경우를 대비해서 보험과 유사한 파생금융상품이 등장하는데, 이것이 바로 CDS이다. 이는 일정기간 동안 정기적으로 "보험료"를 받고 해당 자산의 디폴트가 발생하면 손실을 전액 보상해 준다. 물론 CDS는 CDO에 대해서만 발행되는 것이 아니다. 원리상 디폴트의 가능성을 내포한 모든 금융자산을 대상으로 발행할 수 있다.

득하지만, SPV는 "저장소"와 증권발행 기능을 수행하면서 수수료를 받는다.

이제 "RP/ABCP－안전자산－RP/ABCP－안전자산(…)"으로 이어지는 그림자은행의 금융중계 순환이 완성된다. 그림자은행에서 이루어지는 이중의 "신용변형"은 금융기관의 수익성과 관련하여 전통적 은행의 신용창조와 효과가 동일하다. 전통적 은행에서 대출과 동시에 파생예금이 발생함으로써 레버리지율과 이윤율이 동시에 상승하듯이, 그림자은행은 끊임없이 증권을 창조함으로써 레버리지율과 이윤율을 높인다. 이를 "신용창조"에 비유하여 "증권창조"(securities creation)라고 부를 수 있을 것이다. 그런데 은행은 지급준비율과 BIS 비율이 이를 억제하지만, 그림자은행은 그런 제동 장치가 없다.

이제 그림자은행의 금융중계 방식을 간략히 정리하면 다음과 같다. 금융기관은 RP와 ABCP를 통해 단기자금을 예치한다. 이는 안전자산을 토대로 형성되기 때문에 예금과 동급의 단기 안전자산으로 평가받는다(1차 신용변형). 이를 통해 조달한 자금으로 장기 안전자산을 매입하여, 두 금융자산의 금리차이만큼 수익을 획득한다. 이 과정에서 단기 부채가 장기 자산으로 변형된다(만기변형). 여기서 기존의 대출증서나 증권의 "차등적 증권화" 또는 구조화금융을 통해 장기 안전자산을 추출한다(2차 신용변형). 그림자은행은 새로 매입한 안전자산을 토대로 ABCP와 RP를 다시 발행하고, 이를 통해 예치한 단기자금으로 장기 안전자산을 매입한다. 이 과정은 계속 반복된다("증권창조").

3. 국내 그림자금융 상품의 유형

(1) 자산유동화증권(ABS)

ABS는 1980년대 중반 이후 재무건전성 제고, 자금조달경로 다양화, 리스크 분산 등 순기능이 강조되면서 미국 등 선진국에서 빠르게 성장하였다. 그러나 ABS의 과도한 팽창과 부실이 2008년 금융위기의 주요 원인을 제공한 것으로 지목되면서 국제적으로 자산유동화증권시장에 대한 규제강화 논의가 진행되고 있다.

ABS는 기초자산을 집합하고 구조화하여 신용도를 보강하는 복잡한 증권화 과정을 거쳐 발행되기 때문에 일반 회사채와 달리 다양한 잠재 리스크를 포함한다. ABS 관련 리스크는 자체의 고유리스크와 시스템리스크로 분류될 수 있다. 고유리스크는 채무불이행리스크, 정보비대칭리스크, 유동성리스크 등이 대표적이다. 시스템리스크는 ABS에 대한 제3자의 신용보증, 유동화 과정에서 확대되는 레버리지 등에 주로 연유한다. ABS의 신용도는 제3자의 신용보증을 통해 제고될 수 있으나 ABS가 부실화될 경우 보증기관 부실을 통해 금융시스템 전체로 확산될 위험은 증가한다. ABS를 기초로 다시 ABS를 발행하는 2-3차 유동화가 이루어질 경우 레버리지는 몇 배씩 더 커지게 된다. 이에 따라 기초자산 부실화 시 피해규모가 레버리지만큼 증폭되고 그 영향이 대출시장과 자본시장에 모두 파급된다. 또한 ABS의 투자자가 투자은행, 헤지펀드, 상업은행, 연기금 등으로 폭넓게 분포되어 있어 특정 자산의 부실화 리스크가 금융시장 전체로 빠르게 확산될 소지가 크다.[13)]

(2) 환매조건부채권(RP)

RP란 금융기관이 일정기간 후에 다시 사는 조건으로 채권을 팔고 경과 기간에 따라 소정의 이자를 붙여 되사는 채권으로, 채권투자의 약점인 환금성을 보완하기 위한 금융상품이다. RP매매는 자금수요자가 자금을 조달하는데 이용하는 금융거래방식의 하나로 주로 콜자금과 같이 단기적인 자금수요를 충족하기 위해 생겼다. 우리나라의 RP거래 형태는 한국은행 RP, 금융기관의 대고객 RP, 기관간 RP가 있다.

RP거래는 담보증권의 소유권을 이전하는 담보부 거래로서 주요국에서 금융기관 간 단기자금의 주된 조달 및 운용 수단으로 활용된다. RP거래는 단기금융시장과 채권시장 및 파생상품시장을 연결함으로써 금융시장의 효율성, 유동성 제고에 기여하며 통화정책의 효과가 원활히 파급되도록 하는 매개 역할을 수행한다. 그동안 RP거래는 안전성이 높은 것으로 인식되어 규제의 필요성이 제기되지 않았으나 2008년 금융위기 시 미국 등 선진국에서 RP시장을 통해 시스템리스크가 확산된 것으로 평가되면서 거시건전성 측면에서 규제의 필요성이 제기되고 있다. 주요국의 RP시장은 2000년대 들어 헤지펀드 및 투자은행의 발달과 함께 급성장하였다. 헤지펀드는 2008년 금융위기의 영향으로 2008-09년중 PF ABCP의 차환 발행이 곤란해짐에 따라 금융기관들의 출자로 설립된 「채권시장안정펀드」가 PF ABCP를 상당 규모로 매입한 바 있다. 금융기관들은 반복적인 RP거래를 통해 레버리지를 창출하였고, 투자은행은 대고객거래에서 수취한 담보증권을 RP거래에 재활용함으로써 저리로 단기자금을 조달하였다. 특히 미국에서는 RP담보증권으로 MBS가 널리 활용되면서 RP거래를 통해 ABS시장에 대규모 유동성이 공급되었다. 그러나 2008년 금융위기 직후 거래상대방과 담보증권의 신용리스크 증대 및 이로 인한 금융기관의 디레버리징으로 대규모 환매가 일어나면서 시스템리스크가 확산된 바 있다.

(3) 단기금융펀드(MMF)

MMF란 단기금융상품에 집중투자하여 단기 실세금리의 등락이 펀드 수익률에 신속히 반영될 수 있도록 한 초단기공사채형 상품이다. 즉 고객의 돈을 모아 주로 금리가 높은 CP, CD, 콜론 등 단기금융상품에 집중투자하여 얻는 수익을 되돌려주는 실적배당상품이다. 고수익상품에 운용하기 때문에 다른 종류보다 돌아오는 수익이 높다.

MMF는 미국에서 처음 도입된 이후 투자자들에게 유동성, 수익성 및 안전성을 겸비한 투

---

13) 김병우(2013), “그림자 금융의 동향과 건전성 제고에 관한 연구”, 경영교육저널 제24권 제3호(2013. 12), 16-18쪽.

자수단으로 인식되면서 단기금융시장의 주요 상품으로 성장하였다. 그러나 2008년 리먼 브라더스 사태 당시 미국에서 MMF 인출사태가 발생하면서 MMF도 위험한 투자상품이라는 인식이 크게 확산되었다.

MMF 운용 관련 리스크는 포트폴리오리스크, 투자자리스크, 운용사리스크 등으로 분류된다. 포트폴리오리스크는 신용리스크, 금리리스크, 유동성리스크를 포괄하는 개념으로 MMF에 편입된 자산의 가격이 이자율 변동, 편입자산의 신용도 변화, 유동성 상황 등에 따라 변동하는 위험으로 정의된다. 투자자리스크는 MMF 투자자의 구성 및 투자성향에 따라 MMF 자금유출입이 영향을 받게 되는 위험이며, 운용사리스크는 MMF 손실 발생 시 자산운용사 또는 모기업의 자금지원 가능성 여부에 따라 영향을 받게 되는 위험을 의미한다.

(4) 신용부도스왑(CDS)

CDS은 그동안 신용파생상품시장에서 높은 점유율을 차지한 상품이며, 모든 신용파생상품의 기초가 되는 상품으로 그 성격은 대출금 지급보증과 유사하다. CDS는 기업의 부도위험 자체를 매매할 수 있도록 만든 신용파생상품이다. 한쪽이 상대방에게 연간수수료를 주는 대신에, 특정 기업이 채무불이행 등 부도위험이 여러 투자자에게 분산된다.

CDS 거래에서 보장매수인은 보장매도인에게 정기적으로 일정한 프리미엄을 지급하고 그 대신 계약기간 동안 기초자산에 신용사건이 발생할 경우 보장매도인으로부터 손실액 또는 사전에 합의한 일정금액을 보상받거나, 문제가 된 채권을 넘기고 채권원금을 받기도 한다. 만약 기초자산에 신용사건이 발행하지 않으면 보장매수인은 프리미엄만 지급하게 된다. 따라서 거래 상대방 리스크의 관리가 중요하다.

CDS 프리미엄은 거래의 만기가 길수록, 기초자산의 신용등급이 낮을수록 높아지며 보장매도인의 신용등급이 높을수록 높아진다. CDS 프리미엄은 기초자산의 신용위험에 대한 가격을 수치화한 것으로 연율로 표시된다. 동 수치가 상승할 경우 동 기초자산의 신용위험이 증가함을 의미하며, 반대로 하락할 경우 신용위험이 감소함을 의미한다. CDS는 채권의 부도위험을 나타내는 기능과 함께 채권을 발행한 기업, 또는 채권을 발행한 국가의 위험 정도를 평가하는 기초가 된다.

(5) 대체투자(AI)

대체투자(AI)는 채권이나 주식과 같이 전통적인 투자상품 대신 부동산, 인프라스트럭처, 사모펀드 등에 투자하는 형태이다. 국내 증시가 장기적인 침체를 벗어나지 못하고 2015년 3월 들어 기준금리가 1%대로 하락하면서 채권투자로 인한 수익 발생이 어려워지자, 투자자들이 안정성이 다소 떨어져도 수익성이 높은 곳으로 눈을 돌리면서 대체투자가 활발해졌다. 사회간접펀드, 벤처기업, 원자재, 사모펀드, 선박, 테마파크, 항공기, 기숙사 등으로 대체투자 범위가 넓

어지는 추세에 있다.[14)]

그러나 대체투자의 특성상 실물에 투자하는 경우가 많기 때문에 유동성 회수가 쉽지 않을 수 있으며. 실제로 낮은 유동성은 대체투자 실패의 주된 위험요인으로 지목되고 있다. 또한 대체투자가 주식과 채권을 보완한다고 하더라도, 비전통적 투자방식인 만큼 그동안 익숙하지 않았던 새로운 위험에 노출될 수 있어 절대적으로 이들 자산보다 안전성이 보장된다고 볼 수도 없는 상황이다.

또한 대체투자의 경우 대부분 장외시장에서 거래되기 때문에 투명성이 낮고, 역사가 짧기 때문에 과거 수익률과 같은 데이터에 대한 신뢰성이 낮아 적절한 투자평가지수 또한 도입하기 힘들다. 대체투자는 기존의 전통자산과 같은 안정적인 리스크관리 시스템을 구축하기 어렵다는 특성이 있다.

안정적인 대체투자가 이루어지기 위해서는 사전적으로는 자산배분 전략 수립과 투자대상 선정작업이 통합적으로 이루어져 신뢰성 있는 수익-리스크 프로파일 작성이 이루어져야 하며, 사후적으로는 투자대상에 대한 지속적인 모니터링이 이루어져야 한다. 대체투자는 주로 건별로 이루어져 투자대상 선택이 중요한 성과 요인이므로 분야별로 상이한 전문성이 필요하며, 경험과 지식을 갖춘 전문인력 충원도 필수적이기 때문에 운용에 대한 리스크가 상존한다. 이와 더불어 자금결제, 국가별 다른 세제 및 법제도 등과 관련한 전문적인 후방 지원기능을 확보하고 있어야 하는 문제도 있다.

(6) 기타 상품

(가) 현금담보 증권대차

현금담보 증권대차란 증권을 보유한 기관(대여자)이 시장 투자전략의 일환으로 증권을 필요로 하는 기관(차입자)에게 현금을 담보로 일정기간 후 증권을 받고 정해진 금액을 상환하는 조건으로 증권(주로 채권)을 빌려주는 거래를 말한다. 증권 차입자는 대여받은 증권을 공매도 등을 위해 활용하며, 증권대여자는 담보로 받은 현금을 채권 등에 재투자한다. 증권대여는 자금조달 측면에서 사실상 RP와 유사한 기능을 수행한다.

(나) 기업어음(CP)

CP는 기업이 자금조달을 목적으로 발행하는 어음으로서 상거래에 수반하여 발행되고 융통되는 진성어음과는 달리 단기자금을 조달할 목적으로 신용상태가 양호한 기업이 발행한 약속어음으로, 기업과 어음상품투자자 사이의 수급관계에서 금리가 자율적으로 결정된다. 우리나라에서는 1981년부터 취급하고 있다. CP를 발행하려면 신용평가기관으로부터 B등급 이상의 신용등급을 얻어야 한다. 그러나 보통 시장에서는 A등급 이상 우량기업어음만이 유통된다. CP

14) 문승석(2015), “그림자 금융과 자본시장의 건전성에 대한 연구”, 연세 글로벌 비즈니스 법학연구 제7권 제2호(2015. 12), 140-141쪽.

의 할인 및 매매업무는 종합금융회사가 주로 취급하는 업무이었으나, 1997년 4월 CP가 유가증권으로 지정되면서 은행과 증권회사에서도 취급한다.

CP를 발행하면 은행, 종합금융회사, 증권회사 등이 선이자를 뗀 다음 매입(할인)하거나 중개수수료를 받고 개인이나 기관투자자들에게 매출하게 된다. 보통 무보증어음으로 거래되지만 중개금융기관이 지급보증하기도 한다. 발행기일은 1일부터 365일까지 있지만 30일 90일 180일 등으로 끊어지는 경우가 많다. 이자는 CP를 발행할 때 할인방식으로 미리 지급되며 만기가 되면 액면금액을 상환한다.

(다) 자산담보부기업어음(ABCP)

ABCP는 유동화전문회사(SPC)가 매출채권, 리스채권, 회사채 등 자산을 담보로 발행하는 CP이다. 일반적으로 SPC는 유동화자산을 기초로 회사채 형태의 ABS를 발행하는데 비해 ABCP는 회사채가 아닌 CP형태로 ABS를 발행하는 것이다. 유동화자산보다 만기가 짧은 ABS를 발행한 뒤 해당 ABS 만기시점부터 유동화자산의 만기 때까지 기발행된 ABS를 상환하는 조건으로 주기적으로 CP를 차환 발행한다.

ABCP는 주로 만기가 돌아온 기존 ABS 채권을 상환하는데 쓰이며 단기 CP를 반복해 발행할 수 있다. 이 경우 저금리인 단기자금을 여러 번 발행해 상대적으로 고금리인 장기 ABS 채권의 이자를 갚게 되므로 유동화전문회사가 금리차이만큼 수익을 얻어 향후 재원으로 활용할 수 있다.

ABCP와 ABS는 모두 자산을 담보로 한 채권이라는 점은 동일하나 ABS의 발행형태가 채권인 만큼 유동성이 있는데 비해 ABCP는 지급보증보다 확실한 어음 형태여서 채권 위험이 더 낮다. 기업 입장에서는 장단기 금리차이 때문에 ABS 발행보다 자금조달비용을 줄일 수 있고, 불필요한 여유자금을 최소화시켜 유리하다. 투자자 입장에서는 소비자금융 채권 등 비교적 안정적인 자산을 기초로 발행되는 데다 3개월짜리 단기상품이기 때문에 안정성과 유동성을 동시에 확보할 수 있다.

(라) 양도성예금증서(CD)

CD는 은행의 정기예금에 양도성을 부여한 것으로, 은행이 발행하고 증권회사와 종합금융회사의 중개를 통해 매매된다. 예금통장과는 달리 통장에 이름을 쓰지 않은 무기명이며, 중도해지는 불가능하나 양도가 자유로워 현금화가 용이한 유동성이 높은 상품이다. 그 때문에 예금자는 이를 만기일 이전이라도 금융시장에서 자유로이 매매할 수 있다. CD의 유통금리는 단기금리의 기준금리로서 변동금리채권, 주가지수 선물 및 옵션 시장의 기준금리로 활용되고 있다. 또 은행의 단기대출과 주택담보대출의 시장금리연동 기준으로 만기 3개월 CD 유통수익률이 쓰인다. CD는 형식적으로는 예금이지만 예금보험대상이 아니며, 실질적으로는 은행의 신용을 기초자산으로 하여 예금과 유동화가 동시에 구현된 유동화증권이다.

Ⅱ. 부동산 그림자금융 유형과 위험관리

1. 부동산시장 현황

(1) 의의

2008년 금융위기 이후 정체되었던 국내외 주택시장이 2010년대 초반부터 최근까지 호황을 구가하면서 국내 대체투자펀드, 부동산신탁, 부동산PF 대출 및 관련 유동화증권 등 부동산 관련 그림자금융 상품시장 규모가 사상 최대치를 갱신하고 있다. 최근에는 미·중 무역전쟁 및 신흥국 금융불안 등의 영향으로 주식형 상품들의 수익률이 크게 낮아지고 저금리 상황이 지속되면서 마땅한 투자처를 찾지 못한 시중자금이 상대적으로 양호한 수익률을 제공하고 있는 부동산 및 관련 금융투자상품으로 유입되었다.

그러나 최근의 금리하락 기조 및 국내 부동산시장의 지역별 양극화와 함께 국내외 부동산 가격의 정점 논란이 불거지면서 관련 시장 및 투자상품의 부실화 우려가 제기되고 있는 상황이다. 향후 부동산 관련 금융상품들의 재무 레버리지가 확대되고 있는 상황에서 수익률이 하락하게 되면 자산건전성이 저하되는 등 관련 위험이 확대될 가능성이 크다.

(2) 글로벌 부동산시장 현황

글로벌 주택가격(실질가격 기준)은 2008년 금융위기 시기에 위기 급락세를 시현하였으나 2012년을 저점으로 빠른 회복세를 시현하여 2018년에는 금융위기 이전 수준을 상회하였다. 국내 주택가격(FRED 실질가격 기준)도 금융위기 이전보다 소폭 낮은 수준을 유지하며 등락을 반복하다가, 2015년 이후 이전 수준을 회복하며 안정세를 유지하고 있다. 글로벌 금융위기 이후 다기화되었던 주요국 대도시 주택시장의 움직임이 2010년대 중반 이후 동조화 현상이 강화되는 추세이다. IMF는 향후 각국 주택가격 변동성에 영향을 미치는 글로벌 요인으로 크게 i) 글로벌 금융여건 변화, ii) 포트폴리오 경로, iii) 기대자본이익의 변화 등으로 예상하고 있다.[15)]

(3) 국내 부동산시장 현황

명목가격 기준 국내 주택가격지수도 실질가격과 비슷한 변화 양상을 보여주고 있으나, 지역별로 뚜렷한 디커플링 현상을 시현하였다. 국내 주택시장의 가장 큰 특징은 수도권과 비수도권 주택가격 간의 뚜렷한 디커플링 현상이며, 최근에는 수도권 주택가격은 급등하고 비수도권은 침체하는 양극화현상으로 전개되었다.

2018년 1-9월 기간 중에도 서울지역 중심으로 주택가격이 홀로 강세를 시현하며 수도권 지역 주택가격이 상승하였으나, 9.13대책 이후 관망세 또는 일부 하락세로 전환하였다. 지역별 주택거래가격(2018.1-10월) 상승률(전년동기간 대비) 추이는 i) 매매는 수도권 2.99%(아파트

15) 신용상(2019), "국내 부동산 그림자금융 현황과 업권별 리스크 관리방안", 한국금융연구원(2019. 2), 19-21쪽.

3.45%), 지방 −0.82%(아파트 −2.58%), 전세는 수도권 −1.23%, 지방 −1.78%로 나타났다. 수도권 지역 내에서도 서울지역과 경기·인천지역 간 차별화 현상이 뚜렷하게 나타났으며, 전고점이었던 2008년 7월 대비 2018년 7월 현재 서울지역은 24.6% 상승한 반면, 경기지역은 5.2% 상승, 인천지역은 −2.9% 하락하는 등 지역별 차별화 현상 뚜렷하였다.

이에 따라 서울 대비 경기·인천 주택가격 비율이 45% 이하로 낮아졌다. 서울지역 대비 경기 및 인천 지역 주택가격 비율은 2016년 3월 기준 각각 55.3% 및 47.3%에서 2018년 9월 현재 44.1% 및 36.0%로 하락하였고, 서울지역 내에서도 강남 4구 및 여타지역 간의 주택가격 비율 격차가 확대되었는데, 2016년 4월 이후 서울지역 내 강남구 대비 주택가격 비율이 상승한 지역은 서초구, 송파구, 강동구, 성동구 정도이며 여타 지역은 모두 하락한 것으로 나타났다.[16)]

2. 부동산 그림자금융 위험관리

(1) 서설

(가) 부동산 그림자금융의 개념

부동산 그림자금융이란 주택담보대출 등 은행을 통한 전통적 형태의 부동산금융을 제외한 증권사, 펀드, 신탁 등 자본시장에서 비은행 중개기능을 통해 이루어지는 부동산금융을 총칭한다. 전통적 부동산금융은 부동산개발·매입 등과 관련된 은행 등 여신금융기관의 대출이고, 금융기관의 건전성 감독수단으로 통제·관리(DTI, LTV, DSR 등)된다. 부동산 그림자금융은 부동산 펀드 등 비은행 금융중개로 창출되는 부동산 자금조달 행위로서, 금융기관 건전성과 자금중개 기능을 수행하는 펀드, 유동화증권 등에 대한 시장상황을 모니터링하고 감독한다.[17)]

(나) 부동산 그림자금융의 유형

여기서는 금융안정위원회(FSB)의 경제적 기능 기준에 따른 협의의 그림자금융 정의에 기초하여 국내 부동산 관련 그림자금융을 ⅰ) 집합투자기구 형태로 운용되는 부동산펀드 및 특별자산펀드, ⅱ) 부동산신탁, ⅲ) 비은행 부동산PF 대출 및 채무보증, ⅳ) 부동산 유동화증권 및 채무보증으로 분류하여 살펴본다.

2018년 9월말 기준 위의 분류에 따른 국내 부동산 관련 그림자금융 규모는 약 474.9조원 규모로 추산되었다. 업권별로 살펴보면 2018년 9월말 잔액 기준으로 부동산신탁 전체 수탁액 규모가 242.5조원으로 가장 큰 것으로 조사되었고, 다음으로 부동산 관련 집합투자펀드가 139.0조원, 비은행권 PF대출 46.3조원, 부동산 유동화증권 23.8조원, PF 채권보증 및 신용보강이 22.2조원 순이었고, P2P 부동산 관련 대출은 상대적으로 적은 1.1조원 규모로 조사되었다.[18)]

---

16) 신용상(2019), 28-30쪽.
17) 금융감독원(2020), 「자본시장 위험 분석보고서」(2020, 5), 45쪽.
18) 신용상(2017), 51-52쪽.

(2) 부동산 · 특별자산 펀드

(가) 현황

부동산펀드[19]란 자본시장법에 의해 펀드재산의 50%를 초과하여 부동산 및 부동산 관련 자산에 투자하는 펀드를 말한다. 부동산펀드는 부동산 외에 i) 부동산을 기초자산으로 하는 파생상품, ii) 부동산개발과 관련된 법인에 대한 대출, iii) 부동산개발, iv) 부동산 관리 및 개량, v) 부동산 임대 및 운영, vi) 부동산 관련 권리의 취득, vii) 부동산을 담보로 한 금전채권의 취득, viii) 부동산과 관련된 증권 등에 펀드재산의 운용이 가능하다. 특별자산펀드란 자본시장법에 의해 펀드재산의 50%를 초과하여 특별자산에 투자하는 펀드를 말한다. 여기서 특별자산이란 증권 및 부동산을 제외한 투자대상자산을 말하며, 도로 · 항만 · 철도 · 물류 등 사회간접자본(SOC), 항공기 · 선박, 원자재와 가상화폐 등도 투자대상에 포함된다. 특별자산은 투자대상이 포괄적이고 다양하여 새로운 분야의 신상품 개발이 용이한 특징을 갖고 있으나, 투자대상자산의 공정평가가 어려운 측면이 있어 원칙적으로 폐쇄형으로 설정해야 하나 시장성 있는 자산에만 투자하는 경우 개방형으로도 설정이 가능하다.

최근 몇 년 동안 국내외 부동산시장이 호황기를 구가하면서 국내 부동산펀드와 특별자산펀드 등 대체투자펀드의 시장규모가 사상 최대치를 갱신하였다. 미중 무역전쟁과 신흥국 금융불안 등의 영향으로 주식형 상품 수익률이 크게 낮아지는 상황이고, 저금리하에서 마땅한 투자처를 찾지 못한 시중자금이 상대적으로 양호한 수익률을 제공하였던 부동산금융투자상품으로 유입되었다.

금융투자협회에 따르면 국내 부동산펀드와 특별자산펀드 설정액은 2018년 9월말 현재 71.3조원(해외 34.2조원, 국내 37.9조원, 전년동월대비 27.8% 증가)과 67.7조원으로 사상 최대치를 갱신하였다. 대체투자펀드(부동산펀드와 특별자산펀드)는 부동산 직접투자보다 상대적으로 현금흐름 확보가 용이하고 세금부담이 적어 자산가들을 중심으로 지속적인 관심을 받으면서 설정액이 연평균 20-30% 정도씩 빠르게 증가하였다.

펀드규모는 금융투자협회 기준 전체 펀드금액 중 부동산펀드와 특별자산펀드가 차지하는

---

19) 부동산펀드는 운용방식에 따라 대출형, 임대형, 경 · 공매형 및 직접개발형 4가지로 분류됨.
1. (대출형) 아파트, 상가 등 개발회사에 자금을 대여해주고 대출이자로 수익을 얻는 방식
2. (임대형) 빌딩 등의 업무용 또는 상업용 부동산자산을 매입한 후 이를 임대하여 임대수입과 가격상승에 의한 자본이익(capital gain)의 수익을 올리는 방식. 임대형은 단기와 장기로 나뉘며 단기는 양도차익(매각차익)이 목적이고 장기는 임대수익이 주목적임.
3. (경 · 공매형) 법원 등의 경매나 자산관리공사 등의 공매 부동산을 매입 한 후 임대나 매각으로 수익을 올리는 방식
4. (직접개발형) 직접 개발에 나서 분양하거나 임대하여 개발이익을 얻는 방식으로 해당 건물이 미분양되면 목표수익률 달성이 어려워져 상대적으로 다른 유형에 비해 위험도가 큼

비중도 빠르게 상승하는 추세였다. 수익률은 한국펀드평가에 따르면 집합투자 형태로 이루어지는 전체 펀드 유형 중 부동산펀드와 특별자산펀드의 수익률이 가장 높은 것으로 집계되었다. 국내 펀드상품별 수익률은 2018년 10월말 현재 연초대비 일반 주식 -19.49%, 국공채일반 +3.08%, 주식혼합 -9.41%, 채권혼합 -4.12%, 자산배분 -17.35%, 기타혼합 -4.25%, 부동산 +9.47%, 특별자산 +3.53%로 부동산펀드와 특별자산펀드가 가장 높은 수익률을 기록하였다. 특히 3년 정도의 장기수익률을 보면, 부동산펀드와 특별자산펀드가 각각 42.5%와 12.4%를 기록하며 타 펀드 유형에 비해 압도적으로 높은 수익률을 달성하였다.[20)]

(나) 위험요인 및 관리

특별자산펀드 중 부동산과 직접 관련되어 있는 인프라펀드는 상대적으로 장기적 차원에서 투자와 수익률이 결정되고, 특히 수익률이 장기간 안정적으로 유지됨에 따라 부동산 경기변동에 따른 리스크가 여타 펀드에 비해 크지 않은 것으로 평가된다. 부동산펀드의 경우도 대부분 만기가 정해져 있는 폐쇄형 사모 형태(전체 부동산펀드의 95% 정도)로 운영되고 있어 리스크가 크지 않은 것으로 보이나, 일부 펀드의 경우에는 국내외 부동산경기 하강과 금리 상승으로 향후 수익률 악화 및 자금조달비용 상승으로 이어지면서 재무건전성 악화가 현실화될 가능성이 있다. 실제로 국내 부동산펀드의 주된 투자대상인 해외부동산 경기가 이미 하락세로 들어섰고 국내 상업용 부동산의 공실률도 높아지는 상황이다.

특히 부동산펀드 중 직접 개발에 나서 분양하거나 임대하여 개발이익을 얻는 방식인 직접개발형 부동산펀드가 다른 유형에 비해 상대적으로 부동산 경기변동에 따른 위험에 크게 노출되어 있는 것으로 평가된다. 직접개발형 부동산펀드는 토지매입, 자금조달 및 투자집행, 개발 및 자산운용 등 부동산개발과 자산운용의 전 과정을 집합투자기구가 직접 집행하는 사업형태로서 다른 유형에 비해 상대적으로 부동산 경기변동에 따른 위험도가 큰 것이 일반적이다. 직접개발형 부동산펀드의 규모는 2018년 9월말 기준으로 전체 부동산펀드의 5%를 조금 넘는 약 4.0조원 정도의 규모인 것으로 추정된다.

국내외 부동산경기의 정체 또는 하강 국면 진입이 예상되는 가운데 부동산펀드 관련 리스크에 대한 모니터링과 사전 관리가 필요한 상황으로 판단된다. 부동산펀드의 수익률 악화는 자산운용사들의 환매위험 등의 시장충격과 위축으로 연결될 가능성이 있으며, 부동산펀드의 수익률 하락과 환매위험에 대한 모니터링과 사전적 대응이 필요한 시점으로 판단된다.

(3) 부동산신탁

(가) 현황

국내 부동산신탁도 최근 몇 년간 국내외 부동산시장의 호황에 힘입어 상품 규모가 사상

---

20) 신용상(2019), 53-59쪽.

최대치를 갱신하였다. 금융투자협회에 따르면 은행, 증권사, 보험사 및 11개 부동산신탁사를 합한 부동산신탁 수탁액은 2018년 9월말 현재 242.5조원(전년동월대비 14.3% 증가)을 기록하면서 사상 최대치 갱신을 지속하였다. 국내 부동산신탁사들은 2015년 이후 주택경기 호황에 편승하여 리스크는 크지만 상대적으로 수익률이 높은 차입형 토지신탁과 책임준공확약형 토지신탁을 중심으로 수탁 규모를 공격적으로 확대시켜 왔다. 한편 11개 전업 부동산신탁사의 수탁액(잔액기준)은 2018년 9월말 기준 199.4조원으로 사상 최대치를 기록하였다.

(나) 위험요인 및 관리

국내 부동산시장에서 지역별 양극화, 관련 규제 강화, 금리인상 등의 구조 변화가 진행되고 있어 향후 부동산신탁사의 수익률 하락과 함께 자산건전성이 저하되고 재무 레버리지가 확대되는 등 향후 관련 위험이 커질 가능성이 높다. 국내 부동산신탁사는 그동안 수도권 외곽과 지방 부동산시장을 중심으로 차입형 토지신탁 및 책임준공확약형 토지신탁 사업을 공격적으로 확대시켜 왔다. 차입형 토지신탁은 부동산신탁사가 사업추진뿐만 아니라 자금조달까지의 사업 전반을 전담하는 사업모델로 신탁사가 사업자금을 대여하는 대출금융기관의 역할을 수행한다. 책임준공확약형 토지신탁은 시공사가 준공기한까지 책임준공의무를 이행하지 못할 경우, 신탁사가 대출금융기관에 손해배상의무를 지고 시공사를 대신하여 책임준공의무를 이행하는 사업모델이다.[21] 두 사업모델 모두 기존의 관리형 토지신탁보다 신탁사가 강한 책임준공의무를 지게 됨으로써 부동산개발사업 리스크가 고유계정으로 확대될 수 있는 사업구조라는 점에서 부동산경기 변화에 민감한 것이 특징이다. 2018년 6월말 현재 차입형 및 책임준공확약형 토지신탁의 수탁액 규모는 10.1조원으로 11개 전업 부동산신탁사 전체 수탁고의 5.3% 수준에 불과한데 비해, 이로부터 발생하는 영업수익 규모는 3천억원대로 전체 영업수익의 50%를 상회하는 등 전형적인 고위험-고수익 상품의 특성을 시현하였다.

최근 몇 년 동안 책임준공확약형 토지신탁의 수주가 급증하였는데, 이는 최소한의 재무부담으로 수익을 극대화하려는 부동산신탁사, 도급순위가 낮은 시공사를 선정하여 공사비를 낮추려는 시행사(위탁자), 시공사 리스크를 경감시키려는 금융기관 간의 니즈가 맞물린 결과로 보인다. 한국기업평가가 수행한 책임준공확약형 토지신탁 사업 수행 31개 사업장 시공사의 신용등급 평가에서 무등급이 77%(24개), BBB가 16%(5개사), BB가 7%(2개)였으며, 시공능력 평가순위 100위권 밖의 시공사가 전체의 77%(23개사)를 차지하였다.

2018년 들어 지방 부동산시장을 중심으로 경기하강 조짐이 점차 강화되면서 신규 분양실적 감소와 기존 사업의 미분양 증가가 현실화되고 있는 상황이다. 차입형 위주의 4개 부동산신

21) 시공사 또는 위탁자가 책임준공의무를 불이행하는 경우 부동산신탁업자가 그에 갈음하여 책임준공의무를 부담하게 되는 형태의 관리형토지신탁을 말한다(금융투자업규정3-22(12)=책임준공확약형 관리형토지신탁).

탁사(한국토지신탁, 한국자산신탁, 대한토지신탁, 하나자산신탁)의 2017년말 기준 차입형 토지신탁 사업장 중 비수도권 사업장(광역시 포함) 비중은 71.1%에 따라 지방 부동산경기 둔화에 따른 관련 리스크가 확대되었으며, 이에 따라 향후 동 업권의 자산건전성 악화와 사업 포트폴리오 위험이 빠르게 확대될 가능성이 크다. 고유자금이 투입되는 차입형 토지신탁 및 책임준공확약형 토지신탁 위주로 진행되고 있는 수도권 외곽 및 지방 사업장에서 미분양 주택이 빠르게 증가하고 있었다. 국토교통부의 지역별 미분양 주택 통계에 따르면 수도권(서울, 경기, 인천) 지역이 2015년말 3만637호에서 2018년 8월말 8,534호로 크게 감소한 반면, 기타 비수도권 지역에서는 동기간 중 3만859호에서 5만3,836호로 74.5% 급증하였다.

국내외 부동산경기의 정체 또는 하강 국면 진입이 예상되는 가운데 부동산신탁 관련 리스크에 대한 모니터링과 사전 관리가 필요한 상황으로 판단된다. 고유자금(신탁계정대여금)이 투입되는 차입형 토지신탁 및 책임준공확약형 토지신탁의 경우, 수도권 외곽 및 지방 사업장부터 신탁사 재무건전성을 빠르게 악화시킬 가능성이 높아, 향후 관련 리스크에 대한 모니터링을 강화할 필요가 있다. 차입형 토지신탁 중심 포트폴리오의 조정 및 시공사의 분양리스크 관리에 집중할 필요가 있으며, 특히 사업주체로서의 시행사의 독립성, 자금조달의 안정성, 부동산개발 전문성 등 시행능력에 대한 최소조건을 설정하여 평가를 시행하는 방안을 고려해야 하고, 시공사를 대상으로 재무건전성 한도기준(cut-off ratio)에 의한 적격성 심사를 강화하여 운용할 필요(예를 들어 자기자본대비 PF 익스포져 3배 이내 등)가 있다.[22)]

(4) 비은행권 부동산PF 대출 및 관련 채무보증

(가) 현황

2010년대 이후 저금리와 부동산시장 호황에 힘입어 비은행권(여기서는 저축은행, 보험사, 증권사 만 포함) 전체 부동산PF 대출규모는 금융위기 당시 2009년말 20.2조에서 2018년 9월말 현재 2배 이상인 46.3조원으로 연평균 9.7%씩 꾸준히 증가해 왔다. 비은행권 PF대출 증가는 저금리 장기화에 따라 보다 높은 수익원으로서 부동산PF에 주목한 결과로 보이며, 특히 은행권이 글로벌 금융위기 이후 부동산PF 대출보다 주택담보대출과 집단대출[23)]에 집중하는 동안 비은행권이 그 공백을 메우는 과정으로 해석된다.

비은행 업권별로 살펴보면, 저축은행은 PF대출 규모를 지속적으로 축소시켜 온 반면, 보험사와 증권사를 중심으로 큰 폭으로 확대시켜 왔다. 금융위기 당시 저축은행은 관련 부실로 대규모 구조조정을 겪은 이후 지속적으로 PF대출 규모를 축소시켜 2009년말 11.8조원에서

22) 신용상(2019), 64-67쪽.

23) 신규 아파트를 분양받았거나 재건축 아파트에 입주할 예정자를 대상으로 일괄적으로 지급하는 대출이다. 분양 또는 입주할 아파트를 담보로 실행되는 대출로 별도의 소득심사 없이 이루어지는 경우가 많다. 신규 아파트 중도금대출, 신규 아파트 잔금대출, 재건축 아파트 이주비대출 등이 있다.

2018년 9월말 현재 5.2조원으로 절반 이하로 감소했다. 글로벌 금융위기 당시 저축은행의 PF대출은 브릿지론(착공·분양 이전 단계) 비중과 총대출 대비 PF 비중이 높아 상대적으로 저축은행 부실화에 크게 기여했다. 보험권은 한편으로는 부동산시장 호황에 편승하고, 다른 한편으로는 은행 및 저축은행의 PF대출 축소의 공백을 메우는 방식으로 공격적으로 PF대출을 확대시켜 2009년말 5.7조원 수준에서 2018년 9월말 현재 21.7조원으로 4배 정도 급증했다. 증권사 PF대출도 보험권과 마찬가지로 2018년 9월말 현재 19.4조원으로 2009년말 2.7조원에서 10년 만에 7배 이상 급증했고, 어음발행업무 인가를 받은 초대형 IB를 중심으로 관련 대출이 크게 증가하고 있는 것으로 알려져 있다.

(나) 위험요인 및 관리

최근 부동산시장이 주택시장을 중심으로 둔화되고 금리도 상승세로 전환되면서 PF대출 부실 관련 잠재적 불안요인이 확대되고 있는 것으로 보인다. 글로벌 금융위기 이후 미분양 적체 및 저축은행 PF대출 부실이 현실화되면서 자산관리공사 및 구조조정기금을 통한 부실채권 매입(2009년 중 총 2.9조원) 및 전 PF 사업장 자율협약이 시행되는 등 부동산 관련 그림자금융 중 가장 취약한 부분으로 인식되어 왔다. 금융위기 이후 시중은행과 저축은행은 PF대출 상품 판매 규모를 지속적으로 축소하여 왔으며, 그 공백을 주로 보험사와 증권사가 공격적으로 메워온 것으로 보인다.

과거와 같이 부동산 경기변동에 따라 PF대출 및 관련 유동화증권의 쏠림과 부실화가 반복되지 않도록 대응방안을 마련할 필요가 있다. 특히 그동안 대출규모를 빠르게 증가시켜 왔던 증권업권을 중심으로 위험가중치 상향 및 계열금융기관에 대한 연결자기자본을 기준으로 신용공여한도를 적용하여 계열사를 통한 과도한 PF대출 확대를 억제할 필요가 있다. 과거 부실의 취약성이 크게 나타났던 저축은행은 여타 업권에 비해 상대적으로 적절한 총량관리가 이루어져온 것으로 판단된다. 다만 최근 몇 년간 PF대출을 증가시켜 왔던 지방 저축은행들을 중심으로 PF대출 수익률 하락, 연체율 급등 등의 이상 조짐이 나타나고 있는 상황을 고려할 필요가 있다. 빠른 증가속도에도 불구하고 보험권 PF대출의 경우, 전체 자산에서 차지하는 PF대출 비중이 낮고 장기성 자금을 기반으로 대출을 실행하고 있다는 점에서 만기변환 위험 등으로 인한 시스템리스크 전이 가능성은 크지 않은 것으로 판단된다. 증권업권 PF대출에 대해서는 증권사의 특성상 상당한 레버리지 및 만기·유동성 변환과 관련되어 있다. 특히 중소증권사의 경우 단기차입을 위한 담보자산의 가치하락은 건전성 우려를 초래할 수 있으므로, 관련 리스크 관리가 필요한 것으로 판단된다. 과거 위기 시에도 다른 업권에 비해 연체율이 특별히 높았던 점을 고려하면 증권사 PF대출에 대해서는 PF 사업장별 사업성 분석, 대손충당금 적립기준 강화를 통해 손실흡수능력을 확대하는 등 사전적 조치가 필요해 보인다.

향후 리스크의 현재화 정도에 따라 해외 PF대출에 대한 모니터링과 공시도 강화하여, 신규 진출사업의 경우에는 가급적 은행권 등 신용도가 높은 업권과의 컨소시엄 사업에만 참여하도록 유도하고, 기존 사업의 경우에는 사업성 분석을 재실시하여 출구전략을 확보할 필요가 있다.[24)]

(5) 부동산 유동화증권 및 관련 채무보증

(가) 현황

1) 부동산 관련 유동화증권[25)]

주로 만기 3개월 이하 PF ABCP · ABSTB 등을 발행하기 위한 부동산PF 관련 유동화는 부동산 경기회복, 증권회사의 신용보강 등으로 2018년 11월 중 잔액기준 17.81조원 수준을 보이고 있다. 인포맥스 집계 기준 부동산 유동화증권(잔액기준) 규모는 2016년말 24.9조원(ABCP 11.67조원, ABSTB 13.21조원)으로 고점을 기록한 후 이후 점차 감소하여 2018. 11. 12.일 기준 17.8조원(ABCP 8.60조원, ABSTB 9.21조원) 규모로 축소되었다. 전체 ABCP 및 ABSTB에서 차지하는 부동산PF 비중도 2013년말 각각 16.3% 및 82.5%에서 2018. 11. 13.일 현재 9.5% 및 51.3% 수준으로 축소되었다.[26)]

2) 부동산PF 관련 채무보증[27)]

부동산PF 관련 채무보증은 부동산시장이 회복기에 접어들던 2013년 이후 증권사와 시공사를 중심으로 증가하며 시장 내 신용공급과 경기순응성을 확산시켜 온 것으로 보인다. 제한된 범위이기는 하나 인포맥스에서 추계한 부동산PF 대출 관련 증권사와 시공사의 신용공여 규모(잔액기준)는 글로벌 금융위기 직후인 2010년말 2,400억원 수준에서 22.23조원(2018. 11. 13.일 기준) 규모(증권사 12.23조원, 시공사 10.0조원)로 급증한 것으로 나타났다.

ABCP 및 ABSTB 등의 매입보장과 대출채권 관련 매입확약 등 증권사와 시공사의 부동산 관련 채무보증이 빠르게 증가하였고, 증권사의 PF 관련 채무보증 12.23조원 중에서 매입보장 3.42조원(27.9%), 매입확약 8.81조원(71.9%)이 대부분을 차지하고 있으며, 위험가중치가 높은 지급보증은 없는 것으로 조사되었다. 시공사(건설사)의 PF 관련 신용공여 10.0조원 중 연대보증 6.02조원(60.2%), 자금보충 2.01조원(20.1%), 채무인수 1.0조원(10.0%) 등으로 연대보증 형태가 가장 비중이 큰 것으로 나타났다.

---

24) 신용상(2019), 68-71쪽.

25) 주택금융공사(신탁계정)가 MBS와 SLBS 형태로 발행하는 공적 유동화기구는 제외한다.

26) 신용상(2019), 72-76쪽.

27) 모노라인(monoline) 보험사는 일반 보험사와 달리 채권 발행기관의 부도발생 시 투자자에게 채권 원리금의 무조건적 지급을 보증하는 채권보증 전문 보험회사를 말하며, 우발채무 등 부외거래에 대한 보증을 취급하지 않아 그 비중이 크게 낮아 제외한다.

(나) 위험요인 및 관리

PF 관련 유동화는 만기가 3개월 이하가 대부분이어서 만기변환 위험이 상존하고 있고, 시장 불안 시 차환(roll-over)에 어려움이 발생하면 곧바로 유동성위험으로 확대될 우려가 있다. 유동화증권은 시장에서 유동성이 크게 낮아 위기 발생 시 신속한 현금화가 어려워, 유사 시 금융시스템에 부담으로 작용할 소지가 크다.

부동산시장 침체 시에 PF 및 관련 유동화증권과 채무보증을 확대시켜 온 증권사, 보험사, 시공사들의 유동성 · 신용위험이 빠르게 확대될 가능성이 있다. 부동산 관련 유동화증권의 경우 기본적으로 기초자산 미매각에 따른 유동성위험 및 환매위험이 존재한다. 증권사 등의 부동산 관련 채무보증 등 익스포져가 확대되면서 향후 부동산시장이 침체될 경우, 증권사와 시공사에 대한 매입보장, 매입확약, 연대보증 등의 의무이행 요구가 급증할 수 있을 것으로 판단된다. 부동산 관련 상품들의 경기순응성과 금융시장 간 상호연계성이 확대된 상황에서 유동화증권의 차환 실패나 기초자산이 부실화되는 경우 유동성 · 신용위험이 증권사와 시공사로 빠르게 전이될 가능성이 있다.

유사 시를 대비하여 PF 관련 유동화증권 매입약정(매입보장, 매입확약 등) 취급 시 시공사 지급보증(연대보증 등) 위주의 여신심사 관행을 개선하여 사업의 실현 가능성과 현금흐름 등 고유의 위험요인 위주로 평가방식을 전환할 필요가 있다. PF 유동화증권(ABCP, ABSTB) 매입약정에 대한 대손충당금 적립 시 적용하는 신용환산율[28]을 지급보증과 동일한 수준(100%) 정도로 높이는 방안을 고려할 필요가 있다. 또한 시공사의 연대보증 형태의 신용공여에 대해서도 대손충당금 적립비율을 높이는 방향으로 비중 축소를 유도할 필요가 있다.

28) 신용환산율이란 BIS기준 자기자본비율 산정 시 난내자산의 경우 거래상대방의 신용위험도에 따라 위험가중치를 곱하여 위험가중자산을 산출하는데 비해 지급보증과 같은 부외거래의 위험가중자산을 구하기 위하여 부외자산의 명목원금에 부외자산을 난내자산으로 환산해주는 변환계수를 의미한다. 부외자산의 명목원금에 신용환산율을 곱해 신용위험 규모를 산출한 후 거래상대방에 따른 위험가중치를 곱하여 위험가중자산을 산출한다. 현재 신용환산율은 난외자산 유형에 따라 0%, 20%, 50%, 100%로 적용하고 있는데, 지급보증은 100%, 매입약정은 그보다 낮은 수준으로 적용한다.

참고문헌

강태양(2011), “집합투자의 법적성질 및 구조에 관한 연구”, 고려대학교 대학원 석사학위논문(2011. 12).

강지연(2010), “부동산투자회사제도의 문제점 및 개선방안”, 한양대학교 행정·자치대학원 석사학위논문(2010. 2).

고동원(2008), 「금융규제와 법」, 박영사(2008. 8).

고상현(2016), “부동산리스계약에 관한 법적 고찰”, 토지법학 제32권 제1호(2016. 6).

고용노동부(2013), 「퇴직급여제도 업무처리 매뉴얼」(2013. 12).

고은수(2020), “부동산신탁 과세제도의 문제점 및 개선방안”, 고려대학교 법무대학원 석사학위논문(2020, 2).

곽민주(2020), “금융소비자의 서민금융지원제도 이용 특성과 만족도에 관한 연구: 서민금융진흥원 출범 전/후 비교를 중심으로”, 소비자정책교육연구 제16권 1호(2020. 3).

구본일·엄영호·지현준(2007), “주가연계예금(Equity Linked Deposit) 가치평가모형에 대한 실증 연구”, 재무연구 제20권 제1호(2007. 5).

구정한(2014), “금융상품 비교공시 보완을 통한 금융소비자보호 강화”, 한국금융연구원 주간 금융 브리프 23권 47호(2014. 12).

구지연·차경욱(2015), “가계특성에 따른 개인연금 가입여부와 가입유형 비교”, 소비자정책 교육연구 제11권 1호(2015. 3).

권영대·김구회·김재태(2018), “서민금융상품 이용자의 주거만족도 영향 요인에 관한 실증 연구: 서민금융상품 이용목적에 따른 비교연구를 중심으로”, 주거환경 제16권 제4호(2018. 12).

국회재정경제위원회(2002), 「프로젝트금융투자회사법안에 대한 공청회」(2002. 4. 9) 자료.

금융감독원(2013), “연금저축 가입 활성화를 위한 홍보 강화 추진”(2013. 12. 19) 보도자료.

금융감독원 연금금융실(2018), “2017년도 퇴직연금 적립 및 운용현황 분석”, 통계자료(2018. 3).

금융감독원(2018), “고위험 ETF 은행신탁상품 투자 관련 소비자경보 발령”(2018. 3. 29) 보도자료.

금융감독원(2018), 「행복한 동행 퇴직연금-퇴직연금가이드북」(2018. 9).

금융감독원(2020), 「자본시장 위험 분석보고서」(2020. 5).

금융위원회(2013), “제2금융권 연대보증 폐지방안”(2013. 4. 26) 보도자료.

금융위원회·금융감독원(2013), “개인연금 활성화 방안”(2013. 8. 6) 보도자료.

금융위원회(2014), “연금저축 가입자 편의성 제고방안 시행(4. 1일부터 적용)”(2014. 2. 17) 보도자료.

금융위원회(2014), “보험 혁신 및 건전화 방안”(2014. 7. 15) 보도자료.

금융위원회(2019), “부동산PF 익스포져 건전성 관리 방안”(2019, 12) 보도자료.

기획재정부 · 한국개발연구원(2015), 「2013 민간투자사업 종합평가」(2015. 1).

기획재정부(2017), “2017년 세법개정안”(2017. 8. 2) 보도자료.

김경태(2016), “금융위기 시 신보 P-CBO(자산담보부증권)의 회사채시장 안정화에 기여한 효과성 분석”, 서울대학교 행정대학원 석사학위논문(2016. 8).

김관영 · 박정호(2007), “부동산투자회사의 수익 : 위험 특성에 관한 연구”, 부동산학연구 제 13집 제2호(2007. 8).

김기수(2007), “프로젝트 파이낸싱에 관한 법적 연구: 민간투자법에 의해 추진되는 프로젝트를 중심으로”, 상사법연구 제26권 제1호(2007).

김남훈(2016), “PF-ABCP 하자가 특정금전신탁계약에 미치는 영향에 관한 연구”, 건국대학교 부동산대학원 석사학위논문(2016. 2).

김대인(2009), 「민간투자사업관리법제 개선방안에 관한 연구(Ⅰ): 정부계약법과의 관계정립을 중심으로」, 한국법제연구원(2009. 10).

김동은 · 김광열(2009), “프로젝트 파이낸스에 있어서 개입권의 유형과 내용: 민간투자사업을 중심으로”, 서울대학교 금융법센터 BFL 제37호(2009. 9).

김득기(2016), “부동산투자회사의 활성화 요인과 정책방안”, 대구대학교 대학원 박사학위논문(2016. 6).

김병우(2013), “그림자 금융의 동향과 건전성 제고에 관한 연구”, 경영교육저널 제24권 제3호(2013. 12).

김선정(2013), “변액유니버셜보험계약에 있어서 설명의무와 적합성원칙에 대한 재론: 대법원 2013. 6. 13. 선고 2010다34159 판결”, 금융법연구 제10권 제2호(2013. 12).

김선제 · 김성태(2017), “원금보장형 주가연계증권(ELB) 투자의 기대성과 연구”, 경영컨설팅연구 제17권 제3호(2017. 8).

김성수(2012), 「일반행정법: 행정법이론의 헌법적 원리」, 홍문사(2012. 3).

김성수 · 이장희(2014), “민간투자사업의 투명성과 지속가능성 보장을 위한 민간투자법의 쟁점”, 토지공법연구 제66집(2014. 8).

김영규(2017), “관리형 토지신탁의 리스크관리 개선방안에 대한 연구”, 고려대학교 정책대학원 석사학위논문(2017. 6).

김용진(2013), “토지신탁제도의 개선방안에 관한 연구: 사업신탁을 중심으로”, 한양대학교 대학원 석사학위논문(2013. 2).

김은수(2015), “유동화증권의 유형과 발행절차에 관한 연구: 유동화 대상자산의 확대 및 다양화를 중심으로”, 한국법학회 법학연구 제60집(2015. 12).

김종수(2012), “부동산간접투자방법의 현황분석 및 개선방향에 대한 연구”, 건국대학교 부동산대학원 석사학위논문(2012. 12).

김주석(2016), "보험소비자보호를 위한 정보제공의무와 분쟁처리 법제도 연구", 고려대학교 대학원 박사학위 논문(2016. 12).

김준호 · 문윤재 · 이재헌(2014), "자산담보부 단기사채를 활용한 해외발전사업 수주확대방안", 한국플랜트학회 플랜트 저널 제11권 제1호(2014. 12).

김진현(2018), "민간투자법제에서 위험배분과 재정지원제도에 관한 연구", 고려대학교 법무대학원 석사학위논문(2018. 8).

김태원 · 오동훈(2014), "부동산간접투자기구의 호텔 투자 특징 및 활성화방안 연구", 부동산학연구 제20집 제4호(2014. 12).

김현일(2019), "민간투자법상 공익처분에 관한 연구", 고려대학교 대학원 박사학위논문(2019. 8).

김홍기(2007), "파생상품거래의 법적 규제에 관한 연구," 연세대학교 대학원 박사학위논문(2007. 12).

김효연(2009), "옵션부 이종통화예금에 대한 자본시장법상 고찰", 은행법연구 제2권 제2호(2009. 11).

나지수(2016), "주가연계증권(ELS) 델타헤지거래 관련 분쟁의 분석", 증권법연구 제17권 제1호(2016. 4).

노상범, 고동원(2012), 「부동산금융법」, 박영사(2012. 9).

노성호(2009), "신용파생상품 활용으로 건설회사의 신용공여위험을 분산하는 방안 연구", 건국대학교 대학원 석사학위논문(2009. 12).

노형식 · 송민규 · 연태훈 · 임형준(2014), "금융소비자보호 효과 제고를 위한 실천과제: 규제, 사후관리, 역량강화", 한국금융연구원(2014. 7).

문승석(2015), "그림자 금융과 자본시장의 건전성에 대한 연구", 연세 글로벌 비즈니스 법학연구 제7권 제2호(2015. 12).

문준우(2014), "영구채의 개념과 장 · 단점 등에 관한 일반내용과 주요국의 입법례, 발행사례와 쟁점분석", 기업법연구 제28권 제3호(2014. 9).

박경애 · 이상훈 · 고유은 · 윤진석(2014), 「자금재조달에 관한 세부요령 연구」, 한국개발연구원(2014. 12).

박근용(2014), "부동산 프로젝트 금융(PF)에서 시공사 신용보강에 관한 법적 연구", 금융법연구 제11권 제2호(2014. 8).

박동규(2007), 「프로젝트 파이낸싱의 개념과 실제」, 명경사(2007. 1).

박삼철(2017), 「사모펀드 해설」, 지원출판사(2017. 10).

박선종(2010), "파생상품의 법적규제에 관한 연구", 고려대학교 대학원 박사학위논문(2010. 12).

박선종(2016), "전세난 관련 금융상품 도입에 관한 시론적 연구", 부동산법학 제20집 제1호(2016. 3).

박세민(2019), 「보험법」, 박영사(2019. 8).

박승룡(2011), "부동산펀드의 건전성 제고 방안에 관한 연구", 중앙대학교 대학원 석사학위논문(2011. 8).

박임출(2011), "FX 마진거래 규제의 법적 과제", 상사판례연구 제24집 제4권(2011. 12).

박제형(2012), "국내 부동산PF 대출의 문제점과 개선방안 연구", 고려대학교 석사학위논문(2012. 12).

박준 · 한민(2019), 「금융거래와 법」, 박영사(2019. 8).

박철영(2012), “증권예탁증권(KDR)의 법적 재구성”, 증권법연구 제13권 제1호(2012. 4).

박철영(2013), “전자단기사채제도의 법적 쟁점과 과제”, 상사법연구 제32권 제3호(2013. 11).

박철우(2010), “파생상품거래의 규제에 관한 연구”, 고려대학교 대학원 석사학위논문(2016. 6).

박철우(2016), “파생상품거래와 투자자보호의 법리에 관한 연구”, 고려대학교 대학원 박사 학위논문 (2016. 12).

박훤일(2000), “민간주도에 의한 프로젝트 금융의 법적 연구”. 경희대학교 대학원 박사학위논문(2000. 2).

방하남(2006), “연금모형을 통한 법제 정비방안 모색”, 서울대학교 금융법센터 BFL 제15호 (2006. 1).

배진성 · 박주완 · 윤상용(2018), “서민정책금융의 지원성과와 시사점: 햇살론을 중심으로”, Asia-pacific Journal of Multimedia Services Convergent with Art, Humanities, and Sociology Vol.8, No.11(2018. 8).

박원주 · 정운영(2019). “소비자관점에서 본 할부금융의 문제점 및 개선방향”, 소비자정책동향 제98호 (2019. 6).

법무부(2011), “유언대용신탁으로 상속재산 자녀분쟁 이제 그만! — 재산 사회환원도 손쉽 게, 「신탁법」 50년만에 전면개정”(2011. 6) 보도자료.

사공대창(2010), “부동산PF(Project Finance) 대출의 부실화 요인에 관한 연구”, 한양대학교 도시대학원 석사학위논문(2010. 2).

사법연수원(2014), 「금융거래법」(2014. 9).

생명보험협회(2019), 「변액보험의 이해와 판매」, 생명보험협회(2019. 8).

서병호 · 이윤석(2010), “국내외 은행의 CDS 프리미엄 결정요인 분석 및 시사점”, 한국금융연구원 (2010. 10).

서태종(2013), “동양사태 계기 금융감독당국의 금융제도 개선방향”, 국회금융피해방지 정책 토론자료 (2013. 11).

석일홍(2018), “신용카드가맹점의 법적 쟁점에 관한 연구: 결제대행가맹점을 포함하여”, 고려대학교 대학원 박사학위논문(2018. 6).

성광진(2009), “우리나라의 국가신용위험지표에 관한 분석”, 한국은행 MONTHLY BULLETIN(2009. 11).

성태균(2020), “레버리지 및 인버스 ETF 재조정 거래가 주가지수 선물시장에 미치는 영향”, 부경대학교 대학원 박사학위논문(2020. 2).

손재영(1994), “사회간접자본 정책의 성과와 문제”, 지역연구 제10권 제1호(1994. 6).

송민석 · 송정숙 · 최준철(2007), 「실무자가 쓴 PFV해설: 프로젝트금융투자회사의 해설」, 부연사(2007. 9).

송석주(2012), “관리형 토지신탁을 활용한 개발사업 위험요인 관리에 관한 연구”, 서울시립대학교 도시과학대학원 석사학위논문(2012. 8).

송윤아 · 마지혜(2016), “보험유사 부가서비스 규제방향: DCDS 운영사례”, 보험연구원 포커스 제406권(2016. 11).

송호신(2011), "파생상품의 위험성과 규제에 관한 자본시장법의 재정비", 법학연구 제19권 제1호 (2011. 4).

신경희(2015), "부동산 프로젝트 파이낸싱의 문제점과 제도개선을 통한 활성화 방안연구", 일감부동산법학 제11호(2015. 8).

신명희(2015), "파생결합증권과 파생결합사채에 관한 법적 연구", 한양대학교 대학원 석사학위논문 (2015. 2).

신용상(2017), "국내 부동산간접투자시장 활성화를 위한 과제", 한국금융연구원 주간금융브리프 26권 20호(2017. 10).

신용상(2019), "국내 부동산 그림자금융 현황과 업권별 리스크 관리방안", 한국금융연구원(2019. 2).

심창우(2017), "토지신탁의 토지비 관련 규제 개선에 관한 연구", 건국대학교 부동산대학원 석사학위논문(2017. 2).

심충진 · 김유찬(2012), "복합금융상품 거래를 이용한 조세회피 방지에 관한 연구", 세무와 회계저널 제13권 제1호(2012. 3).

안성포(2014), "현행 신탁업의 규제체계와 한계", 한독법학 제19호(2014. 2).

안수현(2010). "자산담보부기업어음(ABCP)에 관한 법제도적 문제", 한양법학 제21권 제1집(2010. 2).

안수현(2018), "금융광고와 금융소비자보호: 규제 정비방향과 법적 과제", 외법논집 제42권 제1호 (2018. 2).

양덕순(2016), "금융상품에 대한 소비자정보 역량 평가지표에 관한 연구", 소비자정책교육연구 제12권 2호(2016. 12).

양유형(2015), "파생결합증권 투자자보호 개선방안에 관한 연구", 고려대학교 대학원 석사학위논문 (2015. 12).

유승동 · 이태리 · 김계홍(2017), "부동산펀드의 효율성 점검: 국내투자 공모펀드를 중심으 로", 주택연구 제25권 제3호(2017. 8).

유진영 · 류두진(2020), "원자재 ETN의 공시 및 상장이 기초자산 시장에 미치는 영향", 금융공학연구 제19권 제1호(2020. 3).

유혁선(2010), "파생상품거래의 규제에 관한 법적 연구", 성균관대학교 대학원 박사학위논문(2010, 12).

윤민섭(2014a), 「금융소비자보호관련 법제 정비방안 연구(Ⅰ): 여신상품을 중심으로」, 한국소비자원 정책연구보고서(2014. 8).

윤민섭(2014b), 「금융소비자보호관련 법제 정비방안 연구(Ⅱ): 보험상품을 중심으로」, 한국소비자원 정책연구보고서(2014. 12).

윤석찬(2017), "부산대학교 BTO사업에서의 법적분쟁과 쟁점: 항소심 판결(부산고법 2015. 12. 9. 선고 2015나50897)에 관하여", 재산법연구 제33권 제4호(2017. 2).

윤종미(2019), "은행신탁상품의 운용리스크 관리와 투자자보호방안", 금융법연구 제16권 제1호(2019. 3).

윤종희(2019), "금융중계의 역사적 진화: 전통적 은행에서 그림자은행으로", 사회와 역사, 제124집 (2019. 12).

윤주영(2016), "국내 ETF시장의 금융소비자보호에 관한 연구", 금융소비자연구 제6권 제1호(2016. 8).

윤재숙(2018), "ETF · ETN의 투자권유 규제 관련 법적 쟁점과 실무", 연세 글로벌 비즈니스 법학연구 제10권 제1호(2018. 5).

이근영(2011), "상장지수집합투자기구(ETF)의 법적 규제 및 개선방안", 증권법연구 제12권 제1호 (2011. 4).

이금호(2008), "신용파생금융거래의 종류 및 법적 문제", 증권법연구 제9권 제2호(2008. 12).

이기문(2018), "서민정책금융의 발전방안에 관한 연구", 국립목포대학교 일반대학원 석사학위논문 (2018. 8).

이기형 · 변혜원 · 정인영(2012), "보험산업 진입 및 퇴출에 관한 연구", 보험연구원(2012. 10).

이남근(2016), "부동산투자회사법 개정안의 문제점과 발전방안 연구", 지역사회발전학회논문집 제41집 1호(2016. 6).

이동훈(2016), "실시협약을 통한 민간투자사업에서의 합리적인 위험배분: 민간투자법령 및 민간투자사업기본계획, 표준실시협약안을 중심으로", 고려법학 제80호(2016. 3).

이상훈 · 박경애(2016), "민간투자사업의 MRG(최소운영수입보장)와 새로운 유형(투자위험 분담형)의 분석 및 비교", 선진상사법률 통권 제75호(2016. 7).

이상훈(2018), "민간투자사업 실시협약 해지와 공익처분의 관계", 성균관법학 제30권 제4호 (2018. 12).

이영련(2015), "한국의 서민금융 운영현황과 개선방안: 미소금융을 중심으로", 노동연구 제30집(2015. 7).

이영한 · 문성훈(2009), "현행 상장지수펀드(ETF) 과세제도의 문제점 및 개선방안", 조세법연구 제15권 제3호(2009. 12).

이자영(2014), "새로운 지수상품, 상장지수증권(ETN) 시장 개설의 의미", KRX MARKET 증권 · 파생상품 제117호(2014. 11).

이조은(2013), "한국CDS(Credit Default Swap) 프리미엄 결정요인에 관한 소고", 한국주택금융공사 주택금융월보 2013년 11월호(2013. 11).

이준호(2007), "우리나라 금융기관의 부동산개발사업 프로젝트 파이낸싱 활용에 관한 연구", 경기대학교 서비스경영전문대학원 박사학위논문(2007. 12).

이지현(2019), "민간투자법의 법적 성질에 관한 연구", 서울대학교 대학원 석사학위논문(2019. 8).

이진서(2012), "구조화금융에 관한 연구: 자산유동화 · 프로젝트금융을 중심으로", 고려대학교 대학원 박사학위논문(2012. 6).

이철송(2014), 「회사법 강의」, 박영사(2014. 2).

이태리 · 변세일 · 황관석 · 박천규(2016), "부동산 간접투자 활성화의 경제적 파급효과 분석",부동산연구 제26집 제3호(2016. 9).

이헌영(2016), “은행의 복합금융상품으로서 구조화예금 취급과 관련한 법적 문제”, 은행법연구 제9권 제1호(2016. 5).

인성식(2012), “토지신탁의 구조와 위험분석에 관한 연구”, 한성대학교 대학원 박사학위논문(2012. 12).

임철현(2019), “위험관리 관점에서 본 기업금융수단의 법적 이해”, 법조 제68권 제2호(2019. 4).

자본시장연구원(2020), “차액결제거래(CFD) 시장 현황 및 특징”, 자본시장 포커스 2020-13호(2020. 5).

장인봉(2018), “퇴직연금법제 개선 연구: 퇴직연금의 제도설정·운용·지급단계별 법제 및 세제 개선을 중심으로”, 고려대학교 대학원 박사학위논문(2018. 12).

재정경제부(2006), 『자본시장과 금융투자업에 관한 법률제정(안)』(2006. 6) 설명자료.

재정경제부(2001), “상장지수펀드(ETF) 도입방안”(2001. 9) 보도참고자료

전진형(2014), “금전신탁 규제 강화의 문제점과 제도 개선방안 연구: 특정금전신탁을 중심으로”, 고려대학교 정책대학원 석사학위논문(2014. 8).

정기열(2018), “부동산 프로젝트파이낸싱의 고도화: 부동산신탁회사의 신용보강을 통하여”, 부동산분석 제4권 제1호(2018. 5).

정병국(2019), “체크카드에 대한 대학생의 사용패턴과 브랜드디자인의 중요성에 관한 연구”, 한국디자인리서치 제4권 제3호(2019. 9).

정복희(2016), “부동산 프로젝트 파이낸싱의 채권보전 및 리스크 개선 방안에 대한 연구”, 고려대학교 법무대학원 석사학위논문(2016. 8).

정성구(2017), “TRS와 지급보증, 신용공여 및 보험 규제의 접점”, 서울대학교 금융법센터 BFL 제83호(2017. 5).

정소민(2009), “담보부사채의 활성화에 관한 연구”, 금융법연구 제6권 제1호(2009. 9).

정순섭(2006), “신탁의 기본구조에 관한 연구”, 서울대학교 금융법센터 BFL 제17호(2006. 5).

정순섭·송창영(2010), “자본시장법상 금융투자상품 개념”, 서울대학교 금융법센터 BFL 제40호(2010. 3).

정순섭(2013), “금융규제법체계의 관점에서 본 자본시장법: 시행 4년의 경험과 그 영향”, 서울대학교 금융법센터 BFL 제61호(2013. 9).

정순섭(2017), “총수익률스왑의 현황과 기업금융법상 과제: 헤지, 자금조달, 의결권 제한, 그 밖의 규제회피기능의 법적 평가”, 서울대학교 금융법센터 BFL 제83호(2017. 5).

정승화(2011), “자본시장법상 파생결합증권에 관한 법적 소고”, 금융법연구 제8권 제1호(2011. 8).

정원석·임준·김유미(2016), “금융·보험세제연구: 집합투자기구, 보험 그리고 연금세제를 중심으로”, 보험연구원(2016. 5).

정찬형·최동준·김용재(2009), 「로스쿨 금융법」, 박영사(2009. 9).

정현진(2008), “부동산간접투자시장의 활성화에 관한 연구” 경희대학교 행정대학원 석사학위논문(2008. 8).

정희석(2018), “한국상장지수펀드(ETF)의 투자효율성에 관한 연구”, 한국디지털정책학회논문지 제16권 제5호(2018. 5).

정희철(1980), “리스계약에 관한 연구”, 서울대학교 법학 제20권 제2호(1980. 5).

제해문(2015), “자본시장법상 파생결합증권에 관한 법적소고”, 입법정책 제9권 제1호(2015. 6).

조대형(2018), “종합금융투자사업자 제도의 입법영향에 대한 연구”, 은행법연구 제11권 제1호(2018. 5).

조상배(2017), “부동산 간접투자 제도의 개선방안 연구: 리츠(REITs)와 부동산펀드를 중심으로”, 광운대학교 대학원 박사학위논문(2017. 12).

조성원(2014), “국가 신용부도스왑 프리미엄의 결정요인: 거시경제 기초여건의 영향”, 한국자료분석학회(2014. 6).

조장원(2018), “부동산신탁회사의 리스크관리 개선방안에 관한 연구: 핵심리스크 관리지표를 중심으로”, 건국대학교 부동산대학원 석사학위논문(2018. 5).

조재영 · 이희종(2018), “부동산개발사업의 위험관리 방안에 관한 연구”, 부동산학보 제73권(2018. 5).

조중연(2004), “종합재산신탁의 도입과 영향”, 하나경제 리포트(2004. 9).

지영근 · 최한진 · 문성제 · 정재은(2013), 「ELS-ELW 거래실무서」, 박영사(2013. 1).

진상훈(2008), “부동산신탁의 유형별 사해행위 판단방법”, 민사집행법연구 제4권(2018. 2).

진웅기(2018), “차입형 토지신탁 이용자의 만족도가 재신탁의향 및 추천의도에 미치는 영향에 관한 연구”, 전주대학교 대학원 박사학위논문(2018. 8).

최수정(2016), 「신탁법」, 박영사(2016. 2).

최숙현(2018), “부동산 간접투자상품을 결합한 포트폴리오의 연구”, 전주대학교 대학원 박사학위논문(2018. 8).

최숙현 · 김종진(2019), “부동산 간접투자상품이 결합된 포트폴리오의 수익률과 위험에 관한 연구”, 한국국토정보공사 「지적과 국토정보」 제49권 제1호(2019. 6).

최영주(2015), “영구채 성격논쟁과 법적 과제”, 경영법률 제25권 제3호(2015. 4).

최용호(2019), “부동산신탁회사의 부동산개발 관련 금융기능 강화 경향”, 한국신탁학회 추계학술대회(2019. 11).

최원진(2006), “자본시장과 금융투자업에 관한 법률 제정안의 주요 내용 및 의견수렴 경과,” 금융법연구, 제3권 제1호(2006. 9).

하지원(2015), “글로벌 금융위기 이후 파생상품규제에 관한 법적 연구”, 성균관대학교 일반대학원 석사학위논문(2015. 12).

한국개발연구원 공공투자관리센터(2010), 「수익형 민자사업(BTO) 표준실시협약(안): 도로사업」(2010. 3).

한국개발연구원 공공투자관리센터(2011), 「BTL 표준 실시협약 해설 연구」, 2011년도 정책연구보고서(2011. 7).

한국개발연구원 공공투자관리센터(2014), 「2013년도 공공투자관리센터 연차보고서」(2014. 3).

한국거래소(2009), 「ETF시장의 이해」(2009. 5).

한국거래소(2010), “미래에셋맵스 및 KB자산운용 레버리지ETF 신규상장”(2010. 4. 7) 보도자료.

한국거래소(2019), 「한국의 채권시장」, 한국거래소(2019. 1).

한국금융연구원(2013), “국제금융 이슈: FSB의 그림자금융에 대한 정책권고안”, 주간금융브리프 22권 38호(2013. 10).

한국금융연구원(2014), “국제금융 이슈: 최근 글로벌 금융시장에서 그림자금융의 규모 증가 및 개혁방안”, 주간금융브리프 23권 24호(2014. 7).

한국금융연구원(2015), “국제금융 이슈: 미국의 그림자금융 위험 우려 증대”, 주간금융브리프 24권 19호(2015. 5).

한국노동연구원 뉴패러다임센터(2007), 「퇴직연금제도의 성공적인 도입 및 정착을 위한 퇴직연금 실무 가이드라인」(2007. 6).

한국은행(2016), 「한국의 금융시장」(2016. 12).

한국은행(2018), 「한국의 금융제도」(2018. 12).

한기정(2019), 「보험업법」, 박영사(2019. 4).

한민(2011), “신탁제도개혁과 자산유동화”, 서울대학교 금융법센터 BFL 제50호(2011. 11).

한중석(2010), “프로젝트금융투자회사에 관한 연구”, 건국대학교 부동산대학원 석사학위논문(2010. 6).

황도윤(2011), “신용파생금융거래에 관한 법적 연구”, 고려대학교 법무대학원 석사학위논문(2011. 6).

황지혜(2015), “사회기반시설에 대한 민간투자와 국가의 보장책임에 관한 연구”, 한국외국어대학교 대학원 박사학위논문(2015. 8).

황혜선·조연행(2013), “소비자의 신용카드 대출서비스 이용유형과 이용의도: 현금서비스와 리볼빙서비스를 중심으로”, 소비자정책교육연구 제9권 제4호(2013. 4).

황진호(2016), “부동산간접투자에 대한 과세문제 연구”, 고려대학교 법무대학원 석사학위논문(2016. 6).

FCA, “FCA proposes stricter rules for contract for difference products”, 2016. 12. 6.

IOSCO, “Report on Retail OTC Leveraged Products”, 2018. 9.

The bell, “첫 포문 연 교보증권, 대형사들도 도입 채비 분주”(2019. 10. 21) 기사.

찾아보기

ㄱ

가족회원카드 376
간병보험 349
간병보험계약 349
간접투자자산운용업법 489
간접할부계약 392
감독이사 166
갑종관리신탁 503
갑종처분신탁 504
개량형 부동산펀드 492
개발형 부동산펀드 493
개방형 192
개방형 리츠 480
개방형펀드 192
개별공시 8
개별주식옵션 69, 211
개인배상 347
개인신용조회회사(CB: Credit Bureau) 327
개인신용평가제도(CSS: Credit Scoring System) 327, 370
개인용자동차보험 346
개인카드 376
개인형 IRP 436
개인형 퇴직연금(IRP형) 436
거치식예금 315
건강보험 343
건설회사 또는 시공회사(Construction Contractor) 558
결합형 방식 580
경·공매형 부동산펀드 493
경영참여형 사모집합투자기구(PEF) 162, 174
경쟁적 협의 절차 617
계약인수 662
계층화분석법(AHP) 590
고용보험 343
고유재산 409
공공자금관리기금 35
공기업채 38
공모펀드 174
공익신탁 402
공제계약대출 361
관리운영권에 대한 근저당권 639
관리형 토지신탁 526
광고규제 13
교통카드 373
교환사채 42
구조화금융 552
구조화예금 333
구조화투자회사(SIV: Structured Investment Vehicle) 681
구주DR 111
국·공유지 토지신탁 513
국가 CDS 스프레드 236
국가 CDS 프리미엄 236, 238
국가신용위험지표 236
국고채권 35
국내외혼합투자형 196
국내투자형 196

국민연금 343
국민주택채권 36
국채법 34
권리보험 348
권리자 전환기능 498
권리형 부동산펀드 493
그림자금융(shadow banking) 681
근보증 660
금리선도거래 219
금리선물거래 220
금리스왑 215
금리스왑거래 220
금리연동형보험 351
금리확정형보험 351
금융리스 390
금융소비자보호 9
금융투자상품 6
금융포용 456
금전채권신탁 419
기본계획 584
기본예탁금 68, 75
기술보험 348
기업구매전용카드 379
기업구조조정 부동산투자회사(리츠) 480
기업구조조정리츠 481
기업어음(CP) 128
기업자금대출 330
기업형 IRP 436
기준가격 152
기초자산(underlying asset) 223
기초자산별 ETF 91
기타파생결합증권(DLS) 64
기한부 리츠(finite-life) 479

ㄴ

날씨보험 340, 349
내부통제기준 287
녹아웃(Knock-Out)형 63, 100
농기계보험 346

ㄷ

단기금융상품 187
단기금융업무 305
단기금융집합투자기구(MMF) 187
단기금융펀드(MMF) 689
단기카드대출(현금서비스) 370, 384
단위형 193
담보부사채 44
담보인정비율(LTV, Loan-To-Value-ratio) 325, 360, 369
당좌예금 314
대주단(Syndicate) 557
대체투자(AI) 690
대출안내장 359
대출형 부동산펀드 493
대한부동산신탁 496
도난보험 348
도산절연기능 498
도시개발법 38
도시철도법 37
도시철도채권 38
동물보험 348
동산신탁 419, 425
등가교환방식 조합형 토지신탁 518
디지털(Digital)형 100

ㄹ

레버리지스왑 217

레버리지 ETF 92, 97
레버리지·인버스 ETF 96
리볼빙(revolving) 방식 377
리스계약 390
리스상품 389
리스자산 370
리츠(REITs: Real Estate Investment Trusts) 477

ㅁ
마이크로크레디트(Micro−Credit) 456
매매거래정지 69, 75
매매형 부동산펀드 492
매수포지션(long position) 210
모기지형 리츠(mortgage REITs) 479
모자형 194
모자형펀드 194
무기한 리츠(non−finite−life) 479
무체재산권의 신탁 419
물가연동국고채권 36
미국달러옵션 211
미국식옵션(American Option) 211
미래가격 152
미소금융 460
민간제안사업(민간부문의 사업제안) 607
민간투자사업기본계획 584
민간투자사업 대상 588
민간투자시설사업기본계획 584
민사신탁 401

ㅂ
바꿔드림론 465
반려동물을 위한 신탁 425
발행시장 CBO(P−CBO) 124
범위스왑 218
법인개별카드 376
법인공용카드 376
법인이사 166
법인카드 376
베이시스 스왑 217
변동성지수선물 ETN 78
변액보험 162, 253, 352
변액연금보험 255, 452
변액유니버설보험 255
변액종신보험 254
별단예금 314
병존적 채무인수 661
보장매도인(protection seller) 223
보장매수인(protection buyer) 223
보장성 보험상품 350
보증보험 346, 388
보통예금 314
보험계약 338
보험계약대출 328, 361
본 PF 656
본인회원카드 376
부대사업의 시행권 605
부동산 관련 권리의 신탁 419
부동산 관련 유동화증권 700
부동산 관리신탁 502
부동산 그림자금융 694
부동산 담보신탁 505, 671
부동산 처분신탁 503
부동산PF 관련 채무보증 700
부동산PF 대출 649, 650
부동산PF 익스포져 648
부동산PF 채무보증 649
부동산담보대출 327
부동산리스 389

부동산보장가액보상보험 679
부동산신탁 696
부동산펀드(Real Estate Fund) 490, 695
부동산프로젝트파이낸싱 370
부외금융(Off-balance Sheet Financing) 551
분기별 업무보고서 294
분별관리의 원칙 411
분양관리신탁 506
분양수입금 523
분양형 토지신탁 518
불완전판매 388
불특정금전신탁 418
브릿지론 655
비교공시 8
비금융투자상품 6
비소구 또는 제한소구 금융(Non-Recource or Limited Recource Financing) 550
비영리 부동산신탁 502
비용보험 348
비은행권 부동산PF 대출 698
비지정형 특정금전신탁 411

ㅅ

사망보험 344
사모펀드 174
사업계획 평가단 618
사업방법서 362
사업비 408, 523, 539
사업시행사(project company) 557
사업시행자의 권리 604
사업시행자의 매수청구권 623
사업시행자의 자기자본비율 638
사업시행자의 지위 603
사업시행자의 지정 602
사업주 556
사회기반시설 573
사회기반시설사업 580
사회기반시설의 관리운영권 605
사회기반시설투융자집합투자기구 582
산업금융채권 40
산업기반신용보증기금 581
산업재해보상보험 343
상각형 조건부자본증권 47
상사신탁 401
상업신용장 382
상장지수증권(ETN) 71
상장지수펀드(ETF) 78, 195
상품스왑 217
상해보험 342, 349
상해보험계약 349
상환사채 43
상환전환우선주 53
새희망홀씨 464
생명보험 342, 344
생명보험계약 343
생명보험상품 343
생명보험표준사업방법서 362
생사혼합보험 344
생산물책임보험 347
생산품구매자 또는 서비스 이용자(Purchasers, Off-taker or Users) 558
생존보험 344
서민금융지원제도 456
서민금융진흥원 461
선급금이행보증(Advance Payment) 347
선도거래 205
선도계약(forward contract) 204
선물거래(futures) 206

선물옵션 211
선물콜옵션(call option on futures) 211
선물풋옵션 211
선물환거래 221
선박보험 346
선불식 할부계약 343
선불전자지급수단 380
선불카드 383
선주배상 347
선주상호보험 356
선주상호보험조합 357
선지급금액 523, 532
선지급조건 523, 531
설명의무 285
설비리스 389
성년후견신탁 425
손익공유형 623
손해보상 349
손해보험 341
손해보험상품 343, 344
손해보험표준사업방법서 362
수시입출식 상품(MMT) 417
수의계약 체결권 604
수익자 515, 530
수익자 연속신탁 424
수익증권 보유자 171
수익증권발행신탁 423
수익형 민자사업 622
수익형 프로젝트 628
수출입금융채권 40
수탁의 거부 68, 75
수탁자 515, 529
스왑거래 213
스왑계약 214
스텝다운(Step-Down)형 100
시간 전환기능 498
시설대여 388
시설사업기본계획 586
시설자금대출 330
시장위험 277
신디케이티드론 553
신용(Credit)보험 347
신용거래대주 299
신용거래융자 299
신용공여 298, 321, 323, 358, 365
신용보증재단중앙회 464
신용보험 387
신용부도스왑(CDS) 227, 690
신용사건(credit event) 223
신용연계채권(CLN) 245
신용위험 278
신용체크카드 378
신용카드 374
신용파생상품(Credit Derivatives) 222
신용판매자산 370
신용평가등급 190
신원보증(Fidelity)보험 347
신주DR 111
신주인수권부사채 42
신탁계약의 종료사유 413
신탁보수 409
신탁업자 171
신탁원부 542
신탁재산의 운용 412, 414
신탁형(투자신탁) 162
실시계획 승인 607, 611
실시계획 승인신청 606
실시협약 599

실적배당원칙 410

ㅇ

액티브 ETF 91
약관규제법 23, 322
약관대출(보험계약대출) 328, 359, 360
양도담보 672
양도성예금증서 316
양매도 ETN 76, 78
업무보고서 294
업무용자동차보험 346
에스크로우 계좌 677
여신금융상품공시기준 387
여신상품 322
여신성가지급금 370
여신성 자산 370
여신운용 원칙 324
연금보험(퇴직보험) 344, 451
연금보험계약 343
연금신탁 418
연금저축계좌 449
연금저축보험 451
연금저축신탁 450
연금저축펀드 450
연대보증 659
영구채 47
영리 부동산신탁 502
영업배상 347
영업용순자본비율 277
영업용자동차보험 346
예금담보대출 327
예금채권질권 676
예비타당성조사 593
예·적금담보대출 360
옵션계약 208
옵션 매수인(option holder) 209
옵션부 이종통화예금 334
옵션프리미엄(option premium=옵션가격) 209
외국환평형기금채권 35
외평채 가산금리 239
외화대출 331
외화예금 317
외화표시원화대출 331
외환스왑 216
외환증거금거래 259
우선수익권설정 671
우선수익자 530
운영회사(Operating Company) 558
운용리스 390
운전자금대출 330
원금변동스왑 218
원금지급보증 660
원리금지급보증 660
원자력보험 348
원화대출 331
월별 업무보고서 294
위탁관리리츠 481
위탁관리 부동산투자회사(리츠) 480
위탁자 514, 529
위탁판매계약 151
위험관리기준 290
위험배분 551
위험분담의 원칙 619
위험분담형 622
유도선사업자 347
유동성공급 74
유동성공급자 90, 92
유럽식옵션(European Option) 211

유리보험 348
유사해외통화선물거래 257
유언대용신탁 423
유통DR 111
유통계 겸영카드(백화점 카드) 378
유통시장 CBO 124
유한책임신탁 422
은행주식 전환형 조건부자본증권 47
은행지주회사주식 전환형 조건부자본증권 47
을종관리신탁 503
을종처분신탁 504
이사회 167
이익참가부사채 42
이자지급보증 660, 678
이중상환청구권부 채권 45
이행인수 661
인버스 ETF 92
인보험 341
일반배상책임보험 347
일반사무관리회사 168
일반연금보험 452
일반회계채 38
일별 복리효과(daily compounding effect) 96
일부결제금액이월약정(리볼빙) 386
일부결제금액이월약정자산(리볼빙자산) 370
일부환매 158
일시불(convenience) 방식 377
일임형 랩어카운트(Wrap Account)상품 416
임대형 민간제안사업 616
임대형 민자사업 623
임대형 부동산펀드 492
임대형 정부고시사업 612
임대형 토지신탁 517
임대형 프로젝트 628
입출금이 자유로운 예금 314

ㅈ
자금계좌 677
자금관리사무수탁회사 570
자금보충 678
자금재조달 640
자금조달 638
자금조달계획 638
자기관리리츠 480
자기관리 부동산투자회사(리츠) 480
자동차 시설대여 391
자동차금융 392
자동차리스 389
자동차보험 346
자동차할부금융 392
자문형 상품 417
자문형 특정금전신탁 414
자산관리회사 569
자산담보부기업어음(ABCP) 128
자산연계형보험 351
자산연계형연금보험 452
자산유동화 111
자산유동화법에 의하지 않은 유동화 117
자산유동화법에 의한 유동화 116
자산유동화증권(ABS) 128, 688
자전거래 417
잔금대출 325
잔존물가치보장보험 679
장기요양보험 343
장기카드대출(카드론) 370, 385
장내파생상품 매매 279
장외파생상품 매매 280
장외파생상품심의위원회 282

재간접형(FoF) 185, 194
재보험 347
재산권 전환기능 498
재정사업 589
재정증권 36
저축성 보험상품 351
저축예금 315
적격투자자 176, 177
적립식예금 316
적정성의 원칙 284
적하보험 346
적합성의 원칙 283
전담중개업무 301
전문사모집합투자업 176
전문투자형 사모집합투자기구(헤지펀드) 162, 174
전보보상의 원칙(principle of indemnity) 345
전자단기사채(ABSTB) 135
전환기능 498
전환사채 41
전환형 194
전환형 조건부자본증권 46
전환형펀드 194
정보비대칭 9
정부고시사업 592
정부자금채 38
정액보상 349
제3보험상품 343, 349
제3자 제안공고 609
조건부자본증권 46
조합형(투자합자조합, 투자익명조합) 162
종류주식 52
종류형 193
종류형펀드 193
주가연계신탁(ELT) 101
주가연계예금(ELD) 97
주가연계증권(ELS) 60
주가연계파생결합사채(ELB) 99
주가연계펀드(ELF) 100
주가지수선물 219
주가지수옵션 219
주식스왑 215
주식워런트증권(ELW) 66
주식질권 675
주식형 185
주식형 상품 416
주주총회 168
주택담보대출 325, 360, 369
주택사업금융보증 680
준거자산(reference asset) 223
준공확인 607
중도금대출 325
중소기업금융채권 40
증권담보융자 299
증권대차 691
증권대출 327
증권발행채 38
증권신탁 419
증권투자신탁업법 489
증권투자회사법 489
증권형 부동산펀드 493
증권화 111
증서차입채 38
증여신탁 424
지방공공자금채 38
지방공기업법 38
지방재정법 37
지방지치법 37

지분형 리츠(equity REITs) 479
지역개발채권 38
지역신용보증재단 464
지정참가회사 89
지정형 특정금전신탁 411
직불전자지급수단 380
직불카드 383
질병보험 342, 349
질병보험계약 349
집합투자(Collective Investment) 139
집합투자규약 141
집합투자기구(CIV: Collective Investment Vehicle) 141
집합투자기구평가회사(펀드평가회사) 169
집합투자업자 164, 171
집합투자자총회 141
집합투자재산 141, 178, 181
집합투자총회 157

ㅊ

차액결제거래 250
차입형 토지신탁 519
차지권부 건물분양형 토지신탁 518
참가자격사전심사 597
채권평가회사 169
채권형(MMF제외) 185
채무면제·유예상품(DCDS) 386
채무이행보증(Surety)보험 347
채무인수 661
책임보험 347, 387
책임분양약정 668
책임준공약정 664
책임준공확약형 토지신탁 500
청약자금대출 299
체크카드 382
총부채상환비율(DTI, Debt-To-Income-ratio) 325, 360, 370
총수익스왑(TRS) 240
최초제안자 우대 610
추가형 193
추적배수 ETF 91
추적오차(tracking error) 77

ㅋ

카드대출자산 370
카드자산 370
커버드본드 45
코스피200옵션 211
콜옵션 210
키코(KIKO: Knock-In Knock-Out) 212

ㅌ

타당성분석 594
타인토지 출입·일시사용권 604
토지 등의 수용·사용권 604
토지비 523
통신과금서비스 380
통화선도거래 221
통화스왑 216
통화스왑거래 220
통화안정증권 40
통화옵션거래 221
퇴직금제도 433
퇴직보험계약 344
퇴직연금사업자 437
퇴직연금제도 434
투융자집합투자기구 582
투자계약증권형 185

투자권유규제 282
투자성 보험상품 352
투자신탁 159, 170
투자유의종목 75
투자일임계약(MMW)상품 416
투자자문수수료 415
투자자문업자의 지정 415
투자자예탁금 499
투자펀드 163
투자합자회사 159
투자회사 159, 163
특별유보금 409
특별자금대출 330
특별자산펀드 695
특정금전신탁 410
특정금전신탁계약서 412
특정금전신탁 운용지시서 416

ㅍ

파생결합사채 43
파생결합신탁 상품 417
파생결합예금 333
파생상품거래내역 보고 및 공시 294
파생상품시장 247
파생상품업무책임자 288
파생상품형 부동산펀드 494
파생상품 회계처리 293
판매계약 151, 161
판매보수 154
판매수수료 154
패스스루(Pass-through)형 증권 121
펀드 159
페이스루(Pay-through)형 증권 122
폐쇄형 192
폐쇄형 리츠 480
폐쇄형펀드 192
포괄형 토지신탁 518
표준사업방법서 345
표준스왑(genetic or plain vanilla swap) 214
표준실시협약안 601
표준약관 346
풋옵션 210
프라임브로커(prime broker) 301
프로젝트금융투자회사(PFV) 562
프로젝트 대출계약 632
프로젝트 SPC(프로젝트 회사) 557

ㅎ

한국부동산신탁 496
한국신탁은행 403
할부 385
할부구매 방식 377
할부금융 391
합동운용 금지 412
합성ETF 91
합성담보부증권(synthetic CDO) 246
해상보험 346
해외투자형 196
해지시지급금 624
햇살론 462
행사가격(strike price, exercise price) 210
현금정산방식(cash settlement) 227
현물계약(spot contract) 204
현물옵션 211
현물인도방식(physical delivery) 227
현물콜옵션(call option on cash) 211
현물풋옵션 211
협상 605, 611

협상대상자의 지정 611
혼합주식형 185
혼합채권형 185
혼합형 리츠(hybrid REITs) 479
혼합형 방식 580
혼합형 토지신탁 518
화재보험 346
확정금리형 상품 416
확정급여형 퇴직연금(DB형) 435
확정기여형 퇴직연금(DC형) 435
환급금대출 361
환매 154
환매가격 155
환매불응사유 158
환매수수료 156
환매연기 156
환매연기사유 156
환매재개 157
환매조건부채권(RP) 689
회사형(투자회사, 투자유한회사, 투자합자회사, 투자유한책임회사) 162
후불카드 374
희망홀씨 464

ABCP(Asset-Backed Commercial Paper: 자산담보부기업어음) 125, 136
ABCP Program 129
ABS 114
ABSTB 136
ADR(American Depositary Receipts) 109
BLT(build-lease-transfer)방식 579
BOO(build-own-operate)방식 579
BOT(build-operate-transfer)방식 579
BTL(build-transfer-lease)방식 579
BTO(build-transfer-operate)방식 578
CARD(Certificates of Amortizing Revolving Debts: 신용카드매출채권부증권) 124
CBO(Collateralized Bond Obligations: 채권담보부증권) 123
CDO(Collateralized Debt Obligations: 부채담보부증권) 123
CDS와 보험 233
CDS와 지급보증 230
CFD 250
CFD거래 251
CLO(Collateralized Loan Obligations: 대출채권담보부증권) 124
CMO 122
DR(Depositary Receipts) 109
EDR(European Depositary Receipts) 110
FIRE(Finance, Insurance & Real Estate) 472
FX 마진거래(foreign exchange margin) 256
GDR(Global Depositary Receipts) 110
JDR(Japanese Depositary Receipts) 110
KDR(Korean Depositary Receipts) 110
MBS(Mortgage-Backed Securities: 주택저당채권) 125
MMDA(시장금리부 수시입출금식 예금) 315
Multi-Seller ABCP Program 130
P&I Club(Protection and Indemnity Club) 357
PF-ABCP 137
TRS계약 240
TRS와 신용공여 243
TRS와 지급보증 242

저자소개

이상복

서강대학교 법학전문대학원 교수. 연세대학교 경제학과를 졸업하고, 고려대학교에서 법학 석사와 박사학위를 받았다. 사법연수원 28기로 변호사 일을 하기도 했다. 미국 스탠퍼드 로스쿨 방문학자, 숭실대학교 법과대학 교수를 거쳐 서강대학교에 자리 잡았다. 서강대학교 금융법센터장, 서강대학교 법학부 학장 및 법학전문대학원 원장을 역임하고, 재정경제부 금융발전심의회 위원, 기획재정부 국유재산정책 심의위원, 관세청 정부업무 자체평가위원, 한국공항공사 비상임이사, 금융감독원 분쟁조정위원, 한국거래소 시장감시위원회 비상임위원, 한국증권법학회 부회장, 한국법학교수회 부회장으로 활동했다. 현재 금융위원회 증권선물위원회 비상임위원으로 활동하고 있다.

저서로는 〈경제민주주의, 책임자본주의〉(2019), 〈기업공시〉(2012), 〈내부자거래〉(2010), 〈헤지펀드와 프라임 브로커: 역서〉(2009), 〈기업범죄와 내부통제〉(2005), 〈증권범죄와 집단소송〉(2004), 〈증권집단소송론〉(2004) 등 법학 관련 저술과 철학에 관심을 갖고 쓴 〈행복을 지키는 法〉(2017), 〈자유 · 평등 · 정의〉(2013)가 있다. 연구 논문으로는 '기업의 컴플라이언스와 책임에 관한 미국의 논의와 법적 시사점'(2017), '외국의 공매도규제와 법적시사점'(2009), '기업지배구조와 기관투자자의 역할'(2008) 등이 있다. 문학에도 관심이 많아 장편소설 〈모래무지와 두우쟁이〉(2005)와 에세이 〈방황도 힘이 된다〉(2014)를 쓰기도 했다.

금융법 강의 2

금융상품

초판발행 2020년 10월 10일

지은이 이상복
펴낸이 안종만 · 안상준

편 집 김선민
기획/마케팅 장규식
표지디자인 조아라
제 작 우인도 · 고철민 · 조영환

펴낸곳 (주) 박영사
서울특별시 종로구 새문안로3길 36, 1601
등록 1959. 3. 11. 제300-1959-1호(倫)
전 화 02)733-6771
f a x 02)736-4818
e-mail pys@pybook.co.kr
homepage www.pybook.co.kr
ISBN 979-11-303-3679-4 93360

정 가 46,000원